Excel - Das Zauberbuch

Excel

Das Zauberbuch

Raffinierte Zaubereien
für Excel-Kenner

J. FLECKENSTEIN W. FRICKE B. GEORGI

Markt+Technik

ISBN 978-3-945384-52-7

Aktualisierter Nachdruck der 2. Auflage
Espenpark 1a
90559 Burgthann
Produktmanagement Christian Braun, Burkhardt Lühr
Herstellung Jutta Brunemann, j.brunemann@mut.de
Einbandgestaltung David Haberkamp
Coverfotos © Jane – Fotolia.com
Satz mediaService, Siegen (www.mediaservice.tv)
Druck Media-Print, Paderborn
Printed in Germany

INHALTSVERZEICHNIS

Teil 2 Abenteuerreisen in die Excelwelt 209

Vorwort

Lieber Excel-Fan,

als Käufer dieses Buchs ist Excel für Sie nicht nur irgendein Arbeitsmittel, mit dem Sie sich notgedrungen den Weg durch den Büroalltag bahnen müssen. Excel (oder eine andere Tabellenkalkulation) ist immer präsent und gehört zu einem Schreibtisch wie PC, Stuhl und Kugelschreiber. Bei vielen Millionen Usern weltweit hat Excel Kultstatus erlangt.

Excel überhaupt bedienen zu können, ist heutzutage eine Selbstverständlichkeit geworden, mit der Sie keinen Arbeitgeber mehr beeindrucken können. Wenn Sie hingegen Excel richtig beherrschen, verschaffen Sie sich damit Vorteile, da Sie effizienter arbeiten als andere.

Darüber hinaus ist Excel eine Spielwiese für alle, die Spaß an logischen Zusammenhängen haben oder die Schönheit der Mathematik erleben wollen. Wer dies für sich bejahen kann, den muss Excel früher oder später faszinieren. Und wer fasziniert ist, der will nicht nur anwenden, sondern tiefgründig verstehen und kreativ sein. Blicken Sie hinter die Kulissen und reizen Sie Excel bis an die Grenzen aus, egal ob beruflich oder nur zum puren Vergnügen.

Im ersten Teil dieses Buchs lernen Sie das Handwerkszeug kennen, das Sie als ambitionierter Excel-Kenner benötigen. Diesen Teil sollten Sie unbedingt lesen. Dinge, die dort beschrieben werden, werden im zweiten Teil des Buchs teilweise vorausgesetzt. Im zweiten Teil entführen wir Sie auf verschiedene Reisen durch die Excel-Welten. Dabei sollen Sie lernen, wie Sie komplexe Anwendungen selbst entwickeln und verschiedene Excel-Funktionalitäten geschickt miteinander kombinieren können.

Außerdem werden Sie sehen, dass man mit Excel auch viel Spaß haben kann. Dagegen ist Sudoku ein echter Langweiler. In diesem Buch wird den Dingen auf den Grund gegangen und sich nicht mit Halbwahrheiten zufriedengegeben. Da bleibt es nicht aus, dass auch die eine oder andere Excel-Schwäche (Nobody's perfect) ironisch auf die Schippe genommen wird.

Damit das Lesen dieses Buchs für Sie so effektiv wie möglich ist, möchten wir Ihnen vorab noch einige Hinweise geben. Bitte lesen Sie diese aufmerksam durch, um unnötige Irritationen zu vermeiden.

Wir haben uns gefragt, wie man komplexe Themen in einem Buch ohne Begleit-CD anschaulich vermitteln kann. Dabei haben wir uns auf bestimmte Verfahrensweisen festgelegt.

Es ist zum Beispiel kaum sinnvoll, eine komplexe und lange Formel in einem Rutsch abzudrucken. Ganz abgesehen davon, dass diese zum Testen von Ihnen abgetippt werden müsste, geht die Übersichtlichkeit schnell verloren und das Ziel dieses Buchs – die Logiken zu vermitteln – wäre verfehlt. Daher haben wir die meisten Formeln nach dem Bausteinprinzip erstellt, das auch in der Mathematik sehr geläufig ist:

Das Verhältnis der Längen von Gegenkathete und Hypotenuse eines rechtwinkligen Dreiecks wird als *Sinus* bezeichnet. Haben Sie diesen Zusammenhang einmal definiert, reden Sie fortan nur noch vom *Sinus* und nie mehr von der durch die Hypotenuse geteilten Gegenkathete. Dieser einmal erklärte Baustein wird also in nachfolgenden Berechnungen vorausgesetzt. Genauso verfahren wir in unseren Formeln. Für sich wiederholende Formelteile werden Platzhalter (Bausteine) verwendet. Dazu ein kurzes Beispiel: Sie möchten mehrere ganzzahlige Zufallszahlen aneinanderketten. Zur besseren Lesbarkeit der Formel ersetzen wir den Ausdruck

```
KÜRZEN(ZUFALLSZAHL()*10)
```

durch den Begriff *Zufall*. Die Verkettung ergibt dann:

```
=Zufall&Zufall&Zufall
```

Ohne den Baustein *Zufall* wäre die Darstellung unnötig lang und unübersichtlich:

```
=KÜRZEN(ZUFALLSZAHL()*10)&KÜRZEN(ZUFALLSZAHL()*10)&KÜRZEN(ZUFALLSZAHL()*10)
```

Der Baustein *Zufall* ist zunächst nur ein didaktisches Hilfsmittel, um Ihnen den Durchblick beim Lesen des Buchs zu erleichtern. Darüber hinaus bietet Excel aber ein geniales Feature an, das sich genau dieses Bausteinprinzip zunutze macht: die Excel-Namen. In Kapitel 5 werden Sie alles Notwendige darüber erfahren.

Beim einen oder anderen Kapitel könnte man vielleicht einwenden: »Das geht doch mit VBA viel einfacher!«

Das mag hin und wieder zutreffen, doch wir betrachten es gerade als Herausforderung, die Excel-Bordmittel auszureizen und zu demonstrieren, was mit Excel möglich ist. Viel zu oft hören wir die Aussage: »Das geht nicht mit Excel – das musst du programmieren!«

Und nicht immer, aber meistens, können wir antworten: »Geht doch!«

Wenn Sie sich wundern, dass es keine Begleit-CD gibt: Dieses Buch soll Ihnen Einblicke hinter die Kulissen von komplexen Anwendungen verschaffen und Sie in die Lage versetzen, diese oder eigene Lösungen selbst zu entwickeln. Der Weg dorthin ist stets gepflastert mit den unterschiedlichsten Funktionalitäten und Logiken, die Sie kennenlernen werden.

Wenn Sie einfach fertige Dateien von einer CD laden, bekommen Sie von diesem Weg nichts mit. Das einzige, was Ihnen bleibt, ist das fertige Endergebnis. Wenn Sie aber interessiert, warum und wie diese Ergebnisse zustande kommen, sind Sie **der** richtige Leser für dieses Buch.

Falls Sie Schwierigkeiten mit dem Nachbau einzelner Anwendungen oder auch einmal überhaupt keine Lust dazu haben, finden Sie jede Menge fertige Lösungen auf unserer Homepage *www.excelformeln.de*.

Fragen Sie nicht voreilig, wozu dies oder jenes gut sein soll. Wenn wir beispielsweise erläutern, wie Sie Quersummen von Zahlen ermitteln, dann ist der Weg das Ziel und nicht das Endprodukt. Am Ende dieses Kapitels geht es also nicht nur um Quersummen, sondern vielmehr darum, folgende Dinge gelernt und angewendet zu haben:

- Sie kennen Matrixkonstanten, die in einzelnen Funktionsparametern als Platzhalter eingesetzt werden können.
- Sie können einzelne Zellinhalte in eine Matrix zerlegen.
- Sie können die Funktionen SPALTE und ZEILE in Matrizen als Platzhalter für Zahlenintervalle einsetzen.
- Sie erfahren, wie man im Textformat vorliegende Zahlen in echte Zahlen umwandelt und Fehlerwerte bei der Berechnung von Textfunktionen vermeidet.
- Sie haben die beiden Matrixdimensionen (horizontal und vertikal) besser kennengelernt und können sie auch gemeinsam in einer Formel sinnvoll nutzen.
- Sie können Funktionen kombinieren und verschachteln.

Diese Fähigkeiten können Ihnen bei vielen anderen Gelegenheiten womöglich noch einmal nützlich sein.

Auf den Reisen durch die Excel-Welten werden Sie auf spielerische und unterhaltsame Weise beispielsweise folgende Dinge kennenlernen:

- die vielfältigen Einsatzgebiete von Zufallszahlen,
- die Erstellung höchst anspruchsvoller Matrixformeln,
- verschiedene Formen iterativer Berechnungen,
- den geschickten Einsatz von Steuerelementen und Bildobjekten,
- spezielle Tricks mit verschiedenen Diagrammtypen,
- den Einsatz von bedingten Formaten und Gültigkeitslisten,
- die Durchführung von Mehrfachoperationen,
- das Analysieren von Daten mit AutoFilter, PivotTables oder Datenbankfunktionen
- vor allem natürlich auch Excels unerschöpfliche Formelvielfalt
- und, und, und ...

Alles ist verpackt in – mit mathematischen Anekdoten aufgelockerte – Geschichten, die jede für sich einen Streifzug quer durch die Excel-Funktionalitäten darstellen. Dadurch unterscheidet sich dieses Buch von den herkömmlichen Gebrauchsanleitungen von A wie »Ansichten« bis Z wie »Zielwertsuche«.

Sie werden staunen, was sich aus Excel – ohne eine Zeile VBA-Programmcode – rauskitzeln lässt. Lassen Sie sich verzaubern!

Viel Spaß!

{Jens + WF + Boris}

P.S.

Wir bedanken uns bei unseren kompetenten Probelesern Matthias Senkbeil, Klaus Kühnlein und Andy Dusin sowie allen, die zur Entstehung dieses Buchs beigetragen haben. Und wir danken Philip Kiefer, der die Grundüberarbeitung dieses Buches durchführte.

TEIL 1

Basics und Formelklassiker

Hier lernen Sie das Handwerkszeug kennen, das Sie als ambitionierter Excel-Kenner benötigen. Diesen Teil sollten Sie unbedingt lesen. Dinge, die dort beschrieben werden, werden im zweiten Teil des Buches teilweise vorausgesetzt.

Kapitel 1

Vom Koch zum 3-Sterne-Koch

Mit Excel ist es wie mit dem Kochen: Hausmannskost kann man nach kürzester Zeit selbst zubereiten. Aber ein 3-Sterne-Gericht zaubert man nicht mal eben flott aus dem Ärmel. Das bleibt den Spitzenköchen vorbehalten.

Aber warum eigentlich? Was macht ein Spitzenkoch denn nun anders? Er kocht doch auch nur mit Wasser, verwendet normale Gewürze wie Pfeffer und Salz, verarbeitet verschiedene Fleisch- und Fischsorten, kurzum: Die Zutaten sind jedem anderen auch zugänglich. Der Spitzenkoch kennt allerdings ihre Geschmackswirkung und kann sie dann in einem geschickten Zusammenspiel in der richtigen Dosierung zu einem »Zaubergericht« verarbeiten. Dabei wird er auch manchmal mehrere Anläufe benötigen, bis er das gewünschte Resultat erzielt.

Jedem Excel-Anwender steht die voll eingerichtete »Excel-Küche« mit all ihren Zutaten zur Verfügung: Hunderte Funktionen, dazu verschiedene Tools wie PivotTables, Zielwertsuche, Gültigkeiten, bedingte Formate, Szenarien, Auto- und Spezialfilter und vieles mehr. Der erfolgreiche Excel-Anwender unterscheidet sich von dem weniger erfolgreichen eigentlich nur dadurch, dass er sein Handwerkszeug kennt und auch weiß, wie man die verschiedenen Funktionalitäten geschickt miteinander kombiniert. Aber im Grunde genommen kocht auch er nur mit Wasser.

Da wären zum Beispiel die Funktionen. Excel stellt von Haus aus Hunderte Funktionen zur Verfügung. Ganz nach dem Motto »Man muss nicht alles wissen – aber man muss wissen, wo es steht« ist es nicht erforderlich, alle Funktionen von A bis Z zu kennen. Man sollte aber, und das ist Regel Nummer 1, regelmäßig die eingebaute *Excel-Hilfe* konsultieren, die unserer Meinung nach viel besser als ihr allgemeiner Ruf ist. Wenn der Koch irgendetwas Pfiffiges für sein Fischgericht sucht, wird er eine Übersicht über alle Gewürze haben, in der er auch das passende Gewürz für den Fisch finden wird.

Eine Funktion namentlich zu kennen, ist das Eine. Um sie auch gezielt und geschickt einzusetzen, muss man aber öfter etwas genauer hinschauen. Dies beginnt damit, dass man sich zunächst alle *Parameter* der Funktion anschaut. Dabei gibt es sowohl *erforderliche* als auch *optionale Parameter*. Aber gehen Sie mit optionalen Parametern nicht leichtfertig um, denn optionale Parameter nehmen, lässt man sie weg, meist einen Standardwert (sogenannter *Defaultwert*) an, der wiederum absolut unerwünscht sein kann.

Der Klassiker unter den Funktionen mit optionalen Parametern ist sicherlich SVERWEIS, dessen vierter Parameter nur allzu gerne – meist aus Unwissenheit – »geschlabbert« wird. Dabei hat er eine elementare Bedeutung. Die Funktionssyntax lautet:

```
=SVERWEIS(Suchkriterium;Matrix;Spaltenindex;[Bereich_Verweis])
```

Optionale Parameter werden in [eckigen Klammern] dargestellt. Der `[Bereich_Verweis]` nimmt hierbei – lässt man ihn weg – den Wert *WAHR* bzw. *1* an. Das kann schnell zu gänzlich unerwünschten Ergebnissen führen, wie folgender kleiner Ausschnitt *(Abb. 1.1)* zeigt:

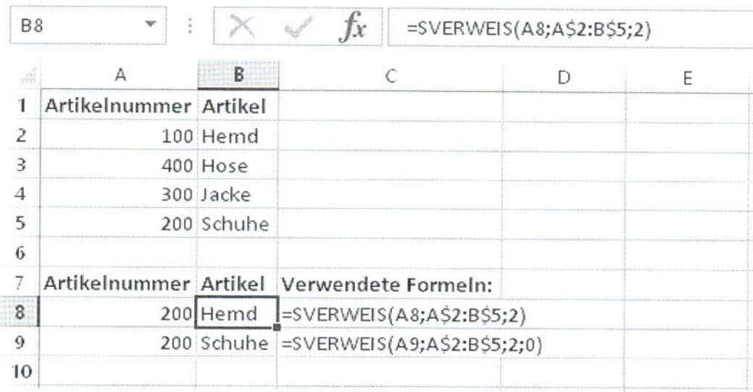
B8 =SVERWEIS(A8;A$2:B$5;2)

	A	B	C	D	E
1	Artikelnummer	Artikel			
2	100	Hemd			
3	400	Hose			
4	300	Jacke			
5	200	Schuhe			
6					
7	Artikelnummer	Artikel	Verwendete Formeln:		
8	200	Hemd	=SVERWEIS(A8;A$2:B$5;2)		
9	200	Schuhe	=SVERWEIS(A9;A$2:B$5;2;0)		
10					

Abbildung 1.1: Beispiel der Fehlbedienung der Funktion SVERWEIS (1)

In der Variante mit dem fehlenden Parameter `[Bereich_Verweis]` wird ein falscher Artikel ausgegeben.

Neben der Frage nach *optional* und *erforderlich* ist es wichtig, sich über den *Datentyp* eines Parameters im Klaren zu sein. Wird ein Bezug verlangt? Oder ein String? Oder eine Zahl? Oder ein Wahrheitswert? Oder ...? Dies ist besonders dann wichtig, wenn Funktionen ineinander verschachtelt werden, also einzelne Parameter einer Funktion mittels einer anderen Funktion erzeugt werden. Die »erzeugende« Funktion muss als Rückgabewert exakt den Datentyp liefern, der für den Parameter vorgesehen ist. Beispielsweise liefert die Funktion LINKS als Rückgabewert eine Zeichenkette. Die Formel `=LINKS("2c";1)` ergibt `"2"` – die `"2"` liegt also im Textformat vor (zu erkennen an der linksbündigen Zellausrichtung). Die Funktion SUMME kann mit dieser »Textzahl« nichts anfangen *(Abb. 1.2)*:

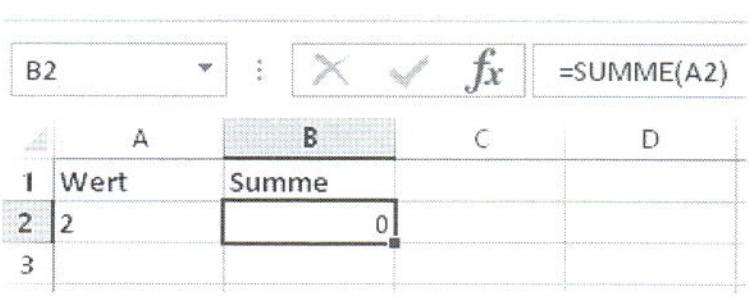
B2 =SUMME(A2)

	A	B	C	D
1	Wert	Summe		
2	2	0		
3				

Abbildung 1.2: Beispiel der Funktion SUMME

Doch warum wird `=SUMME(LINKS("2c";1))` bzw. `=SUMME("2")` plötzlich richtig berechnet? Das Ergebnis ist 2. Hierbei lohnt sich ein Blick in die Excel-Hilfe verschiedener Excel-Versionen zur SUMME-Funktion. In älteren Excel-Versionen heißt es dort:

Zahlen, Wahrheitswerte und Zahlen in Textform, die Sie direkt in die Liste der Argumente eingeben, werden berücksichtigt.

Später geht die Beschreibung dieses Verhaltens aus dem dort angegebenen Zahlenbeispiel hervor, das wie folgt kommentiert ist:

Der Textwert "5" wird zuerst in eine Zahl umgewandelt und der Wahrheitswert WAHR wird zuerst in die Zahl 1 umgewandelt.

Aha! Und warum ergibt `=SUMME({"2"})` dann wiederum Null? In den älteren Excel-Versionen heißt die Antwort:

Ist als Argument eine Matrix oder ein Bezug angegeben, werden nur die Elemente dieser Matrix oder dieses Bezugs berücksichtigt, die Zahlen sind. Alle anderen Elemente, wie leere Zellen, Wahrheitswerte, Texte oder Fehlerwerte, werden ignoriert.

Später differiert der Hilfetext. Dort heißt es nun wörtlich:

Ist als Argument eine Matrix oder ein Bezug angegeben, werden nur die Elemente der Matrix oder des Bezugs berücksichtigt, die Zahlen enthalten. Leere Zellen, logische Werte und Text in der Matrix bzw. im Bezug werden ignoriert.

Hier gilt es allgemein festzuhalten, dass es oft einen Unterschied macht, ob Argumente direkt in einer Funktion eingebunden sind oder ob Bezug auf eine Matrix oder einen Zellbereich genommen wird.

Es gibt natürlich auch Situationen, in denen die Hilfe nicht die gewünschte Antwort liefert, aber um zumindest diese Gewissheit zu haben, sollte man dennoch zunächst hineinschauen.

Ihnen fehlt die Zeit dazu? Sehen Sie es als Investition in die Zukunft. Die Zeit, die Sie damit verbringen, holen Sie durch intelligente Excel-Lösungen, die Ihnen später wiederum sehr viel Zeit einsparen, zigfach wieder rein.

Neben den Datentypen für die einzelnen Funktionsparameter ist es auch wichtig, den Datentyp des *Rückgabewerts* einer Funktion zu kennen. Bereits erwähnt haben wir die Funktion LINKS, die einen Text (Datentyp *String*) zurückgibt. Andere Funktionen geben Zahlen (ZÄHLENWENN, ANZAHL, SUMME etc.), Wahrheitswerte (UND, ODER, ISTZAHL etc.), Bereiche (z. B. BEREICH.VERSCHIEBEN) etc. zurück. Manche Funktionen können auch entweder einen einzelnen Wert oder aber einen Bereich bzw. eine Ergebnismatrix zurückgeben (z. B. INDEX, WENN etc.). Achten Sie sorgfältig auf das richtige Zusammenspiel von Parametern und Rückgabewerten!

Eine häufig zu beobachtende Verwirrung löst z. B. wieder mal SVERWEIS aus. Wir haben das vorgenannte Beispiel nur leicht modifiziert und schon liefert SVERWEIS in beiden Varianten nur den Fehlerwert `#NV` *(Abb. 1.3)*:

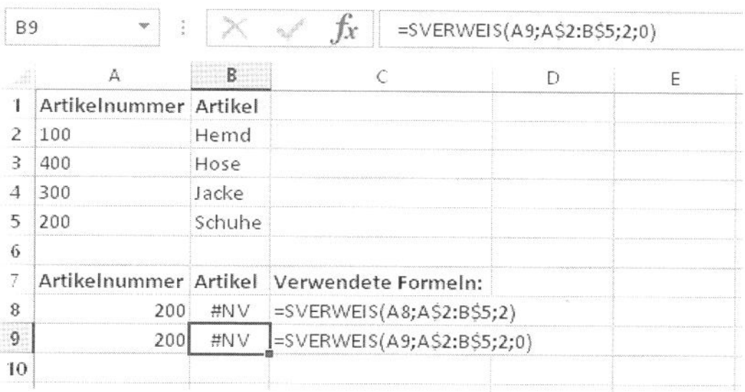

B9 | =SVERWEIS(A9;A$2:B$5;2;0)

	A	B	C	D	E
1	Artikelnummer	Artikel			
2	100	Hemd			
3	400	Hose			
4	300	Jacke			
5	200	Schuhe			
6					
7	Artikelnummer	Artikel	Verwendete Formeln:		
8	200	#NV	=SVERWEIS(A8;A$2:B$5;2)		
9	200	#NV	=SVERWEIS(A9;A$2:B$5;2;0)		
10					

Abbildung 1.3: Beispiel der Fehlbedienung der Funktion SVERWEIS (2)

Die in A8 und A9 gesuchten Werte liegen im Zahlenformat (Standard) vor. In der Matrix A2:A5 stehen aber Texte, wieder zu erkennen an der linksbündigen Ausrichtung. Also passen hier die Datentypen nicht zusammen und im Ergebnis verweigert SVERWEIS den Dienst. Zur schnellen Behebung des Problems wandeln Sie entweder die Suchwerte in A8:A9 in Texte um (z. B. durch Verkettung mit einem Leerstring: `A9&""`) oder Sie wandeln die Textzahlen in der Matrix in echte Zahlen um. Beachten Sie dabei, dass es mit der reinen Umstellung des Zellformats von *Text* auf *Standard* nicht getan ist. Das neue Format wird erst erkannt, wenn Sie die Zellen einzeln editieren oder – und das ist natürlich die wesentlich einfachere Methode – eine leere Zelle kopieren und sie über die Textzahlen mit *Start/Einfügen/Inhalte einfügen/ Addieren* einfügen. Intern addiert Excel dabei zu jeder Zahl eine Null. Diese Addition ist ergebnisneutral, ist aber eine mathematische Operation, mit der man diesen Effekt (eine Textzahl in eine echte Zahl umzuwandeln) erzielt. Im Umgang mit Arrayformeln werden Sie im Verlauf dieses Buchs erneut darauf stoßen.

Mithilfe der Kenntnis über Parameter und Rückgabewerte lassen sich auch mehrere Funktionen ineinander verschachteln. Durch die Verschachtelung kann es oft zu den sogenannten Monsterformeln kommen, die aber schnell an Schrecken verlieren, wenn man das Problem in Einzelschritten löst und dabei Hilfszeilen/-spalten verwendet. Im folgenden kleinen Beispiel *(Abb. 1.4)* wird ermittelt, wie oft der Buchstabe »e« in »Excelformeln.de« vorkommt. Dabei wird zwischen Groß- und Kleinschreibung unterschieden.

B5 | fx | =B3-B4

	A	B	C	D
1	Ausgangstext	Excelformeln.de		
2	Text ohne "e"	Exclformln.d	=WECHSELN(B1;"e";)	
3	Länge Ausgangstext	15	=LÄNGE(B1)	
4	Länge Text ohne "e"	12	=LÄNGE(B2)	
5	Anzahl "e"	3	=B3-B4	
6				

Abbildung 1.4: Aufbau einer verschachtelten Funktion

Wenn Sie die Funktionen WECHSELN und LÄNGE kennen, ist der Rest ein Kinderspiel. Die klitzekleine Logik besteht eigentlich nur darin, die Textlänge des um die »e« gekürzten Textes von der Textlänge des Ausgangstextes abzuziehen. Das Ergebnis ist *3*. Diese Einzelschritte lassen sich jetzt auch problemlos in einer Formel vereinen, indem Sie mit Copy und Paste (alternativ mit *Start/Bearbeiten/Suchen und Auswählen/Ersetzen* oder natürlich auch »zu Fuß«) nacheinander die Zellbezüge B2, B3 und B4 durch die Formeln ersetzen. Aus

```
=B3-B4 wird =LÄNGE(B1)-LÄNGE(B2) und aus
LÄNGE(B2) wird LÄNGE(WECHSELN(B1; "e";)).
```

Das Endprodukt entsteht damit ganz von selbst:

```
=LÄNGE(B1)-LÄNGE(WECHSELN(B1;"e";)) = 3
```

Dieses sehr einfache Beispiel soll nur verdeutlichen, dass es immer sinnvoll ist, ein Problem in Einzelteile zu zerlegen. Dabei spielt die Anzahl der benötigten Hilfszellen keine Rolle. Je kleiner die Einzelschritte, desto leichter lässt es sich auch nachvollziehen. Das Zusammenführen ist nachher nur noch die Kür. Und mit ein wenig Übung werden Sie schnell feststellen, dass Sie mit der Zeit immer mehr Schritte zusammenfassen, bis Sie später kaum noch Hilfszellen benötigen. Und lassen Sie sich nicht entmutigen, wenn es nicht auf Anhieb funktioniert. Beim »Formulieren« ist auch immer eine ganze Menge »Trial and Error« dabei. Das ist ganz normal. Auch hierbei gilt: Nehmen Sie sich die Zeit dazu, denn es wird sich später einmal auszahlen.

Wenn Sie jetzt Ihre Formeln verschachtelt haben, kann es durchaus vorkommen, dass Ihre Formeln nicht das gewünschte Ergebnis liefern, wobei Sie doch sicher sind, alles richtig gemacht zu haben. Im folgenden Beispiel *(Abb. 1.5)* sollte die Summe eigentlich 9 ergeben:

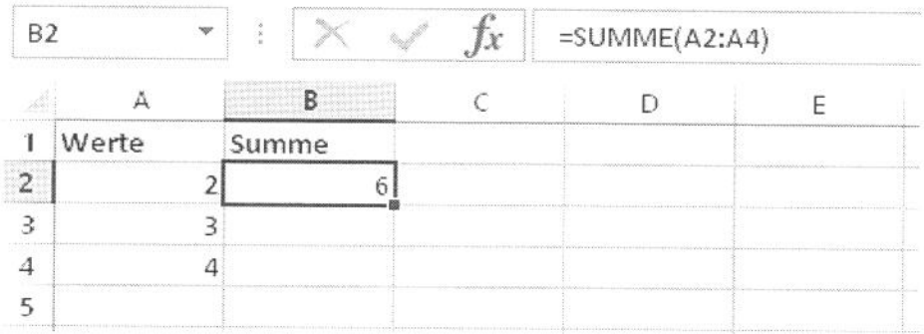

Abbildung 1.5: Falsche Summierung wegen »falscher« Zahl

Wo liegt denn hier der Hase im Pfeffer? Das lässt sich am einfachsten eruieren, indem Sie zur F9-Taste greifen. Vorher markieren Sie in der Bearbeitungsleiste den Formelteil A2:A4 und berechnen diesen mit F9. Das Ergebnis wird Ihnen sofort angezeigt und der Fehler wird ersichtlich *(Abb. 1.6)*.

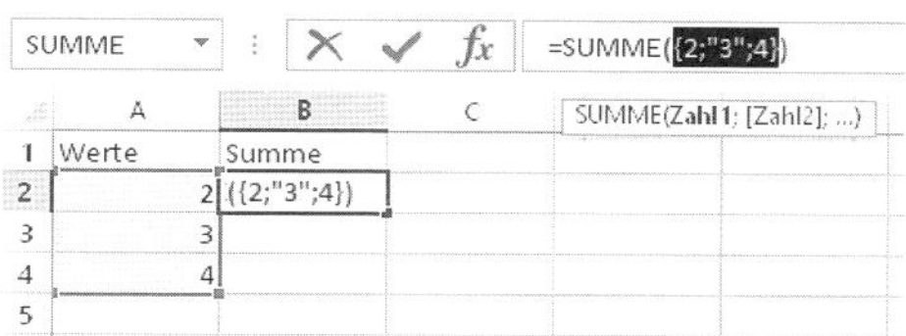

Abbildung 1.6: Entlarvung des Übeltäters

Die Zahl 3 liegt im Textformat vor (zu erkennen an den Anführungszeichen).

Die Berechnung mittels F9-Taste lässt sich auf jeden logisch zusammenhängenden Teil einer Formel anwenden. In dem Beispiel zur Ermittlung der Anzahl der »e« in »Excelformeln.de« lässt sich für die Formel

```
=LÄNGE(B1)-LÄNGE(WECHSELN(B1;"e";))
```

ebenfalls eine Teilauswertung durchführen: zunächst der Bezug `B1`, anschließend `WECHSELN(B1;"e";)` und im letzten Schritt jeweils die beiden `LÄNGE`-Funktionen. Das Ergebnis sieht nacheinander so aus:

```
=LÄNGE("Excelformeln.de")-LÄNGE("Exclformln.d") =15-12 = 3
```

Wenn Sie eine teilausgewertete Formel mit ↵ bestätigen, werden die Berechnungsergebnisse in die Formel übernommen. Die einzelnen Bezüge gehen also verloren. Da das meist unerwünscht ist, hilft nach der Teilauswertung ein Ausstieg mit der Esc-Taste. Alle Berechnungen werden dann wieder rückgängig gemacht. Zudem können Sie die jeweils letzte Berechnung mit der *Rückgängig*-Schaltfläche in der Symbolleiste für den Schnellzugriff bzw. über die Tastenkombination Strg+Z wieder revidieren.

Diese Art der Formelüberwachung ist speziell im Umgang mit den Arrayformeln von besonderer Bedeutung. Wenn in B1 der Text »Excelformeln.de« steht, ergibt die Formel

```
=TEIL(B1;ZEILE(1:16);1)
={"E";"x";"c";"e";"l";"f";"o";"r";"m";"e";"l";"n";".";"d";"e";""}
```

Die F9-Auswertung der kompletten Formel fördert also alle Zeichen vom 1. bis zum 16. zu Tage. Da es nur 15 Zeichen sind, wird das 16. Zeichen als Leerstring dargestellt.

Seit Excel 2002 (XP) steht unter *Formeln>Formelüberwachung>Formelauswertung* (vormals: *Extras>Formelüberwachung>Formelauswertung*) ein Tool zur Verfügung, das exakt die Teilberechnungen mit F9 simuliert. Dabei wird die Formel in der logischen Reihenfolge, also in der Regel von innen nach außen, ausgewertet. Der aktuell auszuwertende Formelteil wird dabei unterstrichen *(Abb. 1.7)*.

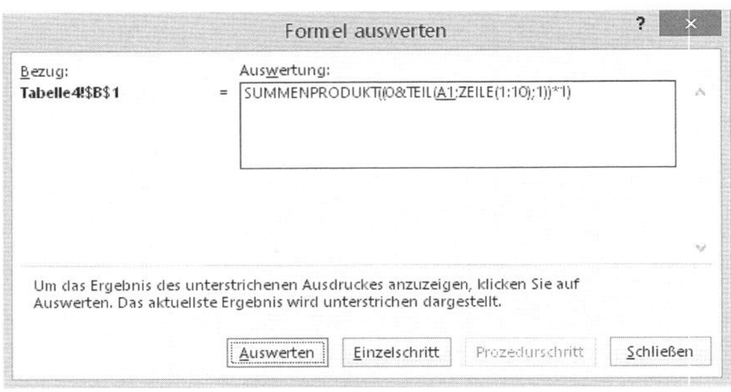

Abbildung 1.7: Dialogfeld Formel auswerten *(1)*

Diese Beispielformel bildet die Quersumme einer maximal zehnstelligen Zahl, die in A1 steht. Die Formellogik lernen Sie in Kapitel 10 *Alles ist Zahl – Anwendungen aus der Zahlentheorie* kennen. An dieser Stelle soll nur die Funktionalität der Formelüberwachung demonstriert werden. Ein Klick auf *Auswerten* wertet A1 aus. Steht dort die Zahl 24687, wird sie zunächst statt A1 in die Formel übernommen. Im nächsten Auswertungsschritt wird dann die Funktion `ZEILE(1:10)` ausgewertet *(Abb. 1.8)*.

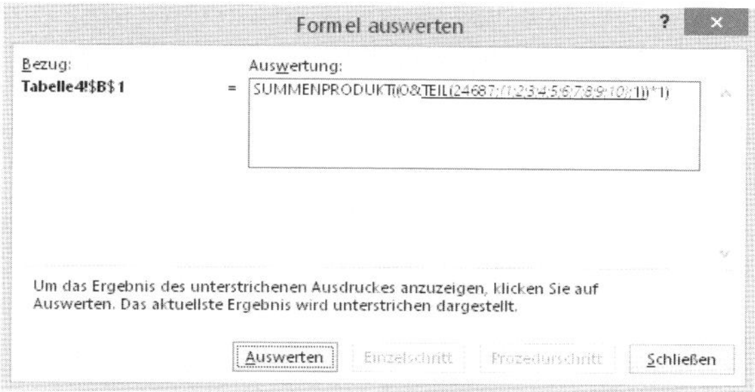

Abbildung 1.8: Dialogfeld Formel auswerten *(2)*

Und nach sieben Auswertungen erhalten Sie schließlich das Ergebnis *27*.

Gegenüber der [F9]-Auswertung innerhalb der Bearbeitungsleiste wertet das Auswertungstool *Formelauswertung* Ausdrücke beliebiger Länge aus. Die [F9]-Methode ist dabei beschränkt auf 8.192 Zeichen. Ein Auswertungsversuch mit unerlaubter Länge – z. B. `ZEILE(1:10000)` – führt zur Fehlermeldung *(Abb. 1.9)*:

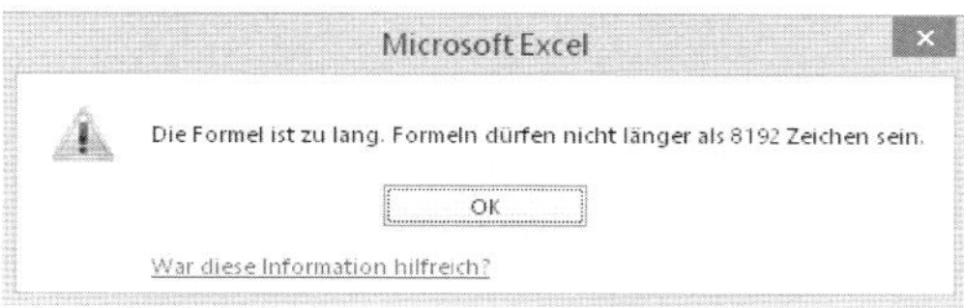

Abbildung 1.9: Fehlermeldung wegen zu langer Formel

In diesem Fall ist es also angezeigt, den Ausdruck `ZEILE(1:10000)` auf das erlaubte Maximum zu reduzieren, was wir grundsätzlich für Teilberechnungen empfehlen. Denn selbst die komplette Anzeige innerhalb des Tools *Formelüberwachung* wird Sie in den seltensten Fällen weiterbringen, da die Übersichtlichkeit nicht mehr gegeben ist. Testen Sie also immer mit kleinen Bereichen, die so groß wie gerade eben nötig sind!

Als nachteilig empfinden wir bei der *Formelüberwachung* auch die statische Auswertungsreihenfolge. Auch wenn sie stets logisch ist, wäre es doch wünschenswert, eine beliebige Reihenfolge auswählen zu können, da es oft nicht erforderlich ist, die gesamte Formel auszuwerten. Mit der [F9]-Methode ist das wiederum kein Problem.

Nach diesen grundsätzlichen Tipps zum Umgang mit Formeln begeben wir uns noch einmal zurück in die Küche zu unserem 3-Sterne-Koch. Um die Gerichte zauberhaft, aber auch gleichzeitig schnell zubereiten zu können, hat er seine Küche ordentlich eingerichtet. Alles steht an Ort und Stelle, um es immer direkt zur Hand zu haben. Die Gewürze stehen in Reih' und Glied im Regal und sind nicht wild durch die ganze Küche verstreut. Die Tiefkühltruhe steht hingegen im Nachbarraum, da sie einfach zu viel Platz einnimmt und sowieso nicht ständig benötigt wird.

Wenn wir die Excel-Arbeitsmappe als Küche betrachten, in der Sie Ihre Anwendungen zubereiten, sollten Sie auch auf Ordnung achten. Ein gut strukturierter Tabellenaufbau ist dabei stets die halbe Miete. Viel zu oft stößt man aufgrund eines mehr oder weniger chaotischen Aufbaus auf Probleme, die man nicht hätte, wenn man sich an gewisse Grundregeln halten würde. Dazu gehört beispielsweise das Vermeiden von Leerzeilen oder Leerspalten in Listen. Für die Auswertung können Sie dann meist auf Standardfunktionen zurückgreifen, die nicht nur einfacher, sondern auch viel flotter sind als Arrayformeln oder sonstige komplizierte Eigenbauten. Neben den Leerzeilen/-spalten führen in vielen Fällen *verbundene Zellen* zu Problemen. Oft wird auf diese Möglichkeit eher aus Unkenntnis über das Zellformat *Über Auswahl zentrieren* zurückgegriffen. Und sind die Zellen einmal verbunden, dann gibt es Probleme beim Sortieren, im Umgang mit Matrixformeln usw. Nutzen Sie verbundene Zellen wirklich nur dann, wenn es nicht anders geht bzw. wenn diese außerhalb des Bearbeitungs-/Berechnungsbereichs Ihrer Anwendung liegen. Kümmern Sie sich beim Erstellen einer Anwendung zunächst nicht um die Zellformate. Machen Sie das erst, wenn Sie Ihre Datei für funktionsfähig befunden haben. Dinge, die nicht ständig benötigt bzw. verändert werden, lagert man am besten auf ein separates Tabellenblatt aus. Und damit man darauf auch blattübergreifend mit Features wie *Daten/ Datenüberprüfung* zugreifen kann, besteht die einfache Möglichkeit, Namen zu vergeben. Machen Sie Berechnungen nicht von irgendwelchen Zellformaten (Schrift- und Hintergrundfarben) abhängig! Dafür stellt Excel keine Bordmittel zur Verfügung. Alle diesbezüglichen Lösungen (ob mit Excel 4-Makrofunktionen oder auch selbst gestrickten Funktionen in VBA) sind nur Lösungen für Probleme, die man nicht hat, wenn man sich an diese Regel hält.

Wer sich in der Excel-Küche gut auskennt, kann es auch vermeiden, Räder immer wieder neu zu erfinden. Manche Dinge lassen sich ohne VBA nicht verwirklichen – das wird keiner bestreiten. Trotzdem werden unserer Meinung nach viel zu schnell aufwändige Makros zur Lösung von Aufgaben selbst gestrickt, die auch mit Excel-Bordmitteln wunderbar gelöst werden könnten. Diese Makros sind zum Teil einfach überflüssig oder können sogar zu diversen Problemen führen (die Sie dann manchmal auch an Microsoft senden dürfen), wenn sie nicht sauber programmiert, sondern irgendwie zusammengeschustert sind.

Abschließend wird der Koch immer versuchen, seinen Gästen das passende Getränk zu einem bestimmten Gericht zu servieren. Zu einem Fischgericht gehört in der Regel ein trockener Weißwein, während zu einer Käseplatte für gewöhnlich ein kräftiger Rotwein am besten mundet. Ob es dabei ein Spanier, Franzose oder Italiener ist, spielt meist keine Rolle.

Auch in Excel sind gleiche Aufgabenstellungen auf vielfältige Weise lösbar. Bekanntlich führen viele Wege nach Rom. Aber manche Aufgaben eignen sich einfach nicht für eine Weißwein-Lösung, auch wenn am Ende dasselbe Resultat wie bei der Rotwein-Lösung herauskommt. Der Gast ist satt und hat auch keinen Durst mehr, aber richtig geschmeckt hat es ihm nicht. Das liegt vielleicht daran, dass Sie eine Tabelle mit 25.000 Zeilen mit Arrayformeln ausgewertet haben, wo es doch wesentlich besser und performanter wäre, auf eine PivotTable zurückzugreifen. Vielleicht haben Sie auch eine INDEX-basierte Auswertung vorgenommen, für die ein Szenario wesentlich besser geeignet wäre. Oft ist es natürlich nur Geschmacksache. Ob Sie ein Pils oder ein Altbier servieren, bestimmt der Gast in der Regel selbst. Aber vergessen Sie nicht, dass es auch Lösungen geben könnte, die der Aufgabenstellung wesentlich mehr gerecht werden als die, die Sie vielleicht gerade am besten beherrschen. Lernen Sie die Excel-Klaviatur komplett zu spielen und Sie werden schnell in den Excel-Olymp aufsteigen.

Dies alles erhebt keinen Anspruch auf Vollständigkeit. Ebenfalls ist es von einem Dogma weit entfernt. Aber es sind ein paar grundlegende Tipps, die sich für uns als nützlich erwiesen haben.

Kapitel 2

Pro-Add-in: neue Freunde

In der ersten Auflage sprachen wir noch von Anti-Add-in-Analysefunktionen, doch in den neuen Excel-Versionen kann man sich mit den zusätzlichen Funktionen durchaus anfreunden, weil sie eben nicht mehr zusätzlich aktiviert werden müssen, sondern immer an Bord sind. Um zu verstehen, was damit genau gemeint ist und welchen Vorteil das bringt, nun eine kleine Anekdote über vergangene Excel-Zeiten.

Excel bot bis zur Version 2003 standardmäßig 226 Funktionen an. Seit vielen Excel-Versionen blieb diese Zahl bis dahin leider konstant. Der Funktionskatalog wurde um sogenannte Analysefunktionen ergänzt, die man optional installieren konnte. Diese waren nützlich und rechneten richtig – falls sie denn rechneten. Aktiviert wurden sie über den Menübefehl *Extras/Add-Ins*

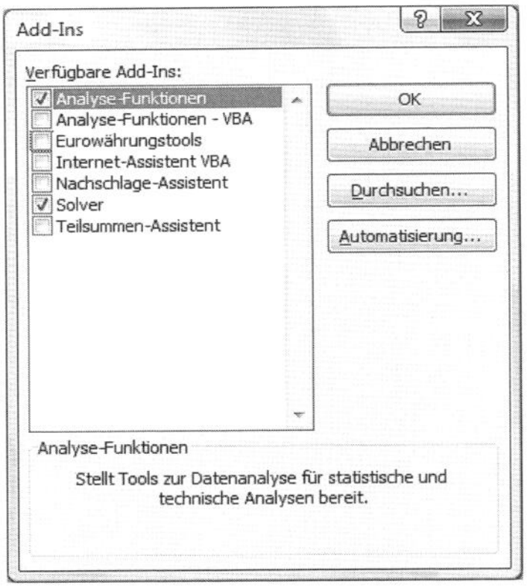

Abbildung 2.1: Dialogfeld zum Aktivieren von Add-in-Funktionen (bis Excel 2003)

2.1 Warum wir Add-in-Funktionen nicht mochten

Immer wieder sahen wir in Excel-Foren Postings von Add-in-geplagten Excel-Usern:

Hallo an das Forum,

folgende Frage:

In einer Excel-Datei tauchen an (sehr vielen) bestimmten Stellen Fehlermeldungen auf (#Name?). Die Ursache des Fehlers kann ich nicht feststellen, die verwendete Funktion ist in der Version bekannt und unter »Einfügen/Funktion« wird der korrekte Endwert angezeigt, obwohl die Zelle die Fehlermeldung auswirft.

Ich habe jetzt herausgefunden, dass die Fehlermeldung verschwindet, wenn ich in die jeweilige Zelle gehe, über »Einfügen/Funktion« in die Bearbeitung der Formel gehe und diese dann über OK wieder schließe ? obwohl ich nichts verändert habe. Da es sich aber um Hunderte von Zellen handelt, ist es unmöglich, das auf diese Weise für alle Fehlermeldungen zu machen.

Hat jemand eine Idee?

Wenn Sie alleine mit Ihrem Rechner ohne Internetzugang auf einer einsamen Insel hocken, sind diese Analysefunktionen ungefährlich. Kommunizieren Sie aber auch mit anderen Rechnern (Mail, Firmennetzwerk etc.), kommt es häufig vor, dass dort das Ergebnis Ihrer umfangreichen Kalkulation auf ein niederschmetterndes #NAME? reduziert wird. Excel will jetzt nicht Ihren Namen wissen, sondern teilt auf seine ureigene Art mit, dass es mit den verwendeten Analysefunktionen nichts anfangen kann. Das kann zwei Ursachen haben:

1. Die Analysefunktionen sind nicht aktiviert.
2. Das Add-in liegt in einer anderen Sprache vor. Selbst wenn auf beiden Rechnern die gleichsprachige Excel-Version installiert ist, können Sie sich nicht sicher sein, dass die Add-in-Sprache ebenfalls identisch ist.

Was kann man dagegen tun?

Im ersten Fall mussten Sie bis Excel 2003 im Normalfall nur die Add-in-Funktionen aktivieren und eine Neuberechnung durchführen.

Im zweiten Fall eigentlich nichts, außer Sie besorgen sich das anderssprachige Add-in.

Aber auch der erste Fall barg eine böse Falle. Es ist nämlich wichtig, dass die Add-in-Funktionen aktiv sind, bevor Sie diese in eine Zelle eingeben. Wenn Sie dies nicht tun, Add-in-Funktionen in der Tabelle platzieren und #NAME? zunächst ignorieren, wird beim nachträglichen Aktivieren dieser unschöne Fehlerwert wacker die Stellung halten. Eine Neuberechnung mit [F9] bleibt erfolglos, selbst die erweiterte Berechnung mit [Strg]+[Alt]+[F9] geht ins Leere (die zweite Tastenkombination erzeugt eine erweiterte Berechnung der vollständigen Arbeitsmappe inklusive aller VBA-Funktionen – analog der *CalculateFull*-Methode in VBA). Selbst ein Beenden und Neuaufruf der Datei oder das Beenden und Neustarten von Excel bleiben wirkungslos. Die einzige Abhilfe ist das Editieren der entsprechenden Zelle und die Bestätigung mit [↵].

Stellen Sie sich vor, Sie benutzen deutsche Add-ins und schreiben für einen Kunden eine Excel-Datei, von dem Sie wissen, dass er englische Add-ins besitzt. Jetzt sind

Sie besonders pfiffig und übersetzen Ihre Add-in-Funktionen, die Sie in Ihren Formeln verwenden, direkt ins Englische. Dann erhalten Sie zwar #NAME?, aber das stört Sie ja nicht. Ziel ist, dass der Engländer nach Erhalt der Datei korrekte Berechnungen vorfindet. Sehr schöner Ansatz, aber mit dem Abschluss wird es leider nicht klappen. Er wird vergeblich F9 drücken und kann die Formeln nur zum Leben erwecken, wenn er jede einzelne Zelle reanimiert (sprich: editiert).

Übrigens haben die Excel-Standardfunktionen mit unterschiedlichen Sprachen überhaupt kein Problem. Sie werden – außer bei Textargumenten wie z. B. `=ZELLE("Dateiname")` oder `=INDIREKT("Z1S1";0)` – automatisch übersetzt.

Die beste Lösung für alle Probleme: keine Analysefunktionen verwenden! Zumindest bis zur Excel-Version 2003.

2.2 Wie Sie Add-in-Funktionen vermeiden können

Für viele Add-ins gibt es, zum Teil sehr einfache, Pendants in den Standardfunktionen. Diese sind nachfolgend aufgelistet. Komplexere Lösungen zum Umgehen von Add-in-Funktionen finden Sie auch noch in anderen Kapiteln dieses Buchs.

Add-in-Funktion	**Standardformel-Ersatz**
Jahre mit Nachkommastellen zwischen zwei Datumsangaben	
`=BRTEILJAHRE(A1;B1;2)`	`=(B1-A1)/360`
Wenn Zahlen in zwei Zellen identisch sind, wird 1 ausgegeben – ansonsten 0.	
`=DELTA(A1;B1)`	`=(A1=B1)*1`
Gibt 1 aus, wenn die erste Zahl nicht kleiner als die zweite ist.	
`=GGANZZAHL(A1;B1)`	`=(A1>=B1)*1`
Prüft, ob eine Zahl gerade ist.	
`=ISTGERADE(A1)`	`=REST(KÜRZEN(A1);2)=0`
Prüft, ob eine Zahl ungerade ist.	
`=ISTUNGERADE(A1)`	`=REST(KÜRZEN(A1);2)=1`

Tabelle 2.1: Beispiele zu Add-in-Funktionen

Add-in-Funktion	Standardformel-Ersatz
Gibt das Monatsende eines Datums (A1) nach x Monaten (B1) aus.	
`=MONATSENDE(A1;B1)`	`=DATUM(JAHR(A1);MONAT(A1)+1+B1;)`
Gibt den ganzzahligen Teil einer Division aus.	
`=QUOTIENT(A1;B1)`	`=KÜRZEN(A1/B1)`
Gibt eine auf das gewünschte Vielfache gerundete Zahl aus.	
`=VRUNDEN(A1;B1)`	`=RUNDEN(A1/B1;0)*B1`
Liefert die Fakultät einer Zahl mit Schrittlänge 2.	
`=ZWEIFAKULTÄT(A1)`	`{=PRODUKT(A1-ZEILE(INDIREKT ("1:"&AUFRUNDEN(A1/2;0)))*2+2)}`
Liefert eine ganze Zufallszahl im festgelegten Bereich.	
`=ZUFALLSBEREICH(vonZahl; bisZahl)`	`=KÜRZEN(ZUFALLSZAHL()*bisZAHL)+vonZahl`
Gibt die Wurzel aus einer mit Pi multiplizierten Zahl zurück.	
`=WURZELPI(A1)`	`=(A1*Pi())^0,5`

Tabelle 2.1: Beispiele zu Add-in-Funktionen (Forts.)

Wie Sie sehen, verbergen sich hinter den genannten Add-ins teilweise Banalitäten. Manch eine Analysefunktion kann auch aufgrund ihrer Bezeichnung zu missverständlichen Ergebnissen führen. Beispielsweise liefert die Funktion ISTGERADE für die Zahl 4,63 im Ergebnis WAHR, was erst nach einem gründlichen Lesen der Excel-Hilfe verständlich wird, da die Funktion keine Nachkommastellen berücksichtigt. Andere Analysefunktionen haben nur dann eine Berechtigung, solange Sie einerseits die bereits genannten Fehlerquellen ausschließen können oder aber einfach nur auf die Schnelle eine Berechnung durchführen möchten. Als Beispiel sei die Funktion NETTOARBEITSTAGE genannt, deren Nachbau mit den Standardfunktionen zwar möglich, aber sehr kompliziert ist.

```
=NETTOARBEITSTAGE(A1;A2;C1:C20)
```

kann ersetzt werden durch die Arrayformel (mit Strg+⇧+↵ abschließen):

```
{=SUMME((WOCHENTAG(ZEILE(INDIREKT(A1&":"&A2));2)<6)*1)-SUMME
(WENN((C1:C20>=A1)*(C1:C20<=A2)*(WOCHENTAG(C1:C20;2)<6);1;0))}
```

A1 enthält das Startdatum, A2 das Enddatum und C1:C20 auszuschließende Feiertage.

Zu guter Letzt gibt es aber auch Analysefunktionen, die dermaßen leistungsstark sind, dass sie mit Bordmitteln kaum oder gar nicht nachzustellen sind. Beispielhaft sei hier die Funktion GGT genannt, die den größten gemeinsamen Teiler aus bis zu 255 Zahlen ermittelt. Dies mit Standardfunktionen nachzubauen, ist nur unter Einschränkungen möglich und ziemlich kompliziert:

```
{=WENN(UND(REST(B1:E1;A1)=0);A1;MAX(WENN(MMULT(REST(A1:E1;ZEILE(INDIREKT("1:"&
GANZZAHL($A$1/2))));{1;1;1;1;1})=0;ZEILE(INDIREKT("1:"&GANZZAHL($A$1/2))))))}
```

Dagegen macht

```
=GGT(A1:E1)
```

doch 'nen richtig schlanken Fuß und ist außerdem leistungsstärker. Aber: Diese Analysefunktionen hatten bis Excel 2003 trotzdem ein Rad ab!

Gibt man eine »normale« Funktion ohne jeglichen Bezug in eine Zelle ein, erhält man beispielsweise bei `=SUMME: :#NAME?`

Bei `=NETTOARBEITSTAGE` oder `=QUOTIENT` oder `=WURZELPI` erhielt man z. B. tatsächlich »Ergebnisse«: −1.335.885.768 und −643.039.222 und −1.707.081.719.

Unschön war außerdem, dass die Add-ins überhaupt keine Kontrolle über eine valide Eingabesyntax hatten. Wenn man bei Standardfunktionen zu viele oder zu wenige Argumente eingibt, erscheint eine Fehlermeldung in *Abb. 2.2*.

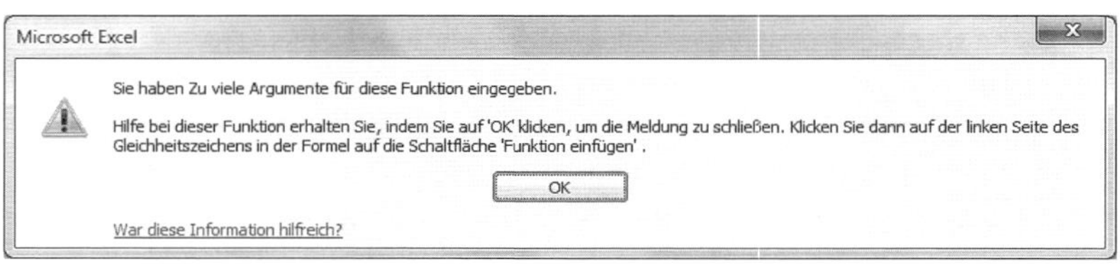

Abbildung 2.2: Fehlermeldung bei zu vielen (oder zu wenigen) Argumenten (bis Excel 2003)

Enthalten die Argumente falsche Datentypen, ist der resultierende Fehlerwert eigentlich immer sinnvoll. Nicht so bei den Add-ins:

```
=QUOTIENT() =#NV
=QUOTIENT(1;2;3) = #WERT!
```

Aber man soll ja versuchen, in allem etwas Positives zu sehen. Falls Sie einmal in Excel 2003 (oder früher) nicht sicher waren, ob eine Funktion ein Add-in oder Standard ist, konnten Sie den Namen (mit Gleichheitszeichen) in eine Zelle schreiben. Wenn Sie eine abstruse Zahl sahen, war es eine Add-in-Funktion.

```
=WENN(ISTZAHL(DEZINBIN);"Hallo, ich bin ein Add-in";"")
```

2.3 Neue Freundschaften schließen

Microsoft hat uns inzwischen den Gefallen getan, die Analysefunktionen in den Standardkatalog aufzunehmen. Um den Nachweis zu erbringen, öffnen Sie über die *Office-Schaltfläche* (ab Excel 2007) bzw. die Registerkarte *Datei* (Excel 2010) die Excel-Optionen und wählen darin die Kategorie *Add-Ins* aus (*Abb. 2.3*).

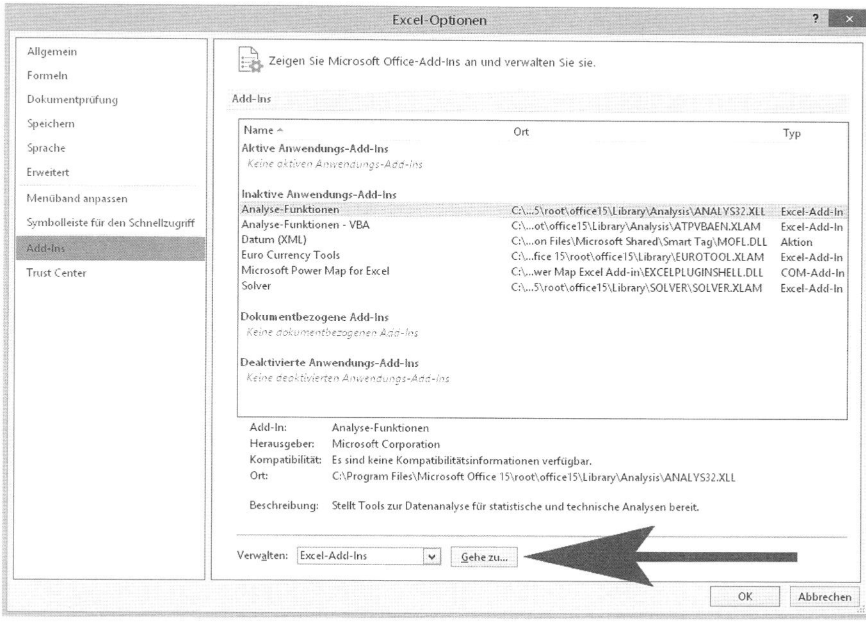

Abbildung 2.3: Wie man z. B. in Excel 2013 die Add-ins findet

Dann wählen Sie den Eintrag *Gehe zu*, um das Dialogfeld zu sehen, das man früher über den Menüpunkt *Extras/Add-Ins* zum Vorschein brachte. Hier kann nach wie vor der *Solver* oder auch jedes andere Add-in geladen werden. Deaktivieren Sie jetzt mal alle Einträge, falls überhaupt einer aktiv ist. Danach verwenden Sie in Excel eine der Funktionen, die früher nicht zur Standardpalette gehört haben. Sie werden sehen, es klappt. Auch die Hilfe-Funktion dieser Funktion ist aktiv. Damit vergrößert sich der Standardkatalog, insbesondere auch im Bereich der Finanzmathematik erheblich. Dort heißen wir die Funktionen

```
EFFEKTIV, NOMINAL, ...
```

im erlauchten Kreis der Standardfunktionen willkommen. Sie sind wirklich nicht mehr von den alten Standardfunktionen zu unterscheiden. Schreibt man ihren Namen in eine Zelle

```
=EFFEKTIV
```

erhalten Sie keine abstruse Zahl mehr, sondern `#NAME?`. Und bei Eingabe einer falschen Anzahl von Argumenten wie

```
=QUOTIENT(3;2;1)
```

erhalten Sie nicht mehr den Fehlerwert `WERT!`, sondern die Fehlermeldung, die Ihnen die Eingabe untersagt, so wie das für Standardfunktionen Gang und Gäbe ist. Auch die Parameterbeschreibung während der Formeleingabe wurde bei den Zusatzfunktionen in älteren Excel-Versionen nicht angeboten. Dieses Manko wurde ebenfalls ausgemerzt, wie in *Abb. 2.4* zu sehen ist.

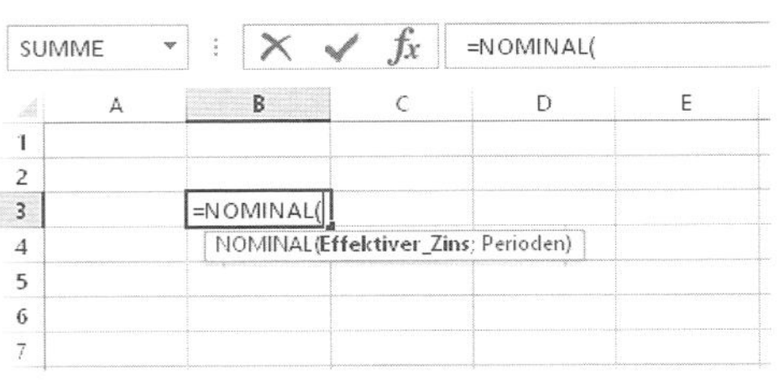

Abbildung 2.4: In den neueren Excel-Versionen werden Parameterbeschreibungen auch bei ehemaligen Add-in-Funktionen angeboten.

Außerdem wurde eine weitere Schwäche der Zusatzfunktionen eliminiert. Wenn Sie den englischen Namen einer Funktion nicht kennen, können Sie ja die deutsche Funktion eingeben und dabei den Makrorekorder laufen lassen. In dem aufgezeichneten Makro finden Sie dann die englische Bezeichnung. Dies galt bis Excel 2003 nur für die Standardfunktionen. Bei den Add-in-Funktionen klappte das nicht, dort wurde die deutschsprachige Bezeichnung aufgezeichnet. Auch dieses Phänomen gibt es nicht länger, die neuen Standardfunktionen gehorchen auch bei diesem Punkt. Auch das Übersetzungsproblem beim wechselseitigen Öffnen im deutsch- oder englischsprachigen Excel wurde ad acta gelegt.

Die Analysefunktionen waren früher grundsätzlich nicht »matrixformelfähig«. Soll bedeuten, eine Berechnung wie

```
=DEZINBIN({1.2.3.4.5})
```

die alle Binärzahlen von 1 bis 5 in einer Matrix liefern sollte, bringt bloß einen Fehlerwert. In den neueren Excel-Versionen wird korrekterweise

```
{"1"."10"."11"."100"."101"}
```

produziert.

Trotzdem ist Vorsicht geboten. Mit neueren Excel-Versionen erstellte Dateien sind grundsätzlich abwärtskompatibel, wenn Sie sie unter dem Dateityp *Excel 97-2003-Arbeitsmappe* abspeichern. Wenn Sie eine Datei einem Excel 2003-Benutzer zur Verfügung stellen, in der Sie voller Euphorie die neuen Freunde zum Einsatz gebracht haben, steckt dieser natürlich in dem gleichen Dilemma, das wir zu Beginn des Kapitels beschrieben haben. Deshalb sollten Sie im Zweifelsfall weiterhin auf eine der neuen Funktionen verzichten, falls diese sich leicht mit den Veteranen ersetzen lässt. Aber im Laufe der Zeit wird sich das auswachsen und Excel-Versionen, die Analysefunktionen ausgrenzen, werden Schnee von gestern sein. Dann gilt endlich für alle Funktionen: »We are one family«.

Übrigens, den Eintrag *Analysefunktionen* unter den Add-ins gibt es immer noch. Dieser aktiviert die zusätzlichen statistischen Auswertungen, die Sie gegebenenfalls über den Aufruf *Daten/Datenanalyse* benutzen können (*Abb. 2.5*).

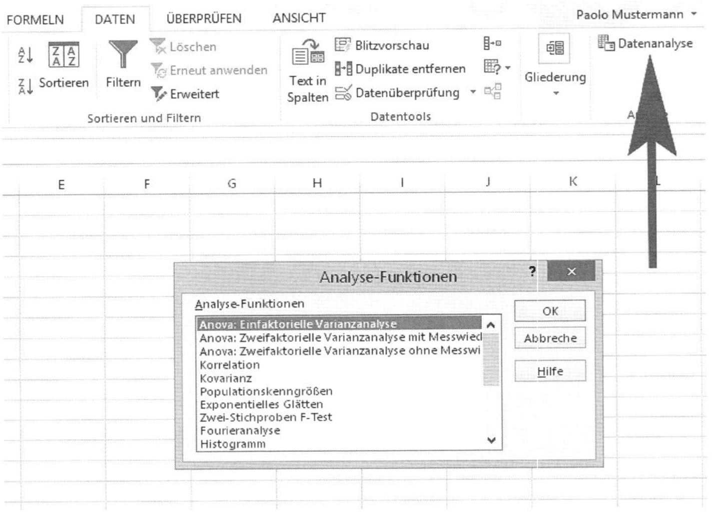

Abbildung 2.5: Statistische Sonderauswertungen werden nach wie vor über das Analyse-Add-in geladen.

Kapitel 3

Damit können Sie rechnen

Wenn Sie jemand fragt »Was lässt sich denn mit Excel so alles berechnen?«, so werden Sie wahrscheinlich ins Stocken geraten, auch wenn Sie ein versierter Excel-Anwender sind. »Alles Mögliche. Es gibt so viele verschiedene Excel-Funktionen, dass das fast keiner so genau sagen kann. Es gibt zum Beispiel unzählige statistische Funktionen, finanzmathematische Funktionen etc., da muss man schon Mathematiker sein, um durchzublicken.« So oder ähnlich könnte die Antwort lauten.

3.1 Befreiung vom Dogma der Funktionskategorien

Obwohl die integrierte Excel-Hilfe zu den einzelnen Funktionen teilweise sehr ausführlich und viel besser als ihr Ruf ist, scheuen sich die meisten User, sich wirklich mal durch den dichten Dschungel des Funktionskatalogs zu kämpfen. Stattdessen werden Berechnungen in VBA programmiert, obwohl für die aktuelle Problemstellung eventuell die passende Excel-Funktion standardmäßig verfügbar ist. Doch woran liegt das?

Ein Grund dafür könnte sein, dass die Kategorisierung der Funktionen nicht besonders hilfreich ist. *Statistische Funktionen*, was heißt das schon? Muss man Statistiker sein, um damit etwas anfangen zu können? Bei manchen Funktionen mag das der Fall sein, aber Funktionen wie MAX oder MIN kann eigentlich jeder Excel-Anwender gebrauchen. Trotz Kategorisierung sind die Funktionen so bunt durcheinander gewürfelt, dass es nicht möglich ist, einen globalen Überblick zu behalten, geschweige denn jemand anderem zu vermitteln.

Ein Beispiel: In der Kategorie *Statistik* stehen die Funktionen VARIANZENA, VARIATION und VARIATIONEN unmittelbar untereinander und klingen sehr ähnlich. Funktional haben sie aber überhaupt nichts miteinander zu tun. Die erste ermittelt ein Streuungsmaß, die zweite Werte eines exponentiellen Trends und die dritte gehört in den Bereich der Kombinatorik. Sie passt damit viel besser zur Funktion KOMBINATIONEN, die sich aber als völliger Außenseiter in der Kategorie *Math. & Trigonom.* tummelt. Auch der Begriff Matrixfunktionen ist kein aussagekräftiger Begriff für die Funktionen, die sich dahinter verbergen.

Um diese Verwirrung zu beseitigen, wollen wir uns von dem Dogma der vorgegebenen Funktionskategorien befreien und Funktionen so gruppieren, wie sie wirklich zusammengehören. Dadurch wird unseres Erachtens ein übergreifendes Verständnis des vollen Funktionsumfangs der Standardfunktionen erheblich erleichtert. Für eine detaillierte Darstellung der kompletten Funktionspalette reicht ein Kapitel natürlich nicht aus. Dies soll nur ein grober Überblick sein und Ihr Interesse für die eine oder andere Gruppe von Funktionen wecken. Wenn Sie dann tiefer in die Materie einsteigen wollen, geben Sie der integrierten Excel-Hilfe eine Chance und beherzigen Sie den abgedroschenen, aber dennoch wahren Satz: Probieren geht über Studieren.

Die Funktionen wurden ab Excel 2007 insofern aufgewertet, als es nun eine Rubrik innerhalb des Menübands gibt, die die verschiedenen Kategorien anzeigt. Ab Excel 2010 wurde dann noch eine Unterkategorie „Kompatibilität" ergänzt, in die einige Funktionen anderer Kategorien ausgelagert wurden, die offenbar auf der Abschlussliste stehen (*Abb. 3.1*).

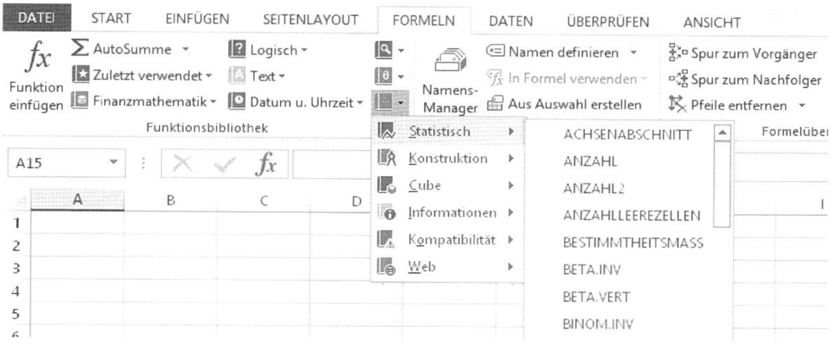

Abbildung 3.1: Funktionskategorien werden im Menüband angezeigt.

Abweichend von den vorgegebenen Funktionskategorien gliedern wir die Standardfunktionen in folgende 23 Fachgebiete (bei einzelnen Funktionen ist die Zuordnung nicht unumstritten und deshalb letztlich Geschmackssache – sie hätte auch anders erfolgen können). In der ersten Auflage des Zauberbuchs waren es nur 19 Gruppen. Wirklich neue, nennenswerte Funktionen gibt es seitdem mit SUMMEWENNS, ZÄHLENWENNS, MITTELWERTWENN, MITTELWERTWENNS, WENNFEHLER und AGGREGAT nur sechs. Diesmal integrieren wir aber die ehemaligen Add-in-Funktionen in den Rundflug. Einige davon ließen sich recht gut den vorhandenen 19 Gruppen zuordnen. Für die übrigen wurden drei eigene Pakete geschnürt. Eines davon behandelt ausschließlich Wertpapierfunktionen, ist also besonders für Finanzakrobaten interessant. Die Funktionen der Gruppe *Cube*, die ausschließlich für die Anbindung von OLAP-Datenbanken gedacht sind, behandeln wir nicht.

1.	Datumsfunktionen
2.	Zeitfunktionen
3.	Textfunktionen
4.	Datentypbeschreibung und -umwandlung
5.	Rechnen mit Bedingungen
6.	Rundungs- und Formatierungsfunktionen
7.	Verweisfunktionen
8.	Bereichsrückgabefunktionen
9.	Mathematik allgemein
10.	Lageparameter
11.	Streuungsmaße
12.	Regressionsrechnung
13.	Kombinatorik
14.	Statistische Verteilungen
15.	Matrizenrechnung
16.	Trigonometrie
17.	Zinseszins- und Rentenrechnung
18.	Abschreibungsmethoden
19.	Wertpapierfunktionen
20.	Umwandlung Zahlensysteme
21.	Komplexe Zahlen
22.	Exoten
23.	Neue Funktionen

Tabelle 3.1: Liste der Funktionen nach unserer Zuordnung

3.2 Datumsfunktionen

Die Funktion DATUM ermittelt aus den Bestandteilen *Jahr*, *Monat* und *Tag* ein Datum. In Excel steht hinter jedem Datum eine fortlaufende Ganzzahl, die der Anzahl der Tage entspricht, die zwischen dem 01.01.1900 und diesem Datum vergangen sind. Mit den Funktionen JAHR, MONAT und TAG kann dieses Datum wieder in die Einzelteile Jahr, Monat und Tag zerlegt werden.

Die Funktion DATWERT wandelt ein als String angegebenes Datum in die entsprechende fortlaufende Ganzzahl um.

Die Funktion HEUTE ermittelt bei jeder Neuberechnung die fortlaufende Ganzzahl des aktuellen Datums.

Die Funktion WOCHENTAG ermittelt eine Zahl von 1 bis 7, die den Tagen einer Woche entspricht.

Syntax	Beispiel	Wert	Datum
`=DATUM(Jahr;Monat;Tag)`	`=DATUM(2015;6;9)`	42164	09.06.2015
`=JAHR(Datum)`	`=JAHR(42164)`	2015	
`=MONAT(Datum)`	`=MONAT(42164)`	6	
`=TAG(Datum)`	`=TAG(42164)`	9	
`=DATWERT(Datumstext)`	`=DATWERT("09.06.2015")`	42164	09.06.2015
`=WOCHENTAG(Datum;Typ)`	`=WOCHENTAG("09.06.2015";2)`	2	

Tabelle 3.2: Beispiele zu herkömmlichen Datumsfunktionen

Darüber hinaus gibt es in der Kategorie *Datum* sechs neuere Funktionen, die aber nichts wirklich Neues bieten, da man sie auch in früheren Excel-Versionen durch herkömmliche Funktionen ersetzen konnte. Diese Substitution durch die Veteranen ist zwar nicht mehr wirklich nötig, hilft aber nach wie vor, die Rechenlogik zu verstehen, die dahinter steht.

MONATSENDE liefert den letzten Tag des Monats eines angegebenen Datums, wobei noch eine bestimmte Anzahl Monate voraus- oder zurückgerechnet werden kann. `MONATSENDE(Datum;0)` ergibt dasselbe wie

```
DATUM(JAHR(Datum);MONAT(Datum)+1;0)
```

In Worte gefasst: Der letzte Tag des laufenden Monats ist der »nullte« Tag des nächsten (+1) Monats. Wird noch ein Tag addiert, hat man stets den ersten Tag des Folgemonats. EDATUM addiert oder subtrahiert ebenfalls zu einem bestimmten Ausgangsdatum eine vorgegebene Anzahl Monate. `EDATUM(Datum;Monate)` ersetzt die herkömmliche Formel:

```
=MIN(DATUM(JAHR(A3);MONAT(A3)+B3+{1.0};{0.1}*TAG(A3)))
```

BRTEILJAHRE wandelt die Anzahl der ganzen Tage zwischen Ausgangsdatum und Enddatum in Bruchteile von Jahren um. Wie bei vielen finanzmathematischen Funktionen kann noch die Jahresbasis eingeben werden. Bei einer Jahresbasis von 2 mit 360 Tagen gilt die Gleichung

```
BRTEILJAHRE(A1;E1;2)=(E1-A1)/360
```

Die Funktion NETTOARBEITSTAGE und deren komplizierte Herleitung mit herkömmlichen Funktionen haben wir bereits in Kapitel 2 *Pro-Add-in: neue Freunde* demonstriert. Sie gibt die Anzahl der Arbeitstage in einem Zeitintervall zurück. Feiertage in dem Intervall können subtrahiert werden. Welche Feiertage dies sind, muss man aber selbst definieren. ARBEITSTAG macht genau das Gegenteil. Hier wird eine Anzahl Arbeitstage vorgegeben und Excel berechnet das resultierende Enddatum des Intervalls. Feiertage können ebenfalls definiert und berücksichtigt werden.

Schließlich gibt es die Funktion KALENDERWOCHE. Da die Funktion nach amerikanischem Standard rechnet, ist sie für Deutschland ungültig. Wir definieren die erste Kalenderwoche eines Jahres als die Woche, in die mindestens vier Tage fallen (ISO 8601).

Der amerikanische (der weltweit am häufigsten verbreitete) Standard besagt, dass die erste Kalenderwoche eines Jahres die Woche ist, die den 01. Januar enthält. Der Wochentag des Beginns der nächsten Kalenderwochen in den USA ist der Sonntag. Das führt in manchen Jahren zu der kuriosen Situation, dass es an drei aufeinanderfolgenden Tagen drei unterschiedliche Kalenderwochen gibt. Freitag, der 31.12.1999 war die KW 53, Samstag, der 01.01.2000 die KW 1 und Sonntag, der 02.01.2000 die KW 2. Die korrekte deutsche Berechnung lautet bei Datumsangabe in A1:

```
=KÜRZEN((A1-WOCHENTAG(A1;2)-DATUM(JAHR(A1+4-WOCHENTAG(A1;2));1;-10))/7)
```

Ab Excel 2010 gibt es für KALENDERWOCHE den Zusatz 21:

```
=KALENDERWOCHE(A1;21)
```

Damit wird obige lange Formel erschlagen. Überflüssigerweise wurde für Excel 2013 noch die Funktion `=ISOKALENDERWOCHE(A1)` »erfunden«. Die macht dasselbe.

3.3 Zeitfunktionen

Die Funktion ZEIT ermittelt aus den Bestandteilen *Stunde*, *Minute* und *Sekunde* eine Uhrzeit. In Excel steht hinter jeder Zeit eine Bruchzahl zwischen 0 und 1. 0,25 steht für 06:00 Uhr morgens, 0,5 steht für 12:00 mittags und 0,75 für 18:00 Uhr abends.

Die Funktionen STUNDE, MINUTE und SEKUNDE zerlegen diese als Bruchzahl ausgedrückte Uhrzeit wieder in ihre Bestandteile Stunde, Minute und Sekunde.

Die Funktion ZEITWERT wandelt eine als Zeichenkette angegebene Uhrzeit in die entsprechende Bruchzahl um.

Die Funktion JETZT ermittelt bei jeder Neuberechnung die fortlaufende Ganzzahl des aktuellen Datums, analog zu HEUTE zuzüglich der Bruchzahl der aktuellen Uhrzeit. Nur die aktuelle Uhrzeit erhalten Sie durch Subtraktion beider Funktionen: `=JETZT()-HEUTE()`.

Syntax	**Beispiel**	**Wert**	**Datum**
`=ZEIT(Stunde;Minute;Sekunde)`	`=ZEIT(15;20;15)`	**0,6390625**	**15:20:15**
`=STUNDE(Zahl)`	`=STUNDE(0,6390625)`	**15**	
`=MINUTE(Zahl)`	`=MINUTE(0,6390625)`	**20**	
`=SEKUNDE(Zahl)`	`=SEKUNDE(0,6390625)`	**15**	
`=ZEITWERT(Zeit)`	`=ZEITWERT("15:20:15")`	**0,6390625**	**15:20:15**

Tabelle 3.3: Beispiele zu Zeitfunktionen

Da als Zeichenkette ausgedrückte Zahlen durch Multiplikation mit 1 auch in Zahlen umgewandelt werden können, funktioniert im letzteren Fall auch

```
="15:20:15"*1 = 0,6390625
```

3.4 Textfunktionen

Die Funktion CODE rechnet jedes Zeichen in die fortlaufende Zahl des ANSI-Zeichensatzcodes um. ZEICHEN wandelt diesen Code in das entsprechende Zeichen um und ist somit die Umkehrfunktion von CODE. Mit Umkehrfunktion ist gemeint, dass bei Verschachtelung beider Funktionen der Eingabewert der inneren Funktion dem Ergebnis der äußeren Funktion entspricht:

```
=CODE(ZEICHEN(66))=66
```

Die eine Funktion macht quasi die Berechnung der anderen Funktion wieder rückgängig.

CODE und ZEICHEN funktionieren bis 255. Die mit Excel 2013 eingeführten Funktionen UNICODE und UNIZEICHEN bis 65.000, wenn's denn jemand braucht.

Die Funktionen SUCHEN und FINDEN suchen innerhalb eines Textes eine Zeichenfolge und geben die Positionsnummer des Suchtextes innerhalb des durchsuchten Textes zurück. Sie unterscheiden sich voneinander dadurch, dass Erstere nicht nach Groß- und Kleinschreibung unterscheidet, Letztere dagegen schon.

Die Funktion TEIL gibt den Teil eines Textes zurück, der sich aus der Vorgabe von Positionsnummer und Länge des Teilstrings ergibt. Sie ist in etwa die Umkehrfunktion von FINDEN/SUCHEN.

Wenn die Position des zurückzugebenden Teilstrings links oder rechts beginnt, nehmen Sie statt der Funktion TEIL die Funktionen LINKS oder RECHTS. Häufig ist es sinnvoll, eine dieser Funktionen mit der Funktion LÄNGE zu kombinieren, die die Anzahl Zeichen eines Textes zählt. Mit `LINKS(Text;LÄNGE(Text)-3)` können Sie beispielsweise die drei ersten Zeichen von rechts abschneiden.

Die Funktion VERKETTEN hängt verschiedene Texte aneinander, was allerdings durch das kaufmännische & genauso gut erledigt werden kann. WIEDERHOLEN verkettet ebenfalls Text. Hierbei ist es aber immer der gleiche Text und Sie können nur vorgeben, wie oft er wiederholt werden soll.

Die Funktionen KLEIN und GROSS wandeln alle Zeichen eines Textes in Klein- oder Großbuchstaben um. Auf numerische Ziffern oder Sonderzeichen haben diese Funktionen keine Auswirkung. GROSS2 schreibt nur das erste Zeichen jedes Worts in einem Text groß und den Rest klein. Die Wörter müssen nicht unbedingt durch Leerzeichen getrennt sein. Eine Trennung durch Bindestrich, Unterstrich oder ein anderes Sonderzeichen hat den gleichen Effekt.

GLÄTTEN entfernt überflüssige Leerzeichen (mehr als eines nebeneinander) eines Textes und entspricht in etwa den Trimm-Funktionen, die in diversen Programmiersprachen bekannt sind. SÄUBERN entfernt alle nicht druckbaren Zeichen.

IDENTISCH prüft, ob zwei Texte identisch sind, und unterscheidet sich von der einfachen Prüfung `=Text1=Text2` dadurch, dass sie zwischen Groß- und Kleinschreibung unterscheidet. Für Excel ist standardmäßig `="a"="A"=WAHR`. Die Funktion DELTA macht dasselbe, funktioniert aber nur für numerische Zeichen, was ihr jegliche Daseinsberechtigung entzieht. Statt WAHR/FALSCH liefert sie 1/0.

Die Funktion WECHSELN ersetzt eine Zeichenfolge innerhalb eines Textes durch eine andere. Die Funktion ERSETZEN macht fast das Gleiche. Der Unterschied besteht darin, dass Sie bei WECHSELN eine Zeichenfolge vorgeben, die innerhalb des Textes gesucht werden muss. Bei ERSETZEN geben Sie stattdessen die Position und die Länge der Zeichenfolge vor, die ausgetauscht werden soll. Es funktioniert auch die Länge 0.

Text	**Beispiel**	**Ergebnis**
X	=CODE(Text)	88
88	=ZEICHEN(Text)	X
Excel	=SUCHEN("e";Text)	1
Excel	=FINDEN("e";Text)	4
Excel	=TEIL(Text;4;1)	e
Excel	=LINKS(Text;2)	Ex
Excel	=RECHTS(Text;2)	el
	=VERKETTEN("E";"x";"c";"e";"l")	Excel
	="E"&"x"&"c"&"e"&"l"	Excel
Ha	=WIEDERHOLEN(Text;3)	HaHaHa
Formeln	=GROSS(Text)	FORMELN
Formeln	=KLEIN(Text)	formeln
KLAUS KÜHNLEIN	=GROSS2(Text)	Klaus Kühnlein
Klaus Kühnlein	=GLÄTTEN(Text)	Klaus Kühnlein
a b	=SÄUBERN(Text)	ab
	=IDENTISCH("a";"A")	FALSCH
	="a"="A"	WAHR
	= DELTA("3";"3")	1
	= DELTA("a";"A")	#WERT!
Alphorn	=WECHSELN(Text;"hor";"i")	Alpin
Alphorn	=ERSETZEN(Text;4;3;"i")	Alpin

Tabelle 3.4: Beispiele zu Textfunktionen

3.5 Datentypbeschreibung und -umwandlung

Unter Programmierern gehört es zum elementaren Basiswissen, dass Daten unterschiedliche Datentypen besitzen. Die in Excel relevanten Datentypen sind *Zahl*, *Text* (String), *boolescher Wert* (WAHR/FALSCH) und *Fehlerwert*.

Die Funktion T wandelt ein Argument in einen Text um. Zahlen werden in eine leere Zeichenfolge (Text mit Länge 0) umgewandelt. Die Funktionen N und WERT wandeln ein Argument in eine Zahl um. Da sich ein alphanumerisches Zeichen nicht wirklich in eine Zahl umwandeln lässt (vom Zeichencode einmal abgesehen), liefert WERT in diesem Fall den Fehlerwert #WERT!. N macht stattdessen eine 0 daraus. N eignet sich unter anderem prima dazu, Kommentare in Formeln zu platzieren, ohne Einfluss auf das Ergebnis zu nehmen. Beispiel:

```
=IKV({-10.4.4.4};0)+N("Diese Formel berechnet den internen Zinsfuß einer
Zahlungsreihe")
```

Die Funktionen TYP und FEHLER.TYP geben eine Ganzzahl zurück, die angibt, um welchen Datentyp bzw. Fehlertyp es sich bei einem Argument handelt.

Eine ähnliche Aufgabe erfüllen die Funktionen ISTFEHL, ISTBEZUG, ISTFEHLER, ISTKTEXT, ISTLEER, ISTLOG, ISTNV, ISTTEXT und ISTZAHL. Das Ergebnis dieser Funktionen ist aber keine Ganzzahl, sondern ein boolescher Wert: WAHR oder FALSCH.

Mit ISTGERADE und ISTUNGERADE können Sie prüfen, ob eine Zahl durch zwei teilbar ist. Sie ignorieren Nachkommastellen und rechnen das Gleiche wie:

```
ISTGERADE: =REST(KÜRZEN(A1);2)=0
ISTUNGERADE: =REST(KÜRZEN(A1);2)=1
```

VORZEICHEN gibt an, ob eine Zahl positiv, negativ oder null ist.

Wert/Text	Beispiel	Ergebnis
123	`=T(Zellwert)`	
A	`=WERT(Zellwert)`	#WERT!
A	`=N(Zellwert)`	0
#NV	`=TYP(Zellwert)`	16
#NV	`=FEHLER.TYP(Zellwert)`	7

Tabelle 3.5: Beispiele zu Datentypfunktionen

Wert/Text	Beispiel	Ergebnis
#DIV/0!	=ISTFEHL(Zellwert)	WAHR
123	=ISTBEZUG(Zellwert)	WAHR
#NV	=ISTFEHLER(Zellwert)	WAHR
123	=ISTKTEXT(Zellwert)	WAHR
A	=ISTLEER(Zellwert)	FALSCH
WAHR	=ISTLOG(Zellwert)	WAHR
#NV	=ISTNV(Zellwert)	WAHR
123	=ISTTEXT(Zellwert)	FALSCH
123	=ISTZAHL(Zellwert)	WAHR
2,12	=ISTGERADE(Zellwert)	WAHR
123	=VORZEICHEN(Zellwert)	1

Tabelle 3.5: Beispiele zu Datentypfunktionen (Forts.)

Die Funktion ANZAHLLEEREZELLEN zählt leere Zellen und Zellen mit der Länge 0. Eine Zelle mit der Länge 0 muss nicht unbedingt leer sein, sie könnte auch einen sogenannten Nullstring ="" enthalten. Die Funktion ISTLEER liefert FALSCH, wenn eine Zelle einen solchen Leerstring enthält. Für die Funktion ANZAHLLEEREZELLEN ist sogar eine Zelle mit der Formel

```
=WENN(1;"")
```

leer und sie zählt deshalb eine 1 für diese Zelle. Sehr vielseitig ist die ehemalige Add-in-Funktion UMWANDELN, die eine in einer bestimmten Maßeinheit angegebene Zahl in eine andere Maßeinheit umwandelt. Die Maßeinheiten sind in folgende Kategorien unterteilt:

- **Gewichte:** z. B. Gramm, Unze
- **Entfernung:** Meter, Meile, Seemeile, Fuß, Yard, Zoll, Angstrom, Pica
- **Zeit:** Jahr, Tag, Stunde, Minute, Sekunde
- **Druck:** Pascal, Atmosphäre; mm Quecksilber
- **Kraft:** z. B. Newton
- **Energie:** z. B. Joule, Kalorien, Wattstunde
- **Magnetismus:** Tesla, Gauss

- **Temperatur:** Celsius, Fahrenheit, Kelvin
- **Flüssigmaße:** z. B. Esslöffel, Tasse, Liter, Gallone

Metrische Maße wie Gramm und Meter können außerdem in die Einheitenpräfixe *kilo*, *mega*, *giga* usw. umgewandelt werden.

Beispielsweise entspricht eine Seemeile

`=UMWANDELN(1;"Nmi";"km") = 1,852`

Kilometern. Stammen die Parameter *Von_Maßeinheit* und *In_Maßeinheit* nicht aus der gleichen Gruppe, gibt es einen Fehlerwert. Logo, denn sieben Esslöffel lassen sich nicht in Grad Fahrenheit umrechnen.

3.6 Rechnen mit Bedingungen

Ein Gebiet, das auch allen Programmierern und Datenbankentwicklern sofort ein Begriff ist, ist das Rechnen mit Bedingungen. Mit zentraler Bedeutung fallen einem dazu die Begriffe WENN – UND-ODER – DANN – SONST ein.

Die Funktionen UND, ODER und NICHT liefern Wahrheitswerte, die zum Ausdruck bringen, ob eine Bedingung erfüllt ist oder nicht. Die Wahrheitswerte WAHR und FALSCH besitzen gleichnamige Funktionen, die völlig sinnfrei sind und laut Excel-Hilfe nur aus Kompatibilitätsgründen zu anderen Programmen zur Verfügung stehen. `=WAHR()` liefert WAHR. Das ist so, als gäbe es eine Funktion =EINS(), die den Wert 1 liefert.

Die Funktion WENN kann abhängig von einer solchen Bedingungsprüfung eine *Dann*-Berechnung beziehungsweise eine *Sonst*-Berechnung durchführen.

Die Funktion WAHL kann – im Gegensatz zu den zwei Alternativen (*Dann_Wert/ Sonst_Wert*) der WENN-Funktion – 254 alternative Berechnungen durchführen. Die Prüfung erfolgt deshalb nicht über die Wahrheitswerte WAHR und FALSCH, sondern über einen fortlaufenden Index von 1 bis 254. Vor Excel 2007 konnte man nur 29 Alternativen eingeben.

Die Funktionen WENN und WAHL überprüfen (standardmäßig) eine Zelle auf **eine oder mehrere** Bedingungen. Die Funktionen ZÄHLENWENN und SUMMEWENN fragen einen ganzen Bereich ab, können dabei aber **nur eine** Bedingung prüfen. ZÄHLENWENN zählt alle Zellen, auf die die Bedingung zutrifft; SUMMEWENN summiert für jede Zelle mit erfüllter Bedingung den Zellwert dieser oder benachbarter bzw. gleich indizierter Zellen.

Die Datenbankfunktionen DBSUMME, DBANZAHL, DBMAX, DBMIN usw. können beliebig viele Zellen (Datensätze) hinsichtlich beliebig vieler Bedingungen überprüfen. Damit vereinen sie die Möglichkeiten von WENN, SUMMEWENN und ZÄHLEN-

WENN und sind damit sehr mächtig. Außerdem können sie nicht nur zählen und summieren, sondern auch weitere statistische Größen, beispielsweise Standardabweichung und Varianz, berechnen. Leider ist ihre Handhabung etwas umständlich und sie arbeiten nicht autark, da jede unterschiedliche Berechnung einen Bereich in der Tabelle verlangt, in dem die Suchkriterien definiert werden.

Aufgrund dieser umständlichen Bedienung sind die Datenbankfunktionen nicht besonders beliebt. Trotzdem besteht eine rege Nachfrage nach Auswertungen mit mehreren Bedingungen. Deshalb wurden die beiden neuen Funktionen SUMMEWENNS und ZÄHLENWENNS geschaffen, die mehrere Bedingungen auf einmal verarbeiten können. Und für die goldene Mitte gibt es mit MITTELWERTWENN und MITTELWERTWENNS nun auch Entsprechungen. Mit MINWENN und MAXWENN hätte man das konsequent fortführen können, hat man aber nicht. Schade, darauf müssen wir wohl bis Excel ???? warten.

Formel	**Ergebnis**
=WENN(WAHR;3;5)	3
=ODER(WAHR;FALSCH)	WAHR
=UND(WAHR;FALSCH)	FALSCH
=UND(WAHR;WAHR)	WAHR
=WENN(UND(ODER(1;0);1);UND(0;1);5)	FALSCH
=UND(ODER(1;1);NICHT(FALSCH))	WAHR
=WAHL(2;"eins";"zwei";"drei")	zwei

Tabelle 3.6: Beispiel zum Rechnen mit Bedingungen

Eine geniale Erfindung ist die längst überfällige Funktion WENNFEHLER, mit der ein wesentlich einfacheres Abfangen von Fehlern in Formeln möglich wird. Zum Beispiel beim SVERWEIS. Wenn diese Funktion einen Suchbegriff nicht finden kann, liefert sie den Fehlerwert #NV. Stattdessen möchte man eventuell lieber den Text »nicht vorhanden« sehen. Vor der Einführung von WENNFEHLER hätte man in diesem Fall wie folgt formuliert:

```
=WENN(ISTNV(SVERWEIS("x";A:C;3;0));"nicht vorhanden"; SVERWEIS("x";A:C;3;0))
```

Zum einen nervt die doppelte Eingabe desselben Formelteils. Zum anderen bindet die redundante Berechnung natürlich unnötige CPU-Ressourcen. Mit der Funktion WENNFEHLER genügt stattdessen

```
=WENNFEHLER(SVERWEIS("x";A:C;3;0); "nicht vorhanden")
```

Der redundante Formelteil wird nicht mehr benötigt, Excel weiß auch so, was zu tun ist.

I16 | =MITTELWERTWENNS(C:C;A:A;E7;B:B;F7)

	A	B	C	D	E	F	G	H	I
1	Kriterium 1	Kriterium 2	Wert		Formel				Ergebnis
2	b	x	3		=ZÄHLENWENN(A:A;"a")				6
3	a	x	6		=SUMMEWENN(A:A;"<a"C:C)				45
4	a	x	4		=MITTELWERTWENN(A:A;"a";C:C)				5,166667
5	b	y	4						
6	c	z	2		Kriterium1	Kriterium2			
7	a	z	7		a	y			
8	a	y	6		b	x			
9	b	y	4						
10	c	y	6		=DBSUMME(A:C;"Wert";E6:F7)				13
11	b	x	7		=DBMAX(A:C;"Wert";E6:F8)				7
12	c	x	10		=DBANZAHL2(A:A;"Kriterium1";E6:E8)				10
13	a	y	7						
14	c	y	9		=SUMMEWENNS(C:C;A:A;E7;B:B;F7)				13
15	a	x	1		=ZÄHLENWENNS(A:A;E7;B:B;F7)				2
16					=MITTELWERTWENNS(C:C;A:A;E7;B:B;F7)				6,5
17									

Abbildung 3.2: Rechnen mit Bedingungen

3.7 Rundungs- und Formatierungsfunktionen

Die Funktion TEXT formatiert eine Zahl und wandelt das Ergebnis in einen Text um. Fast alle Zahlenformate, die sich über das Dialogfeld *Zellen formatieren* einstellen lassen, können Sie ebenso mit dieser Funktion erzeugen. Somit können Sie mit dieser Funktion unter anderem auch runden. Excel bietet eine ganze Reihe weiterer Rundungsfunktionen, die auf den ersten Blick oft gleiche Ergebnisse liefern, aber trotzdem feine Unterschiede haben, die man nicht außer Acht lassen darf.

Die Funktionen RUNDEN, FEST und DM runden nach einer beliebigen Anzahl Stellen auf oder ab. Ab 0,5 wird stets aufgerundet. Sie liefern das identische Ergebnis, außer dass FEST und DM Texte liefern. DM liefert zusätzlich das gemäß Ländereinstellung aktuell gültige Währungssymbol. Bei DM setzt die Multiplikation mit 1 voraus, dass das Währungssymbol mit einer Textfunktion abgeschnitten wurde. Die nicht dokumentierte Funktion USDOLLAR macht exakt dasselbe.

Die Funktionen ABRUNDEN, KÜRZEN, UNTERGRENZE und GANZZAHL runden nach unten ab. Bei ABRUNDEN und KÜRZEN kann eine beliebige Anzahl Stellen vorgegeben werden. Enthält das Argument *Anzahl_Stellen* eine negative Zahl, kann auf volle Zehnerpotenzen (vor dem Komma) gerundet werden. Mit UNTERGRENZE kann man noch feiner justieren, da auf das nächstliegende Vielfache einer beliebig definierbaren Schrittweite abgerundet werden kann. GANZZAHL schneidet einfach alle

Nachkommastellen ab. Die gleiche Funktion mit zwei G, also GGANZAHL führt die völlig banale Prüfung

```
=(A1>=B1)*1
```

durch. QUOTIENT ist keinen Deut nützlicher und liefert lediglich den ganzzahligen Teil einer Division, genau wie

```
GANZZAHL(Zahl1/Zahl2)
```

AUFRUNDEN und OBERGRENZE runden nach oben auf und funktionieren ansonsten wie ihre Pendants zum Abrunden.

VRUNDEN rundet auf das beliebige Vielfache einer Zahl auf oder ab und macht damit das Gleiche wie

```
=RUNDEN(Zahl/Vielfaches;0)*Vielfaches
```

VRUNDEN liefert stets entweder das Ergebnis von UNTERGRENZE, falls abgerundet wird, oder das von OBERGRENZE, falls aufgerundet wird.

GERADE und UNGERADE runden positive Zahlen auf die nächste gerade bzw. ungerade Zahl auf und im negativen Bereich ab.

ABS liefert den Absolutwert einer Zahl.

Wert	**Formel**	**Ergebnis**
2,336	=TEXT(Wert;"#.##0,00")	2,34
2,336	=DM(Wert;2)	2,34 €
2,336	=FEST(Wert;2)	2,34
2,336	=ABRUNDEN(Wert;2)	2,33
2,336	=ABS(Wert)	2,336
2,336	=AUFRUNDEN(Wert;2)	2,34
2,336	=GANZZAHL(Wert)	2
2,336	=GERADE(Wert)	4
2,336	=KÜRZEN(Wert;2)	2,33
2,336	=OBERGRENZE(Wert;0,05)	2,35

Tabelle 3.7: Beispiele zu Rundungsfunktionen

Wert	Formel	Ergebnis
2,336	`=VRUNDEN(Wert;0,05)`	2,35
2,336	`=RUNDEN(Wert;2)`	2,34
2,336	`=UNGERADE(Wert)`	3
2,336	`=UNTERGRENZE(Wert;0,05)`	2,3
12345	`=RUNDEN(Wert;-3)`	12000

Tabelle 3.7: Beispiele zu Rundungsfunktionen (Forts.)

3.8 Verweisfunktionen

Schauen Sie noch einmal auf die in der ersten Abbildung dieses Kapitels dargestellten Funktionskategorien. Excel bietet dort auch eine Gruppe Verweisfunktionen (*Nachschlagen und Verweisen*) an und gibt damit indirekt zu, dass der Name der Kategorie *Matrix* irreführend ist. Hat sich Microsoft das etwa von uns abgeschaut? Immerhin haben wir diese Funktionsgruppe auch in der ersten Auflage von *Excel – Das Zauberbuch* schon so benannt ;-).

Verweisfunktionen durchsuchen Bereiche nach Suchkriterien. Wer mit großen Datenmengen hantiert und verschiedene Datentabellen miteinander in Beziehung setzen muss, benötigt Verweise. In einer Datenbank geschieht dies durch die Verknüpfung von Datenbanktabellen über (in der Regel) sogenannte 1:n-Beziehungen. In Excel wird diese Methodik mit Verweisfunktionen durchgeführt.

`SVERWEIS(Suchkriterium;Matrix;Spaltenindex;Bereich_Verweis)` durchsucht die linke Spalte eines Bereichs oder einer Matrix nach einem Suchkriterium und gibt vom ersten Treffer eine rechts benachbarte Zelle zurück. WVERWEIS macht das Gleiche, nur 90 Grad versetzt, durchsucht also die oberste Zeile eines Bereichs oder einer Matrix und gibt einen Wert zurück, der sich in derselben Spalte wie der Treffer befindet. Bei beiden Funktionen kann vorgegeben werden, ob nur dann ein Ergebnis geliefert werden soll, wenn eine genaue Übereinstimmung mit dem Suchkriterium besteht. Soll auch ein Ergebnis geliefert werden, wenn es keine genaue Übereinstimmung gibt, muss die Suchspalte oder -zeile aufsteigend sortiert sein. Dann wählt die Funktion den größten Treffer aus, der kleiner oder gleich dem Suchkriterium ist. Diese Variante ist dann sinnvoll, wenn innerhalb von Intervallen gesucht werden soll. Ein klassischer Anwendungsfall ist hierbei die umsatzabhängige Provisionsvergütung oder die Schulnote, die von der erreichten Punktzahl abhängig ist.

`VERWEIS(Suchkriterium;Suchvektor;Ergebnisvektor)` ohne S und W erfüllt fast den gleichen Zweck und ist dabei hinsichtlich der Suchrichtung etwas flexibler. Sie kann zeilen- oder spaltenweise suchen, je nach Vorgabe. Sie könnte sogar in einer Zeile suchen, das Ergebnis aber aus einer Spalte liefern. Andererseits muss bei VERWEIS der Suchvektor stets aufsteigend sortiert sein, um ein verlässliches Ergebnis zu gewährleisten. Geliefert wird immer der bestmögliche Treffer, der kleiner oder gleich dem Suchkriterium ist. Da in der Mehrzahl der Fälle allerdings nach einer genauen Übereinstimmung gesucht wird, sind die Einsatzgebiete von VERWEIS begrenzt.

`VERGLEICH(Suchkriterium;Suchmatrix;Vergleichstyp)` durchsucht ebenfalls wahlweise eine Spalte (vertikale Matrix) oder eine Zeile (horizontale Matrix) und sucht entweder nach einer genauen Übereinstimmung oder dem nächstgelegenen Treffer. Zusätzlich zu `(W/S)VERWEIS` kann der Suchvektor hier auch absteigend sortiert sein, dann wird der kleinste Eintrag gewählt, der größer oder gleich dem Suchkriterium ist. In diesem Fall muss die Suchmatrix absteigend sortiert sein. Bei dieser Funktion muss keine Ergebniszeile oder -spalte angegeben werden, da sie als Ergebnis eine Ganzzahl liefert, die die Position des Suchkriteriums innerhalb der zu durchsuchenden Zeile (horizontale Matrix) oder Spalte (vertikale Matrix) darstellt.

Die Datenbankfunktion `DBAUSZUG(Datenbank;Datenbankfeld;Suchkriterien)` sucht immer vertikal und kann nach links oder rechts blicken. Sie ist die einzige Verweisfunktion, die standardmäßig mehrere Bedingungen verarbeiten kann. Sie sucht stets nach einer genauen Übereinstimmung. Wenn die Suchkriterien aber auf mehrere Datensätze zutreffen, nimmt sie nicht den ersten Treffer (wie die anderen Verweisfunktionen), sondern liefert eine Fehlermeldung.

	A	B	C	D	E	F	G	H
1	Kriterium1	Kriterium2	Wert		Formel			Ergebnis
2	m	10	96,23		=SVERWEIS("c";A:C;3;0)			64,99
3	g	12	88,6		=SVERWEIS(15;B:C;2;1)			24,1
4	d	14	24,1		=SVERWEIS(15;B:C;2;0)			#NV
5	l	16	29,37		=WVERWEIS("Kriterium2";A1:C15;5;0)			16
6	a	18	55,8		=VERGLEICH("a";A:A;0)			6
7	c	20	64,99		=VERGLEICH("a";A2:A10;0)			5
8	i	22	13,66		=VERGLEICH(35;B:B;1)			14
9	h	24	8,67					
10	b	26	21,63		Kriterium1	Kriterium2		
11	k	28	74,06		h	24		
12	e	30	41,2					
13	f	32	78,66		=DBAUSZUG(A:C;"Wert";E10:F11)			8,67
14	j	34	57,2					
15	n	36	69,38					
16								

Abbildung 3.3: Verweisfunktionen

3.9 Bereichsrückgabefunktionen

Die Funktionen dieser Gruppe sind 100% Excel-spezifisch. Zeilen, Spalten und Zellen beschreiben Excel-Bereiche bzw. -Tabellen, die sozusagen das lebensnotwendige Skelett einer jeden Excel-Anwendung darstellen.

Mit den Funktionen `BEREICH.VERSCHIEBEN(Bezug;Zeilen;Spalten; Höhe;Breite)`, `INDEX (Bezug;Zeile;Spalte)` und `INDIREKT(Bezug)` werden Excel-Bereiche definiert und verändert. Die ersten beiden können aus einem vorgegebenen Ausgangsbereich eine ganze Spalte, Zeile oder einzelne Zelle zur weiteren Verarbeitung herauspicken. Nur bei INDEX kann statt des Bereichs auch eine Matrix(-konstante) vorgegeben werden. Mit BEREICH.VERSCHIEBEN können Bereiche sogar völlig neu dimensioniert und verschoben werden. INDIREKT wandelt eine Bereichsangabe im Textformat in einen Bereich um. Dabei kann der Bereich (Bezug) direkt als Text oder aber auch als Bezug auf eine Zelle, die den Bereich in Textform enthält, angegeben werden. Die Bereichsangabe kann auch auf eine nicht aktive Tabelle und sogar auf eine andere Arbeitsmappe verweisen, die aber geöffnet sein muss, um ein Ergebnis zu erhalten.

MTRANS transponiert einen Bereich oder eine Matrix, macht also aus Spalten Zeilen und aus Zeilen Spalten. Die Funktionen ZEILE und SPALTE liefern die fortlaufende Ganzzahl der Zeile bzw. Spalte des angegebenen Bezugs. Enthält der angegebene Bezug mehrere Zeilen oder Spalten, lassen sich flexibel einsetzbare Zahlenfolgen erzeugen, worauf im Laufe dieses Buchs noch sehr ausführlich eingegangen wird. ZEILEN und SPALTEN geben die Anzahl der Zeilen und Spalten des angegebenen Bereichs zurück.

ADRESSE gibt aus der Angabe von Zeilen- und Spaltennummer eine Zelladresse im Textformat aus. Da INDIREKT eine solche Zelladresse in Textform erwartet, können diese beiden Funktionen gut miteinander kombiniert werden.

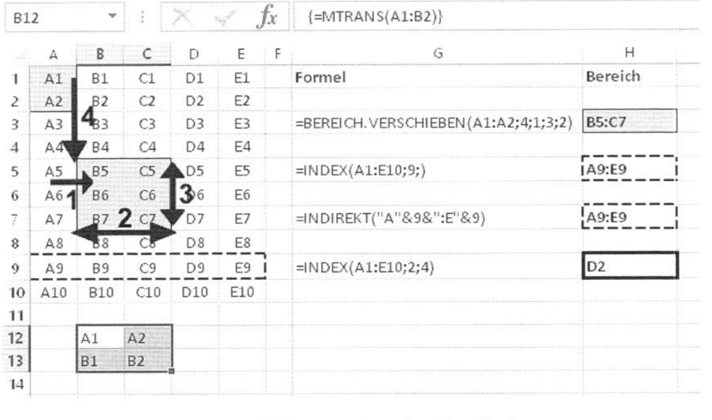

Abbildung 3.4: Bereichsrückgabefunktionen

Die Funktion BEREICHE zählt die innerhalb eines Bezugs aufgeführten Bereiche.

Formel	Ergebnis
=ZEILE(A3)	3
=SPALTE(B3)	2
=ZEILEN(A1:E10)	10
=SPALTEN(A1:E10)	5
=BEREICHE((A1:B2;C5:D6))	2
=ADRESSE(20;30)	$AD$20

Tabelle 3.8: Beispiele zu den Bereichsrückgabefunktionen

3.10 Mathematik allgemein

Diese Funktionen gehören auch auf jeden handelsüblichen Taschenrechner.

EXP liefert eine Potenz der Eulerschen Zahl $e = 2{,}718$ und LN kehrt diese Berechnung um, indem sie den natürlichen Logarithmus zur Basis e liefert.

LOG10 liefert den Logarithmus einer Zahl zur Basis 10 und LOG zu einer beliebigen Basis.

Auch die Funktionen POTENZ, PRODUKT, SUMME und WURZEL können kaum verbergen, was sie im Schilde führen.

Formel	Ergebnis
=EXP(1)	2,71828183
=EXP(2)	7,3890561
=LN(EXP(2))	2
=LOG10(100)	2
=LOG(3^5;3)	5
=POTENZ(3;4)	81
=PRODUKT(2;3;4)	24
=SUMME(2;3;4)	9
=WURZEL(2)	1,41421356

Tabelle 3.9: Beispiele zu mathematischen Funktionen

Ein besonderes Augenmerk verdient die Funktion REST, die den Rest einer Division zurückgibt.

```
=REST(5;3)=2 denn 5/3 = 1 + 2/3
=REST(26;7)=5 denn 26/7 = 3 + 5/7
```

Das scheint auf den ersten Blick nichts Besonderes zu sein, doch diese Funktion ist sehr nützlich. Mit dem Divisor 7 ersetzt sie beispielsweise die Funktion WOCHENTAG vollständig, denn es gilt

```
=REST(Datum-2;7)+1 = WOCHENTAG(Datum;2)
```

Beides nummeriert die Wochentage von Montag bis Sonntag von 1 bis 7 durch. Aber das ist nur eine von vielen Facetten dieses Allrounders.

GGT und KGV sind zwei leistungsstarke neue Funktionen (ehemalige Add-ins), die man bis Excel 2003 nur sehr mühsam und eingeschränkt mit Standardfunktionen nachbauen konnte. Sie ermitteln die größten gemeinsamen Teiler bzw. kleinsten gemeinsamen Vielfache von bis zu 255 Zahlen zurück.

```
=KGV(2;4;8;12;16) = 48
=GGT(51;85;136)=17
```

3.11 Lageparameter

Damit kommen wir zu den ersten statistischen Funktionen, die aber kein Hexenwerk irgendwelcher Spezialisten sind, sondern auch von Otto Normalverbraucher verwendet werden können. Unter Lageparametern versteht man einfach zu verstehende und in der Regel vertraute statistische Kennzahlen, von denen Excel folgende zur Berechnung anbietet:

MAX liefert den größten Wert einer Datenreihe, MIN den kleinsten. Wenn Sie auch der zweitgrößte oder zweitkleinste Wert interessiert, nehmen Sie die Funktionen `KGRÖSSTE(Matrix;k)` bzw. `KKLEINSTE(Matrix;k)`. Die Funktion `RANG(Zahl;Bezug;Reihenfolge)` stellt die Umkehrfunktion dieser Funktionen dar. Bei ihr geben Sie einen Wert der Datenreihe vor. Sie berechnet dann, der wievielt größte oder kleinste er in dieser Datenreihe ist.

Wenn statt des absoluten Rangs der relative RANG gewünscht ist, erledigt dies die Funktion QUANTILSRANG, die den Rang der gesuchten Zahl in das Verhältnis zur Anzahl aller Werte stellt. Wie genau sie rechnet, veranschaulicht folgende Gleichung:

```
=QUANTILSRANG(Werte;x)=(RANG(x;Werte;1)-1)/(ANZAHL(Werte)-1)
```

Auch QUANTILSRANG hat eine Umkehrfunktion namens QUANTIL, die quasi wie KKLEINSTE funktioniert, mit dem Unterschied, dass sie statt eines Absolutwerts *k* eine Prozentzahl *alpha* erwartet. Die Umkehrung beider Funktionen erhält man mit:

```
=QUANTIL(Werte;QUANTILSRANG(Werte;X;15))=X
```

Der MEDIAN berechnet die Zahl, die in der Mitte aller Werte der Datenreihe liegt. Das heißt, die eine Hälfte der Werte ist kleiner als der Median und die andere Hälfte der Werte ist größer. Bei einer geraden Anzahl der Werte innerhalb der Datenreihe errechnet er sich aus dem arithmetischen Mittel der beiden Werte, die am nächsten in der Mitte liegen. Die Funktion QUARTILE teilt die beiden durch den Median geteilten Hälften in zwei weitere Hälften, sodass es drei Quartile (unteres, mittleres und oberes) gibt. Die Funktion liefert zwar fünf Werte, doch der erste und fünfte Wert sind überflüssig, denn die entsprechen dem Minimum bzw. dem Maximum.

Zwischen Quartilen und Quantilen besteht der Zusammenhang:

```
=QUARTILE(A2:A22;0)=MIN(A2:A22)
=QUARTILE(Werte;1)=QUANTIL(Werte;25%)
=QUARTILE(Werte;2)=QUANTIL(Werte;50%)
=QUARTILE(Werte;3)=QUANTIL(Werte;75%)
=QUARTILE(A2:A22;4)=MAX(A2:A22)
```

Der MODALWERT liefert den häufigsten Wert einer Datenreihe. Wenn jeder Wert einmalig ist, liefert er eine Fehlermeldung.

Weiterhin gibt es eine Reihe von Durchschnittsfunktionen. MITTELWERT liefert das arithmetische Mittel, das man auch mit

```
=SUMME(Werte)/ ANZAHL(Werte)
```

darlegen könnte.

GEOMITTEL liefert das geometrische Mittel mit dem Pendant

```
=PRODUKT(Werte)^(1/ANZAHL(Werte))
```

und HARMITTEL das harmonische Mittel einer Datenreihe, die gleichfalls der Logik

```
{=1/(SUMME(1/Werte)/ANZAHL(Werte))}
```

gehorcht.

GESTUTZMITTEL liefert das arithmetische Mittel einer Datenreihe, bei der Ausreißer an den Rändern unberücksichtigt bleiben.

Die Funktionen MITTELWERT, MIN und MAX gibt es in einer zweiten Ausführung, bei der dem Funktionsnamen A angehängt wird, also MITTELWERTA, MINA und MAXA. Diese Funktionen unterscheiden sich dadurch, dass Texte und Wahrheitswerte anders interpretiert werden. In der Standardform werden Texte und Wahrheitswerte ignoriert. Mit dem A-Anhang wird WAHR als 1 und FALSCH und Text als 0 interpretiert.

E17 | {=QUARTILE(A2:A22;{1.2.3.4})}

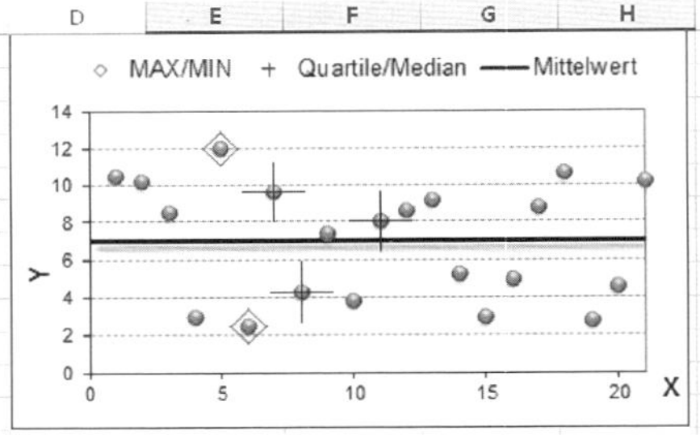

	A	B	C	D	E	F	G	H
1	Werte	sortiert						
2	10,449	2,490						
3	10,149	2,795						
4	8,520	2,916						
5	2,916	2,964						
6	11,991	3,809						
7	2,490	4,282						
8	9,666	4,559						
9	4,282	4,969						
10	7,359	5,220						
11	3,809	7,359						
12	7,994	7,994						
13	8,641	8,520		Lageparameter:				
14	9,195	8,641		MAX	11,991		MIN	2,490
15	5,220	8,798		MITTTELWERT	7,028		ANZAHL	21
16	2,964	9,195		MEDIAN	7,994		MODALWERT	#NV
17	4,969	9,666		QUARTILE	4,282	7,9937	9,6662	11,991
18	8,798	10,149		KKLEINSTE(2)	2,795		KGRÖSSTE(2)	10,631
19	10,631	10,188		RANG(2,7952)	20		RANG(10,6314)	2
20	2,795	10,449		GEOMITTEL	6,264		HARMITTEL	5,472
21	4,559	10,631					GESTUTZMITTEL(10%)	7,005
22	10,188	11,991					GESTUTZMITTEL(0%)	7,028
23								

Abbildung 3.5: Lageparameter

3.12 Streuungsmaße

Lageparameter reichen oft nicht aus, um Merkmale einer Datenreihe befriedigend zu beschreiben. Angenommen, Sie haben ein Steak gegrillt, das auf der einen Seite noch roh und blutig, aber auf der anderen Seite total verkohlt ist. Im Durchschnitt ist es gut durch, aber es schmeckt garantiert scheußlich. Zwei Datenreihen können gleiche Extrempunkte oder Mittelwerte haben, aber trotzdem eine völlig unterschiedliche Streuung aufweisen, die mithilfe von Streuungsparametern bestimmt werden.

Die Funktion `HÄUFIGKEIT(Daten;Klassen)` teilt die Werte der Datenreihe in Intervalle bzw. Häufigkeitsklassen ein. Das Array `{6.9}` im Argument `Klasse` teilt die Datenreihe in drei Klassen auf. Die erste Klasse enthält die Werte <=6, die zweite Klasse enthält alle Werte >6 und <=9 und die dritte Klasse enthält die übrigen Werte >9. Als Ergebnis liefert die Funktion die Häufigkeit der Werte in den drei Klassen.

Streuungsmaße messen durchschnittliche Abweichungen der Werte einer Datenreihe von ihrem Mittelwert. Um zu verhindern, dass sich positive und negative Abweichungen neutralisieren, hat man zwei Möglichkeiten. Entweder man betrachtet nur die Absolutwerte der Abweichungen (so macht es die Funktion MITTELABW zur Berechnung der mittleren, absoluten Abweichung) oder man quadriert die Abweichungen. Nach diesem Prinzip wird die Varianz berechnet und weiterhin die Standardabweichung, die die Wurzel der Varianz ist.

```
Varianz=SUMME((Werte-MITTELWERT(Werte))^2)/ANZAHL(Werte)
```

Die Berechnung der Varianz gibt es in den Alternativen VARIANZEN, VARIANZENA, VARIANZ und VARIANZA. Die ersten beiden gehen davon aus, dass die Datenreihe aus einer vollständigen Grundgesamtheit besteht. Die letzten beiden unterstellen, dass die beobachteten Werte lediglich eine Stichprobe der Grundgesamtheit darstellen. Die Alternativen mit der A-Erweiterung interpretieren WAHR als 1 und FALSCH und Text als 0.

Multipliziert man die Varianz mit der Anzahl der Werte der Datenreihe, so erhält man die Summe der quadrierten Abweichungen. Den gleichen Zweck erfüllt die Funktion SUMQUADABW.

Zieht man von allen vier Varianzfunktionen die Quadratwurzel, erhält man ihre Pendants zur Berechnung der Standardabweichung STABWN, STABWNA, STABW und STABWA.

KOVAR berechnet die Varianz von zwei zueinander in Beziehung gesetzten Datenreihen und wird beispielsweise in der Kapitalmarkttheorie (Capital Asset Pricing Model) benötigt. Rechnerisch entspricht `KOVAR(DatA;DatB)` dem Ergebnis aus

```
{=MITTELWERT((DatA-MITTELWERT(DatA))*(DatB-MITTELWERT(DatB)))}
```

Die folgende *Abb. 3.6* vergleicht Datenreihen mit gleichem arithmetischen Mittel, aber unterschiedlichen Streuungen. Wie zu sehen ist, sind die Streuungsmaße der Wertereihe B kleiner, da ihre Werte näher am arithmetischen Mittelwert liegen.

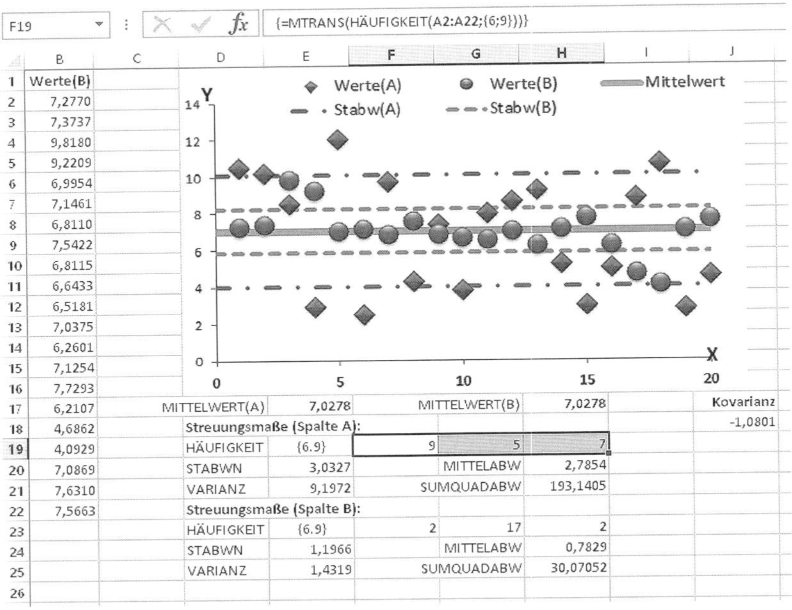

Abbildung 3.6: Streuungsmaße

3.13 Regressionsrechnung

Die Regressionsrechnung ist ein statistisches Verfahren, das die Abhängigkeit einer Datenreihe (Y-Werte) von einer zweiten Datenreihe (X-Werte) analysiert und einen funktionalen Zusammenhang zwischen beiden Größen herstellt. Aus den daraus erlangten Kenntnissen sollen zukünftige Prognosen bzw. Trends abgeleitet werden können. Excel stellt eine Gruppe von Funktionen zur Verfügung, die sich dieser Thematik annehmen und sich sehr gut ergänzen und teilweise auch substituieren lassen.

Die meisten Funktionen gehen standardmäßig von einem linearen Zusammenhang zwischen abhängiger und unabhängiger Größe aus. Es werden folglich lineare Trends unterstellt. *Abb. 3.7* zeigt in Spalte A die unabhängige Größe und in Spalte B die abhängigen Messwerte, die in einem Punkt (XY)-Diagramm dargestellt werden. Die Gerade stellt den linearen Trend dieser Messwerte dar.

Die Funktion `STEIGUNG(Y_Werte;X_Werte)` gibt die Steigung der Trendgeraden zurück. `ACHSENABSCHNITT(Y_Werte;X_Werte)` liefert den Y-Wert, an dem die Gerade die Y-Achse schneidet. Die Funktion `RGP(Y_Werte; X_Werte)` liefert ein Array aus zwei Werten in obiger Form, die ebenfalls die Steigung und den Y-Achsenschnittpunkt bestimmen. Darüber hinaus besitzt sie noch zwei weitere optionale Parameter, über die weitere statistische Kennzahlen der Trendfunktion abfragbar sind.

C14 | {=RGP(B2:B9;A2:A9)}

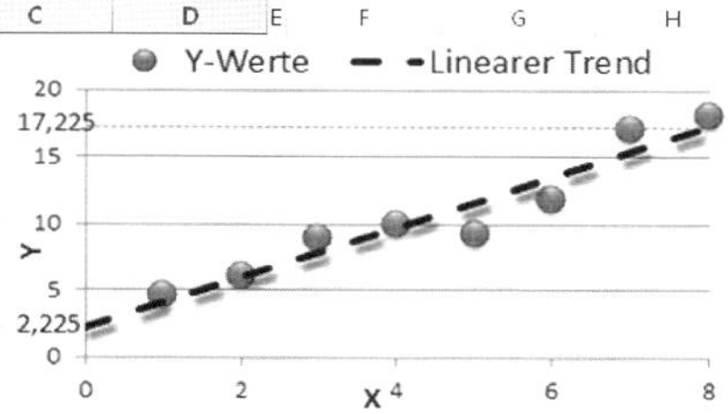

	A	B	C	D	F
1	X-Werte	Y-Werte			
2	1	4,5			
3	2	6,0			
4	3	8,9			
5	4	9,9			
6	5	9,2			
7	6	11,8			
8	7	17,0			
9	8	18,0			
10					
11					
12	STEIGUNG		1,8750		=STEIGUNG(B2:B9;A2:A9)
13	ACHSENABSCHNITT		2,2250		=ACHSENABSCHNITT(B2:B9;A2:A9)
14	RGP		1,8750	2,2250	=RGP(B2:B9;A2:A9)
15	TREND		2,2250	17,2250	=TREND(B2:B9;A2:A9;{0.8})
16	SCHÄTZER		2,2250	17,2250	=SCHÄTZER({0.8};B2:B9;A2:A9)
17	BESTIMMHEITSMASS		0,9180		=BESTIMMTHEITSMASS(B2:B9;A2:A9)
18	KORREL		0,9581		=KORREL(A2:A9;B2:B9)
19	PEARSON		0,9581		=PEARSON(B2:B9;A2:A9)
20	KORREL^2		0,9180		KORREL^2=BESTIMMTHEITSMASS
21	STFEHLERYX		1,4823		=STFEHLERYX(B2:B9;A2:A9)
22					

Abbildung 3.7: Regressionsrechnung (linear)

Die Funktion TREND berechnet aus vorgegebenen X-Werten einzelne Y-Werte der Trendfunktion, was natürlich auch über Steigung und Y-Achsenschnittpunkt ableitbar wäre:

```
=TREND(x)=STEIGUNG*x+ACHSENABSCHNITT
```

Die Funktion `SCHÄTZER(x; Y_Werte; X_Werte)` macht genau das Gleiche wie TREND, nur dass die Parameter in einer etwas anderen Reihenfolge verlangt werden. TREND hat aber noch ein paar spezielle Tricks auf Lager, die Sie mit SCHÄTZER nicht machen können, bleiben Sie deshalb lieber gleich bei TREND.

Die Funktionen `BESTIMMTHEITSMASS(Y_Werte; X_Werte)`, `KORREL(Matrix1; Matrix2)` und `PEARSON(Matrix1; Matrix2)` drücken aus, wie stark die Y-Werte überhaupt von den X-Werten abhängig sind. Die beiden Letztgenannten liefern stets ein identisches Ergebnis. Werden beide quadriert, ergibt sich das BESTIMMTHEITSMASS. Bei rein zufälligen Y-Werten, die absolut nichts mit den X-Werten zu tun haben, liefern alle drei Funktionen einen Wert nahe 0. Bei vollständiger Abhängigkeit liefern sie den Wert +1. KORREL und PEARSON können auch eine negative Korrelation von bis zu –1 darstellen. Da die Funktion BESTIMMTHEITSMASS deren Quadrat ist, liegt ihr Ergebnis im Bereich von 0 und 1.

Es besteht übrigens auch ein Zusammenhang zwischen diesen Funktionen und der im vorherigen Abschnitt erwähnten Kovarianz und der Standardabweichung:

```
=KORREL(WerteA;WerteB)*STABWN(WerteA)*STABWN(WerteB)
=KOVAR(WerteA;WerteB)
```

`STFEHLERYX(Y_Werte;X_Werte)` ist ein weiteres Maß zur Bestimmung der Abhängigkeit zwischen Y-Werten und X-Werten. Je stärker die Abhängigkeit der Y-Werte ist, desto kleiner ist das Ergebnis dieser Funktion. Im Extremfall einer vollkommenen Abhängigkeit liefert sie `#DIV/0!`.

```
=STFEHLERYX({5.10.15};{1.2.3})=#DIV/0!
```

Der Zusammenhang zwischen Y-Werten und X-Werten muss nicht immer linear sein. Statt einer linearen Funktion

```
y=a+b*x
```

ist auch eine polynomische Funktion

```
y=a + b*x + c*x^2+d*x^3+...
```

darstellbar. Werden die x-Werte in den Funktionen RGP und Trend mit den Potenzen der Polynomfunktion ^{1.2.3...} verquickt, liefern sie die richtigen Koeffizienten bzw. y-Werte des Funktionsgraphen, wie *Abb. 3.8*. Die Messwerte werden hier durch eine polynomische Trendfunktion 3. Ordnung angenähert.

Neu dazu gesellt sich die Funktion POTENZREIHE, mit der man zwar nicht unmittelbar Regressionsrechnungen durchführt, die aber zusammen mit RGP und TREND ein sich schön ergänzendes Dreigestirn bildet. TREND ermittelt ja Y-Werte aus vorhandenen X/Y-Werten. POTENZREIHE kann dieselben Y-Werte aus den Koeffizienten herleiten, die RGP als Ergebnis liefert.

Dass wir uns hier schon sehr nahe am Bereich der Finanzmathematik befinden, demonstriert der Zusammenhang

```
POTENZREIHE(1/(1+5%);1;1;Zahlungsreihe)
=NBW(5%;Zahlungsreihe)
```

Mit beiden Funktionen kann gleichermaßen der Barwert einer Zahlungsreihe gebildet werden. Dies soweit nur als kleiner Appetithappen auf Ausführungen im Vertiefungsteil dieses Buchs.

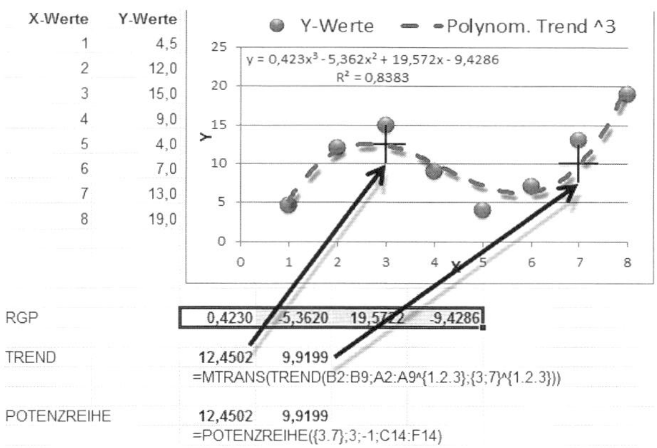

Abbildung 3.8: Regressionsrechnung (polynomisch)

Noch mal zurück zur Trendrechnung. Handelt es sich weder um einen linearen noch um einen polynomischen Trend, sondern um einen exponentiellen Zusammenhang zwischen unabhängiger und abhängiger Größe, werden die Funktionen RGP und TREND durch die Funktionen RKP und VARIATION ersetzt, die ansonsten gleichermaßen zu handhaben sind. Sie beschreiben Wachstumsfunktionen. RGP und RKP liefern jeweils Koeffizienten der Trendfunktion, TREND und VARIATION einzelne Y-Werte oder eine ganze Reihe von Y-Werten. Die Formeln

```
=VARIATION({ 1 . 1,1 . 1,21 . 1,331 };{ 0 . 1 . 2 . 3 };4)
= 1,4641
=RKP({ 1 . 1,1 . 1,21 . 1,331 };{ 0 . 1 . 2 . 3 }) = {1,1.1}
```

... sind so zu interpretieren: Ein Taler wächst in jedem Zeitabschnitt um den Faktor 1,1 (er wird mit 10% verzinst). Nach vier Perioden ist er auf 1,4641 Taler angewachsen.

3.14 Kombinatorik

Dieses Gebiet der Statistik beschäftigt sich mit der Anordnung oder Auswahl von *k* Elementen aus einer Grundgesamtheit von *n* Elementen.

Es gibt sechs Kombinationsmöglichkeiten, zwei Elemente *k* aus einer Grundgesamtheit *n* von 4 anzuordnen: AB, AC, AD, BC, BD und CD. Berechnet wird dies mit der Formel:

```
=KOMBINATIONEN(4;2)=6
```

Spielt die Reihenfolge der Elemente eine Rolle, sodass AB und BA als zwei verschiedene Möglichkeiten gewertet werden, spricht man von Variationen ohne Wiederholung.

`=VARIATIONEN(4;2)` ergibt 12 und das steht für die Variationsmöglichkeiten AB, AC, AD, BC, BD, CD, BA, CA, DA, CB, DB und DC.

Können auch noch doppelte Elemente vorkommen, handelt es sich um Variationen mit Wiederholung, deren Anzahl mit *n*^*k*, hier 4^2 = 16, ermittelt werden kann:

AA, AB, AC, AD, BA, BB, BC, BD, CA, CB, CC, CD, DA, DB, DC, DD.

Schließlich können mit der Funktion FAKULTÄT weitere Aufgaben der Kombinatorik gelöst werden. Beispielsweise versteht man unter der Veränderung der Reihenfolge der Elemente Permutationen, wobei gilt: $k = n$. Bei vier Elementen gibt es

`=FAKULTÄT(4)=24` Permutationen, diese lauten:

ABCD, ABDC, ACBD, ACDB, ADBC, ADCB, BACD, BADC, BCAD, BCDA, BDAC, BDCA, CBAD, CBDA, CABD, CADB, CDBA, CDAB, DBCA, DBAC, DCBA, DCAB, DABC, DACB.

Eine Erweiterung stellt die Funktion POLYNOMIAL dar. Sie beantwortet folgende Frage: Wie viele Pärchen können aus den Buchstaben A, B, C, D gebildet werden? Listet man das Ergebnis auf, gibt es folgende Alternativen:

- 1. Paar: AB; 2. Paar: CD
- 1. Paar: AC; 2. Paar: BD
- 1. Paar: AD; 2. Paar: BC
- 1. Paar: CD; 2. Paar: AB
- 1. Paar: BD; 2. Paar: AC
- 1. Paar: BC; 2. Paar: AD

Diese sechs Möglichkeiten ergeben sich aus

```
POLYNOMIAL(2;2) = 6
```

Was man auch mithilfe von Fakultäten erreichen könnte:

```
FAKULTÄT(4)/FAKULTÄT(2)^2 = 6
```

Logisch, denn es gibt FAKULÄT(4)=24 Permutationen, von denen aber, umgemünzt auf die Pärchenaufgabe, immer vier Permutationen als eine Lösung anzusehen sind, zum Beispiel

- 1. Paar: AB; 2. Paar: CD
- 1. Paar: BA; 2. Paar: CD
- 1. Paar: AB; 2. Paar: DC
- 1. Paar: BA; 2. Paar: CD

Folglich muss 24 durch 4 geteilt werden, um auf 6 zu kommen. Das Resultat müsste noch durch 2 geteilt werden, falls

- 1. Paar: AB; 2. Paar: CD
- 1. Paar: CD; 2. Paar: AB

als nur eine Lösung gelten würde. Im nachfolgenden WM-Beispiel wären die 6 Möglichkeiten (Doppelpaarungen) vom Anfang die Gruppenspiele mit Rückspiel. Das gibt es aber nicht – darum die Division durch 2.

Bei einer Mannschafts-WM spielen 24 Mannschaften in sechs Gruppen gegeneinander. Dies seien dieselben Mannschaften wie vier Jahre zuvor. Wie hoch ist die Wahrscheinlichkeit, dass die 100% identischen Vorrundenpaarungen zustande kommen wie vier Jahre zuvor?

```
=1/(POLYNOMIAL(4;4;4;4;4;4)/FAKULTÄT(6))
=1/(FAKULTÄT(24)/PRODUKT(FAKULTÄT({4.4.4.4.4.4.6})))
=1/4.509.264.634.875
```

Die Wahrscheinlichkeit beträgt also eins zu 4,5 Billionen.

3.15 Statistische Verteilungen

In dieser Kategorie geht es um statistische Spezialfunktionen, mit denen der durchschnittliche Excel-User seltener Berührungspunkte hat. Es geht um unterschiedliche Wahrscheinlichkeitsverteilungen, von denen die Gaußsche Normalverteilung und die Binomialverteilung die bekanntesten sind.

Einige dieser Funktionen wurden ab Excel 2010 in die Kategorie *Kompatibilität* verbannt und durch Entsprechungen mit ähnlichem Namen ersetzt. Zum Beispiel gibt es für die Funktion `NORMVERT` nun ein Pendant namens `NORM.VERT`.

Die Funktion `NORMVERT(x;Mittelwert;Standabwn;Kumuliert)` berechnet die Wahrscheinlichkeit eines Messwerts (x) innerhalb eines normal verteilten Vorgangs, von dem der arithmetische Mittelwert aller Messwerte sowie deren Standardabweichung bekannt sind. Diese Wahrscheinlichkeit kann entweder als kumulierte oder Einzelwahrscheinlichkeit dargestellt werden.

`NORMINV(Wahrsch;Mittelwert;Standabwn)` schließt nach Vorgabe der kumulierten Wahrscheinlichkeit wieder auf den Messwert (x) zurück, ist also quasi die Umkehrfunktion von NORMVERT.

Bei den Funktionen `STANDNORMVERT(x)` und `STANDNORMINV(Wahrsch)` verhält es sich genauso, nur dass man hier nicht arithmetisches Mittel und Standardabweichung frei definieren kann, sondern Werte von 0 bzw. 1 unterstellt werden.

Da unsere Welt nicht nur aus normal verteilten Zufallsgrößen besteht, existieren noch weitere Funktionen zur Beschreibung von Wahrscheinlichkeitsverteilungen. Windgeschwindigkeiten sind beispielsweise WEIBULL-verteilt und Interessierten steht eine gleichnamige Funktion zur Verfügung. Weitere Verteilungsfunktionen enden in der Regel mit VERT, als da wären: BETAVERT, BINOMVERT, CHIVERT, EXPONVERT, FVERT, GAMMAVERT und HYPGEOMVERT, mit der die Wahrscheinlichkeit für x Richtige im Lotto ermittelt werden kann. Ferner gibt es LOGNORMVERT, NEGBINOMVERT, TVERT und POISSON, die auch dazu gehört, obwohl ihr der Zusatz VERT fehlt. Die meisten dieser Funktionen besitzen analog zur Normalverteilung eine Umkehrfunktion, die mit INV endet.

Mit den INV-Funktionen können übrigens Zufallszahlen generiert werden, die sich gemäß der verfügbaren Wahrscheinlichkeitsverteilungen verhalten. Beispielsweise erzeugt

```
=NORMINV(ZUFALLSZAHL();7;2)
```

normal verteilte Zufallszahlen mit dem arithmetischen Mittelwert 7 und der Standardabweichung 2. Zum Beweis können Sie die Formel in einige hundert Zellen kopieren und dann den Mittelwert und die Standardabweichung dieser Werte überprüfen. Die *Abb. 3.9* stellt eine Auswahl verschiedener Verteilungsfunktionen dar.

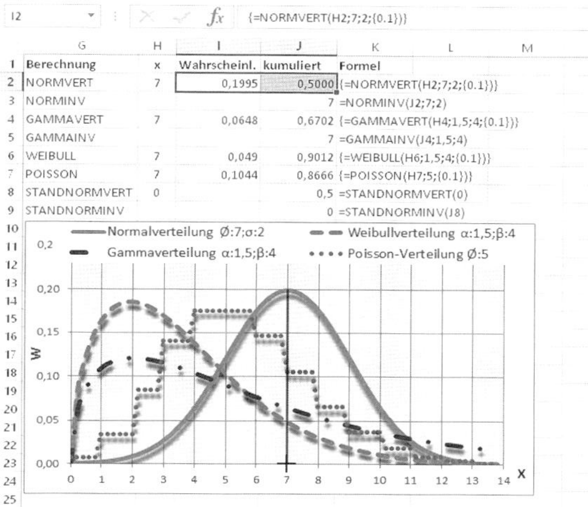

I2 | fx {=NORMVERT(H2;7;2;{0.1})}

	G	H	I	J	K
1	Berechnung	x	Wahrscheinl.	kumuliert	Formel
2	NORMVERT	7	0,1995	0,5000	{=NORMVERT(H2;7;2;{0.1})}
3	NORMINV			7	=NORMINV(J2;7;2)
4	GAMMAVERT	7	0,0648	0,6702	{=GAMMAVERT(H4;1,5;4;{0.1})}
5	GAMMAINV			7	=GAMMAINV(J4;1,5;4)
6	WEIBULL	7	0,049	0,9012	{=WEIBULL(H6;1,5;4;{0.1})}
7	POISSON	7	0,1044	0,8666	{=POISSON(H7;5;{0.1})}
8	STANDNORMVERT	0		0,5	=STANDNORMVERT(0)
9	STANDNORMINV			0	=STANDNORMINV(J8)

Abbildung 3.9: Statistische Verteilung

Um die vier Funktionsgraphen der Abbildung zu erhalten, führen Sie die Berechnungen mit den Funktionen NORMVERT, GAMMAVERT, WEIBULL und POISSON nicht für einen einzelnen X-Wert, sondern für das ganze X-Achsenintervall von 0 bis 14 durch.

Die Funktion SCHIEFE gibt Aufschluss über die Symmetrie einer Verteilung. Bei normal verteilten Zufallswerten liefert sie einen Wert nahe null, da die Normalverteilung (Gaußsche Glockenkurve) spiegelsymmetrisch ist, wie leicht zu erkennen ist. Gamma- oder Weibullverteilung liefern eine positive Schiefe, da ihr Gipfel linksseitig ausgeprägt ist. Aus Verteilungen mit rechtslastigem Gipfel würde eine negative Schiefe resultieren.

- rechtslastig: `SCHIEFE({1;2;3;3;4;4;4;4;5}) = -0,8`
- linkslastig: `SCHIEFE({1;1;1;1;2;2;2;3;4}) = +1,1`
- spiegelsymmetrisch: `SCHIEFE({5;2;2;3;3;3;4;4;1}) = 0`

Bei den spiegelsymmetrischen Werten wurde bewusst die Fünf an den Anfang und die Eins an das Ende gestellt, um zu zeigen, dass die Reihenfolge der Zahlen keine Rolle spielt.

KURT (Kurtosis) ermittelt, ob der Berg der Verteilung einer Datenreihe sehr steil und spitz oder eher flach ist. Dies aber nicht absolut, sondern immer relativ zur Normalverteilung mit gleichem Mittelwert und gleicher Standardabweichung wie die vorhandene Datenreihe. Denn zwei Normalverteilungen haben trotz unterschiedlicher Standardabweichungen und ergo unterschiedlicher Wölbung nahezu dieselbe Kurtosis:

```
{=KURT(NORMINV(ZEILE(1:10000)/10001;7;10))}
= -0,0195879817865228
{=KURT(NORMINV(ZEILE(1:10000)/10001;7;1))}
= -0,0195879817865223
```

Die Funktion `STANDARDISIERUNG(x;Mittelwert;Standabwn)` transformiert einen mit NORMINV erzeugten Messwert (x) in den entsprechenden X-Wert der Standardnormalverteilung, indem sie von ihm den Erwartungswert, der dem arithmetischen Mittel entspricht, subtrahiert und das Ergebnis durch die Standardabweichung dividiert:

```
=NORMINV(0,4;7;2)= 6,4933
=STANDNORMINV(0,4)=(6,4933-7)/2=STANDARDISIERUNG(6,4933;7;2)= -0,2533
```

Bei der Standardisierung wird lediglich die »Glocke« nach links verschoben, bis der Mittelwert auf der Y-Achse liegt, dann die Standardabweichung auf 1 angepasst (weil die Standardnormalverteilung eben eine Standardabweichung von 1 hat) und abschließend der neue Messwert (x) der Wahrscheinlichkeit von 0,4 (kumuliert) abgelesen.

Die Binomialverteilung untersucht eine festgelegte Anzahl Zufallstests, die entweder einen Erfolg oder einen Misserfolg mit sich bringen und bei denen die Erfolgswahrscheinlichkeit bei jedem Test konstant bleibt. In der integrierten Excel-Hilfe fanden wir als Beispiel für einen Erfolgsfall ein männliches Neugeborenes. Aber um keine Geschlechterdebatte auszulösen, betrachten wir ein neutraleres Beispiel, und zwar den guten alten Münzwurf. Eine Münze wird viermal geworfen. Wie hoch ist die Wahrscheinlichkeit, genau zweimal Zahl zu erhalten?

```
=BINOMVERT(2;4;0,5;0)=37,5%
```

Die Wahrscheinlichkeit, mindestens zweimal Zahl zu erhalten, beträgt

```
=BINOMVERT(2;4;0,5;1)=0,6875.
```

Das Ergebnis lässt sich übrigens prima empirisch überprüfen. Schreiben Sie in A1:D1

```
=KÜRZEN(ZUFALLSZAHL()*2).
```

Das Ergebnis dieser Formel ist 0 oder 1, bezogen auf eine Münze steht die 1 für Zahl und die 0 für Wappen. In E1 summieren Sie A1:D1. Dann kopieren Sie A1:E1 500 Zellen nach unten. Anschließend zählen Sie, wie oft in Spalte E eine 2 vorkommt und setzen das Ergebnis ins Verhältnis zu den 500 Zeilen. Das Ergebnis wird in etwa 37,5% betragen.

Auch BINOMVERT besitzt eine Umkehrfunktion, die ausnahmsweise mal nicht mit INV endet:

```
=KRITBINOM(4;0,5;0,6875) = 2
```

In Ergänzung zu den Verteilungsfunktionen existieren Testfunktionen, die gegebene Stichproben auf eine bestimmte Verteilung hin überprüfen. Zu nennen sind hierbei der GTEST für die Normalverteilung sowie CHITEST, FTEST und TTEST.

`=WAHRSCHBEREICH(Werte;Wahrscheinlichkeiten;von-Wert;bis-Wert)` ist eine sehr banale statistische Funktion und wahrscheinlich nicht besonders gängig. Jedem Wert der Wertematrix ist ein Wert der Matrix aus Wahrscheinlichkeiten zugeordnet. Die Summe der Wahrscheinlichkeiten muss immer 1 ergeben, was allein schon die Funktion ziemlich einschränkt. *Von*-Wert und *Bis*-Wert grenzen ein Intervall von Werten ein, deren Wahrscheinlichkeiten dann addiert werden.

Nur noch der Vollständigkeit halber nennen wir die Funktionen GAMMALN, KONFIDENZ, FISHER und FISHERINV, die auch noch in den Bereich der Statistik gehören und die Gott weiß was machen (wir können ja nicht alles wissen).

Aus der Gruppe der ehemaligen Add-in-Funktionen können nur zwei den statistischen Verteilungsfunktionen zugeordnet werden. Unsere Kenntnisse über die beiden beschränken sich auf den integrierten Hilfetext:

```
GAUSSFEHLER(Untere_Grenze;Obere_Grenze)
```

Gibt die Gaußsche Fehlerfunktion zurück.

```
GAUSSFKOMPL(Untere_Grenze)
```

Gibt das Komplement zur Gaußschen Fehlerfunktion zurück.

3.16 Matrizenrechnung

Die Funktionen MMULT, MINV und MDET führen spezielle Rechenoperationen aus dem Bereich der linearen Algebra durch. MMULT multipliziert zwei Matrizen, MINV berechnet die Inverse einer Matrix und MDET deren Determinante. Diese Funktionen können Sie nicht auf jede x-beliebige Matrix oder jeden Bereich im Excel-Sinne anwenden. Diese Funktionen verlangen spezielle Matrizen, die für diese Berechnungen sinnvoll dimensioniert sind.

MMULT verlangt, dass die Anzahl der Spalten von Matrix 1 mit der Anzahl der Zeilen von Matrix 2 übereinstimmen. Als Ergebnis liefert die Funktion eine Matrix, die dieselbe Anzahl von Zeilen wie Matrix 1 und dieselbe Anzahl von Spalten wie Matrix 2 besitzt.

MDET und MINV können nur auf quadratische Matrizen angewendet werden.

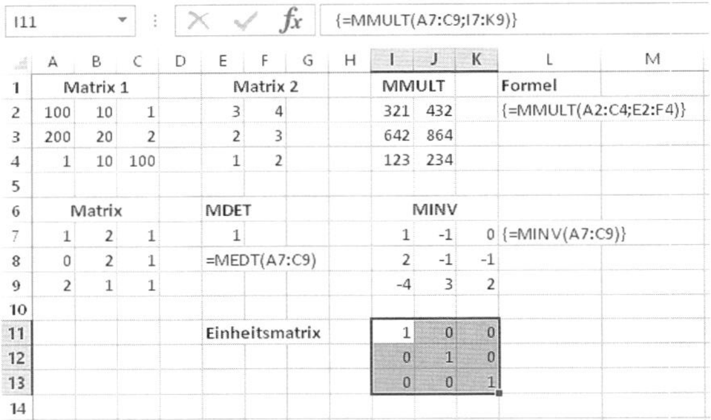

	A	B	C	D	E	F	G	H	I	J	K	L	M
1	Matrix 1				Matrix 2				MMULT			Formel	
2	100	10	1		3	4			321	432		{=MMULT(A2:C4;E2:F4)}	
3	200	20	2		2	3			642	864			
4	1	10	100		1	2			123	234			
5													
6	Matrix				MDET				MINV				
7	1	2	1		1				1	-1	0	{=MINV(A7:C9)}	
8	0	2	1		=MEDT(A7:C9)				2	-1	-1		
9	2	1	1						-4	3	2		
10													
11					Einheitsmatrix				1	0	0		
12									0	1	0		
13									0	0	1		
14													

Abbildung 3.10: Matrizenrechnung (1)

Die Berechnung von MMULT kann auch mit den Operatoren * und + sowie der richtigen $-Setzung ganz einfach nachgebaut werden:

```
I2: =$A2*E$2+$B2*E$3+$C2*E$4
```

wird bis J4 kopiert. Die Werte der Matrixinversen in I7:K9 weisen die Eigenschaft auf, dass man die sogenannte Einheitsmatrix erhält, wenn man sie mit der Ursprungsmatrix A7:C9 multipliziert. Diese besteht aus lauter Nullen und einer Diagonale aus Einsen (I11:K13).

Mit MMULT in Kombination mit MINV können lineare Gleichungssysteme gelöst werden. Gegeben sind beispielsweise die zwei Gleichungen

```
15=4*a+8*b
10=6*a+4*b
```

Für a und b sind diejenigen Werte zu wählen, für die beide Gleichungen aufgehen. Die Formel dazu lautet

```
{=MMULT(MINV({4.8;6.4});{15;10})} = {0,625;1,5625}
```

Die Lösung für a lautet demnach 0,625 und für b 1,5625, denn:

```
4*0,625+8*1,5625 = 15
6*0,625+4*1,5625 = 10
```

Die weiteren Funktionen dieser Gruppe können auf beliebige Bereiche bzw. Matrizen angewendet werden. QUADRATESUMME bildet das Quadrat jedes Werts eines Bereichs oder einer Matrix und addiert danach alle Quadrate.

SUMMENPRODUKT müsste eigentlich Produktsumme heißen, denn die Funktion multipliziert jedes n-te Element zweier oder mehrerer Matrizen und bildet anschließend die Summe aller Produkte. Die Funktion ist bei Matrixformeln sehr nützlich, weil mit ihr zum Beispiel Summen mit mehreren Bedingungen ermittelt werden können.

Die Funktionen SUMMEX2MY2 und SUMMEX2PY2 subtrahieren bzw. addieren die quadrierten Elemente zweier Matrizen und bilden anschließend eine Gesamtsumme. Bei der Funktion SUMMEXMY2 ist nur die Reihenfolge anders, es wird erst subtrahiert und dann quadriert. Die Variante erst addieren und dann quadrieren gibt es nicht – wurde die vielleicht einfach vergessen?

Diese Funktionen sind sehr leicht durch die Funktion SUMME und eine mit Strg+⇧+↵ abgeschlossene Arrayformel zu ersetzen. *Abb. 3.11* zeigt Beispiele dieser Funktionen. Zur Veranschaulichung der Rechenlogik wird die Arrayformel-Alternative jeweils direkt darunter gezeigt:

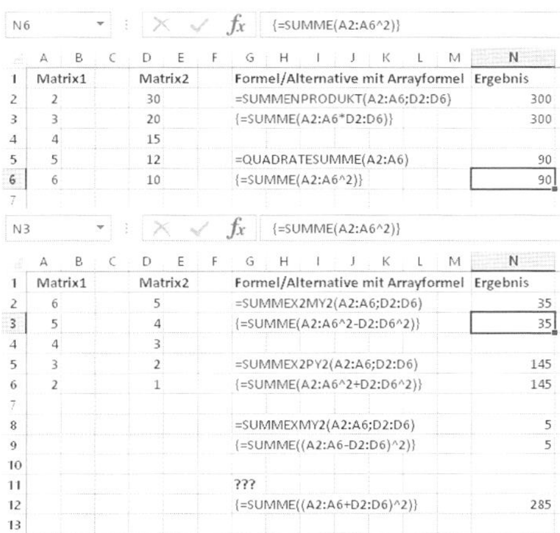

N6 | {=SUMME(A2:A6^2)}

	A	D	G	N
1	Matrix1	Matrix2	Formel/Alternative mit Arrayformel	Ergebnis
2	2	30	=SUMMENPRODUKT(A2:A6;D2:D6)	300
3	3	20	{=SUMME(A2:A6*D2:D6)}	300
4	4	15		
5	5	12	=QUADRATESUMME(A2:A6)	90
6	6	10	{=SUMME(A2:A6^2)}	90
7				

N3 | {=SUMME(A2:A6^2)}

	A	D	G	N
1	Matrix1	Matrix2	Formel/Alternative mit Arrayformel	Ergebnis
2	6	5	=SUMMEX2MY2(A2:A6;D2:D6)	35
3	5	4	{=SUMME(A2:A6^2-D2:D6^2)}	35
4	4	3		
5	3	2	=SUMMEX2PY2(A2:A6;D2:D6)	145
6	2	1	{=SUMME(A2:A6^2+D2:D6^2)}	145
7				
8			=SUMMEXMY2(A2:A6;D2:D6)	5
9			{=SUMME((A2:A6-D2:D6)^2)}	5
10				
11			???	
12			{=SUMME((A2:A6+D2:D6)^2)}	285
13				

Abbildung 3.11: Matrizenrechnung (2)

3.17 Trigonometrie

Die geläufigsten Funktionen dieser Kategorie SIN, COS und TAN fehlen auch auf keinem guten Taschenrechner und berechnen den Sinus, den Kosinus und den Tangens einer Zahl. Mit *Zahl* ist hier eine in das Bogenmaß umgerechnete Gradzahl gemeint. Diese Umrechnung geschieht mit der gleichnamigen Funktion BOGENMASS. Das Bogenmaß von 180° entspricht der Kreiszahl PI, für die selbstverständlich ebenso eine gleichnamige Funktion zur Verfügung steht.

```
=BOGENMASS(180)=PI()=3,14159265358979
```

Die Umkehrfunktion – Sie können es erraten – lautet:

```
=GRAD(PI())=180
```

Zur Erinnerung an Ihren Mathematikunterricht in der Mittelstufe: In einem rechtwinkligen Dreieck ist der Sinus eines Winkels das Verhältnis der Gegenkathete zur Hypotenuse. Der Kosinus beschreibt das Verhältnis der Ankathete zur Hypotenuse und der Tangens ergibt sich schließlich aus dem Verhältnis von Gegenkathete zu Ankathete oder auch von Sinus zu Kosinus.

Auch SIN, COS und TAN haben Umkehrfunktionen, die sogenannten Arcusfunktionen: ARCSIN, ARCCOS und ARCTAN. ARCTAN2 errechnet den Arcustangens oder umgekehrten Tangens, geht dabei aber (im Gegensatz zu ARCTAN) nicht vom Tangens, sondern von einem x/y-Koordinatenpunkt aus.

Beispielrechnungen mit einem rechtwinkligen Dreieck zeigt *Abb. 3.12*.

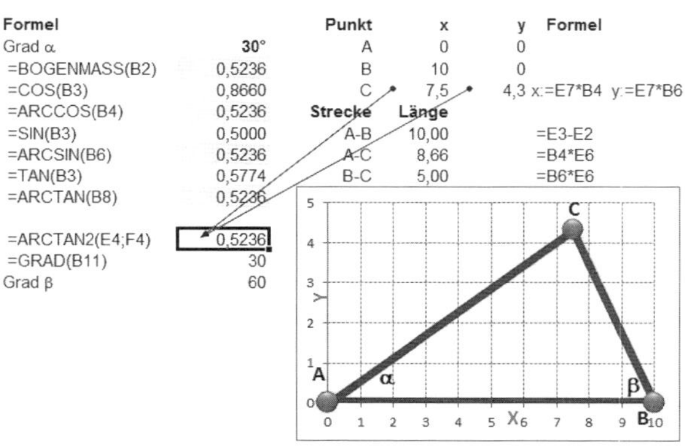

Abbildung 3.12: Trigonometrische Berechnungen

Wem das nicht genügt, der kann sich außerdem noch an sechs hyperbolischen Funktionen austoben: SINHYP, COSHYP, TANHYP, ARCSINHYP, ARCCOSHYP und ARCTANHYP.

An neuen Funktionen nennen wir nur der Vollständigkeit halber WURZELPI, die wirklich nicht überlebensnotwendig ist, denn

```
=WURZELPI(x)=WURZEL(PI()*x)
```

3.18 Zinseszins- und Rentenrechnung

Die Zusammenfassung der nächsten beiden Abschnitte wird im zweiten Teil des Buchs natürlich noch wesentlich vertieft und die Inhalte sind hier lediglich als kleine »Appetitanregung« zu verstehen.

Die kaufmännische, deutsche Zinsmethode rechnet einen Monat mit 30 Tagen und ein Jahr mit 360 Tagen. Um taggenaue Zinsen nach dieser Methode rechnen zu können, hilft Ihnen die Funktion TAGE360. Allerdings steht diese Funktion mit dem Februar auf Kriegsfuß. Die Tageszahl zwischen dem 31.12.2015 und dem 28.02.2015 sollte 60 sein – ergibt aber 58. Damit Sie sich auf die Funktion TAGE360 verlassen können, müssen Sie sie leicht modifizieren. Statt

```
=TAGE360(Ausgangsdatum;Enddatum;1)
```

nehmen Sie besser

```
=TAGE360(Ausgangsdatum;Enddatum+(TAG(Enddatum+1)=1))-(TAG(Enddatum+1)=1).
```

Neun der sechzehn Funktionen aus der herkömmlichen Kategorie *Finanzmathematik* gehören quasi wie ein Team zusammen und behandeln im Grunde denselben Anwendungsfall, nur aus einer anderen Sicht mit anderen In- und Output-Parametern. Folgender Tilgungsplan in *Abb. 3.13* wird dies verdeutlichen:

H11 | =+G11+H10

	A	B	C	D	E	F	G	H
2	Barwert	20.000,00	€					
3	Laufzeit	6,00	Jahre					
4	Endwert	-5.000,00	€					
5	Annuität	-3.205,26						
6								
7	**Zeitstrahl**	t_0	t_1	t_2	t_3	t_4	t_5	t_6
8	Annuität		-3.205,26	-3.205,26	-3.205,26	-3.205,26	-3.205,26	-3.205,26
9	Zinsen (ZINSZ)		-1.000,00	-889,74	-773,96	-652,40	-524,75	-390,73
10	Tilgung (KAPZ)		-2.205,26	-2.315,53	-2.431,30	-2.552,87	-2.680,51	-2.814,54
11	Restwert	**20.000,00**	**17.794,74**	**15.479,21**	**13.047,91**	**10.495,05**	**7.814,54**	**5.000,00**
12	Resttilgung							-5.000,00
13	**Zahlungsstrom**	**20.000,00**	**-3.205,26**	**-3.205,26**	**-3.205,26**	**-3.205,26**	**-3.205,26**	**-8.205,26**
14								
15	BW	20.000,00	=BW(B1;B3;B5;B4;0)					
16	IKV	5,00%	=IKV(B13:H13)					
17	KAPZ (2. Jahr)	-2.315,53	=KAPZ(B1;2;B3;B2;B4;0)					
18	NBW	-20.000,00	=NBW(B1;C13:H13)					
19	RMZ	-3.205,26	=RMZ(B1;B3;B2;B4;0)					
20	ZINS	5,00%	=ZINS(B3;B5;B2;B4;0)					
21	ZINSZ (2. Jahr)	-889,74	=ZINSZ(B1;2;B3;B2;B4;0)					
22	ZW	-5.000,00	=ZW(B1;B3;B5;B2;0)					
23	ZZR	6	=ZZR(B1;B5;B2;B4;0)					
24								

Abbildung 3.13: Zinseszins- und Rentenrechnung

Eine Anfangsschuld wird zu einem konstanten Zinssatz über eine bestimmte Anzahl Perioden verzinst und annuitätisch, d. h. mit konstanten Zahlungsraten, getilgt. Am Ende der Laufzeit verbleibt eine zu definierende Restschuld. Die konstante jährliche Annuität setzt sich aus einem immer größer werdenden Tilgungsanteil und einem immer kleiner werdenden Zinsanteil zusammen.

Dieser Tilgungsplan könnte übrigens genauso gut ein Sparplan sein, mit dem einzigen Unterschied, dass in diesem Fall der Endwert größer wäre als der Barwert zu Beginn. Die Funktionen sind auf beide Fälle anzuwenden.

BW und NBW ermitteln den Barwert des Zahlungsplans nach Vorgabe von Laufzeit, Zinssatz, Annuität und Restwert. IKV und ZINS ermitteln den Zinssatz bzw. die Rendite des Zahlungsplans, wenn alle Zahlungen von Barwert, Annuität und Endwert feststehen. RMZ errechnet die jährliche Annuität aus Barwert, Zinssatz, Anzahl Perioden und Endwert. ZW gibt den Endwert für den Fall zurück, dass Barwert, Zinssatz, Annuität und Laufzeit vorgegeben wurden.

Die Funktionen KAPZ und ZINSZ splitten die jährliche Annuität in einen Tilgungs- und Zinsanteil auf.

Falls Zinssatz, Barwert, Endwert und die Annuität feststehen und die Laufzeit des Zahlungsplans die resultierende Größe ist, nehmen Sie die Funktion ZZR zur Hand.

Die Funktionen IKV und NBW unterscheiden sich dahingehend von ihren Kollegen, dass der Zahlungsplan nicht unbedingt in der einfachen Form

Barwert=>Annuität=>Endwert

vorliegen muss. Ihnen sind die Anordnung und Höhe der Zahlungen je Periode egal und sie können beliebig schwanken. Es wird keine konstante Annuität vorausgesetzt.

Die Funktion QIKV ist eine Erweiterung der Funktion IKV. Die Methodik der internen Kapitalverzinsung, die hinter der Funktion IKV steckt, wird oft kritisiert, da in ihr keine realistischen Annahmen zur Refinanzierung und Reinvestition zu marktkonformen Soll- und Habenzinssätzen berücksichtigt werden können. QIKV modifiziert den internen Zinsfuß, indem positive und negative Cashflows zu unterschiedlichen Zinssätzen finanziert bzw. investiert werden. Wie genau rechnet der QIKV?

Die Zahlungsreihe `{-1000;-106;1000;400}` ergibt einen IKV von 11,40%. `QIKV({-1000;-106;1000;400};6%;5%)` ergibt 9,65%. QIKV zinst zunächst alle negativen Cashflows mit dem Sollzins auf t_0 (6%) ab und alle positiven Cashflows mit dem Habenzins (5%) auf t_n auf. Übrig bleibt dann eine Zahlungsreihe mit einer Auszahlung in t_0 (-1000 -100 = -1100) und einer Einzahlung in t_n (+1050 + 400 = 1450). Die effektive Rendite p.a. ergibt sich schließlich aus (1450/1100)^(1/3)–1 = 9,65%.

Mit den Funktionen EFFEKTIV und NOMINAL rechnen Sie zwischen einem Nominal- und einem Effektivzins um. Möchten Sie zum Beispiel einen Jahreszins von 6% auf 12 Monate aufteilen, müssen Sie sich darüber bewusst sein, dass ein Monatszins von 0,5% wegen des Zinseszinseffekts zu einem Jahreszins von mehr als 6% führt. Genau genommen

```
1,06^12 = EFFEKTIV(6%;12) = 6,16778118644976%
```

Die Rückrechnung erfolgt mit

```
NOMINAL(6,16778118644976%;12)
```

Den mathematischen Hintergrund erfahren Sie im zweiten Teil dieses Buchs.

Die Funktion ISPMT berechnet die in einer bestimmten Periode anfallenden Zinsen eines durch konstante Tilgungsraten zu bedienenden Darlehens (*Abb. 3.14*).

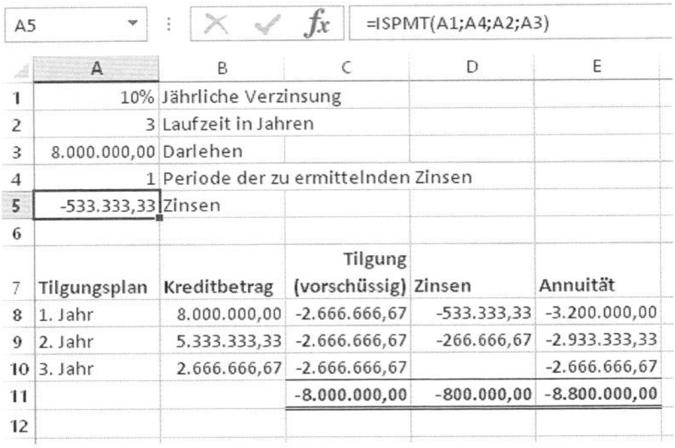

A5 =ISPMT(A1;A4;A2;A3)

	A	B	C	D	E
1	10%	Jährliche Verzinsung			
2	3	Laufzeit in Jahren			
3	8.000.000,00	Darlehen			
4	1	Periode der zu ermittelnden Zinsen			
5	-533.333,33	Zinsen			
6					
7	Tilgungsplan	Kreditbetrag	Tilgung (vorschüssig)	Zinsen	Annuität
8	1. Jahr	8.000.000,00	-2.666.666,67	-533.333,33	-3.200.000,00
9	2. Jahr	5.333.333,33	-2.666.666,67	-266.666,67	-2.933.333,33
10	3. Jahr	2.666.666,67	-2.666.666,67		-2.666.666,67
11			-8.000.000,00	-800.000,00	-8.800.000,00
12					

Abbildung 3.14: Beispielrechnung der Funktion ISPMT

3.19 Abschreibungsmethoden

Die Funktion LIA berechnet die lineare Abschreibung eines Wirtschaftsguts und ersetzt damit lediglich die einfache Formel

```
AfA = (Anschaffungskosten-Restwert)/Nutzungsdauer.
```

Die Funktion DIA berechnet die arithmetisch-degressive Abschreibung. Die Abschreibungsraten haben bei dieser Methode die Eigenschaft, dass die absolute Differenz einer Rate zur Rate der Vorperiode immer gleich groß ist.

Die Funktion VDB ermittelt laut Excel-Hilfe die degressive Doppelraten-Abschreibung. Im Zusammenhang mit deutschem Handels- und Steuerrecht ist die Bezeichnung *geometrisch-degressive Abschreibung mit optionalem Methodenwechsel zur linearen Abschreibung* geläufiger. Geometrisch-degressiv bedeutet, dass jede Abschreibungsrate relativ zur Vorperiode abnimmt. Über einen Faktor kann die Höhe der relativen Veränderung bestimmt werden. Der Methodenwechsel zur linearen Abschreibung wird in der Periode vollzogen, in der der lineare Abschreibungsbetrag höher ist als der degressive.

Der optionale Methodenwechsel unterscheidet die Funktion VDB von der Funktion GDA, die ebenfalls eine geometrisch-degressive Abschreibung rechnet, diese aber immer bis zum Ende der Laufzeit rechnet. Ist der Methodenwechsel bei VDB ausgeschaltet, liefern VDB und GDA stets das gleiche Ergebnis. Bei geometrisch-degressiver Abschreibung ohne Methodenwechsel verbleibt immer ein Restwert, da ein gleich bleibender Prozentsatz vom Restbuchwert der Vorperiode abgeschrieben wird. Die Angabe eines Restwerts im entsprechenden Funktionsparameter hat deshalb nur dann Auswirkung auf die Berechnung, wenn er größer ist als der ohnehin verbleibende Restbetrag.

G7 =+(F7-F6)/F6

	A	B	C	D	E	F	G	H	I
2		Restwert		0					
3		Nutzungsdauer		10					
4									
5		Jahr	LIA	DIA	Δ €	VDB	Δ %	GDA	Δ %
6		1	1.000,00	1.818,18		2.000,00		2.000,00	
7		2	1.000,00	1.636,36	-181,82	1.600,00	-20%	1.600,00	-20%
8		3	1.000,00	1.454,55	-181,82	1.280,00	-20%	1.280,00	-20%
9		4	1.000,00	1.272,73	-181,82	1.024,00	-20%	1.024,00	-20%
10		5	1.000,00	1.090,91	-181,82	819,20	-20%	819,20	-20%
11		6	1.000,00	909,09	-181,82	655,36	-20%	655,36	-20%
12		7	1.000,00	727,27	-181,82	655,36	0%	524,29	-20%
13		8	1.000,00	545,45	-181,82	655,36	0%	419,43	-20%
14		9	1.000,00	363,64	-181,82	655,36	0%	335,54	-20%
15		10	1.000,00	181,82	-181,82	655,36	0%	268,44	-20%
16		Summe	10.000,00	10.000,00		10.000,00		8.926,26	
17	Restwert		0,00	0,00		0,00		1.073,74	
18									
19		Formeln:							
20		C6:	=LIA($D$1;$D$2;$D$3)						
21		D6:	=DIA($D$1;$D$2;$D$3;$B6)						
22		F6:	=VDB($D$1;$D$2;$D$3;$B6-1;$B6;$D$3*$G$1;0)						
23		H6:	=GDA($D$1;$D$2;$D$3;B6;$D$3*$G$1)						
24		(kopiert bis Zeile 15)							
25									

Abbildung 3.15: Vergleich verschiedener Abschreibungsfunktionen

3.20 Wertpapierfunktionen

Die folgenden drei Funktionsgruppen enthalten ausschließlich Funktionen der ehemaligen Add-in-Funktionen. 28 davon behandeln verschiedene Typen von Wertpapieren. Diese Wertpapierfunktionen basieren auf denselben finanzmathematischen Grundlagen wie jene der Gruppe Zinseszins- und Rentenrechnung. Der wesentlichste Unterschied liegt in der Berücksichtigung von gebrochenen Perioden. Bei den Funktionen BW, ZW und Co. werden stets ganzzahlige Perioden unterstellt. Diese Prämisse wird nun fallen gelassen. Schließlich werden Wertpapiere nicht nur einmal oder zwölfmal pro Jahr gehandelt, sondern an fast jedem Tag. Also müssen sie auch an jedem Tag bewertbar sein.

Abb. 3.16 zeigt, worum es bei dieser Funktionskategorie geht.

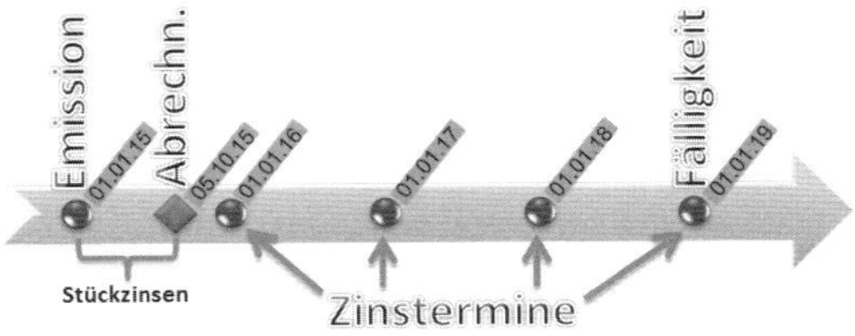

Abbildung 3.16: Inhalt der Wertpapierfunktionen

Ein Wertpapier wird zu einem Emissionsdatum ausgegeben und am Fälligkeitsdatum wieder zurückgegeben, jeweils zum Nennwert. Was in der Zwischenzeit passiert, kann in drei Fälle unterschieden werden:

1. Es fallen regelmäßig auszuzahlende Zinsen an (gemäß Abbildung).
2. Die kumulierten Zinsen werden erst am Ende der Laufzeit ausgezahlt.
3. Formal fallen überhaupt keine Zinsen an (Zero-Bonds).

Wertpapiere können zu jedem beliebigen, unterjährigen Zeitpunkt den Besitzer wechseln, dem Zeitpunkt der *Abrechnung*. Den Wert des Papiers an diesem Tag bezeichnet man als *Kurs*. Es ist der Betrag, zu dem ein Käufer unter marktgerechten Bedingungen bereit wäre, das Papier zu erwerben. Man kann diesen Wert auch als Barwert *bw* verstehen und der zum Fälligkeitsdatum ausgezahlte Betrag wäre dann der Endwert *zw*.

Angenommen, das Wertpapier mit Nennwert 100 € wird am 01.01.15 ausgegeben. Die Nominalverzinsung beträgt 6%. Die Zinsen werden vier Jahre lang jährlich nachschüssig ausgezahlt und am 01.01.19 ist das Wertpapier fällig, dann wird es voll getilgt. Am 05.10.15 wird das Papier am Markt zu einem Kurs von 80 € gehandelt. Wie hoch wäre die Rendite eines potenziellen Erwerbers an diesem Abrechnungstag? (*Abb. 3.17*)

RENDITE | =RENDITE(Abrechnung;Fälligkeit;Zins;Kurs;Rückzahlung;Häufigkeit;Basis)

	A	B	C	D	E	F	G	H
1	Emission	01.01.2015	Zinstage	Stückzinsen			Zeitachse	€
2	Abrechnung	05.10.2015	277	4,55	AUFGELZINS		05.10.2015	-84,55
3	Fälligkeit	01.01.2019					01.01.2016	6
4	Zins	6,0%					01.01.2017	6
5	Kurs	80	(➪BW)				01.01.2018	6
6	Rückzahlung	100	(➪ZW)				01.01.2019	106
7	Häufigkeit	1					XINTZINSFUSS	14,06%
8	Basis	3					XKAPITALWERT	0,00000
9	RENDITE	14,07%						
10	KURS	80,00						

Abbildung 3.17: Beispielrechnung Wertpapierfunktionen (1)

Häufigkeit legt die Anzahl Zinszahlungen pro Jahr fest. Zulässig sind nur 1, 2 oder 4. Der Parameter *Basis* gibt die angewendete Zinsmethode an:

- 0 oder nicht angegebenUSA (NASD) 30/360
- 1 taggenau/taggenau
- 2 taggenau/360
- 3 taggenau/365
- 4 Europa 30/360

Die Rendite des Wertpapiers ermittelt die Formel

```
B9:=RENDITE(Abrechnung;Fälligkeit;Zins;Kurs;Rückzahlung;Häufigkeit;Basis)
```

Die Rückrechnung zum Kurs ergibt sich dann mit vorgegebener Rendite aus

```
B10:=KURS(Abrechnung;Fälligkeit;Zins;Rendite;Rückzahlung;Häufigkeit;Basis)
```

Würde das Abrechnungsdatum auf einen Zinstermin fallen (z. B. der 01.01.16), entspräche die Funktion RENDITE der Funktion ZINS, dies beweist die Formel

```
=RENDITE("01.01.16";"01.01.19";6%;80;100;1;3)
=ZINS(3;6;-80;100;0) = 14,72%
```

Genauso verhält es sich mit den Funktionen KURS und BW.

Interessant ist also der Fall, in dem das Abrechnungsdatum aperiodisch ist. Dann handelt es sich um einen aperiodischen Zahlungsstrom, der auch mit der Funktion XINTZINSFUSS bewertet werden kann. In Spalte H stehen die Werte und links daneben in Spalte G alle relevanten Datumsangaben. Der interne Zinsfuß ergibt sich nun aus

```
H7:=XINTZINSFUSS(H2:H6;G2:G6)
```

und entspricht annähernd dem Ergebnis der Funktion RENDITE. Auch hierfür existiert eine Umkehrfunktion

```
H8:=XKAPITALWERT(H7;H2:H6;G2:G6) = 0
```

die den Kapitalwert der aperiodischen Zahlungen zum vorgegebenen Kalkulationszinsfuß ermittelt.

Wie kommen wir auf den Wert 84,55 € in H2? Warum steht dort nicht der Kurs von glatt 80,00 €? Weil dem Veräußerer noch die unterjährig angefallenen Zinsens zwischen letztem Zinstermin und Abrechnungsdatum zustehen. Und da es noch gar keinen Zinstermin gab, gilt das Emissionsdatum. Diese Zinsen bezeichnet man als Stückzinsen. Die 4,55 € im Beispiel ermittelt die Formel

```
D2:=AUFGELZINS("01.01.15";"01.01.16";Abrechnung;Zins;Rückzahlung;Häufigkeit;Basis)
```

Dahinter steht die ganz einfache Zinsrechnung:

```
(Abrechnung-Emission)/365*Zins*Rückzahlung
```

Die Funktionen KURSFÄLLIG und RENDITEFÄLLIG behandeln den zweiten Fall, in dem die Zinsen nicht periodisch, sondern am Ende der Laufzeit ausgezahlt werden. Die übrigen Prinzipien gelten natürlich gleichermaßen.

Abb. 3.18 zeigt den dritten Fall, in dem keine nominalen Zinsen anfallen, die sogenannten Zero-Bonds bzw. T-Bonds.

B11 =XINTZINSFUSS(C1:C2;B1:B2)

	A	B	C	D	E
1	Abrechnung	01.01.2017	-80		
2	Fälligkeit	01.01.2019	100		
3	Rückzahlung	100			
4	Basis	0			
5	Kurs	80			
6					
7					
8	DISAGIO	10,000%			
9	KURSDISAGIO	80,00 €			
10	RENDITEDIS	12,50%			
11	XINTZINSFUSS	0,11803399			
12					

Abbildung 3.18: Beispielrechnung Wertpapierfunktionen (2)

Zum Abrechnungstag wird das Wertpapier zum Kurs erworben und zum Fälligkeitstag zurückgegeben. Dazwischen existieren keine Zahlungsströme. Es existieren auch keine expliziten Zinsen, aber de facto verlangt der Erwerber natürlich eine Verzinsung seines Kapitals. Sie ergibt sich aus der Differenz des heutigen Kurses – der um ein Disagio geminderte Nennwert – zur Rückzahlung am Fälligkeitstag. Das in Prozent ausgedrückte Disagio ergibt sich aus

```
B8: =DISAGIO(Abrechnung;Fälligkeit;Kurs;Rückzahlung;0) = 10%
```

Die Berechnungslogik, die dahinter steht, kann man auch mit

```
B8:=(Rückzahlung-Kurs)/Rückzahlung *(360/TAGE360(Abrechnung;Fälligkeit))
```

umschreiben (wenn *Basis*=0). Vorsicht, wer nicht die aktuelle Excel-Version nutzt! Im Hilfetext von Excel 2007 hat sich an dieser Stelle ein Fehler eingeschlichen. Dort wird im Nenner der Kurs anstatt der Rückzahlung angegeben. Eine Rückrechnung zum Kurs ist mit

```
B9:=KURSDISAGIO(Abrechnung;Fälligkeit;Disagio;Rückzahlung;Basis)
```

möglich. Die Rendite, die dem Erwerber zu Gute kommt, lautet

```
B10:=RENDITEDIS(Abrechnung;Fälligkeit;Kurs;Rückzahlung;Basis)
```

Hat da der Programmierer gerade mal den Zinseszinseffekt vergessen? RENDITEDIS rechnet nämlich

```
=360/TAGE360(Abrechnung;Fälligkeit)*(Rückzahlung/Kurs-1) = 12,5%
```

teilt also den Gesamtgewinn von 20/80 = 25 einfach linear durch 2. Da Abrechnung und Fälligkeit die einzigen Zahlungszeitpunkte sind, können wir dies mit

```
B11:=XINTZINSFUSS(C1:C2;B1:B2) = 11,8034%
```

widerlegen. Dies ist die effektive Rendite unter Berücksichtigung des Zinseszinseffekts.

Die Funktionen TBILLRENDITE, TBILLKURS und TBILLÄQUIV behandeln sogenannte T-Bonds (= Schatzwechsel), die rechnerisch zu ähnlichen oder zum Teil identischen Ergebnissen führen wie die zuvor beschriebenen Funktionen der Zero-Bonds, aber auf eine Laufzeit von einem Jahr begrenzt sind.

Für Kursangaben von Bonds gibt es die besondere Schreibweise von Ganzzahl und Zweiunddreißigstel, die durch einen Doppelpunkt getrennt sind. Ein Kurs von 90,5 wird demnach als 90:16 notiert. Auch dafür hat Excel vorgesorgt:

```
=WECHSELN(NOTIERUNGBRU(90,5;32);",";":") = 90:16
```

und die Rückrechnung:

```
=NOTIERUNGDEZ(WECHSELN("90:16";":";",");32) = 90,5
```

Darüber hinaus gibt es noch eine Reihe von Zinsterminfunktionen, die bestimmte Tage zwischen Abrechnung und Fälligkeit, abhängig von Zinsmethode und Anzahl Zinszahlungen pro Jahr, berechnen. Sie sind relativ selbst erklärend, sodass sie lediglich in *Abb. 3.19* aufgelistet werden.

	A	B	C	D
2	Fälligkeitstermin	20. Jul 16		
3	Zinszahlungen (Kupon): halbjährlich (siehe oben)	1		
4	Basis: Taggenau/taggenau (siehe oben)	3		
5				
6	ZINSTERMNZ	42205	=ZINSTERMNZ(B1;B2;B3;B4)	Gibt eine Zahl zurück, die den nächsten Zinstermin nach dem Abrechnungstermin angibt.
7	ZINSTERMTAGE	365	=ZINSTERMTAGE(B1;B2;B3;B4)	Gibt die Anzahl der Tage der Zinsperiode zurück, die den Abrechnungstermin einschließt.
8	ZINSTERMTAGNZ	100	=ZINSTERMTAGNZ(B1;B2;B3;B4)	Gibt die Anzahl der Tage vom Abrechnungstermin bis zum nächsten Zinstermin an.
9	ZINSTERMTAGVA	265	=ZINSTERMTAGVA(B1;B2;B3;B4)	Gibt die Anzahl der Tage vom Anfang des Zinstermins bis zum Abrechnungstermin zurück.
10	ZINSTERMVZ	41840	=ZINSTERMVZ(B1;B2;B3;B4)	Gibt eine Zahl an, die die letzte Zinszahlung vor dem Abrechnungstermin repräsentiert.
11	ZINSTERMZAHL	2	=ZINSTERMZAHL(B1;B2;B3;B4)	Gibt die Anzahl der zwischen dem Abrechnungsdatum und dem Fälligkeitsdatum zahlbaren Zinszahlungen an, und zwar aufgerundet.

Abbildung 3.19: Zinsterminfunktionen

3.21 Umwandlung von Zahlensystemen

Alle Daten in unseren Computern basieren auf den beiden Zuständen ein/aus, wahr/falsch, 1/0. Dass wir trotzdem auch die in unserer realen Welt gebräuchlichen Zahlen 1234567890 im Dezimalsystem auf dem Bildschirm sehen können, verdanken wir der Umrechnung von Zahlensystemen. Dies passiert tief unten in den Eingeweiden des Rechners und hat mit praxisnahen Anwendungen nicht viel zu tun. Damit Sie trotzdem solche Berechnungen in Excel nachvollziehen können, gibt es spezielle Funktionen dazu.

Die Zahlensysteme, zwischen denen umgerechnet werden kann, sind

- Binärsystem (0, 1)
- Oktalsystem (0 bis 7)
- Dezimalsystem (0 bis 9)
- Hexadezimalsystem (0 bis 9, A bis E)

Von jedem dieser vier Systeme kann in alle anderen Systeme umgerechnet werden, ergo gibt es die zwölf Funktionen BININOKT, BININDEZ, BININHEX, OKTINBIN, OKTINDEZ, OKTINHEX, DEZINBIN, DEZINOKT, DEZINHEX, HEXINBIN, HEXINOKT, HEXINDEZ.

	A	B	C	D
1	1111		15	=BININDEZ(A1)
2	101010110		342	=BININDEZ(A2)
3	1111111111		-1	=BININDEZ(A3)
4	255		11111111	=DEZINBIN(A4)
5	511		111111111	=DEZINBIN(A5)
6	65536		10000	=DEZINHEX(A6)
7	ABCDE		703710	=HEXINDEZ(A7)

Abbildung 3.20: Umwandlung von Zahlensystemen

Wie man in C3 und C5 sieht, unterliegen die Funktionen bestimmten Größenbeschränkungen. DEZINBIN und BININDEZ können beispielsweise nur bis

```
2^9-1=511
```

rechnen. Eine interessante, mathematische Knobelaufgabe besteht darin, diese Berechnungen auch ohne die dafür gedachten, speziellen Funktionen umzusetzen und dabei auch die Größenbeschränkungen aufzuheben.

- BININDEZ(Zahl)

```
=SUMMENPRODUKT(LINKS(RECHTS("0"&Zahl;ZEILE($1:$256)))
*2^(-1+ZEILE($1:$256)))
```

- DEZINBIN(Zahl)

```
=SUMMENPRODUKT(GANZZAHL(REST(Zahl/2^(ZEILE($1:$256)-1);2))
*10^(ZEILE($1:$256)-1))
```

- HEXINDEZ(Zahl)

```
{=SUMME((SUCHEN(TEIL(Zahl;ZEILE(INDIREKT("1:"&LÄNGE(Zahl)));1);
"0123456789ABCDEF")-1)*16^(LÄNGE(Zahl)-ZEILE(INDIREKT("1:"&LÄNGE(Zahl)))))}
```

Da bietet Excel ab Version 2013 nun die Superfunktionen DEZIMAL und BASIS. Obige lange Formel für große Zahlen HEXINDEZ wird erschlagen durch:

`=DEZIMAL(Zahl;16)` wieder zurückrechnen geschieht mit:

`=BASIS(Zahl;16)` 16 ist HEX; 2 ist BIN – funktioniert für alle Basiszahlen bis 36

Für die meisten Excel-Anwender haben solche Berechnungen in der Praxis kaum Relevanz. Aber für alle, die gerne mit Farben experimentieren, gibt es doch ein interessantes Anwendungsbeispiel.

Excel verwaltet seine Farben in Hexadezimalzahlen. Die technische Bezeichnung für die Farbe Lila ist A03070. Das kommt daher, dass Excel (bzw. Windows) mit dem RGB-Farbmodell arbeitet. Jede Farbe setzt sich aus einer Mischung von **R**ot-, **G**rün- und **B**lautönen zusammen. Jeder dieser drei Töne kann einen Wert von 0 bis 255 annehmen. Das sind genau 16^2 Töne je Farbe, also insgesamt 16^6 = 16.777.216 mögliche Farben.

Zu sehen war das bislang beispielsweise im Eigenschaften-Editor von Steuerelementen oder innerhalb der Optionen, mit denen die Farbpalette einer Arbeitsmappe konfiguriert werden kann. Hinsichtlich der Farbgebung wurde Excel seit der Version 2007 revolutioniert. Es ist nun für jede einzelne Zelle möglich, das komplette Farbspektrum zu editieren (*Abb. 3.21*).

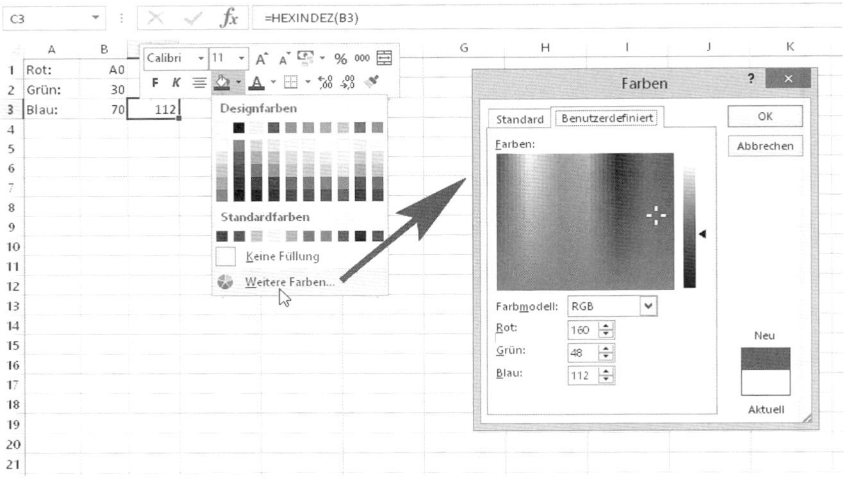

Abbildung 3.21: Umwandlung von Zahlensystemen zur Bestimmung von Farbcodes

Der technische Farbton A03070 wird in drei Teile zerlegt und dann vom hexadezimalen ins dezimale Zahlensystem umgewandelt:

- Rot: =HEXINDEZ("A0")=160
- Grün: =HEXINDEZ("30")=48
- Blau: =HEXINDEZ("70")=112

Lila besteht in Excel also aus 160 Teilen Rot, 48 Teilen Grün und 112 Teilen Blau. Weiß hat den Farbcode 255, 255, 255 und Schwarz 0, 0, 0.

In VBA gibt es drei Möglichkeiten, einen Farbton dem Hintergrund einer Zelle zuzuordnen.

1. Mit der Hexadezimalzahl, der &H voranzustellen ist:

   ```
   ActiveCell.Interior.Color = &HA03070
   ```

2. Mit der Funktion RGB, die die drei Farbbestandteile in eine Dezimalzahl(!) umwandelt:

   ```
   ActiveCell.Interior.Color = RGB(160, 48, 112)
   ```

3. Mit Farbkonstanten

   ```
   ActiveCell.Interior.Color = rgbViolet (entspricht RGB 238,130,238)
   ```

RGB(160, 48, 112) liefert die Zahl 7352480, die entsprechende Dezimalzahl dieses Farbcodes.

Bis Excel 2003 konnte man einer Zelle nicht direkt eine Farbe zuordnen. Da ordnete man die Farbe einer Palette der Arbeitsmappe zu. Diese Palette bestand nur aus 56 verschiedenen Farben. Der Zelle konnte man dann nur eine Nummer von 1 bis 56 aus der aktuell gültigen Palette zuordnen.

Dieses Palettenmodell wurde nicht komplett über Bord geworfen, d. h., eine Arbeitsmappe besitzt immer noch eine Palette mit 56 Farben und den Zellen können auch weiterhin Farben aus dieser Palette zugeordnet werden.

3.22 Rechnen mit komplexen Zahlen

Die Wurzel aus –1 kann es ja nicht geben. Denn eine Zahl mit sich selbst multipliziert gibt immer eine positive Zahl. Plus mal plus gibt plus und minus mal minus gibt auch plus. Das lernen wir in der Schule und damit hat sich die Welt auch lange Zeit abgefunden. Doch irgendwann waren ein paar schlaue Köpfe damit nicht mehr zufrieden. Sie wollten partout die Wurzel aus –1 berechnen und erweiterten die Menge der reellen Zahlen um eine weitere Dimension.

Zur Erinnerung, die Menge der reellen Zahlen kann auf einem eindimensionalen Zahlenstrahl dargestellt werden, wie *Abb. 3.22* zeigt. Dazu zählen

- natürliche Zahlen 1, 2, 3, ...
- ganze Zahlen: natürliche Zahlen und negative Zahlen inklusive Null 0, –1, –2, –3
- rationale Zahlen: alle Brüche, die man aus den ganzen Zahlen bilden kann, z. B. 2/3, 14/5, –4/3
- irrationale Zahlen: Zahlen mit unendlich vielen, nichtperiodischen Nachkommastellen, die sich nicht als Bruch darstellen lassen, z. B. die Wurzel aus 2, die Eulersche Zahl (2,718...) oder Pi (3,14...)

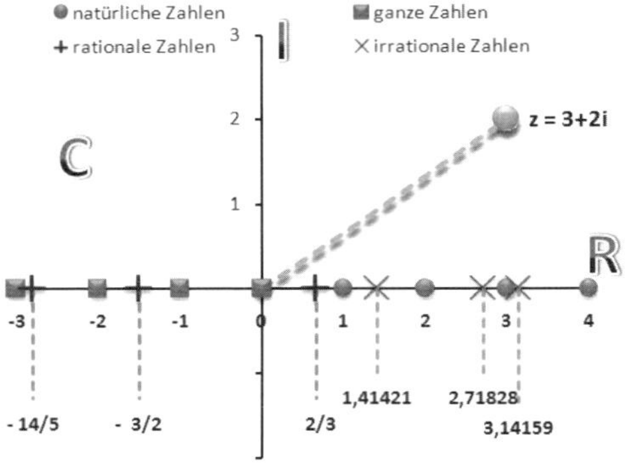

Abbildung 3.22: Die komplexe Zahlenebene

Durch Einführung einer imaginären Achse entsteht nun die komplexe Zahlenebene (C). Jede komplexe Zahl z besteht demnach aus einem Realteil und einem Imaginärteil, der als Vielfaches von i (der Wurzel aus –1) dargestellt wird. Die Funktion KOMPLEXE erzeugt aus einem Realteil und einem Imaginärteil eine komplexe Zahl.

```
=KOMPLEXE(3;2) = "3+2i"
```

Man muss beachten, dass komplexe Zahlen in Excel immer als Zeichenkette (Datentyp Text) vorkommen.

Die Funktionen IMREALTEIL und IMAGINÄRTEIL kehren das Ganze wieder um und splitten eine komplexe Zahl in ihren Realteil und ihren Imaginärteil auf.

```
=IMREALTEIL("3+2i") = 3
=IMAGINÄRTEIL("3+2i") = 2
```

IMSUMME addiert zwei komplexe Zahlen und IMPRODUKT multipliziert sie miteinander. IMAPOTENZ potenziert die Zahl mit dem angegebenen Exponenten.

Da per Definition i die Wurzel aus –1 ist, müsste i^2 genau –1 betragen, aber

```
=IMAPOTENZ("i";2) = -1+1,22514845490862E-16i
```

... sieht unschön aus, da sich Excels generelle Rundungsprobleme insbesondere auf die komplexen Funktionen auswirken. Mit etwas Tuning kann man das Ergebnis richtig stellen:

```
=IMREALTEIL(IMAPOTENZ("i";2))&"+"&RUNDEN(IMAGINÄRTEIL(IMAPOTENZ("i";2));10)&"i"
= -1+0i
```

Quod erat demonstrandum. Die Rückrechnung erfolgt mit IMWURZEL. Die Wurzelfunktion, die sich in der reellen Zahlenwelt bewegt, liefert natürlich bei

```
=WURZEL(-1)
```

den Fehlerwert #ZAHL!.

```
=IMWURZEL(-1)
```

liefert das Ergebnis i. (Der hässliche Realteil muss wieder weggerundet werden.)

Neben der reinen Mathematik sind komplexe Zahlen in der Grundlagenphysik und der Elektrotechnik von Bedeutung. Den mit Abstand schönsten Anwendungsfall stellt aber die Iteration der Funktion

$$Z_{n+1} = Z_n^2 + C$$

Abbildung 3.23: Iterationsformel der Mandelbrotmenge

zur Darstellung der Mandelbrotmenge (benannt nach Benoit Mandelbrot) dar.

Darüber hinaus gibt es noch weitere Funktionen zum Rechnen mit komplexen Zahlen. Diese lauten:

IMABS, IMARGUMENT, IMCOS, IMDIV, IMEXP, IMKONJUGIERTE, IMLN, IMLOG10, IMLOG2, IMSIN, IMSUB

3.23 Exoten

Diese Funktionen passen in keine der anderen Kategorien und besitzen sehr ungewöhnliche Eigenschaften und Fähigkeiten.

Die Funktion TEILERGEBNIS kann eine Reihe anderer Funktionen wahlweise ersetzen. Je nach Parametereingabe berechnet sie das arithmetische Mittel, die Anzahl von Zahlen oder Texten, Maximum oder Minimum, Produkt, Standardabweichung, Summen oder die Varianz von Werten eines Bereichs. Sie kann entweder manuell eingegeben oder über den Aufruf *Daten/Teilergebnis* erzeugt werden.

Abbildung 3.24: Funktion TEILERGEBNIS

Das Besondere an ihr ist, dass sie bei der Berechnung Zellen ignoriert, die selbst die Funktion TEILERGEBNIS enthalten. Außerdem ignoriert sie durch den AutoFilter und (ab Excel 2003 optional) auch manuell ausgeblendete Zeilen.

Die Funktionen INFO und ZELLE geben Informationen über das aktuelle Betriebssystem oder Eigenschaften (wenn auch in spärlichem Umfang) mancher Excel-Objekte zurück.

Beide Funktionen erwarten als Argument einen Text, der vorgibt, was berechnet werden soll.

Die Argumente `"Sysversion"`, `"System"` und `"Version"` offenbaren Name und Version Ihres Betriebssystems bzw. Letztere die Nummer der Excel-Version.

Informationen, die sich auf die aktuelle Excel-Anwendung beziehen, liefert die Funktion INFO über folgende Parameter:

- `"Dateienzahl"`: Anzahl aktiver Arbeitsblätter in den geöffneten Arbeitsmappen. Hierbei werden auch Add-ins und im Hintergrund geöffnete Mappen mitgezählt.
- `"Berechne"`: der aktuelle Berechnungsmodus `"Automatisch"` oder `"Manuell"`
- `"Verzeichnis"`: der Pfad des aktuellen Verzeichnisses oder Ordners

  Die Angabe bezieht sich nicht auf den Pfad, auf dem die aktuelle Arbeitsmappe gespeichert ist, sondern auf den Ordner, der im *Öffnen*-Dialogfeld aktiv ist (entspricht *VBA.CurDir*).

Die Formel

```
=TEIL(INFO("Ursprung");4;9)
```

gibt die Adresse der ersten, links oben sichtbaren Zelle der aktiven Tabelle zurück.

Die Funktion ZELLE liefert Informationen zur aktuellen Arbeitsmappe einer Tabelle oder Zelle. Im Gegensatz zur Funktion INFO kann bei ZELLE noch ein Bezug angegeben werden, auf den sich die Berechnung bezieht. Wird der Bezug nicht angegeben, bezieht sich die Berechnung auf die momentan aktive Zelle.

Informationen über die Position der vorgegebenen oder der aktiven Zelle erhalten Sie mit den Parametern "Adresse", "Zeile" oder "Spalte". Die Parameter "Inhalt", "Typ", "Format", "Schutz", "Präfix", "Klammern" und "Farbe" liefern Angaben über den Inhalt und die Formate der Zelle.

Der Parameter "Breite" liefert die Breite der Spalte der angegebenen Zelle bzw. der aktuellen Spalte, falls kein Bezug angegeben wurde. In Kombination mit der Funktion TEXT könnte man das zum Beispiel dazu verwenden, das Datumsformat einer Zelle flexibel an die aktuelle Spaltenbreite anzupassen (nach Änderung der Breite [F9] drücken):

```
A1:=TEXT(JETZT();"TT."&SVERWEIS(ZELLE("Breite";A1);
{0.0;5."MM.";7."MM.JJ";9."MM.JJJJ";11." MMM JJJJ";13." MMMM JJJJJ"};2))
```

"Dateiname" liefert Laufwerk, Pfad, Dateiname und Tabellenname, in denen sich der angegebene Bezug befindet.

Der Parameter beider Funktionen in Textform hat den Nachteil, dass die Funktionen beim Öffnen mit einer englischen Excel-Anwendung nicht automatisch übersetzt werden können, wie das normalerweise der Fall ist.

Die Funktion HYPERLINK berechnet nichts, sondern erzeugt in der aufrufenden Zelle einen Hyperlink, den Sie anklicken können. In den herkömmlichen Funktionskategorien hat sich diese Funktion mysteriöser Weise unter die Matrixfunktionen verirrt. Mit VERGLEICH kombiniert kann man HYPERLINK als Suchfunktion nutzen.

```
=HYPERLINK("#A"&VERGLEICH(Suchkriterium;A:A;0);"Such mich!")
```

Sucht das Suchkriterium in Spalte A und springt im Erfolgsfall auch dort hin.

Einen ebensolchen Irrläufer stellt die Funktion RTD dar, die Echtzeitdaten eines Programms empfängt, das die COM-Automatisierung unterstützt. Ohne die entsprechenden Add-ins und die Installation eines Servers für Echtzeitdaten können Sie mit dieser Funktion nichts anfangen.

Die Funktion ZUFALLSZAHL() liefert eine zufällige Zahl zwischen 0 und 1 mit (in der Regel) 15 zufälligen Nachkommastellen. Trotz ihrer schlichten Funktionalität ist sie ein Juwel unter den Excel-Funktionen, die vor allem in der Statistik sehr wichtig ist und mit der man jede Menge Spaß haben kann. ZUFALLSBEREICH liefert ganzzahlige Zufallszahlen im angegebenen Intervall, was mit ZUFALLSZAHL aber auch möglich wäre, zum Beispiel

```
=ZUFALLSBEREICH(1;49)=KÜRZEN(ZUFALLSZAHL()*49)+1
```

Die Funktion RÖMISCH wandelt eine arabische Zahl bis maximal 3.999 in eine römische Zahl als Text um. Bevor es die Funktion ARABISCH gab, erfolgte die Rückrechnung mit

```
{=VERGLEICH(A1;RÖMISCH(ZEILE(INDIREKT("1:3999")));0)
```

Jetzt (ab Excel 2013):

```
=ARABISCH(A1)
```

Die Funktion BAHTTEXT wandelt eine Zahl in Thai-Text um und fügt diesem das Suffix "Baht" hinzu. Wir rätseln bislang erfolglos, wie und warum sich diese Funktion in den Standardkatalog der deutschen Excel-Version verirrt hat.

Nimmt man Bezug auf die Zelle einer PivotTable (*Abb. 3.25*), wird statt des absoluten Bezugs die Funktion PIVOTDATENZUORDNEN eingefügt. Höhe und Breite einer PivotTable können sich bei Aktualisierung ändern und diese Funktion gewährleistet dann, dass der Bezug immer auf die zu den angegebenen Suchkriterien passende Zelle zugreift. Die Funktion kann auch manuell editiert werden.

Kennzahl	Umsatz				
Summe von Euro	Gebiet				
Monat	Nord	Ost	Süd	West	Total
Jan	1.019	71	832	52	1.974
Feb	67	893	1.118	37	2.115
Mrz	80	1.085	51	900	2.116
Apr	864	58	69	1.066	2.057
Mai	1.066	66	855	91	2.078
Jun	62	884	1.001	65	2.012
Jul	51	1.146	68	879	2.144
Aug	946	72	79	1.077	2.174
Sep	1.152	70	909	67	2.198
Okt	62	891	1.106	51	2.110
Nov	75	1.094	59	895	2.123
Dez	836	64	51	1.118	2.069
Total	**6.280**	**6.394**	**6.198**	**6.298**	**25.170**

=PIVOTDATENZUORDNEN("Euro";$I$3;"Monat";"Sep";"Gebiet";"Nord")

Abbildung 3.25: PivotTable per Formel auswerten

3.24 Neue Funktionen

Hierunter zusammengefasst sind neue Funktionen ab Excel 2013 bzw. auch ältere, die bisher nicht behandelt wurden. Von den zahlreichen neuen Funktionen sind sehr viele absolute Spezialformeln aus dem Bereich Statistik und z. B. Trigonometrie imaginärer Zahlen, aber es ist auch einiges an Überflüssigem und Kinkerlitzchen dabei. Nur elf erwähnenswerte Funktionen sollen deshalb hier kurz angeführt werden.

Die Funktionen DEZIMAL, BASIS und ARABISCH zur Umwandlung von Zahlensystemen wurden schon bzw. werden in Folgekapiteln noch erwähnt. Die sind irre einfach und, was die Leistung betrifft: perfekt.

`=ISTFORMEL(A1)` ergibt WAHR, wenn in A1 eine Formel steht, bzw. FALSCH, wenn nicht. Sehr praktisch, dafür mussten wir uns früher mit Excel 4-Makrofunktionen abmühen.

`=FORMELTEXT(A1)` gibt die Formel in A1 ausgeschrieben wieder.

`=WENNNV(A1)` ist das Gleiche wie `=WENNFEHLER(A1)` mit der Beschränkung auf die Fehlermeldung #NV.

`=BLATT("Blattname")` gibt die Nummer des ausgewählten Blattes in der Reihenfolge der Arbeitsmappe wieder.

`=BLÄTTER()` ist die Anzahl der Blätter in der Arbeitsmappe.

`=UNIZEICHEN(A1)` und `=UNICODE(A1)` sind eigentlich das Gleiche wie `=ZEICHEN(A1)` und `=CODE(A1)`, nur ist für ZEICHEN bei 255 Schluss, UNIZEICHEN funktioniert bis 55.295.

`=AGGREGAT(Funktion;Option;Bereich;k)`

Das klingt erst mal unhandlich – ist aber u. a. eine enorme Verbesserung der Funktion TEILERGEBNIS.

Ein Beispiel:

In Spalte A1:A99 stehen Zahlen, in B1:B99 Begriffe – A1:B99 wurden nach irgendeinem Begriff gefiltert.

`=TEILERGEBNIS(9;A1:A99)` ergibt die gefilterte Summe. 9 ist die Funktion für Summe – die Funktionen in AGGREGAT sind identisch (es gibt aber ein paar mehr).

`=AGGREGAT(9;1;A1:A99)` ergibt auch die gefilterte Summe.

Wozu soll AGGREGAT dann gut sein? Jetzt kommen die Optionen ins Spiel (es gibt 7, siehe Onlinehilfe). Ist einer der Werte in Spalte A nach der Filterung ein Fehlerwert, ergeben beide Formeln Müll. Bei TEILERGEBNIS wären jetzt Formelkombinationen erforderlich, um das auszuschließen. Mit

`=AGGREGAT(9;7;A1:A99)`

ist das kein Problem. 7 ist die Option für „ausgeblendete Zeilen und Fehlerwerte ignorieren".

Wie oben bereits erwähnt wurde, gibt es im Vergleich zu TEILERGEBNIS einige Funktionen mehr. Erwähnenswert sind 12 MEDIAN, 14 KGRÖSSTE und 15 KKLEINSTE.

`=AGGREGAT(14;7;A1:A99;2)` ermittelt z. B. den zweitgrößten, gefilterten Wert. Bei den Funktionen 14 und 15 ist also das ;k am Ende erforderlich.

Nach der ersten Euphorie aber gleich ein kleiner Dämpfer. Man könnte vermuten, wenn AGGREGAT so viel besser ist als TEILERGEBNIS, dass es sicher auch zeilenweise funktioniert. Aber Pustekuchen: AGGREGAT kann auch nur senkrecht.

AGGREGAT kann man auch mit anderen Formeln kombinieren – da entfällt der {Array-Abschluss} mit Strg+⇧+↵. Ausgeblendete Werte werden dann aber nicht ignoriert.

KAPITEL 4

Matrix – die unendlichen Tiefen

Wir schalten jetzt ein paar Gänge höher, legen also sozusagen den Formel-Turbo ein. Sie erfahren nun, wie Sie die Excel-Formeln wirklich ausreizen und viele Dinge berechnen können, von denen Sie bis dato nicht einmal im Traum gedacht haben, dass so etwas möglich ist: Wir kommen zu dem Thema Matrix (engl. Array), der Königsdisziplin im Formelbereich.

4.1 Was ist die Matrix?

Es ist die Frage, die uns keine Ruhe lässt. Es ist die Frage, die dich hergeführt hat. Du kennst die Frage, genau wie ich. – »Was ist die Matrix?« (Morpheus in: Die Matrix)

4.1.1 Tabellenbereich versus Matrix

Wenn Sie den Unterschied zwischen einem Bereich und einer Matrix verstehen, haben Sie bereits den ersten Meilenstein zur Beherrschung von Matrixformeln erreicht. Was ein Tabellenbereich ist, kann sich jeder Excel-Anwender vorstellen. Jeder Tabellenbereich besteht aus Zellen, die horizontal in Spalten und vertikal in Zeilen eingeteilt sind. Optisch können die Zellen durch Rahmen oder Hintergrundfarben abgegrenzt werden.

Unter einer Matrix verstehen wir nun die reinen Daten, die in den Zellen enthalten sind. Der Tabellenbereich verhält sich in etwa zur Matrix wie ein Brief zu den Wörtern, die in ihm enthalten sind, wie *Abb. 4.1* erkennen lässt.

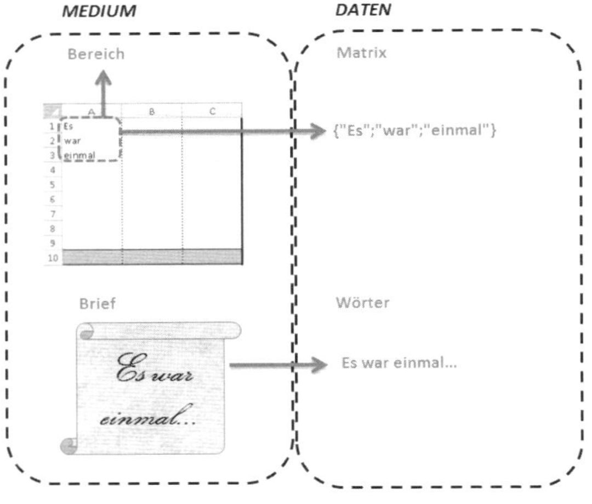

Abbildung 4.1: Medium Bereich *ist die Hülle (der Container) der Matrix.*

Der Tabellenbereich oder der Brief sind Medien, die die darin enthaltenen Daten darstellen, verwalten und übermitteln. Wenn wir davon sprechen, »ein(e) Array/Matrix zu erzeugen«, ist damit gemeint, die Daten losgelöst vom Tabellenbereich darzustellen.

4.1.2 Wie wird eine Matrix erzeugt?

Ein Array für sich betrachtet ist schlicht gesagt eine *Anordnung, Aufstellung oder Reihe von gleichen Elementen in festgelegter Art und Weise* (Wikipedia) oder nach dem Goldman-Lexikon *die rechteckige Anordnung von n mal m Elementen a in m Zeilen und n Spalten, die außer durch ihren Wert auch noch durch ihre Stellung* a_{mn} *in der Matrix gekennzeichnet sind.*

Letztere Definition passt ja ziemlich genau zu den Matrizen, die eine Excel-Tabelle beinhaltet. Wie sieht ein Array aus und wie wird es erzeugt?

Ein Array wird grundsätzlich durch {geschweifte Klammern} dargestellt. Man unterscheidet die Arrays nach ihren Dimensionen:

1. Horizontale Arrays: Die einzelnen Elemente werden durch Punkte voneinander getrennt. Die Darstellung im Tabellenbereich erfolgt in einer Zeile und mehreren Spalten.
2. Vertikale Arrays: Die einzelnen Elemente werden durch ein Semikolon voneinander getrennt. Die Darstellung im Tabellenbereich erfolgt in einer Spalte und mehreren Zeilen.
3. Zweidimensionale Arrays: Dabei werden die Elemente in der horizontalen Dimension mit Punkten und in der vertikalen Dimension mit Semikola voneinander getrennt (*Abb. 4.2*).

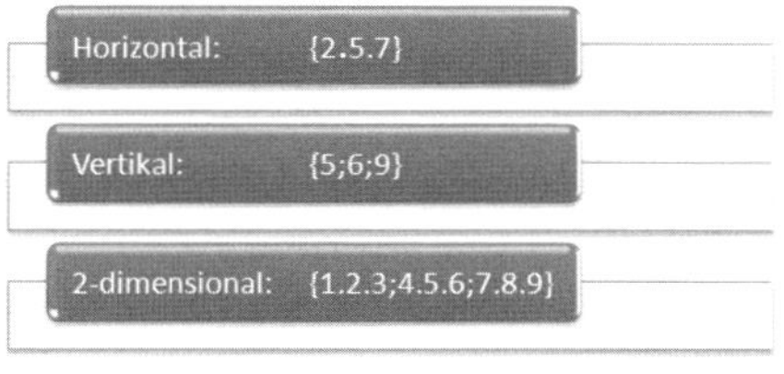

Abbildung 4.2: Wie Arrays aussehen

Die {geschweiften Klammern} erzeugt man mit AltGr+7 ({) und AltGr+0 (}) bzw. mit Alt+123 ({) respektive Alt+125 (}). Dabei muss 123 bzw. 125 bei gedrückter Alt-Taste nacheinander auf dem **Ziffernblock** getippt werden.

Die Trennzeichen einzelner Matrixelemente können in den verschiedenen Ländereinstellungen differieren. In der Schweiz ist beispielsweise der Backslash (\) statt des Punkts (.) das Trennzeichen für horizontale Matrixelemente. Im Zweifel geben Sie in der Bearbeitungsleiste die Formel

```
=A1:C2
```

ein, markieren diese, werten sie mit F9 aus und schauen sich dann die Matrixtrennzeichen Ihrer Ländereinstellung an.

Zulässige Elemente einer Matrix sind Zahlen, Texte, logische Werte (WAHR und FALSCH) sowie Fehlerwerte. Nicht zulässig sind hingegen Zellbezüge, Namen und die Sonderzeichen $, % sowie Klammern (). Zudem dürfen keine Zeilen oder Spalten unterschiedlicher Größe vorhanden sein, wie z. B. ={1.2.3;3.4.5.6}.

Die Elemente einer Matrix können auch unterschiedlichen Typs sein:

```
={1.2.3."A".WAHR.#NV."XY".22,55.1E+307}
```

Zu beachten ist hierbei, dass Texte in "Anführungszeichen" gesetzt werden. Zahlen können auch dezimal oder im wissenschaftlichen Format (1E+307) angegeben werden. Für alle Matrixkonstanten gilt, dass die {geschweiften Klammern} manuell erzeugt werden.

Die einzelnen Elemente einer Matrix werden zunächst horizontal und dann vertikal »durchnummeriert« und auch berechnet. Ein Beispiel für eine 2*4-Matrix (2 Zeilen, 4 Spalten) zeigt *Abb. 4.3*:

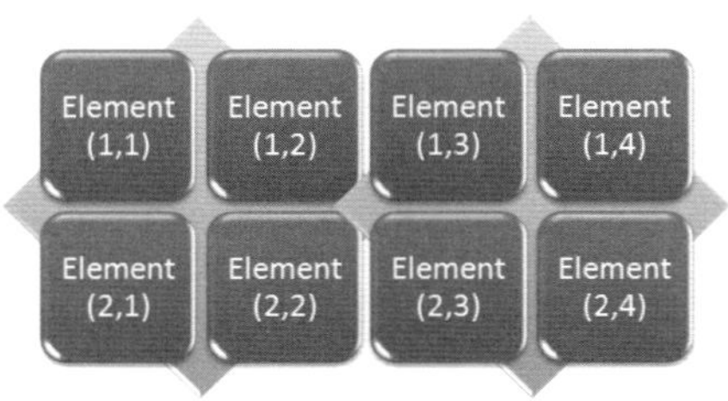

Abbildung 4.3: Adressierung von Elementen der Matrix

4.1.3 Berechnungsreihenfolge von Zellen und Arrays

Den Nachweis der Berechnungsreihenfolge liefert folgendes Experiment (*Abb. 4.4*). Aktivieren Sie zunächst die Iteration über *Datei/Optionen/Formeln/Berechnungsoptionen* (vormals: *Extras/Optionen/Berechnung*) mit der maximalen Iterationszahl 1.

Dadurch legitimieren Sie Zirkelbezüge, die in diesem Beispiel zwangsläufig entstehen. Markieren Sie nun den Bereich A1:C3, geben Sie die Formel

```
=MAX($A$1:$C$3)+1
```

ein und schließen Sie die Eingabe mit Strg+↵ ab (diese Tastenkombination kopiert die Formel der aktiven Zelle in alle anderen markierten Zellen – nicht zu verwechseln mit Strg+⇧+↵ zur Erzeugung einer Matrixformel!).

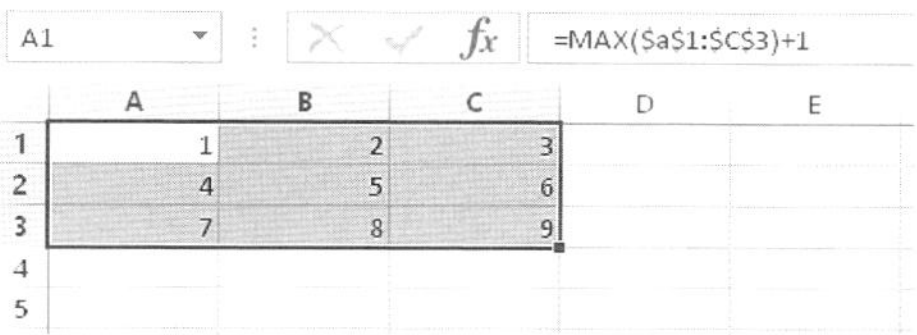

Abbildung 4.4: Berechnungsreihenfolge von Zellen

Jede Zelle liest aus dem Bereich A1:C3 das Maximum aus und erhöht dieses um 1. Aufgrund der eingestellten maximalen Anzahl von genau einer Iteration wird diese Berechnung in jeder Zelle nur einmal vorgenommen. Da die Berechnungsreihenfolge von links nach rechts und anschließend von oben nach unten verläuft, ergibt sich das Ergebnis aus *Abb. 4.4*. Damit ist bewiesen, dass zuerst die Zelle A1 berechnet wurde. Zu dem Zeitpunkt haben alle übrigen Zellen noch den Wert 0, und damit gilt

```
A1: =MAX({0.0.0;0.0.0;0.0.0})+1 = 1
```

Zuletzt wird C3 berechnet. Alle vorherigen Zellen besitzen schon ihre Werte von 1 bis 8

```
C3: =MAX({1.2.3;4.5.6;7.8.0}+1 = 9
```

4.1.4 Zugriff auf Elemente eines Arrays

Eine Matrix ist erzeugt, aber wie greifen wir auf deren einzelne Elemente zu? Die dafür prädestinierte Excel-Funktion lautet

```
=INDEX(Matrix;Zeile;Spalte)
```

Ist die Matrix nur eindimensional, reicht

```
=INDEX(Matrix;Zeile oder Spalte)
```

Wollen wir beispielsweise aus der Matrix C5:E7 die Zelle D7 (das Element in der 3. Zeile und der 2. Spalte der Matrix) ansprechen, dann formulieren wir

```
=INDEX(C5:E7;3;2)
```

Abb. 4.5 zeigt Beispiele zum Zugriff auf Elemente mit der Funktion INDEX.

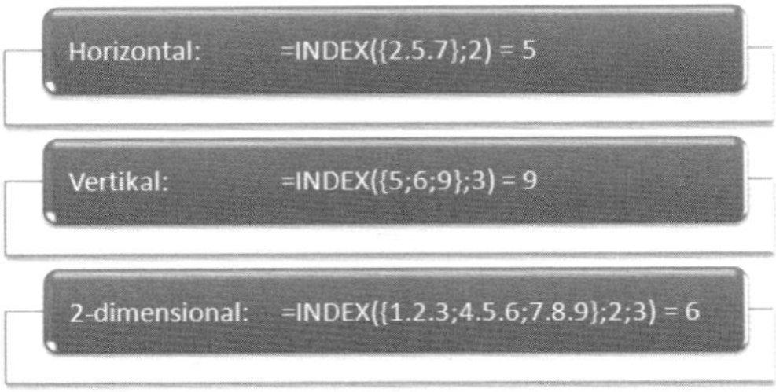

Abbildung 4.5: Zugriff auf Elemente der Matrix

4.2 Operationen mit Arrays

Der Inhalt eines Arrays muss nicht statisch bleiben. Er kann vielmehr mit allen denkbaren mathematischen Operationen verändert werden.

```
={2.4.6}*5 ergibt {10.20.30}
```

da jedes Element mit der Zahl 5 multipliziert wird. Das Ergebnis ist wieder ein Array mit der gleichen Anzahl von Elementen wie das Ausgangsarray (*Abb. 4.6*).

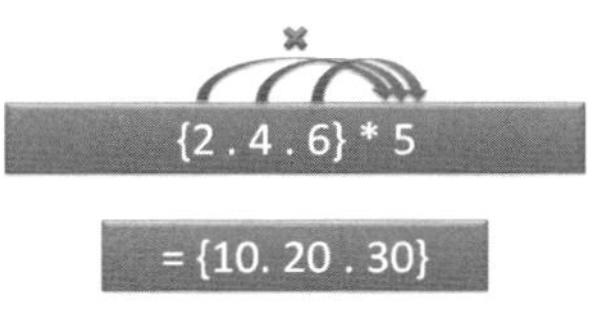

Abbildung 4.6: Multiplikation von Spaltenarray mit Zahl

Natürlich sind auch alle anderen mathematischen Operationen möglich.

Bei zwei Arrays, die gleich dimensioniert sind, korreliert jedes x-te Element von Array A mit dem zugehörigen x-ten Element von Array B. Am Beispiel einer Multiplikation zweier Arrays:

```
={2.4.6}*{3.4.5} ergibt ={6.16.30}
```

aus den durchgeführten Einzelberechnungen 2*3, 4*4 und 6*5 (*Abb. 4.7*).

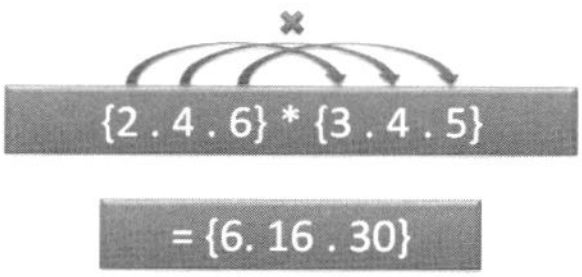

Abbildung 4.7: Multiplikation zweier Matrizen gleicher Dimension

Sind beide Arrays unterschiedlich dimensioniert, wird jedes Element von Array A mit jedem Element von Array B multipliziert:

```
={2.4.6}*{3;4} ergibt ={6.12.18;8.16.24}
```

aus den durchgeführten Einzelberechnungen 2*3, 4*3, 6*3, 2*4, 4*4, 6*4 (*Abb. 4.8*).

Abbildung 4.8: Multiplikation zweier Matrizen unterschiedlicher Dimension

Die Arraydimensionen müssen sinnvoll zusammenpassen. Eine Konstruktion wie

```
={1.2;3.4}*{2;3;4} ergibt ={2.4;9.12;#NV.#NV}
```

da das zweite Array aus drei Zeilen besteht, das erste hingegen nur aus zwei. Die ersten Berechnungen werden mit 1*2, 2*2, 3*3 und 4*3 korrekt ausgeführt. Für die letzte 4 im zweiten Array gibt es hingegen kein Pendant mehr im ersten Array und somit führt dies zu den Fehlerwerten #NV.

Es ist auch möglich, ein eindimensionales Array mit einem zweidimensionalen Array zu kombinieren. In dem Fall passen beide dann sinnvoll zusammen, wenn die gemeinsame

Dimension dieselbe Länge aufweist. Das resultierende Array behält dieselbe Größe wie das ursprüngliche zweidimensionale Array (*Abb. 4.9*). Die Einzelberechnungen lauten in dem Fall 1*5, 3*6, 2*5, 4*6.

Abbildung 4.9: Multiplikation einer eindimensionalen mit einer zweidimensionalen Matrix

Sollte Ihr Array einmal Zahlen enthalten, die aus verschiedensten Gründen im Textformat vorliegen, bekommen Sie im weiteren Verlauf oftmals Schwierigkeiten:

```
=SUMME({"1";"2";"3"})
```

ergibt eine humorlose Null. Abhilfe schafft hier eine mathematisch neutrale Bearbeitung des Arrays. Eine Zahl wird mathematisch nicht verändert, wenn man sie mit 1 multipliziert, durch 1 dividiert oder 0 addiert. Und genau das kann man auch mit einem Array machen. Dabei ist Excel so intelligent, aus allem, was wie eine Zahl aussieht, eine echte Zahl zu machen, den Datentyp also zu verändern.

```
=SUMME({"1";"2";"3"}+0) = SUMME({1;2;3}) = 6
=SUMME({"1";"2";"3"}*1) = SUMME({1;2;3}) = 6
=SUMME({"1";"2";"3"}/1) = SUMME({1;2;3}) = 6
```

Achten Sie aber in solchen Fällen immer darauf, dass Ihr Array keine Werte enthält, die nicht als Zahlen interpretiert werden können. Das führt ganz schnell zu dem unschönen Fehlerwert `#WERT!` und ihr gesamtes Formelergebnis ist im Eimer (es gibt auch wenige Ausnahmen, bei denen man die Fehlerwerte bewusst in Kauf nimmt, aber das spielt an dieser Stelle keine Rolle).

4.3 Arrayformeln

Es gibt zwei unterschiedliche Wege, Arrays zu erzeugen:

1. Direkter Weg über Matrixkonstante
2. Indirekter Weg über Tabellenbereich

Den ersten Weg haben wir in den vorangegangenen Abschnitten bereits kennengelernt. Über die beschriebene Syntax mit geschweiften Klammern und Trennzeichen kann das konstante Array

```
{1.2.3}
```

direkt in eine Zelle geschrieben werden. Konstant ist es deshalb, weil es völlig losgelöst ohne Bezug auf veränderliche Tabellenbereiche existiert.

Für den zweiten Weg merken Sie sich ab sofort folgende Tastenkombination (*Abb. 4.10*):

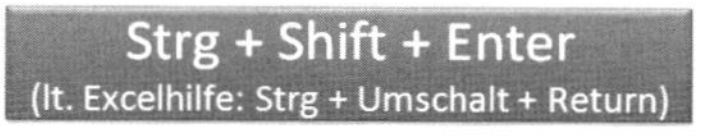

Abbildung 4.10: Die wichtigste Tastenkombination

Das bedeutet: Halten Sie [Strg] und [⇧] gleichzeitig gedrückt und betätigen Sie dann die [↵]-Taste. Wenn Sie eine Formel eingeben, die Eingabe dann mit dieser Tastenkombination abschließen (anstatt wie gewöhnlich mit [↵] allein) und anschließend einen Blick in die Bearbeitungsleiste riskieren, stellen Sie fest, dass die eingegebene Formel mit {geschweiften Klammern} umrandet wurde. Dies ist das sichere Zeichen dafür, dass es sich um eine Array-/Matrixformel handelt!

4.3.1 Wie man in den Wald hineinruft ...

Diese Tastenkombination wird verwendet, um eine Arrayformel zu erzeugen, doch was unterscheidet selbige denn von einer »normalen« Formel? Um dies zu ergründen, erinnern wir uns noch einmal an das allgemeine Prinzip von Excel-Funktionen. Diese erwarten Eingabeparameter, die bestimmte Datentypen aufweisen, und geben einen oder mehrere Funktionswert(e) weiter, die selbst auch irgendeinen Datentyp besitzen. Nehmen wir als Beispiel die Funktion WENN. Deren Syntax lautet

WENN(Prüfung;Dann_Wert;Sonst_Wert)

Die Funktion führt also **eine** Wahrheitsprüfung durch und liefert als Ergebnis **einen** *Dann_Wert* oder **einen** *Sonst_Wert*. Warum die Betonung auf **eine** liegt, werden Sie gleich sehen.

Die Wahrheitsprüfung kann nun direkt über konstante Werte erfolgen:

```
=WENN(5>3;"grösser";"kleiner")
=WENN(WAHR;"grösser";"kleiner") = "grösser"
```

oder indirekt mit Bezug auf einen Tabellenbereich

```
A1: =2
=WENN(A1>3;"grösser";"kleiner") = "kleiner"
```

Nun nehmen wir an, es soll nicht nur eine Zahl überprüft werden, sondern die drei Zahlen der Matrixkonstanten

```
{2.4.5}
```

Benutzen wir die Matrixkonstante auf direktem Weg in der Formel, erhalten wir

```
=WENN({2;4;5}>3;"grösser";"kleiner")
```

Das erste Argument der WENN-Funktion erwartet **eine** Wahrheitsprüfung. In dem Moment, in dem wir ihr an der Stelle drei Wahrheitsprüfungen zumuten, machen wir aus der »normalen« Formel eine Arrayformel. Jeder der drei Werte wird mit der 3 verglichen, sodass wir erhalten:

```
=WENN({FALSCH;WAHR;WAHR};"grösser";"kleiner")
```

Als Ergebnis liefert die Funktion nicht nur einen Rückgabewert, sondern drei:

```
{"kleiner";"grösser";"grösser"}
```

Sichtbar wird diese Ergebnismatrix dann, wenn Sie die Formel in eine Zelle schreiben, markieren und mit F9 auswerten.

Nun schlagen wir wieder den indirekten Weg ein. Die zu überprüfenden Werte werden nicht konstant in die Formel übernommen, sondern stehen in einem Tabellenbereich gemäß *Abb. 4.11*.

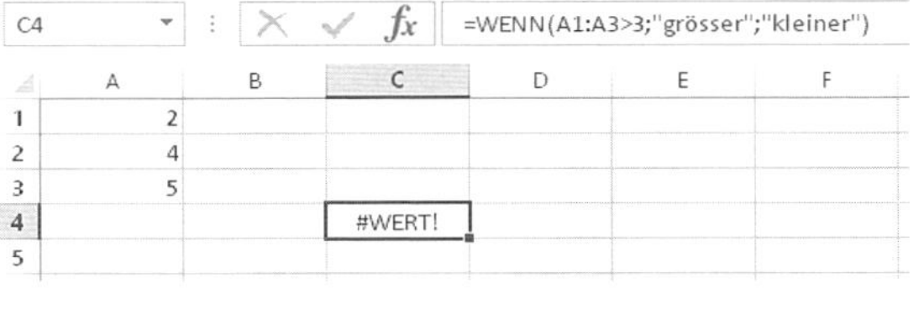

Abbildung 4.11: Die Vergleichsoperation, die auf einen mehrzelligen Bereich angewendet wird, verursacht einen Fehler.

Nun sehen wir mit Schrecken, dass Excel nicht in der Lage ist, diese Mehrfachprüfung auszuführen. Nach dem Motto: »Ich möchte EINE Wahrheitsprüfung durchführen, aber Du bietest mir drei Zellen an, die geprüft werden sollen. Welche soll ich denn nehmen?« Excel kapiert in dem Fall nicht, dass alle Zellen geprüft werden sollen.

Jetzt kommt unsere heilige Tastenkombination Strg+⇧+↵ zum Zuge. Sobald die Formeleingabe damit abgeschlossen wird, wird die Matrix quasi aus dem Tabellenbereich herausgelöst und Excel weiß, was zu tun ist, und erzeugt eine Matrixformel (*Abb. 4.12*)

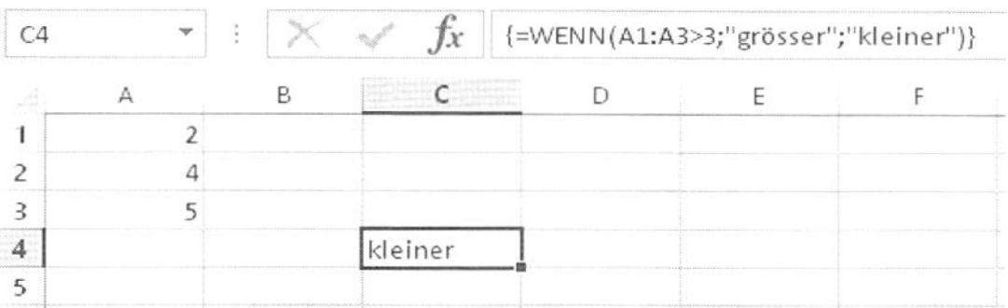

Abbildung 4.12: Die Vergleichsoperation funktioniert, wenn die Formel mit Strg+⇧+↵ abgeschlossen wird.

Klappt! Excel meckert nicht mehr. Allerdings gibt es noch ein weiteres Problem. Wir wissen, dass die Formel eine aus drei Werten bestehende Ergebnismatrix liefert. In der Zelle C4 sehen wir aber nur einen Wert und zwar immer den ersten Wert der Ergebnismatrix. Wir können aber auch alle drei Werte der Ergebnismatrix im Tabellenbereich sichtbar machen. Dazu selektieren wir drei Zellen untereinander, geben die Formel erneut ein und schließen die Eingabe ebenfalls mit Strg+⇧+↵ ab. Das zufriedenstellende Ergebnis zeigt *Abb. 4.13*.

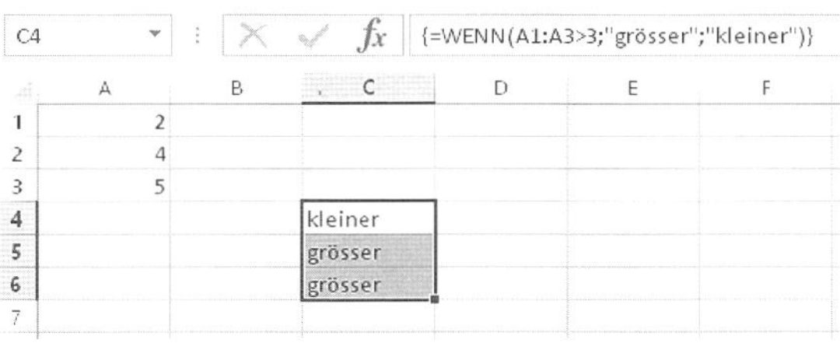

Abbildung 4.13: Alle Elemente der Ergebnismatrix anzeigen

Falls sich der Bereich, über den sich die Matrixformel erstreckt, größer ist als die Ergebnismatrix der WENN-Formel, werden die überschüssigen Zellen mit #NV aufgefüllt (*Abb. 4.14*).

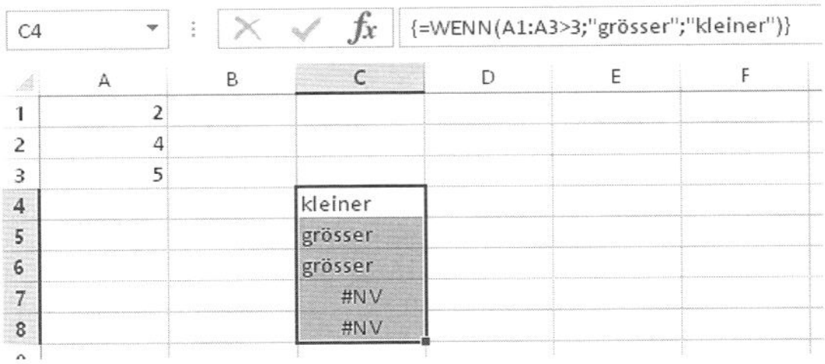

Abbildung 4.14: Der markierte Bereich für die Matrixformel ist überdimensioniert.

Wenn eine Matrixformel in dieser Form über mehrere Zellen auf einmal erzeugt wurde, können einzelne Zellen nachträglich nicht mehr bearbeitet werden. Ein solcher Versuch wird freundlich mit der Fehlermeldung gemäß *Abb. 4.15* quittiert:

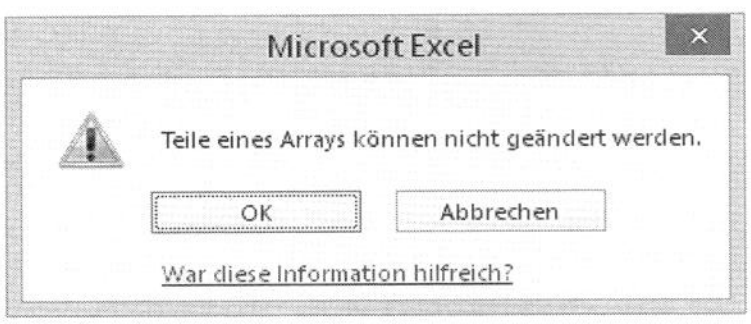

Abbildung 4.15: Teile eines Arrays können nicht geändert werden.

Das Array kann nur insgesamt wieder gelöscht werden. Die *Abb. 4.16* zeigt noch einmal das wichtige Prinzip bei Arrayformeln: »Wie man in den Wald hineinruft, so schallt es auch hinaus.« Erhält ein Argument, das im Standard nur einen einzelnen Wert erwartet, *n* Werte, liefert die Funktion ebenfalls *n* Rückgabewerte. Bei einigen wenigen Funktionen funktioniert dies nicht, aber in der Regel verhält es sich so.

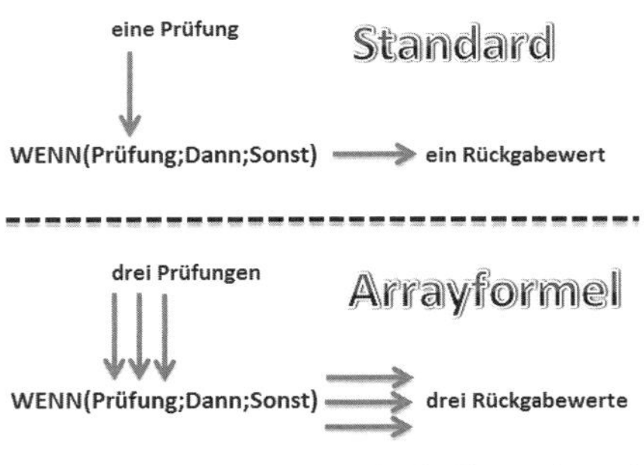

Abbildung 4.16: Wie sich die Formel zur Matrixformel entpuppt

4.3.2 Bereich mal x gleich Matrix

In der überwiegenden Anzahl Fälle wird die Darstellung aller einzelnen Elemente der Rückgabematrix gar nicht benötigt, sondern es soll damit weitergerechnet werden.

Abb. 4.17 zeigt Einzahlungen auf zwei Konten, die über 3 Jahre zu 10 % verzinst werden sollen. Letztlich interessiert hier nur das gesamte Endvermögen nach Ablauf der Perioden zum Stichtag 01.01.2018. Doch um dieses Ergebnis zu erhalten, benötigen Sie im Normalfall einige Zwischenschritte.

D7 | fx {=SUMME(C2:D4*1,1^B2:B4)}

	A	B	C	D	E	F	G
1	Zahlungs-zeitpunkt	Zins-perioden	Konto 1	Konto 2		Endwert 1	Endwert 2
2	01.01.2015	3	100	200		133,10	266,20
3	01.01.2016	2	100	300		121,00	363,00
4	01.01.2017	1	100	400		110,00	440,00
5							1.433,30
6							
7	Summe Endwert zum 01.01.2018:			1433,30			
8							

Abbildung 4.17: Mit Matrixformeln können mathematische Operatoren auf mehrzellige Bereiche angewendet werden.

Mit der Formel

```
F2: =C2*1,1^$B2
```

wird die Zahlung in C2 abhängig von der Anzahl der Zinsperioden in B2 zu 10 % aufgezinst (1,1 = 1 + 10%). Die Formel wird bis G4 kopiert, um auch die übrigen Endwerte zu erhalten. Schließlich erhalten wir mit

```
G5: =SUMME(F2:G4)
```

die Summe aller Endwerte. Dank Matrixformeln ist das Hilfstableau von F1:G5 gar nicht notwendig. Stattdessen können wir mit

```
D7: {=SUMME(C2:D4*1,1^B2:B4)}
```

alle Teilberechnungen auf einmal ausführen, vorausgesetzt, wir schließen die Formeleingabe mit [Strg]+[⇧]+[↵] ab.

`C2:D4*1,1^B2:B4` erzeugt eine Ergebnismatrix mit sechs Einzelberechnungen, die aber nicht dargestellt, sondern an die Funktion SUMME weitergegeben werden. Diese summiert die Elemente und liefert nur noch einen übrig gebliebenen Funktionswert, sprich: die Summe.

Sie haben bereits gesehen, wie über mathematische Operation Matrizen manipuliert werden können. Nach gleichem Muster kann ein mathematischer Operator auf einen Bereich angewendet werden, wodurch eine neue Matrix entsteht. Wir zerlegen obige Berechnung in ihre Einzelteile. Zuerst werden die drei Zinsfaktoren (1,1 ^ *Perioden*) berechnet:

```
1,1^B2:B4 = 1,1^{3;2;1} = {1,331 ; 1,21 ; 1,1}
```

Nun werden die Zinsfaktoren mit den Zahlungen multipliziert:

```
C2:D4*{1,331;1,21;1,1}
= {100 . 200 ; 100 . 300 ; 100 . 400} * {1,331 ; 1,21 ; 1,1}
= {133,1 . 266,2 ; 121 . 363 ; 110 . 440}
= 1433,30
```

Hier haben wir den Fall, dass zwei Matrizen mit unterschiedlichen Dimensionen multipliziert werden. Die linke Matrix der Zahlungen ist zweidimensional (Trennzeichen Punkt und Semikolon) und die rechte Matrix der Zinsfaktoren ist ein eindimensionales Zeilenarray (Trennzeichen: Semikolon).

4.3.3 Gut argumentiert?!

Auf der einen Seite gibt es Argumente, die einen einzelnen Wert (eines bestimmten oder beliebigen Datentyps) erwarten. Andererseits gibt es Argumente, die von Haus aus eine Matrix aus Werten oder einen Bereich verlangen.

Argument Suchmatrix

Zum Beispiel das zweite Argument bei der Funktion VERGLEICH:

```
VERGLEICH(Suchkriterium;Suchmatrix;Vergleichstyp)
```

Folgende Befüllungen für *Suchmatrix* sind denkbar:

- Eine Zeile oder eine Spalte (der Standardfall)
- Eine konstante Matrix
- Eine Matrix, die über Bereichsoperationen entsteht (Strg+⇧+↵)

Alle drei Fälle probieren wir am Beispiel in *Abb. 4.18* aus. Die Liste ist nach Monatsumsätzen absteigend sortiert.

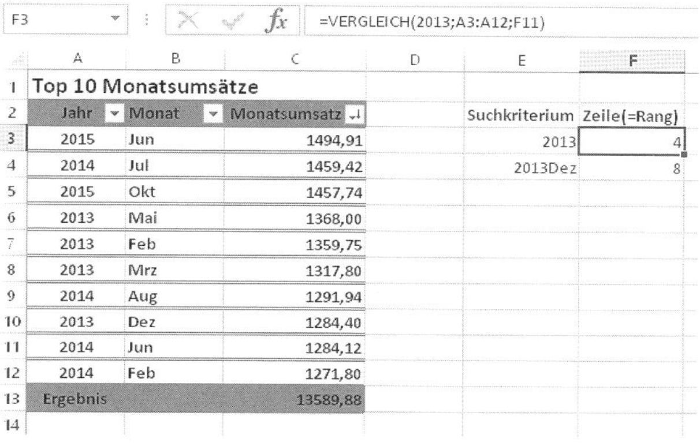
F3 =VERGLEICH(2013;A3:A12;F11)

	A	B	C	D	E	F
1	Top 10 Monatsumsätze					
2	Jahr	Monat	Monatsumsatz		Suchkriterium	Zeile(=Rang)
3	2015	Jun	1494,91		2013	4
4	2014	Jul	1459,42		2013Dez	8
5	2015	Okt	1457,74			
6	2013	Mai	1368,00			
7	2013	Feb	1359,75			
8	2013	Mrz	1317,80			
9	2014	Aug	1291,94			
10	2013	Dez	1284,40			
11	2014	Jun	1284,12			
12	2014	Feb	1271,80			
13	Ergebnis		13589,88			
14						

Abbildung 4.18: Liste mit Monatsumsätzen

Gesucht ist zunächst die Zeile des umsatzstärksten Monats im Jahr 2013. Diese liefert die Standardformel

```
F3: =VERGLEICH(2013;A3:A12;0) = 5
```

Den Bereich, den die Funktion VERGLEICH hier in eine Matrix umwandelt, können wir auch direkt (konstant) dort eintragen:

```
F3:=VERGLEICH(2013;{2015;2014;2015;2015;2013;...;2014};0) = 5
```

Der dritte Anwendungsfall kommt zur Geltung, wenn sich das Suchkriterium aus Spalte A und B zusammensetzt. Spalte A und Spalte B werden mit &-Operator verkettet. Dadurch entsteht eine Matrix, die Excel nur mit der Tastenkombination [Strg]+[⇧]+[↵] akzeptiert:

```
F4: {=VERGLEICH(2013&"Okt";A3:A12&B3:B12;0)} = 9
```

Hier haben wir also eine Matrixformel kreiert, die im Gegensatz zur WENN-Funktion nur einen Rückgabewert liefert (wie im Standard).

Fazit: Entsteht eine Matrix in einem Argument, das standardmäßig eine Matrix oder einen Bereich erwartet, liefert die Funktion auch nur die standardmäßige Anzahl Rückgabewerte.

Anders ist der Fall wieder gelagert, wenn die Matrix im ersten Argument entsteht:

```
=VERGLEICH({"Jun"."Okt"."Mrz"};B3:B12;0) = {1.9.5}
```

Aus einem Suchkriterium werden drei. Also werden aus einem Rückgabewert auch deren drei. (Der Juni wird an erster Stelle gefunden, der Oktober an neunter Stelle und der März an fünfter Stelle.)

Argument Bereich oder Bezug

Es gibt Funktionen wie ZÄHLENWENN, RANG oder TEILERGEBNIS, die als Argument einen Bereich bzw. Bezug statt einer Matrix verlangen. An deren Verhalten wird noch einmal sehr schön der Unterschied zwischen Matrix und Bereich klar.

Ein Bereich beinhaltet eine Matrix. Deshalb kann in einem Matrix-Argument sowohl ein Bereich als auch eine Matrix angegeben werden. Andersherum gilt dies nicht. Eine Matrix ist noch lange kein Bereich. Und deshalb verweigern die oben genannten Funktionen die Übergabe von Matrizen:

```
=ZÄHLENWENN({2015;2014;2015;2015;2013};2013)
```

ist genauso wenig zulässig wie

```
=ZÄHLENWENN(A3:A12&B3:B12;2013&"Okt")
```

Die Funktion ZÄHLENWENN verlangt also das reine, unmanipulierte »Medium« *Bereich*. Funktionen, die als Argument *Bezug* statt *Bereich* verlangen (wie RANG oder TEILERGEBNIS), verhalten sich gleichermaßen.

Rückgabematrix

Wir haben uns angesehen, wie sich Funktionen, die im Standard einen Rückgabewert besitzen, verhalten, wenn sie mit Arrays bestückt werden. Darüber hinaus gibt es aber auch einige Funktionen, die schon im Standardfall selbst Matrizen als Rückgabewerte liefern, ohne dass die Tastenkombination Strg+⇧+↵ nötig wäre. Dazu zählen:

MTRANS, MMULT, MINV, RGP, RKP.

Auf einzelne Werte der Rückgabematrix kann mit der Funktion INDEX zugegriffen werden:

```
=INDEX(MTRANS({1.2.3;4.5.6;7.8.9});1;3) = 7
```

denn

```
=MTRANS({1.2.3;4.5.6;7.8.9}) = {1.4.7;2.5.8;3.6.9}
```

In der Ursprungsmatrix steht die 7 in der ersten Spalte der dritten Zeile. MTRANS transponiert diese Matrix, d. h., Zeilen und Spalten werden getauscht. In der Ergebnismatrix steht die 7 in der ersten Zeile und dritten Spalte, wie die Funktion INDEX beweist.

Matrix aus Bereichen

Um das Bild zu vervollständigen, fehlt noch ein recht abstrakter Sonderfall. Der Unterschied zwischen Bereich und Array sollte klar sein. Es gibt da aber auch ein seltsames Konstrukt, das man als Matrix aus Bereichen bezeichnen kann. Wir haben festgestellt, dass ein Argument, das einen Bereich verlangt, keine Matrix akzeptiert.

Das erste Argument von ZÄHLENWENN wäre demnach nicht matrixfähig. Dies ist auch richtig, außer in dem Fall, in dem die Matrix keine Werte (oder Zeichen) enthält, sondern Bereiche. Um das zu glauben bzw. zu verstehen, muss man es wohl gesehen haben. Folgende Formel beinhaltet einen solchen Sonderfall:

```
=ZÄHLENWENN(INDIREKT({"A:A";"B:B"});"x")
```

INDIREKT übergibt hier eine Matrix aus zwei Bereichen. ZÄHLENWENN führt nun für jeden Bereich die Berechnung durch und liefert eine Matrix aus zwei Rückgabewerten. Der erste Wert beinhaltet die Anzahl x in Spalte A und der zweite die Anzahl x in Spalte B.

Das Resultat ist natürlich nicht gleichbedeutend mit der Formel

```
=ZÄHLENWENN(A:B;"x")
```

die nur eine Gesamtanzahl liefert.

Eine Matrix aus Bereichen lässt sich mit den Funktionen INDIREKT und BEREICH.VERSCHIEBEN erzeugen. Mit diesem Konstrukt lassen sich Fragestellungen beantworten wie: In welcher Spalte kommen die meisten »x« vor? Zudem lassen sich Berechnungen für diskontinuierliche Bereiche verwirklichen, auf die wir im Verlauf dieses Kapitels noch eingehen.

Für Vergessliche

Die in den diversen Excel-Foren mittlerweile meistgenannte Funktion ist wohl SUMMENPRODUKT. Sie weist die Besonderheit auf, auf die Tastenkombination Strg+⇧+↵ verzichten zu können.

Wird ein Bereich einer mathematischen Operation unterzogen, zum Beispiel

```
A1:A10*5
A1:A10 & B1:B10
```

entsteht eine Matrix, die Excel normalerweise nur mit der Tastenkombination [Strg]+[⇧]+[↵] berechnen kann. SUMMENPRODUKT versteht auch so, was zu tun ist (*Abb. 4.19*):

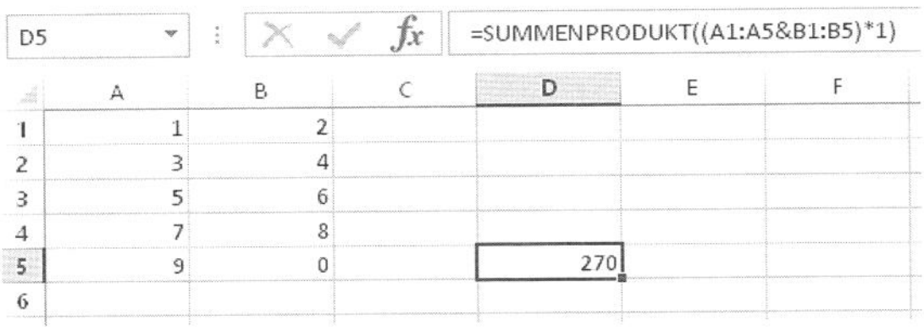

Abbildung 4.19: Matrixformel ohne { }

```
=SUMMENPRODUKT((A1:A5&B1:B5)*1)
= 12 + 34 + 56 + 78 + 90 = 270
```

So besteht also nicht mehr die Gefahr, die Formeleingabe versehentlich ohne geschweifte Klammern abzuschließen und somit keine oder falsche Ergebnisse zu erhalten. Ein weiterer Vorteil besteht darin, dass man problemlos die Tastenkombination [Strg]+[↵] (Kopieren einer Formel auf mehrere Zellen gleichzeitig) verwenden kann. Das ist mit der klassischen Arrayvariante so nicht möglich. Ansonsten hat die Formel aber keinen Vorteil gegenüber der herkömmlichen Matrixformel

```
{=SUMME((A1:A5&B1:B5)*1)}
```

4.4 Nichts als die Wahrheit

Die Zutaten zu diesem Bereich sind weder wahr noch falsch, sondern ausschließlich WAHR und FALSCH. Wahrheitswerte sind unverzichtbar bei der Arbeit mit Arrayformeln.

WAHR ist eine Bedingung immer dann, wenn sie nicht FALSCH ist.

```
=1=1 ergibt logischerweise WAHR.
=1=2 ergibt wiederum FALSCH.
```

Dank der Funktion NICHT lassen sich die Zustände auch umdrehen:

`=NICHT(1=2)` ergibt WAHR, denn `=NICHT(FALSCH)` ist eben nicht falsch und somit wahr.

`=NICHT(1=1)` ergibt FALSCH, denn `=NICHT(WAHR)` ist eben nicht wahr und somit falsch.

Auch wenn im reinen Excel die Funktion NICHT eher selten gebraucht wird, so ist die doppelte Negierung in VBA gang und gäbe, da dort sehr oft mit den sogenannten booleschen Variablen gearbeitet wird (Variablen, die nur die Wahrheitswerte WAHR und FALSCH bzw. TRUE und FALSE zurückgeben können). Wenn die boolesche Variable den Namen *Bol* trägt, dann ist folgende Abfrage nicht selten:

```
If Not Bol Then ...
```

Ebenso wird im Zusammenhang mit Bereichsvariablen häufig ein `If Not Bereich Is Nothing Then ...` gebraucht. Also »Wenn nicht wahr/falsch, dann...« bzw. »Wenn nicht Bereich ist nichts, dann ...«.

Aber zurück zu Excel. Es wimmelt überall von Wahrheitswerten. Der bekannteste Vertreter wird in der schlichten Funktion WENN gebraucht:

```
=WENN(A1=5;"Ja";"Leider keine 5")
```

`A1=5` liefert entweder WAHR oder FALSCH – nicht mehr und nicht weniger.

Wenn man WAHR oder FALSCH mit irgendeiner mathematischen Operation (+, –, *, /) verbindet, wird aus WAHR eine 1 und aus FALSCH eine 0 (in VBA hat der Wert TRUE übrigens den Wert –1). *Abb. 4.20* zeigt einige Rechenbeispiele:

Abbildung 4.20: Mit Wahrheitswerten können Sie rechnen.

Der Fehlerwert `#DIV/0!` resultiert daher, dass mathematisch eine Division durch null (bzw. FALSCH) nicht zulässig ist. In den anderen Beispielen werden die Wahrheitswerte in die Zahlen 1 und 0 umgewandelt. Exakt dieses Prinzip wird beispielsweise in der Funktion SUMMEWENN gebraucht.

```
=SUMMEWENN(A1:A5;"x";B1:B5)
```

summiert alle Werte aus B1:B5, wenn die zugehörige Zelle in A1:A5 ein »x« enthält. Dabei wird jede Zelle aus dem Bereich A1:A5 nacheinander auf die Übereinstimmung mit »x« geprüft. Ist das Ergebnis WAHR, wird der Wert aus Spalte B summiert, ist das Ergebnis FALSCH, wird eben nicht summiert. Mathematisch stellen Sie sich einfach vor, dass der Wert aus Spalte B mit dem Wahrheitswert WAHR oder FALSCH multipliziert wird. Bei FALSCH wird also mit null multipliziert (Zahl*FALSCH = 0), bei WAHR mit 1 (Zahl*WAHR = Zahl). Und die Summe aller Einzelergebnisse führt dann zum Gesamtergebnis.

Eines der am häufigsten vorkommenden Probleme ist nun aber, dass eine Spalte nur dann summiert werden soll, wenn davor zwei Spalten bestimmte Werte enthalten. Dafür haben uns die Microsoft-Entwickler lange eine passende Funktion vorenthalten. Erst seit der Version 2007 gibt es die Funktion SUMMEWENNS, die dieses Versäumnis beseitigt. Bis zur Excel-Version 2003 hingegen kommen Sie nicht um einen Workaround herum. In folgendem Beispiel soll Spalte C nur summiert werden, wenn der Wert in Spalte A »x« **und** der Wert in Spalte B »y« ist (*Abb. 4.21*).

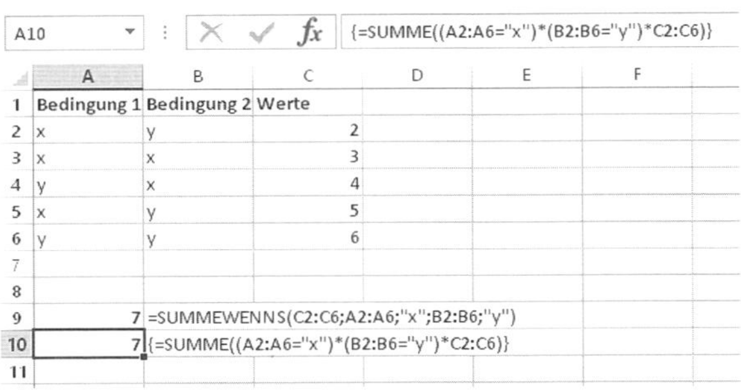

Abbildung 4.21: SUMMEWENN mit zwei Bedingungen

Das Ergebnis ist 7, denn nur in Zeile 2 und 5 sind die Werte »x« und »y«. Konzentrieren wir uns an dieser Stelle nur auf die Arrayvariante in A10. Wenn wir die einzelnen Formelteile

- (A2:A6="x")
- (B2:B6="y")
- C2:C6

mit F9 einer Teilauswertung unterziehen, ergibt sich

- (A2:A6="x") = {WAHR;WAHR;FALSCH;WAHR;FALSCH}
- (B2:B6="y") = {WAHR;FALSCH;FALSCH;WAHR;WAHR}
- C2:C6= {2;3;4;5;6}

Abb. 4.22 visualisiert dies noch mal:

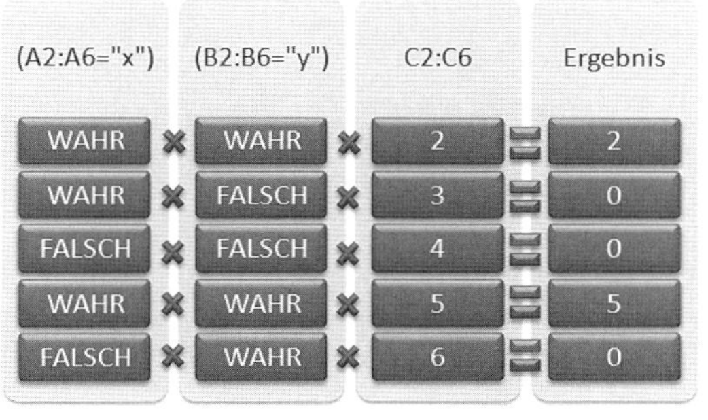

Abbildung 4.22: SUMMEWENN mit zwei Bedingungen durch Rechnen mit Wahrheitswerten

In Gänze:

```
=SUMME({WAHR;WAHR;FALSCH;WAHR;FALSCH}*{WAHR;FALSCH;FALSCH;WAHR;WAHR}*{2;3;4;5;6})
```

Wir erhalten also drei Arrays. Jetzt wird jedes Element des einen Arrays mit dem entsprechenden Element der anderen Arrays multipliziert. Werten wir nur die Multiplikation der ersten beiden Wahrheitsarrays aus, erhalten wir

```
=SUMME({1;0;0;1;0}*{2;3;4;5;6})
```

Zu guter Letzt werden die beiden übrig gebliebenen Arrays vereint, sodass das Ergebnis

```
=SUMME({2;0;0;5;0}) = 7
```

übrig bleibt. Hier bleibt abschließend festzuhalten, dass ausschließlich die Multiplikation von zwei (oder mehr) WAHR zum Ergebnis 1 führt, alle anderen ergeben null (*Abb. 4.23*).

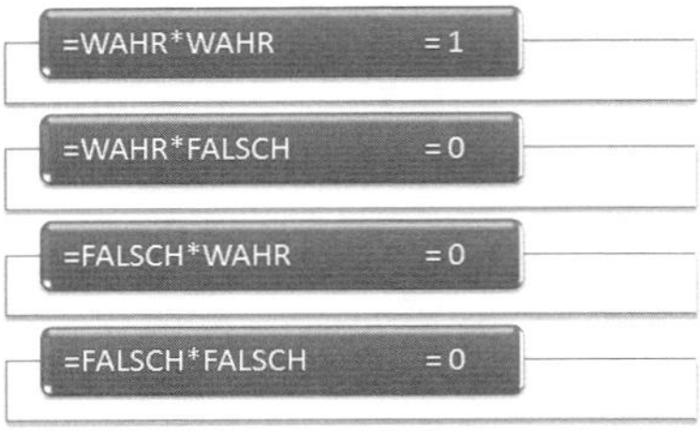

Abbildung 4.23: Multiplikation von Wahrheitswerten

Mithilfe der Wahrheitswerte kann man auch häufig auf die WENN-Funktion verzichten.

```
=WENN(A1=5;16;10)
```

ist identisch mit

```
=10+6*(A1=5)
```

Wenn in A1 eine 5 steht, ergibt der Wahrheitswert `(A1=5)` WAHR. Und `6*WAHR = 6`. Steht in A1 hingegen keine 5, ergibt `(A1=5)` FALSCH – und `6*FALSCH = 0`. Also wird zur Zahl 10 entweder 6 oder 0 addiert und damit hat man beide Bedingungen der WENN-Funktion abgedeckt. Ein weiteres Beispiel:

In Ihrer Sparplanberechnung gemäß *Abb. 4.24* unterscheiden Sie zwischen vor- und nachschüssiger Variante (das finanzmathematische Verständnis der Formel spielt an dieser Stelle keine Rolle). Dazu stellen Sie dem Anwender die Auswahlmöglichkeit in Zelle C4 zur Verfügung: *Ja* = vorschüssig, *nein* (oder leer) = nachschüssig.

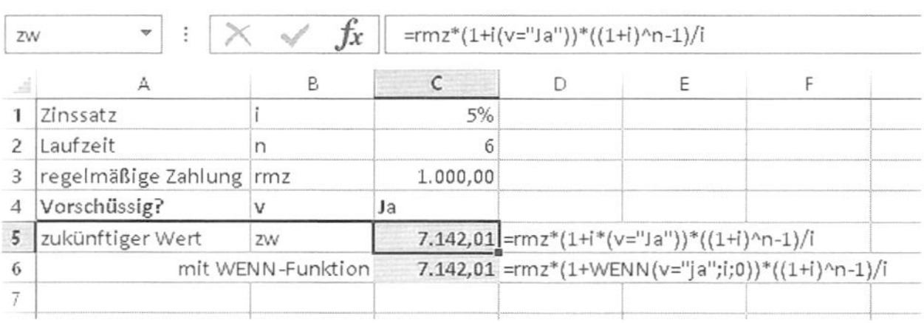

zw | =rmz*(1+i(v="Ja"))*((1+i)^n-1)/i

	A	B	C	D	E	F
1	Zinssatz	i	5%			
2	Laufzeit	n	6			
3	regelmäßige Zahlung	rmz	1.000,00			
4	**Vorschüssig?**	v	Ja			
5	zukünftiger Wert	zw	7.142,01	=rmz*(1+i*(v="Ja"))*((1+i)^n-1)/i		
6	mit WENN-Funktion		7.142,01	=rmz*(1+WENN(v="ja";i;0))*((1+i)^n-1)/i		
7						

Abbildung 4.24: Multiplikation mit Wahrheitswert anstatt WENN-Funktion

Die Zellen C1:C4 sind alle mit den links daneben stehenden Bezeichnungen benannt (siehe Kapitel 5 *Namen)*.

Bei der vorschüssigen Variante wird die regelmäßige Sparleistung *rmz* zunächst mit dem Aufzinsungsfaktor 1+i multipliziert, während diese Multiplikation bei der nachschüssigen Variante entfällt. Der Formelteil

```
(1+i*(v="Ja"))
```

kann somit entweder 1 oder 1+i (hier: 1+5% = 1,05) ergeben. Ist die Verrechnung vorschüssig – `v="Ja"` –, dann ergibt die Auswertung diese Formelteils:

```
(1+i*(v="Ja")) = (1+0,05*WAHR) = (1+0,05) = 1,05
```

Ist die Verrechnung hingegen nachschüssig – v ist alles, nur nicht »Ja« –, ergibt sich

```
(1+i*(v="Ja")) = (1+0,05*FALSCH) = (1+0) = 1
```

In der Gesamtformel sieht das wie folgt aus:

Vorschüssig: `=rmz*1,05*((1+i)^n-1)/i`

Nachschüssig: `=rmz*1*((1+i)^n-1)/i`

Wenngleich die WENN-Variante genauso zum Ziel führt, werden Sie schnell feststellen, dass das Arbeiten mit Wahrheitswerten oftmals ausreicht und bequemer ist.

Die gleiche Formel mit der nachschüssigen Variante ergibt übrigens einen zukünftigen Wert von € 6.801,91. So oder so: Sparen lohnt sich immer!

4.5 Die Ganzzahlen-Fabrik

Sie kennen vielleicht schon die Funktionen `ZEILE(Bezug)` und `SPALTE(Bezug)`. Sie geben die Zeilen- bzw. Spaltennummer des angegebenen Bezugs wieder.

- `ZEILE(C7) = 7`
- `SPALTE(C1) = 3`
- `ZEILE(AB16322) = 16322`
- `SPALTE(H34877) = 8`

Es können auch ganze Zeilen und Spalten angegeben werden:

- `=ZEILE(7:7)      = 7`
- `=SPALTE(B:B)     = 2`

Sie können den Parameter *Bezug* in beiden Funktionen auch weglassen. In diesem Fall bezieht sich die Funktion auf die aufrufende Zelle, meldet sich also mit ihrem Zeilen- bzw. Spaltenstandort zu Wort.

- `In Zelle D4: =ZEILE()      = 4`
- `In Zelle E9: =SPALTE()     = 5`

4.5.1 Zwei Funktionen als Allzweckwaffe

Mithilfe dieser beiden Funktionen können Sie sich viel Schreibarbeit sparen. Wollen Sie beispielsweise alle k-kleinsten Werte einer Matrix auflisten, dann müssten Sie in der herkömmlichen Version den Parameter *k* der Funktion `KKLEINSTE(Matrix;k)` entweder manuell in jeder Formel um 1 erhöhen oder zumindest mit einer Hilfsspalte arbeiten, die die Zahlen von 1 bis *k* enthält, um darauf für den Parameter *k* Bezug zu nehmen. Mit der Funktion ZEILE können Sie sich das alles ersparen:

```
=KKLEINSTE(A$1:A$10;ZEILE(A1))
```

liest aus dem Bereich A1:A10 den kleinsten Wert aus, denn ZEILE(A1) ergibt 1. Kopieren Sie die Formel nun runter, wird aus ZEILE(A1) dann ZEILE(A2), ZEILE(A3) usw. – also 1,2,3 etc.

Das gleiche Spielchen funktioniert auch mit SPALTE. Darauf greifen Sie immer dann zurück, wenn Sie einen Zähler nicht beim Kopieren nach unten, sondern beim Kopieren nach *rechts* erhöhen möchten:

```
=KKLEINSTE($A1:$A10;SPALTE(A1)
```

SPALTE(A1) wird zu SPALTE(B1), SPALTE(C1) etc. – also wiederum 1,2,3. Das war aber erst das Warm-up. Jetzt ringen wir diesen Funktionen ihre gesamte Genialität ab: Sie können auch in der Form

```
ZEILE(von:bis)
SPALTE(von:bis)
```

angegeben werden und in dieser Weise ein ganzes Array von Zahlen aufnehmen und zurückgeben.

Von:bis versteht sich hierbei als Platzhalter für eine Zahlenreihe *von:bis*. Diese Zahlenreihe ist zunächst begrenzt auf die verfügbare Zeilen- bzw. Spaltenzahl eines Tabellenblatts. Seit Excel 2007 kann es also heißen

`=ZEILE(1:1048576) oder auch =ZEILE(A:A)`

`=SPALTE(A:XFD)` oder auch `=SPALTE(1:1)`

Bis Excel 2003 sind es nur 65.536 Zeilen und 256 (IV) Spalten.

Da das Verständnis hierfür elementar wichtig für das Verständnis von Arrayformeln ist, zunächst ein paar einfache Beispiele. Nehmen wir an, Sie möchten die Zahlen von 1 bis 5 summieren. Dazu bietet sich an:

`=SUMME(1;2;3;4;5) = 15`

Im nächsten Schritt möchten Sie die Zahlen von 1 bis 100 summieren. Seit Excel 2007 sind nun 255 Einzelparameter möglich, aber

`=SUMME(1;2;3;4;...;100)`

wäre natürlich eine nervende Tipparbeit. Aber auch hier ist die Lösung immer noch einfach. Sie schreiben untereinander in A1:A100 die Zahlen 1 bis 100 und summieren Sie dann mit `=SUMME(A1:A100)` – ergibt korrekt 5.050.

Wenn Sie bis hierhin aufgepasst haben, wissen Sie, dass Sie eine Zahlenfolge von 1 bis 100 schnell mit der Funktion `=ZEILE()` erzeugen können: in A1 eintragen und einfach bis A100 herunter kopieren (*Abb. 4.25*):

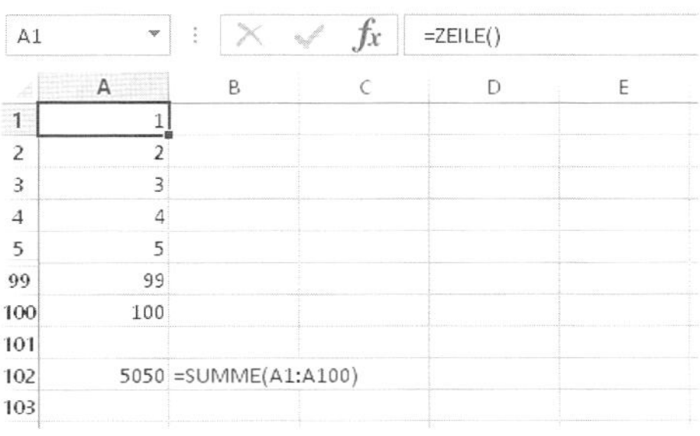

Abbildung 4.25: Summe der Zahlen von 1 bis 100 (1)

Und hier stehen wir auch bereits kurz vor dem Ziel. Anstatt in 100 Zellen die Funktion `ZEILE()` zu schreiben, können Sie die Funktion mit dem Parameter *von:bis* angeben – also `ZEILE(von:bis)`. Für die Zahlen 1 bis 100 demnach `ZEILE(1:100)`. Wenn Sie diesen Ausdruck jetzt noch mit der Funktion SUMME umranden, dann erhalten Sie:

```
A103: =SUMME(ZEILE(1:100)).
```

Da es sich hierbei um ein Array handelt, schließen Sie die Formeleingabe mit der Tastenkombination Strg+⇧+↵ ab. Nach einem Blick in die Bearbeitungsleiste stellen Sie fest, dass die Formel mit den zwei geschweiften Klammern umrandet ist (*Abb. 4.26*).

```
A103: {=SUMME(ZEILE(1:100))} = 5050
```

Abbildung 4.26: Summe der Zahlen von 1 bis 100 (2)

Hier wird ersichtlich, warum wir `ZEILE(1:100)` als *Platzhalter* bezeichnen, denn es wird »Platz gehalten« für die Zahlen 1 bis 100. Eigentlich erzeugen Sie mit `ZEILE(von:bis)` ein eindimensionales **vertikales** Array, mit `SPALTE(von:bis)` ein eindimensionales **horizontales** Array. Beide Arrays enthalten die Elemente *von:bis*, wobei das Besondere daran ist, dass dies innerhalb einer einzigen Formel erzeugt wird.

Die Mathematiker unter Ihnen werden sagen: Ist doch alles gar nicht nötig. Gauß hat uns doch bereits gelehrt, dass man die Zahlen von 1 bis *n* mit folgender Formel aufsummieren kann:

```
=n*((n+1)/2)
=100*(101/2) = 5.050
```

Und natürlich haben Sie Recht. Aber hier ging es zunächst einmal nur darum, das Verständnis für die Funktion `ZEILE(von:bis)` innerhalb eines Arrays zu erlangen.

Mit diesem Wissen lassen sich natürlich auch andere Funktionen vereinfachen. Die Standardabweichung der Zahlen von 1 bis 20

```
=STABWN(1;2;3;4;5;...;20)
```

wird künftig mit

```
{=STABWN(ZEILE(1:20))} = 5,7662812973354
```

berechnet. Denken Sie dabei immer daran, die Arrayformel auch als solche einzugeben – mit der Tastenkombination Strg+⇧+↵.

Sie können den Ausdruck `ZEILE(von:bis)` innerhalb einer Formel mit weiteren Rechenoperationen verknüpfen. Wenn Sie beispielsweise die Quadratsumme aller Zahlen von 1 bis 100 (in Einerschritten) berechnen möchten, potenzieren Sie die ZEILE-Funktion. Das ergibt:

```
{=SUMME(ZEILE(1:100)^2)} = 338350
```

Es wird zunächst jede Zahl mit 2 potenziert und anschließend erst summiert. Soll nur von jeder zweiten Zahl bis 100 das Quadrat summiert werden, schreiben Sie

```
{=SUMME((ZEILE(1:50)*2)^2)} = 171700
```

All das funktioniert auch mit SPALTE:

`{=MITTELWERT(SPALTE(A:E))}` ermittelt den Mittelwert der Zahlen 1 bis 5. `{=SUMME(SPALTE(A:Z))}` ergibt die Summe der Zahlen 1 bis 26.

`{=SUMME(SPALTE(1:1))}` ergibt (seit Excel 2007) 134.225.920, denn `SPALTE(1:1)` enthält alle Spalten aus Zeile 1, und das sind 16.384 Stück, was die Formeln

```
{=MIN(SPALTE(1:1))} = 1
{=MAX(SPALTE(1:1))} = 16.384
```

belegen.

4.5.2 Jetzt wird's dynamisch

Jetzt kann es aber auch vorkommen, dass wir den Bereich *von:bis* nicht immer von vornherein statisch angeben können. Im Zusammenhang mit finanzmathematischen Berechnungen wird oft ein Zeitstrahl benötigt, der im Jahr 1 beginnt und im Jahr *n* endet. Das Endjahr muss aber in vielen Fällen variabel gehalten werden, um dadurch ohne weiteren Aufwand mehrere Szenarien durchspielen zu können.

Um diesen dynamischen Zeitstrahl zu generieren, benötigen wir also ein Konstrukt wie

```
ZEILE("1:"&A1)
```

wenn in Zelle A1 die Anzahl der Jahre (*n*) steht. Das funktioniert aber leider nicht, da die Funktion ZEILE als Parameter den Datentyp *Bezug* benötigt, die Verkettung `"1:"&A1` jedoch den Datentyp *Text* liefert. Also benötigen wir eine Funktion, die aus dem Datentyp Text einen gültigen Bezug formt. Unseren Balzruf hat die Funktion INDIREKT erhört:

```
INDIREKT("1:"&A1)
```

liefert als Rückgabewert den geforderten Datentyp *Bezug*. Steht in A1 beispielsweise die Zahl 5, ergibt die Verkettung

```
=INDIREKT("1:"&A1) = INDIREKT("1:5")
```

Jetzt verschachteln wir dies noch mit ZEILE

```
=ZEILE(INDIREKT("1:"&A1))
=ZEILE(INDIREKT("1:5")) = {1;2;3;4;5}
```

und schon haben wir das gewünschte Array, gleichbedeutend mit ZEILE(1:5), jedoch mit dem entscheidenden Unterschied, dass wir die Arraygröße dynamisch gestalten können. ZEILE und INDIREKT – das ist die perfekte Ehe! Diese Dynamisierung eines Arrays sollten Sie sich unbedingt merken – Sie werden sie an vielen Stellen gebrauchen können!

Der Vollständigkeit halber sei noch erwähnt, dass dasselbe Spielchen auch mit der Funktion SPALTE funktioniert. Steht in Zelle A1 beispielsweise der Buchstabe D, dann erhalten Sie ein horizontales Array von 1 bis 4 mit

```
=SPALTE(INDIREKT("A:"&A1))
=SPALTE(INDIREKT("A:D")) = {1.2.3.4}
```

Die Buchstabenvariante ist in der Praxis allerdings wenig geläufig. Wenn Sie also die horizontale Arrayvariante benötigen, weil beispielsweise für eine Aufgabenstellung beide

Arraydimensionen gleichzeitig von Nöten sind, dann lässt sich ein indirekt erzeugtes Zeilenarray mit der Funktion MTRANS in die Horizontale transponieren. Der Vorteil: Sie können durchweg mit Zahlen arbeiten.

```
=MTRANS(ZEILE(INDIREKT("1:4")))
```

ist identisch mit

```
=SPALTE(INDIREKT("A:D"))
```

Beide Formeln liefern die horizontale Ergebnismatrix `{1.2.3.4}`.

Eine kleine Zusammenfassung zeigt *Abb. 4.27.* Als kleine Ausbaustufe haben wir hier nun sowohl Start- als auch Endgröße des Arrays dynamisiert. Das Prinzip ist aber identisch: Durch die Verkettung muss ein gültiger Bezug im Textformat entstehen, der via INDIREKT in einen echten Bezug umgewandelt und somit für ZEILE bzw. SPALTE auswertbar wird. Beachten Sie auch die unterschiedlichen Arraydimensionen.

	A	B	C	D	E
1	Array				
2	von	bis	Formel	Ergebnis	Arraydimension
3	3	7	=ZEILE(INDIREKT(A3&":"&B3))	={3;4;5;6;7}	Vertikal
4	C	G	=SPALTE(INDIREKT(A4&":"&B4))	={3.4.5.6.7}	Horizontal
5			=MTRANS(ZEILE(INDIREKT(A3&":"&B3)))	={3.4.5.6.7}	Horizontal
6					

Abbildung 4.27: Dynamisch erzeugte Arrays

4.5.3 Perfekt durchnummeriert

Von Fall zu Fall kann es sinnvoll sein, beim Durchnummerieren von Zeilen statt der Formel

```
A1: =ZEILE() oder ZEILE(A1)
```

die Alternative

```
A1: =ZEILEN($1:1)
```

zu verwenden. Wenn Sie beide Formeln nach unten kopieren, erscheint zunächst das gleiche Ergebnis. Fügen Sie aber in Zeile 1 eine Zeile ein, beginnt die Liste mit der Funktion ZEILE plötzlich mit 2 und diejenige mit der Funktion ZEILEN weiterhin mit 1. In A2 steht dann nämlich:

```
A2: =ZEILEN($2:2)
```

Und das ist weiterhin 1. =ZEILE() oder =ZEILE(A2) in der gleichen Zelle ergibt nun einmal 2. Dasselbe Spielchen gilt für SPALTE() oder SPALTE(A1). Hier ist es oft sinnvoller, auf SPALTEN($A:A) zurückzugreifen. Vorsicht also beim Einfügen von Zeilen und Spalten.

4.6 Diskontinuum

Dies ist nicht zu verwechseln mit der Kontinuumshypothese, die besagt, dass zwischen der Mächtigkeit der Menge der rationalen Zahlen und der Mächtigkeit der Menge der reellen Zahlen – dem Kontinuum – keine weitere Mächtigkeit existiert. Der Beweis steht noch aus, vielmehr wurde bewiesen, dass es nicht bewiesen werden kann.

In Excel geht es weniger um unterschiedlich große Unendlichkeiten, sondern um kontinuierliche oder diskontinuierliche Bereiche. Ein »normaler« Bereich wie A1:B10 ist kontinuierlich – doch was ist überhaupt ein diskontinuierlicher Bereich?

Markieren Sie einmal bei gedrückter Strg-Taste den Bereich B5:B10 und dann D6:E7 (Strg bleibt ununterbrochen gedrückt). Dann drücken Sie Strg+C und Sie sehen eine, wahrscheinlich allseits bekannte, Fehlermeldung *(Abb. 4.28)*:

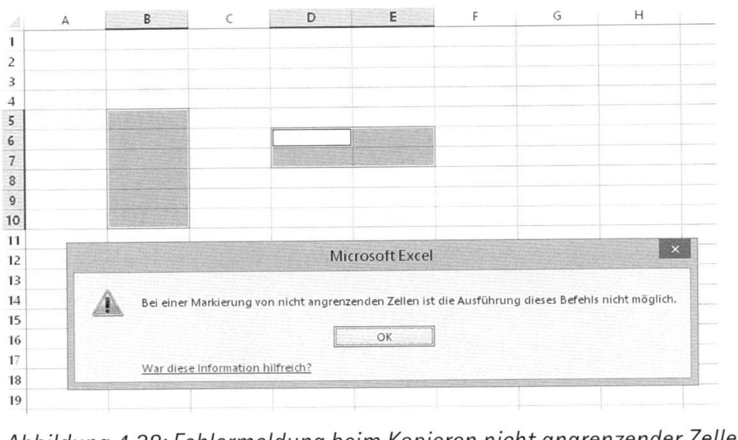

Abbildung 4.28: Fehlermeldung beim Kopieren nicht angrenzender Zellen

Damit haben Sie einen diskontinuierlichen Bereich erzeugt und versucht, diesen zu kopieren. Dies ist nur in Sonderfällen möglich, und zwar dann, wenn die Einzelbereiche so durch das Löschen ganzer Zeilen oder Spalten komprimiert werden könnten, dass ein kontinuierlicher Bereich übrig bleiben würde, beispielsweise wie in dem Fall, den die *Abb. 4.29* zeigt:

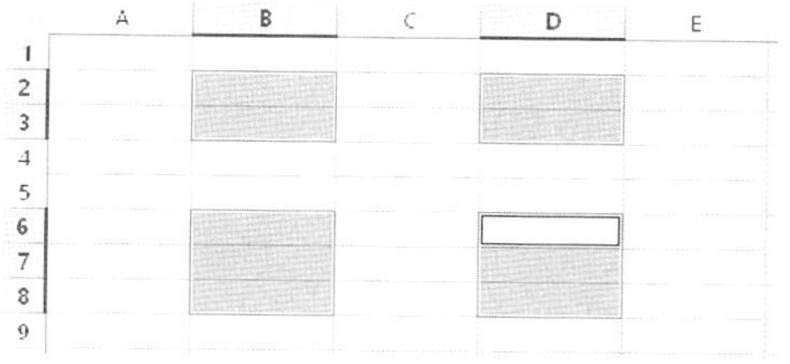

Abbildung 4.29: Gültige Markierung nicht angrenzender Zellen

Um mit einem diskontinuierlichen Bereich zu rechnen, haben Sie zwei Möglichkeiten. Die erste Möglichkeit führt über Namen *(Abb. 4.30)*:

Abbildung 4.30: Namen für diskontinuierliche Bereiche definieren

Das *Bezieht sich auf*-Feld des Dialogfelds zum Definieren von Namen erlaubt die Eingabe mehrerer Bereiche, die durch Semikola getrennt werden.

Manche Funktionen können den Namen *Bereich* (der sich auf *=Bereich1;Bereich2* bezieht) auswerten:

```
=SUMME(Bereich), =MIN(Bereich)
```

Andere haben damit Probleme:

```
=SUMMEWENN(Bereich;">0") = #WERT!
=TREND(Bereich;Bereich) = #BEZUG!
```

Die Funktion BEREICHE wertet aus, wie viele Teilbereiche sich hinter dem Namen verbergen:

```
=BEREICHE(Bereich) = 2
```

Die zweite Möglichkeit besteht darin, durch Semikola getrennte Bereiche einfach in ein weiteres Klammerpaar zu setzen:

```
=BEREICHE((B5:B10;D6:E7))=2
```

Funktionen wie SUMME, ANZAHL oder MIN akzeptieren bis zu 255 Bereiche (30 bis Excel 2003), bei Angabe des 256. (31.) Bereichs erscheint die Fehlermeldung *(Abb. 4.31)*:

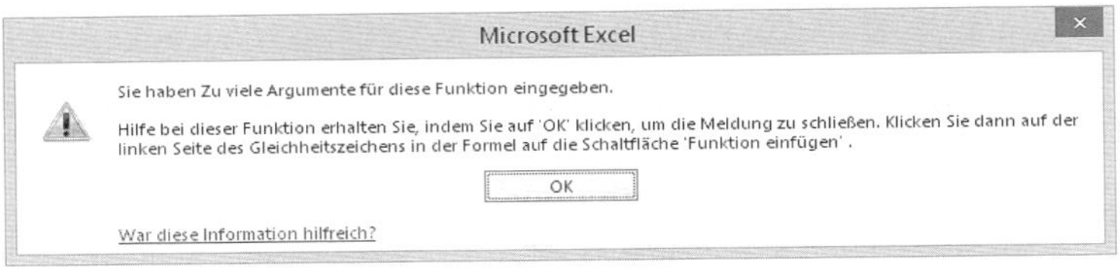

Abbildung 4.31: Fehlermeldung wegen zu vieler Argumente zu einer Funktion

Wenn Sie ein weiteres Klammerpaar darum setzen, ist diese Grenze (scheinbar) aufgehoben:

```
=SUMME((A1;A2;A3;A4;A5;A6;A7;A8;A9;A10;A11;A12;A13;A14;A15;A16;A17;A18;A19;A20
;A21;A22;A23;A24;A25;A26;A27;A28;A29;A30;A31;A32;A33;A34;A35;A36;A37;A38;A39;
A40;A41;A42;A43;A44;A45;A46;A47;A48;A49;A50;A51;A52;A53;A54;A55;A56;A57;A58;
A59;A60;A61;A62;A63;A64;A65;A66;A67;A68;A69;A70;A71;A72;A73;A74;A75;A76;A77;
A78;A79;A80;A81;A82;A83;A84;A85;A86;A87;A88;A89;A90;A91;A92;A93;A94;A95;A96;
A97;A98;A99;…A299))
```

Dies wird verblüffenderweise akzeptiert und rechnet richtig, wer hätte das gedacht?! Allerdings wird hier nicht die Anzahl zulässiger Argumente der Funktion SUMME erhöht, sondern es handelt sich um einen aus 299 Einzelbereichen bestehenden, diskontinuierlichen Bereich, der im ersten Argument der Funktion SUMME steht.

Es gibt eine Funktion, die aus einem – aus mehreren Teilbereichen bestehenden – diskontinuierlichen Bereich einen einzelnen Bereich herauspicken kann: die Funktion INDEX. Sobald Sie die Excel-Hilfe zur Funktion INDEX starten, wird sie uns seltsamerweise in zwei Varianten angeboten *(Abb. 4.32)*:

Abbildung 4.32: (Überflüssige) Auswahlmöglichkeit der Syntaxversion von INDEX

Diese INDEX-Auswahlmöglichkeit ist einfach nur verwirrend und vollkommen überflüssig, da es sich um ein und dieselbe Funktion handelt. Denn wenn Sie den vierten Parameter [*Bereich*] nicht benötigen (dieser ist nur optional), lassen Sie ihn einfach weg. Es ist dann von vornherein egal, welche Auswahl Sie treffen.

Vergleichbare Funktionen, wie z. B. der SVERWEIS, werden uns ja auch nicht in mehreren Varianten in einem Auswahlfeld angeboten, nur weil sie irgendwelche optionalen Parameter besitzen.

Jedenfalls kann mit dem vierten Argument der INDEX-Funktion ein Teilbereich eines diskontinuierlichen Bereichs herausgepickt werden – nicht mehr und nicht weniger.

`=INDEX((B5:B10;D6:E7);;;2) oder =INDEX(Bereich;;;2) liefert den zweiten Teilbereich D6:E7.`

`=SUMME(INDEX((B5:B10;D6:E7);;;2))` liefert dessen Summe.

Damit sind die Verwendungsmöglichkeiten solcher Bereiche im Grunde schon erschöpft. In dieser Form sind diskontinuierliche Bereiche nicht arrayformelfähig.

Versuchen wir es am Beispiel einer Diagonalen. Der diskontinuierliche Bereich, für den Sie einen Namen *Diagonale* definieren, lautet (*Abb. 4.33*):

`(A1;B2;C3;D4)`

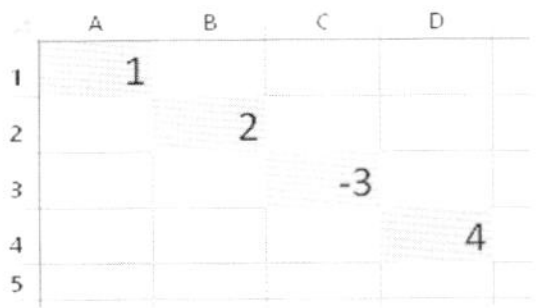

Abbildung 4.33: Zahlen einer Diagonale addieren

Alle positiven Werte der Diagonalen sollen summiert werden, der Versuch

```
{=SUMME(WENN(Diagonale>0;Diagonale))}
```

liefert aber die Fehlermeldung `#WERT!`.

Natürlich gibt es »Workarounds«, um das gewünschte Ergebnis zu erhalten, beispielsweise:

```
{=SUMME(WENN((ZEILE(A1:D4)=SPALTE(A1:D4))*(A1:D4>0);A1:D4))} = 7
```

Das Ergebnis stimmt zwar, Sie rechnen aber nicht wirklich mit der Diagonalen, sondern mit dem kontinuierlichen Bereich A1:D4. Das ist also irgendwie eine Mogelpackung. Sauber wäre eine Lösung, die wirklich nur die vier Zellen der Diagonale berücksichtigt. Ein Stück weiter bringt uns hierbei die Funktion INDIREKT:

```
=INDIREKT({"A1";"B2";"C3";"D4"})
```

Wenn Sie den Ausdruck markieren und mit F9 auswerten, erhalten Sie erfreulicherweise:

```
{1;2;-3;4}
```

Voller Zuversicht versuchen Sie

```
{=SUMME(WENN(INDIREKT({"A1";"B2";"C3";"D4"})>0;INDIREKT({"A1";"B2";
"C3";"D4"}))))}.
```

Doch mysteriöser Weise funktioniert das nicht und liefert `#WERT!`. INDIREKT liefert hier offenbar kein voll funktionstüchtiges Array, obwohl das die F9-Auswertung zuvor suggerierte. Ergo: In seltenen Fällen liefert die F9-Auswertung ein anderes Ergebnis als das, was tatsächlich in der Formel berechnet wird.

Einige ausgewählte Funktionen können diesen INDIREKT-Ausdruck weiterverarbeiten, beispielsweise die Funktion TEILERGEBNIS:

```
=TEILERGEBNIS(9;INDIREKT({"A1";"B2";"C3";"D4"}))
```

liefert `{1;2;-3;4}`

genau wie der INDIREKT-Ausdruck alleine, aber mit dem Unterschied, dass es jetzt korrekt weiterverarbeitet werden kann:

```
{=SUMME(WENN(TEILERGEBNIS(9;INDIREKT({"A1";"B2";"C3";"D4"}))>0;
TEILERGEBNIS(9;INDIREKT({"A1";"B2";"C3";"D4"}))))} = 7
```

Mit der Funktion SUMMEWENN funktioniert dies ebenso:

```
{=SUMME(SUMMEWENN(INDIREKT({"A1";"B2";"C3";"D4"});">0"))} = 7
```

Und auch die Funktionen ZÄHLENWENN und RANG können den Ausdruck

```
INDIREKT({"A1";"B2";"C3";"D4"})
```

verarbeiten. Allgemein funktioniert das mit allen Funktionen mit einem Argument, das zwingend einen Bezug verlangt, der nicht durch eine Matrix ersetzt werden kann. Im Gegensatz zu VERGLEICH, INDEX etc. kann im zweiten Argument von TEILERGEBNIS keine Matrix stehen:

```
=TEILERGEBNIS(9;{1;2;3})
```

... wird mit einer Fehlermeldung quittiert. Dasselbe passiert bei SUMMEWENN, ZÄHLENWENN und RANG.

Etwas aus der Reihe tanzen auch die Funktionen N und T, die zwar kein Argument *Bezug* verlangen, aber trotzdem den INDIREKT-Ausdruck in ein funktionierendes Array umwandeln können. Einen zusätzlichen Charme versprüht ihre winzige Länge. Beispiel:

```
{=SUMME(WENN(N(INDIREKT({"A1";"B2";"C3";"D4"}))>0;
N(INDIREKT({"A1";"B2";"C3";"D4"}))))}
```

Die Funktion N wird eingesetzt, wenn in den relevanten Zellen Zahlen stehen, die Funktion T bei Texten.b

Das besondere Verhalten der genannten Funktionen ermöglicht besondere Berechnungen: die Berechnung mehrerer diskontinuierlicher Teilbereiche, wie beispielsweise die bedingte Berechnung der Diagonalen. Nun werden Sie noch weitere Anwendungsmöglichkeiten dieser diskontinuierlichen Teilbereiche kennenlernen.

4.6.1 Zeilensumme

Ein mit INDIREKT erzeugtes Bereichsarray können Sie alternativ auch mit BEREICH.VERSCHIEBEN erzeugen und dann mit N, TEILERGEBNIS & Co. weiterverarbeiten.

```
=BEREICH.VERSCHIEBEN(A1:E1;{0.1.2.3.4};)
```

liefert die Bereiche `{"A1:E1";"A2:E2";"A3:E3";"A4:E4";"A5:E5"}`.

Aus dem Bereich A1:E5 soll die größte Zeilensumme berechnet werden *(Abb. 4.34)*.

	A	B	C	D	E
1	10	2	4	9	12
2	19	2	5	3	15
3	11	17	8	14	4
4	15	12	13	10	12
5	7	10	13	4	15

Abbildung 4.34: Maximale Zeilensumme ermitteln

Das Ergebnis lautet:

```
{=MAX(TEILERGEBNIS(9;BEREICH.VERSCHIEBEN(A1:E1;{0.1.2.3.4};)))} = 62
```

TEILERGEBNIS summiert zunächst die Zeilen. Deshalb wird der Parameter 9 und nicht der Parameter 4 für das Maximum benötigt:

```
{37.44.54.62.49}
```

Im nächsten Schritt wird dann mittels der umrahmenden MAX-Funktion das Maximum ermittelt: 62.

4.6.2 3D-Berechnungen

Diskontinuierliche Bereiche, die man durch Einklammern oder Namen definiert und mit den Funktionen BEREICHE oder INDEX auswertet, müssen sich auf einem Tabellenblatt befinden. Eigentlich schade, denn vorstellbar sind ja auch Berechnungen über mehrere Tabellen. Beispielsweise:

```
{"Tabelle1!$A$1";"Tabelle2!$A$1";"Tabelle3!$A$1"}
```

In beschränktem Maße können zwar 3D-Bezüge berechnet werden, ...

```
=SUMME(Tabelle1:Tabelle3!A1)
```

... aber das ist sehr unflexibel. Beispielsweise lässt sich ein 3D-Verweis so nicht herstellen. Angenommen, Sie möchten alle A1-Zellen einer Arbeitsmappe mit den Tabellen 1 bis

10 nach einem Suchbegriff »x« durchsuchen und beim ersten Treffer soll die benachbarte Zelle B1 zurückgegeben werden. Die Tabellennummer des Treffers erhalten Sie mit:

```
{=MIN(WENN(T(INDIREKT("Tabelle"&ZEILE(1:10)&"!A1"))="x";ZEILE(1:10)))}
```

T in Kombination mit INDIREKT erzeugt hier ein Array mit allen A1-Zellen der Tabellen 1 bis 10. Die WENN-Funktion gibt die Tabellennummern zurück, die das Suchkriterium in A1 enthalten. MIN greift daraus die Tabellennummer des ersten Treffers. Diesen bezeichnen wir als *TabNr.*

```
=INDIREKT("Tabelle"&TabNr&"!B1")
```

ermittelt dann den benachbarten B1-Wert. Beides zusammen sieht so aus:

```
{=INDIREKT("Tabelle"&MIN(WENN(T(INDIREKT("Tabelle"&ZEILE(1:10)&"!A1"))="x";ZEI
LE(1:10)))&"!B1")}
```

Ist der Suchbegriff eine Zahl, wird statt T die Funktion N eingesetzt. Der Ausdruck `"Tabelle"&ZEILE(1:10)` setzt voraus, dass die Tabellennamen in der Form `{"Tabelle1"; "Tabelle2";...}` indizierbar sind. Ist dies nicht der Fall, müssen die Tabellennamen einzeln aufgeführt werden.

4.6.3 Datenreihen

Diskontinuierliche Bereiche können mit der gezeigten Technik sogar als Datenreihen in einem Diagramm angezeigt werden *(Abb. 4.35)*.

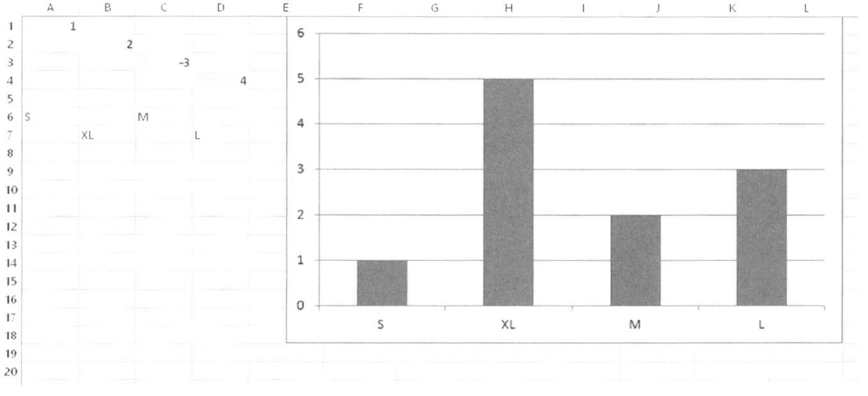

Abbildung 4.35: Nicht angrenzende Zellen in Diagrammdatenreihen anzeigen

Vergeben Sie einen Namen *Diagonale* bezogen auf die Formel

```
=N(INDIREKT("Tabelle1!"&{"A1";"B2";"C3";"D4"}))
```

Und einen Namen *xAchse* bezogen auf die Formel

```
=T(INDIREKT("Tabelle1!"&{"A6";"B7";"C6";"D7"}))
```

Die beiden Namen dienen als Datenquelle des Säulendiagramms:

```
=DATENREIHE(;Mappe1.xls!xAchse;Mappe1.xls!Diagonale;1)
```

Das Dateiformat (hier *.xls*) muss natürlich dem der Datei entsprechen (*.xls*, *.xlsx*, *.xlsm* etc.). Wie man sieht, kann auf diese Weise eine Datenreihe aus völlig unzusammenhängenden Zellen bestehen. Dies gilt sowohl für Werte, die Sie mit der Funktion N in ein Array transformieren, als auch für die Diagrammbeschriftungen, die mit der Funktion T erzeugt werden. Weitere Beispiele (*Abb. 4.36, 4.37, 4.38*):

- Jede zweite Zeile in eine Datenreihe bringen (B2,B4,B6):

  Werte: `=N(BEREICH.VERSCHIEBEN(Tab1!$B$1;(ZEILE(Tab1!$1:$3)-1)*2+1;))`

  Beschriftung: `=T(BEREICH.VERSCHIEBEN(Tab1!$A$1;(ZEILE(Tab1!$1:$3)-1)*2+1;))`

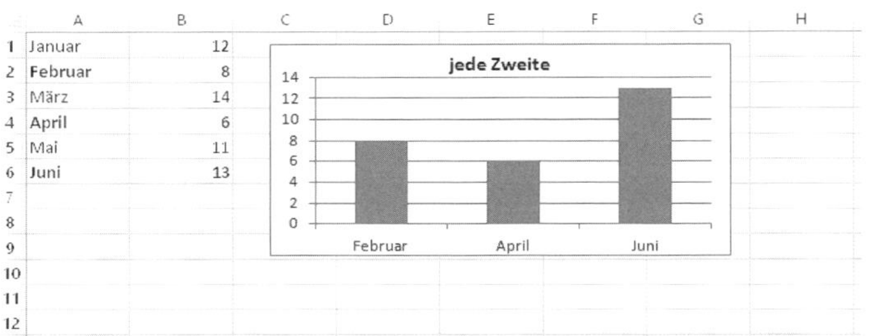

Abbildung 4.36: Jede zweite Zeile im Diagramm anzeigen

- Kumulierte Werte (Zellen B1:B6)

  `=TEILERGEBNIS(9;BEREICH.VERSCHIEBEN(Tab2!$B$1;;;ZEILE(Tab2!$1:$6)))`

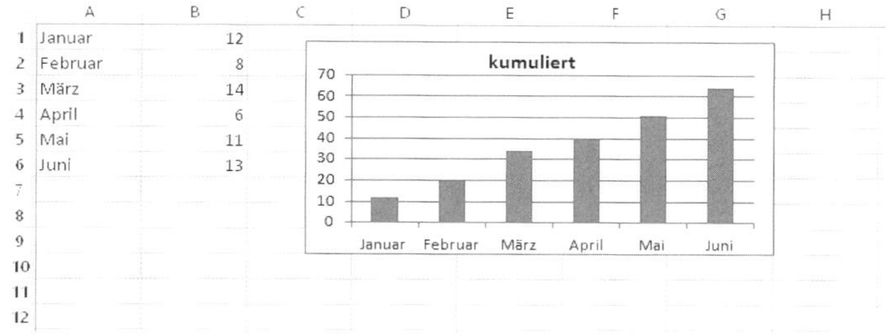

Abbildung 4.37: Kumulierte Werte (ohne Hilfsspalte) im Diagramm anzeigen

- Mehrspaltige Daten in einer Datenreihe darstellen

```
Werte: =N(BEREICH.VERSCHIEBEN(Tab3!$B$2;REST(ZEILE(Tab3!$1:$12)-1;6);
3*KÜRZEN((ZEILE(Tab3!$1:$12)-1)/6)))
```

```
Beschriftung: =T(BEREICH.VERSCHIEBEN(Tab3!$A$2;REST(ZEILE(Tab3!$1:
$12)-1;6);3*KÜRZEN((ZEILE(Tab3!$1:$12)-1)/6)))
```

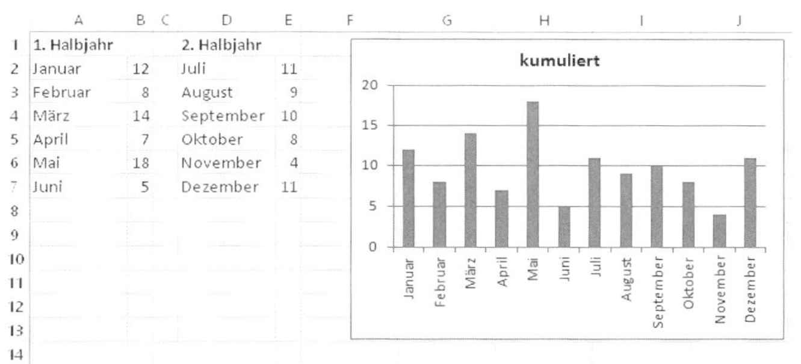

Abbildung 4.38: Mehrspaltige Daten in einer Datenreihe anzeigen

4.7 Übrigens

Zwei Dinge fallen uns an dieser Stelle noch ein, die nicht unerwähnt bleiben sollen.

4.7.1 Neu seit Excel 2007

Mal abgesehen von den neuen Funktionen (SUMMEWENNS, ZÄHLENWENNS, MITTELWERTWENN, MITTELWERTWENNS), die wir bislang mit Arrayformeln problemlos nachgebildet haben, gibt es auf dem Gebiet der Arrayformeln eine grundsätzliche Neuerung:

Konnten wir in allen vorhergehenden Excel-Versionen mittels eines Arrays keine ganzen Spalten erfassen (A:A) – ein Bereich musste also eingegrenzt werden auf die Anzahl der Zeilen minus 1 –, dann hat dies seit der Version 2007 ein Ende: Eine beispielhafte Konstruktion wie

```
{=MAX((A:A="x")*(B:B="y")*C:C)}
```

zur Ermittlung des Maximalwerts aus Spalte C, dessen zeilengleiche Einträge in Spalte A »x« und in Spalte B »y« entsprechen, führt bislang zum Fehlerwert `#ZAHL!`. Nun ist dies möglich (*Abb. 4.39*).

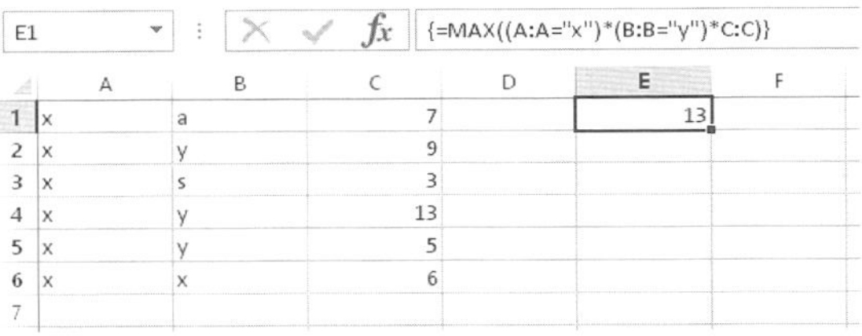

Abbildung 4.39: Seit Excel 2007 können bei Matrixformeln ganze Spalten angegeben werden.

Aber Vorsicht: Mit dieser Formel erzeugen Sie ein mordsmäßiges Array aus drei Spalten und jeweils 1.048.576 Zeilen – das zwingt Ihren Rechner ganz schnell in die Knie, denn das sind 3*1.048.576 = 3.145.728 einzelne Berechnungen – und das innerhalb einer einzigen Formel! Daher raten wir an dieser Stelle dringend davon ab und wiederholen unseren Tipp, (Array-)Berechnungen nur auf das gerade eben notwendige Minimum zu reduzieren – in diesem Fall also

```
{=MAX((A1:A6="x")*(B1:B6="y")*C1:C6)}
```

4.7.2 Arrayformeln in Excel-Features

Und nebenbei: Arrayformeln können nicht nur in Excel-Zellen verwendet werden, sondern auch in anderen Excel-Features, wie *Namen*, *Bedingter Formatierung* und *Datenüberprüfung* (ehemals *Gültigkeit*). Eigenartigerweise müssen Sie Excel dort nicht aktiv dazu bringen, aus Bereichen Arrays zu machen. Die geschweiften Klammern sind also nicht notwendig. Excel weiß automatisch, was zu tun ist.

Kapitel 5

Namen und dynamische Bereiche

Auf der Registerkarte *Formeln* befindet sich ein außerordentlich hilfreiches Werkzeug, mit dem Sie sich in fast allen Ecken der Excel-Welt das Leben erheblich erleichtern können: die Namen.

5.1 Die Dinge beim Namen nennen

Namen eignen sich besonders gut dafür, die Übersichtlichkeit in Formeln und ganzen Dateien zu erhöhen. Weiterhin gibt es in den Excel-Versionen vor 2007 in verschiedenen Anwendungsfällen auch die zwingende Notwendigkeit, mit Namen zu arbeiten (z. B. bei blattübergreifender *Bedingter Formatierung* oder bei der Dynamisierung einer Datenreihe eines Diagramms). Wir werden im Laufe dieses Kapitels speziell auf diese Anwendungsfälle detailliert eingehen.

5.1.1 Warum verwendet man überhaupt Namen?

Das kann mehrere Gründe haben. Wie bereits erwähnt, erhöhen Namen die Übersichtlichkeit in Mappen und speziell in Formeln. Wenn Sie eine fremde Datei erhalten, die irgendwo die Formel `=E32*G122` enthält, dann ist das zunächst wenig aussagekräftig. Steht dort aber zum Beispiel `=Umsatz*MwSt`, dann wissen Sie sofort (zumindest grundsätzlich), was sich dahinter verbirgt. Ein weiterer Grund für die Verwendung von Namen ist die Tatsache, dass sich manche Excel-Features erst seit der Excel-Version 2007 und manche auch erst seit 2010 damit anfreunden können, mit Zellbezügen auf andere Tabellenblätter umzugehen. Dazu gehören zum Beispiel die *Bedingte Formatierung* und *Daten/Datenüberprüfung*. Ein schlichter Versuch, mit der *Bedingten Formatierung* auf ein anderes Blatt zu referenzieren, wird bis einschließlich Excel 2007 mit folgender Fehlermeldung quittiert (*Abb. 5.1*):

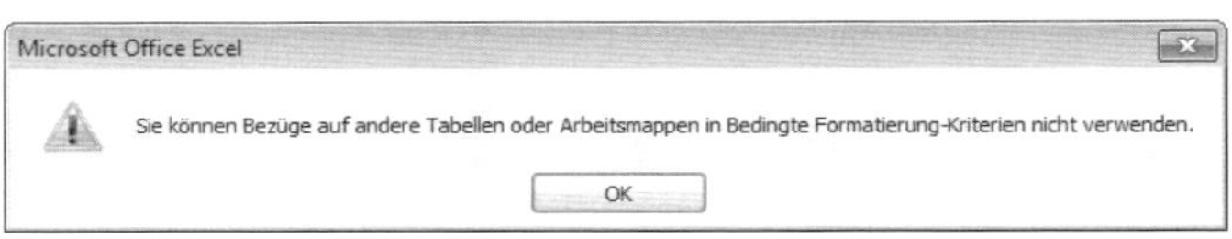

Abbildung 5.1: Fehlermeldung der Bedingten Formatierung (bis Excel 2007)

Dieses »Unvermögen« lässt sich neben einer Namenslösung auch mit der Funktion INDIREKT beheben. Referenzieren Sie nicht direkt auf den Bereich im anderen Tabellenblatt – z. B. `=Tabelle3!A1:A10` –, sondern indirekt: `=INDIREKT("Tabelle3!A1:A10")`.

Allerdings ist diese Variante recht statisch, da »Tabelle1!A1:A10« ein String ist, der zum Beispiel beim Umbenennen eines Tabellenblatts erhalten bleibt und somit einen #BEZUG!-Fehler verursachen würde. Außerdem lässt sich der Bereich nicht dynamisieren. Aber dazu kommen wir später.

Erst seit der Einführung der Excel-Version 2010 kann man sowohl mit der bedingten Formatierung als auch mit der Datenüberprüfung problemlos auf andere Blätter zugreifen.

Weiterhin können sogenannte »Monsterformeln« mittels Namen deutlich verkürzt und dadurch übersichtlicher gestaltet werden. Möchten Sie beispielsweise den Dateinamen der aktuellen (vorher gespeicherten) Arbeitsmappe auslesen und in eine Zelle schreiben, lautet die Formel dazu:

```
=TEIL(ZELLE("Dateiname";A1);FINDEN("[";ZELLE("Dateiname";A1))+1;FINDEN("]";
ZELLE("Dateiname";A1))-FINDEN("[";ZELLE("Dateiname";A1))-1)
```

Vergeben Sie jetzt für den Ausdruck `ZELLE("Dateiname";A1)` den Namen *DN* (wie man das macht, wird im nächsten Abschnitt erklärt) und fügen Sie diesen in die Formel ein, dann verkürzt sich diese bereits auf:

```
=TEIL(DN;FINDEN("[";DN)+1;FINDEN("]";DN)-FINDEN("[";DN)-1)
```

Im Extremfall haben Sie sogar eine Formel »gebastelt«, die über die maximal erlaubte Zeichenlänge einer Formel hinausgeht (dies ist eher ein Problem bei Excel-Versionen vor 2007; dort beträgt die Maximalformellänge noch 1.024 Zeichen, was inzwischen auf 8.192 Zeichen ausgeweitet wurde). In diesem Fall ist es dann angezeigt, wiederkehrenden Formelausdrücken kurze Namen zu geben, um dadurch die Formellänge in das erlaubte Maß zurückzuführen. Gleiches gilt für die maximale Verschachtelungstiefe einer Formel, die man durch Auslagerung von Formelteilen in Namen umgehen bzw. erweitern kann. Die Verschachtelungstiefe von ehemals 7 wurde seit Excel 2007 auf 64 erhöht. Diese Grenze werden Sie wohl niemals annähernd erreichen.

Übrigens kann die Schachteltiefe einer Formel bestimmt werden, indem von rechts beginnend die schließenden Klammern gezählt werden und für jede öffnende Klammer –1 subtrahiert wird. Das höchste Zwischenergebnis, das man durch diese Zählung erhält, ist die Schachteltiefe der Formel.

Die absolute Macht der Namen zeigt sich aber erst im Umgang mit dynamischen Bereichen – im Zusammenhang mit Diagrammen die einzige Möglichkeit der Dynamisierung, also der ständigen Anpassung der Datenreihen an die Größe der Datenquellen.

Ebenso entfalten die sogenannten Excel 4-Makrofunktionen ihre oftmals geniale Funktionalität nur dann, wenn sie »beim Namen genannt werden«. Und schließlich lassen sich Diagramm-Datenreihen nur auf Formelberechnungen ein, wenn sich diese hinter einem Namen »verstecken«. Ohne Namen sind maximal Matrixkonstanten erlaubt. Es folgt ein Beispiel mit Namen (Name: *JedeZweite*) und mit einer Matrixkonstanten ({1.23.30.22.26}):

```
=DATENREIHE("JedeZweite";;Mappe1.xlsx!jedezweite;2)
=DATENREIHE("JedeZweite";;{1.23.30.22.26};2)
```

5.1.2 Wie vergibt man Namen?

Zunächst einmal muss man darauf achten, dass die Bezeichnung des Namens nicht gegen die Regeln verstößt. Ein Name darf nicht mit einer Zahl beginnen, Leerzeichen enthalten oder gleichlautend mit einem Zellbezug/Zellbereich sein. Außerdem sind Sonderzeichen wie *$, +, -, *, {, }, §, &, (,), !, =, /, ;* nicht erlaubt. In der Regel sollten die Namen auch selbst erklärend sein. Der Name *xxx* sagt Ihnen schließlich weniger als der Name *Rendite*.

Es gibt drei Möglichkeiten, Namen zu vergeben:

1. Über das Namenfeld links neben der Bearbeitungsleiste (*Abb. 5.2*)

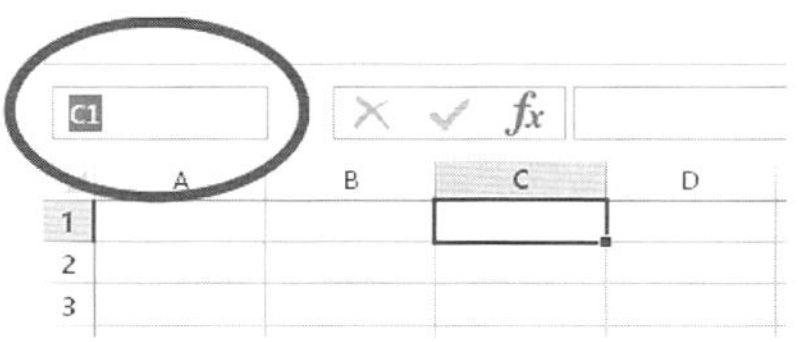

Abbildung 5.2: Namenfeld

Das Namenfeld zeigt für gewöhnlich die Adresse der gerade aktiven Zelle an (hier: C1). Es kann auch zur schnellen Navigation genutzt werden. Wollen Sie beispielsweise die Zelle H17300 ansteuern, dann schreiben Sie das einfach in das Namenfeld und bestätigen mit [↵]. Wollen Sie hingegen der Zelle C4 einen Namen (z. B. *MwSt*) geben, dann selektieren Sie C4, schreiben den Namen in das Namenfeld und bestätigen mit [↵]. Die Zelle C4 kann dann ab sofort mit ihrer Zelladresse C4 oder mit dem Namen *MwSt* angesprochen werden. Der Pfeil neben dem Namenfeld signalisiert, dass es sich um eine Auswahlliste handelt. Ein Klick öffnet die Liste und zeigt alle Namen an, die sich auf einen Zellbereich beziehen. Namen, hinter denen sich eine Formel oder ein konstanter Wert oder eine Zeichenkette verbirgt, werden hier nicht aufgelistet (*Abb. 5.3*).

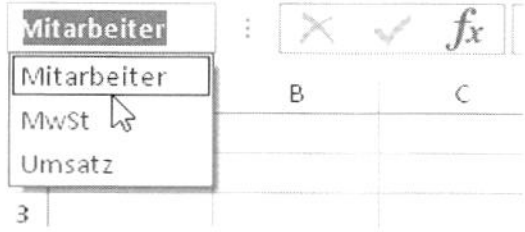

Abbildung 5.3: Namenfeld

2. Über den Aufruf von *Formeln/Definierte Namen/Aus Auswahl erstellen* (*Abb. 5.4*)

Diese Variante ist besonders hilfreich, wenn Sie mehrere Namen gleichzeitig vergeben möchten.

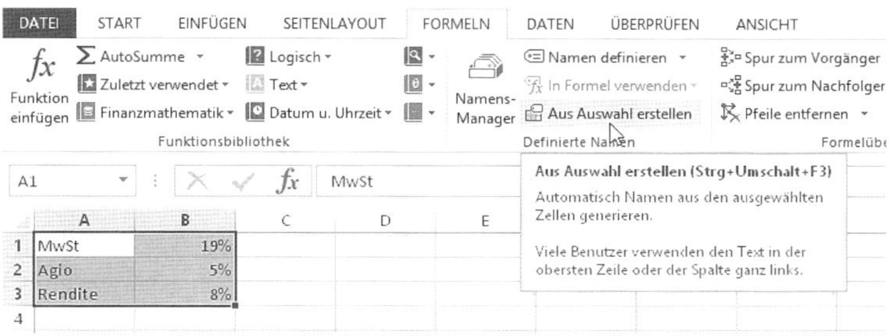

Abbildung 5.4: Namen erstellen

Die Zellen B1:B3 sollen jetzt mit den Bezeichnungen aus A1:A3 benannt werden. Wir markieren also den gesamten Bereich A1:B3 und wählen *Formeln/Definierte Namen/Aus Auswahl erstellen*. Es erscheint folgendes Fenster (*Abb. 5.5*):

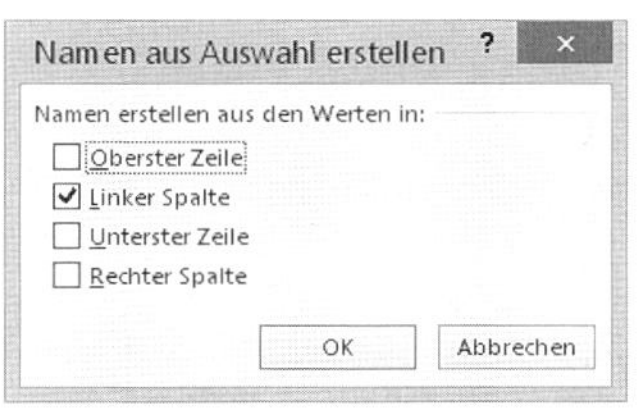

Abbildung 5.5: Namen aus linker Spalte erstellen

Aufgrund der bestehenden Markierung wird der Haken bereits korrekt bei *Linker Spalte* gesetzt. Per Klick auf *OK* ist die dreifache Namensvergabe abgeschlossen (*Abb. 5.6*).

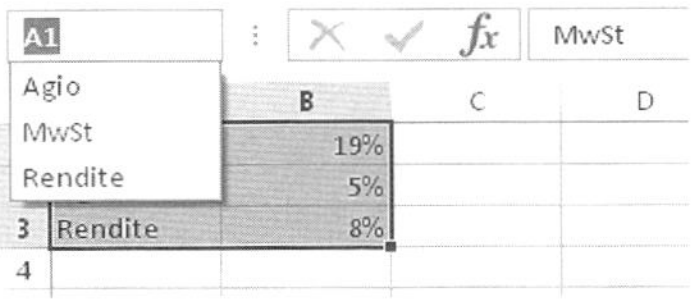

Abbildung 5.6: Dreifache Namensvergabe

3. Über den Aufruf von *Formeln/Namens-Manager/Neu* (Shortcut: Strg+F3) (*Abb. 5.7*)

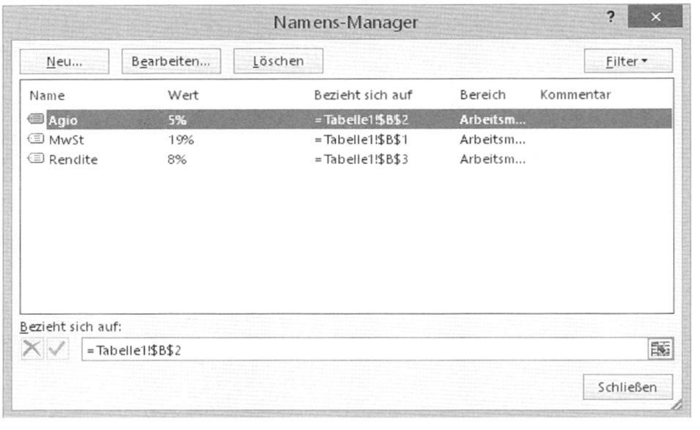

Abbildung 5.7: Namens-Manager

In diesem Dialogfeld können Namen hinzugefügt und wieder gelöscht werden. Der Name wird nach dem Betätigen der Schaltfläche *Neu* in der oberen Eingabezeile vergeben, unter *Bezieht sich auf* wird der Zell-/Bereichsbezug eingegeben. In diesem Fall bezieht sich der Name *MwSt* **absolut** auf die Zelle *Tabelle1!$B$1*. Hier kann auch eine komplexe Formel eingetragen werden. Mehr dazu bei den dynamischen Bereichen.

Das Eingabefeld *Bezieht sich auf* verhält sich exakt wie eine Zelle im Tabellenblatt. Befindet sich der Cursor innerhalb dieses Eingabefelds, bewirkt ein Druck auf die Pfeiltasten (links/rechts) die Selektion einer anderen Zelle. Um hingegen innerhalb des Eintrags (hier: *=Tabelle1!$B$1*) nach links und rechts zu navigieren, müssen Sie das Eingabefeld zunächst mit F2 editieren. Dadurch gelangen Sie in den *Editiermodus*, der Ihnen auch links unten in der Statusleiste angezeigt wird. Jetzt können Sie sich auch mit den Pfeiltasten frei bewegen. Drücken Sie erneut F2, um den Editiermodus wieder zu verlassen.

Falls Sie irgendwann einmal den Überblick über all Ihre vergebenen Namen verlieren sollten, können Sie sich diese auch bequem wieder auflisten lassen – sowohl alle Namen als auch die dazugehörigen Bezüge.

Wählen Sie dafür *Formeln/Definierte Namen/In Formel verwenden/Namen einfügen* und aus dem sich öffnenden Dialogfeld die Schaltfläche *Liste einfügen* (*Abb. 5.8*).

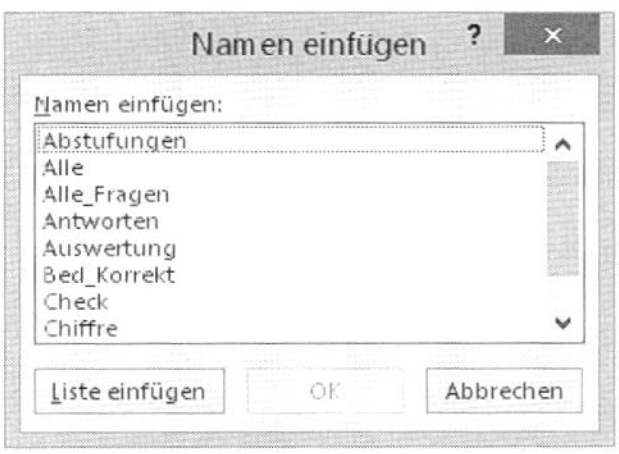

Abbildung 5.8: Dialogfeld Namen einfügen

Die Auflistung erfolgt ab der gerade aktiven Zelle im Tabellenblatt und sieht in diesem Fall wie in *Abb. 5.9* aus:

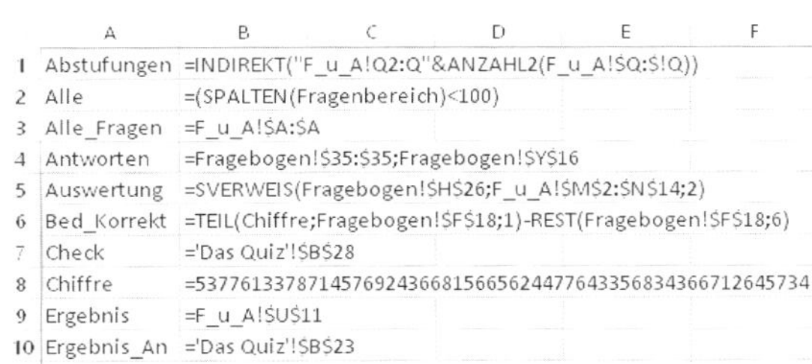

	A	B	C	D	E	F
1	Abstufungen	=INDIREKT("F_u_A!Q2:Q"&ANZAHL2(F_u_A!$Q:$Q))				
2	Alle	=(SPALTEN(Fragenbereich)<100)				
3	Alle_Fragen	=F_u_A!$A:$A				
4	Antworten	=Fragebogen!$35:$35;Fragebogen!$Y$16				
5	Auswertung	=SVERWEIS(Fragebogen!$H$26;F_u_A!$M$2:$N$14;2)				
6	Bed_Korrekt	=TEIL(Chiffre;Fragebogen!$F$18;1)-REST(Fragebogen!$F$18;6)				
7	Check	='Das Quiz'!$B$28				
8	Chiffre	=5377613378714576924366815665624477643356834366712645734				
9	Ergebnis	=F_u_A!$U$11				
10	Ergebnis_An	='Das Quiz'!$B$23				

Abbildung 5.9: Namen auflisten

5.2 Statische und dynamische Namen

Zunächst einmal können sich Namen sowohl auf Konstanten als auch auf Bereiche beziehen. Dabei ist jeder Datentyp denkbar. Im Bereich der Konstanten kann der Name *MwSt* z. B. den konstanten Bezug zu `=19%` enthalten – also auf den Datentyp Zahl (Single). Weiterhin kann der Name *Firma* auch auf

```
="Mit freundlichen Grüßen"&ZEICHEN(10)&ZEICHEN(10)&"Hans Müller OHG"
```

Bezug nehmen – also auf den Datentyp String bzw. Zeichenkette (in diesem Fall eine Grußfloskel mit Firmenname und zwei Zeilenumbrüchen). Im nächsten Fall bezieht sich der Name *Array* auf `={1.3.5}` – also auf eine Matrixkonstante. Die Formel `{=SUMME(10*Array)}` multipliziert dann 10 mit 1, 3 und 5 und gibt die Summe (`=90`) der Multiplikationen zurück. Bezieht sich der Name *B* auf den Wahrheitswert `=WAHR`, ergibt `50*B = 50`. Hingegen ergibt `=50*NICHT(B) = 0`. All das (und noch viele mehr) sind **konstante** Bezüge. Diese verwendet man, wenn sie eben nicht veränderlich sein sollen. In VBA lautet eine derartige Deklaration am Beispiel einer Stringkonstanten:

```
Const MEINE_KONSTANTE As String = "Tabelle1"
```

Gegenüber den Konstantenbezügen unterteilen sich die Bereichsbezüge grundsätzlich in zwei Kategorien:

1. Statische Bezüge
2. Dynamische Bezüge

Die statischen Bezüge unterteilen sich noch einmal in **relative**, **gemischte** und **absolute** Bezüge. Dabei gilt dasselbe Verhalten wie bei gewöhnlichen relativen und absoluten Bezügen innerhalb eines Tabellenblatts. Ist der Bezug **absolut** (z. B. `=Tabelle1!$C$4`), dann wird immer exakt diese Zelle referenziert, egal von wo aus der Name aufgerufen wird. Ist der Name hingegen relativ (`=Tabelle1!C4`), dann verhält sich der Name relativ zur **aufrufenden** Zelle. Ist beispielsweise die Zelle B10 die aktive Zelle und Sie vergeben den Namen *Relativ* mit Bezug auf `=Tabelle1!A1`, dann bezieht sich der Name nur in der Zelle B10 auf `Tabelle1!A1`. In B11 wird er sich auf `Tabelle1!A2` beziehen, in C11 dann auf `Tabelle1!B2`. Wäre der Namensbezug im selben Beispiel gemischt, dann verhielten sich nur Zeile oder Spalte relativ. Der Bezug auf `=Tabelle1!$C4` sorgt dafür, dass der Bezug zu Spalte C immer erhalten bleibt und sich lediglich der Zeilenbezug relativ verhält. Bei `=Tabelle1!C$4` ist es dann genau umgekehrt: Der Bezug zur Zeile 4 bleibt erhalten, während der Spaltenbezug relativiert wird. Und das alles geschieht immer in Relation zur **aufrufenden** – also gerade aktiven – Zelle!

In diesem Punkt ist die Z1S1-Schreibweise etwas leichter nachzuvollziehen. Wenn Sie unter *Datei/Optionen/Formeln* die *Z1S1-Bezugsart* aktivieren und dann noch einmal nachschauen, auf welche Zelle sich nun der Name *Relativ* bezieht, sehen Sie

```
=Tabelle1!Z(-9)S(-1),
```

egal, welche Zelle gerade aktiv ist. Denn A2 ist gegenüber B11 um –9 Zeilen und –1 Spalte versetzt. Der relative Bezug wird hier besser deutlich. Wenn Sie im Arbeitsblatt lieber bei der *A1-Schreibweise* bleiben möchten, können Sie bei der Namensvergabe trotzdem die Z1S1-Schreibweise verwenden, und zwar über INDIREKT:

```
=INDIREKT("Tabelle1!Z(-9)S(-1)";0)
```

Viel spannender wird es jetzt bei den dynamischen Bezügen. In vielen Fällen (z. B. bei einer Gültigkeitsliste oder auch einem Datenbereich für ein Diagramm) werden ständig Daten hinzugefügt oder entfernt. Sie möchten aber jederzeit Zugriff auf den tatsächlichen Datenbereich nehmen. Am Beispiel einer einfachen Kundenliste, die sich im Laufe der Zeit dank Ihrer außerordentlichen Akquisitionskünste immer erweitern wird, sieht das so aus (*Abb. 5.10*):

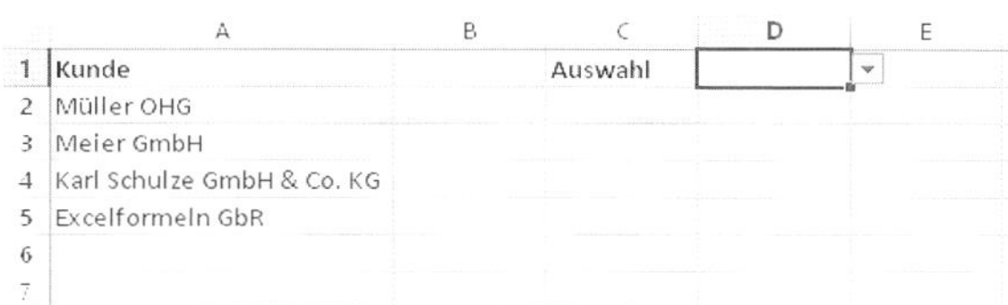

Abbildung 5.10: Gültigkeitsliste

Das Auswahlfeld in `Tabelle1!D1` soll mittels *Daten/Datenüberprüfung/Liste* jetzt alle vorhandenen Kunden anzeigen. Allerdings soll sich diese Auswahlliste auch erweitern, sobald in Spalte A neue Kunden hinzukommen.

Definieren Sie den Namen *Kunden* mit Bezug auf:

```
=INDIREKT("Tabelle1!A1:A"&ANZAHL2(Tabelle1!$A:$A))
```

Im Dialogfeld entsprechend *Abb. 5.11* der Gültigkeit hinterlegen Sie dann nur den Bezug auf den Namen *Kunden*:

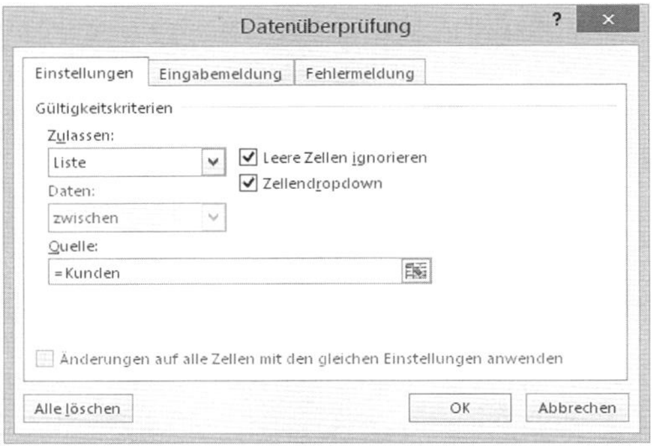

Abbildung 5.11: Dialogfeld zur Gültigkeitsprüfung mit Namen

Anstatt die Funktion INDIREKT zu verwenden, ist es übrigens wesentlich flexibler, die Funktion BEREICH.VERSCHIEBEN zu nutzen. In diesem Beispiel müsste sich der Name *Kunden* hierauf beziehen:

```
=BEREICH.VERSCHIEBEN(Tabelle1!$A$1;;;ANZAHL2(Tabelle1!$A:$A))
```

Beide Varianten führen zum selben Ergebnis. Allerdings liegt bereits hier der Vorteil der Funktion BEREICH.VERSCHIEBEN in der Dynamik der Bezüge. Würden Sie das Blatt *Tabelle1* umbenennen in *Kundenliste*, würde sich der Bezug automatisch ändern in:

```
=BEREICH.VERSCHIEBEN(Kundenliste!$A$1;;;ANZAHL2(Kundenliste!$A:$A))
```

Da die INDIREKT-Variante den Tabellennamen innerhalb eines Strings beinhaltet, würde sie zu folgendem Ergebnis führen:

```
=INDIREKT("Tabelle1!A1:A"&ANZAHL2(Kundenliste!$A:$A))
```

Der Bezug wäre nicht ermittelbar, intern käme es zu einem `#BEZUG!`-Fehler und die Auswahlliste würde ihren Dienst verweigern.

Ein Anwendungsbeispiel: Sie stellen sich eine WM-Mannschaft zusammen und haben dafür eine Liste aller Spieler, unterteilt nach ihrer Position (*Abb. 5.12*). Das Blatt heißt *Tabelle1:* Spalte A ist zu schmal (»van der …Saar«) - zudem können auch die Namen der Torhüter aktualisiert werden auf z. B.: Neuer, de Gea, Hart, Buffon.

	A	B	C	D	E
1	Tor	Abwehr	Mittelfeld	Angriff	
2	Neuer	Hummels	Messi	Lewandowski	
3	Buffon	Silva	Kroos	Ibrahimovic	
4	van der	Piqué	Robben	Neymar	
5	Dida	Chiellini	Schweinsteiger	Rooney	
6		Boateng	Ribéry	Suárez	
7				Benzema	
8					

Abbildung 5.12: Kategorisierte Fußballspieler

In einem weiteren Blatt *Auswahl* wollen Sie sich aus jeder Position einen Spieler auswählen und nutzen dafür die Menüfunktion *Daten/Datenüberprüfung/Liste* (*Abb. 5.13*):

Abbildung 5.13: Gültigkeitslisten Fußballspieler

Jetzt könnten Sie beispielsweise vier Namen mit folgenden Bezügen definieren:

- *Tor* `=INDIREKT("Tabelle1!A2:A"&ANZAHL2(Tabelle1!$A:$A)-1)`
- *Abwehr* `=INDIREKT("Tabelle1!B2:B"&ANZAHL2(Tabelle1!$B:$B)-1)`
- *Mittelfeld* `=INDIREKT("Tabelle1!C2:C"&ANZAHL2(Tabelle1!$C:$C)-1)`
- *Angriff* `=INDIREKT("Tabelle1!D2:D"&ANZAHL2(Tabelle1!$D:$D)-1)`

Für jede der vier Auswahlzellen hinterlegen Sie nacheinander als Quelle für die Gültigkeit:

- `=Tor`
- `=Abwehr`
- `=Mittelfeld`
- `=Angriff`

Mithilfe einer relativen Adressierung geht es auch mit nur **einem** Namen. Selektieren Sie Zelle `Tabelle1!A1`. Von dort aus (= aufrufende Zelle) vergeben Sie den Namen *Auswahl* und beziehen ihn auf:

```
=BEREICH.VERSCHIEBEN(Tabelle1!A$2;;;ANZAHL2(Tabelle1!A:A)-1)
```

Achten Sie hierbei unbedingt auf die richtige relative/absolute Referenzierung und in diesem Zusammenhang natürlich auch auf die gerade aktive – aufrufende – Zelle!

Jetzt können Sie im Blatt *Auswahl* die vier Gültigkeitszellen (A2:D2) mit ein und derselben Quelle für die Gültigkeit belegen (*Abb. 5.14*):

```
Quelle:=Auswahl
```

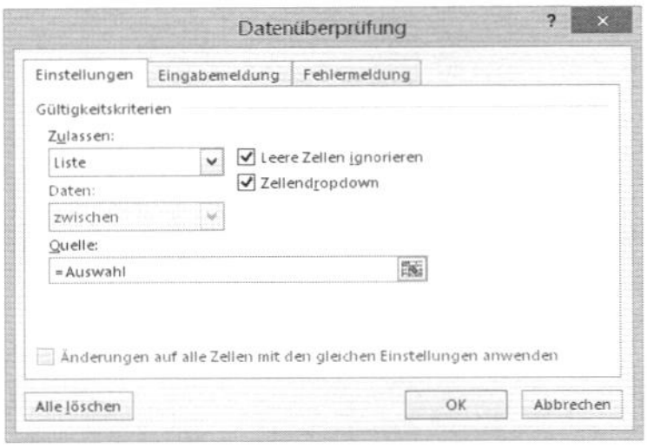

Abbildung 5.14: Gültigkeitsliste zur Spielerauswahl

Und in jedem Auswahlfeld erscheinen unterschiedliche Einträge – und zwar immer die Einträge aus der korrespondierenden Spalte in *Tabelle1*. Das Prinzip der relativen Adressierung wird hier also effektiv eingesetzt.

Die relative Adressierung können Sie auch mit der Funktion INDIREKT nutzen. Vergeben Sie alternativ den Namen *Auswahl* (bei aktivierter Zelle A1):

```
=INDIREKT("Tabelle1!Z2S:Z"&ANZAHL2(Tabelle1!A:A)-1&"S";0)
```

5.3 Diagramme und dynamische Datenreihen

Die dynamische Berechnung einer Bereichsgröße lässt sich auch in Diagrammen sinnvoll einsetzen. Stellen Sie beispielsweise die Tagesumsätze in einem Diagramm dar (*Abb. 5.15*):

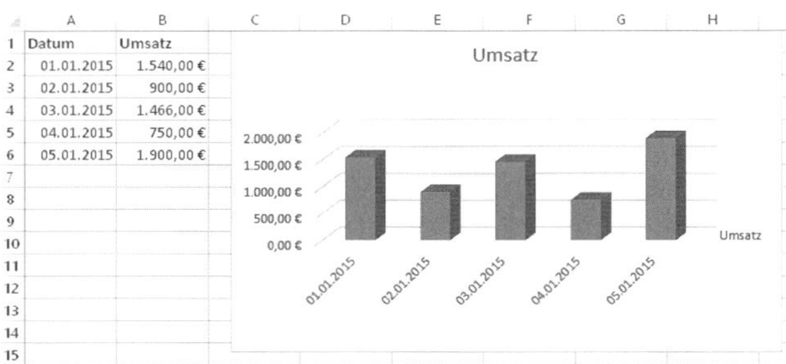

Abbildung 5.15: Säulendiagramm der Umsätze

Da die Spalten A und B täglich erweitert werden und die Diagrammdaten sich automatisch anpassen sollen, definieren Sie zunächst zwei Namen, um sowohl die Beschriftung der Rubrikenachse (x) immer um das aktuelle Datum zu erweitern als auch die Datenreihe (Umsatz) entsprechend darzustellen.

Wir befinden uns im Blatt *Tabelle1* und die Mappe wurde bereits unter *Mappe1.xlsx* abgespeichert. Definieren Sie den Namen *Datum* mit Bezug auf:

```
=BEREICH.VERSCHIEBEN(Tabelle1!$A$2;;;ANZAHL2(Tabelle1!$A:$A)-1)
```

Und den Namen *Umsatz* mit Bezug auf:

```
=BEREICH.VERSCHIEBEN(Tabelle1!$B$2;;;ANZAHL2(Tabelle1!$A:$A)-1)
```

Markieren Sie den Bereich A1:B6, erstellen Sie ein einfaches Säulendiagramm und binden Sie die vergebenen Namen gemäß *Abb. 5.16* ein:

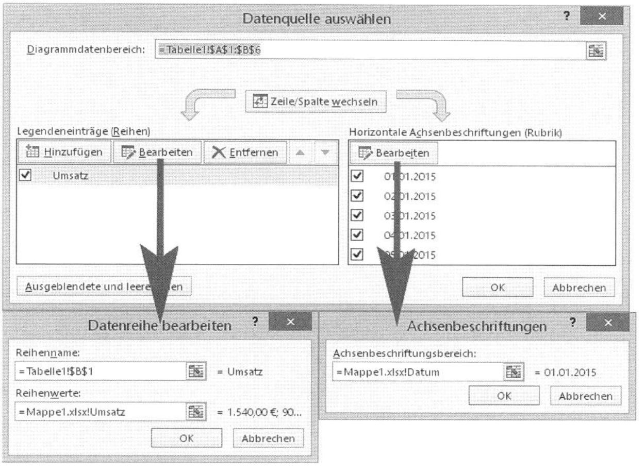

Abbildung 5.16: Dialogfeld zur Auswahl einer Datenquelle für ein Säulendiagramm

Das war es schon. Das Diagramm erweitert sich mit jedem Tag und zunehmenden Umsätzen. Testen Sie es, indem Sie die Spalten A und B einfach fortführen.

Wenn Sie im fertigen Diagramm die Datenreihe anklicken, sehen Sie in der Bearbeitungsleiste (*Abb. 5.17*):

```
=DATENREIHE(Tabelle1!$B$1;Mappe1.xlsx!Datum;Mappe1.xlsx!Umsatz;1)
```

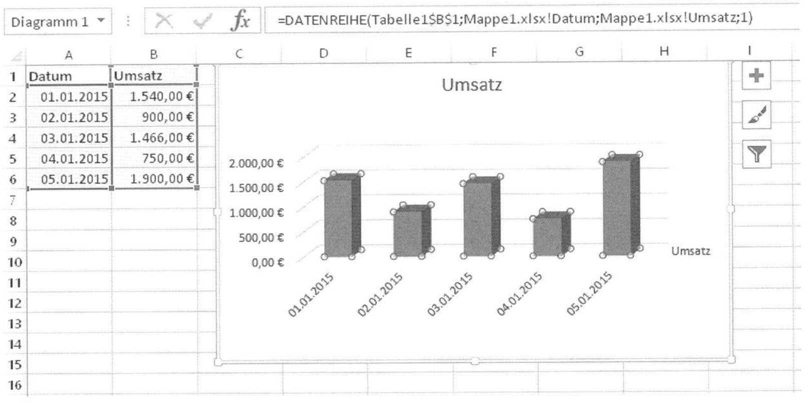

Abbildung 5.17: Säulendiagramm mit Namensbezug in Datenreihe

Sie können auch direkt in der Bearbeitungsleiste Änderungen vornehmen. Sie brauchen also nicht unbedingt den Diagrammassistenten zu bemühen. Aber egal, wie Sie vorgehen: Solange Sie Formeln in Diagrammen verwenden möchten, geht dies eben ausschließlich via Namen.

5.4 Namen und Excel 4-Makrofunktionen

Eine sehr nützliche Verwendung von Namen darf natürlich nicht fehlen: Namen im Zusammenhang mit den sogenannten Excel 4-Makrofunktionen. Diese Funktionen sind Relikte aus der Zeit von Excel 4 und Excel 5, als die Makrosprache noch deutsch war und die Makros in eine Makrovorlage (ähnlich einem Tabellenblatt) eingebunden wurden. Ein Klick mit der rechten Maustaste auf einen Tabellenreiter und die Auswahl *Einfügen* fördert diese Vorlagen noch zu Tage (*Abb. 5.18*):

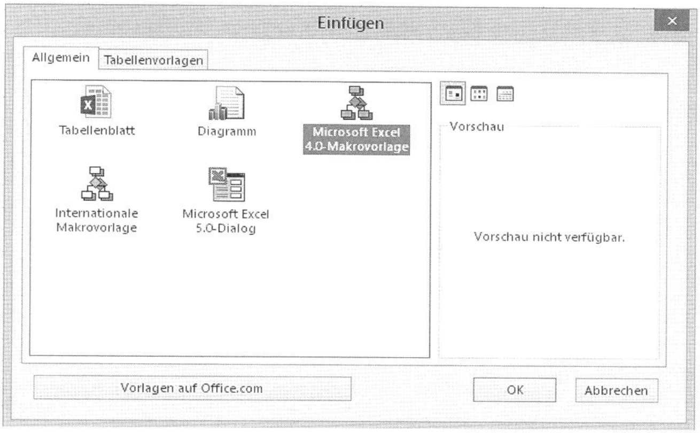

Abbildung 5.18: Dialogfeld zum Einfügen von Tabellenblättern

Einige dieser Funktionen können Sie in normalen Excel-Tabellen nutzen. Exemplarisch sei die Funktion `ZELLE.ZUORDNEN(Typ;Bezug)` genannt. Der Parameter [*Typ*] liegt zwischen 1 und 66 und liefert Informationen zu der Formatierung, der Position oder dem Inhalt einer Zelle. Viele dieser Informationen sind mit den Standard-Excel-Funktionen nicht zugänglich. Beispielsweise gibt

```
=ZELLE.ZUORDNEN(24;Tabelle1!$A$1)
```

Auskunft über die Schriftfarbe der Zelle A1 (als Zahl zwischen 0 und 56, beispielsweise 3 für Rot oder 6 für Gelb). Allerdings lassen sich alle Makrofunktionen ausschließlich über Namen ansprechen. Ein direktes Einbinden in ein Tabellenblatt ist nicht möglich. In diesem Fall definieren wir also z. B. den Namen *Schrift* und beziehen ihn auf:

`=ZELLE.ZUORDNEN(24;Tabelle1!$A$1)` (Abb. 5.19)

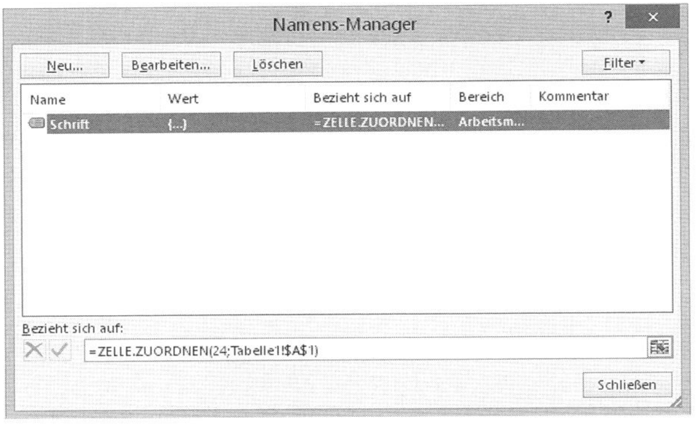

Abbildung 5.19: Excel 4-Makrofunktion im Namens-Manager verwenden

Anschließend schreiben Sie in eine Zelle `=Schrift` und Sie erhalten die Schriftfarbe aus Zelle A1. Im Beispiel (*Abb. 5.20*) ist Zelle A1 mit roter Schrift formatiert.

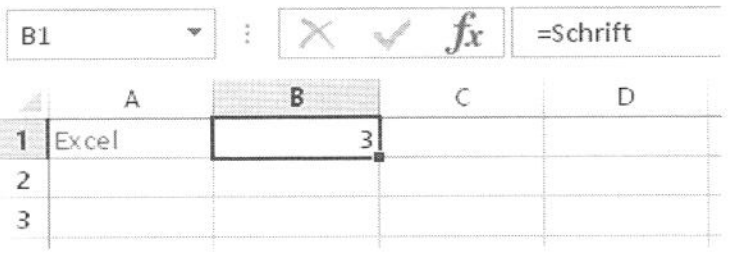

Abbildung 5.20: Excel 4-Makro über Namen in Tabelle einsetzen

Auch hierbei gilt selbstverständlich dasselbe relative und absolute Verhalten von Namensbezügen! Sobald Sie den Bezug relativieren, geschieht dies immer aus Sicht der aufrufenden (aktiven) Zelle!

Zu den nützlichen Excel 4-Makrofunktionen zählen insbesondere:

DATEIEN(), ARBEITSMAPPE.ZUORDNEN(), ZELLE.ZUORDNEN(), FORMEL.ZUORDNEN(), ARBEITSBEREICH.ZUORDNEN(), DATEI.ZUORDNEN(), AUSWAHL()

In der englischen Excel-Version stehen diese natürlich auch mit ihren englischen Bezeichnungen zur Verfügung. So ist beispielsweise GET.CELL() das Pendant zu ZELLE.ZUORDNEN(), GET.WORKBOOK() entspricht ARBEITSMAPPE.ZUORDNEN() usw.

Einige davon haben wir auch in diversen Kapiteln dieses Buchs eingearbeitet. Es gibt aber noch viele andere. Eine vollständige deutschsprachige Hilfedatei ist im Internet nicht so leicht zu finden. Hier sind wir fündig geworden: *http://xlam.ch/xlimits/downloads.htm*

Für die Hilfe zu den englischen Bezeichnungen googeln Sie im Zweifel nach *Macrofun.exe*.

Greifen Sie immer dann auf die Excel 4-Makrofunktionen zurück, wenn Sie mit den Standardfunktionen nicht mehr weiterkommen. Allerdings sollte man beim Tabellenaufbau direkt darauf achten, dass man beispielsweise Berechnungen nicht von der Schrift- oder Hintergrundfarbe einer Zelle abhängig macht (eine immer wieder zu beobachtende »Unart«), da Excel dafür keine Bordmittel zur Verfügung stellt. Außerdem löst das bloße Umformatieren einer Zelle keine Neuberechnung eines Tabellenblatts aus. Diese muss mit F9 manuell angestoßen werden. Auch wenn Sie mit der Makrofunktion ZELLE.ZUORDNEN() unter anderem Zugriff auf die Formate haben: Es ist im Prinzip eine Lösung für ein Problem, das man nicht hätte, wenn man sich an die Regeln eines ordnungsgemäßen Tabellenaufbaus halten würde. Es gibt aber auch genügend Beispiele, bei denen der Einsatz dieser Funktionen sehr sinnvoll und effektiv ist.

5.5 Verwaltung von Namen mit dem Namens-Manager

Der Namens-Manager wurde in Excel 2007 eingeführt – brachte aber nicht wirklich viel Neues. Die Verwaltung ist hiermit etwas übersichtlicher als in den Vorgängerversionen. In der Spalte *Wert* wird ein Ausschnitt der Werte zurückgegeben, auf die sich die Namen beziehen. Wenn sich der Name auf ein Array oder einen dynamischen Bereich bezieht, funktioniert dies allerdings nicht. Nett ist auch der Kommentar, den Sie jedem Namen beifügen können.

Hilfreich ist auch die Filterfunktion am rechten Rand des Dialogfelds. Wenn Sie beispielsweise in Ihrer Tabelle Bereiche löschen, auf die sich Namen bezogen haben, werden diese Namen nicht automatisch gelöscht. Sie bestehen weiterhin als »Namensleichen«, die sich auf den Fehlerwert #BEZUG! beziehen. Mit der Filterfunktion haben Sie nun die Möglichkeit, nur fehlerhafte Namen anzuzeigen, was Ihnen das schnelle Löschen dieser Leichen ermöglicht (*Abb. 5.21*).

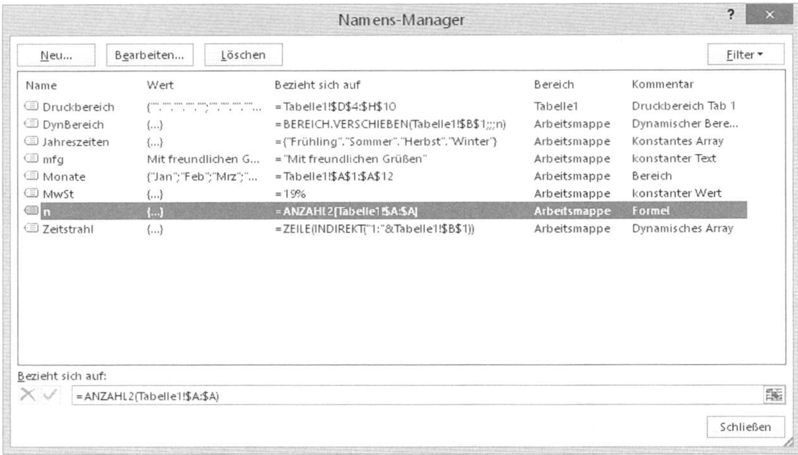

Abbildung 5.21: Der Namens-Manager

5.6 Was uns sonst noch zu Namen einfällt

Alle Namen, die wir bis hierhin vergeben haben, beziehen sich auf die gesamte Arbeitsmappe. Sie sind also aus jedem Tabellenblatt aufrufbar. Es besteht aber auch die Möglichkeit, Namen nur lokal, mit Bezug auf ein bestimmtes Tabellenblatt, zu vergeben.

Diese lokalen Namen können dann auch nur in dem zugehörigen Tabellenblatt aufgerufen werden. Um einen lokalen Namen zu vergeben, mussten Sie dem Namen bis einschließlich Excel 2003 das Tabellenblatt voranstellen. Sollte z. B. der Name *Liste* nur lokal im Blatt *Tabelle2* gelten, dann vergaben Sie den Namen *Tabelle2!Liste* mit dem gewünschten Bezug.

Seit Version 2007 stellt das Dialogfeld hierfür vereinfachend das Auswahlfeld *Bereich* zur Verfügung (*Abb. 5.22*).

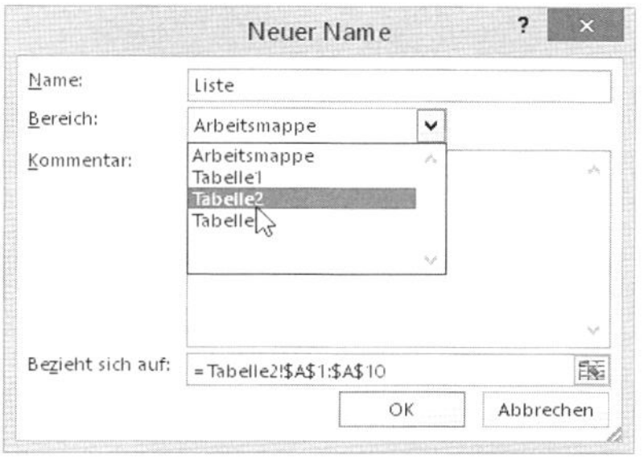

Abbildung 5.22: Lokale Namen definieren (1)

Wenn man nun den Namens-Manager aufruft, wird neben dem Namen das Tabellenblatt angezeigt (*Abb. 5.23*).

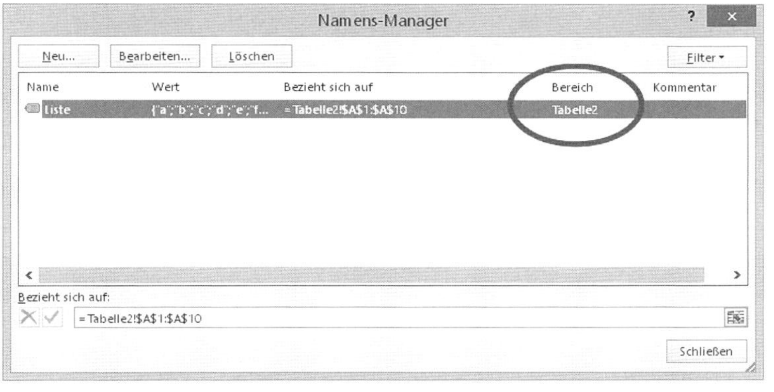

Abbildung 5.23: Lokale Namen definieren (2)

Ein Versuch, auf den Namen in einer anderen Tabelle als *Tabelle2* zuzugreifen, führt zum Fehlerwert `#NAME?`, da der Name im anderen Tabellenblatt eben nicht bekannt ist.

In der Praxis kommt der Fall der lokalen Namen häufiger vor, als Sie vielleicht denken. Sobald Sie eine Tabelle innerhalb einer Mappe, die Namen enthält, kopieren, werden auch Kopien der Namen erstellt, die sich auf die kopierte Tabelle beziehen. Die Namen der Tabellenkopie sind dann nur lokal gültig, da ansonsten ein Namenskonflikt entstehen würde.

Manche Namen werden auch von Excel selbst vergeben, ohne dass Sie es mitbekommen. Beispielsweise vergibt Excel den Namen *Druckbereich* just in dem Moment, in dem Sie einen Druckbereich festlegen (über *Seitenlayout/Druckbereich/Druckbereich festlegen*). Und logischerweise bezieht sich der Name auf den von Ihnen gewählten Druckbereich (im Beispiel B3:E12 – *Abb. 5.24*):

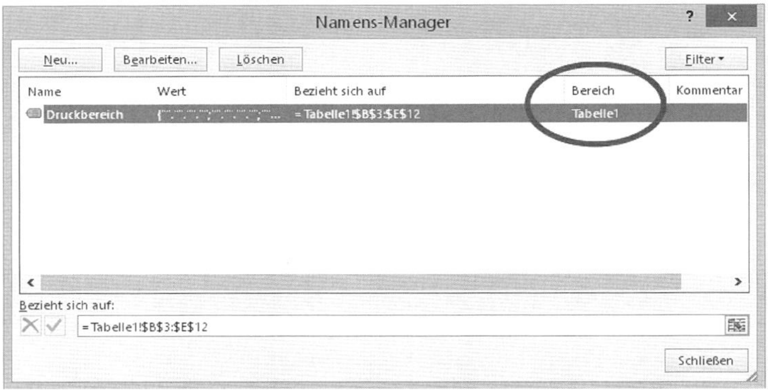

Abbildung 5.24: Name Druckbereich definieren

Zudem handelt es sich hierbei auch um einen lokalen Namen – zu erkennen an dem Zusatz *Tabelle1*. Im nächsten Tabellenblatt kann somit wieder derselbe Name für einen anderen Druckbereich verwendet werden, dann mit dem Zusatz *Tabelle2* usw. Sobald Sie den Druckbereich wieder aufheben, wird auch der Name wieder gelöscht. Sie können den Namen *Druckbereich* auch selbst festlegen. Damit lässt sich dieser dynamisch gestalten in der Art, dass er sich mit zunehmendem Datenbestand automatisch anpasst. Dazu definieren Sie den Namen *Druckbereich* (oder falls er bereits vorhanden ist, ändern Sie einfach nur den Bezug) und beziehen ihn beispielsweise auf:

```
=INDIREKT("A1:C"&ANZAHL2(Tabelle1!$A:$A))
```

Oder in der BEREICH.VERSCHIEBEN-Variante:

```
=BEREICH.VERSCHIEBEN(Tabelle1!$A$1;;;ANZAHL2(Tabelle1!$A:$A);3)
```

Der Druckbereich passt sich jetzt zeilenweise immer an die Anzahl der Einträge in Spalte A an. Sind zunächst zwei Zeilen beschrieben, sieht er so aus (*Abb. 5.25*):

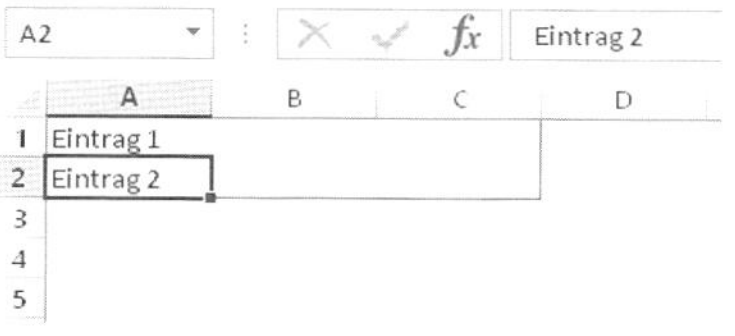

Abbildung 5.25: Dynamischer Druckbereich (1)

Wenn Sie jetzt die Einträge in Spalte A erweitern, wandert der Druckbereich automatisch mit (*Abb. 5.26*):

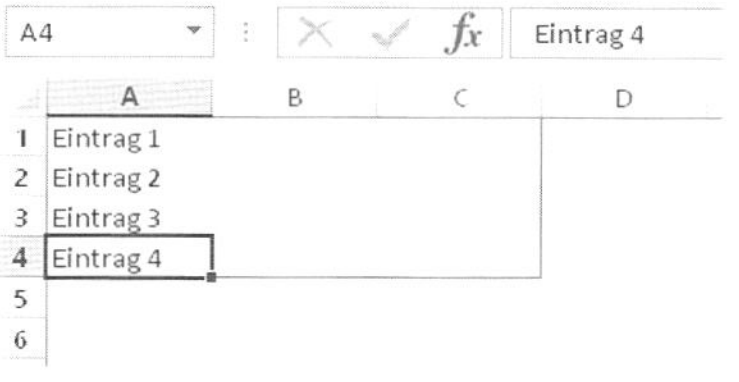

Abbildung 5.26: Dynamischer Druckbereich (2)

Können in diesem Beispiel zwischendurch auch Leerzellen innerhalb von Spalte A vorkommen und der Druckbereich soll sich bis zum tatsächlich letzten Eintrag in Spalte A erstrecken, dann muss der Bezug für den Namen *Druckbereich* wie folgt lauten:

```
=BEREICH.VERSCHIEBEN(Tabelle1!$A$1;;;VERWEIS(2;1/
(Tabelle1!$A$1:$A$1000<>"");ZEILE(Tabelle1!$1:$1000));3)
```

Der Funktionalität der integrierten VERWEIS-Formel (Frank-Kabel-Formel) haben wir aufgrund ihrer Genialität ein eigenes Kapitel (siehe Kapitel 6.4 *Dirty Trick*) gewidmet.

Aber Achtung: Sobald Sie den Druckbereich wieder manuell festlegen, wird der Name überschrieben und Ihre Dynamik ist dahin. Das passiert übrigens auch beim Öffnen einer freigegebenen Arbeitsmappe, dann ist die Formel futsch. Dies kann wiederum verhindert werden, wenn Sie unter *Überprüfen>Änderungen>Arbeitsmappe freigeben>Weitere* den Haken bei *Druckeinstellungen* entfernen.

Wenn Sie benutzerdefinierte Ansichten einrichten (*Ansicht/Benutzerdefinierte Ansichten/Hinzufügen*), werden neben den Zeilen-, Spalten- und Filtereinstellungen auch die Druckeinstellungen, also der *Druckbereich*, optional mitgespeichert (*Abb. 5.27*).

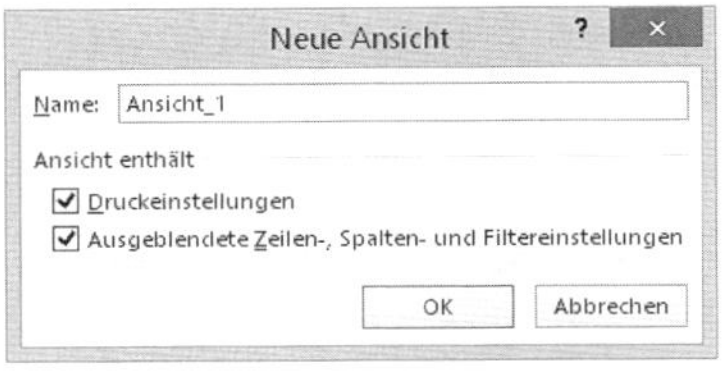

Abbildung 5.27: Dialogfeld zum Hinzufügen einer neuen Ansicht

Bei einem Ansichtswechsel (vorausgesetzt, Sie haben mehrere Ansichten angelegt) wird unter anderem der Name *Druckbereich* automatisch angepasst (*Abb. 5.28*).

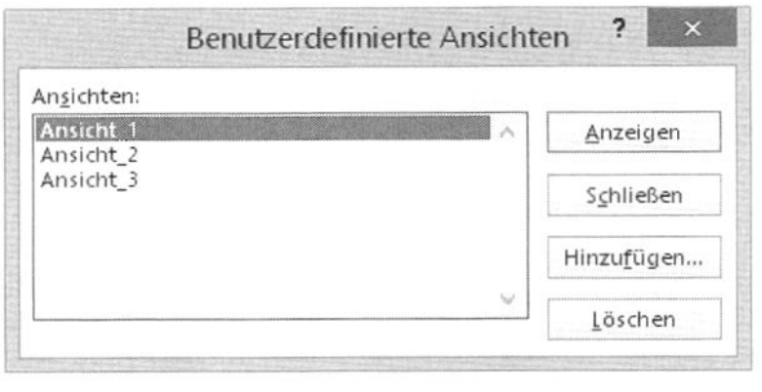

Abbildung 5.28: Dialogfeld Benutzerdefinierte Ansichten

Namen haben zudem eine weitere nützliche Eigenschaft: Man kann sie »unsichtbar« machen, indem man sie einfach ausblendet. Wenn Sie Ihre Datei nach allen Regeln der Kunst für Dritte so undurchschaubar wie möglich machen wollen, dann gehört das Ausblenden der Namen einfach dazu. Der winzige Haken an der Sache: Das Ausblenden (und auch das Wiedereinblenden) funktioniert nur mit VBA. Allerdings ist der Code recht überschaubar:

```
Sub Namen_ausblenden()
Dim n As Name
For Each n In ThisWorkbook.Names
    n.Visible = False
Next n
End Sub
```

```
Sub Namen_einblenden()
Dim n As Name
For Each n In ThisWorkbook.Names
    n.Visible = True
Next n
End Sub
```

Starten Sie die Codes aus der VBA-Umgebung heraus einfach mit F5 und alle Namen sind entweder verschwunden oder aber wieder sichtbar.

Wenn Ihnen das Ausblenden der Namen zu umständlich erscheint, Sie aber einfach nur sicherstellen möchten, dass kein Name in der Namensliste neben der Bearbeitungsleiste auswählbar ist, dann sorgen Sie dafür, dass die Namensbezüge mit irgendeiner Excel-Funktion verbunden werden. Bezieht sich der Name *Quartal_3* beispielsweise auf *Tabelle1!$D$10*, ist er zunächst in der Namensauswahlliste ersichtlich. Beziehen Sie ihn aber auf `=WENN(1;Tabelle1!$D$10)`, ist er dort verschwunden. Die WENN-Funktion bietet sich hier einfach an. Durch die 1 sorgen wir dafür, dass die Bedingung immer WAHR ist und das Formelergebnis den gewünschten Zellbezug *Tabelle1!$D$10* zurückgibt. Den Parameter *Sonst-Wert* können wir uns schenken. Alternativ kann auch die Funktion WAHL verwendet werden: `=WAHL(1;Tabelle1!$D$10)`. Die Auswahlliste bleibt leer, obwohl es sich eigentlich um einen statischen Bezug handelt (*Abb. 5.29*).

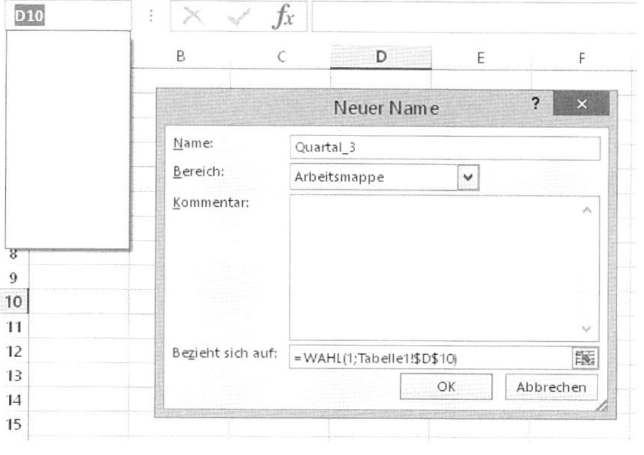

Abbildung 5.29: Namen-Drop-down enthält keine Namen mit Formelbezügen.

Es ist mithilfe von Namen sogar möglich, aus dem Windows-Explorer heraus einen Zellwert aus einer geschlossenen Datei auszulesen. Dies funktioniert allerdings nur mit den Dateiendungen der Versionen vor 2007 (*.xls* funktioniert, *.xlsx* hingegen nicht). Dazu vergibt man in der Datei zunächst für irgendeine Zelle einen Namen, der mit *prop_* (steht für properties = Eigenschaften) beginnt – also z. B. *prop_Wert*. In diese so benannte Zelle schreiben wir nun den Text »I'm watching you!«, speichern die Mappe und schließen sie. Jetzt suchen wir die Datei im Windows-Explorer, klicken mit der rechten Maustaste darauf und wählen *Eigenschaften*. Auf der Registerkarte *Benutzerdefiniert* findet sich jetzt unser Zelleintrag wieder (*Abb. 5.30*):

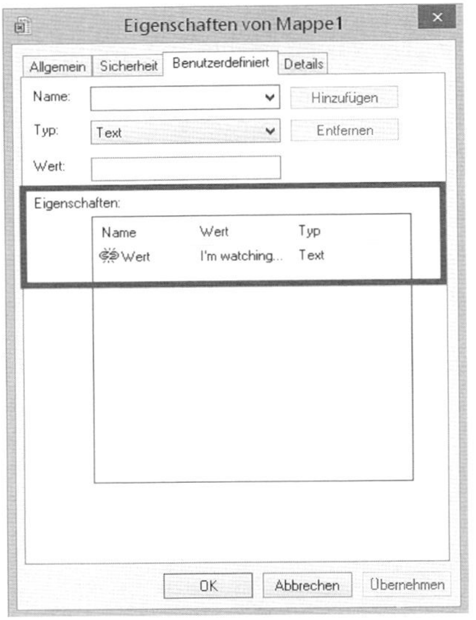

Abbildung 5.30: Dialogfeld zur Anzeige der Dateieigenschaften (benutzerdefiniert)

Hier wird jetzt jeder Name mit seinem zugehörigen Wert und Datentyp aufgelistet, den Sie in Ihrer Datei mit der Einleitung *prop_* vergeben haben.

KAPITEL 6

Formelklassiker

In diesem Kapitel finden Sie eine Auswahl der unzähligen Anwendungsmöglichkeiten von Arrayformeln, die besonders oft in der beruflichen Praxis vorkommen und in den einschlägigen Excel-Foren häufig nachgefragt werden. Zunächst wird eine der populärsten Excel-Funktionen überhaupt – der SVERWEIS – in den wohlverdienten Ruhestand geschickt.

6.1 Adios SVERWEIS – Du unlinke Bazille

Sie waren in Urlaub in diversen Ländern und haben sich dort auf eine Cognac-/Brandy-Marke eingeschossen. Ihr Weinhändler zu Hause hat ein exzellentes Sortiment (Spalte B) und Sie interessieren sich für die Flaschenpreise (Spalte D) (*Abb. 6.1*).

	A	B	C	D	E	F
1	Provenience	Marke	Inhalt	Preis		Suchbegriff:
2	Spanien	103	0,7	9,99		alba
3	Deutschland	Asbach Uralt	0,7	13,79		
4	Spanien	Cardenal Mendoza Carta Real	0,7	59,99		
5	Spanien	Carlos I	1,0	19,95		
6	Spanien	Carlos II	1,2	21,99		
7	Frankreich	Davidoff Extra 0,7 L	1,0	144,00		
8	Spanien	grand Duc d'Alba	0,7	31,00		
9	Frankreich	Hennessy Richard 0,7 L	1,0	1249,00		
10	Spanien	Lepanto	0,7	37,95		
11	Griechenland	Metaxa V	0,8	19,95		
12	Griechenland	Metaxa XII	1,5	57,99		
13	Spanien	Osborne negro	0,7	19,99		
14	Frankreich	Remy Martin	1,0	28,70		
15	Italien	Vecchia Romagna Etichetta	0,7	16,65		
16						

Abbildung 6.1: Beispiel für SVERWEIS nach links

Logo, welche Funktion dafür in Frage kommt – der SVERWEIS:

```
=SVERWEIS(F2;B:D;3;0) = 31,00
```

Ist der Cognac-/Brandy-Name nur noch bruchteilhaft präsent (»Der hieß irgendwas mit Alba«), dann sind die "*"-Platzhalter wieder einmal hilfreich:

```
=SVERWEIS("*"&F2&"*";B:D;3;0)
```

Okay, den Brandy und den Preis hätten wir also eruiert. In welchem Land haben Sie den aber getrunken? Die Länder – die Provenienzen – stehen in Spalte A.

Und jetzt geht der SVERWEIS in die Knie: Er ist kein Sozi – nach links kann und will er nicht.

Wie kommen wir also jetzt an die Provenienz (Spanien) des Grand Duc d'Alba?

Ganz einfach: `=INDEX(A:A;8)` – das ist der achte Eintrag der Matrix A:A und somit gleichzeitig der Inhalt der achten Zelle von Spalte A – und das ist Spanien. Und woher weiß ich, dass diese Marke in Zeile 8 steht? Da kommt uns die Funktion VERGLEICH zu Hilfe:

```
=VERGLEICH(F2;B:B;0)
```

Beziehungsweise, wenn Sie aufgrund von Gedächtnislücken nur noch den ungefähren Namen wissen:

```
=VERGLEICH("*"&F2&"*";B:B;0)
```

Mit der Kombination von INDEX und VERGLEICH haben wir jetzt also den »SVERWEIS nach links« kreiert, den es nicht gibt:

```
=INDEX(A:A;VERGLEICH(F2;B:B;0)) bzw.
=INDEX(A:A;VERGLEICH("*"&F2&"*";B:B;0))
```

Diese Kombination aus INDEX und VERGLEICH können Sie nach links, rechts, oben oder unten verwenden – was eben erforderlich ist.

Darüber hinaus hat der SVERWEIS noch andere Sorgen als nur die Himmelsrichtung.

Wenn Sie beispielsweise zwischen Spalte C und D noch eine weitere Spalte einfügen, um dort vielleicht den Alkoholgehalt der Brandys und Cognacs anzugeben, liefert

```
=SVERWEIS(F2;B:E;3;0)
```

erst mal gar nichts mehr, außer einer farblosen Null (der Bezug B:D hat sich automatisch an B:E angepasst). Ist ja auch klar, warum, denn der Spaltenindex mit dem statischen Wert 3 bezieht sich jetzt auf die soeben eingefügte leere Spalte. Die Spalte der Preise hat sich aber an Position 4 platziert. Jetzt müssten Sie den Spaltenindex erst manuell anpassen, damit das Ergebnis wieder stimmt. Hätten Sie stattdessen die Variante

```
=INDEX(D:D;VERGLEICH(F2;B:B;0))
```

genommen, wäre der Spalteneinschub kein Problem, da sich der Bezug D:D automatisch an E:E angepasst hätte.

Die Nostalgiker unter Ihnen, die sich nicht vom SVERWEIS trennen wollen, sollten wenigstens den Spaltenindex flexibel gestalten.

```
=SVERWEIS(F2;B:D;SPALTEN(B:D);0)
```

passt sich bei Spalteneinschub an, sodass weiterhin der richtige Preis erhalten bleibt.

Ein weiterer Bonus für die Funktion VERGLEICH ist der Vergleichstyp. SVERWEIS kennt nur FALSCH bzw. 0 für genaue Übereinstimmungen bei unsortierten Listen und WAHR bzw. 1 für aufsteigend sortierte Listen. VERGLEICH kennt darüber hinaus noch den Vergleichstyp –1 für absteigend sortierte Listen und die Suche nach dem kleinsten Wert, der größer oder gleich dem Suchkriterium ist.

Daher heißt es für uns: adios SVERWEIS. Möge er in Frieden ruhen und ebenso sein Bruder, der WVERWEIS.

Sobald es ein bisschen knifflig wird und Arrayformeln ins Spiel gebracht werden, kann der SVERWEIS erst recht nicht mehr mithalten. Machen wir es darum jetzt etwas spannender. Es geht um ein Suchkriterium, das sich aus zwei Spalten zusammensetzt. Sie möchten gerne den Namen des Griechen mit 1,5 l Inhalt wissen:

```
=INDEX(B:B;Zahl) ist klar - aber wie kommt man auf die Zahl?
{=INDEX(B:B;VERGLEICH("Griechenland1,5";A1:A20&C1:C20;0))}
="Metaxa XII"
```

Wir verketten sowohl die beiden Suchkriterien als auch die Suchspalten A und C. Dadurch machen wir aus zwei Spalten wieder eine und haben so die Voraussetzung geschaffen, die Funktion VERGLEICH anwenden zu können. Mit dem SVERWEIS ist das nicht möglich. Da wird unumstößlich immer nur die eine linke Spalte durchsucht.

Um wirklich sicherzugehen, dass »Griechenland« in Spalte A und »1,5« in Spalte C stehen (und nicht beides zusammen zufällig in einer Spalte), verkettet man sowohl Suchbegriff als auch Suchspalten zusätzlich mit einem beliebigen Trennzeichen wie beispielsweise #:

```
{=INDEX(B:B;VERGLEICH("Griechenland#1,5";A1:A20&"#"&C1:C20;0))}
```

Voilà! Darauf trinken wir jetzt erst mal einen Lepanto!

6.2 Verweise bis zum Abwinken

Der SVERWEIS/WVERWEIS, den wir mit der Kombination aus INDEX und VERGLEICH ins Nirwana geschickt haben, ist immer mit der Suche eines Zellinhalts oder einer Matrixkonstanten in Abhängigkeit von einer Bedingung (Suchkriterium) verbunden. Dass die Kombination nicht nur auf eine einzige Bedingung beschränkt sein muss, wurde ja schon beschrieben.

6.2.1 Mehrfach vorkommendes Suchkriterium

Wer sagt aber, dass dieses Suchkriterium einmalig auf dieser Welt ist? Es kann in einer Tabellenspalte ja auch vielfach vorkommen und man möchte die entsprechenden Inhalte dieser Zeilen aufgelistet sehen. Die einfachste Lösung: *Daten/Sortieren und Filtern/Filtern* und die Spalte nach dem Kriterium filtern. Das funktioniert und ist einfach, praktisch, gut – aber dynamisch wie ein Sack Muscheln. Wird die Tabelle ergänzt oder vollkommen neu generiert, beispielsweise über die überaus beliebten SAP-Importe, muss dieser Filtervorgang manuell immer wieder neu in Gang gesetzt werden.

Machen wir uns also an die Automatisierung. In Spalte A stehen Verlagsnamen wild durcheinander und in Spalte B Buchtitel oder Autoren (*Abb. 6.2*). Sie wollen jetzt alle Einträge des Verlags M+T auflisten, ohne dabei auf die manuelle AutoFilter-Variante zurückzugreifen.

	A	B	C	D	E	F	G	H
1	Bertelsmann	Der Bergbauernbub					M+T	Excel
2	DTV	Böll						Word
3	DTV	Lenz						Access
4	Klett	höhere Mathematik						
5	M+T	Excel						
6	Diogenes	kleiner Nick						
7	Langenscheidt	Französisch						
8	Bertelsmann	Heimat						
9	M+T	Word						
10	Rowohlt	Stephen Hawking						
11	DTV	Physiklexikon						
12	Springer	Zurmühl						
13	Langenscheidt	Englisch						
14	Hoffmann & Campe	Bob Dylan						
15	M+T	Access						
16	Omega	Tesla						
17	Klett	Schulphysik						

Abbildung 6.2: Beispiel mehrfach vorkommender Verlagsnamen

In G1 tragen Sie den Verlagsnamen – hier also M+T – ein und in H1 die Arrayformel:

```
H1:{=INDEX(B:B;KKLEINSTE(WENN($A$1:$A$20=$G$1;ZEILE($1:$20));ZEILE(A1)))}
```

Jetzt kopieren Sie die Formel noch ein paar Zeilen nach unten.

Was macht diese Formel in H1?

`INDEX (B:B;…)` ist klar: Das Ergebnis dieser Formeln soll der Inhalt von Spalte B sein. Wir erinnern uns: `=INDEX(B:B;5)` gibt den Inhalt von B5 wieder. Kennen wir die Zahl 5 nicht, dann dynamisieren wir die Suche mit der Funktion VERGLEICH. Der Suchbegriff steht in G1:

```
=INDEX(B:B;VERGLEICH(G$1;A:A;0))
```

Das ist der erste Titel von M+T (Excel). Wir wollen aber alle Titel von M+T auflisten und da stoßen wir mit der Funktion VERGLEICH an ihre Grenzen, denn sie liefert nur die erste Fundstelle. Da M+T aber über mehr Titel verfügt, ist VERGLEICH ungeeignet. Also müssen wir die Zeilenzahl für den INDEX dynamisieren.

Der mit F9 ausgewertete Formelteil `WENN … ZEILE($1:$20))` ergibt:

```
=INDEX(B:B;KKLEINSTE({FALSCH;FALSCH;FALSCH;FALSCH;5;FALSCH;FALSCH;FALSCH;9;FALSCH;
FALSCH;FALSCH;FALSCH;FALSCH;15;FALSCH;FALSCH;FALSCH;FALSCH;FALSCH};ZEILE(A1)))
```

Jeder Eintrag aus Spalte A, der nicht dem Suchbegriff »M+T« entspricht, liefert FALSCH. Für die drei Treffer hingegen werden die Fundzeilen zurückgegeben: 5, 9 und 15. Wir sind so gut wie am Ziel! Die Funktion `KKLEINSTE(A:A;1)` gibt den kleinsten Wert der Spalte A wieder, `KKLEINSTE(A:A;2)` den zweitkleinsten usw. Da KKLEINSTE den Wahrheitswert FALSCH ignoriert, ist die kleinste Zahl 5, die zweitkleinste 9 und die drittkleinste 15. Der Versuch, eine viertkleinste Zahl auszulesen, würde zum Fehlerwert `#WERT!` führen, da die Matrix nur drei Zahlen beinhaltet.

`KKLEINSTE(WENN($A$1:$A$20=$G$1;ZEILE($1:$20));ZEILE(A1))` liefert uns mit obiger Formel also die 5. Das ist der kleinste Wert, den wir mit `ZEILE(A1)` auslesen. Durch das nach unten Kopieren der Formel erhalten wir somit automatisch den zweit- und drittkleinsten Wert, da sich `ZEILE(A1)` ja bekanntlich anpasst auf `ZEILE(A2)` und `ZEILE(A3)`, also 2 und 3.

Um jetzt noch den Fehlerwert `#WERT!` zu vermeiden, der – wie bereits beschrieben – durch den vergeblichen Versuch des Auslesens des viertkleinsten Werts entsteht, gleichen wir mit einer vorgeschalteten WENN-Abfrage noch `ZEILE(A1)` mit der Anzahl aller in der Liste von M+T vorhandenen Bücher ab. Bei Überschreiten dieser Zahl wird die WENN-Bedingung WAHR und die Zelle bleibt leer ("").

```
{=WENN(ZEILE(A1)>ZÄHLENWENN(A$1:A$20;G$1);"";INDEX(…))}
```

6.2.2 Verweis von unten

Ein Abfallprodukt dieser Formel: Der SVERWEIS sowie die Kombination aus INDEX/VERGLEICH liefern bei mehrfach vorkommendem Suchkriterium den ersten Treffer. Wollen Sie den letzten Treffer ausgegeben haben – quasi einen SVERWEIS von unten – ersetzen Sie in obiger Formel `KKLEINSTE(…;A1)` durch `MAX()`:

```
{=INDEX(B:B;MAX(WENN(A1:A20=G1;ZEILE(1:20))))}
```

Und da es sich um ein Maximum handelt, können wir durch Multiplikation auf WENN verzichten:

```
{=INDEX(B:B;MAX((A1:A20=G1)*ZEILE(1:20)))}
```

Beim Minimum funktioniert die Multiplikation nicht, da FALSCH – mit irgendetwas multipliziert – null ergibt. Das Ergebnis von MIN wäre deshalb immer 0.

6.2.3 Richtige Fehlerbehandlung bei Verweisen

Es ist häufig zu sehen, dass zur Unterdrückung einer Fehlermeldung die gesamte Formel in der Form

```
=WENN(ISTFEHLER(Formel); "";Formel)
```

wiederholt wird. Es verlängert die Formel unnötig und kann auch zu Fehlergebnissen führen, wie das Beispiel in *Abb. 6.3* demonstriert.

	A	B	C	D
1	86	C	r	
2	33	T		
3	26	S		
4	64	A		
5	#DIV/0!	R		
6	11	G		
7	57	r		
8	13	P		
9	17	Z		
10	68	B		
11				

Abbildung 6.3: »Case-sensitiver« Verweis

```
=INDEX(A:A;VERGLEICH(C1;B:B;0))
```

gibt den Inhalt der Zeile in Spalte A aus, wo in Spalte B das Suchkriterium aus C1 gefunden wurde – und dort steht `#DIV/0!`. Steht in C1 ein Suchkriterium, das in Spalte B nicht vorkommt, erhält man die Fehlermeldung `#NV`. Beides sind Fehlermeldungen – nur ist `#DIV/0!` das Formelergebnis und `#NV` die Nachricht, dass die Formel nicht fündig wurde. Mit

```
=WENN(ISTFEHLER(INDEX(A:A;VERGLEICH(C1;B:B;0)));"";
INDEX(A:A;VERGLEICH(C1;B:B;0)))
```

wird die gesamte Formel auf eine Fehlermeldung überprüft. Sie liefert den Leerstring "" und suggeriert dem Anwender, der Suchbegriff aus C1 käme in Spalte B nicht vor. Geht man korrekt vor, darf also nur der Suchteil der Formel und nicht auch noch der Ergebnisteil geprüft werden. Dabei reicht es zu prüfen, ob C1 (unabhängig von der Position) überhaupt vorkommt:

```
=WENN(ZÄHLENWENN(B:B;C1)=0;"";INDEX(A:A;VERGLEICH(C1;B:B;0)))
=#DIV/0!
```

6.2.4 Unterscheidung nach Groß- und Kleinschreibung

In dem Beispiel in *Abb. 6.3* ist das Suchkriterium »r« in Zelle C1 klein geschrieben. Gefunden wird es dennoch in Spalte B, obwohl dort Großbuchstaben vorkommen. Das ist auch nicht weiter verwunderlich, da es dem allgemeinen Prinzip entspricht: Eine Unterscheidung zwischen Groß- und Kleinschreibung – das sogenannte Case-sensitive-Prinzip – ist in den meisten Fällen nicht sinnvoll. Wollen Sie dennoch dazwischen unterscheiden, müssen Sie auf eine dieser vier Funktionen zurückgreifen: WECHSELN, FINDEN, CODE oder IDENTISCH. Letztere wenden wir nun hier an:

```
{=INDEX(A:A;VERGLEICH(WAHR;IDENTISCH(B1:B10;C1);0))}
```

`IDENTISCH(B1:B10;C1)` zeigt Ihnen:

```
{FALSCH;FALSCH;FALSCH;FALSCH;FALSCH;FALSCH;WAHR;FALSCH;FALSCH;FALSCH}
```

Der VERGLEICH mit dem Suchbegriff WAHR liefert die 7 und in Kombination mit dem INDEX haben Sie den Inhalt Ihrer Fundstelle. Mit dem Fehlerabfang

```
{=WENN(ODER(IDENTISCH(B1:B10;C1));…; ""}
```

können Sie auch hier prüfen, ob ein passender Eintrag überhaupt vorhanden ist.

6.2.5 Listenabgleich

Mit der dargestellten Logik der Verweise bei mehrfach vorkommenden Suchkriterien können unter anderem auch Listen aus verschiedenen Datenquellen miteinander verglichen werden. Angenommen, Sie verwalten in Excel eine Liste mit Personen und möchten diese mit einer aus einem anderen System importierten Liste (beispielsweise SAP) vergleichen bzw. zusammenführen.

Der Einfachheit halber gehen wir davon aus, dass sich die zu vergleichenden Bereiche der Listen auf eine Spalte beschränken. Diese stehen in Spalte A und Spalte B.

Möchten Sie die Einträge aufgelistet bekommen, die nur in Spalte B vorkommen, schreiben Sie die Formel

```
X1:{=INDEX(B:B;KKLEINSTE(WENN(ZÄHLENWENN(A$1:A$99;B$1:B$99)=0;ZEILE($1:$99));
ZEILE(A1)))}
```

in die erste Zeile irgendeiner Spalte und kopieren Sie diese nach unten. Das Besondere an dieser Formel ist die Bedingung

```
ZÄHLENWENN(A$1:A$99;B$1:B$99)=0,
```

die ein Array aus Wahrheitswerten liefert. Für jeden Eintrag aus Spalte B, der in Spalte A vorkommt, wird ein WAHR erzeugt, andernfalls ein FALSCH. In gewohnter Manier listet KKLEINSTE in Kombination mit INDEX die entsprechenden Einträge aus Spalte B auf.

Sollen alle Einträge aufgelistet werden, die nur in Spalte A vorkommen, müssen Sie logischerweise nur die Bezüge A und B austauschen. Um nur die Einträge zu erhalten, die in beiden Listen vorkommen, ersetzen Sie die ZÄHLENWENN-Bedingung durch:

```
ZÄHLENWENN(A$1:A$99;B$1:B$99)<>0
```

Größere Praxisrelevanz hat es möglicherweise, beide Listen zusammenzuführen, und das bei gleichzeitigem Aussieben von Duplikaten. Auch dies ist mit Arrayformeln möglich, aber da kopierte Arrayformeln, die auf lange Listen von Tausenden Datensätzen angewendet werden, nicht sehr performant sind, wollen wir zur Abwechslung einmal eine Hilfsspaltenlösung vorstellen (*Abb. 6.4*).

Die beiden Listen stehen weiterhin in Spalte A und Spalte B.

	A	B	C	D	E	F
1	Liste A	Liste B	Hilfsspalte Liste A	Hilfsspalte Liste B		Liste A und B ohne Doppler
2	Förster	Zimmermann	2	2		Förster
3	Förster	Mayer		3		Metzger
4	Metzger	Bäcker	4			Koch
5	Koch	Schreiner	5			Bäcker
6	Bäcker	Koch	6			Müller
7	Müller	Müller	7			Fricke
8	Fricke	Metzger	8			Maurer
9	Maurer	Metzger	9			Schneider
10	Schneider	Zimmermann	10			Schmidt
11	Schmidt	Schneider	11			Schreiner
12	Schreiner	Schmidt	12			Zimmermann
13	Müller	Schlosser		13		Mayer
14	Koch	Schlosser				Schlosser
15	Förster					#ZAHL!
16						#ZAHL!
17						#ZAHL!

Abbildung 6.4: Vergleich und Zusammenführung zweier Listen

Spalte C und D sind Hilfsspalten mit den nach unten kopierten Formeln:

```
C2: =WENN(ODER(A2="";ZÄHLENWENN(A$2:A2;A2)>1);"";ZEILE())
D2: =WENN(ODER(B2="";ZÄHLENWENN(A:A;B2)+ZÄHLENWENN(B$2:B2;B2)>1);"";ZEILE())
```

Spalte C listet die Zeilennummern der Einträge aus Spalte A ohne Duplikate auf. In Spalte D werden die Duplikate der Einträge aus Spalte B ebenso ignoriert, aber zusätzlich auch die Einträge, die schon in Spalte A vorgekommen sind. Deshalb werden die zwei ZÄHLENWENN-Bedingungen addiert.

In Spalte F werden beide Listen zusammengeführt:

```
F2: =WENN(ZEILEN($2:2)>ANZAHL(C:C);INDEX(B:B;KKLEINSTE(D:D;ZEILEN($2:2)-
ANZAHL(C:C)));INDEX(A:A;KKLEINSTE(C:C;ZEILEN($2:2))))
```

`ZEILEN($2:2)` wird nach unten kopiert und liefert die Zahlenfolge 1;2;3;4...;k, die für den k-ten Eintrag der zusammengeführten Liste steht. Ist k kleiner oder gleich der Anzahl gültiger Einträge aus Spalte A, wird der k-kleinste Eintrag der Hilfsspalte C referenziert und das Pendant aus Spalte A herausgepickt. Ist k größer als diese Anzahl, wird der Rest von Spalte B abgeklappert.

Um noch die Fehlermeldungen am Ende der Spalte F zu unterdrücken, können Sie der Formel noch die weitere WENN-Bedingung

```
=WENN(ZEILEN($2:2)>ANZAHL(C:D);"";…)
```

»überstülpen«.

6.3 Unter keinen Bedingungen – doch!

In Spalte A stehen Zahlen. Die wollen Sie bedingungslos summieren bzw. zählen. Klar:

`=SUMME(A:A) bzw. =ANZAHL(A:A)`

Jetzt sollen die Zahlen aus Spalte A nur berücksichtigt werden, wenn in Spalte B »M+T« steht. Das sieht dann so aus:

`=SUMMEWENN(B:B;"M+T";A:A) bzw. =ZÄHLENWENN(B:B;"M+T")`

Das heißt: Wenn in Spalte B »M+T« steht, werden die entsprechenden Inhalte von Spalte A addiert bzw. das Vorkommen von »M+T« in Spalte B wird gezählt (*Abb. 6.5*).

	A	B	C	D	E	F
1	15		0		**Formel**	**Ergebnis**
2	5	M+T	1		=SUMMEWENN(B:B;"M+T";A:A)	19
3	18	T	0		{=SUMME(WENN(ISTZAHL(A1:A99);WENN(B1:B99="M+T";1;0)))}	3
4	15		0			
5	7	M+T	1			
6	nix	A	0			
7	5		0			
8	nada	M+T	0			
9	16		0			
10	16	B	0			
11	niente	C	0			
12	17		0			
13		M+T	0			
14	7	M+T	1			
15	16		0			

Abbildung 6.5: Rechnen mit mehreren Bedingungen

Die bedingte Summe ist bei vorkommenden Texten in Spalte A in Ordnung (die ist pflegeleicht und interpretiert Texte als null) – nicht aber das Zählen, denn es wird nur das Vorkommen von M+T in Spalte B gezählt, unabhängig davon, ob in Spalte A Zahlen oder Texte stehen.

Jetzt haben wir den Salat – zwei Bedingungen: Zähle die Übereinstimmungen, wenn in Spalte A eine Zahl und in Spalte B »M+T« steht. Eine Lösung hierfür ist mit den normalen Excel-Funktionen auf einen Rutsch nicht möglich.

Kein Problem: In der weiteren Spalte C klopfen wir die Bedingungen mit

`C1:=WENN(UND(ISTZAHL(A1);B1="M+T");1;0)`

ab, kopieren das nach unten und haben das gewünschte Ergebnis:

```
=SUMME(C:C)
```

SUMMEWENN und SUMME(WENN sehen ja fast identisch aus – das Wort »fast« bedeutet aber, dass jetzt etwas Entscheidendes passiert. SUMMEWENN ist nur eine sehr eingeschränkte Funktion – SUMME(WENN der Beginn einer großen Freundschaft.

Erobern wir als Erstes die Hilfsspalte C zurück.

```
F3:{=SUMME(WENN(ISTZAHL(A1:A1000);WENN(B1:B1000="M+T";1;0)))}
```

Die Formel sagt: Überprüfe, ob gleichzeitig in Spalte A eine Zahl und in Spalte B »M+T« steht. Ist das der Fall, dann bewerte das mit 1, andernfalls mit 0, und summiere anschließend die Ergebnisse. Dieses Summieren lauter Einsen ist nichts anderes als das gewünschte Zählen der Zeilen, in denen beide Bedingungen erfüllt sind. Wollen Sie stattdessen summieren, tauschen Sie den *Dann_Wert* der WENN-Funktion (hier: 1) durch den zu summierenden Bereich aus. O.k., bei der zu summierenden Spalte A ist es wegen der Pflegeleichtigkeit der Funktion SUMMEWENN unnötig. Wollen Sie aber z. B. die Werte aus Spalte D addieren, wenn in Spalte A eine Zahl und in Spalte B »M+T« steht, dann formulieren Sie wie folgt:

```
{=SUMME(WENN(ISTZAHL(A1:A1000);WENN(B1:B1000="M+T";D1:D1000;0)))}
```

Die Bedingungen mit WENN sind nicht auf zwei beschränkt: Das funktioniert bis zu einer Schachteltiefe von 64 (vormals acht) Verschachtelungen.

Mithilfe der direkten Multiplikation oder Addition der Wahrheitswerte WAHR und FALSCH kann die Grenze von acht Verschachtelungen aufgehoben werden. Dann können so viele Bedingungen kombiniert werden, bis die maximale Formellänge erreicht ist. Beim Rechnen mit Wahrheitswerten nimmt WAHR den Wert 1 ein und FALSCH den Wert 0. Erinnern wir uns an die Hilfszelle C1:

```
=WENN(UND(ISTZAHL(A1);B1="M+T");1;0)
```

Dies ergibt 1, wenn beide Bedingungen erfüllt sind – ansonsten 0.

`=ISTZAHL(A1)` ergibt entweder WAHR oder FALSCH und `B1="M+T"` ebenso.

`=ISTZAHL(A1)*(B1="M+T")` ergibt entweder

- `FALSCH * FALSCH` oder
- `WAHR*FALSCH` oder
- `FALSCH*WAHR` oder
- `WAHR*WAHR`

und nur im letzteren Fall 1 statt 0.

Obige Arrayformeln lauten ohne WENN:

```
{=SUMME(ISTZAHL(A1:A1000)*(B1:B1000="M+T"))}
{=SUMME(ISTZAHL(A1:A1000)*(B1:B1000="M+T")*D1:D1000)}
```

Die erste Formel zählt und die zweite Formel summiert die Elemente.

Und nie vergessen: Abschluss der Formel mit gleichzeitig gedrückten Tasten [Strg]+[⇧]+[↵] – erst dann ist's eine Arrayformel. Abhilfe für diese Vergesslichkeit bietet die Funktion SUMMENPRODUKT. Eigentlich summiert diese Funktion das Produkt von Spalten ohne jegliche Bedingungen. Aber nur eigentlich! Setzt man sie statt SUMME in obige Formeln ein, erhält man das identische Ergebnis – muss aber die Formel nicht als Arrayformel abschließen, obwohl es ein Array ist und bleibt.

```
=SUMMENPRODUKT(ISTZAHL(A1:A100)*(B1:B100="M+T"))
=SUMMENPRODUKT(ISTZAHL(A1:A100)*(B1:B100="M+T")*D1:D100)
```

Das ist doch prima. Warum haben wir jetzt das ganze Zeug mit WENN geschrieben – nur als Formelhistorie? Vorsicht – die Variante mit SUMMENPRODUKT ist nicht in allen Fällen anwendbar. Bei der Multiplikation von Wahrheitswerten wird alles gnadenlos miteinander multipliziert. Steht z. B. in einer Zelle der Spalte D ein Text, obwohl die Inhalte von der entsprechenden Zelle in Spalte A und B nicht den Kriterien entsprechen, wird diese Zeile mit

```
FALSCH*FALSCH*Text =0*0*Text
```

abgearbeitet, was den Fehlerwert `#WERT!` erzeugt. Die WENN-Variante »überspringt« die Elemente, die nicht summiert werden dürfen bzw. können. Und auch wenn die Suchkriterien zutreffen, ist SUMME gutmütig und interpretiert einen Treffer, wenn er denn Text ist, als 0 (null) (*Abb. 6.6*).

	A	B	C	D	E	F
1	x	y	1		**Formel**	**Ergebnis**
2		y	2		{=SUMME(WENN((A1:A10="x")*(B1:B10="y");C1:C10))}	8
3			3		=SUMMENPRODUKT((A1:A10="x")*(B1:B10="y")*C1:C10)	#WERT!
4	y		4			
5	x	y	murks			
6			6		**ab Excel 2007**	
7	x	y	7		=SUMMEWENNS(C1:C10;A1:A10;"x";B1:B10;"y")	8
8			8			
9						

Abbildung 6.6: Rechnen mit mehreren Bedingungen mit SUMMENPRODUKT

Das soll aber nicht darüber hinwegtäuschen, dass die Funktion SUMMENPRODUKT zu den genialsten Funktionen überhaupt zählt. In dem Beispiel leistet sie z. B. wunderbare Dienste, wenn man den zu summierenden Bereich nicht mit den Wahrheitswerten multipliziert, sondern ihn mittels Semikolon abtrennt:

```
=SUMMENPRODUKT((A1:A10="x")*(B1:B10="y");C1:C10)
```

Dann verhält sich die Formel genauso wie die `{=SUMME(WENN...)}`-Variante und sie braucht dennoch nicht als Arrayformel eingegeben zu werden.

SUMMEWENNS ab Excel 2007

Seit Excel 2007 gibt es auch SUMMEWENNS und die kleine Schwester ZÄHLENWENNS.

Die Formel für obiges Beispiel lautet damit:

```
=SUMMEWENNS(C1:C10;A1:A10;"x";B1:B10;"y")
```

Also: zuerst der zu summierende Bereich und dann nacheinander die Kriterienbereiche mit Kriterium.

```
=(Summenbereich;Kriterienbereich1;Kriterium1;Kriterienbereich2;Kriterium2;
Krit ......)
```

Hierbei werden auch komplette Spalten akzeptiert.

```
=SUMMEWENNS(C:C;A:A;"x";B:B;"y")
```

Und, wenn wir schon mal kleine Fortschritte erwähnen: Es gibt jetzt auch die Funktion WENNFEHLER.

Früher musste man, um ein Fehlerergebnis zu vermeiden, die komplette Funktion wiederholen und auf einen Fehler abklopfen. Kleines Beispiel: In A1 steht eine Zahl, in B1 auch oder Text.

`=A1/B1` ergibt #WERT! Wenn in A1 und/oder B1 Text steht.
Früher: `=WENN(ISTFEHLER(A1/B1);"";A1/B1)`
Jetzt: `=WENNFEHLER(A1/B1;"")`

Das ist praktisch.

6.4 Dirty Tricks

Es ist ja nicht so, dass wir vorhandene Funktionen nur wie geplant anwenden, sondern wir denken auch mal schräg: rückwärts, von hinten durch die Brust ins Auge.

6.4.1 Dirty Trick 1

Bären, Hunde, Katzen, Schweine: Das sind vier verschiedene Tierarten. Aufgabenstellung ist es, die Anzahl unterschiedlicher Einträge in Spalte A zu ermitteln (*Abb. 6.7*).

	A	B	C	D
1	Hund	0	4	
2	Bär	0		
3	Bär	0		
4	Katze	0		
5	Bär	0		
6	Schwein	1		
7	Katze	0		
8	Hund	1		
9	Bär	1		
10	Katze	1		
11				

Abbildung 6.7: Tiere ohne Duplikate zählen

Mit einer Hilfsspalte B ist das einfach zu lösen. Schreiben Sie in B1 `=WENN(ZÄHLENWENN(A2:A$11;A1)>0;0;1)` und kopieren Sie die Formel nach unten. Die Formel prüft, ob in den nachfolgenden Zellen der Begriff aus Zelle A1 noch einmal vorkommt, und gibt dann 0 zurück, wenn nicht, gibt sie 1 zurück.

Die Anzahl der unterschiedlichen Einträge ist dann `=SUMME(B:B)`.

Die Hilfsspalte ist hier aber unnötig! Wie geht's ohne? Das löst diese knackig kurze Arrayformel:

```
{=SUMME(1/ZÄHLENWENN(A1:A10;A1:A10))}
```

Wie funktioniert sie? Berechnen Sie mit F9 den Formelteil `ZÄHLENWENN(A1:A10;A1:A10)`, dann sehen Sie:

```
=SUMME(1/{2;4;4;3;4;1;3;2;4;3})
```

Jeder vorkommende Begriff wird gezählt, und zwar jedes Mal: Die vier Bären z. B. werden also an allen vier vorkommenden Positionen viermal gefunden. Das zu summieren, wäre natürlich falsch, denn da käme 30 heraus. Jetzt kommt der Dirty Trick – der Kehrwert:

Der Formelteil `1/ZÄHLENWENN(A1:A10;A1:A10)` ergibt teilausgewertet

```
=SUMME({0,5;0,25;0,25;0,3333333;0,25;1;0,3333333;0,5;0,25;0,3333333}) = 4
```

Die vier vorkommenden Bären werden jeweils degradiert auf 0,25, die drei Katzen werden gedrittelt, die zwei Hunde mutieren auf die Hälfte und das einsame Schwein gewinnt mit 1. Summiert sind die vier Viertelbären, die drei Drittelkatzen, die zwei halben Hunde und das Soloschwein jeweils 1 und alle zusammen ergo 4. Die Summe der Kehrwerte der jeweiligen Vorkommen hat es also gebracht!

Dieses kleine Beispiel ging von zehn **gefüllten** Zellen aus. Kommen auch Leerzellen vor, ist der Kehrwert der Leerzelle 1/0, was mathematisch nicht zulässig ist. Der Fehlerwert `#DIV/0!` wird erzeugt und dominiert anschließend auch die SUMME-Funktion, die selbst das Ergebnis `#DIV/0!` zurückgibt. Also müssen Leerzellen vorher eliminiert werden, was wiederum mit einer vorgeschalteten WENN-Abfrage funktioniert:

```
{=SUMME(WENN(A1:A100<>"";1/ZÄHLENWENN(A1:A100;A1:A100)))}
```

6.4.2 Dirty Trick 2

Sie möchten die Zeilenzahl bzw. den Inhalt der letzten gefüllten Zelle in einer Spalte mit Leerzellen darin ermitteln (*Abb. 6.8*).

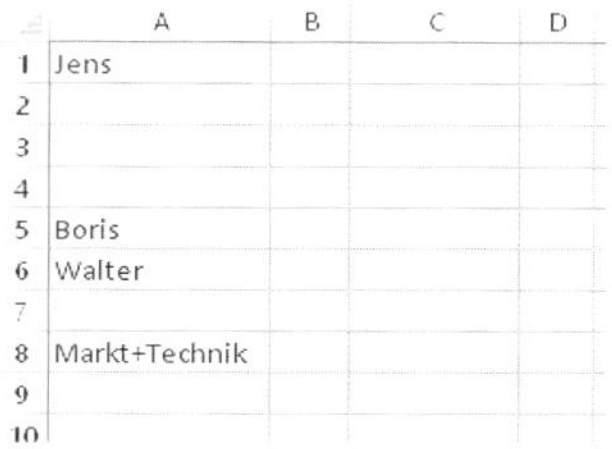

Abbildung 6.8: Den letzten Eintrag einer Spalte finden

Das passiert mit

```
{=MAX(WENN(A1:A1000<>"";ZEILE(1:1000)))}
```

oder auch mit

```
{=MAX((A1:A1000<>"")*ZEILE(1:1000))}.
```

Null Problemo! Was macht diese Arrayformel? Sie durchforstet die Spalte A nach allen nicht leeren Zellen `(A1:A1000<>"")`, gibt deren Zeilenzahl mit `ZEILE(1:1000)` zurück und liest aus diesem 1.000 Zeilen langen Array mit `MAX` das Maximum aus, das für die letzte nicht leere Zelle steht. Für den Zellinhalt wird davor noch der INDEX gesetzt:

```
{=INDEX(A:A; MAX((A1:A1000<>"")*ZEILE(1:1000)))}
```

Die Formeln sind »nicht zu optimieren« – dachten wir. Und dann kam von Frank Kabel, einem Excel-Kenner, der leider im Januar 2005 tödlich verunglückte, das:

- `=VERWEIS(2;1/(A1:A1000<>"");ZEILE(A:A))` für die Zeilenzahl und
- `=VERWEIS(2;1/(A1:A1000<>"");A:A)` für den Zellinhalt

Die Dinger funktionieren – das Warum haben wir erst nicht kapiert. Mittlerweile haben wir es verstanden – und das Formelprinzip ist in diverse Beiträge von uns eingeflossen.

Was geht da ab und was zur Hölle soll das Suchkriterium 2?

Reduzieren Sie zur Veranschaulichung den Bereich auf

`=VERWEIS(2;1/(A1:A10<>"");ZEILE(A:A))` bzw.

`=VERWEIS(2;1/(A1:A10<>"");A:A)`

damit sich Teilergebnisse anzeigen lassen.

Wir markieren A1:A10<>"" – betätigen F9 und sehen zehnmal WAHR bzw. FALSCH, je nachdem, ob die Zelle gefüllt oder leer ist.

Und nun der Dirty Trick:

Markieren Sie jetzt 1/(A1:A10<>"") – drücken Sie F9 und Sie sehen zehnmal 1 bzw. #DIV/0!.

```
=VERWEIS(2;{1;#DIV/0!;#DIV/0!;#DIV/0!;1;1;#DIV/0!;1;#DIV/0!;#DIV/
0!};ZEILE(A:A))
```

In der Excel-Hilfe zur VERWEIS-Funktion heißt es:

Die zu Suchvektor gehörenden Werte müssen in aufsteigender Reihenfolge angeordnet sein: ..., -2, -1, 0, 1, 2, ..., A-Z, FALSCH, WAHR.

Und prima: Fehlerwerte, wie hier #DIV/0!, werden von der Funktion VERWEIS ignoriert.

Gesucht wird – von hinten nach vorne bzw. von rechts nach links – nach der 2, die nicht vorkommt. Statt der 2 können Sie auch jede andere Zahl, die größer als 1 ist, eingeben.

Und es heißt weiter:

Kann die VERWEIS-Funktion keinen Wert finden, der mit dem jeweiligen Wert von Suchkriterium übereinstimmt, verwendet sie den Wert in Suchvektor, der bezogen auf den Wert von Suchkriterium kleiner oder gleich ist.

Der nächstkleinere Wert (von hinten nach vorne) ist die zuletzt vorkommende 1. Im obigen Beispiel also die Position/Zeilenzahl 8 (Formel 1) mit dem Zellinhalt von A8 »Markt+Technik« (Formel 2).

Eine, wie wir finden, geniale »Vergewaltigung« der VERWEIS-Funktion!

6.5 Wo bin ich? – Tabellennavigation ohne Kompass

Wo bin ich? Wer bin ich? Diese Fragen beantwortet die Excel-Zelle mit der Formel

```
=ADRESSE(ZEILE();SPALTE()).
```

Schwieriger zu beantworten ist die Frage: Wo sind denn alle anderen? Für eine Vielzahl von Berechnungen ist es wichtig, zu wissen, über welchen Bereich die gefüllten

Excel-Zellen einer Tabelle verstreut sind und welche Ausmaße der benutzte Bereich damit hat. In diesem Zusammenhang ist das oberste Gebot, an das Sie sich so weit wie möglich immer halten sollten:

Vermeiden Sie – wann immer es geht – Leerzeilen!

6.5.1 Die letzte Zelle

Wenn Sie sicher sein können, dass ein Bereich keine Leerzeilen hat, gibt es nichts Einfacheres, seine Ausmaße festzustellen, als die Formel

```
=ANZAHL2(A:A).
```

Dadurch bestimmen Sie, wie viele Zeilen belegt sind. Wenn sich Leerzeilen oder auch Leerspalten nicht vermeiden lassen, ist die Formulierung wesentlich kniffliger, aber letztlich auch keine unüberwindbare Hürde (*Abb. 6.9*).

	A	B	C	D	E	F	G	H	I
1			Zielzelle	Zeile		Formel			
2			erste Zeile	3		{=MIN(WENN(A1:A999<>"";ZEILE(A1:A999)))}			
3	Paris		letzte Zeile	11		{=MAX((A1:A999<>"")*ZEILE(A1:A999))}			
4	123		erste Zahl	4		{=MIN(WENN(ISTZAHL(A1:A999);ZEILE(A1:A999)))}			
5	London		letzte Zahl	11		{=MAX(ISTZAHL(A1:A999)*ZEILE(A1:A999))}			
6	Kapstadt		erster Text	3		{=MIN(WENN(ISTTEXT(A1:A999);ZEILE(A1:A999)))}			
7	456		letzter Text	10		{=MAX(ISTTEXT(A1:A999)*ZEILE(A1:A999))}			
8	Düsseldorf								
9									
10	München								
11	789								
12									

Abbildung 6.9: Erste und letzte gefüllte Zelle, Wert oder Text finden

Beginnen wir mit dem Tabellenanfang in einer einzelnen Spalte (A). Sie wollen den Inhalt der ersten, nicht leeren Zelle ermitteln. Sie müssen also beginnend mit A1 alle Zellen überprüfen, ob diese gefüllt sind oder nicht.

```
=WENN(A1<>"";A1;WENN(A2<>"";A2;WENN(A3<>"";A3;WENN(A4<>"";A4))))usw.
```

Dies ist vom Prinzip her ja richtig, aber viel zu umständlich – und bei A64 wäre sowieso Schluss, da Excel maximal 64 (bis Excel 2003: 8) Verschachtelungen zulässt.

Das geht natürlich auch kürzer:

```
{=MIN(WENN(A1:A999<>"";ZEILE(A1:A999)))}
```

Reduziert auf obigen Tabellenausschnitt von A1:A12, erhält man nach dem Markieren des Formelteils `WENN(A1:A12<>"";ZEILE(A1:A12))` und anschließender Berechnung mittels [F9]:

```
=MIN({FALSCH;FALSCH;3;4;5;6;7;8;FALSCH;10;11;FALSCH})
```

Da MIN den Wahrheitswert FALSCH nicht berücksichtigt, ist 3 das Minimum. Der davor geschaltete INDEX

```
{=INDEX(A:A;MIN(WENN(A1:A12<>"";ZEILE(A1:A12))))}
```

ergibt den Zellinhalt »Paris«.

Sie werden es kaum glauben: MAX statt MIN ergibt die Zeilennummer der letzten gefüllten Zelle. In diesem Fall kann die Formel wieder verkürzt werden, indem Sie auf das WENN verzichten und stattdessen beide Ausdrücke multiplizieren:

```
{=MAX((A1:A12<>"")*ZEILE(A1:A12))}
```

Wieder reduziert auf zwölf Zellen, nach Markieren des Multiplikationsteils `(A1:A12<>"")*ZEILE(A1:A12)` und Berechnung mit [F9], sehen Sie das Array:

```
=MAX({0;0;3;4;5;6;7;8;0;10;11;0})
```

Daraus ist auch sofort zu erkennen, dass die Variante mit der Multiplikation bei Minimum nicht funktionieren kann, denn der Wahrheitswert FALSCH multipliziert mit einer Zahl ergibt null. Das heißt, das Ergebnis wäre immer 0. Deshalb müssen Sie bei der MIN-Variante für die erste Zeile immer mit der WENN-Funktion arbeiten.

Für die letzte gefüllte Zelle gibt es die alternative Formel

```
=VERWEIS(2;1/(A1:A999<>"");A:A),
```

die Sie schon aus dem Abschnitt 6.4 *Dirty Trick* kennen.

Wir haben jetzt nach der ersten/letzten Zelle mit Inhalt gesucht (Kriterium: <>""). Anstelle dieses Kriteriums können Sie in einer Spalte, gemischt aus Texten und Zahlen, mit ISTTEXT den ersten oder letzten Text lokalisieren und ausgeben, mit ISTZAHL logischerweise die erste/letzte Zahl, mit ISTFEHLER Fehlermeldungen und mit ISTLEER Leerzellen (da ist ein vorgeschalteter INDEX natürlich Blödsinn, denn der Inhalt einer Leerzelle ist nun mal nichts).

Das Strickmuster ist immer identisch. Hier das für die letzte Zahl in Spalte A:

`{=MAX(WENN(ISTZAHL(A1:A999);ZEILE(A1:A999)))}` oder

`{=MAX(ISTZAHL(A1:A999)*ZEILE(A1:A999))}`

Anstelle des Kriteriums `A1:A999<>""` könnten Sie auch `NICHT(ISTLEER(A1:A999))` verwenden. Das sähe dann für die Zeile der letzten gefüllten Zelle in Spalte A so aus:

`{=MAX(WENN(NICHT(ISTLEER(A1:A999));ZEILE(A1:A999)))}` oder

`{=MAX(NICHT(ISTLEER(A1:A999))*ZEILE(A1:A999))}`

Die Prüfungen `NICHT(ISTLEER))` und `(<>"")` sind übrigens nicht immer äquivalent. Eine Zelle, die ="" ist, ist für die Funktion ISTLEER nicht leer, aber die Prüfung <>"" würde trotzdem FALSCH ergeben. Klassischerweise entstehen diese Leerstrings durch WENN-Abfragen nach dem Muster: `=WENN(B1="";"";B1)`

Wie Sie wahrscheinlich schon vermutet haben, funktioniert das Prinzip natürlich auch für einzelne Zeilen. Die letzte belegte Spalte in Zeile 1 wird mit

`{=MAX((1:1<>"")*SPALTE(1:1))}`

ermittelt.

6.5.2 Benutzter Bereich

Diese Tatsache fällt natürlich noch stärker ins Gewicht, wenn nicht nur eine einzige Zeile oder Spalte, sondern ein ganzer Bereich durchsucht werden muss. Gesucht wird dann beispielsweise nach der letzten belegten Zelle einer Tabelle (*Abb. 6.10*).

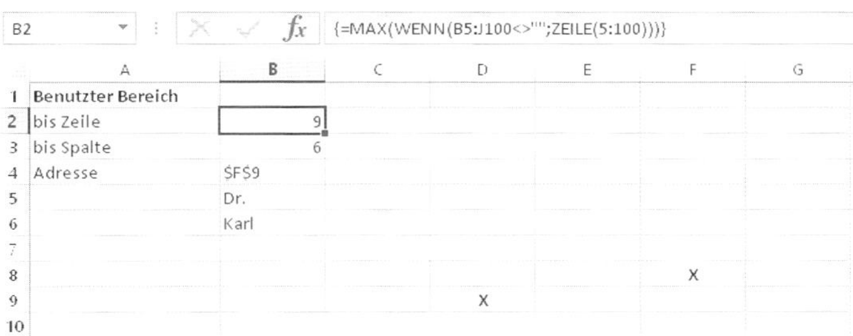

Abbildung 6.10: Benutzten Bereich ermitteln

Für einen relativ überschaubaren Bereich müssen die zuvor beschriebenen Formeln nur geringfügig angepasst werden. Der einzige Unterschied ist, dass der durchsuchte Bereich nun zweidimensional ist. Die letzte belegte Zeile findet man mit

```
B2: {=MAX(WENN(B5:J100<>"";ZEILE(5:100)))}
```

und die letzte belegte Spalte mit

```
B3: {=MAX(WENN(B5:J100<>"";SPALTE(B:J)))}.
```

Die Adresse der letzten Zelle des benutzten Bereichs ergibt sich dann durch

```
B4: =ADRESSE(B2;B3).
```

Da sich die Adresse der letzten Zelle des benutzten Bereichs aus dem Schnittpunkt der letzten Zeile und der letzten Spalte ergibt, muss die Zelle selbst (F9 in *Abb. 6.10*) nicht unbedingt gefüllt sein.

Ersetzen Sie MAX durch MIN, erhalten Sie die erste Zelle des benutzten Bereichs. Natürlich nur innerhalb des durchsuchten Bereichs (also ohne A1:B4, in dem ja die Formeln stehen, denn es würde einen Zirkelbezug auslösen, würde man diese Zellen auch absuchen).

Die Formel funktioniert zwar, aber mit der Zellangabe J100, die den zu durchsuchenden Bereich abgrenzt, haben Sie nicht gerade Weitblick bewiesen. Dahinter kann sich ja noch alles Mögliche abspielen. Jetzt versuchen Sie mal, mit dieser Formel einen wirklich großen Bereich abzusuchen, sagen wir mal bis HH30000. Sie werden merken, dass Ihr Rechner nicht gerade begeistert davon ist, denn das bindet mächtig viele CPU-Ressourcen.

Die Funktion ANZAHLLEEREZELLEN ermöglicht an dieser Stelle eine Turboformel, mit der Sie blitzschnell die komplette Tabelle bis XFD1048576 (Excel 2003: IV65536) absuchen können. Die letzte Zeile finden Sie mit der Formel

```
B2:{=MAX(WENN(ANZAHLLEEREZELLEN(BEREICH.VERSCHIEBEN
(1:1;ZEILE(5:1048575);))<16384;ZEILE(5:1048575)+1))}
```

und die letzte Spalte mit

```
B3:{=MAX(WENN(ANZAHLLEEREZELLEN(BEREICH.VERSCHIEBEN
(B:B;;SPALTE(A:XFB);))<1048576;SPALTE(A:XFB)+2))}.
```

Die Formel in B3 liefert die Spaltennummer – wollen Sie die Spaltenbuchstaben sehen:

```
=WECHSELN(ADRESSE(1;B3;4);1;)
```

Warum sind diese Arrayformeln so schnell? Die erste führt 1.048.576 Rechenoperationen durch (für jede Zeile eine) und die zweite nur 16.384 (für jede Spalte eine). Genau genommen fünf Zeilen und zwei Spalten weniger, da die Formeln selbst ja auch irgendwo stehen müssen (A1:B4). Die Formel

```
=WENN(B5:XFD1048576<>"";ZEILE(B5:XFD1048576))
```

würde alle Zellen (über 17 Mrd.) einzeln abklappern, deshalb dauert dies ewig bzw. der Rechner stürzt ab. ANZAHLLEEREZELLEN hingegen »scannt« die Tabelle sozusagen zeilen- bzw. spaltenweise ab. Im Fall der spaltenweisen Durchsuchung liefert BEREICH.VERSCHIEBEN ein Array aus den Spalten

```
{C:C . D:D . E:E . F:F . usw.}.
```

ANZAHLLEEREZELLEN liefert dann ebenso ein Array mit einem Ergebnis je Spalte, beispielsweise:

```
{17432.21203.1048576.1048576}
```

Ist die Spalte komplett leer, steht dort 1.048.576, wie in der dritten und vierten Spalte zu sehen ist. Enthält die Spalte Einträge, ist der Wert kleiner als in den ersten beiden Spalten. Die WENN-Funktion erzeugt dann für alle 1.048.576 Spalten FALSCH und für alle kleineren Werte die Spaltennummer, aus der die Funktion MAX dann die größte auswählt.

Die zeilenweise Durchsuchung funktioniert analog. Dort wird nach Zeilen mit weniger als 16.384 leeren Spalten gesucht.

Einziges Manko: ANZAHLLEEREZELLEN erkennt keine Leerstrings. Eine Zelle mit dem Inhalt ="" wird als leer interpretiert.

6.5.3 Suchkriterium in der Tabelle aufspüren

Ob Sie die Ausmaße des benutzten Bereichs bestimmen wollen oder ob Sie in einer gesamten Tabelle nach einem Suchbegriff oder Wert suchen, funktioniert von der Logik her fast identisch. Beim benutzten Bereich suchen Sie die maximale Zeilen- und Spaltennummer, die einen Eintrag ungleich "" enthält.

Suchen Sie stattdessen nach einem bestimmten Wert oder Text, dann suchen Sie die kleinste Zeilen- und Spaltennummer, die dem Suchkriterium entspricht. Oder wahlweise auch die größte Zeilen- und Spaltennummer für den letzten Treffer (*Abb. 6.11*).

	A	B	C	D	E	F	G	H	I	J
1			174					Suchkriterium	54	
2	128	52	148					Zeile (MIN)	3	
3	16	176	10	80		54		Spalte (MIN)	4	
4		81	53	125	41	119		Zelle	$D$3	(falsch)
5	55	65		138	88					
6	25			54	74	100		1. Zeile, 2. Spalte	$F$3	
7		154		139	81			1. Spalte, 2. Zeile	$D$6	
8					119					
9					11					
10										

Abbildung 6.11: Tabelle nach Suchkriterium absuchen (per Formel)

Das Suchkriterium steht in I1. Die kleinste Zeilennummer ist

```
I2: {=MIN(WENN(A1:G10=I1;ZEILE(A1:G10)))}=3
```

und die kleinste Spaltennummer

```
I3: {=MIN(WENN(A1:G10=I1;SPALTE(A1:G10)))}=4.
```

Obwohl beide Formeln richtig rechnen, ist die aus

```
I4: =ADRESSE(I2;I3)
```

resultierende Zelle natürlich die falsche. Denn anders als bei der Bestimmung des benutzten Bereichs, bei dem die letzte Zelle selbst leer sein kann, sollten die Zielkoordinaten in diesem Fall den richtigen Wert enthalten, also auf D6 oder F3 verweisen.

Welche davon nun die richtige ist, müssen Sie selbst entscheiden. Sie dürfen die Kriterien kleinste Zeilennummer und kleinste Spaltennummer nicht auf einmal bewerten, sondern Sie müssen hierbei eine Reihenfolge festlegen. Dann wird entweder zunächst die kleinste Zeile berechnet und dann innerhalb dieser Zeile nach der kleinsten Spalte gesucht oder umgekehrt. Im ersten Fall wäre `$F$3` die Lösung, im zweiten Fall `$D$6`.

- Fall 1 (die kleinste Zeilenzahl dominiert):

  ```
  I6: {=ADRESSE(I2;MIN(WENN(INDEX(A1:G10;I2;)=I1;SPALTE(INDEX
  (A1:G10;I2;)))))} =$F$3
  ```

Die INDEX-Funktion macht zunächst aus dem zweidimensionalen Bereich A1:G10 einen eindimensionalen. `INDEX(A1:G10;3;)` liefert den Bezug A3:G3, in dem dann weiter gesucht wird. Für `MIN` bleibt folgender Ausdruck übrig, der die Spaltennummer innerhalb der einen Zeile ermittelt:

```
=MIN(WENN(A3:G3=I1;SPALTE(A3:G3))=6
```

`ADRESSE` übersetzt schließlich, wie üblich, die Zeile 3 und die Spalte 6 in den Bezug `$F$3`. Bei der INDEX-Funktion ist das zweite Semikolon wichtig, hinter dem aber nichts mehr folgt. Nur dann dimensioniert INDEX den Bereich neu und macht aus einem 2D-Bezug einen 1D-Bezug.

- Fall 2 (die kleinste Spaltenzahl dominiert):

  ```
  I7: {=ADRESSE(MIN(WENN(INDEX(A1:G10;;I3)=I1;ZEILE(INDEX
  (A1:G10;;I3))));I3)} =$D$6
  ```

  Auch hier pickt INDEX aus dem Bereich A1:G10 eine einzelne Spalte heraus:

  ```
  =INDEX(A1:G10;;I3)=D4:G4
  ```

  ..., die dann mit MIN weiter durchsucht wird. Die ganze Logik lässt sich ohne Probleme mit MAX auch auf die letzten vorkommenden Suchkriterien umstellen.

Natürlich sind auch diese Formeln nur mit einer vertretbaren Rechnerbelastung zu verwenden, wenn der Bereich eine überschaubare Größe hat. Wenn Sie Suchbegriffe in einer großen Tabelle aufspüren wollen, können Sie aber auch hier wieder den Turbo auspacken. Erinnern Sie sich an die Alternativen mit der Funktion ANZAHLLEEREZELLEN. Statt dieser Funktion können Sie diesmal ZÄHLENWENN verwenden, denn die ist genauso in der Lage, eine riesige Tabelle spalten- oder zeilenweise »abzuscannen«, wie wir das bereits beschrieben haben. Die Nummer der größten Spalte, die 54 enthält, finden Sie dann mit

```
{=MAX(WENN(ZÄHLENWENN(BEREICH.VERSCHIEBEN(A:A;;SPALTE(A:XFC););54)>0;
SPALTE(A:XFC)+1))}.
```

Und für die Zeile lautet die Formel (Formel steht in Zelle A1):

```
{=MAX(WENN(ZÄHLENWENN(BEREICH.VERSCHIEBEN(1:1;ZEILE(1:1048575););54);
ZEILE(1:1048575)+1))}
```

Das geht erstaunlich schnell, selbst wenn der Wert in der Zelle XFD1048576 steht. Aber denken Sie an den Zirkelbezug – die erste Formel (Spaltennummer) muss in Spalte A stehen und die zweite Formel (Zeilennummer) in der ersten Zeile, da sie sich sonst selbst durchsuchen würden. Alternativ »scannen« Sie das Tabellenblatt aus einem anderen Blatt heraus. Damit umgehen Sie jede Gefahr eines Zirkelbezugs.

6.6 Anorganische Einzeller

Mit den Arrayformeln, die Sie bis jetzt kennengelernt haben, wurden Arrays aus mehreren Zellen von ein- oder zweidimensionalen Bereichen einer Excel-Tabelle erzeugt. Jetzt wechseln wir sozusagen mal vom Makro- in den Mikrokosmos der Excel-Tabelle. Denn innerhalb einer einzigen Zelle können Arrays ebenso aus den einzelnen Zeichen einer Zahl oder eines Textes gebildet werden, also eine Aufsplittung des Zellinhalts in seine Einzelteile.

Die Funktion `TEIL(Text;Erstes_Zeichen;Anzahl_Zeichen)` gibt eine bestimmte Anzahl Zeichen einer Zeichenfolge ab der von Ihnen bestimmten Stelle zurück. Mit dieser Funktion können Sie also die Zeichen eines Textes in seine Einzelteile zerlegen (*Abb. 6.12*).

`=TEIL(Text;1;1)` liefert das erste Zeichen des Textes (von links).

`=TEIL(Text;2;1)` liefert das zweite Zeichen und so weiter. Um alle Zeichen eines Textes in einer Spalte aufzulisten, schreiben Sie in die erste Zeile

`=TEIL(Text;Zeile();1)`

Das fängt natürlich nur mit 1 an, wenn die Formel in der ersten Zeile steht. Andernfalls braucht's „Schreibarbeit": ZEILE(A1) oder auch ZEILEN($1:1).

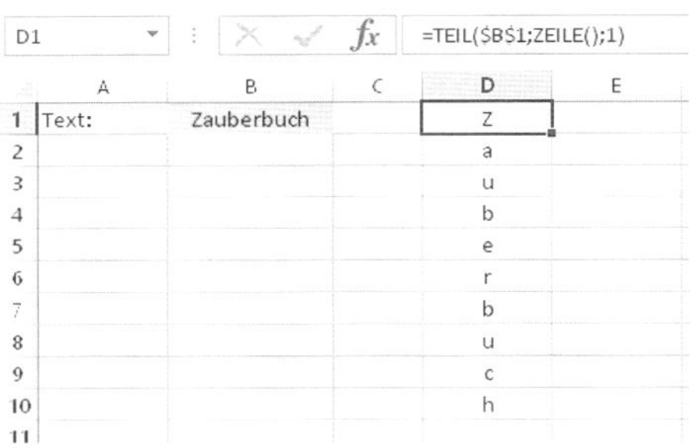

Abbildung 6.12: Die Buchstaben eines Textes auf einzelne Zellen aufteilen

Über ein Array kann die Auflistung der Spalte D in einer einzigen Zelle durchgeführt werden. Aus

`=TEIL(B1;{1;2;3;4;5;6;7;8;9;10};1)` oder `=TEIL(B1;ZEILE(1:10);1)`

resultiert dann das Array

`={"Z";"a";"u";"b";"e";"r";"b";"u";"c";"h"}.`

In den vorangegangenen Kapiteln haben Sie gesehen, wie die Länge von Bereichen bzw. Arrays dynamisiert werden kann. Ebenso können Sie auch die Stringzerlegung des Textes dynamisch an seine Länge anpassen:

```
{=TEIL(B1;ZEILE(INDIREKT("1:"&LÄNGE(B1)));1)}
```

Mit diesem Array – nennen wir es einmal *ZeichenArray* – können Sie genauso weiterarbeiten und es in anderen Funktionen verwenden, wie mit Arrays, deren Elemente aus den Zellen einer Zeile, Spalte oder eines ganzen Bereichs stammen. Beispielsweise findet

```
=VERGLEICH("a";ZeichenArray;0)=2
```

das erste Auftreten eines Zeichens – hier `"a"` – im Text (genau wie die Funktion SUCHEN). Oder

```
=INDEX(ZeichenArray;2)= "a"
```

kann wieder ein Element aus *ZeichenArray* herauspicken. Wollen Sie beispielsweise zählen, wie viele Ziffern im Text enthalten sind, sieht die entsprechende Arrayformel genauso aus, als wenn Sie das innerhalb einer Spalte machen würden:

`{=SUMME(WENN(ISTZAHL(ZeichenArray*1);1))}` oder auch

`{=SUMME(ISTZAHL(ZeichenArray*1)*1)}`

Zum Vergleich die Formel, wenn Sie in Spalte A suchen würden:

`{=SUMME(WENN(ISTZAHL(A1:A10*1);1))}` bzw.

`{=SUMME(ISTZAHL(A1:A10*1)*1)}`

Wichtig ist noch die Tatsache, dass die Elemente von *ZeichenArray* zunächst alle im Datentyp Text (String) vorliegen, selbst wenn es sich um eine Ziffer handelt. Aus dem Beispieltext »123abc« resultiert das Array

```
=TEIL("123abc";{1;2;3;4;5;6};1)={"1";"2";"3";"a";"b";"c"}.
```

Dieses Array würde die Funktion ISTZAHL sechsmal mit FALSCH quittieren. Damit sie wirklich erkennt, dass die ersten drei Elemente Zahlen enthalten, muss das Array zuvor mit 1 multipliziert werden:

```
=ISTZAHL(TEIL("123abc";{1;2;3;4;5;6};1)*1)
=ISTZAHL({"1";"2";"3";"a";"b";"c"}*1)
=ISTZAHL({1;2;3;#WERT!;#WERT!;#WERT!})
={WAHR;WAHR;WAHR;FALSCH;FALSCH;FALSCH}
```

Die Einsatzmöglichkeit solcher einzelligen Arrays ist vielfältig. Dies können Berechnungen sein, wie zum Beispiel die Quersumme, die wir in Kapitel 10 *Alles ist Zahl – Anwendungen aus der Zahlentheorie* genau unter die Lupe nehmen, oder auch komplizierte Textoperationen, mit denen die Standardfunktionen FINDEN, SUCHEN und Co. überfordert sind. Eine beliebte Herausforderung ist in diesem Zusammenhang das Trennen von Text und Ziffern innerhalb einer Zeichenfolge.

6.6.1 Text und Ziffern trennen

Kombinationen von Text und Zahl kommen häufig vor: Bestellnummern, Ersatzteile, Nummernschilder etc.

Die Zahl kann mal links stehen und der Text rechts – oder auch andersherum. Befindet sich zwischen Zahl und Text ein eindeutiges Trennzeichen (Leerzeichen, Bindestrich, Schrägstrich etc.), ist es sehr einfach:

In A1 steht »71696 Trollinger« oder »Trollinger 71696«. Das eindeutige Trennzeichen ist also das Leerzeichen. Der linke Teil wird extrahiert mit:

```
=LINKS(A1;FINDEN(" ";A1)-1) oder =TEIL(A1;1;FINDEN(" ";A1))
```

Und der rechte Teil mit:

```
=TEIL(A1;FINDEN(" ";A1)+1;99)
```

Steht dort aber »71696Trollinger«, also ohne eindeutiges Trennzeichen, und die Anzahl Ziffern steht nicht fest, kann die Funktion FINDEN Urlaub machen. Es muss jetzt zwischen Text (ISTTEXT) und Zahl (ISTZAHL) unterschieden werden. Dazu packen wir die einzelnen Zeichen des Textes »71696Trollinger« über die oben beschriebene Formel

```
{=TEIL(Text;ZEILE(INDIREKT("1:"&LÄNGE(Text)));1)}
```

in das Array *ZeichenArray*. Die Formel

```
=VERGLEICH(0;ISTZAHL(ZeichenArray*1)*1;0) = 6
```

gibt dann die Position des ersten alphanumerischen Zeichens im Text zurück. Klar, dass die Funktion SUCHEN damit überfordert wäre.

```
=ISTZAHL(ZeichenArray*1)*1 ={1;1;1;1;1;0;0;0;0;0;0;0;0;0;0}
```

Die Einsen stehen für die fünf Ziffern der Zahl 71696. Die Nullen beginnen dort, wo die Buchstaben beginnen, also bei "T", dessen *Position* (hier 6) die Funktion VERGLEICH zurückgibt. Die Ziffern links erhalten wir dann mit

```
{=LINKS(Text;VERGLEICH(0;ISTZAHL(ZeichenArray*1)*1;0)-1)} =LINKS(Text; 6-1)
```

und den Text rechts mit

```
{=TEIL(Text;VERGLEICH(0;ISTZAHL(ZeichenArray*1)*1;0);99)} =TEIL(Text;6;99).
```

Wären Text und Ziffern vertauscht, also »Trollinger71696«, würde die ISTZAHL-Abfrage das Array

```
{0;0;0;0;0;0;0;0;0;0;1;1;1;1;1}
```

liefern und wir würden mit VERGLEICH nach der ersten Eins Ausschau halten.

6.6.2 Text und Zeichen querbeet trennen

Besonders knifflig wird es, wenn Text und Zahlen bunt gemischt sind. Angenommen, Sie haben den Text »T7ro16lling9er6« und wollen den »Trollinger« von den Ziffern befreien. Fragen Sie nicht, wofür das gut sein soll. Der Weg ist das Ziel.

Da es nur zehn verschiedene Ziffern gibt, lassen sich die Ziffern mit einem vertretbaren Aufwand über eine WECHSELN-Verschachtelung herauspfriemeln.

```
=WECHSELN(WECHSELN(WECHSELN(WECHSELN(WECHSELN(WECHSELN(WECHSELN(WECHSELN
(WECHSELN(WECHSELN(Text;"9";"");"8";"");"7";"");"6";"");"5";"");"4";"");
"3";"");"2";"");"1";"");"0";"")
```

In Excel-Versionen vor 2007 müssen Sie das übrigens aufgrund der dort noch auf acht begrenzten Formelverschachtelungstiefe in zwei Stufen erledigen.

Das war ja auch nicht so schwer, die harte Nuss, die es zu knacken gilt, ist das Abgreifen der kompletten Ziffernfolge 71696. Dies erledigt diese Formel:

```
{=SUMME((TEIL(0&Text;KGRÖSSTE(WENN(ISTZAHL(TEIL(0&Text;SPALTE(1:1);1)*1);
SPALTE(1:1);1);SPALTE(1:1));1))*10^(SPALTE(1:1)-1))}
```

SPALTE(1:1) liefert ein Array von 1 bis 16.384. Das Wort kann dann bis zu 16.384 Zeichen lang sein (vor Excel 2007 natürlich nur bis 256 Zeichen). Dies ist eine Alternative zu der Kombination aus ZEILE und INDIREKT, die die Länge des Arrays genau an die Textlänge anpasst.

ISTZAHL prüft, ob das aktuelle Zeichen eine Ziffer ist, und WENN ersetzt das Arrayelement im positiven Fall durch die Zeichenposition, ansonsten durch eine 1. Übrig bleibt:

```
{1;1;3;1;1;6;7;1;1;1;1;1;13;1;1;16;1;1;1;1;1;1;1;1;…}
```

KGRÖSSTE bringt die Positionsnummern in absteigende Reihenfolge:

```
{16;13;7;6;3;1;1;1;1;1;1;1;1;1;1;1;1;1;1;1;1;1;1;1;…}
```

TEIL zieht dann die entsprechenden Ziffern aus dem Ursprungstext:

```
{"6";"9";"6";"1";"7";"0";"0";"0";"0";"0";"0";"0";"0";"0";"0";"0";"0";"0";"0";…}
```

Damit haben wir schon die Ziffern aus dem Text extrahiert. Diese müssen nur noch (in umgekehrter Reihenfolge) verkettet werden. Jetzt wird auch klar, dass das vorangestellte `0&` dafür sorgt, dass das Array für alle Elemente, die alphanumerische Zeichen enthalten oder leer sind, mit `"0"` aufgefüllt wird.

Abschließend werden die Ziffernzeichen mit aufsteigenden Zehnerpotenzen multipliziert und diese werden dann summiert:

```
=6*10^0+9*10^1+6*10^2+1*10^3 +7*10^4+0*10^5+0*10^6+…
=71696
```

6.7 Carl Maria von Weber: Vor- und Nachname trennen – aber richtig!

Wenn Sie des Öfteren mit Listen zu tun haben, die Sie aus anderen Anwendungen in Excel importieren, dann kommt es vor, dass Vor- und Nachname in einer Zelle vorliegen. Womöglich haben Sie dann die undankbare Aufgabe, diese Daten, z. B. für einen Serienbrief, aufzubereiten.

Abgesehen davon, dass sich beim Import von Daten mitunter auch überflüssige, meist unsichtbare Zeichen mit einschleichen (die Sie allerdings in der Regel problemlos mit den Funktionen SÄUBERN und GLÄTTEN, alternativ auch mit SUCHEN/

ERSETZEN, entfernen können), ist es noch lange nicht möglich, die Aufteilung von Vor- und Nachname auf zwei Zellen mit der Funktion *Daten/Text in Spalten* vorzunehmen. Auch ist es nicht immer richtig, nach dem ersten Leerzeichen im Zelleintrag zu suchen und mithilfe dessen Position eine Teilung des Zellinhalts vorzunehmen.

Ergebnis mit *Daten/Text in Spalten* (mit Leerzeichen als Trennzeichen):

	A	B	C	D	E
1	**Importierter Name**	**Vorname**	**Nachname**		
2	Hans Müller	Hans	Müller		
3	Thomas von Heesen	Thomas	von	Heesen	
4	Gerd Peter Meier	Gerd	Peter	Meier	
5	Dr. Franz Xaver Wack	Dr.	Franz	Xaver	Wack
6	Carl Maria von Weber	Carl	Maria	von	Weber
7					

Abbildung 6.13: Vor- und Nachname mit dem Excel-Feature »Text in Spalten« trennen

Mit Formel, die den Namen anhand des ersten vorkommenden Leerzeichens trennt (*Abb. 6.14*):

B2 *fx* =LINKS(A2;FINDEN(" ";A2)-1)

	A	B	C	D
1	**Importierter Name**	**Vorname**	**Nachname**	
2	Hans Müller	Hans	Müller	
3	Thomas von Heesen	Thomas	von Heesen	
4	Gerd Peter Meier	Gerd	Peter Müller	
5	Dr. Franz Xaver Wack	Dr.	Franz Xaver Wack	
6	Carl Maria von Weber	Carl	Maria von Weber	
7				

Abbildung 6.14: Vor- und Nachname anhand des ersten Leerzeichens trennen

Die Formel für den Nachnamen lautet:

```
C2:=TEIL(A2;LÄNGE(B2)+2;99)
```

Sie sehen – beide Lösungswege führen zu keinem befriedigenden Ergebnis und verursachen, speziell bei langen Listen, einen immensen manuellen Nachbearbeitungsaufwand. Welche Überlegung liegt jetzt auf der Hand?

Man muss nach dem **letzten** vorkommenden Leerzeichen suchen! Das deckt schon mal alle Fälle ab, in denen keine adligen Nachnamen vorliegen, wie z. B. bei »Carl Maria von Weber« oder »Thomas von Heesen«. In diesen »Adelsfällen« führt weder die

Suche nach dem ersten noch nach dem letzten Leerzeichen zu einem einheitlich korrekten Ergebnis (*Abb. 6.15*):

	A	B	C	D	E
1		Trennung beim			
2		ersten Leerzeichen		letzten Leerzeichen	
3	Importierter Name	Vorname	Nachname	Vorname	Nachname
4	Carl Maria von Weber	Carl	Maria von Weber	Carl Maria von	Weber
5					

Abbildung 6.15: Trennen von Vor- und Nachname nach erstem oder letztem Trennzeichen

In jedem Fall tun wir dem Großmeister der Musik damit großes Unrecht. Also benötigen wir folgende Lösung:

Wenn irgendein Nachname mit einem der gängigen Adelszusätze existiert, dann trenne den Eintrag direkt vor dem Adelszusatz. In allen anderen Fällen trenne den Eintrag nach dem letzten Leerzeichen.

```
=WENN(Adelszusatz_vorhanden;Trennung_vor_Adelszusatz;Trennung_beim_letzten
Leerzeichen)
```

... oder auch ganz einfach: `=WENN(A;B;C)`

Die gängigsten Adelszusätze fassen wir in einem Konstantenarray *Adel* zusammen:

```
Adel: ={" von "." zu "." ob "." van "." de "." auf "." vom "}
```

Wichtig: Jeder Adelszusatz muss von Leerzeichen umrandet sein, damit er später eindeutig identifizierbar ist. Ebenso müssen die Titel in einer logischen Reihenfolge in das Array *Adel* aufgenommen werden, da der erste in einem Namen gefundene Adelstitel relevant ist. Denn bei einem zusammengesetzten Titel wie bei »von und zu Sasel« wird »von« vor »zu« gefunden und vor dem »von« muss der Nachname vom Vornamen getrennt werden.

Und welche Funktion ist geeignet dafür, innerhalb eines Eintrags eine bestimmte Zeichenkette zu finden? Exakt – die Funktion FINDEN (alternativ SUCHEN, wenn Sie nicht zwischen Groß- und Kleinschreibung unterscheiden möchten).

Als Suchbegriff setzen wir das Konstantenarray *Adel* ein:

```
FINDEN(Adel;Name)
```

Jetzt nehmen wir A, B und C unter die Lupe.

A – Prüfung, ob Adelszusatz vorhanden

Mit

```
ANZAHL(FINDEN(Adel;A2))
```

wird nacheinander das Array der Adelszusätze durchlaufen und in A2 gesucht.

Wird ein Zusatz nicht gefunden, liefert FINDEN für diesen Zusatz den Fehlerwert `#WERT!`. Wird er hingegen gefunden, liefert FINDEN genau die Position des Adelszusatzes innerhalb des Namens in A2 als Zahl zwischen 1 und der Länge des Eintrags. Und die Funktion ANZAHL, die ja bekanntlich alle numerischen Einträge zählt, ist dermaßen tolerant, dass sie Fehlerwerte, wie hier `#WERT!`, einfach ignoriert.

Enthält der Name also keinen Adelszusatz, läuft FINDEN siebenmal vor die Wand und bedankt sich jedes Mal mit `#WERT!`. Die Funktion ANZAHL lässt das aber kalt, denn `ANZAHL({#WERT!.#WERT!.........#WERT!})` ergibt eine humorlose Null. Die WENN-Prüfung ist also FALSCH.

Steht in A2 hingegen ein Adliger wie »Carl Maria von Weber«, dann liefert

```
=ANZAHL(FINDEN(Adel;A2))
=ANZAHL({11.#WERT!.#WERT!.#WERT!.#WERT!.#WERT!.#WERT!}) =1.
```

Der erste im Array *Adel* enthaltene Adelszusatz » von « wird gefunden, und zwar genau an elfter Position des Namens »Carl Maria von Weber«. Alle anderen Adelszusätze werden nicht gefunden und ergeben somit `#WERT!`, was wiederum von der Funktion ANZAHL einfach ignoriert wird. Das Ergebnis von ANZAHL ist somit 1 und die WENN-Prüfung ist WAHR.

Gehen wir einen Schritt weiter: Jetzt, wo wir wissen, ob ein Adelszusatz vorhanden ist oder eben nicht, müssen nur noch die Dann- und die Sonst-Werte definiert werden.

B – Dann_Wert – Trennung beim ersten Adelszusatz

Wir hatten mit

```
ANZAHL(FINDEN(Adel;A2))
```

herausgefunden, dass irgendein Adelszusatz vorhanden ist. Weiterhin steckte in dem FINDEN-Array auch bereits die exakte Position dieses Zusatzes: 11.

Was liegt jetzt also näher, als die Funktion TEIL hinzuzunehmen und damit den Eintrag ab der elften Stelle (+1) auszulesen (+1 deshalb, weil wir ja das Leerzeichen nicht mit auslesen möchten):

```
=TEIL(A2;11+1;99)
```

Aber wie gelangen wir an die Zahl 11 in dem Array? Wir überprüfen mit ISTZAHL jeden einzelnen FINDEN-Rückgabewert, erhalten dadurch eine neue Matrix ohne Fehlerwerte und können daraus das Minimum auslesen:

```
{=MIN(WENN(ISTZAHL(FINDEN(Adel;A2));FINDEN(Adel;A2)))}
{=MIN({11.FALSCH.FALSCH.FALSCH.FALSCH.FALSCH.FALSCH})} =11
```

Die 11 ist ermittelt, wir addieren wegen des Leerzeichens noch die Zahl 1 und lesen den Rest des Eintrags mit 99 aus (der Einfachheit halber 99, weil man davon ausgehen kann, dass der Eintrag (Vor- und Nachname) nicht noch länger ist).

C – Sonst_Wert – Trennung beim letzten Leerzeichen

Für den Fall, dass der Name keinen Adelszusatz enthält, müssen wir jetzt noch das letzte Leerzeichen ausfindig machen. Also taufen wir Carl Maria von Weber jetzt um in »Dr. Franz Xaver Wack« (die Fußballfans unter Ihnen werden ihn kennen). Dann gelangen wir zum letzten Leerzeichen mit *Letztes_Leerzeichen:*

```
{=MAX((TEIL(A2;SPALTE($1:$1);1)=" ")*SPALTE($1:$1))}
```

Es wird ein TEIL-Array erzeugt, das nacheinander jedes einzelne Zeichen von »Dr. Franz Xaver Wack« durchläuft und dabei prüft, ob es sich bei dem jeweiligen Zeichen um ein Leerzeichen " " handelt. Die Ergebnisse (WAHR oder FALSCH) werden mit ihren zugehörigen Pendants aus `SPALTE($1:$1)` multipliziert. Die beiden aus jeweils 16.384 Elementen bestehenden Arrays ergeben – miteinander multipliziert – die Ergebnismatrix:

```
{=MAX({0.0.0.4.0.0.0.0.0.10.0.0.0.0.0.16.0.0.0.0.........0})} =16
```

Wobei alle Zahlen ungleich null den Positionen der Leerzeichen innerhalb des Namens entsprechen. Und die Maximalzahl gibt die Position des letzten Leerzeichens an.

Wenn wir jetzt ab diesem Leerzeichen alles auslesen möchten, dann addieren wir auf die Formel noch +1 (da das Leerzeichen selbst ja nicht mit ausgelesen werden soll) und nutzen dieses Ergebnis innerhalb einer weiteren, umrandenden TEIL-Funktion:

```
{=TEIL(A1;Letztes_Leerzeichen+1;99)}
```

Und so haben wir dann auch diese Hürde genommen! Die Sonst-Bedingung (C) ist definiert – und die Formel sieht in Gänze wie folgt aus:

```
{=WENN(ANZAHL(FINDEN(Adel;A2));TEIL(A2;MIN(WENN(ISTZAHL(FINDEN(Adel;A2));
FINDEN(Adel;A2)))+1;99);TEIL(A2;MAX((TEIL(A2;SPALTE($1:$1);1)=" ")
*SPALTE($1:$1))+1;99))}
```

Also:

```
=WENN(A;B;C)
```

Der Vorname ist dann nur noch ein Kinderspiel:

```
=GLÄTTEN(LINKS(A2;LÄNGE(A2)-LÄNGE(C2)))
```

	A	B	C	D
1	Importierter Name	Vorname	Nachname	
2	Hans Müller	Hans	Müller	
3	Thomas von Heesen	Thomas	von Heesen	
4	Gerd Peter Meier	Gerd Peter	Müller	
5	Dr. Franz Xaver Wack	Dr. Franz Xaver	Wack	
6	Carl Maria von Weber	Carl Maria	von Weber	
7				

Abbildung 6.16: Endergebnis – Vor- und Nachname korrekt getrennt

Ein Paradebeispiel dafür, wie man Schritt für Schritt zu einer Lösung gelangt.

Kapitel 7

DB-Funktionen und Mehrfachoperationen

Excel ist ein außerordentlich flexibles Programm. Die Eier legende Wollmilchsau, mit der Sie so gut wie alles machen können (was nicht heißen soll, dass es immer das optimale Programm ist).

Zur Lösungsfindung stehen manchmal so viele Alternativen zur Verfügung, dass Sie buchstäblich die Qual der Wahl haben. Das gilt im besonderen Maße beim Rechnen mit verschiedenen Bedingungen. Wie das mit Arrayformeln zu bewerkstelligen ist, haben Sie im vorangegangenen Kapitel gesehen.

7.1 DB-Funktionen

Gut eignen sich dazu auch PivotTables. Wenn Sie darauf aber mal keine Lust haben oder eben lieber mit Formeln hantieren, stehen Ihnen außerdem die Datenbankfunktionen zur Verfügung, die Sie in der gleichnamigen Funktionskategorie finden. Ihre Vorteile liegen in der schlichten Syntax, der einfachen Handhabung und der flexiblen Einstellung beliebig vieler Bedingungen. Ein Beispiel sehen Sie in *Abb. 7.1*:

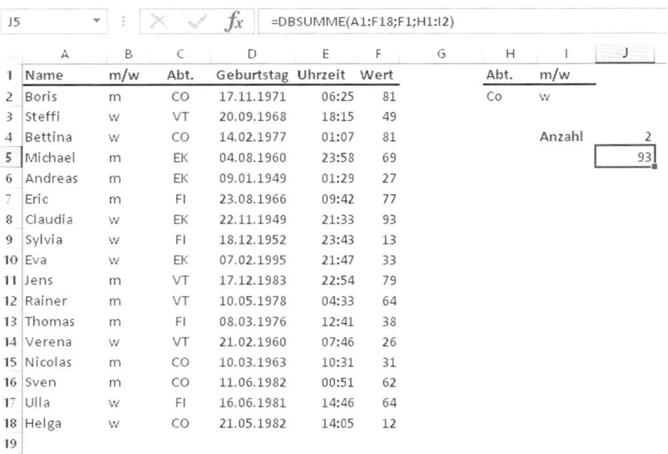

J5 =DBSUMME(A1:F18;F1;H1:I2)

	A	B	C	D	E	F	G	H	I	J
1	Name	m/w	Abt.	Geburtstag	Uhrzeit	Wert		Abt.	m/w	
2	Boris	m	CO	17.11.1971	06:25	81		Co	w	
3	Steffi	w	VT	20.09.1968	18:15	49				
4	Bettina	w	CO	14.02.1977	01:07	81			Anzahl	2
5	Michael	m	EK	04.08.1960	23:58	69				93
6	Andreas	m	EK	09.01.1949	01:29	27				
7	Eric	m	FI	23.08.1966	09:42	77				
8	Claudia	w	EK	22.11.1949	21:33	93				
9	Sylvia	w	FI	18.12.1952	23:43	13				
10	Eva	w	EK	07.02.1995	21:47	33				
11	Jens	m	VT	17.12.1983	22:54	79				
12	Rainer	m	VT	10.05.1978	04:33	64				
13	Thomas	m	FI	08.03.1976	12:41	38				
14	Verena	w	VT	21.02.1960	07:46	26				
15	Nicolas	m	CO	10.03.1963	10:31	31				
16	Sven	m	CO	11.06.1982	00:51	62				
17	Ulla	w	FI	16.06.1981	14:46	64				
18	Helga	w	CO	21.05.1982	14:05	12				
19										

Abbildung 7.1: Datenbank mit DB-Funktionen analysieren

Die Spalten A:F enthalten eine Datenbanktabelle. Um Datenbankfunktionen verwenden zu können, müssen Sie irgendwo einen Bereich mit den Suchkriterien platzieren. In unserem Beispiel liegt er in H1:I2. Kriterien, die nebeneinander stehen, sind UND-Bedingungen. Untereinander stehende Bedingungen sind hingegen ODER-Bedingungen.

Die DB-Funktionen haben alle die gleiche Syntax: `DBXXX(Datenbank;Feld;Suchkriterien)`

Sie möchten jetzt zählen, wie viele weibliche Personen zur Abteilung CO gehören. Die Formel dazu lautet:

```
=DBANZAHL(A1:F18;F1;H1:I2)
```

Wenn Sie Spalte F nicht zählen, sondern summieren möchten, dann lautet die Formel (wie unschwer zu erahnen ist):

```
=DBSUMME(A1:F18;F1;H1:I2)
```

Die Feldangabe aus F1 kann auch direkt in die Formel geschrieben werden:

```
=DBSUMME(A1:F18;"Wert";H1:I2)
```

Mit den Suchkriterien geht das **nicht** und damit kommen wir auch schon zum wesentlichen Problem der Datenbankfunktionen:

```
=DBSUMME(A1:F18;"Wert";{"Abt."."m/w";"CO"."w"})
```

... wird mit `#WERT!` quittiert. Aber warum denn? Der Suchbereich wurde doch lediglich in ein Array transformiert? Die DB-Funktionen sind da richtige Sensibelchen und akzeptieren das einfach nicht. Wegen dieser Bremse büßen sie enorm viel Flexibilität ein und verkümmern unter den Excel-Funktionen leider als wenig beachtete Ladenhüter.

Sorry, nobody's perfect, aber warum ist das denn so schlimm? Wenn Sie nur eine Kombination von Kriterien berechnen wollen, ist es nicht tragisch. Aber sobald Sie eine Reihe von Berechnungen durchführen wollen, nervt dieses Handicap ungemein.

Angenommen, Sie möchten nicht nur die Personen der Abt. CO, sondern aller Abteilungen zählen. Die Abteilungen CO, EK, FI und VT listen Sie in H10:H13 auf und wollen die Anzahl daneben stellen. Mit Arrayformeln ist das kein Problem, da schreiben Sie ...

```
I10:{=SUMME(WENN(($B$2:$B$18="w")*($C$2:$C$18=H10);$F$2:$F$18))}
```

... und kopieren die Formel einfach bis I13.

Mit den DB-Funktionen geht das nicht. Da hängt Ihnen der Suchkriteriumsbereich in H1:I2 wie ein Klotz am Bein: Den müssen Sie nämlich für jede der vier Berechnungen neu definieren, beispielsweise in J1:K2 für die zweite Berechnung, L1:M2 für die dritte Berechnung usw. Das ist eigentlich unzumutbar umständlich.

7.2 Mehrfachoperation

Müssen wir die armen DB-Funktionen nun beerdigen? Nein, denn sie haben eine Kollegin, die ihnen neues Leben einhaucht: die MEHRFACHOPERATION (MOP).

Mithilfe der MEHRFACHOPERATION wird untersucht, wie sich eine Ergebniszelle (Output) bei Variation zweier Eingabezellen (Input) verändert. Dabei werden alle Operationen, von denen die Ergebniszelle abhängig ist, mehrfach (im Hintergrund, ohne dass es der Anwender bemerkt) durchgeführt.

Diese Funktion kann nicht manuell eingegeben, sondern nur über den Aufruf *Daten/Tabelle* (in älteren Excel-Versionen *Daten/Mehrfachoperation*) erzeugt werden.

In unserem Anwendungsfall ist die Ergebnisgröße die Formel der DB-Funktion in J5 und die zwei Eingabezellen sind die Suchkriterien: »CO« in H2 und »w« in I2.

1. Schreiben Sie in H10:H13 alle Werte des ersten Kriteriums *Abt.*, für die Sie die Berechnung durchführen wollen. In I9 und J9 schreiben Sie die zwei möglichen Geschlechter *m* und *w*.
2. H9 beziehen Sie auf die Ergebniszelle J5, die berechnet werden soll. Dann selektieren Sie den kompletten Bereich H9:J13 und wählen im Menüband *Daten/Was-Wäre-Wenn-Analyse/Datentabelle*.
3. Füllen Sie das folgende kleine Dialogfeld (*Abb. 7.2*) wie folgt aus:

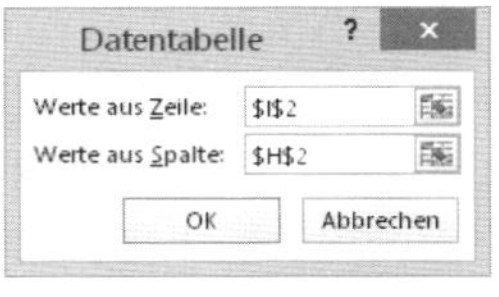

Abbildung 7.2: Dialogfeld für Mehrfachoperationen

4. Mit *OK* bestätigt, erhalten Sie das fertige Berechnungstableau (*Abb. 7.3*):

I10 | fx {=MEHRFACHOPERATION(I2;H2)}

	A	B	C	D	E	F	G	H	I	J	K
1	Name	m/w	Abt.	Geburtstag	Uhrzeit	Wert		Abt.	m/w		
2	Boris	m	CO	17.11.1971	06:25	81		Co	w		
3	Steffi	w	VT	20.09.1968	18:15	49					
4	Bettina	w	CO	14.02.1977	01:07	81			Anzahl	2	
5	Michael	m	EK	04.08.1960	23:58	69				93	
6	Andreas	m	EK	09.01.1949	01:29	27					
7	Eric	m	FI	23.08.1966	09:42	77					
8	Claudia	w	EK	22.11.1949	21:33	93					
9	Sylvia	w	FI	18.12.1952	23:43	13		93	m	w	
10	Eva	w	EK	07.02.1995	21:47	33		CO	174	93	
11	Jens	m	VT	17.12.1983	22:54	79		EK	96	126	
12	Rainer	m	VT	10.05.1978	04:33	64		FI	115	77	
13	Thomas	m	FI	08.03.1976	12:41	38		VT	143	75	
14	Verena	w	VT	21.02.1960	07:46	26					
15	Nicolas	m	CO	10.03.1963	10:31	31					
16	Sven	m	CO	11.06.1982	00:51	62					
17	Ulla	w	FI	16.06.1981	14:46	64					
18	Helga	w	CO	21.05.1982	14:05	12					
19											

Abbildung 7.3: Datenbank mit Mehrfachoperation analysieren

Sie konnten jetzt also acht Berechnungen mit Datenbankfunktionen durchführen, obwohl Sie nur einen Suchkriterienbereich definiert haben. Wenn das mal kein Fortschritt ist.

7.2.1 MOP mit zwei Ergebniszellen und drei Eingabezellen

Nun ist die MEHRFACHOPERATION von Haus aus auch etwas eingeschränkt, da sie nur zwei Eingabezellen und eine Ergebniszelle vorsieht. Doch diese Grenzen sind leicht auszuhebeln. Die Ergebniszelle kann nämlich auch einen String enthalten, der sich aus mehreren Berechnungen zusammensetzt. Mit der Formel in ...

```
J5: =DBSUMME(A1:F18;F1;H1:I2)&ZEICHEN(10)&DBANZAHL(A1:F18;F1;H1:I2)
```

... können Sie beide Berechnungen (Summe und Anzahl) inklusive Zeilenumbruch auf einmal in den Mehrfachoperationen anzeigen. Über einen zusammengesetzten String lassen sich auch drei oder noch mehr Eingabewerte integrieren.

Angenommen, Sie möchten die Personen nach dem Geschlecht und nach Uhrzeitintervallen gruppieren (*Abb. 7.4*).

J7 | {=MEHRFACHOPERATION(I2;M2)}

	A	B	C	D	E	F	G	H	I	J	K
1	Name	m/w	Abt.	Geburtstag	Uhrzeit	Wert		Abt.	m/w	Uhrzeit	Uhrzeit
2	Boris	m	CO	17.11.1971	06:25	81		Co	w	>00:00	<=08:00
3	Steffi	w	VT	20.09.1968	18:15	49					
4	Bettina	w	CO	14.02.1977	01:07	81			Anzahl	1	
5	Michael	m	EK	04.08.1960	23:58	69					
6	Andreas	m	EK	09.01.1949	01:29	27			1	m	w
7	Eric	m	FI	23.08.1966	09:42	77			>00:00;<=08:00	2	1
8	Claudia	w	EK	22.11.1949	21:33	93			>08:00;<=18:00	1	1
9	Sylvia	w	FI	18.12.1952	23:43	13			>18:00;<=23:59	0	0
10	Eva	w	EK	07.02.1995	21:47	33					
11	Jens	m	VT	17.12.1983	22:54	79					
12	Rainer	m	VT	10.05.1978	04:33	64					
13	Thomas	m	FI	08.03.1976	12:41	38					
14	Verena	w	VT	21.02.1960	07:46	26					
15	Nicolas	m	CO	10.03.1963	10:31	31					
16	Sven	m	CO	11.06.1982	00:51	62					
17	Ulla	w	FI	16.06.1981	14:46	64					
18	Helga	w	CO	21.05.1982	14:05	12					
19											

Abbildung 7.4: Mehrfachoperation mit drei Eingabeparametern

Im Kriterienbereich stehen drei Bedingungen, *m/w*, *Uhrzeit* (von) und *Uhrzeit* (bis). Der Trick dabei ist, dass die beiden Uhrzeitbedingungen über die Zelle M2 verkettet werden. Für die MEHRFACHOPERATION ist M2 nur eine Eingabezelle. Aber in Wahrheit können damit im Spaltenbereich I7:I9 zwei Eingabezellen verknüpft werden. Im eigentlichen Kriterienbereich wird der String zerlegt, um die einzelnen Eingabewerte zu erhalten:

```
J2: =LINKS(M2;6)
K2: =RECHTS(M2;7)
```

Das Spielchen ließe sich weitertreiben, wenn beispielsweise im Zeilenkriterium nach Geschlecht und Abteilung unterschieden werden soll. Dann könnte man in die Zelle

```
M3: CO/m
```

schreiben, danach im Kriterienbereich darauf zugreifen ...

```
H2:=Links(M3;2)
I2:=Rechts(M3;1)
```

... und hätte im Zeilenkopf der Berechungstabelle J6:Q6

```
CO/m;CO/w;EK/m;EK/w; FI/m;FI/w;VT/m;VT/w
```

stehen. Faktisch würde die MEHRFACHOPERATION damit vier Eingabezellen verarbeiten.

7.3 Intelligente DB-Funktionen

Arrayformeln können bekanntlich nicht auf ganze Spalten angewandt werden. Sie müssen also explizit einen Bereich wie A1:A10000 definieren. Außerdem erkennt die Arrayformel nicht, bis wohin der vorgegebene Bereich tatsächlich Daten enthält. Es wird gnadenlos bis Zeile 10000 durchgerechnet, was überflüssige Rechenzeit beansprucht.

Andere Funktionen sind blitzschnell, obwohl ganze Spalten wie A:A angegeben wurden. Diese Funktionen hören einfach auf zu rechnen, wenn sie merken: Halt, da kommt nichts mehr!

Über diese Intelligenz verfügen auch die DB-Funktionen und sie können gleichzeitig arrayformeltypische Berechnungen durchführen. Angenommen, Sie möchten alle Personen zählen, die nach 1950 geboren wurden. Per Arrayformel sieht das so aus:

```
{=SUMME(WENN(JAHR(D2:D20)>1950;1))} = 15
```

DBANZAHL kann das auch, und das sogar mit Angabe der ganzen Spalte (*Abb. 7.5*):

H2 =JAHR(D2)>=1950

	A	B	C	D	E	F	G	H
1	Name	m/w	Abt.	Geburtstag	Uhrzeit	Wert		Alter
2	Boris	m	CO	17.11.1971	06:25	81		WAHR
3	Steffi	w	VT	20.09.1968	18:15	49		
4	Bettina	w	CO	14.02.1977	01:07	81		
5	Michael	m	EK	04.08.1960	23:58	69		15
6	Andreas	m	EK	09.01.1949	01:29	27		
7	Eric	m	FI	23.08.1966	09:42	77		
8	Claudia	w	EK	22.11.1949	21:33	93		
9	Sylvia	w	FI	18.12.1952	23:43	13		
10	Eva	w	EK	07.02.1995	21:47	33		
11	Jens	m	VT	17.12.1983	22:54	79		
12	Rainer	m	VT	10.05.1978	04:33	64		
13	Thomas	m	FI	08.03.1976	12:41	38		
14	Verena	w	VT	21.02.1960	07:46	26		
15	Nicolas	m	CO	10.03.1963	10:31	31		
16	Sven	m	CO	11.06.1982	00:51	62		
17	Ulla	w	FI	16.06.1981	14:46	64		
18	Helga	w	CO	21.05.1982	14:05	12		
19								

Abbildung 7.5: Formelbedingungen in DB-Funktionen

Der Kriterienbereich besteht nur aus H1:H2. In H2 wird geprüft, ob das Jahr von D2 größer ist als 1950. Das korrekte Ergebnis von 15 erhalten wir mit

```
H5: =DBANZAHL(A:F;"Geburtstag";H1:H2)
```

Die DB-Funktion ist so clever, zu erkennen, dass die Formel in H2 auf alle Datensätze der Datenbank angewandt werden soll, und zählt alle Datensätze, für die die Formel WAHR ergibt.

Wenn der Kriterienbereich eine solche Formelbedingung enthält, muss sich die Überschrift der Bedingung, hier *Alter*, von den Spaltenköpfen der Datenbank unterscheiden, sonst rechnet die Formel nicht. Was stattdessen darin steht, ist egal. Fragen Sie bitte nicht warum. Das ist einfach so.

Einen der beliebtesten Formelklassiker, Zählen ohne Duplikate, haben wir Ihnen in Kapitel 6.4 *Dirty Trick* bereits gezeigt. Mithilfe einer Formelbedingung haben die DB-Funktionen dafür auch eine wunderschöne Alternative in petto.

In unserer Beispieldatenbank möchten Sie zählen, wie viele unterschiedliche Abteilungen es gibt. Wir wissen, dass es vier sind: CO, EK, FI und VT.

In H1 schreiben Sie irgendetwas, beispielsweise *unterschiedliche Abteilungen*. Die Formelbedingung kommt in

```
H2:=ZÄHLENWENN(C$2:C2;C2)=1.
```

Nun liefert, man sehe und staune, die Formel

```
=DBANZAHL(A:F;"Wert";H1:H2)
```

das korrekte Ergebnis 4.

Um das Resultat besser zu verstehen, schreiben Sie in die zweite Zeile irgendeiner Hilfsspalte die Formel

```
=ZÄHLENWENN(C$2:C2;C2)=1
```

und kopieren sie nach unten, bis zum Ende der Liste. Wegen des Absolutsetzens der Startzeile ($) sucht die Formel immer von Beginn der Liste bis zur aufrufenden Zeile, in Zeile 10 beispielsweise:

```
=ZÄHLENWENN(C$2:C10;C10)=1
```

Die Formel liefert nur dann WAHR, wenn der Eintrag in C10 im Bereich C2:C9 noch nicht vorgekommen ist. Dies kann für jede *Abt.* in Spalte C nur jeweils einmal vorkommen. Alle übrigen Einträge sind Duplikate.

DBANZAHL zählt die WAHR-Zellen (die Originale), ohne auf die Hilfsspalte angewiesen zu sein.

TEIL 2

Abenteuerreisen in die Excelwelt

Bitte anschnallen, nun entführen wir Sie auf verschiedene Reisen durch die Excel-Welten. Dabei sollen Sie lernen wie Sie komplexe Anwendungen selbst entwickeln und verschiedene Excel-Funktionalitäten geschickt miteinander kombinieren können. Außerdem werden Sie sehen, wie unterhaltsam Excel sein kann.

Kapitel 8

Die Iden des März – Datumsdifferenzen mit Zeiten vor 1900

Die Microsoft-Zeitrechnung beginnt bekanntlich mit der Zahl Null am 00.01.1900, dem einzigen Datum der Neuzeit, an dem kein Mensch das Licht der Welt erblickt hat.

8.1 Die Microsoft-Zeitrechnung

Seitdem wächst die Null Tag für Tag um 1 an. Die Jahrtausendwende ereignete sich somit vom 36.525. auf den 36.526. »Microsoft-Tag«.

Eine Datumsdifferenz in Tagen lässt sich seit dem Jahr 1900 daher mittels einfacher Subtraktion des älteren vom jüngeren Datum errechnen. So stand die Berliner Mauer zum Beispiel exakt 10.315 Tage (13.08.1961 bis 09.11.1989), das »Wunder von Bern« wurde 7.308 Tage später in München erneut geschrieben (04.07.1954 bis 07.07.1974) und wenn (voraussichtlich) am 01.01.2038 die Kennedy-Akten der Öffentlichkeit präsentiert werden, sind exakt 27.069 Tage seit dessen Ermordung am 22.11.1963 vergangen.

```
=A1(junges Datum)-A2(altes Datum)
```

lautet die gleichermaßen schlichte wie effektive Lösung.

8.2 Datumsdifferenzen nach Einführung des gregorianischen Kalenders

Doch wie viele Tage zählte das Leben von Albert Einstein? Wie viel Zeit verging vom Prager Fenstersturz (23.05.1618) bis zum Westfälischen Frieden (24.10.1648)? Oder wie lange liegen die Iden des März (Cäsars Ermordung am 15. März 44 vor Christus) zurück? In letzterem Fall lässt eine Lösung ohnehin Interpretationsspielraum, da wir darüber philosophieren müssen, ob es das Jahr Null überhaupt gab und wann und durch wen die Schaltjahre eingeführt wurden (Gregor; Julian; Cäsar; Ramses II.?). Bei Albert Einstein wird es deshalb schwierig, da er vor dem Microsoft-Urknall geboren, jedoch erst danach gestorben ist (14.03.1879 bis 18.04.1955).

Und zur Zeit des 30-jährigen Krieges waren sich zwar alle schon über die Ermittlung der Schaltjahre einig, jedoch gab es wiederum die Microsoft-Zeitrechnung noch nicht.

Beginnen wir mit dem zweiten Prager Fenstersturz, bei dem ein paar protestantische Adlige aus Verärgerung über verletzte Religionsfreiheit drei Katholiken aus 20 Meter Höhe aus dem Fenster in die Tiefe beförderten (es überlebten übrigens alle – einer von ihnen erhielt später nicht von ungefähr den Adelszusatz »von Hohenfall«).

Um jetzt die seitdem verstrichenen Tage bis zum westfälischen Frieden zu ermitteln, wäre Excel zunächst als Hilfsmittel wenig geeignet:

	A	B
1	24.10.1648	Westfälischer Friede
2	23.05.1618	zweiter Prager Fenstersturz
3	?	**Differenz in Tagen**
4		

Abbildung 8.1: Datumsangaben vor 1900 werden von Excel als Text interpretiert.

An der Zellausrichtung (linksbündig) erkennen Sie sofort, dass es sich hier jeweils um Text und kein Datum handelt.

Die entscheidende Frage lautet daher:

Wie mache ich aus dem »Textdatum« ein »Excel-Datum«, damit ich damit auch rechnen kann?

Und hier kommt bereits der entscheidende Kniff:

Wir addieren 2000 Jahre! Damit schlagen wir drei Fliegen mit einer Klappe: Erstens befinden wir uns plötzlich innerhalb der Microsoft-Zeitrechnung, zweitens kommen wir nicht mit den derzeit gültigen gregorianischen Schaltregeln ins Gehege, denen zufolge sich ein Jahr immer dann um einen Tag verlängert, wenn es entweder a) durch 400 oder b) durch 4, aber nicht 100 teilbar ist, und drittens ändert sich an der gesuchten Datumsdifferenz überhaupt nichts, solange wir das mit beiden Daten machen.

Die Umsetzung ist mit Textzerlegung denkbar einfach – hier zunächst mal am Beispiel »23.05.1618«:

Wir spalten Tag und Monat (TT.MM.) sowie das Jahr (JJJJ) mit den Funktionen LINKS und TEIL ab:

Für Tag und Monat (TT.MM.):

```
=LINKS("23.05.1618";6) ="23.05."
```

Für das Jahr (JJJJ):

```
=TEIL("23.05.1618";7;4) ="1618"
```

Jetzt rechnen wir 2000 Jahre hinzu und verketten TT.MM. und JJJJ wieder:

```
=LINKS("23.05.1618";6)&TEIL("23.05.1618";7;4)+2000
="23.05.3618"
```

Das gleiche Spiel machen wir mit dem »24.10.1648«:

Für Tag und Monat (TT.MM.):

```
=LINKS("24.10.1648";6) ="24.10."
```

Für das Jahr (JJJJ):

```
=TEIL("24.10.1648";7;4) ="1648"
```

Auch hier rechnen wir 2000 Jahre hinzu und verketten TT.MM. und JJJJ wieder:

```
=LINKS("24.10.1648";6)&TEIL("24.10.1648";7;4)+2000
="24.10.3648"
```

Im letzten Schritt subtrahieren wir beide Daten:

```
=("24.10.3648")-("23.05.3618")
```

Und erhalten damit unser gewünschtes Ergebnis: 11.112.

Und wenn wir jetzt die Daten durch die einzelnen Formeln ersetzen, erhalten wir:

A3 =(LINKS(A1;6)&TEIL(A1;7;4)+2000)-(LINKS(A2;6)&TEIL(A2;7;4)+2000)

	A	B	C	D	E	F	G
1	24.10.1648	Westfälischer Friede					
2	23.05.1618	zweiter Prager Fenstersturz					
3	11.112	**Differenz in Tagen**					
4							

Abbildung 8.2: Datumsdifferenz in Tagen vor 1900

Exakt 11.112 Tage später wurden die Friedensverträge unterzeichnet.

Gehen wir ein paar Jahre weiter zu Albert Einstein, dessen Werke die Mathematik und die Physik revolutionierten und noch heute Rätsel aufwerfen:

Wie viele Tage dauerte sein schaffensreiches Leben?

A3 ?

	A	B
1	18.04.1955	Einsteins Tod in Princeton, USA
2	14.03.1879	Einsteins Geburt in Ulm
3	?	**Differenz in Tagen**
4		

Abbildung 8.3: Datumsdifferenzen vor und nach 1900

An den unterschiedlichen Zellausrichtungen erkennen Sie sofort, dass es sich beim Todesdatum (A1 – rechtsbündig) um ein Excel bekanntes Datum handelt, das Geburtsdatum (A2 – linksbündig) hingegen im Textformat vorliegt.

Weil wir immer nach möglichst allgemeingültigen Lösungen suchen (da wir vorher nicht immer wissen können, welche Daten sich in welchem Format in welcher Zelle befinden), müssen wir die vorliegenden Daten zunächst irgendwie vereinheitlichen – entweder beide zu Zahlen oder beide zu Text.

Die Antwort: Wir machen zunächst einmal Texte daraus.

Der Vorteil: Wir kommen mit der gleichen Vorgehensweise wie beim 30-jährigen Krieg zur Lösung.

Und um aus dem Todesdatum von Einstein einen Text zu machen, nutzen wir die gleichnamige Funktion:

```
=TEXT(A1;"TT.MM.JJJJ")
```

Und zur Sicherheit – da wir nicht von vornherein wissen, ob das Datum in A2 nicht vielleicht doch in die Microsoft-Zeitrechnung passt – sprechen wir A2 auch mit

```
=TEXT(A2;"TT.MM.JJJJ")
```

an.

Der Rest ist dann identisch mit der Lösung zum 30-jährigen Krieg:

Wir spalten Tag und Monat (TT.MM.) sowie das Jahr (JJJJ) mit den Funktionen LINKS und TEIL ab:

Für Tag und Monat (TT.MM.) des Todestages in A1:

```
=LINKS(TEXT(A1;"TT.MM.JJJJ");6)
=LINKS("18.04.1955";6) ="18.04."
```

Für das Jahr (JJJJ):

```
=TEIL(TEXT(A1;"TT.MM.JJJJ");7;4)
=TEIL("18.04.1955";7;4) ="1955"
```

Jetzt rechnen wir 2000 Jahre hinzu und verketten TT.MM. und JJJJ wieder:

```
=LINKS(TEXT(A1;"TT.MM.JJJJ");6)&TEIL(TEXT(A1;"TT.MM.JJJJ");7;4)+2000
="18.04.3955"
```

Das gleiche Spiel machen wir mit dem Geburtsdatum in A2:

Für Tag und Monat (TT.MM.):

```
=LINKS(TEXT(A2;"TT.MM.JJJJ");6)
=LINKS("14.03.1879";6) ="14.03."
```

Für das Jahr (JJJJ):

```
=TEIL(TEXT(A2;"TT.MM.JJJJ");7;4)
=TEIL("14.03.1879";7;4) ="1879"
```

Auch hier rechnen wir 2000 Jahre hinzu und verketten TT.MM. und JJJJ wieder:

```
=LINKS(TEXT(A2;"TT.MM.JJJJ");6)&TEIL(TEXT(A2;"TT.MM.JJJJ");7;4)+2000
="14.03.3879"
```

Im letzten Schritt subtrahieren wir beide Daten:

```
A3:=(LINKS(TEXT(A1;"TT.MM.JJJJ");6)&TEIL(TEXT(A1;"TT.MM.JJJJ");7;4)+2000)-
(LINKS(TEXT(A2;"TT.MM.JJJJ");6)&TEIL(TEXT(A2;"TT.MM.JJJJ");7;4)+2000)
=("18.04.3955")-("14.03.3879") = 27.793
```

Und erhalten damit unser gewünschtes Ergebnis: 27.793.

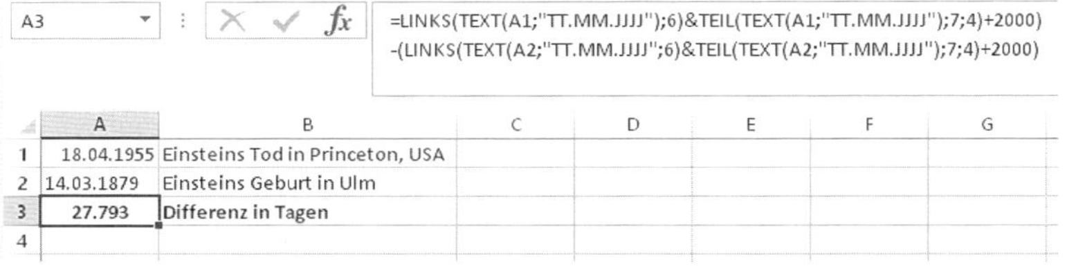

Abbildung 8.4: Datumsdifferenzen vor und nach 1900 – Lösung 1

Einsteins Leben dauerte also genau 27.793 Tage.

Und die zwei Einzelberechnungen lassen sich auch in einem Array vereinen, indem wir die Summe der um 2000 Jahre erhöhten Daten bilden.

Ja, Sie haben richtig gelesen – die SUMME. Allerdings die Summe vom positiven Enddatum (Todestag) und dem negativen Startdatum (Geburtstag). Und wie wird das Startdatum negativ? Durch Multiplikation mit minus 1: `(*-1)`.

Mit den errechneten Daten lässt sich das wie folgt darstellen:

```
=SUMME((Todesdatum:Geburtsdatum+2000 Jahre)*{1;-1})
=SUMME((Todesdatum+2000 Jahre)*1;(Geburtsdatum+2000 Jahre)*-1)
=SUMME("18.04.3955"*1;"14.03.3879"*-1)
```

Dafür ergänzen wir am Ende noch das Array aus +1 und −1: `*{1;-1}`.

Zudem fassen wir die Daten in A1 und A2 in dem Bereich A1:A2 zusammen.

Also A1 (+2000 Jahre) wird mit 1 und A2 (+2000 Jahre) mit −1 multipliziert und anschließend wird die SUMME gebildet:

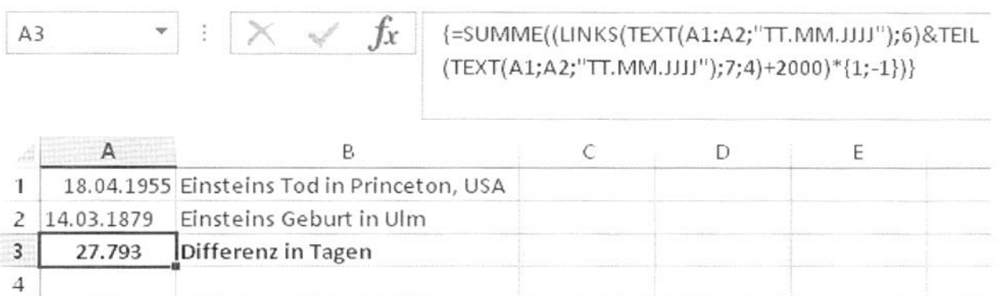
A3 | {=SUMME((LINKS(TEXT(A1:A2;"TT.MM.JJJJ");6)&TEIL(TEXT(A1;A2;"TT.MM.JJJJ");7;4)+2000)*{1;-1})}

	A	B	C	D	E
1	18.04.1955	Einsteins Tod in Princeton, USA			
2	14.03.1879	Einsteins Geburt in Ulm			
3	27.793	**Differenz in Tagen**			
4					

Abbildung 8.5: Datumsdifferenzen vor und nach 1900 – Lösung 2

In Einzelschritten macht die Formel also Folgendes:

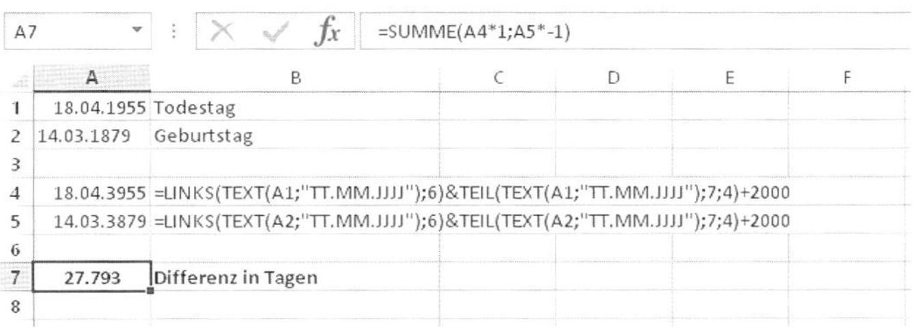
A7 | =SUMME(A4*1;A5*-1)

	A	B	C	D	E	F
1	18.04.1955	Todestag				
2	14.03.1879	Geburtstag				
3						
4	18.04.3955	=LINKS(TEXT(A1;"TT.MM.JJJJ");6)&TEIL(TEXT(A1;"TT.MM.JJJJ");7;4)+2000				
5	14.03.3879	=LINKS(TEXT(A2;"TT.MM.JJJJ");6)&TEIL(TEXT(A2;"TT.MM.JJJJ");7;4)+2000				
6						
7	27.793	**Differenz in Tagen**				
8						

Abbildung 8.6: Datumsdifferenzen vor und nach 1900 – Lösung in drei Schritten

Auch hier sehen Sie wieder die unterschiedlichen Zellausrichtungen:

Die um 2000 Jahre erhöhten Daten in A4 und A5 werden zunächst linksbündig, also im Textformat, ermittelt, obwohl es eigentlich Daten sind, die innerhalb der Microsoft-

Zeitrechnung liegen. Doch an dieser Stelle ist noch der Verkettungsoperator & dominant, der einen Zellwert zunächst immer als Text darstellt.

Jetzt haben wir aber bereits gelernt, dass Excel so »schlau« ist, diese Texte in Zahlen umzuwandeln, wenn man sie mit irgendeiner mathematischen Operation »dazu bringt«. Die hier verwendete Operation in der Summenformel in Zelle A7 ist die Multiplikation mit 1 bzw. –1. Dann werden die »Textdaten« in die entsprechenden Ganzzahlen konvertiert und lassen sich summieren.

Die beiden bisherigen Lösungen (30-jähriger Krieg und Einstein) funktionieren übrigens ab dem Jahr 1583 nach Christus. Warum erst ab 1583?

8.3 Datumsdifferenzen vor Beginn des gregorianischen Kalenders

Gehen wir in der Zeitreise weit zurück zu den Iden des März 44 vor Christus (15.03.0044 v. Chr.), dem Tag, an dem Cäsar im Saal des Pompeiustheaters zur Senatsversammlung erschien, um dort anschließend von Brutus und seinen Gefolgsleuten mit 23 Dolchstichen ermordet zu werden. Wie viele Tage sind seitdem vergangen?

Diese Frage zu beantworten, grenzt fast an das Unmögliche, denn bis zum Jahr 1582 herrschte heilloses Chaos hinsichtlich der Länge eines Kalenderjahres und der Länge des tatsächlichen Jahres. Das führte dazu, dass es Jahre mit extrem unterschiedlicher Länge gab, 377, 350, 360 Tage etc., und der Sommeranfang fast auf den ersten Schneefall fiel. Erst Papst Gregor der VIII. hatte 1582 nach Christus einigermaßen Durchblick, als er die Länge eines Jahres auf 365,2425 Tage (365 Tage, 5 Stunden, 49 Minuten und 12 Sekunden) festlegte und dazu auch die derzeit gültigen Schaltjahrregeln einführte. Da zu dieser Zeit der gültige Kalender aber zehn Tage »hinterherhinkte«, hatte er beschlossen, dem 04.10.1582 den 15.10.1582 folgen zu lassen. Die Reihenfolge der Wochentage wurde dadurch nicht beeinträchtigt, aber die fehlenden zehn Tage verschwanden in einem großen schwarzen Loch.

Die folgende Lösung ermittelt daher nicht die Tagesdifferenz, sondern die in Jahre, Monate und Tage aufgeteilte Differenz. Dabei werden wir allerdings das »schwarze Loch« gebührend berücksichtigen, sobald ein Enddatum in den Oktober des Jahres 1582 fällt.

Die Einzelschritte gehen aus folgender Abbildung hervor:

Datumsdifferenzen vor 1583 (und auch vor Christus)		v = vor Christus	Wenn "v": Daten auf das Startjahr Null verschieben	2000 Jahre addieren	involvierte Tage vom 05. bis 14.10.1582 ermitteln
Datum bis	22.06.2006		22.06.2050	22.06.4050	
Datum von	15.03.0044	v	15.03.0000	15.03.2000	0

Jahre:	2050	=DATEDIF(E3;E2-F3;"Y")
Monate:	3	=DATEDIF(E3;E2-F3;"YM")
Tage:	7	=DATEDIF(E3;E2-F3;"MD")

Formeln in D2, D3, E2, E3 und F3

```
D2 =WENN(C3="v";LINKS(DatBis;6)&TEXT(RECHTS(DatBis;4)+RECHTS(DatVon;4);"0000");DatBis)
D3 =WENN(C3="v";LINKS(DatVon;6)&"0000";DatVon)
E2 =(LINKS(D2;6)&RECHTS(D2;4)+2000)+0
E3 =(LINKS(D3;6)&RECHTS(D3;4)+2000)+0
F3 =MAX(0;MIN(E2;"14.10.3582"*1)-MAX(E3;"05.10.3582"*1)+1)*(RECHTS(DatBis;7)="10.1582")
```

Namen:

```
DatBis =TEXT(Tabelle1!$B$2;"TT.MM.JJJJ")
DatVon =TEXT(Tabelle1!$B$3;"TT.MM.JJJJ")
```

Abbildung 8.7: Datumsdifferenzen vor Einführung des gregorianischen Kalenders und vor Christus

Das Startdatum wird in B3 eingetragen. In C3 kennzeichnet das »v«, dass es sich um ein Datum vor Christus handelt. Ohne das »v« wird das Datum als nachchristlich berechnet. Das Enddatum in B2 muss hingegen nach Christus liegen, jedoch nicht unbedingt innerhalb der Microsoft-Zeitrechnung. Daten außerhalb der Microsoft-Zeitrechnung müssen im Format TT.MM.JJJJ vorliegen.

Der erste Gedanke:

Wenn ein Datum vor Christus vorliegt, dann verschieben wir beide Daten zunächst auf das Jahr null (dessen Existenz wir übrigens unterstellen). Dazu wandeln wir, analog der Einstein-Vorgehensweise, beide Daten in das Textformat um, lesen die Jahre mit der Funktion RECHTS aus, setzen das Startdatum auf das Jahr null und erhöhen das Jahr des Enddatums um die Jahre vor Christus. Im Beispiel wird das Jahr 2006 um die 44 vorchristlichen Jahre auf 2050 erhöht. Analog der »Einstein-Lösung« sprechen wir beide Daten wieder im Textformat an und haben hierfür die abgebildeten Namen *DatVon* und *DatBis* vergeben.

Daher wird für D2 wie folgt formuliert:

```
D2: =WENN(C3="v";LINKS(DatBis;6)&TEXT(RECHTS(DatBis;4)+RECHTS(DatVon;4);
"0000");DatBis)
```

Falls *DatVon* vor Christus liegt (C3="v"), wird das Jahr mit RECHTS(DatVon) ausgelesen, zum mit RECHTS(DatBis) extrahierten Jahr addiert, mittels der Funktion TEXT in das vierstellige Format "0000" umgewandelt und an Tag und Monat (TT.MM.) von *DatBis* angehängt. Liegt *DatVon* hingegen nach Christus, passiert gar nichts: *DatBis* wird unverändert übernommen.

In D3 wird mit

```
D3: =WENN(C3="v";LINKS(DatVon;6)&"0000";DatVon)
```

in Abhängigkeit von C3 entweder das Datum auf das Jahr null verschoben, indem Tag und Monat (TT.MM.) von *DatVon* extrahiert und anschließend mit "0000" verkettet werden, oder aber unverändert übernommen.

Im nächsten Schritt verschieben wir die beiden Daten wieder in die Microsoft-Zeitrechnung, indem wir 2000 Jahre addieren:

```
E2: =(LINKS(D2;6)&RECHTS(D2;4)+2000)+0
E3: =(LINKS(D3;6)&RECHTS(D3;4)+2000)+0
```

Das wäre eigentlich schon die ganze Vorarbeit, wenn wir nicht noch berücksichtigen wollten, dass das Enddatum auch in den Oktober 1582 fallen kann, denn eine Datumsdifferenz vom 15.09.1582 bis 15.10.1582 beträgt nicht einen Monat, sondern, aufgrund des schwarzen Lochs, nur 20 Tage. Also ermitteln wir dieses Szenario in F3 mit:

```
F3:=MAX(0;MIN(E2;"14.10.3582"*1)-
MAX(E3;"05.10.3582"*1)+1)*(RECHTS(DatBis;7)="10.1582")
```

Das Ergebnis kann nur dann ungleich null sein, wenn das Enddatum innerhalb des Oktobers 1582 liegt – durch die abschließende Multiplikation mit

```
*(RECHTS(DatBis;7)="10.1582").
```

Nach diesem kleinen Zusatz kommen wir dann auch zu den Endformeln in B5 bis B7. Hier bedienen wir uns der Funktion DATEDIF, die mit den unterschiedlichen Parametern die Jahres-, Monats- und Tagesdifferenz berechnet:

```
B5: =DATEDIF(E3;E2-F3;"Y")
B6: =DATEDIF(E3;E2-F3;"YM")
B7: =DATEDIF(E3;E2-F3;"MD")
```

Am 22.06.2006 lagen die Iden des März bereits 2050 Jahre, 3 Monate und 7 Tage zurück!

KAPITEL 9

Der ewige, multilinguale Kalender

Da Excel ein absolutes Multitalent ist und daher auch von so vielen Anwendern geliebt wird, ist es kaum verwunderlich, dass eine der beliebtesten Aufgaben ebenfalls nur allzu häufig mit Excel gelöst wird: die Erstellung eines Kalenders.

9.1 Aufbau des multilingualen Kalenders

Sei es zur Urlaubs- und Personalplanung, für Geburtstagslisten, Terminlisten etc. – Excel bietet hierfür alle Möglichkeiten. Wir werden in diesem Kapitel nicht nur irgendeinen Kalender basteln – nein – wir basteln einen multilingualen Kalender, denn Excel ist – bereits seit Excel 2002 (XP) – ein echtes Sprachgenie. Führen Sie ein und denselben Kalender mit Ihrem Kollegen aus Litauen, Ihren Kolleginnen aus Israel und China und Ihrem Chef aus Griechenland, denn Excel spricht gleichzeitig sowohl Deutsch als auch Hebräisch, Chinesisch, Litauisch und Griechisch. Insgesamt beherrscht Excel 114 Sprachen und zudem 24 Zahlensysteme!

Genug der Vorrede – fangen wir an. Unsere Mappe besteht aus den vier Blättern *Kalender*, *Feiertage*, *Ländercodes* und *Zahlencodes* (*Abb. 9.1*):

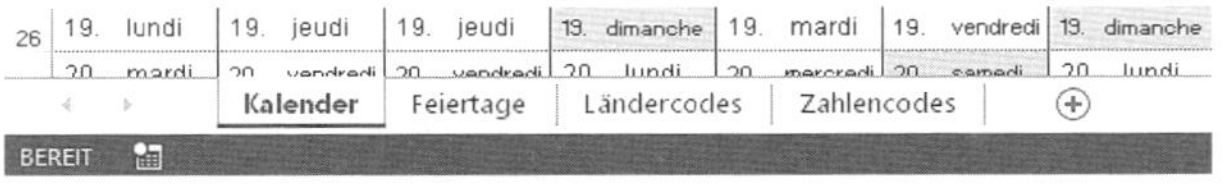

Abbildung 9.1: Die vier Tabellenregister des multilingualen Kalenders

Damit das Ganze einigermaßen übersichtlich bleibt, arbeiten wir auch mit ein paar Hilfsspalten, die am Ende ausgeblendet werden. Wir befinden uns zunächst im Blatt *Kalender*. Dort erstellen wir mithilfe einer einzigen Formel einen Schnellkalender. Dieser muss optisch nicht sehr ansprechend sein, da er später ausgeblendet wird. Aber er vereinfacht die weitere Bearbeitung in unserem eigentlichen multilingualen Kalender, da wir später auf den Schnellkalender Bezug nehmen können.

In A7 bis L7 schreiben wir die zwölf Monatsnamen: Januar, Februar, März usw. Der Zelle A6 verpassen wir den Namen *Jahr* und versehen sie zunächst mit einer x-beliebigen Jahreszahl, z. B. 2015. Die Zelle A8 formatieren wir benutzerdefiniert mit TTT* TT (muss eigentlich nicht sein, sieht aber doch besser aus) – was zu einer innerhalb der Zelle gleichzeitig links- und rechtsbündigen Darstellung führt. Das * – gefolgt von einem Leerzeichen – füllt die Zelle zwischen TTT und TT mit Leerzeichen auf.

Dazu schreiben wir in A8 diese Formel:

```
A8:=WENN(MONAT(DATUM(Jahr;SPALTE(A$1);ZEILE($A1)))>SPALTE(A$1);"";
DATUM(Jahr;SPALTE(A$1);ZEILE($A1)))
```

Die Formel aus A8 lässt sich jetzt auf den gesamten Bereich A8:L38 übertragen.

Das Ergebnis sehen Sie in *Abb. 9.2*:

A8 =WENN(MONAT(DATUM(2015;SPALTE(A$1);ZEILE($A1)))>SPALTE(A$1);"";DATUM(2015;SPALTE(A$1);ZEILE($A1)))

	A		B		C		D		E		F		G		H		I		J	
1																				
2																				
3																				
4																				
5																				
6	2015																			
7	Januar		Februar		März		April		Mai		Juni		Juli		August		September		Oktober	
8	Do	01	So	01	So	01	Mi	01	Fr	01	Mo	01	Mi	01	Sa	01	Di	01	Do	01
9	Fr	02	Mo	02	Mo	02	Do	02	Sa	02	Di	02	Do	02	So	02	Mi	02	Fr	02
10	Sa	03	Di	03	Di	03	Fr	03	So	03	Mi	03	Fr	03	Mo	03	Do	03	Sa	03
11	So	04	Mi	04	Mi	04	Sa	04	Mo	04	Do	04	Sa	04	Di	04	Fr	04	So	04
12	Mo	05	Do	05	Do	05	So	05	Di	05	Fr	05	So	05	Mi	05	Sa	05	Mo	05

Abbildung 9.2: Aufbau des Schnellkalenders

Hier muss man die Funktionsweise der Funktion DATUM verstehen. Um z. B. eine fortlaufende Datumsreihe, beginnend beim 01.01.2015, zu erzeugen, schreiben Sie in

`A1: =DATUM(2015;1;ZEILE(A1)).`

`ZEILE(A1)` steht zunächst für die 1. Kopieren Sie die Formel 100 Zeilen nach unten. Aus `Zeile(A1)` wird `ZEILE(A2)`, dann `ZEILE(A3)` etc. Dieses Prinzip haben wir in Kapitel 4.5.1 *Zwei Funktionen als Allzweckwaffe* beschrieben. Die Formel gibt aber nicht nach dem 31. Tag den Geist auf, denn in Zeile 32 steht:

`A32: =DATUM(2015;1;ZEILE(A32))`, was übersetzt bedeutet: 32.01.2015. Angezeigt wird aber der 01.02.2015 (*Abb. 9.3*). Auch die 99. Zeile berechnet quasi den »99.01.«. Aber Excel macht daraus korrekterweise den 09.04.2015.

A32 =DATUM(2015;1;ZEILE(A32))

	A	B	C	D	E	F
28	28.01.2015					
29	29.01.2015					
30	30.01.2015					
31	31.01.2015					
32	01.02.2015					
33	02.02.2015					
34	03.02.2015					
35	04.02.2015					

Abbildung 9.3: Excels Datumslogik – »32.01.« = »01.02.«

Wir erinnern uns, dass sich hinter einem Datum lediglich eine Ganzzahl größer null verbirgt und nur aufgrund der Formatierung als Datum (z. B. im Format TT.MM.JJJJ) dargestellt wird. Dabei hat Excel den kompletten Kalender vom 00.01.1900 (Zahl 0) bis zum 31.12.9999 (Zahl 2.958.465) integriert. Und der hochgezählte Tag innerhalb der Funktion DATUM addiert immer nur die Ganzzahl mit 1 und gibt diese korrekt als Datum wieder.

Mit diesem Wissen kommen wir zurück zu unserer Formel, die, vereinfacht dargestellt, Folgendes überprüft:

```
=WENN(MONAT(Datum)>Spaltennummer;Zelle_leer_lassen;Datum_anzeigen)
```

Da wir in Zeile 8 (A8) mit der Formel begonnen haben (mit Bezug auf das Jahr in A6 = 2015), werden bis Zelle A38 Daten angezeigt (31.01.2015). Ab Zelle A39 bleibt die Zelle leer, da das Datum in den Februar rutscht und der Monat (= 2) somit größer als `SPALTE(A$1)` (= 1) ist. In der Nachbarspalte B wird in einem Nicht-Schaltjahr die letzte mit einem Datum beschriebene Zelle B35 sein, da der Datumszähler in B36 auf den 01.03.2015 klettert und der Monat größer als `SPALTE(B$1)` (= 2) ist. Wäre das Jahr hingegen ein Schaltjahr, dann ergäbe die Formel in B36 nicht den 01.03. sondern den 29.02. Der Abgleich zwischen Monat (2) und `SPALTE(B$1)` ergäbe WAHR und das Datum würde angezeigt.

Die Überprüfung, ob ein bestimmtes Jahr ein Schaltjahr ist, können Sie mit diesem Wissen bereits vornehmen. Leichter ist es, den Tag vor dem 01.03. auf 29 zu überprüfen. Ist das Ergebnis WAHR, dann handelt es sich um ein Schaltjahr. Doch wie gelangen Sie immer an den Monatsletzten? Ganz einfach: Der nullte Tag eines Monats ist immer der letzte Tag des Vormonats. Demzufolge ist `=DATUM(2015;3;0)` der 28.02.2015, da 2015 kein Schaltjahr ist. `=DATUM(2016;3;0)` ist der 29.02.2016, denn das Jahr 2016 ist ein Schaltjahr. Und in Gänze prüfen wir genau den Tag dieses Datums mit der gleichnamigen Funktion auf 29 (im Beispiel von *Abb. 9.4* steht in A1 das Jahr):

```
A3:=WENN(TAG(DATUM(A1;3;0))=29;"Schaltjahr";"kein Schaltjahr")
```

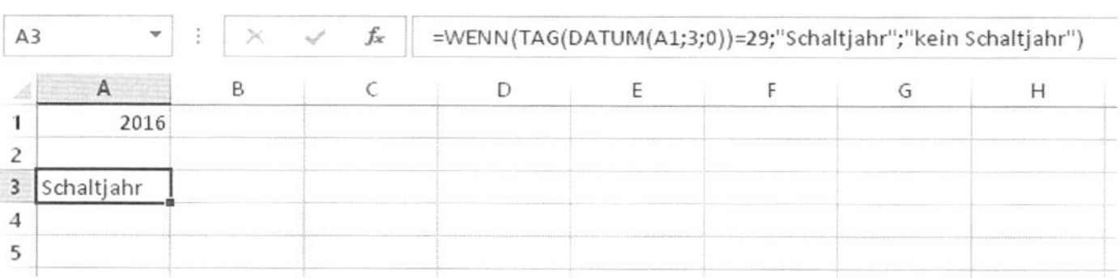

Abbildung 9.4: Prüfung, ob ein Jahr ein Schaltjahr ist

So, das war bisher aber nur Vorgeplänkel, denn diesen Teil des Blatts *Kalender* blenden wir nachher noch aus. Jetzt geht es langsam ans Eingemachte, denn wir verfolgen ja unser Ziel, den Kalender als Sprachgenie einzusetzen. Bevor wir unser Endprodukt in Angriff nehmen können, müssen wir aber erst noch ein paar *Namen* definieren.

Dazu begeben wir uns jetzt in das Arbeitsblatt *Feiertage*. Der Blattname lässt bereits vermuten, worum es geht: Wir erstellen eine Liste aller Feiertage. Diese soll sich in Abhängigkeit des gewählten Jahres dynamisch anpassen.

Zunächst setzen wir einen Bezug zum *Jahr*:

```
A1: =Jahr
```

Ab B1 berechnen wir nun untereinander die wesentlichen Feiertage – und beschränken uns dabei auf die deutschen Feiertage (*Abb. 9.5*):

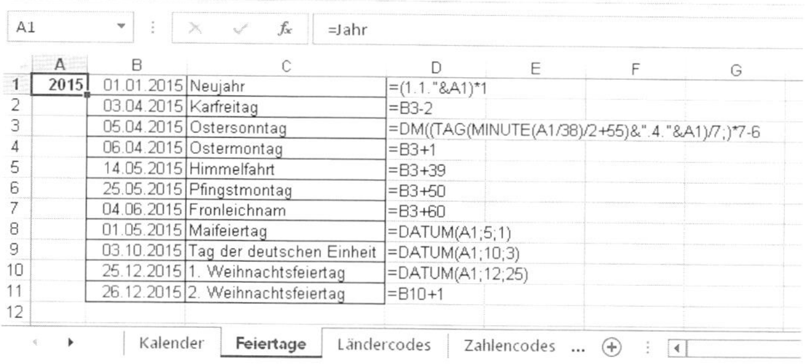

	A	B	C	D
1	2015	01.01.2015	Neujahr	=(1.1."&A1)*1
2		03.04.2015	Karfreitag	=B3-2
3		05.04.2015	Ostersonntag	=DM((TAG(MINUTE(A1/38)/2+55)&".4."&A1)/7;)*7-6
4		06.04.2015	Ostermontag	=B3+1
5		14.05.2015	Himmelfahrt	=B3+39
6		25.05.2015	Pfingstmontag	=B3+50
7		04.06.2015	Fronleichnam	=B3+60
8		01.05.2015	Maifeiertag	=DATUM(A1;5;1)
9		03.10.2015	Tag der deutschen Einheit	=DATUM(A1;10;3)
10		25.12.2015	1. Weihnachtsfeiertag	=DATUM(A1;12;25)
11		26.12.2015	2. Weihnachtsfeiertag	=B10+1
12				

Abbildung 9.5: Berechnung der vom Ostersonntag abhängigen Feiertage

Die Grundlage für viele Feiertage bildet der Ostersonntag, der immer auf den ersten Sonntag nach dem ersten Vollmond nach Frühlingsanfang fällt (beschlossen vom Ersten Konzil von Nizäa, 325 n. Chr.). Carl Friedrich Gauß (vielen noch vom guten alten 10-DM-Schein bekannt) entwickelte dafür als Erster im Jahre 1800 eine allgemeingültige Formel, die noch heute Gültigkeit besitzt. Die von uns verwandte Formel ist das Gewinnerprodukt eines Internetwettbewerbs aus dem Jahr 1998, den Ostersonntag mit einer möglichst kurzen Formel unter Verwendung der Microsoft-Datumsfunktionen zu ermitteln. Bis zum Jahr 2203 funktioniert sie auch einwandfrei (mit Ausnahme 2079 – da ist sie eine Woche zu früh dran). Danach muss wohl wieder ein neuer Wettbewerb ausgerufen werden.

Durch schlichte Addition/Subtraktion von Tagen kann man dadurch Karfreitag, Ostermontag, Himmelfahrt, Pfingsten, Fronleichnam und auch noch einige Feiertage mehr (z. B. Rosenmontag) ermitteln. Die anderen aufgeführten Feiertage sind fixe Termine. Regionale Feiertage können natürlich auch noch nach Belieben ergänzt werden. Daher definieren wir für die Feiertage auch einen dynamischen Namen *Feiertage* mit Bezug auf:

```
=BEREICH.VERSCHIEBEN(Feiertage!$B$1;;;ANZAHL(Feiertage!$B:$B))
```

Damit kommen wir auch schon zum nächsten Tabellenblatt, *Ländercodes*. Und ab hier bringen wir Excel bei, Fremdsprachen zu sprechen. Dazu muss man wissen, dass jedes Land einen Ländercode besitzt, den man sowohl in ein benutzerdefiniertes Zahlenformat als auch in die Funktion TEXT integrieren kann. Beispielsweise hat Frankreich den Ländercode 40C. Kleidet man diesen nach diesem Muster in eckige Klammern, wird das Datum auf Französisch angezeigt (*Abb. 9.6*).

`[$-Ländercode]TTTT, TT.MMMM JJJJ` – also für Frankreich
`[$-40C]TTTT, TT.MMMM JJJJ`

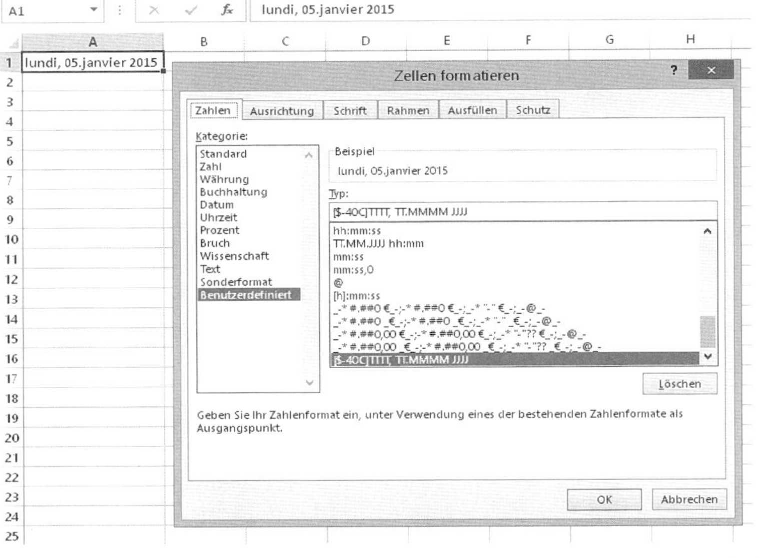

Abbildung 9.6: Dialogfeld zum Festlegen eines benutzerdefinierten Zahlenformats mit internationalem Ländercode

Dasselbe Ergebnis erzielt man mit der Funktion TEXT, mit dem Unterschied, dass das Ergebnis im Textformat und nicht mehr als Zahl vorliegt (*Abb. 9.7*):

B1 =TEXT(A1;"[$-40C]TTTT, TT.MMMM JJJJ")

	A	B	C	D	E	F
1	05.01.2015	lundi, 05.janvier 2015				
2						

Abbildung 9.7: Zahlenformat mit internationalem Ländercode über die Funktion TEXT sichtbar machen

Dies alles vorausgeschickt, legen wir uns nun mit etwas Fleißarbeit eine Liste aller Ländercodes an (*Abb. 9.8*). In Spalte A der Ländercode, in Spalte B die Sprache und in Spalte C verketten wir die Spalten A & B:

	A	B	C
1	45a	(Alt)Syrisch	45a-(Alt)Syrisch
2	436	Afrikaans	436-Afrikaans
3	41c	Albanisch	41c-Albanisch
4	45E	Amharisch	45E-Amharisch
5	401	Arabisch	401-Arabisch
6	42b	Armenisch	42b-Armenisch
7	82C	Aserbaidschanisch (Kyrillisch)	82C-Aserbaidschanisch (Kyrillisch)
8	42C	Aserbaidschanisch (Lateinisch)	42C-Aserbaidschanisch (Lateinisch)
9	44D	Assamesisch	44D-Assamesisch
10	42d	Baskisch	42d-Baskisch
11	445	Bengalisch	445-Bengalisch
12	416	Brazilian	416-Brazilian
13	402	Bulgarisch	402-Bulgarisch
14	45C	Cherokee	45C-Cherokee
15	804	Chinese (Simpel)	804-Chinese (Simpel)
16	404	Chinese (Standard)	404-Chinese (Standard)
17	406	Dänisch	406-Dänisch
18	407	Deutsch	407-Deutsch
19	C07	Deutsch (Österreich)	C07-Deutsch (Österreich)
20	807	Deutsch (Schweiz)	807-Deutsch (Schweiz)
21	465	Dhivehi	465-Dhivehi
22	466	Edo	466-Edo

Kalender | Feiertage | **Ländercodes** | Zahlencodes ...

Abbildung 9.8: Liste der internationalen Ländercodes (Auszug)

Eine vollständige Liste aller 114 Codes haben wir in die Beispieldatei auf unserer Homepage integriert: *http://www.excelformeln.de/formeln.html?welcher=422.*

Auch für die Ländercodes definieren wir den Namen *Ländercodes* mit Bezug auf: `=Ländercodes!$C$1:$C$114`.

Dieser Bezug kann statisch sein, da es definitiv nur 114 Ländercodes gibt.

Zum Abschluss unserer Vorarbeiten wandern wir jetzt weiter in das Blatt *Zahlencodes*. Was uns jetzt noch fehlt, sind die 24 verschiedenen Zahlenformate, die unser Sprachgenie Excel außerdem noch kennt. Diese besitzen jeweils einen Hexadezimalwert, seltsamerweise aber nicht durchnummeriert von 1 bis 24. Nach 1 bis 19 kommt 27, 30, 31, 39 und 153. Wenn man diesen Hexadezimalwert mit dem Zusatz **1E0407** verkettet, dann hat man ein gültiges Zahlenformat erzeugt (*Abb. 9.9*).

	A	B	C	D	E
1	Hexadezimalwert	Zifferntyp	Format	Darstellung	
2	01	Westlich	[$-011E0407] T	12	=TEXT(12;C2)
3	02	Arabisch-Indisch	[$-021E0407] T	١٢	
4	03	Erweitertes Arabisch-Indisch	[$-031E0407] T	۱۲	
5	04	Devanagari	[$-041E0407] T	१२	
6	05	Bengalisch	[$-051E0407] T	১২	
7	06	Gurmukhi	[$-061E0407] T	੧੨	
8	07	Gujarati	[$-071E0407] T	૧૨	
9	08	Oriya	[$-081E0407] T	୧୨	
10	09	Tamilisch	[$-091E0407] T	௧௨	
11	0A	Telugu	[$-0A1E0407] T	౧౨	
12	0B	Kannada	[$-0B1E0407] T	೧೨	
13	0C	Malayalam	[$-0C1E0407] T	൧൨	
14	0D	Thai	[$-0D1E0407] T	๑๒	
15	0E	Laotisch	[$-0E1E0407] T	໑໒	
16	0F	Tibetanisch	[$-0F1E0407] T	༡༢	
17	1B	Japanisch 1	[$-1B1E0407] T	十二	
18	1E	Chinesisch 1	[$-1E1E0407] T	十二	
19	1F	Chineisch 2	[$-1F1E0407] T	壹拾貳	
20	27	Koreanisch	[$-271E0407] T	십이	

... | Feiertage | Ländercodes | **Zahlencodes**

Abbildung 9.9: Liste der internationalen Zahlencodes

Die Spalten A bis C übernehmen wir genau so in unseren Kalender (Spalte D sollte hier nur das Ergebnis darstellen). Zu beachten ist hierbei, dass Spalte A unbedingt als Text formatiert werden muss, um die führenden Nullen nicht bloß anzuzeigen, sondern sie auch effektiv in der Zelle zu beinhalten, da andernfalls die Verkettung nicht funktionieren würde.

Und auch für die Zahlencodes definieren wir noch den Namen *Zahlencodes* mit Bezug auf:

```
=Zahlencodes!$B$2:$B$25
```

So, die Vorarbeit ist geleistet. Wir können uns jetzt an den eigentlichen Kalender machen. Dafür wechseln wir wieder zurück in das Blatt *Kalender*. Den letztendlich sichtbaren, formatierten Kalender platzieren wir rechts neben dem nackten Zahlengerüst der ersten zwölf Spalten (A:L). Wir beginnen ab Spalte M. Die mit *Jahr* benannte Zelle A6 verschieben wir nach M6 und blenden anschließend die Spalten A:L aus. Der Name *Jahr* bezieht sich also ab sofort auf M6. Was uns jetzt noch fehlt, zeigen wir vorab in einem Ausschnitt des Endprodukts (*Abb. 9.10*):

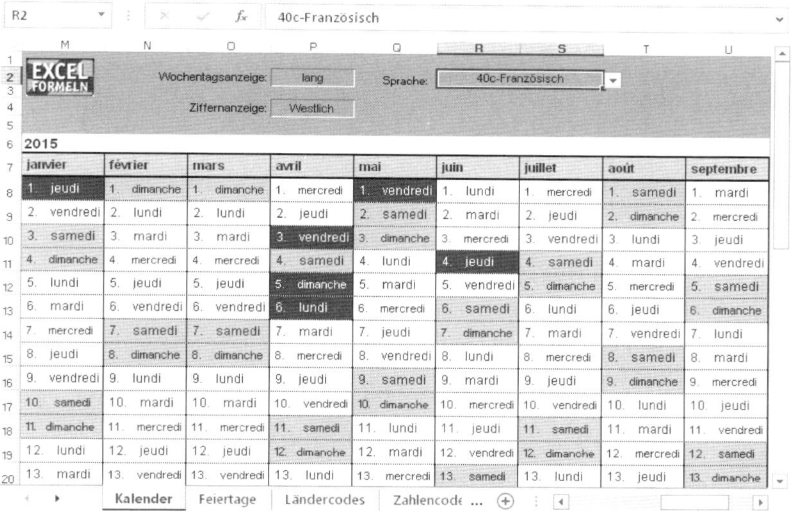

janvier	février	mars	avril	mai	juin	juillet	août	septembre
1. jeudi	1. dimanche	1. dimanche	1. mercredi	1. vendredi	1. lundi	1. mercredi	1. samedi	1. mardi
2. vendredi	2. lundi	2. lundi	2. jeudi	2. samedi	2. mardi	2. jeudi	2. dimanche	2. mercredi
3. samedi	3. mardi	3. mardi	3. vendredi	3. dimanche	3. mercredi	3. vendredi	3. lundi	3. jeudi
4. dimanche	4. mercredi	4. mercredi	4. samedi	4. lundi	4. jeudi	4. samedi	4. mardi	4. vendredi
5. lundi	5. jeudi	5. jeudi	5. dimanche	5. mardi	5. vendredi	5. dimanche	5. mercredi	5. samedi
6. mardi	6. vendredi	6. vendredi	6. lundi	6. mercredi	6. samedi	6. lundi	6. jeudi	6. dimanche
7. mercredi	7. samedi	7. samedi	7. mardi	7. jeudi	7. dimanche	7. mardi	7. vendredi	7. lundi
8. jeudi	8. dimanche	8. dimanche	8. mercredi	8. vendredi	8. lundi	8. mercredi	8. samedi	8. mardi
9. vendredi	9. lundi	9. lundi	9. jeudi	9. samedi	9. mardi	9. jeudi	9. dimanche	9. mercredi
10. samedi	10. mardi	10. mardi	10. vendredi	10. dimanche	10. mercredi	10. vendredi	10. lundi	10. jeudi
11. dimanche	11. mercredi	11. mercredi	11. samedi	11. lundi	11. jeudi	11. samedi	11. mardi	11. vendredi
12. lundi	12. jeudi	12. jeudi	12. dimanche	12. mardi	12. vendredi	12. dimanche	12. mercredi	12. samedi
13. mardi	13. vendredi	13. vendredi	13. lundi	13. mercredi	13. samedi	13. lundi	13. jeudi	13. dimanche

Abbildung 9.10: Ausschnitt des internationalen Kalenders (hier in Französisch)

Insgesamt gibt es drei Einstellungsmöglichkeiten:

1. Einstellung der Wochentagsanzeige in Zelle P2 mit der Auswahl: lang oder kurz (*Daten/Datenüberprüfung/Liste/Quelle*: `lang;kurz`). Dadurch wird später gesteuert, ob ein Wochentag als Sonntag (lang) oder So (kurz) dargestellt wird.
2. Weiterhin wird in Zelle P4 die Ziffernanzeige gesteuert (aus den 24 Zahlencodes). Auch dies erfolgt mittels *Daten/Datenüberprüfung/Liste/Quelle*: `=Zahlencodes`.
3. Die dritte Einstellung ist die eigentlich entscheidende, denn hier bestimmen Sie die Sprache aus der Liste der 114 Ländercodes. In R2 haben wir über *Daten/Datenüberprüfung/Liste/Quelle*: `=Ländercodes` eine Auswahlliste geschaffen.

Zunächst lesen wir den Ländercode mithilfe der in R2 getroffenen Auswahl aus, indem wir die Auswahl im Blatt *Ländercodes* vergleichen (der »SVERWEIS nach links«). Dazu vergeben wir den Namen *LC* (steht für LänderCode) bezogen auf die Formel.

```
=INDEX(Ländercodes!$A:$A;VERGLEICH(Kalender!$R$2;Ländercodes!$C:$C;0))
```

Innerhalb des Namens *TA* prüfen wir die in P2 gewählte Wochentagsanzeige auf »lang«:

TA bezieht sich auf `=$P$2="lang"` (das Ergebnis ist entweder WAHR oder FALSCH).

Weiterhin lesen wir in Abhängigkeit der in P4 getroffenen Ziffernanzeige noch den zugehörigen Zahlencode aus (im Hexadezimalformat). Der Name *ZC* (ZahlenCode) erhält den Bezug:

```
=INDEX(Zahlencodes!$A:$A;VERGLEICH(Kalender!$P$4;Zahlencodes!$B:$B;0))
```

Zunächst erzeugen wir die Formeln für die Wochentage.

```
Wochentag =TEXT(A8;"[$-"&LC&"]"&WENN(TA=1;"TTTT";"TTT"))
```

In Abhängigkeit des Datums aus A8 in unserem Schnellkalender erzeugen wir mit der Funktion TEXT, unter Berücksichtigung des ausgewählten Ländercodes *LC*, das als Wochentag formatierte Datum. Die Ausgabe erfolgt im Format TTTT (*TA* = WAHR) oder TTT (*TA* = FALSCH). Für die Franzosen unter uns ergibt sich für den 01.01.2015 bei *LC* = 40c und *TA* = WAHR:

```
Wochentag =TEXT(A8;"[$-40c]TTTT")="jeudi"
```

Die formatierte Tageszahl erhalten wir auf die gleiche Weise, diesmal nur mit dem Verweis auf den Zahlencode *ZC*:

`Tageszahl =TEXT(A8;"[$-"&ZC&"1E0407] T")=" 1"` (bei westlichem Zahlencode)

Anschließend verketten wir noch Tageszahl und Wochentag und machen die Anzeige von der Referenzzelle unseres Schnellkalenders abhängig:

```
M8: =WENN(A8<>"";Tageszahl&".     "&Wochentag;"")
```

Die Formel aus M8 kopieren wir jetzt bis X38 herunter, denn dort landen wir mit dem 31. Dezember.

Nachdem das geschafft ist, bringen wir noch ein wenig Farbe ins Spiel, indem wir die Wochenenden und die Feiertage farblich hervorheben. Dazu bedienen wir uns der bedingten Formatierung. Wir markieren – beginnend bei M8 – den gesamten Bereich M8:X38 und rufen *Start/Bedingte Formatierung/Neue Regel* auf.

Die erste Bedingung prüft das Datum auf einen Feiertag, die zweite Bedingung prüft auf ein Wochenende, also Samstag oder Sonntag. Die Formeln verstehen sich aus Sicht der Zelle M8, denn sie ist die aktive (= aufrufende) Zelle (*Abb. 9.11*).

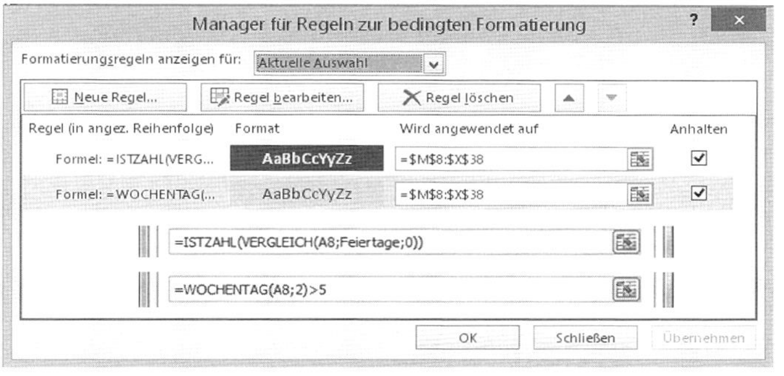

Abbildung 9.11: Dialogfeld zum Definieren einer bedingten Formatierung – Wochenenden und Feiertage einfärben

Das aus dem Schnellkalender ermittelte Datum ist der Suchwert für die Funktion VERGLEICH, die in unserer mit *Feiertage* benannten Matrix nach genau diesem Datum sucht. Ist das Datum nicht vorhanden, liefert VERGLEICH als Ergebnis `#NV` – und `ISTZAHL(#NV)` ist wiederum FALSCH. Also ist die gesamte Bedingung FALSCH und es erfolgt keine Einfärbung des entsprechenden Datums. Ergibt VERGLEICH aber einen Treffer, liefert ISTZAHL im Ergebnis WAHR und das entsprechende Datum wird bedingt farblich hervorgehoben.

In der zweiten Bedingung wird mit der Funktion `WOCHENTAG(A8;2)>5` geprüft, ob es sich um ein Wochenende handelt. Stellt man den optionalen Parameter `[Typ]` der Funktion WOCHENTAG auf 2, dann beginnt die Woche am Montag (=1) und endet am Sonntag (=7). Daher ist jedes Ergebnis, das größer als 5 ist, ein Samstag oder ein Sonntag. Ist das Formelergebnis WAHR, dann wird das Datum bedingt gefärbt, andernfalls nicht.

Jetzt haben wir also auch ein wenig Farbe ins Spiel gebracht. Zu guter Letzt müssen wir noch die Monatsnamen erzeugen, wiederum in Abhängigkeit des gewählten Ländercodes *LC* und mit Bezug auf die Monatsersten des Schnellkalenders:

```
M7: =TEXT(A8;"[$-"&LC&"] MMMM")
```

Und siehe da: Unser Kalender ist fertig.

Er spricht 114 Sprachen, beherrscht 24 Zahlensysteme und passt sich natürlich hinsichtlich der Wochenenden, Feiertage, Schaltjahre etc. immer an das ausgewählte Jahr an.

9.2 Kalender-Tuning

Natürlich kann man noch viel mehr Spielereien einbauen.

9.2.1 Einen bestimmten Arbeitstag ermitteln

Beispielsweise könnte man die *Bedingte Formatierung* noch dafür nutzen, einen ganz bestimmten Arbeitstag je Monat hervorzuheben, an dem zum Beispiel eine Videokonferenz mit allen »multilingualen« Mitarbeitern erfolgt.

Das Ausgangsdatum (hier der Monatserste –1, also der Vormonatsletzte) bezeichnen wir mit *Start*, den gewünschten x-ten Arbeitstag mit *xter*. Zudem gehen wir von einer 5-Tage-Arbeitswoche von Montag bis Freitag aus. Nun erzeugen wir ein dynamisches Array vom ersten bis zum x-ten Tag des Monats. Und damit das auch für *xter* = 1 oder 2 funktioniert, multiplizieren wir *xter* noch mit 3, damit das Array auf jeden Fall eine ausreichende Größe erreicht. Das dynamische Array *VonBis* lautet dann:

```
VonBis: =ZEILE(INDIREKT("1:"&xter*3))
```

Bei *Start* = 31.01.2017 und *xter* = 4 (um beispielhaft den vierten Arbeitstag im Februar 2017 zu ermitteln) erzeugt die Addition von *Start* und *VonBis* das Array mit den zugehörigen Ganzzahlen vom 01.02.2017 (= 42767 – ein Mittwoch) bis zum 12.02.2017 (= 42778):

```
=Start+VonBis =42766+{1;2;3;4;5;6;7;8;9;10;11;12}
={42767;42768;42769;42770;42771;42772;42773;42774;42775;42776;42777;42778}
```

Dieses Array überprüfen wir jetzt mit der Funktion `WOCHENTAG(Datum;2)` auf <6 (Samstag = 6 und Sonntag = 7), um ein neues Array ohne Wochenenden zu erhalten:

```
=WENN(WOCHENTAG(Start+VonBis;2)<6;VonBis)
={1;2;3;FALSCH;FALSCH;6;7;8;9;10;FALSCH;FALSCH}
```

Der x-te Arbeitstag ist jetzt der x-kleinste Eintrag in diesem Array. Also setzen wir nur noch `KKLEINSTE(Matrix;k)` mit k = *xter* darum herum (FALSCH wird von KKLEINSTE ignoriert) und addieren dazu das Startdatum:

```
{=Start+KKLEINSTE(WENN(WOCHENTAG(Start+VonBis;2)<6;VonBis);xter)}
=Start+6 =42772 =06.02.2017
```

Dies ist ein Montag und gleichzeitig der vierte Arbeitstag im Februar 2017.

Erweitern Sie die Wochentagsprüfung auf

```
(WOCHENTAG(Start+VonBis;2)<6)*(ZÄHLENWENN(Feiertage;Start+VonBis)=0)
```

um auch noch Feiertage auszuschließen, die in den Betrachtungszeitraum fallen. *Feiertage* ist der Name eines Bereichs, der die Datumsangaben von Feiertagen enthält, die Sie ausschließen wollen. ZÄHLENWENN liefert hier für jeden Tag des Intervalls WAHR, der kein Feiertag ist.

9.2.2 Kegeln am dritten Samstag des Monats

Ihr Kegelclub trifft sich immer am dritten Samstag des Monats. Da unentschuldigtes Fehlen mit einer Lokalrunde bestraft wird (und es sind stets sehr viele Gäste im Lokal), ist Ihnen sehr daran gelegen, diesen Termin nicht zu verschlafen. Also möchten Sie gerne daran erinnert werden. *Startdatum* ist das Ausgangsdatum, z. B. der 01.05.2017 (Ganzzahl 42856). Der Wochentag hat den Namen *WT*, wobei die Tage von Montag bis Sonntag von 1 bis 7 durchnummeriert sind – für den Samstag also die 6. Der wievielte Wochentag es sein soll, geht aus dem Namen *xte* hervor – im Beispiel also 3. Die Lösung:

```
=Startdatum-1-WOCHENTAG(Startdatum-WT;3)+7*xte
=42856-1-WOCHENTAG(42856-6;3)+7*3 =20.05.2017
```

WOCHENTAG mit der 3 für den Parameter *Typ* lässt die Woche bei 0 (Montag) beginnen und bei 6 (Sonntag) enden (nicht irritieren lassen: *WT* enthält dennoch den Wochentag als Zahl zwischen 1 und 7!). Alternativ zu WOCHENTAG kann man auch die Funktion REST verwenden, die mit dem Divisor 7 und dem um zwei Tage verminderten Startdatum ebenfalls zum Ziel führt:

```
=Startdatum-1-REST(Startdatum-2-WT;7)+7*xte
```

9.2.3 Kalenderwoche

Weiterhin könnte man den Kalender ergänzen, indem man die Kalenderwoche mit einfügt, die sich – bezogen auf ein in A1 stehendes Datum – wie folgt berechnet:

```
=KÜRZEN((A1-WOCHENTAG(A1;2)-DATUM(JAHR(A1+4-WOCHENTAG(A1;2));1;-10))/7)
```

Die vorhandene Analysefunktion KALENDERWOCHE darf in Deutschland mit Excel-Versionen vor 2010 nicht angewendet werden, da sie dort noch strikt nach amerikanischem Standard rechnet. In Deutschland ist die erste Kalenderwoche eines Jahres als die Woche definiert, in die mindestens vier Tage fallen (DIN 1355). Das ist seit 1976 der Fall, als der Wochenbeginn auf Montag festgelegt wurde. Vorher gab es die Kalenderwoche im heute bekannten Sinn also noch gar nicht.

Seit Excel 2010 hat die KALENDERWOCHE-Funktion noch einen zweiten Parameter *Zahl_Typ*, den man für deutsche Daten mit dem Wert 21 belegen muss.

Die Beispiele in *Abb. 9.12* verdeutlichen den »Fehler« in der Funktion KALENDERWOCHE (vor 2010):

B2 =KALENDERWOCHE(A2)

	A	B	C	D	E	F
1	Datum	KW falsch	KW richtig			
2	31.12.2016	53	52			
3	01.01.2016	1	52			
4	16.09.2016	38	37			
5						

Abbildung 9.12: Vergleich der amerikanischen und deutschen Kalenderwoche

Der amerikanische (der weltweit am häufigsten verbreitete) Standard besagt, dass die erste Kalenderwoche eines Jahres die Woche ist, die den 01. Januar enthält. Der Wochentag des Beginns der nächsten Kalenderwochen ist unterschiedlich. In den USA ist es der Sonntag.

Die umgekehrte Berechnung ist ebenfalls von Bedeutung. Der Hersteller einer Ware schreibt: »Lieferung in KW 41« und der Besteller will nun ohne Kalender wissen, wann er mit der Ware rechnen kann.

In A1 steht die Kalenderwoche und in A2 die vierstellige Jahreszahl. Den Montag der KW 41 (jetzt natürlich wieder nach EU-Norm) liefert

```
=DATUM(A2;1;7*A1-3-WOCHENTAG(DATUM(A2;;);3))
```

9.2.4 Quartal

Weiterhin könnte man bestimmen, in welchem Quartal ein bestimmtes Datum liegt. Dafür gibt es mehrere Varianten.

```
=AUFRUNDEN(MONAT(Datum)/3;0)&". Quartal"
```

liest aus dem Datum den Monat aus, teilt diesen durch 3 und rundet das Ergebnis auf. Am Beispiel des 06.06.1960 ergibt die Berechnung `=AUFRUNDEN(6/3;0)=2`. Und für den 23.07.1977: `=AUFRUNDEN(7/3;0)=3`, denn 7/3 = 2,33 und aufgerundet = 3.

Eine andere Variante

```
=MONAT(MONAT(Datum)&0)&". Quartal"
```

liest ebenfalls den Monat aus dem Datum aus und verkettet diesen mit 0. Durch die Verkettung entsteht eine neue Textzahl, die von der äußeren MONAT-Funktion ausgewertet werden kann. Das Ergebnis kann nur eine Ganzzahl zwischen 1 und 4 sein.

Dieselben Beispiele wie zuvor sehen jetzt so aus:

```
=MONAT(MONAT("06.06.1960")&0)=MONAT(6&0)=MONAT(60)=2
=MONAT(MONAT("23.07.1977")&0)=MONAT(7&0)=MONAT(70)=3
```

Hier bewegen wir uns ausschließlich im Jahre 1900, denn die Zahlen 60 und 70 entsprechen im Datumsformat den Daten 29.02.1900 und 10.03.1900. Und wenn man daraus wiederum den Monat extrahiert, erhält man das Quartal. Zugegeben – ein etwas schräger Ansatz. Er funktioniert aber tadellos.

Sollten Sie einmal ein Quartal außerhalb der normalen Jahresfrist 1.1. bis 31.12. berechnen müssen (zum Beispiel zum Bilanzstichtag 30.09.), können Sie das mit dieser Formel erledigen (Datum steht in A1, der Monat des Bilanzstichtags – hier 9 – steht in B1):

```
=AUFRUNDEN(((MONAT(A1)+(MONAT(A1)<=B1)*12)-B1)/3;0)&". Quartal"
```

9.2.5 Sommer- und Winterzeit

Weiter geht's bei unserem Kalender-Tuning mit der Umstellung auf Sommer- (wo halb Deutschland verpennt) und Winterzeit. Die Zeitumstellung erfolgt am letzten Märzsonntag (plus eine Stunde) bzw. Oktobersonntag (minus eine Stunde).

Das jeweilige Datum erhalten Sie mit:

- Winter auf Sommer: `=DATUM(Jahr;4;)-WOCHENTAG(DATUM(Jahr;4;);1)+1`
- Sommer auf Winter: `=DATUM(Jahr;11;)-WOCHENTAG(DATUM(Jahr;11;);1)+1`

Jahr ist die vierstellige Jahreszahl.

9.2.6 Sternkreiszeichen

Falls Sie sich auch schon mal die Frage stellen, warum Sie mit einer bestimmten Kollegin besser und mit einer anderen weniger gut auskommen, könnte das auch astrologisch bedingt sein, denn manche Sternkreiszeichen passen manchmal einfach nicht zueinander. Da Sie die Daten der Sternkreiszeichen nicht im Kopf haben, überlassen Sie einfach Excel die Arbeit.

Zunächst benötigen wir ein Array aller Sternkreiszeichen in der Reihenfolge, wie sie innerhalb eines Jahres angeordnet sind. Dazu gehört auch, dass der Steinbock zweimal vorkommt, da er über den Jahreswechsel Gültigkeit hat.

Somit bezieht sich *Sternkreiszeichen* auf:

```
={"Steinbock";"Wassermann";"Fische";"Widder";"Stier";"Zwillinge";"Krebs";
"Löwe";"Jungfrau";"Waage";"Skorpion";"Schütze";"Steinbock"}
```

Der Einfachheit halber versetzen wir das abgefragte Datum (Name: *Dat*) zurück in das Jahr 1900 und vergeben dafür den Namen *Dat1900* mit Bezug auf:

```
=DATUM(;MONAT(Dat);TAG(Dat))
```

Zum Schluss bilden wir ein aufsteigend sortiertes Array *Tag* aus den Tagen (im Jahr 1900), ab denen das jeweilige Sternkreiszeichen beginnt:

```
={1;21;51;81;112;142;174;205;237;268;298;328;357}
```

Auch hier erhält der Steinbock wieder die Extrawurst mit dem ersten und letzten Eintrag.

Wenn wir jetzt *Dat1900* mit dem Array *Tag* vergleichen, dabei den Vergleichstyp WAHR wählen (bzw. ihn einfach weglassen) und diese Zahl an den Sternkreiszeichen-Index übergeben, dann sind wir auch schon am Ziel:

```
=INDEX(Sternkreiszeichen;VERGLEICH(Dat1900;Tag))
```

Jetzt, wo Sie wissen, dass Ihre am 06.08.1966 (im Jahr 1900 ist das der 219. Tag) geborene Kollegin eine Löwin ist, beantwortet sich vielleicht so manche Frage von selbst.

9.2.7 Muttertag

Die Excel-Mütter werden nicht vergessen – aber was hat eine Mutter mit Gauß zu tun? Muttertag ist der zweite Sonntag im Mai. Dieser lässt sich mit derselben Logik wie die Sommer- und Winterzeit ermitteln:

```
=DATUM(Jahr;5;)-WOCHENTAG(DATUM(Jahr;5;);1)+15
```

Stopp: Eine Mutter will nicht an Pfingsten geehrt werden. Sprich: Fällt der Muttertag auf den Pfingstsonntag, findet er eine Woche vorher statt, um den Müttern die uneingeschränkte Aufmerksamkeit zukommen zu lassen! Das soeben ermittelte Datum *Zweiter_Maisonntag* muss also mit dem *Pfingstsonntag* (Osterformel von Gauß plus 55 Tage) verglichen und bei Übereinstimmung um 7 Tage vorverlegt werden.

```
=Zweiter_Maisonntag-7*(Pfingstsonntag=Zweiter_Maisonntag)
```

Wobei der *Pfingstsonntag* mit dieser Formel ermittelt wird:

```
=DM((TAG(MINUTE(Jahr/38)/2+55)&".4."&Jahr)/7;)*7+43
```

Dieser Fall trat 2008 auf und tritt dann wieder 2035, 2046, 2103 und 2160 auf.

9.2.8 Weihnachten

Zusätzlich zu den vom Ostersonntag abhängigen Feiertagen gibt es weitere, vom ersten Weihnachtstag abhängige, bewegliche Feiertage. Das zu berechnen, ist unspektakulär, da die Beweglichkeit nur darin liegt, dass diese auf einen bestimmten Wochentag (zumeist Sonntag) fallen müssen. Die Ausnahme davon ist der bis 1995 äußerst beliebte Buß- und Bettag: Das ist ein Mittwoch. Die Popularität hat sich mittlerweile aber auf nahe null reduziert, da dieser Feiertag seit 1995 nicht mehr überall arbeitsfrei ist. Nur in Sachsen ist dies noch ein Feiertag. Dafür wird dort aber auch ein höherer Anteil zur Pflegeversicherung fällig. Die sich um Weihnachten rankenden Feiertage errechnen sich wie folgt:

`=DATUM(Jahr;12;25)-WOCHENTAG(DATUM(Jahr;12;25);2)-`*Tage*

Wobei *Tage* für die unterschiedlichen Feiertage folgende Werte annimmt:

- 35: Volkstrauertag
- 32: Buß- u. Bettag
- 28: Totensonntag
- 21: 1. Advent
- 14: 2. Advent
- 7: 3. Advent

Für den 4. Advent entfällt die Subtraktion von *Tage*.

Kapitel 10

Alles ist Zahl – Anwendungen aus der Zahlentheorie

Wer sich auf irgendeine Weise schon mal mit Programmierung beschäftigt hat oder sich einfach für Zahlen interessiert, hat sich wahrscheinlich auch schon einmal mit Primzahlen befasst. Seit ewigen Zeiten sind Zahlentheoretiker auf der Suche nach der allgemein gültigen Formel zur Berechnung der nächsten oder aller Primzahlen.

10.1 Teiler und Primzahlen

Das ist bis heute nicht gelungen, aber man tröstet sich zumindest damit, die schönsten und schnellsten Algorithmen zur Identifizierung einer, wenn auch nur beschränkten, Menge an Primzahlen zu entwickeln. Gibt man bei Google den Begriff »Primzahl« ein, erhält man weit über 300.000 Treffer. Gibt man im Vergleich dazu z. B. den Begriff »Zweifakultät« ein, erhält man nur rund 1.800 Treffer. Da ist es erstaunlich, dass Excel die Add-in-Funktion ZWEIFAKULTÄT zur Verfügung stellt, aber keine Funktion für Primzahlen. Dabei hätten sie es doch wirklich verdient.

Andererseits hätten wir dann auch nicht so viel Spaß daran, einen Algorithmus zu entwickeln, mit dem man mit einer einzigen Excel-Formel auf Primzahlensuche gehen kann.

10.1.1 Teiler

Der Schlüssel zum Erfolg ist auf diesem Weg die Funktion REST. Primzahlen sind Zahlen, die nur durch sich selbst und die Zahl 1 teilbar sind. Die 1 ist ex definitione keine Primzahl. Wir sind also auf der Suche nach Teilern. Möchte man wissen, ob eine Zahl x durch eine andere Zahl y teilbar ist, kann man dies mit der Formel

```
=WENN(REST(x;y)=0; "y ist Teiler von x"; "")
```

ermitteln. `REST(6;3)=0`, denn 3 ist ein Teiler von 6.

Wie wir bereits gelernt haben, lassen sich mit Excel Operationen, die man mit einer Zahl durchführen kann, auch mithilfe eines Arrays für eine ganze Reihe von Zahlen durchführen. Wenn wir also wissen wollen, welche Teiler die Zahl 6 hat (ohne die Zahl selbst), schreiben wir die Formel

```
=WENN(REST(6;{1.2.3.4.5})=0;{1.2.3.4.5}),
```

die als Ergebnis die Matrix `{1.2.3.FALSCH.FALSCH}` liefert.

Die 6 hat also die Teiler 1, 2 und 3.

Die Mathematik teilt alle natürlichen Zahlen hinsichtlich ihrer Teilersumme in drei Gruppen auf:

1. abundante Zahlen, deren Teilersumme größer ist als die Zahl selbst
2. defiziente Zahlen, deren Teilersumme kleiner ist als die Zahl selbst
3. vollkommene Zahlen

Die Zahl 6 ist also eine vollkommene Zahl, denn 1+2+3=6.

Wie kann man die Teilersumme einer beliebigen Zahl berechnen?

Zuerst ersetzen wir das Array `{1.2.3.4.5}` durch `=ZEILE(1:5)`, denn wir wollen uns ja bei großen Zahlen keinen Wolf tippen (`{1.2.3.4.5.6.7.8.9.10.11.12.13......}`), sondern es einfach haben: `=ZEILE(1:65536)`.

Die Länge des Arrays können wir mit INDIREKT dynamisieren.

```
=ZEILE(INDIREKT("1:"& x-1))
```

Die Auflistung der Teiler erreichen wir mit

```
=WENN(REST(x;ZEILE(INDIREKT("1:"& x-1)))=0;ZEILE(INDIREKT("1:"& x-1))).
```

Um diesen Ausdruck setzen wir nur noch die Funktion SUMME und schließen die Formeleingabe mit Strg+⇧+↵ ab *(Abb. 10.1)*:

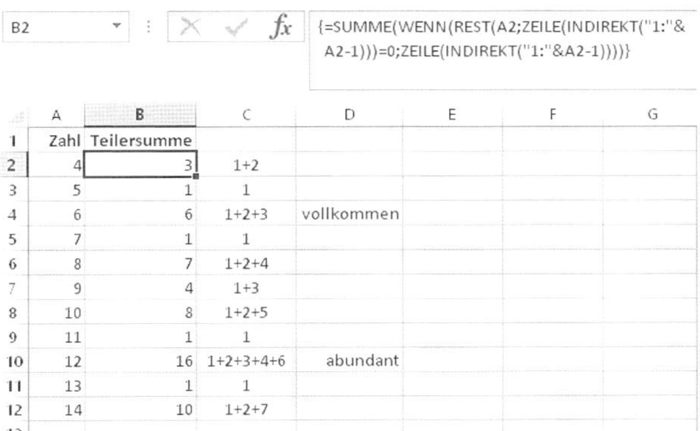

B2 {=SUMME(WENN(REST(A2;ZEILE(INDIREKT("1:"& A2-1)))=0;ZEILE(INDIREKT("1:"&A2-1))))}

	A	B	C	D	E	F	G
1	Zahl	Teilersumme					
2	4	3	1+2				
3	5	1	1				
4	6	6	1+2+3	vollkommen			
5	7	1	1				
6	8	7	1+2+4				
7	9	4	1+3				
8	10	8	1+2+5				
9	11	1	1				
10	12	16	1+2+3+4+6	abundant			
11	13	1	1				
12	14	10	1+2+7				
13							

Abbildung 10.1: Teilersummen von Zahlen

10.1.2 Primzahlen

Sie erahnen es vielleicht, wir sind den Primzahlen schon ganz dicht auf den Fersen. Wenn Sie die Teilersummen betrachten, kommt es nicht von ungefähr, dass die Zahlen 7, 11 und 13 eine Teilersumme von 1 aufweisen. Richtig, das sind schon die ersten Primzahlen.

Wir müssen unsere Teilersummen-Formel nur geringfügig erweitern:

```
=WENN(Teilersumme=1;"Primzahl";"keine Primzahl")
```

Folglich ergibt sich:

```
{=WENN(SUMME(WENN(REST(A2;ZEILE(INDIREKT("1:"&A2-1)))=0;ZEILE
(INDIREKT("1:"&A2-1))))=1;"PRIM";"")}
```

Das war es im Grunde schon. Damit haben Sie sich bereits zum Primzahljäger qualifiziert.

Die Formel kann noch etwas vereinfacht werden:

```
{=WENN(SUMME(WENN(REST(A1;ZEILE(INDIREKT("2:"&A1-1)));0;1));"";"PRIM")}
```

Für jeden gefundenen Teiler wird in der kürzeren Variante statt der Teilerzahl selbst nur noch 1 addiert, denn bei der Primzahlprüfung ist es, im Gegensatz zur Ermittlung der Teilersumme, nicht relevant, wie groß die Teiler sind. Es reicht zu wissen, ob es überhaupt welche gibt.

Noch einfacher und die 2 wird als Primzahl erkannt (andere Denke):

```
{=WENN(KKLEINSTE(REST(A1;ZEILE(Z:Z));3);"PRIM";"")}
```

Die ist aber ressourcenfressend. Oder {ohne geschweifte Klammern}:

```
=WENN(SUMMENPRODUKT((REST(A1;ZEILE(Z:Z))=0)*1)>2;"";"PRIM")
```

Wenn Ihnen das genügt, können Sie zum nächsten Kapitel übergehen. Wenn Sie aber jetzt erst richtig Blut geleckt haben, dann lesen Sie weiter. Das war erst die Pflicht, jetzt kommt die Kür.

Das Zeilenarray `=ZEILE(INDIREKT("1:65536"))` kann nur 65.536 Elemente erfassen (in den neuen Excel-Versionen sind es 2 hoch 20, also 1.048.576).

Mit obiger Formel können Sie also nur Primzahlen bis 65.536 bzw. 1.048.576 aufspüren (mit den einfacheren jeweils das Doppelte). Aber kein Grund zu resignieren, denn wir werden nun Primzahlen bis zur Excel-Rechengrenze von 10 hoch 15 berechnen.

10.2 Sehr große Primzahlen

Bisher haben wir zur Prüfung, ob x eine Primzahl ist oder nicht, alle Zahlen von 1 bis x–1 auf Teilbarkeit überprüft. Es stellt sich die Frage, ob es wirklich nötig ist, die Prüfung bis x–1 durchzuführen. Und da wir diese Frage stellen, können Sie bereits erahnen, dass dem nicht so ist. Betrachten wir die Teiler der Zahl 36 auf einem Zahlenstrahl *(Abb. 10.2)*.

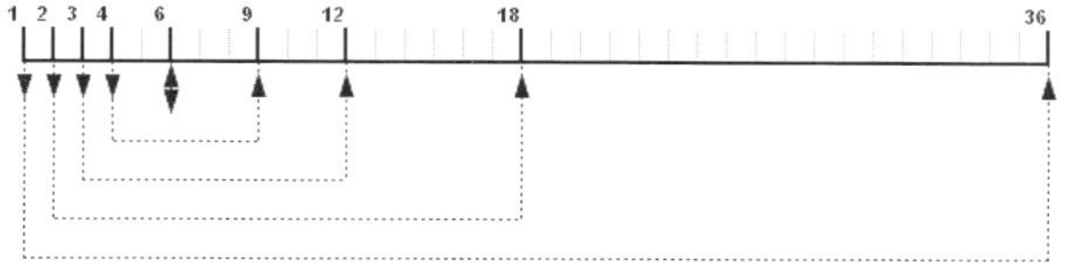

Abbildung 10.2: Teilerpaare der Zahl 36

Alle Teiler der Zahl 36 sind mit Pfeilen markiert. Wenn man die 1 und die 36 ignoriert, bleiben die Zahlen 2, 3, 4, 6, 9, 12 und 18. Die Teiler der Zahl 36, und auch jeder anderen Zahl, treten immer paarweise auf: Bei der Zahl 36 sind es die Paare 2&18, 3&12, 4&9 und die Wurzel 6 paart sich mit sich selbst (die Arme). Mit dieser Erkenntnis können zwei Aussagen getroffen werden:

- Ein Teiler der Zahl x kann niemals größer sein als die Hälfte der Zahl x. Um zu prüfen, ob die Zahl x eine Primzahl ist, müssen nicht alle möglichen Teiler bis x, sondern nur bis x/2 geprüft werden.
- Von einem Teilerpaar muss der kleinere Partner stets kleiner oder gleich der Wurzel der Zahl sein. Der größere Partner muss stets größer oder gleich der Wurzel der Zahl sein. Daraus folgt: Wenn bis zur Wurzel der Zahl x kein Teiler gefunden wurde, ist x eine Primzahl.

Um festzustellen, ob eine Zahl x eine Primzahl ist, müssen wir die Teiler also nur bis zur Wurzel suchen. Oder andersherum: Wenn uns 1.048.576 Elemente zum Suchen zur Verfügung stehen, können wir Primzahlen bis zur Obergrenze von $1.048.576^2$ = 1.099.511.627.776 aufspüren. In unserer Primzahlenformel müssen wir jetzt bloß den Teil

```
ZEILE(INDIREKT("2:"&A1-1))
```

durch

```
ZEILE(INDIREKT("2:"&AUFRUNDEN(A1^0,5;0)))
```

ersetzen. `WURZEL(A1)` kann mit `A1^0,5` dargestellt werden. Die Formel lautet dann insgesamt:

```
{=WENN(SUMME(WENN(REST(A1;ZEILE(INDIREKT("2:"&AUFRUNDEN(A1^0,5;0))));0;1));"";
"PRIM")}
```

Zur besseren Lesbarkeit der Formel ersetzen wir den Ausdruck

```
ZEILE(INDIREKT("2:"&AUFRUNDEN(A1^0,5;0)))
```

durch den Platzhalter *Array*. Dann verbleibt:

```
{=WENN(SUMME(WENN(REST(A1; Array );0;1));"";"PRIM")}
```

Die Formel müsste nun eigentlich bis $1.048.576^2$ funktionieren, aber wenn Sie dies versuchen, erscheint die Meldung `#ZAHL!`. Das liegt daran, dass die Funktion REST nur mit Zahlen bis 2ˆ28-1 (ab Excel 2010 – noch nicht in Excel 2007 – bis 2ˆ41-1) klarkommt.

Da bekanntlich viele Formeln in den Excel-Himmel führen, gibt es auch für diese Sackgasse einen Umweg.

`=REST(5;3)=0` (ergibt `FALSCH`)

prüft, ob 3 ein Teiler von 5 ist. Das Gleiche macht die Alternative

`=5/3=GANZZAHL(5/3)`.

`=REST(2^28;1)` liefert `#ZAHL!`, `=REST(2^28;3)` funktioniert zwar komischerweise wieder, aber `=REST(2^29;3)` wiederum nicht mehr. Die Beschränkung von REST hängt also irgendwie mit dem Verhältnis von Zähler und Nenner zusammen, das einen bestimmten Grenzwert nicht überschreiten darf.

Die Alternative schafft das bis 2ˆ47:

`=2^47/(2^47-1)=GANZZAHL(2^47/(2^47-1))` ergibt FALSCH

Darüber hinaus ist auch bei ihr aufgrund der allgemeinen Grenze von Excels Rechengenauigkeit Sense.

`=2^48/(2^48-1)=GANZZAHL(2^48/(2^48-1))` ergibt WAHR

Excel kann 2ˆ48 nicht von 2ˆ48–1 unterscheiden.

Um die Berechnungsgrenze der Funktion REST in der Primzahlenformel auszuschalten, ersetzen wir sie durch GANZZAHL. Aus

```
REST(A1;Array)
```

wird

```
(A1/Array <> GANZZAHL(A1/Array))*1
```

Die komplette Primzahlenformel lautet dann:

```
{=WENN(SUMME(WENN((A1/Array <> GANZZAHL(A1/Array))*1;0;1));"";"PRIM")}
```

Sie vermag es, Primzahlen bis zur Grenze von $1.048.576^2$ zu berechnen. Die höchste so ermittelte Primzahl ist $1.099.511.627.689 = 1.048.576^2-87$.

10.2.1 Noch größere Primzahlen aufspüren

Wenn Sie so unersättlich sind, dass Ihnen diese Primzahlen immer noch nicht groß genug sind, haben Sie immer noch einen Trumpf im Ärmel. Bisher haben wir ja nur die eindimensionale Arraygrenze von 1.048.576 Elementen ausgenutzt. Wenn Sie sich noch der Spaltendimension bedienen, stehen Ihnen 1.048.576 x 16.384 = 17.179.869.184 Elemente zur Verfügung.

Die obige Primzahlenformel enthält das *Array* mit den Elementen `{2.3.4.5.6.7...?}`. Ob diese Elemente aus einer oder zwei Dimensionen stammen, ist der Funktion GANZZAHL egal. Es könnte sich also auch um ein zweidimensionales Array mit den Elementen `{2.3;4.5;6.7;...?}` handeln. Ziel ist es nun, ein zweidimensionales Array zu erzeugen, das alle Zahlen von 1 bis 17.179.869.184 enthält. Da das nicht so einfach zu veranschaulichen ist, tun wir erst einmal so, also gäbe es nur 5 statt 1.048.576 Zeilen und nur 3 statt 16.384 Spalten. Das Array, das wir benötigen, lautet also:

```
{2.3.4;5.6.7;8.9.10;11.12.13;14.15.16}
```

Aus einer Dimension wäre das kein Problem (`ZEILE(2:16)`), aber wir müssen uns sowohl der Zeilen- als auch der Spaltendimension bedienen. Also lautet die Formel:

```
{=SPALTE(A:C)+(ZEILE(1:5)-1)*3+1}
```

Für den vollen Genuss mit 1.048.536 Zeilen und 16.384 Spalten lautet die Formel folglich:

```
{=SPALTE(A:XFD)+(ZEILE(1:1048536)-1)*16384+1}
```

Das Array hat 17.179.869.184 Elemente und da Zahlen nur bis zur Wurzel auf Teilbarkeit geprüft werden müssen, können damit Primzahlen bis 17.179.869.184^2 gefunden werden. Das sind über 295 Trillionen (21 Stellen) und weit über der Darstellungsmöglichkeit von Excel. Doch seien Sie gnädig mit Ihrer CPU, denn das ist eine extrem ressourcenbindende Berechnung. Zum Testen können Sie sich auch mit einem kleineren Array, beispielsweise mit 260.000 Elementen begnügen:

```
{=SPALTE(A:Z)+(ZEILE(1:10000)-1)*26+1}
```

10.3 Die nächste Primzahl

Im vorangegangenen Abschnitt haben Sie Formeln mit ein- oder zweidimensionalen Arrays gesehen. In vielen Fällen, wie auch bei der Primzahlenformel, können Berechnungen eindimensionaler Arrays auf zwei Dimensionen ausgeweitet werden, ohne dass sich dabei die Rechenlogik ändert. Darüber hinaus gibt es aber Aufgabenstellungen, bei denen das nicht so ohne Weiteres möglich ist. So eine Aufgabenstellung wäre beispielsweise:

Wie lautet, ausgehend von einer vorgegebenen Zahl, die nächsthöhere Primzahl? Mit dem Ergebnis könnte man alle Primzahlen von 1 bis x auflisten. Auf den ersten Blick erscheint diese Aufgabe nicht viel anders zu sein als das Überprüfen einer bestimmten Zahl auf »Primzahl«. Auf den zweiten Blick erkennt man aber, dass die Anforderung viel komplizierter ist und wir noch einen Gang zulegen müssen.

Angenommen, Sie starten bei der Zahl 19 und wollen die nächsthöhere Primzahl ermitteln.

	A	B	C
1	Zahl	Teiler-Array {2;3;4;5}	Primzahl
2			
3	19	{0;0;0;0}	WAHR
4	20	{1;0;1;1}	FALSCH
5	21	{0;1;0;0}	FALSCH
6	22	{1;0;0;0}	FALSCH
7	23	{0;0;0;0}	WAHR
8	24	{1;1;1;0}	FALSCH

Abbildung 10.3: Teilbarkeit der Zahlen 19–24 durch die Teiler 2; 3; 4; 5

Spalte B der *Abb. 10.3* wurde manuell erstellt und soll nur das Prinzip zeigen. Die drei Einsen in B3 machen beispielsweise kenntlich, dass die Zahl 20 durch 2, 4 und 5 teilbar ist, aber nicht durch 3.

Sie müssen zunächst eine Reichweite schätzen, d. h. den maximal möglichen Abstand zur nächsten Primzahl. Je größer die Ausgangszahl, desto größer ist natürlich der mögliche Abstand. Bei Primzahlen bis 1.000 beträgt der Abstand höchstens 20, bis 100.000 höchstens 72. Übrigens beträgt der häufigste Abstand (Modalwert) 6, und zwar auch noch für richtig große Primzahlen von 10^10 oder noch größer. Wenn Sie also mit vielen Leuten wetten, welche Primzahl – ausgehend von einer bestimmten Primzahl – die nächstgrößere sein wird, dann addieren Sie 6 dazu und Sie haben die größte Aussicht auf einen genauen Treffer.

Im Beispiel durchsuchen wir nur einen Abstand von 5, also die Zahlen 20 bis 24. Bisher haben wir immer nur eine Zahl auf Teilbarkeit geprüft, ...

```
=(REST(20;{2;3;4;5})=0)*1
```

... doch nun müssen wir dies für einen ganzen Zahlenbereich tun, was den Einsatz eines weiteren Arrays zur Folge hat.

```
=(REST({20;21;22;23;24};{2;3;4;5})=0)*1
```

scheitert, denn wie wir bereits in den Basics gelernt haben, wird bei gleich dimensionierten Arrays jedes n-te Element des Arrays A mit jedem n-ten Element von Array B berechnet. Hier wollen wir aber allen Zahlen von 20–24 alle Teiler von 2 bis 5 gegenüberstellen. Also muss entweder bei Zahlen oder Teilern die Dimension geändert werden:

`=(REST({20;21;22;23;24};{2.3.4.5})=0)*1` ergibt

```
{1.0.1.1;0.1.0.0;1.0.0.0;0.0.0.0;1.1.1.0}
```

Das sieht schon mal ganz gut aus, hilft uns aber noch nicht wirklich weiter. Jetzt könnte man höchstens die Einsen zusammenzählen und hätte die Anzahl aller Teiler der Zahlen von 20–24 – sie beträgt 8. Das wollten wir aber nicht wissen, sondern wir wollen die nächste Primzahl finden und die liegt dort, wo eine komplette Zeile nur Nullen enthält, denn jede Zeile enthält alle Teiler einer der Zahlen (1 = teilbar) *(Abb. 10.4)*:

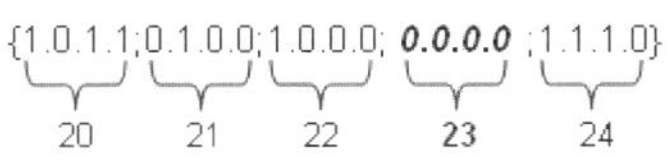

Abbildung 10.4: Array der Teilbarkeitsprüfung der Zahlen 20–24 durch 2; 3; 4; 5

Wie wir sehen, trifft dies für die vierte Zeile zu, die direkt mit dem gesuchten Primzahlenabstand gleichzusetzen ist. Ergo lautet die nächste Primzahl 19 + 4 = 23.

In dem Fall sehen wir zwar, dass die vierte Zeile nur aus Nullen besteht, aber wie kann man es berechnen? Vorhang auf, MMULT betritt die Bühne. In der Excel-Hilfe lesen wir:

MMULT(Matrix1;Matrix2) gibt das Produkt zweier Matrizen

zurück. Das Ergebnis ist eine Matrix, die dieselbe Anzahl von Zeilen wie Matrix1 und dieselbe Anzahl von Spalten wie Matrix2 hat. [?]. Die Anzahl der Spalten von Matrix1 muss mit der Anzahl der Zeilen von Matrix2 übereinstimmen und beide Matrizen dürfen nur Zahlen enthalten.

Es werden also bei dieser Operation bestimmte Regeln eingehalten, die aus der linearen Algebra stammen und deren Einhaltung auch zur Lösung linearer Gleichungssysteme notwendig ist. In diesem Sinne ist die Berechnung

```
{1.2.3.4}*{1.2.3.4}={1.4.9.16}
```

keine Matrixmultiplikation. Nach den vorgenannten Regeln gilt hingegen:

```
=MMULT({1.2.3.4};{1;2;3;4}) = {30}
=MMULT({1;2;3;4};{1.2.3.4}) = {1.2.3.4;2.4.6.8;3.6.9.12;4.8.12.16}
```

Bei einer gewöhnlichen Multiplikation gilt: a*b = b*a. Bei einer Matrixmultiplikation ist dies offenbar nicht der Fall. Vielmehr wird hier jedes n-te Element jeder Zeile der ersten Matrix mit jedem n-ten Element jeder Spalte der zweiten Matrix multipliziert und zu einem Element der Ergebnismatrix aufaddiert *(Abb. 10.5)*.

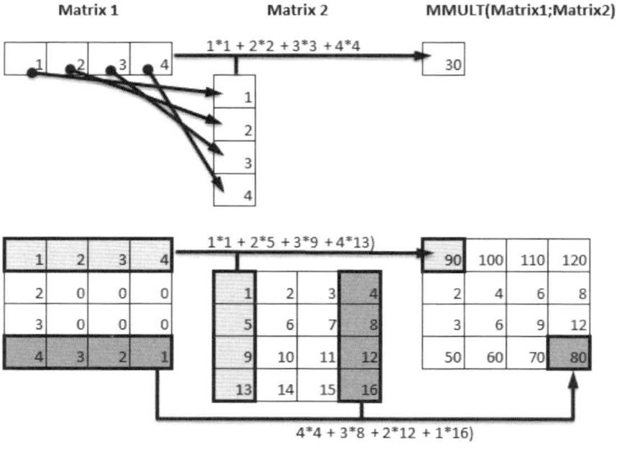

Abbildung 10.5: Rechenlogik der Matrixmultiplikationen

Jetzt versuchen wir, die Kurve zur nächsten Primzahl zu schlagen. Es gilt, rechnerisch zu bestimmen, dass im Array

`{1.0.1.1;0.1.0.0;1.0.0.0; 0.0.0.0 ;1.1.1.0}`

die vierte Zeile ausschließlich aus Nullen besteht und das machen wir mit folgender Matrixmultiplikation *(Abb. 10.6)*:

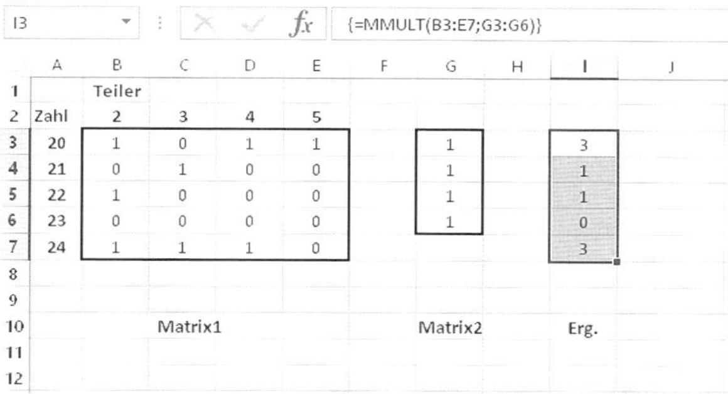
I3 | {=MMULT(B3:E7;G3:G6)}

	A	B	C	D	E	F	G	H	I	J
1		Teiler								
2	Zahl	2	3	4	5					
3	20	1	0	1	1		1		3	
4	21	0	1	0	0		1		1	
5	22	1	0	0	0		1		1	
6	23	0	0	0	0		1		0	
7	24	1	1	1	0				3	
8										
9										
10			Matrix1				Matrix2		Erg.	
11										
12										

Abbildung 10.6: Teilbarkeitsprüfung mit MMULT

Matrix1 ist das Teiler-Array in B3:E7. *Matrix2* ist ein einspaltiges Array, bestehend aus lauter Einsen und mit so vielen Zeilen, wie *Matrix1* Spalten enthält. Diese *Matrix2* bewirkt, dass die Ergebnismatrix in I3:I7 aus den Zeilensummen der *Matrix1* besteht. In I3 steht eine 3, da die Zahl 20 drei Teiler aufweist. In I6 steht eine 0, da die Zahl 23 keinen Teiler besitzt und die Summe aus B6:E6 demnach 0 ist. Die Position der 0 in der eindimensionalen Ergebnismatrix I3:I7 zu finden, ist jetzt nur noch ein Klacks. Die tabellarische Darstellung kann natürlich auch in einer Formel eingefangen werden:

`{=MIN(WENN(MMULT((REST(Zahlen;MTRANS(Teiler))=0)*1;WENN(Teiler;1))=0;Zahlen))}`
mit

Zahlen: `=ZEILE(INDIREKT(Ausgangszahl+1&":"&Ausgangszahl+Reichweite))` und

Teiler: `=ZEILE(INDIREKT("2:"&AUFRUNDEN((Ausgangszahl+Reichweite)^0,5;0)))`

In unserem konkreten Beispiel mit *Ausgangszahl* = 19 und *Reichweite* = 5 gilt:

```
{=MIN(WENN(MMULT((REST({20;21;22;23;24};{2.3.4.5})=0)*1;{1;1;1;1})=0;
{20;21;22;23;24}))}
{=MIN(WENN({3;1;1;0;3}=0;{20;21;22;23;24}))}
= 23
```

`REST(Zahlen;MTRANS(Teiler))=0)*1` erzeugt die *Matrix1*, die die Teiler der Zahlen angibt. `WENN(Teiler;1)` erzeugt *Matrix2*, die einspaltige Matrix, die nur Einsen enthält, denn für jeden Teiler `{2;3;4;5}` greift in dieser WENN-Formel der *Dann_Wert* und macht aus der 1 ein `{1;1;1;1}`.

Abschließend kann festgehalten werden, dass mit MMULT zwei Dimensionen einer Matrix stufenweise berechnet werden können. Im ersten Schritt wird aus der zweidimensionalen Matrix eine eindimensionale Matrix. Im zweiten Schritt wird die resultierende Matrix einer anderen Berechnung unterzogen. Und weil das so schön ist, demonstrieren wir diese Technik noch an einigen anderen Beispielen.

10.4 Die größten Teiler und das kleinste Vielfache

Da wir gerne teilen, unter anderem auch Zahlen, kommen wir noch einmal zurück auf dieses Thema, insbesondere auf gemeinsame Teiler verschiedener Zahlen. Zur Berechnung des größten gemeinsamen Teilers gibt es die Add-in-Funktion GGT. Aber da wir auf der einen Seite Add-in-Funktionen möglichst vermeiden wollen und auf der anderen Seite gerne hinter die Kulissen schauen und Logiken verstehen wollen, versuchen wir nun, GGT »zu Fuß« zu berechnen.

Wie wir bereits wissen, ermittelt man die Teiler einer Zahl mit

`=REST(A1;ZEILE(INDIREKT("1:"&GANZZAHL(A1/2))))=0.`

Für alle Teiler ohne Rest gibt diese Formel WAHR zurück. Der größte gemeinsame Teiler zweier Zahlen ist der größte Teiler, bei dem obige Formel für beide Zahlen den Wert 0 zurückgibt. Steht die zweite Zahl in B1, dann lautet die Bedingung:

`=REST(A1;Teiler) + REST(B1;Teiler) = 0` mit
Teiler: = `ZEILE(INDIREKT("1:"&GANZZAHL($A$1/2)))`

Die Zahl in A1 ist immer die kleinere Zahl. Deshalb werden die potenziellen Teiler von B1 auch nur bis A1/2 geprüft, denn der GGT kann höchstens die Hälfte der kleineren Zahl betragen. Darüber hinaus gibt es nur den einen Sonderfall, dass A1 selbst Teiler von B1 ist, was vorab geprüft wird:

```
{=WENN(REST(B1;A1)=0;A1;MAX(WENN(REST(B1;Teiler)+REST(A1;Teiler)=0;Teiler)))}
```

Beispiel:

```
A1:=16 und B1:=24
Teiler-Rest-A1: = {0;0;1;0;1;4;2;0}
```

```
Teiler-Rest-B1: = {0;0;0;0;4;0;3;0}
GGT=MAX(WENN({0;0;1;0;5;4;5;0}=0;{1;2;3;4;5;6;7;8}))=8
```

Wegen der Zeilenbegrenzung darf die kleinere Zahl nicht größer als 2.097.152 sein. Die Add-in-Funktion GGT kann den größten gemeinsamen Teiler von beliebig vielen Zahlen berechnen. Mit unserer Alternativlösung würde das auch gehen – dann müsste man aber einen riesigen Rattenschwanz erzeugen:

```
=(REST(A1;Teiler)+ REST(B1;Teiler)+ … + REST(X1;Teiler) + … ) = 0
```

Mit der gezeigten MMULT-Technik können Sie die einzelnen Zahlen »en bloc« ansprechen: Für fünf Zahlen, die in A1:E1 stehen, ermittelt sich der GGT beispielsweise aus

```
{=MAX(WENN(MMULT(REST(A1:E1;Teiler);{1;1;1;1;1})=0;Teiler))}.
```

Auch hier muss die kleinste Zahl in A1 stehen. Die Anordnung der Zahlen B1:E1 spielt keine Rolle. Wenn A1 selbst Teiler aller Zahlen von B1:E1 ist, ist A1 selbst der GGT.

```
{=WENN(UND(REST(B1:E1;A1)=0);A1;…}
```

Bis Excel 2003 konnte eine Dimension einer Matrix nur 5.461 Elemente enthalten. Die kleinste Zahl durfte zur Berechnung des GGT mit MMULT also nicht größer als 5.461*2 = 10.922 sein. Die Größe der anderen Zahlen spielte dann keine Rolle.

10.4.1 KGV

Das Gegenstück zum größten gemeinsamen Teiler mehrerer Zahlen ist das kleinste gemeinsame Vielfache. Auch dafür gibt es eine Add-in-Funktion mit dem nahe liegenden Namen KGV. Das KGV der Zahlen 8 und 14 ist beispielsweise 56 *(Abb. 10.7)*.

	A	B	C
1	8	14	Faktor
2	16	18	2
3	24	42	3
4	32	56	4
5	40	70	5
6	48	84	6
7	56	98	7
8	64	112	8
9	72	126	9
10	80	140	10
11	88	154	11
12	96	168	12

Abbildung 10.7: Vielfache der Zahlen 8 und 14

Aus jeder Zahl wird eine Folge ihrer Vielfachen gebildet und das Vielfache, das zuerst bei beiden Zahlen vorkommt, ist ihr KGV. Die Formel

```
{=8*MIN(WENN(ISTZAHL(VERGLEICH(8*Faktor;14*Faktor;0));Faktor))}
{=8*MIN(WENN(ISTZAHL({#NV.#NV.#NV.#NV.#NV.#NV.4.#NV});{1.2.3.4.5.6.7.8}))}= 8*7
= 56
```

mit

Faktor:={1.2.3.4.5.6.7.8}

offenbart es. Im ersten Argument von VERGLEICH werden alle Vielfachen der 8 als Suchkriterium eingestellt. Die zu durchsuchende Matrix enthält die Vielfachen von 14. Nur bei 8*7 liefert VERGLEICH eine Zahl, nämlich 4 (14*4=56), ansonsten #NV!. Das siebte Suchkriterium liefert also einen Treffer und dies ist auch das Resultat der MIN-Funktion, die dann nur noch mit 8 multipliziert werden muss. Die Matrix *Faktor* beginnt im Übrigen nur deshalb bei 1, damit auch das KGV von zwei identischen Zahlen korrekt ermittelt werden kann (auch wenn es eher sinnfrei ist).

Man kann noch ein bisschen geschickter vorgehen, indem man die Vielfachen der größeren Zahl in der Funktion REST als Zahl einsetzt und prüft, ob die kleinere Zahl 8 ein Teiler dieser Vielfachen ist.

```
{=14*MIN(WENN(REST(14*Faktor;8)=0;Faktor))}
{=14*MIN(WENN(REST({14.28.42.56.70.84.98.112};8)=0;{1.2.3.4.5.6.7.8}))}
```

Das liefert dann ebenso 56.

Die Anzahl der Elemente in *Faktor* entspricht der Höhe der kleineren Zahl (hier 8), da das KGV höchstens das Produkt der beiden Zahlen (14*8=112) sein muss, falls nicht schon ein kleineres KGV gefunden wird. Das Array 14*{1.2.3.4.5.6.7.8} muss folglich das KGV enthalten. Das KGV von mehreren Zahlen lässt sich ebenfalls mit MMULT berechnen. Die Zahlen stehen in A1:E1, wobei in A1 die größte Zahl steht. Das KGV ergibt sich aus:

```
{=A1*MIN(WENN(MMULT((REST(A1*(ZEILE(1:100000));A1:E1)>0)*1;{1;1;1;1;1})=0;
ZEILE(1:100000))))}
```

MMULT verträgt keine Leerzellen oder null. Soll mit dieser Formel z. B. nur das KGV von A1 bis D1 berechnet werden, darf E1 nicht gelöscht werden – da gehört dann eine 1 rein.

10.5 Exkurs MMULT: Welche Spalte ist sortiert?

Diese Frage passt zwar eigentlich nicht in den Bereich der Zahlentheorie, ist aber noch ein sehr anschauliches Beispiel zur zweistufigen Berechnung zweidimensionaler Arrays mithilfe von MMULT. Sie haben die Wertetabelle in *Abb. 10.8* und wollen prüfen, ob eine bestimmte Spalte sortiert ist oder nicht.

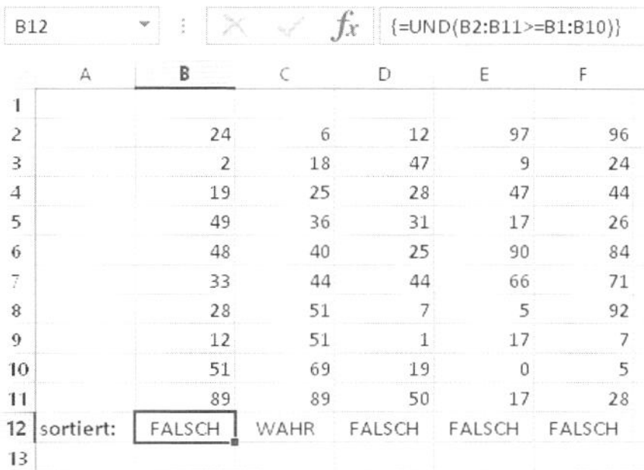
B12 {=UND(B2:B11>=B1:B10)}

	A	B	C	D	E	F
1						
2		24	6	12	97	96
3		2	18	47	9	24
4		19	25	28	47	44
5		49	36	31	17	26
6		48	40	25	90	84
7		33	44	44	66	71
8		28	51	7	5	92
9		12	51	1	17	7
10		51	69	19	0	5
11		89	89	50	17	28
12	sortiert:	FALSCH	WAHR	FALSCH	FALSCH	FALSCH
13						

Abbildung 10.8: Prüfung, ob Spalten sortiert sind

Die Arrayformel in B12 prüft, ob eine Zelle immer größer/gleich ist als ihr Nachbar darüber. Gilt das für alle Zellen im Bereich B2:B11, ist die Spalte per Definition aufsteigend sortiert und die Formel liefert WAHR.

Diese Formel prüft, ob eine Spalte sortiert ist oder nicht. Schwieriger ist die Fragestellung, **welche** der Spalten des Bereichs sortiert sind, und das Ganze weiterhin mit nur einer Formel. Dies ist ein Fall für MMULT *(Abb. 10.9)*:

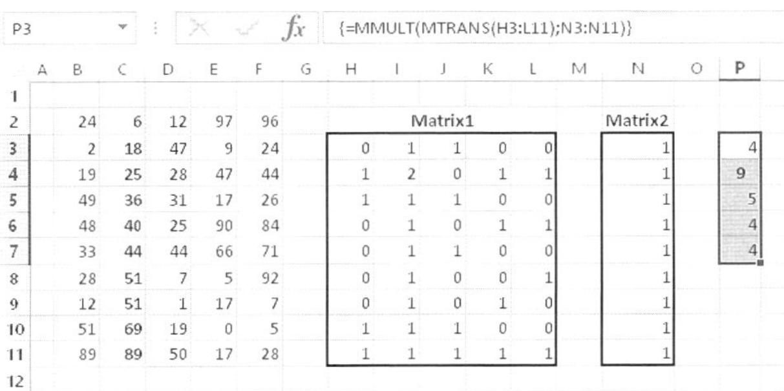
P3 {=MMULT(MTRANS(H3:L11);N3:N11)}

	A	B	C	D	E	F	G	H	I	J	K	L	M	N	O	P
1																
2		24	6	12	97	96				Matrix1				Matrix2		
3		2	18	47	9	24		0	1	1	0	0		1		4
4		19	25	28	47	44		1	2	0	1	1		1		9
5		49	36	31	17	26		1	1	1	0	0		1		5
6		48	40	25	90	84		0	1	0	1	1		1		4
7		33	44	44	66	71		0	1	1	0	0		1		4
8		28	51	7	5	92		0	1	0	0	1		1		
9		12	51	1	17	7		0	1	0	1	0		1		
10		51	69	19	0	5		1	1	1	0	0		1		
11		89	89	50	17	28		1	1	1	1	1		1		
12																

Abbildung 10.9: Prüfung mit MMULT, ob Zahlen sortiert sind

Im Bereich H3:L11 (*Matrix1*) wird geprüft, ob die Werte in B3:F11 größer/gleich als ihre Nachbarn darüber sind (1 = ja; 0 = nein).

`H3:= (B3>=B2)*1` (kopieren bis L11)

Eine Spalte gilt dann als sortiert, wenn alle Werte in *Matrix1* den Wert 1 enthalten, was in Spalte I unschwer zu erkennen ist. Rechnerisch ist die Bedingung erfüllt, wenn die Spaltensumme 9 beträgt. Die Berechnung der Spaltensumme ist die erste Stufe, die mithilfe der MMULT-Funktion in P3:P7 erfolgt:

```
{=MMULT(MTRANS(H3:L11);N3:N11)}
```

Bei den Primzahlen und Teilern haben wir mit MMULT *Matrix1* zeilenweise summiert. Hier wollen wir die Spalten summieren. Deshalb wird *Matrix1* transponiert. Die *Matrix2* muss ja so viele Zeilen haben, wie *Matrix1* Spalten hat. Da *Matrix1* zuvor transponiert wurde, sind dies neun Zeilen und nicht fünf. In der resultierenden Matrix muss dann in der zweiten Stufe nur noch die Position der 9 gefunden werden. Die entsprechende Formel ohne die ganzen Hilfsspalten lautet:

```
{=MIN(WENN(MMULT(MTRANS((B3:F11>B2:F10)*1);WENN(ZEILE(1:9);1))=9;ZEILE(1:5)))}
Ergebnis: 2
```

Die 2 besagt, dass die zweite Spalte des Bereichs sortiert ist. Wären mehrere sortierte Spalten vorhanden und Sie wollten alle ermitteln, dann müssten Sie die MIN-Funktion durch `KKLEINSTE(Matrix;k)` ersetzen. Mit steigendem k gelangen Sie dann zu allen Treffern.

10.6 Quersummen

Aus der Mathematik ist uns der Begriff Quersumme bestens bekannt. Als Quersumme bezeichnet man das Ergebnis der Addition aller Ziffern einer Zahl. Das klingt zunächst wenig spektakulär, jedoch liefert die Quersumme wertvolle Hilfe im Bereich der sogenannten Teilbarkeitsregeln. Die Frage, ob die Zahl 255.636 durch 9 teilbar ist, lässt sich mithilfe der Quersumme im Handumdrehen beantworten, denn solange die Quersumme der Zahl durch 9 teilbar ist, gilt dies auch für die Zahl selbst. 2+5+5+6+3+6=27 – und 27/9=3. Dieselbe Regel gilt für die Teilbarkeit durch 3. Und auch eine Teilbarkeit durch 6 lässt sich mit der Quersumme ermitteln, solange die Zahl gerade ist (das ist natürlich für die Teilbarkeit durch 6 eine Grundvoraussetzung) und die Quersumme durch 3 teilbar ist. Demnach ist die Zahl 255.636 ebenfalls durch 6 teilbar.

Verwunderlich ist allerdings, dass die Excel-Programmierer seinerzeit offensichtlich vergessen haben, eine derartige Funktion in den Funktionskatalog mit aufzunehmen. Dabei ist ihre Programmierung doch derart simpel, dass – zumindest für Ganzzahlen – selbst der ungeübte VBA-Anwender schnell auf folgende eigene Funktion (UDF) kommt:

```
Function Quersumme(Zahl As String) As Long

Dim l As Long
For l = 1 To Len(Zahl)
    Quersumme = Quersumme + Clng(Mid(Zahl, l, 1))
Next l
End Function
```

Aber wie wir noch sehen werden, ist auch die Umsetzung ohne VBA problemlos möglich. Dass wir den Quersummen einen eigenen Abschnitt widmen, hat mit einer Ausweitung der Aufgabenstellung zu tun.

Wir untersuchen jetzt vier aufeinander aufbauende Aufgaben:

1. Ermittlung der Quersumme einer fünfstelligen Zahl
2. Ermittlung der Quersumme einer beliebig langen Zahl
3. Ermittlung der »Quersumme Spezial« einer fünfstelligen Zahl. Dabei wird jede zweite Ziffer – beginnend bei der ersten – zunächst mit 2 multipliziert, von dem jeweiligen Ergebnis wird wiederum die Quersumme gebildet und in die Gesamtsumme übernommen (die eigentliche Ziffer nicht mehr). Die zweite und vierte Ziffer wird unverändert mit in die Gesamtsumme übernommen.
4. Ermittlung der »Quersumme Spezial« für eine beliebig lange Zahl.

Ermittlung der Quersumme einer fünfstelligen Zahl

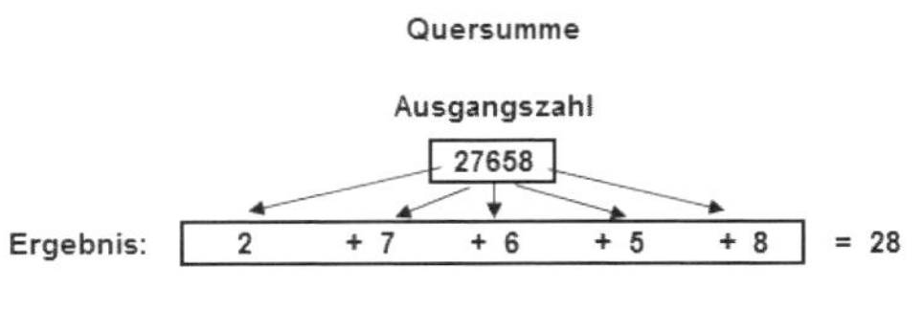

Abbildung 10.10: Schaubild zur Rechenlogik Quersumme

In Zelle D4 – diese hat den Namen *Zahl*– steht die Ausgangszahl *(Abb. 10.10)*, in diesem Beispiel 27.658. Wir wollen die Quersumme dieser Zahl ermitteln: 2+7+6+5+8 = 28.

Die Überlegung ist einfach: Wir müssen die Zahl in ihre fünf Ziffern aufteilen und diese dann summieren. Eine umständliche Lösung könnte mit der Funktion TEIL so aussehen:

```
=TEIL(Zahl;1;1)+TEIL(Zahl;2;1)+TEIL(Zahl;3;1)+TEIL(Zahl;4;1)+TEIL(Zahl;5;1)
```

Sie liefert zweifelsohne das korrekte Ergebnis, wird aber spätestens dann unbrauchbar, wenn die Länge der Ausgangszahl variieren kann (siehe auch Aufgabe 2). Daher stellen wir bereits bei dieser Aufgabe eine andere Überlegung an.

Anstatt die Funktion TEIL mit dem jeweils um 1 erhöhten Parameter *Erstes_Zeichen* fünfmal zu addieren, ersetzen wir diesen Parameter durch eine Matrixkonstante, die aus den Ziffern 1 bis 5 besteht: `{1.2.3.4.5}`.

Eingebaut in die Funktion TEIL sieht das dann so aus:

```
=TEIL(Zahl;{1.2.3.4.5};1) ={"2"."7"."6"."5"."8"}
```

Da die Funktion SUMME bekanntlich nicht willens und in der Lage ist, Texte (als solche liegen die Ziffern in der Ergebnismatrix vor – zu erkennen an den "") innerhalb einer Matrix zu addieren, machen wir Zahlen daraus, indem wir die Matrixelemente mit 1 multiplizieren. Anschließend summieren wir diese Matrix:

```
=SUMME(TEIL(Zahl;{1.2.3.4.5};1)*1) =SUMME({2.7.6.5.8}) =28
```

Et voilà! Aufgabe 1 ist gelöst!

Quersumme einer beliebig langen Zahl

Jetzt ist es aber eher unwahrscheinlich, dass die Länge der Ausgangszahl von vornherein bekannt ist. Sie kann also durchaus variieren. Spätestens hier wird sehr deutlich, warum die reine Addition der Ziffern mit der Funktion TEIL höchst unflexibel ist:

```
=TEIL(Zahl;1;1)+WENN(LÄNGE(Zahl)>1;TEIL(Zahl;2;1))+WENN(LÄNGE(Zahl)>2;TEIL
(Zahl;3;1))+WENN(LÄNGE(Zahl)>3;TEIL(Zahl;4;1))+WENN(LÄNGE(Zahl)>4;TEIL(Zahl;5;
1))+......+WENN(LÄNGE(Zahl)>n;(TEIL(Zahl;n;1)))
```

Es müsste also für jede Ziffer einzeln geprüft werden, ob sie überhaupt vorhanden ist. Und das muss sich bis zur maximalen Länge (n) der Ausgangszahl wiederholen. Ein in der Tat sehr mühseliges Unterfangen.

Da gegenüber Aufgabe 1 die Länge der Ausgangszahl nicht bekannt ist, können wir keine Matrixkonstante wie `{1.2.3.4.5}` verwenden. Wir müssen sie also dynamisieren und besinnen uns dabei auf die INDIREKT-Variante, indem wir das Zeilenarray von 1 bis `LÄNGE(Zahl)` erzeugen:

```
=ZEILE(INDIREKT("1:"&LÄNGE(Zahl)))
```

... ergibt für eine zehnstellige Zahl das Array `{1;2;3;4;5;6;7;8;9;10}`.

Der Rest ist identisch mit der Lösung für eine fünfstellige Zahl. Es wird nur die Matrixkonstante `{1.2.3.4.5}` durch das dynamische Zeilenarray ausgetauscht:

```
{=SUMME(TEIL(Zahl;ZEILE(INDIREKT("1:"&LÄNGE(Zahl)));1)*1)}
```

Wunderbar! Auch diese Aufgabe ist gelöst.

Und jetzt gehen wir noch einen Schritt weiter. Dieselbe Aufgabe lässt sich auch lösen, ohne die exakte Länge der Ausgangszahl mittels des dynamischen Zeilenarrays zu ermitteln. Das führt aber zunächst einmal zu einem Problem. Die Ausgangszahl ist beispielsweise 3 Ziffern lang, z. B. 582. Eine Matrixkonstante von 1 bis 5 ergibt

```
=SUMME(TEIL(582;{1.2.3.4.5};1)*1) =SUMME({"5"."8"."2".""."")*1).
```

Da die nicht vorhandenen Zeichen (4 und 5) in der Ergebnismatrix als Leerstrings dargestellt werden, ist die Multiplikation mit 1 nicht möglich, denn `""*1` ergibt `#WERT!` und das würde das gesamte Ergebnis verhageln:

```
=SUMME({5.8.2.#WERT!.#WERT!}) =#WERT!
```

Wie kann man jetzt verhindern, dass am Ende die zwei Leerstrings entstehen? Hier bedienen wir uns eines kleinen, aber äußerst wirkungsvollen Tricks. Wir fügen in unserer Ursprungsformel ein *0&* sowie ein weiteres Klammerpaar ein, das dafür sorgt, dass die Verkettung vor der Multiplikation stattfindet.

```
=SUMME((0&TEIL(582;{1.2.3.4.5};1))*1)
```

Daraus folgt:

```
=SUMME((0&{"5"."8"."2".""."")}*1) =SUMME(({"05"."08"."02"."0"."0"})*1)
```

Es wird also jedem Matrixelement eine Null vorangestellt. Die weitere Auswertung ergibt:

```
=SUMME({5.8.2.0.0}) = 15
```

Und siehe da: Die Fehlerwerte sind verschwunden. Die Formel liefert das gewünschte Ergebnis. Der kleine Trick mit der vorangestellten Null hat also verhindert, dass in der Matrix Leerstrings entstehen, beeinflusst das Ergebnis mathematisch aber in keiner Weise, da eine Addition von null nicht ergebniswirksam ist.

Statt der hier testweise verwendeten Matrixkonstanten `{1.2.3.4.5}` lässt sich auch der Ausdruck `SPALTE(1:1)` einsetzen, sodass unser Endprodukt so aussieht:

```
{=SUMME((0&TEIL(Zahl;SPALTE(1:1);1))*1)}
```

Natürlich könnten Sie auch `ZEILE(1:20)` oder `ZEILE(1:100000)` einsetzen, aber hierbei ist zu bedenken, dass jedes einzelne Element von ZEILE() innerhalb der Formel »abgearbeitet« wird – bei `ZEILE(1:100000)` sind dies also 100.000 Berechnungen. Hat die Ausgangszahl nur drei Ziffern, sind das bereits 99.997 überflüssige Berechnungen, die schnell auf die Performance der Anwendung drücken können. `SPALTE(1:1)` ist da schon weniger verschwenderisch, aber um die beste Performance zu erreichen, greift man wieder auf die Lösung mit INDIREKT zurück, die nur so viele Berechnungen durchführt, wie gerade eben nötig sind, da sich die dynamische Ermittlung des Zeilenarrays exakt an der Länge der Ausgangszahl orientiert.

10.7 Besonders schräge Quersummen

Aus einer fünfstelligen Zahl soll die Quersumme ermittelt werden. Allerdings keine gewöhnliche Quersumme, sondern die »Quersumme Spezial«.

»Quersumme Spezial«, erster Teil

Zunächst soll jede zweite Ziffer – beginnend mit der ersten von links – mit 2 multipliziert werden. Aus dem Ergebnis dieser Multiplikation wird die Quersumme berechnet, die dann – statt der Ziffer selbst – mit in die Gesamtsumme einfließt.

Zum besseren Verständnis die Visualisierung in *Abbildung 10.11*:

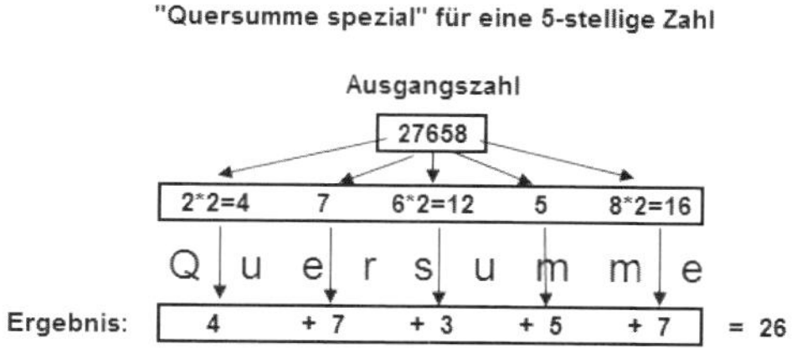

Abbildung 10.11: Schaubild zur Rechenlogik »Quersumme Spezial«

In der mit *Zahl* benannten Zelle D4 steht die Ausgangszahl: 27.658.

Auch hier basteln wir zunächst einmal eine herkömmliche Lösung mit den Textfunktionen LINKS, RECHTS und TEIL sowie der Logikfunktion WENN:

```
=LINKS(LINKS(Zahl;1)*2)+WENN(LINKS(Zahl;1)*2>9;RECHTS(LINKS(Zahl;1)*2;1))+TEIL
(Zahl;2;1)+LINKS(TEIL(Zahl;3;1)*2)+WENN(TEIL(Zahl;3;1)*2>9;RECHTS(TEIL(Zahl;3;
1)*2;1))+TEIL(Zahl;4;1)+LINKS(RECHTS(Zahl;1)*2)+WENN(RECHTS(Zahl;1)*2>9;RECHTS
(RECHTS(Zahl;1)*2;1))
```

Hier gilt wiederum: ein mehr als mühseliges Unterfangen. Und gar nicht erst dran zu denken, wenn später (in Aufgabe 4) die Länge der Ausgangszahl nicht von vornherein feststeht, diese also variieren kann.

Zu Beginn müssen wir erst einmal wieder die Ausgangszahl in ihre einzelnen Ziffern zerlegen. Das geschieht wieder mit:

```
=TEIL(Zahl;{1.2.3.4.5};1)*1 ={2.7.6.5.8}
```

Damit ist uns hier aber nicht geholfen, denn es sollen ja die erste, dritte und fünfte Ziffer mit 2 multipliziert werden.

Die Multiplikation mit 1 könnte man auch wie folgt formulieren:

```
=TEIL(Zahl;{1.2.3.4.5};1)*{1.1.1.1.1}
```

Also ändern wir die Einsermatrix entsprechend ab:

```
=TEIL(Zahl;{1.2.3.4.5};1)*{2.1.2.1.2} ={4.7.12.5.16}
```

Alle fünf Ziffern werden abwechselnd mit 2 und 1 multipliziert und es entsteht die neue Matrix {4.7.12.5.16}.

Das ist jetzt fast die halbe Miete, denn wir haben es geschafft, die erste, dritte und fünfte Ziffer mit 2 zu multiplizieren, die zweite und vierte Ziffer hingegen unverändert zu übernehmen. Jetzt kommt Teil 2 der Aufgabe, denn von den einzelnen Zahlen der Matrix {4.7.12.5.16} muss ja nun wieder die Quersumme gebildet werden. Also müssen wir diese auch wieder irgendwie in ihre einzelnen Ziffern zerlegen, sodass unsere Wunschmatrix in etwa so aussieht:

```
{4.7.1.2.5.1.6}
```

Jetzt kommt die zweite Matrixdimension ins Spiel. Wir lesen wieder die einzelnen Matrixelemente mit einer weiteren TEIL-Funktion aus:

```
=TEIL(TEIL(Zahl;{1.2.3.4.5};1)*{2.1.2.1.2}&0;{1;2};1)
```

Wir lesen also mit der zweiten TEIL-Funktion die Ziffern der Matrix {4.7.12.5.16} aus, die wir mit der ersten TEIL-Funktion erzeugt haben. Die Verkettung mit &0 ist deshalb wieder notwendig, damit jedes Matrixelement mindestens aus zwei Zeichen besteht, um Berechnungen mit Leerstrings "" zu vermeiden.

Setzen wir die Ergebnismatrix der ersten TEIL-Funktion in die Formel ein, erhalten wir:

```
=TEIL({4.7.12.5.16}&0;{1;2};1)
```

Jetzt werten wir noch die Verkettung mit &0 zusätzlich aus und erhalten folgende Matrix:

```
=TEIL({"40"."70"."120"."50"."160"};{1;2};1)
```

Durch die Verkettung mit &0 werden die Matrixelemente zunächst wieder in Texte umgewandelt, zu erkennen an den Anführungszeichen "". Die zweite Teilfunktion liest jetzt einzeln die ersten beiden Zeichen {1;2} der horizontalen Matrix {"40"."70"."120"."50"."160"} aus. Und damit sie das auch korrekt erledigen kann, muss diese Matrix {1;2} vertikal – also in der anderen Dimension – vorliegen, mit dem Semikolon als Trennzeichen zwischen den beiden Matrixelementen.

```
=TEIL(TEIL(Zahl;{1.2.3.4.5};1)*{2.1.2.1.2}&0;{1;2};1)
=TEIL({"40"."70"."120"."50"."160"};{1;2};1)
={"4"."7"."1"."5"."1";"0"."0"."2"."0"."6"}
```

Die Ergebnismatrix mit den Textzahlen – im Übrigen inzwischen zweidimensional, zu erkennen an dem Semikolon als Zeilentrenner zwischen 1 und 0 – muss jetzt wieder durch Multiplikation mit 1 in echte Zahlen umgewandelt werden, um sie anschließend mit SUMME summieren zu können:

```
=SUMME(TEIL(TEIL(Zahl;{1.2.3.4.5};1)*{2.1.2.1.2}&0;{1;2};1)*1)
=SUMME({4.7.1.5.1;0.0.2.0.6}) =26
```

Très bien! Wir erhalten unser gesuchtes Ergebnis 26!

»Quersumme Spezial«, zweiter Teil

Im allerletzten Schritt wollen wir die gleiche Aufgabe, diesmal aber für beliebig lange Zahlen, lösen. Gegenüber der vorigen Aufgabe ergeben sich lediglich zwei Änderungen. Die Matrixkonstante `{1.2.3.4.5}` ersetzen wir zunächst durch `SPALTE(1:1)`. Das kennen wir bereits von der normalen Quersummenformel. Allerdings haben wir keine Lust, das Array `{2.1.2.1.2}` manuell auf ebenfalls 16.384 Elemente mit – im Wechsel – 8.192 Zweien und 8.192 Einsen auszuweiten. Also überlassen wir die Erzeugung dieses Arrays den Fähigkeiten von Excel. Und da kommt uns die Funktion REST wieder einmal wie gerufen, denn mit dem Divisor 2 liefern aufsteigende Zahlen immer abwechselnd den Rest 1 und 0. Wenn wir jetzt noch 1 addieren, dann haben wir unsere Matrix aus Zweien und Einsen:

```
=1+REST(SPALTE(1:1);2) ={2.1.2.1.2.1.2.1.2.1.2.1.2.1.2.1.........2.1.2.1}
```

Die Endformel aus der vorigen Aufgabe lautete:

```
=SUMME(TEIL(TEIL(Zahl;{1.2.3.4.5};1)*{2.1.2.1.2}&0;{1;2};1)*1)
```

Jetzt bauen wir die *Änderungen* ein und erhalten:

```
{=SUMME(TEIL((0&TEIL(Zahl;SPALTE(1:1);1))*(1+REST(SPALTE(1:1);2))&0;{1;2};1)*1)}
```

Das funktioniert jetzt für maximal 16.384 Ziffern. Eine Ausweitung auf 1.048.576 ist auch noch drin, wenn man die Matrixdimensionen tauscht, für `SPALTE(1:1)` also `ZEILE(A:A)` einsetzt und die Matrix `{1;2}` in `{1.2}` dreht:

```
{=SUMME(TEIL((0&TEIL(Zahl;ZEILE(A:A);1))*(1+REST(ZEILE(A:A);2))&0;{1.2};1)*1)}
```

Aber da diese Variante extrem ressourcenfressend ist, raten wir dringend davon ab!

Kapitel 11

Zahlensysteme

Eine der klassischen Disziplinen im sportlich ambitionierten Programmierer-Mehrkampf ist das Umrechnen von Zahlensystemen. Excel bietet Add-in-Funktionen zur Umwandlung von Dezimalzahlen in das Binärsystem, das Oktalsystem, das Hexadezimalsystem und wieder zurück. Die Funktionen haben die sprechenden Namen DEZINBIN, DEZINOKT, DEZINHEX, HEXINDEZ, OKTINDEZ, BININDEZ.

Als Zahlenbastler gibt man sich damit natürlich nicht zufrieden, vor allem weil diese Add-in-Funktionen teilweise rabiaten Größenbeschränkungen unterliegen. Hexadezimalzahlen können nur bis 2^39–1 umgewandelt werden, Oktalzahlen bis 2^29–1 und Binärzahlen gerade mal bis 2^9–1.

Wetten, dass Sie mit einer Handvoll Standardfunktionen ebenso Zahlensysteme umwandeln können, und zwar besser, höher und weiter? Die Logik, die hinter der Umwandlung steht, tut überhaupt nicht weh.

11.1 Von der Dezimalzahl zu den Bits und zurück

Betrachten wir uns die Binärzahlen von 0 bis 7.

000
001
010
011
100
101
110
111

Wenn wir den Fokus nicht auf die Binärzahlen je Zeile legen, sondern die Ziffern spaltenweise von rechts nach links betrachten, erhalten wir die drei Zahlenfolgen:

- {0;1;0;1;0;1;0;1}
- {0;0;1;1;0;0;1;1}
- {0;0;0;0;1;1;1;1}

Diese Folgen gehorchen einer simplen Gesetzmäßigkeit, die Ziffern 0 und 1 wiederholen sich periodisch. Der Wechsel von 0 auf 1 erfolgt in der ersten Folge bei jeder Ziffer, bei der zweiten Folge findet bei der zweiten Ziffer ein Wechsel statt. Bei der dritten Folge wird nach vier Ziffern gewechselt und allgemein wird bei der n-ten Folge alle $2^{(n-1)}$-ten Ziffern von 0 auf 1 oder umgekehrt gewechselt. Die n-te Folge bestimmt, ob die Binärzahl an der n-ten Stelle von rechts eine 1 oder eine 0 enthält.

Wie lassen sich diese Folgen mit Excel-Formeln berechnen? Sich periodisch wiederholende Zahlenfolgen erzeugt man am besten mit der Funktion REST. Schreiben Sie in irgendeine Spalte der ersten Zeile

```
=REST(ZEILE();2)
```

und kopieren Sie die Formel nach unten, erhalten Sie schon die erste Zahlenfolge der Binärzahl, allerdings beginnend bei 1, nicht bei 0. Das leuchtet ein, denn jede ungerade Dezimalzahl beginnt im Binärsystem von rechts mit einer 1. Um die zweite Zahlenfolge zu erhalten, müssen wir die Periodenlänge verdoppeln, also teilen wir `ZEILE()` durch 2.

```
=REST(ZEILE()/2;2)
```

Nach unten kopiert ergibt sich die Folge

```
{0,5 ; 1 ; 1,5 ; 0 ; 0,5 ; 1 ; 1,5},
```

von der uns allerdings nur der ganzzahlige Teil interessiert. Deshalb machen wir daraus

```
=KÜRZEN(REST(ZEILE()/2;2))
```

mit dem Resultat:

```
{0;1;1;0;0;1;1}
```

Auch hier haben wir die erste 0 für die Umwandlung der Dezimalzahl 0 unterschlagen. Die dritte Folge erhalten wir mit

```
=KÜRZEN(REST(ZEILE()/4;2)).
```

Diese Excel-Formel können wir natürlich auch in allgemeiner Form schreiben, die n-te Folge beginnt in der ersten Zeile mit der Formel:

```
=KÜRZEN(REST(ZEILE()/2^(n-1);2))
```

Mit dieser Formel können wir also die Aussage treffen, ob eine in das binäre System umgewandelte Dezimalzahl an der n-ten Stelle (von rechts) eine 1 enthält oder nicht. In der Computerwelt von Bits und Bytes bezeichnet man diese Prüfung auch als »Bit-Test«. Führt man diesen Bit-Test für jede Stelle der Binärzahl durch und verkettet die Ergebnisse, erhält man die komplette Binärzahl. Wir fassen das Gelernte in der folgenden Tabelle zusammen (*Abb. 11.1*):

C2 | =KÜRZEN(REST($A2/2^C$1;2))

	A	B	C	D	E	F	G	H	I	J
1	DEZ		4	3	2	1	0		BIN	
2	0		0	0	0	0	0		00000	
3	1		0	0	0	0	1		00001	
4	2		0	0	0	1	0		00010	
5	3		0	0	0	1	1		00011	
6	4		0	0	1	0	0		00100	
7	5		0	0	1	0	1		00101	
8	6		0	0	1	1	0		00110	
9	7		0	0	1	1	1		00111	
10	8		0	1	0	0	0		01000	
11	9		0	1	0	0	1		01001	
12	10		0	1	0	1	0		01010	

Abbildung 11.1: Umrechnungstabelle Dezimalzahl => Binärzahl

Ab A2 werden alle Dezimalzahlen aufgelistet. In C1:G1 stehen die Zweierpotenzen der n-ten Folge (n-1). Die erste Folge in Spalte G wird also mit `G1=0` potenziert. Die zweite Folge in Spalte F mit `F1=1` usw. In C2:G12 werden die Bit-Tests durchgeführt:

`C2: =KÜRZEN(REST($A2/2^C$1;2))`(kopiert bis G12)

Durch Verkettung werden schließlich in Spalte I die Binärzahlen erzeugt:

```
I2: =C2&D2&E2&F2&G2
```

Die führenden Nullen denken wir uns weg, beim Verstehen der Logik stören sie überhaupt nicht. Wenn die Dezimalzahlen größer werden, reichen die fünf Spalten von C:G natürlich nicht mehr aus und müssen erweitert werden.

Von den Bits zurück zu den Dezimalzahlen

Der Rückweg ist schnell erzählt. Jede Dezimalzahl lässt sich als Summe von Zweierpotenzen darstellen. Welche Zweierpotenz jeweils addiert werden muss, zeigt die Binärzahl. Die Binärzahl 1010 wird durch die Berechnung

```
=2^(1-1)*0+2^(2-1)*1+2^(3-1)*0+2^(4-1)*1
```

in die Dezimalzahl 10 umgerechnet. Jetzt brauchen wir die Binärzahl in den nachfolgenden Spalten K:O nur wieder in ihre Einzelziffern aufzuteilen und jedes Bit mit der entsprechenden Zweierpotenz zu multiplizieren (*Abb. 11.2*).

	I	J	K	L	M	N	O	P	Q
1	BIN		4	3	2	1	0		DEZ
2	00000		0	0	0	0	0		0
3	00001		0	0	0	0	1		1
4	00010		0	0	0	2	0		2
5	00011		0	0	0	2	1		3
6	00100		0	0	4	0	0		4
7	00101		0	0	4	0	1		5
8	00110		0	0	4	2	0		6
9	00111		0	0	4	2	1		7
10	01000		0	8	0	0	0		8
11	01001		0	8	0	0	1		9
12	01010		0	8	0	2	0		10

Abbildung 11.2: Umrechnungstabelle Binärzahl => Dezimalzahl

`K2: =LINKS(RECHTS($I2;K$1+1);1)*2^K$1` (kopiert bis O12)

`Q2: =SUMME(K2:O2)` (kopiert bis Q12)

11.2 Umwandlung beliebiger Zahlensysteme

Die Formel des Bittests lässt sich nicht nur auf das Binärsystem anwenden, sondern auch auf beliebige andere Zahlensysteme. Wenn *Sys* der Platzhalter für das Zahlensystem ist, dann lautet die Formel allgemein:

```
=KÜRZEN(REST(Zahl/Sys^(n-1);Sys))
```

Das gilt zumindest für alle Systeme, die kleiner sind als das Dezimalsystem. Wir testen dies nun beispielsweise am Oktalsystem mit *Sys* = 8. Gleichzeitig gehen wir einen Schritt weiter und verzichten auf die tabellarische Darstellung der Spalte C:G. Die Oktalzahl kann nämlich direkt mit einer einzigen Arrayformel ermittelt werden, indem alle 8er-Potenzen auf einmal potenziert werden. Bei der Dezimalzahl 249 ergibt dann

```
{=KÜRZEN(REST(249/Sys^({5;4;3;2;1}-1);Sys))}
```

das Array

```
{0;0;3;7;1}.
```

Würde man die Elemente des Arrays verketten, ergäbe dies die richtige Oktalzahl 173. In Excel hat man aber leider nicht diese komfortable Möglichkeit wie in VBA mit der JOIN-Funktion. Mit einem kleinen Rechentrick ist es aber dennoch möglich, denn man kann die Elemente mit Zehnerpotenzen multiplizieren und dann summieren, was quasi einem Verketten gleichkommt.

```
{=SUMME(KÜRZEN(REST(249/Sys^({5;4;3;2;1}-1);Sys))*10^{4;3;2;1;0})}
=SUMME({0;0;3;7;1}*{10000;1000;100;10;1})
=371
```

Auch die Umwandlung von der Oktalzahl zur Dezimalzahl funktioniert mit einer Arrayformel, die Achterpotenzen können auf einmal berechnet werden. Zunächst wird die Oktalzahl in ihre Einzelziffern zerlegt:

```
=TEIL(371;{1;2;3};1) = {3;7;1}
```

Dann werden die einzelnen Elemente mit der passenden Achterpotenz multipliziert:

```
=TEIL(371;{1;2;3};1)*8^({3;2;1}-1) = {192;56;1}
```

Und zum Schluss summiert:

```
=SUMME(TEIL(371;{1;2;3};1)*8^({3;2;1}-1)) = 249
```

Die Länge der Arrays `{1.2.3}` bzw. `{3.2.1}` hängt natürlich von der Länge der umzuwandelnden Zahl ab und kann mit

```
=ZEILE(INDIREKT("1:"&LÄNGE(371)))
```

dynamisiert werden.

Es ist auch denkbar, Zahlensysteme zu kreieren, die keine Ziffern, sondern Buchstaben enthalten. Im Oktalsystem kämen beispielsweise nicht die Ziffern von 0 bis 7, sondern die Buchstaben von A bis G vor. Die Bit-Testformel würde man dann wie folgt erweitern:

```
{=ZEICHEN(KÜRZEN(REST(249/8^({3.2.1}-1);8))+64)}
```

oder auch

```
{=WAHL(KÜRZEN(REST(249/8^({3.2.1}-1);8));"A";"B";"C";"D";"E";"F";"G")}
```

Aus beiden Alternativen resultiert das Array

```
={"C"."G"."A"}(C=3, G=7, A=1).
```

Das einzige Problem ist, dass nun der schöne Verkettungstrick mit den Zehnerpotenzen nicht funktioniert, denn das funktioniert natürlich nur mit Ziffern und nicht mit Buchstaben. Um die Oktalzahl »CGA« zu erhalten, bleibt uns nichts anderes übrig, als die Formel für jede Stelle der Zahl separat zu ermitteln und die Resultate danach mit & zu verketten. Statt `({3.2.1}-1)` auf einmal, müssen Sie dann ^2, ^1 und ^0 in drei separaten Formeln berechnen.

Bei der Umkehrrechnung (Oktalzahl in Dezimalzahl) stellt sich dieses Problem nicht, dies funktioniert mit Buchstaben genauso schön, entweder

```
={SUMME((CODE(TEIL("CGA";{1;2;3};1))-64)*8^({3;2;1}-1))}=249
```

oder

```
{=SUMME(VERGLEICH(TEIL("CGA";{1;2;3};1);{"A";"B";"C";"D";"E";"F";"G"};0)
*8^({3;2;1}-1))} = 249.
```

Beide Varianten, sowohl CODE als auch VERGLEICH in Kombination mit TEIL, wandeln die Buchstaben wieder in die Ziffern von 1 bis 8 um und multiplizieren diese dann mit der Achterpotenz.

Warum sollte man Ziffernsysteme mit Buchstaben erzeugen? Dafür kann es drei Gründe geben. Erstens: Sie wollen Zahlen chiffrieren, beispielsweise eine Telefonnummer, die die Ehefrau nicht kennen sollte. Zweitens: aus purem Vergnügen. Und Drittens: Weil Sie ein Zahlensystem verwenden, bei dem Sie mit den Ziffern von 0 bis 9 nicht mehr auskommen, und das ist gar nicht weit hergeholt, denn da fällt uns sofort das Hexadezimalsystem ein, also das 16er-System, bei dem die Ziffern von 0 bis 9 sowie die Buchstaben A, B, C, D, E und F verwendet werden.

Um mit dem 16er-System zu rechnen, benötigen wir ein Array mit den Ziffern

```
={0;1;2;3;4;5;6;7;8;9;"A";"B";"C";"D";"E";"F"},
```

das Sie am besten in einen Namen *Ziffern* packen, um bequemer darauf zugreifen zu können. Dieses Array können Sie außerdem beliebig dynamisieren, indem Sie noch einen Namen *Array* bezogen auf

```
=ZEILE(INDIREKT("1:"&sys))
```

erstellen (*sys* ist die Ordnungszahl des Systems, beim Hexadezimalsystem also 16) und dann dem Namen *Ziffern* alternativ die Formel

```
=WENN(array-1>9;ZEICHEN(array+54);array-1)&""
```

zuordnen. Die allgemein gültige Formel zur Umrechnung einer Zahl eines beliebigen Systems in eine Dezimalzahl lautet dann:

```
{=SUMME((VERGLEICH(TEIL("ABC123";{1;2;3;4;5;6};1);Ziffern;0)-1)
*sys^(6-ZEILE(1:6)))}
```

`= 11.256.099` (bei *sys* = 16)

`6-Zeile(1:6)` verlangt hier eine sechsstellige Zahl. Das lässt sich mit

```
{=LÄNGE(Zahl)-ZEILE(INDIREKT("1:"&LÄNGE(Zahl)))}
```

natürlich auch noch dynamisieren.

Die Umrechnung von der Dezimalzahl in ein beliebiges System kann wegen des Verkettungsproblems nicht in einer Zelle durchgeführt werden, sondern nur tabellarisch (*Abb. 11.3*).

J2 | =INDEX(Ziffern;KÜRZEN(REST($A2/sys^J$1;sys))+1)

	A	B	C	D	E	F	G	H	I	J	K	L	M
1	DEZ		7	6	5	4	3	2	1	0	sys:	16	
2	249		0	0	0	0	0	0	F	9		000000F9	
3	1234		0	0	0	0	0	4	D	2		000004D2	
4	1235		0	0	0	0	0	4	D	3		000004D3	
5	10000		0	0	0	0	2	7	1	0		2710	
6	11000		0	0	0	0	2	A	F	8		00002AF8	
7	123456789		0	7	5	B	C	D	1	5		075BCD15	
8	123456790		0	7	5	B	C	D	1	6		075BCD16	
9	123456791		0	7	5	B	C	D	1	7		075BCD17	
10	123456792		0	7	5	B	C	D	1	8		075BCD18	

Abbildung 11.3: Umrechnungstabelle Dezimalzahl => Hexadezimalzahl

In Spalte A steht die Dezimalzahl. In C:J werden die einzelnen Stellen der Zahl des Zielsystems berechnet, die in Spalte L nur noch mit & verkettet werden.

```
C2: =INDEX(Ziffern;KÜRZEN(REST($A2/sys^C$1;sys))+1) (kopiert bis J10)
```

KÜRZEN kann hier weggelassen werden, da INDEX sowieso nur den ganzzahligen Teil der Berechnung beachtet. Zelle L1 trägt den Namen *Sys*. Weiterhin gilt:

```
Ziffern=WENN(array-1>9;ZEICHEN(array+54);array-1)&""
Array=ZEILE(INDIREKT("1:"&sys))
```

Bei sehr großen Zahlen kann die Funktion REST an ihre Grenzen stoßen und muss durch GANZZAHL ersetzt werden. Eine Alternative zur Umwandlung einer Dezimalzahl in ein beliebiges anderes Zahlensystem liefert folgende Tabelle in *Abb. 11.4.*

	A	B	C	D	E
1	Zahlensystem:	35			
2	Dezimalzahl:	752.449.373.223	23	N	N
3		21498553520	10	A	AN
4		614244386	21	L	LAN
5		17549839	34	Y	YLAN
6		501423	13	D	DYLAN
7		14326	11	B	BDYLAN
8		409	24	O	OBDYLAN
9		11	22	B	BOBDYLAN
10		0			BOBDYLAN
11		0			**BOBDYLAN**

Abbildung 11.4: Alternative Umrechnungstabelle Dezimalzahl => beliebiges Zahlensystem

```
B3: =GANZZAHL(B2/$B$1)
C2: =WENN(B2=0;"";B2-GANZZAHL(B2/$B$1)*$B$1)
D2: =WENN(C2="";"";WENN(C2>9;ZEICHEN(55+C2);C2))
E2: =D2&E1
```

B3 und C2:E2 werden beliebig nach unten kopiert. Die letzte Zeile der Spalte E enthält dann das Endergebnis.

Ab Excel 2013 gibt es die Funktion BASIS. Damit wird obiges erschlagen durch:

`=BASIS(752449373223;35)` ergibt BOBDYLAN

Und für die Rückrechnung die Funktion DEZIMAL:

`=DEZIMAL("BOBDYLAN";35)` ergibt 752449373223

11.3 Excels hexadezimale Farbpalette

Übrigens verwaltet Excel (nicht nur Excel) seine Farben in Hexadezimalzahlen. So ist beispielsweise CC99FF ein Pseudonym für Hellrosa. Aquamarin wird mit CCCC33 codiert und die Farbe Lavendel nennt sich schlicht FF99CC, wer hätte das gedacht? Das kommt daher, dass Excel (bzw. Windows) mit dem RGB-Farbmodell arbeitet.

Jede Farbe setzt sich aus einer Mischung von Rot-, Grün- und Blautönen zusammen. Jeder dieser drei Töne kann einen Wert von 0 bis 255 annehmen. Das sind genau 16^2 (was für ein Zufall) Töne je Farbe, also insgesamt 16^6 = 16.777.216 mögliche Farben. Zu sehen ist das beispielsweise im Eigenschaften-Editor von Steuerelementen oder seit Excel 2007 auch bei der Farbformatierung einzelner Zellen (*Abb. 11.5*).

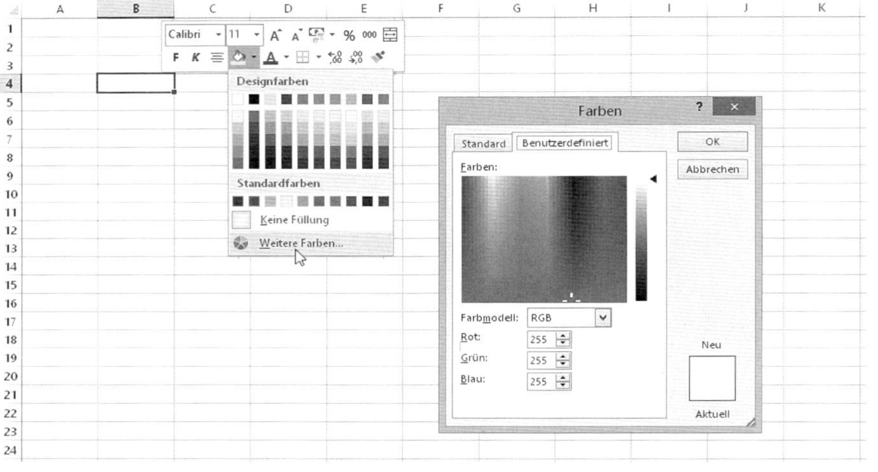

Abbildung 11.5: Dialogfelder für Farbpaletten nach dem RGB-Modell

Man kann auch sagen, das RGB-Modell ist ein 256er-Zahlensystem. Die Farbe Lavendel mit der Hexadezimalzahl FF99CC lautet dezimal

```
=15*16^5+15*16^4+9*16^3+9*16^2+12*16^1+12*16^0 = 16751052,
```

was sich in die RGB-Werte umrechnen lässt:

```
Rot: =KÜRZEN(REST(16751052;256))=204
Grün: =KÜRZEN(REST(16751052/256;256)) = 153
Blau: =KÜRZEN(REST(16751052/256^2;256)) = 255
```

Andersherum können Sie natürlich auch aus RGB-Werten eine Hexadezimalzahl ableiten und somit die Farbeinstellungen im Eigenschaftsfenster eines Steuerelements komfortabler konfigurieren (*Abb. 11.6*):

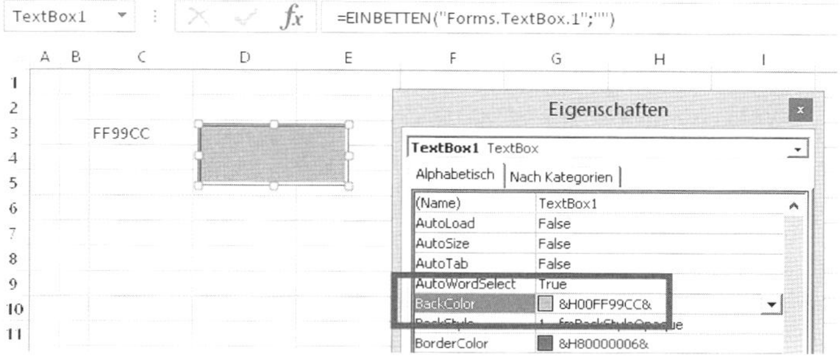

Abbildung 11.6: Textbox-Eigenschaften: BackColor *als Hexadezimalzahl einstellen*

Die richtige Hexadezimalzahl in C3 für Lavendel ergibt sich aus

```
C3: =DEZINHEX(16751052)
```

11.4 Arabisch => Römisch und vice versa

Wenn Sie in einer Excel-Tabelle die Hefte Ihrer Asterix-Sammlung auflisten und durchnummerieren wollen, benötigen Sie eine Funktion zur Zahlensystemumwandlung völlig anderer Art. Die Funktion RÖMISCH sorgt in diesem Fall für das authentische »look and feel«. Schreiben Sie in A1 die Formel

```
=RÖMISCH(ZEILE())
```

und kopieren Sie sie nach unten. Dann erhalten Sie die Liste

```
I;II;III;IV;V;VI;VII;VIII;IX;X;XI;XII;XIII;XIV;XV
```

Das können Sie treiben bis zur Zeile 3999 und der römischen Zahl MMMCMXCIX, danach ist Sense. Mit einer leichten Modifikation kann man die Grenze noch auf 4999 erweitern. `=WENN(ABS(4999)>3999;"M"&RÖMISCH(ABS(4999)-1000);RÖMISCH(ABS(4999)))`

```
=MMMMCMXCIX
```

Noch größere römische Zahlen könnte man durch das Wiederholen des Symbols M, das für 1.000 steht, erreichen. M war das größte Zeichen, das die Römer hatten. Im Altertum benutzten die Römer eigentlich andere Sonderzeichen für 1.000 oder noch größere Zahlen. Erst im Mittelalter wurden diese Sonderzeichen durch das M ersetzt. 10.000 war dann MMMMMMMMMM.

Sie können aus einer römischen Zahl die entsprechende arabische Zahl berechnen. Ab Excel 2013 gelingt dies mit der Funktion ARABISCH in der Form

```
=ARABISCH("MMXV")
```

Aber auch in älteren Excel-Versionen lassen sich römische Zahlen in arabische umwandeln. Dazu packen Sie alle verfügbaren Römer von 1 bis 3.999 in ein Array

```
=RÖMISCH(ZEILE(INDIREKT("1:3999")))
```

und suchen mit der Funktion VERGLEICH, an der wievielten Stelle dieses Arrays die gesuchte Zahl gefunden wird.

```
{=VERGLEICH("XI";RÖMISCH(ZEILE(INDIREKT("1:3999")));0)}
=11
```

VERGLEICH liefert die Position des Treffers und das ist gleichzeitig die richtige arabische Zahl.

Wenn wir schon bei Römern und Arabern sind, wollen wir andere Kulturkreise natürlich nicht diskriminieren, hier soll jeder zu seinem Recht kommen. Sie werden staunen, wie sprachbegabt Ihr PC ist, vorausgesetzt, Sie haben eine Excel-Version >= 10 (Excel XP). Ihnen steht dazu die Funktion TEXT zur Verfügung, die Sie mit einem speziellen Zahlenformat kombinieren können (*Abb. 11.7*):

Land	Code	Format	Ziffern
Westlich	10	[$-10E0407] 0	**1234567890**
Arabisch-Indisch	20	[$-20E0407] 0	١٢٣٤٥٦٧٨٩٠
erweitertes Arabisch-Indisch	30	[$-30E0407] 0	۱۲۳۴۵۶۷۸۹۰
Devanagari	40	[$-40E0407] 0	१२३४५६७८९०
Bengalisch	50	[$-50E0407] 0	১২৩৪৫৬৭৮৯০
Gurmukhi	60	[$-60E0407] 0	੧੨੩੪੫੬੭੮੯੦
Gujarati	70	[$-70E0407] 0	૧૨૩૪૫૬૭૮૯૦
Orija	80	[$-80E0407] 0	୧୨୩୪୫୬୭୮୯୦
Tamilisch	90	[$-90E0407] 0	௧௨௩௪௫௬௭௮௯0
Telugu	A0	[$-A0E0407] 0	౧౨౩౪౫౬౭౮౯౦
Kannada	B0	[$-B0E0407] 0	೧೨೩೪೫೬೭೮೯೦
Malayalarm	C0	[$-C0E0407] 0	൧൨൩൪൫൬൭൮൯൦
Thai	D0	[$-D0E0407] 0	๑๒๓๔๕๖๗๘๙๐
Laotisch	E0	[$-E0E0407] 0	໑໒໓໔໕໖໗໘໙໐
Tibetanisch	F0	[$-F0E0407] 0	༡༢༣༤༥༦༧༨༩༠
Japanisch	1B0	[$-1B0E0407] 0	一二三四五六七八九〇
Chinesisch	1F0	[$-1F0E0407] 0	壹貳叁肆伍陸柒捌玖零
Koreanisch	270	[$-270E0407] 0	일이삼사오육칠팔구영

Abbildung 11.7: Liste der multilingualen Zahlencodes

In Spalte B steht der länderspezifische Code. Das Zahlenformat in Spalte C ergibt sich aus

```
C2: ="[$-"&B2&"E0407] 0".
```

Die Ziffern werden dann mit der Formel

```
D2: =TEXT(1234567890;C2)
```

angezeigt. Natürlich können Sie die Spalten B:D zusammenfassen und erhalten mit

```
=TEXT(1234567890;"[$-1F0E0407] 0")
```

die chinesischen Ziffern der vorgegebenen Zahl.

11.5 Neunhundertneunundneunzigmillionen Zahlwörter

Zahlen in Wörtern sind ein ganz besonderes Zahlensystem – und Gott sei Dank sind wir keine Franzosen.

11.5.1 Deutsche Sprache, schwere Sprache

Es heißt einundvierzig, einundfünfzig, einundsechzig, aber nicht einunddreizig, sondern einunddreißig. Zwischen 11 und 29 sind das nicht Einziger und Zweiziger, sondern Zehner und Zwanziger. Einundeinzig heißt bekanntlich elf und zweiundeinzig bezeichnet man im Allgemeinen als zwölf. O.k., dann geht's aber logisch weiter mit dreizehn, vierzehn, fünfzehn, sechszehn – halt: sechzehn (ohne s) und dann kommt ganz klar siebzehn (statt siebenzehn) – aber dann natürlich wieder achtzehn und neunzehn.

Zwanzig, dreißig, vierzig, fünfzig, sechzig (ohne s), siebzig statt siebenzig, achtzig und neunzig bis neunundneunzig.

Dieses Prinzip wiederholt sich dann bis 999, nur dass eben die Hunderter davor gesetzt werden. Einhundert, zweihundert, dreihundert usw. Wenn wir diese Logik bis 999 draufhaben, ist das bereits mehr als die halbe Miete. Denn darüber hinaus wiederholt sich das Ganze in jeder Tausenderpotenz, nur dass zusätzlich die jeweilige Tausenderpotenz kenntlich gemacht wird. Tausend, Million(en), Milliarde(n), Billion(en) usw. Der Rest bleibt identisch. 123.123.123 heißt in Wörtern:

- einhundertdreiundzwanzigmillionen
- einhundertdreiundzwanzigtausend
- einhundertdreiundzwanzig

Wie leicht zu erkennen ist, bestehen also alle Zahlwörter aus Ziffernblöcken mit drei Stellen. Jeder Block beginnt mit dem Hunderterzahlwort (einhundertdreiundzwanzig) und endet mit der Tausenderpotenz. Das war schon die ganze Theorie, jetzt beginnen wir mit dem Zusammenbau der Zahlwörter.

Als ersten Baustein benötigen wir die Wörter der einstelligen Ziffern. Wir vergeben den Namen *Einer* bezogen auf das Array

```
={"";"ein";"zwei";"drei";"vier";"fünf";"sechs";"sieben";"acht";"neun"}
```

Das Array beginnt mit einem leeren String, denn die Null wird nie ausgesprochen und der Eins fehlt das s, das in der Regel auch nicht ausgesprochen wird.

Als zweiten Baustein benötigen wir die Wörter der Zehnerziffern, die wir in den Namen *Zehner* packen, der sich auf das Array

```
={"";"zehn";"zwanzig";"dreißig";"vierzig";"fünfzig";"sechzig";"siebzig";
"achtzig";"neunzig"}
```

bezieht.

Weiterhin benötigen wir zwei Namen, in denen sämtliche Sonderfälle abgebildet sind. Die Sonderzahlen lauten:

```
{0.1.11.12.16.17}
```

Und die dazugehörigen Wörter lauten:

```
={"". "eins". "elf". "zwölf". "sechzehn". "siebzehn"}
```

Die beiden Arrays erhalten die Namen *SonderZ* und *SonderW*. Jetzt können wir mit dem Tabellenaufbau beginnen (*Abb. 11.8*):

	A	B	C	D	E	F	G	H	I	J	K	L	M
1													
2	Stelle:	9.	8.	7.	6.	5.	4.	3.	2.	1.	Nachkommastellen		
3	879.645.312,45	8	7	9	6	4	5	3	1	2	0	4	5
4				achthundert			sechshundert			dreihundert			
5				neun			fünf			zwei			fünf
6				und			und						und
7				siebzig			vierzig			zehn			vierzig
8				achthundertneunundsiebzig			sechshundertfünfundvierzig			dreihundertzwölf			fünfundvierzig
9				millionen			tausend						Komma
10				achthundertneunundsiebzigmillionen			sechshundertfünfundvierzigtausend			dreihundertzwölf			
11													
12	achthundertneunundsiebzigmillionensechshundertfünfundvierzigtausenddreihundertzwölf Komma fünfundvierzig												

Abbildung 11.8: Zahlen in Wörter – Deutsch

In A3 steht die Zahl. Wir beschränken uns hier auf Zahlen bis 999.999.999. Zunächst müssen die einzelnen Ziffern der Zahl auf die neun benachbarten Zellen B3:M3 aufgeteilt werden. Dazu erinnern wir uns an das bisherige Kapitel, in dem wir mit der »Bit-Testformel«

```
=KÜRZEN(REST(ZEILE()/2^(n-1);2))
```

aus einer Dezimalzahl einzelne Stellen der entsprechenden Binärzahl (Bits) separiert haben. Mit der gleichen Formel können aus einer Dezimalzahl einzelne Ziffern herausgezogen werden. In B2:J2 steht die Position der Ziffer, die berechnet werden soll. (Diese Zellen enthalten Werte, der Punkt wird über das Zahlenformat erzeugt.) Dann schreiben Sie in

```
B3: =KÜRZEN(REST($A$3;10^B2)/10^(B2-1))
```

und kopieren die Formel bis J3, womit Sie die einzelnen Ziffern der Zahl erhalten. Die Formeln, die das Zahlwort des ersten – aus drei Ziffern bestehenden – Blocks berechnen, stehen im Bereich D4:D9.

```
D4: =INDEX(Einer;B3+1)&WENN(B3;"hundert";"")
```

berechnet das Hunderter-Zahlwort, das sich aus der *Einer*-Ziffer und dem Zusatz »Hundert« zusammensetzt.

```
D5: =INDEX(Einer;D3+1)
```

berechnet das Wort der ersten Ziffer von links des Dreierblocks (hier die siebte Stelle).

```
D6: =WENN(UND(C3>1;D3);"und";"")
```

generiert lediglich das »und« zwischen »neun« und »siebzig«.

```
D7: =INDEX(Zehner;C3+1)
```

ermittelt das Zehnerwort.

```
D8: {=D4&WENN(ODER((C3&D3)*1=SonderZ);
VERWEIS((C3&D3)*1;SonderZ;SonderW);D5&D6&D7)}
```

Die ODER-Abfrage prüft, ob die aus rechter und mittlerer Ziffer bestehende Zahl, hier die 79, eine der definierten Sonderzahlen ist. Ist dies der Fall, greift die VERWEIS-Funktion, die der in *SonderZ* gefundenen Sonderzahl das entsprechende Wort aus

SonderW zuordnet. Abschließend wird D4 entweder mit dem Sonderwort oder den Einzelteilen `D5&D6&D7` verkettet.

```
D9: =WENN(D8<>"";WENN(UND(B3=0;C3=0;D3=1);"million";"millionen");"")
```

ergänzt noch die Angabe der Tausenderpotenz, wobei die Ausnahme »eine Million« Berücksichtigung findet. Fertig ist der Ziffernblock der Stellen 9, 8, 7:

»Achthundertneunundsiebzigmillionen«

Der Formelbereich D4:D8 kann jetzt auf die benachbarten Dreierblöcke kopiert werden, nämlich nach G4:G8 und J4:J8. Lediglich die Angabe der Tausenderpotenz aus D9 unterscheidet sich:

```
G9: =WENN(G8<>"";"tausend";"")
```

In J9 entfällt diese Angabe.

Eine kleine Gemeinheit gilt es an dieser Stelle noch auszumerzen: Einstausend müssen wir noch vom „s" befreien und bei Einsmillionen das „s" durch ein „e" ersetzen (das sind die einzig beiden Fälle, in denen die Umwandlung durch unser Array SonderW unerwünscht ist).

Dazu formulieren wir in D10:

```
=WENN((RECHTS(D8;4)="eins")*(D9<>"");WECHSELN(D8;"eins";"eine")&D9;D8&D9)
```

Und in G10:

```
=WENN((RECHTS(G8;4)="eins")*(G9<>"");WECHSELN(G8;"eins";"ein")&G9;G8&G9)
```

In J10 setzen wir noch einen Bezug zu J8:

```
J10: =J8
```

Eigentlich sind wir jetzt fertig und könnten die ganzen Formeln zu einem Ausdruck zusammenfassen. Nein: In meinem Leben hab ich schon zahlreiche Schecks über mehrere 100 Millionen ? ausgestellt und den Betrag ausgeschrieben wiederholen müssen, aber immer waren Cents dabei. Jetzt übernehmen also die Pfennigfuchser das Regime.

Dazu wird ein weiterer Dreierblock von Spalte K:M erzeugt. Die erste Nachkommastelle ergibt sich aus

```
L3: =KÜRZEN(RUNDEN((A3-KÜRZEN(A3))*100;0)/10)
```

und die zweite aus

```
M3: =RUNDEN((A3-KÜRZEN(A3)-L3/10)*100;0).
```

Die Spalte K ist ja überflüssig, könnte man meinen. Wir fügen sie nur deshalb ein, weil wir dann die Formeln aus J4:J8 wieder nach M4:M8 kopieren können. Genauer gesagt M5:M8, M4 für die Hunderterziffer entfällt bei der Nachkommazahl.

Statt Tausenderpotenzen erzeugen wir in Zeile 9 die Kommaangabe.

```
M9: =WENN(M8<>"";" Komma ";"")
```

In M10 verketten wir noch M9 und M8

```
M10: =M9&M8
```

Jetzt müssen wir die ganzen Einzelteile aus Zeile 10 nur noch zusammensetzen.

```
A11: =D10&G10&J10&M10
```

= 879.645.312,45 in Wörtern:

»achthundertneunundsiebzigmillionensechshundertfünfundvierzigtausenddreihund ertzwölf Komma fünfundvierzig«.

11.5.2 Franzosen und Engländer

Was haben eigentlich die Franzosen damit zu tun? Gut, dass unsere Homepage auf Deutsch ist – sonst käme noch einiges hinzu (achtzig und neunzig gibt es in Frankreich nicht).

85.392 hieße z. B.: quatrevingtcinqmilletroiscentsquatrevingtdouze also nicht »fünfundachtzigtausenddreihundertzweiundneunzig«, sondern (eingedeutscht) »vierzwanzigfünftausenddreihundertevierzwanzigzwölf«.

Die spinnen, die Gallier.

Die Engländer sind da zum Glück vernünftiger. Die deutsche Zahlwortlogik ist ruck, zuck übersetzt. Das *Einer*-Array lautet:

```
={"";"one";"two";"three";"four";"five";"six";"seven";"eight";"nine"}
```

Das *Zehner*-Array:

```
={"";"ten";"twenty";"thirty";"forty";"fifty";"sixty";"seventy";"eighty";
"ninety"}
```

»Hundert« ersetzen wir überall durch »hundred«.

Die Engländer sprechen die zweistelligen Ziffern von links nach rechts, deshalb müssen wir in D8 in anderer Reihenfolge verketten, statt `D5&D6&D7` also `D7&D6&D5`. Nur zwischen 13 und 19 machen sie es wie wir, deshalb nehmen wir das Intervall in die Sonderzahlen mit auf. Das englische *SonderZ*-Array lautet:

```
={0.11.12.13.14.15.16.17.18.19}
```

Und hinter *SonderW* verbirgt sich:

```
={"". "eleven". "twelve". "thirteen". "fourteen". "fivteen". "sixteen". "seventeen".
"eighteen". "nineteen"}
```

Schließlich werden natürlich noch Tausenderpotenzen und »Komma« übersetzt. That's it (*Abb. 11.9*):

	A	B	C	D	E	F	G	H	I	J	K	L	M
1													
2	Stelle:	9.	8.	7.	6.	5.	4.	3.	2.	1.	Nachkommastellen		
3	879.645.312,45	8	7	9	6	4	5	3	1	2	0	4	5
4				eighthundred			sixhundred			threehundred			
5				nine			five			two			five
6													
7				seventy			forty			ten			forty
8				eighthundredseventynine			sixhundredfortyfive			threehundredtwelve			fortyfive
9				million			thousand						Point
10													
11	eighthundredseventyninemillionsixhundredfortyfivethousandthreehundredtwelve												
12	Point fortyfive												

Abbildung 11.9: Zahlen in Wörtern – Englisch

In deutschen Firmen wird ja häufig in einem gemischten Kauderwelsch aus Englisch und Deutsch kommuniziert, dem sogenannten »Denglisch«. Hoffentlich überträgt sich das nicht auf die Zahlwörter, denn das wäre ein ganz schönes Schlamassel:

»achthundretnineandsiebzigmillionensechshundretfiveandvierzigthousanddreihundert-zwölf Point fiveandvierzig«

Wenn Sie auch noch Milliarden oder Billionen darstellen wollen, müssen Sie vor der Spalte B Dreierblöcke einfügen, in der zweiten Zeile die absteigende Zahlenreihe mit 12 oder 15 statt mit 9 beginnen und in Zeile 9 die zusätzlichen Tausenderpotenzen berücksichtigen. Und natürlich die Verkettung in A11 erweitern. Sie könnten das Ganze auch bis Quadrilliarden ausweiten oder noch weiter, so weit eben, wie Tausenderpotenzen benannt sind, dann müssen Sie nur in Zeile 3 die Ziffernseparierung über die Textfunktion TEIL durchführen, da die Zahl in A3 nicht mehr als Zahl interpretiert werden könnte.

Im Übrigen funktionieren die beschriebenen Formeln nur für positive Zahlen. Falls auch Eingaben negativer Zahlen möglich sein sollen, setzen Sie A3 in allen Berechnungen vorab mit der Funktion ABS auf absolut (positiv) und ergänzen im Endergebnis ein »Minus«, falls die Zahl in A3 negativ ist.

Und jetzt ein Special für das Fräulein vom Amt:

Das Mädel buchstabiert ja nur die einzelnen Ziffern. Das ist einfach: Es heißt WECHSELN, bis der Arzt kommt. Und irgendwann ist er da: ab Excel 2007 nach 64 Mal:

```
=WECHSELN(WECHSELN(WECHSELN(WECHSELN(WECHSELN(WECHSELN(WECHSELN(WECHSELN(WECHS
ELN(WECHSELN(WECHSELN(WECHSELN( A3;0;"null ");1;"eins ");2;"zwo ");3;"drei ");
4;"vier ");5;"fünf ");6;"sechs ");7;"sieben ");8;"acht ");9;"neun ");"-
";"minus  ");",";"  Komma   ")
```

Vor Excel 2007 wird der Arzt schon nach acht Verschachtelungen gerufen. Also zwei Schritte:

- Erster Schritt in X1:

  ```
  =WECHSELN(WECHSELN(WECHSELN(WECHSELN(WECHSELN(WECHSELN(WECHSELN(WECHSELN
  (A3;0;"null ");1;"eins ");2;"zwo ");3;"drei ");4;"vier ");5;"fünf ");
  6;"sechs ");7;"sieben ")
  ```

Bei obigem Bäumchen-wechsel-dich fehlen nur noch 8 und 9 sowie das Komma und das Minus.

- Zweiter Schritt (irgendwo):

  ```
  =WECHSELN(WECHSELN(WECHSELN(WECHSELN(X1;8;"acht ");9;"neun ");"-";
  "minus  ");",";"  Komma   ")
  ```

Fazit: ZAHLE BAR und benutze Dein Telefonregister!

11.6 Langer Lulatsch

Zum Abschluss dieses Kapitels noch eine Grenzerfahrung mit Excels Zahlen. Wie so oft geht es wieder mal um Bits.

11.6.1 Die größte Excel-Zahl

Die größte Zahl, die Excel als Zahl akzeptiert, liegt zwischen 2^1023,99999999999 und 2^1024. Klingt komisch, ist aber so.

Die Zahl 2^1024 lässt sich nicht mehr darstellen und liefert den Fehlerwert #ZAHL! Andererseits gibt es Zahlen, die größer sind als 2^1023,99999999999.

=10^308,254715559914 ist zum Beispiel größer.

=10^308,254715559914 +1 gilt nicht, denn für Excel ist 10^308 äquivalent mit 10^308+1, da Excel nur 15 Stellen ganz genau rechnen kann. Dies gilt sowohl für natürliche Zahlen als auch für Dezimalzahlen. Die 15 Stellen können also vor dem Komma, nach dem Komma oder sowohl als auch liegen.

Größere Zahlen berechnet Excel nur noch »über den Daumen« und lässt im wahrsten Sinne des Wortes »fünf gerade sein«, die Formel

```
=10^15+12345
```

ergibt 1000000000012340.

Nach der 15. signifikanten Stelle werden die Zahlen mit Nullen aufgefüllt. Deshalb ergibt

```
=10^308=10^308+1=WAHR.
```

Weit verbreitet ist das Gerücht, die größte darstellbare Zahl sei 9,99999999999999E+ 307. Das stimmt aber nicht, denn

`2^1023,999999999 > 9,99999999999999E+307` ergibt WAHR.

Laut Excel-Hilfe zum Double-Datentyp ist 1,79769313486231E+308 die Obergrenze, doch dieser Ausdruck lässt sich in einer Excel-Zelle nicht verwenden. 1,79769313486231*10^308 ist die größte darstellbare Zehnerpotenz, aber trotzdem nicht die allergrößte Zahl. Die hundertprozentig größte, nicht zu übertreffende Zahl ist

```
{=SUMME(2^ZEILE(971:1023))}
```

oder anders ausgedrückt:

```
=(1-(1/2)^53)*2^1023*2
{=SUMME(2^(ZEILE(971:1023)))=(1-(1/2)^53)*2^1023*2}=WAHR
```

Dabei spielt für Excel keine Rolle, ob das mathematisch exakt ist, nur die ersten 15 Stellen müssen identisch sein.

```
9,99999999999999E+307 < 2^1023,999999999 < 1,79769313486231*10^308
1,79769313486231*10^308 < (1/2)^53)*2^1023*2
```

Und damit ist das Ende der Fahnenstange erreicht, es existiert kein gültiger Wert, der im Sinne von Excel als größer interpretiert wird. In Stringform kann man diese Zahl als

```
="179769313486232"&WIEDERHOLEN(0;294)
```

darstellen.

Natürlich können auch längere Ziffernkolonnen in eine Zelle geschrieben werden, die interpretiert Excel aber als Text. Will man beispielsweise zwei Ziffernkolonnen mit 20 Stellen bis auf die letzte Stelle genau addieren, ist dies mit den Standardfunktionen nicht möglich. Mit ein paar Nebenrechnungen bekommt man es aber dennoch hin.

11.6.2 Zahlen bis 28 Stellen addieren

	A	B	C	D
1		< 10^14	<= 10^14	Summe
2	12345678909876543210	11235544322109	124579	12457912355443322109
3	112233445566778899			

Abbildung 11.10: Lange Zahlen addieren

Die Zahlen in A2 und A3 der *Abb. 11.10* sollen zifferngenau addiert werden. Würde man das »normal« machen, käme 124579123554433300000 heraus, weil es Excel bei so großen Zahlen nicht mehr so genau nimmt. Das richtige Ergebnis lautet aber 12457912355443322109. Damit man die Zahlen in A2 und A3 überhaupt so eingeben kann, ohne dass Excel sie dann sofort rundet, müssen die Zellen als Text formatiert sein.

Um das zu verwirklichen, werden beide Zahlen in einen Teil aufgesplittet, der größer als 10^14 ist, und in einen Teil, der kleiner als 10^14 ist. Dann werden diese Teile getrennt addiert und schließlich miteinander verkettet. Konkret heißt das:

```
B2: =RECHTS(A2;14)+RECHTS(A3;14)

C2:=WENN(LÄNGE(A2)>14;LINKS(A2;LÄNGE(A2)-14);0)
+WENN(LÄNGE(A3)>14;LINKS(A3;LÄNGE(A3)-14);0)
+WENN(LÄNGE(B2)>14;LINKS(B2;LÄNGE(B2)-14);0)
```

B2 addiert den Teil der Zahlen, der innerhalb der genauen Rechengrenze bis 10^14 liegt. In C2 wird der Zahlenteil größer als 10^14 sowie der Übertrag aus der Summe der Teile kleiner als 10^14 addiert.

```
D2: =WENN(LÄNGE(A2&A3)>15;C2&TEXT(RECHTS(B2;14);"00000000000000"); A2+A3)
```

In D2 wird erst geprüft, ob die Zahlen aus A2 und A3 überhaupt die genaue Rechengrenze übersteigen. Ist dies nicht der Fall, werden die Zahlen ganz normal addiert. Ist dies der Fall, werden beide Teiladditionen verkettet. Die Funktion TEXT sorgt dafür, dass der Teil, der kleiner als 10^14 ist, immer 14 Stellen aufweist, bevor der Teil, der größer als 10^14 ist, angehängt wird. Addiert man beispielsweise 1234500000000000+12345 muss der Teil, der kleiner als 10^14 ist, mit Nullen »aufgefüllt« werden.

Die Berechnung auf Subtraktionen bzw. Additionen negativer Zahlen auszuweiten, ist nur ein wenig Fleißarbeit, bei der mit dem vorkommenden Minuszeichen etwas jongliert werden muss.

11.6.3 Viele Zahlen addieren

Um mehrere Zahlen zu addieren, bringen Sie die beiden Zahlen aus A2 und A3 in eine Zeile (A2 und B2) und rücken die Formeln B2:D2 eine Spalte nach rechts. Wenn Sie A3 ausschneiden und in B2 einfügen, müssen Sie die Bezüge der nachfolgenden Formeln nicht manuell anpassen. Dann kopieren Sie die Formelzellen nach unten. Die zu addierenden Zahlen schreiben Sie in Spalte B. In Spalte A steht dann immer das Ergebnis der Vorgängerzeile (*Abb. 11.11*).

		< 10^14	>= 10^14	Summe
0	456	456	0	456
456	123	579	0	579
579	789	1368	0	1368
1368	555	1923	0	**1923**

Abbildung 11.11: Mehrere lange Zahlen addieren

```
A2:0
A3:=E2
A4:=E3
A5:=E4
```

Das Endergebnis steht in E5.

11.6.4 Zahlen bis Länge 14 multiplizieren

Um zwei lange Zahlen zu multiplizieren, müssen diese ebenso in zwei große und zwei kleine Teile aufgeteilt werden. Die beiden großen Teile und die beiden kleinen Teile werden ebenfalls miteinander berechnet. Anders als bei der Addition müssen jetzt aber zusätzlich große und kleine Teile über Kreuz multipliziert werden (*Abb. 11.12*).

	A	B	C	D	E	F	G	H
1			>= 10^7	< 10^7				
2	12.345.678.956		123	4578956		67158	712434942	26522018311224
3	5465792154		546	5792154			2500109976	
4								
5						64749	3215197119	8311224
6								
7						6747951971198311224		

Abbildung 11.12: Lange Zahlen multiplizieren

- In C2:D3 werden die Zahlen aufgeteilt:

```
C2: =GANZZAHL(A2/10^7)
C3: =GANZZAHL(A3/10^7)
D2: =RECHTS(A2;7)
D3: =RECHTS(A3;7)
```

- In F2:H3 werden die vier Teilmultiplikationen durchgeführt:

```
F2: =C2*C3    (groß1*groß2)
G2: =C2*D3    (groß1*klein2)
G3: =D2*C3    (groß2*klein1)
H2: =D2*D3    (klein1*klein2)
```

- Ergebnisteil kleiner als 10^7:

```
H5: =RECHTS(H2;7)
```

- Summe der Überkreuz-Multiplikationen und Übertrag aus der klein1*klein2-Berechnung:

```
G5: =G2+G3+GANZZAHL(H2/10^7)
```

- Summe aus groß1*groß2 und Übertrag aus G5:

```
F5: =F2+GANZZAHL(G5/10^7)
```

- Zusammengesetztes Endergebnis:

```
F7: =WENN(LÄNGE(A2*A3)>15;F5&TEXT(RECHTS(G5;7);"000")&TEXT(H5;"000");
A3*A2)
```

Auch hier wird mit `LÄNGE(A2*A3)>15` erst einmal geprüft, ob die Multiplikation normal durchgeführt werden kann. Falls mehrere Zahlen multipliziert werden sollen, müssen analog zur Addition alle Teilberechnungen in eine Zeile gebracht werden, um sie damit »kopierfähig« zu machen.

Komplizierter wird es, eine Division von sehr langen Zahlen durchzuführen. Dies könnte man in Anlehnung an die schriftliche Division mit Rest, so wie man sie aus der Schule kennt, realisieren. Das würde an dieser Stelle aber zu weit führen. Auf *www.excelformeln.de* finden Sie dazu eine Beispielrechnung.

Kapitel 12

Enigma – geheime Botschaften

Stellen Sie sich vor, Sie sind Spion in geheimer Mission und müssen regelmäßig Excel-Dateien an Ihre Auftraggeber schicken. Die Tabellen dieser Dateien sind passwortgeschützt, und Sie vergeben, um die Sicherheit zu erhöhen, häufig wechselnde Passwörter. Ihre Auftraggeber müssen natürlich Kenntnis von den geänderten Passwörtern haben. Wenn Sie die Passwörter verschlüsseln würden, könnten Sie diese mit der Excel-Datei verschicken, ohne dass ein Unbefugter damit etwas anfangen könnte.

12.1 Textverschlüsselung

Definieren Sie beispielsweise einen Namen *PW*, hinter dem das verschlüsselte Passwort steht. Ein feindlicher Spion, der sich mit Excel auskennt, könnte zwar vermuten, dass sich hinter diesem Namen ein Passwort verbirgt, aber nur Ihr Auftraggeber weiß, wie er den chiffrierten Text wieder in Klartext umwandeln und das Passwort verwenden kann.

Um einen Text zu chiffrieren, brauchen Sie einen gültigen Zeichensatz

```
abcdefghijklmnopqrstuvwxyz
```

und einen Schlüssel, der jedem Zeichen des Zeichensatzes ein anderes Zeichen zuordnet. In der primitivsten Variante verschieben Sie den Zeichensatz nur um ein Zeichen, sodass der Schlüssel

```
bcdefghijklmnopqrstuvwxyza
```

dabei herauskommt.

Laut den Erzählungen von Ken Follett in seinem Roman *Mitternachtsfalken* hat der englische Geheimdienst MI6 im Zweiten Weltkrieg mit diesem banalen System Text chiffriert. Der Code

```
gsff cffs jo uif dbouffo
```

sieht auf den ersten Blick schon ziemlich gut verschlüsselt aus, doch gute Codeknacker hatten wenig Probleme, den Text zu entschlüsseln, und gingen folgendermaßen dabei vor:

Der häufigste Buchstabe ist hier das *f*. Der häufigste Buchstabe in der englischen Sprache ist das *e*. Jemand, der den Code knacken möchte, würde also zunächst einmal davon ausgehen, dass *f* für *e* steht. Nur wenige Wörter enden im englischen mit Doppel-*e*. Die häufig benutzten sind *flee*, *free*, *glee*, *thee* und *tree*. Zu einem dieser Wörter muss nun ein zweites Wort passen, das zwei *e* in der Mitte hat, da käme zum Beispiel *tree bees* oder *free beer* in Frage. Als Nächstes folgt ein Zweibuchstabenwort, von denen es nicht allzu viele gibt, die häufigsten sind *an*, *at*, *in*, *if*, *it*, *on*, *of*, *or* und *up*. Das mit Abstand häufigste Dreibuchstabenwort ist *the*. Fehlt nur noch das Siebenbuchstabenwort am Schluss, mit einem Doppel-*e*, dass auf *-eed*, *-eef*, *-eek*, *-eel*, *-een* oder *-eep* enden muss. Mit diesen Indizien und ein bisschen Knobelei, ist es nicht abwegig, den Klartext

```
free beer in the canteen
```

zu erraten.

Eine wesentlich härter zu knackende Nuss liefern Sie den feindlichen Spionen, wenn Sie mehrere Schlüssel, die um eine unterschiedliche Anzahl Zeichen gegenüber dem Zeichensatz versetzt sind, miteinander kombinieren. Außerdem erweitern Sie den Zeichensatz um das Leerzeichen, numerische Ziffern und Großbuchstaben. Am besten packen Sie den Zeichensatz in einen mit dem Namen *Zeichensatz* versehenen String

```
=" 0123456789ABCDEFGHIJKLMNOPQRSTUVWXYZabcdefghijklmnopqrstuvwxyz"
```

Mit Leerzeichen zu Beginn enthält dieser Zeichensatz 63 gültige Zeichen.

Die Anzahl verwendeter Schlüssel und die Position der Zeichen innerhalb der Schlüssel können Sie über ein Schlüsselwort festlegen, das Sie mit Ihrem Auftraggeber vereinbaren. Wir nehmen an, das Schlüsselwort lautet *xls* und Sie schreiben es in eine Zelle mit dem Namen *key*.

Die Länge des Schlüsselworts von drei Zeichen bestimmt, dass Sie drei Schlüssel (jeder Buchstabe = 1 Schlüssel) verwenden. Der Versatz der Zeichen der Schlüssel gegenüber dem *Zeichensatz* bemisst sich nach der Position der Zeichen des Schlüsselworts im *Zeichensatz*. Die drei Positionen für *xls* lassen sich als Excel-Formel wie folgt ermitteln:

```
=FINDEN(TEIL(key;{1;2;3};1);Zeichensatz)={61;49;56}
```

Damit lauten die kompletten Schlüssel:

```
1.Schlüssel:="yz 0123456789ABCDEFGHIJKLMNOPQRSTUVWXYZabcdefghijklmnopqrstuvwx"
2.Schlüssel:="mnopqrstuvwxyz 0123456789ABCDEFGHIJKLMNOPQRSTUVWXYZabcdefghijkl"
3.Schlüssel:="tuvwxyz 0123456789ABCDEFGHIJKLMNOPQRSTUVWXYZabcdefghijklmnopqrs"
```

Die Zeichenkette des ersten Schlüssels ist um 61 Zeichen nach links versetzt. Da die Zeichenkette 63 Zeichen lang ist, ist sie gleichzeitig 63-61=2 Zeichen nach rechts versetzt, folglich steht das Leerzeichen nun an dritter Stelle von links. Im zweiten Schlüssel steht es an Position 15 (63-49+1) und im dritten Schlüssel an Position 8 (63-56+1).

Diese drei Schlüssel werden nun immer abwechselnd auf die einzelnen Zeichen des Klartextes angewendet. Mit dem ersten Schlüssel werden die Zeichen 1, 4, 7, 10, ... verschlüsselt, auf die Zeichen 2, 5, 8, 11, ... findet der zweite Schlüssel Anwendung und der dritte Schlüssel auf die übrigen Zeichen 3, 6, 9, 12, ...

Das Wort *free* wird nach diesem System chiffriert zu *ddXc* (*Abb. 12.1*):

Klartext	**a**	**b**	**c**	**d**	**e**	**f**	**g**	**h**	**i**	**j**	**k**	**l**	**m**	**n**	**o**	**p**	**q**	**r**	**s**	**t**	**u**	**v**	**w**	**x**	**y**	**z**
1. Schlüssel	Y	Z	a	b	**c**	**d**	e	f	g	h	i	j	k	l	m	n	o	p	q	r	s	t	u	v	w	x
2. Schlüssel	M	N	O	P	Q	R	S	T	U	V	W	X	Y	Z	a	b	c	**d**	e	f	g	h	i	j	k	l
3. Schlüssel	T	U	V	W	**X**	Y	Z	a	b	c	d	e	f	g	h	i	j	k	l	m	n	o	p	q	r	s

Abbildung 12.1: Text mit drei Schlüsseln chiffrieren

Verschlüsselung mit Excel

Den beschriebenen Algorithmus zum Verschlüsseln von Text kann man sich so einfach merken, dass man auch ohne Excel, nur mit Papier und Bleistift, Text verschlüsseln könnte. Wenn Sie beispielsweise auf einer einsamen Insel gestrandet sind und Ihrem Auftraggeber nur noch per Flaschenpost Nachrichten übermitteln können. Man muss sich nur den gültigen Zeichensatz (Leerzeichen, 0–9, A–Z, a–z) und das Schlüsselwort gemerkt haben. Bequemer geht es natürlich mit einer Excel-Tabelle, und die bauen Sie so auf, wie es in *Abb. 12.2* zu sehen ist:

	A	B	C	D	E	F	G	H	I	J	K
1	Klartext:			f	43	x	61	d	d		
2	free beer in the canteen			r	55	l	49	d	dd		
3	Schlüssel:			e	42	s	56	X	ddX		
4	xls	gültig		e	42	x	61	c	ddXc		
5	Chiffre:				1	l	49	m	ddXcm		
6	ddXcmUcQkyUgyfacaVYZmcQg			b	39	s	56	U	ddXcmU		
7				e	42	x	61	c	ddXcmUc		
8				e	42	l	49	Q	ddXcmUcQ		
9				r	55	s	56	k	ddXcmUcQk		
10					1	x	61	y	ddXcmUcQky		
11				i	46	l	49	U	ddXcmUcQkyU		
12				n	51	s	56	g	ddXcmUcQkyUg		
13					1	x	61	y	ddXcmUcQkyUgy		
14				t	57	l	49	f	ddXcmUcQkyUgyf		
15				h	45	s	56	a	ddXcmUcYkyUgyfa		
16				e	42	x	61	c	ddXcmUcYkyUgyfac		
17					1	l	49	a	ddXcmUcYkyUgyfaca		
18				c	40	s	56	V	ddXcmUcYkyUgyfacaV		
19				a	38	x	61	Y	ddXcmUcYkyUgyfacaVY		
20				n	51	l	49	Z	ddXcmUcYkyUgyfacaVYZ		
21				t	57	s	56	m	ddXcmUcYkyUgyfacaVYZm		
22				e	42	x	61	c	ddXcmUcYkyUgyfacaVYZmc		
23				e	42	l	49	Q	ddXcmUcYkyUgyfacaVYZmcQ		
24				n	51	s	56	g	ddXcmUcYkyUgyfacaVYZmcQg		
25					1	x	61	y	ddXcmUcYkyUgyfacaVYZmcQg		
26					1	l	49	m	ddXcmUcYkyUgyfacaVYZmcQg		

Abbildung 12.2: Text chiffrieren – tabellarischer Aufbau

Der Zelle A2 geben Sie den Namen *Klartext*, dort kommt der zu verschlüsselnde Text hinein. Die Zelle A4 enthält das Schlüsselwort und wird mit *Key* benannt. Alle Zeichen des Schlüsselworts müssen in *Zeichensatz* enthalten sein, sonst kann der Versatz der Schlüssel nicht berechnet werden. Ob das Schlüsselwort gültig ist, prüfen Sie dadurch, dass jedes einzelne Zeichen des *key* im *Zeichensatz* vorkommt.

```
B4:{=WENN(UND(ISTZAHL(FINDEN(TEIL(key;ZEILE(1:99);1);
Zeichensatz)));"";"un")&"gültig"}
```

`ZEILE(1:99)` erlaubt also einen 99 Zeichen langen *key*. In Spalte D werden die einzelnen Zeichen des Klartextes aufgelistet:

```
D1: =TEIL(Klartext;ZEILE();1)
```

Spalte E gibt die Position der Zeichen innerhalb des Zeichensatzes zurück:

```
E1: =FINDEN(D1;Zeichensatz)
```

In Spalte F werden die einzelnen Zeichen des Schlüsselworts wiederholt. Damit wird festgelegt, mit welchem Schlüssel das entsprechende Klartextzeichen verschlüsselt wird.

```
F1: =TEIL(key;REST(ZEILE()-1;LÄNGE(key))+1;1)
```

Dabei ergibt `REST(ZEILE()-1;LÄNGE(key))+1` revolvierend die Zahlenfolge 1, 2, 3, wenn *key* die Länge 3 hat. Spalte G gibt die Position des Schlüsselwortzeichens innerhalb des Zeichensatzes zurück und bestimmt damit den Versatz des entsprechenden Schlüssels.

```
G1: =FINDEN(F1;Zeichensatz)
```

In Spalte H wird das einzelne Klartextzeichen in Chiffre übersetzt.

```
H1: =TEIL(Zeichensatz;REST(G1+E1-1;LÄNGE(Zeichensatz))+1;1)
```

`G1+E1-1` vollzieht hierbei den Versatz des aktuellen Schlüssels. Schließlich werden in Spalte I die einzelnen Zeichen der Chiffre wieder zusammengesetzt.

```
I1: =H1
I2: =WENN(ZEILE()>LÄNGE(Klartext);I1;I1&H2)
```

Die Spalten D:H werden so weit nach unten kopiert, wie es der maximalen Zeichenlänge des Klartextes, die Sie zulassen wollen, entspricht. In A6 wird dann noch die letzte Zeile von Spalte I übernommen. Nach diesem System wird unser Freibiertext mit

```
ddXcmUcQkyUgyfacaVYZmcQg
```

codiert. Dieser Code ist erheblich schwieriger zu knacken. Allein schon dadurch, dass das Leerzeichen chiffriert wird und die Länge der einzelnen Wörter nicht bekannt ist. Vor allem aber, weil einem Klartextzeichen, im Gegensatz zur einfachen Variante, abhängig von seiner Position unterschiedliche Chiffre-Entsprechungen zugeordnet werden. Das erste *e* wird zu *X*, das zweite *e* zu *c*.

Falls Ihnen die einfach zu knackende Verschlüsselung genügt, die der MI6 angeblich im zweiten Weltkrieg verwendet hat, können Sie auch diese in Excel erzeugen. Definieren Sie einen Namen *Schlüssel*, bezogen auf einen gegenüber dem Klartext-Zeichensatz um ein Zeichen versetzten Zeichensatz. Der erste Buchstabe *f* wird dann als

```
=TEIL(Schlüssel;FINDEN("f";Zeichensatz);1)
```

chiffriert. Jedes Zeichen in Zeichensatz hat dann immer die gleiche Entsprechung im Schlüssel.

Die Anordnung der Zeichen im *Schlüssel* kann natürlich auch anders erfolgen, beispielsweise über eine zufällige Mischung. Aber ob Ihnen die auf der einsamen Insel wieder einfällt?

Dechiffrierung

Um den verschlüsselten Text wieder in Klartext umzuwandeln, müssen Sie lediglich die Formel in Spalte H geringfügig anpassen. Aus

`G1+E1-1 wird -G1+E1-1, d. h., der Versatz wird umgedreht.`

`H1: =TEIL(Zeichensatz;REST(-G1+E1-1;LÄNGE(Zeichensatz))+1;1)` (*Abb. 12.3*)

	A	B	C	D	E	F	G	H	I
1	Chiffre:			d	41	x	61	f	f
2	ddXcmUcQkyUgyfacaVYZmcQg			d	41	l	49	r	fr
3	Schlüssel:			X	35	s	56	e	fre
4	xls			c	40	x	61	e	free
5	Klartext:			m	50	l	49		free
6	free beer in the canteen			U	32	s	56	b	free b
7				c	40	x	61	e	free be
8				Q	28	l	49	e	free bee
9				k	48	s	56	r	free beer
10				y	62	x	61		free beer
11				U	32	l	49	i	free beer i
12				g	44	s	56	n	free beer in
13				y	62	x	61		free beer in
14				f	43	l	49	t	free beer in t
15				a	38	s	56	h	free beer in th
16				c	40	x	61	e	free beer in the
17				a	50	l	49		free beer in the
18				V	33	s	56	c	free beer in the c
19				Y	36	x	61	a	free beer in the ca
20				Z	37	l	49	n	free beer in the can
21				m	50	s	56	t	free beer in the cant
22				c	40	x	61	e	free beer in the cante
23				Q	28	l	49	e	free beer in the cantee
24				g	44	s	56	n	free beer in the canteen

Abbildung 12.3: Text dechiffrieren – tabellarischer Aufbau

12.2 Buchstabenwirbel

Die Reifhngolee der Bhcsbeatun in einem Wort ist eagl (pps. FRNRAUFKT, 23. Smbpeteer). Nach eienr Sutdie, die uetnr aedenrm von der Cdmibgare Utserniivy dgchherürfut worden sien slol, ist es eagl, in wcelehr Reolefgnhie Bhetsbcuan in eeinm Wort seethn: Hpstcaahue, der etrse und leztte Bbsuahcte sind an der rihgecitn Stelle. Die recshlietn Bhuasbtecn könenn total dcrenedhanuir sien und man knan es tdreztom ohne Pomlbere leesn, wiel das mcnhihcslee Girhen nciht jeedn Babetscuhn ezilenn lseit, srnedon das Wort als Geanzs.

Verschlüsselter Text – oder ist da was in die Hose gegangen? Nein – wenn Sie den Text nur flüssig lesen, funktioniert es tatsächlich. Wie man einen beliebigen Text auf diese Weise mischen kann, werden Sie nun sehen.

Der umzuwandelnde Text – in Rechtschreibung und Grammatik absolut korrekt und von überflüssigen Leerzeichen befreit – steht in Zelle D1. Der Zelle D1 geben wir den Namen *Original.* Von jedem einzelnen Wort wird nur der Anfangs- und Endbuchstabe übernommen – der Rest wird mittels Zufallsgenerator durcheinandergewirbelt (*Abb. 12.4*).

M6 | fx | =WENN(SPALTEN($M:M)>$J6;"";ZUFALLSZAHL())

	A	B	C	D	E	F	G	H	I	J	K	L	M	N
1	Text im Original:			Die Reihenfolge der Buchst										
2	Text bereinigt:			Die Reihenfolge der Buchst										
3														
4	Leerzeichen			Wörter							Wort			
5				Original	bereinigt		Anfang	Mittelteil	Ende		gewirbelt		Zufallszahlen =>	
6	0	0		Die	Die		D	i	e		Die		0,312805	
7	4	4		Reihenfolge	Reihenfolge		R	eihenfolg	e		Rinehgloefe		0,5967013	0,12542479
8	16	16		der	der		d	eihenfolg	r		der		0,9660122	
9	20	20		Buchstaben	Buchstaben		B	uchstabe	n		Bbtceaushn		0,5350761	0,85715055
10	31	31		in	in		i		n		in			
11	34	34		einem	einem		e	ine	m		eneim		0,3146613	0,83946947
12	40	40		Wort	Wort		W	or	t		Wort		0,1418327	0,70548778
13	45	45		ist	ist		i	s	t		ist		0,6181519	
14	49	49		egal.	egal		e	ga	l		eagl.		0,1309951	0,29495497
15	55	55		Nach	Nach		N	ac	h		Nach		0,0634885	0,46038381
16	60	60		einer	einer		e	ine	r		enier		0,5849479	0,40454916
17	66	66		Studie,	Studie		S	tudi	e		Sutide,		0,9988392	0,34771729

Abbildung 12.4: Tabelle zum Mischen von Buchstaben innerhalb eines Textes

Die Betonung liegt auf Anfangs- und End**buchstabe**. Also müssen die Satzzeichen erst einmal eliminiert und nach der Durchwirbelung an der richtigen Position wieder hinzugefügt werden. Dafür WECHSELN wir zunächst, bis der Arzt kommt oder die maximale Verschachtelungstiefe erreicht ist.

D2 (die Zelle erhält den Namen *Bereinigt*):

```
=WECHSELN(WECHSELN(WECHSELN(WECHSELN(WECHSELN(WECHSELN(WECHSELN(WECHSELN
(Original;"?";);".";);"!";);",";);"(";);")";);":";);";";)
```

Durch die WECHSELN-Verschachtelung werden Fragezeichen, Punkt, Ausrufezeichen, Komma, Semikolon, öffnende und schließende Klammer sowie der Doppelpunkt durch nichts ersetzt.

Jetzt trennen wir:

In Spalte A identifizieren wir die Position der Leerzeichen des Originaltextes. In Spalte B machen wir das Gleiche für den um die Satzzeichen bereinigten Text.

A6 und B6: 0

```
A7: =FINDEN(" ";Original&" ";A6+1)
B7: =FINDEN(" ";Bereinigt&" ";B6+1)
```

Die Formeln – nach unten kopiert – suchen immer nach dem nächsten Leerzeichen. Die Suche wird ab der Stelle des vorherigen Leerzeichens begonnen. Die Ergänzung &" " in den Texten sorgt dafür, dass auch das letzte Wort identifiziert werden kann.

In den Spalten D und E können wir dann ganz leicht, basierend auf den Positionen der Leerzeichen, den Text sowohl im Original als auch bereinigt in seine einzelnen Wörter zerlegen:

```
D6: =TEIL(Original;A6+1;A7-A6-1)
E6: =TEIL(Bereinigt;B6+1;B7-B6-1)
```

Ab H6 stehen die Wörter des bereinigten Textes ohne ersten und letzten Buchstaben mit

```
H6: =TEIL(E6;2;LÄNGE(E6)-2)
```

Vom Original benötigen wir nun noch den Anfangsbuchstaben inklusive möglicher Satzzeichen. Wir vergleichen dabei das erste Zeichen von Original und bereinigtem Wort. Falls sich diese unterscheiden, muss das an einem Satzzeichen liegen, dann wird dem Buchstaben noch das Satzzeichen vorangesetzt.

```
G6: =WENN(LINKS(D6)=LINKS(E6);"";LINKS(D6))&LINKS(E6)
```

Das Gleiche wird mit dem letzten Buchstaben in Spalte I vollzogen. Bei Bedarf wird das Satzzeichen wieder angehängt.

```
I6: =RECHTS(E6)&WENN(RECHTS(D6)=RECHTS(E6);"";RECHTS(D6))
```

Anfang und Ende wurden deshalb separiert, weil diese ja nicht durcheinandergewirbelt werden sollen. Da der Mittelteil des Worts zufällig gemischt werden soll, benötigen wir Zufallszahlen, und zwar für jedes Zeichen eine. Die Anzahl Zeichen je Wort zählen wir in der Hilfsspalte J.

```
J6: =LÄNGE(E6)
```

Zwischendurch können wir einmal alle bisherigen Spalten A7:B7 und D6:J6 so weit wie nötig nach unten kopieren, bei 77 Wörtern also 77 Zeilen.

Jetzt wird endlich gewirbelt. Ab Spalte M erzeugen wir die benötigten Zufallszahlen in Abhängigkeit der in Spalte J ermittelten Wortlänge:

```
M6: =WENN(SPALTEN($M:M)>$J6;"";ZUFALLSZAHL())
```

Das wird sowohl nach rechts bis Spalte AF als auch nach unten kopiert. Diese Formel erzeugt so viele Zufallszahlen wie wir für das jeweilige Wort benötigen. Der Formelteil `SPALTEN($M:M)` zählt – nach rechts bis Spalte AF kopiert – von 1 bis 20. Wenn die dabei entstehende Zahl kleiner oder gleich der Wortlänge aus Spalte I ist, wird eine Zufallszahl produziert, ansonsten nichts.

Wir haben also die Spalten M bis AF mit Zufallszahlen bestückt – das sind 20 Spalten. Die maximale Wortlänge aus dem Originaltext darf also maximal 22 minus 2 Buchstaben (Anfangs- und Endbuchstabe) umfassen, was in der Regel ausreichen dürfte. Wenn Sie allerdings als kultivierter Mensch zum exakten Köpfen Ihrer Frühstückseier den genialen »Eierschalensollbruchstellenverursacher« verwenden und diesen darüber hinaus auch einmal mit seinen 38 Buchstaben kräftig durcheinanderwirbeln möchten, dann sorgen Sie besser für mehr als 20 Spalten, um ihn nicht gänzlich zu verstümmeln.

Im nächsten Schritt greifen wir nochmals zu 20 Hilfsspalten, die aber – also nicht erschrecken – nur **eine** kopierbare Formel beinhalten.

```
BA6: =WENN($J6>SPALTE(A:A)-1;TEIL($H6;RANG(M6;$M6:$AF6);1);"")
```

Kopieren Sie das so weit nach rechts, wie die maximale Wortlänge (–2) sein darf – in unserem Beispiel 20 – also bis Zelle BT6.

Zunächst prüfen wir die in J6 ermittelte Wortlänge auf größer als `SPALTE(A:A)-1` (das ist zunächst null und erhöht sich beim Kopieren nach rechts jeweils um 1). Ist die Bedingung WAHR, dann ermitteln wir mittels der Funktion TEIL aus H6 (dort steht das Wort vom zweiten bis zum vorletzten Buchstaben) einen zufälligen Buchstaben. RANG liefert dabei die ganzzahlige Position der Zufallszahl aus M6 innerhalb aller Zufallszahlen im Bereich `$M6:$AF6` – und das ist dann auch der notwendige Parameter [*Erstes_Zeichen*] für die TEIL-Funktion. Ist die Bedingung der WENN-Prüfung hingegen FALSCH, bleibt die Zelle leer ("").

Jetzt kopieren wir BA6:BT6 noch so weit nach unten, wie der Originaltext Wörter enthält (in unserem Beispiel bis Zeile 83 = 77 Wörter – *Abb. 12.5*).

BA6 | =WENN($J$6>SPALTE(A:A)-1;TEIL($H$6;RANG(M6;$M6:$AF6);1)"")

	K	L	M	N	O	AZ	BA	BB	BC	BD	BE	BF	BG	BH	BI	BJ	BK	BL
4	Wort																	
5	gewirbelt		Zufallszahlen =>				Buchstaben zufällig wirbeln =>											
6	Die		0,7787941				i											
7	Rinehgloefe		0,4691132	0,07537731	0,72849141		i	n	e	h	g	l	o	e	f	e		
8	der		0,1468548				e											
9	Bbtceaushn		0,6450794	0,36778345	0,67674315		b	t	c	a	u	s	h	n				
10	in																	
11	eneim		0,3000837	0,94678014	0,43161288		n	e	i									
12	Wort		0,440686	0,76190691			o	r										
13	ist		0,3713354				s											
14	eagl.		0,1881059	0,10256215			a	g										
15	Nach		0,9265422	0,0761653			a	c										
16	enier		0,1391155	0,98410478	0,03194141		n	i	e									
17	Sutide,		0,4008104	0,55198202	0,97927187		u	t	i	d								

Abbildung 12.5: Zufallszahlen zum Mischen der Buchstaben erzeugen

Hier machen wir also einmal wieder vom Prinzip der ganzzahligen Zufallszahlen ohne Wiederholung Gebrauch, das wir auch schon in anderen Kapiteln gesehen haben.

Kommen wir zum Finale. In K6 müssen jetzt nur noch alle Bestandteile verkettet werden: das erste Zeichen des Worts (G6) und das letzte Zeichen (I6). Dazwischen müssen allerdings noch nacheinander die bunt gewürfelten Buchstaben aus dem Bereich BA6:BT6 eingefügt werden, sodass es zu folgender kleinen Verkettung kommt:

```
K6: =G6&BA6&BB6&BC6&BD6&BE6&BF6&BG6&BH6&BI6&BJ6&BK6&BL6&BM6&BN6&BO6&BP6&BQ6&BR6&
BS6&BT6&I6
```

Wir kopieren die Formel nach unten und haben es geschafft! Und wenn Sie jetzt noch den ganzen durcheinandergewirbelten Text wieder zu einem Text zusammenführen möchten, dann suchen Sie sich eine freie Spalte (z. B. BV) und schreiben dort in Zeile 2:

```
BV2: =BV1&" "&K6
```

Kopieren Sie die Formel so weit nach unten, bis der Text vollständig ist bzw. bis `#WERT!` erscheint. Formatieren Sie anschließend noch die finale Zelle in Spalte BV mit Zeilenumbruch und ziehen Sie die Spalte etwas breiter. Dann haben Sie den ganzen Text vor Augen und können ihn mit F9 ständig neu durcheinanderwirbeln (*Abb. 12.6*).

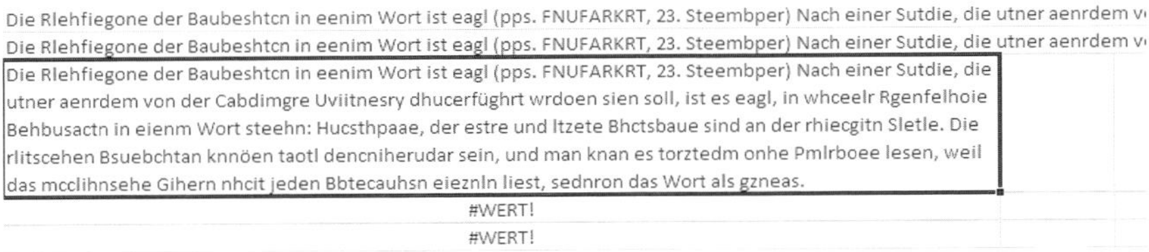

Abbildung 12.6: Buchstaben im Text mischen – Endergebnis

Falls jemand den durcheinandergewirbelten Text wider Erwarten nicht lesen kann, das war er:

Die Reihenfolge der Buchstaben in einem Wort ist egal (pps. FRANKFURT, 23. September). Nach einer Studie, die unter anderem von der Cambridge University durchgeführt worden sein soll, ist es egal, in welcher Reihenfolge Buchstaben in einem Wort stehen: Hauptsache, der erste und letzte Buchstabe sind an der richtigen Stelle. Die restlichen Buchstaben können total durcheinander sein und man kann es trotzdem ohne Probleme lesen, weil das menschliche Gehirn nicht jeden Buchstaben einzeln liest, sondern das Wort als Ganzes.

12.3 Iterative Textverkettung

Fassen wir noch einmal zusammen: Um die Zeichen eines Worts zu mischen, benötigen wir für jedes Zeichen eine Zufallszahl. Aus allen Zufallszahlen wird dann eine Rangfolge gebildet, die gleichzeitig die Reihenfolge der Zeichen im gemischten Text festlegt.

Leider müssen die Zeichen des neuen Textes einzeln verkettet werden. Entweder mit & oder der Funktion VERKETTEN. Wer auf das herkömmliche Verketten keine Lust hat, dem steht noch eine schicke Alternative zur Verfügung, und zwar das iterative Verketten.

Mit dieser Methode können wir die Zeichen zufällig gemischt aneinanderketten oder – der Abwechslung halber – auch gerne einmal von rechts nach links schreiben. Aktivieren Sie dazu in den Excel-Optionen in der Kategorie *Formeln* die Iteration und stellen Sie die maximale Iterationszahl auf 100 (100 entspricht dann auch der maximalen Wortlänge).

Wie sich eine iterierte Verkettung verhält, probieren wir erst einmal an einem einfachen Test aus. Wir schreiben in

`A1: ="x "` und in `B1: =A1&B1`

Hoppla, das Ergebnis ist

```
"xxxxxxxxxxxxxxxxxxxxxxxxxxxxxxxxxxxxxxxxxxxxxxxxxxxxxxxxxxxxxxxxxxxxxxxxxxxxx
xxxxxxxxxxxxxxxxxxxxxxx0 "
```

hundertmal »x«, für jeden Iterationsschritt einmal. Und wenn wir erneut F9 drücken, verdoppelt sich der String. Das wirkt etwas unkontrolliert.

Ziel ist es nun, eine kontrollierte Iteration hinzubekommen, in der das »x« beispielsweise genau 20-mal verkettet wird, und das bei erneutem Betätigen von F9 auch so bleibt. Müssen wir dazu die maximale Iterationszahl auf 20 setzen? Nein – wir definieren einen Zähler. Benennen Sie eine Zelle mit *Zähler* und schreiben Sie in diese Zelle

```
=WENN(Zähler=100;1;Zähler+1)
```

Dadurch entsteht natürlich ein Zirkelbezug. Dieser Zähler funktioniert nun wie eine Schleife, die immer von 1 bis 100 hochzählt, um dann wieder bei 1 zu beginnen. Wenn die Zelle 100 anzeigt, verharrt sie in dieser Position, da die maximale Iterationszahl erreicht ist. Erst bei der nächsten Neuberechnung wird wieder von 1 bis 100 durchgezählt. Wichtig ist, dass die maximale Iterationszahl mit der Obergrenze des Zählers übereinstimmt.

Jetzt können Sie die iterierte Verkettung in B1 kontrollieren.

```
B1: =WENN(zähler>20;B1;WENN(zähler=1;A1;B1&A1))
```

zeigt genau 20-mal `"xxxxxxxxxxxxxxxxxxxx"`.

Steht Zähler auf 1, wird einmal »x« aus A1 übernommen. Alles, was vorher in B1 stand, wird gelöscht. Bei einem Zählerstand von 2 bis 20 wird ein neues »x« an B1 angehängt. Bei einem Zählerstand von 21 oder darüber wird der String in B1 eingefroren.

Logo, das könnten wir auch mit

```
=WIEDERHOLEN("x";20)
```

erreichen, aber das sollte nur das Prinzip erklären. Um einen Text (aus A2) von rechts nach links zu schreiben, definieren Sie die Formel:

```
A5: =WENN(Zähler>LÄNGE(A2);A5;WENN(Zähler=1;LINKS(A2);TEIL(A2;Zähler;1)&A5))
```

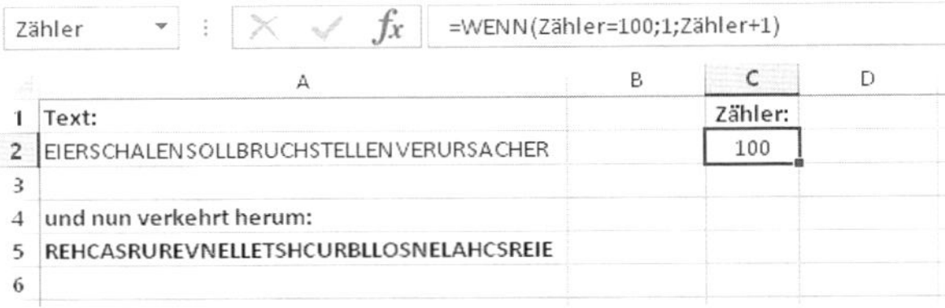

Abbildung 12.7: Text rückwärts schreiben

Wenn Sie öfter Mal mit Iterationen arbeiten müssen, merken Sie sich das Prinzip des Zählers, das kann häufig nützlich sein. Und zwar immer dann, wenn Sie die Anzahl der Iterationsschritte variabel steuern wollen, ohne jedes Mal die maximale Iterationsgrenze anzupassen.

Kapitel 13

Traue keinem über drei oder einem Solver-Ergebnis

Vielleicht haben Sie noch keine Vorstellung davon, wofür der Solver gut ist. Deshalb nähern wir uns zunächst einmal über die Zielwertsuche, die sozusagen den standardmäßig integrierten Mini-Solver darstellt.

13.1 Solver versus Zielwertsuche

Stellen Sie sich vor, Sie berechnen die kleine Formel

```
B1: =A1^5-12*A1^3+2*A1
```

Für A1=4 lautet das Ergebnis 264. Jetzt möchten Sie wissen, welchen Wert Sie in A1 einsetzen müssen, damit das Ergebnis in B1 0 beträgt. Mathematisch sind Sie da total aufgeschmissen. Das ist ein Fall für die Zielwertsuche, die Sie über *Daten/ Datentools/Was-wäre-wenn-Analyse/Zielwertsuche* wie folgt einstellen (*Abb. 13.1*):

Abbildung 13.1: Dialogfeld Zielwertsuche

Als Ergebnis erhalten Sie etwa 3,4396. Sehr effektiv, aber damit sind die Fähigkeiten der Zielwertsuche bereits erschöpft. Das Gleiche können Sie übrigens auch mit dem Solver machen, denn der ist im Grunde eine erweiterte Zielwertsuche. Im Gegensatz zur Zielwertsuche ist der Solver kein Excel-Standard. Sie müssen ihn zunächst über *Datei/Optionen/Add-Ins/Excel-Add-Ins/Gehe zu* aktivieren. Er steht dann auf der Registerkarte *Daten* in der Gruppe *Analyse* zur Verfügung.

So gestartet, wählen Sie auch mit ihm *Zielwert*, *Ziel(zelle)* und *Variablenzellen* (*Abb. 13.2*):

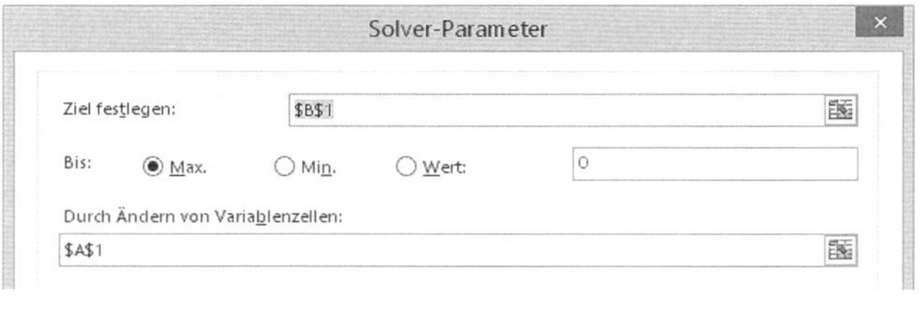

Abbildung 13.2: Dialogfeld Solver-Parameter

Wenn Sie das Solver-Dialogfeld mit *Lösen* bestätigen, findet auch er näherungsweise die Lösung der Gleichung.

Die Möglichkeiten des Solvers sind damit aber bei weitem nicht erschöpft, wie Sie im folgenden Abschnitt sehen werden.

13.2 Die launische Diva

Unter Berücksichtigung diverser Rahmenbedingungen soll ein optimales Ergebnis erzielt werden, zum Beispiel Laufzeiten minimieren oder Stückzahlen maximieren oder – wie in nachfolgendem Anwendungsfall – Maschinenlaufzeiten optimieren.

Ein Hersteller produziert drei Artikel, die unterschiedlich lang von drei Maschinen bearbeitet werden müssen. Diese können pro Tag 10, 9,5 und 9 Stunden laufen. Die beste Auslastung wäre natürlich, wenn keine Maschine auch nur eine Minute stillstünde – aber das geht nicht. Also wollen wir der Vollauslastung von 1.710 Minuten pro Tag so nahe wie möglich kommen (*Abb. 13.3*).

	A	B	C	D	E	F	G	H	I	J	K
1	**Maschinenauslastung (Minuten) optimieren**										
2											
3	Artikel	Stück	mind.		Bearbeitungszeit		ges.	Summe Gesamtzeit			
4					Maschine						
5				I	II	III					
6	Nr. 1	53	0	4	6	8	18	212	318	424	
7	Nr. 2	23	0	10	8	2	20	230	184	46	
8	Nr. 3	10	10	9	5	10	24	90	50	100	
9		86	240	Minuten vorgegeben				532	552	570	
10											
11				maximale							
12				Maschinenlaufzeit							
13				540	600	570		1.710 wäre Vollauslastung			
14				-8	-48	0		1.654 Ist-Auslastung			
15											

Abbildung 13.3: Tabellenaufbau Maschinenauslastung optimieren

Bevor wir den Solver bestücken können, benötigen wir Eingaben und daraus resultierend einige (sehr einfache) Formeln.

Zeile 1 bis 5 sind (individuelle) Überschriften und A6 bis A8 die Bezeichnungen der Artikel – das ist alles für die Berechnung irrelevant. B6:B8 bleibt zunächst leer. Dort soll der Solver nachher die produzierte Stückzahl je Artikel eintragen. In C6 bis C8 geben Sie die Stückzahlen ein, die Sie pro Artikel am Tag mindestens produzieren wollen (der Normalfall ist null: die 0 explizit als Zahl eingeben und nicht einfach leer lassen – der Solver spinnt da manchmal!). In D6 bis F8 gehören die Minuten, die die Artikel die jeweilige Maschine durchlaufen müssen, und in D13 bis F13 die maximalen Maschinenlaufzeiten pro Tag.

In H6:J8 multiplizieren Sie die Bearbeitungszeiten mit den produzierten Stückzahlen. H6 enthält die Formel `=D6*$B6`, die bis J8 kopiert wird. H9:J9 enthält dann die tatsächliche Gesamtlaufzeit je Maschine. `H9:=SUMME(H6:H8)` wird bis J9 kopieren. H14 wird als wichtigste Zelle mit `=SUMME(H9:J9)` bestückt und berechnet somit die Gesamtlaufzeit aller Maschinen.

Mehr Formeln, um den Solver zu wecken, brauchen wir nicht. Alle übrigen sind nur Erläuterungen und werden später noch erwähnt.

Wählen Sie *Daten/Solver* und stellen Sie das nachfolgende Dialogfeld gemäß *Abb. 13.4* ein.

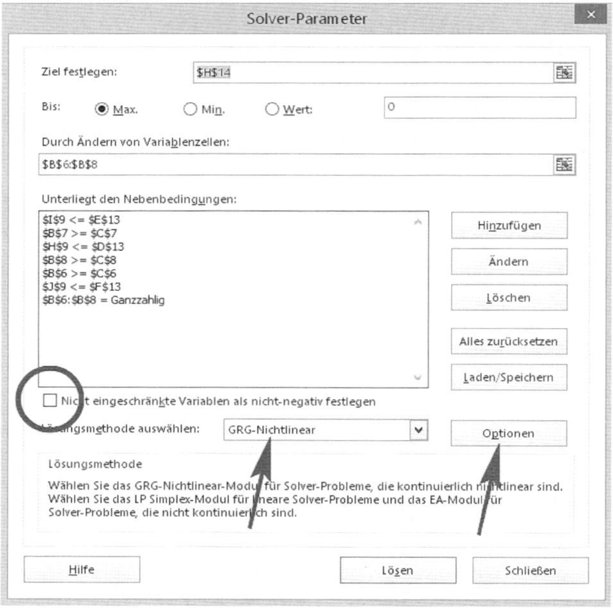

Abbildung 13.4: Solver-Parameter – Maschinenauslastung

Was wird da jetzt eingetragen?

Die Zielzelle ist H14 – die Summe unserer Maschinenlaufzeiten – und da wir diese maximieren wollen, wird beim Zielwert *Max* angeklickt. Als *Veränderbare Zellen* geben wir den Bereich B6:B8 ein – die produzierten Stückzahlen.

Wieso – in B6 bis B8 steht doch nichts? Richtig, denn da soll der Solver seine optimalen Stückzahlen hineinschreiben. (*Schätzen* brauchen wir nichts!)

Kommen wir zu den *Nebenbedingungen*. Da werden die häufigsten Fehler bzw. zu wenig Eingaben gemacht. *Hinzufügen* anklicken und – was wollen wir eigentlich?

Klar, keine halbfertigen Artikel, sondern von allen drei Maschinen bearbeitete – also B6:B8 (alle Artikel) = *ganzzahlig (bzw. int aus dem englischen integer)*: *OK* und den nächsten hinzufügen (*Abb. 13.5*).

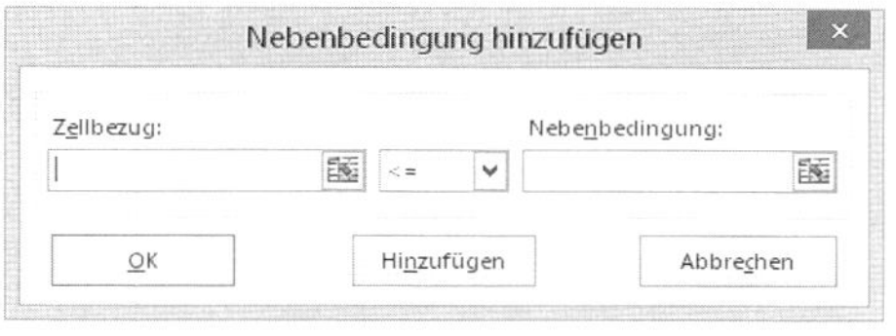

Abbildung 13.5: Dialogfeld Nebenbedingung hinzufügen

Außer *ganzzahlig (int)* wird einem noch *<=; >=; = bin* (binär) und *dif* (alldifferent) angeboten.

Nächste *Nebenbedingung*: Wir wollen, dass die zu ermittelnde Stückzahl größer oder gleich der vorgegebenen Mindestzahl in Spalte C ist, ergo *B6>=C6* und entsprechend noch *B7>=C7* und *B8>=C8*.

Nun die letzten Bedingungen: Die Maschinen haben irgendwann keine Lust mehr, sie sind ausgelastet, also *H9<=D13*, *I9<=E13* und *J9<=F13*.

Übrigens: Die Bezüge setzt der Solver automatisch absolut ($) und die Eingaben bei den Nebenbedingungen werden (blödsinnigerweise) alphabetisch sortiert. Der Haken bei *Nicht eingeschränkte Variablen als nicht-negativ festlegen* wird entfernt. Und als Lösungsmethode wird *GRG-Nichtlinear* gewählt. Danach klicken Sie auf die Schaltfläche *Optionen*, um das Dialogfeld aus *Abb. 13.6* zu erhalten.

Dort muss lediglich das Kontrollkästchen *Ganzzahlige Nebenbedingungen* deaktiviert werden. Auch wenn das verwirrend klingt, denn wir haben ja Nebenbedingungen, die ein ganzzahliges Ergebnis für die Zellen B6:B8 verlangen.

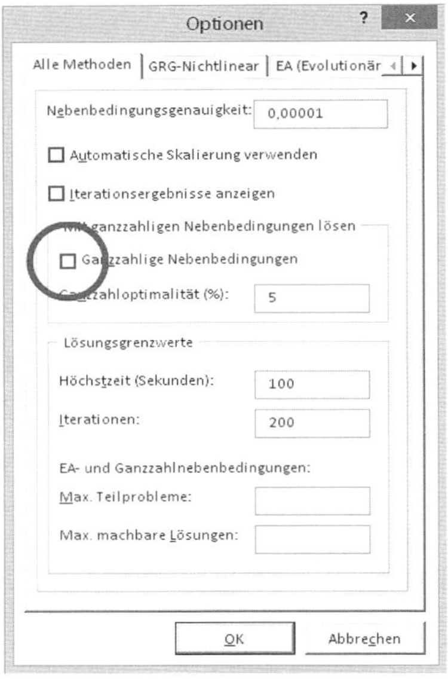

Abbildung 13.6: Dialogfeld zur Einstellung der Solver-Optionen

Das war's – jetzt soll er arbeiten und nach dem Anklicken von *Lösen* tut er es auch. Niedlich finden wir seine Zwischeninformation in der *Statusleiste*: »Ein Problem wird aufgestellt ...«

Als Ergebnis für obiges Beispiel kommen 53 – 23 – 10 Stück bei 56 Minuten Leerlaufzeit heraus – ziemlich lausig. *Abb. 13.3* zeigt das Ergebnis. Das optimale Ergebnis erreicht man immer ohne minimale Stückzahlvorgabe in C6:C8.

Stände dort überall null, ergäbe das 62 – 27 – 2 und nur 6 Minuten Leerlauf. Da aber Artikel Nr. 3 vielleicht der ist, an dem der Unternehmer am meisten verdient, hat er bestimmt Interesse daran, dass dieser nach einer Optimierung überhaupt auftaucht (null wäre ja auch möglich).

Das Optimierungsergebnis haben wir jetzt – welche Formeln noch?

- `B9:=SUMME(B6:B8)` – Anzahl der Artikel insgesamt
- `C9:=SUMMENPRODUKT(C6:C8;G6:G8)` – Anzahl der durch die Mindestvorgaben in C6:C8 schon verbratenen Maschinenminuten
- `H13: =SUMME(D13:F13)` – maximale Gesamtmaschinenauslastung
- `D14: =H9-D13` – Leerlaufzeit von Maschine I – kopieren bis F14

Wichtig ist noch das Abfangen von Fehlergebnissen, denn Sie können nicht immer sicher sein, dass der Solver alle Nebenbedingungen einhält. Wenn der Solver mit den Bedingungen nicht klarkommt (»Traue keinem über drei oder einem SOLVER-Ergebnis«) und er sich bis zum Zeitlimit bzw. bis zur Iterationszahl totgerechnet hat, kommt die Meldung »Solver konnte keine machbare Lösung finden«. Idiotischerweise wird einem dann angeboten, diese Lösung zu verwenden, anstatt automatisch abzubrechen (*Abb. 13.7*).

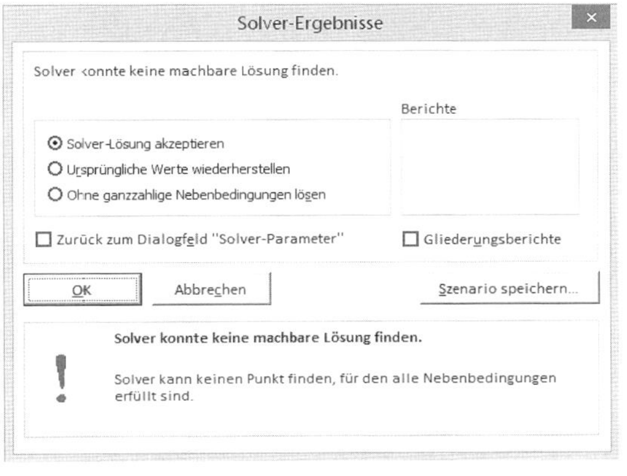

Abbildung 13.7: Der Solver kapituliert.

Man kann sich aber leider nicht immer darauf verlassen, dass die Fehlermeldung nur bei einem Blödsinnsergebnis erscheint, falls eine Bedingung nicht erfüllt wurde.

Werden als Mindestvorgabe in C6:C8 in der Summe mehr Maschinenminuten als überhaupt verfügbar gefordert, liefert der Solver ein absolut bescheuertes Ergebnis. Das fällt auf! Aber auch wenn da dreimal 25 mindestens zu produzierende Artikel stehen, was mit 1.550 vorgegebenen Minuten im Rahmen (1710) liegt, ist der Solver überfordert und liefert ein unsinniges Ergebnis bzw. kapituliert freiwillig.

Um sicherzustellen, dass Sie kein Ergebnis akzeptieren, das nicht alle Nebenbedingungen erfüllt, können Sie in C11 schreiben *(Abb. 13.8)*:

```
C11:

=WENN(C9>H13;"Das sind zu viel!";WENN(ZÄHLENWENN(D14:F14;">0,1")>0;"mind.
reduzieren !";""))
```

	A	B	C	D	E	F	G	H	I	J	K
1	**Maschinenauslastung (Minuten) optimieren**										
2											
3	Artikel	Stück	mind.		Bearbeitungszeit		ges.	Summe Gesamtzeit			
4					Maschine						
5				I	II	III					
6	Nr. 1	25	25	4	6	8	18	100	150	200	
7	Nr. 2	25	25	10	8	2	20	250	200	50	
8	Nr. 3	25	25	9	5	10	24	225	125	250	
9		75	1.550	Minuten vorgegeben				575	475	500	
10											
11	mind. Reduzieren !			maximale							
12				Maschinenlaufzeit							
13				540	600	570		1.710 wäre Vollauslastung			
14				35	-125	-70		**1.550 Ist-Auslastung**			
15											

Abbildung 13.8: Maschinenauslastung optimieren – Ergebnis

Lange Rede – kurzer Sinn: Wir trauen nur Leuten unter drei.

Und dann gibt's noch die **Solver-Macke**, die meist vergessen wird.

Wenn nur diese eine Datei geöffnet ist, dauert die Berechnung den Bruchteil einer Sekunde. Wenn viele (rechenintensive) Dateien geöffnet sind, dauert die Berechnung ewig bis unendlich, da ALLE Dateien (auch die, die von der Solver-Lösung nicht tangiert werden) zigtausendmal neu berechnet werden! Wenn man's merkt, kann man das nicht mehr stoppen – außer Stecker ziehen – und dann ist natürlich alles Nichtgespeicherte im Eimer.

13.3 Wenn der Solver einmal nicht solvt

Wie Sie gesehen haben, kann der Solver ganz schön zickig werden, wenn Sie die Ausgangssituation einer Problemstellung nur geringfügig verändern. Zudem gibt es Aufgabenstellungen, bei denen es Ihnen gar nicht gelingen wird, den Solver vernünftig arbeiten zu lassen. Dann ist es schwierig, zu unterscheiden, ob es an Ihrem eigenen Unvermögen liegt oder ob eine Aufgabenstellung womöglich einfach nicht geeignet ist, den Solver darauf anzusetzen.

Kennen Sie beispielsweise das »Travelling Salesman«-Problem? Hier geht es um einen Händler oder Spediteur, der von seinem Ausgangsort aus bestimmte Orte beliefern muss, um anschließend wieder zuhause anzukommen. Sein Primärziel ist es – wen wundert das bei den heutigen Spritpreisen –, alle Orte in der Reihenfolge anzusteuern, in der die zurückgelegte Gesamtstrecke am kürzesten ist.

Zunächst wollen wir diese Aufgabenstellung in einer Excel-Tabelle modellieren, wobei wir von sieben Orten ausgehen, die der Händler zu besuchen hat (*Abb. 13.9*).

H4 =WURZEL((F4-F3)^2+(G4-G3)^2)

	A	B	C	D	E	F	G	H
1	Koordinaten				zufällige Reihenfolge			
2	x	y		Zufall		x	y	Strecke
3	0	0				0	0	
4	2,40	6,20		0,145532	6	9,20	5,50	10,72 km
5	15,30	4,90		0,816204	2	15,30	4,90	6,13 km
6	6,60	2,40		0,717105	4	15,90	0,30	4,64 km
7	15,90	0,30		0,961280	1	2,40	6,20	14,73 km
8	13,60	11,30		0,684015	5	13,60	11,30	12,31 km
9	9,20	5,50		0,136835	7	6,00	17,60	9,87 km
10	6,00	17,60		0,810781	3	6,60	2,40	15,21 km
11	0	0				0	0,00	7,02 km
12								80,63 km

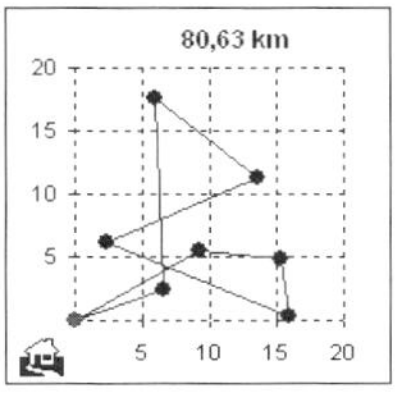

Abbildung 13.9: Excel-Modellierung »Travelling Salesman« (1)

Die in einem Punkt (XY)-Diagramm visualisierte Welt des Händlers ist eine 20 Quadratkilometer große Fläche, in der die sieben zu erreichenden Orte über x-/y-Koordinaten bestimmt werden, die im Bereich A4:B10 stehen. Er selbst wohnt im Punkt 0/0. Da er sich zu Beginn überhaupt nicht entscheiden kann, in welcher Reihenfolge er die Orte anfahren will, lässt er den Zufall entscheiden. In D4:D10 stehen einfach Zufallszahlen: `=ZUFALLSZAHL()`. Darauf basierend bildet er in E4:E10 die Reihenfolge der Orte.

`E4: =RANG(D4;$D$4:$D$10)` (kopiert bis E10)

In F4:G10 werden die Koordinaten der Orte in die Reihenfolge gebracht, die durch die in Spalte E berechnete Rangfolge der Zufallszahlen bestimmt wurde.

`F4: =INDEX($A$4:$A$10;E4)` (kopiert bis F10)
`G4: =INDEX($B$4:$B$10;E4)` (kopiert bis G10)

F3:G3 und F11:G11 enthalten die Koordinaten 0, da er ja immer zuhause startet und abends auch wieder heil dort ankommt, wie wir hoffen wollen.

In Spalte H berechnen wir mit

`H4` (kopiert bis H10): `=WURZEL((F4-F3)^2+(G4-G3)^2)`
`=WURZEL((9,2-0)^2+(5,5-0)^2) = 10,72`

die Entfernung der Strecken zwischen zwei Orten. Hierbei wenden wir den allseits bekannten Satz des Pythagoras an (*Abb. 13.10*):

$a^2+b^2=c^2$

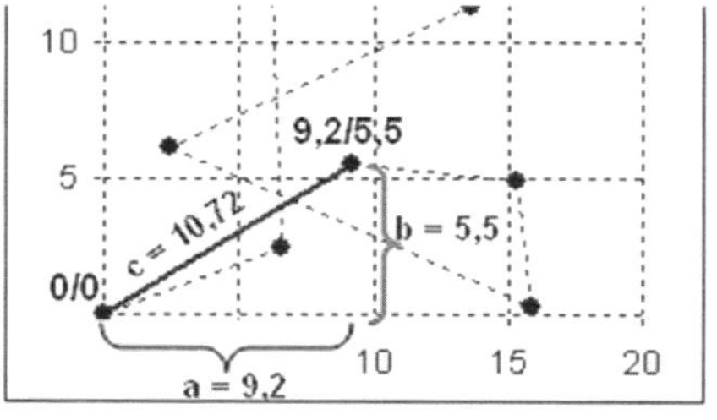

Abbildung 13.10: Streckenlänge mit Satz des Pythagoras berechnen

In H12 ergibt sich letztlich die insgesamt zurückgelegte Strecke (im Beispiel 80,63 km).

`H12: =SUMME(H4:H11)`

Natürlich sieht selbst ein Blinder mit Krückstock, dass das nicht die optimale Strecke ist, sondern dass sie den Händler über kurz oder lang in den Ruin treiben wird. Jetzt stellt sich die Frage, wie wir dem Händler helfen können, Spritkosten und natürlich auch Zeit einzusparen.

Wir könnten jetzt unserer Fantasie freien Lauf lassen und viel Zeit darauf verwenden, den Solver so einzustellen, dass er eine optimale Strecke findet. Ob uns das gelingt, ist sehr fraglich. Möglicherweise führt eine optimale Lösung über den Solver, vielleicht aber auch nicht. Mit Sicherheit ist es so schwierig, dass Sie über tiefgehende mathematische Fähigkeiten verfügen müssen, um den Solver hier zu bändigen.

Anstatt uns das Hirn zu zermartern, greifen wir zu einer wesentlich pragmatischeren und einfacher zu verstehenden Methode und lassen Excel für uns die Fleißarbeit über »Trial and Error« verrichten.

Hinter den Zufallszahlen in Spalte D steht eine feste Absicht. Denn jedes Mal, wenn wir [F9] drücken, wird über die neuen Zufallszahlen eine neue Reihenfolge der Orte und damit eine andere Gesamtstrecke erzeugt. Wenn wir [F9] gedrückt halten, wird Excel also eine Vielzahl von Strecken plump, aber effektiv ausprobieren. Um Ihnen die Fingerarbeit abzunehmen, würde der VBA-Einzeiler

```
For x = 1 to 10.000:Calculate:next
```

genügen. Aber da dies ein VBA-freies Buch ist, holen Sie lieber einen schweren Gegenstand und legen ihn auf die [F9]-Taste.

Wenn Excel auf diese Weise eine Zeit lang gesucht hat, wird es mit Sicherheit kürzere Strecken gefunden haben und mit hoher Wahrscheinlichkeit sogar die optimale. Aber jetzt müssen wir uns diese Lösung ja auch irgendwie merken bzw. protokollieren, sonst haben wir nichts davon. Dieses Protokollieren können wir mit der Excel-Iteration bewerkstelligen.

Wählen Sie bis Excel 2003 *Extras/Optionen/Berechnung* bzw. in späteren Excel-Versionen *Office-Schaltfläche* (Excel 2007) oder *Datei* (ab Excel 2010) und dann *Optionen/Formeln/Berechnungsoptionen*. Markieren Sie das Kontrollkästchen *Iterative Berechnung aktivieren* und stellen Sie die *Maximale Iterationszahl* auf 1 (*Abb. 13.11*).

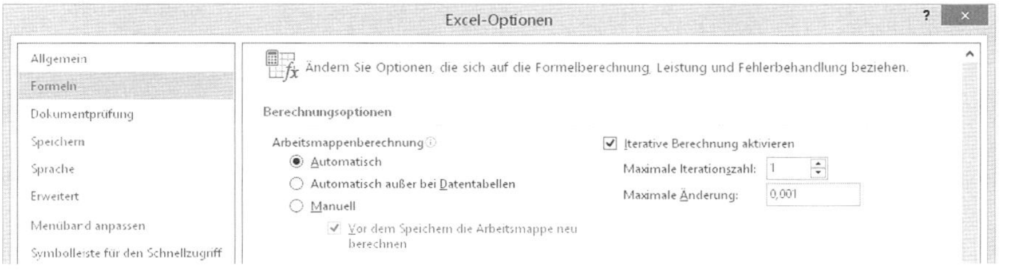

Abbildung 13.11: Dialogfeld Optionen – *Iteration aktivieren*

Dann erweitern Sie die Tabelle gemäß *Abb. 13.12*.

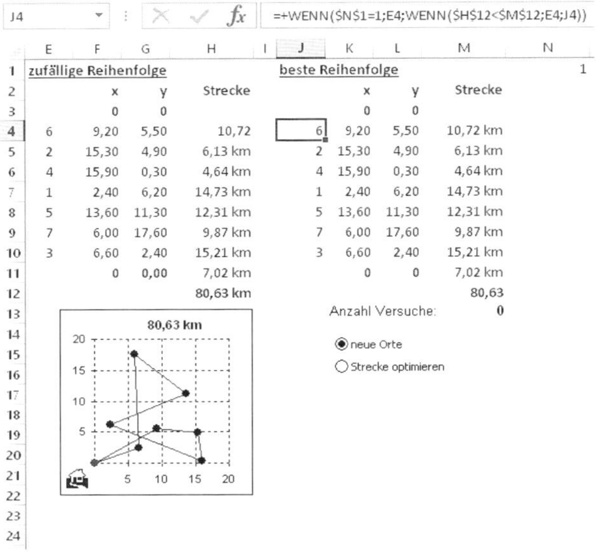

J4 =+WENN($N$1=1;E4;WENN($H$12<$M$12;E4;J4))

	E	F	G	H	I	J	K	L	M	N
1	zufällige Reihenfolge					beste Reihenfolge				1
2		x	y	Strecke			x	y	Strecke	
3		0	0				0	0		
4	6	9,20	5,50	10,72		6	9,20	5,50	10,72 km	
5	2	15,30	4,90	6,13 km		2	15,30	4,90	6,13 km	
6	4	15,90	0,30	4,64 km		4	15,90	0,30	4,64 km	
7	1	2,40	6,20	14,73 km		1	2,40	6,20	14,73 km	
8	5	13,60	11,30	12,31 km		5	13,60	11,30	12,31 km	
9	7	6,00	17,60	9,87 km		7	6,00	17,60	9,87 km	
10	3	6,60	2,40	15,21 km		3	6,60	2,40	15,21 km	
11		0	0,00	7,02 km			0	0	7,02 km	
12				80,63 km					80,63	
13						Anzahl Versuche:			0	

Abbildung 13.12: Excel-Modellierung »Travelling Salesman« (2)

Die Spalten E:H werden zunächst nach J:M kopiert. Die Berechnung der in Reihenfolge gebrachten Koordinaten sowie die Streckenangaben werden also dupliziert. Die Protokollierung der besten gefundenen Reihenfolge geschieht über die Formel:

`J4: =WENN($N$1=1;E4;WENN($H$12<$M$12;E4;J4))` (kopiert bis J10)

N1 wird über die Optionsfelder *Neue Orte* und *Strecke optimieren* gesteuert. *Neue Orte* gibt an N1 den Wert 1 weiter. In diesem Fall wird die Reihenfolge in Spalte J aus Spalte E übernommen. Die Option *Strecke optimieren* setzt N1 auf den Wert 2, damit wird die Iteration bzw. die Protokollierung der besten Reihenfolge gestartet. Diese verbirgt sich hinter dem Formelteil:

`WENN($H$12<$M$12;E4;J4)`

Wenn per Zufall in H12 eine Gesamtstrecke gefunden wurde, die kürzer ist als die in M12 protokollierte, dann wird die Reihenfolge aus E4 übernommen. Ansonsten bleibt der Wert aus J4 (bezieht sich auf sich selbst) eingefroren. Dies hat zur Folge, dass die Strecke in Spalte H größer und kleiner wird, aber in Spalte M kann sie immer nur kleiner werden und nähert sich ergo immer mehr dem Optimum an.

Dann wird in M13 noch gezählt, wie viele »Trial and Error«-Versuche durchgeführt wurden. Steht N1 auf 1, wird der Zähler wieder zurückgesetzt.

```
M13: =WENN(N1=1;0;M13+1)
```

Jetzt probieren wir einmal aus, wie effektiv diese Methode den optimalen Weg findet (*Abb. 13.13*).

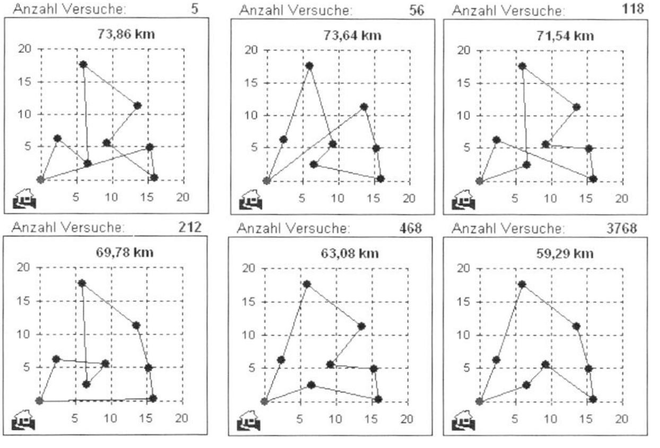

Abbildung 13.13: Schrittweise Streckenoptimierung per »Trial and Error«

Wie wir sehen, findet Excel zu Beginn in relativ kurzen Abständen bessere Streckenverläufe. Nach 468 Versuchen und einer Strecke von 63,08 km könnte man versucht sein, sich damit zufriedenzugeben. Dies ist eine Strecke, mit der der Händler sicher gut leben könnte. Er kann sich allerdings nie hundertprozentig sicher sein, dass er die optimale Strecke gefunden hat.

Ist er noch nicht zufrieden, kann er weitersuchen und siehe da: Nach 3.768 Versuchen wird eine noch bessere Lösung gefunden. Jetzt musste er aber schon mehr Geduld mitbringen, denn die Intervalle zwischen zwei temporären Bestmarken werden immer größer. Auch jetzt weiß er nicht genau, ob das die allerbeste Lösung ist. Das kann er auch nach 10 Milliarden Versuchen nicht wissen. Aber das unterscheidet eben einen Optimierungsalgorithmus von einer mathematisch einwandfreien Lösung. Nichtsdestotrotz können wir hier wohl davon ausgehen, dass wir den Händler glücklich gemacht haben.

13.4 Ein bisschen Statistik zu »Trial and Error«

Das soeben gezeigte Verfahren eignet sich zur Lösung von ganzzahligen Aufgaben, die in den Bereich der Kombinatorik fallen. Wenn Sie ein solches Verfahren anwenden, sollten Sie zumindest ungefähr Ihre Erfolgsaussichten abschätzen können.

Beim »Travelling Salesman«-Problem handelt es sich um eine Permutation, da die Reihenfolge von n Orten – $\{1;2;3;...;n\}$ – beliebig gemischt wird. Die Anzahl möglicher Permutationen bestimmt sich aus

```
FAKULTÄT(n).
```

Bei sieben Orten (der Startpunkt des Händlers muss nicht berücksichtigt werden) sind es:

```
FAKULTÄT(7)=5.040
```

Also eine noch recht überschaubare Zahl, die aber mit zunehmender Anzahl der Orte stark ansteigt. Bei zehn Orten sind es bereits 3.628.800 Möglichkeiten.

Die Gretchen-Frage lautet nun, wie hoch die Chance ist, nach x Versuchen die optimale Lösung oder zumindest eine der drei besten Lösungen gefunden zu haben. Die Gretchen-Antwort führt über die Binominalverteilung. Die Binominalverteilung trifft Aussagen darüber, wie groß die Wahrscheinlichkeit ist, nach einer bestimmten Anzahl Versuchen eine bestimmte Anzahl Treffer gelandet zu haben, wobei die Trefferwahrscheinlichkeit bei jedem Versuch gleich ist. Bei sieben Orten ist die Trefferwahrscheinlichkeit für die optimale Lösung 1 zu 5.040. Die Wahrscheinlichkeit, die optimale Lösung nach x Versuchen mindestens einmal gefunden zu haben, lautet:

```
=1-BINOMVERT(0;x;1/5040;0)
```

Von der Gesamtwahrscheinlichkeit 1 wird also die Wahrscheinlichkeit für 0 Treffer subtrahiert, denn zwei oder mehr Treffer wären ja auch in Ordnung. Wenn es Ihnen genügt, eine der drei besten Lösungen gefunden zu haben, lautet die Wahrscheinlichkeit:

```
=1-BINOMVERT(0;x;3/5040;0)
```

Die konkreten Wahrscheinlichkeiten für unseren Händler sehen Sie in *Abb. 13.14*.

C3 *fx* =1-BINOMVERT(0;A3;3/5040;0)

	A	B	C	D	E	F
1	Versuche	Optimum	beste drei			
2	x	w	w			
3	1	0,02%	0,06%			
4	10	0,20%	0,59%			
5	100	1,96%	5,78%			
6	1.000	18,00%	44,87%			
7	5.040	63,22%	95,03%			
8	10.000	86,25%	99,74%			
9	15.000	94,90%	99,99%			
10	20.000	98,11%	100,00%			
11	25.000	99,30%	100,00%			
12	30.000	99,74%	100,00%			
13						

Abbildung 13.14: Binomialverteilung der Optimierungswahrscheinlichkeit per »Trial and Error«

Nach 5.040 Versuchen, die der Anzahl insgesamt möglicher Permutationen entspricht, hat er also gute Chancen, das Optimum oder zumindest eine der besten drei Lösungen gefunden zu haben.

Nur ganz nebenbei als Erinnerung an das Mathematikgenie Leonhard Euler: Eine interessante Auffälligkeit dabei ist der Wert 63,22%. ohne Rundung beträgt er genau 63,2157057822357% und geht damit in die Nähe der Formel:

```
=1-1/EXP(1) = 0,632120558828558
```

Das ist kein Zufall. Wenn Sie die Anzahl Orte (n) erhöhen und die Anzahl Versuche (x) mit n gleichsetzen, nähert sich das Ergebnis immer weiter dieser Formel an.

```
=1-BINOMVERT(1;FAKULTÄT(12);1/FAKULTÄT(12);0)= 0,632120558444551
```

Was es wohl bedeuten mag, lassen wir jetzt mal offen. Ganz nach dem Motto von Benjamin Peirce vor der National Academy of Sciences in Washington im Jahre 1870:

»Gentlemen, that is surely true, it is absolutely paradoxical; we cannot understand it and we don't know what it means. But we have proved it, and therefore we know it is the truth!«

»Meine Herren, diese Formel ist in der Tat richtig. Sie ist absolut paradox, wir können sie nicht verstehen und wir wissen nicht, was sie bedeutet. Aber wir haben sie bewiesen, und deshalb wissen wir: Sie muss wahr sein!«

Er meinte damit Eulers berühmte Formel

e^(pi*i) + 1 = 0

e ist die Eulersche Zahl – auch Wachstumsfaktor genannt – (1+1/n)^n mit n gegen unendlich und hat unendlich viele Nachkommastellen; pi ist logischerweise die Kreiszahl Umfang/Durchmesser mit keiner Nachkommastelle weniger und i ist das imaginäre Ergebnis der Wurzel aus –1. Logisch, dass die Verquickung dieser drei Zahlen ein ganzzahliges Ergebnis ergibt!

Mit Excel dargestellt (aktivieren Sie ausnahmsweise einmal die Analysefunktionen und ignorieren Sie Excels Rundungsungenauigkeit):

```
=IMAGINÄRTEIL(IMEXP(IMPRODUKT(PI();"i")))+IMREALTEIL(IMEXP(IMPRODUKT(PI();
"i")))+1
```

Kapitel 14

IKV – eine Funktion macht Karriere

Zur Einstimmung eine kleine mathematische Vorgeschichte.

14.1 Lösung von Gleichungen: Galois und Co.

Sie erinnern sich vielleicht aus der Schule an die quadratische Gleichung der Form

$$a \cdot x^2 + b \cdot x + c = 0$$

Abbildung 14.1: Quadratische Gleichung

Diese ließ sich mit der sogenannten *pq-Formel* lösen. Mit der Definition

$$p = \frac{b}{a}$$
$$q = \frac{c}{a}$$

Abbildung 14.2: pq-Formel (1)

und Teilung der Gleichung durch den Faktor a bringt man dabei die Gleichung in die Normalform

$$1 \cdot x^2 + p \cdot x + q = 0$$

Abbildung 14.3: Normalform quadratische Gleichung

Eine Gleichung n-ten Grades kann maximal n Lösungen besitzen. Der Grad einer Gleichung bestimmt sich nach ihrem höchsten Exponenten, bei der quadratischen Gleichung also 2. Ergo besitzt die quadratische Gleichung maximal zwei Lösungen, die mit der folgenden *pq-Formel* ermittelt werden:

$$x_{1,2} = -\frac{p}{2} \pm \sqrt{\left(\frac{p}{2}\right)^2 - q}$$

Abbildung 14.4: pq-Formel (2)

Wir probieren dies anhand eines Beispiels gemäß *Abb. 14.5* einmal aus.

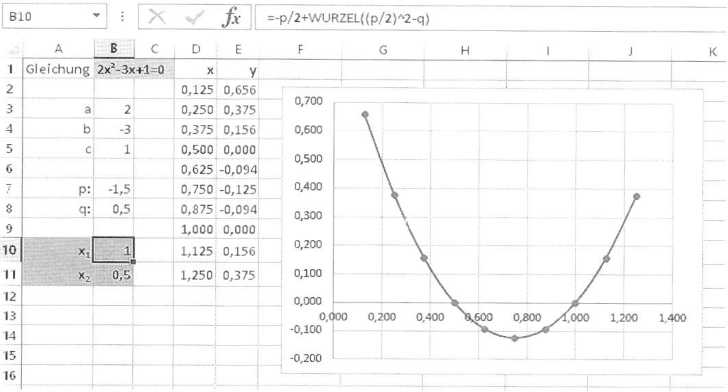

Abbildung 14.5: Lösung einer quadratischen Gleichung

Es funktioniert. Die *pq-Formel* liefert für die Gleichung

`2x^2-3x+1=0` die Lösungen

```
B10: =-p/2+WURZEL((p/2)^2-q)=1
B11: =-p/2-WURZEL((p/2)^2-q)=0,5
```

Den Zellen B3:B8 wurden die links benachbarten Symbole als Namen zugewiesen. Die Zelle B5 nennt sich »c.«, da das Symbol c (ohne Punkt) in Excel für *Column* (Spalte) reserviert ist und deshalb nicht als Name verwendet werden darf. Das Gleiche gilt auch für r (*Row*/Zeile).

Den grafischen Nachweis der zwei Lösungen fördert das Punkt(xy)-Diagramm zu Tage. Als x-Achse wurden zehn Datenpunkte zwischen 0,125 und 1,25 gewählt. Die dazugehörigen y-Punkte findet man mit

```
E2: =a*D2^2+b*D2+c.
```

Da E5 und E9 den Wert 0 annehmen, sehen wir schon, dass die dazugehörigen x-Werte zu dem Ergebnis der *pq-Formel* passen. Die Kurve des Diagramms schneidet wie erwartet die x-Achse an den Punkten 0,5 und 1.

Jetzt wollen wir die Aufgabenstellung, scheinbar geringfügig, erweitern. Gegeben sei eine Gleichung der Form

$$a \cdot x^3 + b \cdot x^2 + c \cdot x + d = 0$$

Abbildung 14.6: Kubische Gleichung

Sieht ja auch nicht viel anders aus. Ein Summand mehr und im höchsten Exponenten eine 3 statt einer 2, was die Gleichung zur kubischen Gleichung qualifiziert. Dieser Exponent +1 kann doch bezüglich Lösungsweg keinen so großen Unterscheid machen. Oder doch?

Oder doch!!! Diese Gleichung kann wegen des Exponenten 3 maximal drei Lösungen für x besitzen, und diese drei zu finden, ist um ein Vielfaches schwerer als die Lösung der quadratischen Gleichung. Für Interessierte soll es nun kurz gezeigt werden. Für den weiteren Verlauf des Kapitels muss man den Lösungsweg nicht kapieren, es geht nur um die Demonstration, wie unglaublich kompliziert es ist, eine kubische Gleichung nach x aufzulösen. Falls Ihnen so viel Mathematik zu weit geht, können Sie die nächsten zwei Seiten getrost überspringen.

Die übrigen Leser wenden ihren Blick auf die nächste *Abb. 14.7.*

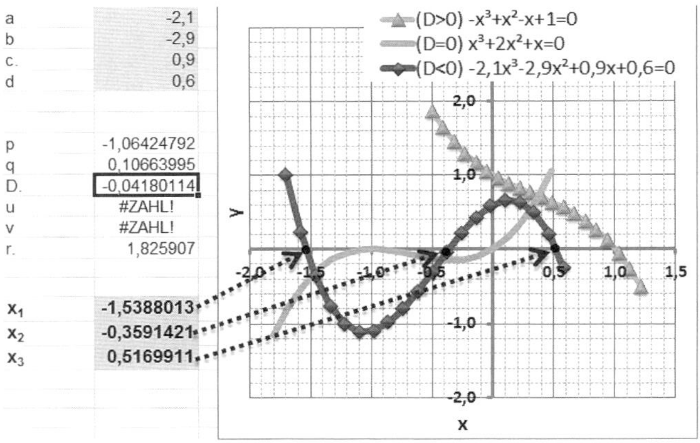

Abbildung 14.7: Lösung kubische Gleichung

In B1 bis B4 stehen die Parameter der Beispielgleichung

```
-2,1*x^3-2,9*x^2+0,9*x+0,6=0
```

Die Parameter p und q werden wieder verwendet, haben jetzt aber eine andere Definition

```
B7(p): =(3*a*c.-b^2)/(3*a^2)
B8(q): =(2*b^3)/(27*a^3)-b*c./(3*a^2)+d/a
```

D. ist eine ganz wichtige Größe, die maßgebend für den weiteren Rechenweg ist. *D* mit Punkt, weil der Name *d* schon vergeben ist und *D* alleine deshalb nicht mehr zulässig ist.

```
B9(D.): =(q/2)^2+(p/3)^3
```

Je nach Vorzeichen von *D.* gibt es drei Typen von kubischen Gleichungen.

- D. <0: Die Gleichung hat drei reelle Lösungen, wie unsere Beispielgleichung in der Tabelle.
- D. >0: Die Gleichung hat nur eine reelle Lösung. Dies trifft für die Gleichung im Diagramm zu, die die x-Achse nur einmal schneidet.
- D. =0: Ist ein Sonderfall, eine solche Gleichung hat drei Lösungen, von denen zwei identisch sind. Das Diagramm zeigt eine Kurve, die die x-Achse bei -1 berührt, aber nicht schneidet.

Weitere Zwischenrechnungen sind

```
B10(u): =(-q/2+WURZEL(D.))^(1/3)
B11(v): =(-q/2-WURZEL(D.))^(1/3)
B12(r.) =ARCCOS(-(q/2)*WURZEL(-27/p^3))
```

Damit kommen wir »schon« zu den Lösungen von x_1, x_2 und x_3:

```
B15(x1):
=WAHL(VORZEICHEN(D.)+2;-WURZEL(-4/3*p)*COS(1/3*r.-PI()/3)-b/(3*a);
(q/2)^(1/3)-b/(3*a); "---")
B16(x2):
=WAHL(VORZEICHEN(D.)+2;-WURZEL(-4/3*p)*COS(1/3*r.+PI()/3);(-4*q)^(1/3);
u+v)-b/(3*a)
B17(x3):
=WAHL(VORZEICHEN(D.)+2;WURZEL(-4/3*p)*COS(1/3*r.)-b/(3*a);(q/2)^(1/3)-b/(3*a);
"---")
```

Die Funktion WAHL sorgt hier dafür, dass abhängig des Vorzeichens von D. drei unterschiedliche Berechnungen zum Ansatz kommen.

Das vorgegebene Beispiel liefert die Lösungen –1,5, –0,36, 0,52

aus der Gleichung

```
-x^3+x^2-x+1=0
```

Mit den Parametern –1, 1, –1, 1 in B1:B4 resultiert ein positives D. Es existiert dann nur eine reelle Lösung

$x_1 = +1$

Trägt man in B1:B4 die Parameter 1, 2, 1, 0 ein, erhält man den Sonderfall D=0. Die drei Lösungen der Gleichung

```
x^3+2*x^2+x=0
```

lauten

$x_1 = -1$
$x_2 = 0$
$x_3 = -1$

Hinter den trigonometrischen Berechnungen (COS/ARCCOS) zur Lösung von kubischen Gleichungen verbergen sich Rechenoperationen mit komplexen Zahlen. Diese genauer herzuleiten, würde hier den Rahmen sprengen. (Eine detaillierte Beschreibung dazu findet man z. B. bei Wikipedia unter dem Stichwort *Cardanische Formeln*, benannt nach dem Mathematiker Gerolamo Cardano, der diese Berechnungen erstmals 1545 in seinem Buch Ars magna veröffentlichte.)

Sie haben gesehen, wie sehr sich die Gleichungen, man nennt solche Funktionen übrigens Polynome, bei nur einem höheren Exponenten als 2 verkomplizieren. Jetzt lässt sich bereits erahnen, wie kompliziert ein Polynom vierten Grades (oder noch höher), mit maximalem Exponent vier zu lösen sein muss.

Mit dem Exponent vier sind wir bei den quartischen Gleichungen angelangt. Für diese Gleichungen fand der Mathematiker Lodovico Ferrari (1522–1565) die Lösungen. Veröffentlich wurden sie ebenso wie die Lösung der kubischen Gleichungen von Cardano, der überdies auch Ferraris Lehrer war. Die quartischen Gleichungen sind noch schwerere Kost, die uns viel zu sehr im Magen liegen würde. Also lassen wir die Finger davon.

Mit den Polynomen vierten Grades ist das Ende der Fahnenstange erreicht. Für Gleichungen mit maximalem Exponenten 5 gibt es schon keine allgemeingültigen Lösungswege mehr. Dies bewiesen die Mathematiker Ruffini, Abel und vor allem auch Évariste Galois zu Beginn des 19. Jahrhunderts. Aber selbst der Beweis für die Unmöglichkeit ist in diesem Fall so genial, dass er für Normalsterbliche nicht zu begreifen ist.

Bevor wir zu weit abschweifen, schwenken wir wieder zurück zur irdischen Finanzmathematik. Spannen wir Sie nicht länger auf die Folter, was das soeben Erzählte überhaupt mit Rendite und Zinssätzen zu tun hat.

14.2 Nominalzins versus Effektivzins

Wir haben eben gelernt, dass Polynome fünften Grades oder höher nicht allgemeingültig gelöst werden können, in Sonderfällen aber schon.

$$y = x^n$$

Abbildung 14.8: Sonderfall eines Polynoms

Die Gleichung in *Abb. 14.8* ist streng genommen ein Sonderfall eines Polynoms n-ter Ordnung, bei dem nur alle Exponenten kleiner n=0 sind. Diese Gleichung lässt sich natürlich einfach nach x auflösen, nämlich durch

$$x = \sqrt[n]{y} = y^{1/n}$$

Abbildung 14.9: Auflösung von y nach x

Fast trivial einfach, aber für unsere finanzmathematischen Modelle sehr hilfreich. Es leuchtet ein, dass ein Geldbetrag, der einmal mit 12% verzinst wird, nicht den gleichen zukünftigen Endwert aufweist wie der gleiche Geldbetrag, der zwölfmal exponentiell, also mit Zinseszinseffekt, fortgeschrieben wird. Zum Beweis:

```
100*1,12=112
100*1,01^12=112,682503013197
```

Ein Sparplan, der Ihnen einmal im Jahr 12% Zinsen gewährt, ist also nicht äquivalent zu einer Anlage, die monatliche Zinsverrechnung bei einem Jahreszins von 12% unterstellt. Im zweiten Fall verrechnen Sie jedes Mal ein Zwölftel des Jahreszinses und bekommen dadurch am Ende des Jahres 68 Cent mehr zurück.

Gleicher Jahreszins führt zu unterschiedlichen Ergebnissen. Das ist für den Verbraucher, der verschiedene Modelle miteinander vergleichen will, natürlich verwirrend. Deshalb gibt es die Preisangabenverordnung PAngV, die es gebietet, immer den Effektivzins einer Geldanlage oder eines Darlehens anzugeben. In beiden oben genannten Varianten beträgt der nominelle Jahreszins 12%. Bei der jährlichen Zinsverrechnung entspricht dies ebenso dem Effektivzins. Der jährliche Effektivzins bei der unterjährigen Zinsverrechnung ist höher als der jährliche Nominalzins.

Im Folgenden bezeichnen wir den Effektivzins als i_{eff} und den Nominalzins als i_{nom}. Bezogen auf obiges Zahlenbeispiel interessieren uns zwei Fragestellungen:

- Welcher jährlichen Effektivverzinsung entspricht der Endwert von 112,6825 €?
- Welcher monatliche Nominalzins hätte vergütet werden müssen, um nach zwölf Monaten exakt 112 € zu erreichen, was einer jährlichen Effektivverzinsung von 12% entsprechen würde?

Die erste Fragestellung beantwortet die Formel

i_{eff} = (1+i_{nom}/12)^12-1=12,6825%

In allgemeiner Form für beliebige n statt 12:

i_{eff} = (1+i_{nom}/n)^n-1

Die zweite Fragestellung entspricht quasi der Auflösung des Polynoms n-ter Ordnung nach x über die n-te Wurzel. Jetzt schließt sich endlich der Kreis von der Nullstellenberechnung zur Finanzmathematik:

i_{nom}=((1+i_{eff})^(1/n)-1)*n

Im konkreten Fall

i_{nom} =((1+12%)^(1/12)-1)*12 = 0,113865515214997

Zum Beweis rechnen wir zurück:

```
100*(1+0,113865515214997/12)^12=112
```

Quod erat demonstrandum!

Excel bietet für die Umrechnung zwischen Effektivzins und Nominalzins zwei Funktionen mit naheliegenden Namen an.

NOMINAL(Effektiver_Zins;Perioden)

Gibt die jährliche Nominalverzinsung zurück, ausgehend vom effektiven Zinssatz sowie der Anzahl der Verzinsungsperioden innerhalb eines Jahres.

EFFEKTIV(Nominalzins;Perioden)

Gibt die jährliche Effektivverzinsung zurück, ausgehend von einer Nominalverzinsung sowie der jeweiligen Anzahl der Zinszahlungen pro Jahr.

Angewandt auf obiges Beispiel:

```
=NOMINAL(12%;12)= 0,113865515214997
=EFFEKTIV(12%;12)= 0,12682503013197
```

Diese beiden Funktionen gehörten bis Excel 2003 nicht zum Standardkatalog. Falls Sie also die Excel-Dateien mit solchen Berechnungen an Personen senden, die eventuell noch ältere Excel-Versionen haben, führen Sie sie lieber »zu Fuß« durch.

Der Effektivzins lässt sich nicht nur vom Nominalzins ableiten, sondern auch aus Barwert *bw* und zukünftigem Wert *zw*, sofern natürlich die Anzahl der Perioden bekannt sind, die dazwischen liegen. Angenommen, Sie haben am 01.01.10 5.430,00 € auf ein Sparkonto eingezahlt, erhalten am 31.12.15 7.111,97 € und haben keine Ahnung, mit welchem Zinssatz ihr Guthaben vergütet wurde. Wie hoch ist die Effektivverzinsung pro Jahr?

Sechs Jahre lang war das Geld angelegt. Das Ergebnis lautet demnach

i_{eff} = (zw/bw)^(1/n)-1
=(7111,97/5430)^(1/6)-1=4,6%

Mit der NOMINAL-Funktion wäre man auch auf das Ergebnis gekommen:

```
=NOMINAL(7111,97/5430-1;6)/6
```

14.3 Interner Zinsfuß

Die Berechung des Effektivzinssatzes hat sich soeben auf eine einmalige Zahlung bezogen, die sich eine bestimmte Anzahl Perioden verzinste. Betrachten wir den Fall mehrerer regelmäßigen Zahlung von 1000 €, die fünf Jahre lang zum 01.01. eingezahlt werden und zum 31.12. des fünften Jahres in Summe auf 5.666,41 € (*zw*) angewachsen ist. Mit welchem Zinssatz wurde das Kapital verzinst?

Nun haben wir ein Problem. Die erste Zahlung wurde fünf Jahre lang verzinst, die zweite vier Jahre lang und so weiter. Wir wissen aber nicht, welcher Anteil in den 5.666,41 € auf die erste Zahlung entfällt. Deshalb können wir die Formel i=(zw_1/1000)^(1/5)-1 nicht anwenden, weil zw_1 – der auf die erste Zahlung entfallende Endwert – unbekannt ist. Wir wissen nur, dass sich zw aus folgender Summation ergibt:

```
zw = rmz*(1+i)^5+ rmz*(1+i)^4+ rmz*(1+i)^3+ rmz*(1+i)^2+ rmz*(1+i)^1
```

Wir sehen hier eine uns wohl bekannte geometrische Folge. Gleichzeitig sehen wir aber auch ein Polynom fünften Grades der Form

$$y = b \cdot x + c \cdot x^2 + d \cdot x^3 + e \cdot x^4 + f \cdot x^5$$

Abbildung 14.10: Polynom 5. Grades mit Konstante(Y-Achsenschnittpunkt)=0

bei dem *y* für *zw* steht und *(1+i)=q* durch *x* ersetzt wurde. Die Parameter b bis f sind alle gleich groß (a bleibt der nicht besetzten Konstanten a^*x^0 vorbehalten) und haben den Wert *rmz*. Spätestens jetzt wird klar, wofür der mathematische Exkurs im ersten Abschnitt des Kapitels gut war. Dank Evariste Galois und Kollegen wissen wir: Diese Gleichung können wir mathematisch nicht nach x bzw. q auflösen.

Aber wozu auch, Excel bietet hier die niedliche Funktion

ZINS(Zzr;Rmz;Bw;Zw;F;Schätzwert)

Gibt den Zinssatz einer Annuität pro Periode zurück ?

Einfach mal ausprobiert (*Abb. 14.11*).

i | *fx* =ZINS(n;rmz;0;zw;f)

	A	B	C	D	E	F	G	H
1	regelmäßige Zahlung	rmz	-1.000,00		t	Zahlung	Zinsperioden	Wert
2	Perioden	n	5		t_0	1000	5	1.228,40
3	Fälligkeit	f	1		t_1	1000	4	1.178,88
4	Endwert	zw	5.666,41		t_2	1000	3	1.131,37
5	Zinssatz	i	4,200%		t_3	1000	2	1.085,76
6					t_4	1000	1	1.042,00
7					Σt_5			5.666,41
8								

Abbildung 14.11: Zinssatzermittlung bei vorgegebenem Endwert mit Funktion ZINS

Die Formel

```
C5: =ZINS(n;rmz;0;zw;f)
```

liefert das Ergebnis 4,2%. Bevor wir das glauben, machen wir erst eine tabellarische Rückrechnung in der Tabelle ab Spalte E.

```
H2: =F2*(1+$C$5)^G2
```

bis H6 kopiert und der Endwert:

```
H7: =SUMME(H2:H6)
```

Wow! Passt! Doch wie kann das sein? Die hellsten Mathematiker der Geschichte haben bewiesen, dass das Problem nicht zu lösen ist, und Microsoft kontert ganz locker mit der Funktion ZINS.

Die Antwort: Das ist ein bisschen geschummelt. Um diese Schummelei zu ermöglichen, waren wieder andere Mathematiker am Werk, wie zum Beispiel der ehrenwerte Sir Isaac Newton (1643–1727).

Das richtige Ergebnis hier ist keine exakt mathematisch hergeleitete Lösung, sondern ein über ein Näherungsverfahren erzieltes Resultat. So steht es auch in der Excel-Hilfe:

... ZINS verwendet zur Berechnung eines Zinssatzes ein Iterationsverfahren. Es ist möglich, dass es keine oder auch mehrere Lösungen gibt. Wenn die Differenzen aufeinander folgender Ergebnisse von ZINS nach 20 Iterationsschritten nicht gegen 0,0000001 konvergieren, gibt ZINS den Fehlerwert #ZAHL! zurück.

14.3.1 Charmante Annäherungsversuche

Eine Kapitalanlage mit regelmäßigen konstanten Einzahlungen oder auch ein annuitätischer Tilgungsplan stellt zwar ein Polynom n-ten Grades dar, aber eines, das recht einfach strukturiert ist. Das obere Diagramm in *Abb. 14.12* zeigt das Polynom 5. Grades zu unserem Sparplan mit fünf Zahlungen je 1000 Euro und Endwert 5666,41 in großem Maßstab. Für die finanzmathematische Anwendung interessiert uns nur ein ganz kleiner Ausschnitt des Funktionsgraphen, nämlich der markierte Quadrant zwischen 0 und 2. Das untere Diagramm zeigt diesen Ausschnitt herangezoomt. Man erkennt, dass die Funktion nur an einer Stelle die x-Achse schneidet, die es zu bestimmen gilt. Würde das Polynom nicht in diesem x-Achsenintervall die x-Achse schneiden, würde das Modell betriebswirtschaftlich keinen Sinn ergeben, denn diese Stelle bestimmt die Verzinsung der Kapitalanlage.

Ein Näherungsverfahren zur Bestimmung einer Nullstelle verlangt einen Schätzwert q_S (q=x=1+i), von dem aus man sich der gesuchten Nullstelle annähern kann. Durch die Begrenzung des Polynoms auf den kleinen Ausschnitt mit betriebswirtschaftlicher Relevanz haben wir diese Voraussetzung bereits geschaffen. Im unteren Diagramm der *Abb. 14.12* wird der x-Wert 1,4 als Ausgangspunkt bzw. Schätzwert gewählt.

An diesen Punkt legt man eine Tangente an. Ihre Steigung entspricht an diesem Punkt der Steigung des Polynoms. Berechnet wird sie aus der ersten Ableitung des Polynoms. Damit sind die Koordinaten q_S und y_S sowie die Steigung der Tangenten bekannt. Somit ist es möglich, den Punkt q_1 zu bestimmen, der die erste Annäherung an den tatsächlichen Wert von q und damit den richtigen Zinssatz i erschließt. In Höhe von q_1 legt man erneut eine Tangente an den Funktionsgraphen an und wiederholt die Berechnung. So erreicht man nach wenigen Schritten die x-Koordinate, die dem tatsächlichen Zinssatz annähernd entspricht. *Abb. 14.13* zeigt die tabellarische Darstellung des Verfahrens.

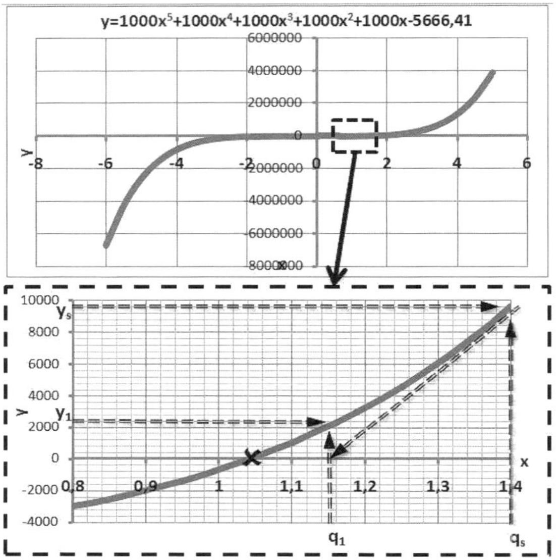

Abbildung 14.12: Grafische Darstellung des Polynoms (=Endwertfunktion)

F11 | =H21-1

	A	B	C	D	E	F	G	H	
1	x	y		Koeffizienten	Polynom*)	1.Ableitung		Iteration	
2	0,8	-2977,13		a	-5666,41	1000		1,4	q_s
3	0,83	-2707,24		b	1000	2000		1,15774057	q_1
4	0,86	-2413,32		c	1000	3000		1,05741361	q_2
5	0,89	-2093,51		d	1000	4000		1,04230569	
6	0,92	-1745,85		e	1000	5000		1,04200012	
7	0,95	-1368,25		f	1000	0		1,04199999	
8	0,98	-958,53						1,04199999	
9	1,01	-514,39		*) $y=a+bx+cx^2+dx^3+ex^4+fx^5$				1,04199999	
10	1,04	-33,43						1,04199999	
11	1,07	486,88		Zinssatz:		4,200%		1,04199999	
12	1,1	1049,20		(q-1)				1,04199999	
13	1,13	1656,30						1,04199999	
14	1,16	2311,07						1,04199999	
15	1,19	3016,54						1,04199999	
16	1,22	3775,88						1,04199999	
17	1,25	4592,38						1,04199999	
18	1,28	5469,47						1,04199999	
19	1,31	6410,73						1,04199999	
20	1,34	7419,87						1,04199999	
21	1,37	8500,77						1,04199999	
22	1,4	9657,43						1,04199999	q

Abbildung 14.13: Zinssatzermittlung über das Newtonsche Näherungsverfahren

In E2:E7 stehen die Koeffizienten a bis f des Polynoms, daneben in Spalte F dessen 1. Ableitung. Zur Erinnerung an die Schulzeit, von einer Funktion

```
f(x) = a*x^n
```

lautet die 1. Ableitung

```
f'(x) = n*a*x^(n-1)
```

Umgesetzt wird diese Berechnung ganz einfach mit

```
F2: =ANZAHL(E$2:E2)*E3
```

kopiert bis F7. Klingt erst mal komisch – ist aber so. Zum Beispiel ist von `1000*a^5` aus E7 die 1. Ableitung

```
ANZAHL(E$2:E6)*E7=5*1000=5000*b^4
```

die durch die Zelle F6 repräsentiert wird. Der Exponent 5 existiert in der 1. Ableitung nicht, deshalb ist die Zelle F7 leer.

In A2:A22 wird das x-Achsenintervall definiert, in dessen Bereich die ungefähre Nullstelle angepeilt wird. Die entsprechenden y-Werte ergeben sich dann aus

```
B2: =E$2+E$3*A2+E$4*A2^2+E$5*A2^3+E$6*A2^4+E$7*A2^5
```

Gott sei Dank gibt es Matrixformeln, sodass diese Berechnung etwas kürzer und übersichtlicher gestaltet werden kann:

```
B2: {=SUMME($E$2:$E$7*A2^{0;1;2;3;4;5})}
```

(zu kopieren bis B22).

In H2 steht die erste Schätzung der Polynomnullstelle q_S mit dem Wert 1,4. Der y-Wert beträgt y_S=9657,43. Die erste Ableitung an dieser Position hat den Wert

```
f'(1,4)= SUMME($F$2:$F$7*H2^{0;1;2;3;4;5})=39864
```

Das bedeutet, dass die Tangente ebenso die Steigung 39864 hat. Aus dieser Erkenntnis kommen wir über einen banalen Dreisatz zu Punkt q1:

Wenn ein Punkt auf der Tangente einen x-Wert nach links wandert, liegt er 39864 y-Werte weiter unten. Wie viele x-Werte muss er dann nach links wandern, um von y_S=9657,43 auf y=0 verschoben zu werden? Es gilt

$(q_S-q_1)/9657,43=1/39864$
$q_S-q_1=9657,43/39864$
$q_S-9657,43/39864=q1$
$q_1=1,4-9657,43/39864=1,4-0,242259432=1,15774057$

Von diesem errechneten Punkt wird dann erneut die Steigung seiner Tangente berechnet usw. In der Excel-Tabelle formulieren wir dazu

```
H3:{=H2-(SUMME($E$2:$E$7*H2^{0;1;2;3;4;5})/H2) /(SUMME($F$2:$F$7*H2^
{0;1;2;3;4;5})/H2)}
```

und kopieren die Formel beliebig viele Iterationsschritte nach unten. In *Abb. 14.13* haben wir bis H22 kopiert, aber bis Zeile 10 hätte auch genügt, denn die Annäherung ist dann so schnell am richtigen Wert angelangt, dass nur wenige Schritte notwendig sind. Von der korrekten q-Position muss schließlich noch 1 abgezogen werden, um den begehrten Zinssatz zu erhalten:

```
F12: = H21-1 = 4,2%
```

Solch eine iterative Annäherung steckt also hinter der Excel-Funktion ZINS. Allerdings ist auch ihr Einsatzgebiet sehr begrenzt.

14.3.2 Dynamische und schwankende Zahlungen

Angenommen, die fünf Zahlungen je 1000 € sind nicht konstant, sondern wachsen ab dem zweiten Jahr mit einer Dynamik von 5% und führen zu einem Endwert von 6000 €. Den Endwert eines dynamischen Sparplans haben wir im vorangegangenen Abschnitt bereits ermittelt, doch geht dies auch mit dem internen Zinsfuß? Die Funktion ZINS ist hier bereits am Limit, da sie nur konstante Zahlungen verarbeiten kann.

Also greifen wir zu einer weitaus stärker motorisierten Funktion Namens IKV:

IKV(Werte;Schätzwert)

Gibt den internen Zinsfuß einer Investition ohne Finanzierungskosten oder Reinvestitionsgewinne zurück. Die in Werten angegebenen Zahlen entsprechen der zu der Investition gehörenden Zahlungsreihe. Diese Zahlungen müssen nicht gleich groß sein, wie dies bei Annuitätenzahlungen der Fall ist. Der Zinsfluss muss jedoch in regelmäßigen Intervallen, monatlich oder jährlich, auftreten. Der interne Zinsfuß ist der Zinssatz, der für eine Investition erreicht wird, die aus Auszahlungen (negative Werte) und Einzahlungen (positive Werte) besteht, die in regelmäßigen Abständen erfolgen.

Die Werte, die an die Funktion IKV übergeben werden, können entweder tabellarisch oder auch in einem Array übergeben werden (*Abb. 14.14*).

i | =IKV(F2:F7;0;1)

	A	B	C	D	E	F	G	H
1	regelmäßige Zahlung	rmz	-1.000,00		t	Zahlung	Zinsperioden	Wert
2	Perioden	n	5		t_0	-1.000,00	5	-1.150,87
3	Fälligkeit	f	1		t_1	-1.050,00	4	-1.174,93
4	Dynamik	d	5%		t_2	-1.102,50	3	-1.199,49
5	Endwert	zw	6.000,00		t_3	-1.157,63	2	-1.224,56
6	Zinssatz	i	2,850%		t4	-1.215,51	1	-1.250,15
7					Σt_5	6.000,00		-6.000,00
8								

Abbildung 14.14: Zinssatzermittlung bei steigenden Zahlungen mit der Funktion IKV

Im Bereich C1:C5 stehen die Eingabeparameter. Neu ist hier die Dynamik d in C4, die die Funktion ZINS überfordert. Der Zahlungsplan, der sich daraus ergibt, steht in F2:F7. F7 enthält den Endwert aus C5 mit umgekehrtem Vorzeichen zu den Einzahlungen. Den internen Zinsfuß, die Rendite dieser Zahlungsreihe, liefert die kurze Formel

```
C6:=IKV(F2:F7;0,1)=2,85%
```

Den Schätzwert von 0,1 (10%) hätte man auch weglassen können, denn das ist der Standardwert, mit dem Excel rechnet, falls kein Schätzwert angegeben wurde. Der Wert von 2,85% ist so zu interpretieren, dass die fünf Zahlungen mit diesem Satz zu verzinsen wären, um ein Endvermögen von genau 6000 € zu erzeugen. Zum Beweis rechnen wir zurück:

```
H2:=F2*(1+$C$6)^G2
```

Kopiert bis H6, ergibt dies in Summe genau die 6000 €.

```
H7:=SUMME(H2:H6)
```

Da IKV auch Arrays verarbeiten kann, ist die Lösung auch in einer Formel ohne die Wertetabelle in Spalte F möglich. Die Funktion ZEILE kann hier mal wieder glänzen. Die Formel lautet in diesem Fall:

```
C6: =IKV(WENN(Zeitstrahl=n+1;zw;rmz*(1+d)^(Zeitstrahl-1)))
```

Zeitstrahl ist ein Name, der zur besseren Lesbarkeit der Formel für den Ausdruck

```
ZEILE(INDIREKT("1:"&n+1))
```

definiert wurde. Er erzeugt ein Array mit allen Zeitpunkten des Zahlungsplans

```
{1;2;3;4;5;6}
```

Die WENN-Prüfung sorgt dafür, dass nur im letzten Zeitpunkt, im Beispiel der sechste, der Endwert eingesetzt wird, ansonsten die mit dem Faktor 1+d multiplizierten Zahlungen. Das resultierende Array der WENN-Funktion lautet dann

```
{-1000;-1050;-1102,5;-1157,625;-1215,50625;6000}
```

das logischerweise den Werten im Bereich F2:F6 entspricht und das IKV gleichermaßen auswerten kann.

Die Funktion IKV ist so flexibel, dass die regelmäßigen Zahlungen nicht nur mit einem dynamischen Anstieg versehen werden, sondern sogar in ihrer Höhe beliebig schwanken können. Wir betrachten dies an einem Zahlenbeispiel, bei dem eine einmalige Auszahlung zu Beginn, beispielsweise ein Darlehen, zu regelmäßigen, aber in der Höhe schwankenden Rückzahlungen führt (*Abb. 14.15*).

i | =IKV(B4:B8)

	A	B	C	D	E
1			Zinssatz	7,62%	
2					
3	t	Zahlung	Zinsperioden	Wert	
4	t_0	-800,00	0	-800,00	
5	t_1	200,00	1	185,84	
6	t_2	220,00	2	189,95	
7	t_3	250,00	3	200,57	
8	t4	300,00	4	223,64	
9	$\Sigma\, t_5$			0,00	
10					

Abbildung 14.15: Zinssatzermittlung bei schwankenden Zahlungen

Die Frage, die IKV hier beantwortet, lautet:

Mit welchem Zinssatz müssen die Rückzahlungen in B5:B8 abgezinst werden, um dem Barwert in B4 zu entsprechen? Der Zinssatz lautet

```
D1: =IKV(B4:B8)
```

Die Rückrechnung auf den Barwert bei Vorgabe dieses Zinssatzes geschieht über

```
D4: =B4/(1+i)^C4
```

kopiert bis D8. Das Ergebnis passt, da die Summe in D9 genau 0 ergibt. Die Berechnung der Spalte D ähnelt der Barwertberechnung über die Funktion BW, nur mit dem Unterschied, dass BW konstante Zahlungen verlangt.

So wie die Funktion IKV die Funktion ZINS aufpeppt, gibt es auch ein Tuning für die Funktion BW, nämlich NBW:

NBW(Zins;Wert1;Wert2; ...)

Gibt den Nettobarwert (Kapitalwert) einer Investition auf Basis eines Abzinsungsfaktors für eine Reihe periodischer Zahlungen zurück.

Demzufolge kann der Barwert aus D9 auch mit

```
D9: =NBW(i;B4:B8)*(1+i)
```

ermittelt werden. NBW geht davon aus, dass der Barwert von –800 € am Ende der Verzinsungsperioden gilt und selbst noch ein Jahr zum Kalkulationszins diskontiert werden muss. Da hier aber die –800 € auf den Bezugszeitpunkt fallen und selbst nicht abgezinst werden, muss das Ergebnis von NBW um eine Periode aufgezinst werden, deshalb der Faktor *(1+i) in obiger Formel.

Wir verbleiben nun noch etwas bei der Funktion IKV. Die eigentliche Bestimmung dieser Funktion haben wir bereits hinreichend dargelegt. Wie sie gehörig über sich hinauswächst, sehen Sie im nächsten Abschnitt.

14.4 IKV legt los

Fassen wir noch einmal zusammen: Eine Zahlungsreihe mit n+1 Perioden stellt nichts anderes als eine Polynomgleichung n-ter Ordnung dar. Bezogen auf das letzte Zahlenbeispiel gilt

```
y = 300*x^4+250*x^3+220*x^2+200*x-800
```

Wobei x für einen Abzinsungsfaktor 1/(1+i) steht. IKV verwendet ein Iterationsverfahren, um eine Nullstelle dieses Polynoms nahe der y-Achse, im betriebswirtschaftlich relevanten Bereich, aufzuspüren. Wer den Zusammenhang zwischen Zahlungsreihe und Polynomgleichung verinnerlicht hat, könnte sich vielleicht folgende Frage stellen:

Ist es möglich, die finanzmathematische Sicht auszublenden, den Fokus auf die gesamte Polynomgleichung zu legen (nicht nur beschränkt auf einen kleinen Ausschnitt) und diese mit IKV weiter zu analysieren?

14.4.1 Polynomnullstellen finden

Ja, es ist möglich. Mit IKV können quasi beliebige Polynomnullstellen, Wende- und Extrempunkte berechnet und anschließend in einem Punkt(xy)-Diagramm visualisiert werden.

Untersuchen wir ein Polynom 4. Grades in der Form

```
y= a + b*x + c*x^2 + d*x^3 + e*x^4
```

das optimalerweise im betrachteten Zahlenbereich vier Nullstellen aufweist. Sie haben zwei Möglichkeiten, ein solches Polynom zu finden und in einem Punkt (XY)-Diagramm darzustellen. Entweder Sie legen die Koeffizienten a, b, c, d und e fest und berechnen für ein bestimmtes x-Achsenintervall die entsprechenden y-Werte und schauen, wie das Polynom verläuft. Einfacher geht es aber, indem Sie die x/y-Koordinaten vorgeben und Excel die Koeffizienten mithilfe einer Regressionsrechnung ermitteln lassen, und das geht wie folgt (*Abb. 14.16*).

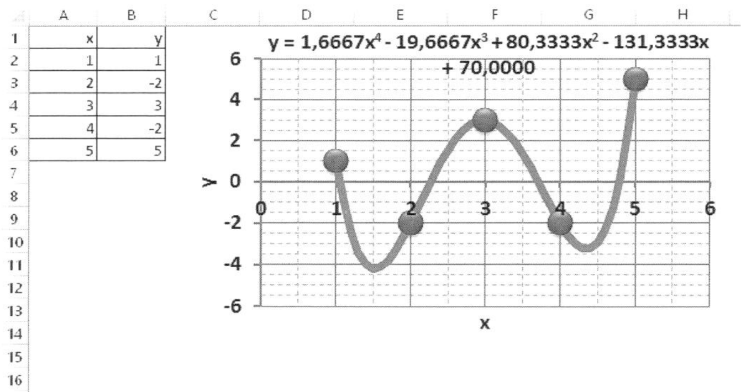

Abbildung 14.16: Polynom 4. Grades

In A2:B6 definieren Sie fünf Koordinatenpunkte, denn um ein Polynom n-ten Grades zu bestimmen, brauchen Sie n+1 Datenpunkte. Erstellen Sie aus diesen Datenpunkten ein Punkt (XY)-Diagramm (nur mit Punkten, ohne Linien!). Die Koordinatenpunkte sollten so angeordnet sein, dass drei Punkte oberhalb der X-Achse liegen und zwei Punkte unterhalb (oder zwei oberhalb und drei unterhalb), damit die Funktion vier Nullstellen besitzt. Klicken Sie einen der Datenpunkte mit der rechten Maustaste an und wählen Sie aus dem Kontextmenü *Trendlinie hinzufügen* (*Abb. 14.17*).

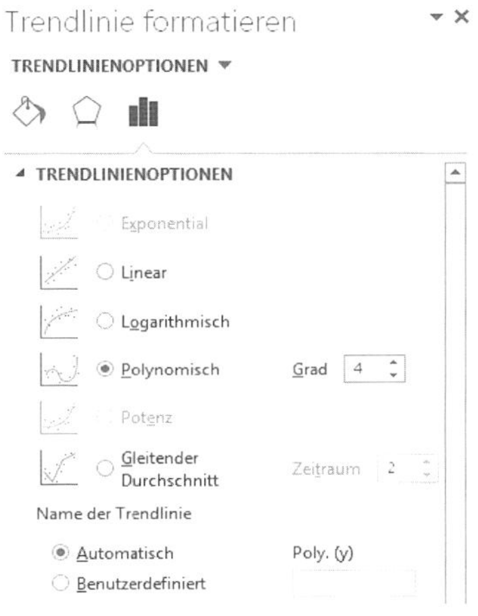

Abbildung 14.17: Trendlinienoptionen, um Trendlinien in ein Diagramm einzufügen

Wählen Sie in den eingeblendeten Trendlinienoptionen einen polynomischen Trend aus. Im Feld *Grad* tragen Sie eine 4 ein. 4 steht für 4. Grades. Aktivieren Sie dann das Kontrollkästchen *Formel im Diagramm anzeigen* – Excel spuckt daraufhin die Polynomkoeffizienten

```
e:+1,6666667; d:-19,6666667; c:+80,33333333; b:-131,33333333; a:+70
```

aus. Außerdem wird eine Trendlinie angezeigt, die viermal die X-Achse schneidet. Die ungefähren Schnittpunkte der X-Achse sieht man bei 1,1; 2,3; 3,7; 4,8.

Jetzt geht es darum, diese Punkte exakt zu bestimmen und im Diagramm zu markieren, was einen tiefen Griff in die Excel-Trickkiste verlangt. Um zu verstehen, warum der Lösungsweg über IKV führt, tun wir so, als wären die Polynomkoeffizienten eine »normale« Zahlungsreihe, deren interner Zinsfuß mit IKV bestimmt werden soll. Die Zahlungsreihe, die IKV auswertet, beginnt links mit dem Koeffizienten a und endet rechts mit dem Koeffizienten e (also genau andersherum als in der vorherigen Darstellung).

```
=IKV({70;-131,33333333;80,33333333;-19,66666667;1,66666667})= -4,4296%
```

Die Zahlungsreihe beginnt bei IKV von links mit den Zahlungen, die am wenigsten abgezinst werden. Bezogen auf das Polynom sind das die Koeffizienten mit der niedrigsten Potenz, also von a aufsteigend.

Wie ist das Ergebnis von −4,4296% zu interpretieren und was hat es mit den gesuchten Polynomnullstellen zu tun? Addieren Sie 1 und bilden Sie den Kehrwert, also 1/(1−4,4296 %), erhalten Sie 1,046349, was verdächtig nach der ersten gesuchten Nullstelle aussieht (und es auch ist). Erinnern wir uns, IKV gibt das i zurück, für das die Gleichung

```
0=70-131,33*(1/(1+i))+80,33*(1/(1+i))^2-19,67*(1/(1+i))^3+1,67*(1/(1+i))^4
```

gilt (bei gerundeten Nachkommastellen). Wenn Sie 1/(1+i) durch x ersetzen und i = 4,4296% ist, dann muss x = 1,046349 betragen. Damit ist im Grunde schon das Rätsel gelöst, wie man den Bogen von einem internen Zinsfuß zur Polynomnullstelle schlagen kann.

Jetzt kennen wir aber erst eine Nullstelle. Um auch noch die anderen Nullstellen zu erhalten, müssen Sie IKV über den Schätzwert mitteilen, wo ungefähr gesucht werden muss. Sie wissen, dass die Nullstellen im Bereich von 1 < x < 5 liegen. Also listen Sie in L3:L11 ein Intervall von Schätzwerten auf, für die IKV die Nullstellen berechnen soll. Dies müssen mindestens so viele Schätzwerte sein, wie es Nullstellen gibt, dann müssen Sie aber Glück haben, dass jeder Schätzwert eine andere Nullstelle findet. Also nehmen Sie viele Schätzwerte (nur kein Geiz), damit auch alle Nullstellen gefunden werden. Da IKV i als Schätzwerte erwartet und nicht x, müssen Sie zuvor im Bereich M3:M11 x nach i umrechnen. In N3:N11 ermittelt dann IKV die Nullstellen (*Abb. 14.18*):

N3 | {=RUNDEN(1/(1+IKV($J$2:$J$6;M3));7)}

	I	J	K	L	M	N	O	P
1	Polynomkoeffizienten			Schätzwert		Nullstelle		Nullstellen
2	a	70		(x)	(i)=1/x-1			ohne Doppler
3	b	-131,3333333		1	0,00000	1,0463489	1	1,0463489
4	c	80,33333333		1,5	-0,33333	1,0463489	0	2,2653329
5	d	-19,66666667		2	-0,50000	2,2653329	2	3,7021038
6	e	1,666666667		2,5	-0,60000	2,2653329	0	4,7862144
7				3	-0,66667	1,0463489	0	
8				3,5	-0,71429	3,7021038	3	
9				4	-0,75000	3,7021038	0	
10				4,5	-0,77778	4,7862144	4	
11				5	-0,80000	4,7862144	0	

Abbildung 14.18: Berechnung von Polynom-Nullstellen

```
N3: =RUNDEN(1/(1+IKV($J$2:$J$6;M3));6)
```

IKV hat jetzt bei neun Versuchen alle vier Nullstellen gefunden. Dadurch sind manche Ergebnisse natürlich redundant, aber das stört ja nicht. Mit der Formel

`O3:=(ZÄHLENWENN(N$3:N3;N3)=1)*(MAX(O$2:O2)+1)` (kopieren bis O3:O11)

können Sie markieren, ob eine Nullstelle redundant ist (0) oder erstmalig gefunden wurde (1, 2, 3, 4).

Es empfiehlt sich, das Ergebnis von IKV nach einigen Stellen zu runden, da sonst Rundungsdifferenzen auftauchen können. Dann würden zwei Nullstellen, die sich erst in der zehnten Nachkommastelle unterscheiden, als zwei unterschiedliche Nullstellen interpretiert, obwohl es ein und dieselbe ist.

Um die Nullstellen ohne Duplikate aufzulisten, schreiben Sie in P3

```
P3:=INDEX(N:N;VERGLEICH(Zeile()-2;0:0;0))
```

kopieren bis P6 nach unten und fügen diesen Bereich als x-Werte einer neuen Datenreihe in das Diagramm ein (A10:A13). Als y-Werte definieren Sie B10:B13`{0.0.0.0}` (denn bei Nullstellen muss y ja immer null sein).

Wenn Sie die Datenpunkte der Nullstellen formatieren, wird das Ergebnis etwa aussehen wie in *Abb. 14.19*. Die Formel in B10 erbringt den Nachweis, dass der Funktionswert an dieser x-Position 0 ergibt.

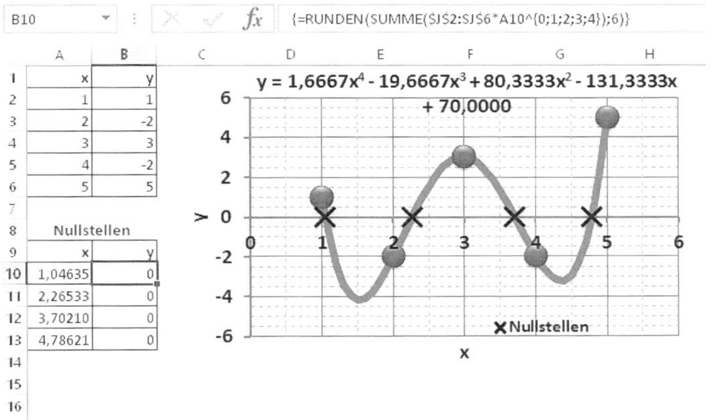

Abbildung 14.19: Polynom-Nullstellen im Diagramm anzeigen

Das Ganze funktioniert genauso mit Polynomen höheren Grades. Bis zur 8 haben wir es selbst erfolgreich ausprobiert. Aber wie gesagt, es können nur die Nullstellen im vorgegebenen Zahlenintervall gefunden werden. Wenn das vorgegebene Zahlenintervall mit dem x-Achsenintervall des Punkt (XY)-Diagramms übereinstimmt, dürfte Ihnen keine sichtbare Nullstelle durch die Lappen gehen.

14.4.2 Ableitungen und Extrempunkte

Wer in der Schule aufgepasst hat, der weiß, dass man auch Extrempunkte und Wendepunkte von Funktionen bestimmen kann. Extrempunkte liegen dort, wo die erste Ableitung des Polynoms Nullstellen aufweist. Über die zweite Ableitung sind dementsprechend Wendepunkte zu ermitteln.

Ein Polynom n-ten Grades hat maximal n–1 Extrempunkte und n–2 Wendepunkte, da die erste Ableitung ein Polynom (n–1)-ten Grades und die zweite Ableitung ein Polynom (n–2)-ten Grades ist. Die Ableitungen eines Polynoms zu berechnen, ist in Excel sehr einfach (*Abb. 14.20*).

D2 =C3*$B3

	A	B	C	D	E	F	G
1		Potenz	Polynom	1. Ableitung	2. Ableitung	3. Ableitung	4. Ableitung
2	a	0	70,0000	-131,3333	160,6667	-118,0000	40,0000
3	b	1	-131,3333	160,6667	-118,0000	40,0000	0,0000
4	c	2	80,3333	-59,0000	20,0000	0,0000	0,0000
5	d	3	-19,6667	6,6667	0,0000	0,0000	0,0000
6	e	4	1,6667	0,0000	0,0000	0,0000	0,0000

Abbildung 14.20: Ableitungen von Polynomen berechnen

In Spalte C steht das Polynom und ab Spalte D folgen die Ableitungen.

```
D2:=C3*$B3
```

Die Formel in D2 muss bis G6 kopiert werden.

Die erste Ableitung unseres Polynoms lautet also:

```
y=6,66666667*x^3-59*x^2+160,66666667*x-131,33333333
```

Auf diese Funktion wenden Sie nun das gleiche Verfahren mit IKV an wie auf das ursprüngliche Polynom. Die Parameter der 1. Ableitung übertragen Sie in den Bereich J14:J17. Die Schätzwerte stehen nun in L15:M23 und sind dieselben wie zuvor, ebenso die benachbarten Formeln in Spalte N und O. Die Nullstellen der ersten Ableitung stehen in P15:P17. Diesmal sind es nur drei (*Abb. 14.21*).

N15 | =RUNDEN(1/(1+IKV($J$14:$J$17;M15));7)

	I	J	K	L	M	N	O	P
13	1. Ableitung			Schätzwert		Nullstelle		Nullstellen
14	a	-131,3333333		(x)	(i)=1/x-1	1. Ableitung		ohne Doppler
15	b	160,6666667		1	0,00000	1,5207837	1	1,5207837
16	c	-59		1,5	-0,33333	1,5207837	0	2,9750390
17	d	6,666666667		2	-0,50000	1,5207837	0	4,3541773
18				2,5	-0,60000	2,9750390	2	
19				3	-0,66667	2,9750390	0	
20				3,5	-0,71429	2,9750390	0	
21				4	-0,75000	4,3541773	3	
22				4,5	-0,77778	4,3541773	0	
23				5	-0,80000	4,3541773	0	

Abbildung 14.21: Extrempunkte berechnen

In diesem Fall sind die y-Werte aber nicht 0, sondern sie müssen bestimmt werden, indem Sie diese in das Ursprungspolynom einsetzen. Die Nullstellen aus P15:P17 übertragen Sie nach A17:A19. Die Funktionswerte ergeben sich entsprechend durch

```
B17:{=SUMME($J$2:$J$6*A17^{0;1;2;3;4})}
```

Der Bereich A17:B19 ist dann Basis für eine neue Datenreihe, die im Diagramm die Extrempunkte markiert (*Abb. 14.22*).

B17 | {=RUNDEN(SUMME($J$2:$J$6*A17^{0;1;2;3;4});6)}

	A	B
1	x	y
2	1	1
3	2	-2
4	3	3
5	4	-2
6	5	5
7		
8	Nullstellen	
9	x	y
10	1,04635	0
11	2,26533	0
12	3,70210	0
13	4,78621	0
14		
15	Extrempunkte	
16	x	y
17	1,52078	-4,19352
18	2,97504	3,00416
19	4,35418	-3,24426
20		

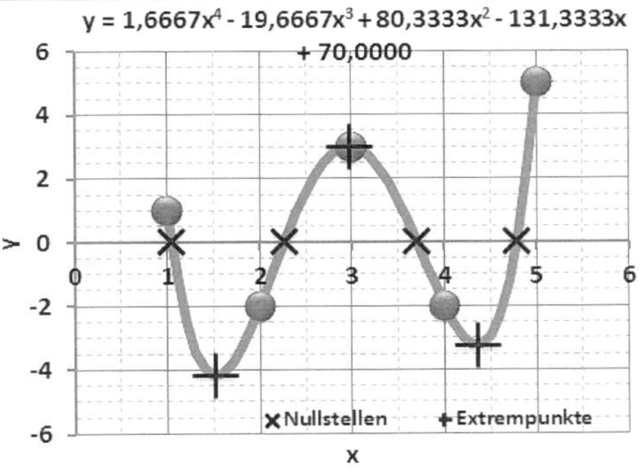

Abbildung 14.22: Berechnung und Darstellung von Extrempunkten

Für die Wendepunkte wiederholen Sie die Prozedur, nehmen nur anstelle der ersten Ableitung die zweite Ableitung.

Falls Ihre Ergebnisse an irgendeiner Stelle geringfügig abweichen, kann es an der Rundung der Nachkommastellen der Koeffizienten liegen. Denn die Koeffizienten des Beispielpolynoms haben 15 periodische Nachkommastellen, die in den Abbildungen nicht vollständig angezeigt werden.

14.4.3 Negative Nullstellen

Wenn bis jetzt alles geklappt hat: Herzlichen Glückwunsch! Hoffentlich haben Sie noch etwas Ausdauer, denn eine Gemeinheit haben wir Ihnen noch verschwiegen. IKV macht Zicken, wenn sich Nullstellen im negativen Bereich bewegen.

Im nachfolgenden Polynom (*Abb. 14.23*) werden nur die rechten drei Nullstellen gefunden:

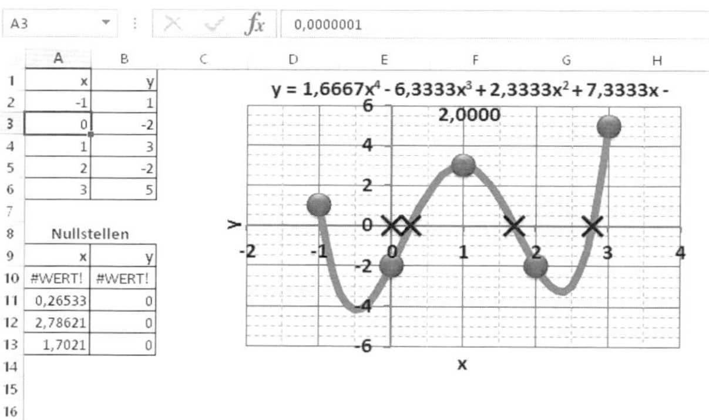

Abbildung 14.23: IKV findet (zunächst) nur positive Nullstellen.

Die linke Nullstelle wird nicht gefunden, weil IKV mit den Schätzwerten x:–1 und i=1/x-1=–2 nichts anfangen kann und die Formel

`{=RUNDEN(1/(1+IKV($J$2:$J$6;-2));6)}` bzw.

`=RUNDEN(1/(1+IKV({-2;7,33;2,33;-6,33;1,67};-2));6)}`

den Fehlerwert `#WERT!` liefert. IKV kommt nur mit positiven x-Werten und ergo Schätzwerten von i > –1 klar. (Den Datenpunkt mit dem Fehlerwert #WERT! verschiebt Excel im Diagramm fälschlicherweise in den Koordinatenpunkt 0/0.)

Müssen wir jetzt, nach diesem langen Weg, an dieser Stelle wirklich aufgeben? Nein, wir können noch tiefer in die Trickkiste greifen, um IKV auch diese Nullstelle abzutrotzen. Wie man sieht, liegt die linke Nullstelle bei ca. –0,95. Wenn man das Polynom an der Y-Achse spiegeln würde, würde sie logischerweise bei +0,95 liegen und IKV könnte sie finden. Um die Funktion zu spiegeln, multiplizieren Sie alle x-Werte mit –1. Die Y-Werte bleiben wie sie sind (*Abb. 14.24*).

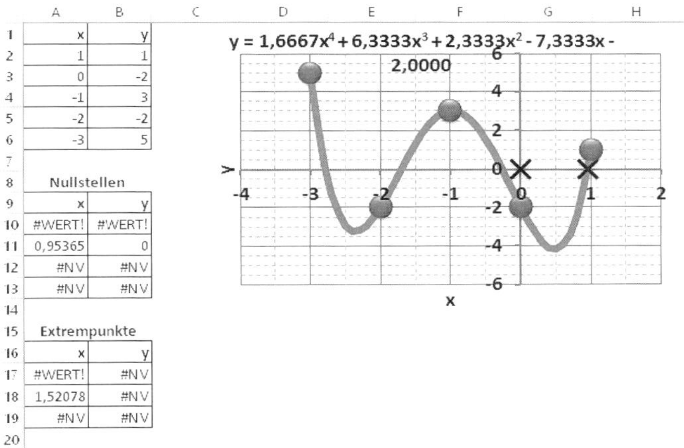

	A	B
1	x	y
2	1	1
3	0	-2
4	-1	3
5	-2	-2
6	-3	5
7		
8	Nullstellen	
9	x	y
10	#WERT!	#WERT!
11	0,95365	0
12	#NV	#NV
13	#NV	#NV
14		
15	Extrempunkte	
16	x	y
17	#WERT!	#NV
18	1,52078	#NV
19	#NV	#NV
20		

Abbildung 14.24: Darstellung einer spiegelbildlichen Funktion

Zu diesem Polynom findet IKV die Nullstelle 0,953651. Also wissen wir, dass die spiegelbildliche Nullstelle unseres Originals genau bei –0,953651 liegen muss. Wenn Sie die Koeffizienten beider Polynome vergleichen, fällt etwas besonders auf:

Original: $y = 1{,}667x^4 - 6{,}333x^3 + 2{,}333x^2 + 7{,}333x - 2{,}000$

Spiegelbild: $y = 1{,}667x^4 + 6{,}333x^3 + 2{,}333x^2 - 7{,}333x - 2{,}000$

Bei der spiegelbildlichen Funktion entsprechen alle Koeffizienten mit gerader Potenz dem Original. Alle Koeffizienten mit ungerader Potenz müssen mit –1 multipliziert werden, um das gespiegelte Gegenstück zu erhalten. Zu guter Letzt wird die Tabelle so aufgebaut, dass sowohl positive als auch negative Nullstellen gefunden werden. In K2:K6 werden die Koeffizienten der Spiegelfunktion ergänzt (*Abb. 14.25*).

K2 | =WENN(REST(ZEILE(A1);2);J2;-J2)

	I	J	K	L	M	N	O	P
1	Polynomkoeffizienten		Spiegelfunktion	Schätzwert		Nullstelle		Nullstellen
2	a	-2,00000	-2,00000	(x)	(i)=1/x-1			ohne Doppler
3	b	-7,33333	-7,33333	1	-2,00000	-0,953651	1	-0,953651
4	c	2,33333	2,33333	-0,5	-3,00000	-0,953651	0	0,265333
5	d	6,33333	6,33333	0,00001	99999,00000	0,265333	2	2,786214
6	e	1,66667	1,66667	0,5	1,00000	0,265333	0	1,702104
7				1	0,00000	2,786214	3	
8				1,5	-0,33333	1,702104	4	
9				2	-0,50000	1,702104	0	
10				2,5	-0,60000	2,786214	4	
11				3	-0,66667	2,786214	0	

Abbildung 14.25: Negative Nullstellen über spiegelbildliche Funktion berechnen

Die Formeln der Spiegelfunktion in K2:K6 lauten:

```
K2: =WENN(REST(ZEILE(A1);2);J2;-J2)
```

Sie sorgen dafür (bis K6 kopiert), dass jeder zweite Koeffizient in Spalte J mit –1 multipliziert wird. Die Formeln zur Berechnung der Nullstellen lauten dann:

```
N3:=RUNDEN(WENN(L3<0;-1/(1+IKV($K$2:$K$6;-M3));1/(1+IKV($J$2:$J$6;M3)));6)
```

Ist der Schätzwert in L3 kleiner als Null, multipliziere den Schätzwert aus M3 mit –1 (–M3) und berechne die Nullstelle von der Spiegelfunktion, ansonsten berechne die Nullstelle von der Originalfunktion (+M3). Das Endergebnis offenbart *Abb. 14.26.*

A10 | =+P3

	A	B
1	x	y
2	-1	1
3	0	-2
4	1	3
5	2	-2
6	3	5
7		
8	Nullstellen	
9	x	y
10	-0,9537	0
11	0,26533	0
12	2,78621	0
13	1,7021	0
14		
15		
16		

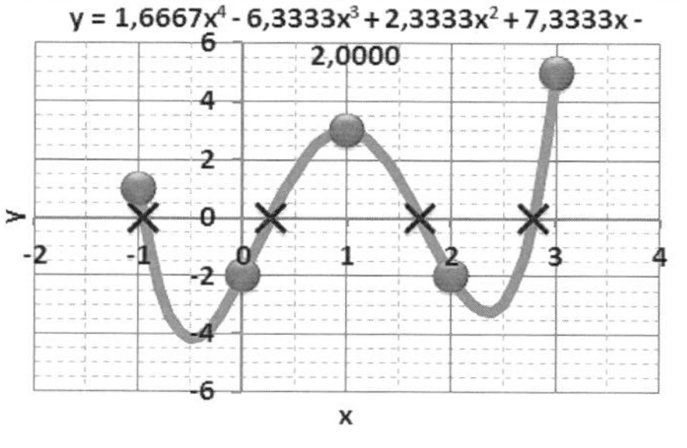

Abbildung 14.26: Positive und negative Nullstellen gemeinsam anzeigen

Kapitel 15

Voll im Trend

Im vorangegangenen Kapitel haben Sie gesehen, wie aus fünf Wertepaaren ein Punkt (XY)-Diagramm erstellt wurde. Es wurde ein Polynom 4. Grades erzeugt, das durch diese fünf Punkte verläuft, und zudem wurde die Gleichung im Diagramm angezeigt. Womöglich wollen Sie die Polynomgleichung nicht aus dem Diagramm abtippen, sondern die Koeffizienten des Polynoms direkt in einer Excel-Zelle berechnen. Zu diesem Zweck stellt Excel die Funktion `RGP(y_Werte;x_Werte;[Konstante];[stats])` zur Verfügung.

15.1 Lineare und polynomische Regression

In der Excel-Hilfe steht zwar, dass RGP die Parameter eines linearen Trends zurückgibt, gemeint sind damit aber auch polynomische Trends, wobei ein linearer Trend ja nichts anderes ist als ein polynomischer Trend erster Ordnung in der Form:

$y = bx + a$

Ein Polynom zweiten Grades hat die Form:

$y = cx2 + bx + a$

Ein Polynom dritten Grades wird um dx^3 ergänzt und so fort.

Wenden wir die Funktion RGP auf die Koordinatenpunkte an, die wir schon aus dem vorangegangenen Kapitel kennen:

```
x={1;2;3;4;5}
y={1;-2;3;-2;5}
```

Mit RGP ergeben sich daraus die Koeffizienten:

```
=RGP({1;-2;3;-2;5};{1;2;3;4;5}) = {0,8.-1,4}
```

Die Werte des zweispaltigen Arrays stehen für die Koeffizienten der Funktionsgleichung

```
y = 0,8x - 1,4
```

Würde man den fünf Wertepaaren einen linearen Trend zuordnen, hätte dieser also eine Steigung von 0,8 und würde die y-Achse bei –1,4 schneiden. Die Gerade, die durch diese Funktionsgleichung beschrieben wird, weist die Eigenschaft auf, dass die Summe der quadrierten Abweichungen zwischen ihr und den fünf Wertepaaren minimal ist (*Abb. 15.1*).

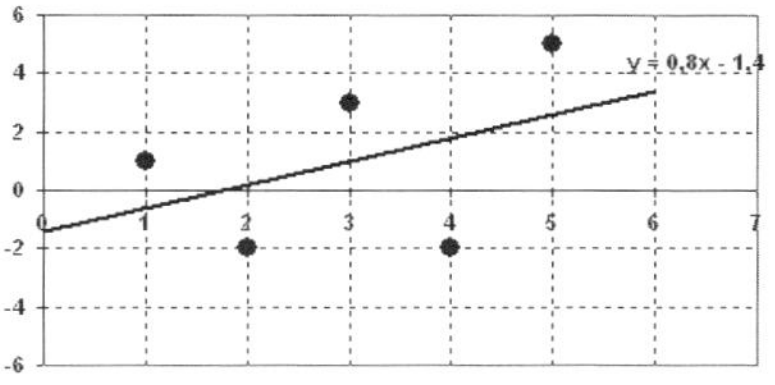

Abbildung 15.1: Datenpunkte mit linearer Trendfunktion

Übrigens erhalten wir die Steigung von 0,8 auch über

`=STEIGUNG({1;-2;3;-2;5};{1;2;3;4;5}) = 0,8`

und den Schnittpunkt der y-Achse von –1,4 über

`=ACHSENABSCHNITT({1;-2;3;-2;5};{1;2;3;4;5}) = -1,4.`

Der Trend, dessen Koeffizienten wir suchen, verläuft aber nicht linear, sondern durch alle fünf Datenpunkte, deshalb ist es ja ein Trend vierter Ordnung. Damit RGP auch weiß, was wir wollen, müssen wir die x-Werte mit einem Spaltenarray von 1 bis 4 potenzieren:

`=RGP({1;-2;3;-2;5};{1;2;3;4;5}^{1.2.3.4})`

Woraus das Array mit unseren Koeffizienten

```
{1,66666666666671.-19,6666666666671.80,3333333333354.-
131,333333333337.70,0000000000026}
```

resultiert. Wie Sie sehen, hat die Funktion RGP eine Rundungsschwäche, deshalb sollten Sie ihr die Funktion RUNDEN überstülpen. Auf vier Stellen gerundet ergibt sich dann

`={1,6667.-19,6667.80,3333.-131,3333.70}.`

Was das uns schon bekannte Polynom

`y=1,6667x^4-19,6667x^3+80,3333x^2-131,3333x+70`

repräsentiert. Im Diagramm können standardmäßig polynomische Trends bis zur 6. Ordnung dargestellt werden. Die Funktion RGP packt es sogar bis zur 16. Ordnung!

Zum Beweis wollen wir nun einmal versuchen, aus neun Wertepaaren die Koeffizienten eines Polynoms 8. Ordnung zu ermitteln und den Funktionsgraphen in einem Diagramm darzustellen.

In A2:B10 stehen neun Wertepaare (*Abb. 15.2*).

H2 {=SUMME($D$2:$D$10*G2^$E$2:$E$10)}

	A	B	C	D	E	F	G	H
1	x	y		RGP	Potenz		x^2	y^2
2	1	1		0,0047	8		0,5	80,6170
3	2	1		-0,1899	7		0,55	66,1208
4	3	2		3,2104	6		0,65	42,5839
5	4	1		-29,5708	5		0,75	25,1743
6	5	4		161,0990	4		0,85	12,6891
7	6	3		-526,6583	3		0,95	4,1049
8	7	4		997,1859	2		1,05	-1,4423
9	8	4		-984,0810	1		1,15	-4,6754
10	9	5		380,0000	0		1,25	-6,1933

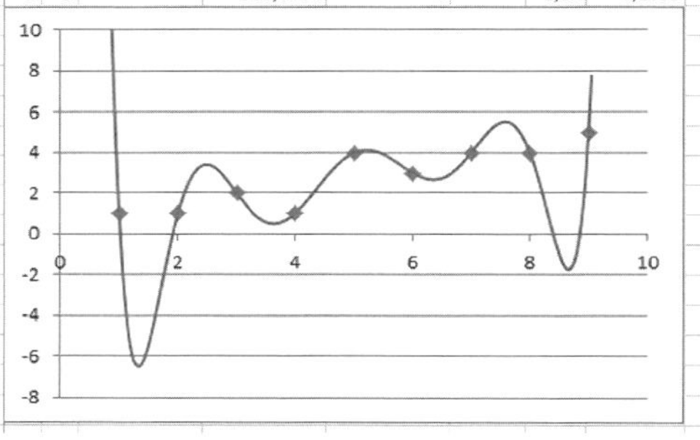

Abbildung 15.2: Trendfunktion 8. Grades

`D2: =INDEX(RGP($B$2:$B$10;$A$2:$A$10^{1.2.3.4.5.6.7.8});ZEILE(D1))`

wird bis D10 kopiert.

Anstatt in D2:D10 die einzelnen Elemente von RGP über INDEX anzusprechen, können Sie die RGP-Formel natürlich auch als zusammenhängende Matrix mit Strg+⇧+↵ über den gesamten Bereich erzeugen. Dann müssen Sie aber daran denken, den Ausdruck mit MTRANS zu transponieren, da die Ergebnismatrix von RGP ein horizontales Spaltenarray ist.

Wie bereits erwähnt, haben Sie nun nicht die Möglichkeit, über *Trendlinie hinzufügen* das Polynom darzustellen (das geht nur bis Grad 6), also müssen Sie selbst eine Wertereihe aus den berechneten Koeffizienten in D2:D10 erzeugen. Dazu erstellen Sie eine x-Achse mit möglichst kleinen Abständen, wie in Spalte G zu sehen ist (bis G88 kopieren), damit das Polynom auch möglichst originalgetreu dargestellt werden kann. Wenn Sie zu wenige Datenpunkte mit zu großen Abständen wählen, kann Excel das Polynom zwar durch Interpolation glätten (vorausgesetzt, Sie haben den Punkt (XY)-Diagramm-Untertyp gewählt, der dies erledigt), aber das optische Ergebnis würde dadurch verfälscht.

In H2 und den folgenden Zellen berechnen Sie die abhängigen y-Werte. Der umständliche Weg wäre es, die Koeffizienten einzeln anzusprechen:

```
=D2*G2^8+D3*G2^7+D4*G2^6+...
```

Aber per Arrayformel geht dies effizienter:

```
H2:{=SUMME($D$2:$D$10*G2^$E$2:$E$10)}
```

Ziehen Sie abschließend die Formel nach unten und fügen Sie die Spalten G und H als Datenreihe in das Diagramm ein (*Abb. 15.2*).

Wie unschwer zu erkennen ist, haben wir ein Polynom 8. Grades, das durch die neun Koordinaten eindeutig bestimmt wurde, korrekt erzeugt.

15.2 Das Bestimmtheitsmaß

Die polynomischen Trends, die wir bislang erzeugt haben, waren immer eindeutig bestimmt, da die Anzahl der zugrunde gelegten Datenpunkte um eins höher war als der Grad des Polynoms. Deshalb verliefen die Trendfunktionen auch immer genau durch alle Datenpunkte, das war also alles andere als ein Zufall. In diesen Fällen hat das sogenannte *Bestimmtheitsmaß* (R^2), zu dem es die gleichnamige Excel-Funktion gibt, genau den Wert 1. Wenn dies der Fall ist, korreliert die berechnete Trendlinie zu 100% mit den zugrunde gelegten Messwerten. Korrelieren sie überhaupt nicht, nimmt R^2 den Wert 0 an. Wenn Sie einer Datenreihe eine Trendlinie hinzugefügt haben, können Sie neben der Funktionsgleichung auch das Bestimmtheitsmaß im Diagramm anzeigen lassen (*Abb. 15.3*).

Abbildung 15.3: Trendlinienoptionen – Bestimmtheitsmaß anzeigen lassen

Bei fünf Datenpunkten mit linearem und polynomischem Trend im Vergleich sieht das wie folgt aus (*Abb. 15.4*).

x	y
1	1
2	-2
3	3
4	-2
5	5

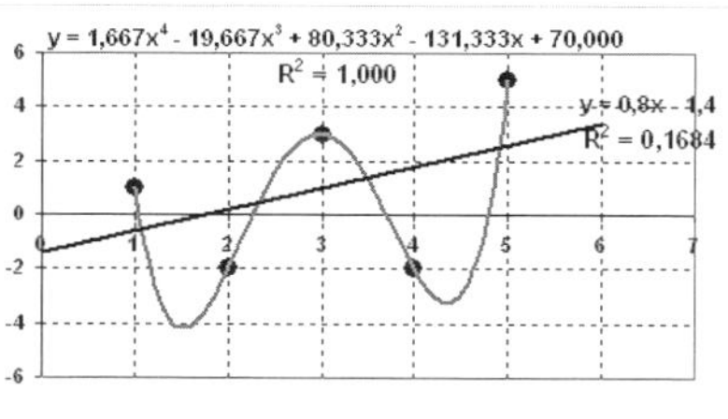

Abbildung 15.4: Vergleich lineare Trendfunktion und Trendfunktion 4. Grades

Der Trend vierter Ordnung läuft genau durch die fünf Punkte, deshalb ist das Bestimmtheitsmaß R^2 genau 1,0. Der lineare Trend hingegen beschreibt den Verlauf der Datenpunkte nur sehr ungenau, weshalb die durch R^2 ausgedrückte Korrelation nur einen niedrigen Wert von 0,1684 beträgt. Wendet man die entsprechende Excel-Funktion auf die Datenpunkte an:

```
=BESTIMMTHEITSMASS({1;-2;3;-2;5};{1;2;3;4;5})
```

kommt genau dieser Wert 0,168421052631579 heraus, denn diese Funktion unterstellt grundsätzlich eine lineare Abhängigkeit. Im Diagramm dagegen richtet sich das Bestimmtheitsmaß logischerweise nach dem Typ der in den Diagrammeinstellungen ausgewählten Trendfunktion. Wie kann man nun der Funktion BESTIMMTHEITSMASS beibringen, dass die Datenpunkte nicht hinsichtlich linearer Abhängigkeit, sondern nach Abhängigkeit höherer Ordnung bewertet werden sollen? Naheliegend wäre es, dies genau wie bei RGP zu tun, etwa in der Form:

```
=BESTIMMTHEITSMASS({1;-2;3;-2;5};{1;2;3;4;5}^{1.2.3.4})
```

Da kommt aber nichts außer #NV heraus. Was nun?

Sie haben nun zwei Alternativen, die eine führt über die Funktion TREND. Diese Funktion füttert man genau wie RGP und BESTIMMTHEITSMASS mit y-Werten bzw. x-Werten. Im Gegensatz zu diesen Funktionen gibt TREND aber y-Werte zurück, die sich aus dem linearen Trend ergeben. Klingt erst einmal etwas abstrakt, wird aber an einem Beispiel schnell klar (*Abb. 15.5*).

C2 =0,8*A2-1,4

	A	B	C	D
1	x	y	y-Trend	y-TREND
2	1	1	-0,6	-0,6
3	2	-2	0,2	0,2
4	3	3	1	1
5	4	-2	1,8	1,8
6	5	5	2,6	2,6

Abbildung 15.5: Berechnung linearer Trendwerte

Wir wissen ja dank RGP schon, dass die lineare Trendfunktion für die Werte in A2:B6

```
y = 0,8 x -1,4
```

lautet, also können wir ganz leicht in Spalte C die y-Werte des linearen Trends ermitteln. Die Punkte von C2:C6 liegen genau auf der Geraden des linearen Trends. Wenn wir die Koeffizienten +0,8 und −1,4 nicht kennen würden, könnten wir trotzdem die Trendwerte ermitteln. Dazu steht in D2 (kopiert bis D6):

```
=TREND($B$2:$B$6;$A$2:$A$6;A2)
```

Alle Werte aus Spalte D stimmen mit denen aus Spalte C überein.

Bemerkenswerterweise ist die Korrelation zwischen x- und y-Werten immer genauso groß wie die Korrelation zwischen y-Werten und y-Trendwerten, es gilt:

```
BESTIMMTHEITSMASS(A2:A6;B2:B6)=BESTIMMTHEITSMASS(B2:B6;D2:D6)
=BESTIMMTHEITSMASS(B2:B6; TREND(B2:B6;A2:A6;A2:A6))
=0,16842105
```

Nun kommt erfreulicherweise dazu, dass es mit der Funktion TREND analog zur Funktion RGP möglich ist, Trendwerte für polynomische Funktionen zu ermitteln (in diesem Fall vierten Grades), indem die x-Werte mit den Potenzen von eins bis vier potenziert werden:

```
=TREND(B2:B6;A2:A6^{1.2.3.4};A2:A6^{1.2.3.4})
```

Daraus resultiert, dass sich das Bestimmtheitsmaß des Polynoms vierter Ordnung aus

```
=BESTIMMTHEITSMASS(B2:B6; TREND(B2:B6;A2:A6^{1.2.3.4};A2:A6^{1.2.3.4}))=1
```

ergibt.

Falls es Sie noch wundert, warum da jetzt genau 1 herauskommen muss, noch mal zur Erinnerung: Wenn Sie einen polynomischen Trend vierter Ordnung auf fünf Datenpunkte beziehen (A2:A6), ist er genau bestimmt und die Trendwerte entsprechen genau den y-Werten.

Mit der zweiten, etwas versteckten Alternative können Sie auf die Funktionen TREND und BESTIMMTHEITSMASS verzichten und ermitteln selbiges direkt mit RGP. Wenn Sie das vierte Argument *stats* auf WAHR setzen, erzeugt RGP ein zweidimensionales Array mit zusätzlichen, statistischen Informationen. In der ersten Spalte und der dritten Zeile befindet sich das Bestimmtheitsmaß.

```
=INDEX(RGP(B2:B6;A2:A6;;1);3;1) =0,16842105
=INDEX(RGP(B2:B6;A2:A6^{1.2.3.4};;1);3;1)=1,0
```

Das Maß der Bestimmtheit wird in der Statistik auch mit dem Pearsonschen Korrelationskoeffizienten ermittelt. Er nimmt einen Wert zwischen –1 und +1 an. +1 spiegelt eine hundertprozentige positive Korrelation wider. Wenn beispielsweise ausschließlich Raucher Lungenkrebs bekämen, würde die Korrelation zwischen Lungenkrebspatienten und Rauchern 1 betragen. Wenn Rauchen und Lungenkrebs absolut nichts miteinander zu tun hätten, käme der Wert 0 heraus. Wäre Rauchen ein Heilmittel gegen Lungenkrebs (manche scheinen daran zu glauben), ergäbe dies eine negative Korrelation bis minimal –1.

Der markante Name dieses statistischen Maßes hat unter den Excel-Entwicklern offenbar Uneinigkeit ausgelöst, jedenfalls konnten sie sich auf keinen eindeutigen Funktionsnamen einigen. So gibt es die Funktion KORREL und die Funktion PEARSON, die die absolut identische Berechnung ausführen. Potenziert man beide mit zwei, erhält man das Ergebnis der Funktion BESTIMMTHEITSMASS. Es gilt:

```
PEARSON(A2:A6;B2:B6)^2= KORREL(A2:A6;B2:B6)^2
=BESTIMMTHEITSMASS(A2:A6;B2:B6)
=0,16842105
```

15.3 Multiple Regression

Zum einen könnten ja unter den Lungenkrebspatienten auch Pfeifenraucher sein, zum anderen kommt unter zwölfjährigen Schulhofrauchern Gott sei Dank weniger Krebs vor als unter Rentnern. Kurz gesagt, die abhängige Variable der Anzahl Lungenkrebspatienten hängt von mehreren unabhängigen Variablen (Zigaretten, Pfeifen, Alter usw.) ab. Wenn Sie jetzt die Chance eines Patienten auf Lungenkrebs, abhängig von seinem Alter und der Anzahl Zigaretten und Pfeifen, die er pro Tag konsumiert, ausrechnen wollen, müssen Sie eine multiple, lineare Regression durchführen. (Die Daten in *Abb. 15.6* sind rein fiktiv. Wenn Sie sich jetzt Sorgen machen, sind Sie selbst schuld.)

	A	B	C	D
1	Erkrankte (v. 100.000 Personen)	Alter	Zigaretten (pro Tag)	Pfeifen (pro Tag)
2	1175	60	30	10
3	355	12	20	5
4	847,5	40	25	12
5	???	33	10	8

Abbildung 15.6: Multiple Regression für Lungenkrebswahrscheinlichkeit

Sie sind 33 Jahre alt, rauchen 10 Zigaretten und 8 Pfeifen pro Tag und möchten aus drei vorhandenen Messdaten die Wahrscheinlichkeit ableiten, selbst Lungenkrebs zu haben. Die Funktionen RGP und TREND sind Ihnen dabei behilflich. Statt einer eindimensionalen x-Wertereihe füttern Sie diese mit einer zweidimensionalen x-Wertematrix:

```
A5:=TREND(A2:A4;B2:D4;B5:D5;0)=610
```

Die Wahrscheinlichkeit beträgt also 610/100.000 = 0,61%.

Vielleicht haben Sie es gemerkt, mit dieser Aufgabe haben Sie nicht nur eine multiple lineare Regression durchgeführt, sondern gleichzeitig ein lineares Gleichungssystem gelöst. Die drei vorgegebenen Messwerte stehen für drei Gleichungen mit drei Unbekannten in der Form:

```
y= a*x1+b*x2+c*x3
```

Das vollständige Gleichungssystem des Beispiels lautet:

```
1175=60*x1+30*x2+10*x3
355=12*x1+20*x2+5*x3
847,5=40*x1+25*x2+12*x3
```

Gesucht werden die Werte für x1, x2 und x3, für die alle drei Gleichungen gelöst werden können. Lineare Gleichungssysteme lassen sich mithilfe von Matrixoperationen lösen. In unserem Beispiel liefert die Formel

```
{=MMULT(MINV(B2:D4);A2:A4)}
```

das Array

```
={15;7,5;5},
```

womit die drei Unbekannten des Gleichungssystems x1, x2 und x3 bestimmt sind. Wie genau diese MMULT-Formel funktioniert, werden wir im nachfolgenden Abschnitt noch genau unter die Lupe nehmen. Nun machen wir folgende Gegenprobe:

```
y=15*33+7,5*10+5*8=610
```

Und siehe da, wir erhalten genau den Wert 610, den zuvor die Funktion TREND berechnet hat, um die Lungenkrebswahrscheinlichkeit des 33-Jährigen zu bestimmen.

Zwischen multipler linearer Regression und der Lösung eines linearen Gleichungssystems besteht ein enger Zusammenhang. Man kann sagen, die Lösung des Gleichungssystems ist ein Sonderfall der Regression, in der das Gleichungssystem genau bestimmt ist. Bei n Unbekannten stehen Ihnen genau n Gleichungen (oder Messwerte) zur Verfügung. Nur dann funktioniert die MMULT/MINV-Formel. Bei der Regression sind Sie nicht an diese Voraussetzung gebunden, Sie können auch wesentlich mehr als n Messpunkte in die Berechnung einbeziehen. Dann lösen Sie das Gleichungssystem aber nicht mit MMULT/MINV, sondern mit RGP.

Die RGP-Lösung für obiges Gleichungssystem lautet:

```
{=RGP(A2:A4;B2:D4;0)} = {5.7,5.15}
```

Etwas gewöhnungsbedürftig ist, dass die Elemente des Arrays verkehrt herum, also von rechts, angeordnet sind.

```
y=5*8+7,5*10+15*33=610
```

Auch für die multiple Regression lässt sich das Bestimmtheitsmaß ermitteln:

R^2=`INDEX(RGP(A2:A4;B2:D4;0;1);3;1)=1`

Im Sonderfall der Lösung eines Gleichungssystems mit n Gleichungen und n Variablen beträgt R^2 per Definition immer genau 1.

15.4 Multiple Regression versus polynomische Regression

Zu Beginn des Kapitels haben Sie gesehen, dass RGP standardmäßig die Koeffizienten eines linearen Trends liefert, aber wenn man die x-Werte mit dem Array

```
^{1.2.3.4}
```

potenziert, entstehen die Koeffizienten eines polynomischen Trends. Warum eigentlich? Dies leuchtet ein, wenn man sich klar macht, dass die Polynomregression eigentlich auch nur ein Sonderfall der multiplen linearen Regression ist. Das folgende Beispiel eines linearen Gleichungssystems verdeutlicht diese Tatsache (*Abb. 15.7*):

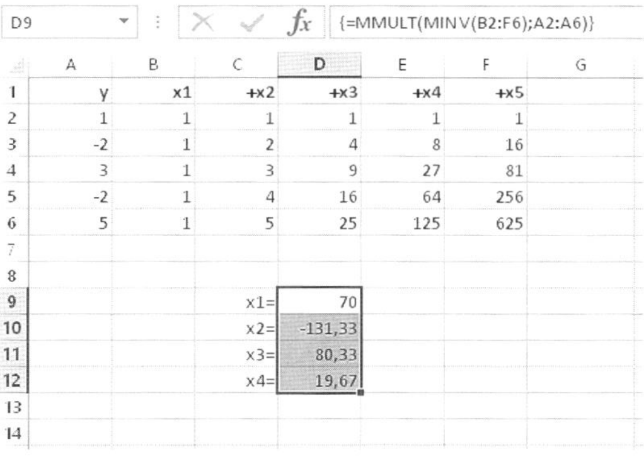

D9 | {=MMULT(MINV(B2:F6);A2:A6)}

	A	B	C	D	E	F	G
1	y	x1	+x2	+x3	+x4	+x5	
2	1	1	1	1	1	1	
3	-2	1	2	4	8	16	
4	3	1	3	9	27	81	
5	-2	1	4	16	64	256	
6	5	1	5	25	125	625	
7							
8							
9			x1=	70			
10			x2=	-131,33			
11			x3=	80,33			
12			x4=	19,67			
13							
14							

Abbildung 15.7: Zusammenhang zwischen polynomischer und multipler, linearer Regression

Es liegt ein System mit fünf Variablen und fünf Gleichungen in der Form

```
y=a*x1+b*x2+c*x3+d*x4+e*x5
```

vor, das mit der MMULT/MINV-Formel gelöst werden kann. Die Ergebnisse von x1–x5 kommen uns sehr bekannt vor, es sind genau die Polynomkoeffizienten unseres Polynoms vierter Ordnung. »Zufällig« sind die linearen Gleichungen so aufgebaut, dass stets gilt:

- x2^0=x1 (die Konstante)
- x2^1=x2
- x2^2=x3
- x2^3=x4
- x2^4=x5

Wenn diese Bedingungen erfüllt sind, können die linearen Gleichungen auch als Polynomgleichung in der Form

```
y=a*x2^0+b*x2^1+c*x2^2+d*x2^3+e*x2^4
```

dargestellt werden. Wir überprüfen dies, indem wir das Gleichungssystem mit RGP auflösen:

```
=RGP(A2:A6;C2:F6)= RGP(A2:A6;C2:C6^{1.2.3.4})
={1,67.-19,67.80,33.-131,33.70}
= 70*x2^0-133,33*x2+80,33*x2^2-19,67*x^3+1,67*x^4
```

Die Spalte B wurde nicht in die Berechnung von RGP einbezogen, da diese Funktion die Konstante (70) trotzdem berechnet, vorausgesetzt das dritte Argument von RGP ist WAHR oder nicht angegeben. Wenn Sie Spalte B einbeziehen und das dritte Argument, die Konstante, auf FALSCH (oder 0) setzen, kommt das gleiche Ergebnis dabei heraus:

```
=RGP(A2:A6;B2:F6;0)= {1,667.-19,667.80,3333.-131,3333.70,0000.0}
```

Die Polynomregression ist also ein Sonderfall der multiplen linearen Regression, in dem die Unbekannten in einem bestimmten (polynomischen) Verhältnis zueinander stehen.

15.5 Lösung linearer Gleichungssysteme

Die zwei bekanntesten Verfahren zur Lösung linearer Gleichungssysteme höheren Grades sind zum einen der Gaußsche Algorithmus und zum anderen die Lösung nach der Cramerschen Regel. Ein Gleichungssystem zweiten Grades können Sie noch relativ einfach mit dem Eliminationsverfahren lösen, das Sie vielleicht noch aus der Schulzeit kennen:

Gegeben sind die zwei Gleichungen:

```
2x + 2y = 8
4x - 3y = 3
```

Die erste Gleichung nach x aufgelöst ergibt x = (8–2y)/2 und eingesetzt in die zweite ergibt sich 4(8–2y)/2–3y = 3. Diese dann nach y aufgelöst ergibt nach einigen Schritten: y = 13/7 und dann ergo 15/7 für x.

Das war jetzt ein Gleichungssystem zweiten Grades: zwei Unbekannte und zwei Gleichungen. Diese grundsätzlich immer richtige Lösung durch Substitutionen (Eliminationsverfahren) mag ja bei einem »Zweier« noch angehen. Bei einem höheren Gleichungssystem, beispielsweise neunten Grades, mit neun Gleichungen und neun Unbekannten, rechnen Sie sich aber so einen Wolf. Dann kommen Gauß oder Cramer ins Spiel.

Folgendes Gleichungssystem dritter Ordnung wollen wir nun nach der Cramerschen Regel auflösen:

```
2x + 4y - 3z = 58
-2x + 8y + 3z = 50
4x - 4y - 3z = -4
```

Das ergibt die in der *Abb. 15.8* zu sehende Matrix:

	A	B	C	D	E	F
1						
2		Lineares Gleichungssystem 3. Grades				
3						
4				x	y	z
5		1.	58	2	4	-3
6		2.	50	-2	8	3
7		3.	-4	4	-4	-3

Abbildung 15.8: Lineares Gleichungssystem dritten Grades

Der Bereich D5:F7 enthält die Werte der Koeffizientenmatrix. C5:C7 enthält die Werte der Ergebnismatrix.

Die Lösung nach der Cramerschen Regel erfolgt über eine Determinantenberechnung. Eine Determinante dritter Ordnung (hier die Koeffizientenmatrix: 3 mal 3) berechnet man nach der Sarrusschen Regel, nach der die linken beiden Spalten rechts noch einmal angefügt werden (*Abb. 15.9*).

	D	E	F	G	H
4	x	y	z		
5	2	4	-3	2	4
6	-2	8	3	-2	8
7	4	-4	-3	4	-4

Abbildung 15.9: Determinantenberechnung (1)

Addiert werden die Produkte der drei möglichen (vollständigen) Diagonalen von links oben nach rechts unten und davon subtrahiert werden die Produkte der drei möglichen (vollständigen) Diagonalen von links unten nach rechts oben (*Abb. 15.10*).

Abbildung 15.10: Determinantenberechnung (2)

```
=D5*E6*F7+E5*F6*G7+F5*G6*H7-D7*E6*F5-E7*F6*G5-F7*G6*H5
=2*8*-3 + 4*3*4 + -3*-2*-4 - 4*8*-3 - -4*3*2 - -3*-2*4 = 72
```

Exakt dafür wurde die Funktion MDET geschaffen:

```
H6: {=MDET(D5:F7)}=72
```

Nacheinander werden jetzt die Spalten in der Koeffizientenmatrix durch die Ergebnismatrix ersetzt und jeweils die Determinante berechnet: H6 kopiert nach H10, H14 und H18.

Das Ergebnis für x, y, z (die Lösung des linearen Gleichungssystems – im Beispiel: x=5/y=9/z=–4) ergibt sich aus dem Quotienten der Variablendeterminante und der Koeffizientendeterminante (*Abb. 15.11*).

	A	B	C	D	E	F	G	H	I	J
4				x	y	z				
5		1.	58	2	4	-3				
6		2.	50	-2	8	3		72	=MDET(D5:F7)	
7		3.	-4	4	-4	-3				
8										
9				58	4	-3				
10				50	8	3		360	=MDET(D9:F11)	
11				-4	-4	-3	x:	5		
12										
13				2	58	-3				
14				-2	50	3		648	=MDET(D13:F15)	
15				4	-4	-3	y:	9		
16										
17				2	4	58				
18				-2	8	50		-288	=MDET(D17:F19)	
19				4	-4	-4	z:	-4		
20										

Abbildung 15.11: Stufenweise Determinantenberechnung

Diese Lösung (alle drei Variablen sind ganzzahlig) heißt übrigens »diophantisch«.

Das Verfahren ist äußerst zuverlässig. Wir wollen jetzt aber auch noch ein Gleichungssystem zwölften Grades oder höher lösen. Das funktioniert auch mit Cramer, ist aber eine mörderische Schreibarbeit: Denn da müssen 13 Matrizen à 12 mal 12 Zellen bestückt werden.

Eine noch elegantere Lösung stammt vom Fürst der Mathematiker: Carl Friedrich Gauß (1777–1855). Gauß hatte die Idee, die Inverse der Matrix zu bilden. Das ist die, die mit der Ursprungsmatrix multipliziert in der Diagonalen nur Einsen und sonst Nullen ergibt. Diese spezielle Matrix nennt man auch Einheitsmatrix. Wie kommt man auf so etwas, Herr Gauß (das fragen wir Sie später einmal)?

Wie berechnen wir die Inverse unserer Koeffizientenmatrix? Die Zellen H5 bis J7 sind gleichzeitig markiert und die Arrayformel `{=MINV(D5:F7)}` ist eingegeben. Dann sehen wir dort (*Abb. 15.12*):

H5 | {=MINV(D5:F7)}

	A	B	C	D	E	F	G	H	I	J
4				x	y	z				
5		1.	58	2	4	-3		-0,17	0,33	0,5
6		2.	50	-2	8	3		0,08	0,08	0
7		3.	-4	4	-4	-3		-0,33	0,33	0,33
8										

Abbildung 15.12: Berechnung der inversen Matrix

Nach der Markierung von 3 mal 3 Zellen ergibt die Multiplikation dieser beiden Matrizen mit =MMULT(D5:F7;H5:J7):

1	0	0
0	1	0
0	0	1

Abbildung 15.13: Einheitsmatrix

Und das ist die Einheitsmatrix – es funktioniert also.

Die inverse Matrix multipliziert mit der Ergebnismatrix bringt dieselben Resultate wie die Cramersche Lösung:

`{=MMULT(MINV(D5:F7);C5:C7)} = {5;9;-4}`

Das Ergebnis von MMULT ist hier ein Zeilenarray. Will man die Elemente waagerecht auflisten, muss man die Formel noch transponieren:

`D8:F8:{=MTRANS(MMULT(MINV(D5:F7);C5:C7))}`

Auf die einzelnen Elemente des Arrays kann mit INDEX zugegriffen werden:

`D8: =INDEX(MMULT(MINV($D$5:$F$7);$C$5:$C$7);SPALTE(A1))` (bis F8 kopiert)

D9 | {=MTRANS(MMULT(MINV($D$5:$F$7);$C$5:$C$7))}

	A	B	C	D	E	F	G	H	I	J	K	L
4				x	y	z						
5		1.	58	2	4	-3						
6		2.	50	-2	8	3						
7		3.	-4	4	-4	-3						
8												
9				5	9	-4						
10												

Abbildung 15.14: Lineares Gleichungssystem – gelöst

Eine 0 (Null), wenn sie denn vorkommt, muss explizit eingegeben werden – leere Zellen ergeben als Lösung #WERT!.

Der Vorteil dieser auf Gauß basierenden Lösung gegenüber der Cramerschen Regel besteht darin, dass sie völlig problemlos auf komplexe Gleichungssysteme erweiterbar ist. Beispielsweise die Lösung eines Gleichungssystems 12. Ordnung (*Abb. 15.17*):

Lineares Gleichungssystem 12. Grades
12

			X1	X2	X3	X4	X5	X6	X7	X8	X9	X10	X11	X12
1.	+ 11	=	2	3	0	-5	1	2	0	-2	2	10	-5	1,5
2.	+ 56	=	-1	-2	3	1	0	-1	-1	1	-4	2	0	5
3.	- 9,5	=	-10	-3	-1	10	-1	2	2	3	-2	5	3	0
4.	0	=	0	1	1	20	-1	1	-1	-1	-5	0	0	0
5.	+ 12	=	1	1	1	1	1	1	0	0	0	0	2,13	-1
6.	- 16	=	-1	-1	-1	-1	-1	-2	0	0	10	0	0	-2
7.	- 19	=	4	0	0	2	-3	0	0	-2	1	0	0	0
8.	+ 33	=	0	0	0	2	2	2	2	0	0	0	0	0
9.	+ 106	=	1	2	3	4	5	6	7	8	9	12	3	-0,5
10.	+ 10	=	0	1	-2	0	2	-1	0	0	0	-10	0	0
11.	+ 7	=	100	50	0	-1	0	0	0	0	0	0	4	0
12.	+ 35	=	3	11	0	0	0	-2	0	20	0	3	0	10
			2	**-4**	**5**	**1**	**11**	**3**	**1,5**	**-1**	**2,5**	**-0,5**	**2**	**10**

Abbildung 15.15: Lineares Gleichungssystem 12. Grades

Die Lösungsformel lautet:

```
{=MMULT(MINV(D5:O16);C5:C16)} = {2;-4;5;1;11;3;1,5;-1;2,5;-0,5;2;10}
```

Wenn der Grad des Gleichungssystems variabel sein soll, können Sie die Bereichsangaben auch dynamisieren:

```
{=MMULT(MINV(BEREICH.VERSCHIEBEN($D$5;;;$B$3;$B$3));
BEREICH.VERSCHIEBEN($C$5;;;$B$3))}
```

Wie bereits erwähnt, müssen Sie den Ausdruck mit MTRANS transponieren und dann alle Zellen von D18:O18 bei Eingabe der Arrayformel auf einmal markieren, wenn Sie die Elemente waagerecht auflisten wollen. Dies ist mit INDEX und INDIREKT ohne Eingabe als Arrayformel ebenfalls möglich. Schreiben Sie in D18:

```
=WENN(SPALTE(A1)>$B$3;"";INDEX(MMULT(MINV($D$5:INDIREKT(ADRESSE
(4+$B$3;3+$B$3)));$C$5:INDIREKT("C"&4+$B$3));SPALTE(A1)))
```

Und kopieren Sie die Formel nach rechts bis O18.

15.5.1 Alternative Lösung mit dem Solver

Jetzt wollen wir noch einmal den Solver auf die Probe stellen. Ist er für das Lösen von linearen Gleichungssystemen geeignet? Um ihn nicht zu überfordern, beschränken wir uns zunächst auf ein Gleichungssystem dritten Grades (*Abb. 15.16*).

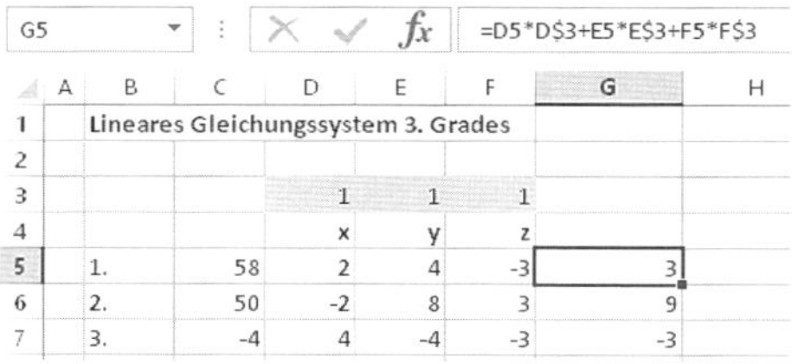

	A	B	C	D	E	F	G	H
1		Lineares Gleichungssystem 3. Grades						
2								
3				1	1	1		
4				x	y	z		
5		1.	58	2	4	-3	3	
6		2.	50	-2	8	3	9	
7		3.	-4	4	-4	-3	-3	

Abbildung 15.16: Lineares Gleichungssystem mit Solver lösen

In C5:F7 steht das Gleichungssystem. In D3 bis F3 stehen die Ergebniszellen (absolute Zahlen) mit irgendwelchen Initialwerten, die der Solver später optimieren soll. In G5 bis G7 stehen die Formeln für die Nebenbedingungen.

`G5:=D5*D$3+E5*E$3+F5*F$3` (kopiert bis G7)

Bei sehr vielen Gleichungen würde sich auch

`G5:=SUMMENPRODUKT((D$3:F$3);(D5:F5))`

anbieten. H1 ist auch eine Eingabezelle – dazu kommen wir später.

Der Solver wird wie folgt bestückt:

Optimieren wollen wir eigentlich nichts – es sollen nur die drei Nebenbedingungen erfüllt werden. Die Werte in G5:G7 müssen nach der Rechnung mit den Werten aus C5:C7 übereinstimmen. Der Solver verlangt aber in der Ergebniszelle eine Formel. Also geben wir dort als Zielzelle die Zelle für die erste Nebenbedingung (G5) ein und als Zielwert den Wert aus Zelle C5 (= 58) (*Abb. 15.17*).

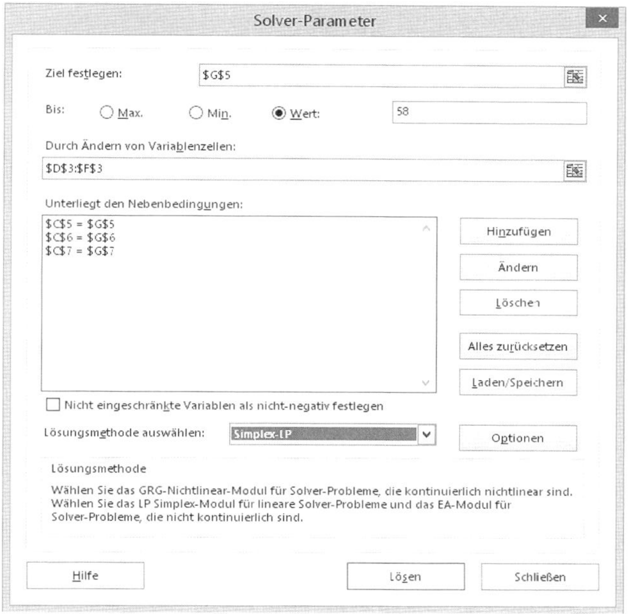

Abbildung 15.17: Dialogfeld Solver-Parameter

Als weitere Nebenbedingungen definieren wir G5 = C5, G6 = C6 und G7 = C7. Die veränderbaren Zellen sind D3:F3, in denen letztlich die Lösungen für x, y und z stehen sollen. Als Lösungsmethode muss *Simplex-LP* gewählt werden und das Kontrollkästchen *Nicht eingeschränkte Variablen als nicht-negativ festlegen* muss deaktiviert werden.

Nun lassen Sie den Solver lösen und er wird das richtige Ergebnis finden (*Abb. 15.18*):

	A	B	C	D	E	F	G
1		Lineares Gleichungssystem 3. Grades					
2							
3				5	9	-4	
4				x	y	z	
5		1.	58	2	4	-3	58
6		2.	50	-2	8	3	50
7		3.	-4	4	-4	-3	-4

Abbildung 15.18: Lineares Gleichungssystem mit Solver gelöst

Der Zielwert akzeptiert keinen Zellbezug: Da muss explizit eine Zahl darin stehen. Im Beispiel war es 58. Diese bei einem neuen Gleichungssystem jedes Mal neu einzugeben, ist lästig! Es ist aber auch nicht nötig, da wir mit der Nebenbedingung G5 = C5 auch dafür sorgen, dass auf den richtigen Wert 58 optimiert ist.

Wir können als Zielzelle auch irgendeine andere nehmen, z. B. H1 mit der Formel

```
H1:=0
```

Das Ergebnis ist dasselbe.

15.6 Von Wachstum und stetiger Verzinsung

Wie wir gesehen haben, sind die Trendtypen *linear* und *polynomisch* eng miteinander verwandt und deshalb werden zu ihrer Berechnung auch die gleichen Excel-Funktionen herangezogen. Excel stellt darüber hinaus noch andere Verfahren der Regression zur Verfügung, die völlig anders geartete Korrelationen zwischen abhängigen und unabhängigen Größen beschreiben, beispielsweise die Wachstumsfunktionen.

Was ja schönerweise von selbst wachsen kann, ist Geld. Vorausgesetzt, man hat es zinsbringend angelegt. Dieses Wachstum kennen wir alle unter dem Stichwort Zinseszinseffekt. Es kann jedem unermessliche Reichtümer bescheren, vorausgesetzt, man kann lange genug warten. Wenn Sie einen Euro 300 Jahre lang zu 5% festlegen, sparen sich immerhin knapp 2,3 Mio. € an. Ihre Nachfahren werden es Ihnen danken. Vorausgesetzt, die Inflation hält sich bis dahin in Grenzen.

Um auf Nummer sicher zu gehen, wollen Sie womöglich aus Werten der vergangenen Jahre eine Prognose der zukünftigen Geldwertentwicklung berechnen. Sie halten in Spalte A:B fest, wie sich der Preis eines Produkts, Warenkorbs oder der Lebenshaltungsindex entwickelt hat, erstellen davon ein Punkt (XY)-Diagramm und fügen einen exponentiellen Trend hinzu, wie in *Abb. 15.19* gezeigt.

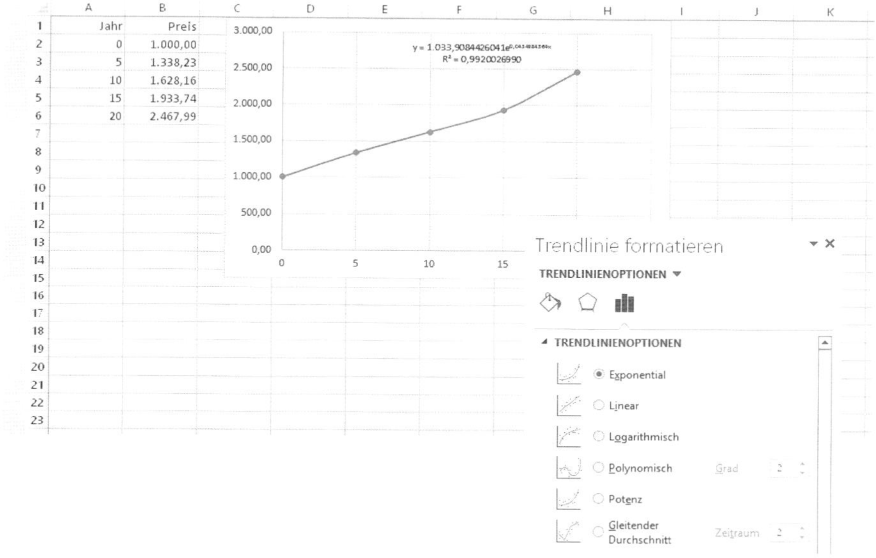

Abbildung 15.19: Exponentielle Trendfunktion

Aus der im Diagramm dargestellten Trendfunktion

$y = 1033{,}9084e^{0{,}0435x}$

können folgende Trendwerte in Spalte C abgeleitet werden (*Abb. 15.20*):

C3 =1033,9084426041*EXP(0,0434984564*A3)

	A	B	C	D
1	Jahr	Preis	Trend (exp.)	Zinssatz p.a.
2	0	1.000,00	1.033,91	
3	1		1.079,87	4,4458382%
4	2		1.127,88	4,4458382%
5	3		1.178,03	4,4458382%
6	4		1.230,40	4,4458382%
7	5	1.338,23	1.285,10	4,4458382%
8	10	1.628,16	1.597,33	4,4458382%
9	15	1.933,74	1.985,41	4,4458382%
10	20	2.467,99	2.467,77	4,4458382%
11	300		480.644.478,26	

Abbildung 15.20: Exponentielle Trendfunktion und jährliche Verzinsung

In Spalte D erkennt man, dass die Werte der exponentiellen Trendfunktion so geglättet sind, dass ihr Wachstum pro Jahr konstant ist.

```
C3:=1033,9084426041*EXP(0,0434984564*A3)
D3: =C3/C2-1=4,4458382%
```

Wenn der Abstand der Jahre in Spalte A größer ist als 1, sieht das so aus:

```
D8: =(C8/C7)^(1/(A8-A7))-1
```

Natürlich können auch beim exponentiellen Trend Koeffizienten und Trendwerte ohne das Diagramm mithilfe von Excel-Funktionen berechnet werden. Die Funktionen RGP und TREND der linearen Trendrechnung haben jeweils ein Pendant für exponentielle Trends, nämlich RKP und VARIATION. Funktionsnamen sind in Excel ja meistens sprechend, aber warum die Funktion VARIATION heißt, ist schleierhaft. Im Englischen heißt die Funktion treffenderweise GROWTH (Wachstum). Mithilfe dieser Funktion kann aus den fünf Messjahren 0, 5, 10, 15 und 20 der prognostizierte Betrag im Jahre 300 ermittelt werden:

```
=VARIATION(B2:B6;A2:A6;300) = 480.644.481,13
```

Für einen Gegenstand, der heute einen Wert von 1.000 Euro hat, müssen Sie in 300 Jahren also rund 480 Mio. Euro hinblättern. Pech gehabt, dann kämen Ihre Nachfahren mit dem einen angelegten Euro, der in 300 Jahren auf 2,3 Mio. € angewachsen ist, irgendwie doch nicht so weit.

Die Funktionskoeffizienten erhält man mit:

```
=RKP(Preise;{0;5;10;15;20}) = {1,04445838210557.1033,9084426041}
```

Der rechte Wert von 1.033,9 Euro ist der Trendpreis im Jahr 0 und gleichzeitig der y-Achsenschnittpunkt. Der linke Wert verwundert ein wenig, denn in der Diagrammgleichung erscheint stattdessen der Wert 0,0434984564. Welcher Zusammenhang besteht zwischen diesen beiden Werten? 1,04445838210557 ist der konstante Zinssatz, den wir in Spalte D berechnet haben, plus 1. Mit diesem Faktor kann man also den Preis eines Jahres multiplizieren, um den Preis der Folgeperiode zu erhalten. Der natürliche Logarithmus (Logarithmus zur Basis e) dieses Faktors ist:

```
=LN(1,04445838210557) = 0,0434984564
```

Aha, da schließt sich der Kreis. Verstehen muss man das aber noch nicht unbedingt. Deshalb machen wir noch einen kurzen finanzmathematischen Ausflug zur Überleitung von einem Jahreszins auf einen stetigen Zins.

Ein Kapital von 1.000 € wird ein Jahr lang zu 4% verzinst, sodass am Jahresende ein Kapital von 1.040 € entstanden ist. Bei monatlicher statt jährlicher Zinsverrechnung ergeben sich =1000* (1+4%/12)^12 = 1.040,7415 €. Bei täglicher Verzinsung sind es =1000 * (1+4%/365)^365 = 1.040,8085. Allgemein gilt:

$$K_1 = K_0 \cdot \left(1 + \frac{i}{n}\right)^n$$

Mit i als jährlichem Zinssatz und n als Anzahl Zinsverrechnungen pro Jahr. Setzt man i / n = 1 / x, d. h. n = i*x und x = n / i, dann ergibt sich:

$$K_1 = K_0 \cdot \left[\left(1 + \frac{1}{x}\right)^x\right]^i$$

Zur Probe:

$$K_1 = 1000 \cdot \left[\left(1 + \frac{1}{(12/4\%)}\right)^{12/4\%}\right]^{4\%} = 1.040,74$$

Wenn man die Zinsperioden unendlich klein werden lässt, strebt x im Ausdruck

$$\left(1 + \frac{1}{x}\right)^x$$

gegen unendlich und die Formel nimmt den Wert der Eulerschen Zahl e = 2,71828182845905 ein. Man spricht dann von stetiger Verzinsung oder (stetigem) Wachstum. In Excel erhält man die Eulersche Zahl mit der Funktion `EXP(1)`.

Bei stetiger Verzinsung wächst das Kapital in einem Jahr somit auf

```
=1000*e^4% = 1000*EXP(4%) = 1.040,8108.
```

Der effektive Jahreszinssatz ergibt sich ferner aus

```
=EXP(4%)-1 = 4,08107741923882%.
```

Will man andersherum wissen, mit welchem Zinssatz stetig verzinst werden muss, um einen Effektivzinssatz von 4% zu erhalten, verwendet man einfach die Umkehrfunktion von EXP nämlich LN.

```
=LN(1+4%) = 3,92207131532813%
```

Angewendet auf unsere Preisentwicklung gilt:

- Stetige Verzinsung/Wachstumsrate aus Effektivzins p.a.:
  `=LN(1,04445838210557) = 4,34984564198636%`
- Effektivzins p.a. aus stetiger Verzinsung:
  `=EXP(4,34984564198636%)-1 = 4,445838210557%`

Lange Rede, kurzer Sinn, im Diagramm weist Excel den Zinssatz der stetigen Verzinsung aus, die RKP-Funktion hingegen gibt als Koeffizienten die jährliche Effektiv-Verzinsung zurück.

Genau wie RGP kann auch RKP das Bestimmtheitsmaß angeben:

R^2 = `INDEX(RKP(B2:B6;A2:A6;;1);3;1) = 0,992002698987872`

15.7 Sonstige Trendsetter

Der Vollständigkeit halber sei schließlich noch erwähnt, dass Excel mit Funktionen bzw. im Diagramm zwei weitere Regressionstypen darstellen kann.

15.7.1 Potenzielle Regression

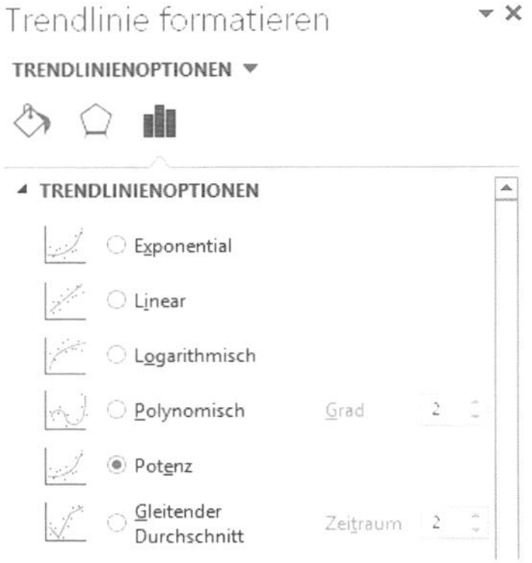

Abbildung 15.21: Trendlinienoptionen zur Auswahl des Trendtyps Potenz

Der Trendtyp *Potenz* ist zu wählen, wenn der Funktionsgraph durch eine Gleichung in der Form

y = m*x^b

beschrieben werden kann.

Die Koeffizienten einer Potenzfunktion ermittelt man auch über die Funktion RKP:

m = INDEX(RKP(yWerte;LN(xWerte));1;2)
b = LN(INDEX(RKP(yWerte;LN(xWerte));1;1))
R^2 = INDEX(RKP(yWerte;LN(xWerte);;WAHR);3;1)

15.7.2 Logarithmische Regression

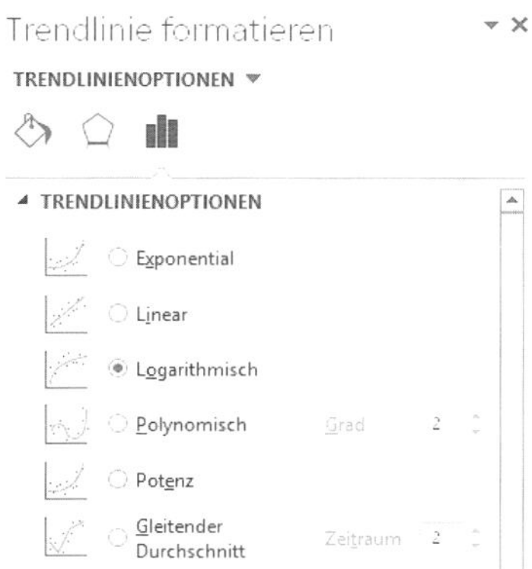

Abbildung 15.22: Trendlinienoptionen zum Einstellen des logarithmischen Trends

Die logarithmische Regression beschreibt Funktionen in der Form

y = m*LN(x) + b.

Die Berechnung von m, b und des Bestimmtheitsmaßes ergibt sich wie folgt:

m = INDEX(RGP(yWerte;LN(xWerte));1;1)
b = INDEX(RGP(yWerte;LN(xWerte));1;2)
R^2 = INDEX(RGP(yWerte;LN(xWerte);;WAHR);3;1)

KAPITEL 16

Finanzmathematische Schmankerl

In diesem Kapitel zeigen wir Ihnen, wie die Funktion ZEILE in der Finanzmathematik zur Höchstform aufläuft und warum so manche Excel-Funktionen eine echte (vorschüssige) Macke haben.

16.1 ZEILE – Multitalent als Finanzjongleur

Die Funktion ZEILE zählt ursprünglich zur Gattung der Matrixfunktionen. Aufgrund ihrer hohen Anpassungsfähigkeit und Paarungsbereitschaft mit anderen Spezies fühlt sie sich aber fast überall heimisch. Man glaubt es kaum: Sie ist sogar ein Meister der Finanzmathematik. In der Finanzmathematik baut vieles auf Folgen und Reihen auf.

16.1.1 Folgen und Reihen

Eine Zahlenfolge ist eine Folge von reellen Zahlen, die in einem funktionalen Zusammenhang zu den natürlichen Zahlen (ganze Zahlen 1, 2, 3, ...) oder einer Teilmenge daraus stehen (würde ein Mathematiker sagen). Die Funktion `=ZEILE(1:10)` liefert die natürlichen Zahlen von 1 bis 10, also die Zahlenfolge:

`{1;2;3;4;5;6;7;8;9;10}`

Multipliziert man diese Folge mit einem Faktor q, erhält man eine arithmetische Folge

`=ZEILE(1:10)*2 = {2;4;6;8;10;12;14;16;18;20}`

bei der die Differenz zweier aufeinanderfolgender Glieder konstant ist.

Potenziert man q mit der Zahlenfolge, so erhält man eine geometrische Folge

`=2^ZEILE(1:10)= {2;4;8;16;32;64;128;256;512;1024}`

die die Eigenschaft aufweist, dass der Quotient zweier aufeinanderfolgender Glieder konstant ist.

Werden die Glieder einer Folge aufsummiert, so erhält man eine Reihe. Die arithmetische Reihe aus der obigen arithmetischen Folge ergibt sich dann aus `{2;6;12;20;30;42;56;72;90;110}`, die geometrische Reihe ferner aus `{2;6;14;30;62;126;254;510;1022;2046}`. Das zehnte Glied der arithmetischen Reihe berechnet sich in Excel aus

`{=SUMME(Zeile(1:10)*2)}=110`

(da Gauß die Funktion ZEILE nicht kannte, hätte er es so gemacht: `= 5*(10+1)*2`)

und das zehnte Glied der geometrischen Reihe aus

`{=SUMME(2^ZEILE(1:10))}=2.046`

16.1.2 Renten- und Tilgungsrechnung

Jetzt schlagen wir den Bogen zur Finanzmathematik. Zinseszinsrechnung ist nichts anderes als das Berechnen einer geometrischen Folge und Rentenrechnung ist nichts anderes als das Berechnen einer geometrischen Reihe. Die natürlichen Zahlen stehen hier für Zeitpunkte (Perioden). Die Folge aus n Zeitpunkten stellt den betrachteten Zeithorizont dar. Um diese ganze Geschichte Excel-technisch umzusetzen, verwenden wir nun die Funktion ZEILE.

Geben Sie irgendeiner Zelle den Namen *n*. Dann definieren Sie einen weiteren Namen *Zeitstrahl*, bezogen auf die Formel

```
=ZEILE(INDIREKT("1:"&n))
```

Wenn Sie in die Zelle n den Wert 5 eintragen, übergibt die Formel an den Namen *Zeitstrahl* das Array `{1;2;3;4;5}`, das für fünf Zahlungszeitpunkte steht.

Diesen Baustein können Sie nun bestens zur Rentenrechnung einsetzen. Legen Sie beispielsweise fünf Jahre lang zu Beginn jeden Jahres 500 ? an, die zu 6% verzinst werden.

Für alle folgenden Formeln gilt: i ist der Jahreszinssatz und n die Laufzeit in Jahren. Wollen Sie unterjährige Verzinsungen (monatlich, vierteljährlich etc.) darstellen, müssen Sie i durch v (Verrechnungen p.a.) dividieren und n mit v multiplizieren.

Welchen Betrag haben Sie am Ende des fünften Jahres angespart? Um das zu berechnen, haben Sie die Qual der Wahl. Im Grunde gibt es vier Möglichkeiten.

1. Tabellarisch

	A	B	C	D	E	F	G	H	I	J
1	Perioden (n):	5			t0	t1	t2	t3	t4	Σ t5
2	Zahlung (RMZ):	500		Zahlung	500	500	500	500	500	
3	Zinssatz (i)	6%		Zinsperioden	5	4	3	2	1	
4				Ergebnis/Summe	669,11	631,24	595,51	561,80	530,00	2.987,66
5										

Abbildung 16.1: Tabellarischer Tilgungsplan

Die Zahlungen werden einzeln aufgezinst und dann in J4 aufaddiert.

2. Excel-Funktion

Für dieses Beispiel gibt es die Standardfunktion ZW:

```
-ZW(i;n;500;0;1)=2.987,66
```

3. Finanzmathematische Funktion

Falls Sie ein vernünftiges Mathebuch mit finanzmathematischen Funktionen im Regal stehen haben, müssten Sie dort auch die passende Formel finden:

```
-500*(1+i)*(1-(1+i)^n)/i = 2.987,66
```

Aber bevor Sie jetzt lange grübeln, weil Sie die Formel nicht verstehen, wenden Sie sich lieber der vierten Alternative zu, denn darum geht es schließlich in diesem Kapitel.

4. Arrayformel mit ZEILE

Sie erzeugen aus dem Namen *Zeitstrahl* die Arrayformel

```
{=SUMME(500*(1+i)^Zeitstrahl)}
```

die ebenso 2.987,66 als Ergebnis ausspuckt und die Sie sofort verstehen, wenn Sie bis hierher aufgepasst haben (Stichwort: »geometrische Reihe«).

Den Baustein *Zeitstrahl* können Sie für eine ganze Reihe finanzmathematischer Berechnungen einsetzen (*Abb. 16.2*):

	A	B	C	D
1	n=5; i=6%			
2	**Berechnung**	**Excelfunktion**	**Arrayformel**	**Ergebnis**
3	Barwert (nachschüssig)	=-BW(i;n;500)	{=SUMME(500/(1+i)^Zeitstrahl)}	2.106,18
4	Barwert (vorschüssig)	=-BW(i;n;500;0;1)	{=SUMME(1/(1+i)^(Zeitstrahl-1))}	2.232,55
5	Annuität (nachschüssig)	=-RMZ(i;n;2106,18)	{=2106,18/SUMME(1/(1+i)^Zeitstrahl)}	500,00
6	Annuität (vorschüssig)	=-RMZ(i;n;2232,55;0;1)	{=2232,55/SUMME(1/(1+i)^(Zeitstrahl-1))}	500,00
7	Endwert (nachschüssig)	=-ZW(i;n;500)	{=SUMME(500*(1+i)^(Zeitstrahl-1))}	2.818,55
8	Endwert (vorschüssig)	=-ZW(i;n;500;0;1)	{=SUMME(500*(1+i)^Zeitstrahl)}	2.987,66
9	Sparrate (nachschüssig)	=-RMZ(i;n;0;2818,55;0)	{=2818,55/SUMME((1+i)^(Zeitstrahl-1))}	500,00
10	Sparrate (vorschüssig)	=-RMZ(i;n;0;2987,66;1)	{=2987,66/SUMME((1+i)^Zeitstrahl)}	500,00
11				

Abbildung 16.2: Einsatz des Zeitstrahls für diverse finanzmathematische Berechnungen

Beim Vergleich der Formeln sieht und versteht man den Zusammenhang der Funktionen BW, RMZ und ZW. Beispielsweise entspricht der Kehrwert des Annuitätenfaktors A (RMZ-Funktion) dem Rentenbarwertfaktor (BW-Funktion):

```
=A/RMZ(i;n;1)=BW(i;n;A)
```

Der Kehrwert der Sparrate entspricht dem Rentenendwertfaktor:

`=A/RMZ(i;n;0;1)=ZW(i;n;A)`

Barwertfaktor und Endwertfaktor sind ebenso austauschbar:

`=BW(i;n;A)*(1+i)^n=ZW(i;n;A)`

Bei allen finanzmathematischen Funktionen, die das Argument *Fälligkeit* besitzen, gilt, dass 1 für vorschüssig steht und 0 für nachschüssig. Excel versteht darunter den Zahlungszeitpunkt und unterstellt, dass der Zahlungszeitpunkt maßgeblich für die Zinsverrechnung ist.

Die Funktionen BW, RMZ und ZW durch den *Zeitstrahl* zu ersetzen, ist nicht nur eine anschauliche Alternative, sondern bringt sogar einen echten Mehrwert. Wenn die Aufgabenstellung erweitert wird, sind die Standardfunktionen schnell überfordert. Wenn Sie beispielsweise nicht 500 € konstant sparen wollen, sondern jedes Jahr 20 € (oder 5%) mehr, muss die Funktion ZW bereits die weiße Flagge hissen. Auch BW und RMZ kommen nur mit konstanten Zahlungen klar. Finanzmathematische Lösungen sind zwar vorhanden, aber nicht leicht zu verstehen, geschweige denn selbst herzuleiten.

Mit Ihrem Baustein *Zeitstrahl*, hinter dem sich die Funktion ZEILE verbirgt, ist dies überhaupt kein Problem. Zum Vergleich noch einmal die tabellarische Lösung bei 20 € mehr in jedem Jahr (*Abb. 16.3*):

	D	E	F	G	H	I	J
1		t0	t1	t2	t3	t4	Σ t5
2	Zahlung	500	520	540	560	580	
3	Zinsperioden	5	4	3	2	1	
4	Ergebnis/Summe	669,11	656,49	643,15	629,22	614,80	**3.212,77**
5							

Abbildung 16.3: Endwert bei steigenden Zahlungen

Die Arrayformel lautet:

`{=SUMME((500+20*(n-Zeitstrahl))*(1+i)^Zeitstrahl)}` gleich

`{=SUMME((500+20*({4;3;2;1;0}))*(1+i)^{1;2;3;4;5})}` gleich

`{=SUMME(({580;560;540;520;500})*(1+i)^{1;2;3;4;5})}=3.212,77`

Bei einer Steigerung von 5 % pro Periode statt konstant 20 € lautet die Formel:

`{=SUMME((500*1,05^(n-Zeitstrahl))*(1+i)^Zeitstrahl)}=3.283,03`

Der entsprechende Barwert in t0 lautet:

`{=SUMME((500*1,05^(Zeitstrahl-1))/(1+i)^(Zeitstrahl-1))}=2.453,27`

Die finanzmathematischen Lösungen für die zwei letztgenannten Aufgabenstellungen lauten übrigens (x ist die jährliche Steigerung in %):

`500*((i+1)^(n+1)-(i+1)*(x+1)^n)/(i-x)` für den Zukunftswert und

`500*(1-((1+x)/(1+i))^n)/(i-x)*(1+i)` für den Barwert.

16.1.3 Interner Zinsfuß

Auch die Funktion `ZINS(n;rmz;bw;[zw];[f])` lässt sich hervorragend mit dem *Zeitstrahl* erweitern. Sie berechnet den internen Zinsfuß einer Rente oder einer annuitätischen Darlehenstilgung. Gegeben sind mindestens Laufzeit, jährliche Zahlung und Barwert. Die Zahlungsreihe `{-2200;500;500;500;500;500}` hat den internen Zinsfuß:

`=ZINS(5;500;-2200)=4,418%`

Auch hier gilt die Voraussetzung, dass die Zahlungen in Höhe von 500 € konstant sind. Wenn stattdessen Steigerungen von 5% geplant sind, muss ZINS auf die Strafbank und wird durch den *Zeitstrahl* in Kombination mit IKV ersetzt. Die Formel lautet:

`{=IKV(WENN(Zeitstrahl=1;-2200;500*1,05^(Zeitstrahl-2)))}=7,8%`

mit *Zeitstrahl*: `=ZEILE(INDIREKT("1:"&n+1))`

Der Zeitstrahl muss hier deshalb um 1 verlängert werden (`n+1`), weil die Zahlungsreihe insgesamt n + 1 Zeitpunkte umfasst: von t_0 bis t_5.

Aus der Prüfung `Zeitstrahl=1` folgt

`=WENN({WAHR;FALSCH;FALSCH;FALSCH;FALSCH;FALSCH};-2200;500*1,05^(Zeitstrahl-2)).`

Das Element WAHR wird durch den Barwert ersetzt, allen übrigen Elementen FALSCH steht jeweils eine Zahlung gegenüber.

Daraus resultiert das Array `{-2200; 500; 525; 551,25; 578,81; 607,75}`, dessen interner Zinsfuß mithilfe von IKV berechnet werden kann.

16.1.4 Interner Zinsfuß bei aperiodischen Zahlungen

Wie wir gesehen haben, ist die Funktion ZEILE in Kombination mit der Funktion INDIREKT ein in der Finanzmathematik flexibel einsetzbares Werkzeug. Dies gilt auch für die Berechnung von internen Zinsfüßen von Zahlungsreihen, die keine periodisch gleich bleibenden Abstände aufweisen. Excel stellt dazu zwar eine Add-in-Funktion namens XINTZINSFUSS zur Verfügung. Diese hat aber zwei Nachteile: Erstens rechnet sie stets tagegenau – Monate oder Quartale können so nicht als Perioden angegeben werden. Zweitens ist es eine Add-in-Funktion, die wir bekanntlich vermeiden wollen.

Gegeben ist eine Zahlungsreihe, die in verschiedenen Monaten Zahlungen generiert. Die Monate stehen in Spalte A, müssen nicht sortiert sein und ein Monat kann mehrfach vorkommen. Es kann aber auch sein, dass ein Monat überhaupt nicht vorkommt. In Spalte B stehen die dazugehörigen Zahlungen. Der Betrachtungszeitraum ergibt sich aus dem kleinsten und größten in Spalte A vorkommenden Monat. Im folgendem Beispiel vom 1. bis zum 18. Monat (*Abb. 16.4*):

	A	B	C	D	E
1	Monat	Zahlungen		IKV:	11,91%
2	1	-1000			
3	5	100			
4	3	200			
5	2	-200			
6	5	180			
7	18	270			
8	6	100			
9	9	40			
10	10	250			
11	11	100			
12	4	50			
13					

Abbildung 16.4: Interner Zinsfuß bei aperiodischen Zahlungen

Der interne Zinsfuß der Zahlungsreihe beträgt 11,91% und entspricht dem effektiven Jahreszins. Die Formel, die ihn offenbart, lautet:

```
{=(1+IKV(SUMMEWENN(A:A;ZEILE(INDIREKT(MIN(A:A)&":"&MAX(A:A)));B:B);0))^12-1}
```

ZEILE wird wie gewohnt mit INDIREKT kombiniert, mit dem einzigen Unterschied, dass die erste Periode nicht unbedingt mit 1 beginnen muss, sondern mit dem kleinsten Monat in Spalte A. Die letzte Periode ergibt sich aus dem größten Monat. Aus

`ZEILE(INDIREKT(MIN(A:A)&":"&MAX(A:A)))` wird `ZEILE(INDIREKT("1:18"))`, der benötigte Zeitstrahl lautet `{1;2;3;…;18}`.

Auf jedes Element des Zeitstrahls wird SUMMEWENN angewendet.

`=SUMMEWENN(A:A;{1;2;3;…;18};B:B)`

Dieser Formelteil serviert die Zahlungsreihe so, dass IKV nur noch »abstauben« muss. Erstens werden die Monate in Reihenfolge gebracht, zweitens werden mehrere Zahlungen, die den gleichen Monat betreffen, zusammengefasst und drittens werden Monate, die nicht vorkommen, mit Nullen aufgefüllt. Somit wird aus der aperiodischen Zahlungsreihe eine periodische Zahlungsreihe – in manchen Monaten mit der Zahlung null. Das resultierende Array mit 18 Elementen ist

`={-1000;-200;200;50;280;100;0;0;40;250;100;0;0;0;0;0;0;270}.`

Und mit IKV ergibt das 0,942293807183462%.

Da es sich um Monate handelt, ist der von IKV berechnete Zinssatz der Monatszins. Mit der Formel

`Jahreszins=(1+Monatszins)^12-1`

wird der Monatszins in den effektiven Jahreszins umgerechnet.

`=(1+0,00942293807180426)^12-1` ergibt gerundet 11,91%.

Statt Monaten können in Spalte A auch tagesgenaue Datumsangaben stehen. IKV und SUMMEWENN ist das völlig egal. Sie müssen nur beachten, dass der berechnete Zins immer korrekt in den effektiven Jahreszins umgerechnet wird. Stehen in Spalte A genaue Tage, lautet die Umrechnungsformel:

`Jahreszins=(1+Tageszins)^365,25-1`

Bei der Add-in-Funktion XINTZINSFUSS müssen es unbedingt Tage sein, denn diese Funktion ermittelt immer einen vom Tageszins umgerechneten Jahreszins.

16.2 Die vorschüssige Macke – ein kleiner finanzmathematischer Exkurs

Eine weltweit bekannte Firma, die höchst professionelle Taschenrechner herstellt, war und ist bei Innovationen immer führend. Finanzmathematische Rechner gibt es in allen Varianten und die rechnen auch richtig – bis auf »die vorschüssige Macke«.

Eine vorschüssige Annuität (kommt in der Praxis äußerst selten vor) wird korrekt berechnet. Das heißt: Die Belastung pro Periode/p.a. in Prozent bzw. als Betrag ist absolut in Ordnung.

Die zugehörige Excel-Funktion lautet `=RMZ(Zins;Zzr;Bw;Zw;F)` – mit 1 für den Parameter F (0 wäre nachschüssig).

So weit, so gut: Als Zinsbelastung wird aber in der ersten Periode eines vorschüssigen Tilgungsplans bei der »vorschüssigen Macke« null angesetzt und die errechnete (richtige) Annuität gänzlich als Tilgung verbraten.

Das ist Quatsch/Unsinn/Blödsinn/Nonsens – das ist schlicht und ergreifend abgrundtief FALSCH und Excel übernimmt das sogar in manchen finanzmathematischen Funktionen, wie wir gleich sehen werden.

Sie haben ein vorschüssiges Darlehen von 1 Mio. über 5 Jahre Volltilgung zu 6,0% Zins aufgenommen. Zur Vereinfachung: jährliche Verrechnung und Zahlungsweise (*Abb. 16.5*).

	A	B	C	D	E	F
1	Barwert (BW)	-1.000.000				
2	Endwert (ZW)	0				
3	Zinssatz (i)	6%				
4	Perioden (n)	5				
5	Fälligkeit (f)	1				
6						
7	**Fälligkeit**	**Periode**	**Zinsen**	**Tilgung**	**Annuität**	**Restschuld**
8			(falsch)	(falsch)		-1.000.000,00
9	01.01.2015	1	0,00	223.958,87	223.958,87	-776.041,13
10	01.01.2016	2	46.562,47	177.396,40	223.958,87	-598.644,73
11	01.01.2017	3	35.918,68	188.040,18	223.958,87	-410.604,55
12	01.01.2018	4	24.636,27	199.322,60	223.958,87	-211.281,95
13	01.01.2019	5	12.676,92	211.281,95	223.958,87	0,00
14	Summe		**119.794,34**	**1.000.000,00**	**1.119.794,34**	
15						

Abbildung 16.5: Vorschüssiger Tilgungsplan – falsch!

Die Formeln lauten:

```
C9: =ZINSZ(i;B9;n;BW;ZW;f)
D9: =KAPZ(i;B9;n;BW;ZW;f)
E9: =RMZ(i;n;BW;ZW;f)
F9: =F8+D9
```

So sieht's bei der von Excel übernommenen Macke aus: Die Bank verdient im ersten Jahr nix, da die gesamte erste Zahlung/Annuität gleichzeitig Tilgung ist. Wir bitten um Zusendung solcher Bankadressen.

Logik: Sie haben am 01.01.2015 eine Million Miese. Die Bank verlangt 60.000 Zinsen für das Jahr 2015. Just an diesem Tag zahlen Sie die erste Annuität von 223.958,87.

Also kann die Bank nur Zinsen auf 776.041,13 = 46.562,47 in Rechnung stellen. Das ist allerdings immer noch ein wenig mehr als null. Und am 01.01.2019 zahlen Sie die letzte Rate – Ihre Miesen haben Sie da also auf null getilgt. Da zahlen Sie für das Jahr 2019 auch null und nicht 12.676,92 Zinsen.

Jetzt treiben wir's auf die Spitze (*Abb. 16.6*): Zinskonversion wäre immer nach einem Jahr – also muss für die jeweilige Restlaufzeit neu kalkuliert werden. Sie haben nach einem Jahr eine Restschuld von 776.041,13 über noch vier Jahre Volltilgung zu (zufällig) wieder 6,0% Zins. Der Tilgungsplan wird immer besser! Die Belastung sollte ja eigentlich bei unveränderten Konditionen die identische Annuität ergeben. Jetzt zahlen Sie aber einiges weniger: `=RMZ(6%;4;-776041,13;0;1)`, und das sind folgende 211.281,95.

	A	B	C	D	E	F
25	**Fälligkeit**	**Periode**	**Zinsen**	**Tilgung**	**Annuität**	**Restschuld**
26			(falsch)	(falsch)		-776.041,13
27	01.01.2016	1	0,00	211.281,95	211.281,95	564.759,18
28	01.01.2017	2	33.885,55	177.396,40	211.281,95	-387.362,78
29	01.01.2018	3	23.241,77	188.040,18	211.281,95	-199.322,60
30	01.01.2019	4	11.959,36	199.322,60	211.281,95	0,00
31	Summe		**69.086,67**	**776.041,13**	**845.127,80**	
32						

Abbildung 16.6: Vorschüssiger Tilgungsplan – falsch! (2)

Und bei den Konversionen zwei, drei und vier zahlen Sie (egal bei welchem Zinssatz) auch null Zinsen. Ein klasse Kredit, an dem die Bank nichts verdient hat!

Genug geblödelt: So sieht der richtige Tilgungsplan aus (*Abb. 16.7*):

	A	B	C	D	E	F
1	Barwert (BW)	-1.000.000				
2	Endwert (ZW)	0				
3	Zinssatz (i)	6%				
4	Perioden (n)	5				
5	Fälligkeit (f)	1				
6						
7	**Fälligkeit**	**Periode**	**Zinsen**	**Tilgung**	**Annuität**	**Restschuld**
8						-1.000.000,00
9	01.01.2015	1	46.562,47	177.396,40	223.958,87	-822.603,60
10	01.01.2016	2	35.918,68	188.040,18	223.958,87	-634.563,42
11	01.01.2017	3	24.636,27	199.322,60	223.958,87	-435.240,82
12	01.01.2018	4	12.676,92	211.281,95	223.958,87	-223.958,87
13	01.01.2019	5	0,00	223.958,87	223.958,87	0,00
14	Summe		**119.794,34**	**1.000.000,00**	**1.119.794,34**	
15						

Abbildung 16.7: Vorschüssiger Tilgungsplan – richtig!

Und jetzt ergibt die vorschüssige Kalkulation bei einem Restdarlehen von 822.603,60 bei Volltilgung über vier Jahre und 6,0% Zins natürlich die unveränderte Annuität von E18: `=RMZ(6%;4;-822603,6;0;1)= 223.958,87`.

Die weiteren (bis Zeile 22 kopierten) Formeln lauten:

```
C18: =-(F17+E18)*i
D18: =E18-C18
F18: =F17+D18
```

In der Summe (nominell) für die zwei fünfjährigen Tilgungspläne sind die zu zahlenden Zinsen (119.794,34) identisch. Bei Barwertbetrachtung ist die vorschüssige Macke bei einem Abzinsungssatz von 6,0% zum Stichtag 01.01.2015 (jährlich vorschüssige Abzinsung) für die Bank ein Nachteil von 6.397,25 (*Abb. 16.8*).

F3 | =E3/1,06^(A3-1)

	A	B	C	D	E	F
1	Jahr	HP-Zins	Barwert		richtiger Zins	Barwert
2						
3	1	0,00	0,00		46.562,47	46.562,47
4	2	46.562,47	43.926,86		35.918,68	33.885,55
5	3	35.918,68	31.967,50		24.636,27	21.926,20
6	4	24.636,27	20.685,09		12.676,92	10.643,78
7	5	12.676,92	10.041,31		0,00	0,00
8	Σ		**106.620,75**			**113.018,00**
9			-6.397,25			
10						

Abbildung 16.8: Zinsnachteil der Bank aufgrund der »vorschüssigen Macke«

Trotz der Macke ist die Funktion ZINSZ nicht unbrauchbar. Bei nachschüssigen Tilgungen rechnet sie ja richtig. Und bei vorschüssigen Tilgungen ist lediglich die Periode verschoben. Das können Sie aber ganz leicht ausgleichen, indem Sie zu der Periode die Fälligkeit *f* (0 oder 1) addieren.

```
=ZINSZ(i;Periode+f;n;BW;ZW;f)
```

Anders sieht es mit KAPZ aus. Die rechnet im vorschüssigen Fall definitiv falsch. Um die richtige Tilgung zu erhalten, können Sie die bereinigte ZINSZ-Funktion von der richtig rechnenden RMZ-Funktion subtrahieren:

KAPZ (richtig) = `RMZ(i;n;BW;ZW;f) - ZINSZ(i;Periode+f;n;BW;ZW;f)`

ZINSZ hat nicht nur bei Tilgungsplänen Probleme. Eigentlich sollte man erwarten können, dass diese Funktion auch bei Sparplänen funktioniert. Ein Sparplan liegt dann vor, wenn der Parameter BW den Wert null einnimmt und ZW irgendein Endvermögen darstellt. Wenn Sie am 01.01. der Jahre 1, 2, 3, 4 und 5 Geld auf ein Sparbuch einzahlen, sollte Ihnen die Bank zum 31.12.19 fünfmal Zinsen gutgeschrieben haben. ZINSZ vergisst die Zinszahlung des fünften Jahres, wie *Abb. 16.9* zeigt.

	A	B	C	D	E
1	Barwert (BW)	0			
2	Endwert (ZW)	1.000			
3	Zinssatz (i)	6%			
4	Perioden (n)	5			
5	Fälligkeit (f)	1			
6					
7	**Fälligkeit**	**Periode**	**Zinsertrag**	**Sparbetrag**	**Vermögen**
8			(falsch)	(falsch)	0,00
9	01.01.2015	1	0,00	167,36	167,36
10	01.01.2016	2	10,04	167,36	344,75
11	01.01.2017	3	20,69	167,36	532,79
12	01.01.2018	4	31,97	167,36	732,11
13	01.01.2019	5	43,93	167,36	943,40
14					

Abbildung 16.9: Fehler der Funktion ZINSZ bei vorschüssigem Sparplan

Die Formeln lauten:

```
C9: =ZINSZ(i;B9;n;BW;ZW;f)
D9: =-RMZ(i;n;BW;ZW;f)
E9: =E8+D9+C9
```

Da fehlen am Ende 56,60 Euro, egal ob Sie *f* auf 0 oder 1 stellen. Und im ersten Jahr ist das Ergebnis immer 0, sowohl bei f = 1 als auch bei f = 0. ZINSZ kennt also in der ersten Periode grundsätzlich keine Zinsen, wenn der Wert von *BW* gleich 0 ist. Um die richtigen Zinsen zu erhalten, schreiben Sie in C9:

```
=-RMZ(i;n;BW;ZW;1)*i+ZW(i;B9-1;RMZ(i;n;BW;ZW;1);0;1)*i
```

Dann werden in jeder Periode der Sparbetrag sowie das Vermögen am Ende der Vorperiode verzinst, was zum richtigen Ergebnis führt (*Abb. 16.10*).

C9 | fx | =-RMZ(0,06;5;0;1000;1)*i+ZW(0,06;B9-1;RMZ(0,06;5;0;1000;1);0;1)*0,6

	A	B	C	D	E	F	G	H
7	**Fälligkeit**	**Periode**	**Zinsertrag**	**Sparbetrag**	**Vermögen**			
8					0,00			
9	01.01.2015	1	10,04 €	167,36	177,40			
10	01.01.2016	2	20,69 €	167,36	365,44			
11	01.01.2017	3	31,97 €	167,36	564,76			
12	01.01.2018	4	43,93 €	167,36	776,04			
13	01.01.2019	5	56,60 €	167,36	1.000,00			
14								
15								

Abbildung 16.10: Vorschüssiger Sparplan – richtig!

Die Funktionen ZINSZ und KAPZ haben noch zwei Kollegen, die den Zins- bzw. Tilgungsanteil kumuliert darstellen können, und zwar die Funktionen KUMZINSZ und KUMKAPITAL. Dies sind in älteren Excel-Versionen Add-in-Funktionen, die erst über *Extras/Add-Ins* bzw. Schaltfläche *Office/Excel-Optionen/Add-Ins* aktiviert werden müssen. Sie rechnen das Gleiche wie ZINSZ und KAPZ, nur dass Sie statt eines Zeitpunkts eine Zeitspanne angeben, über die die kumuliert anfallenden Zinsen bzw. Tilgungen berechnet werden.

Beim Wort »Zeitspanne« müsste es bei Ihnen jetzt eigentlich »klick« machen, denn damit wären wir wieder bei unserem legendären Zeitstrahl, den wir mit der Funktion ZEILE erzeugen können. Das hat zur Folge, dass die beiden Add-in-Funktionen (mal wieder) in die »Ablage P« verbannt werden können.

Die Syntax der kumulativen Zinsfunktion lautet:

```
=KUMZINSZ(i;n;BW;Start_Periode;End_Periode;f)
```

Bei ZINSZ können Sie ja normalerweise statt *Start_Periode* und *End_Periode* nur eine Periode angeben:

```
=ZINSZ(i;Periode;n;BW;ZW;f)
```

Wenn Sie aber das Argument *Periode* durch

```
ZEILE(INDIREKT(Start_Periode&":"&End_Periode))
```

ersetzen, wird ein Array aller Zinszahlungen des gesamten Zeitraums gebildet, das Sie dann nur noch zu summieren brauchen:

```
{=SUMME(ZINSZ(i;ZEILE(INDIREKT(Start_Periode&":"&End_Periode));n;BW;ZW;f))}
```

Diese Formel liefert stets dasselbe Ergebnis wie KUMZINSZ. Das gilt sowohl vorschüssig als auch nachschüssig. Und mit den Funktionen KAPZ und KUMKAPITAL verhält es sich natürlich genauso. Die logische Schlussfolgerung daraus ist, dass KUMZINSZ und KUMKAPITAL ebenso die vorschüssige Macke in sich tragen.

Apropos finanzmathematische Taschenrechner:

Der stetig zunehmende Übergang von der deutschen Zinsmethode (Monat: 30; Jahr: 360 Tage) auf die EURO-Methode (Monat: genau; Jahr: 360 Tage) bedeutet, dass alle weltweit existierenden finanzmathematischen Taschenrechner in die Tonne müssen.

Zusätzlich zu den üblichen Darlehensbedingungen wie Darlehenssumme, Restwert, Zinssatz, Verrechnungen p.a., vor- oder nachschüssige Verrechnung sowie Laufzeit spielt dann auch noch das Datum des Darlehensbeginns eine Rolle: Bei sonst absolut identischen Konditionen ergeben sich bei monatlicher Verrechnung abhängig vom Datum des Darlehensbeginns 48 verschiedene Annuitäten (Annuität ist die gleich bleibende Summe aus Zins und Tilgung). Denn nur im Schaltjahresrhythmus wiederholen sich die Ergebnisse. Das ist mit Formeln nicht mehr zu packen – es sei denn, Sie besitzen einen Taschenrechner, bei dem man ein Beginndatum eingeben kann (wir kennen keinen).

Bei der TARGET-Tage-Methode – auch sie kommt übermächtig – sind es sogar genauso viele Annuitäten wie die Gesamtlaufzeit x Fälligkeiten p.a. TARGET = **T**rans-european **A**utomated **R**eal-time **G**ross settlement **E**xpress **T**ransfer system: Zahlungen erfolgen nicht an Wochenenden und auch nicht an Neujahr, Karfreitag, Ostermontag, 1. Mai, 25. und 26. Dezember. Der Zahlungstermin wird dann auf den darauf folgenden nächsten Arbeitstag gelegt. Fällt dieser in den nächsten Monat, wird er auf den vorhergehenden, letzten Arbeitstag gelegt.

Das heißt, dass hinter jeder Annuitätenberechnung ein detaillierter Tilgungsplan hängen muss – das kostet Speicher! Und berechnen kann man diesen nur über die Zielwertsuche. Die Kalendertagemethode (Monat: genau; Jahr: genau – das sind die Engländer) gibt's dann auch noch – wenn wir schon einmal dabei sind.

Die Formeln für diese Tilgungspläne hatten wir formuliert – sie sind aber für ein Buch (zum Nachbauen von Formeln) zu komplex. Einen Download dieses Tilgungsplans finden Sie unter *www.excelformeln.de.*

Kapitel 17

Die dritte Dimension

Excel bietet einige ganz nette Möglichkeiten, Diagramme dreidimensional darzustellen. Da wäre vor allem das Oberflächendiagramm zu nennen. Außerdem bieten Säulen-, Linien-, Flächen-, Zylinder-, Kegel- und Pyramidendiagramme die Möglichkeit, Datenreihen nebeneinander darzustellen, sodass ein 3D-Effekt entsteht. Andere Diagrammtypen können Datenreigen im 3D-Look darstellen (z. B. Kuchendiagramm oder Blasendiagramm). Eine richtige frei beeinflussbare räumliche Darstellung von dreidimensionalen Objekten fehlt aber.

17.1 Das Punkt (XYZ)-Diagramm

Die Position eines Punkts auf einer zweidimensionalen Fläche wird durch seine x/y-Koordinaten bestimmt. Zweidimensionale Figuren können wunderbar im Punkt (XY)-Diagramm dargestellt werden (*Abb. 17.1*):

	A	B	C	D	E	F
1		Kreis			Quadrat	
2	Grad	x	y		x	y
3	0	0,0000	1,0000		1	-1
4	30	0,5000	0,8660		1	1
5	60	0,8660	0,5000		-1	1
6	90	1,0000	0,0000		-1	-1
7	120	0,8660	-0,5000		1	-1
8	150	0,5000	-0,8660			
9	180	0,0000	-1,0000			
10	210	-0,5000	-0,8660			
11	240	-0,8660	-0,5000			
12	270	-1,0000	0,0000			
13	300	-0,8660	0,5000			
14	330	-0,5000	0,8660			
15	360	0,0000	1,0000			
16						
17						
18						

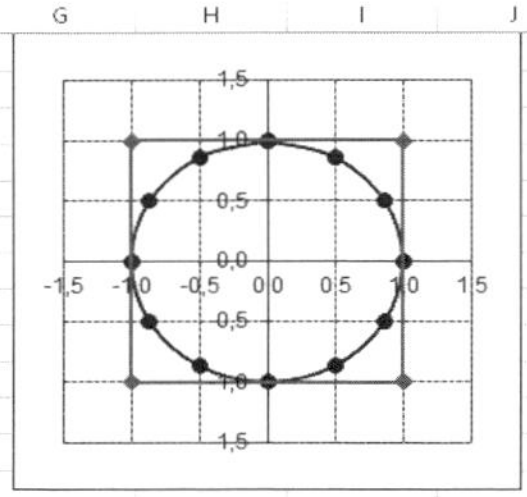

Abbildung 17.1: Kreis und Quadrat in Punkt (XY-Diagramm) erzeugen

Beispielsweise wird ein Kreis konstruiert, in dem man in Spalte A Gradzahlen von 0 bis 360 schreibt. In B3 und C3 stehen die Formeln

`B3:=SIN(BOGENMASS(A3))` und
`C3:=COS(BOGENMASS(A3))`

die jeweils bis Zeile 15 kopiert werden. Die Spalten B und C liefern die Datenquelle für den Kreis im Punkt (XY)-Diagramm. Mit den Werten aus E3:F7 kann man ein Quadrat konstruieren. Das ist nicht besonders spektakulär und nur als kleines »Warm-up« gedacht, um zu zeigen, wofür ein Punkt (XY)-Diagramm gut ist. Im Diagramm-Assistenten sieht man auf den ersten Blick keinen großen Unterschied zum Liniendiagramm, aber versuchen Sie Obiges einmal mit dem Liniendiagramm. Dann wird Ihnen schnell klar, dass die beiden völlig unterschiedlich ticken. Beim Quadrat wählen Sie den Diagrammuntertyp ohne interpolierte Linien und beim Kreis mit interpolierten Linien, sonst würden Sie ein Zwölfeck sehen.

17.1.1 Darstellung eines dreidimensionalen Körpers

Die Position eines Punkts in einem dreidimensionalen Raum wird durch seine x/y/z-Koordinaten bestimmt. Leider gibt es in Excel kein Punkt (XYZ)-Diagramm, also lassen sich dreidimensionale Körper, z. B. ein Würfel, nicht darstellen (eigentlich).

Mithilfe der trigonometrischen Funktionen SIN und COS in Kombination mit der Matrixfunktion MMULT ist es jedoch möglich, ein Punkt (XY)-Diagramm so zu frisieren, dass es dreidimensionale Körper darstellen kann und man es mit Schiebereglern sogar spektakulär bewegen kann. Um beispielsweise einen Würfel derart zu animieren, müssen Sie folgende Tabelle aufbauen (*Abb. 17.2*):

	A	B	C	D	E	F	G	H	I	J	K	L	M	N	O	P
1	x	y	z		x'	y'	z'		x''	y''		Betrachter X		0	0°	
2	1	1	1		1	1	1		0,93	0,93		Betrachter Y		0	0°	
3	-1	1	1		-1	1	1		-0,93	0,93		Abstand/Brennweite		13		
4	-1	-1	1		-1	-1	1		-0,93	-0,93						
5	1	-1	1		1	-1	1		0,09	-0,93		Drehmatrix:	1,00	0,00	0,00	
6	1	-1	-1		1	-1	-1		1,08	-1,08			0,00	1,00	0,00	
7	-1	-1	-1		-1	-1	-1		-1,08	-1,08			0,00	0,00	1,00	
8	-1	1	-1		-1	1	-1		-1,08	1,08						
9	1	1	-1		1	1	-1		1,08	1,08						
10	1	1	1		1	1	1		0,93	0,93						
11	1	1	-1		1	1	-1		1,08	1,08						
12	1	-1	-1		1	-1	-1		1,08	-1,08						
13	1	-1	1		1	-1	1		0,93	-0,93						
14	1	1	1		1	1	1		0,93	0,93						
15	-1	1	-1		-1	1	-1		-1,08	1,08						
16	-1	-1	-1		-1	-1	-1		-1,08	-1,08						
17	-1	-1	1		-1	-1	1		-0,93	-0,93						
18	-1	1	1		-1	1	1		-0,93	0,93						
19	-1	1	-1		-1	1	-1		-1,08	1,08						
20																
21																

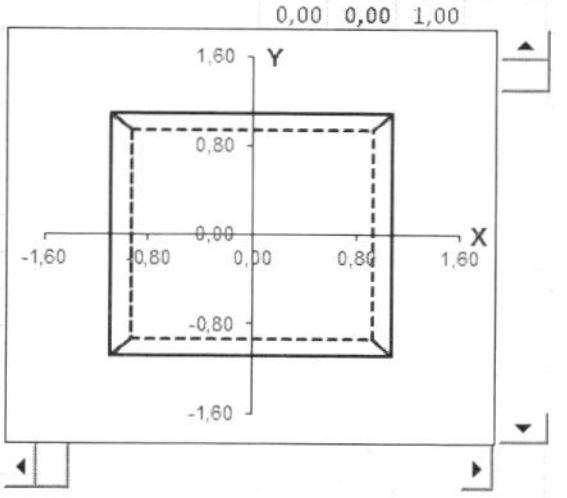

Abbildung 17.2: Aufbau eines Punkt (XYZ)-Diagramms

Jeder Datenpunkt des Würfels wird durch seine x/y/z-Koordinaten bestimmt, die in den Spalten A, B und C manuell eingetragen werden. (Weitere Eingabezellen sind die Zellen O1:O2 und N3. Alle weiteren Zellen werden über Formeln berechnet.) Der gezeigte Würfel hat eine Seitenlänge von 2 und sein Mittelpunkt liegt genau im Schnittpunkt von x-Achse, y-Achse und der virtuellen z-Achse. Die acht Ecken des Würfels haben die Koordinaten:

(1;1;1) / (–1;1;1) / (–1;–1;1) / (1;–1;1) / (1;–1;–1) / (–1;–1;–1) / (–1;1;–1) / (1;1;–1)

Wenn Sie jede Ecke nur als Punkt darstellen würden, würden dafür die acht Datenpunkte von A2:C9 ausreichen. Da sie aber mit Linien verbunden werden sollen, müssen Sie die Datenreihe erweitern, bis alle zwölf Kanten des Würfels bedeckt sind. Um alle zwölf Kanten des Würfels abzudecken, müssen manche Kanten mehrfach durchlaufen werden, deshalb geht die Datenreihe bis zur Zeile 19. Würde man nun von den Werten aus Spalte A und B eine Datenreihe im Punkt (XY)-Diagramm erzeugen, würde man nur ein Quadrat sehen. Die virtuelle z-Achse können Sie sich vielleicht vorstellen, aber im Diagramm ist nichts davon zu sehen.

Um den Würfel dreidimensional sehen zu können, müssen Sie ihm zwei Fähigkeiten geben.

- Erstens müssen Sie ihn drehen können, und zwar auf der x-Achse oder der y-Achse. Auf der z-Achse würde nicht genügen, denn dann würde er immer noch wie eine Fläche aussehen und die hinteren Ecken und Kanten blieben verborgen. Erst die Drehung auf der x- oder y-Achse bringen sie zum Vorschein.
- Zweitens müssen Sie ihm eine Perspektive geben. Das heißt, wenn die sechs Flächen des Würfels transparent sind, müssen die weiter hinten liegenden Kanten kürzer erscheinen (siehe gestrichelte Linien in der *Abb. 17.2*).

Die Drehung ermöglichen Sie mit den Transformationsspalten E, F und G, die die transformierten Datenpunkte x', y' und z' wiedergeben. Die Werte sind abhängig von der Stärke der x- und y-Drehung, die in O1 und O2 per Hand in Grad vorgegeben wird. In N1 und N2 werden die Gradangaben in Bogenmaß umgerechnet.

```
N1:=BOGENMASS(O1)
N2:=BOGENMASS(O2)
```

Definieren Sie einen Namen *xDrehung* bezogen auf die Formel:

```
=WAHL({1.2.3;4.5.6;7.8.9};1;0;0;0;COS($N$1);SIN($N$1);0;-SIN($N$1);COS($N$1))
```

Und einen Namen *yDrehung* bezogen auf die Formel:

```
=WAHL({1.2.3;4.5.6;7.8.9};COS($N$2);0;-SIN($N$2);0;1;0;SIN($N$2);0;COS($N$2))
```

In diesen beiden Formeln (von Klaus Kühnlein, Kanada) steckt viel Mathematik, die später die Drehbewegung der Objekte ermöglicht. Ausnahmsweise ist das tiefere Verständnis dieser Formeln nicht unbedingt nötig, um dem Kapitel weiter folgen zu können.

Dann markieren Sie M5:O7 und erzeugen die zusammenhängende Matrixformel:

```
{=MMULT(xDrehung;yDrehung)}
```

Jetzt markieren Sie E2:G2 und erzeugen wieder die zusammenhängende Matrixformel

```
{=MMULT(A2:C2;$M$5:$O$7)}
```

die Sie bis E19:G19 nach unten kopieren.

Für jeden Datenpunkt der Transformationsspalten wird also eine Matrixmultiplikation der Basisspalten A:C und der Drehmatrix M5:O7 vorgenommen. Solange in N1 und N2 eine Null steht, entsprechen die transformierten Punkte x', y', z' den Originalen x, y und z.

Wenn man jetzt den Bereich E2:F19 als Datenreihe verwenden würde, wäre der Würfel schon drehbar, aber die Perspektive würde noch fehlen. Deshalb werden zwei weitere Transformationsspalten I und J mit den perspektivischen x"- bzw. y"-Werten erzeugt. Der Bereich I2:J19 wird dann als Datenquelle in das Diagramm übernommen. Spalte I enthält die x-Werte und Spalte J die y-Werte.

```
I2: =E2*$N$3/($N$3+G2)
J2: =F2*$N$3/($N$3+G2)
```

Die Formeln kopieren Sie jeweils bis Zeile 19.

Die manuelle Eingabe in N3 bestimmt den Abstand bzw. die Brennweite des Betrachters, also seine Perspektive. Folgender Vergleich soll den Einfluss der Perspektive veranschaulichen.

Würfeldrehung aus x'y' (E2:F19) ohne Perspektive (*Abb. 17.3*):

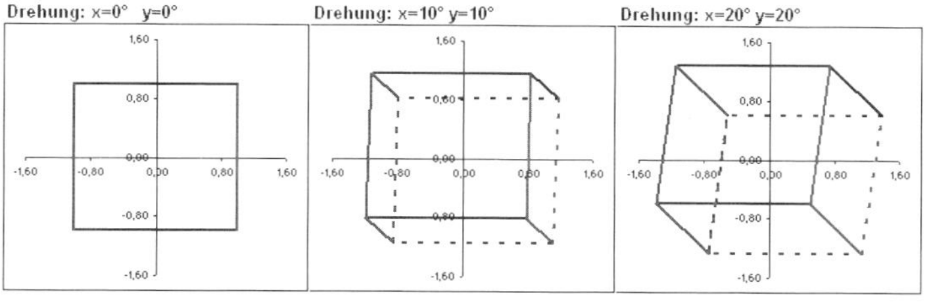

Abbildung 17.3: Ansicht eines Würfels aus drei verschiedenen Betrachterperspektiven

Würfeldrehung aus x"y" (I2:J19) mit Perspektive (Abstand = 10) *(Abb. 17.4)*:

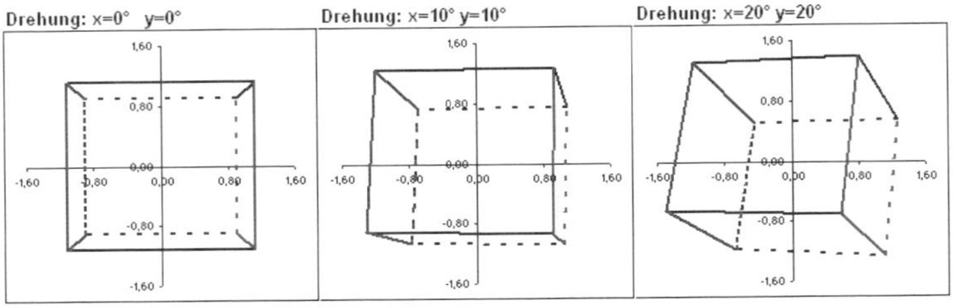

Abbildung 17.4: Perspektivische Ansicht eines Würfels aus drei verschiedenen Betrachterperspektiven

Das Einzige, was jetzt noch fehlt, sind Bildlaufleisten, mit denen Sie die Würfeldrehung fließend durchführen können. Nehmen Sie dazu unbedingt zwei Bildlaufleisten aus der Gruppe der *ActiveX-Steuerelemente* und verknüpfen Sie eine davon mit der Zelle O1 und die andere mit der Zelle O2 (*Abb. 17.5*). Aktivieren Sie den Entwurfsmodus (zweite Schaltfläche im Menüband in *Abb. 17.5*), klicken Sie die Bildlaufleisten rechts an, aktivieren Sie über das Kontextmenü das *Eigenschaften*-Dialogfeld und setzen Sie die *LinkedCell*-Eigenschaft auf O1 bzw. O2.

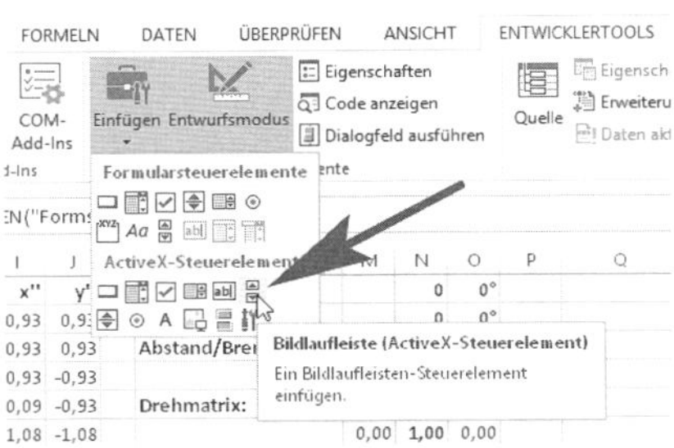

Abbildung 17.5: Bildlaufleiste in der Gruppe der ActiveX-Steuerelemente

Die Bildlaufleisten der Steuerelemente haben für diese Anwendung einen ganz wesentlichen Vorteil gegenüber der Bildlaufleiste der *Formularsteuerlemente*. Wenn Sie mit der Maus die Bildlaufleiste betätigen, wird bei Ersteren das Diagramm sofort neu berechnet und angezeigt, auch wenn Sie die Maus noch gedrückt halten. Dadurch entsteht eine wunderschöne fließende Bewegung des Würfels. Die Bildlaufleiste der Formular-Symbolleiste müssen Sie zuerst wieder loslassen, damit das Diagramm neu angezeigt wird.

Außerdem ist es ratsam, die Achsenskalierung zu fixieren. Wenn Sie dies nicht tun, wird sie sich bei Drehung des Diagramms automatisch anpassen, was dann ziemlich doof aussieht. Im Menüband finden Sie die entsprechenden Einstellungen über *Diagrammtools>Layout>Achsen>Horizontale Primärachse* bzw. *Vertikale Primärachse>Weitere Optionen.*

Jetzt ist Ihr Punkt (XYZ)-Diagramm voll funktionstüchtig. In den Spalten A, B und C können die x/y/z-Koordinaten beliebiger Objekte oder auch Funktionen eingetragen und im Diagramm dreidimensional dargestellt werden.

17.1.2 Darstellung einer dreidimensionalen Funktion

Mit der gezeigten Drehtechnik können Sie nicht nur geometrische Objekte drehen, sondern auch dreidimensionalen Funktionen in der Form

```
z=f(xy)=sin(x)*cos(y)
```

wie man das auch von Oberflächendiagrammen kennt.

In Spalte A und B erzeugen Sie alle x/y-Kombinationen im Intervall von -2 bis +2 mit einer Schrittweite von 0,2, das sind 21*21= 441 Datenpunkte (= Zeilen).

```
A2: =(-20+KÜRZEN((ZEILE()-2)/21)*2)/10
B2: =(-20+REST(ZEILE()-2;21)*2)/10
C2: =SIN(A2)*COS(B2)
```

Das wird jeweils bis Zeile 442 kopiert. An den Formeln der Spalten E bis O ändert sich nichts (*Abb. 17.6*).

C2 | =SIN(A2)*COS(B2)

	A	B	C	D	E	F	G	H	I	J	K	L	M	N	O	P
1	x	y	z		x'	y'	z'		x''	y''		Betrachter X		0,61	35°	
2	-2	-2	0,38		-2	-1,9	-0,8		-2	-1,86		Betrachter Y		0	0°	
3	-2	-1,8	0,21		-2	-1,6	-0,9		-2	-1,59		Abstand/Brennweite		1000		
4	-2	-1,6	0,03		-2	-1,3	-0,9		-2	-1,33						
5	-2	-1,4	-0,2		-2	-1,1	-0,9		-2	-1,06		Drehmatrix:	1,00	0,00	0,00	
6	-2	-1,2	-0,3		-2	-0,8	-1		-2	-0,79			0,00	0,82	0,57	
7	-2	-1	-0,5		-2	-0,5	-1		-2	-0,54			0,00	-0,57	0,82	
8	-2	-0,8	-0,6		-2	-0,3	-1		-2	-0,29						
9	-2	-0,6	-0,8		-2	-0,1	-1		-2	-0,06						
10	-2	-0,4	-0,8		-2	0,15	-0,9		-2	0,15						
11	-2	-0,2	-0,9		-2	0,35	-0,8		-2	0,35						
12	-2	0	-0,9		-2	0,52	-0,7		-2	0,52						
13	-2	0,2	-0,9		-2	0,67	-0,6		-2	0,68						
14	-2	0,4	-0,8		-2	0,81	-0,5		-2	0,81						
15	-2	0,6	-0,8		-2	0,92	-0,3		-2	0,92						
16	-2	0,8	-0,6		-2	1,02	-0,1		-2	1,02						
17	-2	1	-0,5		-2	1,1	0,17		-2	1,10						
18	-2	1,2	-0,3		-2	1,17	0,42		-2	1,17						
19	-2	1,4	-0,2		-2	1,24	0,68		-2	1,23						
20	-2	1,6	0,03		-2	1,3	0,94		-2	1,29						
21	-2	1,8	0,21		-2	1,36	1,2		-2	1,35						

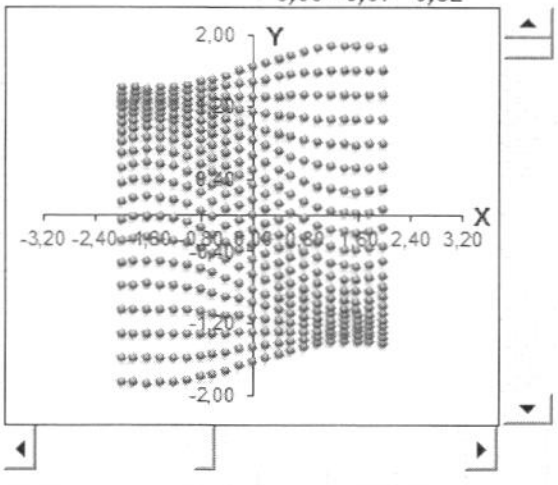

Abbildung 17.6: Darstellung von Datenpunkten einer dreidimensionalen Funktion

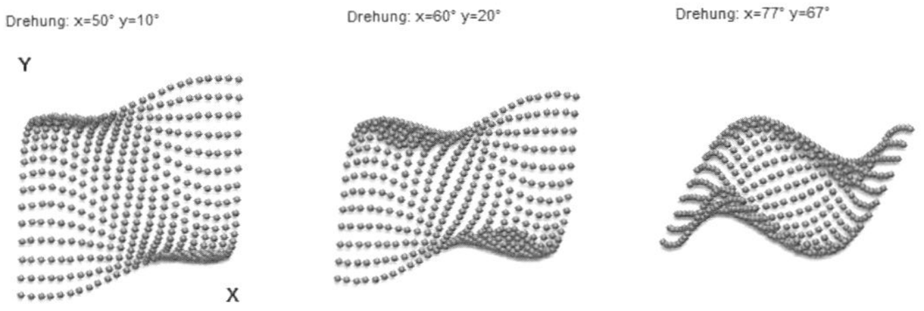

Abbildung 17.7: Dreidimensionale Funktion mit verschiedenen Betrachterpositionen

17.2 Das dreidimensionale Blasendiagramm

Neben dem Punkt (XY)-Diagramm ist das Blasendiagramm der zweite Diagrammtyp, bei dem die gezeigte dreidimensionale Drehtechnik angewendet werden kann. Wenn Sie im Diagrammassistenten die Blasendiagramme auswählen, stehen Ihnen zwei Untertypen zur Verfügung. Der eine Untertyp nennt sich *Blase mit 3D-Effekt*. Mit 3D-Effekt ist hier lediglich gemeint, dass die einzelnen Blasen so formatiert sind, dass sie kugelförmig erscheinen. Trotzdem bewegen sie sich nur auf einer zweidimensionalen Ebene.

Wir bereichern nun auch das Blasendiagramm um eine dritte Dimension. Die wesentliche Funktionalität des Punkt (XYZ)-Diagramms kann wieder verwendet werden, es sind nur einige wenige Umrüstarbeiten notwendig (*Abb. 17.8*):

	A	B	C	D	E	F	G	H	I	J	K	L	M	N	O	P	Q	R	S	T	U
1	x	y	z	g	x'	y'	z'		x''	y''	**g'**	**Betrachter X**		**0,00**	**0°**	z'	z''	Zeile	**x'''**	**y'''**	**g''**
2	0,0	1,0	0	**2**	0	1	0		0,00	1,00	**2,67**	**Betrachter Y**		**0,00**	**0°**	0,00	0,00	8	-0,71	0,71	2,67
3	0,7	0,7	0	**2**	0,71	0,71	0		0,71	0,71	**2,67**	**Abstand/Brennweite**		**2**		0,00	0,00	7	-1,00	0,00	2,67
4	1,0	0,0	0	**2**	1	0	0		1,00	0,00	**2,67**					0,00	0,00	6	-0,71	-0,71	2,67
5	0,7	-0,7	0	**2**	0,71	-0,7	0		0,71	-0,71	**2,67**	**Drehmatrix**	**1,00**	**0,00**	**0,00**	0,00	0,00	5	0,00	-1,00	2,67
6	0,0	-1,0	0	**2**	0	-1	0		0,00	-1,00	**2,67**		**0,00**	**1,00**	**0,00**	0,00	0,00	4	0,71	-0,71	2,67
7	-0,7	-0,7	0	**2**	-0,7	-0,7	0		-0,71	-0,71	**2,67**		**0,00**	**0,00**	**1,00**	0,00	0,00	3	1,00	0,00	2,67
8	-1,0	0,0	0	**2**	-1	0	0		-1,00	0,00	**2,67**					0,00	0,00	2	0,71	0,71	2,67
9	-0,7	0,7	0	**2**	-0,7	0,71	0		-0,71	0,71	**2,67**					0,00	0,00	1	0,00	1,00	2,67

Abbildung 17.8: Tabellenaufbau für ein dreidimensionales Blasendiagramm (1)

Die Spalten A:D sind Eingabespalten. Neu ist dabei die Eingabespalte D. E:G, I:J sowie die Drehmatrix sind identisch aufgebaut wie beim Punkt (XYZ)-Diagramm und die Zellen enthalten weiterhin dieselben Formeln. Jeder der acht Datenpunkte der Datenreihe steht für eine Blase im Blasendiagramm. Die acht Blasen sind kreisförmig angeordnet. Sie können den Bereich A2:B9 manuell oder auch über die folgenden Formeln bestücken (vergleiche die Kreiskonstruktion zu Beginn dieses Kapitels):

```
A2:A9: {=SIN(BOGENMASS({0;45;90;135;180;225;270;315}))}
B2:B9: {=COS(BOGENMASS({0;45;90;135;180;225;270;315}))}
```

In der Ausgangsposition beträgt die z-Position aller Blasen 0, d. h., sie befinden sich alle auf einer Ebene.

Die neue Spalte D definiert die Größe g der Blasen. Dies ist beim Blasendiagramm Standard. Geben Sie für alle Blasen in D2:D9 eine 2 ein. Um es nicht noch komplizierter zu machen, unterstellen wir, dass alle Blasen gleich groß sind.

Das 3D-Blasendiagramm muss genau wie das Punkt (XYZ)-Diagramm zwei Fähigkeiten besitzen. Zum einen muss die Position der Kugeln im Raum durch die Drehung auf der x- und y-Achse abgebildet werden können, zum anderen muss der Perspektive des Betrachters Rechnung getragen werden. Dies kann im Blasendiagramm sehr gut durch die Variation der Blasengröße geschehen, denn eine Blase oder Kugel wirkt ja kleiner, wenn sie sich vom Betrachter entfernt. Um dies zu gewährleisten, wurde die Spalte K mit der transformierten Größe g' ins Leben gerufen. Die Formel

`K2: =D2*$N$3/(G2-0,5+$N$3)` (kopieren bis K9)

sorgt für die nötige Perspektive. Solange die Blasen die gleiche z-Achsenposition (Spalte G) einnehmen und sie die gleiche reale Größe g haben, ist auch ihre perspektivische Größe g' in Spalte K gleich groß.

Nun muss man wissen, dass das Blasendiagramm zwei zusätzliche, wichtige Eigenschaften aufweist, die zur korrekten 3D-Darstellung beachtet werden müssen.

- Die Blasengröße aller Blasen verhält sich relativ zur größten Blase

Angenommen, Sie stellen drei Blasen mit den Größen 1, 2 und 3 im Blasendiagramm dar. Wenn Sie jetzt die Größe der dritten Blase von 3 auf 9 ändern, bleibt diese Blase gleich groß, nur die anderen Blasen werden kleiner. Das heißt, immer die **größte Blase** bestimmt die Größe der anderen. Diese Eigenschaft verträgt sich nicht mit den Berechnungen zur 3D-Drehung. Um dies zu korrigieren, müssen Sie eine separate Blase in einer neuen Datenreihe erstellen, die so groß ist, dass sie auf jeden Fall größer ist als die Blasen, die Sie eigentlich betrachten wollen. Je größer Sie diese Blase machen, desto kleiner werden die übrigen Blasen dargestellt. Erstellen Sie ein neues Blasendiagramm mit zunächst nur einer einzigen Blase. Setzen Sie diese Orientierungsblase beispielsweise auf die Größe 20, ihre x- und y-Werte setzen Sie einfach auf 0:

```
=DATENREIHE(;{0};{0};1;{20})
```

Danach entfernen Sie Rahmen und farbige Fläche dieser Blase, damit sie optisch nicht mehr stört.

- Darstellungsreihenfolge der Blasen

Wichtig ist auch die Darstellungsreihenfolge der Blasen. Die Blasen, die in der Datentabelle an oberster Stelle stehen, werden im Diagramm am weitesten hinten dargestellt. Das sehen Sie an einem (von der Aufgabenstellung losgelösten) Beispiel (*Abb. 17.9*):

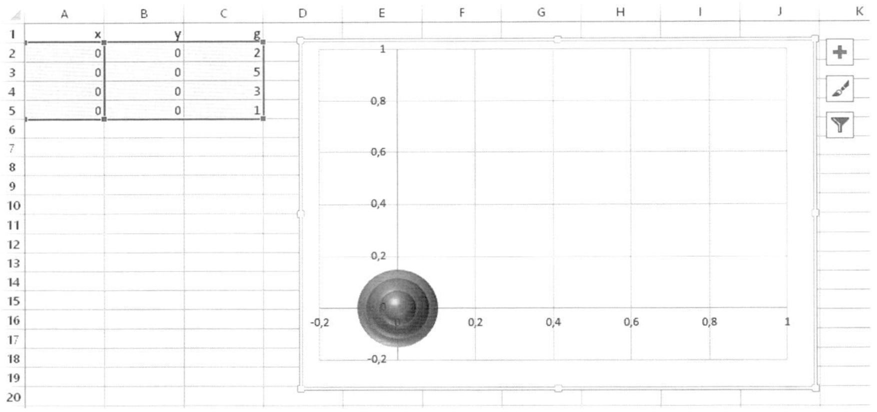

Abbildung 17.9: Prinzip der Darstellungsreihenfolge im Blasendiagramm

Die Blase mit Größe 2 ist nicht zu sehen, da sie an hinterster Stelle angezeigt wird und deshalb natürlich von den Blasen der Größe 5 und 3 verdeckt wird. Sie sehen nur drei Blasen – die der Zeilen 3, 4 und 5.

Wenn sich die Blasen im dreidimensionalen Raum korrekt auf der virtuellen z-Achse bewegen sollen, ist es natürlich wichtig, dass die weiter vorne liegenden Blasen die weiter hinten liegenden überdecken. Deshalb müssen Sie die Transformationsspalten I:K ein weiteres Mal transformieren, und zwar so, dass sie nach der in Spalte G bestimmten z-Achsenposition z' sortiert werden.

Werte sortieren

Zu diesem Zweck erweitern Sie die Berechnungen um die Spalten P:U, in denen die Blasen in die richtige Sortierreihenfolge gebracht werden (*Abb. 17.10*).

	I	J	K	L	M	N	O	P	Q	R	S	T	U
1	x''	y''	g'	Betrachter X		0,52	30°	z'	z''	Zeile	x'''	y'''	g''
2	0,21	0,71	2,07	Betrachter Y		0,52	30°	0,43	0,66	8	-0,33	0,46	1,85
3	0,81	0,63	2,75	Abstand/Brennweite		2		-0,05	0,50	7	-0,69	0,00	2,00
4	1,15	0,00	4,00					-0,50	0,43	1	0,21	0,71	2,07
5	0,65	-0,91	4,76	Drehmatrix	0,87	0,00	-0,50	-0,66	0,05	6	-0,77	-0,60	2,59
6	-0,32	-1,11	3,75		0,25	0,87	0,43	-0,43	-0,05	2	0,81	0,63	2,75
7	-0,77	-0,60	2,59		0,43	-0,50	0,75	0,05	-0,43	5	-0,32	-1,11	3,75
8	-0,69	0,00	2,00					0,50	-0,50	3	1,15	0,00	4,00
9	-0,33	0,46	1,85					0,66	-0,66	4	0,65	-0,91	4,76

Abbildung 17.10: Tabellenaufbau für ein dreidimensionales Blasendiagramm (2)

```
P2: =G2+ZEILE()/1000000
Q2: =KGRÖSSTE($P$2:$P$9;ZEILEN($1:$1))
R2: =VERGLEICH(Q2;$P$2:$P$9;0)
S2: =INDEX($I$2:$I$9;$R2)
T2: =INDEX($J$2:$J$9;$R2)
U2: =INDEX($K$2:$K$9;$R2)
```

Dann müssen P2:U2 noch bis P9:U9 kopiert werden.

Maßgeblich für die Sortierreihenfolge ist die z'-Position der Spalte G, also die Position jeder Blase auf der virtuellen z-Achse. Diese wird nach Spalte P übernommen und mit `+ ZEILE()/1000000` addiert. Dies erfüllt den Zweck, gleich große z' unterscheidbar zu machen. In Spalte Q werden die Werte aus Spalte P, beginnend mit dem größten, absteigend sortiert. In Spalte R wird die Zeilennummer des *k*-größten z'-Werts aus Spalte P zurückgegeben. Dazu ist es wichtig, dass alle Suchwerte in Spalte P unterschiedlich groß sind (wofür mit `ZEILE()/1000000` gesorgt wurde).

In den Spalten S:U werden schließlich die x/y-Koordinaten sowie die Größe der Blasen aus den Spalten I:K übernommen, und zwar über die Zeilenangabe in Spalte R in der gewünschten Reihenfolge. Wie man sieht, ist die Blasengröße g'' nun aufsteigend sortiert.

Der Bereich S2:U9 wird als Datenquelle in das Blasendiagramm eingefügt. S2:S9 enthält die x-Position, T2:T9 die y-Position und U2:U9 die Blasengröße. Nicht vergessen: Ihr Blasendiagramm muss die Orientierungsblase mit der x-/y-Position 0/0 und einer Blasengröße enthalten, die größer ist als alle anderen Blasen (beispielsweise 20). Dann haben Sie es geschafft (*Abb. 17.11* und *Abb. 17.12*).

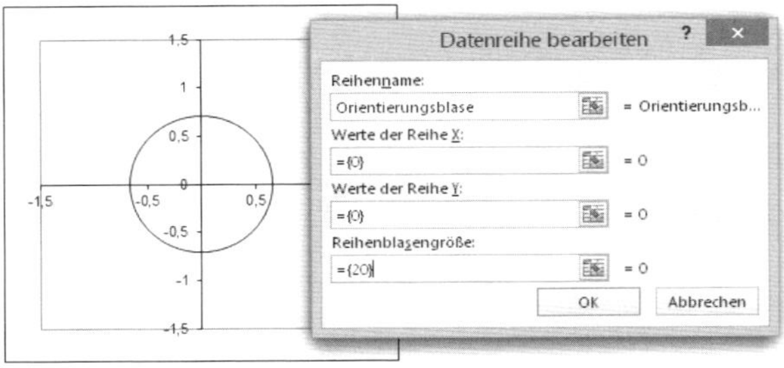

Abbildung 17.11: Erste Datenreihe: Orientierungsblase

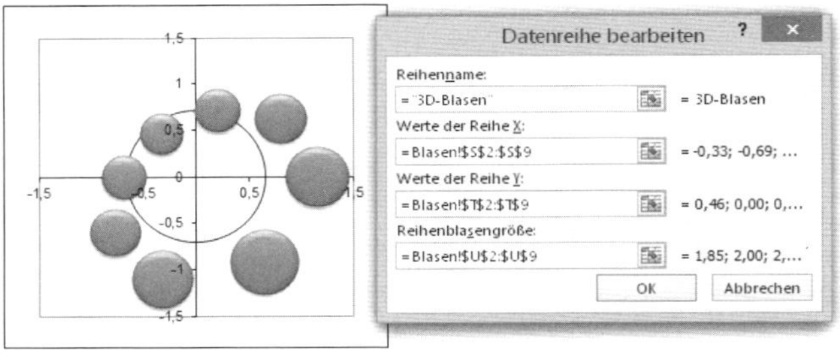

Abbildung 17.12: Zweite Datenreihe: 3D-Blasen

Das Ergebnis sehen Sie aus drei unterschiedlichen Perspektiven in der *Abb. 17.13.*

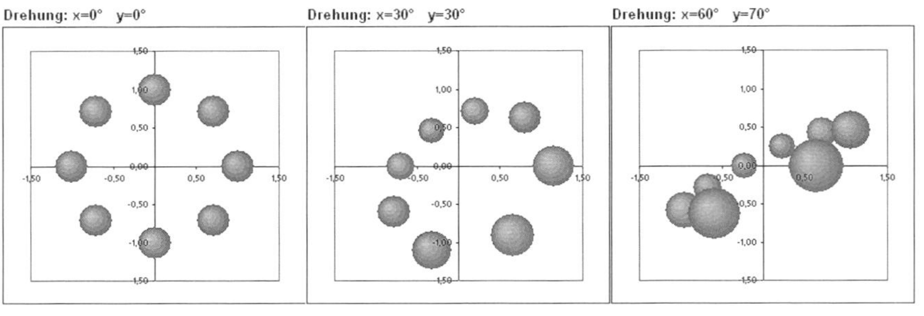

Abbildung 17.13: Darstellung eines dreidimensionalen Blasendiagramms mit verschiedenen Betrachterpositionen

Kapitel 18

Hyperlinks: »Beam uns rauf, Scotty!«

Der Hyperlink zählt sicherlich zu den genialsten und populärsten Erfindungen des späten zwanzigsten Jahrhunderts. Ganz nach Vorbild von Raumschiff Enterprise kann man sich damit an fast jeden Ort des Internets bzw. PCs »beamen«. Auch in Excel kann dieses »Beamen« von großem Vorteil sein. In diesem Kapitel werden Sie sehen, wie Sie diese Funktionalität voll ausreizen und kreuz und quer durch den PC-Orbit düsen können.

18.1 Der »normale« Hyperlink

Beginnen wir aber zunächst mit dem »ungewollten« Hyperlink. Wir schreiben in eine Zelle

www.excelformeln.de

und Excel macht daraus sofort einen Hyperlink. Das mag zwar in den meisten Fällen gewollt sein, ist aber vielleicht doch nicht immer erwünscht. Verantwortlich für die automatische Umwandlung ist die Einstellung *Datei/Optionen/Dokumentenprüfung/Autokorrektur-Optionen/AutoFormat während der Eingabe/Während der Eingabe ersetzen: Internet- und Netzwerkpfade durch Links.* Sie können natürlich diesen langen Weg gehen. Allerdings können Sie auch einfach Strg+Z drücken (Shortcut für *Bearbeiten/Rückgängig*), denn Excel führt hierbei zwei Aktionen nacheinander aus: 1. Wert einfügen und 2. einen Hyperlink daraus machen. Somit lässt sich die zweite Aktion einfach rückgängig machen, sodass *www.excelformeln.de* schlicht als Text in der Zelle erscheint.

Jetzt kommen wir aber zu den »gewollten« Hyperlinks. Grundsätzlich gilt dabei, dass man alles, was irgendwie verlinkbar ist, auch verlinken kann. Dazu gehören Internetadressen (URLs), E-Mail-Adressen, Dateien/Dateinamen (z. B. auf Ihrer Festplatte) etc. Sie können sogar ein bestimmtes Blatt in einer Datei direkt ansteuern, z. B. ein Arbeitsblatt in einer Excel-Datei oder die fünfte Folie in einer PowerPoint-Präsentation. »Beam uns rauf, Scotty!« – alles kein Problem, solange man Scotty die notwendigen Zielkoordinaten gibt – sprich: den Link korrekt zusammenbastelt.

Es gibt mehrere Möglichkeiten, einen Hyperlink zu kreieren. Die eingebaute Menüfunktion *Einfügen/Link* ist der geläufigste Weg *(Abb. 18.1)*.

Für eine statische Verlinkung sollten Sie auch immer dieses Dialogfeld nutzen.

Viel spannender und flexibler ist aber die gleichnamige Excel-Funktion HYPERLINK. Im Gegensatz zum obigen Feature können dort die Hyperlinks auch dynamisch erzeugt werden. Wir werden das jetzt einmal an einigen Beispielen verdeutlichen.

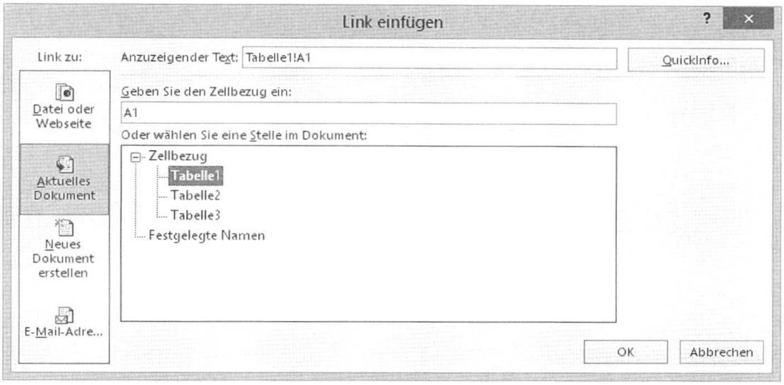

Abbildung 18.1: Dialogfeld Link einfügen

18.2 Arbeitsmappen-Navigator mit Hyperlinks

In umfangreichen Mappen ist es oftmals hilfreich, ein Übersichtsblatt anzulegen, von dem aus man alle anderen Blätter ansteuern kann. Möglicherweise werden in dieser Mappe im Laufe der Zeit auch noch Blätter hinzugefügt oder wieder entfernt.

Dazu ist es zunächst notwendig, alle vorhandenen Tabellenblätter zu indexieren. Dies geschieht mit der Excel-4-Makrofunktion `ARBEITSMAPPE.ZUORDNEN(Typ;Name)`. Definieren Sie also erst einmal einen Namen (Name: *Alle*) und beziehen ihn hierauf *(Abb. 18.2)*:

```
=ARBEITSMAPPE.ZUORDNEN(1+0*JETZT())
```

Abbildung 18.2: Dialogfeld Namens-Manager *mit Excel 4-Makrofunktion*

`ARBEITSMAPPE.ZUORDNEN(1)` gibt eine einzeilige, aus Zeichenfolgen bestehende Matrix mit den Namen der zu der Arbeitsmappe gehörenden Blätter zurück.

Die Namen werden als `[Arbeitsmappe]Blatt` zurückgegeben.

Der Zusatz `0*JETZT()` bewirkt, dass die Funktion flüchtig wird, was zur Folge hat, dass eingefügte, verschobene und gelöschte Blätter sofort ihren Platz in der »Blätter-Matrix« erhalten. Hier kann auch jede andere flüchtige Funktion verwendet werden (z. B. HEUTE oder ZUFALLSZAHL). Wichtig ist nur, dass der Parameter 1 nicht verändert wird, und das ist mit einer Addition von Null immer gewährleistet. Der zweite Parameter [*Name*] kann entweder den Namen der verwendeten Arbeitsmappe erhalten oder aber entfallen. In letzterem Fall bezieht sich die Blattauflistung immer auf die **aktive** Mappe – was uns im Normalfall genügen sollte.

So, das war aber nur die Vorarbeit. Jetzt ernten wir die Früchte, indem wir die Matrix *Alle* von 1 bis n ansprechen. Dazu bietet sich die Funktion INDEX an. Schreiben wir also in irgendeine Zelle

```
=INDEX(Alle;ZEILE(A1))
```

und kopieren diese Formel nach unten. In folgendem Beispiel hat unsere Mappe fünf Blätter: *Übersicht*, *Jens F.*, *Walter F.*, *Boris G.* und *excelformeln.de*. Das Ergebnis sehen Sie in *Abb. 18.3*:

A2 =INDEX(Alle;ZEILE(A1))

	A	B	C	D
1	Vorhandene Blätter			
2	[Hyperlink Buch.xlsm]Übersicht			
3	[Hyperlink Buch.xlsm]Jens F.			
4	[Hyperlink Buch.xlsm]Walter F.			
5	[Hyperlink Buch.xlsm]Boris G.			
6	[Hyperlink Buch.xlsm]excelformeln.de			
7	#BEZUG!			
8	#BEZUG!			
9				

Abbildung 18.3: Alle Tabellen einer Mappe auflisten

`#BEZUG!` erscheint dann, wenn keine Blätter mehr vorhanden sind. Der Mappenzusatz *.xlsm* (oder auch jede andere Endung) erscheint im Übrigen erst, wenn die Mappe bereits einmal gespeichert wurde.

Das war aber erst die halbe Miete. Scotty soll uns jetzt noch quer durch die Mappe beamen. Dazu müssen wir die Zielkoordinaten noch etwas verfeinern. Dabei hilft uns die Funktion `HYPERLINK(Hyperlink_Adresse;Freundlicher_Name)`. Beide Parameter, *Hyperlink_Adresse* und *Freundlicher_Name*, sind ganz gewöhnliche Strings, die sich auch aus vielen Einzelteilen zusammensetzen lassen.

In Spalte B basteln wir zunächst den notwendigen String zur Verlinkung zusammen. Dieser muss – sofern wir auf die Zelle A1 verlinken möchten – am Ende so aussehen:

```
'[Mappel.xls]Jens F.'!A1
```

Es fehlen also noch die in Anführungszeichen gesetzten Hochkommata, das Ausrufezeichen und die Zelladresse (A1). Es bietet sich folgende Stringverkettung in B2 an:

```
="'"&A2&"'!A1"
```

Doch damit kann Scotty am Ende leider noch nichts anfangen. Der Bezug muss mit einer # (Raute) beginnen, und zwar immer dann, wenn man innerhalb einer bestimmten Datei eine bestimmte *Textmarke* ansteuern möchte (hier ein bestimmtes Blatt und eine bestimmte Zelle). Wir ergänzen also die Formel

```
B2: ="#'"&A2&"'!A1"
```

und kopieren sie in Spalte B herunter.

Jetzt bauen wir diesen String in Spalte C in die Funktion HYPERLINK ein und binden als [*Freundlicher Name*] noch den reinen Blattnamen ein, den wir aus Spalte A auslesen *(Abb. 18.4)*.

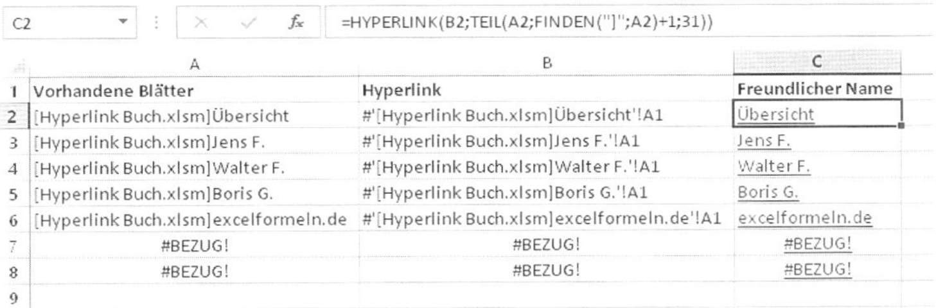

	A	B	C
1	Vorhandene Blätter	Hyperlink	Freundlicher Name
2	[Hyperlink Buch.xlsm]Übersicht	#'[Hyperlink Buch.xlsm]Übersicht'!A1	Übersicht
3	[Hyperlink Buch.xlsm]Jens F.	#'[Hyperlink Buch.xlsm]Jens F.'!A1	Jens F.
4	[Hyperlink Buch.xlsm]Walter F.	#'[Hyperlink Buch.xlsm]Walter F.'!A1	Walter F.
5	[Hyperlink Buch.xlsm]Boris G.	#'[Hyperlink Buch.xlsm]Boris G.'!A1	Boris G.
6	[Hyperlink Buch.xlsm]excelformeln.de	#'[Hyperlink Buch.xlsm]excelformeln.de'!A1	excelformeln.de
7	#BEZUG!	#BEZUG!	#BEZUG!
8	#BEZUG!	#BEZUG!	#BEZUG!
9			

Abbildung 18.4: Aufgelistete Tabellen verlinken

Der Formelteil

```
TEIL(A2;FINDEN("]";A2)+1;31)
```

liest aus Spalte A den Text nach der schließenden eckigen Klammer "]" aus. Dies ist eben der Blattname, und diesen nutzen wir als [*Freundlicher Name*] im Hyperlink. Und just in diesem Moment heißt es bei einem Klick in Spalte C: »Beam uns rauf, Scotty!«

Und am Ende dieser Übung lassen wir auch noch die Spalten A und B verschwinden, indem wir die Formel in Spalte C einfach mit den beiden anderen Formeln verschachteln. Das sieht im Ergebnis so aus:

```
=HYPERLINK("#'"&INDEX(Alle;ZEILE(A1))&"'!A1";TEIL(INDEX(Alle;ZEILE(A1));
FINDEN("]";INDEX(Alle;ZEILE(A1)))+1;31))
```

Und wer sich jetzt noch an dem Fehlerwerten `#BEZUG!` stört, der gleicht die Funktion `ZEILE()` mit `ANZAHL2(Alle)` ab:

```
=WENN(ZEILE(A1)>ANZAHL2(Alle);"";HYPERLINK("#'"&INDEX(Alle;ZEILE(A1))&
"'!A1";TEIL(INDEX(Alle;ZEILE(A1));FINDEN("]";INDEX(Alle;ZEILE(A1)))+1;31)))
```

Damit kommt ein schönes Endprodukt zustande *(Abb. 18.5)*:

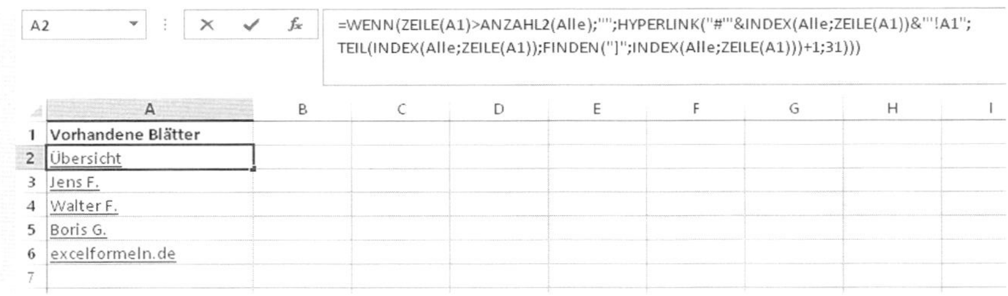

Abbildung 18.5: Tabellen ohne Hilfsspalten verlinken

Diese Formel steht bei mir (Boris) in fast jeder Mappe!

18.3 Dateien-Navigator mit Hyperlinks

Neben der Verlinkung innerhalb einer Mappe kann es auch wünschenswert sein, alle Dateien in einem bestimmten Ordner aufzulisten und gleichzeitig zu verlinken.

Dazu bedienen wir uns diesmal der Excel 4-Makrofunktion `DATEIEN`(Verzeichnistext). Wir definieren den Namen *AlleDat*, der sich auf die Excel 4-Makrofunktion `=DATEIEN("*.*")` bezieht (*Abb. 18.6*).

Abbildung 18.6: Dialogfeld Namens-Manager

AlleDat enthält jetzt alle Dateien des aktuellen Ordners. Die Joker können durch einen bestimmten Pfad und eine bestimmte Dateiendung ersetzt werden. Um zum Beispiel nur die XLSX-Dateien aus dem Verzeichnis *H:\Eigene Dokumente* auszulesen, muss sich der Name hierauf beziehen:

```
=DATEIEN("H:\Eigene Dokumente\*.xlsx")
```

Der Rest ist eigentlich mit der Auflistung aller Blätter innerhalb einer Datei identisch. In irgendeiner Zelle beginnen wir mit der Auflistung mit:

```
A1: =INDEX(AlleDat;ZEILE(A1))
```

Kopieren Sie diese Formel nach unten, dann erhalten Sie dadurch eine Auflistung aller Dateien im aktuellen Ordner. Im Beispiel befinden sich dort nur Excel-Dateien, und zwar vier Stück *(Abb. 18.7)*:

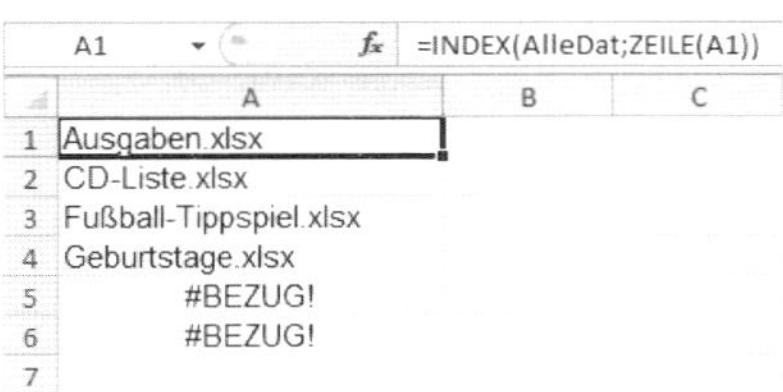

Abbildung 18.7: Dateien eines Verzeichnisses auflisten

#BEZUG! kann man auch hier wieder mit der vorgeschalteten WENN-Abfrage eliminieren, die ZEILE() mit ANZAHL2(AlleDat) vergleicht:

```
=WENN(ZEILE(A1)>ANZAHL2(AlleDat);"";INDEX(AlleDat;ZEILE(A1)))
```

Im nächsten Schritt verlinken wir die Dateien in Spalte B. Da wir die Dateien aus dem aktuellen Ordner aufgelistet haben, ist die Pfadangabe entbehrlich *(Abb. 18.8)*. Es reicht also:

```
B1: =HYPERLINK(A1)
```

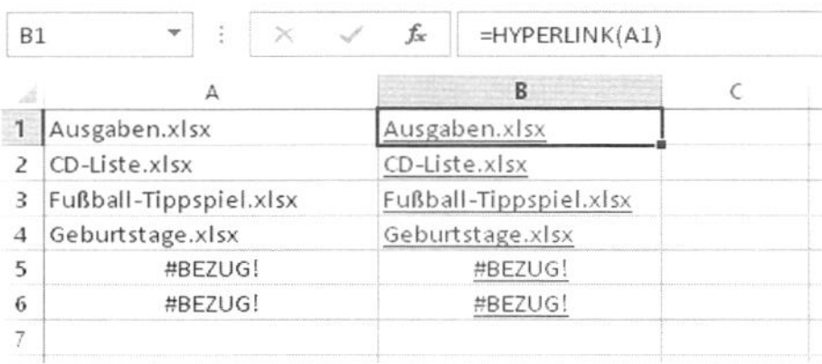

Abbildung 18.8: Aufgelistete Dateien verlinken

Und selbstverständlich können wir uns am Ende die Hilfsspalte auch noch sparen, indem wir die Formel in Spalte A direkt mit einem Hyperlink unterlegen (*Abb. 18.9*):

```
A1:
=WENN(ZEILE(A1)>ANZAHL2(AlleDat);"";HYPERLINK(INDEX(AlleDat;ZEILE(A1))))
```

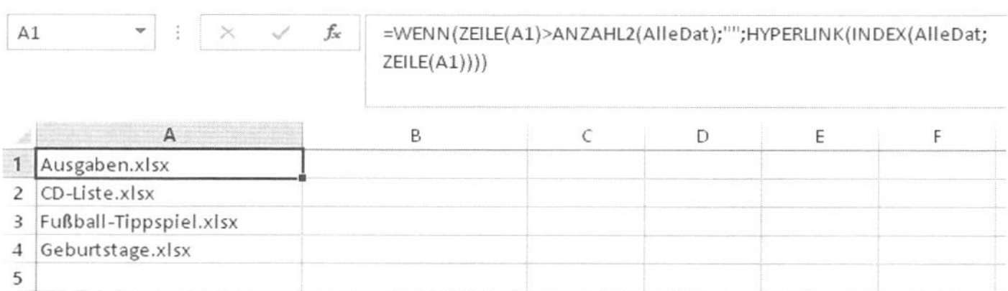

Abbildung 18.9: Aufgelistete Dateien – ohne Hilfsspalte – verlinken

Auch wenn die – in der Regel typische – Hyperlinkformatierung (blau und unterstrichen) nicht ersichtlich ist: Es sind alles Hyperlinks – und fertig ist unsere Dateiauflistung! Zumindest fast.

Der Name *AlleDat* »merkt« noch nicht, wenn in dem Verzeichnis Dateien hinzukommen oder gelöscht werden. In diesem Fall muss man die Datei zu einer Neuberechnung »zwingen«, wobei hier der schlichte Druck auf F9 nichts bewirkt. Eine Neuberechnung erlangt man nur mit der Tastenkombination Strg+Alt+F9 – in VBA bekannt als die *CalculateFull*-Methode. Auf diese Weise erzwingt man eine vollständige Berechnung der Daten in allen geöffneten Arbeitsmappen.

Doch wie so oft, gibt es auch hierfür eine Lösung. Wir erinnern uns an die Namensdefinition *AlleDat*. Der Name bezog sich auf: `=DATEIEN("*.*")`.

Wir müssen nur eine flüchtige Funktion in die Namensdefinition »schmuggeln«, damit sich der Name in dem Moment aktualisiert, wo Dateien hinzukommen oder gelöscht werden. Zu Beginn des Kapitels, als es um die Verlinkung der Tabellenblätter innerhalb einer Mappe ging, haben wir uns der Funktion `JETZT()` bedient:

```
=ARBEITSMAPPE.ZUORDNEN(1+0*JETZT())
```

Doch bei `=DATEIEN("*.*")` haben wir keine Zahl, die wir einfach mit Null addieren können. Die Abhilfe sieht so aus: Wir machen aus der flüchtigen Funktion `JETZT()` einen Leerstring und verketten diesen mit der Dateiauflistung. Damit schlagen wir wieder mal zwei Fliegen mit einer Klappe: Der Name erhält die notwendige Flüchtigkeit, wird aber nicht verändert oder in seiner Funktionalität gestört. Wir bedienen uns zusätzlich der Funktion `T()` und erhalten

```
=DATEIEN("*.*")&T(JETZT())
```

Et voilà: Auch dieses Problem ist gelöst. Die Berechnungsnotwendigkeit mit Strg+Alt+F9 ist Schnee von gestern!

18.3.1 Dateien an einer bestimmten Stelle öffnen

Wie bereits erwähnt, lassen sich Dateien auch derart verlinken, dass sie direkt einen gewünschten Abschnitt aktivieren. Zum Beispiel kann man mit

```
=HYPERLINK("H:\Eigene Dateien\Berichtsmanager.docx#Speicherort")
```

ein Word-Dokument verlinken und direkt auf die Seite gelangen, auf der zum ersten Mal das Wort »Speicherort« auftaucht. Mit

```
=HYPERLINK("H:\Eigene Dateien\Powerpoint\Präsentationen\Kostenanalyse.pptx#4")
```

öffnet man hingegen die vierte Folie der angegebenen PowerPoint-Präsentation. Mit der vorangestellten Raute (#) signalisiert man dem Hyperlink eine Textmarke innerhalb einer Datei. Und diese Textmarke kann eine Seitenangabe, ein Suchbegriff, der Name eines Tabellenblatts usw. sein.

18.4 Zugriff auf viele geschlossene Dateien

Jetzt kann es aber auch vorkommen, dass Sie die einzelnen Dateien nicht verlinken, sondern ausschließlich bestimmte Zellwerte auslesen möchten. Dazu gibt es zwar die Funktion INDIREKT, die aber den gravierenden Malus besitzt, dass die Quelldateien geöffnet sein müssen. Das ist in den meisten Fällen alles andere als praktisch, speziell dann, wenn es sich um eine Vielzahl von Dateien handelt.

Beispielsweise führen Sie innerhalb eines Ordners periodisch Rechnungsdateien, von denen sich bislang über 100 Stück angesammelt haben. Die Dateien sind vom Aufbau her alle identisch. Aus allen Dateien möchten Sie jetzt den Wert aus der jeweiligen Zelle *Tabelle1!A1* auslesen. Um jetzt nicht alle Mappen öffnen zu müssen, machen Sie Folgendes:

Schreiben Sie in Zelle A1 die Pfadangabe (mit abschließendem Backslash). Ab A2 führen Sie alle Dateinamen aus dem Verzeichnis auf, so wie es in *Abb. 18.10* zu sehen ist. Wie das am schnellsten geht, haben Sie im letzten Abschnitt dieses Kapitels gesehen. Jetzt verketten Sie Pfad und Dateiname, sodass ein vollständiger Bezug (in Textform) auf eine nicht geöffnete Datei entsteht. Dabei ist es wichtig, dass dieser Textbezug mit einem Leerzeichen und einem Gleichheitszeichen beginnt:

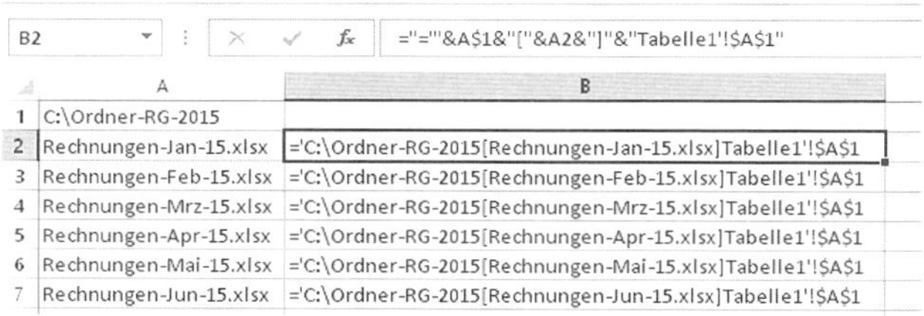
B2 ="='"&A$1&"["&A2&"]"&"Tabelle1'!$A$1"

	A	B
1	C:\Ordner-RG-2015	
2	Rechnungen-Jan-15.xlsx	='C:\Ordner-RG-2015[Rechnungen-Jan-15.xlsx]Tabelle1'!$A$1
3	Rechnungen-Feb-15.xlsx	='C:\Ordner-RG-2015[Rechnungen-Feb-15.xlsx]Tabelle1'!$A$1
4	Rechnungen-Mrz-15.xlsx	='C:\Ordner-RG-2015[Rechnungen-Mrz-15.xlsx]Tabelle1'!$A$1
5	Rechnungen-Apr-15.xlsx	='C:\Ordner-RG-2015[Rechnungen-Apr-15.xlsx]Tabelle1'!$A$1
6	Rechnungen-Mai-15.xlsx	='C:\Ordner-RG-2015[Rechnungen-Mai-15.xlsx]Tabelle1'!$A$1
7	Rechnungen-Jun-15.xlsx	='C:\Ordner-RG-2015[Rechnungen-Jun-15.xlsx]Tabelle1'!$A$1

Abbildung 18.10: Bezüge zu vielen Dateien aus einem zusammengesetzten String erzeugen

Im nächsten Schritt ersetzen Sie die Formeln in Spalte B durch Werte (Spalte B kopieren, dann *Start/Einfügen/Werte einfügen*). Selektieren Sie erneut Spalte B und wählen *Start/Bearbeiten/Suchen und Auswählen/Ersetzen* (Shortcut: Strg+H). Suchen Sie jetzt nach " =" (Leerzeichen+Gleichheitszeichen) und ersetzen Sie es durch "=" (nur Gleichheitszeichen). Und siehe da: Excel erkennt die Bezüge an! Wenn Ihre Pfadangaben korrekt waren, dann stehen jetzt alle Werte aus A1 der jeweiligen Tabellen in Spalte B.

18.5 Der Such-Link – blitzschnelle Tabellennavigation

Sie arbeiten in der Materialverwaltung Ihres Unternehmens. Ihre gesamten 10.000 Artikel führen Sie in einem Excel-Blatt mit Artikelnummer, Artikelbezeichnung, Nettopreis und allem, was sonst noch dazugehört. Sie sind für die Pflege dieser Daten verantwortlich. Dabei kommt es natürlich oft vor, dass neue Artikel hinzukommen, andere wiederum aus dem Sortiment gestrichen werden oder sich einfach nur die Preise ändern. Wie Sie einen bestimmten Artikel blitzschnell ausfindig machen, werden Sie jetzt erfahren.

Die Datei ist wie folgt aufgebaut *(Abb. 18.11)*:

C1 | =HYPERLINK("#A"&VERGLEICH(B1;A6:A10000;0)+5;"Artikelnr. Finden")

	A	B	C	D	E
1	Artikelnr.	10249	Artikelnr. finden	Preis ändern	
2	Artikelbez.	el_130	Artikel finden	Preis ändern	
3			Ab nach oben		
4					
5	Artikel-Nr.	Artikelbezeichnung	Nettopreis	MwSt	Bruttopreis
6	33237	Artikel_1	74,08 €	19%	88,16 €
7	21564	Artikel_2	35,53 €	19%	42,28 €
8	44107	Artikel_3	34,81 €	19%	41,42 €
9	48709	Artikel_4	73,40 €	19%	87,35 €
10	16629	Artikel_5	46,31 €	19%	55,11 €
11	45994	Artikel_6	50,24 €	19%	59,79 €
12	22594	Artikel_7	65,31 €	19%	77,72 €
13	14895	Artikel_8	80,70 €	19%	96,03 €
14	35213	Artikel_9	80,21 €	19%	95,45 €
15	43023	Artikel_10	77,48 €	7%	82,90 €
16	42782	Artikel_11	93,18 €	19%	110,88 €
17	10249	Artikel_12	87,94 €	19%	104,65 €
18	49072	Artikel_13	75,15 €	19%	89,43 €
19	46415	Artikel_14	19,27 €	19%	22,93 €
20	25426	Artikel_15	51,44 €	19%	61,21 €
21	35634	Artikel_16	6,37 €	19%	7,58 €
22	46759	Artikel_17	23,16 €	19%	27,56 €
23	26486	Artikel_18	54,80 €	7%	58,64 €
24	47052	Artikel_19	30,99 €	19%	36,88 €
25	18265	Artikel_20	36,99 €	19%	44,02 €
26	30699	Artikel_21	79,56 €	19%	94,68 €
27	33461	Artikel_22	55,19 €	19%	65,68 €
28	31966	Artikel_23	10,46 €	19%	12,45 €

Abbildung 18.11: Tabelle mit Such-Link

Verschaffen Sie sich oberhalb der Tabelle etwas Platz für Ihre Navigationsinstrumente. Damit diese auch immer sichtbar sind, fixieren Sie das Fenster oberhalb von Zeile 6. Alles, was Sie jetzt noch benötigen, ist die Artikelnummer, die Sie als Suchbegriff in B1 eingeben. Mit der angegebenen Formel in

```
C1: =HYPERLINK("#A"&VERGLEICH(B1;A6:A10000;0)+5;"Artikelnr. finden")
```

wird der Suchbegriff mit der Funktion VERGLEICH im Bereich A6:A1000 gesucht. Die so ermittelte Zahl wird noch um 5 erhöht, um die Zeilennummer zu erhalten. Diese wiederum wird dann mit `#A` verkettet und schon haben wir die korrekten Zielkoordinaten. Ein Klick auf den Hyperlink wird die entsprechende Zelle in Spalte A ansteuern. Am Beispiel der Artikelnummer 14895 (Zelle A13) ergibt die teilausgewertete Formel:

```
=HYPERLINK("#A"&8+5;"Artikelnr. finden")=HYPERLINK("#A13";"Artikelnr. finden")
```

Also wird Zelle A13 verlinkt. In D1 steht exakt die gleiche Formel, nur dass `#A` durch `#C` ersetzt wurde, um direkt in der Preisspalte zu landen.

```
D1: =HYPERLINK("#C"&VERGLEICH(B1;A6:A10000;0)+5;"Preis ändern")
```

Man kann auch Suchbegriffe eingeben, die im Suchbereich nur **enthalten** sein müssen, also eine teilweise Übereinstimmung haben. Dies funktioniert aber nicht bei Zahlen, sondern nur bei Texten. Die nur leicht abgewandelte Formel lautet dazu in C2:

```
=HYPERLINK("#B"&VERGLEICH("*"&B2&"*";B6:B10000;0)+5;"Artikel finden")
```

Der Suchbegriff muss also nur vorne und hinten mit Platzhaltern (*) umrandet werden. Suchen Sie beispielsweise nach der Teilbezeichnung »kel_10«, dann wird dieser Artikel in Zeile 15 aufgestöbert und verlinkt. In D2 steht wieder die gleiche Formel mit der Abänderung der Spaltenbezeichnung von `#B` auf `#C`.

Da Ihre Suchbegriffe ja auch irgendwo in Zeile 5.000 stehen können, müssen Sie sich noch eine Möglichkeit verschaffen, wie Sie schnell wieder zum Anfang Ihrer Liste gelangen können. Dies geschieht durch einfache Verlinkung der Zelle A6 mit der Formel in C3:

```
=HYPERLINK("#A6";"Ab nach oben")
```

Das war jetzt sozusagen das »Warm-up«. Jetzt zeigen wir Ihnen, wie ein Hyperlink in einer einzigen Zelle Hunderte verschiedener Adressen ansteuern kann.

18.6 Der multiple Power-Link

Wir haben eine Telefonliste Ihres Unternehmens mit allen 10.000 Mitarbeitern entworfen. In Spalte A stehen die Nachnamen, in Spalte B die Vornamen und in Spalte C die direkte Durchwahl des Mitarbeiters *(Abb. 18.12)*.

	A	B	C	D
1				
2	Nachname	Vorname	Durchwahl	
3	Müller	Hans	2366	
4	Fricke	Walter	2544	
5	Georgi	Boris	1623	
6	Fleckenstein	Jens	2890	
7	Müller	Bernd	3320	
8	Georgi	Helga	2440	
9	Fischer	Lutz	4562	
10	Fricke	Ulla	2870	
11	Fleckenstein	Hendrik	2990	
12	Müller	Sascha	4155	
13	Fricke	Klara	1888	
14	Müller	Heinz	4698	
15	usw.	...	...	
16	usw.	...	...	
17				

Abbildung 18.12: Beispieltabelle der Telefonnummernliste

Jetzt möchten Sie in Zelle B1 einen Nachnamen vorgeben und diesen in Zelle C1 mit einem Hyperlink ansteuern. Wie das geht, wissen Sie ja bereits. Da manche Nachnamen aber mehrfach vorkommen, möchten Sie mit jedem Klick auf den Hyperlink den nächsten Treffer ansteuern, und zwar so lange, bis der letzte Treffer erreicht ist.

Nicht möglich, denken Sie? Doch, mit ein paar Tricks geht (fast) alles.

Die Überlegung: Ausgehend von der **aktiven** Zelle/Zeile muss der Hyperlink den Suchbegriff aufspüren. Hat er ihn gefunden (und die entsprechende Zelle angesteuert), muss die Suche von vorne beginnen – und zwar wiederum von der aktiven Zelle aus. Doch wie kommen wir mit einer Formel an die aktive Zelle? Dabei hilft uns die Funktion `ZELLE(Infotyp;Bezug)` mit dem Infotyp *Zeile*. Lässt man den Parameter *Bezug* weg, liefert die Funktion die Zeilennummer der aktiven Zelle. Also schreiben wir in A1:

```
=ZELLE("Zeile")
```

Selektieren wir jetzt zum Beispiel D10 und berechnen das Blatt mit F9 neu, zeigt die Formel das Ergebnis 10 an – also die Zeile der aktiven Zelle. Die erste Hürde ist somit genommen. Jetzt müssen wir nur noch die Koordinaten für den Hyperlink abhängig von der Zeile in A1 machen. Eigentlich ist es auch lediglich der Suchbereich, der immer wieder aufs Neue bei der letzten Fundstelle beginnen muss, damit wir mit der Funktion VERGLEICH immer einen anderen Treffer landen können.

Spielen wir das am Beispiel des Suchbegriffs »Fricke« einmal durch. Der erste Treffer muss in Zeile 4 landen, der zweite Treffer in Zeile 10 und der dritte in Zeile 13. Also müssen die Suchbereiche nacheinander folgendermaßen aussehen (sicherheitshalber bis Zeile 30.000, falls künftig noch weitere Mitarbeiter hinzukommen – die Performance der Formel wird dadurch nicht merklich beeinträchtigt):

1. A3:A30000
2. A5:A30000
3. A11:A30000

Das Ende des Bezugs (A30000) ist immer fix, die Spalte A ebenfalls. Veränderlich ist einzig und allein die Startzeile. Diese erhalten wir aus der Formel in Zelle A1 und addieren noch 1. Den gesamten Bezug bauen wir auch mit INDIREKT zusammen:

```
INDIREKT("A"&A1+1&":A30000")
```

Diesen Bezug verschachteln wir in die Funktion VERGLEICH und diese wiederum in die Funktion HYPERLINK. Schließlich zählen wir für den Parameter [*Freundlicher Name*] in der Funktion HYPERLINK noch die Anzahl der restlichen Treffer. Dazu nutzen wir die Funktion ZÄHLENWENN und bedienen uns auch des soeben ermittelten INDIREKT-Bezugs.

Das Endergebnis lautet (*Abb. 18.13*):

```
C1:

=HYPERLINK("#A"&VERGLEICH(B1;INDIREKT("A"&A1+1&":A30000");)+A1;
"Noch "&ZÄHLENWENN(INDIREKT("A"&A1+1&":A30000");B1)&" Treffer.")
```

C1

```
=HYPERLINK("#A"&VERGLEICH(B1;INDIREKT("A"&A1+1&":A30000");)+A1;"Noch "&
ZÄHLENWENN(INDIREKT("A"&A1+1&":A30000");B1)&" Treffer.")
```

	A	B	C	D	E	F	G	H	I	J
1	1	Fricke	Noch 3 Treffer.							
2	Nachname	Vorname	Durchwahl							
3	Müller	Hans	2366							
4	Fricke	Walter	2544							
5	Georgi	Boris	1623							
6	Fleckenstein	Jens	2890							
7	Müller	Bernd	3320							
8	Georgi	Helga	2440							
9	Fischer	Lutz	4562							
10	Fricke	Ulla	2870							
11	Fleckenstein	Hendrik	2990							
12	Müller	Sascha	4155							
13	Fricke	Klara	1888							
14	Müller	Heinz	4698							
15	usw.	...	...							
16	usw.	...	...							
17										

Abbildung 18.13: Telefonnummernliste mit Such-Link

Platzieren Sie jetzt die aktive Zelle in Zeile 1 und berechnen Sie das Blatt mit F9. Klicken Sie dann auf den Hyperlink in C1. Die Zelle A4 wird angesteuert. Berechnen Sie erneut mit F9. Jetzt wird bei Klick auf C1 die Zelle A10 angesteuert. Das Gleiche noch mal und es wird A13 selektiert. Da das der letzte Treffer war, führt eine Neuberechnung zum Fehlerwert `#NV`. Klicken Sie noch mal auf den Link und die Suche geht von vorne los.

Eine Möglichkeit, die Funktionalität ohne ständige Neuberechnung mit F9 zu erlangen, haben wir bis dato nicht gefunden (was wiederum nicht heißen soll, dass es unmöglich ist). Die Funktion `=ZELLE("Zeile")` kann im Übrigen nicht direkt in der HYPERLINK-Formel verschachtelt werden, sondern muss separat in einer Zelle stehen, da jeder Klick auf den Hyperlink zunächst `ZELLE("Zeile")` berechnen würde. Da wir den Link in Zeile 1 platziert haben, wäre das Ergebnis also immer 1, sodass immer derselbe Treffer gelandet würde. Es ist also ein Unterschied (in der Berechnungsreihenfolge), ob man auf eine andere Zelle verweist oder ob man die Berechnung innerhalb der Formel vornimmt. In den meisten Fällen dürfte das egal sein, aber hier muss man die Berechnung unbedingt auslagern (im Beispiel in Zelle A1).

Wie Sie gesehen haben, hat der Hyperlink sehr viele nützliche Facetten. Es ist immer nur wichtig, die Zielkoordinaten korrekt zusammenzubasteln. Dann heißt es am Ende stets:

Beam me up, Scotty!

Kapitel 19

Relationen und Abhängigkeiten

Mit dem Excel-Feature *Daten/Datenüberprüfung/Liste* lassen sich bekanntlich bequem und einfach Auswahllisten erstellen. Diese werden gerne für Formulare genutzt, in denen nur bestimmte Einträge zur Verfügung stehen sollen – im einfachsten Fall eine Ja/Nein-Auswahl. Oder aber Sie verwalten eine Artikelliste und stellen die Artikel in der Auswahlliste zur Verfügung, um im nächsten Schritt anhand der getroffenen Auswahl per Formel (z. B. mit SVERWEIS oder auch INDEX in Kombination mit VERGLEICH) den Preis zu ermitteln.

19.1 Abhängige Gültigkeiten

Jetzt kann es aber auch vorkommen, dass Sie verschiedene Oberkategorien zur Auswahl stellen und abhängig von der getroffenen Auswahl eine weitere Liste mit den zur Oberkategorie gehörenden Einträgen anbieten möchten. Also muss sich der Listeninhalt des zweiten Dropdowns dynamisch an die Auswahl des ersten Dropdowns anpassen.

Zu diesem Zweck eröffnen wir unseren eigenen kleinen Supermarkt. Die Oberkategorie besteht dabei aus den verschiedenen Oberbegriffen, in der Unterkategorie finden sich die einzelnen Marken wieder. Das Arbeitsblatt heißt *Produktmatrix (Abb. 19.1)*:

	A	B	C	D	E	F	G
1	**Käse**	**Kaffee**	**Essig**	**Öl**	**Margarine**	**Rotwein**	**Bier**
2	Emmentaler	Melitta	Balsamico	Olivenöl	Rama	Rioja	Warsteiner
3	Gouda	Jacobs	Himbeeressig	Sonnenblumenöl	Lätta	Barolo	Krombacher
4	Camembert	Onko	Cherryessig	Walnussöl		Beaujolais	Frankenheim
5	Brie	Feine Milde	Apfelessig	Distelöl			Kölsch
6		Dallmayr					Erdinger
7							Jever
8							

Abbildung 19.1: Kategorisierte Lebensmittel

In einem zweiten Arbeitsblatt sollen jetzt zwei Drop-down-Listenfelder eingefügt werden (*Abb. 19.2*):

1. Auswahl der Oberkategorie (Produktkategorie)
2. Auswahl des Produkts in Abhängigkeit von der Produktkategorie

Dieses Arbeitsblatt heißt *Auswahl*:

Abbildung 19.2: Auswahl von Kategorie und Produkt mit Gültigkeitslisten

Dabei kann es durchaus vorkommen, dass sich Ihr Sortiment sowohl hinsichtlich der Produktkategorien als auch innerhalb einer Kategorie erweitert. Beispielsweise nehmen Sie demnächst auch Obst mit in Ihr Programm auf, das aus Äpfeln, Bananen und Birnen besteht. Spalte H würde sodann mit Leben gefüllt. Oder Ihr Käsesortiment umfasst künftig auch Bresso und Allgäuer, dafür nehmen Sie den Apfelessig aus Ihrem Essigsortiment heraus. Alle diese Veränderungen sollen Ihre beiden Auswahlfelder natürlich sofort »mitbekommen«.

Also schreiten wir zur Tat. Zunächst müssen wir uns der Definition von zwei Namen bedienen – allein schon deshalb, weil sich die Auswahlfelder in einem separaten Tabellenblatt befinden (was bekanntlich in allen Excel-Versionen vor 2010 auf direktem Weg nicht funktioniert). Den ersten Namen definieren wir als *Kategorie* und beziehen ihn auf:

```
=Produktmatrix!$1:$1
```

Den zweiten Namen definieren wir als *Produkte* und beziehen ihn auf:

```
=Produktmatrix!$2:$10000
```

Die Zelle B1 im Blatt *Auswahl* belegen wir über *Daten/Datenüberprüfung/Liste* (*Abb. 19.3*) unter der Option *Quelle* mit `=Kategorie`.

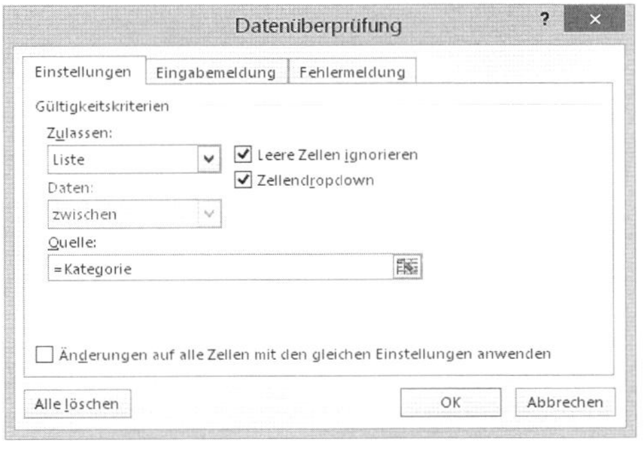

Abbildung 19.3: Dialogfeld Datenüberprüfung

Obwohl wir den Namen *Kategorie* auf die gesamte Zeile 1 des Blatts *Produktmatrix* bezogen haben, enthält die Auswahlliste am Ende keine Leerzeilen.

Bis hierhin ist das alles noch kein Problem. Doch jetzt kommen wir zur zweiten Auswahlliste in Zelle B2 des Blatts *Auswahl*. Diese Auswahl soll sich ja in Abhängigkeit von der in B1 gewählten Produktkategorie dynamisch gestalten.

Wir belegen diese Zelle B2 jetzt über *Daten/Datenüberprüfung/Liste* mit der *Quelle*:

```
=BEREICH.VERSCHIEBEN(Produkte;;VERGLEICH(B1;Kategorie;0)-1;
ANZAHL2(INDEX(Produkte;;VERGLEICH(B1;Kategorie;0)));1)
```

Wenn Sie die Liste in B2 bestücken, ohne dass in B1 eine Auswahl getroffen wurde, erhalten Sie eine Fehlermeldung. Ignorieren Sie diese einfach und fahren Sie fort.

Zerlegen wir die Formel nach den Argumenten der Funktion BEREICH.VERSCHIEBEN:

```
=BEREICH.VERSCHIEBEN(Bezug;Zeilen;Spalten;Höhe;Breite)
```

- Bezug: Der Name: *Produkte*
- Zeilenversatz: 0 (daher ;;)
- Spaltenversatz: `VERGLEICH(B1;Kategorie;0)-1`
- Höhe: `ANZAHL2(INDEX(Produkte;;VERGLEICH(B1;Kategorie;0)))`
- Breite: 1

Am Beispiel der Produktkategorie Essig, die im ersten Auswahlfeld gewählt wurde, benötigen wir als Endergebnis den Bereich C2:C5 im Blatt *Produktmatrix*, also ausgehend von der ersten Zelle im Bereich `Produktmatrix!$2:$10000` (A2) zunächst null Zeilen tiefer, zwei Spalten nach rechts, dort angekommen eine Höhe von vier Zeilen (für die vier Essigsorten) und eine Breite von einer Spalte. Doch wie gelangen wir dahin?

Ausgangspunkt ist der Bereich Produkte (`Produktmatrix!$2:$10000`). Da dieser Bereich mit dem ersten Produkt – egal aus welcher Kategorie – in Zeile 2 beginnt, muss der *Zeilenversatz* 0 lauten. Im nächsten Schritt suchen wir den *Spaltenversatz*. Diesen ermitteln wir, indem wir B1 mit dem Bereich *Kategorie* (`Produktmatrix!$1:$1`) vergleichen und 1 subtrahieren. Essig kommt dabei an dritter Position – also in Spalte C. Ergo müssen wir den Spaltenversatz mit 2 ermitteln – daher die Subtraktion von 1. An dieser Stelle haben wir also bereits die richtige Spalte ermittelt. Würden wir den Parameter *Höhe* jetzt mit einer Konstanten – z. B. 10 – belegen, dann hätten wir bereits eine funktionsfähige Lösung mit dem Nachteil, dass unser Auswahlfeld auch Leereinträge enthalten würde. Das gilt es im letzten Schritt noch zu vermeiden. Also indexieren wir die gesamte Fundspalte mit

```
INDEX(Produkte;;VERGLEICH(B1;Kategorie;0))
```

und zählen die enthaltenen Einträge mit ANZAHL2:

```
ANZAHL2(INDEX(Produkte;;VERGLEICH(B1;Kategorie;0)))
```

Der Clou liegt hierbei in der Verwendung der Funktion INDEX mit dem Wert 0 (bzw. ;;) für den Parameter *Zeile*. Auf diese Weise liefert INDEX nicht ein einzelnes Ergebnis, sondern eine Ergebnismatrix, die sich am Beispiel »Essig« auf den Bereich C2:C10000 erstreckt. Und daraus ermittelt ANZAHL2 schließlich die Zahl der vorhandenen Einträge – in unserem Essig-Beispiel 4. Wir haben also den Bereich C2:C5 dynamisch ermittelt. Und mithilfe dieser Dynamisierung ist die Produktmatrix beliebig erweiterbar. Die Auswahllisten passen sich immer den veränderten Gegebenheiten an.

19.2 Listenfelder nach dem eBay-Prinzip

Wenn Sie über eBay Artikel verkaufen, ist es enorm wichtig, dass Sie die richtige Kategorie dazu auswählen. Als Käufer kann man heutzutage in eBay sowieso nur noch ein richtiges Schnäppchen machen, wenn der Verkäufer unbedacht eine falsche Kategorie ausgewählt hat, sodass sich der Artikel in einen Bereich verirrt, in dem ihn niemand erwartet. Wenn man dann zufällig darüber stolpert, hat man gute Chancen, mit einem niedrigen Gebot den Zuschlag zu bekommen.

Um eine konkrete Kategorie auszuwählen, muss man sich vom Groben bis ins Detail, beispielsweise vom Sammeln über Esoterik und Magie bis zur Kristallkugel oder zum Hexenkessel über mehrere Listboxen, durchklicken. Die Funktionalität entspricht etwa einer Baumstruktur, die wir alle auch von der Datei- und Ordnerverwaltung innerhalb des Explorers kennen – sie sieht nur anders aus (*Abb. 19.4*).

Abbildung 19.4: Auswahl der Produktkategorie bei eBay

In Excel können Sie zwar eine Baumstruktur (Treeview) einbinden, sie aber nur über VBA-Programmierung mit Daten füllen. Die mehrstufigen Listenfelder (Listboxen) lassen sich auch ohne eine Zeile Programmcode realisieren. In den vorangegangenen Ausführungen der zweistufigen Gültigkeitslisten waren wir auf zwei Ebenen beschränkt.

Die Elemente der ersten Ebene wurden spaltenweise angezeigt, die zweite Ebene darunter zeilenweise. Der Kniff besteht jetzt darin, die Elemente so zu strukturieren, dass sich beliebig viele Ebenen darstellen lassen.

Wie so oft gilt auch hier, wenn man weiß, wie es geht, ist es eigentlich ganz einfach, man muss nur erst einmal darauf kommen. Sie benötigen nur eine einzige vierspaltige Liste, mit der Sie alle Elemente beliebig vieler Ebenen erfassen können (*Abb. 19.5*):

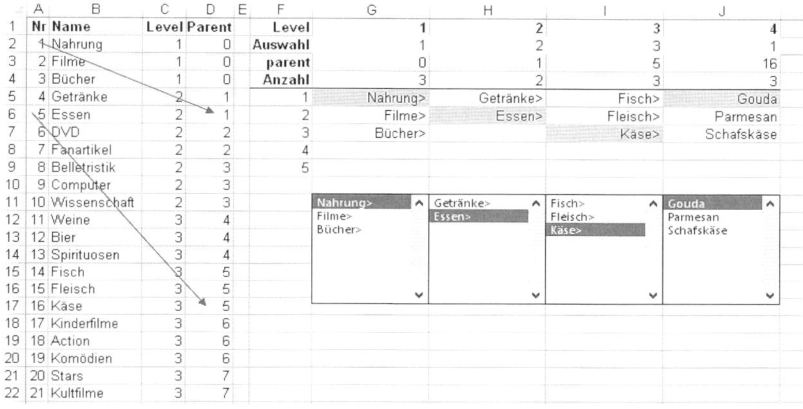

	A	B	C	D	E	F	G	H	I	J
1	Nr	Name	Level	Parent		Level	1	2	3	4
2	1	Nahrung	1	0		Auswahl	1	2	3	1
3	2	Filme	1	0		parent	0	1	5	16
4	3	Bücher	1	0		Anzahl	3	2	3	3
5	4	Getränke	2	1		1	Nahrung>	Getränke>	Fisch>	Gouda
6	5	Essen	2	1		2	Filme>	Essen>	Fleisch>	Parmesan
7	6	DVD	2	2		3	Bücher>		Käse>	Schafskäse
8	7	Fanartikel	2	2		4				
9	8	Belletristik	2	3		5				
10	9	Computer	2	3						
11	10	Wissenschaft	2	3						
12	11	Weine	3	4						
13	12	Bier	3	4						
14	13	Spirituosen	3	4						
15	14	Fisch	3	5						
16	15	Fleisch	3	5						
17	16	Käse	3	5						
18	17	Kinderfilme	3	6						
19	18	Action	3	6						
20	19	Komödien	3	6						
21	20	Stars	3	7						
22	21	Kultfilme	3	7						

Abbildung 19.5: Tabellenaufbau für hierarchische Listenfelder

In Spalte A werden alle Elemente fortlaufend durchnummeriert. In Spalte B steht die Bezeichnung der Elemente. Spalte C enthält die Nummer der Ebene, in der das Element gegebenenfalls angezeigt wird. Alle Elemente mit *Level 1* werden im ersten Listenfeld angezeigt.

Elemente mit *Level 2* werden im zweiten Listenfeld angezeigt, aber natürlich nur, wenn sie in die Gruppe des Elements gehören, das auf der ersten Ebene ausgewählt wurde. Diese Gruppenzugehörigkeit bestimmt sich durch die nächste Spalte D.

Beispielsweise ist das 16. Element *Käse* dem fünften Element *Essen* untergeordnet und erhält deshalb in der *Parent*-Spalte den Eintrag 5. Das *Essen* seinerseits ist der *Nahrung* untergeordnet, dem *Parent* Numero 1.

Schließlich muss die Liste nur noch nach den Kriterien *Level* und *Parent* aufsteigend sortiert werden (*Abb. 19.6*).

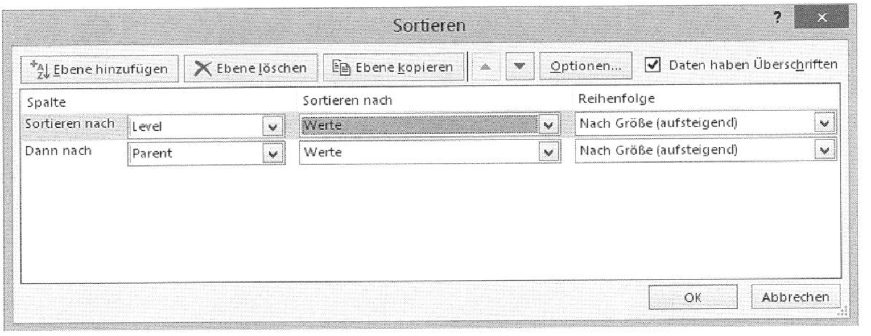

Abbildung 19.6: Dialogfeld zum Sortieren

In den Spalten G:J werden die Einträge von vier aufeinanderfolgenden Listenfeldern, für die *Level 1* bis *4*, berechnet. G2:J2 enthält die Auswahl des Elements des aktuellen Listenfelds. Diese Zellen können manuell gefüllt werden, später geschieht das aber durch Auswahl eines Eintrags der Listenfelder.

In Zeile G3:J3 steht der berechnete Elternteil (Parent):

`G3: 0`

Da die Spalte H die oberste Ebene darstellt, gibt es keine übergeordneten Elemente.

`G4: =ZÄHLENWENN($D:$D;G3)`

zählt, wie viele Elemente zur Gruppe des übergeordneten Elements (Parent) gehören.

`H3: =WENN(G2>G4;NV();INDEX($A:$A;VERGLEICH(G$3;$D:$D;0)+G2-1))`

`G2>G4` prüft zunächst, ob die Auswahl gültig ist. Sie ist ungültig, wenn die Zahl (G2) größer ist als die Anzahl vorhandener Elemente (G4) der Gruppe. `VERGLEICH` durchsucht die *Parent*-Spalte D, um die Zeile des ersten Elements zu finden, das H3 als Elternteil besitzt, und addiert die Auswahl in G2 dazu (–1 für die Spaltenüberschrift), um die Zeilennummer des aktuellen Parents wiederzugeben. `INDEX` liefert dann die Nummer des Parents aus Spalte A.

G4 und H3 werden bis Spalte J nach rechts kopiert.

Die Auflistung der Elemente jeder Gruppe geschieht durch:

`G5: =WENN($F5>G$4;"";INDEX($B:$B;VERGLEICH(G$3;$D:$D;0)+$F5-1)&">")`

Diese Formel wird nach unten und rechts kopiert. Lediglich in der Spalte der niedrigsten Ebene wird das &">" weggelassen, da man sich ja nicht weiter nach rechts durchklicken kann.

Die Formel macht fast das Gleiche wie die Parent-Abfrage in H3:J3, mit dem Unterschied, dass INDEX die Bezeichnung aus Spalte B statt der Nummer aus Spalte A auswählt. Außerdem bezieht sich das Suchkriterium von VERGLEICH auf die aktuelle Ebene, in den Formeln H3:J3 ist es die Vorgängerebene.

Die graue Unterlegung wird über die bedingte Formatierung eingestellt. Die Formelbedingung der Zelle G5 lautet:

```
=$F5=G$2
```

Erstellung der Listenfelder

Jetzt kommen wir zum eigentlichen Endprodukt des Projekts – den Listenfeldern. Bekanntlich gibt es zwei Typen von Listenfeldern: jenes unter *Formularsteuerelemente* und jenes unter *ActiveX-Steuerlemente*, seit Version 2007 vereint unter *Entwicklertools/Steuerelemente/Einfügen* (*Abb. 19.7*):

Abbildung 19.7: Formular- und ActiveX-Steuerelemente

Die Steuerelemente sind moderner, flexibler und leistungsstärker. Manchmal genügen aber auch die Formular-Objekte, sie sind in Einzelfällen sogar zweckmäßiger. Bei dieser Aufgabe wollen wir, dass aus dem Listenfeld ein Eintrag ausgewählt wird und dessen Positionsnummer nach G2:J2 geschrieben wird. Der zurückgegebene Wert des Formular-Listenfelds ist stets die Positionsnummer, es passt hier also optimal. Der zurückgegebene Wert (*Value*-Eigenschaft) des Steuerelemente-Listenfelds dagegen wäre die Bezeichnung der Auswahl, die man erst über VERGLEICH oder die *ListIndex*-Eigenschaft in eine Positionsnummer umrechnen müsste. Ergo begnügen wir uns dieses Mal mit den Formular-Listenfeldern.

Positionieren Sie vier Listenfelder unter den Spalten G:J. Wählen Sie im Dialogfeld *Steuerelement formatieren* als *Zellverknüpfung* G2 (bzw. H2, I2, J2).

Der Eingabebereich muss dynamisiert werden, da die Anzahl der Einträge variieren kann. Wie immer erstellen wir in diesem Zusammenhang Namen. Definieren Sie einen Namen *Liste1* bezogen auf die Formel:

```
=BEREICH.VERSCHIEBEN($G$5;;;$G$4+1)
```

Wenn die Liste von *Level 1* drei Einträge enthält, liefert diese Formel den Bereich G5:G8. Das Gleiche machen Sie mit den Namen *Liste2*, *Liste3* und *Liste4* bezogen auf die Spalten H, I und J. Die Namen weisen Sie dann dem jeweiligen Listenfeld als Eingabebereich zu. Wichtig ist das +1 am Ende von BEREICH.VERSCHIEBEN. Warum, das werden Sie gleich erfahren. Jetzt betrachten wir erst einmal das Endergebnis (*Abb. 19.8*):

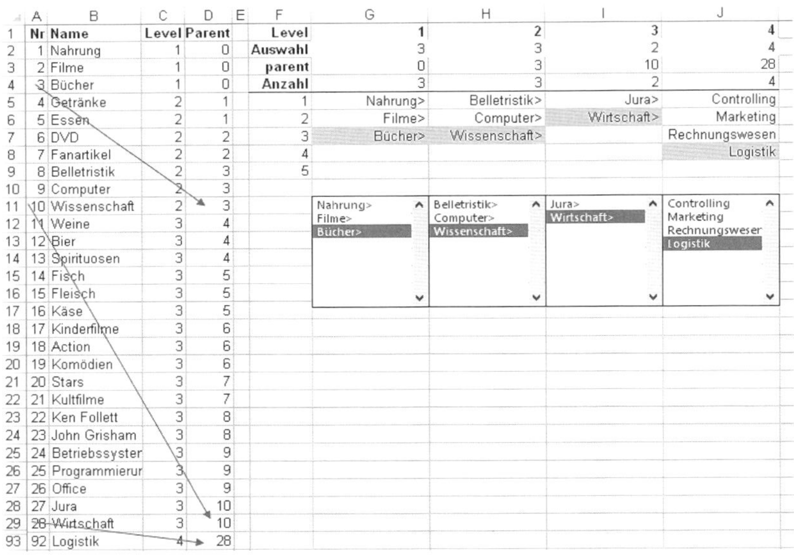

	A	B	C	D	E	F	G	H	I	J
1	Nr	Name	Level	Parent		Level	1	2	3	4
2	1	Nahrung	1	0		Auswahl	3	3	2	4
3	2	Filme	1	0		parent	0	3	10	28
4	3	Bücher	1	0		Anzahl	3	3	2	4
5	4	Getränke	2	1		1	Nahrung>	Belletristik>	Jura>	Controlling
6	5	Essen	2	1		2	Filme>	Computer>	Wirtschaft>	Marketing
7	6	DVD	2	2		3	Bücher>	Wissenschaft>		Rechnungswesen
8	7	Fanartikel	2	2		4				Logistik
9	8	Belletristik	2	3		5				
10	9	Computer	2	3						
11	10	Wissenschaft	2	3						
12	11	Weine	3	4						
13	12	Bier	3	4						
14	13	Spirituosen	3	4						
15	14	Fisch	3	5						
16	15	Fleisch	3	5						
17	16	Käse	3	5						
18	17	Kinderfilme	3	6						
19	18	Action	3	6						
20	19	Komödien	3	6						
21	20	Stars	3	7						
22	21	Kultfilme	3	7						
23	22	Ken Follett	3	8						
24	23	John Grisham	3	8						
25	24	Betriebssyster	3	9						
26	25	Programmierur	3	9						
27	26	Office	3	9						
28	27	Jura	3	10						
29	28	Wirtschaft	3	10						
93	92	Logistik	4	28						

Abbildung 19.8: Hierarchische Listenfelder nach dem eBay-Prinzip

+1 sorgt dafür, dass immer mindestens ein Eintrag in der Liste erscheint, im Zweifelsfall auch ein leerer. Wechseln Sie im ersten Listenfeld von einem Eintrag, der auf zweiter Ebene drei Elemente besitzt – beispielsweise *Bücher* – auf *Nahrung*, für den es nur zwei Untergruppen gibt, erscheint die Ansicht in *Abb. 19.9*.

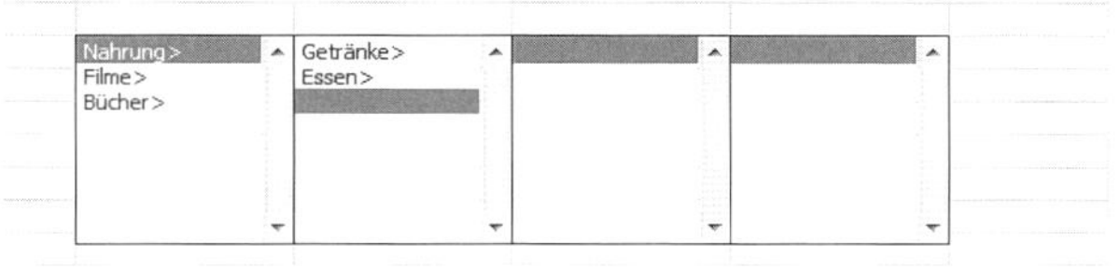

Abbildung 19.9: Ein leerer Eintrag je Liste als »Fehlanzeige«

Das zweite Listenfeld bleibt an dritter Position. Da es aber nur zwei Einträge gibt, ist der ausgewählte Eintrag leer. Auch bei den nachfolgenden Listenfeldern, die dann logischerweise gar keine Einträge haben, bleibt der erste, leere Eintrag aktiv. Wenn man nun im zweiten Listenfeld auf *Essen* klickt, wird das dritte und vierte Listenfeld wieder korrekt gefüllt. Lassen Sie die +1 bei BEREICH.VERSCHIEBEN weg, erscheint beim Wechseln auf *Nahrung* die folgende Ansicht (*Abb. 19.10*), die irgendwie nicht konsistent ist.

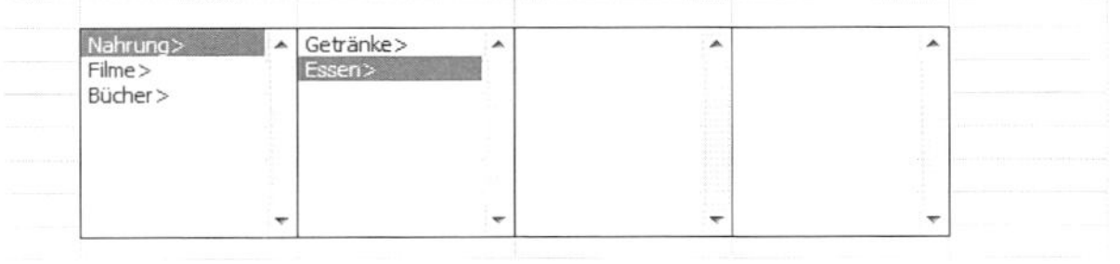

Abbildung 19.10: Inkonsistenz bei fehlendem Eintrag für die »Fehlanzeige«

Jetzt sieht es so aus, als gäbe es nichts zu essen, weil *Essen* keine Untergruppen hat. Das stimmt natürlich nicht. Und wenn man auf *Essen* klickt, werden die nachfolgenden Listenfelder auch nicht gefüllt. Man muss erst auf *Getränke* klicken und wieder zurück wechseln. Das ist nicht optimal. Deshalb ist es bei dieser Anwendung besser, den Listenbereich um eine Leerstelle (+1) zu verlängern.

Drop-down-Listen

Sie können dieses Prinzip auch mit Drop-down-Listen realisieren. Dazu stehen Ihnen drei Alternativen zur Verfügung:

1. Kombinationsfeld aus dem Katalog *Formularsteuerelemente*
2. Kombinationsfeld (Combobox) aus dem Katalog *ActiveX-Steuerelemente*
3. Gültigkeitsliste über *Daten/Datenüberprüfung*

Die nachfolgende *Abb. 19.11* zeigt Kombinationsfelder der *Formularsteuerelemente* und darunter Gültigkeitslisten.

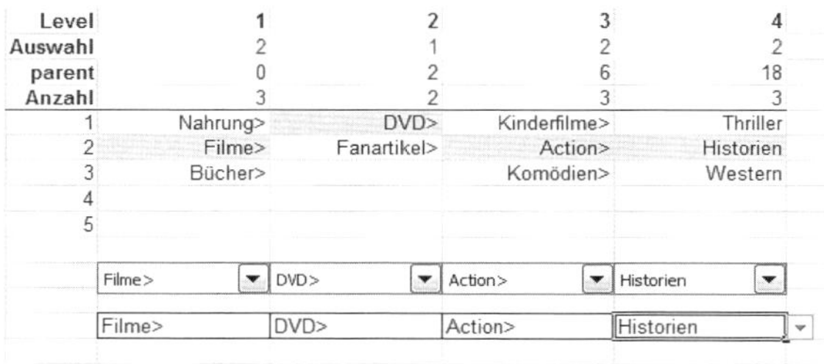

Abbildung 19.11: Hierarchische Auswahl – alternative Drop-down-Felder

Gegen die Verwendung des Kombinationsfelds ist nichts einzuwenden. Wenn Sie nachträglich den Eintrag in *Level 1* ändern, springen die nachfolgenden Felder an die erste Stelle Ihrer Liste, womit man sicher gut leben kann.

Die Gültigkeitslisten haben das Problem, dass sie im Gegensatz zum Listen- oder Kombinationsfeld nicht interagieren können. Wenn alle Felder gefüllt sind und Sie nachträglich *Level 1* ändern, bleiben die nun nicht mehr validen Einträge der folgenden Level stehen, solange Sie diese nicht ebenfalls geändert haben.

Kapitel 20

Arrayformel featuring VBA

Dieses Buch ist ja eigentlich eine VBA-freie Zone. Als Kreuzritter im Namen der Arrayformel müssen wir an dieser Stelle aber eine Ausnahme machen. Zur umfassenden Abhandlung aller Facetten der Arrayformel soll in diesem Kapitel gezeigt werden, dass sie in VBA kein Tabuthema ist, sondern dort auch sehr effizient eingesetzt werden kann.

20.1 Arrayformeln erobern VBA

Eine Excel-Zelle mit einer Arrayformel aus VBA heraus zu bestücken, funktioniert mit dem unspektakulären Befehl:

```
ActiveCell.FormulaArray = "=SUM(LEFT(R1C3:R5C3,2)*1)"
```

Kaum geläufig ist, wie man eine Arrayformel direkt im VBA-Code, ohne Excel-Zelle, verwenden kann. Für normale Excel-Funktionen stellt VBA das *WorksheetFunction*-Objekt zur Verfügung, das die meisten Standardfunktionen enthält. Doch Arrayformeln können über *WorksheetFunction* nicht verwendet werden. Stattdessen kann auf *Evaluate* zurückgegriffen werden, eine Methode des *Application*-Objekts. Laut Excel-Hilfe ... *konvertiert diese Methode einen Microsoft Excel-Namen in ein Objekt oder in einen Wert.*

Wie so oft drückt sich die Excel-Hilfe hier etwas umständlich aus. Einfacher ausgedrückt, wertet *Evaluate* Formelausdrücke aus, fungiert also als »Formelparser«. Ein Beispiel:

`Application.Evaluate("1+1")` ergibt 2.

`Application.Evaluate("=A1+B2")` addiert die Zellen A1 und B2 der aktiven Tabelle.

Das *Application*-Objekt muss nicht unbedingt mit angegeben werden. Es können auch, analog zu *WorksheetFunction*, Excel-Funktionen ausgewertet werden:

`Evaluate("=SUM(A1:A10)")` summiert die Zellen A1:A10.

Eine häufig verwendete Arrayformel ist die Summierung einer Spalte nach mehreren Bedingungen. Die Standardfunktion SUMMEWENN hat bekanntlich die Schwäche, dass man nur ein Kriterium auswählen kann, nach dem summiert wird, und die Funktion SUMMEWENNS steht in Excel-Versionen vor 2007 nicht zur Verfügung.

Beispielsweise sollen die Werte in Spalte C dann summiert werden, wenn in Spalte A eine 1 und in Spalte B eine 2 steht. Die passende Arrayformel lautet:

```
{=SUMME((A1:A5000=1)*(B1:B5000=2)*C1:C5000)}
```

Auf herkömmliche Weise würde man diese Berechnung in VBA wie folgt darstellen:

```
Sub SummeMitSchleife()
Dim t
Dim c As Range
Dim Summe As Double
t = Timer
For Each c In Range("A1:A5000")
   If c = 1 Then
      If c.Offset(0, 1) = 2 Then
         Summe = Summe + c.Offset(0, 2)
      End If
   End If
Next
MsgBox Summe & " Berechnungsdauer:" & Timer - t
End Sub
```

Mit *Evaluate* lässt sich die Arrayformel direkt nach VBA übertragen:

```
Sub SummeMitEvaluate()
Dim t
t = Timer
MsgBox Evaluate("=SUM((A1:A5000=1)*(B1:B5000=2)*C1:C5000)") &
" Berechnungsdauer:" & Timer - t
End Sub
```

Diese Methode ist sogar um ein Vielfaches schneller als der herkömmliche Weg über die *For-Each-Next*-Schleife.

Der Formelausdruck ist ein String (oder auf gut Deutsch: eine Zeichenkette). Wenn einzelne Parameter des Strings dynamisiert werden sollen, muss er in Teilstrings zerlegt werden.

Mit

```
K1 = 1
K2 = 2
```

```
MsgBox Evaluate("=SUM((A1:A5000=" & K1 & ")*(B1:B5000=" & K2 & ")*C1:C5000)")
```

können z. B. die Suchkriterien 1 und 2 variabel geändert werden.

Es ist außerdem möglich, um den Formelausdruck [eckige Klammern] zu setzen. Das ersetzt den Ausdruck *Evaluate*.

```
[=SUM((A1:A5000=1)*(B1:B5000=2)*C1:C5000)]
```

Dadurch geht allerdings die Flexibilität flöten, denn Sie können an den Ausdruck zur Laufzeit des Makros keine Variablen übergeben, wie es bei *Evaluate* möglich ist. Wenn das nicht nötig ist, weil Ihr Makro stets die gleiche Berechnung durchführen soll, ist die eckige Klammer aber eine praktische Alternative. Sie können mit ihr auch einfach Bereiche ansprechen. `[A1].Value` ist äquivalent zu `Range("A1").Value`.

20.1.1 Übergabe an ein Datenfeld

Arrayformeln, die als Ergebnis ein Array liefern, können dieses mit *Evaluate* direkt an ein Datenfeld übergeben. Der herkömmliche Weg lautet:

```
Sub Makro1()
Dim Feld(1 To 10) As Variant
For x = 1 To 10
Feld(x) = Left(Cells(x, 1), 3)
Next
End Sub
```

Mit *Evaluate* sieht es so aus:

```
Sub Makro2()
Dim Feld
Feld = Evaluate("transpose(left(A1:A10,3))")
Tabelle1.ListBox1.List = Evaluate("transpose(left(A1:A10,3))")
End Sub
```

Wie Sie sehen, kann das Array so auch direkt an ein Listenfeld übergeben werden. Wichtig ist, dass der Formelausdruck transponiert wird, damit *Evaluate* das Datenfeld übergibt.

20.2 Formelparsing mit AUSWERTEN

Die praktische VBA-Funktion *Evaluate* würde Excel als Standardfunktion auch gut zu Gesicht stehen. Schade, dass bei neuen Excel-Versionen so wenig Arbeit darin investiert wird, wenigstens ein paar neue Funktionen zur Verfügung zu stellen. Wenn am Gabentisch die neuen Features verteilt werden, geht der Formelfreund leider meistens leer aus.

Zum Glück gibt es oft Hintertürchen, über die man aber trotzdem ans Ziel kommt. Manchmal muss man sich dabei Relikten aus grauer Excel-Vorzeit bedienen. Seit Excel 4, dem Zeitalter der Makrofunktionen, gibt es eine Funktion namens AUSWERTEN. Excel 4-Makrofunktionen sind leider nicht in Tabellen einsetzbar. Der Versuch, eine solche Funktion in eine Zelle einzutragen, wird mit einer Fehlermeldung quittiert (*Abb. 20.1*).

Abbildung 20.1: Fehlermeldung bei Eingabe einer Excel 4-Makrofunktion in eine Zelle

Die Hintertür führt über Namen. Sie können einen Namen definieren, beispielsweise *WerteAus* bezogen auf die Formel

```
=AUSWERTEN($A$1)
```

Wenn Sie jetzt in eine Zelle

```
=WerteAus
```

schreiben, wird der in Stringform angegebene Ausdruck in A1 ausgewertet, genau so, wie dies *Evaluate* in VBA erledigt. Das funktioniert sowohl mit Rechenoperationen als auch mit Excel-Funktionen. In *Abb. 20.2* finden Sie einige Beispiele.

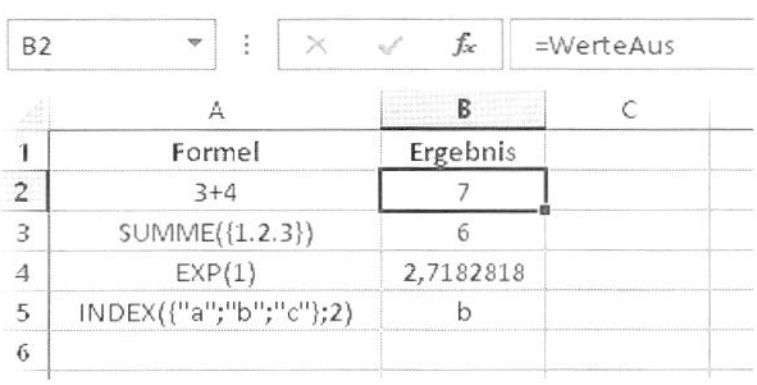

	A	B	C
1	Formel	Ergebnis	
2	3+4	7	
3	SUMME({1.2.3})	6	
4	EXP(1)	2,7182818	
5	INDEX({"a";"b";"c"};2)	b	
6			

Abbildung 20.2: Ergebnisse der Funktion AUSWERTEN

Am vierten Beispiel lässt sich schon erahnen, dass uns AUSWERTEN auf diese Weise eine weitere sehr nützliche Funktion, die eigentlich auch nur in VBA zur Verfügung steht, beschert, und zwar *Split*. Schreiben Sie in A1 einen String von Zahlen, die durch ein bestimmtes Trennzeichen getrennt sind, beispielsweise:

```
1,23,456,7890
```

Dann erzeugt der Name *Split* mit der Formel

```
=AUSWERTEN("{"&WECHSELN(Tabelle1!$A$1;",";".")&"}")
das Array
{1.23.456.7890}.
```

Das zweite Argument der Funktion WECHSELN bestimmt das Trennzeichen, das im String verlangt wird. Das dritte Argument erzeugt bei "." ein horizontales Array und bei ";" ein vertikales Array.

In VBA steht zu *Split* die Umkehrfunktion *Join* zur Verfügung, die die Elemente eines Arrays verkettet. Diese Funktion ist in Excel leider auch nicht mit Excel 4-Makrofunktionen nachzubauen.

20.3 Die Gesichter der Zelle

20.3.1 Formel anzeigen

Da sich Gegensätze bekanntlich anziehen, liegt es nahe, noch kurz auf die Umkehrfunktion von AUSWERTEN einzugehen. Sie haben in einer Zelle eine Berechnung stehen, die ein Ergebnis liefert. Nun soll die Formel sichtbar gemacht werden, die zu diesem Ergebnis geführt hat. Sie können das zunächst pauschal für die ganze Tabelle machen. Dafür gibt es den Aufruf *Formeln/Formelüberwachung/Formeln anzeigen*. Das gleiche Resultat erzeugt der Shortcut [Strg]+[#].

Wenn man diesen Rundumschlag einsetzt, zuckt man vielleicht erst einmal vor Schreck zusammen, weil es einem die Tabellenansicht doch ziemlich durcheinanderbringt. Bei erneutem Betätigen von [Strg]+[#] ist der Spuk Gott sei Dank wieder vorbei.

Eleganter wäre es doch, dies kontrolliert auf bestimmte Zellen anzuwenden, beispielsweise in einer benachbarten Spalte. Auch hierfür gibt es leider weder eine Standardfunktion noch ein Add-in, sodass wieder auf eine Excel 4-Makrofunktion zugegriffen werden muss.

Definieren Sie einen Namen *Formel* bezogen auf

```
=ZELLE.ZUORDNEN(6;INDIREKT("Tabelle1!ZS(-1)";0))
```

Diesmal enthält der Name einen relativen Bezug in der Z1S1-Schreibweise, denn der Ausdruck bewirkt, dass immer die links benachbarte Zelle ausgewertet wird: `ZS(-1)` – also gleiche Zeile, aber eine Spalte weiter links. Zum Beispiel (*Abb. 20.3*):

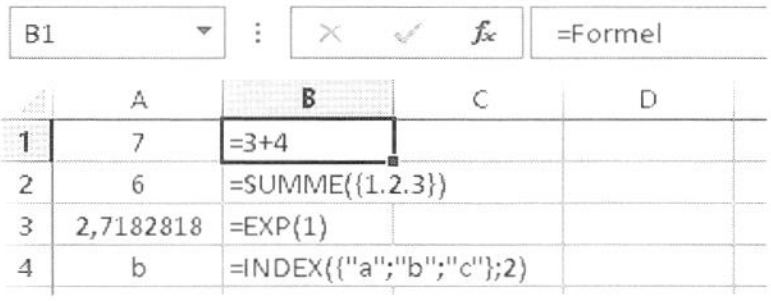

Abbildung 20.3: Formel einer benachbarten Zelle anzeigen

20.3.2 Zellansicht

Wenn wir schon dabei sind, passt auch irgendwie noch die Berechnung der Zellansicht in dieses Triumvirat aus Excel 4-Makrofunktionen. In VBA gibt es die simple Zelleigenschaft *Text*. Sie gibt das als String zurück, was eine Zelle tatsächlich anzeigt. Eine Zahl wird formatiert zurückgegeben und wenn die Spalte zu schmal ist, liefert *Text* den »Gartenzaun« aus Rauten. Nicht mal dafür gibt es eine entsprechende Excel-Funktion. Verwechseln Sie das nicht mit der Excel-Funktion TEXT, die eine Zahl in einen Text – unter Berücksichtigung eines vorgegebenen Zahlenformats – umwandelt.

Um in Excel die Zellansicht zu erhalten, definieren Sie den Namen *ZellAnsicht* bezogen auf:

```
=ZELLE.ZUORDNEN(53;INDIREKT("Tabelle1!ZS(-1)";0))
```

Die Formel `=ZellAnsicht` gibt dann immer die Zellansicht der linken Nachbarzelle aus.

Jetzt wollen wir aber nicht das Licht der Excel-Funktion TEXT unter den Scheffel stellen. Wenn sie sich von der Funktion `=ZELLE("Format";Bezug)` assistieren lässt, kann sie in begrenztem Maße Ähnliches bewirken. ZELLE liefert mit dem Parameter *Format* einen Code, der das in *Bezug* enthaltene Zahlenformat kennzeichnet. Separiert man davon noch den linken Buchstaben, ergibt dies (*Abb. 20.4*):

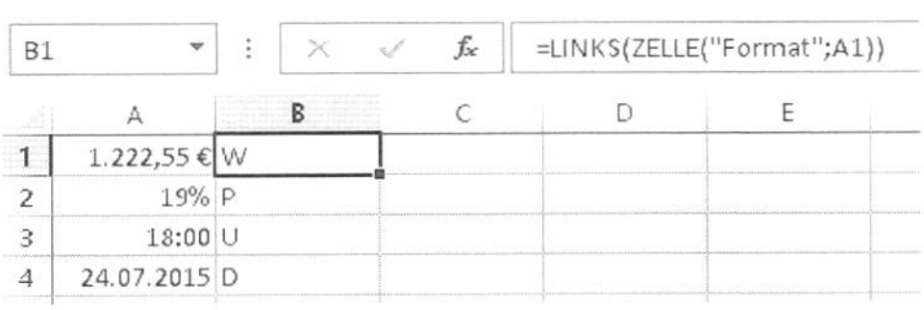

Abbildung 20.4: Formatkennzeichen einer Zelle ermitteln

Bei der Funktion TEXT muss man sich normalerweise auf ein bestimmtes Zahlenformat festlegen, das die Zahl in einen String umwandelt. Mit den Formatkennzeichen aus der vorigen Abbildung können Sie aber dafür sorgen, dass die Funktion TEXT flexibel auf das in Spalte A verwendete Zahlenformat reagieren kann (*Abb. 20.5*):

C1 =B1&" "&TEXT(A1;VERWEIS(LINKS(ZELLE("Format";A1));Fcode;Formate))

	A	B	C	D	E	F	G	H
1	1.222,55 €	bitte bezahlen	bitte bezahlen 1.222,55 €					
2	19%	USt zahlen	USt zahlen 19%					
3	18:00	heimgehen	heimgehen 18:00					
4	24.07.2015	ausschlafen	ausschlafen 24.07.2015					

Abbildung 20.5: Mit der Funktion TEXT flexibel auf aktuelles Zahlenformat reagieren

```
C1: =B1&" "&TEXT(A1;VERWEIS(LINKS(ZELLE("Format";A1));FCode;Formate))
```

Der Name *FCode* enthält die möglichen Formatcodes, die `LINKS(ZELLE("Format";A1))` liefern kann:

```
{".";"D";"E";"P";"S";"U";"W"}
```

Und der Name *Formate* enthält die zugehörigen Zahlenformate:

```
{"#.##0,00;-#.##0,00";"TT.MM.JJ";"0,0E+0";"0,0%";"0;-0";"hh:mm";"#.##0,00 ?
;-#.##0,00 ?"}
```

Aus diesen pickt VERWEIS dann das passende herauspickt und übergebt es an TEXT. Die Matrixkonstante für *FCode* muss die einzelnen Elemente – wie es bei VERWEIS immer der Fall ist – in aufsteigender Reihenfolge beinhalten.

Diese Formel ist deshalb nur beschränkt einsatzfähig, weil es viel mehr verschiedene Zellansichten bzw. Zahlenformate gibt, als durch den Formatcode unterschieden werden können. Zum Beispiel wird 24.07.15 und 24. Juli 2015 in Spalte A zum gleichen Ergebnis in Spalte C führen. Weiterhin wird auch der Gartenzaun ##### bei einer zu schmalen Spalte nicht erkannt. Aber das werden wir verschmerzen können.

Kapitel 21

Das nackte Chaos

Mithilfe von Iterationen, Zirkelbezügen, Zufallszahlen, Diagrammen und Mehrfachoperationen wird Excel zur Spielwiese experimenteller Mathematik.

21.1 Spiel des Lebens – zelluläre Automaten

Das »Game of Life« wurde 1968 von John Horton Conway an der Universität von Cambridge erfunden. Life ist ein einfaches System mit wenigen Grundregeln, das durch lokale Interaktion und Iteration komplexes Verhalten aufweist. Simuliert wird in Life die Entwicklung einer künstlichen Zellpopulation, die auf einem zweidimensionalen, quadratischen Gitter stattfindet. Jede Zelle dieses Gitters befindet sich in einem ständigen Kampf ums Überleben. Sie interagiert mit den acht benachbarten Zellen, die von oben, unten, rechts, links und den vier Diagonalen angrenzen. Eine Zelle stirbt, wenn es zu viele (Tod wegen Überbevölkerung) oder zu wenige (Tod wegen Einsamkeit) andere lebende Zellen um sie herum gibt. Trotz der einfachen Regeln der Simulation entsteht – abhängig von einer vorgegebenen Anfangsbevölkerung – eine ungeheure Vielfalt der sich von Generation zu Generation entwickelnden Zellkolonien. In den 1970er und 1980er Jahren, als die ersten Computer aufkamen, wurde Life auf breiter Front von Computerbegeisterten erschlossen. Besonders an der Chaostheorie Interessierte haben ihre Freude daran. Bei nur geringer Änderung der Ausgangspopulation wird die Vorhersagbarkeit einer Zellentwicklung nach vielen Iterationsschritten unmöglich. Dies erinnert an den berühmten Schmetterling, der mit einem Flügelschlag auf der anderen Seite der Erde einen Orkan auslöst.

Die Regeln sind ganz einfach erklärt:

- Eine Zelle kann die zwei Binärzustände 0 und 1 annehmen. 0 stellt eine tote und 1 eine lebende Zelle dar.
- Eine tote Zelle nimmt in der n+1-ten Generation den Wert 1 an, wird also geboren, wenn drei ihrer acht Nachbarn in der n-ten Generation den Wert 1 hatten, also lebten.
- Eine lebende Zelle lebt weiter, wenn zwei oder drei ihrer Nachbarn in der vergangenen Generation lebten.
- Eine lebende Zelle stirbt an Vereinsamung, wenn nur ein oder kein Nachbar existierte, und nimmt damit den Wert 0 an.
- Eine lebende Zelle stirbt an Überbevölkerung und erhält den Wert 0, wenn sich vier oder mehr Zellen in ihrer Nachbarschaft breit gemacht haben.

Damit sind alle Regeln vollständig beschrieben, folgendes Beispiel (*Abb. 21.1*) verdeutlicht dies. Schwarze Zellen leben und haben den Wert 1. Weiße Zellen sind tot und haben den Wert 0. Die angegebene Zahl gibt die Anzahl lebender Nachbarn an.

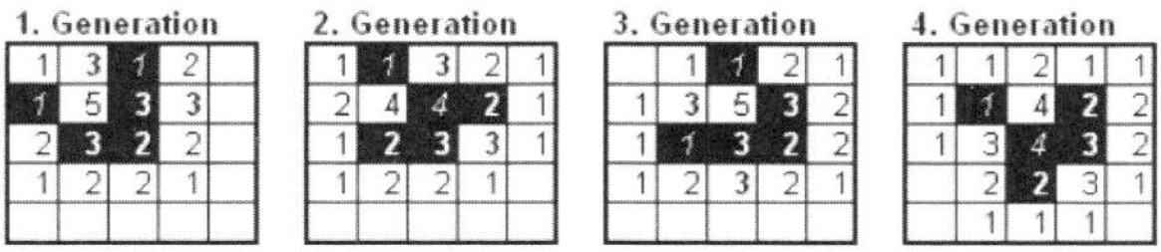

Abbildung 21.1: Beispiel der Entwicklung einer Zellpopulation von »Life«

Excel ist perfekt geeignet, diese legendäre Simulation von John Horton Conway nachzubauen. Verblüffend ist dabei, dass dazu überhaupt keine Programmierkenntnisse notwendig sind.

Zirkelbezüge

Normalerweise finden zwischen den Zellen einer Tabelle keine Interaktionen statt, die Zellverknüpfungen können noch so kompliziert und vielstufig sein, in der Regel sind sie aber immer »Einbahnstraßen«. Verfolgt man von einem Bezug die Spur zu allen Vorgängern (dafür gibt es die Befehle im Menüband *Formeln/Formelüberwachung*), wird man niemals wieder zur Anfangszelle gelangen. Ist dies doch der Fall, wird ein Zirkelbezug ausgelöst. Dies sollte in der Regel so weit wie möglich vermieden werden, aber in Sonderfällen ist gerade dies erwünscht, so auch im Fall von »Life«. In Excel ist es möglich, diese Zirkelbezüge iterativ aufzulösen, indem man unter *Datei/Optionen/Formeln/Berechnungsoptionen* das Kontrollkästchen *Iterative Berechnung aktivieren* einschaltet. Für die Simulation von Life muss dieses Kontrollkästchen auf jeden Fall aktiviert sein. Stellen Sie die *Maximale Iterationszahl* auf 1 (*Abb. 21.2*). Dadurch wird bei jeder Neuberechnung mit F9 immer nur ein Iterationsschritt bzw. eine neue Generation berechnet.

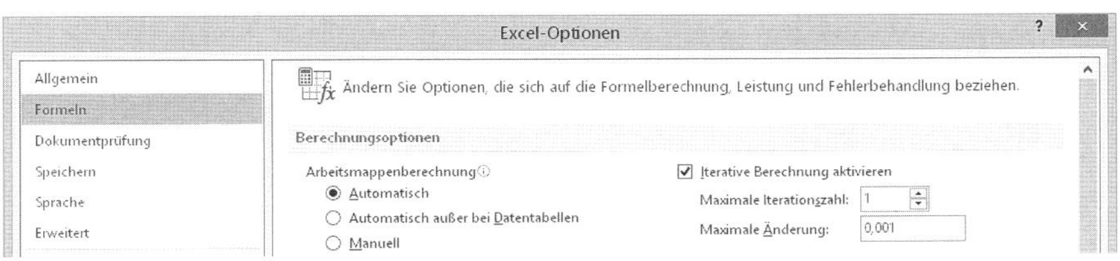

Abbildung 21.2: Dialogfeld Excel-Optionen *zum Einschalten der Excel-Iteration*

Wie groß Ihre Welt von Life wird, bleibt Ihnen überlassen, aber sie sollte schon ca. 50 x 50 Zellen groß sein. Der Aufbau wird im Folgenden an einer kleinen 10x10-Matrix demonstriert.

Sie benötigen insgesamt drei Matrizen á 10 x 10, die erste von A2:J11 legt die Anfangspopulation fest. In zu Beginn lebende Zellen tragen Sie hier eine 1 ein. Die Bereiche L2:U11 und L14:U23 enthalten zwei Matrizen, die die n-te bzw. n+1-te Generation darstellen und zwischen denen der Zirkelbezug besteht (*Abb. 21.3*).

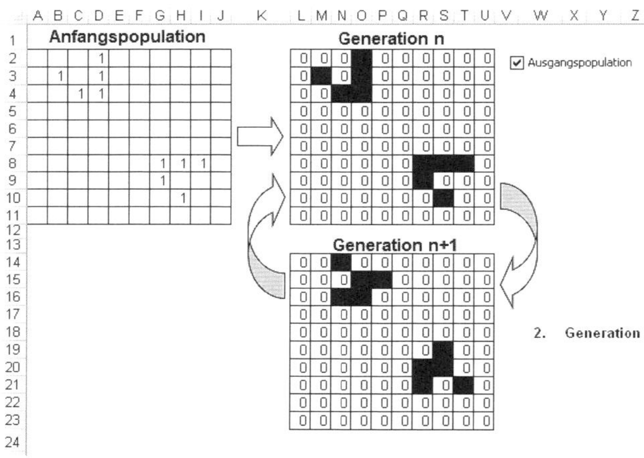

Abbildung 21.3: Tabellenaufbau für das Spiel des Lebens

Wichtig ist, dass die dritte Matrix unter der zweiten positioniert wird. Damit wird gewährleistet, dass eine Generation vollständig berechnet wurde, bevor die nächste Generation berechnet wird. Das liegt an der Reihenfolge, in der Excel die Zellen berechnet.

Berechnungsreihenfolge in Excel

Um das zu verstehen, muss man sich klar machen, in welcher Reihenfolge Zellen bei Neuberechnungen abgearbeitet werden. Dies soll in einem kleinen Experiment nachgewiesen werden. Schreiben Sie in einer anderen Tabelle in die Zelle G1 eine 1. Schreiben Sie in A1 die Formel

```
A1: =WENN($G$1=1;0;WENN(A1=0;MAX($A$1:$E$5)+1;A1))
```

und kopieren Sie sie bis E5. Aktivieren Sie die Excel-Iteration. Wenn Sie nun in G1 die 1 löschen, wird jede Zelle von A1:E5 einmal berechnet und der Maximalwert aller schon berechneten Zellen in A1:E5 plus 1 zurückgegeben. In der ersten berechneten Zelle ergibt sich 1, in der zweiten 2 usw. Dadurch lässt sich die Berechnungsreihenfolge der Zellen nachweisen, wie in der rechten Tabelle der *Abb. 21.4* zu sehen ist.

	A	B	C	D	E	F	G
1	0	0	0	0	0		1
2	0	0	0	0	0		
3	0	0	0	0	0		
4	0	0	0	0	0		
5	0	0	0	0	0		

	A	B	C	D	E	F	G
1	1	2	3	4	5		0
2	6	7	8	9	10		
3	11	12	13	14	15		
4	16	17	18	19	20		
5	21	22	23	24	25		

Abbildung 21.4: Beweisführung der Berechnungsreihenfolge in Excel

Die Zellen werden also zuerst spaltenweise, dann zeilenweise berechnet. Damit eine Tabelle oder Matrix vollständig vor einer anderen berechnet wird, müssen beide also untereinander stehen.

Nach diesem kleinen Exkurs zurück zur Life-Simulation. In L2 steht die Formel:

```
L2: =WENN(Start;A2;L14)
```

Start ist der Name irgendeiner Zelle, die quasi den Startschuss zur Iteration gibt. Solange diese Zelle den Wert 1 oder WAHR einnimmt, herrscht Stillstand und in der zweiten Matrix L2:U11 wird die Anfangspopulation angezeigt. Es bietet sich an, die Zelle *Start* über ein Kontrollkästchen zu steuern (muss aber nicht sein). Diese Formel wird bis U11 kopiert. Wird die Startzelle auf 0 gesetzt, wird der Wert aus L14 genommen, der die entsprechende Zelle der nachfolgenden Generation enthält. In L14 wiederum steht die Formel

```
L14: =WENN(L2=1;WENN(ODER(az=2; az=3);1;0);WENN(az=3;1;0))
```

az steht für die Anzahl lebender Zellen, die an die Zelle L2 – also die entsprechende Zelle der Vorgängergeneration – angrenzen. Die Formel, die sich hinter dem Namen *az* verbirgt, lautet:

```
=L1+M1+M2+ M3+ L3+ K3+ K2+ K1
```

Dies sind relative Bezüge aus Sicht der Zelle L14. Wenn Sie diesen Formelbezug in den Namensdialog eingeben (Aufruf *Formeln/Definierte Namen/Namen definieren*), muss L14 aktiv sein. Die verschachtelte WENN-Formel bildet genau die Regeln ab, die definiert wurden:

- =WENN(L2=1; (wenn L2 lebt)
- WENN(ODER(az=2;az=3);1;0) (wenn zwei oder drei Nachbarn leben, dann lebt L2 weiterhin)
- WENN(az=3;1;0) (wenn L2 tot ist, wird sie wiedergeboren, wenn drei Nachbarn leben)

Die Formel von L14 wird bis U23 kopiert. Sobald die Startzelle auf 0 gesetzt wird, wird bei jeder Neuberechnung mit F9 eine neue Generation berechnet. Sie können auch eine Zähler-Zelle namens *n* mit der Formel =WENN(start;2;n+1) definieren, die sich selbst bei jedem Iterationsschritt um 1 erhöht. So erhalten Sie die Kontrolle, wie viele Generationen insgesamt berechnet wurden. Sie können lebende Zellen mit der bedingten Formatierung farbig markieren:

Rufen Sie *Start/Bedingte Formatierung/Regeln zum Hervorheben von Zellen/Gleich* auf, geben Sie im folgenden Dialogfeld im linken Feld eine 1 ein und wählen Sie im rechten Drop-down-Listenfeld das gewünschte Format aus.

Nun kann die Simulation beginnen. Die ersten 24 Generationen des Beispiels entwickeln sich so, wie es in *Abb. 21.5* zu sehen ist.

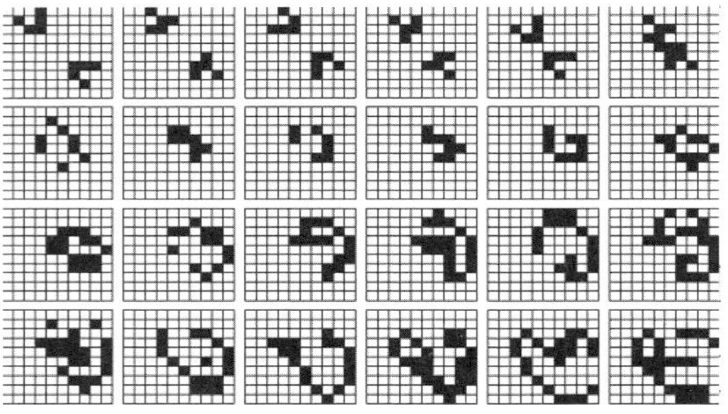

Abbildung 21.5: Entwicklung einer Zellpopulation über 24 Generationen

In der 65. Generation kommt die Bevölkerungsentwicklung zum Stillstand (*Abb. 21.6*). Alle vier Zellen des Quadrats haben drei lebende Nachbarn und leben daher weiter. Außerdem gibt es keine Zelle außerhalb der lebenden Gruppe, die drei Nachbarn hätte und damit wiedergeboren werden würde.

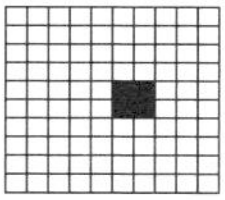

Abbildung 21.6: Endstadium einer Zellpopulation nach 65 Generationen

Das Interessante an Life ist die Unvorhersehbarkeit der Entwicklung. Wenn Sie die Anfangspopulation nur geringfügig verändern, kann es sein, dass die Zellen nach nur wenigen Generationen komplett aussterben oder auch Hunderte Generationen überleben. Fans haben eine regelrechte Wissenschaft daraus gemacht, Zellformationen zu finden, die bestimmte Eigenschaften aufweisen. Die beiden fünfzelligen Gruppen der Anfangspopulation werden z. B. Gleiter genannt, da sie sich aufeinander zu bewegen. Drei lebende Zellen in einer Reihe sind Blinker. Es gibt auch Fresser, Gleiterkanonen und vieles mehr, was an dieser Stelle zu weit führen würde. Wenn Sie nach »life John Horton Conway« googeln, finden Sie Unmengen Material. Viel Spaß beim Experimentieren.

21.2 Mandelbrots Apfelmännchen

Nach dem Spiel des Lebens beschäftigen wir uns noch einmal mit der Chaosforschung und der rechnergestützten Simulation komplexer Systeme.

Die absolute Ikone auf diesem Gebiet, die zugleich eines der schönsten (wenn nicht das schönste) Objekt ist, das durch pure Mathematik je geschaffen wurde, ist die nach Benoît Mandelbrot benannte Mandelbrotmenge. Hier muss man ganz klar sagen: Auch Excel hat Grenzen. Excel ist kein geeignetes Programm, um die Mandelbrotmenge in ihrer ganzen Schönheit, Komplexität und Farbenvielfalt darzustellen, im Gegensatz zu vielen anderen Fraktalprogrammen, die man im World Wide Web kostenlos erhalten kann.

Trotzdem lohnt es sich, die Berechnung der Mandelbrotmenge in Excel zu demonstrieren, da dies verblüffend einfach, schnell und vor allem sehr anschaulich umzusetzen ist. Außerdem ist es ein Paradebeispiel für das Zusammenwirken unterschiedlichster Excel-Funktionalitäten.

Wie wird die Mandelbrotmenge überhaupt sichtbar gemacht? Durch Iteration der einfach genialen und genial einfachen Formel:

$$Z_{n+1}=Z_n^{2}+C$$

Z_n und C sind komplexe Zahlen, die jeweils aus einem Realteil bestehen (Zr;Cr) und einem Imaginärteil (Zi;Ci). Der Realteil wird immer zuerst angegeben. Folglich gilt $Z_n = Z_n r + Z_n i$ und C = Cr+Ci. Die Iteration startet immer mit Z_0=0+0i. Für C wird ein Wert im Bereich -2 < Cr < +1 und -1,5 < Ci < +1,5 gewählt. Innerhalb dieser Grenzen existiert die Mandelbrotmenge. Sie ist definiert als die Menge an Punkten, bei denen Z_n^2+C nach n Iterationsschritten keinen Realteil von größer als ca. 2 bis 4 (Absolutwert ohne Vorzeichen) aufweist. Ist dies der Fall, gehört der Punkt C zur Mandelbrotmenge. Sie wird dargestellt in einem zweidimensionalen Koordinatensystem, wobei der x-Wert dem Realteil von C und der y-Wert dem Imaginärteil von C entspricht. Hat der Absolutwert des Realteils von Z_n^2+C den Wert 4 überschritten, wird die Iterationsfolge unweigerlich divergieren, ins Chaos abdriften und liegt somit außerhalb der Mandelbrotmenge. Es spielt nicht nur eine Rolle, ob die Folge divergiert, sondern auch wann, also nach wie vielen Iterationsschritten. Wenn man von der Anzahl der Schritte den Farbton des Koordinatenpunkts abhängig macht, entsteht die fantastische Farbenvielfalt im Grenzbereich zwischen Chaos und Ordnung der Mandelbrotmenge.

Excel bietet Funktionen an, die Rechenoperationen mit komplexen Zahlen durchführen können. Sie benötigen die Funktionen IMSUMME, IMAPOTENZ und IMREALTEIL. Komplexe Zahlen werden immer als String angegeben.

- IMAPOTENZ berechnet Z_n^2.
- IMSUMME addiert C hinzu.
- IMREALTEIL gibt zur Prüfung des Grenzwerts Zr < 4 den Realteil von Z_n zurück.

Hinter den Funktionen steckt folgende Rechenlogik:

`IMSUMME("a+bi";"c+di")` entspricht `(a+c)+(b+d)*i`

`IMAPOTENZ("a+bi";")` entspricht `(a^2-b^2)+(2*a*b)*i.`

Es folgt ein Beispiel der Iteration für C=1+1i.

$Z_1=Z_0^2+C=(0+0i)^2+(1+1i)$

```
=IMSUMME(IMAPOTENZ("0+0i";2);"1+1i")="1+i"
```
$Z_2=Z_1^2+C$`=IMSUMME(IMAPOTENZ("1+1i";2);"1+1i")="1+3i"`

Wie Sie die Iteration tabellarisch durchführen, sehen Sie in *Abb. 21.7.*

B5 =IMSUMME(IMAPOTENZ(B4;2);$B$3)

	A	B	C	D
1	Cr	1		Prüfung < 4:
2	Ci	1		Exit nach
3	Z_0	1+1i	Abs(Zr)	3
4	Z_1	0+0i	0	Schritten
5	Z_2	1+i	1	
6	Z_3	1+3i	1	
7	Z_4	-7+7i	7	
8	Z_5	0,999999999999982-97i	1	
9	Z_6	-9407-192,999999999997i	9407	
10	Z_7	88454401+3631102,99999998i	88454401	
11	Z_8	7810996147272190+642374081668603i	7,811E+15	
12	Z_9	6,05990163519014E+31+1,00351629540419E+31i	6,0599E+31	
13	Z_{10}	3,57153628730384E+63+1,21624200789196E+63i	3,5715E+63	
14	Z_{11}	1,1276626829767E+127+8,68770493065883E+126i	1,128E+127	
15	Z_{12}	5,16860956956272E+253+1,95936013020333E+254i	5,169E+253	
16	Z_{13}	#ZAHL!	#ZAHL!	

Abbildung 21.7: Iteration der Mandelbrot-Formel

Die Zellen B1 und B2 sind die einzigen Eingabezellen. In B3 wird C aus Cr und Ci mit der Formel

```
B3: =B1&TEXT(B2;"+Standard;-Standard")&"i"
```

zusammengesetzt. Z_0 in B4 ist die Konstante »0+0i«. Die Iterationsformel lautet:

```
B5: =IMSUMME(IMAPOTENZ(B4;2);$B$3)
```

Kopieren Sie die Formel 50-mal nach unten, um 50 Iterationsschritte durchzuführen. Wie zu sehen ist, gehört der Punkt C=1+1i nicht zur Mandelbrotmenge, da er divergiert. In A16 erreicht er eine Zahl, die Excel nicht mehr darstellen kann. In Spalte C extrahieren Sie den Absolutwert des Realteils von Z_n. In C4 steht:

`C4: =ABS(RUNDEN(IMREALTEIL(B4);5))` (nach unten kopieren). Mit

```
D3: =ZÄHLENWENN(C5:C54;"<4")
```

wird ermittelt, nach wie vielen Iterationsschritten sich die Zahlenfolge ins Chaos verabschiedet. Für C=1+1i ist der »Exit« bereits nach drei Schritten erreicht. Bei einem Startwert von C=0,1+0,1i bleibt die Zahlenfolge innerhalb der Grenze von 4, in D3 wird somit 50 ausgewiesen, was zum Ausdruck bringt, dass dieser Punkt zur Mandelbrotmenge gehört.

Noch eine Anmerkung zum grundsätzlichen Verständnis von Iterationen in Excel. Im Gegensatz zum Spiel des Lebens ist es bei diesem Iterationsverfahren nicht nötig, unter den Optionen die Excel-Iteration zu aktivieren. Denn hier entsteht keine Rückkoppelung zwischen verschiedenen Zellen. Jeder Iterationsschritt bezieht sich auf die Vorgängerzeile. Eine Iteration muss also nicht zwangsweise Zirkelbezüge auslösen.

Jetzt können Sie bereits bestimmen, ob ein einzelnes C zur Mandelbrotmenge gehört oder nicht. Als Nächstes soll das Gebilde für eine zweidimensionale Fläche von C-Werten in einem Diagramm sichtbar gemacht werden. Zu empfehlen ist eine Fläche von 60 x 60 = 3.600 C-Werten. Um dies zu realisieren, benötigen Sie einen geeigneten Diagrammtyp. Am besten eignet sich dazu das Oberflächendiagramm. Außerdem benötigen Sie 3.600 Mal das Iterationsergebnis aus D3, der Exit nach x Iterationsschritten. Die »Exitzahlen« sind die Werte, die im Oberflächendiagramm dargestellt werden sollen. Es stellt sich die Frage, wie Sie das am geschicktesten bewerkstelligen können. 3.600 Mal das komplette Iterationstableau zu kopieren, erscheint nicht sehr zweckmäßig. Denkbar wäre ein Makro, das alle 3.600 Kombinationen von Cr und Ci in B1 und B2 einträgt und nach jeder Berechnung der Iteration die »Exitzahl« aus D3 in eine Ergebnismatrix kopiert. Doch warum das Rad neu erfinden? Für dieses Problem stellt Excel standardmäßig ein geniales Feature zur Verfügung, das ungerechterweise ein etwas stiefmütterliches Dasein fristet und dem viel zu selten Beachtung geschenkt wird: die MEHRFACHOPERATION (MOP).

Mit diesem Feature erzeugen Sie ganz einfach aus einer Matrix von 60 x 60 Cr/Ci-Kombinationen die resultierende Exitzahl. Bei Mehrfachoperation wird eine Zielgröße festgelegt, in diesem Fall die Exitzahl. Nun können ein bis zwei Eingabeparameter definiert werden, deren Änderungen sich auf das Ergebnis der Zielgröße auswirken. Cr und Ci sind genau die zwei Eingabeparameter, die wir benötigen und die wir in MOP verwenden können. Excel berechnet dann für alle definierten Eingabeparameter im Hintergrund die resultierende Zielgröße. Konkret geht das wie folgt vonstatten:

Sie verknüpfen eine Zelle, beispielsweise F3, mit der Exitzahl aus D3:

```
F3: =D3
```

Ab G3 erstellen Sie nach rechts das Intervall aller Cr-Werte, die verwendet werden sollen. Am besten 61 Werte zwischen –2 und +1 in 0,05er-Schritten. Ab F4 erstellen Sie abwärts das Intervall aller Ci-Werte zwischen –1,5 und +1,5. Bei 61 x 61 umfasst die gesamte Ergebnismatrix den Bereich F3:BO64, den Sie markieren.

Nun wählen Sie *Daten/Datentools/Was-Wäre-Wenn-Analyse/Datentabelle*, um das folgende Dialogfeld zu erhalten.

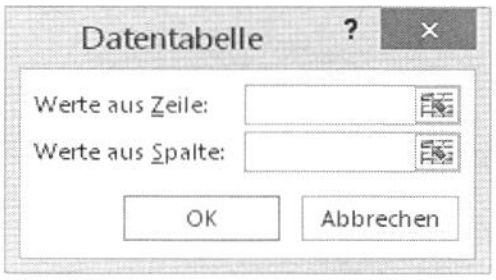

Abbildung 21.8: Dialogfeld zur Einstellung einer Mehrfachoperation

In ganz alten Excel-Versionen (bis 2000) hieß der Menüpunkt noch *Mehrfachoperation*, das war etwas aussagefähiger. Einzutragen ist:

- *Werte aus Zeile*: =B1
- *Werte aus Spalte*: =B2

Wenn Sie mit *OK* bestätigen, wird die Ergebnismatrix gefüllt (*Abb. 21.9*):

G4 | {=MEHRFACHOPERATION(B1;B2)}

	F	G	H	I	J	K	L	M	N	O	P	Q
1												
2												
3	3	-2	-1,95	-1,9	-1,85	-1,8	-1,75	-1,7	-1,65	-1,6	-1,55	-1,5
4	-1,5	2	2	2	2	2	2	2	2	2	2	2
5	-1,45	2	2	2	2	2	2	2	2	2	3	2
6	-1,4	2	2	2	2	2	2	2	2	2	2	2
7	-1,35	2	2	2	2	2	2	2	2	2	2	2
8	-1,3	2	2	2	2	2	2	2	2	2	2	2

Abbildung 21.9: Matrix einer Mehrfachoperation

Excel setzt im Hintergrund alle Werte der dritten Zeile in B1 (Cr) ein und alle Werte der Spalte F in B2 (Ci). Im Schnittpunkt aller Cr/Ci-Kombinationen wird die berechnete »Exitzahl« zurückgegeben. Die Funktion MEHRFACHOPERATION kann nicht manuell eingegeben werden, sie kann nur über das Menü erzeugt werden.

Der Rest ist ein Kinderspiel. Sie markieren den Ergebnisbereich G4:BN64 und erstellen ein Oberflächendiagramm. Sie können entweder die Ansicht von oben wählen, die Werte werden dann alleine durch die Farben unterschieden. Oder Sie wählen eine 3D-Oberfläche (*Abb. 21.10*).

Fertig ist das »Apfelmännchen«, so wird das Startbild der Mandelbrotmenge bezeichnet, die gleichzeitig ihre bekannteste Figur ist. In Zukunft können Sie in zwei Minuten aus einer nackten Excel-Datei das Apfelmännchen hervorzaubern. Wenn das nicht rekordverdächtig ist!? Damit können Sie auf jeder Party und bei jedem Date Eindruck schinden.

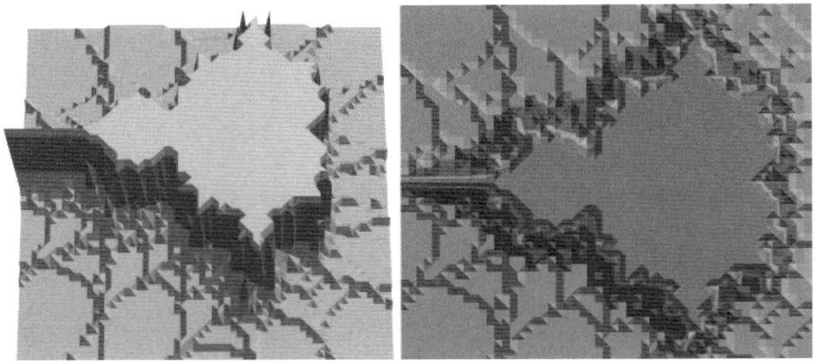

Abbildung 21.10: Apfelmännchen in einem Oberflächendiagramm

Julia-Mengen

An dieser Stelle noch eine kurze Anekdote über einen tragischen Helden Gaston Maurice Julia. Er entdeckte Anfang des 20. Jahrhunderts die nach ihm benannten »Julia-Mengen« und legte damit den Grundstein für die Erforschung von Fraktalen, die Benoît Mandelbrot erst sehr viel später aufgegriffen hat. Erst durch diese Steilvorlage konnte er die Mandelbrotmenge entdecken.

Tragisch an dieser Entdeckung ist, dass er sie niemals selbst zu Gesicht bekommen hat, denn dazu braucht man Computer und die hatte er definitiv nicht. Also musste er sich mit einem sehr guten Vorstellungsvermögen begnügen. Der Zusammenhang zwischen Mandelbrotmenge und Julia-Mengen ist schnell erklärt.

Beide Mengen drehen sich um die Formel $Z_{n+1}=Z_n{}^2+C$. Bei der Mandelbrotmenge gilt als Startwert der Iteration $Z_0=0+0i$. Cr und Ci sind gleichzeitig Eingabezellen der Mehrfachoperation und Achsen des Diagramms.

Bei den Julia-Mengen wird ein bestimmtes C als Startwert definiert, beispielsweise C = -0,77+0,12i. Die veränderbaren Eingabezellen sind jetzt Zr und Zi. Die Tabelle muss geringfügig angepasst werden:

In B1 steht das C. In B2 steht Zr und in B3 steht Zi. Die Formel für Z_n lautet:

```
B4:=B2&TEXT(B3;"+Standard;-Standard")&"i"
```

Die Iterationsformel lautet:

```
B5:=IMSUMME(IMAPOTENZ(B4;2);$B$1)
```

Die veränderbaren Zellen der Mehrfachoperation sind nun B2 und B3 (statt B1 und B2 bei der Mandelbrotmenge).

Alles Weitere bleibt wie gehabt. *Abb. 21.11* zeigt die entstehende Julia-Menge.

O20 | {=MEHRFACHOPERATION(B2;B3)}

	A	B	C	D	E
1	C	-0,78+0,13i			
2	Zr	0,1			
3	Zi	0,1		50	
4	Z_0	0,1+0,1i	0,1		
5	Z_1	-0,78+0,15i	0,78		
6	Z_2	-0,1941-0,104i	0,1941		
7	Z_3	-0,75314119+0,1703728i	0,75314		
8	Z_4	-0,241805238905224-0,126629546671264i	0,24181		
9	Z_5	-0,737565268528157+0,19123937557061i	0,73757		
10	Z_6	-0,272569973429625-0,152103042791788i	0,27257		
11	Z_7	-0,728840945211094+0,212917444664646i	0,72884		
12	Z_8	-0,294124714826322-0,180365903242623i	0,29412		
13	Z_9	-0,726022511180862+0,236100139711257i	0,72602		
14		-0,30863458923031-0,212828032646638i	0,30863		
15		-0,730040461810876+0,26137218486518i	0,73004		

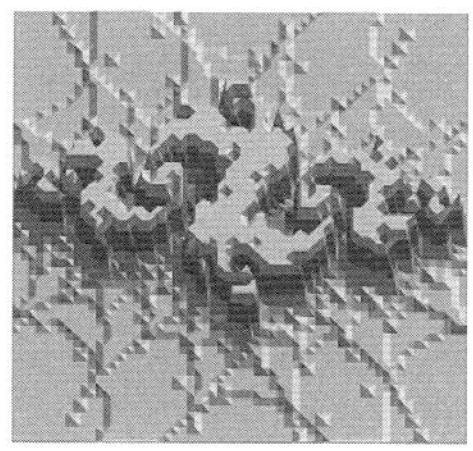

Abbildung 21.11: Iteration einer Julia-Menge und Darstellung in einem Oberflächendiagramm

Es gibt noch einen wichtigen Unterschied zwischen Mandelbrotmenge und Julia-Mengen. Es gibt nur eine Mandelbrotmenge, aber unendlich viele Julia-Mengen (für jedes C eine andere Menge).

In den beschriebenen Beispielen waren für eine Darstellung »nur« 50 x 60 x 60 = 180.000 Berechnungen nötig (50 Iterationsschritte und 60 x 60 Bildpunkte). In Excel ist das Thema damit ziemlich ausgereizt, richtige Fraktal-Programme (z. B. bei *www.excelformeln.de* herunterzuladen) berechnen ohne Probleme Bilder mit 5.000 Iterationen und 1.000 x 1.000 Pixel, also 5 Milliarden Einzelberechnungen pro Bild. Nur dadurch wird das spektakuläre »Reinzoomen« in die Grenzbereiche der Mengen möglich.

21.3 Sternengenerator und Chaosblüten

Greifen Sie auch gerne nach den Sternen? In Excel führt dieser Griff üblicherweise zu den *Excel-Formen (Shapes)*, die eine Auswahl von Sternen zur Verfügung stellen (*Abb. 21.12*):

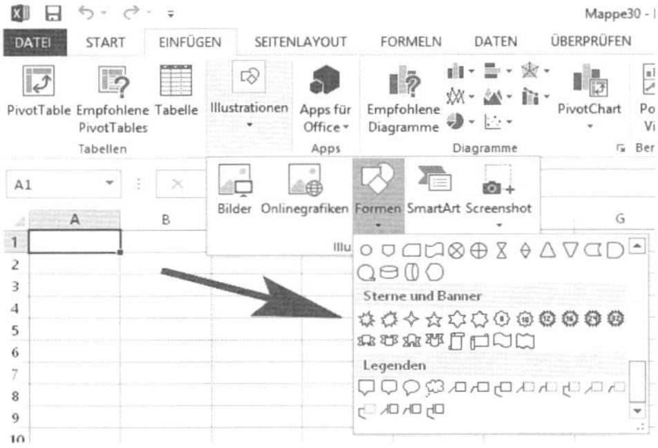

Abbildung 21.12: Auswahl von Sternen im Formen-Katalog

Toll, oder? Sie sind nicht wirklich begeistert? Wir auch nicht, so etwas wollen Sie Ihren Kindern doch nicht ernsthaft zu Weihnachten präsentieren. Aber glücklicherweise gibt es auch noch Netzdiagramme. Ja, Sie haben richtig gelesen. Jetzt werden Sie endlich erfahren, wofür die gut sind (*Abb. 21.13*). Wer weiß das schon?

Abbildung 21.13: Beispiele für mit Netzdiagrammen erzeugte Sterne

Das ist doch eine andere Liga, oder? Und dieser Quantensprung ist gar nicht so schwer zu vollziehen. Ein Netzdiagramm funktioniert grundsätzlich nicht viel anders als ein Liniendiagramm. Beide haben eine Rubrikenachse (x-Achse). Der Unterschied ist, dass die Rubrikenachse beim Liniendiagramm eine Gerade ist und beim Netzdiagramm ein gleichmäßiges Vieleck darstellt, dessen Eckenzahl durch die Anzahl der Elemente, die die Rubrikenachse enthält, bestimmt wird. Das Liniendiagramm besitzt eine Größenachse (y-Achse), das Netzdiagramm hat genau genommen so viele Größenachsen, wie es Ecken aufweist, die alle vom Mittelpunkt des Diagramms bis zur jeweiligen Ecke verlaufen. Die Eigenschaften aller Größenachsen des Netzdiagramms, wie beispielsweise die Skalierung, sind allerdings immer identisch. Nur die obere, senkrechte Größenachse ist beschriftet (*Abb. 21.14*).

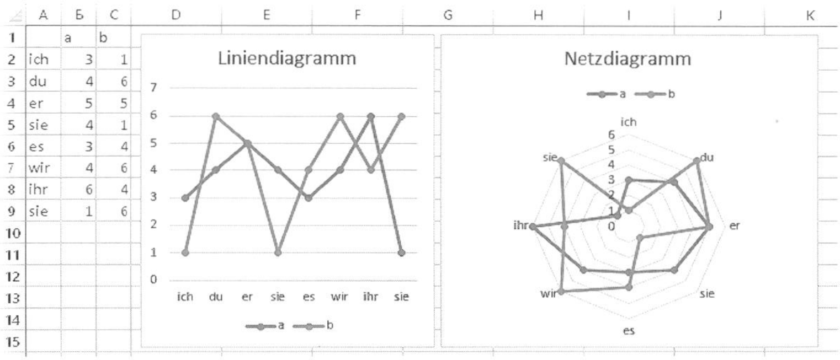

Abbildung 21.14: Vergleich von Liniendiagramm und Netzdiagramm bei gleicher Datenquelle

Dass man mit dem Netzdiagramm gleichmäßige Vielecke konstruieren kann, ist naheliegend. Eine Datenreihe mit den Werten {6;6;6;6;6;6;6;6} bildet im Netzdiagramm die Form eines Achtecks. Der entscheidende Schritt von Achteck zu Stern ist der, einfach jede zweite Ecke nach innen zu klappen, wodurch ein vierzackiger Stern entsteht. In der Datenreihe muss schlicht der Wert jedes zweiten Datenpunkts verringert werden (*Abb. 21.15*):

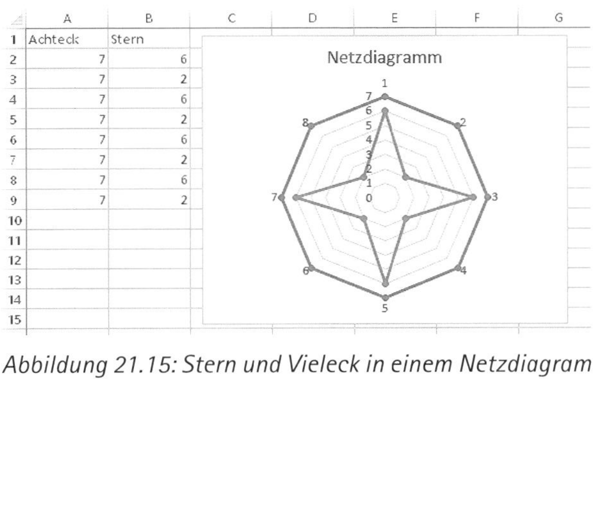

Abbildung 21.15: Stern und Vieleck in einem Netzdiagramm

Soll der Stern sechs Zacken bekommen, muss die Datenreihe um vier Elemente erweitert werden:

`{6;2;6;2;6;2;6;2;6;2;6;2}`

Schön wäre doch auch ein Stern, dessen Zacken nicht gleich groß, sondern abwechselnd lang und kurz sind. Die Zahlenfolge eines achtzackigen Sterns mit vier langen und vier kurzen Zacken würde so aussehen:

`{6;2;4;2;6;2;4;2;6;2;4;2;6;2;4;2;}`

Wenn Sie als Diagrammtyp *Gefülltes Netz* wählen, ein bisschen mit den Fülleffekten spielen und die überflüssigen Diagrammelemente ausblenden, können schon richtige Weihnachtsgefühle aufkommen:

Abbildung 21.16: Weihnachtsstern aus einem Netzdiagramm

Allgemein kann festgehalten werden, dass die Form des Sterns aus einer Zahlenfolge resultiert, die aus sich n-mal wiederholenden Teilfolgen besteht. Je öfter sich die Teilfolge wiederholt, desto mehr Zacken hat der Stern, und je länger die Teilfolge ist, desto komplexer ist die Struktur des Sterns. Beim dargestellten vierzackigen Stern wird die Teilfolge `{6;2}` viermal wiederholt. Beim achtzackigen Stern wird die Teilfolge `{6;2;4;2}` viermal wiederholt. Je länger die Teilfolge des Sterns ist, desto spektakulärer sieht natürlich der Stern aus. Die Gesamtanzahl der Datenpunkte ergibt sich aus dem Produkt der Teilfolgenlänge und der Wiederholungszahl n. Um die bisherigen Erkenntnisse bestmöglich auszuschlachten, bestücken wir das Diagramm mit der nötigen Rechenpower. Es wäre ja umständlich, die Teilfolge immer manuell n-mal untereinander zu kopieren und die Datenquelle auf den daraus resultierenden Bereich anzupassen. Viel komfortabler ist es doch, nur einmal die Teilfolge sowie die Wiederholungszahl n einzugeben, und die Datenreihe des Diagramms wird automatisch angepasst. Angenommen, in A2:A6 steht die gewünschte Teilfolge und in B2 steht die Wiederholungszahl n (*Abb. 21.17*). Die Gesamtanzahl der Datenpunkte ergibt sich dann aus

```
B4: =ANZAHL(A:A)*B2 = 30
```

	A	B	C	D
1	Teilfolge	n	Zähler	Datenreihe
2	6	6	A2	6
3	2	Datenpunkte	A3	2
4	4	30	A4	4
5	1		A5	1
6	3		A6	3
7			A2	6
8			A3	2
9			A4	4
10			A5	1
11			A6	3
12			A2	6
13			A3	2
14			A4	4

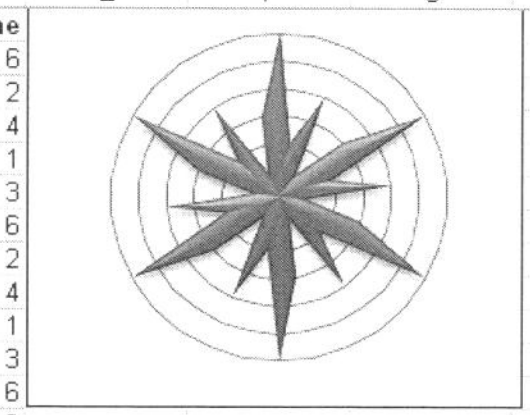

Abbildung 21.17: Datenquelle der Sterne im Netzdiagramm

Die Formel

```
C2: ="A"&WENN(ZEILE()-1>$B$4;"";REST(ZEILE()-2;ANZAHL(A:A))+2)
```

erzeugt die Spaltenangabe "A" sowie die sich wiederholende Zahlenfolge

```
{2;3;4;5;6; 2;3;4;5;6; 2;3;4;5;6; 2;3;.....},
```

die benötigt wird, um n-mal die Teilfolge in A2:A6 zu wiederholen. Die WENN-Abfrage sorgt dafür, dass diese Berechnung beendet wird, sobald die Gesamtzahl der Datenpunkte erreicht wurde. In Spalte D wird mit

```
D2: =WENN(C2<>"";INDIREKT(C2);"")
```

der Wert der Zelle aus Spalte A zurückgegeben, deren Adresse in C2:C31 steht, also eine der Zellen A2:A6. Kopieren Sie die Spalten C und D großzügig nach unten – ruhig einige hundert Zeilen.

Sobald Sie die Teilfolge in Spalte A oder die Wiederholungszahl n in B2 ändern, wird sich der Datenbereich in Spalte D automatisch ändern. Die Länge der Datenreihe des Diagramms sollte ebenfalls dynamisiert werden. Definieren Sie dazu einen Namen, beispielsweise *Daten*, bezogen auf die Formel

```
=BEREICH.VERSCHIEBEN($D$2;0;0;$B$4;1)
```

und verwenden Sie diesen Namen als Datenquelle des Sterns. Wenn Sie den Stern anklicken, erscheint in der Bearbeitungsleiste die Funktion

```
=DATENREIHE("Stern";;Tabelle1!$D$2:$D$31;1),
```

die die Definition der Datenreihe darstellt. Ersetzen Sie den Bezug `D$2:D$31` durch den Namen *Daten*. Nun ändert sich die Länge der Datenquelle immer dynamisch mit der in B4 berechneten Gesamtanzahl der Datenpunkte des Sterns.

Jetzt können Sie Ihrer Kreativität freien Lauf lassen und unzählige verschiedene Sterne basteln. Sie können natürlich auch mehrere Datenreihen mit verschiedenen Farben übereinanderlegen.

Abbildung 21.18: Diverse Sterne aus Netzdiagrammen

Wenn Sie wollen, können Sie die Spalten C und D auch wegrationalisieren, indem Sie die Zahlenfolge direkt in einem Array berechnen, das Sie in den Namen *Daten* packen. Die Arrayformel dafür lautet:

```
=N(INDIREKT("Tabelle1!A"&REST(ZEILE(INDIREKT("Tabelle1!A1:A"&
Tabelle1!$B$4))-1;ANZAHL(Tabelle1!$A:$A))+2))
```

So ein schöner Zufall

Was hat das Ganze eigentlich mit dem Chaos zu tun? Die Sternenproduktion ging doch bisher sehr geordnet zu. Doch genau wie der Zufall – nennen wir ihn einmal den kleinen Bruder des Chaos – im Leben oftmals die schönsten Geschichten schreibt, erzeugt er bei dieser Anwendung auch die schönsten und spektakulärsten Sterne.

Schreiben Sie dazu in Spalte A statt fester Parameter die Formel

```
A2: =Zufallszahl()*4
```

und kopieren Sie die Formel bis A6. Der Faktor *4 ist nur ein Beispiel und kann auch anders aussehen, beispielsweise `*ZEILE()`, seien Sie experimentierfreudig. Wichtig ist, dass die Zufallszahlen im Spiel sind. Wenn Sie dann noch mehrere Datenreihen übereinanderlegen, erzeugen Sie mit jeder Neuberechnung einen neuen, überraschenden Stern, zum Beispiel den in der *Abb. 21.19*.

Abbildung 21.19: Zufällig erzeugte »Chaos-Blüte«

Kapitel 22

Für die Zocker

Bevor Sie Ihre ganze Kohle im Spielkasino verzocken, sollten Sie erst mal in Excel Ihre Gewinnchancen mit Würfel- und Kartentricks überprüfen. Für einen gefühlsechten Kasinogenuss sollten die Würfel und Karten auch wie solche aussehen.

22.1 Würfelbausatz

Wir befassen uns nun mit einem ganz normalen Würfel, dem zeitlosen Spielzeug, das so viel Spaß bereiten kann – auch in Excel. Ob Sie irgendwelche statistischen Experimente durchführen oder vielleicht auch mal Kniffel spielen wollen – die schlichte Funktion

```
ZUFALLSZAHL()
```

macht es möglich. Den Wurf eines gebräuchlichen Würfels mit den Augen eins bis sechs erzeugt die Formel

```
=KÜRZEN(ZUFALLSZAHL()*6)+1
```

Wenn das Würfelergebnis als nackte Zahl ausgegeben wird, sieht das aber ein bisschen langweilig aus, deshalb wollen wir jetzt das richtige »Würfelfeeling« produzieren. Dazu stellen wir Ihnen zwei Varianten vor.

Variante 1 – der »bedingt formatierte Würfel«

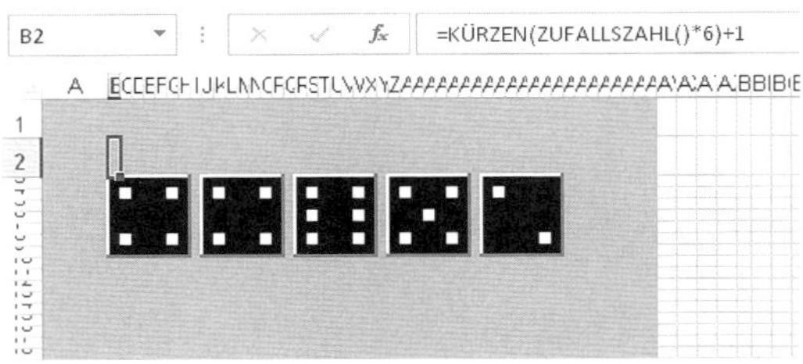

Abbildung 22.1: Fünf Würfel mit der bedingten Formatierung dargestellt

Die Tabelle der *Abb. 22.1* zeigt einen Wurf mit fünf Würfeln. Jeder Würfel besteht aus einem Tabellenbereich von 7 x 7 Zellen mit schwarzem Hintergrund. Die Zeilenhöhe und Spaltenbreite verkleinern Sie auf jeweils etwa 6 (das entspricht 8 Pixel). Die weiß angezeigten Würfelaugen werden über die bedingte Formatierung gesteuert. Um alle Zahlen des Würfels von 1 bis 6 darstellen zu können, müssen Sie sieben Zellen des Würfels präparieren.

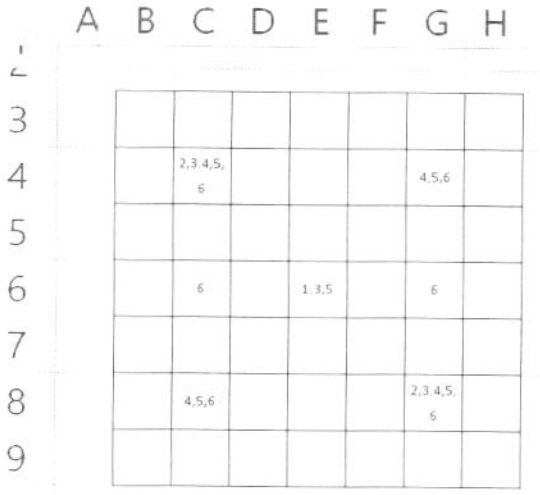

Abbildung 22.2: Schema zur Berechnung der Würfelaugen

Beim ersten Würfel sind dies die Zellen C4, G4, C6, E6, G6, C8 und G8. Die in der *Abb. 22.2* gezeigten Zahlen geben an, bei welchem Wurf die Zelle ein weißes Würfelauge zeigen soll.

Beispielsweise wird das Auge links oben (C4) bei allen Würfen außer der 1 sichtbar. Das mittlere Auge (E6) wird bei einem Wurf von 1, 3 oder 5 angezeigt usw.

In der Zelle B2 führen Sie den Wurf durch:

```
B2: =KÜRZEN(ZUFALLSZAHL()*6)+1
```

Jetzt wird für die potenziellen Augen des Würfels eine *bedingte Formatierung* hinterlegt. Für die sieben potenziellen Augen des Würfels gelten die Formelbedingungen:

- `C4: =ODER(B2=2;B2=3;B2=4;B2=5;B2=6)`
- `G4: =ODER(B2=4;B2=5;B2=6)`
- `C6: =B2=6`
- `E6: =ODER(B2=1;B2=3;B2=5)`
- `G6: =B2=6`
- `C8: =ODER(B2=4;B2=5;B2=6)`
- `G8: =ODER(B2=2;B2=3;B2=4;B2=5;B2=6)`

Diese ODER-Bedingungen können übrigens auch als Arrayformel etwas kürzer dargestellt werden (allerdings nur in Zellen und nicht innerhalb der *bedingten Formatierung*):

```
G8: =ODER(B2={2.3.4.5.6})
```

Dann wählen Sie *Start/Bedingte Formatierung/Neue Regel* und stellen diese so ein (am Beispiel der Zelle G8), wie es in *Abb. 22.3* zu sehen ist.

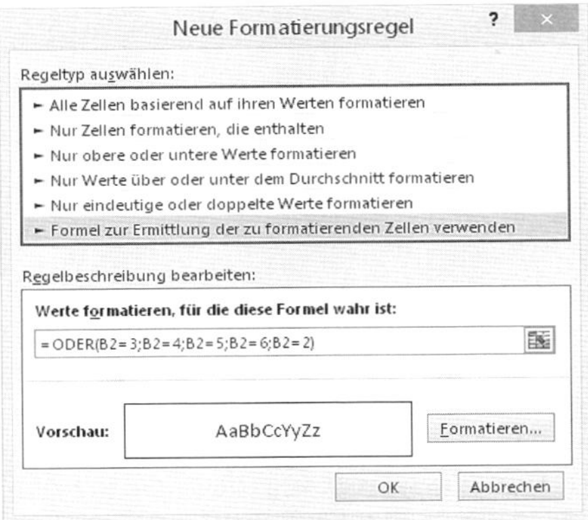

Abbildung 22.3: Bedingte Formatierung der Würfelaugen

Als Format wird weißer Hintergrund ausgewählt.

Jetzt ist der erste Würfel fertig. Sie können nun den Bereich B2:B9 beliebig oft nach rechts oder unten kopieren, um weitere Würfel zu generieren.

Zum Abschluss können Sie dem Würfel noch einen angedeuteten 3D-Effekt geben. Dieser kleine Trick lässt sich auch gut bei Eingabezellen einsetzen, um einen gewissen Formulareffekt herzustellen, ohne auf das Textfeld-Steuerelement zugreifen zu müssen. Um einen tief liegenden Eindruck zu vermitteln, umranden Sie Würfel oder Eingabezelle mit einem dunkelgrauen Rahmen links und oben sowie mit einem weißen Rahmen rechts und unten. Einen angehobenen Effekt erreicht man genau andersherum (*Abb. 22.4*).

Abbildung 22.4: 3D-Effekt von Zellen über Rahmenformat erzeugen

Übrigens eignet sich Excels Fotokamera ideal dazu, einen oder mehrere Würfel an anderer Stelle der Arbeitsmappe zu verwenden. Sie versteckt sich unter *Datei/Optionen/Symbolleiste für den Schnellzugriff/Befehle auswählen: Alle Befehle* (*Abb. 22.5*).

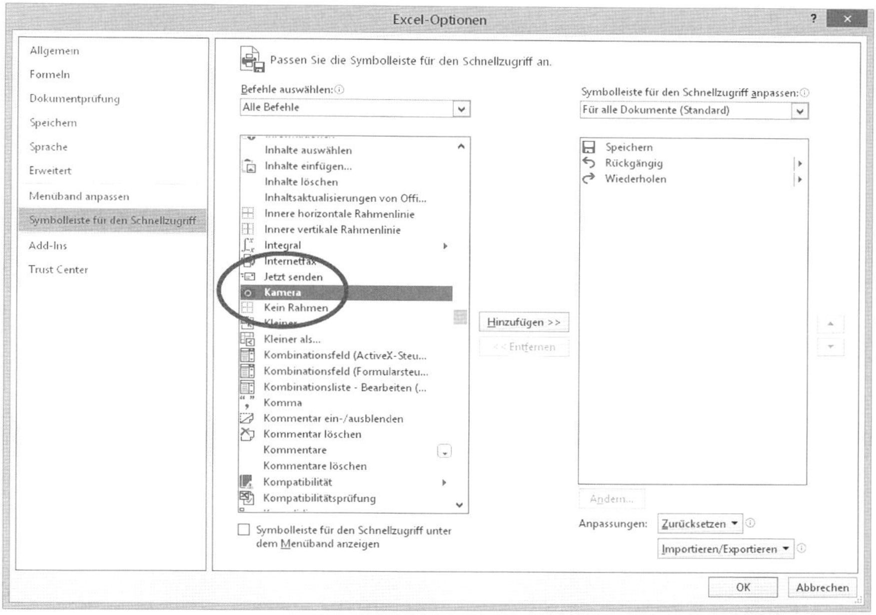

Abbildung 22.5: Kamera zur Verknüpfung von Bildobjekten mit Zellbereichen

Variante 2 – der »matrixkonstante Würfel«

Alternativ kann man einen Würfel auch mit einer 3x3-Matrix erzeugen. Dazu passen Sie die drei Spaltenbreiten an die Zeilenhöhen an, um ein Quadrat zu erzeugen. Diese neun Zellen formatieren Sie mit der Schriftart *Webdings*, der Schriftfarbe *Weiß* und der Hintergrundfarbe *Schwarz*. Somit dient uns auch hier wieder das kleine »n« als Kreis.

Jetzt definieren Sie noch sechs Namen für die sechs verschiedenen Würfelaugen, wobei sich jeder Name auf eine 3x3-Matrixkonstante bezieht, die aus Leerstrings und – an den richtigen Stellen positioniert – kleinen »n« besteht. Jedes »n« steht dabei für ein Würfelauge.

Name	Bezieht sich auf:
Eins	={"". "". "";"". "n". "";"". "". ""}
Zwei	={"n". "". "";"". "". "";"". "". "n"}
Drei	={"n". "". "";"". "n". "";"". "". "n"}
Vier	={"n". "". "n";"". "". "";"n". "". "n"}
Fünf	={"n". "". "n";"". "n". "";"n". "". "n"}
Sechs	={"n". "". "n";"n". "". "n";"n". "". "n"}

Tabelle 22.1: Arrays der Würfelaugen

Den ersten Würfel platzieren Sie im Bereich B3:D5. In B2 wird die Zufallszahl erzeugt mit:

```
B2: =KÜRZEN(ZUFALLSZAHL()*6)+1
```

Die Schriftfarbe (B2) passen Sie der Hintergrundfarbe an. Über den Bereich B3:D5 geben Sie jetzt die zusammenhängende Matrixformel

```
B3:D5: {=WAHL(B2;Eins;Zwei;Drei;Vier;Fünf;Sechs)}
```

ein. Anschließend kopieren Sie die Spalten B bis D und fügen sie noch viermal nebeneinander ein (mit jeweils einer Leerspalte dazwischen) (*Abb. 22.6*).

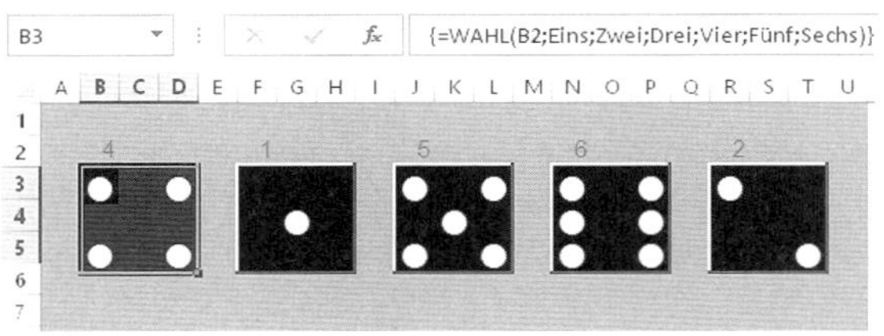

Abbildung 22.6: Fünf Würfel mit der Schriftart Webdings *erzeugen*

Die fünf Würfel beziehen ihre Zufallszahlen jetzt aus den Zellen B2, F2, J2, N2 und R2.

Nachteil von Namen und partiell absoluten Bezügen

Kehren wir jetzt zu Variante 1 (Würfelerzeugung mit der bedingten Formatierung) zurück. Wer gerne mit Namen arbeitet, könnte gewillt sein, der Zelle B2, in der der Wurf stattfindet, den Namen *Wurf* oder schlicht *w* zu geben. Er wird aber schnell einen der Nachteile von Excel-Namen erkennen. Der Würfel ist dann nicht mehr ohne Weiteres kopierbar. Damit sich alle Augen des Würfels auf B2 beziehen können, muss der Bezug im Namen *w* absolut sein: `$B$2`. Wenn der ganze Würfel nach rechts kopiert wird (ab Spalte J), dürfen sich die Augen des neuen Würfels aber nicht mehr auf `$B$2` beziehen, sondern auf die relativ versetzte Zelle J2.

Wir haben es hier also mit einem Bezug zu tun, der in einem beschränkten Radius eines Würfels absolut, darüber hinaus aber relativ ist. Falls Sie trotzdem auf Namen nicht verzichten möchten, können Sie den Bezug mit der Funktion BEREICH. VERSCHIEBEN erweitern.

Definieren Sie den Namen *w* bezogen auf

```
=BEREICH.VERSCHIEBEN($B$2;;8*GANZZAHL((SPALTE()-2)/8)).
```

Jede aufrufende Zelle bis zur Spalte I referenziert über *w* die Zelle B2, jede Zelle der Spalten J:Q referenziert J2, dann R2 und so fort. Innerhalb von acht Spalten sind die Bezüge immer als absolut zu verstehen, darüber hinaus als relativ.

Zufallszahlen und Namen

In bestimmten Anwendungsfällen könnte es auch interessant sein, für einen Würfelwurf selbst, ohne Zellbezug, einen Namen zu vergeben. Der Name *w* bezieht sich dann direkt auf die Formel

```
=KÜRZEN(ZUFALLSZAHL()*6)+1.
```

Wenn Sie *w* nun in Formeln verwenden, müssen Sie aber aufpassen, nicht in eine Falle zu tappen. Bei

```
=ODER(w=1;w=2;w=3;w=4;w=5;w=6)
```

wäre jedes *w* ein anderer Wurf (eine andere Zufallszahl) und nicht derselbe. Das heißt, diese Formel könnte FALSCH liefern, obwohl jeder mögliche Wurf berücksichtigt wurde, z. B.

```
=ODER(3=1;4=2;5=3;2=4;1=5;1=6)=FALSCH.
```

Bei der Array-Variante passiert das nicht, denn bei

```
=ODER(w={1.2.3.4.5.6})
```

wird nur ein Wurf mit den sechs Zahlen verglichen. Das Ergebnis muss WAHR sein, da der Wurf immer entweder 1, 2, 3, 4, 5 oder 6 ist. An dieser Stelle können wir festhalten, dass ein Array aus Zufallszahlen generell immer die gleiche Zufallszahl reproduziert. Beispielsweise könnte die Formel

```
=WENN({1;2;3};ZUFALLSZAHL())
```

das Array

```
{0,485859711928939;0,485859711928939;0,485859711928939}
```

ergeben, jedoch keinesfalls drei unterschiedliche Zufallszahlen. Ein Array aus unterschiedlichen Zufallszahlen zu erzeugen, ist eine bislang noch nicht geknackte Nuss. Wer weiß, wie es geht, möge vortreten.

22.2 Ganz schön knifflig

So, jetzt haben wir gesehen, wie man Würfel produzieren kann, jetzt wollen wir sie auch mal anwenden. Wir wollen uns überlegen, wie man beispielsweise fünf Würfel für ein Kniffelspiel auswerten könnte.

Vorab zur Erinnerung das Wichtigste aus dem Kniffel-Regelwerk.

22.2.1 Kniffelregeln

- 1er bis 6er: Summe aller 1er/2er/3er/4er/5er/6er
- 3er-Pasch: Summe aller Würfel, wenn mindestens 3 Zahlen identisch sind
- 4er-Pasch: Summe aller Würfel, wenn mindestens 4 Zahlen identisch sind
- Full-House: 25 Punkte, wenn einmal 3 und einmal 2 Zahlen identisch sind
- Kleine Straße: 30 Punkte, wenn mindestens 4 Zahlen aufeinanderfolgen: 1, 2, 3, 4 oder 2, 3, 4, 5 oder 3, 4, 5, 6, wobei die Reihenfolge der Würfe keine Rolle spielt
- Große Straße: 40 Punkte, wenn 5 Zahlen aufeinanderfolgen: 1, 2, 3, 4, 5 oder 2, 3, 4, 5, 6. Auch hier spielt die Reihenfolge keine Rolle
- Kniffel: 50 Punkte, wenn alle 5 Zahlen identisch sind
- Chance: Summe aller Würfel – ohne Bedingung

In A1:E1 simulieren wir nun die Würfe der fünf Kniffelwürfel (*Abb. 22.7*).

`A1: =KÜRZEN(ZUFALLSAZHL()*6)+1` (kopieren bis E1)

Für den Bereich `$A$1:$E$1` vergeben wir den Namen *Würfel*. Im Bereich B3:B8 werden die Auswertungen der 1er- bis 6er-Würfe berechnet und in F3 bis F9 die übrigen Auswertungen. Welche Formeln wir dabei benötigen, werden Sie im nächsten Abschnitt sehen.

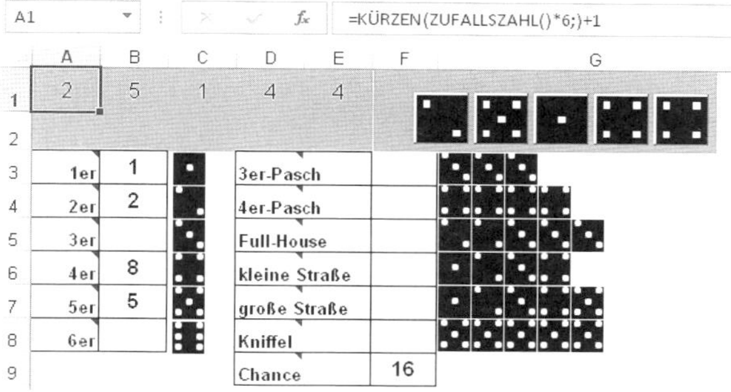

Abbildung 22.7: Auswertung der Würfel nach den Kniffelregeln

Die fünf Würfel über den Zellen F1:G1 sind ein Bildobjekt, das die Würfe in A1:E1 visualisiert. Wie das geht, wurde ja in den vorangegangenen Abschnitten bereits beschrieben (Kamerafunktion). Natürlich können Sie das Objekt auch über die Zellen A1:E1 schieben: Dann sind die »nackten« Würfelaugen nicht mehr zu sehen.

Um zu testen, ob die folgenden Formeln auch funktionieren, bietet es sich an, erst einmal in den Bereich A1:E1 feste Zahlen statt Zufallszahlen zu schreiben. Denn um die Gewissheit zu haben, ob Ihre Kniffelformel richtig rechnet, brauchen Sie natürlich einen Kniffelwurf und der kommt per Zufallszahl nur alle $6^4 = 1.296$ Versuche vor.

22.2.2 1er bis 6er (und die Chance)

Jetzt kommen wir zu den Formeln. Dabei fragen wir immer die Zellen `$A$1:$E$1` über den Namen *Würfel* ab, denn dort steht ja die Anzahl der Würfelaugen (entweder zufällig oder auch per Hand gesteuert). Die 1er bis 6er zu ermitteln, stellt noch kein größeres Problem dar. Dabei zählen wir die jeweilige Zahl in unseren fünf Würfeln und multiplizieren das Ergebnis mit der Zahl, exemplarisch für die 3er: `=3*ZÄHLENWENN(Würfel;3)`. Da wir aber sehr schreibfaul sind, vereinheitlichen wir die Formel für die Zahlen 1 bis 6 und besinnen uns dabei wieder auf die Funktion ZEILE bzw. ZEILEN. Also schreiben wir in B3 für die 1er

```
B3: =ZEILEN($1:1)*ZÄHLENWENN(Würfel;ZEILEN($1:1))
```

und kopieren die Formel bis Zelle B8 nach unten. Achten Sie dabei auf die absoluten Bezüge.

In die Rubrik »Simpel« fällt natürlich auch die »Chance«, denn sie ist an keine Bedingung geknüpft. Es werden einfach nur alle Würfelaugen summiert, und zwar mit

```
F9: =SUMME(Würfel)
```

22.2.3 3er- und 4er-Pasch

Es wird aber schon schwieriger, wenn wir jetzt zum 3er-Pasch kommen. Wir müssen dabei herausfinden, ob mindestens drei unserer fünf Würfel identische Augenzahlen aufweisen. Dabei ist es egal, ob es drei, vier oder fünf identische Würfel gibt. Denn auch ein Kniffel ist ein 3er-Pasch! Es müssen eben mindestens drei Gleiche dabei sein. Bei der Problemlösung hilft uns die statistische Funktion MODALWERT, die den häufigsten Wert einer Datengruppe zurückgibt. Wir brauchen zwar nicht den häufigsten Wert, aber es langt ja bereits zu wissen, dass der häufigste Wert (welcher auch immer) öfter als zweimal vorkommt. Also zählen wir den MODALWERT und wenn dieser mehr als zweimal auftaucht (das Ergebnis also WAHR ist), summieren wir die gesamten Würfelaugen.

```
F3:=(ZÄHLENWENN(Würfel;MODALWERT(B1:F1))>2)*SUMME(Würfel)
```

Liegt ein 3er-Pasch vor, dann liefert

```
(ZÄHLENWENN(Würfel;MODALWERT(Würfel))>2)
```

im Ergebnis WAHR. Und `=WAHR*SUMME(Würfel)` führt uns dann zum gewünschten Ergebnis. Bei FALSCH hingegen bleibt das Ergebnis null, denn `=FALSCH*SUMME(Würfel)` ist immer null. Falls kein MODALWERT existiert, liefert die Funktion übrigens den Fehlerwert `#NV`. Die Funktion ZÄHLENWENN kann damit aber prima umgehen und liefert als Ergebnis null.

Mit dieser Überlegung ist der 4er-Pasch auch schnell abgehandelt. Im Gegensatz zum 3er-Pasch müssen wir nur das Vorkommen des Modalwerts auf >3 (statt >2) überprüfen.

```
F4:=(ZÄHLENWENN(Würfel;MODALWERT(Würfel))>3)*SUMME(Würfel)
```

22.2.4 Jetzt wird´s schon kniffeliger: die kleine und die große Straße

Jetzt wird´s aber wirklich kniffelig. Wir kommen zu den Straßen, und zwar zunächst zur kleinen Straße. Hierbei gibt es – wie so oft – verschiedene Lösungsansätze. Wir beschränken uns jetzt auf einen. Dabei wollen wir fürchterliche WENN-Verschachtelungen vermeiden (die irgendwie sicherlich auch zum Ziel führen, jedoch absolut unübersichtlich werden dürften).

Die Überlegung ist eigentlich ganz einfach. Nehmen wir zunächst die Prüfung auf die Zahlen 1, 2, 3 und 4. Kommt jede dieser vier Zahlen bei unseren fünf Würfeln vor, liegt auf jeden Fall eine kleine Straße vor. Dabei vergleichen wir die Zahlen einzeln mit der gleichnamigen Funktion VERGLEICH, indem wir die vier Zahlen als Suchbegriff in einem Konstanten-Array vereinen:

```
=VERGLEICH({1.2.3.4};Würfel;0)
```

Das Ganze hat aber zunächst einen Haken: Für jede der vier Zahlen, die im Bereich A1:E1 (*Würfel*) **nicht** vorkommt, liefert die Funktion VERGLEICH den Fehlerwert `#NV`, und dieser würde – da er absolut dominant ist – das gesamte Ergebnis verhageln. Also brauchen wir eine weitere Funktion, die in der Lage ist, mit derartigen Fehlerwerten umzugehen, sie also schlicht zu ignorieren. Und da kommt die Funktion ANZAHL wie gerufen. Sie zählt Zahlen in einem Bereich und ignoriert Wahrheitswerte, Texte und eben auch Fehlerwerte. Also umranden wir den VERGLEICH mit ANZAHL:

```
=ANZAHL(VERGLEICH({1.2.3.4};Würfel;0))
```

Angenommen, folgender Wurf liegt vor: 3, 1, 6, 5, 5, dann liefert `VERGLEICH ({1.2.3.4};Würfel;0)` folgendes Ergebnis: `{2.#NV.1.#NV}`. Mittels der Funktion ANZAHL wird daraus im Ergebnis 2, denn zwei der vier Zahlen (die 1 und die 3) kommen in unserem Wurf vor. Da aber alle vier Zahlen vorkommen müssen, liegt hier keine kleine Straße vor. Das Ergebnis von `=ANZAHL(VERGLEICH({1.2.3.4};Würfel;0))` muss für eine kleine Straße also 4 sein, sodass die gesamte Bedingung lautet:

```
=ANZAHL(VERGLEICH({1.2.3.4};Würfel;0))=4
```

Was wir mit den Zahlen 1, 2, 3 und 4 machen können, geht natürlich auch mit den Zahlen 2, 3, 4 und 5 sowie 3, 4, 5 und 6, sodass wir die restlichen zwei Prüfungen auch abdecken können:

```
=ANZAHL(VERGLEICH({2.3.4.5};Würfel;0))=4
=ANZAHL(VERGLEICH({3.4.5.6};Würfel;0))=4
```

Da nur eine dieser drei Prüfungen WAHR ergeben muss, bietet es sich an, diese mit der ODER-Funktion zu verbinden und insgesamt mit 30 zu multiplizieren, denn so viele Punkte bekommt man für eine kleine Straße.

```
F6: =30*(ODER(ANZAHL(VERGLEICH({1.2.3.4};Würfel;0))=4;ANZAHL(VERGLEICH({2.3.4.5};
Würfel;0))=4;ANZAHL(VERGLEICH({3.4.5.6};Würfel;0))=4))
```

Für die große Straße dient die gleiche Logik mit dem einzigen Unterschied, dass es nur zwei Bedingungen sind, die geprüft werden müssen: 1, 2, 3, 4 und 5 oder 2, 3, 4, 5 und 6.

```
=ANZAHL(VERGLEICH({1.2.3.4.5};Würfel;0))=5
=ANZAHL(VERGLEICH({2.3.4.5.6};Würfel;0))=5
```

Das muss man jetzt noch mit der ODER-Funktion verbinden und das Ergebnis mit 40 (= Punkte für die große Straße) multiplizieren:

```
F7: =40*(ODER(ANZAHL(VERGLEICH({1.2.3.4.5};Würfel;0))=5;
ANZAHL(VERGLEICH({2.3.4.5.6};Würfel;0))=5))
```

Diesen ganzen Überlegungen zum Trotz gibt es für die große Straße aber noch den Knallfrosch schlechthin:

`F7: =40*(VARIANZ(Würfel)=2,5)` oder

`F7: =40*(VARIANZEN(Würfel)=2)`

22.2.5 Das Full-House

Machen wir weiter mit dem Full-House. Hier müssen wir prüfen, ob eine Zahl dreimal und eine andere (!) Zahl zweimal vorkommt. Ist das der Fall, dann gibt es 25 Punkte. Also bedienen wir uns als Grundlage der Funktion ZÄHLENWENN, indem wir alle Würfel zählen:

```
{=ZÄHLENWENN(Würfel;Würfel)}
```

Sobald ein Full-House vorliegt – und nur dann – wird die Ergebnismatrix aus drei Dreiern und zwei Zweiern bestehen. Angenommen, dieser Wurf liegt vor: 5, 4, 4, 5, 5. Dann liefert `{=ZÄHLENWENN(Würfel;Würfel)}` die Matrix `{3.2.2.3.3}`: Die erste 5 kommt dreimal vor, die 4 kommt zweimal vor, die nächste 4 wieder zweimal, die 5 wieder dreimal und die letzte 5 ebenfalls dreimal. Also liegt es jetzt nahe, sowohl das Maximum als auch das Minimum aus dieser Matrix auszulesen, mit 3 bzw. 2 zu vergleichen und die Ergebnisse (zwei Wahrheitswerte) miteinander zu multiplizieren.

```
F5:{=25*((MAX(ZÄHLENWENN(Würfel;Würfel))=3)*(MIN(ZÄHLENWENN(Würfel;
Würfel))=2))}
```

Alternativ kann man die Zahlen 2 und 3 in der ZÄHLENWENN-Ergebnismatrix vergleichen und daraus die Anzahl ermitteln. Diese wird nur bei einem Full-House 2 ergeben:

```
F5:{=25*(ANZAHL(VERGLEICH({2.3};ZÄHLENWENN(Würfel;Würfel);))=2)}
```

22.2.6 Er darf nicht fehlen: der Kniffel

Jetzt sind wir auch schon fast am Ende. Es gilt noch, den Kniffel zu ermitteln. Die grundsätzliche Überlegung ist denkbar einfach: Alle Würfel müssen mit dem Würfel in A1 übereinstimmen. Dazu verwenden wir die Funktion UND und multiplizieren deren Ergebnis mit 50 (das sind die Punkte für einen Kniffel):

```
F8: {=50*(UND(A1=B1:E1))}
```

In einer arrayfreien Variante verketten wir alle Werte und gleichen diesen verketteten String mit der fünfmal verketteten Zelle A1 ab:

```
=50*(A1&B1&C1&D1&E1=A1&A1&A1&A1&A1)
```

Auch der »Dirty Trick« aus dem Kapitel 6 *Formelklassiker* lässt sich hier anwenden (Summe der Kehrwerte aller Vorkommen auf 1 prüfen und mit 50 multiplizieren):

```
{=50*(SUMME(1/ZÄHLENWENN(Würfel;Würfel))=1)}
```

Und nicht zuletzt führt auch dieselbe Überlegung wie beim 3er- und 4er-Pasch zum Ziel. Der Modalwert muss eben fünfmal vorkommen:

```
=50*(ZÄHLENWENN(Würfel;MODALWERT(Würfel))=5)
```

Eine weitere Alternative ist:

```
=50*(SUMME((HÄUFIGKEIT(Würfel;Würfel)>0)*1)=1)
```

Alle Formeln führen zum selben Ergebnis.

Prüfen Sie die Formelergebnisse durch Zufallsberechnungen oder aber – speziell für den Viererpasch, die große Straße und den Kniffel – durch manuelle Vorgabe der Zahlen. Und versuchen Sie auch, Formelalternativen zu basteln, denn die hier genannten sind nur exemplarisch. Es gibt viele Wege, die nach Rom führen!

22.2.7 Kommentare mal etwas anders

Zusätzlich sind in den Zellen A3:A8 und D3:D9 Kommentare (in der Abbildung nicht ersichtlich) mit einer Kurzerläuterung hinterlegt. Als Beispiel folgt in *Abb. 22.8* der Kommentar zum 3er-Pasch.

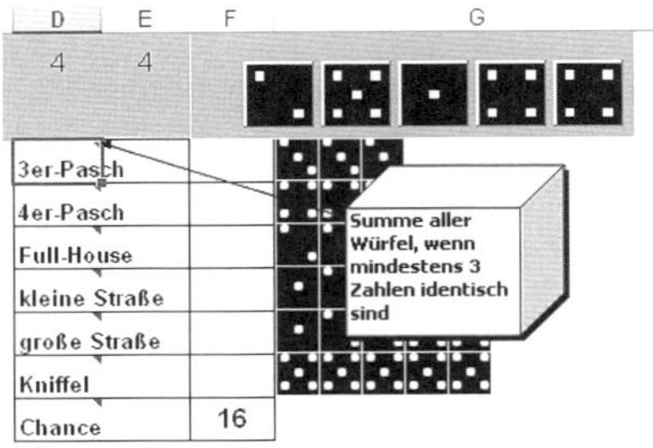

Abbildung 22.8: AutoFormen in Kommentarfelder einbinden (1)

Weil das Standardkommentarfenster doch recht langweilig ist, haben wir es durch einen Würfel ausgetauscht. Dafür erstellt man zunächst den normalen Kommentar, markiert ihn und wählt über das Symbol *Form ändern* (man findet es unter *Datei/Optionen/Symbolleiste für den Schnellzugriff/Befehle auswählen*: *Alle Befehle*) den Würfel aus (*Abb. 22.9*). Selbstverständlich lassen sich auch alle anderen Formen zuweisen (Blockpfeile, Flussdiagramme, Sterne und Banner und Legenden). Lassen Sie Ihre Kommentare also in Zukunft leben!

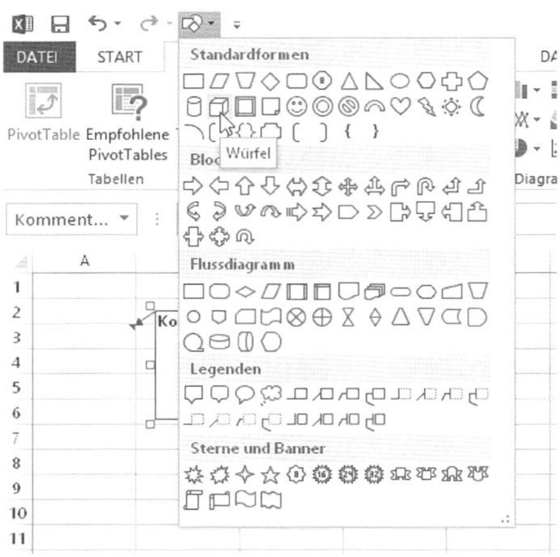

Abbildung 22.9: AutoFormen in Kommentarfelder einbinden (2)

22.3 Kartentricks

Wenn Sie statt zu würfeln, lieber Karten spielen, müssen Sie Excel nicht den Rücken kehren. So wie Sie Würfelwürfe simulieren können, geht das im Prinzip genauso mit Spielkarten beispielsweise einem Skatblatt.

Ein Skatblatt besteht bekanntlich aus 32 Karten, das auf drei Spieler zu je zehn Karten ausgeteilt wird (zwei Karten bleiben liegen). Zum Mischen des Skatblatts erzeugen Sie in A2:AF2 32 Zufallszahlen.

`A2:AF2: =ZUFALLSZAHL()`

Den 32 Zufallszahlen werden später die 32 Spielkarten

Ka7; Ka8; Ka9; Ka10; KaD; KaK; KaA; He7; He8; KaB; HeB; PiB; KrB; usw.

zugeordnet.

Dann wählen Sie aus den 32 Zufallszahlen 10 aus:

`A3: =RANG(A2;$A$2:$AF$2)`(bis J3 kopieren)

Dadurch erhalten Sie zehn zufällige Ganzzahlen im Intervall von 1 bis 32, die ein Blatt mit zehn Karten repräsentieren. Um die Karten nun noch zu sortieren, schreiben Sie in

`A4: =KKLEINSTE(3:3;SPALTE())`

und kopieren das Ganze bis J4. In puncto Rechentechnik ist die Sache damit eigentlich schon erledigt. Jetzt können Sie sich noch aus der Schriftart *Symbol* die vier Zeichen zur Anzeige von Kreuz, Karo, Pik und Herz holen, um Ihre Karten optisch etwas aufzupeppen (*Abb. 22.10*), heureka!

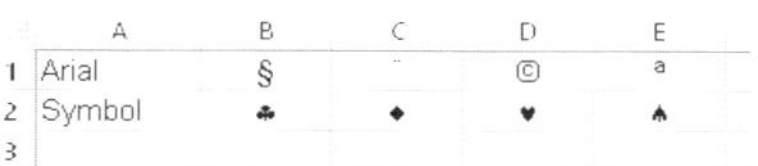

	A	B	C	D	E
1	Arial	§	¨	©	ª
2	Symbol	♣	♦	♥	♠
3					

Abbildung 22.10: Kreuz, Karo, Herz und Pik mit der Schriftart Symbol darstellen

Aber irgendwie zieht das die Wurst noch nicht so richtig vom Teller. Wir wollen richtige Karten! Die sind auch gar nicht so schwer zu bekommen, man benötigt nur eines der uralten Windows-Spiele *Hearts* oder *Solitaire*, aus denen man dann die einzelnen Karten ausschneiden und über Paintbrush oder ein anderes Bildverarbeitungsprogramm als Bilddatei abspeichern kann. Ein bisschen Fleißarbeit. Dann können die 32 Bilddateien in A1:AF1 eingefügt werden (*Abb. 22.11*).

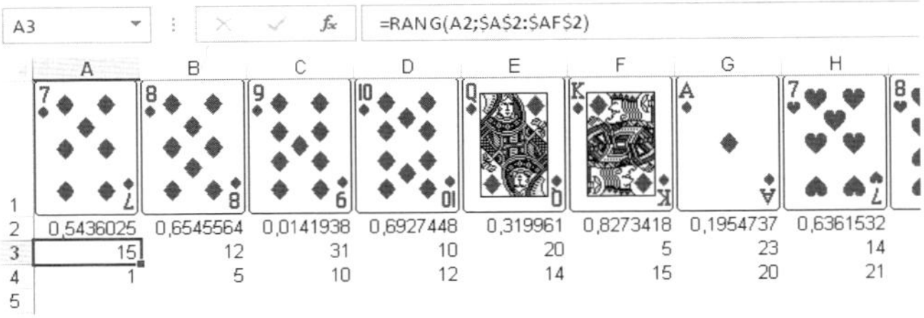

Abbildung 22.11: Skatkarten aufreihen und zufällig auswählen

Jetzt brauchen Sie noch zehn weitere Bildobjekte, um ein Blatt darzustellen, das ein Spieler auf der Hand hält. Und an der Stelle kommt Trick 17:

Definieren Sie zehn Namen von *Karte0–Karte9*, die sich jeweils auf eine zufällige Zelle der 32 Zellen in Zeile 1 beziehen (*Abb. 22.12*). Welche Zelle das ist, bestimmen die Werte in A4:J4.

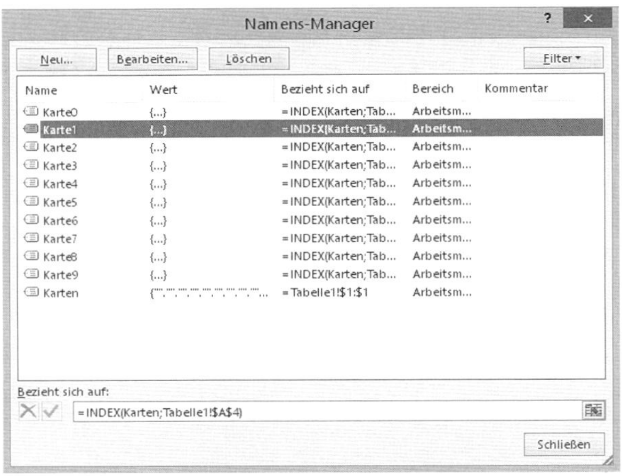

Abbildung 22.12: Namen für Skatblatt mit zehn Karten definieren

Karte1 bezieht sich auf

`=INDEX(Tabelle1!$1:$1;Tabelle1!$B$4)` usw.

Bis *Karte9*, die bezieht sich auf

```
=INDEX(Karten;Tabelle1!$J$4)
```

Den zehn Bildobjekten des Blatts eines Spielers können Sie nun die Namen *Karte0* bis *Karte9* zuordnen, indem Sie diese aktivieren und in die Bearbeitungsleiste den Namen der Karte schreiben (*Abb. 22.13*).

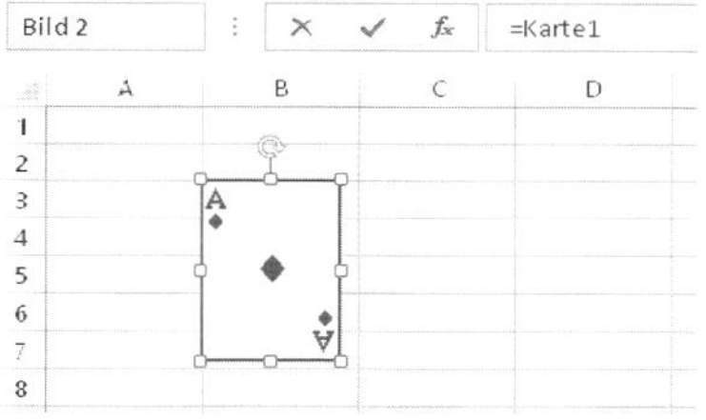

Abbildung 22.13: Dem Bildobjekt einen Namen zuordnen

Da im Beispiel in B4 eine 7 steht, greift *Karte1* auf die siebente Zelle der ersten Zeile (G1) zu, die das Karo As enthält.

Bei jedem Drücken von F9 wird das Bild nun eine neue, zufällig gezogene Karte anzeigen. Und als herzallerliebstes Bonbon haben Sie sogar noch die Möglichkeit, mithilfe des grünen Nippels die Karte so zu drehen, dass das Blatt optimal und gefühlsecht in der Hand liegt. Das Endresultat mit zehn Karten zeigt die *Abb. 22.14*.

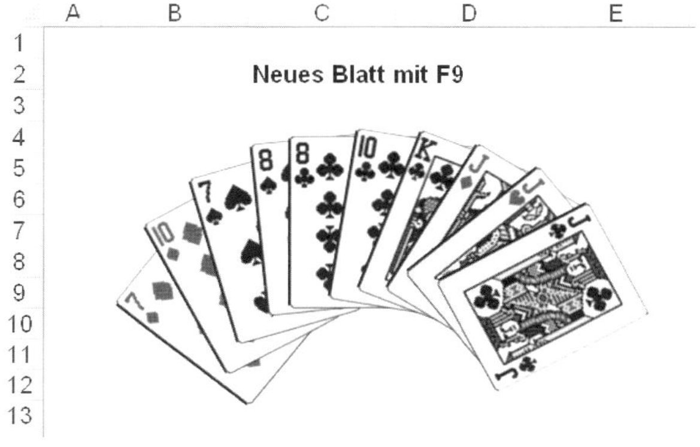

Abbildung 22.14: Zufälliges Skatblatt erzeugen

Gezielte Bildauswahl

Weniger verspielten Spöttern sei gesagt, die dynamische Bildauswahl kann durchaus auch einen ernsthaften Zweck erfüllen. Sie können die Bildauswahl natürlich nicht nur per Zufall treffen, sondern auch gezielt auswählen, beispielsweise über eine Auswahlliste (*Abb. 22.15*).

In der Spalte E haben Sie alle möglichen Bilder aufgelistet. In der benachbarten Spalte D steht eine Bezeichnung zu den Bildern. Platzieren Sie ein Kombinationsfeld mit:

- Eingabebereich: `=$D$2:$D$5`
- Zellverknüpfung: `=$E$1`

Nun definieren Sie einen Namen *Bildwahl* bezogen auf die Formel

```
=INDEX(Tabelle1!$E$2:$E$5;Tabelle1!$E$1)
```

Platzieren Sie ein weiteres Bildobjekt und ordnen Sie ihm den Namen *Bildwahl* zu, indem Sie bei aktiviertem Bildobjekt

```
=Bildwahl
```

in die Bearbeitungsleiste schreiben. Et voilà:

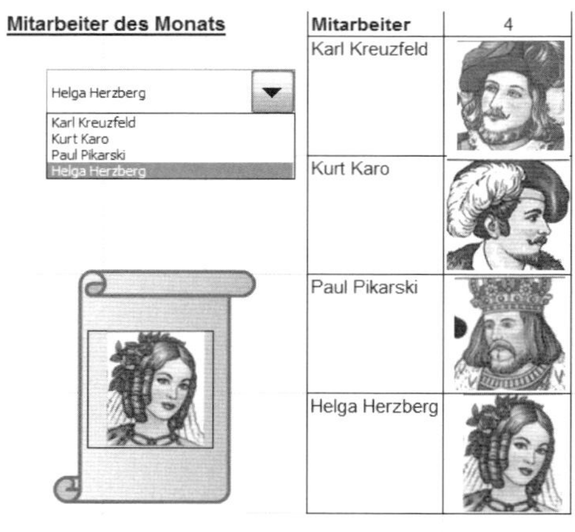

Abbildung 22.15: Bildauswahl der Mitarbeiter des Monats

Kapitel 23

Excel für Schachspieler

Auch für Liebhaber der königlichen 8x8-Matrix hat Excel ein besonderes Gericht im Repertoire, das nun zubereitet werden soll. Sie haben Ihren Gegner mal wieder in Rekordzeit mit dem sogenannten »Légals Matt« (benannt nach einem französischen Schachspieler des 18. Jahrhunderts – auch bekannt als »Seekadettenmatt«) in sieben Zügen besiegt:

	A	B	C
1	Zug	w	s
2	1.	e2-e4	e7-e5
3	2.	Sg1-f3	d7-d6
4	3.	Lf1-c4	h7-h6
5	4.	Sb1-c3	Lc8-g4
6	5.	Sf3xe5	Lg4xd1
7	6.	Lc4xf7	Ke8-e7
8	7.	Sc3-d5	

Abbildung 23.1: Notation der Blitzpartie »Seekadettenmatt«

Diese Partie spielte schon im Jahre 1750 der Franzose Légal (Philidors Lehrer) gegen den Chevalier de St. Brie.

Die Notation dieses Triumphs möchten Sie gerne archivieren und wenn möglich auch visualisieren. Die Zutaten, die Sie dazu benötigen, sind:

- ein gestapeltes Säulendiagramm für das Schachbrett
- ein Punkt (XY)-Diagramm für die Figuren
- eine Bildlaufleiste der *ActiveX-Steuerelemente* für die Zugfolgen
- und die passenden Schachfiguren als Bilddatei (von irgendwo aus dem World Wide Web)

23.1 Das Schachbrett

Das gestapelte Säulendiagramm eignet sich dazu, ein Schachbrettmuster zu erzeugen. Erstellen Sie eine Tabelle mit 8 Zeilen und 16 Spalten mit sich abwechselnden Einsen und Nullen *(Abb. 23.2)*.

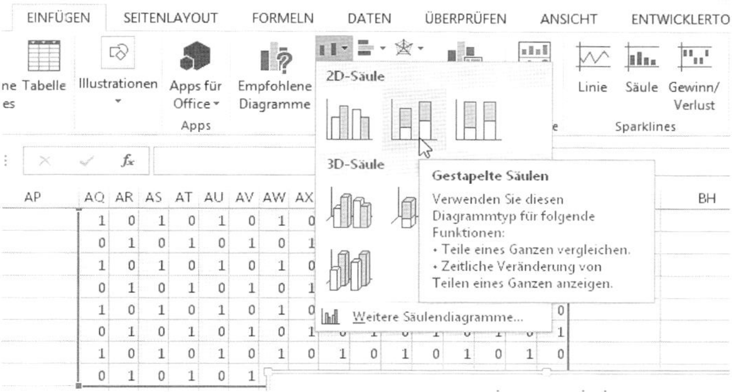

Abbildung 23.2: Matrix mit sich abwechselnden Einsen und Nullen

Erstellen Sie daraus ein gestapeltes Säulendiagramm mit einer Datenreihe je Spalte und formatieren Sie die Datenreihen so, dass nur noch ein schwarzweißes Karomuster übrig bleibt *(Abb. 23.3)*. Die wechselnden Einsen und Nullen können Sie auch mit der fo genden Formel erzeugen:

`AQ1` (kopiert bis BF8): `=REST(ZEILE()+SPALTE()+1;2)`

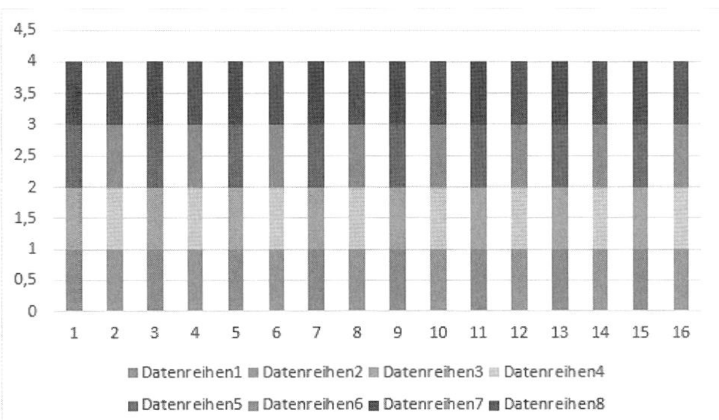

Abbildung 23.3: Gestapeltes Säulendiagramm zum Formatieren des Schachbretts

Da wir 8 Zeilen und 16 Spalten haben, erzeugt Excel in diesem Fall standardmäßig je Zeile eine Datenreihe. Wir benötigen aber je Spalte eine Datenreihe und müssen deshalb Zeilen und Spalten transponieren, wie in *Abb. 23.4* zu sehen ist.

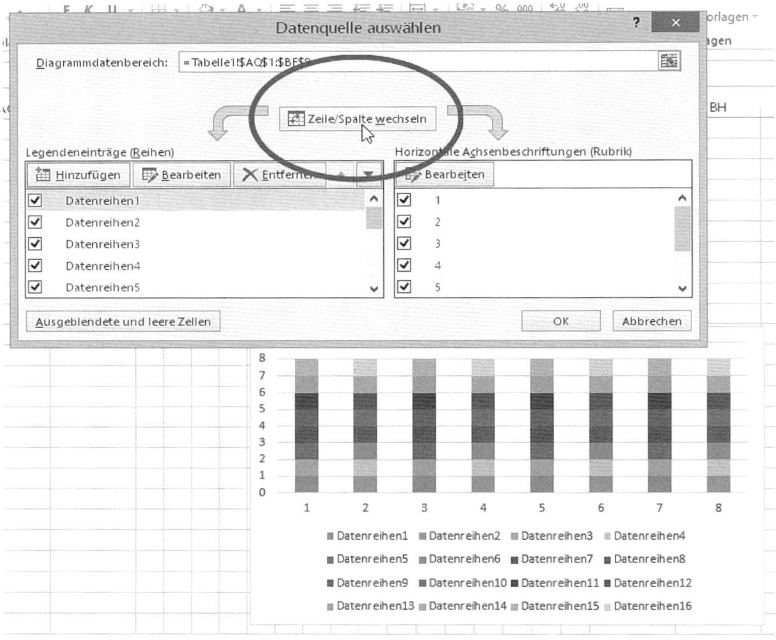

Abbildung 23.4: Säulendiagramm mit gewechselten Zeilen/Spalten

Danach erhalten wir wie gewünscht 8x8 farbige Kästchen, aus denen das Schachbrett erzeugt werden kann. Nützlich ist bei der Formatierung der Datenreihen die Tastenkombination Strg+Y. Wenn Sie eine Datenreihe formatiert haben, können Sie mit dieser Tastenkombination eine weitere Datenreihe gleichermaßen einfärben (*Abb. 23.5*).

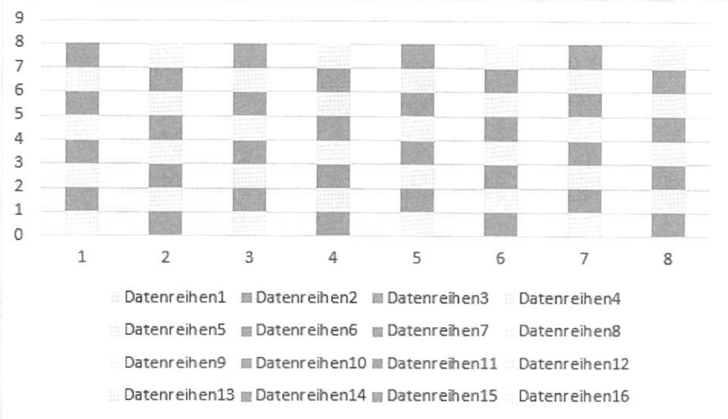

Abbildung 23.5: Gestapeltes Säulendiagramm zum Formatieren des Schachbretts (2)

Jetzt lassen Sie die Zwischenräume verschwinden, indem Sie eine Datenreihe mit der rechten Maustaste anklicken und dann über *Datenreihen formatieren/Reihenoptionen/ Abstandsbreite* selbige auf 0% stellen. Danach wird noch die Legende eliminiert (*Abb. 23.6*). Die y-Achse wird zuvor auf den Maximalwert 8 begrenzt, denn wie in *Abb. 23.5* zu sehen ist, hat Excel den Autowert für die y-Achse auf 9 gestellt, also 1 zu viel.

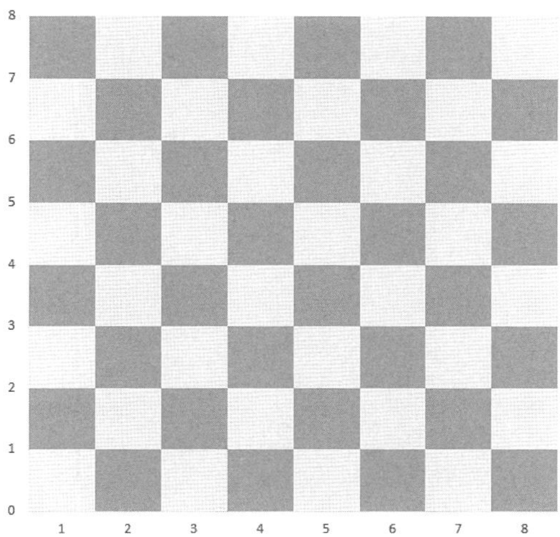

Abbildung 23.6: Fertiges Schachbrett

23.2 Die Figuren

Sie haben nun ein Brett, doch wie können Sie Figuren darauf platzieren? Mit dem flexibelsten aller Diagrammtypen, dem Punkt (XY)-Diagramm. Dieser Diagrammtyp ermöglicht es, Datenpunkte an beliebiger Stelle eines Koordinatensystems (in diesem Fall das Schachbrett) zu positionieren. Jeder Punkt wird dabei durch einen x- und einen y-Wert definiert. Um die 16 weißen Figuren auf dem Brett zu platzieren, erstellen Sie eine Tabelle mit folgenden x/y-Koordinaten (*Abb. 23.7*):

	K	L	M	N	O	P	Q	R	S	T	U	V	W	X	Y	Z	AA	AB
1		Figur	Ta1	Sb1	Lc1	Dd1	Ke1	Lf1	Sg1	Th1	Ba2	Bb2	Bc2	Bd2	Be2	Bf2	Bg2	Bh2
2	weiß	x	1	2	3	4	5	6	7	8	1	2	3	4	5	6	7	8
3		y	0,5	0,5	0,5	0,5	0,5	0,5	0,5	0,5	1,5	1,5	1,5	1,5	3,5	1,5	1,5	1,5

Abbildung 23.7: x/y-Koordinaten der weißen Figuren

Klicken Sie mit der rechten Maustaste auf das Diagramm und wählen Sie *Daten auswählen/Hinzufügen* und fügen Sie eine Datenreihe mit den y-Werten (ohne x-Werte!) aus M3:AB3 in das gestapelte Säulendiagramm ein. Die zusätzliche Datenreihe wird zunächst als gestapelte Säulen dargestellt (*Abb. 23.8*).

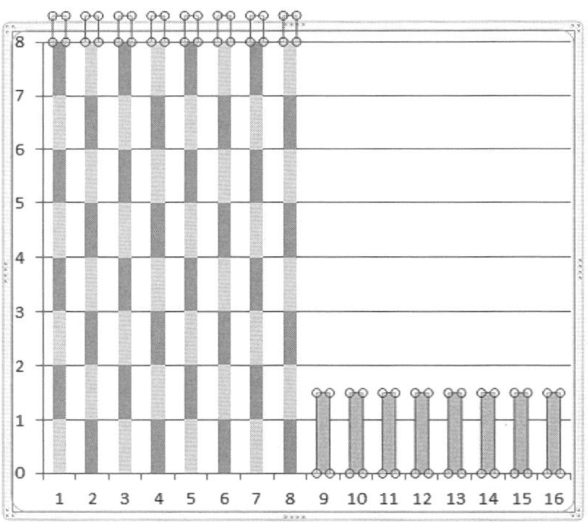

Abbildung 23.8: Datenpunkte der Figuren in das Säulendiagramm einfügen und auf Diagrammtyp Punkt (XY) ändern

Da in Excel mehrere Diagrammtypen kombiniert werden können, kann für die zusätzliche Datenreihe der Diagrammtyp *Punkt (XY)* gewählt werden. Klicken Sie dazu die Datenreihe mit der rechten Maustaste an und wählen Sie *Datenreihen-Diagrammtyp ändern/Punkt (X Y)* (*Abb. 23.9 links*).

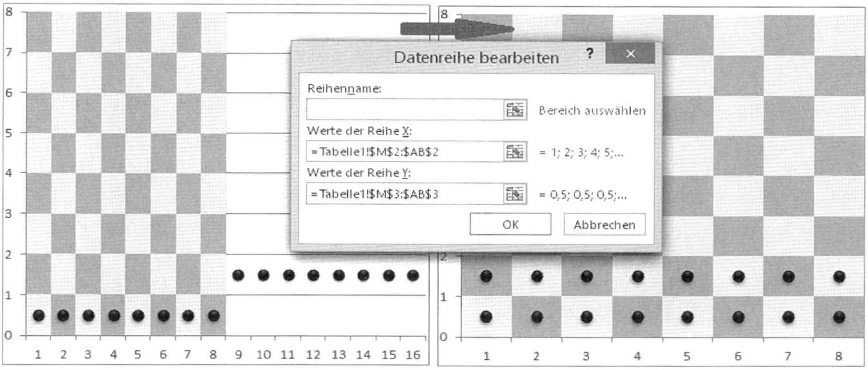

Abbildung 23.9: x-Werte der Punkt (XY)-Datenreihe anpassen

Abschließend müssen Sie für diese Datenreihe über den Kontextmenübefehl *Daten auswählen* die x-Werte M2:AB2 zuordnen, um die Darstellung in der rechten Hälfte von *Abb. 23.9* zu erhalten. Wenn Sie die Punkte anklicken, erscheint in der Bearbeitungsleiste die Datenreihendefinition

`DATENREIHE("Figuren weiß";Tabelle1!$M$2:$AB$2;Tabelle1!$M$3:$AB$3;17).`

Das Gleiche machen Sie nun für die schwarzen Figuren mit den folgenden Ausgangskoordinaten (*Abb. 23.10*).

	K	L	M	N	O	P	Q	R	S	T	U	V	W	X	Y	Z	AA	AB
5		Figur	Ta8	Sb8	**Lc8**	Dd8	**Ke8**	**Lf8**	Sg8	**Th8**	Ba7	Bb7	Bc7	Bd7	**Be7**	**Bf7**	Bg7	Bh7
6	schwarz	x	1	2	3	4	5	6	7	8	1	2	3	4	5	6	7	8
7		y	7,5	7,5	7,5	7,5	7,5	7,5	7,5	7,5	6,5	6,5	6,5	6,5	6,5	6,5	6,5	6,5

Abbildung 23.10: x/y-Koordinaten der schwarzen Figuren

Jetzt sind die Datenpunkte platziert. Aber wie können nun Schachfiguren daraus geschnitzt werden? Datenpunkte können zwar unterschiedlich formatiert werden (Raute, Kreis, Quadrat, Dreieck, ...), aber Schachfiguren sind natürlich nicht verfügbar, das wäre etwas zu viel des Guten. An dieser Stelle bietet Excel eine wirklich pfiffige Möglichkeit. Jeder Datenpunkt kann Träger eines beliebigen Grafikobjekts sein. Probieren Sie dies einmal aus. Erstellen Sie z. B. beliebige Formen (*Einfügen/Formen*). Dann kopieren Sie diese, markieren einen Datenpunkt eines Punkt (XY)-Diagramms und fügen die Grafik mit Strg+V ein. Das Ganze können Sie auch mit Bilddateien machen, die Ihre Schachfiguren enthalten. Das Ergebnis könnte dann so wie in *Abb. 23.11* aussehen.

Abbildung 23.11: Datenpunkte im Schachfiguren-Kostüm

23.3 Der Schachzug

Das Brett steht, die Figuren sind aufgestellt. Jetzt können Sie überprüfen, ob die Figuren auch ziehen können. Der erste Zug Ihrer Blitzpartie lautet e2–e4. Ihr e2-Bauer hat in der Startaufstellung die x/y-Koordinaten 5/1,5 (die in den Zellen Y2:Y3 stehen). Sie müssen den y-Wert einfach auf 3,5 erhöhen und Sie werden sehen, wie sich Ihr Bauer auf e4 bewegt.

Es sind alle Vorbereitungen zur grafischen Darstellung Ihrer Schachnotation getroffen. Die Figuren sind mobil. Nun muss noch etwas gerechnet werden. Die x/y-Koordinaten Ihrer Figuren müssen von der Zugnotation der Spalten B:C abgeleitet werden.

Die Notation sollte so aufgelistet werden, dass sie möglichst leicht ausgewertet werden kann. Dazu werden erstens die weißen und schwarzen Halbzüge untereinander aufgelistet und zweitens die beiden Felder, die jeder Schachzug angibt, werden auf zwei benachbarte Spalten aufgeteilt. Drittens werden alle Figurenkennzeichnungen S, L, T, D, K eliminiert, da sie für die weitere Berechnung irrelevant sind und stören. Auch das »X«, das das Schlagen einer gegnerischen Figur symbolisiert, ist überflüssig und wird für die weitere Berechnung durch den standardmäßigen Bindestrich ersetzt. Denn wenn auf dem Zielfeld eine gegnerische Figur steht, wird sie logischerweise geschlagen, das muss nicht extra gekennzeichnet werden. Das gewünschte Ergebnis ist in den Spalten H und I der Tabelle in *Abb. 23.12* zu sehen.

	E	F	G	H	I
1	Halbzug			von	nach
2	1	e2-e4	e2-e4	e2	e4
3	2	e7-e5	e7-e5	e7	e5
4	3	Sg1-f3	g1-f3	g1	f3
5	4	d7-d6	d7-d6	d7	d6
6	5	Lf1-c4	f1-c4	f1	c4
7	6	h7-h6	h7-h6	h7	h6
8	7	Sb1-c3	b1-c3	b1	c3
9	8	Lc8-g4	c8-g4	c8	g4
10	9	Sf3xe5	f3-e5	f3	e5
11	10	Lg4xd1	g4-d1	g4	d1
12	11	Lc4xf7	c4-f7	c4	f7
13	12	Ke8-e7	e8-e7	e8	e7
14	13	Sc3-d5	c3-d5	c3	d5

Abbildung 23.12: Schachnotation transformieren

Um aus der Notation in den zwei Spalten B und C nach dem Reißverschlussprinzip eine einzige zu machen, wird in F2 die Formel

```
F2: =INDEX($B$2:$C$8;AUFRUNDEN(E2/2;0);REST(E2-1;2)+1)
```

geschrieben und nach unten kopiert.

Der Term `REST(E2-1;2)+1` bewirkt, dass in jeder Formel im Bereich F2:F14 abwechselnd auf Spalte B und C zugegriffen wird. Der Term `AUFRUNDEN(E2/2;0)` hat den Zweck, den angegebenen Halbzug von Spalte E in einen ganzen Zug umzurechnen, um so auf die richtige Zeile im Bereich B:C zuzugreifen.

Beispielsweise ergibt sich der fünfte Halbzug aus `=INDEX($B$2:$C$8;3;2)`, was die Zelle C4 referenziert.

In Spalte G werden die überflüssigen Symbole eliminiert, dies geschieht mit der Funktion WECHSELN. Für jedes zu löschende Symbol muss diese Funktion weiter verschachtelt werden.

```
G2: =WECHSELN(WECHSELN(WECHSELN(WECHSELN(WECHSELN(WECHSELN
(F2;"S";"");"L";"");"T";"");"D";"");"K";"");"x";"-")
```

In den Spalten H:I werden die Züge aus Spalte G wieder in zwei Spalten aufgeteilt, indem der String am Bindestrich aufgeteilt wird. Das Feld links vom Bindestrich ergibt sich aus

```
H2: =LINKS(G2;FINDEN("-";G2)-1)
```

und das Feld rechts vom Bindestrich aus

`I2: =TEIL(G2;FINDEN("-";G2)+1;9).`

Jetzt folgt die Berechnung, mit der die Zugnotationen in die x/y-Koordinaten übertragen werden, die ihrerseits für die Figurenposition im Diagramm verantwortlich sind. Sie benötigen für jede der 32 Figuren eine Spalte (AD:BI), die die Position der entsprechenden Figur nach n Halbzügen (n Zeilen) fortführt. Folgende Abbildung zeigt exemplarisch nur die Spalten der zehn Figuren, die in dieser Blitzpartie bewegt werden. Die restlichen Spalten sind ausgeblendet. Betrachten Sie z. B. den g1-Springer, kann dessen Position mit den Formeln in Spalte L bestimmt werden (*Abb. 23.13*).

AJ2 | =WENN($H2=RECHTS(AJ1;2); $I2; WENN($I2=RECHTS(AJ1;2); NV(); RECHTS(AJ1;2)))

	E	F	G	H	I	J	AC	AE	AG	AI	AJ	AP	AV	AX	BE	BF	BG	BI
1	Halbzug			von	nach		Figur:	Sb1	Dd1	Lf1	Sg1	Be2	Lc8	Ke8	Bd7	Be7	Bf7	Bh7
2	1	e2-e4	e2-e4	e2	e4			b1	d1	f1	g1	e4	c8	e8	d7	e7	f7	h7
3	2	e7-e5	e7-e5	e7	e5			b1	d1	f1	g1	e4	c8	e8	d7	e5	f7	h7
4	3	Sg1-f3	g1-f3	g1	f3			b1	d1	f1	f3	e4	c8	e8	d7	e5	f7	h7
5	4	d7-d6	d7-d6	d7	d6			b1	d1	f1	f3	e4	c8	e8	d6	e5	f7	h7
6	5	Lf1-c4	f1-c4	f1	c4			b1	d1	c4	f3	e4	c8	e8	d6	e5	f7	h7
7	6	h7-h6	h7-h6	h7	h6			b1	d1	c4	f3	e4	c8	e8	d6	e5	f7	h6
8	7	Sb1-c3	b1-c3	b1	c3			c3	d1	c4	f3	e4	c8	e8	d6	e5	f7	h6
9	8	Lc8-g4	c8-g4	c8	g4			c3	d1	c4	f3	e4	g4	e8	d6	e5	f7	h6
10	9	Sf3xe5	f3-e5	f3	e5	13		c3	d1	c4	e5	e4	g4	e8	d6	#NV	f7	h6
11	10	Lg4xd1	g4-d1	g4	d1			c3	#NV	c4	e5	e4	d1	e8	d6	#NV	f7	h6
12	11	Lc4xf7	c4-f7	c4	f7			c3	#NV	f7	e5	e4	d1	e8	d6	#NV	#NV	h6
13	12	Ke8-e7	e8-e7	e8	e7			c3	#NV	f7	e5	e4	d1	e7	d6	#NV	#NV	h6
14	13	Sc3-d5	c3-d5	c3	d5			d5	#NV	f7	e5	e4	d1	e7	d6	#NV	#NV	h6

Abbildung 23.13: Figurenposition an Schachnotation koppeln

Die Logik der Formel

```
AJ2: =WENN($H2=RECHTS(AJ1;2); $I2; WENN($I2=RECHTS(AJ1;2); NV();
RECHTS(AJ1;2)))
```

ist recht einfach. `$H2=RECHTS(AJ1;2)` prüft, ob der Springer g1 zieht. Das hängt davon ab, ob er in H2 angesprochen wird. Falls ja, muss die aktuelle Position durch die Zielposition ersetzt werden, die in I2 steht. Ist dies nicht der Fall, wird geprüft, ob in I2 die Zielposition g1 steht. Dies würde bedeuten, dass eine andere Figur nach g1 zieht und damit den Springer g1 schlägt:

```
WENN($I2=RECHTS(AJ1;2);NV();RECHTS(AJ1;2))
```

Dann würde g1 durch `#NV` ersetzt. Dies kennzeichnet, dass die Figur geschlagen wurde. Ein Punkt einer Datenreihe wird ausgeblendet, wenn die zugrunde liegende

Zelle den Wert NV# enthält. Ist dies nicht der Fall, wurde die Figur nicht gezogen und nicht geschlagen. Dann wird einfach die Position des vorherigen Halbzugs übernommen und der *Sonst_Wert* der WENN-Formel `RECHTS(AJ1;2)` greift.

Beispielsweise wird im zehnten Halbzug die weiße Dame geopfert, in AG11 erscheint deshalb ein #NV. Dieses Feld besetzt nun der schwarze c8-Läufer. In AV11 vollzieht dieser seinen Positionswechsel auf das Feld d1.

Das einzig Wesentliche, was jetzt noch fehlt, ist die Überleitung der berechneten Figurenpositionen auf die x/y-Koordinaten, die die Datenquelle des Diagramms darstellen (*Abb. 23.14*).

S2 | fx =CODE(LINKS(INDEX(AJ2:AJ14;n)))-96

	K	L	M	N	O	P	Q	R	S	T	U	V	W	X	Y	Z	AA	AB
1		Figur	Ta1	Sb1	Lc1	Dd1	Ke1	Lf1	Sg1	Th1	Ba2	Bb2	Bc2	Bd2	Be2	Bf2	Bg2	Bh2
2	weiß	x	1	2	3	4	5	6	7	8	1	2	3	4	5	6	7	8
3		y	0,5	0,5	0,5	0,5	0,5	0,5	0,5	0,5	1,5	1,5	1,5	1,5	3,5	1,5	1,5	1,5
4																		
5		Figur	Ta8	Sb8	Lc8	Dd8	Ke8	Lf8	Sg8	Th8	Ba7	Bb7	Bc7	Bd7	Be7	Bf7	Bg7	Bh7
6	schwarz	x	1	2	3	4	5	6	7	8	1	2	3	4	5	6	7	8
7		y	7,5	7,5	7,5	7,5	7,5	7,5	7,5	7,5	6,5	6,5	6,5	6,5	6,5	6,5	6,5	6,5

Abbildung 23.14: Position der Figuren nach n Halbzügen

In der Startaufstellung hat der weiße g1-Springer die Koordinaten 7;0,5 (S2:S3). Seine Koordinaten nach *n* Halbzügen berechnen sich aus:

```
S2: =CODE(LINKS(INDEX(AJ2:AJ14;n)))-96
S3: =RECHTS(INDEX(AJ2:AJ14;n))-0,5
```

Die Formel in S2 rechnet die Linienbezeichnung von a bis h in die Werte 1 bis 8 um. Die Formel in S3 subtrahiert von der Zeilennummer 0,5. Beispielsweise ergibt sich im 3. Halbzug die Position des g1-Springers von 6;2,5 aus:

`= LINKS(INDEX(AJ2:AJ14;3))` referenziert AJ4 und liefert die Position »f3«.

```
S2:=CODE(LINKS("f3")-96=6
S3:=RECHTS("f3")-0,5=2,5
```

Für die schwarzen Figuren gilt:

```
S6: =CODE(LINKS(INDEX(AZ2:AZ14;n)))-96
S7: =RECHTS(INDEX(AZ2:AZ14;n))-0,5
```

Die Koordinaten der Mattstellung nach 13 Halbzügen zeigt die *Abb. 23.15*.

	K	L	M	N	O	P	Q	R	S	T	U	V	W	X	Y	Z	AA	AB
1		Figur	Ta1	**Sb1**	Lc1	**Dd1**	Ke1	**Lf1**	**Sg1**	Th1	Ba2	Bb2	Bc2	Bd2	**Be2**	Bf2	Bg2	Bh2
2	weiß	x	1	**4**	3	**#NV**	5	**6**	**5**	8	1	2	3	4	**5**	6	7	8
3		y	0,5	**4,5**	0,5	**#NV**	0,5	**6,5**	**4,5**	0,5	1,5	1,5	1,5	1,5	**3,5**	1,5	1,5	1,5
4																		
5		Figur	Ta8	Sb8	**Lc8**	Dd8	**Ke8**	**Lf8**	Sg8	**Th8**	Ba7	Bb7	Bc7	Bd7	**Be7**	**Bf7**	Bg7	Bh7
6	schwarz	x	1	2	**3**	4	**5**	**6**	7	**8**	1	2	3	4	**#NV**	**#NV**	7	8
7		y	7,5	7,5	**0,5**	7,5	**6,5**	**7,5**	7,5	**7,5**	6,5	6,5	6,5	5,5	**#NV**	**#NV**	6,5	5,5

Abbildung 23.15: Position der Figuren in der Mattstellung der Blitzpartie

Sie haben es geschafft, Sie können Ihre Mattstellung im gestapelten Säulen-/Punkt (XY)-Diagramm bewundern (*Abb. 23.16*). Aber zuerst wollen wir endlich noch die nummerierte x-Achse durch die Buchstaben A–H ersetzen. Selektieren Sie dazu einfach eine Datenreihe des Schachbretts und schreiben Sie in das Argument der x-Werte ein Array aus den Buchstaben A bis H:

```
=DATENREIHE(;{"A"."B"."C"."D"."E"."F"."G"."H"};Tabelle1!$AQ$1:$BF$1;15)
```

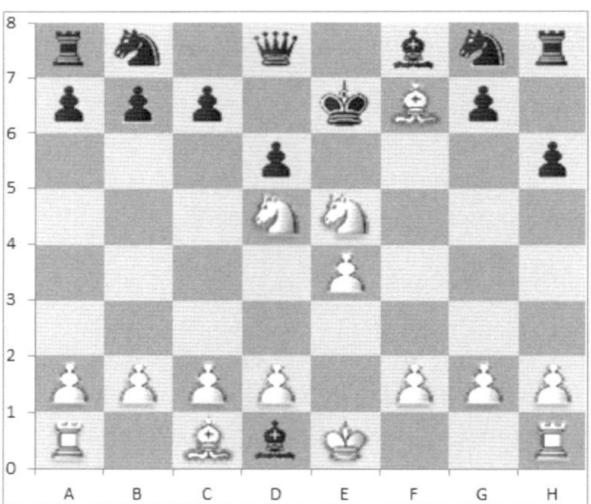

Abbildung 23.16: Mattstellung »Seekadettenmatt«

23.4 Zugfolgen und Spezialitäten

Sie haben eine Zelle mit dem Namen *n* definiert, in die Sie die Nummer des Halbzugs eingeben, für den Sie das Diagramm berechnen möchten. Wenn Sie Ihre Partie vom ersten bis zum letzten Halbzug genießen wollen, wäre es ja nervig, die Zugnummer immer manuell eingeben zu müssen. Dafür bieten sich die *Bildlaufleisten* der *ActiveX-Steuerelemente.*

Abbildung 23.17: Steuerelemente-Katalog

Ziehen Sie eine Bildlaufleiste in Ihre Tabelle.

Über das Kontextmenü der Bildlaufleiste gelangen Sie in die Eigenschaften des Steuerelements. Dort definieren Sie die Eigenschaftswerte:

- *LinkedCell:n*
- *Min:1*
- *Max:100*

Wenn Sie nun die Bildlaufleiste betätigen, bewegen sich Ihre Schachfiguren Zug um Zug auf dem Schachbrett.

23.5 Besondere Züge

Der beschriebene Weg behandelt nur Standardzüge, doch auch die Berücksichtigung von Rochaden stellt kein großes Problem dar. Die übliche Notation für die kleine Rochade lautet O-O, für die große Rochade lautet sie O-O-O. Splittet man diese Notation in den Spalten H und I auf, steht bei der Rochade in Spalte H »O« und in I bei der kleinen Rochade ebenso »O« und bei der großen Rochade »O-O«. Sie müssen jetzt nur die Figuren, die bei der Rochade angesprochen werden, um zusätzliche WENN-Abfragen ergänzen. Beispielsweise würde für den schwarzen König die erweiterte Formel in AX2 lauten:

```
=WENN(REST(E2;2)=0;WENN(I2="O-O";"c8";WENN(I2="O";"g8";Formel1)); Formel1)
```

mit

```
Formel1=WENN($H2=RECHTS(AX1;2);$I2;WENN($I2=RECHTS(AX1;2);NV();RECHTS(AX1;2)))
```

`REST(E2;2)=0`: prüft, ob Schwarz am Zug ist.

`WENN(I2="O-O";"c8"`: Bei großer Rochade zieht der König auf c8.

`WENN(I2="O";"g8"`: Bei kleiner Rochade zieht der König auf g8.

`Formel1` prüft die zuvor beschriebenen Standardzüge.

Es ist auch möglich, Bauern in Damen (oder andere Figuren) einzutauschen. Zieht ein weißer Bauer auf die achte Reihe, wird sein Wert auf `#NV` gesetzt, da er vom Brett genommen wird. Für jeden Bauern wird ein weiterer Datenpunkt in das Diagramm eingefügt, der eine Dame enthält. Solange der Bauer selbst auf dem Brett steht, hat dieser Datenpunkt den Wert `#NV` und ist somit im Hintergrund verborgen. Erst wenn der Bauer eingetauscht wird, wird der Datenpunkt, der die Dame enthält, sichtbar gemacht. Damit das funktioniert, müssen die Formeln zur Bestimmung der Figurenpositionen um einige nicht sehr komplizierte WENN-Bedingungen erweitert werden, die einen Eintauschzug mit der Notation »a2-a1=D« auslesen können.

23.6 Transparenter Grafikhintergrund im Datenpunkt

Wenn Sie ein Grafikobjekt, eine Schachfigur oder irgendein anderes Bild, in einen Datenpunkt einfügen, erscheint dieses möglicherweise quadratisch, weil der Hintergrund des Bilds nicht transparent ist. Wenn Sie das stört, klicken Sie das Bild mit der rechten Maustaste an – bevor Sie es in den Datenpunkt kopiert haben – und wählen Sie den Befehl zum Bestimmen der transparenten Farbe an, nachdem Sie ihn unter den Excel-Optionen aus der Liste der verfügbaren Befehle zu Ihrer *Symbolleiste für den Schnellzugriff* ergänzt haben.

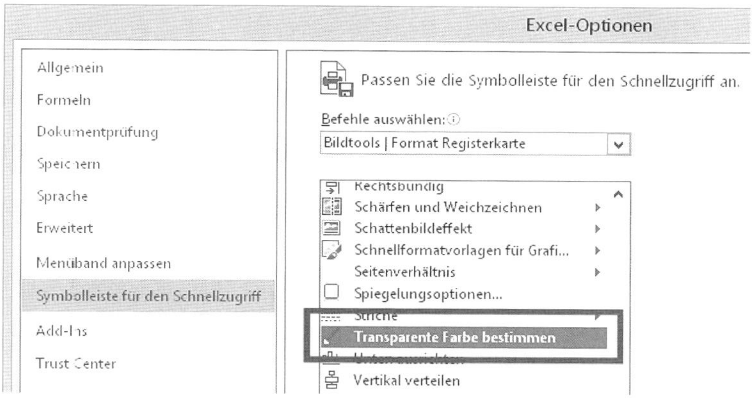

Abbildung 23.18: Befehl zum Bestimmen der transparenten Farbe

Wenn Sie nun das hervorgehobene Symbol in *Abb. 23.18* anklicken, erhalten Sie einen Cursor in Form des Symbols. Mit diesem Cursor klicken Sie auf die Farbe des Bildobjekts, die transparent sein soll. Dann erst kopieren Sie das Bildobjekt in den Datenpunkt.

Kapitel 24

Minesweeper

Wer mit Microsoft aufgewachsen ist, kennt auch die beiden Spiele Minesweeper und Solitaire, die früher auf keinem unter Windows laufenden PC gefehlt haben. In den Jahren, in denen es noch ein seltener Luxus war, im Internet surfen zu können, waren diese Klassiker vor allem für Azubis oft überlebenswichtig, um den tristen Büroalltag zu überstehen. Im Laufe der Zeit haben aber immer mehr hartherzige Chefs die beliebten Langeweilevertreiber von den PCs verbannen lassen und ab Windows 8 sind die Spiele gar nicht mehr standardmäßig an Bord. Echt fies! Als Excel-Fan lassen Sie sich das natürlich nicht gefallen. Machen Sie Excel zum größten Minesweeper-Feld aller Zeiten!

Das Spiel ist schnell erklärt. In einer Matrix sind zufällig Minen verteilt und versteckt und die Aufgabe besteht darin, alle Zellen der Matrix aufzudecken, bis auf die Zellen, die eine Mine enthalten. Das Spiel ist gewonnen, wenn nur noch die Zellen übrig sind, die Minen enthalten. Zur Ortung der Minen enthält jede aufgedeckte Zelle einen Wert, der die Anzahl Minen wiedergibt, die in den acht Nachbarzellen der aufgedeckten Zelle versteckt sind.

Zur Demonstration fangen wir wieder klein an, mit einem 10 x 10 Zellen großen Minenfeld. Wem das zu brutal ist, kann sich statt Minen auch Fettnäpfchen oder Kuhfladen vorstellen.

24.1 Zufallszahlen ohne Wiederholung

Die erste Hürde, die genommen werden muss, besteht darin, eine bestimmte Anzahl Minen zufällig auf dem Feld zu verteilen. Immer wenn in Excel etwas zufällig geschehen soll, kommt die Funktion ZUFALLSZAHL() zum Zuge. Wir benötigen 100 Zufallszahlen, genau so viele, wie Zellen auf dem Spielfeld enthalten sind, die ja alle mit gleicher Wahrscheinlichkeit eine Mine enthalten können. In der Kombinatorik wird dieser Fall als »Ziehen ohne Zurücklegen« (oder »ungeordnete Kombinationen ohne Wiederholung«) bezeichnet. Jede der 100 Zellen hat eine Nummer von 1 bis 100 und nun werden n zufällige Zellen »gezogen«, die eine Mine enthalten. Ganzzahlige Zufallszahlen ohne doppelt vorkommende (»ohne Zurücklegen«) können mithilfe der Funktion RANG erzeugt werden, was wir uns an einem Beispiel mit zehn Zahlen ansehen (*Abb. 24.1*):

B1 =RANG(A1;$A$1:$A$10)

	A	B	C	D
1	0,18254772618468300	8		
2	0,01320727969558530	10		
3	0,58608977943542600	3		
4	0,46649890198888100	5		
5	0,88928673321584300	2		
6	0,57808421453447900	4		
7	0,43253036815525600	6		
8	0,91544862375113800	1		
9	0,12645581562883000	9		
10	0,21877029960472600	7		

Abbildung 24.1: Ganzzahlige Zufallszahlen ohne Wiederholung

`=RANG(A1;$A$1:$A$10)` ergibt 8, da in A1 die achthöchste Zufallszahl der Spalte A steht. Die 10 erscheint dort, wo die kleinste Zufallszahl steht, nämlich die 0,01320727969558530 in A2. Vorraussetzung dafür, dass alle Zahlen von 1 bis 10 in B1:B10 genau einmal vorkommen, ist, dass alle Zufallszahlen unterschiedlich groß sind.

Zufallszahlen liegen zwischen 0 und 1 und haben in der Regel 15 Dezimalstellen. Nur in der Regel – aber nicht immer – und zwar deshalb, weil ca. 10% der Zufallszahlen 16 Nachkommastellen haben und ca. 1% sogar 17 Nachkommastellen haben. Das hängt damit zusammen, dass es nicht genau 10 hoch 15 unterschiedliche Zufallszahlen gibt, sondern 2 hoch 52, das sind 10 hoch 15,653559774527 oder anders ausgedrückt 4.503.599.627.370.500 verschiedene Zufallszahlen. Dass dann zwei gezogene Zufallszahlen identisch sind, ist zwar theoretisch möglich, praktisch aber so gut wie ausgeschlossen. Die Wahrscheinlichkeit, dass Sie zweimal hintereinander im Lotto sechs Richtige haben, ist größer. Glauben Sie nicht? Die Wahrscheinlichkeit für einen Sechser im Lotto ist 1 zu 13.983.816, denn es gibt rund 13 Mio. Kombinationsmöglichkeiten 6 aus 49 (ohne zurücklegen) zu ziehen. Die Formel

```
=KOMBINATIONEN(49;6)
```

offenbart es.

Die Wahrscheinlichkeit, zweimal hintereinander sechs Richtige zu haben, ist 1 zu

```
=KOMBINATIONEN(49;6)^2= 195.547.109.921.856 = 10 hoch 14,3
```

und damit 20-mal höher als die Wahrscheinlichkeit, zwei gleiche Zufallszahlen zu ziehen.

Die Wahrscheinlichkeit, dass sich bei zehn Zufallszahlen zwei gleichen, ist dagegen wesentlich höher, nämlich rund 1 zu 10 ^ 14. Bei 100 Zufallszahlen sind es nur noch rund 1 zu 10 hoch 12 (eine Billion).

Noch nicht überzeugt? Wenn Sie so hartnäckig sind, müssen wir noch etwas weiter ausholen. Vielleicht kennen Sie das in der Kombinatorik bekannte Geburtstagsparadoxon. Es stellt die Frage, wie hoch die Wahrscheinlichkeit ist, dass auf einer Party zwei Personen am gleichen Tag Geburtstag haben. Die erstaunliche Antwort ist, dass bei mindestens 23 Partygästen mit größerer Wahrscheinlichkeit zwei Leute am gleichen Tag Geburtstag haben, als dass alle an unterschiedlichen Tagen Geburtstag haben, nämlich genau 50,7 %. Berechnet wird das mit der Formel

```
1 - (365/365)x(364/365) x(363/365)x…x(343/365) = 50,7 %.
```

In unserer Muttersprache Excel ausgedrückt:

```
{=RUNDEN((1-PRODUKT(ZEILE(INDIREKT("365:343"))/365))*100;1)}
```

Das Geburtstagsparadoxon lässt sich nun 1:1 auf die Zufallszahlen projizieren. Statt 365 mögliche Tage, an denen man Geburtstag haben kann, gibt es 10 hoch 15,65... mögliche Zufallszahlen und die 100 gezogenen Zufallszahlen sind die 100 Partygäste. Angenommen, dass c die Anzahl möglicher Zufallszahlen ist, nämlich 2^52, dann berechnet sich die Wahrscheinlichkeit für zwei gleiche Zufallszahlen bei 100 Ziehungen aus

1 zu 1 /(1-(c/c)x((c-1)/c) x((c-2)/c)x...x((c-99)/c)) = 1 zu 10 hoch 11,95895.

Das Problem ist, dass Excel in diesem hohen Zahlenbereich nicht mehr genau rechnen kann, für Excel ergibt

```
=2^52=2^52-1=WAHR
```

Excel kann zwar Zahlen bis ca. 10^308 darstellen, aber nur bis zu 15 signifikanten Stellen genau. Trotzdem gibt es zwei Möglichkeiten, Aufgaben mit solch großen Zahlen wie 2^52 genau zu berechnen, entweder über die VBA-Typumwandlungsfunktion CDEC oder einige spezielle Berechnungen, auf die in Kapitel 11 *Zahlensysteme* näher eingegangen wird.

24.2 Minen zufällig verteilen

Jetzt aber endlich zurück zum Thema Minesweeper. Wir schreiben in A1:A100 `=ZUFALLSZAHL()`. Als Nächstes wird in Spalte B eine Rangfolge dieser 100 Zufallszahlen gebildet.

`B1: =RANG(A1;$A$1:$A$100)` (kopieren bis B100)

Nun stehen in B1:B100 alle Zahlen von 1 bis 100 ungeordnet untereinander.

Als Nächstes definieren wir eine Zelle *n*, die die Anzahl zu verteilender Minen auf dem Feld vorgibt. In C1 schreiben Sie

`C1: =WENN(Zeile()>n;0;B1)`

und kopieren die Formel bis C100. Die Spalte C verfolgt den Zweck, aus Spalte B genau *n* Zufallszahlen aus dem Zahlenbereich herauszupicken, beispielsweise für n = 10

`{1;21;98;68;64;47;7;5;86;48}`

AH19 *fx*

	A	B	C	D	E	F	G	H	I	J	K	L	M	N	O	P	Q	R	S	T	U	V	W	X	Y	Z	AA
1	0,394942	64	64		Minen:		1	2	3	4	5	6	7	8	9	10											
2	0,567110	38	38		10		11	12	13	14	15	16	17	18	19	20		0	0	0	0	0	1	0	0	0	0
3	0,490001	54	54				21	22	23	24	25	26	27	28	29	30		0	0	0	0	0	0	0	0	0	0
4	0,078042	94	94				31	32	33	34	35	36	37	38	39	40		0	0	0	0	0	0	0	0	0	0
5	0,604370	36	36				41	42	43	44	45	46	47	48	49	50		0	0	0	0	0	1	0	1	0	0
6	0,028198	98	98				51	52	53	54	55	56	57	58	59	60		1	0	0	0	0	0	0	0	0	0
7	0,553483	41	41				61	62	63	64	65	66	67	68	69	70		0	0	0	1	0	0	0	0	0	0
8	0,965183	6	6				71	72	73	74	75	76	77	78	79	80		0	0	0	1	0	0	0	0	0	0
9	0,256932	78	78				81	82	83	84	85	86	87	88	89	90		0	1	0	0	0	0	0	1	0	0
10	0,331785	72	72				91	92	93	94	95	96	97	98	99	100		0	0	0	0	0	0	0	0	0	0
11	0,158384	85	0															0	0	0	1	0	0	0	1	0	0
12	0,303885	75	0																								
13	0,498949	51	0																								
14	0,683244	30	0																								
15	0,026730	99	0																								
16	0,443757	58	0																								

Abbildung 24.2: Zehn Zellen der 10x10-Matrix zufällig auswählen

Die 100 Zellen des Minenfelds müssen von 1 bis 100 durchnummeriert werden, damit jede der 10 zufällig gezogenen Nummern einer Zelle zugeordnet werden kann. Sie können die Matrix G1:P10 in *Abbildung 24.2* relativ leicht manuell durchnummerieren, aber wenn Sie es noch bequemer haben wollen, nehmen Sie dazu die Formel:

`G1: =10*(ZEILE(1:1)-1)+SPALTE(A:A)` (kopieren bis P10)

Die Formellösung ermöglicht später bei Bedarf eine flexiblere Erweiterung der Spielfeldgröße.

In der Matrix R1:AA10 werden letztendlich die Minen verteilt, in R1 steht

`R1: =ISTZAHL(VERGLEICH(G1;$C:$C;0))*1` (kopieren bis AA10).

Wenn also G1 (die entsprechende Zelle der benachbarten Matrix G1:P10) in Spalte C gefunden wird, erzeugt die Formel in R1 eine 1, andernfalls eine 0. Jede 1 symbolisiert eine Mine. Sie haben jetzt *n* zufällige Zellen der Matrix in R1:AA10 mit Minen bestückt. Schön und gut, doch zum Spielen von Minesweeper haben Sie noch ein elementares Problem zu lösen: Jedes Mal, wenn Sie [F9] drücken, werden die Minen neu verteilt, doch das ergibt keinen Sinn. Wenn die Minen einmal verteilt wurden, dürfen diese sich bis zum Ende des Spiels nicht mehr bewegen.

Jetzt kommt wieder die Excel-Iteration ins Spiel. Sie können mit ihr nicht nur iterative Berechnungen durchführen, Sie können mit ihr auch Zellwerte je nach Bedarf »einfrieren«. Genau wie beim Spiel des Lebens definieren Sie eine Zelle namens *Start*. Diese kann den Wert FALSCH bzw. 0 oder den Wert WAHR bzw. 1 annehmen. Nun erweitern Sie die Formel von C1 (dito C2:C100) auf

```
C1: =WENN(Start;WENN(Zeile()>n;0;B1);C1)
```

Dies hat zur Folge, dass in Spalte C nur dann neue Werte berechnet werden, wenn *Start* WAHR ist, ansonsten bleibt der eigene Zellwert erhalten, da sich die Zelle auf sich selbst bezieht. Wenn in den Excel-Optionen das Kontrollkästchen für die Excel-Iteration gesetzt ist, kommt Excel mit diesem Zirkelbezug klar. Damit wird der Zellwert so lange »eingefroren«, bis *Start* wieder den Wert WAHR erhält.

Als Nächstes benötigen Sie eine weitere Matrix (AC2:AL11), in der zum einen die Minen durch ein »X« markiert sind und in der zum anderen die Anzahl Minen in den acht angrenzenden Zellen zurückgegeben wird (*Abb. 24.3*):

AD4 | =WENN(S4=1;"X";SUMME(S3;T3;T4;T5;S5;R5;R4;R3))

	Q	R	S	T	U	V	W	X	Y	Z	AA	AB	AC	AD	AE	AF	AG	AH	AI	AJ	AK	AL
1																						
2		0	0	0	0	0	0	0	0	0	0		0	0	0	1	1	1	0	0	0	0
3		0	0	0	0	1	0	0	0	0	0		1	1	1	2	X	2	0	0	1	1
4		0	1	0	0	1	0	0	0	0	1		1	X	1	2	X	2	0	0	1	X
5		0	0	0	0	0	0	0	0	0	0		1	1	2	2	2	1	1	1	2	1
6		0	0	0	1	0	0	0	1	0	0		0	0	1	X	1	1	2	X	1	0
7		0	0	0	0	0	0	1	0	0	0		0	0	1	1	2	2	X	2	1	0
8		0	0	0	0	0	1	0	0	0	0		0	0	0	1	2	X	2	1	0	0
9		0	0	0	0	1	0	0	0	0	0		0	0	0	1	X	2	1	0	1	1
10		0	0	0	0	0	0	0	0	0	1		0	0	0	1	1	1	0	0	1	X
11		0	0	0	0	0	0	0	0	0	0		0	0	0	0	0	0	0	0	1	1

Abbildung 24.3: Minen auf dem Minenfeld verteilen

Wichtig: Die Matrix von R1:AA10 wurde ausgeschnitten und eine Zeile tiefer wieder eingefügt, damit sich die Formel in AC2 bequem auf die acht Nachbarzellen der Zelle R2 der Vorgängermatrix beziehen und einheitlich auf den Bereich bis AL11 kopieren lässt.

Jetzt wird noch eine weitere Matrix benötigt, die endlich das tatsächliche Spielfeld des Minensuchers darstellt. Überlegen wir uns, welche Eigenschaften das Spielfeld haben muss. Vor allem darf zu Beginn des Spiels die Position der Minen nicht ersichtlich sein. Erst wenn ein Feld ausgewählt (selektiert) wird, kommt eine Mine oder die Anzahl benachbarter Minen dieses Felds zum Vorschein.

24.3 Rechnen mit der aktiven Zelle

Dazu müsste es erst mal eine Möglichkeit geben, die selektierte Zelle überhaupt zu identifizieren. In VBA kein Problem: *ActiveCell.Address* gibt die Adresse der aktiven Zelle zurück. Aber in Excel gibt es »offiziell« keine Funktion, die die aktive Zelle ermitteln kann. Wenn man fleißig sucht, findet man aber dennoch eine passende. Die Formel

```
=ADRESSE(ZELLE("Zeile";A1);ZELLE("Spalte";A1))
```

gibt die Adresse von A1 zurück, also »$A$1«. Interessanterweise kann man das Bezugsargument einfach weglassen. Die Funktion

```
=ADRESSE(ZELLE("Zeile");ZELLE("Spalte"))
```

hat dann die Eigenschaft, die Adresse der Zelle zurückzugeben, die bei der letzten Neuberechnung aktiv war. Selektiert man eine Zelle und drückt dann F9, wird also die aktive Zellenadresse ausgegeben.

Vielleicht kennen Sie die ähnlich aussehende und geläufigere Formel

`=ADRESSE(ZEILE();SPALTE())`

die die Adresse der Zelle wiedergibt, in der sie selbst steht (die aufrufende Zelle). Dass das nicht zum gleichen Ergebnis führt, zeigt das Beispiel in *Abbildung 24.4*.

	A	B	C	D	E
1	$A$4	=ADRESSE(ZELLE("Zeile");ZELLE("Spalte"))			
2	$A$2	=ADRESSE(ZEILE();SPALTE())			
3					
4					
5					
6					

Abbildung 24.4: Unterschied zwischen der aktiven und der aufrufenden Zelle

Jetzt kommt der eigentliche Trick:

Definieren Sie den Namen *Selektion* bezogen auf die Formel

`=ADRESSE(ZELLE("Zeile");ZELLE("Spalte")) =ADRESSE(ZEILE();SPALTE())`

Um zu demonstrieren, wie sich der Name *Selektion* in einer Tabelle auswirkt, schreiben Sie in alle Zellen eines beliebigen Bereichs `=Selektion` (*Abb. 24.5*).

B2 | fx =Selektion

	A	B	C	D	E	F
1	FALSCH	FALSCH	FALSCH	FALSCH	FALSCH	FALSCH
2	FALSCH	WAHR	FALSCH	FALSCH	FALSCH	FALSCH
3	FALSCH	FALSCH	FALSCH	FALSCH	FALSCH	FALSCH
4	FALSCH	FALSCH	FALSCH	FALSCH	FALSCH	FALSCH
5	FALSCH	FALSCH	FALSCH	FALSCH	FALSCH	FALSCH

Abbildung 24.5: Rechnen mit der aktiven Zelle

Wenn Sie nun eine Zelle selektieren und [F9] drücken, erscheint nur bei dieser Zelle WAHR. Und genau mit dieser Technik können Sie auf dem Minesweeper-Feld eine Zelle auswählen.

Die Matrix des Spielfelds geht von AN2:AW11. In AN2 steht die Formel

`AN2: {=WENN(start;""; WENN(AN2<>""; AN2; WENN( ODER((AM1:AO3=0)*(AM1:AO3<>"")); AC2; WENN(Selektion;AC2;""))))}` (kopieren bis AW11).

Stellen Sie die Startzelle auf 1, um eine neue Startaufstellung des Minenfelds zu erhalten. Dann stellen Sie sie auf 0, um mit dem Minensuchen zu beginnen. Um eine Zelle zu betreten, beispielsweise AP6, drücken Sie [F9] *(Abb. 24.6).*

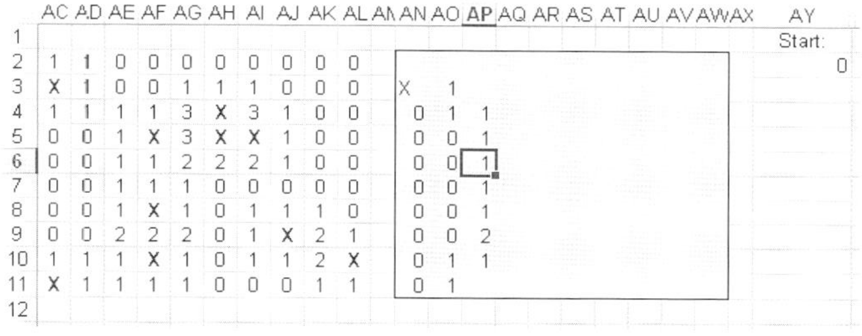

	AC	AD	AE	AF	AG	AH	AI	AJ	AK	AL	AM	AN	AO	AP	AQ	AR	AS	AT	AU	AV	AW	AX	AY
1																							Start:
2	1	1	0	0	0	0	0	0	0	0													0
3	X	1	0	0	1	1	1	0	0	0		X	1										
4	1	1	1	1	3	X	3	1	0	0		0	1	1									
5	0	0	1	X	3	X	X	1	0	0		0	0	1									
6	0	0	1	1	2	2	2	1	0	0		0	0	1									
7	0	0	1	1	1	0	0	0	0	0		0	0	1									
8	0	0	1	X	1	0	1	1	1	0		0	0	1									
9	0	0	2	2	2	0	1	X	2	1		0	0	2									
10	1	1	1	X	1	0	1	1	2	X		0	1	1									
11	X	1	1	1	1	0	0	0	1	1		0	1										
12																							

Abbildung 24.6: Minesweeper – das Spiel beginnt.

Um zu verstehen, was da passiert ist, dröseln wir die Formel in AN2 auf:

- `{=WENN(start;""` solange *Start* auf 1 steht, bleibt das Spielfeld leer.
- `; WENN(AN2<>"";AN2` sobald in AN2 einmal ein Eintrag erscheint, bleibt er eingefroren, da sich die Zelle auf sich selbst bezieht.
- `WENN(ODER((AM1:AO3=0)*(AM1:AO3<>""));AC2` Wenn eine der acht Nachbarzellen eine 0 enthält, wird die aktive Zelle AN2 »aufgedeckt«, d.h., der entsprechende Wert der Matrix AC2:AL11, in diesem Fall AC2, wird übernommen. Denn dort, wo eine 0 steht, kann in einer der acht Nachbarn unmöglich eine Mine sein. Damit die Nullzellen nicht alle einzeln mit [F9] aufgedeckt werden müssen, geschieht das mit diesem Formelteil automatisch. Es entsteht eine Kettenreaktion, die alle zusammenhängenden Nullen auf einen Schlag aufdeckt. Genau so, wie das beim Original auch der Fall ist.
- `;WENN(Selektion;AC2;""))))}` Dieser Teil enthält das »Aufdecken« der ausgewählten Zelle. Wird bei Zellselektion [F9] gedrückt, liefert *Selektion* WAHR und der Wert aus AC2 wird übernommen.

Das Minesweeper-Feld ist bereits spielbar. Um dem Original von Microsoft noch etwas näher zu kommen, ergänzen wir die Formeln insoweit, als das komplette Minenfeld aufgedeckt wird, sobald der Spieler auf eine Mine getreten ist. Bei der jetzigen Formel könnte er trotz gesprengter Mine noch weiterspielen. Den letzten WENN-Ausdruck

```
WENN(Selektion;AC2;"")
```

ersetzen wir durch

```
WENN(Selektion;AC2;WENN(ZÄHLENWENN($AN$2:$AW$11;"X")>0;AC2;""))
```

um den gewünschten Effekt zu erzielen. Sobald ZÄHLENWENN ein »X« findet, werden die Zellen der Vorgängermatrix AC2:AL11 übernommen, das Minenfeld wird also komplett aufgedeckt.

Mit der Formel

```
=WENN(UND(ANZAHL(AN2:AW11)=100-n;ZÄHLENWENN(AN2:AW11;"x")=0);"gewonnen";"")
```

können Sie noch anzeigen lassen, wenn der Spieler gewonnen hat.

Der Rest ist Feinarbeit. Die Nullen können mit dem Zahlenformat `0;-0;""` ausgeblendet werden. Die Minen können statt mit einem »X« mit schöneren Symbolen angezeigt werden. Beispielsweise wird das M der Schriftart Wingdings durch eine Bombe dargestellt. Die nicht aufgedeckten Felder können über die bedingte Formatierung farblich unterlegt werden.

Das optisch getunte Endergebnis könnte dann beispielsweise wie in *Abb. 24.7* aussehen.

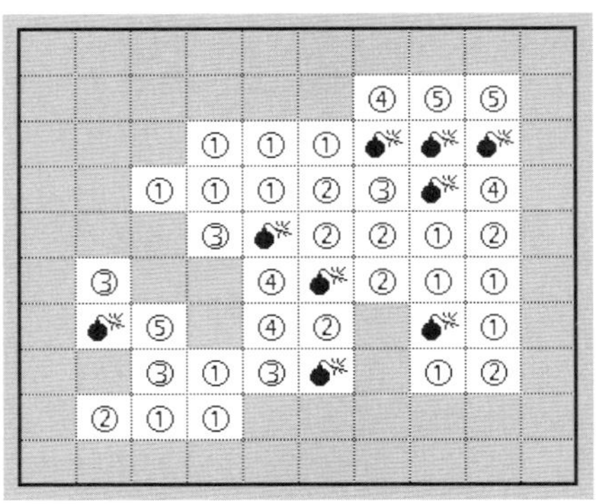

Abbildung 24.7: Ein optisch getuntes Spielfeld

24.4 Die aktive Zelle beeinflusst Diagramme

Wenn Sie genug Minesweeper gespielt haben, können Sie sich überlegen, wie Sie sich das Gezeigte noch anderweitig zu Nutze machen können. Per Formel auf die aktive Zelle zugreifen zu können, ist nämlich auch in anderen Excel-Welten sehr praktisch, beispielsweise bei Diagrammen (*Abb. 24.8*).

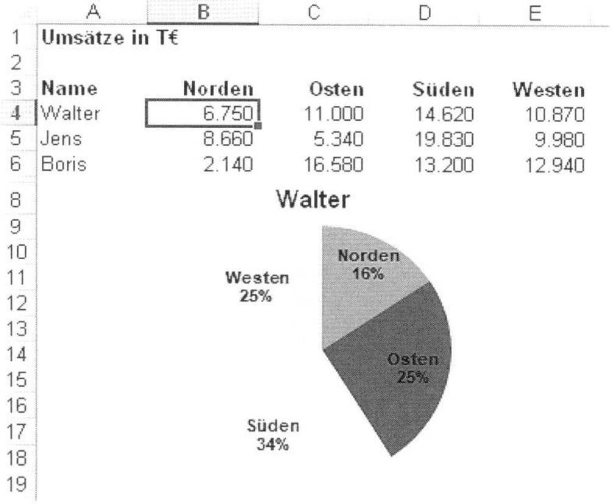

Abbildung 24.8: Ein auf die aktive Zeile reagierendes Kuchendiagramm

Das Kuchendiagramm soll flexibel die Werte einer der drei Datenreihen anzeigen. Dazu selektieren Sie eine Zelle, führen mit F9 eine Neuberechnung durch und das Diagramm soll die entsprechenden Werte anzeigen.

Die Diagrammüberschrift erhalten Sie mit der Formel

```
=INDIREKT(ADRESSE(ZELLE("Zeile");1))
```

`ZELLE("Zeile")` liefert ohne Bezugsangabe die Zeilennummer der aktiven Zelle. Die Spaltenangabe ist auf 1 fixiert, dann kann auch B1 selektiert werden und man erhält immer noch den richtigen Namen aus der Spalte A.

Bekanntlich können Sie für die Datenreihen eines Diagramms Namen definieren. Erstellen Sie also einen Namen *Daten*, dem der Bereich `$B$4:$E$4` hinterlegt ist, und binden Sie ihn in das Diagramm ein. Die DATENREIHE-Definition, die Sie bei selektierter Datenreihe in der Bearbeitungsleiste sehen, lautet dann nicht mehr

```
=DATENREIHE(;Tabelle1!$B$3:$E$3;Tabelle1!$B$4:$E$4;1),
```

sondern

```
=DATENREIHE(;Tabelle1!$B$3:$E$3;Mappe1.xls!Daten;1)
```

Die Überschrift des Diagramms steht in der Zelle C8 mit der Formel

```
C8: =INDIREKT(ADRESSE(ZELLE("Zeile");1))
```

Wenn das geklappt hat, ersetzen Sie im Namensdialogfeld *Formeln>Namens-Manager* den Zellbezug des Namens durch die Formel

```
=INDEX(Tabelle1!$B:$E;ZELLE("Zeile");)
```

Diese Formel gibt einen Bereich zurück. Von Spalte B:E eine Zeile, und zwar die Zeile, die bei der letzten Neuberechnung aktiv war. Jetzt wird sich Ihr Kuchendiagramm immer an die aktive Zeile anpassen, vorausgesetzt, es findet eine Neuberechnung statt.

Falls Sie eine Zeile unterhalb des Datenbereichs selektieren, kann das Diagramm nach der Neuberechnung nichts mehr anzeigen und der Kuchen verschwindet. Wenn Sie das verhindern wollen, können Sie eine Bedingung ergänzen:

```
=INDEX(Tabelle1!$B:$E;MIN(ZELLE("Zeile");ANZAHL2(Tabelle1!$A$4:$A$100)+3);)
```

MIN in Kombination mit ANZAHL2 sorgt hier dafür, dass höchstens die letzte Zeile des Datenbereichs, im Beispiel die Zeile 6, zurückgegeben wird.

Vorsicht: Sobald Sie dem Namen *Daten*, der in das Diagramm eingebunden ist, die Formel mit der aktiven Zelle zuordnen, können Sie die Datenquellbezüge des Diagramms nicht mehr bearbeiten. Denn in dem Moment, in dem Sie das Diagramm bearbeiten, gibt es keine aktive Zelle, da das Diagramm den Fokus erhält. Aus diesem Dilemma kann sich Excel nicht befreien und streikt. Deshalb darf dieser Schritt erst ganz am Schluss erfolgen. Wenn Sie aber nachträglich andere Zellbezüge anpassen müssen, ordnen Sie zuvor dem Namen *Daten* wieder einen fixen Bereich wie $B$4:$E$4 zu.

Kapitel 25

Ligaplaner

25.1 Spielpaarungen

Alle Jahre wieder – zu Saisonbeginn der Fußballbundesliga – bekommt man alle Spielpaarungen und Termine in einem Tableau präsentiert. Die Abbildung zeigt ein Beispiel aus der Vergangenheit (*Abb. 25.1*).

2010 / 2011 Termine	1. FC Kaiserslautern	1. FC Köln	1. FC Nürnberg	Bayer Leverkusen	Bayern München	Bor. Mönchengladbach	Borussia Dortmund	Eintracht Frankfurt	FC St. Pauli	FSV Mainz 05	Hamburger SV	Hannover 96	SC Freiburg	Schalke 04	TSG Hoffenheim	VfB Stuttgart	VfL Wolfsburg	Werder Bremen
1. FC Kaiserslautern		15.01.	16.04.	02.04.	28.08.	30.10.	12.02.	16.10.	30.04.	29.01.	26.02.	25.09.	12.03.	27.11.	18.09.	13.11.	11.12.	14.05.
1. FC Köln	21.08.		02.04.	30.04.	05.02.	13.11.	16.10.	11.12.	11.09.	12.02.	30.10.	12.03.	26.02.	14.05.	25.09.	16.04.	27.11.	22.01.
1. FC Nürnberg	20.11.	06.11.		05.02.	09.04.	15.01.	04.12.	19.02.	05.03.	23.04.	29.01.	18.12.	28.08.	02.10.	07.05.	21.09.	23.10.	19.03.
Bayer Leverkusen	06.11.	04.12.	18.09.		20.11.	28.08.	15.01.	21.09.	09.04.	23.10.	07.05.	29.01.	18.12.	19.03.	23.04.	19.02.	05.03.	02.10.
Bayern München	22.01.	18.09.	13.11.	16.04.		02.04.	26.02.	27.11.	11.12.	25.09.	12.03.	16.10.	30.10.	30.04.	12.02.	14.05.	21.08.	11.09.
Bor. Mönchengladbach	19.03.	09.04.	21.08.	22.01.	06.11.		23.04.	11.09.	21.09.	20.11.	18.12.	04.12.	07.05.	19.02.	05.03.	05.02.	02.10.	23.10.
Borussia Dortmund	21.09.	05.03.	30.04.	21.08.	02.10.	27.11.		14.05.	19.02.	19.03.	13.11.	02.04.	16.04.	05.02.	23.10.	22.01.	11.09.	11.12.
Eintracht Frankfurt	05.03.	07.05.	25.09.	12.02.	23.04.	29.01.	18.12.		19.03.	04.12.	28.08.	15.01.	18.09.	23.10.	20.11.	26.02.	06.11.	09.04.
FC St. Pauli	04.12.	29.01.	16.10.	13.11.	07.05.	12.02.	25.09.	30.10.		18.12.	18.09.	26.02.	15.01.	02.04.	28.08.	12.03.	20.11.	23.04.
FSV Mainz 05	11.09.	21.09.	27.11.	12.03.	19.02.	16.04.	30.10.	30.04.	14.05.		16.10.	13.11.	02.04.	11.12.	02.10.	21.08.	22.01.	05.02.
Hamburger SV	02.10.	19.03.	11.09.	11.12.	23.10.	14.05.	09.04.	22.01.	05.02.	05.03.		16.04.	30.04.	21.08.	06.11.	27.11.	21.09.	19.02.
Hannover 96	19.02.	23.10.	14.05.	11.09.	05.03.	30.04.	06.11.	21.08.	02.10.	09.04.	20.11.		27.11.	22.01.	19.03.	11.12.	05.02.	21.09.
SC Freiburg	23.10.	02.10.	22.01.	14.05.	19.03.	11.12.	20.11.	05.02.	21.08.	06.11.	04.12.	23.04.		21.09.	09.04.	11.09.	19.02.	05.03.
Schalke 04	23.04.	18.12.	26.02.	30.10.	04.12.	25.09.	18.09.	12.03.	06.11.	07.05.	15.01.	28.08.	12.02.		29.01.	16.10.	09.04.	20.11.
TSG Hoffenheim	05.02.	19.02.	11.12.	27.11.	21.09.	16.10.	12.03.	16.04.	22.01.	26.02.	02.04.	30.10.	13.11.	11.09.		30.04.	14.05.	21.08.
VfB Stuttgart	09.04.	20.11.	12.02.	25.09.	18.12.	18.09.	28.08.	02.10.	23.10.	15.01.	23.04.	07.05.	29.01.	05.03.	04.12.		19.03.	06.11.
VfL Wolfsburg	07.05.	23.04.	12.03.	16.10.	15.01.	26.02.	29.01.	02.04.	16.04.	28.08.	12.02.	18.09.	25.09.	13.11.	18.12.	30.10.		04.12.
Werder Bremen	18.12.	28.08.	30.10.	26.02.	29.01.	12.03.	07.05.	13.11.	27.11.	18.09.	25.09.	12.02.	16.10.	16.04.	15.01.	02.04.	30.04.	

Abbildung 25.1: Matrix zum Bundesligaspielplan

Jeder kennt inzwischen Sudoku, aber die wenigsten haben sich wahrscheinlich schon einmal Gedanken darüber gemacht, dass in diesem Spielplan ein ähnlich interessantes Zahlenrätsel steckt. Um es ein bisschen leichter zu machen, stellen wir uns eine Liga mit nur 10 Mannschaften vor. Dann haben wir eine 10x10-Matrix. Jede Zelle dieser Matrix beinhaltet den Termin einer Spielpaarung. Bei 10 Mannschaften gibt es zu jedem Termin 5 Spielpaarungen. Dass Spiele eines Spieltages auch an unterschiedlichen Tagen stattfinden können, ignorieren wir zunächst der Einfachheit halber. Es gibt 9 Spieltage in der Hinrunde und 9 Spieltage in der Rückrunde, macht insgesamt 9*2*5 = 90 Spiele (allgemein sind es bei n Mannschaften immer (n-1)*(n/2)*2 Spiele, in der Fußballbundesliga 17*9*2 = 306). Zur weiteren Vereinfachung sollen in die Zellen statt genauer Termine fortlaufende Nummern vom 1. bis zum 18. Spieltag eingetragen werden.

Ihre Aufgabe ist es nun, in der Tabelle alle Zellen mit den Spieltagen von 1 bis 18 zu füllen. Dabei müssen natürlich einige Bedingungen eingehalten werden:

- Jeder Spieltag hat fünf Partien und muss daher in fünf Zellen vorkommen.
- Jede Mannschaft hat pro Spieltag nur ein Spiel.
- Zwei Mannschaften begegnen sich nur einmal in der Hinrunde und einmal in der Rückrunde.
- Und zur Krönung hat jede Mannschaft möglichst immer abwechselnd ein Heimspiel und ein Auswärtsspiel zu absolvieren.

Also viel Spaß beim Knobeln.

Mit der Lösung dieses Rätsels ist allerdings nur der erste Baustein unseres Ligaplaners gelegt. Anschließend werden Sie lernen, wie man die Spieler oder Teams, die in Ihrer Liga mitspielen, zufällig den Zeilen- und Spaltennummern des Spielpaarungstableaus zuordnet.

Danach werden alle Spielpaarungen – chronologisch nach Spieltagen sortiert – untereinander aufgelistet, sodass man die Spielergebnisse jedes einzelnen Spiels daneben eintragen kann. Aus den Spielergebnissen wird dann automatisch die aktuelle Ligatabelle berechnet und angezeigt. Der gesamte Ligaplaner wird so aufgebaut, dass er dynamisch auf eine beliebige Anzahl Teams bzw. Spieler angepasst werden kann.

Haben Sie inzwischen die Knobelaufgabe gelöst? Eine von mehreren möglichen Lösungen sehen Sie in der folgenden *Abb. 25.2*. In der rechten Matrix sehen Sie die einfache Variante. In der darauf folgenden *Abb. 25.3* wird das Ergebnis in der Matrix Y1:AI11 noch so umgestellt, dass Heim- und Auswärtsspiele abwechselnd stattfinden.

	1	2	3	4	5	6	7	8	9	10
1	0	0	0	0	0	0	0	0	0	0
2	1	0	0	0	0	0	0	0	0	0
3	1	1	0	0	0	0	0	0	0	0
4	1	1	1	0	0	0	0	0	0	0
5	1	1	1	1	0	0	0	0	0	0
6	1	1	1	1	1	0	0	0	0	0
7	1	1	1	1	1	1	0	0	0	0
8	1	1	1	1	1	1	1	0	0	0
9	1	1	1	1	1	1	1	1	0	0
10	1	1	1	1	1	1	1	1	1	0

	1	2	3	4	5	6	7	8	9	10
1		10	11	12	13	14	15	16	17	18
2	1		12	13	14	15	16	17	18	11
3	2	3		14	15	16	17	18	10	13
4	3	4	5		16	17	18	10	11	15
5	4	5	6	7		18	10	11	12	17
6	5	6	7	8	9		11	12	13	10
7	6	7	8	9	1	2		13	14	12
8	7	8	9	1	2	3	4		15	14
9	8	9	1	2	3	4	5	6		16
10	9	2	4	6	8	1	3	5	7	

Abbildung 25.2: Grundgerüst einer Spielplan-Matrix (1)

Die Tabellen sind so zu lesen, dass beispielsweise Mannschaft 5 am 6. Spieltag ein Heimspiel gegen Mannschaft 3 hat. Die Zahlen links unterhalb der leeren Diagonale können sowohl abwärts also auch nach rechts von 1 bis 9 durchgezählt werden. Nach 9 wird wieder bei 1 begonnen. Die letzte Zeile weicht von dieser Regel ab – dort wird in Zweierschritten gezählt. Das muss so sein, sonst wäre die Tabelle ungültig. Stünde in Zeile 10 und Spalte 2 eine 1, würde Mannschaft 2 am 1. Spieltag auswärts gegen Mannschaft 10 spielen und zuhause gegen Mannschaft 1, und das ist ja schlecht möglich.

Das Zahlendreieck rechts oberhalb der leeren Diagonale enthält die transponierten Werte des Dreiecks links unten plus 10. Denn der 10. Spieltag ist ja der 1. Spieltag in der Rückrunde. Die mittlere Tabelle in *Abb. 25.3* ist zwar theoretisch gültig, aber so hätte Mannschaft 10 in der Hinrunde nur Heimspiele und Mannschaft 1 nur Auswärtsspiele. Deshalb wird in der rechten Tabelle von *Abb. 25.3* ab Spalte Y jede zweite Zelle mit der entsprechenden Zelle des gegenüberliegenden Zahlendreiecks getauscht, sodass jede Mannschaft in der Hinrunde vier oder fünf Heimspiele hat.

Die Tabellen können mit Formeln so aufgebaut werden, dass sie sich dynamisch an eine andere Anzahl Teams oder Spieler anpassen.

	A	B	C	D	E	F	G	H	I	J	K
1		**1**	**2**	**3**	**4**	**5**	**6**	**7**	**8**	**9**	**10**
2	**1**	0	0	0	0	0	0	0	0	0	0
3	**2**	1	0	0	0	0	0	0	0	0	0
4	**3**	1	1	0	0	0	0	0	0	0	0
5	**4**	1	1	1	0	0	0	0	0	0	0
6	**5**	1	1	1	1	0	0	0	0	0	0
7	**6**	1	1	1	1	1	0	0	0	0	0
8	**7**	1	1	1	1	1	1	0	0	0	0
9	**8**	1	1	1	1	1	1	1	0	0	0
10	**9**	1	1	1	1	1	1	1	1	0	0
11	**10**	1	1	1	1	1	1	1	1	1	0

	M	N	O	P	Q	R	S	T	U	V	W
1		**1**	**2**	**3**	**4**	**5**	**6**	**7**	**8**	**9**	**10**
2	**1**		10	11	12	13	14	15	16	17	18
3	**2**	1		12	13	14	15	16	17	18	11
4	**3**	2	3		14	15	16	17	18	10	13
5	**4**	3	4	5		16	17	18	10	11	15
6	**5**	4	5	6	7		18	10	11	12	17
7	**6**	5	6	7	8	9		11	12	13	10
8	**7**	6	7	8	9	1	2		13	14	12
9	**8**	7	8	9	1	2	3	4		15	14
10	**9**	8	9	1	2	3	4	5	6		16
11	**10**	9	2	4	6	8	1	3	5	7	

	Y	Z	AA	AB	AC	AD	AE	AF	AG	AH	AI
1		**1**	**2**	**3**	**4**	**5**	**6**	**7**	**8**	**9**	**10**
2	**1**		1	11	3	13	5	15	7	17	9
3	**2**	10		3	13	5	15	7	17	9	11
4	**3**	2	12		5	15	7	17	9	10	4
5	**4**	12	4	14		7	17	9	10	2	15
6	**5**	4	14	6	16		9	10	2	12	8
7	**6**	14	6	16	8	18		2	12	4	10
8	**7**	6	16	8	18	1	11		4	14	3
9	**8**	16	8	18	1	11	3	13		6	14
10	**9**	8	18	1	11	3	13	5	15		7
11	**10**	18	2	13	6	17	1	12	5	16	

Abbildung 25.3: Grundgerüst einer Spielplan-Matrix (2)

Die linke Matrix kennzeichnet lediglich das Zahlendreieck links unten mit einer 1.

```
B2: =WENN(B$1>=$A2;0;1)
```

Die mittlere Matrix berechnet die Spieltage. *n* ist dabei der Name einer benannten Zelle, die die Anzahl der Teams/Spieler enthält.

```
N2:
=WENN(B2;REST(WENN($M2=n;$M2+N$1*2-4;$M2+N$1-3);n-1)+1;WENN(N$1=$M2;"";
INDEX($N$2:$AU$37;N$1;$M2)+n-1))
```

Der Formelteil mit REST erzeugt das linke, untere Zahlendreieck mit der Sonderbehandlung der letzten Zeile (`$M2=n`). `N$1=$M2;""` erzeugt die leere Mitteldiagonale und INDEX transponiert das linke untere Zahlendreieck.

Die rechte Matrix mischt schließlich Paarungen der Hinrunde mit Paarungen der Rückrunde.

```
Z2: =WENN((REST(Z$1+$Y2;2)=1)*1;WENN(N2>n-1;N2-n+1;N2+n-1);N2)
```

Die Formeln in B2, N2 und Z2 werden jeweils zehn Zeilen nach unten und rechts kopiert. Wenn Sie *n* erhöhen, vergrößern Sie die drei Matrizen einfach entsprechend, die Formeln sind so ausgelegt, dass das ohne Weiteres funktioniert. Deshalb geht die Matrix der INDEX-Funktion auch bis AU37 und nicht nur bis W11.

Teams/Spieler den Nummern zuordnen

Wir gehen weiter davon aus, dass in Ihrer geplanten Liga zehn Spieler gegeneinander antreten. Jetzt müssen Sie die Namen Ihrer teilnehmenden Spieler den Nummern von 1 bis 10 zuordnen. Dafür lassen Sie am besten wieder einmal den Zufall walten und wechseln vom Fußball zu einer kleinen Tennis-Seniorenmeisterschaft (*Abb. 25.4*)?

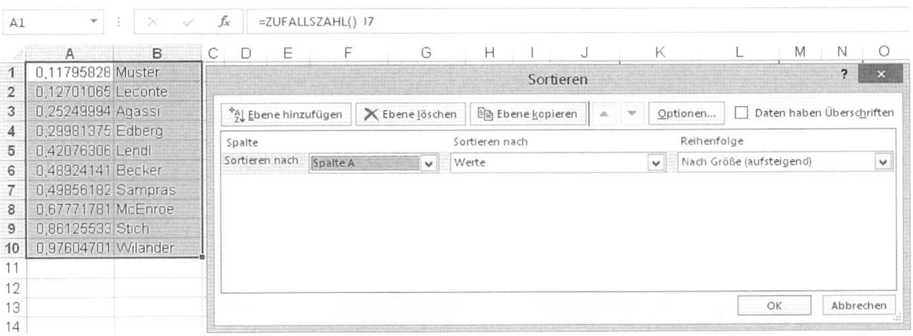

Abbildung 25.4: Spieler durch Sortierung von Zufallszahlen zufällig mischen

Schreiben Sie in A1:A10 Zufallszahlen. In B1:B10 schreiben Sie die Namen der Spieler. Jetzt sortieren Sie einfach Spalte A und B nach Spalte A und schon sind die Spieler in Spalte B zufällig gemischt. Die Nummern der Spieler entsprechen nun der Zeile, in der sie stehen. Und wundern Sie sich nicht, dass die Zufallszahlen nach dem Sortieren in Spalte A immer noch unsortiert dastehen. Das liegt daran, dass der Sortiervorgang selbst nach getaner Arbeit eine Neuberechnung des Blatts auslöst und dadurch werden neue Zufallszahlen in Spalte A erzeugt.

Spielpaarungen chronologisch auflisten

Als Nächstes müssen Sie ein wenig kombinatorisch aktiv werden, um alle Spieltage und Paarungen chronologisch untereinander aufzulisten. Die Anzahl der Partien von Hin- und Rückrunde berechnen sich (mit n = 10) aus

```
=KOMBINATIONEN(n;2)*2=45*2=90
```

Das Ergebnis der Funktion KOMBINATIONEN muss deshalb mit zwei multipliziert werden, da in der Kombinatorik die Reihenfolge der Zahlen einer Kombination keine Rolle spielt. 1.2 und 2.1 wird also nur einmal gezählt. In unserer Liga gibt es aber Hin- und Rückrunde. Deshalb müssen doppelt so viele Kombinationen berücksichtigt werden. Der berechneten Gesamtzahl an Paarungen (90) geben wir den Namen *k*.

Zum Auflisten schreiben Sie in:

- D1:1
- E1:2
- D2:

```
=WENN(ZEILE(A2)<=k/2;WENN(ZÄHLENWENN(D$1:D1;D1)>=n-D1;D1+1;D1);
INDEX(E:E;ZEILE(A2)-k/2))
```

Die Formel bewirkt, dass ab der zweiten Hälfte, also ab Zeile 46 (k/2+1), mithilfe der INDEX-Funktion die Kombinationen von vorne wiederholt werden mit dem Unterschied, dass Heimmannschaft und Auswärtsmannschaft getauscht werden.

```
E2: =WENN(ZEILE(A2)<=k/2;WENN(D2>D1;D2+1;E1+1);INDEX(D:D;ZEILE(A2)-k/2))
```

Auch hier werden ab Zeile k/2+1 die Kombinationen in umgekehrter Reihenfolge wiederholt. Bis Zeile 90 kopiert, ergibt dies die Spielpaarungen

1.2;1.3;1.4;1.5;1.6;1.7;1.8;1.9;1.10;2.3;2.4;2.5;2.6;2.7;2.8;2.9;2.10;3.4;3.5;3.6;3.7;3.8;3.9;3.10;4.5;4.6;4.7;4.8;4.9;4.10;5.6;5.7;5.8;5.9;5.10;6.7;6.8;6.9;6.10;7.8;7.9;7.10;8.9;8.10;9.10;

2.1;3.1;4.1;5.1;6.1;7.1;8.1;9.1;10.1;3.2;4.2;5.2;6.2;7.2;8.2;9.2;10.2;4.3;5.3;6.3;7.3;8.3;9.3;10.3;5.4;6.4;7.4;8.4;9.4;10.4;6.5;7.5;8.5;9.5;10.5;7.6;8.6;9.6;10.6;8.7;9.7;10.7;9.8;10.8;10.9.

In Spalte F und G ist es nun ein Klacks, den Nummern die richtigen Spielernamen zuzuordnen.

```
F1: =INDEX(B:B;D1)
G1: =INDEX(B:B;E1)
```

Kopieren Sie das jeweils bis Zeile 90.

In Spalte H ermitteln Sie, an welchem Spieltag die Partie stattfindet (*Abb. 25.5*).

H1 =INDEX(Tabelle1!$Z$2:$AI$11;D1;E1)

	A	B	C	D	E	F	G	H
1	0,11795828	Muster		1	2	Muster	Leconte	1
2	0,12701065	Leconte		1	3	Muster	Agassi	11
3	0,25249994	Agassi		1	4	Muster	Edberg	3
4	0,29981375	Edberg		1	5	Muster	Lendl	13
5	0,42076306	Lendl		1	6	Muster	Becker	5
6	0,48924141	Becker		1	7	Muster	Sampras	15
7	0,49856182	Sampras		1	8	Muster	McEnroe	7
8	0,67771781	McEnroe		1	9	Muster	Stich	17
9	0,86125533	Stich		1	10	Muster	Wilander	9
10	0,97604701	Wilander		2	3	Leconte	Agassi	3

Abbildung 25.5: Spielpaarungen auflisten

Zur Erinnerung: `Tab1!$Z$2:$AI$11` ist die 10x10-Matrix, die das Endergebnis unseres Zahlenrätsels mit allen Terminen von Hin- und Rückrunde ist. Die Zelle innerhalb der Matrix, die der Schnittpunkt aus der in Spalte D angegebenen Zeilennummer und der in Spalte E angegebenen Spaltennummer ist, liefert den Spieltag dieser Partie.

Um den fertigen, chronologisch sortierten Spielplan zu erhalten, müssen wir abschließend die Spalten F, G und H nach dem Spieltag, also Spalte H, per Formel aufsteigend sortieren (*Abb. 25.6*).

	F	G	H	I	J	K	L	M	N	O	P
1	Muster	Leconte	1		**Spieltag**	**Heim**	**Gast**	**Punkte**		**Sätze**	
2	Muster	Agassi	11		**1**	Muster	Leconte	0	1	0	3
3	Muster	Edberg	3		**1**	Stich	Agassi	0	1	2	3
4	Muster	Lendl	13		**1**	McEnroe	Edberg	1	0	3	0
5	Muster	Becker	5		**1**	Sampras	Lendl	0	1	1	3
6	Muster	Sampras	15		**1**	Wilander	Becker	1	0	3	2
7	Muster	McEnroe	7		**2**	Edberg	Stich	0	1	1	3
8	Muster	Stich	17		**2**	Lendl	McEnroe	0	1	2	3
9	Muster	Wilander	9		**2**	Becker	Sampras	0	1	0	3
10	Leconte	Agassi	3		**2**	Agassi	Muster	1	0	3	0
11	Leconte	Edberg	13		**2**	Wilander	Leconte	0	1	0	3

Abbildung 25.6: Punkte und Sätze je Spieler berechnen

```
J2: =KÜRZEN((ZEILE()-2)/n*2)+1
```

listet jeden Spieltag fünfmal auf, da es pro Spieltag n/2 Spiele gibt.

```
K2: {=INDEX(F:F;KKLEINSTE(WENN($H$1:$H$90=J2;ZEILE($1:$90));
ZÄHLENWENN(J$2:J2;J2)))}
```

Diese Formel entspricht einem Verweis nach links bei mehrfach vorkommendem Suchkriterium. J2 ist dabei das Suchkriterium. Die Spalte, die durchsucht wird, ist Spalte H. Die Spalte, aus der der Name zurückgegeben werden soll, ist Spalte F. KKLEINSTE in Kombination mit ZÄHLENWENN bestimmt, das wievielte Auftreten des Suchkriteriums berücksichtigt werden soll. Die entsprechende Formel in K3 zielt beispielsweise auf die zweite Zelle der Spalte H, die eine 1 enthält.

Die Zelle L2 enthält die gleiche Formel, nur für den gegnerischen Spieler.

```
L2: {=INDEX(G:G;KKLEINSTE(WENN($H$1:$H$90=J2;ZEILE($1:$90));
ZÄHLENWENN(J$2:J2;J2)))}
```

Die Formeln der Spalten J, K und L werden bis Zeile 91 kopiert (90 plus eine wegen des Spaltenkopfs). In den Spalten M bis P werden letztendlich die Spielergebnisse eingetragen.

Falls Sie einmal eine ungerade Anzahl Spieler oder Teams haben, dann führen Sie einfach alle Berechnungen auf die nächsthöhere gerade Zahl durch und komplettieren die Liga mit einem Spieler namens »Spielfrei«. Das hat logischerweise die Konsequenz, dass zu jedem Spieltag ein richtiger Spieler aussetzen muss.

25.2 Die Ligatabelle

Jetzt kommen wir schon zum wichtigsten Endprodukt unseres Ligaplaners, der Ligatabelle. Es geht jetzt darum, die Spielergebnisse auszuwerten (*Abb. 25.7*).

	J	K	L	M	N	O	P	Q	R	S	T	U	V	X
1	**Spieltag**	**Heim**	**Gast**	**Punkte**		**Sätze**			**Spieler**	**Punkte**	**Sätze +**	**Sätze -**	**Satzdiff.**	Sortierung
2	**1**	Muster	Leconte	0	1	0	3		Agassi	11	40	35	+5	11,05402
3	**1**	Stich	Agassi	0	1	2	3		Becker	10	42	32	+10	10,10423
4	**1**	McEnroe	Edberg	1	0	3	0		Edberg	7	32	39	-7	6,93324
5	**1**	Sampras	Lendl	0	1	1	3		Leconte	9	37	32	+5	9,05375
6	**1**	Wilander	Becker	1	0	3	2		Lendl	9	34	39	-5	8,95346
7	**2**	Edberg	Stich	0	1	1	3		McEnroe	10	36	33	+3	10,03367
8	**2**	Lendl	McEnroe	0	1	2	3		Muster	10	36	33	+3	10,03368
9	**2**	Becker	Sampras	0	1	0	3		Sampras	9	34	31	+3	9,03349
10	**2**	Agassi	Muster	1	0	3	0		Stich	6	28	40	-12	5,8829
11	**2**	Wilander	Leconte	0	1	0	3		Wilander	9	33	38	-5	8,95341
12	**3**	Muster	Edberg	0	1	0	3							
13	**3**	Leconte	Agassi	0	1	2	3							
14	**3**	Sampras	Wilander	1	0	3	0							
15	**3**	Stich	Lendl	0	1	2	3							
16	**3**	McEnroe	Becker	0	1	1	3							

Abbildung 25.7: Unsortierte Ligatabelle

Testen der Funktionalität

Falls Sie den Ligaplaner gerade »live« am Rechner nachbauen und keine Lust haben, die Spalten M bis P (Punkte und Sätze) manuell mit Leben zu füllen, um die vollständige Funktionalität zu testen, lassen sich logische Ergebnisse auf die Schnelle wie folgt erzeugen:

In Spalte O (Sätze) werden zunächst Zufallszahlen zwischen 0 und 3 (3 Gewinnsätze) erzeugt.

```
O2: =KÜRZEN(ZUFALLSZAHL()*4)
```

Ist die so ermittelte Zufallszahl kleiner als 3, muss Spalte P den fixen Wert 3 erhalten, andernfalls muss eine Zufallszahl zwischen 0 und 2 erzeugt werden.

```
P2: =WENN(O2<3;3;KÜRZEN(ZUFALLSZAHL()*3))
```

Die Punkteverteilung (Spalten M und N) erfolgt nun in Abhängigkeit der Sätze. Dabei prüfen Sie in Spalte M auf O>P (Ergebnis 0 oder 1) und in Spalte N platzieren Sie das Gegenstück in Abhängigkeit von M:

```
M2: =(O2>P2)*1
N2: =(M2=0)*1
```

M2:P2 wird jetzt noch bis Zeile 91 herunterkopiert und die Testdaten sind komplett.

Jetzt geht es weiter mit Spalte R. In R2 bis R11 schreiben Sie die Namen der Spieler. Die Reihenfolge spielt dabei keine Rolle. In den Spalten S:V summieren Sie die Ergebnisse pro Spieler mit einfachen SUMMEWENN-Formeln:

- `S2: =SUMMEWENN(K:K;R2;M:M)+SUMMEWENN(L:L;R2;N:N)`
- `T2: =SUMMEWENN(K:K;R2;O:O)+SUMMEWENN(L:L;R2;P:P)`
- `U2: =SUMMEWENN(K:K;R2;P:P)+SUMMEWENN(L:L;R2;O:O)`
- `V2: =T2-U2` (zudem mit dem benutzerdefinierten Zahlenformat: *+0;-0;0*)

Das wird dann jeweils bis Zeile 11 kopiert.

Das ist zwar eine nette statistische Auswertung, aber noch keine richtige Ligatabelle, denn die ist ja üblicherweise nicht alphabetisch sortiert, sondern unten stehen die Absteiger und oben Bayern München (ob man will oder nicht). Also müssen wir diese vorläufige Ergebnistabelle noch nach Spielergebnissen sortieren. Dafür hilft uns die trickreiche Formel in X2:X11, die den Sortierschlüsselwert liefert, nach dem die Tabelle sortiert werden soll.

X2: =S2+V2/100+T2/10000+ZEILE()/1000000

Für die Sortierung sind sowohl die gewonnenen Spiele als auch die Satzdifferenz und die gewonnenen Sätze relevant. Und zwar in dieser Reihenfolge. Da diese drei Kriterien aber nicht gleichwertig sind, müssen sie zur Ermittlung des Sortierschlüsselwerts gewichtet werden. Die Wertigkeit der Satzdifferenzen und gewonnenen Sätze wird durch die Division durch 100 bzw. 10.000 so weit heruntergesetzt, dass sie niemals höher ins Gewicht fallen kann als die gewonnenen Spiele (erzielte Punkte). Falls es eine völlige Parität von erzielten Punkten und Sätzen gibt, müssen die entsprechenden Gegner zur Sortierung trotzdem noch unterscheidbar gemacht werden. Das erreicht man durch die Addition von +ZEILE()/1000000.

Die sortierte Ergebnistabelle kann nun erstellt werden (*Abb. 25.8*).

AB2 | =INDEX(R$2:R$11;VERGLEICH($AA2;$X$2:$X$11;0))

	R	S	T	U	V	X	Z	AA	AB	AC	AD	AE	AF
1	**Spieler**	**Punkte**	**Sätze +**	**Sätze -**	**Satzdiff.**	Sortierung	**Platz**	Sortierschl.	**Spieler**	**Punkte**	**Sätze +**	**Sätze -**	**Satzdiff.**
2	Agassi	11	40	35	+5	11,05402	**1**	11,05402	Agassi	11	40	35	5
3	Becker	10	42	32	+10	10,10423	**2**	10,10423	Becker	10	42	32	10
4	Edberg	7	32	39	-7	6,93324	**3**	10,03368	Muster	10	36	33	3
5	Leconte	9	37	32	+5	9,05375	**4**	10,03367	McEnroe	10	36	33	3
6	Lendl	9	34	39	-5	8,95346	**5**	9,05375	Leconte	9	37	32	5
7	McEnroe	10	36	33	+3	10,03367	**6**	9,03349	Sampras	9	34	31	3
8	Muster	10	36	33	+3	10,03368	**7**	8,95346	Lendl	9	34	39	-5
9	Sampras	9	34	31	+3	9,03349	**8**	8,95341	Wilander	9	33	38	-5
10	Stich	6	28	40	-12	5,8829	**9**	6,93324	Edberg	7	32	39	-7
11	Wilander	9	33	38	-5	8,95341	**10**	5,8829	Stich	6	28	40	-12

Abbildung 25.8: Sortierte Ligatabelle

In Spalte Z listen Sie die Platzierung auf. In Spalte AA werden die Sortierschlüsselwerte in die richtige Reihenfolge gebracht.

AA2: =KGRÖSSTE($X$2:$X$11;Z2)(kopieren bis AA11)

Mit einer einzigen kopierten Formel können Sie dann mithilfe der Sortierschlüsselwerte die gesamte Ergebnistabelle in die richtige Reihenfolge bringen:

AB2: =INDEX(R$2:R$11;VERGLEICH($AA2;$X$2:$X$11;0))

Diese Formel wird bis AF11 kopiert. Fertig sind die Ligatabelle und damit auch der vollständige Ligaplaner.

Wer genau hinschaut, der wird in *Abbildung 25.8* feststellen, dass z. B. McEnroe Platz 4 belegt, obwohl er punkt- und satzgleich mit Muster ist und somit auch Platz 3 innehat. Schaffen Sie einfach optische Abhilfe mit dem »weißen Adler auf weißem Grund«, sprich: der *Bedingten Formatierung*. Markieren Sie Z3:Z11 (Platz 2 bis 10) und weisen Sie folgende Bedingung zu, die die *Punkte*, *Sätze +* und *Sätze ?* mit der Vorgängerzeile abgleicht und bei Übereinstimmung dafür sorgt, dass der Platz (hier: 4) unsichtbar wird (*Abb. 25.9*).

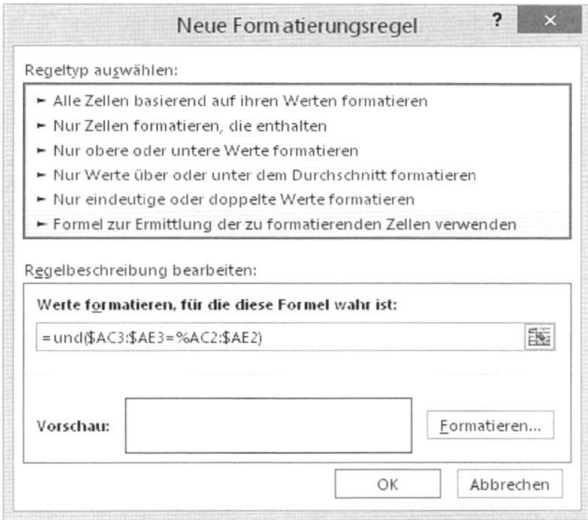

Abbildung 25.9: Bedingte Formatierung – Platzierungsnummer bei gleicher Platzierung nur einmal anzeigen

Selbstverständlich können Sie auch die Ergebnistabelle so aufbauen, dass sie flexibel auf eine andere Anzahl Spieler reagieren kann. Das Prinzip ist eigentlich immer das gleiche, deshalb wurde hier darauf verzichtet. Wenn Sie Formeln nach unten kopieren, können Sie mit

```
=WENN(ZEILE()>n; "";Formel)
```

grundsätzlich dafür sorgen, dass eine Berechnung, die nur *n*-mal benötigt wird, über diese Zeile hinaus nichts mehr anzeigt. Zudem müssen gegebenenfalls manche Bereiche dynamisiert werden. Beispielsweise muss die Formel in AA2

```
=KGRÖSSTE($X$2:$X$11;Z2)
```

auf

```
=KGRÖSSTE(BEREICH.VERSCHIEBEN($X$2;;;n);Z2)
```

geändert werden, wenn die Formel flexibel auf ein anderes *n* als 10 reagieren können soll.

Chronologische Ligatabelle

In der Basisversion ist der Ligaplaner eigentlich fertig, aber es ist natürlich denkbar, als Bonbon noch andere statistische Auswertungen zu ergänzen.

Angenommen, Ihre Liga wurde zu Ende gespielt und der Sieger wird in der Ergebnistabelle nach 18 Spieltagen angezeigt. Sie möchten jetzt aber nachträglich den Tabellenstand nach einem beliebigen Spieltag abrufen können, beispielsweise, um zu erfahren, wer der Führende nach der Hinrunde war.

Definieren Sie eine Zelle namens *bisTag*, die den letzten Spieltag angibt, der in die zeitlich begrenzte Ligatabelle eingerechnet werden soll. Dann vergeben Sie den Namen *bisZeile*, der sich auf die Berechnung

```
=VERGLEICH(bisTag;$J:$J;0)+n/2-1
```

bezieht.

Anschließend passen Sie die Spaltenangaben aller SUMMEWENN-Formeln im Bereich S2:U11 so an, dass sie auf den Bereich der gewünschten Spieltage eingegrenzt werden. Beispielsweise wird in der Punktesumme in Spalte S die Formel

```
S2: =SUMMEWENN(K:K;R2;M:M)+SUMMEWENN(L:L;R2;N:N)
```

durch

```
S2: =SUMMEWENN(INDIREKT("K1:K"&bisZeile);R2;INDIREKT("M1:M"&bisZeile))
+SUMMEWENN(INDIREKT("L1:L"&bisZeile);R2;INDIREKT("N1:N"&bisZeile))
```

ersetzt. Für die Berechnung der Sätze in den Spalten T und U gehen Sie analog vor. Um die Hinrundentabelle zu erhalten, setzen Sie *bisTag* auf 9, woraufhin die SUMMEWENN-Formeln ihre Spalten nur bis zur Zeile 46 durchsuchen.

Entwicklung des Lieblingsspielers

Durch diese Dynamik mit INDIREKT können Sie außerdem verfolgen, wie sich ein bestimmter Spieler im Zeitverlauf hinsichtlich des Tabellenplatzes verbessert oder verschlechtert hat.

AJ7 | {=MEHRFACHOPERATION(;AI6)}

	Z	AA	AB	AC	AD	AE	AF	AG	AH	AI	AJ
1	**Platz**	Sortierschl.	**Spieler**	**Punkte**	**Sätze +**	**Sätze -**	**Satzdiff.**				
2	**1**	11,05402	Agassi	11	40	35	5		**Spieler:**		**Becker**
3	**2**	10,10423	Becker	10	42	32	10				
4	**3**	10,03368	Muster	10	36	33	3				**Tabellen-**
5	**4**	10,03367	McEnroe	10	36	33	3		**Spieltag:**		**platz**
6	**5**	9,05375	Leconte	9	37	32	5			**18**	**2**
7	**6**	9,03349	Sampras	9	34	31	3			1	7
8	**7**	8,95346	Lendl	9	34	39	-5			2	8
9	**8**	8,95341	Wilander	9	33	38	-5			3	7
10	**9**	6,93324	Edberg	7	32	39	-7			4	5
11	**10**	5,8829	Stich	6	28	40	-12			5	6
12										6	7
13										7	6
14										8	6
15										9	6
16										10	8

Abbildung 25.10: Mehrfachoperation für die Chronologie des Lieblingsspielers

- AJ2: Name des Spielers, den Sie auswerten wollen
- AI6: Zelle namens *bisTag*, die den Stand der Ligatabelle bestimmt
- AJ6: `=VERGLEICH(AJ2;AB2:AB11;0)`

ermittelt den Tabellenplatz des ausgewählten Spielers in der aktuell angezeigten Ligatabelle. In AI7:AI24 listen Sie alle Spieltage auf. Dann selektieren Sie den Bereich AI6:AJ24 und wählen *Daten/Datentools/Was-wäre-wenn-Analyse/Datentabelle* und führen mit der Eingabe *Werte aus Spalte*: AI6 eine MEHRFACHOPERATION durch.

Jetzt wird von AJ7 bis AJ24 die Tabellenposition des ausgewählten Spielers für alle Spieltage aufgelistet (*Abb. 25.10*).

Kapitel 26

Formulare ohne VBA – wie sonst?

Aus den Zeiten, als Excel noch durchweg Deutsch sprach und die heute als *Userforms* bekannten Formulare noch als 5.0-Dialog in einem eigenen Dialogblatt erstellt wurden, stammt die noch heute vorhandene Auswahl *Formularsteuerelemente* (*Abb. 26.1*).

Abbildung 26.1: Formularsteuerelemente

Das moderne Gegenstück zu den Formularfeldern sind die ActiveX-Steuerelemente, für die es natürlich auch eine eigene Auswahl in der *Steuerelement-Toolbox* gibt (*Abb. 26.2*).

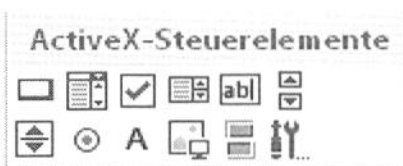

Abbildung 26.2: ActiveX-Steuerelemente

Seit Excel 2007 sind beide Steuerelement-Typen unter *Entwicklertools/Steuerelemente/Einfügen* in einem Katalog vereint (das Entwicklertools-Register müssen Sie ggf. unter *Datei/Optionen/Menüband anpassen/Hauptregisterkarten* aktivieren).

Wenngleich einige ActiveX-Steuerelemente auf den ersten Blick mit den Formularsteuerelementen identisch zu sein scheinen, sind sie doch wesentlich mächtiger als die alten Formularsteuerelemente. Allerdings haben auch die Formularsteuerelemente noch heute ihre Vorzüge. Der wesentliche Vorteil liegt in der viel leichteren Bedienbarkeit, was nicht zuletzt auf die deutlich reduzierten Einstellungsmöglichkeiten zurückzuführen ist. Außerdem haben sich schon unzählige User über die Eigenwilligkeit einiger ActiveX-Steuerelemente geärgert, um anschließend verzweifelt in der sogenannten Knowledge Base von Microsoft nach Erklärungen zu suchen (zwar oft, aber leider nicht immer mit zufriedenstellendem Ergebnis). Beispielsweise ist eine Combobox (Kombinationsfeld) nicht willens und in der Lage, sich mit einem dynamischen Listenbereich (*ListFillRange*) anzufreunden. Dazu ein kleines Beispiel:

26.1 Dynamische Listenlänge in der Combobox

Wenn der Eingabebereich (*ListFillRange*) immer alle Einträge aus Spalte A umfassen soll, dann definieren wir den dynamischen Namen *Liste* mit Bezug auf:

```
=BEREICH.VERSCHIEBEN(Tabelle1!$A$1;;;ANZAHL2(Tabelle1!$A:$A))
```

und hinterlegen diesen Namen in den Eigenschaften der Combobox. Beim ersten Versuch ist zunächst nichts Ungewöhnliches festzustellen. Das gewünschte Ergebnis wird erzielt (*Abb. 26.3*).

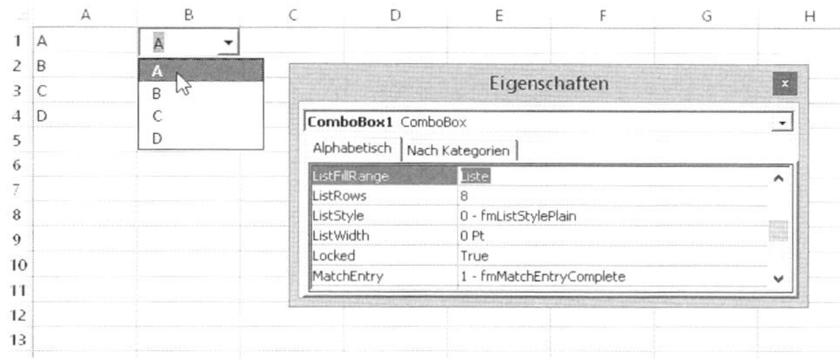

Abbildung 26.3: Dialogfeld mit den Eigenschaften einer Combobox

Fügen wir der Spalte A jetzt aber weitere Einträge hinzu, dann scheint die Combobox plötzlich in völligem Tiefschlaf zu sein, denn anders lässt sich nicht erklären, warum sie von dieser Erweiterung der Liste nichts mitbekommt (*Abb. 26.4*).

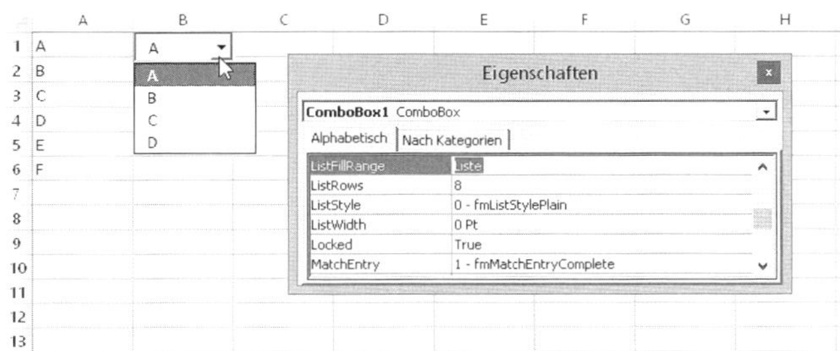

Abbildung 26.4: Die Eigenschaft ListFillRange *erkennt keine neuen Einträge in Spalte A.*

Abhilfe schafft man erst, indem man die *ListFillRange*-Eigenschaft der Combobox erneut mit dem Namen *Liste* versieht (man muss das Eigenschaftsfenster aufrufen und es wirklich noch einmal eintippen!). Fazit: für derartige Vorhaben völlig unbrauchbar. Dagegen funktioniert dasselbe Vorhaben mit einem Kombinationsfeld aus dem *Formularsteuerelemente*-Katalog einwandfrei.

Obwohl es bei den ActiveX-Steuerelementen noch ein paar andere mehr oder weniger gravierende Ungereimtheiten gibt, wollen wir sie natürlich nicht schlecht reden. Sie sind, wie bereits erwähnt, um ein Vielfaches mächtiger als die Formularsteuerelemente, speziell in Verbindung mit VBA, da sie wesentlich mehr Einstellungsmöglichkeiten bieten (z. B. hinsichtlich der bloßen Optik: Schrift- und Hintergrundfarbe, Schriftart- und Schriftgröße) und über Ereignisse wie *KeyDown*, *KeyPress*, *MouseMove* usw. verfügen, denen Makros zugeordnet werden können. All das ist bei den Formularsteuerelementen nicht vorhanden. Aber dennoch befassen wir uns in diesem Kapitel hauptsächlich mit den Formularsteuerelementen, da sie so schön einfach zu bedienen und absolut zuverlässig sind und sich zudem ausgezeichnet für ein paar schöne Tricksereien eignen.

26.2 Aufbau eines Fragebogenformulars mit Excel-Bordmitteln

Wir gestalten jetzt gemeinsam einen Fragebogen für eine Umfrage. Dieser umfasst vier Fragen mit jeweils vier Multiple-Choice-Antwortmöglichkeiten. Zudem können bis zu 13 Personen befragt werden. Für die komplette Steuerung werden nur vier Optionsfelder, ein Drehfeld sowie eine Bildlaufleiste benötigt. Unser Endprodukt wird wie in *Abb. 26.5* aussehen:

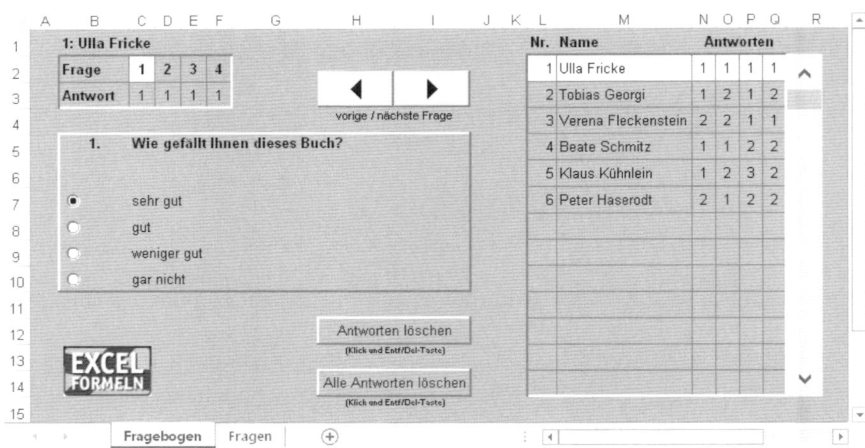

Abbildung 26.5: Erstellung eines Fragebogenformulars in einer Excel-Tabelle

Wenngleich der erste Eindruck nicht unbedingt spektakulär wirkt, verbergen sich in diesem Bildausschnitt doch eine ganze Menge Feinheiten, die wir jetzt alle einzeln herausarbeiten werden. Die ganze Umfrage wird hiermit gesteuert. Die einzig manuell beschreibbaren Zellen sind *Nr.* und *Name* in den Spalten L und M. Den Rest erledigen die Steuerelemente, zu denen wir jetzt kommen.

Aus dem Katalog der Formularsteuerelemente (*Abb. 26.6*) benötigen wir das *Optionsfeld* (oben rechts) und die *Bildlaufleiste* (unten Mitte):

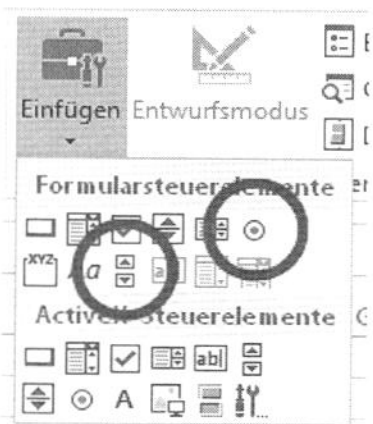

Abbildung 26.6: Optionsfeld und Bildlaufleiste aus dem Formularsteuerelemente-Katalog

Eigentlich würden wir auch noch das *Drehfeld* (schräg rechts oberhalb der *Bildlaufleiste*) benutzen, allerdings hat es die unveränderliche Eigenschaft, dass es nur mit Oben-/Unten-Pfeilen darstellbar ist. Wir möchten aber eine Links/Rechts-Pfeilkonstellation und dafür weichen wir auf das *Drehfeld* (= *SpinButton*) aus den Steuerelementen (*Abb. 26.7*) aus, das sich automatisch formatiert: Sobald es höher als breit ist, zeigen die Pfeile nach oben und unten. Ist es breiter als hoch, dann zeigen sie nach links und rechts. Und so möchten wir es haben.

Abbildung 26.7: Drehfeld aus dem ActiveX-Steuerelemente-Katalog

Der eigentliche Clou der gesamten Anwendung liegt in der dynamischen Steuerung der *Zellverknüpfung*, also in der Zelle, in der der Wert des Formularfelds eingetragen wird. Für gewöhnlich ist diese Verknüpfung statisch, also mit einem festen Zellbezug versehen. Allerdings kann man, wie so oft, diese Statik mittels *Namen* umgehen. Und hinter den Namen können sich ja bekanntlich umfangreiche Formeln verbergen.

Exkurs: Kombinationsfeld mit dynamischer Zellverknüpfung

Losgelöst von unserem Fall zeigen wir das Prinzip erst einmal anhand eines Kombinationsfelds (Formularsteuerelement) (*Abb. 26.8*).

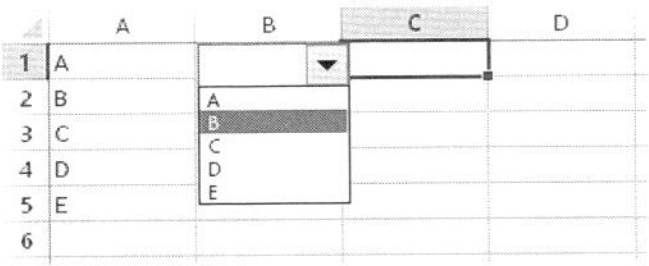

Abbildung 26.8: Kombinationsfeld mit dynamischer Zellverknüpfung (1)

Der mit dem Namen *Liste* versehene Bereich A1:A5 ist der Eingabebereich für das Kombinationsfeld.

Jetzt definieren wir noch den Namen *Ziel* mit Bezug auf

```
=BEREICH.VERSCHIEBEN(Tabelle1!$C$1;ANZAHL2(Tabelle1!$C:$C);)
```

Oder alternativ auch mit INDEX:

```
=INDEX(Tabelle1!$C:$C;ANZAHL2(Tabelle1!$C:$C)+1)
```

Dieser dynamische Bezug ermittelt immer die nächste freie Zelle in Spalte C. Also zunächst C1, dann C2 usw. Die Namen fügen wir jetzt in den Steuerungsbereich (dorthin gelangen wir mit Rechtsklick auf das Kombinationsfeld, *Steuerelement formatieren*) ein (*Abb. 26.9*).

Abbildung 26.9: Einstellung der Steuerung eines Kombinationsfelds

Jetzt wählen wir zunächst einen Eintrag aus dem *Kombinationsfeld* aus. Durch die Zellverknüpfung mit dem Namen *Ziel* wird zunächst Zelle C1 angesprochen und der Listeneintrag (bzw. der Index des gewählten Eintrags) dort eingetragen, in diesem Fall 2, da wir B ausgewählt haben (*Abb. 26.10*).

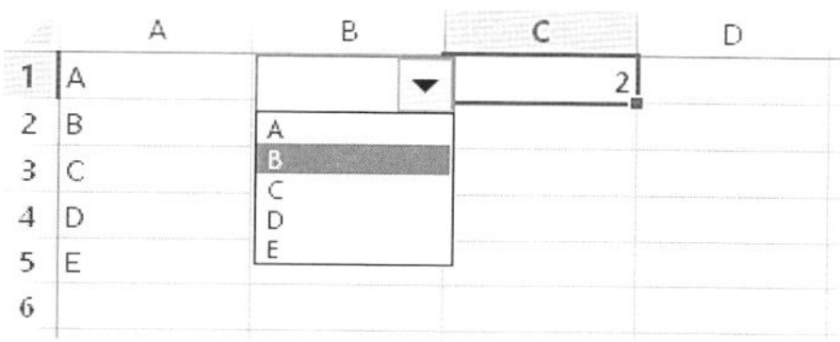

Abbildung 26.10: Kombinationsfeld mit dynamischer Zellverknüpfung (2)

Wir wählen erneut einen Eintrag aus – diesmal E – und siehe da: Der Index wird in Spalte C fortgeschrieben. In C2 erscheint die 5 (*Abb. 26.11*).

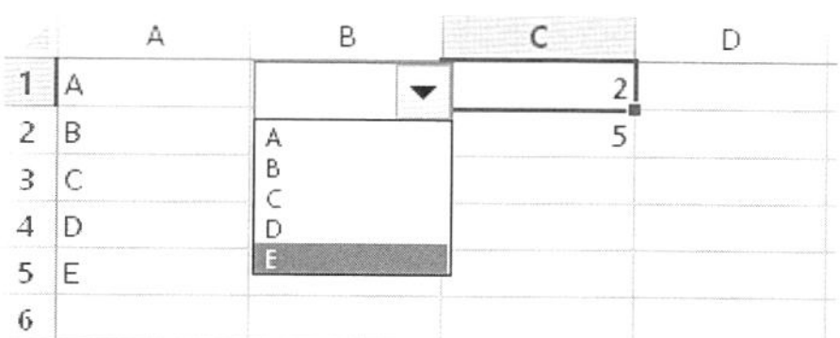

Abbildung 26.11: Kombinationsfeld mit dynamischer Zellverknüpfung (3)

Dieses Spiel können Sie jetzt so lange durchspielen, bis Ihnen die Zeilen ausgehen – der dynamischen Zellverknüpfung sei Dank. Dieses Prinzip der dynamischen Zellverknüpfung wird uns bei unserem Fragebogenformular im Zusammenhang mit den Optionsfeldern wieder begegnen.

Zurück zum Fragebogen ...

Nach diesem kleinen Exkurs kommen wir zu unserem Fragebogen zurück. Unsere Mappe hat zwei Blätter: *Fragebogen* und *Fragen*. Den Fragebogen haben wir in seinem Endstadium bereits gezeigt. Wir beginnen aber mit dem Blatt *Fragen*, da es schnell erledigt ist (*Abb. 26.12*).

	A	B	C	D	E	F
1	1	**Wie gefällt Ihnen dieses Buch?**				
2		sehr gut				
3		gut				
4		weniger gut				
5		gar nicht				
6	2	**Der Schreibstil des Buches ist...**				
7		sehr anprechend				
8		angemessen				
9		mäßig				
10		schlecht				
11	3	**Wie viele Neuigkeiten gibt es für Sie in diesem Buch?**				
12		sehr viele				
13		viele				
14		einige				
15		kaum welche				
16	4	**Wie beurteilen Sie den Lerneffekt des Buches? Als...**				
17		sehr hoch				
18		hoch				
19		durchschnittlich				
20		unterdurchschnittlich				
21						

Fragebogen | **Fragen**

Abbildung 26.12: Liste der Fragen und Antworten

Hier liegen nur die Fragen mit ihren vier Antwortmöglichkeiten. In Spalte A werden die Fragen durchnummeriert, was später noch von Bedeutung sein wird. Der Rest ist selbst erklärend. Auf dieses Blatt greifen wir später mit Formeln aus dem Blatt *Fragebogen* heraus zurück.

Kehren wir also wieder zu unserem Hauptblatt *Fragebogen* zurück.

Zunächst kümmern wir uns um die Formatierung. Der Hintergrund des Bereichs A1:R15 wird mit *Grau-25%* formatiert. Stören Sie sich nicht an den weißen Zellen. Diese entstehen durch bedingte Formatierung. Die Zeilenhöhe haben wir überall auf 18,75 (25 Pixel) festgelegt. Für die Spaltenbreiten gibt es keine Vorgaben. Sie sollten eben nur einigermaßen zweckmäßig dimensioniert werden. Über *Ansicht/Anzeigen/Gitternetzlinien* blenden wir die *Gitternetzlinien* aus. Die besondere Zelloptik (3D-Effekt) entsteht durch geschickte Rahmenformatierungen. Die Bereiche B2:F3 sowie L2:Q14 sind wie folgt formatiert: Oben und links mit einem etwas dickeren Rahmen in *Grau-50%*, unten und rechts mit einem gleich dicken, aber weißen Rahmen und in der Mitte mit einer dünneren Rahmenlinie und ebenfalls in *Grau-50%*. Der eingedrückte 3D-Effekt ist erzielt.

Der Bereich mit der Frage und den vier Antwortmöglichkeiten – B5:I10 – ist umgekehrt formatiert: Rahmen oben und links weiß und unten und rechts grau. Dadurch tritt der hervorgehobene 3D-Effekt ein.

Die Zellen H12:I12 (*Antworten löschen*) sowie H14:I14 (*Alle Antworten löschen*) sind jeweils verbunden und ebenfalls mit hervorgehobenem 3D-Effekt versehen, um vorzugaukeln, sie seien Befehlsschaltflächen. Nachdem wir auch noch die Zellen B2:F2, B3, L1:N1 sowie H4, H13 und H15 manuell mit Leben gefüllt haben, kommen wir nun zu den Steuerelementen. Zunächst ziehen wir an der richtigen Stelle aus dem *ActiveX-Steuerelemente*-Katalog das *Drehfeld* (*SpinButton*) für die Fragenauswahl (*vorige/nächste Frage*) auf. In den Eigenschaften des Drehfelds stellen wir die *Min-* und *Max*-Eigenschaft auf die Anzahl der vorhandenen Fragen ein, also *Min = 1* und *Max = 4*. Zudem legen wir die Zellverknüpfung (*LinkedCell*) auf eine Zelle namens *FrageNr* fest (diese kann sich irgendwo in der Mappe befinden) (*Abb. 26.13*):

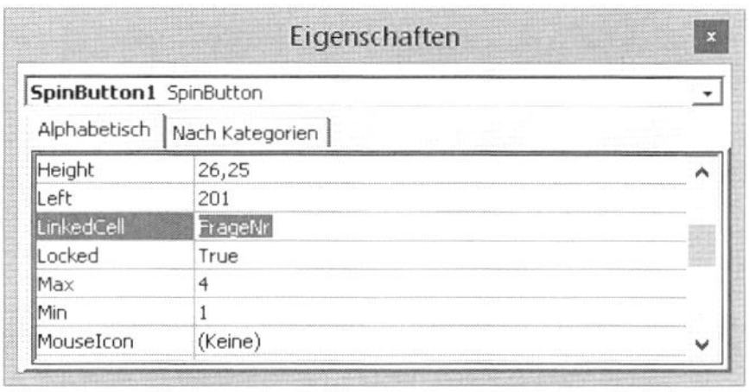

Abbildung 26.13: Eigenschaften des Spinbutton (Drehfeld)

Es ist im Übrigen nicht möglich, die *Min-* und *Max*-Eigenschaften mit Namen zu dynamisieren. Ein derartiger Versuch wird schroff abgewiesen (*Abb. 26.14*).

Abbildung 26.14: Fehlermeldung

In Abhängigkeit des *SpinButton*-Werts wird jetzt die entsprechende Frage ausgewählt. Dazu stellen wir zunächst in Zelle B5 eine Verknüpfung zu der *LinkedCell* her: `=FrageNr` Zudem erhält B5 das benutzerdefinierte Zahlenformat *0"."*

Im nächsten Schritt holen wir uns in Abhängigkeit der *FrageNr* die zugehörige Frage in das Blatt (*Abb. 26.15*). Dies geschieht mit einem ganz simplen SVERWEIS – und zwar mit Bezug auf das Blatt *Fragen* (dessen Aufbau wir bereits beschrieben und abgebildet hatten):

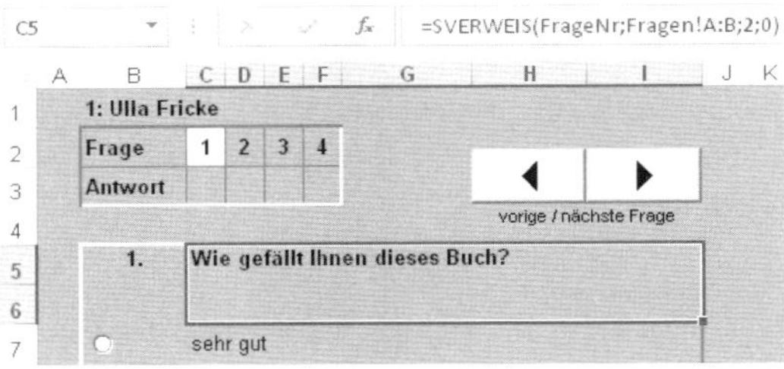

Abbildung 26.15: Fragebogenformular – Ausschnitt (1)

Die Zellen C5:I6 haben wir zu einer Zelle verbunden (mit Zeilenumbruch), damit längere Fragen auch noch optisch ansprechend dargestellt werden können. Weiter geht es mit den vier Antwortmöglichkeiten (*Abb. 26.16*). Diesmal greifen wir auf die Kombination INDEX und VERGLEICH zurück, da wir in Abhängigkeit von der *FrageNr* jeweils den um eine Zeile versetzten Eintrag erhalten möchten:

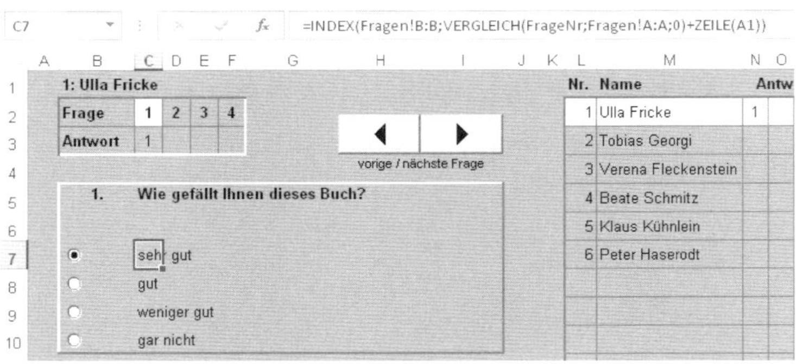

Abbildung 26.16: Fragebogenformular – Ausschnitt (2)

Die Verwendung von ZEILE(A1) erspart uns auch hier wieder das manuelle Anpassen des Zeilenversatzes von 1 auf 2, auf 3, auf 4, sodass wir diese Formel einfach bis C10 herunterkopieren können (am besten über *Kopieren* und *Bearbeiten/Inhalte einfügen/Formeln*, um unsere schöne 3D-Formatierung nicht zu vernichten).

Jetzt begeben wir uns zunächst zum rechten Teil unseres Fragebogens. In diesem Teil werden die Umfrageergebnisse dokumentiert, und zwar für jeden Befragten einzeln. Unser Augenmerk gilt zunächst der *Bildlaufleiste* (*Abb. 26.17*). Diesmal greifen wir auf den *Formularsteuerelemente*-Katalog zurück und ziehen an der entsprechenden Stelle die *Bildlaufleiste* auf.

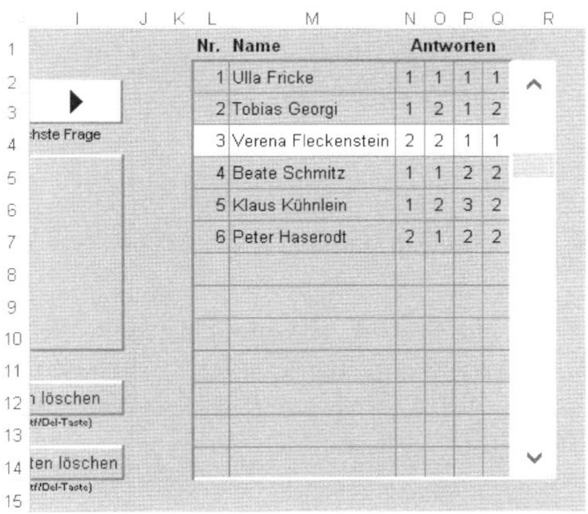

Abbildung 26.17: Fragebogenformular – Ausschnitt (3)

Anschließend nehmen wir die notwendigen Einstellungen für die Steuerung vor (Rechtsklick auf die Leiste, *Steuerelement formatieren*, siehe *Abb. 26.18*). Da wir unseren Auswertungsbogen zunächst für 13 Personen angelegt haben, stellen wir den Minimal- und Maximalwert entsprechend auf 1 bzw. 13 bei einer Schrittweite von 1 ein. Der Zellverknüpfung ordnen wir eine Zelle namens *PersonNr* zu, die sich auch wieder irgendwo in der Mappe tummeln kann.

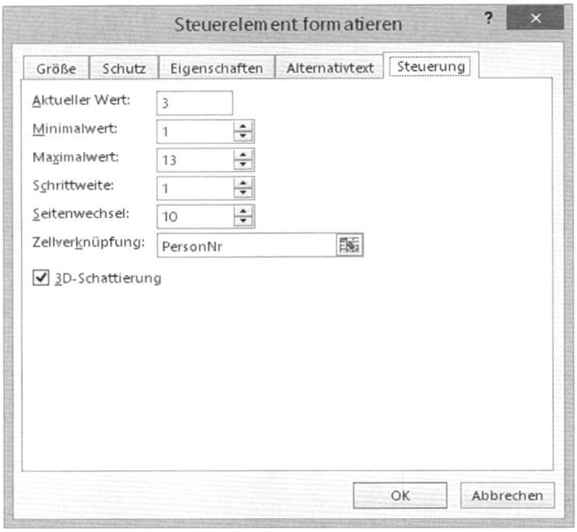

Abbildung 26.18: Einstellungen der Steuerungen der Bildlaufleiste

Auch hier lassen sich im Übrigen die Werte nicht durch Namen dynamisieren. Sie müssen statisch vorgegeben werden.

In Abhängigkeit des Werts der Bildlaufleiste (also der Nummer der aktuellen Person) heben wir mit der bedingten Formatierung den aktuell ausgewählten Namen hervor. Wir markieren dazu den Bereich L2:Q14, beginnend bei L2, und hinterlegen folgende Bedingung (*Abb. 26.19*):

Abbildung 26.19: Dialogfeld Bedingte Formatierung *–*
Hervorheben der aktuellen Person

Unter *Formatieren/Ausfüllen* ist die Hintergrundfarbe *Weiß* ausgewählt.

Spielen Sie ein wenig an der Bildlaufleiste herum, um die *Bedingte Formatierung* in Aktion zu erleben.

Jetzt gehen wir aber wieder zurück zu unserem Frage-/Antwortbereich und kümmern uns um die vier Optionsfelder, mit deren Hilfe man die gewünschte Antwort auswählen soll. Dazu ziehen wir aus dem *Formularsteuerelemente*-Katalog vier Optionsfelder auf, entfernen die Beschriftungstexte, schieben sie so klein wie möglich zusammen und platzieren sie mit ein wenig Geschick in den Zellen B7 bis B10. Von den Optionsfeldern sollte außer der kleinen Auswahlschaltfläche nichts mehr sichtbar sein.

Optionsbuttons mit dynamischer Zellverknüpfung

Jetzt kommen wir zum eigentlichen Höhepunkt des Ganzen, denn ein Klick auf einen Optionsbutton soll das Ergebnis (Antwort 1, 2, 3 oder 4) auch an der richtigen Stelle platzieren. Wird beispielsweise Beate Schmitz die Frage 3 mit Antwort Nr. 2 beantworten, soll die Nummer der Antwort (2) auch auf der rechten Seite korrekt bei ihr eingetragen werden (das wäre dann Zelle P5). Die Antwort zu Frage 4 müsste dann in Q5 landen. Wird hingegen Peter Haserodt befragt, müssen seine Antworten in den Bereich N7:Q7 eingetragen werden – je nach Frage eben. Oder allgemein gesagt: Mit der hier angewandten Technik wird es ermöglicht, mit vier Optionsbuttons und der Unterstützung von zwei Schiebe- bzw. Drehreglern beliebig viele Zellen zu steuern.

Hier machen wir uns wieder das Prinzip der dynamischen Zellverknüpfung zu Nutze, das wir zu Beginn des Kapitels bereits anhand eines Kombinationsfelds beschrieben haben. Diesmal definieren wir den Namen *Zielzelle* und beziehen ihn auf:

```
=INDEX(Fragebogen!$N$2:$Q$14;PersonNr;FrageNr)
```

Wir indizieren also den Bereich N2:Q14 (dort werden ja die vier Antworten zu jedem Befragten eingetragen). Die notwendige Zahl für den Parameter [*Zeile*] holen wir uns aus der mit der Bildlaufleiste verknüpften Zelle, den Parameter [*Spalte*] füttern wir mit dem Wert der mit dem Drehfeld verknüpften Zelle. Somit haben wir in Abhängigkeit von der ausgewählten Frage und des Befragten die exakten Zielkoordinaten ermittelt.

Jetzt muss der Name *Zielzelle* nur noch in allen vier Optionsfeldern in den Steuerungseigenschaften als Zellverknüpfung eingetragen werden (*Abb. 26.20*).

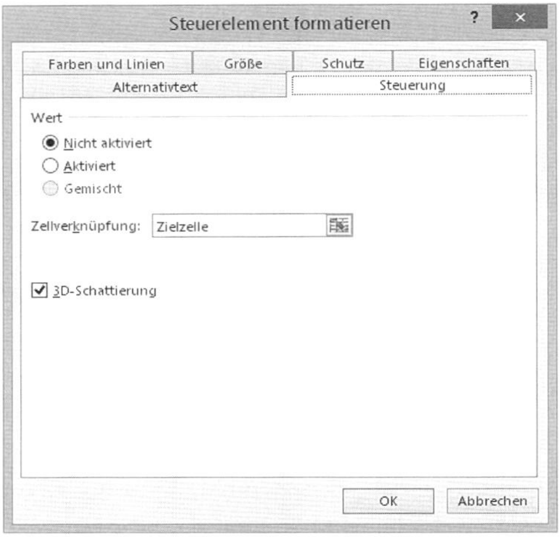

Abbildung 26.20: Einstellungen der Steuerung der Optionsfelder

Und fertig ist unsere dynamische Verknüpfung! Schauen wir jetzt noch schnell im oberen Teil unseres Formulars vorbei (*Abb. 26.21*):

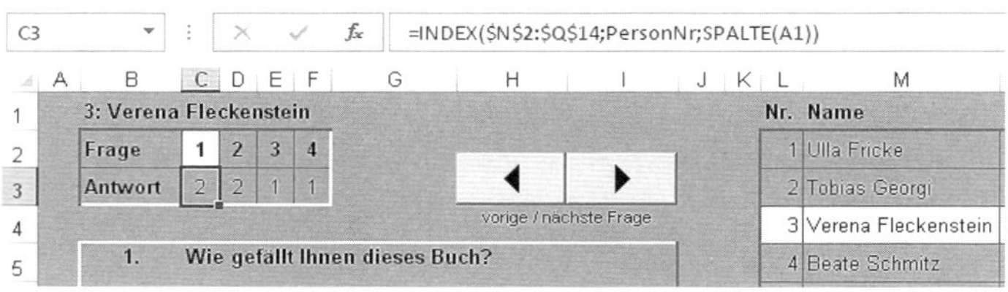

Abbildung 26.21: Fragebogenformular – Ausschnitt (4)

Hier werden nochmals separat die Antworten der gerade befragten Person (hier: Verena Fleckenstein) angezeigt. Die Formel ist eigentlich identisch mit der Formel für den Namen *Zielzelle*, mit dem einzigen Unterschied, dass wir nicht Bezug auf die mit dem Drehfeld verknüpfte Zelle (*FrageNr*) nehmen müssen. Den Parameter [*Spalte*] ersetzen wir mal wieder durch die Funktion `SPALTE(A1)` und kopieren anschließend die Formel nach D3, E3 und F3 (auch hier wieder am besten nach dem Kopieren mittels *Start/Zwischenablage/Einfügen/Formeln*, um die bestehenden Formatierungen nicht zu zerstören). `SPALTE(A1)` ist auch hier wieder nur der Platzhalter für die Zahl

1, damit wir die Formel ohne weiteres manuelles Zutun kopieren können. Wir sind eben faul ...

Die Nummer und den Namen der aktuell befragten Person beziehen wir in Zelle B1, ebenfalls in Abhängigkeit von der Bildlaufleiste, mit

```
=PersonNr&": "&INDEX(M2:M14;PersonNr).
```

Darüber hinaus haben wir noch die gerade aktuell ausgewählte Frage mit weißem Hintergrund bedingt formatiert (Bereich C2:F2) und zwar auf die denkbar einfachste Art und Weise, indem wir den Zellwert mit *FrageNr* (Zellverknüpfung des *Drehfelds*) vergleichen (*Abb. 26.22*).

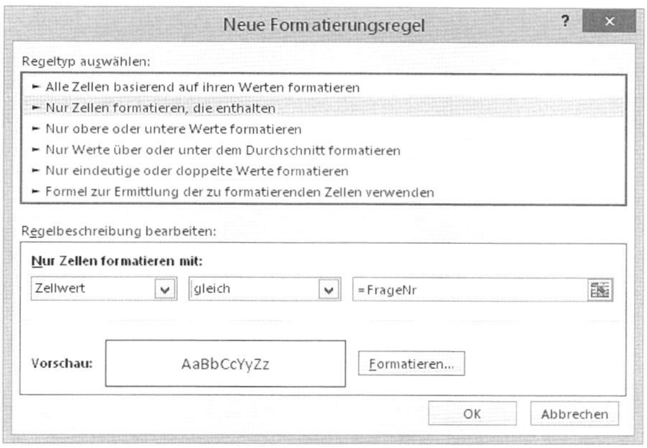

Abbildung 26.22: Dialogfeld Bedingte Formatierung – *Hervorhebung der aktuellen Frage*

Und zu guter Letzt sind wir Ihnen noch die Formeln für die Zellen H12 (*Antworten löschen*) und H14 (*Alle Antworten löschen*) schuldig. In diesen Zellen kreieren wir einen Hyperlink, der entweder in Abhängigkeit von der mit der Bildlaufleiste verknüpften Zelle die Antworten der entsprechenden Person oder aber direkt den gesamten Antwortbereich markiert, um anschließend mit einem Klick auf die Entf-Taste die Einträge löschen zu können.

```
H12:
=HYPERLINK("#"&ADRESSE(PersonNr+1;14)&":"&ADRESSE(PersonNr+1;17);
"Antworten löschen")
```

```
H14:
=HYPERLINK("#N2:Q14";"Alle Antworten löschen")
```

Der Funktion HYPERLINK haben wir ein eigenes Kapitel gewidmet (Kapitel 18). Die Einzelheiten zur Funktionsweise erklären wir dort.

Et voilà: Unser Fragebogen ist fertig!

Ab heute ist Schluss mit dem lästigen Herumscrollen in einer Mappe! Tragen Sie die Noten Ihrer Schüler ein, bewerten Sie Ihre eigene CD-Sammlung, starten Sie x-beliebige Umfragen, werden Sie Quizmaster in einem Multiple-Choice-Test und setzen Sie allem anschließend noch die Krone auf, indem Sie die Antworten auswerten, sie zählen, den Mittelwert oder die Summe bilden oder dem Ganzen sogar noch eine Pivot-Auswertung überstülpen. Ihrer Fantasie sind dabei keine Grenzen gesetzt. Die Grundlage für derartige Auswertungen bildet immer die dynamische Ermittlung einer Zieladresse im geschickten Zusammenspiel mit anderen variablen Werten. Das Rüstzeug dazu haben Sie jetzt auf jeden Fall.

Kapitel 27

Der Magnum-AutoFilter

Excels AutoFilter ist ein enorm hilfreiches und leicht zu bedienendes Feature, mit dem eine Liste mit beliebig vielen Spalten nach beliebig vielen Kriterien gefiltert werden kann.

27.1 Drei Probleme – eine Lösung

Was der AutoFilter kann, dürfte den meisten fortgeschrittenen Excel-Usern bekannt sein und wurde schon oft genug beschrieben. Was er seit Einführung der Excel-Version 2007 zusätzlich kann, zeigen wir noch am Ende dieses Kapitels. Aber weil das alles nicht wirklich sonderlich spektakulär ist, konzentrieren wir uns zur Abwechslung einmal darauf, was er nicht kann. Drei Dinge hat er leider nicht drauf, die wir uns von ihm wünschen würden:

1. Innerhalb einer Spalte können (innerhalb des gezeigten Dialogfelds) nicht mehr als zwei Bedingungen kombiniert werden (*Abb. 27.1*).

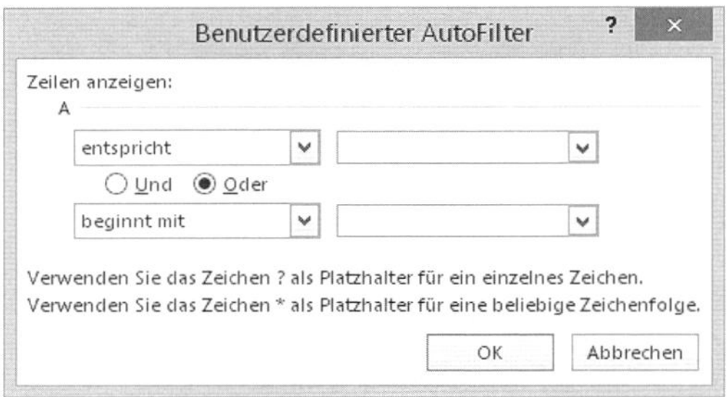

Abbildung 27.1: Dialogfeld Benutzerdefinierter AutoFilter

2. Mehrere Bedingungen, die horizontal kombiniert werden, können nicht als ODER-Bedingung definiert werden, sondern sind stets UND-Bedingungen.

   Angenommen, Sie haben eine Liste mit Personen mit den Spalten *Hauptberuf* und *Hobby/Nebenberuf*. Der AutoFilter ist nicht in der Lage, alle Personen anzuzeigen, die entweder hauptberuflich ODER im Nebenberuf als Gärtner tätig sind (*Abb. 27.2*).

	A	B	C	D
1	Name	Geburtst	Beruf	Hobby/ Nebenberuf
2	Klaus K.	05.01.1959	Gärtner	Programmierer
3	Beate S.	15.12.1958	Landwirtin	Jägerin
4	Helga G.	16.02.1962	Ärztin	Gärtner
5	Andy D.	07.02.1955	Bäcker	Koch
6	Matthias S.	17.08.1972	Programmierer	Taxifahrer
7	Jürgen B.	31.05.1979	Jäger	---
8	Ignatz S.	31.10.1957	Koch	Barkeeper
9	Bernd B.	19.10.1974	Koch	Gärtner
10	Ulla F.	12.07.1958	Buchhalterin	---
11	Verena F.	21.10.1961	Controllerin	Malerin

Abbildung 27.2: Beispielliste mit Geburtstagen und Berufen von Personen

3. Sie können keine Formelbedingung definieren.

   Angenommen, Sie haben in einer Spalte Geburtstage eingetragen und wollen wissen, wer alles in einem bestimmten Monat Geburtstag hat. Das ist in allen Excel-Versionen vor 2007 leider nicht möglich.

   Stopp: Das würde noch gehen, wenn Sie die Spalte mit dem Format *MMM* formatieren, denn der AutoFilter berücksichtigt neben dem Zellwert auch das Zahlenformat. Dabei ist ein Kuriosum festzustellen: Wenn Sie im Dialogfeld der benutzerdefinierten Filtereinstellung den Suchtyp *entspricht* wählen, orientiert sich der Filter am Zahlenformat. Filter *Feb* zeigt alle Einträge aus dem Februar. Suchen Sie so gezielt nach einem Datum, z. B. 07.02.55 – das ja vorhanden ist – , wird es nicht gefunden. Beim Suchtyp *ist größer als* und dem Datum 06.02.55 wird der 07.02.55 (und alle größeren Werte) gefunden und angezeigt.

   Wird gewünscht, alle Geburtstagskinder des 1. Quartals zu zeigen, muss der AutoFilter (bis einschließlich Excel-Version 2003) aber definitiv kapitulieren.

Drei Schwächen – eine Lösung: die berühmt berüchtigte **Hilfsspalte**. Eigentlich benötigen Sie nur eine einzige Spalte, nennen wir Sie *Filter-Spalte*, in die Sie beliebige Formelbedingungen einfügen können. Die Formeln werden so erstellt, dass Ihr Ergebnis nur WAHR oder FALSCH bzw. 0 oder 1 ist. Damit haben Sie alle drei Fliegen mit einer Klappe geschlagen:

1. Mehr als zwei Bedingungen? Kein Problem (*Abb. 27.3*):
   `E1:=ODER(C2={"Gärtner";"Bäcker";"Koch"})`

E2 =ODER(C2={"Gärtner";"Bäcker";"Koch"})

	A	B	C	D	E	F
1	Name	Geburtst	Beruf	Hobby/ Nebenberuf	Filter-Spalte	
2	Klaus K.	05.01.1959	Gärtner	Programmierer	WAHR	
5	Andy D.	07.02.1955	Bäcker	Koch	WAHR	
8	Ignatz S.	31.10.1957	Koch	Barkeeper	WAHR	
9	Bernd B.	19.10.1974	Koch	Gärtner	WAHR	
12						

Abbildung 27.3: Filter mit drei ODER-Bedingungen

Wenn Sie zehn oder noch mehr ODER-Bedingungen kombinieren möchten, können Sie die einzelnen Kriterien auch in einem Bereich auflisten:
`E1:{=ODER(C2=X1:X10)}`

2. Horizontale ODER-Bedingungen? Kein Problem (*Abb. 27.4*):
   `E1:=ODER(C2="Gärtner";D2="Gärtner")`

E2 =ODER(C2="Gärtner";D2="Gärtner")

	A	B	C	D	E
1	Name	Geburtst	Beruf	Hobby/ Nebenberuf	Filter-Spalte
2	Klaus K.	05.01.1959	Gärtner	Programmierer	WAHR
4	Helga G.	16.02.1962	Ärztin	Gärtner	WAHR
9	Bernd B.	19.10.1974	Koch	Gärtner	WAHR
12					

Abbildung 27.4: Filter mit horizontaler ODER-Bedingung

3. Flexible Formelbedingungen? Kein Problem (*Abb. 27.5*):
   `E1:=MONAT(B2)<4` für Geburtstagskinder im ersten Quartal.

E2 | =MONAT(B2)<4

	A	B	C	D	E
1	Name	Geburtst	Beruf	Hobby/ Nebenberuf	Filter-Spalte
2	Klaus K.	05.01.1959	Gärtner	Programmierer	WAHR
4	Helga G.	16.02.1962	Ärztin	Gärtner	WAHR
5	Andy D.	07.02.1955	Bäcker	Koch	WAHR
12					

Abbildung 27.5: Filter für Geburtstagskinder des ersten Quartals

27.1.1 AutoFilter versus Spezialfilter

Mit dieser banalen Filter-Spalte läuft der AutoFilter sogar dem Spezialfilter regelrecht den Rang ab:

Eigentlich ist es dem Spezialfilter vorbehalten, Duplikate aus einer Liste zu entfernen. Doch mit der Filter-(Hilfs-)Spalte können Sie diese Funktionalität nicht nur genauso gut erledigen, sondern Sie sind dabei sogar noch flexibler als mit dem Spezialfilter (*Abb. 27.6*). Um die Spalte C auf Duplikate zu prüfen, schreiben Sie in die zweite Zeile (erste Zeile = Überschrift) der *Filter-Spalte*

```
E1: =ZÄHLENWENN(C$2:C2;C2)=1
```

E2 | =ZÄHLENWENN(C$2:C2;C2)=1

	A	B	C	D	E
1	Name	Geburtst	Beruf	Hobby/ Nebenberuf	Filter-Spalte
2	Klaus K.	05.01.1959	Gärtner	Programmierer	WAHR
3	Beate S.	15.12.1958	Landwirtin	Jägerin	WAHR
4	Helga G.	16.02.1962	Ärztin	Gärtner	WAHR
5	Andy D.	07.02.1955	Bäcker	Koch	WAHR
6	Matthias S.	17.08.1972	Programmierer	Taxifahrer	WAHR
7	Jürgen B.	31.05.1979	Jäger	---	WAHR
8	Ignatz S.	31.10.1957	Koch	Barkeeper	WAHR
10	Ulla F.	12.07.1958	Buchhalterin	---	WAHR
11	Verena F.	21.10.1961	Controllerin	Malerin	WAHR

Abbildung 27.6: AutoFilter ohne Duplikate

Filtern Sie nach WAHR, um alle Duplikate auszublenden. Dann erhalten Sie alle vorkommenden Berufe. Genauso gut können Sie nach FALSCH filtern, um nur die Duplikate anzuzeigen, womit wir den Spezialfilter bereits übertroffen hätten.

Übrigens, wenn Sie angezeigte Datensätze dauerhaft löschen wollen, selektieren Sie den kompletten Datenbereich, wählen *Start/Bearbeiten/Suchen und Auswählen/ Gehe zu*, die Schaltfläche *Inhalte* und dann die Option *Nur Sichtbare Zellen.*

Wählen Sie dann *Start/Zellen/Löschen/Zellen löschen* (*Abb. 27.7*).

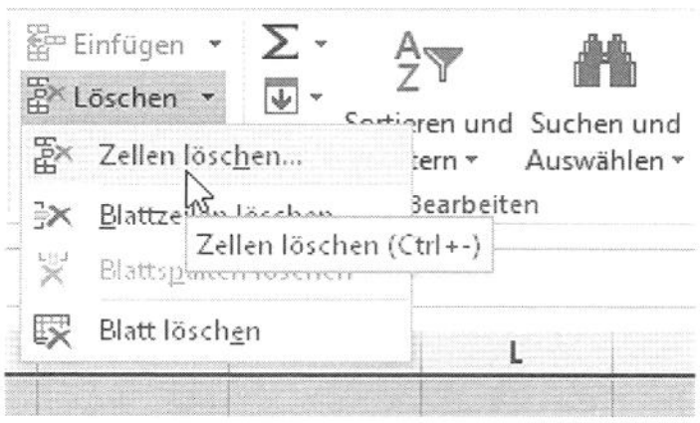

Abbildung 27.7: Löschen von gefilterten Daten

Anschließend lassen sich schließlich alle Daten wieder anzeigen.

Jetzt enthält die Liste nur noch die Datensätze, die zuvor ausgeblendet waren. Andersherum können Sie natürlich auch die sichtbaren Datensätze an eine andere Stelle kopieren. Die unsichtbaren werden dabei nicht mit kopiert. Die zuvor beschriebene Aktion zum Selektieren der sichtbaren Zellen brauchen Sie in diesem Fall nicht. Das hat dann den gleichen Effekt, als wenn Sie mit dem Spezialfilter eine Liste an eine andere Stelle kopieren.

Statt nur die ersten Vorkommen aller Berufe in Spalte C anzuzeigen, können Sie dies auch mit dem letzten Treffer tun, dann lautet die Formel:

```
E1: =ZÄHLENWENN(C2:C$50000;C2)=1
```

Sie müssen also lediglich den absoluten Bezug vom Beginn der Liste (C2) auf das maximale Ende der Liste (C$50000) verlegen.

Ob das nun WENN-UND-ODER-Verschachtelungen sind oder irgendwelche anderen Berechnungen: Der Flexibilität des Filterns mit der Hilfsspalte sind keine Grenzen gesetzt.

27.2 Ausgeblendet

Wie Sie mithilfe des AutoFilters Zeilen aus- oder einblenden können, wissen Sie jetzt. Möglicherweise möchten Sie nun mit dieser gefilterten Liste weiterrechnen und dabei ist auch einiges zu beachten.

Die Funktion TEILERGEBNIS ist die einzige Funktion, die überhaupt registriert, ob eine Zeile ausgeblendet ist oder nicht. Wenn Sie mit dem AutoFilter durch Selektion eines Filters Zeilen ausgeblendet haben, ignoriert TEILERGEBNIS diese Zellen.

Bis einschließlich Excel XP galt dies ausschließlich für Zellen, die durch den AutoFilter ausgeblendet wurden. Wenn Sie Zeilen manuell oder mithilfe von Gliederungsebenen ausblenden, hat das keine Auswirkung auf die Berechnung. Ab Excel 2003 wurde die Funktion TEILERGEBNIS ein klein wenig erweitert, womit sie zur echten Rarität avanciert! Wenn Sie zu dem Parameter 1 bis 11, den TEILERGEBNIS verlangt, 100 dazu addieren, werden in der Berechnung alle unsichtbaren Zeilen ignoriert, egal, ob sie durch Filter, Gliederung oder per Hand ausgeblendet wurden.

```
=TEILERGEBNIS(109;A:A)
```

summiert alle Zellen aus Spalte A, deren Zeile sichtbar ist. Mit

```
=SUMME(A:A)- TEILERGEBNIS(109;A:A)
```

werden nur die ausgeblendeten Zeilen summiert.

27.2.1 Auswertung mit Bedingungen in gefilterter Liste

Angenommen, Sie haben eine gefilterte Liste und wollen nur die sichtbaren Zeilen unter Berücksichtigung von weiteren Bedingungen summieren, zählen oder sonst wie auswerten. Egal, ob Sie dies mit Matrixfunktionen oder auch Datenbankfunktionen tun wollen, Sie müssen Ihre Bedingungen mit der Funktion TEILERGEBNIS kombinieren (*Abb. 27.8*).

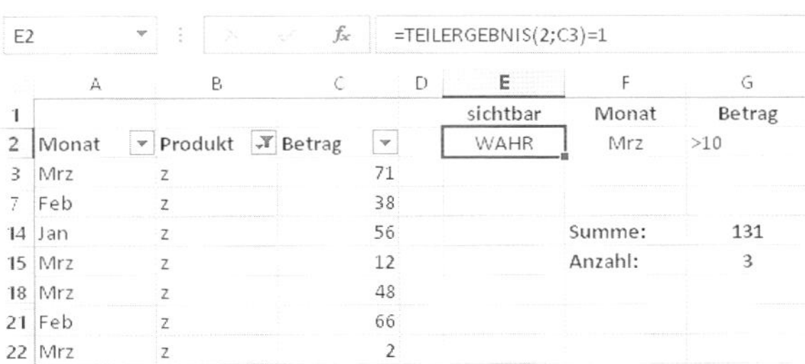

E2 | =TEILERGEBNIS(2;C3)=1

	A	B	C	D	E	F	G
1					sichtbar	Monat	Betrag
2	Monat	Produkt	Betrag		WAHR	Mrz	>10
3	Mrz	z	71				
7	Feb	z	38				
14	Jan	z	56			Summe:	131
15	Mrz	z	12			Anzahl:	3
18	Mrz	z	48				
21	Feb	z	66				
22	Mrz	z	2				

Abbildung 27.8: DB-Funktionen in gefilterter Liste anwenden

Die Liste ist bereits mit dem AutoFilter gefiltert. Das Filterkriterium ist das *z* in Spalte B. Nur die sichtbaren Datensätze sollen weiter analysiert werden. Alle Beträge aus dem Monat März, die größer als 10 sind, sollen summiert oder gezählt werden. Mit Datenbankfunktionen lautet die Lösung:

```
G14: =DBSUMME(A2:C30;C2;E1:G2)
G15: =DBANZAHL(A2:C30;C2;E1:G2)
```

Das Besondere an diesen eigentlich sehr schlichten Formeln ist das Suchkriterium in E2.

```
E2: =TEILERGEBNIS(2;C3)=1
```

Es sorgt dafür, dass DBSUMME und DBANZAHL nur die sichtbaren Zellen berücksichtigen. Der Parameter 2 ermittelt die Anzahl eines einzelnen Datensatzes und liefert 1, wenn C3 sichtbar ist, und 0, wenn C3 ausgeblendet ist. DBSUMME ist so clever, diese Prüfung, die im Bereich der Suchkriterien steht, auf alle Datensätze anzuwenden. Stattdessen hätten Sie auch die Formel in D3 schreiben und herunterkopieren können. Dann hätte man als Suchkriterium Spalte D auf WAHR geprüft, um den gleichen Effekt zu erhalten. Die Hilfsspalte D kann man sich aber sparen und die Formel direkt in die Suchkriterien einbeziehen. Wer lieber mit Matrixformeln als mit Datenbankfunktionen arbeitet, kann die Bedingungen ebenfalls mit TEILERGEBNIS verknüpfen. Dann wird die Formel aber komplizierter.

Mit der Formel

```
=SUMMENPRODUKT((A3:A30="Mrz")*(C3:C30>10)*C3:C30)
```

summieren Sie alle Datensätze aus dem März, die größer als 10 sind. SUMMENPRODUKT kann aber in dieser Form nicht zwischen sichtbaren und ausgeblendeten Zeilen unterscheiden. Etwas naiv wäre nun die Variante

```
=SUMMENPRODUKT((A3:A30="Mrz")*(C3:C30>10)*C3:C30*(TEILERGEBNIS(2;C3:C30)=1)),
```

denn dann erhält man nur eine Summe, wenn genau 1 Datensatz sichtbar ist. TEILERGEBNIS liefert dann einmalig WAHR, aber das bringt uns nichts. Die Prüfung muss für jede Zeile einzeln durchgeführt werden (nicht für den Bereich insgesamt) und dazu muss TEILERGEBNIS ziemlich umgebogen werden:

```
(TEILERGEBNIS(2;BEREICH.VERSCHIEBEN(C2;ZEILE(1:28);))=1)
```

erzeugt ein Array mit Einsen für alle sichtbaren Zellen in C3:C30 und mit Nullen für alle ausgeblendeten Zeilen in diesem Bereich. Multipliziert man diesen Ausdruck mit den übrigen Bedingungen ...

```
(A3:A30="Mrz")*(C3:C30>10)*C3:C30
```

..., liefert SUMMENPRODUKT die gewünschte Summe der sichtbaren Zeilen: 131.

Die Berechnungen funktionieren auch mit dem Parameter 102 (ab Excel 2003), falls Zeilen durch Gliederungen oder manuell ausgeblendet wurden, und in der Variante mit SUMMENPRODUKT auch für ausgeblendete Spalten.

27.2.2 Spaltenbreite

Ohne VBA hatten die User von Excel XP oder einer älteren Version keine Möglichkeit, manuell ausgeblendete Zeilen auf diese Weise zu separieren. Wohl aber, wenn es um Spalten geht. Dafür gibt es die Funktion

```
ZELLE("Breite";Bezug)
```

Wollen Sie nur alle Spalten summieren, die eingeblendet sind, können Sie sich eine Hilfszeile anlegen, die die Breite aller Spalten ausgibt.

```
A1: =ZELLE("Breite";A1)
```

Kopieren Sie dies nach rechts. Die Formel

```
=SUMMEWENN(1:1;">0";5:5)
```

summiert dann alle sichtbaren Zellen der 5. Zeile. Wenn Sie aber eine Spalte aus- oder einblenden, muss danach eine Neuberechnung durchgeführt werden, damit `ZELLE ("Breite")` es mitbekommt.

Nebenbei eignet sich die Funktion `ZELLE("Breite";Bezug)` auch dazu, Zahlenformate abhängig von der Spaltenbreite variabel zu halten. Wenn eine Spalte für eine Zahl oder ein Datum zu schmal ist, sieht man nur diesen Gartenzaun:

##########

Wenn Sie wollen, dass sich Ihr Datumsformat so elastisch wie eine Stretchhose an Ihre Spaltenbreite anpasst (wie in *Abb. 27.9*), nehmen Sie die Formel:

	A	B	C	D	E
1	16. Juni 2015	16. Juni 2015	16. Jun 2015	16.06.15	16.06.

Abbildung 27.9: Datumsformat »Stretchgummi«

```
=TEXT(JETZT();"TT."&SVERWEIS(ZELLE("Breite";A1);{0.0;5."MM.";
7."MM.JJ";9."MM.JJJJ";11." MMM JJJJ";13." MMMM JJJJ"};2))
```

Diese Formel pickt sich das passende Datumsformat per SVERWEIS, abhängig von der jeweiligen Spaltenbreite, heraus. Dazu benötigen Sie eine SVERWEIS-gerechte

Matrix, die in der ersten Spalte die Spaltenbreiten und in der zweiten Spalte die Formate enthält. Da das Format stets mit "TT." beginnt, lagern wir den Teil aus der SVERWEIS-Berechnung aus und verketten ihn damit, um Schreibarbeit zu sparen.

27.2.3 Was der AutoFilter dazugelernt hat

Wie eingangs bereits erwähnt, wurde der AutoFilter seit Einführung der Excel-Version 2007 um einiges aufgepeppt. Die wichtigsten Änderungen sind folgende:

- Es werden innerhalb des Auswahlfelds nunmehr maximal 10.000 Einträge angezeigt (vormals: 1.000).
- Es kann durch die neue »Häkchen-Technik« nach mehr als zwei Bedingungen gefiltert werden (*Abb. 27.10*). Dies gilt aber nur für die Filteroption »entspricht«. Außerdem ist dies bei großen Datenmengen äußerst mühsam. Der benutzerdefinierte Filter ist nach wie vor auf zwei UND/ODER-Bedingungen beschränkt.

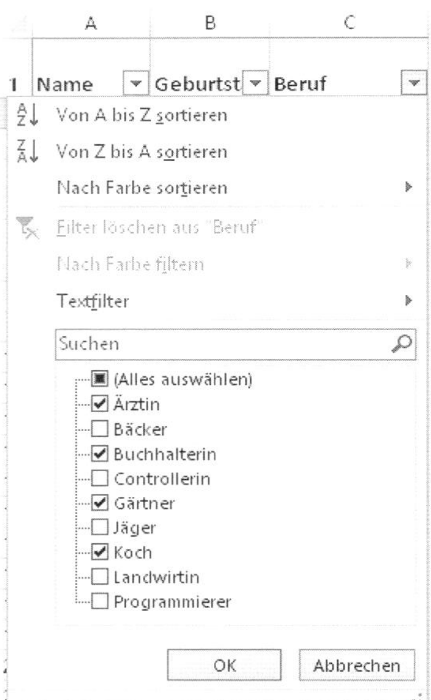

Abbildung 27.10: ODER-Filter mit mehr als zwei Bedingungen

- In den AutoFilter wurde die Sortierfunktion integriert. Listen lassen sich dadurch ohne zusätzliche Klicks sortieren. Das kann aber auch schnell zu unerwünschten Effekten führen, wenn die Filterspalte beispielsweise gleichzeitig Datenbasis für eine Funktion (z. B. VERWEIS) ist, die eine bestimmte Sortierrichtung der Daten verlangt. Werden diese dann umsortiert, kommt es schnell zu falschen Formelergebnissen.
- Es ist nunmehr möglich, nach Farben zu filtern und auch zu sortieren (sowohl nach Schrift- als auch nach Hintergrundfarbe).
- In Verbindung mit der Formatvorlage *Als Tabelle formatieren* kann jede Tabelle mit der AutoFilter-Funktion versehen werden. Da man auch innerhalb eines Blatts mehrere dieser Tabellen vorhalten kann, hat man automatisch gleichzeitig mehrere – voneinander unabhängige – AutoFilter zur Verfügung.

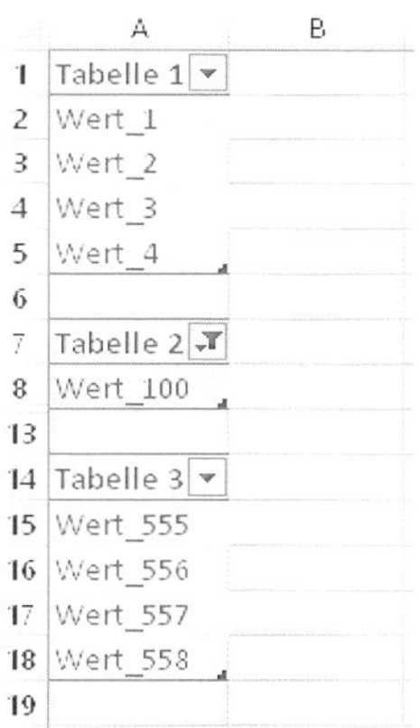

Abbildung 27.11: Mehrere AutoFilter in einem Blatt

Weitere sehr umfangreiche Neuerungen wurden den Daten (Plural von Datum) gewidmet. Die Auswahlmöglichkeiten wurden stark ausgeweitet, wie *Abb. 27.12* zeigt:

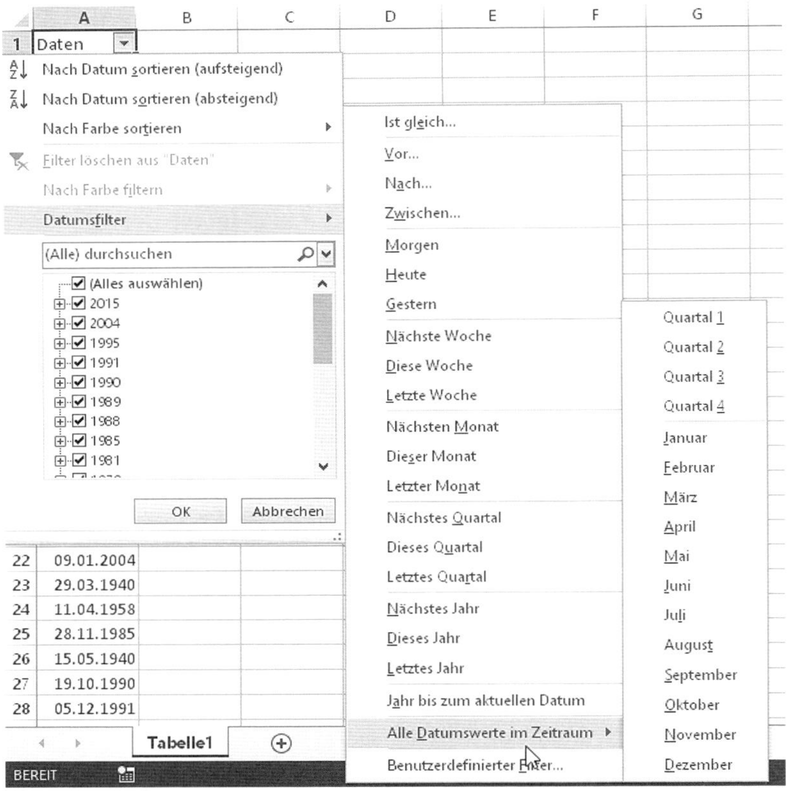

Abbildung 27.12: Datumsfilter-Optionen

Mit den Filteroptionen von *Morgen* bis *Jahr bis zum aktuellen Datum* lassen sich alle Daten aus Sicht des aktuellen Datums filtern. Ein perfektes Feature, um z. B. säumige Schuldner zu entlarven. Für die klassischen Geburtstagslisten hingegen, bei denen das Datum inklusive des Geburtsjahres vorliegt, sind diese Optionen unbrauchbar. Wenn heute beispielsweise Montag, der 12.10.2015 ist, dann werden Sie mit der Filteroption *Diese Woche* vergeblich auf die Anzeige des Datums 12.10.1958 warten und dadurch im Zweifel den Geburtstag Ihres Partners vergessen. Hier kann man nur auf die Filteroption *Alle Datumswerte im Zeitraum* zurückgreifen. Damit lassen sich die Daten sowohl nach Monat als auch nach Quartal filtern – und zwar unabhängig vom Jahr. Diese Erweiterung eliminiert Teile des von uns eingangs beschriebenen Problems Nummer 3.

Im Grunde genommen war es das aber schon. Wir halten fest, dass wir – sollte es mal etwas anspruchsvoller werden – auch weiterhin auf unsere Filtertricks zurückgreifen müssen.

Stichwortverzeichnis

Symbole

Numerisch

A

B

C

D

E

F

G

H

I

J

K

L

M

T

U

V

W

X

Z

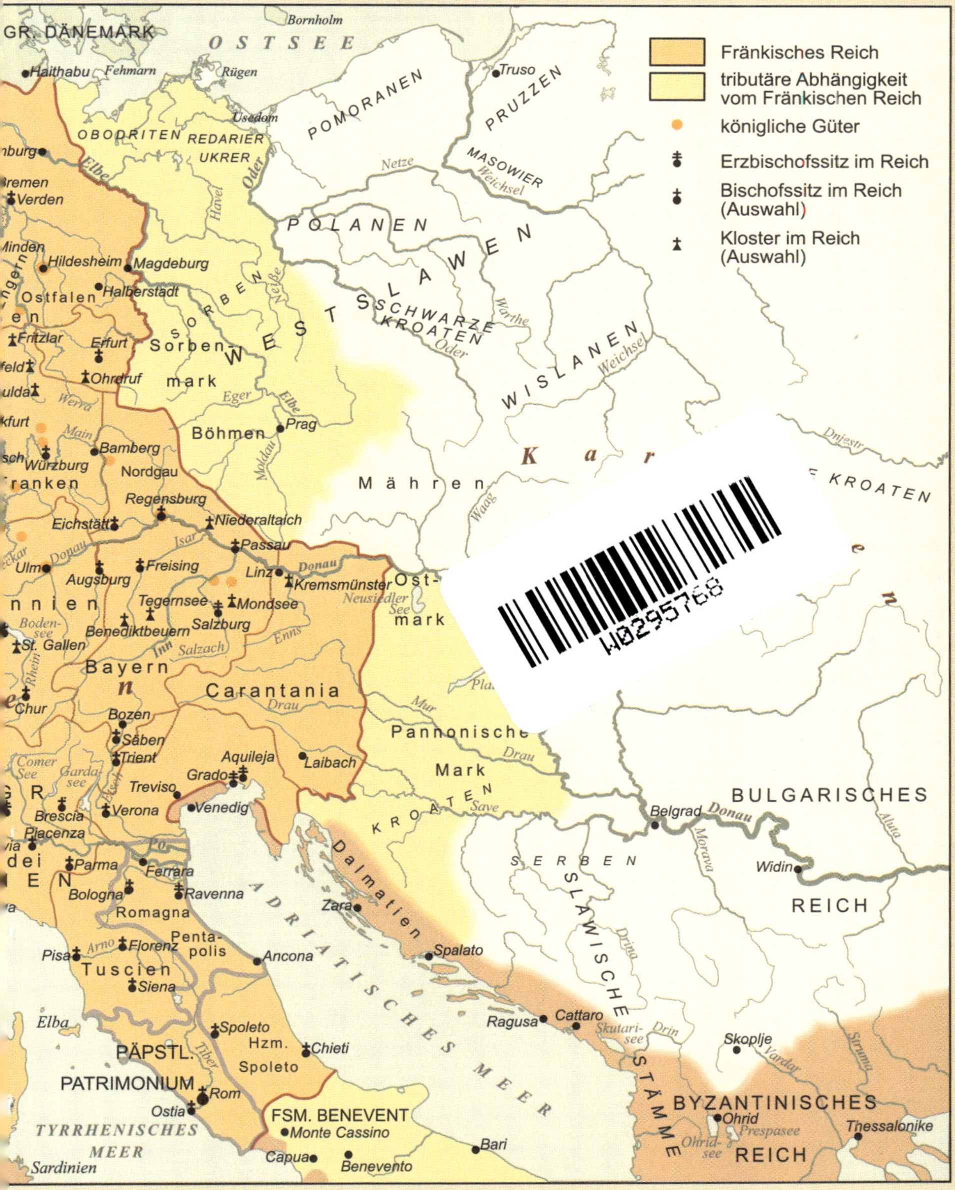
Fränkisches Reich
tributäre Abhängigkeit vom Fränkischen Reich
königliche Güter
Erzbischofssitz im Reich
Bischofssitz im Reich (Auswahl)
Kloster im Reich (Auswahl)
GR. DÄNEMARK
OSTSEE
Bornholm
Haithabu
Fehmarn
Rügen
Usedom
Truso
POMORANEN
PRUZZEN
MASOWIER
OBODRITEN
REDARIER
UKRER
Elbe
Oder
Havel
Netze
Weichsel
Bremen
Verden
POLANEN
WESTSLAWEN
Minden
Hildesheim
Magdeburg
Ostfalen
Halberstadt
SORBEN
SCHWARZE KROATEN
Warthe
Fritzlar
Erfurt
Sorbenmark
Ohrdruf
Fulda
Werra
Eger
WISLANEN
Weichsel
Böhmen
Prag
Main
Bamberg
Würzburg
Nordgau
Franken
Mähren
Moldau
Dnjestr
KROATEN
Regensburg
Niederaltaich
Eichstätt
Passau
Waag
Ulm
Augsburg
Freising
Linz
Kremsmünster
Donau
Ost-mark
Neusiedler See
Tegernsee
Mondsee
Salzburg
Benediktbeuern
Bodensee
St. Gallen
Inn
Salzach
Enns
Bayern
Rhein
Chur
Carantania
Drau
Mur
Bozen
Säben
Trient
Pannonische Mark
Comer See
Gardasee
Aquileja
Laibach
Grado
Treviso
Brescia
Verona
Venedig
KROATEN
Save
Placenza
BULGARISCHES REICH
Belgrad
Donau
Morava
Aluta
Po
Parma
Ferrara
Dalmatien
SERBEN
Widin
Bologna
Ravenna
Romagna
Zara
SLAWISCHE STÄMME
ADRIATISCHES MEER
Pisa
Arno
Florenz
Pentapolis
Ancona
Spalato
Drina
Tuscien
Siena
Elba
Ragusa
Cattaro
Skutarisee
Drin
Skoplje
Vardar
Struma
Spoleto
Hzm. Spoleto
Chieti
PÄPSTL. PATRIMONIUM
Tiber
Rom
Ostia
BYZANTINISCHES REICH
Ohrid
Prespasee
Ohridsee
Thessalonike
TYRRHENISCHES MEER
FSM. BENEVENT
Monte Cassino
Bari
Capua
Benevento
Sardinien

Stefan Weinfurter

Karl der Grosse

Der heilige Barbar

Mit 19 Abbildungen

Piper München Zürich

Mehr über unsere Autoren und Bücher:
www.piper.de

FSC
www.fsc.org
MIX
Papier aus verantwortungsvollen Quellen
FSC® C014889

ISBN 978-3-492-05582-6

Gesetzt aus der Minion Pro
Satz: Kösel, Krugzell
Druck und Bindung: Pustet, Regensburg
Printed in Germany

Für Brigitte

Inhaltsverzeichnis

Vorwort

»›Seine Gedanken‹, so sagt Cicero, ›schriftlich niederzulegen, ohne sie zu ordnen, schön zu formulieren und den Leser damit zu ergötzen, heißt Zeit und Schrift zu vergeuden.‹ Dieser Ausspruch des großen Redners hätte mich vom Schreiben abschrecken können, wäre ich nicht von dem Entschluss geleitet gewesen, mich lieber der Kritik auszusetzen und durch diese Arbeit den Ruf meines Talents in Gefahr zu bringen, als vor lauter Bedachtsamkeit die Erinnerung an einen so großen Mann unbeachtet zu lassen« (So heißt es bei Einhart in seiner Vorrede zur ›Vita Karoli Magni‹). Wie für den berühmten Biografen und Zeitgenossen Karls ist auch heute noch die Beschäftigung mit Karl dem Großen ein überaus reizvolles Unterfangen – trotz der Flut von Forschungen, vor allem aus der angelsächsischen Wissenschaft. Es sind die ungewöhnliche Bündelung der Kräfte und die enorme Effizienzsteigerung auf allen Gebieten der Gesellschaft, Politik und Kultur, die von dieser Epoche ausgehen und jeden, der sich damit beschäftigt, in ihren Bann ziehen.

Die Begeisterung für dieses Thema hat sich zu meinem Glück auch auf das Team meiner wissenschaftlichen Mitarbeiter übertragen, sodass ich von ihrer Seite wertvolle Unterstützung erfuhr. Eigens bedanken möchte ich mich bei Frau Theresa Jäckh, Frau Nora Küppers und Herrn Florian König. Darüber hinaus haben die Fachgespräche mit dem Team meines Heidelberger Forschungsprojekts »Wissenstransfer von der Antike ins Mittelalter«, dem Herr Priv.-Doz. Dr. Tino Licht, Frau Dr. Julia Becker, Frau Dr. Natalie Maag und Frau Kirsten Tobler angehören, wichtige Anregungen geliefert. Am Heidelberger Marsilius-Kolleg, an der Heidelberger Akademie der Wissenschaften, an der Universität München und am Deutschen Historischen Institut Rom hatte ich Gelegenheit, Grundgedanken zu meiner These der »Vereindeutigung« vorzutragen und zu diskutieren. Mein Kollege Prof. Dr. Bernd Schneidmüller hat schließlich klaglos die Last einer inhaltlichen Überprüfung auf sich genommen. Alle seine kundigen Anregungen, für die ich ihm sehr dankbar bin, sind in die Darstellung eingeflossen.

Ein besonderer Dank geht auch an Frau Kristin Rotter vom Piper Verlag, nicht nur für die professionelle Betreuung, sondern auch für ihren Mut, an dem Vorhaben trotz manch unvorhersehbarer Umstände festgehalten zu haben. Frau Dr. Heike Wolter danke ich für die wertvolle Lektoratsarbeit. Meiner Familie zu danken ist schließlich das Mindeste angesichts der Tatsache, dass sie für mehrere Monate eigentlich nur noch »Karl« vor sich hatte. Dieser wird hiermit in die Öffentlichkeit entlassen.

Heidelberg, im Juli 2013

KAPITEL 1

Fern oder nah? Unser Verhältnis zur Epoche Karls des Großen

Karl der Große regierte das Frankenreich von 768 bis 814, fast ein halbes Jahrhundert – ungewöhnlich lang für einen Herrscher des Mittelalters. Eine solche Zeitspanne bot ihm die Gelegenheit, Zeichen zu setzen, Weichen zu stellen und seine Persönlichkeit in das politische Geschehen in hohem Maße einzubringen. Wie hat er diese Möglichkeiten genutzt? Und vor allem: War er ein guter oder ein böser Herrscher? Gerade die letzte Frage beschäftigt die Forschung seit vielen Jahren.

Es gab Zeiten, da hat man ihn dafür gelobt, dass er die Grundlagen für das Abendland gelegt und der christlichen Kirche zum Durchbruch verholfen habe. Er galt geradezu als der strahlende »Vater Europas« *(pater Europae)* – ein Zitat aus dem zeitgenössischen ›Paderborner Epos‹ (kurz vor 800) – oder als »Baumeister Europas«, um ein Zitat aus der Forschung des 20. Jahrhunderts anzufügen.[1] Ihm – so lautete die überwiegende Meinung – sei die Basis des künftigen Europa zu verdanken. Jahrhundertelang sah man in ihm das Vorbild des mächtigen, gerechten, barmherzigen, siegreichen und untadeligen Herrschers. Darüber hinaus wurde er nicht nur zum Stammvater der französischen Könige, sondern als ›heiliger Karl‹ auch die Symbolfigur für das römisch-deutsche Kaisertum. Dieses Bild des glanzvollen Kaisers entwickelte eine starke Ausstrahlungskraft, die bis in unsere Zeit hinein wirkt. Also ein guter Kaiser?

Doch weist die Forschung auch schon lange auf die dunklen Seiten dieses Herrschers hin. War er nicht auch ein »brutaler«, ja

»kaltblütiger und berechnender« oder »verschlagener« Barbar, wie einige der jüngeren Urteile lauten? Ließ er nicht seine Gegner mitsamt Frauen und Kindern töten? Hatte er nicht Tausende von Sachsen, Awaren und Langobarden auf dem Gewissen und das bayerische Fürstenhaus Tassilos III. ausgelöscht? Führte er nicht, wie eine spätere Legende ausmalte, ein liederliches und ausschweifendes Leben, sodass bei seinem Tod die Teufelsschar schon bereitgestanden habe, um seine Seele in die ewige Finsternis zu führen? Beugte er nicht den Adel, der sich gegen seine Gewaltaktionen erhob, gnadenlos nieder? Also ein böser Kaiser?

Die Frage ist auch heute nicht gelöst. Es scheint aber doch so zu sein, dass Karls Glanz etwas im Schwinden begriffen ist. Der große Karl wird kleiner. Das hängt damit zusammen, dass auch ›Europa‹ zunehmend seine Attraktivität verloren hat, oder besser: dass die Vorstellung von Europa als einem kulturellen und zivilisatorischen Vorsprungs-Kontinent mittlerweile nicht mehr gilt. ›Eurozentrismus‹ zählt heute – ebenso wie die Kategorie der Nation – zu den gröbsten Verirrungen der Geschichtswissenschaft (und anderer Wissenschaften). Auch die Idee von einem ›Christlichen Abendland‹ hat längst ihre Kraft verloren angesichts moderner Sehnsüchte nach einer transkulturellen Gesellschaft, in der sich auch die Religionen in einem ständigen Bewegungsfluss gegenseitig befruchten mögen.

Die Bewertung, ob ein Kaiser des Mittelalters gut oder böse war, hängt entscheidend von unserem eigenen Wertekanon und unseren Vorstellungen von guten oder schlechten Ordnungsmodellen in Politik und Gesellschaft ab. Können wir bei einer Darstellung Karls des Großen dieser Gebundenheit, in der wir uns befinden, und den daraus entstehenden Vorurteilen entkommen? Dafür ist es zuallererst erforderlich, die Normen und Kriterien für das Handeln des Herrschers aus den Bedingungen seiner eigenen Zeit heraus zu erschließen. Wir müssen versuchen, nicht nur das Handeln zu beschreiben, sondern auch die dahinterstehenden Konzeptionen von politischer und gesellschaftlicher Ordnung zu entschlüsseln.

Bei Karl dem Großen befinden wir uns in dieser Hinsicht in

einer guten Lage, denn gerade zur Frage der ideellen, konzeptionellen und moralischen Grundlagen seines Handelns gibt es eine Vielzahl an Quellen. Freilich stammen sie in der Hauptsache nicht von ihm persönlich, sondern von den Menschen in seiner Umgebung, insbesondere den Gelehrten an seinem Hof. Insofern wird man stets Vorsicht walten lassen müssen und die Aufmerksamkeit darauf zu richten haben, inwieweit sich hier nur ein ideales Herrscherbild niedergeschlagen hat. Die Autoren der Quellen brachten ja ihre eigenen Wünsche und Interessen ein oder waren zumindest in kollektive Vorstellungszirkel eingebunden. Aber das sollte uns nicht zu voreiliger Geringschätzung dieser Quellen führen, denn die Bilder Karls, die sie bieten, sind immerhin Ausdruck des ›Zeitgeistes‹.

War die gesellschaftliche Ordnung vor 1200 Jahren etwas gänzlich Andersartiges als die heutige und müssen wir uns deshalb auf die Erkenntnis dieser Andersartigkeit (›Alterität‹) beschränken? Das gilt wohl nur zum Teil.[2] Nicht weniges, was die Menschen heute bewegt, gab es immer. Die Sehnsucht nach Frieden und Friedensräumen ist wahrlich nicht neu. Und selbst die Veränderung an sich verbindet uns mit dem Mittelalter, denn: »Nichts Beständigeres gibt es als den Wandel«, so stellte der Chronist Otto von Freising im zwölften Jahrhundert fest. Wir sollten uns jedenfalls darum bemühen, mit den alten Zeiten und ihren Menschen ›fair‹ umzugehen. Aus einem späteren Wissensvorsprung heraus ist es immer einfach, sich von ihnen abzugrenzen oder sich gar über sie zu erheben und sie als ›unterentwickelte‹« Kulturen des Mittelalters zu belächeln. Aber damit sollten wir vorsichtig sein. Dasselbe könnte uns in künftigen Zeiten ebenso widerfahren. Vor allem: Unsere eigene Kultur, unser Wissen und unsere gesellschaftliche und politische Ordnung sind nicht aus dem Nichts entstanden. Alles, was unser kulturelles Profil ausmacht, mitsamt den Einschnitten, Wandlungen und Veränderungen steht auf den Fundamenten von Jahrhunderten.

So gesehen, sollten wir die ›Andersartigkeit‹ früherer, mittelalterlicher Zeiten nicht zu sehr betonen, etwa in dem Sinn, dass wir damit gar nichts mehr zu tun hätten. Dies trifft sogar in ganz besonderer Weise auf die Zeit um 800 zu. Dass hier in der Tat die Grundlagen für die weitere Entwicklung Europas gelegt wurden, wird von niemandem bestritten. Diese Zeit war in verschiedener Hinsicht eine Schlüsselepoche europäischer Geschichte. Das liegt vor allem daran, dass nach dem Zusammenbruch des weströmischen Reiches erstmals wieder große Teile Europas unter einer Herrschaft vereint wurden. Dieser Vorgang veränderte zwangsläufig die Anforderungen, die an einen Herrscher gestellt wurden. Wie konnte man einen Raum, der vom Ebro in Spanien bis an den Ärmelkanal, von der dänischen Grenze bis nach Rom, vom Atlantik bis an die Elbe reichte, ordnen, befrieden, gestalten? Ein Herrscher, so hat einmal der frühere Direktor des Deutschen Historischen Instituts in Paris, Karl Ferdinand Werner, formuliert, musste darüber informiert sein, was in dem Land, das er regierte, geschah. Er musste die Macht haben, seine Anweisungen bekannt zu machen und umzusetzen. Er musste in der Lage sein, Ungehorsam und Missbrauch zu bestrafen, und schließlich über die Ressourcen verfügen, um seine Aktionen finanzieren und Belohnungen verteilen zu können.[3]

Vor diesen Aufgaben und Anforderungen stand Karl der Große, dessen Reich eine Vielzahl von Völkern und Kulturen Europas umfasste und einen für damalige Verhältnisse gewaltig großen Raum umschloss. Wie ging er damit um? In welchem Maße konnte er die Veränderungen steuern? Welche Modelle der Verwaltung und der Organisation entwickelte er und was entstand daraus? Und nicht zuletzt: Können wir bei diesen Vorgängen Maßnahmen, Einrichtungen und Ordnungsentwürfe erkennen, die in der Geschichte weitergewirkt haben?

Von fundamentaler Bedeutung war gewiss die Verchristlichung des ›Staatswesens‹ um 800. Karl und seine Berater verfolgten das Ziel, die Grundlagen und die gesamte Legitimation der ›staatlichen‹ Ordnung aus den christlichen Normen und Vorgaben heraus zu entwickeln und zu gestalten. Die theoretische Vorlage dafür lieferte das Werk von Augustinus ›Über den Gottesstaat‹ (›De civitate Dei‹). In diesem Buch, in dem zum ersten Mal in der europäischen Geschichte das Ineinanderwirken von

Christentum und Staatlichkeit in einem großen theoretischen Wurf entwickelt wurde, fand Karl das gesamte Programm für den Umbau seines Reiches zu einem ›Gottesstaat‹. Es ist wahrlich kein Zufall, dass Einhart (gest. 840), der intime Kenner und Biograf des karolingischen Kaisers, eigens betonte, Karl habe die größte Freude an diesem Buch von Augustinus gehabt.[4] Hier konnte er geradezu die Anleitung für sein Handeln finden, wie wir noch sehen werden. Auf dieser Grundlage schuf Karl einen ganz neuen Typus der staatlichen Ordnung, den ›christlichen Gottesstaat‹ – und er bereitete damit zugleich den Mythos vor, der ihn später zum heiligen Kaiser werden ließ.

Noch nachhaltiger waren die geistigen und wissenschaftlichen Impulse, die sich in seiner Zeit voll ausformten. Vieles, was wir heute als selbstverständlich hinnehmen, hat seinen Ausgang in der Zeit um 800. Ein sinnfälliges Beispiel ist unsere heutige Schrift. Sie entwickelte sich – auf der Grundlage spätantiker Schriftformen – in der zweiten Hälfte des achten Jahrhunderts und wird ›Karolingische Minuskel‹ genannt. Unsere Schrift, vor allem die viel gebrauchte Computerschrift Times New Roman, ist also keineswegs eine ›lateinische‹ Schrift. Als solche wurde sie erst von den Humanisten bezeichnet, die sich nicht vorstellen konnten, dass eine so schöne und hocheffiziente Schrift aus dem barbarischen Mittelalter stammen könnte.

Dieser Hinweis sollte uns neugierig machen: Was war das für eine Zeit, in der eine Schrift entstand, die so perfekt gestaltet war, dass wir sie heute noch verwenden? Welches Verständnis von Wissen, von Texten, ja von Wissenschaft stand hinter einem solchen Vorgang? Wir werden sehen, dass die neue Schrift nur ein Segment einer großen Wissens- und Bildungsoffensive darstellte, die mit einem gewaltigen Aufwand verbunden war und den kulturellen Nährboden für Jahrhunderte schuf.

Aber auch mit dieser Feststellung erreichen wir noch keineswegs den Kern der Vorgänge. Die eigentliche Kraft der Neuorientierung entsprang einer faszinierenden Idee: der Idee der Eindeutigkeit. Es ging um die ›Vereindeutigung‹ in möglichst vielen Lebensbereichen, es ging um die Deutungshoheit im religiösen und moralischen Verhalten, um die Eindeutigkeit der Sprache, der Argumentation und der zeitlichen Ordnung, es ging um die Eindeutigkeit in der politischen, militärischen und kirchlichen Organisation.

Eindeutigkeit wurde zur Voraussetzung für richtiges und gerechtes Handeln und damit auch für die Wahrheit an sich. Schon Alkuin, der herausragende Gelehrte am Hof Karls des Großen, nannte die Erkenntnis der Wahrheit das vornehmste Ziel aller Studien und Wissenschaften. Letztlich war die Wahrheit Gott selbst. In einem Brief an Abt Rado von Saint-Vaast bei Arras (790–808) legte er diesem ans Herz: »Halte die Brüder dazu an, dass sie die heiligen Schriften sehr sorgfältig lesen! Sie sollen nicht auf den Klang der Zunge vertrauen, sondern auf das Verständnis der Wahrheit, damit sie denen, die der Wahrheit widersprechen, Widerstand leisten können!«[5] Die Kirche benötige gegen die vielen falschen Gelehrten *(multi pseudodoctores)* viele Verteidiger, die durch die Lehre der Wahrheit die Burg Gottes tapfer zu verteidigen wissen.[6] Ganz ähnlich hat dreihundert Jahre später der Theologe und Gelehrte Anselm von Canterbury (gest. 1109) in seinem Buch ›Über die Wahrheit‹ (›De veritate‹) argumentiert: Eindeutigkeit *(norma)* sei die Grundlage für Gerechtigkeit und damit für die Wahrheit.[7]

Diese tief greifenden Prozesse, die auf eine ›Wahrheitsordnung‹ und eine ›Wahrheitsgesellschaft‹ abzielten, wurden in der Zeit selbst stark empfunden und reflektiert. Die Gedanken, Argumente, Konzeptionen und Anordnungen wurden schriftlich festgehalten. Die Epoche Karls des Großen brachte daher eine Flut von Texten hervor. Schriftlichkeit ist ein typisches Zeichen für Zeiten, in denen es um die »Durchsetzung von Erneuerung« geht.[8] Natürlich kann man den Wissensaustausch um 800 nicht im Entferntesten mit unserer Kommunikationsfülle vergleichen, aber man sollte die Möglichkeiten und Leistungen der karolingischen Welt auf diesem Gebiet nicht unterschätzen. Dem ›Schreibrausch‹ vor 1200 Jahren ist es immerhin zu verdanken, dass die klassischen Autoren und frühchristlichen Väterschriften erhalten blieben, weil sie damals in vielen Tausenden von Exemplaren auf haltbares Pergament übertragen wurden. Ein Beispiel von ungewöhnlicher Nachhaltigkeit, würde man heute sagen. Auch diese Texte dienten dem Studium der Wahrheit und dem Streben nach Eindeutigkeit.

Die Eindeutigkeit der Wahrheit wurde zum alles bestimmenden Programm. So begann um 800 der Prozess, der im Lauf des Mittelalters die Methoden zur Erforschung der Wahrheit immer mehr verfeinerte und der im Prinzip bis weit in das 20. Jahrhundert hinein noch den Anspruch der Wissenschaft bestimmte. Man sollte in diesem Zusammenhang daran denken, dass die europäischen Universitäten, die Keimzellen der Wissenschaften und der Wahrheitssuche, im zwölften Jahrhundert entstanden sind. Wissenschaft und Wahrheitssuche sind eine Leistung des europäischen Mittelalters.

Um hier gleich einem möglichen Missverständnis vorzubeugen: Eindeutigkeit gibt es in der Lebenspraxis der Menschen nie und kann es auch nicht geben. Aber es gibt Epochen und Kulturen, in denen um Eindeutigkeit gerungen wurde. Dazu gehörte das Zeitalter Karls des Großen in ganz besonderem Ausmaß.

Es gibt andere frühe Kulturen, in denen gerade das Gegenteil angestrebt wurde, nämlich die Vieldeutigkeit von Aussagen, von Schrift und Begriffen. Ein Beispiel dafür ist die altorientalisch-assyrische Welt. Der Heidelberger Assyriologe Markus Hilgert hat gezeigt, dass die mesopotamischen Keilschriftzeichen dafür eingesetzt wurden, möglichst breite Wissens- und Bedeutungsfelder abzudecken.[9] Jedes Zeichen konnte in verschiedener Weise, in verschiedener Zuordnung und auch mit der Möglichkeit eines Bedeutungswandels eingesetzt werden. Diese Schrift stellte ganze ›Cluster‹ von Wissensgeflechten zur Verfügung. Für den Sinn, den sie transportierte, war gerade die Mehrdeutigkeit kennzeichnend. Mit ihr konnte Wissen nicht nur gespeichert, sondern auch in ganz unterschiedlichen Kontexten abgerufen und verwendet werden. Eine der frühen und bedeutendsten Hochkulturen der Menschheit hat sich demnach also gerade nicht für die Eindeutigkeit der Sprache und der Schrift entschieden, sondern für Multidimensionalität, Variabilität, Instabilität und Offenheit von vielfältig verflochtenen, aber nicht linearen Wissensinhalten und Wissensobjekten.

Es kommt also darauf an, ob eine Gesellschaft Eindeutigkeit anstrebt oder nicht. Heute scheinen wir uns eher den Vorstellungen der altorientalischen Kulturen zu nähern. Unter uns hat längst die Überzeugung um sich gegriffen, dass es ebenso viele Wahrheiten gibt wie Kulturen und deren Traditionen in der Welt, denen man sich öffnen möchte. Ein Pochen auf Eindeutigkeit wäre dabei störend. Ganz im Gegenteil, man will »der Vereindeutigung entkommen«.[10] Auf wissenschaftlichen Kongressen wird es derzeit gewöhnlich als »ausgesprochen horizonterweiternd« empfunden, wenn sich am Ende möglichst viele Mehrdeutigkeiten einstellen und eindeutige Antworten vermieden werden.[11] In den Geisteswissenschaften spricht man schon von einer »Ontologie-Angst«[12]. Ob die Forderung nach »Genauigkeit«, die neuerdings in die Diskussion eingebracht wurde, einen Ausweg bietet, wird sich erweisen.[13]

Auch den Anspruch, Wahrheit innerhalb eines Wissenschaftssystems zu erlangen oder wenigstens zu fordern, hat man weitgehend aufgegeben – trotz gelegentlicher Ankündigung einer »Rückkehr der Wahrheit«.[14] Wahrheit, so lautet die längst dominierende Überzeugung unserer ›postmodernen‹ Zeit, sei – ebenso wie Eindeutigkeit – nicht nur niemals erreichbar, sondern auch gar nicht erstrebenswert. Nur wenn wir heute den »essentialistischen Wahrheitsbegriff« aufgeben, so lautet die Position der jungen Forschung, können wir die Voraussetzung dafür schaffen, »dass verschiedene, kulturell spezifische Formen epistemischer Praxis als prinzipiell gleichwertige Alternativen gelten können«.[15]

An die Stelle der Eindeutigkeit ist die Offenheit für die Vielfalt wissenschaftlicher Methoden getreten, für die Vielfalt kultureller Bewegungen, Begegnungen, Transfers und Wechselwirkungen. Sie ist das neue Ideal, sei es in der Gesellschaft, in der Politik oder in der Wissenschaft. Das heutige Signalwort dafür lautet »Unbestimmtheit«.[16] Diese Vorgänge und die Rolle der ›Unbestimmtheit‹ in unserer Wissenschaft und im gesamten ethischen Verhalten werden in der modernen Geschichtsforschung, in der

Philosophie und in den Gesellschafts- und Lebenswissenschaften intensiv diskutiert, gewiss zu Recht, denn dieser Wandel greift an die Substanz unseres gesamten überkommenen Denk- und Wissenschaftssystems. Auch der Blick der Forschung auf das Mittelalter konzentriert sich längst auf ›Ambiguität‹, also auf die Vielfalt der Ordnungen und Wertestrukturen. Sie ist hier ohne Frage reichlich anzutreffen und hat die Lebenswirklichkeit des Mittelalters im Ganzen gesehen geprägt.

Diese Veränderungen unserer modernen Zeit oder gar ein Werturteil darüber sollen aber nicht Gegenstand dieses Buches sein. Hier soll vielmehr gezeigt werden, dass es Phasen in der europäischen Geschichte gab, in denen ein gegenteiliges Konzept angestrebt wurde, ein Konzept, das auch das Handeln des Herrschers und der politischen und intellektuellen Elite in höchstem Maße bestimmte: das Bemühen um Eindeutigkeit. Genau dies ist das besondere Kennzeichen der Epoche Karls des Großen. Sehr treffend ist diese Grundhaltung eingefangen worden von Einhart, dem Gelehrten am Hof Karls, der uns noch mehrfach begegnen wird. Er bezeichnete das Bemühen Karls als »Beseitigung jeder Unbestimmtheit« *(omni ambiguitate remota)*.[17]

Es ist gar nicht anders denkbar, als dass der Herrscher einer solchen gesellschaftlichen Konzeption selbst von dieser Idee geleitet war, dass er folglich selbst die vielfältigen Impulse, Anregungen, theoretischen Reflexionen und sonstigen Anstöße aufnahm, bündelte und ihnen auch von seiner Seite weitere Impulse gab. Karl der Große erscheint aus dieser Perspektive nicht nur als ein barbarischer oder christlich-heiliger Kaiser, sondern auch als ein Herrscher, der höchsten Anspruch auf Deutungshoheit entwickelte, um Eindeutigkeit zu schaffen. Die weiteren Überlegungen und Darstellungen sollen zeigen, welche Konsequenzen dieses Streben nach ›Vereindeutigung‹ für die Menschen, die Organisationen und die Strukturen seines Reiches hatte, welche Instrumentarien, Methoden und Kommunikationsformen – wie die Schrift – dafür eingesetzt wurden oder daraus entstanden sind und was dies alles für das politische Handeln und schließlich die Formung einer bestimmten Gesellschaftsordnung bedeutete.

Kapitel 2

Die Vita Karls des Großen und andere Quellen

Welche Nachrichten gibt es, die uns über Karl den Großen und seine Zeit berichten? Über welches ›Arbeitsmaterial‹ verfügen wir? Im Mittelpunkt steht eine ganz einzigartige Quelle, nämlich seine Lebensbeschreibung, die ›Vita Karoli Magni‹. Geschrieben hat sie der Gelehrte Einhart. Dieser gilt bis heute als »der berühmteste Biograph des 9. Jahrhunderts«.[1] Um 770 wurde er – vielleicht in Seligenstadt am Main – geboren. Er entstammte einer ostfränkischen Adelsfamilie aus dem »Maingau« *(Moingeuui)*, einem Gebiet, das sich von Hanau über Aschaffenburg und Dieburg bis in den Odenwald erstreckte. Wegen seiner Abstammung nannte sich Einhart einen »Barbaren« *(homo barbarus)*, weil er als »Nichtromane« in der »römischen Sprache« *(Romana locutio)* wenig geübt sei. Aber ganz so schlecht, so fügte er hinzu, sei sein Latein auch wieder nicht gewesen.[2] Dennoch: So wie in der Antike galt demnach im Gelehrtenkreis dieser Zeit derjenige, der nicht Romane war, als Barbar – und das trifft auch auf den Franken Karl den Großen zu.

Die Ostfranken, die rechts des Rheins lebten, zählte Einhart zu den Germanen.[3] Das ist ein nicht unwichtiger Hinweis, denn in der jüngeren Forschung glaubte man lange Zeit, das Wort ›Germanen‹ als Bezeichnung für die Völker im fränkischen Reich ganz vermeiden zu müssen. Das Bewusstsein einer solchen Gruppenzugehörigkeit habe es gar nicht gegeben, vielmehr handle es sich um eine Fremdbezeichnung durch die Römer. Der Begriff Germanen galt außerdem durch den Missbrauch im

Nationalsozialismus als belastet. Erst vor wenigen Jahren hat der Wiener Historiker und Frühmittelalterforscher Herwig Wolfram eine Ehrenrettung für die Sammelbezeichnung »Germanen« formuliert: Es gebe eben keinen ordentlichen Ersatz dafür.[4] In der Zeit um 800 hatte man damit offensichtlich keine Probleme.

Seine Ausbildung erhielt Einhart seit dem Ende der 770er-Jahre im Kloster Fulda, wo er an christlichen Texten der Kirchenväter, aber auch antiken Autoren, Grammatikern und Rhetorikern geschult wurde (unter anderen Origenes, Gregor der Große, Augustinus). Auch Griechischkenntnisse hat er sich dort erworben. Fulda besaß damals zwar noch keine große Bibliothek, aber immerhin die ›Handbibliothek‹ des großen angelsächsischen Missionars Bonifatius (gest. 754), der sich in dem vom ihm gegründeten Kloster Fulda hatte begraben lassen. Einharts in der Klosterschule erworbene Fertigkeiten im Schreiben waren so gut, dass man ihm schon 780 oder kurz danach die Ausfertigung von Urkunden anvertraute. Auch die Schenkung seiner Eltern, Einhart und Engelfrida, an das Kloster Fulda, hat er selbst geschrieben.[5]

Aber Einhart trat nicht als Mönch in das Kloster ein. Er wurde auch nicht Kleriker, sondern blieb zeitlebens Laie und war mit Imma (gest. 836) aus einer hochgestellten Familie verheiratet. Einen niederen kirchlichen Weihegrad kann man bei ihm nicht ausschließen, aber auch das würde an der Tatsache, dass er ein Leben als Laie führte, im Grunde nichts ändern. Das ist eine bemerkenswerte Beobachtung, denn Quellentexte und Nachrichten, die von Laien stammen, sind für diese Zeit eher selten. Sein Laienstatus hinderte ihn im Übrigen nicht daran, als »Laienabt« die Leitung von sieben Klöstern in den verschiedensten Teilen des karolingischen Reiches zu übernehmen. Am Ende gründete er in Seligenstadt noch ein eigenes Kloster, in dem er nach seinem Tod am 14. März 840 bestattet wurde.

Noch vor 796 schickte der Abt von Fulda, Baugulf (779 – 802), den jungen Adligen, der durch »Auffassungsgabe und Intelligenz herausragte«[6], an den Hof Karls des Großen. Dort befreundete sich dieser mit Alkuin von York (gest. 804), dem wohl größten

Gelehrten seiner Zeit, der wegen seiner Gelehrsamkeit in den Hofkreisen den Namen Flaccus nach dem römischen Dichter Horaz führte. Bei ihm lernte er gleichsam die letzten Feinheiten der Wissenschaften und der Weisheit – und in diesem Sinne kann man durchaus davon sprechen, dass Alkuin sein Lehrer war. Einhart verehrte ihn zeitlebens. In seiner ›Vita Karoli Magni‹ hob er ihn als einen in jeder Hinsicht überaus gelehrten »Meister« hervor.[7]

Am Hof Karls erwarb sich Einhart rasch hohes Ansehen. Man bewunderte seine Schaffenskraft. Sein Gelehrtenkollege Theodulf von Orléans (gest. 821) nannte ihn emsig »wie eine Ameise«.[8] Vor allem war er vielseitig. Alkuin erkannte seine Fähigkeiten auf dem Gebiet der Mathematik und empfahl ihn Karl dem Großen als Lehrer für mathematische und astronomische Themen. Doch ebenso großartig waren seine Leistungen als Baumeister. Der Bau der »fünfhundert Schritte« langen, hölzernen Rheinbrücke bei Mainz stand unter seiner Aufsicht, »ein herrliches Werk«, wie Einhart selbst schwärmte.[9] In zehn Jahren sei es mit unendlicher Mühe und wunderbarer Kunst so fest aus Holz gebaut worden, als würde es ewig halten. Dass die Brücke einige Jahre später abbrannte – und der Rhein dann über Jahrhunderte keine Brücke mehr hatte –, war freilich ein Desaster. Auch bei den Pfalzbauten in Ingelheim und Aachen wirkte er an vorderster Stelle mit. Am Hof übernahm er überdies die Leitung der Kunstwerkstätten. Alle diese Fertigkeiten haben ihm am Hof den Namen Beseleel *(Bezalel)* eingebracht, den Namen des Baumeisters im Alten Testament. Dieser war von Moses auserwählt worden, das »Heiligtum«, eine Wohnstätte für den Herrn aus zehn Zelttüchern und in kunstvollster Ausgestaltung, zu errichten (Exodus 35–38). Beseleel sei »durch Weisheit, Klugheit und Kenntnis für jegliche Arbeit« (Exodus 35,31) ausgezeichnet gewesen – und mit diesen ungewöhnlichen und reichen Anlagen war offenbar auch Einhart gesegnet. Sein zweiter ›Spitzname‹ war Nardulus, weil er klein, aber wirkungsvoll gewesen sei wie eine Narde.

Noch wichtiger ist in unserem Zusammenhang, dass Einhart in seiner Zeit in Aachen – wo in den 90er-Jahren des achten Jahrhunderts die Hauptresidenz des karolingischen Reiches entstand – ein enger Vertrauter Karls des Großen wurde. Ihn begleitete er, wann immer es möglich war, auf seinen Reisen, für ihn übernahm er diplomatische Missionen und ihm diente er als Ratgeber. Im Vorwort seiner ›Vita Karoli Magni‹ betonte Einhart selbst die Freundschaft, die ihn mit Karl und dessen Kindern verbunden habe. Niemand, so war er überzeugt, wäre deshalb in der Lage, wahrheitsgetreuer als er diese Vita zu schreiben und aufzuzeichnen, »was ich selbst miterlebt und persönlich mit der Gewissenhaftigkeit eines Augenzeugen erfahren habe«. Der Hof *(aula)* in Aachen, wo er sich bis 830 aufhielt, wurde zu seiner zweiten Heimat. Hier befand er sich im Zentrum der politischen Vorgänge und Entscheidungen und hier konnte er aus nächster Nähe das herrscherliche Programm seines großen Förderers aufnehmen und begleiten.

Diese Einordnung Einharts ist wichtig, denn sie bietet uns die Voraussetzung dafür, seine ›Vita Karoli Magni‹ in ihrem Aussagewert einzuschätzen. Das Werk ist zweifellos vom Geist der Aachener Reichselite und der dortigen ›Höflinge‹ durchdrungen. Es spiegelt die Auffassung und das Bild, das man im Gelehrtenkreis um Karl entwickelte, und es dürfte auch der Selbsteinschätzung Karls keineswegs widersprochen haben. Schon an scheinbaren Kleinigkeiten ist das zu erkennen. So ist es auffällig, dass Einhart in seinen Schriften niemals das Wort »Adliger« *(nobilis)* als Standesbezeichnung gebrauchte. Das entsprach ganz dem Programm Karls, für den alle, die nicht Unfreie *(servi)* waren, vor dem König gleich sein sollten.

Trotz dieser ungewöhnlich guten Informationen, über die Einhart verfügte, ist in der Forschung am Quellenwert der Vita Kritik geäußert worden. Sie sei angeblich erst spät entstanden, etwa um 830, als die Regierung von Karls Sohn und Nachfolger, Ludwig dem Frommen (814 – 840), in eine tiefe Krise stürzte. Diesem sollte daher mit der Lebensgeschichte seines Vaters ein Beispiel erfolgreicher Herrschaft vor Augen geführt werden, damit sich der Sohn ein Beispiel daran nehmen könne. Zuletzt hat man in der Forschung die Entstehungszeit etwas vordatiert in die Jahre

825–829, weil in den Synoden, den großen kirchlichen Versammlungen dieser Zeit, die eigene (unerfreuliche) Gegenwart mit der (glanzvollen) Herrschaft Karls des Großen verglichen worden sei und somit eine allgemeine Sehnsucht nach der »guten alten Zeit« spürbar werde.[10]

Diesen Überlegungen kann man entgegenhalten, dass die Vita selbst keine Hinweise auf eine solche Intention enthält. Nichts ist zu erkennen von Spannungen oder Gegensätzen, die den Hof und das Reich um 830 erschütterten. Die einzige Stelle, die darauf hinzudeuten scheint, findet sich im Prolog. Einhart, so heißt es da, wolle »das ruhmvolle Leben des hoch erhabenen und größten Königs seiner Epoche und seine herausragenden Taten, die von den Menschen der modernen Zeit *(moderni temporis hominibus)* kaum erreichbar sind, nicht in die Nacht des Vergessens absinken lassen«. Bedeutet der Ausdruck »moderne Zeit« *(modernum tempus),* dass seit dem Tod Karls ein größerer Zeitabschnitt vergangen sein muss? Nicht unbedingt. Der Begriff *modernus* bezeichnet im Mittelalter ganz einfach den »Zeitgenossen«.[11] Im Satz davor wird von Einhart sogar betont, dass doch gerade das »gegenwärtige Zeitalter« *(aevum praesens)* es verdiene, in Schriften aufgenommen zu werden – und damit meinte er nichts anderes als die Zeit Karls des Großen.[12]

Das heißt, die ›Vita Karoli Magni‹ könnte schon früher, vielleicht schon um 817, entstanden sein. Eine solche Datierung würde sich gut in die Schilderung einfügen, die in der Vita über die letzten Tage Karls zu lesen ist. Sie liefert uns eine Reihe von präzisen Tages- und Stundenangaben und genaue Hinweise auf die Abläufe. Auch der Schlusssatz der Vita, Ludwig der Fromme habe das Testament Karls »so schnell er konnte nach seinem Tod mit der größten Gewissenhaftigkeit ausführen lassen«[13], erweckt eher den Eindruck einer Nähe zu den Vorgängen.

Diese Überlegungen machen deutlich, wie hoch der Quellenwert der von Einhart verfassten Vita ist und wie unmittelbar sie uns – trotz des lobenden Grundtons – zu dem Denken und dem ganzen Ambiente am Hof Karls des Großen und auch zu diesem selbst hinführt. Aber, so lautet immer wieder ein Einwand: Einhart habe für seine Vita die Kaiserbiografien von Sueton als Vorlage benutzt. Er sei also nichts anderes als ein Plagiator, und seine Darstellung habe daher mit der Wirklichkeit wenig zu tun. In der Tat, Einhart hat Formulierungen klassischer Autoren verwendet – etwa gleich zu Beginn Cicero. Vor allem für die Komposition seiner Vita hat er das biografische Werk von Sueton (gest. nach 122) ›Über das Leben der Cäsaren‹ (›De vita Caesarum‹) herangezogen. Darin werden die römischen Kaiser von Caesar (100 – 44 v. Chr.) bis Domitian (51 – 96 n. Chr.) beschrieben. Sueton setzte für die einzelnen Kaiserbiografien ein bestimmtes Schema ein: Herkunft, Jugend, Erziehung, Kriege, Privatleben, Vorzeichen für den Tod sowie Tod und Testament. Auch Einhart gliederte seine Vita in ähnliche Abschnitte: Kriege, Beziehungen nach außen, Aussehen und Lebensweise, Reichsverwaltung, Tod und Testament. Überdies dürfte er die Biografie über den Heerführer Gaius Julius Agricola von Tacitus (58 – 120 n. Chr.) benutzt haben. Tacitus und Einhart betonen gleichermaßen in ihrer Vorrede, dass sie die Sitten und Taten der von ihnen beschriebenen Männer für die Nachwelt schriftlich festhalten wollten.

Aber welch ein Unterschied, wenn man den Inhalt, die Stilkunst und die konzise Fokussierung bei Einhart mit den ausufernden Geschichten bei Sueton vergleicht! An manchen Stellen wirkt die Darstellung des antiken Autors geradezu geschwätzig. Auch der Grundton ist bei Sueton völlig anders. Sein Werk ist durchzogen von einer stets abwertenden, mitunter sarkastischen Distanz. Die ›Vita Karoli Magni‹ kann man demgegenüber geradezu als einen Gegenentwurf von höchster Qualität bezeichnen. Es ist ein Werk von geschlossener und konzentrierter Gestaltung und, so gesehen, von diesen Vorlagen ganz unabhängig.

Weshalb hat Einhart aber dennoch Suetons Kaiserbiografien und andere Autoren so intensiv benutzt und durch Zitate in sein Werk einfließen lassen? Weil er – so die maßgebende Forschungsmeinung – damit den imperialen Rang Karls schon von der Anlage des Werkes her deutlich machen wollte.[14] Niemand, so die Überzeugung Einharts, werde an die Einzigartigkeit Karls heranreichen. So entstand eine einzigartige »Kaiserbiografie« – und genau so könnte auch der ursprüngliche Titel des Werks gelautet haben: ›Vita Caroli imperatoris‹.[15]

Im Übrigen war die Benutzung von Texten anderer Autoren – auch ohne »Fußnoten« – im Mittelalter keineswegs ungewöhnlich. Damit wollte man Gelehrsamkeit nachweisen und zeigen, dass man sich in einer bestimmten Wissenstradition bewegte. Die Vorlagen schöpfte man gezielt aus, um das eigene Vorhaben in eine bestimmte literarische Gattung einzuordnen. Mit einem Plagiat im modernen Sinne hatte das nichts zu tun, ganz im Gegenteil: Nur Fleiß und Nachahmung *(studium et imitatio)* könnten zur Perfektion führen, so hatte schon Cicero bemerkt.[16] Nach seinem eigenen Verständnis schuf Einhart – wie er in der Vorrede schrieb – trotz seiner Anleihen ein »neues Werk« *(nova scriptio)*, für das er sich geeigneter Anregungen und Formeln früherer Autoren bediente. Die Art und Weise, wie er sie einsetzte, unterstreicht allerdings die Eigenständigkeit der ›Vita Karoli Magni‹ und hebt den authentischen Ton des Werkes hervor.

Zu den Eigenschaften Karls zählte Einhart die »Hochherzigkeit« beziehungsweise die »Seelengröße« *(magnanimitas)*. Sie gehörte zu den vier Kardinaltugenden und galt schon in antiker Zeit als das Herrscherideal schlechthin. Cicero hat sich darüber in seinem Werk ›De officiis‹ geäußert: »Diejenigen, die von Natur aus die erforderlichen Eigenschaften für die politische Tätigkeit haben, müssen, wenn sie alles Zögern abgelegt haben, politische Ämter übernehmen und den Staat lenken; denn anders kann eine Bürgerschaft nicht geleitet und Großmut nicht bewiesen werden. Diejenigen aber, welche die politische Laufbahn einschlagen, müssen ebenso wie die Philosophen, vielleicht sogar noch mehr, die oft genannte Hochherzigkeit *(animi magnitudo)* und Verachtung äußerlicher Werte aufbringen sowie Seelenruhe und Gelassenheit, insofern sie nicht besorgt sein, sondern mit Würde und Charakterfestigkeit leben wollen.«[17] Ohne »Hochherzigkeit« war gute Herrschaft demnach gar nicht möglich. Angesichts des engen, geradezu intimen Zusammenwirkens zwischen Karl und seinen Gelehrten, ganz besonders mit Alkuin und Einhart, muss man davon ausgehen, dass auch der große Karolinger von solchen Gedanken geleitet war. Der gesamte Hof stilisierte offenbar dieses Bild.

Zum anderen erscheint Karl der Große in Einharts ›Vita‹ als Mann der imperialen Größe und des konsequenten Handelns. Immer wieder wird betont, der Herrscher habe keine halben Sachen gemacht. Habe er etwas begonnen, dann sei dies auch durchgeführt worden, unter Umständen bis zum bitteren Ende: »Der König, der alle Fürsten seiner Zeit an Klugheit und Hochherzigkeit überragte, ließ sich durch nichts von dem, was zu unternehmen und auszuführen war, abhalten, weder durch Mühen noch durch Gefahren.«[18] Erst der endgültige Abschluss einer Unternehmung – so könnte man diese Hinweise deuten – schaffte dauerhafte Klarheit, oder besser: Eindeutigkeit.

So erweist sich die ›Vita Karoli Magni‹ aus verschiedenen Perspektiven als ein einzigartiges, ungemein wertvolles, kunstvolles und eben auch selbstständiges Zeugnis für die Geschichte Karls des Großen, seiner Herrschaft und seines Reiches. Mit ihm kommen wir nahe an das Bild heran, das Karl der Große selbst von sich gehabt hat oder von dem er zumindest wollte, dass es in seiner Umgebung gepflegt wurde. Dass es aus diesem Grunde zwangsläufig auch einseitig ist und so manche ›dunklere Seite‹ bei Karl unter den Tisch fällt, liegt auf der Hand.

Richten wir den Blick auf weitere Quellen. Es gibt noch eine zweite Lebensbeschreibung Karls aus karolingischer Zeit. Dabei handelt es sich um die ›Taten Karls‹ (›Gesta Karoli‹), verfasst von dem Mönch und Lehrer Notker »dem Stammler« (lateinisch *Balbulus*) (gest. 912) aus dem Kloster St. Gallen. Notker wurde um 840 geboren, kannte Karl den Großen also nur noch aus Erzählungen. Im Dezember 883 wurde er von Kaiser Karl III. (gest. 888), einem Urenkel des Kaisers, aufgefordert, die erheiternden Anekdoten, die er über Karl den Großen zu erzählen wusste, aufzuschreiben. Im Jahr darauf ist das Werk, das nur fragmentarisch erhalten ist, entstanden. Es hat kaum historischen Wert, ist aber höchst unterhaltsam und voller witziger Geschichten. Vor allem wird Karl der Große in höchsten Tönen gerühmt: Er ist der

Schrecken erregende Herr für alle Völker Europas, zugleich ist er weise und milde, unbesiegbar, einzigartig und »unvergleichlich« *(incomparabilis)*. »Fast ganz Europa« *(cuncta pene Europa)* habe ihn verehrt.[19] Der ›Mythos Karl‹ hatte sich also schon bald nach dem Tod des Kaisers im neunten Jahrhundert mächtig entfaltet. Jeder Mythos hat freilich seine Wurzeln im Gegenstand selbst, und das heißt nichts anderes, als dass eben auch Karl seinen eigenen Mythos vorbereitet hatte.

Ein demgegenüber grundlegendes und hoch informatives Quellenwerk für die Zeit Karls des Großen liegt uns mit den ›Fränkischen Reichsannalen‹ (›Annales regni Francorum‹) vor. Dabei handelt es sich um Jahresberichte, die offenkundig am Hof Karls des Großen selbst angefertigt wurden. Durch vielfältige und enge Beziehungen zu bedeutenden Reichsklöstern kam es auch dort zu unterschiedlichen Fassungen der Annalen mit Erweiterungen und Zusätzen. Die Gelehrten dieser Zeit versammelten sich nicht nur am Hof, sondern lebten auch in den Reichsklöstern. Das Kloster Lorsch an der Bergstraße, aus dem die älteste Handschrift der ›Reichsannalen‹ überliefert ist, spielte dabei eine besonders wichtige Rolle.

Wie die verschiedenen Fassungen der karolingischen Annalenwerke voneinander abhängen und wie die Zusammenhänge im Einzelnen aussehen, hat die Forschung bisher nicht zufriedenstellend aufdecken können.[20] Sicher ist, dass die ›Reichsannalen‹ einen deutlich offiziösen Charakter aufweisen und dass bei den Nachrichten, die sie überliefern, sehr selektiv vorgegangen wurde: Der Glanz Karls und des Frankenreichs sollte möglichst ungetrübt erstrahlen. Negative Ereignisse wie Aufstände, Konflikte und Verschwörungen gegen Karl wurden einfach verschwiegen. Vor allem wurden die Wertungen der Abfassungszeit, also der 790er-Jahre, auf frühere Jahrzehnte übertragen. Insofern werden die ›Reichsannalen‹ gewöhnlich als ein problematisches Konstrukt bezeichnet.

Dennoch wird man die Frage stellen müssen, inwieweit von einer bewussten Fälschung historischer Ereignisse auszugehen ist. Mit einer solchen Unterstellung muss man vorsichtig sein. Es ging eher um die Darstellung der fränkischen Selbstwahrnehmung. Der Sinn der Annalen war es, einen autorisierten Rahmen kollektiver Erinnerung zu schaffen: So sind wir Franken und so ist unser Frankenreich! Und es war das erklärte Ziel, dem Leser das rechtmäßige und gerechte Handeln des Herrschers und seiner Franken vor Augen zu führen. Gerechtigkeit und »Rechtheit« *(rectitudo)* waren Kernelemente des fränkischen Selbstverständnisses. In diesem Sinne wurde jedes Handeln zum Guten verwandelt. Die Beschreibung des Vorgehens Karls des Großen gegen Herzog Tassilo III. von Bayern – auf das wir noch zu sprechen kommen – kann als Muster dafür gelten. Nur so konnten die Franken die »Guten« sein, und dies sollte durch die Geschichtsschreibung festgehalten werden.

Es scheint, als hätten die Verfasser der ›Reichsannalen‹ über große Vertrautheit mit der Rechts- und Urkundensprache verfügt, weshalb man sie in der Forschung zur Hofkapelle Karls des Großen rechnet. Diese Hofkapelle war nicht nur für die Abhaltung der Gottesdienste und sonstiger liturgischer Handlungen zuständig. Die »Kapelläne« *(capellani)* waren auch die Hüter der am Hof vereinten Heiligenreliquien, des ›Reliquienschatzes‹. Das wertvollste Stück darunter war der Mantel des heiligen Martin, den die Franken »zu ihrem Schutz und zur Überwältigung ihrer Feinde stets mit in den Krieg nahmen«.[21] Dieser Mantel hieß lateinisch *cappa*, wovon sich die Bezeichnung Kapelle für den Aufbewahrungsort ableitet. Die Kapelläne hatten ihn stets »mit sich zu führen und zu bewachen«, wie es bei Walahfrid Strabo heißt.[22] Sie waren aber auch für die Ausfertigung von Urkunden und Briefen und für diplomatische Aktionen zuständig. Dadurch flossen ihnen stets reiche Informationen über die politischen Vorgänge, Vorhaben und Vorstellungen des Herrschers und seiner Leute zu, die sie für ihre Amtsgeschäfte benötigten. Aus diesem Grund hat man in der Forschung auch schon die Vermutung geäußert, die ›Reichsannalen‹ könnten zunächst speziell für den ›Dienstgebrauch‹ verfasst worden sein. Doch bald wurden sie vielfach und in verschiedenen Variationen abgeschrieben, ergänzt und ausgeschmückt. In kurzer Zeit waren sie weitverbreitet und konnten so die öffentliche Meinung über den Herrscher, seine Herrschaftsführung und seinen Anspruch beeinflussen und steuern.

Man geht davon aus, dass es eine erste Fassung gab, die zwischen 787 und 793 entstanden ist und im Rückblick den Zeitraum von 741 an – dem Tod Karl Martells (714 – 741) – bis 793 darstellte. Der Verfasser und auch andere Autoren haben dann die folgenden Jahresberichte eingetragen. Eine bis 801 fortgeführte und überarbeitete Fassung wollte man früher Einhart als Verfasser zuweisen, doch diese Zuordnung hat man längst aufgegeben. Einen eigenen Abschnitt bilden die Berichte für die Jahre von 808 bis 829. Auffallend ist, dass der Stil der ›Reichsannalen‹ für die Jahre zwischen 794 und 807 eine höhere Qualität erreicht. Man hat vermutet, dass dies mit Hildebald, dem gebildeten Bischof von Köln (787 – 818) zusammenhängen könnte, der 791 das Amt des obersten Kapellan am Hof übernahm.

Weshalb wurde für diese so wichtige, geradezu amtliche Hofgeschichtsschreibung das Format der Jahresberichte gewählt? Diese Gattung, bei der die Ereignisse Jahr für Jahr einfach chronologisch aneinandergereiht werden, wirkt eher bescheiden, was die gestalterische Kraft betrifft. Diese etwas simple Anlage passt auf den ersten Blick so gar nicht zusammen mit der hohen Bildungskultur am Hof dieser Zeit, die uns noch beschäftigen wird. Am Niveau der Autoren dürfte es nicht gelegen haben.

Man weiß seit Langem, dass die Jahresberichte sich aus den Notizen entwickelt haben, die man in den Klöstern in die Kalender eintrug. Schon frühzeitig waren in England die sogenannten ›Ostertafeln‹ entstanden und von dort auf das Festland gekommen. Mit ihnen berechnete man die kirchlichen Festtage, vor allem das ständig variierende Osterfest, mehr oder weniger weit im Voraus. Am Rand der jeweiligen Ostereinträge war Platz für weitere, kurze Notizen, die sich dann ausgeweitet haben zu umfangreicheren Berichten – bis hin zu einer Geschichte des fränkischen Reiches. Das ist die gültige und sicherlich überzeugende Erklärung für die Entstehung der ›Reichsannalen‹.

Aber vielleicht muss man noch einen Schritt weitergehen. Wir werden noch sehen, dass die Mathematik für den Gelehrtenkreis und für Karl den Großen selbst von außerordentlicher Bedeutung war. Das Rechnen ordnete, erklärte und präzisierte die Abläufe der Zeit, der Kirchenfeste, der Bewegungen der Himmelskörper einschließlich der Mond- und Sonnenfinsternis, ja das System des gesamten Kosmos und damit der Heilsgeschichte. Computistik wurde Ende des achten Jahrhunderts zur vornehmsten Wissenschaft. Genau diesem Denken und diesem Ordnungsbestreben entsprach die mathematisch begründete Gliederung der historischen Ereignisse in Jahre. Damit war der Überblick gewährleistet. Die Vorgänge konnten präzise – oder besser: eindeutig – verortet werden.

Nur kurz sei noch auf weitere Bereiche hingewiesen, aus denen uns wichtige Quellen zur Verfügung stehen. Dies sind zum einen die Urkunden Karls des Großen selbst. Durch den Titel, den Karl in seinen Urkunden führte, aber auch durch die Begründung der Rechtsgeschäfte, die in den Urkunden dargestellt werden, können wir uns ein Bild von seinem Selbstverständnis machen. Zudem öffnet sich ein Weg, um Abläufe von Rechtshandlungen genauer zu bestimmen. Auch die Mitglieder der königlichen Kanzlei kann man, wenigstens teilweise, erkennen.

Zum zweiten sind die Beschlüsse (Dekrete) der zahlreichen Konzilien zu erwähnen, die in der Zeit Karls des Großen abgehalten wurden. Er selbst berief die Konzilien ein und führte zusammen mit dem Erzbischof von Metz oder von Mainz den Vorsitz. Die Themen, die dort behandelt wurden, bezogen sich nicht nur auf kirchliche Angelegenheiten, vielmehr wird stets deutlich, dass in dem von Karl angestrebten ›Gottesstaat‹ Kirchliches und Weltliches kaum zu unterscheiden waren.

In diesem Zusammenhang ist eine große Sammlung von Synodalbeschlüssen und Kommentaren hervorzuheben, die von 792 bis 794 entstanden ist. Es handelt sich um die ›Karolinischen Bücher‹ (›Libri Carolini‹), die von Karl in Auftrag gegeben wurden, um seine Position im sogenannten Bilderstreit deutlich zu machen und zu festigen.[23] Der Gelehrte und Bischof Theodulf von Orléans war der Hauptautor, der die Texte in vier Büchern zusammenstellte und damit eine Gegenschrift gegen die byzantinische Bilderverehrung formulierte. Auf der Synode von Frankfurt am Main 794 sollte das Thema auf der Grundlage dieser Schrift behandelt und geklärt werden. Karl der Große hat sich dann aber doch für eine gewisse Zurückhaltung in dieser Frage entschieden, um einen Konflikt mit dem Papst, der die Bilderverehrung befürwortete, zu vermeiden. Dennoch vermittelt uns dieses Werk einen sehr authentischen Eindruck von der Werkstatt der Gelehrten am Hof und eben auch vom Mitwirken Karls des Großen selbst. Das Redaktionsexemplar ist uns nämlich erhalten (Biblioteca Apostolica Vaticana Cod. Vat. lat. 7207), und darin finden sich als Randnotizen die Stellungnahmen des Königs in Kurzschrift angegeben: »gut«, »ganz ausgezeichnet«, »klug« oder »richtig« *(bene, optime, prudenter, recte)* – eine einmalige Quelle!

Ebenfalls in den Bereich der kirchlichen Rechtstexte gehört die sogenannte ›Collectio Dionysio-Hadriana‹, eine Kirchenrechtssammlung, die Papst Hadrian I. im Jahre 774 in Rom Karl dem Großen überreichte. Sie enthält Briefe Papst Gregors des Großen (590–604), das Glaubenbekenntnis und die Beschlüsse der Ökumenischen Konzilien von Nizäa (325), Konstantinopel (381) und Chalcedon (451). In ihnen sind die Grundsätze der frühen Kirche enthalten. Man muss davon ausgehen, dass diese Sammlung trotz der kirchlichen Themen als eine Art Grundgesetz für die gesamte Ordnung im fränkischen Reich gedacht war. In ihnen wurden die Normen und Werte auch der Gesellschaft insgesamt definiert. Zur rascheren Orientierung war neben dieser »historisch« ausgerichteten Quellensammlung noch eine systematische Aufbereitung sinnvoll. Sie stand in der sogenannten ›Collectio Vetus Gallica‹ zur Verfügung – und beide Sammlungen erscheinen nicht selten in einem Werk zusammengefügt. Erwähnt werden muss schließlich noch die damals im Frankenreich ebenfalls an Einfluss gewinnende ›Irische Sammlung des Kirchenrechts‹ (›Collectio Canonum Hibernensis‹), die besonders strenge Regeln setzte.

Aus der Kommunikation zwischen Karl und seinen Bischöfen,

Äbten und anderen Amtsträgern, vor allem mit den Päpsten, ist uns eine beträchtliche Anzahl an Briefen überliefert. Sie führen uns mitten hinein in das politische Geschehen und in die Gedankenwelt der Zeit. Dass wir heute noch den Briefwechsel mit den Päpsten vorliegen haben, ist einem einzigartigen Umstand zu verdanken: Karl der Große selbst ließ eine Sammlung mit neunundneunzig – fast ausschließlich päpstlichen – Briefen an die Karolinger von 739 bis 791 zusammenstellen. Grund war seine Sorge, dass die fast durchgängig auf brüchigem Papyrus geschriebenen Mitteilungen allzu rasch zerfallen könnten. Die Themen der Briefe sind vielfältig. Es geht um das päpstlich-karolingische Bündnis und um aktuelle theologische und kirchenpolitische Fragen. Nur noch in einer einzigen Handschrift ist uns diese so überaus wertvolle Quelle überliefert (Wien, Österreichische Nationalbibliothek, Cod. 499).

Nicht weniger wichtig für die Beurteilung von Karls Herrschaft waren seine Erlasse, die sogenannten ›Kapitularien‹ – so benannt nach ihrer Einteilung in Kapitel. Mit ihnen machte er Befehle, Anweisungen und Entscheidungen im gesamten Reich oder in Teilen seines Reiches bekannt. Es ist in der Forschung umstritten, ob diese herrscherlichen Anordnungen angesichts der gesellschaftlichen, kulturellen und rechtlichen Vielfalt im Reich überhaupt große Wirkung erzielen konnten. Dennoch bleibt die Tatsache bestehen, dass Karl der Große mit seinen Rechtserlassen ein Instrument auszuformen suchte, das auf vielen Gebieten der staatlichen, kirchlichen und privaten Ordnung klare Regeln, Normen und Vorgaben schaffen sollte. Die Kapitularien waren eines seiner stärksten Mittel in seinem Bemühen, Eindeutigkeit in seinem Reich zu schaffen.

Ebenfalls dem Rechtsbereich gehören die ›Volksrechte‹ (›Leges‹) an. Unter ihnen ragen die beiden Rechtsbücher der Franken für die Salier (im Gebiet Belgiens und im Raum Arras, Cambrai und Tournai) und die Ripuarier (um Köln und am Rhein) heraus. Aber auch die Rechte der Alemannen und der Bayern sind aufschlussreich, auch wenn sie in der Hauptsache schon in der Zeit vor Karl dem Großen entstanden waren. Auf diesem Gebiet war

Karl allerdings bei seinen Versuchen, die Rechtslage zu vereinheitlichen, kein besonderer Erfolg beschieden.

Schließlich seien – neben den Heiligenviten – noch Quellenbereiche genannt, welche die Epoche Karls des Großen in besonderer Weise kennzeichnen: Es sind zum einen die vielen Gedichte der Gelehrten, die meist für den Vortrag am Hof geschrieben wurden. Sie eignen sich bestens dazu, uns das Milieu des höfischen Lebens zu vermitteln. Zum anderen sind die wissenschaftlichen und theologischen Erörterungen zu nennen, die Lehrbücher und Forschungsarbeiten der geistigen Elite im damaligen Europa. Wir blicken mit ihnen in die Zentren der Wissenschaft und in die Labore eines neuen Gesellschafts- und Wertesystems. Vieles, was wir hier antreffen, ist über die Theorie nicht hinausgekommen, aber anderes war in höchstem Maße wirksam. Die beeindruckenden neuen mathematischen Erkenntnisse etwa, die Wiederbelebung der »trivialen« Künste der Rhetorik, der Grammatik und der Dialektik, die Beherrschung also des Schreibens, Redens und Argumentierens, und die Beschäftigung mit der Antike auf ganz unterschiedlichen Feldern waren wegweisend für die Zukunft. Hier treffen wir unentwegt auf das Bemühen, Eindeutigkeit zu schaffen und Deutungshoheit zu entwickeln.

Die Quellennachrichten, die uns zur Verfügung stehen – so wird mit diesem Überblick deutlich –, strömen für die Zeit Karls des Großen ungewöhnlich reichlich. Mitunter bekommt man den Eindruck, als habe eine regelrechte ›Schreib-Euphorie‹ um sich gegriffen. Dass dies wiederum mit einer groß angelegten Bildungsoffensive und auch mit dem Bestreben nach Regulierung und Vereindeutigung in den verschiedensten Lebensbereichen und schließlich nach ›Deutungshoheit‹ grundsätzlich zusammenhängt, wird uns bei den weiteren Betrachtungen immer wieder auffallen.

Kapitel 3

Heiliger Karl – Heiliges Reich

Karl der Große ist bis heute ein Mythos. Nicht die Vita von Einhart oder die vielen Quellen aus seiner Zeit prägten sein Bild in der kollektiven Erinnerung. Vielmehr wurde seine »Unvergleichlichkeit«, von der schon Notker »der Stammler« im ausgehenden neunten Jahrhundert sprach, Schritt um Schritt immer noch großartiger ausgestaltet. Schließlich mündete die Entwicklung sogar in die Heiligsprechung Karls des Großen.

Vieles deutet darauf hin, dass ein erster Schritt in Richtung Heiligkeit im Jahre 1000 erfolgte.[1] Damals, zu Pfingsten des Jahres, ließ Kaiser Otto III. (983–1002) zum ersten Mal das Grab Karls des Großen in Aachen öffnen, ein höchst bemerkenswerter Vorgang. Der Ort der Grabesstätte sei gar nicht so leicht zu finden gewesen, versicherte Thietmar von Merseburg, ein Zeitgenosse der Ereignisse. Der italienische Pfalzgraf Otto von Lomello, ein enger Vertrauter Ottos III., soll dabei gewesen sein. Jedenfalls wird das in der Chronik von Novalese von ca. 1030 behauptet. Sein Bericht ist in der Chronik festgehalten:

»Wir traten also bei Karl ein. Er lag nicht, wie das bei Körpern anderer Verstorbener üblich ist, sondern saß auf einem Thron, als würde er noch leben. Mit einer goldenen Krone war er gekrönt, das Szepter aber hielt er in Händen, die mit Handschuhen überzogen waren, bei denen bereits die Fingernägel, die sich hindurchgebohrt hatten, herausstanden. Über ihm befand sich eine Decke, fest gebaut aus Kalk und Marmorstein. Durch sie schlugen wir zuerst ein Loch, um zu ihm zu gelangen. Als wir dann zu ihm gekommen waren, empfanden wir einen intensiven Wohlgeruch. Sogleich verehrten wir ihn mit gebeugten Knien. Dann bekleidete ihn Kaiser Otto mit weißen Gewändern, schnitt ihm die Nägel und stellte alles, was um ihn herum fehlte, wieder her. Von seinen Gliedern war noch nichts durch Verwesung vernichtet, außer dass von seiner Nasenspitze etwas fehlte. Dies ließ der Kaiser aus Gold ersetzen. Aus seinem Mund zog er einen Zahn, dann ließ er die Decke wieder herstellen und ging weg.«[2] So also soll die Grabesöffnung fast zwei Jahrhunderte nach Karls Tod abgelaufen sein.

Ist diese Geschichte wahr? Die Schilderung besticht in der Tat durch die Details. Manches wird durch den Mönch Adémar von Chabannes aus Aquitanien, der ebenfalls um 1030 schrieb und für phantasiereiche Schilderungen bekannt ist, bestätigt[3]: Karls Körper sei in einer gewölbten Gruft *(arcuata spelunca)* in der Aachener Marienkirche gefunden worden. Er sei noch ganz unverwest gewesen und habe auf einem goldenen Thron gesessen. Auf seinen Knien habe ein goldenes Evangelienbuch gelegen. Die goldene Krone auf seinem Haupt sei mit einem Kreuz geschmückt gewesen. Außerdem habe Karl ein Szepter und ein Schwert aus purem Gold *(ex auro purissimo)* gehalten. Das goldene Szepter Karls taucht auch in Erzählungen anderer Quellen auf. Schon Notker »der Stammler« aus St. Gallen erwähnte es im späteren neunten Jahrhundert in seinen ›Gesta Karoli‹. Der Thron wiederum, auf dem sich das Skelett Karls befunden haben soll, wird auch in der Chronik Thietmars von Merseburg erwähnt: »Die Gebeine Kaiser Karls … wurden auf dem königlichen Thron aufgefunden«[4], heißt es da. Wahre Geschichte oder Phantasie? Adémar von Chabannes will auch wissen, dass der goldene Thronsitz aus dem Grab Karls von Otto III. an den polnischen Herzog Bolesław Chrobry nach Gnesen geschickt worden sei, der ihm dafür eine Armreliquie des heiligen Adalbert für Aachen überlassen habe.

Alles erfunden? Heute ist man in der Forschung der Meinung, Karl sei nach seinem Tod 814 in den berühmten Proserpina-Sarkophag – den wir noch näher betrachten werden – gelegt worden. Ist das Bild von dem auf dem goldenen Thron sitzenden

Leichnam Karls lediglich Ausdruck dessen, dass man sich diesen Kaiser nur so vorstellen konnte? Man muss diese Frage so stehen lassen. Über Spekulationen kommen wir nicht hinaus.

Diese Berichte jedenfalls, darauf hat der Münchener Historiker Knut Görich aufmerksam gemacht, weisen auf wichtige Begleiterscheinungen für eine geplante Heiligsprechung hin: Die Unversehrtheit des Leichnams, vor allem der Wohlgeruch, aber auch die geheim (*clam*) ablaufende Aktion, wie sie der Chronist Thietmar betonte. An der Öffnung des Grabes auf Veranlassung Ottos III. ist jedenfalls nicht zu zweifeln. Aber was war damit bezweckt? Wollte er damit den Kaiser Augustus nachahmen, der das Grab Alexanders des Großen hatte öffnen lassen? Belege gibt es auch dafür nicht. Fest steht, dass sich Otto III., ebenso wie sein Großvater Otto der Große (936–973), als Kaiser ostentativ in die Tradition Karls des Großen gestellt hat, ja mehr noch: Er wollte wie Karl eine enge Verbindung mit dem Papst im Sinne einer gemeinsamen, gottgewollten Ordnung in einem Universalreich herstellen. Hinzu kam noch die hoch gesteigerte Endzeitstimmung um die erste Jahrtausendwende.[5] Sie verlangte vom Herrscher ein besonderes Bemühen um die Fürsprache heiliger und höherer Mächte. Karl, der kraftvolle Verbreiter der christlichen Wahrheit, wurde ganz ohne Zweifel bereits zu diesen höheren Mächten gerechnet. Er war damit nicht mehr weit davon entfernt, in den Kreis der Heiligen aufzusteigen.

Aber es war auch wieder nicht so einfach, jemanden in die Sphäre der Heiligkeit zu erheben. Vor allem mussten Wunder geschehen sein und Wunderberichte vorliegen. Adémar von Chabannes erwähnt Wunder am Grab *(multis signis et miraculis clarescere cepit),* aber diese Bemerkungen sind ganz allgemein und daher unbrauchbar. Näheres ist nicht bekannt. Außerdem war die Erhebung der Gebeine, die für die Heiligenverehrung in damaliger Zeit die Hauptaktion darstellte, eine Angelegenheit des zuständigen Bischofs – im Falle von Aachen wäre das der Bischof von Lüttich gewesen, denn die Aachener Pfalz lag in seinem Bistum. Der Papst war dafür noch nicht notwendigerweise erforderlich, auch wenn seine Zustimmung eine Heiligsprechung fördern konnte, wie das zum ersten Mal im Falle des Bischofs Ulrich von Augsburg wenige Jahre zuvor, 993, der Fall gewesen war. Alle weiteren denkbaren Schritte aber wurden durch den frühzeitigen Tod Ottos III. eineinhalb Jahre später (Januar 1002) jäh beendet. Dennoch, der Stein war ins Rollen gebracht worden.

Es vergingen freilich weitere eineinhalb Jahrhunderte, bis es endlich so weit war. Unter Kaiser Friedrich I. Barbarossa (1152–1190) wurde das Werk vollendet. Am 29. Dezember 1165, dem Fest des biblischen Königs David, des Stammvaters Christi, wurde Karl der Große schließlich heiliggesprochen. Wir besitzen dazu eine erstrangige Quelle, nämlich eine Urkunde Barbarossas vom 8. Januar 1166. Darin schildert er ausführlich, wie der Akt abgelaufen ist[6]: »Veranlasst durch die ruhmreichen Taten und Verdienste des allerheiligsten Kaisers Karl und infolge der nachdrücklichen Bitten unseres lieben Freundes, des Königs Heinrich von England, und mit Zustimmung und Autorität des Papstes Paschalis sowie auf Rat aller unserer Fürsten, der weltlichen wie der geistlichen, haben wir für die Auffindung, Erhebung und Heiligsprechung einen feierlichen Hoftag zu Weihnachten in Aachen veranstaltet. Dort haben wir dessen [Karls] heiligsten Leichnam, der aus Furcht vor äußeren und inneren Feinden sorgfältig verborgen war, aber durch göttliche Offenbarung wieder gefunden wurde, zum Lob und Ruhm des Namens Christi, zur Festigung des Römischen Imperiums, zum Heil unserer geliebten Gemahlin, der Kaiserin Beatrix, und unserer Söhne Friedrich und Heinrich, in Anwesenheit zahlreicher Fürsten und einer großen Menge von Geistlichen und Laien unter Hymnen und frommen Gesängen mit Furcht und Ehrerbietung am 29. Dezember erhoben und erhöht.« »Wir haben erhoben«: *elevavimus et exaltavimus!* Hat der Kaiser mit eigenen Händen die Gebeine des großen Karl aus seiner Gruft erhoben – oder wahrscheinlicher: aus dem Proserpina-Sarkophag – und in ein neues Reliquiar gelegt? Es scheint so gewesen zu sein. Den entscheidenden Akt für die Erhebung Karls in den Himmel der Heiligen vollzog Kaiser Rotbart in eigener Person! Ein wahrlich sensationeller Vorgang – auch wenn Papst Paschalis III. (1164–1168), der sich damals nur mithilfe des Kaisers auf dem Stuhl Petri halten konnte, seine Zustimmung gegeben hatte. Immerhin konnte sich Barbarossa auf ein Beispiel berufen: Nur kurz zuvor, 1163, hatte schon König Heinrich II. von England in Westminster Abbey die Gebeine König Edwards des Bekenners erhoben, der freilich bereits zwei Jahre zuvor vom Papst heiliggesprochen worden war.[7]

Was waren Barbarossas Motive für diese aufsehenerregende Aktion? Dafür muss man den Blick auf das politische Umfeld richten. Barbarossa stand in diesen Jahren in einem heftigen Kampf gegen den anderen Papst, den es damals gab, Alexander III. (1159 – 1181). Dabei ging es um eine Frage von grundlegender Bedeutung, nämlich darum, wie sich die beiden Gewalten Kaisertum und Papsttum zueinander verhalten. Wer stand über dem anderen? Barbarossa war zunächst auf Gleichrangigkeit aus. In seiner Wahlanzeige von 1152 an den damaligen Papst Eugen III. (1145 – 1153) schlug er vor, sie beide seien doch wie die zwei Schwerter, die – gemäß der Bibel – Jesus gezeigt wurden und von denen dieser sagte: »Das ist genug« *(satis est)* (Lukas 22,38). Daraus entstand die Lehre, dass es auf Erden zwei Gewalten gebe, die geistliche und die weltliche bzw. die päpstliche und die kaiserliche (Zweigewaltenlehre), dass beide unmittelbar von Christus kämen und daher keine der anderen untergeordnet sei.[8]

Aber das Papsttum war seit dem Investiturstreit, der insbesondere mit dem großen Reformpapst Gregor VII. (1073 – 1085) verbunden ist, auf dem Weg, den Vorrang in Kirche und Welt für sich zu beanspruchen.[9] Auch der Kaiser habe dem ›Stellvertreter Christi‹, als der sich nun der Papst betrachtete, zu gehorchen – wie ein Sohn dem Vater oder sogar, wie um 1160 diskutiert wurde, wie ein Lehnsmann dem Lehnsherrn.[10] Als es 1159 zu einer schismatischen Wahl kam, aus der zwei Päpste hervorgingen – eben Alexander III. und auf der anderen Seite Viktor IV. (1159 – 1164) –, wollte Barbarossa als oberste Autorität für die christliche und kirchliche Einheit auftreten und das Schisma beenden. Ganz so hatten es die römischen Kaiser in der Spätantike gemacht – und an diesen wollte er sich orientieren.

Doch Alexander III. dachte nicht im Entferntesten daran, die päpstliche Gehorsamsforderung aufzugeben oder sich gar dem Urteil einer vom Kaiser dominierten Synode in Pavia (1160) zu unterwerfen. Schon seit Längerem pflegte er eine enge und vertraute Verbindung zum König von Frankreich, der sich Schritt um Schritt – in Konfrontation zum Kaiser – zum ›eigentlichen‹ Beschützer des Papstes aufschwang. In diesem Zusammenhang waren in Saint-Denis Texte entstanden, die Karl den Großen als Stammvater der französischen Monarchie und Vorbild für die Beschützerrolle des Königs von Frankreich beschrieben. Mit Frankreich lag aber wiederum der König von England im Streit, und so ist es verständlich, dass auch König Heinrich II. von England (1154–1189) dem Erhebungsakt am 29. Dezember 1165 zugestimmt hatte.

Damit deutet sich an, gegen wen die Heiligsprechung Karls des Großen gerichtet war: gegen den König von Frankreich und gegen Alexander III., also gegen denjenigen der beiden Päpste, der die Heiligkeit der Kirche *(sancta ecclesia)* und des heiligen Stuhls *(sancta sedes apostolica)* über die Autorität des Kaisertums erhob. Mit dem heiligen Karl aber gab es seit 1165 auch einen heiligen Kaiser – und damit war auf diesem Gebiet Gleichrangigkeit erreicht. Die eine Heiligkeit wurde gegen die andere gestellt, ein bemerkenswerter Vorgang!

Diese Politik Barbarossas hatte eigentlich schon 1157 begonnen. Damals wurde in seiner Kanzlei zum ersten Mal der Ausdruck »heiliges Reich« *(sacrum imperium)* in einer offiziellen Verlautbarung verwendet. Das »heilige Reich« war, so ist zu erkennen, aus einer Kampfsituation gegen das Papsttum heraus entstanden. Der »heiligen Kirche« wurde ein von ihr unabhängiges Gegenstück, das »heilige Reich«, gegenübergestellt. Unsere heutige landläufige Meinung, das »heilige Reich« des Mittelalters sei ein Produkt der Kirche, trifft also nur bedingt zu.[11] Eher wird man sagen können, dass Friedrich I. Barbarossa den Kampf um die Gleichrangigkeit von Kaiser und Papst mit den Mitteln der Kirche führte.

Damit wird deutlich erkennbar, in welche Zusammenhänge Karl der Große damals geraten war. Ein »heiliges Reich« benötigte eine heilige Symbolfigur. Zu diesem Zweck waren kurz zuvor auch schon die heiligen drei Könige eingesetzt worden. 1162 hatte Barbarossa gegen die ungehorsamen lombardischen Städte gekämpft und dabei Mailand erobert. Bei dieser Gelegenheit fand man dort die Gebeine der heiligen drei Könige – eine Sensation, denn nicht einmal die Mailänder wussten bis dahin, dass die drei Weisen aus dem Morgenland in ihrer Stadt lagen. Wer auch immer sie ›gefunden‹ hat: Diese Könige besaßen einen großen Vorteil gegenüber dem Papst und der Kirche, denn sie waren bereits von Anfang an heilig. Sie hatten zu einer Zeit gelebt, in der es das Papsttum noch gar nicht gegeben hatte. Die höchste weltliche Gewalt konnte sich auf diese Weise in eine eigene Tradition stellen. Ihre Heiligkeit war sogar älter als die der Kirche.

1164 ließ Erzbischof Rainald von Dassel in Absprache mit Barbarossa die kostbaren heiligen Gebeine nach Köln bringen. Dort wurden sie sogleich zum Mittelpunkt einer großen und überaus wirkungsvollen Verehrung in der Stadt und im ganzen Reich. Der um 1200 entstandene goldene, reich mit Edelsteinen geschmückte Schrein, der heute noch im Kölner Dom zu sehen ist, zählt zu den prächtigsten Goldschmiedearbeiten des Mittelalters. Die drei Könige waren seither nicht mehr wegzudenken aus dem symbolischen Repertoire des Reiches.

Aber sie reichten noch nicht aus. Ein Jahr später, 1165, kam Karl, der große Kaiser des Abendlandes, hinzu und trat in eine enge Verbindung mit ihnen. Anders als diese, die irgendwoher aus dem Morgenland kamen, symbolisierte Karl ganz konkret die weltlich-kaiserliche Autorität im Abendland. Mit ihm hatte das »heilige Reich« als eine eigenständige politische Größe einen konkreten ›Spitzenahn‹ erhalten. Mit dem Gesamtensemble von Karl und den drei heiligen Königen wurde die Legitimation des Imperiums auf eine neue Grundlage gestellt.

Dieser Aufstieg Karls in die Sphäre der Heiligkeit war durch eine ganze Reihe neuer ›Karlsbilder‹ vorbereitet worden. Schon vor 1165 waren Texte entstanden, mit denen der ›neue Karl‹ erfunden und konstruiert wurde – allerdings nicht im Reich, sondern in Frankreich. Den Beginn machte die sogenannte ›Beschreibung des Nagels und der Dornenkrone des Herrn‹ (›Descriptio clavi et corone domini‹). Sie wurde von Mönchen des Klosters Saint-Denis verfasst, wahrscheinlich 1053/1054.[12] Um die etwas im Sinken begriffene Bedeutung des Klosters wieder zum Glänzen zu bringen, erdichtete man die Geschichte von einer Byzanzreise Karls des Großen. Dieser habe von dort ein Stück der Dornenkrone Christi mit acht Dornen sowie einen Nagel und einen Splitter vom Kreuz Christi sowie das Schweißtuch mitgebracht. Auf diese Weise wurde Karl der Große in unmittelbare Beziehung zum Heiligen Land und zu Jerusalem gesetzt.

Diese unsagbar wertvollen Heiligtümer, so die ›Descriptio‹ weiter, seien zuerst nach Aachen in die dortige Pfalzkapelle gekommen. Doch später habe sie Karl der Kahle (840/843–877), einer der Enkel Karls des Großen, dem Kloster Saint-Denis geschenkt. Der eigentliche Hüter des Erbes Karls des Großen, so wurde damit zum Ausdruck gebracht, sei gar nicht Aachen, sondern Saint-Denis. Der große Kaiser des Frankenreichs sollte fortan zum Gründungsvater des damals entstehenden Frankreichs werden. Und an den damaligen französischen König, Heinrich I. (1031–1060), erging damit die Aufforderung, dass er die Anknüpfung an Karl den Großen nur über Saint-Denis erreichen könne.

Wiederum ein anderes Bild von Karl entwarf die ›Geschichte Karls des Großen und Rolands‹ (›Historia Karoli Magni et Rotholandi‹).[13] Sie wird auch ›Pseudoturpin‹ genannt, weil sie angeblich von Erzbischof Turpin von Reims (748–794) stammen soll. In Wirklichkeit ist sie erst um 1130/1140 entstanden. Der Autor ist unbekannt. Nur darin, dass er Franzose war, ist sich die Forschung einig. Die Quellen, aus denen die ›Historia‹ schöpfte, sind gut bekannt. Es war vor allem der ›Königszyklus‹ aus den altfranzösischen ›Chansons de geste‹, zu dem auch das Rolandslied gehörte. Das waren Lieder, die von Spielleuten vor allem entlang der Pilgerstraße nach Santiago de Compostela gesungen wurden. Meist handelten sie von großen Siegen fränkischer Könige und Kaiser gegen die maurischen Heiden in Spanien. Ihre Entstehung ist schwer zu bestimmen, im elften Jahrhundert muss man aber mit ihnen rechnen.

Der Stoff solcher Lieder also wurde in der ›Historia Karoli Magni et Rotholandi‹ verarbeitet. Damit entstand ein spannendes, geradezu mitreißendes Epos, das große Verbreitung fand. Karl, der so viele Länder besiegt hatte, habe eine nächtliche Erscheinung gehabt: Der Apostel Jakob sei zu ihm gekommen und habe sich beklagt: »Ich wundere mich sehr darüber, dass du mein Land noch nicht von den Sarazenen befreit hast, wo du doch so viele Städte und Länder erobert hast« (cap. 1). Das habe sich Karl nicht zweimal sagen lassen. Sogleich sei er mit seinem Heer nach Spanien aufgebrochen, um das Land von den Ungläubigen zu befreien.

Von da an wird der Leser oder Hörer der ›Historia‹ nun in die Welt der Ritter, ihrer Kämpfe, ihrer Heldentaten und ihres Sterbens geführt: Stadt um Stadt sei erobert worden, und diejenigen, die nicht in den wahren Glauben hätten eintreten wollen, habe Karl entweder durch das Schwert hinrichten lassen oder sie als Gefangene dem Befehl der Christen überantwortet (cap. 2). Mehrmals sei es vorgekommen, dass Krieger ihre Lanzen am Vorabend einer Schlacht senkrecht in den Boden gesteckt hätten. Am nächsten Morgen seien bei manchen die Lanzen mit Rinde und Laub geschmückt gewesen: sie hätten geblüht. Das sei das Zeichen dafür gewesen, dass ihre Besitzer im folgenden Kampf den Märtyrertod – die Krone des Himmels – empfangen würden. Eine solche Szene ist auf einem der berühmten Fenster der Kathedrale von Chartres dargestellt worden.

Als Hauptgegner Karls bei diesen Kämpfen wird Agolant *(Aigolandus)*, der »heidnische König aus Afrika«, genannt.[14] Mit ihm, so die ›Historia‹, habe Karl ein Streitgespräch geführt, und zwar in arabischer Sprache, denn die »sarazenische Sprache« *(lingua sarracenica)*[15] habe Karl als junger Mann in Toledo gelernt. Agolant habe Karl gefragt: »Warum hast du meinem Volk ein Land geraubt, das weder du noch dein Vater noch dein Großvater oder Urgroßvater jemals nach Erbrecht besessen habt?« Darauf die Antwort Karls: »Weil unser Herr Jesus Christus, Schöpfer des Himmels und der Erde, unser Volk, nämlich die Christen, unter allen Völkern auserwählt und über alle Völker der ganzen Welt als Herren eingesetzt hat.«[16] Das war die Argumentation, die dem Hochgefühl der aufstrebenden Ritterorden und der siegreichen Kirche des zwölften Jahrhunderts entsprach.

Noch eine Geschichte liefert die ›Historia‹, die das besondere Interesse des Publikums hervorgerufen haben dürfte. Es war der Kampf des treuen Roland mit dem Riesen Ferraú *(Ferracutus)* – gewissermaßen eine Wiederholung des Kampfes zwischen David und Goliath. Roland wird als der engste Vertraute Karls dargestellt, der den Kampf gegen den unbesiegbaren Riesen aufnahm. Bei einer Erholungspause führten Roland und Ferraú einen ausführlichen Disput über die Religionen. Für den Riesen stellte die Dreieinigkeit des Christengottes ein großes Problem dar, denn »wie soll drei eins sein?«[17] Überdies, so der Riese, mache es ihm zu schaffen, dass der Sohn Gottes »ohne menschlichen Samen aus dem Leib einer Jungfrau geboren werden konnte«.[18] Zu seinem Unglück verriet er dem Christen, dass er am ganzen Körper unverletzbar sei, außer am Bauchnabel. Dann wurde der Kampf mit eisernen Waffen fortgesetzt. Am Ende gelang es Roland, sein Schwert in den Bauchnabel von Ferraú zu stoßen: Der christliche Glaube hatte gesiegt.

Noch ausführlicher ist der Bericht über den tapferen Roland in der Schlacht bei Roncesvalles, wo Karls Nachhut, angeführt von Roland, in einen verräterischen Hinterhalt gerät und völlig aufgerieben wird. Da viele der christlichen Ritter das trügerische Angebot der sarazenischen Heerführer angenommen und die ihnen zugeführten »tausend schönen Sarazeninnen zum Beischlaf« *(ad stuprum)* nicht zurückgewiesen hätten[19], sei es zu einer schrecklichen Niederlage des Christenheeres gekommen. Niemals dürfe man eine Frau im Heer mit sich führen, so ermahnte an dieser Stelle der Autor den Leser, »denn sie ist eine Last für Seele und Leib«.[20] In seiner Not habe der getreue Roland in sein Horn, den »Olifant« *(tuba eburnea),* so kräftig geblasen, dass zwar das elfenbeinerne Horn zersprang, aber der Hilferuf, »von Engeln getragen«, doch bis zu Karl gelangte.[21] Dieser war aber mit dem Hauptheer schon vorausgeeilt und konnte am Ende nur noch seinen toten Roland betrauern. Das waren Geschichten vom Einsatz des treuen Ritters bis zum Tod für den Glauben und für seinen Herrn, und Karl der Große stand stets im Mittelpunkt.

Alle diese Geschichten waren reine Erfindung. Gerade der Krieg gegen die Mauren in Spanien hatte in Wirklichkeit zur einzigen großen Niederlage Karls des Großen geführt. Jetzt wurde Karl unter Umkehrung der Tatsachen zum Heidenbezwinger in Spanien stilisiert, der unter Einsatz seines Lebens unermüdlich für den christlichen Glauben kämpfte und der für die Kreuzritter des zwölften Jahrhunderts zur leuchtenden Lichtgestalt aufstieg: Dieses Bild wurde jetzt verbreitet, und wir sehen, dass genau diese Vorstellungen auch in die Urkunde Barbarossas vom 8. Januar 1166 eingeflossen sind, in der die Aufnahme Karls unter die Heiligen beschrieben wird.

Aber diese Texte genügten Barbarossa nicht. Es musste eine ganz neue ›Vita‹ Karls des Großen geschrieben werden, und der Kaiser selbst gab sie in Auftrag. In einer der überlieferten Handschriften heißt es programmatisch: »Die neue Lebensgeschichte Kaiser Karls des Großen, die auf den Befehl Kaiser Friedrichs hin geschrieben wurde« (Beginn des Buches I)[22]. Die neue ›Vita‹ entstand um 1170, wahrscheinlich schon kurz nach der Heiligsprechung selbst, verfasst von einem Aachener Kanoniker. Sowohl die ›Descriptio‹ von 1053/1054 als auch die ›Historia‹ von 1130/1140 wurden ausgiebig ausgeschöpft; auch die erste ›Vita Karoli magni‹ von Einhart fand Beachtung. Was nun entstand, war eine regelrechte Heiligenvita, bestehend aus drei Büchern, von denen das dritte die für die Heiligkeit erforderlichen Wunderberichte enthält.

All die Geschichten, die wir nun bereits kennen, tauchen wieder auf: die Erwerbung der Dornenkrone Jesu, die wunderbare Erscheinung des Apostels Jakob, die blühenden Lanzen, der Großmut und die Gerechtigkeitsliebe Karls. Einen großen Unterschied zum bisherigen Karlskult gibt es allerdings: Es werden keine Kriege mehr geschildert. Die Andeutung, Karl sei ein stets erfolgreicher Feldherr gewesen, genügt. Die Heiligenvita verlangte nach Gottesliebe, Errichtung vieler Klöster, Förderung der Kirche und zahlreichen Wundern, über die berichtet wird. So entstand das Bild eines heiligen und wahren Bekenners, der im Himmel die Krone des ewigen Lebens erhalten habe.

Auch ein Abschnitt über die besondere Rolle Aachens fehlt nicht. Gleichsam im Windschatten des heiligen Karl konnte sich auch sein Lieblingsort die Aura eines besonderen und auserwählten Mittelpunkts zulegen.[23] Karl, so wird in der neuen ›Vita‹ ausgeführt, habe den Beschluss gefasst, Aachen »zum Sitz des Reiches jenseits der Alpen« (von Rom aus gesehen) und »zum Haupt aller Städte und Provinzen Galliens« zu machen. Den »Tempel« der Aachener Pfalz habe er mit wundervollem »Mosaikschmuck« *(musivum opus)*[24] ausgestalten lassen – dies ist im Übrigen die früheste mittelalterliche Schriftquelle, die uns von den Mosaiken in der Aachener Marienkirche Nachricht gibt. In diesem Tempel habe er einen Thron aufstellen lassen. Auf ihm sollten alle nachfolgenden Könige eingesetzt werden, und zwar so, dass sie »danach rechtmäßig die kaiserliche Majestät in Rom ohne irgendeinen Widerspruch und ohne weitere Schwierigkeiten erhalten sollen«.[25] Hinzu kam noch eine Reihe weiterer Vergünstigungen für die Stadt, darunter die volle Freiheit für die Einwohner.

Für diese Vergünstigungen, die Aachen angeblich erhalten hat, konnte der Verfasser der neuen ›Vita‹ auf eine prominente Vorlage zurückgreifen, nämlich auf eine Urkunde, die angeblich von Karl dem Großen ausgestellt worden war. In Wirklichkeit aber war sie in Aachen im Vorfeld der Heiligsprechung Karls gefälscht worden.[26] Im Überschwang der Feierlichkeiten übernahm Barbarossa die Fälschung als ›Transsumpt‹ – also als wörtliche Wiederholung des gesamten Textes – in seine eigene Urkunde vom 8. Januar 1166 und bestätigte damit ihre Echtheit. In einem eigenen Zusatz betonte auch er, dass Aachen das Haupt aller Städte im »deutschen Reich« sei *(caput et sedes regni Theutonici)*, und befreite die Bürger der Stadt von Zöllen und Abgaben im gesamten Reich.

Diese neu inszenierte Rolle Aachens wurde auch visualisiert, und zwar durch prächtige Behälter für die heiligen Gebeine Karls. Zugleich mit der Heiligsprechung schenkte Barbarossa an das Marienmünster ein goldenes Armreliquiar, das sich heute im

Louvre in Paris befindet. In diesen Behälter wurde ein separierter Arm Karls des Großen gelegt. Auf der Vorderseite ist die Gottesmutter Maria zu sehen, umgeben von zwei Erzengeln sowie Kaiser Barbarossa mit seiner Gemahlin Beatrix. Auf der Innenseite des Deckels sind die Worte eingraviert: *Brachium sancti et gloriosissimi imperatoris Karoli* (»Arm des heiligen und glorreichsten Kaisers Karl«). Auf der rechten Schmalseite ist Kaiser Otto III. in Halbfigur mit der Umschrift *Otto mirabilia mundi* (»Otto, Wunder der Welt«) zu sehen: Ein deutliches Zeichen dafür, in welche Tradition sich Barbarossa mit seiner Karlsverehrung stellte. Er vollendete das Werk, das Otto III. begonnen hatte. Die großen Kaiser des Mittelalters vereinten sich in der Heiligkeit Karls.

Das prächtigste Stück im Gefolge der Heiligsprechung Karls des Großen war freilich der neue, ungemein aufwendig gearbeitete und prunkvolle Schrein. In ihn wurden die Gebeine 1215 im Beisein König Friedrichs II. gelegt. Dieser soll am 27. Juli 1215 den Schrein sogar eigenhändig verschlossen haben. Der Chronist Reiner von Lüttich schilderte das Ereignis: »Am Montag, nachdem die Messefeiern zelebriert waren, ließ der König den Leib des heiligen Karl, den sein Großvater Kaiser Friedrich aus dem Staub erhoben hatte, in einen prachtvollen Sarkophag, den die Aachener aus Gold und Silber hergestellt hatten, einschließen. Nachdem er einen Hammer genommen und den Königsmantel abgelegt hatte, bestieg er mit dem Handwerker das Gerüst und klopfte vor aller Augen mit dem Werkmeister die in den Schrein gesteckten Nägel fest.«[27] Damit war ein großartiges Kunstwerk zum Abschluss gebracht worden, dessen Herstellung sich über mehrere Jahrzehnte erstreckt hatte. Manches deutet nämlich darauf hin, dass der Schrein schon in der Zeit Barbarossas begonnen wurde. Dendrochronologische Untersuchungen – das heißt, der Vergleich der Jahresringe – haben ergeben, dass das am Schrein verarbeitete Eichenholz im Jahre 1182 geschlagen und als frisches Holz verwendet worden war.

Der Kasten des Schreins ist mehr als zwei Meter lang. Diese Größe war wohl erforderlich, um das vollständige Skelett des großen Karl aufzunehmen. Schon Einhart gab in seiner ›Vita

Karoli Magni‹ an, der Kaiser sei sieben seiner (!) Füße *(septem suorum pedum)* groß gewesen.[28] Mit einer Fußgröße von 27 bis 28 Zentimetern wird man bei Karl wohl rechnen können. womit wir bei einer Körpergröße von 1,89 bis 1,96 Meter ankämen. Einhart scheint gar nicht übertrieben zu haben, denn die Untersuchungen, die am 27. Februar 1861 bei der Beschau der Gebeine Karls vorgenommen wurden, ergaben eine Größe von 1,92 Meter. 1988 hat man bei der letzten Untersuchung der Gebeine immerhin noch eine Größe zwischen 1,80 und 1,90 Meter erkennen wollen. Die heute noch vorhandenen 90 Knochen und Knochenfragmente sind die Gebeine eines Greises, sodass man den einen oder anderen Zentimeter für den jungen Karl vielleicht noch hinzurechnen darf.

Der Schrein ist in Form einer Kirche gestaltet und mit vergoldetem Silber, mit Edelsteinen und Emails geschmückt. Auf den beiden Längsseiten sind jeweils acht Arkaden eingearbeitet. In ihnen thronen Kaiser und Könige, beginnend mit Ludwig dem Frommen (814 – 840) und endend mit Friedrich II. (1212 – 1250). Auf der einen Stirnseite ist Karl selbst auf dem Thron sitzend und mit einem Modell der Aachener Marienkirche dargestellt. Über ihm befindet sich ein Medaillon mit Christus als Weltenherrscher. Neben Karl steht Papst Leo III., auf der anderen Seite Bischof Turpin von Reims, dem, wenn auch fälschlich, die ›Historia‹ von 1130/1140 (›Pseudoturpin‹) zugeschrieben wurde. Aus diesem Grund hält er in seiner Linken ein Buch. Die andere Giebelwand wird von der heiligen Maria eingenommen, gemeinsam mit den Erzengeln Michael und Gabriel. Darüber sind Personifikationen von Glaube, Liebe und Hoffnung angebracht. Auf den Dachflächen schließlich finden sich Darstellungen aus der ›Historia‹ sowie aus der ›Descriptio‹ von 1053/1054. Zu sehen sind die Berufung durch den heiligen Jakob, die Eroberung Pamplonas, das Wunder der blühenden Lanzen, das Kreuzwunder und eine Reiterschlacht. Hinzu kommen die Erwerbung der Dornenkrone und das Widmungsrelief mit Bischof Turpin vor der Gottesmutter Maria. Ihr überreicht er die Marienkirche, die er nach der Legende zusammen mit Karl dem Großen gegründet hat.

Ein weiteres Relief auf der Dachfläche verdient besondere Aufmerksamkeit. Es handelt sich um die Darstellung von Karls Sünde und Beichte, die auf die Aegidiuslegende Bezug nimmt. Der ca. 720 verstorbene Eremit Aegidius war der Gründerabt des nach ihm benannten Klosters Saint-Gilles (westlich von Arles). Im zehnten Jahrhundert kam folgende Geschichte auf: Aegidius – dessen Lebenszeit man einfach verlegte – sei der Beichtvater Karls des Großen gewesen. Der Kaiser sei sich seines sündigen Treibens sehr wohl bewusst gewesen. Aber er habe seine ›mysteriöse‹ Schuld bei der Beichte nicht bekennen wollen. Dennoch sei er zur heiligen Kommunion erschienen. Natürlich habe Aegidius gezögert, dem Kaiser die Kommunion zu reichen, und – um Zeit zu gewinnen – habe er sich erst einmal in ein Gebet vertieft. Da sei ihm ein Engel erschienen und habe ihm ein Schreiben des Himmels überreicht, in dem versichert wurde, dass Karl seine Sünden vergeben seien.[29]

Diese himmlische Hilfe hatte Karl bitter nötig. Dies war jedenfalls der Kern einer Tradition, die sich schon frühzeitig mit dem sündigen Karl beschäftigte. Den Beginn machte bereits zehn Jahre nach Karls Tod der Mönch Wetti vom Kloster auf der Reichenau, der Leiter der dortigen Klosterschule, der am 4. November 824 starb. In der Nacht auf den 3. November hatte er eine Vision, die der frühere, von seinem Amt zurückgetretene Abt Heito (806–823), der bei ihm weilte, aufschrieb. Kurze Zeit später, wohl noch 824, wurde der Bericht von Wettis Schüler Walahfrid Strabo (gest. 849) in lateinische Hexameter-Verse übertragen.[30] Wetti sah in seinem Traumgesicht einen Engel, der ihn auf einer Wanderung zum Ort der Verdammten geleitet. Sie gelangen zu einem Marmorgebirge und zu einem feurigen Fluss, in dem die Verdammten leiden. Es ist eine gewaltige Zahl an Verdammten, unter denen Wetti auch Bekannte entdeckt. Eine Gruppe besteht aus Priestern, die wegen ihrer Unzucht bestraft werden. Sie sind an Pfähle gefesselt und werden an den Körperteilen gegeißelt, mit denen sie gesündigt hatten. Und schließlich erblickt Wetti auch Karl den Großen:

»Nun sah Wetti auf jenen Gefilden einen, der einstmals
König Italiens war, des erhabenen römischen Volkes,
An seinem Platze stehn – er wich keinen Schritt von der Stelle –;
Ihm gegenüber ein Tier, das die Teile der Scham ihm zerfleischte;
Sonst aber war sein strahlender Leib verschont von der Folter.
Ehe er dies begriff, sprach Wetti voller Entsetzen:
›Recht und Gerechtigkeit hat dieser Herrscher gemäß seiner Stellung
Kraftvoll, solange er lebte, gefördert, in unseren Zeiten
Auch gestärkt im Dienste des Herrn die Lehre des Glaubens;
Redlich und fromm gewährte er Schutz dem heiligen Volke,
Leuchtend stand er in dieser Welt auf ragendem Gipfel;
Recht war sein Ziel, beglückender Ruhm aber trug seinen Namen
Überall hin. Doch hier, welch schweres Los drückt ihn nieder!
Und so grässlich leidend muss harte Strafe er dulden!
Sag mir, weshalb?‹ Der Geleiter sprach: ›Diese Qual muss er leiden,
Weil er durch schändliche Wollust die guten Taten besudelt
Und geglaubt hat, es tilge die Menge des Guten die Lüste;
Deshalb gedachte er so in gewohnter Sünde zu leben
Bis an sein Ende. Doch wird er das selige Leben erlangen;
Freudig wird er empfangen die Ehre, die Gott ihm bestimmt hat.‹«

(Übersetzung von Hermann Knittel)

Karl der Große musste demnach Strafe und Pein nach dem ›Talionsprinzip‹ erleiden, das heißt, Strafe an dem Organ, mit dem er gesündigt hat. Genauer wird das Vergehen nicht ausgeführt, aber es sind ganz eindeutig die sexuellen Ausschweifungen gemeint, für die sich Karl Nebenfrauen und Konkubinen zugelegt hatte. Die Leistung eines Menschen, so will diese Schilderung den Leser belehren, kann noch so großartig sein und seine Stellung in der irdischen Welt noch so bedeutend: Vor Gott hat dies alles keinen Eigenwert. Da erhält auch ein großer Kaiser seine Strafen wie die kleinen sündigen Priester.

Diese Kritik zieht sich wie ein roter Faden durch das Mittelalter. Der Wiener Dichter und Geschichtsschreiber Jans Enikel hat die Geschichte in seiner Weltchronik um 1280 weiter ausgeschmückt und erstmals von Karls Liebe zu einer toten Frau fabuliert. Doch kein Geringerer als Francesco Petrarca, der auf seiner Reise durch Frankreich und die Rheinlande 1333 in Aachen Station machte, hat in einem Brief vom 21. Juni dieses Jahres die Sünde Karls des Großen, die ihm in Aachen durch die Priester der Stiftskirche selbst zu Ohren gekommen sei, dann sehr präzise beschrieben[31]: unmäßige Liebe zu einer Konkubine, sodass er sogar die verstorbene Geliebte nicht verlassen wollte. Was Karl mit der toten Frau angestellt habe, dürfe er, Petrarca, gar nicht erzählen.[32] Erst als der Kölner Erzbischof einen versteckten Talisman bei der toten Frau fand, habe Karl von ihr abgelassen und seine Liebe jetzt dem Kirchenmann zugewandt. Dieser habe schließlich in seiner Verzweiflung den Talisman in die Sümpfe von Aachen geworfen, woraufhin Karl von Liebe zu diesem Ort ergriffen worden sei. Ein abartig veranlagter Mann, der Magie verfallen und zur Nekrophilie und Homosexualität neigend, so könnte man diese Aachener Geschichten auf den Punkt bringen.[33]

Aber es war schließlich doch nicht dieses düstere Bild von Karl, das sich durchsetzte. Die »Sehnsucht nach Karl«[34] war stärker. Seine Legitimierungskraft ertönt in der Nationalhymne von Andorra. »Der erhabene Karl der Große befreite mich von den Mauren«! So beginnt ihr Text noch heute. Ebenso hatte man in Frankreich längst den eigenen Karl entdeckt. Im aufkeimenden nationalen Selbstverständnis war es nicht der Kaiser des römischen Imperiums, sondern Karl, ›der König der Franken‹, den die französischen Herrscher für sich reklamierten, und schon im frühen 13. Jahrhundert kamen Gedanken auf, das Reich der Franken dereinst im Umfang der Zeit Karls des Großen wieder herzustellen: frühnationale Sehnsucht nach Größe – gemessen an Karl.

Im mittelalterlichen Reich war es die Sehnsucht nach Orientierung im christlichen Verhalten, die den Blick auf den großen Karl lenkte. Noch wichtiger war die Orientierung im politischen

System mit seiner Vielfalt der Herrschaften und Stände. Karl, die Symbolfigur des ›Heiligen Reiches‹, wurde zum virtuellen Hüter der gerechten und festen Ordnung. Deshalb haben die Fürsten- und Adelshäuser Verwandtschaften mit Karl konstruiert und ihre Linien bis zu ihm zurückerfunden. Deshalb wurden unzählige Urkunden, Erlasse und Verlautbarungen auf seinen Namen gefälscht, von der Kleiderordnung bis zur Einrichtung des Kurfürstenkollegs. Deshalb auch haben die Bürger der Reichsstädte häufig Karl als Quelle ihrer Rechtsbücher dargestellt. Überdies wurden Bildnisse Karls neben denen Ottos und Barbarossas als Zeichen städtischer Reichsunmittelbarkeit an den Fronten der Rathäuser oder an sonstigen exponierten Orten angebracht.

Ein treffliches Beispiel dafür ist die Gestaltung des Südportals an der Bartholomäuskirche in Frankfurt, einer Stadt, die im Laufe des Mittelalters zu großer Bedeutung aufgestiegen war.[35] Hier hatte 794 die berühmte Frankfurter Synode stattgefunden, die uns noch beschäftigen wird. Ungefähr um 1353 gestalteten die Frankfurter das Portal in bezeichnender Weise: Im Zentrum ist die heilige Maria mit dem Kind dargestellt. Vom Betrachter aus gesehen links von ihr befinden sich die heiligen drei Könige, rechts stehen Josef, Petrus mit dem Schlüssel und am Rand ein Prophet. Über dieser Personengruppe, auf der höchsten Ebene, aber ist Christus am Kreuz zu sehen. Links von ihm befindet sich Bartholomäus, der Kirchenpatron, und rechts steht als die größte Figur von allen der heilige Karl der Große. Er trägt in seiner Linken ein Modell der Bartholomäus-Kirche und erscheint damit als Gründer des Gotteshauses. Der Kaiser, so bringt das Bildensemble zum Ausdruck, war selbst neben Bartholomäus zum Patron der Hauptkirche von Frankfurt und damit der ganzen Stadt aufgestiegen. Ebenso ist Karl in vielen anderen Städten anzutreffen. In Bremen schmückt er seit dem frühen 15. Jahrhundert die Wand des Rathauses; nicht weit von ihm entfernt steht die Figur Rolands, seines treuen christlichen Ritters.

In der Forschung wird gern die Vielfalt, ja Beliebigkeit hervorgehoben, mit der Karl der Große für alle möglichen Zwecke eingesetzt werden konnte. Es scheint aber gerade das Gegenteil zuzutreffen. Durchwegs ist zu erkennen, dass Karls Autorität ganz speziell für Schutz und höchstmögliche Legitimation sorgen sollte. Er diente als Zeichen und Inbegriff einer erstrebten Verfassungs- und Rechtssicherheit für Jahrhunderte. Die Menschen suchten in seiner Gestalt den Garanten einer eindeutigen und dauerhaften Ordnung. Karl der Heilige, der mit Karl dem Kaiser verschmolzen war, wurde selbst zum Symbol für Eindeutigkeit und Dauerhaftigkeit in der politischen und rechtlichen Regulierung der Reichsgemeinschaft. Heiligkeit – das ist ein grundsätzliches Phänomen – verleiht nicht nur einer moralischen, sondern auch einer politischen oder rechtlichen Ordnung den Impuls von Nachhaltigkeit.

Es liegt auf der Hand, dass diese Entwicklung hin zum ›Mythos Karl der Große‹ den Blick auf den historischen Karl mehr und mehr verschleierte. Nicht nur das Vergessen war am Werk, sondern auch die Funktion, in die sich der große Kaiser gestellt sah. Daran können wir, am Ende dieser Überlegungen, die Frage anknüpfen: Hatte Karl durch seine Politik, seine Konzeption von Herrschaft, seine Entscheidungen und Weichenstellungen nicht doch selbst die Grundlagen dafür gelegt, dass ihm diese Rolle zugeordnet wurde?

KAPITEL 4

Karls Kindheit und Persönlichkeit und die Wurzeln seiner Herrschaft

Wie können wir uns dem historischen Karl nähern? Für alle Zeiten gilt: Die Menschen werden in ihrer Kindheit geprägt. Doch über die frühen Jahre Karls wissen wir nicht viel – so heißt es gewöhnlich in der Literatur. Hier lässt uns sogar sein Biograf Einhart im Stich, der meint: »Ich halte es für unangebracht, über dessen Geburt, Kindheit und Knabenjahre etwas zu schreiben, weil nirgends etwas dazu aufgeschrieben wurde und keiner mehr unter den Lebenden gefunden wird, der darüber etwas wissen könnte.«[1] Bei diesem Thema, so fährt er fort, möchte er sich deshalb nicht aufhalten, sondern gleich zu den Taten, Sitten und sonstigen wichtigen Dingen im Leben Karls übergehen.

Gab es dunkle Stellen in Karls Kindheit, die Einhart lieber verschweigen wollte? Immerhin konnte er der Vorlage, die er für seine Vita benutzte, also den Kaiserbiografien Suetons, entnehmen, dass ein Abschnitt über »Kindheit« eigentlich dazugehörte. In der Forschung wurde viel über diese Lücke bei Einhart gerätselt, aber eine überzeugende Erklärung hat man nicht gefunden. Möglicherweise ist die Erklärung einfach die, dass seine Rechtfertigung zutrifft: Als er die Vita verfasste, waren etwa siebzig Jahre seit Karls Geburt vergangen. Längst waren die Anfänge im ›Schleier der Erinnerung‹ versunken. Karl erreichte ein ungewöhnlich hohes Alter für diese Zeit, und in der Tat dürfte es kaum mehr jemanden gegeben haben, der zuverlässige Angaben über den frühen Karl machen konnte. Im Übrigen ist es nicht ungewöhnlich, dass in Herrscherbiografien des Mittelalters die

Kindheit weitgehend ausgeblendet ist. Besonders hintergründige oder gar düstere Absichten braucht man Einhart also nicht zu unterstellen, wenn er meinte, dass er über keine sicheren Nachrichten darüber verfüge. Man darf an diesem Punkt nicht übersehen, dass Einhart in einem Wissenschaftsklima groß geworden war, in dem im Prinzip korrekte Angaben gefordert waren.

Aber so ganz wörtlich wird man Einharts Nachrichten doch nicht immer nehmen dürfen. Das zeigt sich an seiner Angabe über das Geburtsdatum Karls des Großen. Dieser, so schrieb der Biograf, habe bei seinem Tod »im zweiundsiebzigsten Jahr« gestanden *(anno aetatis septuagesimo secundo)* und »im siebenundvierzigsten seiner Herrschaft« *(quadragesimo septimo)*.[2] Was die Herrscherjahre betrifft, stimmt diese Mitteilung. Da Karl am 28. Januar des Jahres 814 starb, befand er sich zwar erst im sechsundvierzigsten Jahr seiner Herrschaft. Aber rechnet man nach Kalenderjahren, so ist die Zahl korrekt.

Anders steht es um die Angabe zu Karls Alter. Diese muss man doch um einiges korrigieren. Der Bonner Mittelalterforscher Matthias Becher hat diese Frage in einer scharfsinnigen Studie geklärt.[3] Sein Ergebnis: Das Geburtsdatum Karls des Großen fällt auf den 2. April 748. Der Tag steht fest. Er wurde im Kloster Lorsch im neunten Jahrhundert in einem »Kalendarium« festgehalten, in das die Mönche die Förderer und Gönner des Klosters eintrugen, um für sie zu beten. Das Jahr wiederum überliefern die ›Annales Petaviani‹ (benannt nach Denis Pétau, einem früheren Besitzer der Handschrift). Dort wird zwar 747 als das Geburtsjahr Karls angegeben *(Et ipso anno fuit natus Karolus rex)*, aber Matthias Becher konnte nachweisen, dass der Schreiber der Annalen den sogenannten Osterstil benutzt hat. Das heißt, für ihn wechselte der Jahresbeginn nicht am Weihnachtstag – wie meist im Mittelalter –, sondern mit dem Osterfest. Ostern fiel im Jahr 748 auf den 21. April – und bis zum 20. April reichte deshalb das Jahr 747. Somit gehörte der 2. April für den Schreiber eben noch zum Jahr 747. Für uns dagegen ist es das Jahr 748.

Weshalb aber dann die Zahl zweiundsiebzig bei Einhart? Hinzu kommt, dass in den ›Reichsannalen‹ behauptet wird, Karl sei mit »ungefähr einundsiebzig Jahren« gestorben? Konnte man damals nicht rechnen? Dies zu glauben wäre absurd, denn gerade die Computistik, also die Wissenschaft des Rechnens, war eine Domäne der Hofgelehrten und besonders Einharts. Und noch bedenklicher wird die Sache, wenn wir in der authentischen Grabinschrift Karls des Großen lesen: »Siebzig Jahre des Lebens hat er als Greis vollendet.«[4] Die Erklärung für diese ›offizielle‹ Altersbestimmung hat der Bremer Mediävist Dieter Hägermann geliefert[5]: Damit sei auf Psalm 89 angespielt worden, in dem es heißt: »Unser Leben währet siebzig Jahre, und wenn es hoch kommt, so sind es achtzig Jahre, und wenn es köstlich gewesen ist, so ist es Mühe und Arbeit gewesen, denn es fährt schneller dahin, als würden wir fliegen.« Der »Siebziger« also hat sein Leben vollendet, ganz nach den biblischen Vorgaben. Karl war, so konnte dies verstanden werden, auch in dieser Hinsicht ein Vollender der Worte der Heiligen Schrift. Siebzig, einundsiebzig, zweiundsiebzig – es waren allesamt Zahlen mit demselben symbolischen Wert. Das tatsächlich erreichte Alter – 65 Jahre – hätte für diese Symbolik allerdings nicht ausgereicht.

Den Geburtsort Karls kennen wir nicht. Pippin selbst war in diesem Jahr mit Kriegen gegen die Sachsen und die Bayern beschäftigt. Wo sich seine Gemahlin Bertrada bei der Niederkunft aufhielt, darüber gibt es noch nicht einmal Andeutungen. Es könnte das Kloster Prüm gewesen sein oder die Pfalz Düren zwischen Aachen und Köln oder Quierzy nördlich von Soissons, der Sterbeort Karl Martells – alles Spekulation. So kommt es, dass sich bis heute zahlreiche Orte, wie etwa die Reismühle bei Gauting südlich von München, damit rühmen können und man überall fest davon überzeugt ist, Karl der Große sei bei ihnen zur Welt gekommen.

Karls Mutter Bertrada (gest. 783) war eine Tochter des Grafen Charibert von Laon, der zusammen mit seiner Frau das bedeutende Kloster Prüm in der Eifel gegründet hatte. Bertrada, die Tochter, war eine außerordentlich tatkräftige Gefährtin an der Seite ihres Mannes, des karolingischen Hausmeiers (741–751) und dann Königs Pippin (751–768). In späteren Legenden hat man ihr besonders große Füße angedichtet: »Bertrada mit den großen Füßen.« Das könnte ein Reflex darauf sein, dass sie sich in ungewöhnlicher Weise in die große Politik am Hof einmischte. 744 jedenfalls wurde die Ehe geschlossen, und endlich, nach vier Jahren, kam der erste Nachwuchs zur Welt. Die verhältnismäßig lange Zeit der Kinderlosigkeit hatte bereits große Unruhe am Hof hervorgerufen.

Wie hat Karl seine Kindheit verbracht? Einen kleinen Eindruck vermittelt eine Geschichte, die er selbst erzählt haben soll und von der man heute meint, dass sie authentisch sein dürfte.[6] Festgehalten ist sie in einem Bericht, der die Überführung (Translation) der Gebeine des heiligen Germanus von einer Seitenkapelle in den Chor des Klosters Saint-Germain-des-Prés (auf den »Wiesen« von Paris) schildert. Niedergeschrieben wurde sie wahrscheinlich von einem engen Vertrauten Karls, nämlich von Abt Irmino dieses Klosters (ca. 800–826). Bei dem feierlichen Akt, so die Erzählung Karls des Großen, seien er, sein Vater Pippin und sein Bruder Karlmann zugegen gewesen. Der Vorgang habe am 25. Juli 755 stattgefunden. Karl sei, wie er selbst erzählt habe, damals sieben Jahre alt gewesen, sein kleiner Bruder, 751 geboren, demnach vier Jahre alt. Als sich die Erwachsenen vergeblich damit abmühten, den neuen Sarg mit den erhobenen Gebeinen des Germanus in die neue Grablege hinabzusenken, sei das zuerst auf keine Weise gelungen, doch dann habe sich der Sarg von ganz allein in die Grube hineinbewegt. Da hätten die Erwachsenen gestaunt. Er aber, Karl, sei – ein spielendes Kind eben – in das ausgehobene Loch gehüpft und habe dabei seinen ersten Milchzahn verloren.[7]

Der siebenjährige Karl und sein vierjähriger Bruder Karlmann, so dürfen wir daraus schließen, hielten sich bei ihrem Vater auf, wenn er regierte und repräsentierte. Sie wurden natürlich auch in die Künste des Reitens und Kämpfens eingewiesen, und Pippin legte, wie wir noch sehen werden, großen Wert auf die Bildung seiner Kinder. Aber sie sollten ebenso frühzeitig lernen, wie man sich als Herrscher zu bewegen und zu verhalten hatte, und dafür wurden sie zu den ›offiziellen‹ Auftritten des

Königs mitgenommen. Dass der Siebenjährige dabei seinem Spieltrieb freien Lauf ließ, kann wenig verwundern.

Die Zeit, in der wir uns mit dieser Geschichte bewegen, war in höchstem Maße turbulent. Wir beobachten wahrlich Weichen stellende Vorgänge, die Karl in seinen ersten Lebensjahren begleiteten. Im Grunde ereignete sich ein politischer ›Umsturz‹ größten Ausmaßes, als Karls Vater, Pippin, das jahrhundertelang regierende Königshaus der Merowinger ausschaltete und 750/751 daranging, sich der Königswürde zu bemächtigen.

Schon vorher hatte er als »Hausmeier« *(maior domus)* im Frankenreich die faktische Macht besessen. Er war Vorsteher des Hofes, leitete die politischen Geschäfte und übte den Befehl über das Heer aus, das heißt, er war im Grunde schon im Besitz der königlichen Gewalt. Dieser Zustand hatte sich über eine längere Zeit hin entwickelt. In der Frühzeit der Merowingerherrschaft, im sechsten Jahrhundert und zeitweise auch noch im siebten, lag die Befehlsgewalt noch beim König. Die Merowinger verfügten über ihren ›Fiskus‹, das heißt über das Krongut, das um Paris und Soissons herum besonders dicht war. Sie erhoben Steuern für das Heer und die Verwaltung, eine Einrichtung, die sie aus römischer Zeit übernahmen. Die freien Franken zahlten allerdings keine Steuer, und als im sechsten Jahrhundert der oberste Minister von König Theudebert I. den Vorschlag machte, die Steuer auch auf die Franken auszudehnen, wurde er erschlagen. Die römische Ordnung und Organisation wirkte am Hof der Merowinger noch lange fort. Die königlichen Gefolgsleute leisteten dem König einen Treueid *(trustis dominica)*, ähnlich wie einst die Mitglieder der kaiserlichen Leibgarde dem Kaiser in der römischen Zeit. Im Zentrum der Verwaltung standen die Inhaber der Hofämter: Seneschall bzw. Hausmeier, Marschall, Schenk und Kämmerer. Auch für diese Ämter nimmt man heute römische Vorbilder an. Beim Hausmeier jedenfalls lag schon frühzeitig die Kontrolle über das Hofgesinde. Als das Merowingerreich in Teilreiche zerfiel und die Macht der merowingischen Herrscher immer mehr dahinschwand, weil die Könige häufig noch unmündig waren, übernahmen die Hausmeier Schritt um Schritt das Regiment. Eine der Hausmeierfamilien im östlichen Reich (Austrasien), die wir als Pippiniden bezeichnen, verband sich mit der mächtigen Familie der ›Arnulfinger‹ von Metz und setzte sich in der Schlacht bei Tertry 687 gegen die Hausmeier der anderen Teilreiche durch.

Die Pippiniden – benannt nach dem Leitnamen Pippin – aber sind nichts anderes als die Karolinger. Eine entscheidende Rolle für den Aufstieg spielte dabei Karl Martell, der erste Träger des Namens Karl, von dem später die Bezeichnung »Karolinger« abgeleitet wurde. Da er von der Zweitfrau seines Vaters geboren wurde, hat man in ihm lange einen unehelichen Sohn gesehen, einen Bastard, der eigentlich kein Recht auf die Herrschaft im Frankenreich gehabt habe. Heute wird die Ehepraxis dieser Zeit anders beurteilt. Auch mehrere Frauen zu haben war in dieser Zeit nicht unüblich, führte jedenfalls nicht zu einem rechtlichen Problem für die Erbfolge.[8]

Karl Martell setzte sich zwischen 715 und 717 gegen andere Familienmitglieder durch und übte schließlich eine königsgleiche Herrschaft aus. Auch sonst führte er erfolgreiche Kämpfe, insbesondere gegen die Araber, die er bei Poitiers im Jahre 732 zurückschlug. 720 hatten die Araber von Spanien aus die Pyrenäen überschritten und den westgotischen Südstreifen, das Gebiet von Septimanien mit Narbonne als festem Stützpunkt, besetzt. Von dort griffen sie in den Norden aus nach Autun in Burgund (725) und nach Bordeaux in Aquitanien (732). Heute ist man in der Forschung geneigt, die arabischen Angriffe etwas herunterzuspielen und als einfache Raubzüge anzusehen. Dennoch, die Wirkung, die von Karl Martells Sieg 732 in der Folgezeit ausging, war gewaltig. Noch über zwei Jahrhunderte später hat der Chronist Widukind von Corvey den Sieg über die Ungarn auf dem Lechfeld von 955 mit dem Sieg Karl Martells gleichgesetzt[9] – beides Vorgänge, die sich tief in das kollektive Gedächtnis eingegraben haben. Auch der Beiname »der Hammer« (Martell), der im neunten Jahrhundert aufkam, ist darauf zurückzuführen. Karl Martells Ansehen stieg auch dadurch in höchste Höhen, dass er den Kriegern seines Heeres ausgiebige Beute zur Verfügung stellen konnte. Ein merowingischer König schien eigentlich gar nicht mehr erforderlich zu sein, und in der Tat gab es nun für einige Jahre überhaupt keinen König mehr.

Bis zu seinem Tod 741 hatte Karl Martell die beiden Hauptteile des fränkischen Reichs, Neustrien und Austrasien, wieder zusammengeführt. Neustrien (›Neuland‹?) umfasste den Raum um Paris und Soissons bis Tours und Nantes. Austrasien, auch Austrien genannt (›Ostland‹), bildete östlich davon ein Gebiet zwischen Tournai, Köln, Fulda und Metz. Im Prinzip markierte die Maas die Grenze zwischen den beiden Reichen, die unter Karl Martell wieder zur Einheit wurden. Das Kernland der Pippiniden bzw. Karolinger lag in Austrasien zwischen Aachen und Metz.

Unter Karl Martells Söhnen kam es allerdings wieder zu heftigen Auseinandersetzungen um die Herrschaftsanteile und den Vorrang. Aus der ersten Ehe Karl Martells mit Chrodtrud stammten Karlmann und Pippin (»der Jüngere«), aus der zweiten Ehe mit Swanahild (aus dem bayerischen Herzogshaus der Agilolfinger) ging Grifo hervor. Die beiden älteren Brüder setzten alles daran, um Grifo auszuschalten. Um für ihre Ansprüche eine bessere Legitimation zu erlangen, erhoben sie 743 nochmals einen merowingischen König, Childerich III., gleichsam eine machtlose Marionette der karolingischen Hausmeier. Außerdem gingen die Brüder daran, die großen Länder Aquitanien, Alemannien und Bayern, deren Herzöge sich der Unterordnung zu entziehen suchten, dem Frankenreich erneut zu unterwerfen. In den Augen der Hausmeier waren sie »untreu« geworden und mussten bekämpft werden, bis sie ihre Treue dadurch zeigten, dass sie sich wieder »in den Dienst begaben« *(servitio se mancipavit)*.[10]

Karlmann hatte sich speziell der Unterwerfung der Alemannen gewidmet. Nach seinem Sieg 746 versammelte er die rebellischen Großen dieses Herzogtums in Cannstatt und ließ sie dort allesamt töten (Blutgericht von Cannstatt).[11] Ein Jahr später entsagte er der Welt. Er gab seine Herrschaft auf und zog sich nach Rom (Monte Soratte) und Montecassino zurück. In der Forschung wird über die Motive gerätselt. Aber die Erklärung scheint einfach: Es war offensichtlich das Schuldgefühl nach der Massenhinrichtung, das ihn, der eng mit dem Missionar Bonifatius und dessen Kreisen zusammengearbeitet hatte, zur Abkehr von der Welt veranlasste. In den Quellen wird »brennendes Verlangen nach frommer Hingabe« als Grund für seine Resignation angegeben[12]. Vielleicht erfolgte der Schritt aber auch erst auf den massiven Druck Pippins hin.

Jetzt war Pippin allein. Allerdings verlangte Karlmann trotz seiner Abdankung, dass seinen Söhnen ihre Herrschaftsanteile bewahrt blieben. Dies führte sogleich zu Problemen. Und Grifo, der jüngere Halbbruder, war ebenfalls wieder zur Stelle. 748 organisierte er von Bayern aus den Widerstand, wurde aber ein Jahr später von Pippin besiegt. Grifos Ansprüche wurden offensichtlich nicht als unberechtigt angesehen. Um ihn zufriedenzustellen, übertrug ihm Pippin zwölf Grafschaften im Dukat Le Mans, einer Region, die zu den Zentren karolingischer Macht gehörte. Aber Grifo wollte eine vollständige Beteiligung an der Herrschaft und begab sich nach Aquitanien, wo er sich mit Herzog Waifar (745–768), einem ebenfalls heftigen Gegner Pippins, verbündete.

So war um 750 eine gefährliche Situation für Pippin entstanden. In dieser Lage entschloss er sich zu einem radikalen Schritt: Er griff selbst nach der Königswürde, um damit eine Sonderstellung gegenüber all seinen Widersachern im Reich zu erlangen.[13] Zur Vorbereitung schickte er Gesandte nach Rom, den Bischof Burchard von Würzburg (gest. 755), einen Angelsachsen, und Fulrad (gest. 784) aus der Moselgegend, den späteren Abt von Saint-Denis (seit 750) und Vorsteher der Hofkapelle – eine Art Minister der fränkischen Reichskirche und der Hofverwaltung. Sie sollten von Papst Zacharias (741–752) die Entscheidung einholen zu der Frage, ob es gut sei oder nicht, dass die Merowinger, die doch gar keine Macht hätten, Könige seien.[14] Später fügte Einhart hinzu: Diese säßen nur mit dem bloßen Königsnamen, mit langen Haaren und ungeschorenem Bart auf dem Thron, spielten den Herrscher und würden die ihnen anbefohlenen Antworten von sich geben.[15]

Ob dieser Vorgang wirklich so abgelaufen ist, ist zweifelhaft. Der Bericht stammt aus den 90er-Jahren des achten Jahrhunderts und könnte aus der damaligen Diskussion um den angemessenen Namen des Herrschers (›Nomentheorie‹) heraus konstruiert und in die Vergangenheit zurückprojiziert worden sein. Falls er eine wahre Grundlage besitzt, war die Frage der Gesandten in Rom gut gestellt. Natürlich konnte die Antwort des Papstes nur lauten: »Es sei besser, denjenigen als König zu bezeichnen, der die Macht habe, statt den, der ohne königliche Macht sei.« Nur so werde die göttliche Ordnung nicht in Verwirrung gebracht.[16]

Wie auch immer Papst Zacharias die Ablösung im Königtum kommentiert hat, entscheidend für die Königserhebung Pippins war die Wahl durch die Großen des Frankenreiches Ende 751 in Soissons. Ohne ihre Zustimmung, das Zeichen der Folgebereitschaft, wäre Pippin machtlos geblieben. Ebenso darf man davon ausgehen, dass für die Legitimation an Pippin 751 die Salbung vollzogen wurde – möglicherweise durch Bonifatius. Schließlich war es erforderlich, Childerich, den letzten Merowingerkönig, förmlich abzusetzen. Er wurde geschoren und ins Kloster verwiesen, vielleicht nach Saint-Bertin im Norden des Frankenreichs (südlich von Calais).

Nicht weniger wichtig für das neue Königtum Pippins war freilich die Salbung durch Papst Stephan II. am 28. Juli 754 in der Kathedrale von Saint-Denis. Dieser Akt war das Zeichen dafür, dass nunmehr der göttliche Wille erfüllt sei. Das Königtum, so kann man sagen, wurde damit von Pippin geradezu neu erfunden. Durch die höchste kirchliche Autorität wurde die neue Legitimation des Königs bestätigt.[17] Gegen ihn zu handeln bedeutete fortan, sich gegen Gottes Willen zu stellen – eine der schlimmsten Sünden.

Mit Pippin entstand somit die Konzeption der Herrschaft »von Gottes Gnaden« *(gratia dei rex)*. So hat sich Pippin als erster fränkischer Herrscher in seinen Urkunden genannt.[18] Diesen Vorgängen und Ideen müssen wir besondere Beachtung widmen, denn sie spielten sich eben in der Kindheit Karls des Großen ab. Davon war er in seinen frühen Jahren umgeben. In dieser Lebensphase konnte Karl das Kernelement seiner eigenen, künftigen Herrschaftskonzeption gleichsam »spielerisch« aufnehmen.

Eine Voraussetzung für die neue Konzeption des Königtums war, dass die Autorität des Papstes im Frankenreich Anerkennung fand. Das war keineswegs selbstverständlich. In der fränkischen Kirche um 700 war der Papst noch weit entfernt gewesen. Man dachte gar nicht daran, päpstliche Weisungen für die Begründung von Herrschaft einzuholen. Überdies waren in dieser Zeit zahlreiche irische Missionare unterwegs, die kaum eine Bindung an den römischen Bischof hatten. Aber dies änderte sich grundlegend mit Bonifatius.[19] Winfrid, wie sein ursprünglicher Name lautete, kam aus Südengland. Geboren wurde er 672/673 nahe Exeter. Mit sieben Jahren wurde er dem Kloster Nursling in der Nähe von Southampton übergeben, wo er bis zum Leiter der Klosterschule aufstieg. Im fortgeschrittenen Alter von gut vierzig Jahren wurde er vom Ideal der Peregrinatio erfasst. Damit war gemeint, dass die wirkliche Gottesnähe nur erreicht werden könne, wenn man die Heimat und das ganze Sicherheitsnetz, in dem man lebte, verließ – am besten getrennt durch ein großes Wasser. Ganz auf sich gestellt, trat man mit Gott in ein besonderes Verhältnis. Diese Vorstellung war um 700 sowohl in Irland als auch in England unter religiösen Menschen weitverbreitet.

Winfrid überquerte den Ärmelkanal und ging auf das Festland. Das bedeutete einen radikalen Schritt und ein mutiges Unterfangen. Er wollte das Wort Gottes und die Lehre der Kirche verkünden, zuerst bei den Friesen, wo bereits sein Landsmann Willibrord wirkte. Dieser erste Anlauf missglückte schon nach kurzer Zeit. Den zweiten Versuch bereitete Winfrid besser vor. Er machte sich auf den Weg nach Rom zu Papst Gregor II., um von ihm Instruktionen einzuholen. Die angelsächsische Kirche hatte sich schon im siebenten Jahrhundert für Petrus und seine Nachfolger als die einzig maßgebliche Autorität entschieden. Das hing damit zusammen, dass dort die Mission von der unmittelbaren Initiative Papst Gregors des Großen (590 – 604) ausgegangen war. Dieser hatte 596 Augustinus, den Prior des römischen St. Andreas-Klosters in Rom, mit einer Gruppe benediktinischer

Mönche nach England geschickt und damit von Beginn an eine enge Bindung an die Kirche von Rom hergestellt. Ganz in diesem Geist erblickte nun auch Winfrid im Papst, dem Nachfolger des Apostels Petrus, das Haupt der Kirche, dem er sich zu unterstellen hatte und das ihm Weisungen erteilte. Genauso lautet auch das Schreiben, das ihm Papst Gregor II. (715 – 731) am 15. Mai 719 an die Hand gab.[20] Gleichzeitig teilte er ihm einen neuen Namen zu: Bonifatius. Das war der Name eines römischen Märtyrers, dessen Reliquien in einer Kirche auf dem Aventin verehrt wurden. Sein Festtag fällt auf den 14. Mai, auf den Tag also vor der Ausfertigung des päpstlichen Auftrags. Demütig habe sich Bonifatius der Leitung des Papstes unterstellt, so wird in diesem Schreiben betont, und Papst Gregor II. wünschte, »dass du auf die Vorschriften unseres heiligen apostolischen Stuhls achtest«.[21]

Damit begann ein Unterfangen, das in seiner Wirkung kaum zu überschätzen ist. Der Aktionsraum von Bonifatius lag vor allem im rechtsrheinischen Gebiet, in Thüringen, Friesland, Hessen und Bayern. 722 bedurfte er nochmals der päpstlichen Instruktionen, vor allem aber ließ er sich in den Rang eines Bischofs erheben, um seiner Mission höheres Ansehen zu verleihen. Er begab sich deshalb ein weiteres Mal nach Rom. Dieses Mal legte er einen klar formulierten Gehorsamseid ab: »Ich, Bonifatius, durch Gottes Gnade Bischof, verspreche euch, dem seligen Apostelfürsten Petrus und deinem Stellvertreter …, stets die Einheit der Kirche zu beachten … und, falls jemand gegen diese Einheit der gemeinsamen und allgemeinen Kirche etwas unternimmt, dies nicht hinzunehmen …«[22] Damit war der Auftrag eindeutig umschrieben: Künftig ging es bei der Arbeit von Bonifatius um die Ausrichtung der fränkischen Kirche an den Vorgaben, Richtlinien und Gesetzen der römischen Kirche. Alles, was davon abwich, war auszuschalten. Zusätzlich erhielt Bonifatius nach seiner Rückkehr von Karl Martell einen Schutzbrief. Nun war er gewappnet und mit allen Instrumenten versehen, um sein großes Vorhaben ins Werk zu setzen.

Was Bonifatius in der Kirche des Frankenreichs antraf, versetzte ihn, gemessen an den römischen Anweisungen, in Schrecken. Immer wieder sah er sich veranlasst, Briefe oder Boten nach Rom zu schicken, um Instruktionen zu erhalten, wie er sich angesichts dieser heillosen Zustände verhalten sollte. Heidnische Bräuche waren noch weitverbreitet. Ein besonderes Problem stellte die Ehe dar. Es war gang und gäbe, dass Verwandte untereinander heirateten. Eheschließungen wurden unter Familien oder Sippen ausgehandelt, und da kam es darauf an, dass Besitzungen zusammengehalten wurden. Nach außen zu heiraten konnte leicht zu großen Verlusten führen. Eine Heirat war keineswegs nur die Sache von zwei Menschen, sondern die Angelegenheit einer ganzen Verwandtengemeinschaft, die auf ihre Zukunftsfähigkeit achten musste. Aber Bonifatius pochte auf die kirchlichen Regeln, und diese sahen ein Verbot der Verwandtenehe vor.[23] Der Kampf gegen die Inzest-Ehe wurde von nun an von der Kirche mit aller Kraft geführt. Ab welchem Grad der Verwandtschaft aber war sie verboten? Das blieb auch in der Kirche umstritten. Auf die erste Anfrage erhielt Bonifatius 726 die Auskunft aus Rom, dass bis zur vierten Generation nicht geheiratet werden dürfe.[24] Später, 732, erhöhte der nachfolgende Papst, Gregor III. (731–741), wiederum auf die Bitte um Auskunft durch Bonifatius, das Verbot bis zur siebten Generation.[25] Man kann sich vorstellen, welchen Unwillen diese Vorschriften unter den Menschen hervorriefen.

Aber es gab noch vieles mehr. Was beispielsweise durfte ein Mann tun, dessen Frau erkrankt war und ihre ehelichen Pflichten nicht mehr erfüllen konnte? Antwort aus Rom: Er dürfe eine neue Frau heiraten, müsse aber der bisherigen Ehefrau Unterhalt leisten. Beim Opfermahl, so ein weiteres Problemfeld, dürfe nur ein einziger Kelch benutzt werden und nicht zwei oder drei, wie Bonifatius das antraf. Ob Menschen, die im Kindesalter in ein Kloster gegeben wurden, als Erwachsene wieder austreten und heiraten dürften, so lautete eine weitere Frage von Bonifatius. Die Antwort war: Nein, auf keinen Fall. Aus dem Jahre 732 stammt ein päpstlicher Brief[26], in dem folgende Fragen beantwortet wurden: Durften Christen ihre Sklaven an Heiden verkaufen? Durften sie Pferdefleisch essen? Mussten von Heiden Getaufte nochmals getauft werden? Alle Fragen wurden mit Nein beantwortet. Vor allem Pferdefleisch dürfe ein Christ unter keinen Umständen zu sich nehmen, denn es sei unrein und abscheulich.

Im Jahre 742 war Bonifatius entschlossen, die Ausrichtung der fränkischen Kirche auf die römischen Vorgaben in ganz großem Stil anzugehen. Zur Vorbereitung schickte er einen Brief an Papst Zacharias (741–752). Er wolle, so kündigte er an, in Zusammenarbeit mit dem Hausmeier Karlmann eine große Synode einberufen.[27] Schon seit achtzig Jahren habe es eine derartige Bischofsversammlung im Frankenreich nicht mehr gegeben. Aber jetzt führe kein Weg mehr daran vorbei angesichts der grauenhaften Missstände. Viele Bischofssitze seien mit Laien besetzt, die nur nach Besitz trachteten und der Unzucht frönten. Jetzt sollte es also gegen die fränkischen Bischöfe selbst gehen, und dafür benötigte Bonfatius ein päpstlichen Machtwort: »Wenn ich auf Ersuchen des genannten Herzogs (Karlmann) durch Euer Wort diese Sache in Gang bringen und anfassen soll, möchte ich eine Anweisung und Entscheidung des apostolischen Stuhles und die kirchenrechtlichen Bestimmungen haben.«

Auch im übrigen Klerus, so Bonifatius weiter, sehe es erbärmlich aus. Es werde ihm von Diakonen berichtet, die mit vier oder fünf Frauen gleichzeitig im Bett lägen. Diese Kirchenvertreter würden dann trotzdem Priester oder sogar Bischöfe. Auch gebe es trunk- und streitsüchtige Bischöfe oder Bischöfe, die auf die Jagd gingen oder im Heer kämpften, die Menschenblut vergossen hätten von Heiden und von Christen. Er, Bonifatius, sei doch der Sendbote des apostolischen Stuhls. Deshalb wolle er klare Anweisungen, damit »mein Wort hier und das Wort von Euch dort ein und dasselbe seien« *(unum sit verbum et meum hic et vestrum ibi)*.[28]

In diesem Brief fügt Bonifatius etwas hinzu, was im Grunde als Kritik am Papst aufzufassen ist und was deutlich macht, dass er schon päpstlicher als der Papst geworden war. Er habe zu seinem Schrecken gehört, so schreibt er, dass in Rom in der Nähe der Peterskirche am 1. Januar, wenn das neue Jahr komme, bei Tag und Nacht nach heidnischer Sitte auf den Plätzen getanzt werde, dass nach Heidenart gotteslästerliche Lieder angestimmt und üppige Speisen aufgetischt würden. Er könne gar nicht glauben, dass der Papst solch liederliche Silvesterfeiern zulasse.[29] Folgsam, so könnte man hier sagen, teilte Zacharias in seiner Antwort mit, er habe dieses ausschweifende Treiben sofort verbieten lassen.[30]

Noch 742 kam es dann tatsächlich zur ersten fränkischen Synode seit langer Zeit, zum sogenannten ›Germanischen Konzil‹ (›Concilium Germanicum‹), wie es in der Forschung genannt wird.[31] Der Ort, an dem das Konzil zusammentrat, ist unbekannt. Bonifatius wird hier erstmals als Erzbischof angesprochen, er war somit der Leiter der Bischofsversammlung. Weitere Teilnehmer waren die angelsächsischen Bischöfe Burchard von Würzburg, Witta von Büraburg und Willibald (von Eichstätt oder damals noch von Erfurt), außerdem Reginfred von Köln, Heddo von Straßburg und Dadanus von Speyer.

Die Beschlüsse dieser Synode waren zwar nicht alle neu, suggerieren aber in diesem Gesamtpaket doch eine bemerkenswerte Entschlossenheit. Am Anfang stand der Beschluss, eine römische Kirchenverfassung einzurichten. In der fränkischen Kirche gab es im Prinzip nur gleichrangige Bischofssitze. Das Kennzeichen des römischen Modells war ein ganz anderes: Hier herrschte die hierarchische Rangfolge von Erzbischof und Bischof vor. Der Erzbischof, so erfahren wir aus einem Kommentar des Bonifatius, sollte die Bischöfe seines Erzbistums kontrollieren und überwachen, notfalls zurechtweisen *(investigare mores et sollicitudinem circa populos)*.[32] Den Bischöfen wiederum – auch das eine Forderung des römisch-kirchlichen Rechts – sollten sämtliche Priester untergeben und gehorsamspflichtig sein. Ferner sollte entfremdetes Kirchengut zurückgegeben werden. Besonders umfangreich war die Bestimmung, dass Geistliche keine Waffen tragen und nicht mit Frauen im selben Haus wohnen dürften, vor allem aber: dass Geistliche, Mönche und Nonnen absolut keusch leben müssten. Andernfalls seien sie bis aufs Blut zu züchtigen. Unkeusche Nonnen sollten kahl geschoren und ein Jahr lang eingekerkert werden. Schließlich wurde noch verfügt, dass Mönche und Nonnen nach der Benediktregel leben müssten.

Hatten solche Bestimmungen überhaupt Aussicht darauf, umgesetzt zu werden? Auch diese Frage, so muss man annehmen, wurde auf dem Konzil diskutiert. Die Folge war, dass die Beschlüsse als Erlass und Befehl des Hausmeiers Karlmann verkündet wurden.[33] Damit stand die höchste politische Macht hinter dem Programm, die fränkische Kirche an den eindeutigen Vorgaben und Leitlinien Roms auszurichten. Solche Befehle und Erlasse der karolingischen Herrscher – auch in kirchlichen Angelegenheiten – wurden dann ein besonderes Kennzeichen auch der Herrschaft Karls des Großen, wie wir noch sehen werden. Hier begegnen wir zum ersten Mal diesem neuen Instrument für die Verklammerung von Herrscher und Kirche.

Das ›Concilium Germanicum‹ signalisierte einen programmatischen Auftakt. Ihm folgte eine Reihe von weiteren Konzilien, 743 oder 744 in Les Estinnes im Hennegau – also wieder im Herrschaftsgebiet Karlmanns –, dann folgte eine Synode unter Pippin 744 in Soissons mit 23 Bischöfen. Weitere Synoden fanden 745 und 747 statt. Ungehorsame Bischöfe wie Gewilip von Mainz wurden abgesetzt, und die Pläne für die Einrichtung von Metropolitanverbänden erhielten deutlichere Konturen. Vor allem wurde immer wieder die enge Bindung an Rom herausgestellt und die Notwendigkeit betont, das Kirchenrecht in die Lebenspraxis der fränkischen Kirche einzuführen.

Pippin war kein Freund von Bonifatius als Person. Vielmehr hinderte er diesen auf jede Weise daran, im neustrischen Reichsteil Fuß zu fassen. Aber der Wirkung der bonifatianischen Reformen konnte er sich dennoch nicht entziehen. So begann auch er damit, die römischen Normen für seinen Herrschaftsbereich zu übernehmen. Den Kontakt zum Papst stellte er direkt und unmittelbar her und gewann so auch für seine Aktionen die päpstliche Autorität. Nach dem Tod des Bonifatius 754 berief er selbst für das Gesamtreich Konzilien ein, deren Leitung er seinem Jugendfreund aus dem Moselgebiet, Bischof Chrodegang von Metz (742–766), anvertraute. Mit ihm an der Spitze entwickelte sich eine kraftvolle Kirchenreform, mit der zum ersten Mal auch die Lebensweise der in Gemeinschaft lebenden Kleriker (Kanoniker) geregelt werden sollte. Die Konzilien Pippins und Chrodegangs – 755 in Ver, 756 in Verberie, 757 in Compiègne, 762 in Attigny und 767 in Gentilly – setzten im Grunde die Linie des Bonifatius fort. Bei den Beschlüssen von 755 kam das Verbot der Sonntagsarbeit hinzu, eine Bestimmung, die zwar schon 538 auf dem Konzil von Orléans formuliert worden war, die aber erst jetzt unter Pippin zur vollen Wirkung gebracht wurde.

Das Konzil von Attigny von 762 nimmt in dieser Reihe eine besondere Stellung ein.[34] Denn: Der Kreis der Konzilsteilnehmer war groß. Vor allem aber ging es um ein ganz neues Instrument der inneren Festigung des Reiches. Es waren dieses Mal nicht die römischen Vorschriften und Normen, die im Vordergrund standen. Vielmehr schlossen sich die Teilnehmer zu einem umfassend großen Gebetsbund zusammen. Das bedeutete, dass sich alle Bischöfe und Äbte verpflichteten, für ein verstorbenes Mitglied des Bundes 100 Psalter singen und ebenfalls 100 Messen lesen zu lassen. Hinzu kamen 30 Messen, die jeder in einem solchen Fall persönlich zu feiern hatte. Der Bund wurde also über die ›Absicherung‹ des Seelenheils im Jenseits geschlossen. Durch diese ›transzendentale‹ Verankerung erlangte er einen hohen Grad an gegenseitiger Verpflichtung. Die Förderung der Aussicht auf das ewige Leben sollte auch den Zusammenhalt im irdischen Reich fördern. Diese vollkommen neuartige Vereinigung in der Kirche bedeutete einen enormen Schub in der Verklammerung des Reiches insgesamt.

Bemerkenswert ist, dass an dieser Synode von Attigny 762 kein Bischof aus Bayern teilnahm. Es kann keinen Zweifel darüber geben, dass dies mit den Spannungen zusammenhängt, die zu jener Zeit zwischen König Pippin und Herzog Tassilo III. von Bayern geherrscht haben. Das Fehlen der bayerischen Bischöfe zeigt schlaglichtartig, wie tief dieser Riss bereits gegangen sein muss, zumal die Bischöfe und Äbte in Bayern kurze Zeit später nach dem Vorbild von Attigny einen eigenen Gebetsbund schlossen.[35] Diese Ereignisse muss man besonders beachten, weil sie im Zusammenhang mit dem Sturz des Bayernherzogs Tassilo III. unter Karl dem Großen 788 noch eine wichtige Rolle spielen werden.

Eingeleitet durch Bonifatius war die Rom-Orientierung um 750 somit auch auf Pippin übergegangen. Damit wird noch sehr viel verständlicher, weshalb Pippin 750 die Anfrage über die Voraussetzungen für einen Wechsel im Königtum an Papst Zacharias gerichtet hat – und dass er dafür neben Fulrad, seinem besonderen Vertrauten, den Angelsachen Burchard von Würzburg als einen der Gesandten auswählte. Man könnte sagen, der Zeitgeist war angelsächsisch-römisch geworden – just in den Jahren, in denen Karl der Große seine Kindheit verbrachte.

Dem kleinen Karl wurde diese neue Ausrichtung nachdrücklich vermittelt. Als Kind erlebte er einen Auftritt des Papstes im Frankenreich, und er, Karl, spielte eine besondere Rolle dabei. Die Vorgeschichte war, dass sich Papst Stephan II. (752–757) vom Langobardenkönig Aistulf (749–756) bedroht sah, der 751 Ravenna und das Exarchat, das heißt den Raum um Ravenna, erobert hatte. Die Not wurde so groß, dass sich der Papst im Spätherbst 753 auf die Reise über die Alpen begab, um von Pippin Hilfe zu erbitten. Der König befand sich zu diesem Zeitpunkt mit seiner Gemahlin und seinen beiden Söhnen in Thionville (Diedenhofen) an der Mosel, erholte sich vom Kampf gegen die Sachsen und feierte hier das Weihnachtsfest. Hier erreichte ihn die Nachricht, dass der Papst den Großen St. Bernhard überquert habe und auf dem Wege zu ihm sei.

Das war in der Tat ein sensationeller Vorgang: Zum ersten Mal in der Geschichte kam ein Papst persönlich ins Frankenreich. Rasch wurden Vorbereitungen dafür getroffen, um diesen in der Pfalz Ponthion, westlich von Metz zwischen Bar-le-Duc und Vitry gelegen, ehrenvoll zu empfangen. Der kleine, sechs Jahre alte Karl wurde mitten im Winter mit einer ausgewählten Gefolgschaft dem Papst entgegengeschickt. Die Vita des Papstes überliefert, es seien 100 Meilen gewesen, was einer Strecke von etwa 150 Kilometern entsprochen hätte.[36] Man kann sich vorstellen, welch aufregende Mission da dem kleinen Karl anvertraut wurde: Er vertrat im Auftrag des Vaters die königliche Majestät, um die höchste Autorität der Kirche zu begrüßen und zur Pfalz zu geleiten. Wie prägend ist ein solches Ereignis für ein Kind?

Gemeinsam näherte man sich sodann der Pfalz Ponthion. Pippin selbst war mit seinem Gefolge von der anderen Seite eine Stunde Weges den Ankommenden entgegengeritten. Beim Zusammentreffen stieg er vom Pferd, kniete vor dem Papst nieder und führte dann dessen Pferd wie ein Marschall *(vice stratoris)* am Zügel.[37] Diese Handlung war keineswegs neu und galt als große Ehrbezeugung bereits in der älteren römischen Kaiserzeit. Hier ist das Ritual nun erstmals im fränkischen Reich vollzogen worden – in Anwesenheit des kleinen Karl. Unter allgemeinen Lobgesängen, Hymnen und geistlichen Liedern zog man schließlich in Ponthion ein.

Doch der Bittsteller war trotz allem der Papst. Auch das lernte Karl als Kind. Ob sich Stephan II. wirklich im härenen Gewand und mit aschebedecktem Haupt vor Pippin in Ponthion auf den Boden warf und nicht eher aufstand, bis ihm der König und seine Söhne Karl und Karlmann die Hand reichten[38], mag dahingestellt bleiben. Dass ihm Pippin Hilfe zusagte, steht außer Frage. Das Papsttum, seine Sicherheit und sein Schutz waren mit diesem und den folgenden Ereignissen mit einem Schlag zu einer Sache des fränkischen Königs geworden – und all dies spielte sich ab vor den Augen des kleinen Karl.

Der Papst blieb für einige Monate im Frankenreich und verbrachte den Winter beim heiligen Dionysius in Saint-Denis, dem Lieblingskloster Pippins, dem Fulrad als Abt vorstand. In der Pfalz von Quierzy, wo Papst und König das Osterfest feierten, wurden die Gespräche weitergeführt. Dort kam es schließlich zum »Versprechen« *(promissio)* Pippins, dem heiligen Petrus die von den Langobarden in Italien okkupierten Gebiete wieder zu verschaffen.[39] Es ging um die Herrschaften, die eigentlich dem Kaiser in Byzanz unterstanden, nämlich das Exarchat von Ravenna, der Dukat von Rom, die Pentapolis, das heißt das Gebiet der fünf Städte entlang der Adria (Rimini, Pesaro, Fano, Sinigaglia, Ancona) sowie kleinere Patrimonien. Der Langobardenkönig Aistulf (749 – 756) und seine Vorgänger hatten sich diese Gebiete angeeignet, und Pippin sollte dies nun wieder rückgängig machen.

Die Forschung betont heute, dass es sich dabei nicht eigentlich um eine »Schenkung« handelte. Vielmehr war eine Restitution von Besitzungen vorgesehen, die vom Langobardenkönig zurückgegeben werden sollten.[40] Pippin bemühte sich in den folgenden Jahren, durch Kriegszüge gegen die Langobarden und Verhandlungen mit ihnen dieses Versprechen einzulösen, auch wenn es immer wieder Rückschläge gab. Karl der Große dürfte als Kind auch diese Vorgänge sehr genau verfolgt haben. Zwanzig Jahre später hat er diese Linie jedenfalls bruchlos weitergeführt und die Restitution der von den Langobarden entfremdeten Güter 774 bestätigt. Aus den Zusagen Pippins und Karls konstruierte der Schreiber des amtlichen ›Papstbuches‹ (›Liber pontificalis‹) 775 dann die sogenannte ›Pippinische Schenkung‹ *(donatio)*[41]. Mit ihr, so wurde schließlich am päpstlichen Hof behauptet, hätten die fränkischen Könige dem heiligen Petrus angeblich ausgedehnte Ländereien und Herrschaften in fast ganz Italien – darunter auch die Herzogtümer Spoleto und Benevent – vermacht.

Man sieht, wie die Päpste in diesen Jahren aus einer ursprünglichen Notlage heraus in kurzer Zeit einen gewaltigen Besitzanspruch aufbauten. Schon wenige Jahre später flossen diese Vorstellungen in die gefälschte ›Konstantinische Schenkung‹ ein[42]: Kaiser Konstantin, so hieß es nunmehr, der seine Residenz nach Konstantinopel verlegte, habe den größten Teil Italiens mitsamt den Inseln dem Papst übertragen. Damit erwuchs die Legende, aus welcher am Ende die Legitimation des Kirchenstaates entstehen sollte.

Aber auch Pippin zog seine Vorteile aus der neuartigen Kooperation mit dem Papsttum. Für die innere Festigung des Reiches war es gewiss von Vorteil, dass beide Seiten dazu beitragen wollten, im Frankenreich die römische Liturgie und den gregorianischen Gesang einzuführen. Der Gottesdienst und die gesamte kirchliche Ordnung sollten auf eindeutigen Riten, Texten und Normen gegründet sein. Dazu gehörte wie unter Bonifatius die Klärung von Fragen nach Ehehindernissen oder der korrekten Verabreichung der Taufe. Berechtigte körperliches Unvermögen zur Lösung einer Ehe? Durfte bei der Taufe in Ermangelung von

Wasser auch Wein verwendet werden? Musste Wasser in der Schale oder mit den Händen über das Haupt des Kindes gegossen werden? Durften Mönche und Geistliche lange Haare tragen? Viele der hier getroffenen Entscheidungen wurden dann in königlichen Kapitularien zu Reichsgesetzen erklärt.

Die entscheidende Gegenleistung des Papstes bestand darin, dass Stephan II. am 28. Juli 754, dem letzten Sonntag des Monats, in Saint-Denis an Pippin die Königsweihe vollzog. Auch die Söhne, Karl und Karlmann, wurden im Namen der Trinität zu Königen gesalbt und geweiht. Außerdem erhielten sie alle vom Papst die Würde eines *Patricius Romanorum* übertragen. Das bedeutete erneut eine Weichen stellende Handlung. Der *Patricius Romanorum* war ja ursprünglich der eigentliche Herrscher im Exarchat Ravenna, der Bevollmächtigte des Kaisers von Konstantinopel und damit auch der Vertreter der kaiserlichen Gewalt in ganz Italien. Er war verantwortlich für den Schutz der Kirche und verfügte auch sonst über die höchste Gewalt.

Als Geweihter des Herrn und als *Patricius Romanorum* überragte der König der Franken von nun an alle anderen Könige. Er war in einzigartiger Weise durch Gottes Auftrag emporgehoben. Abt Fulrad von Saint-Denis ließ 767 einen Bericht über diese Vorgänge anfertigen, eine Art politisches Vermächtnis für die Begründung des neues Königtums. Ganz ähnlich erläuterte Papst Paul I. (757–767), der Bruder und Nachfolger Stephans II., den Söhnen Pippins, Karl und Karlmann, in einem Brief von 762/766 die Bedeutung der neuen Königswürde[43]: Gott habe sich einst seines Volkes erbarmt und Moses, Josua und andere geschickt. An keinem aber habe er solches Wohlgefallen gehabt wie an David, dem König und Propheten. Von ihm habe Gott gesagt: »Gefunden habe ich meinen Knecht David und ihn mit meinem heiligen Öl gesalbt«, und seinem Geschlecht habe er in alle Ewigkeit den Besitz des Königtums übertragen (Ps. 88, 21 u. 30). Genauso habe Gott auch an den beiden von Gott eingesetzten Königen, Karl und Karlmann, Gefallen gefunden. Indem er seinen Apostel Petrus in Gestalt seines Nachfolgers aussandte, die beiden zusammen mit ihrem Vater mit dem heiligen Öl zu salben, habe sie

Gott »zu diesem einzigartigen Gipfel der königlichen Würde erhoben« und mit himmlischem Segen erfüllt.[44] Der junge Karl war also nicht nur Beobachter der Geburt eines neuen Königtums, sondern wurde auch von Beginn an in das neue Programm des auserwählten und einzigartigen gottgewollten Herrschers einbezogen. Er gehörte zum ›Stamme David‹, war gleichsam ein neuer David.

So ist es doch möglich, trotz spärlicher Nachrichten – wie Einhart schrieb – ein recht deutliches Bild von den Einflüssen zu gewinnen, die auf den jungen Karl einwirkten. Dass er auch für das Kriegshandwerk und die Jagd »nach Art der Franken« *(more Francorum)*[45] vorbereitet und überdies in der christlichen Lehre und in den Grundlagen der Wissenschaften unterrichtet wurde, steht außer Frage. Der Vermerk Alkuins, Karl sei von Kindesalter an *(ab ineunte aetate)* »von allerchristlichsten Eltern und rechtgläubigen Lehrern erzogen worden«, stammt zwar erst aus dem Jahre 800, dürfte aber zutreffend sein.[46] Die *magistri,* die Karl Unterricht erteilten, sollen dieselben gewesen sein, die auch Adalhard, den späteren Abt von Corbie (780 – 814 und 821 – 826) und Vetter Karls des Großen, »in jeder Klugheit der Welt« *(omni mundi prudentia)* erzogen haben.[47]

Vom 10. Juni 760 ist sodann eine Nachricht überliefert, die einen neuen Lebensabschnitt Karls markiert. In der Urkunde, die sein Vater an diesem Tag für die Abtei Saint-Calais ausstellte[48], wird er als »erlauchter Herr« *(illustris vir)* bezeichnet, und mehr noch: Karl übernahm den Schutz und die Rechtsangelegenheiten des Klosters[49]. Von ihm sollten in Stellvertretung des Vaters die Urteile gefällt werden. Zwei Monate zuvor war Karl zwölf Jahre alt geworden und hatte damit nach salischem Recht die Volljährigkeit erreicht. Damit war er alt genug, um nun erstmals herrschaftliche Handlungen auszuüben. Ein Jahr später, 761, wurde er von seinem Vater auf den Kriegszug gegen Herzog Waifar von Aquitanien mitgenommen. Auch auf diesem Gebiet sollte sich Karl frühzeitig bewähren.[50] Und 763 schließlich wurden ihm Grafschaften zur Verwaltung übertragen, um hier Erfahrung vor Ort zu gewinnen.

Mit 15 Jahren, so ist zu sehen, war Karl vollends in das Regierungsgeschäft des Vaters einbezogen. Fünf Jahre später musste er beweisen, dass er für das Regieren vorbereitet war. Pippin, von tödlicher Krankheit ergriffen, hatte in Saint-Denis noch kurz vor seinem Tod (24. September 768) das Reich zwischen seinen beiden Söhnen aufgeteilt. Leider sind wir über die Gebiete, die jeder erhielt, nur sehr ungenau unterrichtet. Seinen älteren Sohn Karl machte er, wie der Fortsetzer der Fredegarchronik schreibt[51], »zum König über das Reich von Austrasien«. In der Forschung geht man aber davon aus, dass auch Neustrien ganz oder zum großen Teil an ihn gelangte. Damit wäre jedenfalls das karolingische Kernland zu Karl gekommen. Der Jüngere, Karlmann, bekam das Gebiet von Burgund, die Provence, das »Gotenland« (*Gotia* = Septimanien), das Elsass und Alemannien, und auch Hessen und Thüringen wird man hinzurechnen müssen. Die Provinz Aquitanien scheint zwischen beiden aufgeteilt worden zu sein. Möglicherweise fiel Aquitanien aber auch durch Losentscheid ganz an Karl. Bayern hingegen blieb für sich. Es hatte unter seinem Herzog Tassilo III. inzwischen eine beachtliche Selbstständigkeit erreicht, die noch nicht angetastet wurde.

Die beiden Söhne Pippins ließen sich am selben Tag, dem 9. Oktober 768, auf den Thron erheben, Karlmann in Soissons – die Pfalz, obwohl von seinem Reichsteil entfernt, war ihm offenbar reserviert worden – und Karl in Noyon.[52] Es war der Festtag des heiligen Dionysios, des Heiligen des Frankenreichs, in dessen Kloster Saint-Denis der erste karolingische König, Pippin, seine letzte Ruhe fand und wo auch die früheren Merowingerkönige begraben waren. Im Tod, so könnte man diese Grablege deuten, sippten sich die Karolinger an ihre Vorgänger an.

Karl, 768 zwanzig Jahre alt, war inzwischen zu einer »außerordentlichen Gestalt« *(statura eminens)*[53] herangewachsen und zeigte sich »kräftig gebaut«. Von seiner Körpergröße, die um die 1,90 Meter betragen haben dürfte, war schon die Rede. Auch in dem 799 verfassten »Paderborner Epos« wird die herausragende Größe angesprochen: »Endlich tritt er hervor, umdrängt von dichtem Gefolge, Europas ehrwürdiger Leuchtturm *(Europae ve-*

neranda pharus) ..., König Karl, alle überragt er mit seinem hohen Wuchs.«[54] Auffallend – so erfahren wir wieder von Einhart – sei sein kurzer, dicker Nacken gewesen, auch sein hervorspringender Bauch. Aber ansonsten habe er ein »freundliches und heiteres Gesicht« *(facie laeta et hilari)* getragen.[55] Im Stehen wie im Sitzen seien von ihm Autorität und Würde ausgegangen. Sein Gang sei fest und seine Haltung männlich gewesen. Nur seine helle Stimme *(vox clara)* habe nicht recht dazu gepasst, was angesichts seiner »Geschwätzigkeit« *(dicaculus)* auch störend sein konnte.[56] Diese gern zitierten und im Großen und Ganzen gewiss eindrucksvollen äußerlichen Kennzeichen haben wohl auch dazu beigetragen, dass man ihn schon frühzeitig mit dem Beinamen »der Große« versah. Aber natürlich war damit vor allem seine gesamte Persönlichkeit gemeint. Kein Geringerer als Papst Hadrian I. schrieb schon 774 in einem Gedicht: »Auf diesem heiligen Thron glänzt der große König Karl.«[57] Und ein Jahr später, 775, nannte er ihn in einem Brief erneut »König Karl der Große« *(Carolus magnus rex)*.[58]

Schon frühzeitig dürfte erkennbar gewesen sein, wie sehr Karl die Geselligkeit schätzte. Er musste Menschen um sich haben. Seine Kinder, seine Freunde und sein Gefolge bedeuteten ihm alles. Er liebte es, wenn am Hof Betrieb herrschte und die Jagd mit großem Getöse vonstatten ging. Im ›Paderborner Epos‹ wird der Ablauf einer Jagd Karls beschrieben: »Lärm erhebt sich (...), die Rosse wiehern einander zu, laut schreit die Schar des Fußvolks (...). Laut schallen die Jagdhörner, gewaltiger Lärm erfüllt den Hof.«[59] Stets wollte Karl dabei Mittelpunkt sein, auch wenn es um wissenschaftliche Fragen ging. Besonders zugetan war er der Astronomie, einer der sieben freien Künste. Aufmerksam beobachtete er den Lauf der Gestirne und ließ sich zu diesem Zweck in die Künste der Computistik einführen. Die exakte Berechnung der Himmelsbewegungen sollte möglichst eindeutige Entscheidungsgrundlagen liefern. Es war wichtig zu wissen, ob die Sterne günstig standen. Mitten im Sachsenkrieg sandte Karl daher einmal eine Anfrage an Alkuin, wie der beschleunigte Lauf des Mars zu deuten sei.[60]

Auch die Bezeichnung »Karl der Weise« *(sapiens)* ist in zahlreichen den Kaiser verehrenden Texten anzutreffen.[61] Theodulf von Orléans, einer der großen Gelehrten am Hof, konnte sich allerdings eines leicht ironischen Tones nicht enthalten, als er die Weisheit Karls rühmte. Keiner stehe über ihm und sein scharfsinniger Verstand sei so berühmt, dass er keine Grenzen habe. Er sei »breiter als der Nil, größer als die eisbedeckte Donau, größer auch als der Euphrat und mindestens so mächtig wie der Ganges«.[62] Solche Sätze – so wie viele andere Bemerkungen dieser Art – signalisieren jedenfalls mit Nachdruck, dass sich Karl nicht nur mit Krieg, sondern auch mit Wissen und Wissenschaft beschäftigt hat.

Dass er sich als Spross einer von Gott auserwählten und begünstigten Dynastie erachtete, unterstreicht sehr deutlich die Geschichte, die von Paulus Diaconus berichtet wird.[63] Karls Urahn, der Bischof Arnulf von Metz, habe mitten auf der Moselbrücke gestanden und an einige seiner »Ausschreitungen« *(pro aliquibus excessibus)* gedacht. Zur Sühne habe er sich einen Ring vom Finger gestreift und ihn in das gurgelnde Wasser geworfen. Doch einige Jahre später sei just dieser Ring vom Koch, der das Essen zubereitete, im Magen eines Fisches entdeckt und dem Bischof gebracht worden. Gott selbst, so habe Arnulf nun erkannt, habe ihn ausgezeichnet und ihm damit zu verstehen gegeben, dass er mit göttlicher Zustimmung den Sieg auch über die mächtigsten Feinde davontragen werde. »Dies habe ich nicht von irgendjemandem gehört«, so versicherte Paulus Diaconus, »sondern von dem Verfechter der reinen Wahrheit, von dem erhabenen König Karl, der mir davon erzählte.« Er, der große Karl, gehörte eben zu diesem Stamm des Auserwählten Gottes. Das göttliche Wohlwollen, dessen durfte er gewiss sein, strömte auch auf ihn über, den Urenkel Arnulfs »in fünfter Generation« *(in generatione linea trinepos)*.[64]

Kapitel 5

Das Ende der konkurrierenden Mitregenten

Am Beginn von Einharts Bericht über das Leben Karls des Großen stehen die Kriege (cap. 5 ff.). In der Forschung hat man daraus geschlossen, dass der Autor dem Sohn und Nachfolger Karls, dem frommen Ludwig, die kriegerische Tüchtigkeit des Vaters als Vorbild vor Augen stellen wollte. Zwingend ist diese Interpretation aber nicht. Auch die Lebensbeschreibung, die Sueton von Kaiser Tiberius verfasst hat, beginnt mit den kriegerischen Aktionen – und hiervon könnte Einhart in der Gliederung seiner Darstellung bestimmt worden sein.

Aber so weit muss man gar nicht gehen. Natürlich war der kriegerische Erfolg das Markenzeichen des großen Karl. In einer Welt, in der das Kämpfen das tägliche Handwerk einer Kriegergesellschaft bestimmte, stand dieses Thema von vornherein im Vordergrund. Wohl und Wehe des ganzen Volkes hingen davon ab, ob ein Herrscher im Krieg erfolgreich war. Dabei dirigierte er nicht aus sicherer Warte seine Truppen, sondern warf sich stets persönlich ins Kampfgetümmel. Ein König musste zuallererst ein unüberwindbarer, siegreicher Kämpfer und Anführer seiner Krieger sein. Davon hing seine Autorität ab, denn nur der siegreiche König hatte Gott auf seiner Seite. Königsherrschaft in karolingischer Zeit – diesem Standpunkt in der jüngeren Forschung wird man gewiss zustimmen – wurde in erster Linie durch erfolgreiche Konfliktaustragung faktisch durchgesetzt.[1]

Die Art der Bewaffnung, die Organisation der Truppen und des Nachschubs, die Strategien und Taktiken im Kampf oder bei der Belagerung, all das stand an vorderster Stelle herrscherlicher Planung und Entscheidung. Dementsprechend war am Hof des karolingischen Königs selbst der militärische Schutz professionell eingerichtet.[2] Es gab eine Leibwache des Königs und der Hofgesellschaft, Elitekrieger, die sich durch einen besonderen Eid verpflichteten: Sie schworen im Palast des Königs in dessen Hand Gefolgschaft und Treue *(trustis et fidelitas)* und bildeten mit ihren Kommandanten eine enge Schwurgemeinschaft – ganz nach römischem Vorbild. Diese königlichen Schutztruppen waren aus Franken, Romanen und anderen ethnischen Gruppen zusammengesetzt. Ihr Training erfolgte in verschiedenen Abteilungen, *scholae* genannt. Ebenfalls ganz nach römischem Muster wurden die »Offiziere«, junge Söhne hoher Adliger, am Hof auf ihre Führungsaufgaben vorbereitet, die sie später als »Kapitäne« *(capitanei)* zu erbringen hatten. Auch Lesen und Schreiben gehörte zur Ausbildung dieser »Knaben« *(pueri)*. Die »Offiziere« hatten gegebenenfalls auch die Königin zu bewachen, wie der Grafensohn Witiza[3], ein Westgote, der dann im Kampf gegen das Langobardenreich 773/774 mit seiner Truppe große Leistungen vollbrachte. Witiza wurde allerdings später Mönch und machte unter seinem neuen Namen »Benedikt von Aniane« eine große Karriere.

Neben den am Hof stationierten Eliteeinheiten gab es königliche Truppen in der Provinz. Diese Krieger, in der Regel *vassi* oder *vassalli* genannt, wurden mit dem Privileg ausgestattet, bestimmte Ländereien zu nutzen. Dafür mussten sie nur geringe Abgaben bezahlen, weshalb diese Güter als »Wohltaten« *(beneficia)* bezeichnet wurden.[4] Die Hauptkontingente des Heeres freilich wurden von den Magnaten gestellt, von den großen Grundherren, den Bischöfen und den Äbten. Sie mussten auf Befehl des Königs Krieger aufbieten, und zwar je nachdem, wie groß ihr Besitz war. Zu einem voll ausgerüsteten Panzerreiter gehörte neben dem Pferd vor allem das Kettenhemd mit dem Helm, also die »Brünne« *(brunia* oder *lorica)*, die nach damaligem Gesetz niemand nach außerhalb des Reiches verkaufen durfte.[5] Ferner waren Beinschienen, Schild, Schwert, Lanze, Bogen und Pfeile und ausreichende Verpflegung für drei Monate oder länger erforderlich.[6] Um sich dergestalt ausstatten zu können, benötigte man den Besitz von mindestens zwölf »Mansen«. Das waren je nach Qualität des Bodens einhundertzwanzig bis zweihundertzehn Hektar. Vier Mansen reichten nur für einen Krieger zu Fuß oder ein Mitglied der leichten Reiterei. Jeder Freie, der über solchen Besitz von vier Mansen verfügte, war zum Kriegsdienst verpflichtet[7], wenn auch nicht jedes Jahr. Wer weniger besaß, musste sich mit anderen zusammenschließen. Freie waren in den Augen Karls alle, die nicht zu den Unfreien gehörten. *Quia non est amplius nisi liber et servus,* so ließ er kurz nach 800 auf Anfrage eines Königsboten verlauten.[8]

Aber es gab auch Freie, die sich in den Schutz eines Herrn, eines Klosters oder einer Kirche begeben hatten. Auch sie verfügten über ein *beneficium,* hatten aber ihre Freiheit teilweise verloren. Der Sog, der die Freien in die Abhängigkeit mächtiger Familien zog, verstärkte sich in den letzten Jahren Karls des Großen erheblich. Jedenfalls wurden auch sie, die wie die freien Krieger als Vasallen auftreten konnten, für den militärischen Dienst verpflichtet. Karl der Große hat sie in einem Kapitular von 792/793 eigens in das Heeresaufgebot einbezogen mit der Kennzeichnung: »Knechte, die als Bevorzugte Benefizien und Ämter haben oder durch die Vasallität geehrt sind und sich wie ihre Herren Pferde und Waffen mit Schild, Speer, zweischneidigem Schwert und Kurzschwert leisten können.«[9]

Man hat im Zusammenhang mit dem Auftreten der Vasallen in der älteren Forschung schon ein weit ausgebildetes Lehnswesen in Verbindung bringen wollen. Heute spricht man eher von verschiedenen Formen der Abhängigkeit oder der Treuebeziehung und lehnt ein festes System eines Lehnswesens für die Zeit Karls des Großen ab.[10] Immerhin hat Karl der Große der um sich greifenden »Vasallisierung« Rechnung getragen, indem er 807 die Verordnung ausgab, dass »diejenigen, die bekanntermaßen über Benefizien verfügten, alle gegen den Feind anzutreten« hätten.[11]

Aus all diesen Männern verschiedenen Standes und verschiedener Volkszugehörigkeit setzte sich das fränkische Heer zusammen. Das Aufgebot musste jeder Grundherr aus dem Kreis seiner Halbfreien und Knechte zusammenstellen. Der jeweilige Graf aber, der die übergreifende öffentliche Gewalt in seinem Distrikt ausübte, hatte das Kontingent dann aus der Gruppe der Freien in seiner Grafschaft oder seinem Gau aufzubieten. Wer sich weigerte, dem Gestellungsbefehl nachzukommen, musste 60 Solidi (Schillinge) an Strafe zahlen, was den Gegenwert von etwa dreißig Kühen bedeutete. Konnte oder wollte jemand nicht bezahlen, so wurde er versklavt. Das System war extrem hart.

Am 1. März eines jeden Jahres, seit 756 am 1. Mai, hatten sich die Truppen zu versammeln (»Märzfeld« = *campus martius* bzw. »Maifeld« = *magis campus*). Man geht für das Frankenreich Karls des Großen nördlich der Alpen von etwa sechshundert Grafschaften bzw. Gauen aus und rechnet mit etwa acht Millionen Einwohnern. Von diesen befanden sich etwa zwei bis zweieinhalb Millionen im wehrhaften Alter. Etwa vier Prozent von ihnen dürften für den Kriegsdienst zur Verfügung gestanden haben, so dass ein Gesamtheer Karls – jedenfalls in der Theorie – eine Stärke von annähernd 100 000 Mann erreichen konnte. Hinzu konnten noch viele Tausende von ›Fußsoldaten‹ kommen. Während man früher annahm, dass die Heereskontingente Karls kaum mehr als etwa 3000 Reiterkrieger und 6000 bis 10 000 Mann starke Fußtruppen umfassten, hat die französische und amerikanische Forschung[12] inzwischen ganz andere Größenordnungen wahrscheinlich gemacht. Heute geht man davon aus, dass Karl der Große über Heere von 30 000 bis 60 000 Mann verfügte. Allein durch die gewaltigen Massen habe er den Feinden Schrecken eingejagt, und seine militärische Strategie sei die »erdrückende Übermacht« (»overwhelming force«)[13] gewesen.

Wichtig ist, dass alle diese militärischen Gruppen zwar als Franken bezeichnet wurden, dass sie aber aus allen möglichen ethnischen Gruppen zusammengesetzt waren. Das Militärwesen entwickelte sich zu einem wichtigen Instrument für die Integration des fränkischen Reiches, und das Wort ›Franke‹ wurde zu einem kriegerischen Qualitätsbegriff, dem sich Angehörige anderer Völker problemlos zuordneten. Trainiert wurde nach den Lehrbüchern der Antike, insbesondere dem Buch ›Über das Militärwesen‹ (›De re militari‹) des Vegetius aus dem vierten Jahrhundert, das hundertfach abgeschrieben und verbreitet wurde. Es beschreibt auch die Belagerungstechniken und die dafür erforderlichen Geräte. Daran konnte sich Karl der Große orientieren, wenn er den Einsatz von Steinschleudern *(fundibulae)* und die Bereitstellung von geeigneten Steinen anforderte.[14]

Die militärischen Angelegenheiten bestimmten das öffentlich-staatliche Leben im Frankenreich in höchstem Maße. Krieg war demnach auch das erste, was 768 auf die beiden neuen Könige zukam. Aquitanien war noch von Pippin, dem Vater Karls des Großen, in einem zermürbenden neunjährigen Krieg niedergeworfen worden. Als Herzog Waifar, der Gegner des Karolingers, am 2. Juni 768 ermordet wurde, schien die Eingliederung Aquitaniens in das Frankenreich abgeschlossen zu sein. Grafen wurden eingesetzt, und König Pippin erließ ein Kapitular mit den wichtigsten Anordnungen für seine Amtsträger.[15] Der Vater Waifars, Hunoald, der sich schon zurückgezogen hatte, suchte nach dem Tod Pippins den Regierungsübergang im Frankenreich zu nutzen, um die Selbstständigkeit Aquitaniens wieder herzustellen. Daher unternahm, wie Einhart schrieb, Karl der Große 769 »zuerst den aquitanischen Krieg« (cap. 5) mit entschlossenem Handeln und raschem Erfolg. Nach wenigen Monaten war der Widerstand gebrochen, Hunoald und seine Frau gerieten in Gefangenschaft, Aquitanien war von nun an fest in das Frankenreich eingegliedert. Die gewaltige militärische Überlegenheit des neuen Frankenkönigs hatte sich zum ersten Mal bewährt.

Die nächste Aktion war bedeutend schwieriger und komplexer. Nach der Regelung der Verhältnisse in Aquitanien, so Einhart, musste Karl nämlich den Krieg gegen die Langobarden führen. Um die Ursachen hierfür zu verstehen, muss man etwas ausholen. Die Langobarden hatten im nördlichen Italien bis in die erste Hälfte des achten Jahrhunderts hinein ein selbstständiges und florierendes Reich errichtet – auch wenn Byzanz den Anspruch auf ganz Italien nicht aufgab. Südlich schlossen sich noch die langobardischen Herzogtümer Spoleto und Benevent an, die eine gewisse Unabhängigkeit erlangten.

Unter König Liutprand (712–744) stand das Langobardenreich im Norden und in der Mitte Italiens auf dem Höhepunkt. Pavia war die Hauptstadt. Die Herrschaft ruhte vor allem auf einer breit akzeptierten und immer wieder fortgeführten Gesetzgebung. Jeder der langobardischen Könige ergänzte die Gesetze, und unter Liutprand fanden jährlich Volksversammlungen statt, bei denen neue Zusätze beschlossen wurden. Dazu gehörten etwa Bestimmungen über ein weitgehendes Erbrecht der Frauen. Das rechtliche wie das kulturelle Leben dieses Reichs befanden sich auf hohem Niveau. Die Romanen und Germanen, die hier zusammenlebten, hatten sich arrangiert, und die Langobarden waren dazu übergegangen, sich – so wie die Romanen – der römischen Kirche anzuschließen.

Liutprand erwarb sich auch bei den Franken hohes Ansehen. Der Hausmeier Karl Martell erbat seine Hilfe bei der Abwehr der Araber in Südfrankreich (Arles), und Liutprand stand ihm zur Seite. Etwa 734 wurde das Bündnis zwischen beiden vertieft, als Karl Martell seinen etwa zwanzigjährigen Sohn Pippin an den Hof nach Pavia sandte. Dort hat ihm Liutprand nach langobardischer Sitte das Haupthaar geschnitten. Das war ein hohes Ritual und das Zeichen dafür, dass Pippin von Liutprand wie ein Sohn angenommen wurde.[16] Der Vorgang ist auch deshalb bemerkenswert, weil Pippin auf diese Weise mit langobardischer Autorität lange vor seiner eigentlichen Königserhebung 751 schon in die königliche Sphäre eingetreten war.

So entstand in diesen frühen Jahren eine enge Freundschaft zwischen den Karolingern und dem langobardischen Königshaus, und so manches konnten die aufsteigenden fränkischen Hausmeier vom Königshaus in Italien lernen. Insbesondere die Wissenschaften wurden am Hof in Pavia gepflegt. Paulus Diaconus – einer der herausragenden Gelehrten des achten Jahrhunderts (geb. 720/730, gest. 797/799), der uns noch mehrmals begegnen wird – erfuhr dort seine Ausbildung unter König Ratchis (744–749), dem Nachfolger Liutprands. Sein Lehrer Flavianus war einer der romanischen Grammatiker, der ihm Sprach- und Literaturunterricht erteilte. Wie sehr die Wissenschaft am Hof in Blüte stand, überliefert Alkuin, der auf einer Romreise in jungen Jahren um 760 in Pavia Station machte. Er erlebte dort eine Disputatio zwischen einem Juden namens Lullus und dem Gelehrten Petrus von Pisa – und Petrus habe den Sieg davongetragen.[17] Der Grammatiker Felix sowie dessen Neffe Flavianus, der Lehrer von Paulus Diaconus, standen bei König Ratchis in hohem Ansehen und wurden reich beschenkt. Paulus Diaconus selbst übernahm dann den Unterricht für Adelperga (gest. nach 788), die Tochter von König Desiderius (757–774).

Durch alle diese Entwicklungen sah sich das Papsttum in Rom zunehmend bedroht. In der Tat zielte die langobardische Politik darauf ab, die byzantinischen Hauptorte und Regionen, vor allem das Exarchat Ravenna und den Dukat von Rom, der eigenen Herrschaft einzugliedern. Der Kaiser in Byzanz war weit entfernt und vermochte kaum einzugreifen. Schon Papst Gregor II. (715–731) schrieb an Kaiser Leon III., er habe keine Hoffnung mehr darauf, von diesem Hilfe zu erhalten: »weil du uns überhaupt nicht verteidigen kannst!«[18] Der römische Bischof benötigte neue Helfer. Schon die Erhebung Pippins in das Königtum hing, wie wir gesehen haben, mit dieser päpstlichen Notlage und einem Hilferuf des Papstes zusammen. Nun aber, um 770 spitzte sich die Situation für den Nachfolger Petri dramatisch zu.

Mit den neuen Königen im Frankenreich konnte er noch nicht fest rechnen. Man gewinnt den Eindruck, als habe insbesondere Karl der Große in seinen ersten Jahren zunächst eine klare Linie für seine Politik suchen müssen. Es ging um die Führungsrolle zwischen ihm und seinem Bruder Karlmann. Karlmanns 770 erstgeborener Sohn erhielt demonstrativ den Namen Pippin. Mit ihm sollte sich die Dynastie fortsetzen. Es ist bezeichnend für das päpstliche Bedürfnis nach Koalitionen, dass sich Stephan III. (768–772) sogar anbot, den Kleinen zu taufen und damit dessen hohen Rang zu bestätigen. Aber auch Karl war nur wenige Monate zuvor von Himiltrud ein Sohn geboren worden. Auch dieser hatte den Namen Pippin (gest. 811) erhalten. Allerdings scheint er ein körperliches Gebrechen gehabt zu haben, was zu seinem Beinamen »der Bucklige« geführt hat. Dennoch: An der Namensgebung ist zu erkennen, dass die Konkurrenz zwischen den beiden Brüdern sofort entflammt war.

Zum zweiten hatte die Tradition der fränkisch-langobardischen Verbundenheit durchaus noch ihre Kraft behalten. Die Kriege, die Pippin 754 und 756 zur Beruhigung des Papstes gegen König Aistulf II. (749–756) geführt hatte, waren jeweils in ein friedliches diplomatisches Abkommen gemündet. Nun, 769/770, schien sich diese Kooperation zwischen dem karolingischen Hof und dem langobardischen König sogar noch zu verstärken – sehr zum Schrecken des Papstes. Das Gerücht ging um, dass eine Eheverbindung zwischen einer Tochter des Desiderius und einem der beiden karolingischen Brüder bevorstünde. Dies kommentierte Papst Stephan III. mit übelsten Beschimpfungen der Langobarden: Dieses Unterfangen sei vom Teufel bestimmt, ein Bündnis bösester Machenschaften.[19]

Zum dritten versuchte die Königinwitwe Bertrada (gest. 783) in einer Art Friedensmission ein umfassendes Bündnissystem aufzubauen, in dem ihre beiden Söhne zusammen mit dem König Desiderius, dem Herzog Tassilo III. von Bayern und dem Papst eine friedliche Koexistenz der Gleichrangigkeit entwickeln sollten. Die Politik Karls des Großen wirkt in dieser Phase unentschlossen. Zunächst spielte er mit. Er nahm sogar eine Tochter des Desiderius zur Frau, jedenfalls berichtet Einhart fünfzig Jahre später davon. Auch der Bayernherzog Tassilo III. war mit einer Tochter des langobardischen Königs verheiratet. Eine dritte Tochter, die einst von Paulus Diaconus unterrichtete Adelperga, wurde Herzog Arichis II. von Benevent zur Frau gegeben. Karlmanns Gemahlin wiederum, Gerberga, könnte mit König Desiderius in Verwandtschaft gestanden haben. Eine von dessen Töchtern scheint diesen Namen getragen zu haben – und Karlmanns Frau sollte sich wenige Jahre später zu Desiderius flüchten.

Dieses ganze, etwas unüberschaubare System war Karl schon im Frühjahr des Jahres 771 zu unbestimmt. Es drängte ihn nach politischer Eindeutigkeit. Spätestens im April 771 muss er sein politisches Konzept völlig neu aufgestellt haben. Seine langobardische Frau, so erfahren wir von Einhart, schickte er an den Vater zurück. Überdies vermählte er sich mit der Alemannin Hildegard aus dem Herrschaftsschwerpunkt seines Bruders. Das bedeutete eine scharfe Kampfansage. Von Beginn des Jahres 771 an betrieb Karl eine Politik, die vollständig von eigenen Vorstellungen und Zielen geprägt war. Diese neue Linie verstärkte sich noch, als sein Bruder Karlmann am 4. Dezember 771, gerade 20 Jahre alt, überraschend und aus unbekannten Gründen in der Pfalz Samoussy (westlich von Laon) starb. Es ist naheliegend, dass die Vermutung aufkam, es sei bei seinem Ableben nicht mit rechten Dingen zugegangen. Die Quellen aber schweigen darüber.

Karl übernahm unverzüglich die Reichsgebiete des Bruders. Die Großen des verstorbenen Karlmann erschienen noch 771 in Corbeny (nördlich von Reims) vor Karl und erkannten seine Herrschaft an. Karl seinerseits übernahm die politische Elite der neuen Gebiete in seine Reihen. Unter ihnen befanden sich hohe Persönlichkeiten wie Abt Fulrad von Saint-Denis, Erzbischof Wilchar von Sens und Karlmanns Notar und Kanzleichef Maginarius. Manche wie Adalhard, der Vetter und einstige Mitschüler Karls, verweigerten sich allerdings. Dieser zog sich in das Kloster Corbie zurück. Überall ist nun der Einschnitt zu erkennen. Auch Gerberga, die Gemahlin des toten Karlmann, reagierte auf den Wandel. Sie befürchtete ganz offensichtlich einen unheilvollen Zugriff ihres Schwagers und brachte sich mit ihren Kindern bei Desiderius in Sicherheit. So erscheint das Jahr 771 als tief greifende Wende und als eigentlicher Auftakt von Karls eigenständiger Politik.

Das deutlichste Zeichen dafür war der Krieg gegen den Langobardenkönig. Wieder hatte es Beschwerden des Papstes gegeben. Der neue Papst, Hadrian I. (772–795), sah sich in seinen Versuchen, Gebiete aus den Händen der Langobarden wiederzugewinnen, von Desiderius behindert. Zu Beginn des Jahres 773 schickte er eine Gesandtschaft zu Karl, um ihn zum Eingreifen zu bewegen. Karl versuchte zunächst, auf diplomatischem Weg eine Lösung zu finden. Aber Desiderius verweigerte sich jedem Vergleich. Daraufhin reagierte Karl mit großer Entschlossenheit und ebenso großem Einsatz. In kürzester Zeit, noch im Spätsommer des Jahres, versammelte er ein Heer von etwa 30 000 bis 40 000 Mann. So gerüstet, überquerte er die Alpen.[20]

Von nun an verfolgte er absolut konsequent sein Ziel, und das lautete: alleinige Herrschaft über die Völker Galliens, Germaniens und Italiens zum Schutz und im Dienst der römischen Kirche. Ganz entsprechend der Aufforderung des Augustinus in seinem Buch ›Über den Gottesstaat‹ (›De civitate Dei‹) setzte Karl alles daran, keine gleichrangigen oder konkurrierenden Mitregenten neben sich zu haben (Buch V, cap. 24). So ist auch der Titel zu verstehen, den er sich in der Einleitung der ›Libri Carolini‹, der Gedenkschrift über die Rechtgläubigkeit in der Kirche von 792/794, zulegte: »König der Franken sowie Gallien, Germanien, Italien und die benachbarten Gebiete mit Gottes Hilfe regierend.«[21]

In der Forschung wird bisweilen der Standpunkt vertreten, Karl sei in seinen kriegerischen Aktionen eher zufällig, spontan und ohne besondere Konzeption gewesen. Improvisationsgeschick habe ihn ausgezeichnet. Auch bei diesem Krieg habe Karl gar nicht die Absicht gehabt, die autonome Existenz des Langobardenreiches zu beenden. Einhart sah das – freilich aus der Rückschau – anders. Pippin und Karl, so resümierte er, hätten zwar denselben Grund für ihre Langobardenkriege gehabt. Aber Pippin sei rasch bereit gewesen, sich friedlich zu einigen. Karl dagegen habe erst mit dem Krieg aufgehört, »als er den König Desiderius in langer Belagerung zermürbt und zur völligen ›Unterwerfung‹ gezwungen« habe. Der Begriff dafür in der ›Vita‹ lautet *deditio*.[22] Dies – so wissen wir seit den grundlegenden Forschungen des Münsteraner Mittelalterforschers Gerd Althoff[23] – ist der spezielle Ausdruck für die vollständige und rückhaltlose Selbstauslieferung an den Sieger, auch wenn bestimmte Vereinbarungen vorher abgesprochen sein konnten. Im Falle von Desiderius lautete das Diktat des Siegers, dass sowohl der Langobardenherrscher als auch sein Sohn Adelchis ihre Rechte auf das Königtum vollständig aufgeben mussten. Auf diesen totalen

Herrschaftsverzicht sei besonders hingewiesen, weil wir hier ein ähnliches Vorgehen antreffen wie 15 Jahre später bei der Entmachtung Herzog Tassilos III. von Bayern. Erst als ganz Italien unterworfen war, so Einhart, und als Karl seinen dritten Sohn – den er, so wie den ältesten Sohn, in Pippin (gest. 810) umbenannt hatte – als König eingesetzt hatte, war für ihn der Kriegszug endgültig abgeschlossen (cap. 6).

Dass Karl von dem Moment an, als Desiderius jedes Entgegenkommen verweigerte, entschlossen war, das langobardische Königshaus auszulöschen, zeigt sich daran, dass er sogar den Winter 773/774 über mit seinem Heer vor Pavia stationiert blieb. Das war das erste Mal, dass ein fränkisches Heer auch im Winter im Krieg stand. Hinzu kommt, dass Karl in dieser Zeit eine Reihe weiterer Burgen und Städte des langobardischen Reiches eroberte. Das Königreich Italien sollte flächendeckend besetzt werden. Ivrea, Vercelli, Novara, Piacenza, Mailand, Parma, Tortona, Turin wurden erobert – vor allem aber Verona, wo er Gerberga und ihre Söhne, die sich dorthin geflüchtet hatten, in seine Gewalt brachte. Von diesem Moment an verschwanden sie aus der Geschichte. Von ihnen ging künftig keine Gefahr mehr für Karls Alleinherrschaft aus.

Im Übrigen hat offenbar auch Papst Hadrian I. mit der völligen Vernichtung des langobardischen Königshauses gerechnet, wahrscheinlich hat er Karl in dieser Absicht sogar bestärkt. Von Pavia aus, während der Belagerung der Stadt, war der Frankenkönig im April 774 nämlich nach Rom gezogen, um mit dem Papst das Osterfest zu feiern und den ›Pakt‹ mit ihm zu festigen. Zum ersten Mal in der Geschichte besuchte ein fränkischer König Rom – die Wirkung der Eindrücke wird man hoch veranschlagen müssen. Der »Schutzherr der Römer« *(Patricius Romanorum)* mit seinen kaiserähnlichen Befugnissen wurde von ›seiner‹ Stadt mit allen Ehren aufgenommen. Hadrian schickte ihm Vertreter sämtlicher Stände und Behörden 30 Meilen entgegen. Eine Meile vor Rom hatten sich sodann die Scholen der Miliz mit ihren Befehlshabern und den Schulknaben mit Palmzweigen und Ölzweigen postiert. Jauchzend empfingen sie den König wie einen Exarchen, der gleichsam die kaiserliche Autorität selbst personifizierte. Auf den Stufen von St. Peter wartete der Papst auf Karl. Sie umarmten sich, hielten sich an der Hand und traten mit Lobgesängen auf Gott und den König in die Peterskirche ein. Der ganze Klerus und alle Diener Gottes hätten mit lauter Stimme gerufen: »Gelobet sei, der da kommt im Namen des Herrn!«[24]

All das waren Rituale für die Anerkennung einer Autorität, die sich von der kaiserlichen nicht mehr weit unterschied. Karl war jetzt in Italien und in Rom präsent und befand sich auf dem Weg, der alleinige Herrscher zu werden. In diesem Sinne reagierte auch Papst Hadrian I. In einem Widmungsgedicht, das er damals an Karl richtete, heißt es: Der Frankenkönig werde die hochmütigen Völker mit seinen »göttlichen Waffen« *(arma divina)* niederwerfen. Petrus und Paulus würden ihm zum Sieg verhelfen; er selbst werde siegreich in Pavia einziehen, den Nacken des treulosen Desiderius zertreten *(nefa perfidi regis calcabis Desiderii colla)* und das Langobardenreich übernehmen.[25]

Der Papst gab sich bestens instruiert. Als Richtschnur künftiger Herrscherentscheidungen überreichte er Karl eine Sammlung des Kirchenrechts, die ›Collectio Dionysio-Hadriana‹. Sie sollte Karl offenbar als Leitlinie für den von ihm angestrebten ›Gottes-Staat‹ dienen, in dem Kirche und Welt miteinander verschmelzen sollten. Am Königshof wurde sie mit einer älteren, merowingischen Sammlung kombiniert, der ›Collectio Vetus Gallica‹, und in dieser Version fand sie im ganzen Reich weite Verbreitung. Das Kirchenrecht stärkte die Autorität des Herrschers, weil es seine Handlungen und Anordnungen mit der kirchlich-göttlichen Legitimation versah.

Der Papst seinerseits erhielt bei diesem großen, geradezu programmatischen Zusammentreffen mit Karl in Rom 774 die Zusicherung, dass der Frankenherrscher die 754 von König Pippin gegebene Versprechung *(promissio)* erfüllen und die durch die Langobarden entfremdeten Gebiete zurückgeben wolle. In den folgenden Jahren ist in der Tat zu erkennen, dass Karl die vom Papst beanspruchten Gebiete nicht der neuen fränkischen Verwaltung unterwarf. Er respektierte, jedenfalls für eine gewisse

Zeit, die päpstlichen Interessen. Der gesamte Vorgang wirkt wie ein Pakt für eine neue Epoche. Das Zusammenwirken von geistlicher und weltlicher Gewalt strebte einem neuen Höhepunkt zu.

Dann kehrte Karl vor die Tore des belagerten Pavia zurück. Rasch folgte Anfang Juni 774 das Ende der Stadt. Die Bewohner waren derart ausgehungert, geschwächt und von Krankheiten geplagt, dass sie sich ergaben. Als Karl der Große in Pavia einzog, folgten ihm in einer Art Prozession »die Bischöfe, die Äbte und die geistlichen Kapelläne mit ihren Gefolgschaften«.[26] Der langobardische König Desiderius wurde mit seiner Frau Ansa und einer Tochter fortgeführt und wahrscheinlich dem Kloster Corbie zu lebenslanger Haft übergeben. Wie üblich, wurde die Stadt geplündert. Der Königsschatz ging in den Besitz Karls über. Als Eroberer dehnte er seinen Königstitel einfach auf das Langobardenreich aus. Eine besondere Krönung war nicht erforderlich, und die berühmte ›Eiserne Krone‹ von Monza für den König von Italien gab es damals noch gar nicht. In einer Urkunde vom 5. Juni 774 erscheint Karl erstmals als »König der Franken und Langobarden« *(rex Francorum et Langobardorum)*.[27] Wenige Wochen später, am 16. Juli 774, fand auch sein neuer vollständiger Titel in einer Urkunde Verwendung: »König der Franken und Langobarden und Patricius der Römer« *(rex Francorum et Langobardorum atque patricius Romanorum)*.[28]

Nach seinem vollständigen Sieg ging Karl nicht sogleich an einen völligen Wechsel der Herrschaftselite in Italien. Manche der langobardischen Amtsträger *(duces)* blieben noch im Amt – eine Maßnahme, mit der Karl vielleicht ihre Erfahrung nutzen wollte. Aber als 775/776 ein Aufstand aufflackerte, war diese Strategie beendet. Alle langobardischen Königsgüter, der gesamte ›Fiskus‹ Oberitaliens, gingen in den Besitz Karls des Großen über. Die Herzogtümer wurden in Grafschaften umgewandelt. Von nun an übten die Franken in den Klöstern und Städten Oberitaliens die Kontrolle aus. Die langobardische Führungsschicht wurde in weiten Teilen ausgelöscht. Dieser Aktion fielen beispielsweise die Bischöfe Andreas von Pisa, Apollinaris von Reggio und Peredeo von Lucca zum Opfer, auch der Herzog von

Friaul, der durch einen anderen ersetzt wurde. Bischof Theodor von Pavia wurde ins Frankenreich deportiert.

Manche konnten sich in die südlichen Herzogtümer flüchten. Benevent wurde zum Sammelplatz der Exilanten. Einer unter ihnen war Paulus Diaconus, der aus einer hochadligen Familie stammte und in seinen Gedichten das Entsetzen über die Vorgänge zum Ausdruck brachte. In Benevent oder in Montecassino verfasste er seine ›Römische Geschichte‹ (›Historia Romana‹) in sechzehn Büchern für Adelperga (gest. nach Februar 788), die beneventanische Herzogin. Darin beschrieb er die Geschichte des ruhmvollen Römischen Reiches, das vom Langobardenreich fortgesetzt worden sei. Aber nun sei alles vorbei. Adelpergas Gemahl, Herzog Arichis II. (gest. 787), so stellte Paulus Diaconus betrübt fest, sei »in dieser Zeit fast als Einziger übrig geblieben, der noch die Palme der Weisheit hält«.[29] Auch die ›Geschichte der Langobarden‹ (›Historia Langobardorum‹) stammt von Paulus, mit der er gleichsam aus der Rückschau das untergegangene Reich beschrieb und an der er noch nach 787 arbeitete.

Paulus Diaconus verließ 781 seine langobardische Heimat und folgte Karl in das Frankenreich. Sein Bruder war wie viele andere in die Gefangenschaft der Franken geraten. In einem Gedicht betrauerte er dessen Schicksal:

»Es ist nun das siebte Jahr, seit die Umwälzung vielfältige
Schmerzen hervorruft und mein Herz martert.
Seitdem ist mein Bruder gefangen in Euren Landen,
mit traurigem Herzen, nackt und mittellos.«[30]

Paulus Diaconus hoffte, die Freilassung seines Bruders zu erwirken, indem er sich selbst und seine Dicht- und Schreibkunst in den Dienst Karls stellte. Er besitze weder Gold noch Silber und auch sonst kein Geld, er könne nur mit Texten bezahlen, so beteuerte er.[31] Am Hof des Frankenkönigs übernahm er diverse Auftragsarbeiten. Dazu gehört auch das von Bischof Angilram von Metz in Auftrag gegebene ›Buch über die Bischöfe von Metz‹ (›Liber de episcopis Mettensibus‹) aus dem Jahre 784, in dem der

Stammvater der Karolinger, Bischof Arnulf von Metz, und seine Nachkommen gefeiert werden. Vermutlich 785/786 erreichte der Dichter dann endlich sein Ziel, Karl der Große ließ sich erweichen und vergab, wie es scheint, dem Bruder. Paulus Diaconus kehrte nach Benevent und in sein Kloster Montecassino zurück: Gewiss ein Einzelschicksal, das dennoch den Untergang des Langobardenreichs eindringlich illustriert.

Nun gab es nur noch einen ›Mitregenten‹ im Reich, der als gleichrangig oder konkurrierend erscheinen konnte: Herzog Tassilo III. von Bayern (748–788). Man ist fast erstaunt, dass Karl der Große das Herrschaftsmodell des bayerischen Herzogs so lange toleriert hat. Denn Tassilo erlangte in den Sechziger- und Siebzigerjahren in Bayern eine Stellung, die ihn wahrlich königsähnlich erscheinen ließ.

Die Grundlage dafür bot seine edle Herkunft. Er, 741 geboren, war über seine Mutter Hiltrud, die Tante Karls des Großen, ein Karolinger. Sein Vater Odilo stammte aus dem schwäbischen Zweig der Agilolfinger. Das war ein altehrwürdiges Fürstenhaus, das seit dem sechsten Jahrhundert Herzöge in Bayern und später auch in Alemannien stellte. Bereits seit über zweihundert Jahren spielte diese Familie – mal im Zusammenwirken mit den Franken, mal in Gegnerschaft zu ihnen – nicht nur im eigenen Volk, sondern auch in der großen Politik eine bedeutsame Rolle. Man muss diese Jahrhunderte zurückreichende Legitimation der agilolfingischen Herrschaft berücksichtigen, um das hohe Selbstbewusstsein einordnen zu können. In der ›Lex Baiuwariorum‹ heißt es dementsprechend: »Der Herzog, der dem Volke vorsteht, kam immer aus dem Geschlecht der Agilolfinger und wird es immer sein« (III, 1).

Als Tassilos Vater 748 starb, war der Junge sieben Jahre alt. Seine Mutter, die Karolingerin Hiltrud, führte für ihn die Regierungsgeschäfte bis zu ihrem Tod 754, offenbar mit Unterstützung des Hausmeiers Pippin. 755 sehen wir Tassilo auf der Heeresversammlung, dem »Märzfeld«, König Pippins. Ein Jahr später beteiligte er sich an dessen Kriegszug gegen die Langobarden. Auf der Reichsversammlung von 757 in Compiègne, so wollen es die

›Fränkischen Reichsannalen‹, habe er sich dem König Pippin als Vasall unterstellt und viele Eide geleistet.[32] Zu 763 erfahren wir dann, ebenfalls aus den ›Fränkischen Reichsannalen‹, dass Tassilo auf einem Kriegszug König Pippins gegen Aquitanien das Heer in arglistiger Weise einfach verlassen hätte. Er sei zurück nach Bayern gezogen und habe versichert, niemals mehr den König sehen zu wollen.[33] Dann verstummen die Nachrichten im Hinblick auf das Verhältnis zwischen Tassilo und Karl für einige Zeit. Wir erfahren nur, dass der Bayernherzog 778 einen Heereszug Karls nach Spanien mit Truppen unterstützt haben soll, an dem er sich allerdings nicht persönlich beteiligte.

781 aber kam Dynamik in die Angelegenheit. Papst Hadrian I., bei dem sich Karl der Große in diesen Tagen in Rom aufhielt, habe Boten zum Bayernherzog geschickt. Sie sollten Tassilo eine Warnung überbringen: Er solle sich an die Eide halten, die er einst Pippin und Karl dem Großen geschworen habe. Der Bayernherzog reagierte unverzüglich und traf sich noch im selben Jahr mit Karl in Worms. Dort habe er die Eide erneuert und zwölf auserlesene Geiseln gestellt. Doch, so bedauern die ›Reichsannalen‹, er habe sich nicht lange an die Versprechungen gehalten.[34] Nähere Hinweise werden dazu allerdings nicht gegeben.

Anfang 787 dann hielt sich Karl ein weiteres Mal in Rom auf. Von dort aus unternahm er mit seinem Heer einen kurzzeitigen Einfall in das Herzogtum Benevent, nachdem der dortige Herzog, Arichis II., ihn am Betreten seines Landes hindern wollte. Vor Angst in seinem Versteck zitternd habe der langobardische Herzog daraufhin dem Frankenkönig seine beiden Söhne als Geiseln angeboten und versprochen, jeden Wunsch des Königs zu erfüllen. Durch solches Verhalten wurde Karl zufriedengestellt. Als Gehorsamer durfte Arichis II. im Amt bleiben.

Damit war endlich die Zeit gekommen, auch die Angelegenheit mit Tassilo einer eindeutigen Klärung zuzuführen. Immerhin waren die Gemahlinnen von Arichis II. und Tassilo Schwestern – nämlich Töchter des entmachteten und inhaftierten Desiderius. Über diese spielte die langobardische Königsfamilie also immer noch eine Rolle im politischen Leben. Tassilo muss von den Absichten Karls informiert worden sein, denn er schickte hochgestellte Boten – Bischof Arn von Salzburg (785 – 821) und Abt Hunrich von Mondsee (781 – 804) – nach Rom mit der Bitte, der Papst möge vermitteln. Doch die Antwort, die sie erhielten, bedeutete für den Bayernherzog einen herben Schlag: Tassilo müsse König Karl und seinen Söhnen und dem ganzen Volk der Franken gehorsam *(oboediens)* sein. Verweigere der Bayernherzog aber den Gehorsam, könne Karl mit ihm machen, was er wolle, und Tassilo und sein Land müssten »mit Brand, Mord und sonstigem Unheil« rechnen.[35] Völliger »Gehorsam«, das war die Forderung Karls des Großen, die nunmehr durch die päpstliche Autorität bekräftigt wurde.

Noch im selben Jahr behandelte Karl dieses Thema auf einer Reichsversammlung, die er nach Worms einberufen hatte. Der Beschluss lautete auch hier: Tassilo habe »in allem dem König, seinen Söhnen und den Franken treu und gehorsam zu sein«. Boten überbrachten das Urteil nach Bayern und forderten den Herzog auf, in Worms zu erscheinen. Dieser aber »weigerte sich und lehnte es ab zu kommen«, wie die ›Reichsannalen‹ es formulieren. Da machte Karl, der »Widersetzlichkeit« *(contumacia)* nicht ertragen konnte[36], kurzen Prozess. Mit seiner bewährten Taktik der überfallartigen Übermacht ließ er in Windeseile drei Heereskontingente an den Grenzen Bayerns aufmarschieren, eines bei Augsburg, das zweite bei Pförring an der Donau und das dritte an der Grenze zu Italien. Wieder müssen wir uns große Heere vorstellen, die jeden Widerstand des Herzogs im Keim erstickten. Auch die bayerischen Adligen erkannten die Aussichtslosigkeit und resignierten. So sah sich Tassilo gezwungen, »sich mit seinen Händen in die Hände des Herrn Königs zu begeben«.[37] Er bekannte sich schuldig, musste Geiseln stellen, darunter seinen Sohn Theodo, und gab das Herzogtum zurück: *reddens ducatum.*

Im Grunde war damit sein Ende eingeläutet. Entgegen mancher Forschungsmeinung ist nicht zu erkennen, dass der Herzog wieder in sein Amt eingesetzt worden wäre. Vielmehr gehen die Vorgänge von 787 nahtlos in das Gerichtsverfahren von 788 in der Pfalz Ingelheim über. Dort, in der so majestätisch ausgebauten Herrscherpfalz, die mit ihrem Säulenatrium eine kaiserliche Aura ausstrahlte, wurde die Vernichtung Tassilos und seiner ganzen Familie vollzogen.

Nach dem Bericht der ›Reichsannalen‹ wurde Tassilo vorgeworfen, er habe – obwohl er seinen Sohn Theodo als Geisel gestellt hatte – seinen Eid gebrochen, habe seine Leute zum Meineid aufgefordert und Kontakt mit den feindlichen Awaren aufgenommen. Er habe sogar gesagt, »auch wenn er zehn Söhne hätte, wollte er sie alle verderben lassen, bevor er die Abmachungen einhalte und fest zu dem stehe, was er beschworen habe«.[38] Und er habe hinzugefügt, »lieber wolle er tot sein, als so zu leben«.[39] Ein notorischer Eidbrecher also, für den es keine Rettung geben konnte?

Dies alles sei auf der großen Gerichtssitzung in der Pfalz in Ingelheim erwiesen worden. Außerdem habe man sich daran erinnert, dass Tassilo seinerzeit, 763, beim Heereszug den König Pippin verlassen und damit *harisliz*, Fahnenflucht und also Hochverrat, begangen habe – ein todwürdiges Verbrechen. Die in Ingelheim anwesenden Franken, Bayern, Langobarden und Sachsen hätten ihn daher zum Tode verurteilt. Karl aber habe, weil er sein Vetter war, ihm das Leben geschenkt. Tassilo und seine Söhne Theodo und Theotpert seien daraufhin in lebenslange Klosterhaft genommen worden.[40] Der Herzog kam in das Kloster Jumièges. Sein Land aber, so Einhart, »stand hinfort nicht mehr unter einem Herzog, sondern wurde von Grafen regiert« (cap. 11). 794 zeigte sich Tassilo ein letztes Mal in der Öffentlichkeit, als er gezwungen wurde, auf dem Konzil von Frankfurt für sich und seine Nachkommen auf jedes Herrschaftsrecht zu verzichten. Auf diese Weise wollte Karl eine eindeutige Rechtslage herbeiführen.

Diese Ereignisse sind in der Forschung sorgfältig untersucht und diskutiert worden. Eine wichtige Rolle spielt dabei der Bericht der ›Murbacher Annalen‹ (= ›Annales Nazariani‹), entstanden um 800. Hier wird im Bericht zum Jahr 788 der Eindruck erweckt, als sei Tassilo ohne Argwohn nach Ingelheim gekommen.[41] Karl der Große aber habe hinter seinem Rücken seine ganze Familie, Frau und Kinder, aus Bayern holen lassen. Auch seinen Herzogsschatz habe man nach Ingelheim transportiert. Angesichts der Gefangennahme seiner Familie, so suggeriert dieser Bericht, brach Tassilo, der von den Franken entwaffnet und gefangen gesetzt worden sei, zusammen und bekannte alle ihm vorgeworfenen Verbrechen.

Diese heimtückisch wirkende Gefangennahme von Tassilos Familie wird durch einen in der Salzburger Kirche überlieferten Brief an die Herzogstochter Cotani bestätigt. Darin wurde ihr befohlen, nach Ingelheim zu kommen.[42] Es lohnt sich, diesen Brief in seinem ganzen Wortlaut wirken zu lassen: »Durch die Gnade des allmächtigen Gottes überaus geschätzte Frau und hochberühmtes Mädchen, das unter Adligen adliger ist als die übrigen, das unter den Gleichaltrigen die anderen übertrifft, das unter den Weisesten, den anderen ähnlich, die Rede wie Honig hervorbringt, eine Freude im Anblick, noch erfreulicher in seinem Sinn, innerlich und äußerlich mit Schmuck geziert, mit Namen Cotani genannt, oh Tochter des angesehensten Fürsten, liebenswürdige Freundin und geliebte Herrin, euch sende ich, N. N., der ich durch die Ehre des apostolischen Namens ausgezeichnet bin, durch diesen Brief Heil im Herrn. Des weiteren tue ich euch kund, zusammen mit meinem Kollegen, dessen Name Liutprand ist, dass er gut und behutsam und nach dem Willen unseres Herrn sein Anliegen vor dem König dargelegt hat, und über die unnennbaren Probleme, über die ihr früher gesprochen habt, hat mein genannter Kollege vor dem König gesprochen, ganz in eurem Sinne. Nun aber wisset, dass ihr auf die Reise gehen sollt und dass gleichzeitig der genannte Presbyter jetzt mit euch nach dem Westen gehen wird, um den König aufzusuchen, und bereite für deinen Diener, der dich begleitet, alles vor, was zur Sache notwendig ist. Dies teile ich dir durch diesen Brief als Befehl, nicht als Bitte mit!«

Zwei hochgestellte Geistliche aus Bayern – so wird man diesen Brief kommentieren können – brachten die junge Frau mit einem Schwall von infamen Schmeicheleien in ihre Gewalt. Der Verfasser des Briefes, der sich brüstet, mit dem »apostolischen Namen« ausgezeichnet zu sein, könnte ein Bischof gewesen sein – vielleicht der Erzbischof Arn von Salzburg (785–821) selbst? Die beiden waren jedenfalls zu Gehilfen des fränkischen Königs geworden und zwangen die Herzogstochter, sich zur Königspfalz Karls des Großen zu begeben. Damit war ihre Freiheit beendet. Auch Cotani verschwand, wie ihre Mutter Liutpirg und ihre Schwester Hrodrud, anschließend für immer hinter Klostermauern – vielleicht im Königskloster Chelles an der Marne bei Paris.

Die heute gängige Meinung ist, dass es sich 788 in Ingelheim um einen ›Schauprozess‹ gehandelt habe und dass der Vorwurf der *harisliz*, der gegen Tassilo erhoben wurde, eine reine Erfindung gewesen sei. Auch die Treueide, die Tassilo angeblich 757 geleistet haben soll, hätten gar nicht stattgefunden. All dies habe man erdacht, um die Vernichtung Tassilos auf ein scheinbar rechtlich integres Fundament zu stellen. Die ›Fränkischen Reichsannalen‹ hätten somit die Funktion einer offiziösen Verlautbarung gehabt, mit der die Vergangenheit den Bedürfnissen des Hofes entsprechend umgeschrieben wurde. Damit habe Karl der Große sein »kaltblütiges Handeln« rechtfertigen können.

Eine solche Einschätzung ist gut begründet, und man wird nicht bestreiten können, dass hier die Geschichte der Sieger erzählt wird. Ob Tassilo 757 wirklich Pippins Vasall wurde und sich in dessen Hände »kommendierte«, also wie ein Knecht sich in den Schutz des Herrn begab, ist gewiss zweifelhaft. Aber einen Treueid kann man nicht ausschließen, im Gegenteil, eine Art von Treuebindung zwischen König und Herzog muss es gegeben haben. Auch das Verlassen des Heeres 763 scheint mir nicht ganz unwahrscheinlich zu sein. Die Eide von 781 sodann lagen bei der Abfassung der Reichsannalen noch nicht so weit zurück, als dass man sie als reine Erfindung glaubhaft hätte vertreten können. Und die Vorgänge von 787/788 waren sogar ganz aktuell. In Worms muss es tatsächlich zu einer vasallitischen Unterwerfung Tassilos gekommen sein. Damit wurde die Rechtsgrundlage gelegt, mit der seine Vernichtung eingeleitet werden konnte.

Die Frage ist aber, ob wir uns mit dieser Feststellung begnügen wollen. Wir müssen heute nicht mehr klären, ob Tassilo wirklich schuldig war. Entscheidend ist, dass er als schuldig angesehen wurde. Und es kommt darauf an zu erkennen, wie konsequent Karl der Große sein Konzept verfolgte, in einem ›Gottesstaat‹, wie er einst von Augustinus dargestellt worden war, der unangefochtene und einzige Herrscher zu sein. Karl verlangte unbedingten Gehorsam von allen, auch von den Herzögen Benevents und Bayerns. Andernfalls wurden sie ausgelöscht.

War Tassilo also in einem für Karl den Großen unerträglichen Maß ungehorsam? Das wird man durchaus annehmen dürfen. Er herrschte in seinem Herzogtum wie ein König. So kann man den herrscherlichen Rang, den er sich zulegte, gewiss umschreiben. Die Kirche Bayerns, sowohl die Bischöfe als auch die Klöster, waren gänzlich seinen Anweisungen unterstellt.[43] Kein Kloster konnte ohne seine Zustimmung gegründet werden. Synoden wurden in Bayern vom Herzog einberufen und geleitet. An der großen Gebetsverbrüderung von 762 in Attigny, mit welcher der innere Zusammenschluss des Frankenreichs verstärkt werden sollte, nahm dagegen kein bayerischer Bischof teil – eine ungeheure Missachtung des fränkischen Herrscherwillens.

Hiermit kündigte sich der bayerische Sonderweg an – und hier kann sich das eigenwillige Verlassen des fränkischen Heeres im Jahr danach durch Herzog Tassilo ohne weiteres einfügen. Und mehr noch: Einige Jahre später, auf der Synode in Dingolfing um 770, wurde eine eigene Gebetsverbrüderung eingerichtet, eigens für die Bischöfe und Äbte des »bayerischen Stammes« *(gentis Baiuvariorum)*. Bayern betrieb seine eigene Integrationspolitik.

Der Affront gegenüber dem fränkischen König wurde noch dadurch verstärkt, dass die Beschlüsse der bayerischen Konzilien unter Tassilo nicht nur die der fränkischen Konzilien wiederholten, sondern auch eigene, spezielle für den bayerischen Adel formulierten. So sollten Schenkungen an die Kirche stets in der Verfügungsgewalt des Adels bleiben. Auch der adlige Besitz wurde besonders geschützt. Auf der Synode in Neuching 771 wurden ausschließlich weltliche Angelegenheiten behandelt, um damit das eigene bayerische Recht, die *Lex Baiuwariorum*, zu ergänzen und abzurunden. Tassilo nahm bei all diesen Vorgängen die Stelle des Königs ein, denn im übrigen Frankenreich war es Karl der Große, der den Synoden, die in der Regel mit Reichsversammlungen verbunden waren, vorstand. Im Frankenreich wurden sie »Generalversammlungen des Volkes« *(conventus generalis populi)* genannt, weil sie das gesamte Reich repräsentierten – außer Bayern, das seine eigenen Versammlungen hatte.

Hinzu kommt, dass sich Tassilo III. auch in seinen Repräsentationsformen dem königlichen Rang annäherte. Bayerische Bischöfe datierten ihre Urkunden nach der Regierungszeit des Herzogs, eine Hervorhebung, die eigentlich dem König vorbehalten war. In den Urkunden erscheint Tassilo als *precellentissimus, gloriosissimus* oder *inlustrissimus,* alles Auszeichnungen für einen König. Seine wichtigste Residenz richtete er in Salzburg ein, wo unter Bischof Virgil 774 ein gewaltig großer Dom eingeweiht wurde. Er gehörte zu den größten Kirchenbauten nördlich der Alpen in dieser Zeit und konnte ohne Weiteres mit der fränkischen Königskirche von Saint-Denis konkurrieren. Tassilos Ehe mit einer Königstochter – Liutpirg, der Tochter des Langobardenkönigs Desiderius – unterstreicht diesen Anspruch auf königlichen Status. Auf dem berühmten, aufwendig gestalteten und vergoldeten ›Tassilokelch‹, den der Herzog für das von ihm gegründete Kloster Kremsmünster anfertigen ließ, hat diese königliche Aufwertung durch seine Gemahlin Niederschlag gefunden. Die Inschrift auf dem Kelch lautet: »Tassilo, starker Herzog – Liutpirg, königlicher Spross« *(Tassilo dux fortis Liutpirc virga regalis).*

Dieser königliche Herzog, das wird damit deutlich, konnte für Karl und seine Herrschaftskonzeption nicht tragbar sein. Warum hat er ihn dennoch so lange gewähren lassen? Dies dürfte in erster Linie damit zusammenhängen, dass Karl jahrelang durch andere Kriege in Beschlag genommen war, vor allem diejenigen gegen die Sachsen. Die Bedrohung, die Karl durch Tassilo III. und seine Familie empfunden hat, scheint sich aber auch erst mit den Jahren verstärkt zu haben. Einhart nannte als Grund, dass Liutpirg, die Gemahlin Tassilos, die Haft ihres Vaters nicht ertragen und ihn rächen wollte. Desiderius, der noch lange am Leben war (vermutlich über 786 hinaus), wurde, wie erwähnt, wahrscheinlich im Kloster Corbie gefangen gehalten.[44] Der Abt des Klosters aber war Adalhard (781–814), der einstige Vertraute Karlmanns, des Bruders Karls des Großen. Adalhard gehörte anfangs zu den Gegnern Karls. Seine Kontakte hingegen zur Familie des Desiderius, zu dem sich Jahre zuvor die Witwe Karlmanns geflüchtet hatte, sind vielleicht nie ganz abgerissen. 781 kam es zur Aussöhnung Adalhards mit Karl. Im selben Jahr übernahm er sogar für den noch unmündigen Pippin, den sein Vater, Karl der Große, zum König von Italien ernannt hatte, die Regentschaft. So ergab sich für Adalhard eine ungewöhnliche Situation: Den früheren Langobardenkönig in Gewahrsam, führte er die Geschäfte für den neuen König in Italien. Vielleicht gelang es Liutpirg über dieses Beziehungsgeflecht, gerade in den 780er-Jahren den Kontakt mit ihrem Vater herzustellen. Jetzt könnten auch ihre Racheabsichten, auf die Einhart anspielte, hervorgetreten sein. Sogar an ein Bündnis mit den Awaren, den Feinden Karls im Osten, soll sie gedacht haben. All dies könnte bedeuten, dass sich die Bedrohung für Karl erst seit 781 deutlicher abgezeichnet hätte – aber dies bleibt bestenfalls eine ansprechende Vermutung.

Mit der völligen Entmachtung Tassilos am 6. Juli 788 sah sich Karl vollkommen im Recht. Diese Überzeugung floss in die Einleitung (›Narratio‹) der ersten Urkunde ein, die der Frankenkönig nach der Beseitigung des Bayernherzogs am 25. Oktober 788 ausstellte: Weil das Herzogtum Bayern durch die bösen Menschen, Herzog Odilo und dessen Sohn Tassilo, in treubrüchiger Weise *(infideliter)* über eine geraume Zeit hin dem Reich der Franken und Karl dem Großen entzogen und in fremde Gewalt gebracht worden sei, habe er dieses jetzt mithilfe Gottes, des Lenkers der Gerechtigkeit *(moderatore iusticiarum deo),* in seine eigene Gewalt zurückgeholt.[45] Damit war unter der Lenkung Gottes die »Gerechtigkeit« in seinen Augen wiederhergestellt. Gerechtigkeit spielte, wie noch zu sehen sein wird, eine zentrale Rolle im Denken und Handeln Karls, und es gibt für uns keinen Anlass, diese hier formulierte Überzeugung Karls in Zweifel zu ziehen.

Mit dem Sturz Tassilos waren zudem alle ernst zu nehmenden ›Mitherrscher‹ beseitigt. Eine reine Machtfrage? Bei dieser Kategorie von Kriegen ging es gewiss um mehr als die Durchsetzung eines »robusten Machtwillens«, wie in der Forschung erwogen wird. Das Konzept des Alleinherrschers in dem von Augustinus beschriebenen Modell vom Staate Gottes beruhte letztlich auf der Idee des metaphysischen Kampfes zwischen Gut und Böse. Dadurch wurden Eindeutigkeiten geschaffen. In diesem Sinne hat der zeitgenössische ›Hibernicus exul‹, ein irischer Dichter, dessen Namen wir nicht kennen (vielleicht Dungal), am Hof Karls des Großen den »Alleinherrscher« gepriesen: »Einer ist es, der von oben Donnernde, der im Palast des Himmels thront: So gehört es sich, dass unter ihm auf Erden auch nur ein einziger herrscht, der mit Recht allen Sterblichen vorgesetzt ist.«[46] Dann erst sei die harmonische Unter- und Überordnung hergestellt, dann erst befinde sich die Welt im Gleichgewicht.

Derselbe Dichter hat auch die Vorgänge um Tassilo gedeutet und eingeordnet. Er schrieb einen ›Dialogus‹ zwischen dem Dichter und der Muse und erläuterte den Konflikt Karls mit dem Bayernherzog. Tassilo sei es gewesen, der durch sein Verhalten die »Bande des vollkommenen Friedens« *(perfectae foedera pacis)* gewaltsam zerstört habe. Den höchsten Frieden *(eximia pax)*, und das bedeutet: den göttlichen Frieden, habe er zu vernichten versucht, getrieben von der Schlange des Bösen: Diese strebe danach,

»Dass keiner mehr Christus im Erdkreis würdig dient.
Mit todbringenden Worten wiegelt sie auf zum Streit,
Sät auch Streitigkeiten, wo nur die Bündnisse des Friedens
Befohlen werden, durch die der Lohn des ewigen Reichs
gegeben wird.«[47]

Tassilo, der die königlichen Befehle missachtet und die Verträge des Dienstes nicht eingelöst habe, sei daher zum Sünder geworden. Sein Vergehen wurde als Sünde eingestuft: *peccavit.*[48] Das meint, dass politisches Verhalten von vornherein nach den Normen der christlich-kirchlichen Ordnung beurteilt und verurteilt wurde. Ungehorsam gegenüber dem König war zu einem Vergehen gegen Gott selbst geworden. So gesehen, konnte Karl gar nicht anders handeln, als die Ursache des Übels mit der Wurzel zu entfernen. Das war seine ›Wahrheit‹, um die es hier ging, die ›Wahrheit‹ zu der Zeit, als die ›Reichsannalen‹ verfasst wurden. Alle Konstrukte oder Fiktionen aber, die in die offizielle Beschreibung dieses Konflikts einflossen, dienten der Verdeutlichung dieser ›Wahrheit‹.

Kapitel 6

Kriege für den Glauben und die Sache der »Guten«

Zu Anfang des Jahres 786 schrieb Papst Hadrian I. (772–795) einen Brief an Karl den Großen, seinen »Sohn und geistlichen Gevatter« *(filio nostroque spiritali compatri)*. Schon diese Anrede ist bemerkenswert: Als »geistlicher Gevatter« oder »Mitvater« leitete Karl an der Seite des Papstes, des eigentlichen Vaters, die Kirche. In diesem Brief beglückwünschte ihn der Papst zum endgültigen Sieg über den »wilden und widerspenstigen Stamm der Sachsen«, der nun unter der Gewalt des Frankenkönigs stünde. Insbesondere sei er glücklich, dass die Sachsen endlich »dem Glauben nach der Richtschnur der apostolischen Kirche« *(apostolicae ecclesiae rectitudinis fidei)* zugeführt worden seien.[1] Gern komme er der Bitte Karls nach und verfüge ein dreitägiges allgemeines Dankesfest in der gesamten Christenheit, bei der überall Litaneien und Dankgebete zum Himmel gerichtet werden. Der Christenjubel sollte um das Fest Johannes des Täufers herum stattfinden, am 23., 26. und 28. Juni 786. Eine kollektive Dankesfeier überall in der römischen Kirche! Ein derartiges Ereignis hatte es niemals zuvor gegeben. Die gesamte Christenheit, auf dem Festland wie auf den Inseln, frohlockte tagelang über diesen Zugewinn für den christlichen Glauben.

Angesichts dieser Nachricht muss man die Frage stellen, weshalb der Christianisierung der Sachsen und ihrer Eingliederung in das Frankenreich eine so außerordentliche Bedeutung beigemessen wurde. Diese Frage stellt sich umso mehr, als in der Forschung die Auffassung überwiegt, der Krieg gegen die Sachsen sei eigentlich eher zufällig entstanden und mit ihm sei zunächst gar kein Programm verbunden gewesen. Karl habe sich zumindest am Anfang als ein »konzeptloser« Herrscher gezeigt. Seine Kriegszüge gegen die Sachsen seien demnach eher situative Reaktionen als geplante Aktionen gewesen.

Eines fällt jedenfalls sofort auf: Die Kämpfe gegen die Sachsen gehören in eine ganz andere Kategorie von Krieg als diejenigen, die Karl gegen die ›konkurrierenden Mitregenten‹ führte. Einen Hilferuf des Papstes gab es nicht, auch keinen König oder königsähnlichen Herzog, der zu beseitigen gewesen wäre. Und eine zweite Besonderheit gilt es zu beachten: den ungeheuren Einsatz an Material und Menschen, den Karl über einen Zeitraum von mehr als drei Jahrzehnten aufzubieten bereit war. Ein »dreißigjähriger Krieg«, in dem fast jedes Jahr ein Kriegszug gegen die Sachsen unternommen wurde, ist geeignet, ein jedes Reich an den Rand der Erschöpfung zu bringen. Dennoch wurde er unerbittlich weitergeführt.

Am Anfang stand ein Einfall Karls in das Sachsenland im Sommer 772. Die vom Münsterland bis an die Elbe, im Norden sogar noch darüber hinaus siedelnden Sachsen waren bis dahin vom Christentum weitestgehend unberührt geblieben. Sie standen eher in einem Kultverbund mit den Völkern Skandinaviens. Schon vor Karls Herrschaft war es immer wieder zu Konflikten zwischen Franken und Sachsen gekommen. Einhart erinnerte in der ›Vita Karoli Magni‹ daran, wie im Grenzbereich, der sich etwas östlich des Rheins durch die Ebene zog, »Totschlag, Raub und Brandstiftung auf beiden Seiten kein Ende nahmen« (cap. 7). Das habe die Franken dermaßen erbittert, dass sie den offenen Krieg gesucht hätten.

Dieser Bericht Einharts scheint anzudeuten, dass der Kriegszug von 772 als eine reine Strafexpedition der Franken aufzufassen ist. Mit diesem Urteil muss man freilich vorsichtig sein. Immerhin wurde bei dieser Aktion die Irminsul zerstört, ein herausragendes Kultzentrum der Sachsen, von dem wir bis heute nicht sicher wissen, wie es eigentlich aussah und wo es sich befunden hat. Der Name deutet auf eine große Säule. Vielleicht stand sie nahe der Eresburg, im heutigen Marsberg (südlich von Paderborn). Wichtig für das Verständnis der Vorgänge ist, dass die Heiligtümer die eigentlichen Mittelpunkte der gesamten sächsischen Lebensordnung waren. Hier traf man sie gleichsam an ihrer empfindlichsten Stelle.

Die Sachsen bekannten sich zu Göttern wie Donar (Thor, der Donnernde), Wodan (Odin, der Wütende), Saxnot (der Schwertgenosse) und Freya (die Förderin der Fruchtbarkeit). Die Zerstörung der Irminsul sollte sie ganz offensichtlich demütigen und ihnen demonstrieren, wie schwach ihre heidnischen Götter waren, da sie dies nicht verhindern konnten. Das erinnert sehr an die Aktion, die der Missionar Bonifatius schon 723 bei den Hessen veranstaltet hatte. Unter dem Schutz fränkischer Krieger hatte dieser vor den Augen der hessischen Heiden demonstrativ deren heilige Eiche (»Donareiche«) in Geismar (bei Eschwege) fällen lassen.[2] Später zerstörte er auch die Götzenbilder der Friesen *(numine confracto)*[3], um sie von der Kraft des Christengottes zu überzeugen. Angesichts dieser Parallelen ist es keineswegs ausgeschlossen, dass schon 772 von Karl dem Großen der Beginn einer Unterwerfungs- und gleichzeitigen Missionsoffensive bei den Sachsen geplant war. Immerhin behauptet – wenn auch zwei bis drei Jahrzehnte später – Eigil (gest. 822), der Verfasser der Vita des Abtes Sturmi von Fulda (gest. 779), schon an diesem ersten Sachsenzug Karls hätten Geistliche teilgenommen, um die Sachsen zu bekehren (cap. 23).

Dass dieses Vorhaben zunächst nicht weiter verfolgt werden konnte, lag ganz einfach an den Langobardenkriegen der Jahre 773 und 774. Sie beanspruchten weitgehend das militärische Potenzial der Franken. Erst 775 konnte sich Karl wieder den Sachsen zuwenden. Diese hatten inzwischen Einfälle in das Grenzgebiet des Frankenreiches als Vergeltungsmaßnahmen unternommen. Im Winter 774/775, so erfahren wir aus den sogenannten ›Einhardsannalen‹, einer Überarbeitung der ›Fränkischen Reichsannalen‹ kurz nach 800, habe sich Karl in der Königspfalz Quierzy aufgehalten und dort einen Grundsatzbeschluss gefasst *(consilium iniit):* Der ungläubige und vertragsbrüchige Stamm der

Sachsen sollte so lange mit Krieg überzogen werden, bis diese entweder besiegt und dem christlichen Glauben unterworfen oder vollständig vernichtet wären.[4]

Wir erschrecken heute über einen solchen Satz und noch mehr über die Absicht, die damit ausgedrückt wurde. Sollte sich Karl wirklich so geäußert haben? Dem Sinn nach, so wird man zumindest feststellen müssen, hat er so gehandelt. Damit wurde der erste groß angelegte Missionskrieg in der Geschichte von christlicher Seite aus in Gang gesetzt, ein Unternehmen, das in unserer Zeit als eine ›grauenvolle Alternative‹ für die Sachsen empfunden wird. Sogleich erhebt sich das Bild von Karl als ›Sachsenschlächter‹, ja vom Völkermord, und es drängt sich die Frage auf: »Darf man religiöse Gewalt verstehen wollen?«[5]

Der Historiker muss zumindest die Abläufe kennen. Die Sachsen wehrten sich tapfer, stärker, als Karl und seine Mannen es für möglich gehalten haben. Der sächsische Krieg war nach Einhart »der langwierigste, grausamste und für das Volk der Franken der mühsamste« (cap. 7). Das Gebiet der Sachsen war groß. Es habe, so wieder Einhart, »keinen kleinen Teil von Germanien ausgemacht« und sei doppelt so breit gewesen »wie das von den Franken bewohnte Gebiet, während es ihm in der Länge gleichkommen mag« (cap. 15). Die Besiedelung dürfte nicht besonders dicht gewesen sein, man spricht in der Forschung gern von ›Siedlungskammern‹. Es gab keinen König bei den Sachsen, aber sehr bewegliche kleinere Kriegergemeinschaften. Der Adel hatte einen herausragenden Status; darunter gab es noch die Stände der Freien, der ›Halbfreien‹ (Liten oder Laten) und Unfreien. Über die Standesgrenzen hinweg durfte nicht geheiratet werden. Man organisierte sich in Gauen, vor allem aber in den drei sogenannten »Herrschaften« *(herescephe)* Westfalen, Engern und Ostfalen. Zwischen ihnen bestand weitgehende Unabhängigkeit, aber im Kriegsfall konnten sie sich zu einem großen Bündnis zusammenschließen: Alles in allem eine eher kleinräumig festgefügte Gesellschaft, die aber in militärischer Hinsicht überaus flexibel sein konnte. Da es keine Städte und auch keinen Herrschaftsmittelpunkt gab, war es für die Franken immer wieder schwer, mitunter aussichtslos, die sächsischen Kriegerscharen an den verschiedenen Orten überhaupt zu fassen.

Im Frühjahr 775 zog Karl mit seinem Heer in das Sachsenland über die Eresburg in Richtung Weser. Dabei gelangen ihm durchaus Erfolge, obgleich sich insbesondere die Westfalen mit ihrem Anführer Widukind gut organisierten und den Franken erhebliche Verluste zufügten. Die ostfälischen Sachsen dagegen zeigten sich anfangs eher zur Unterwerfung bereit und auch die Engern wurden geschlagen. Dass dieser Kriegszug von Karl mit ungeheurer Wucht und Grausamkeit geführt worden sein muss, deutet eine gut unterrichtete Quelle aus Northumbrien an. Karl, der kriegerischste König der Franken, sei mit seinem gesamten Heer über das Volk der Sachsen hergefallen. Die ganze Region habe er in schwersten und geradezu unsagbaren Gemetzeln verwüstet und »mit Feuer und Schwert gewütet, weil er außer sich war vor Wut«.[6] Und die ›Fränkischen Reichsannalen‹ fügten hinzu: »Nachdem er Geiseln erhalten, reiche Beute an sich genommen und dreimal ein Blutbad unter den Sachsen angerichtet hatte *(per ter stragia Saxonum facta)*, kehrte König Karl mit Gottes Hilfe heim ins Frankenreich« (zu 775). Karl, der brutale Barbar, so wird man ihn in diesem Zusammenhang bezeichnen wollen. Die »Widersetzlichkeit« *(contumacia)* an sich, so haben wir schon bei der Vernichtung Tassilos III. gesehen, brachte ihn in Rage.[7]

Am Ende dieser Aktion hatten die Franken das Gebiet vom Rhein entlang der Lippe bis in die Gegend von Paderborn besetzt. Mit den Befestigungen von Hohensyburg (südlich von Dortmund) und der Eresburg (in Obermarsberg) waren starke Stützpunkte errichtet worden. Nach erneuten Unruhen drang Karl mit seinem Heer im folgenden Jahr, 776, »mit enormer Schnelligkeit« *(celeritate et nimia festinatione)*[8] in Sachsen ein und verbreitete großen Schrecken. Nun seien die Sachsen mit Frauen und Kindern in endloser Zahl vor ihm erschienen, um sich taufen zu lassen und Geiseln zu stellen. In Paderborn wurde ein neuer fränkischer Mittelpunkt geschaffen. Dieser Ort wurde auch ›Karlsburg‹ genannt, was man so deuten kann, als habe Karl damit ein neues christliches Zentrum errichten wollen wie einst

Kaiser Konstantin mit Konstantinopel. Der Vergleich Karls mit Kaiser Konstantin wurde in diesen Jahren auch sonst hergestellt. In einem Brief Papst Hadrians I. von Mai 778 heißt es, alle Völker sollten ausrufen: »Siehe, hier ist uns ein neuer allerchristlichster Kaiser Konstantin in unseren Tagen erstanden!«[9] Wenn man den Namen ›Karlsburg‹ in diesem Sinne deuten will, kann es keinen Zweifel daran geben, dass Karl von nun an ganz Sachsen christianisieren wollte.

Nach Paderborn berief Karl für den August des Jahres 777 eine große Reichsversammlung ein – ein sensationeller Vorgang, denn bis dahin hatten diese Zusammenkünfte ausschließlich auf fränkischem Boden stattgefunden. Natürlich sollte damit die neue Herrschaft der Franken über die Sachsen demonstriert werden, aber es war auch ein Signal dafür, dass das Sachsenland fortan in das Frankenreich eingegliedert sein sollte. Es war die erste Demonstration dafür, dass – wie es Einhart später formulierte – nach Karls Willen Franken und Sachsen zu »einem Volk« vereint würden.[10]

Aus allen Teilen Sachsens seien nun die Menschen dorthin gekommen, hätten sich taufen lassen und Garantien aller Art für ihre Treue abgeliefert. Missionsbevollmächtigte wurden eingesetzt, Gotteshäuser sollten gebaut und so die Grundlagen für die weitere Eingliederung Sachsens in das Frankenreich vorbereitet werden. Auf diesem Paderborner Hoftag fiel ein Beschluss mit großer Tragweite: Das eroberte Sachsen sollte kirchenrechtlich gegliedert, das heißt in Bistümer aufgeteilt werden. Bis es so weit war, sollte es zwar noch einige Zeit dauern, aber das Ziel war klar vorgegeben.

Ein damals entstandenes ›Gedicht über die Bekehrung der Sachsen‹ (›Carmen de conversione Saxonum‹) bestätigt diesen Zustand der Zufriedenheit auf fränkischer Seite.[11] Der Autor war mit hoher Wahrscheinlichkeit Paulinus von Aquileja, einer der großen Gelehrten am Hof Karls des Großen, der von 776 bis 802 auch Patriarch von Aquileja war. Der aus bösem Blut entstandene Stamm der Sachsen, so heißt es in dem Gedicht, habe es endlich verdient, den höchsten König im Himmel zu erkennen. Ihren nichtswürdigen Götzenkult habe Karl niedergebeugt, ihren Stamm mit funkelnden Waffen in verschiedenen Schlachten gezähmt und »mit blinkendem Schwert seiner Gewalt unterworfen« *(sibimet gladio vibrante subegit)*.[12] Diese Hochstimmung belegt, dass Karl das Ziel schon erreicht sah. Daher konnte er die weiteren Maßnahmen in dieser Angelegenheit anderen übertragen. Er selbst richtete den Blick nunmehr darauf, den Kriegszug gegen die Muslime in Spanien vorzubereiten.

Allerdings hat Karl einen der Anführer unter den Sachsen zunächst völlig unterschätzt: Widukind. Dieser habe, so die ›Reichsannalen‹, »mit ein paar anderen« *(cum paucis aliis)* den Widerstand fortgesetzt. Wer war Widukind? Wir wissen nicht viel über ihn, aber er war der große Gegenspieler Karls. Auf militärischem Gebiet hat sich kein anderer am Ende so großen Respekt beim Frankenherrscher selbst erworben. Widukind war ein westfälischer Adliger, der spätestens 775 die Führung in der Verteidigung übernahm. 778 begann er mit Vergeltungsmaßnahmen gegen die Franken. Mit seinen westfälisch-sächsischen Mannen überfiel er das rechtsrheinische fränkische Gebiet und gelangte bis Deutz am Rheinufer gegenüber von Köln. Überall wurden Kirchen in Brand gesteckt, wurde geplündert und Beute gemacht.

Diese Aktion wirkte wie ein Fanal. Von nun an stand Widukind mit seinen Gefolgsleuten jedes Jahr mit den Franken in einem Kampf, der beide Seiten zermürbte. Immer wenn sich Karl durchzusetzen schien – wie 779 und 780 – und viele der Sachsen dazu zwang, sich erneut zu unterwerfen, hatten Widukind und seine Sachsenkrieger schon wieder zum nächsten Gegenschlag gerüstet. Die Brutalität nahm zu. 782 schließlich soll Karl nach dem Bericht der ›Reichsannalen‹ an der Mündung der Aller in die Weser in der Nähe des Ortes Verden die Hinrichtung von 4500 aufständischen Sachsen befohlen haben: das sogenannte ›Blutgericht bei Verden an der Aller‹. In der Forschung wird gern betont, dass die Zahl »eine maßlose Übertreibung« sei – aber wenn es auch nur 1000 waren, würde dies die Sache für unser Empfinden kaum in milderes Licht rücken. Die Hinrichtungsaktion ist auch sonst mehrfach belegt, und die Zahl bringt jedenfalls eine große Menge an Getöteten zum Ausdruck. Grabungen im Juni 1934 sollen 40 Massengräber zum Vorschein gebracht haben. Für die NS-Regierung war das Anlass, am 21. Juni 1934 an der vermuteten Stelle des Geschehens den Grundstein für den »Sachsenhain« zu legen, der am 23./24. Juni 1935 eingeweiht wurde.[13] Auch wurde erwogen, den Frankenherrscher in ›Karl den Schlächter‹ umzubenennen – während andererseits in der NS-Zeit Bemühungen unternommen wurden, ihn zum germanischen Herrscher über Europa zu stilisieren.

Zum ersten Mal hören wir 782 auch davon, dass Sachsen deportiert wurden: »Es erschlugen die Franken eine Menge Sachsen, und sie führten viele der besiegten Sachsen ins Frankenreich«.[14] In diesem Zusammenhang dürfte auch die ›Verordnung über die Gebiete Sachsens‹ (›Capitulatio de partibus Saxoniae‹) durch Karl den Großen erlassen worden sein. Sie lässt erkennen, dass der Frankenkönig fortan mit drakonischen Strafen gegen die Sachsen vorzugehen gedachte. So sollte jeder, der eine Kirche plünderte, in ihr einen Diebstahl beging oder sie anzündete, hingerichtet werden. Dieses Urteil sollte auch über jeden verhängt werden, der das vierzigtägige Fasten vor Ostern nicht einhielt und Fleisch aß. Einen Bischof, Priester oder Diakon zu töten führte zur selben Strafe. Weitere Bestimmungen lauteten: »Die Todesstrafe erleidet der, der nach heidnischem Brauch Leichen bestattet, indem er den Körper den Flammen preisgibt. Sterben soll, wer Heide bleiben will und unter den Sachsen sich versteckt, um nicht getauft zu werden.« Sterben sollte schließlich ein jeder, der nach heidnischer Art den Götzen Menschenopfer darbrächte, aber auch ein jeder, der als Feind der Christen erkannt werde. Die neue Organisation, bei der ein Graf einen bestimmten Sprengel leitete, wurde bekräftigt und die Zahlung des Zehnten eingeschärft. All das bedeutete nicht nur einen radikalen Einschnitt in die sächsische Lebensordnung, sondern auch eine unglaubliche Demütigung und Unterjochung.

Diese Anordnungen scheinen mit harter Hand umgesetzt worden zu sein. Die Missionare, junge Mönche aus den großen Klöstern Echternach und Fulda, aber auch aus kleineren Konventen wie Meppen, Visbeck oder Osterwieck, waren offenbar rigoros in ihrem Vorgehen. Sie forderten, dass die Sachsen eigenhändig ihre alten Heiligtümer zerstören müssten. Und ihre alten Götter sollten sie in ihrem ›Altsächsischen Taufgelöbnis‹ namentlich als »Teufel« und »Unholde« verurteilen: »Ich widersage allen Teufeln in Werken und Worten, dem Donar, dem Wodan und dem Saxnot und allen Unholden, die ihre Genossen sind«[15]. Für die Sachsen ging eine Welt unter.

Aber selbst der harte Zugriff von 782 brachte nicht das Ende. Widukind hielt zäh am Widerstand fest, und Karl musste seine Kriegerheere auch in den folgenden Jahren immer wieder nach Sachsen schicken. Auch seinen zweitgeborenen Sohn, Karl den Jüngeren (gest. 811), beauftragte er mit militärischen Aktionen gegen die Westfalen. Er selbst kämpfte sich bis über die Elbe vor. Aber dann nahm die Erschöpfung auf beiden Seiten zu. 785 ergaben sich schließlich die Sachsen des Bardengaus, die sich zuletzt am heftigsten gewehrt hatten, und endlich konnte Karl durch Verhandlungen erreichen, dass Widukind die Waffen streckte – allerdings bei ehrenvoller Behandlung. Freilich, die Taufe musste er annehmen. Sie fand zu Weihnachten 785 in der Pfalz von Attigny statt. Karl selbst übernahm die Rolle des Taufpaten. »Nun war ganz Sachsen unterworfen«, so zog der Autor der ›Reichsannalen‹ das Resümee. Widukind durfte sich wahrscheinlich auf seine Güter zurückziehen, verschwand aber schlagartig aus der Geschichte. Dass er wirklich in der Stiftskirche von Enger – wo sich ein ›Widukindsgrabmal‹ befindet – bestattet ist, ist nicht ausgeschlossen. Seine Kinder und weiteren Nachkommen sind noch über viele Generationen in der Geschichte zu verfolgen.

Die Unterwerfung Widukinds schien das Schicksal Sachsens besiegelt zu haben. Die Missionsarbeit konnte fortan intensiv in Gang gesetzt werden. Die Forschung ist heute sogar der Meinung, dass die missionarisch-kirchliche Arbeit am Anfang sehr viel stärker betrieben wurde als die Einführung einer neuen weltlichen Verwaltungsstruktur.[16] Nach Westfalen wurde vom Kloster Fulda aus Erkanbert als Missionsbischof gesandt. Weiter im Norden übernahm Willehad die Missionsleitung mit dem späteren Zentrum Bremen. Im Gebiet um Münster brachte Liudger das Missionswerk in Gang.

Karl der Große und seine Leute sind ob dieses Aufschwungs geradezu in einen Siegesrausch verfallen. Damit ist die euphorische Aufforderung des Frankenkönigs an den Papst zu erklären, 786 zum Jubeljahr zu erklären. Jetzt sollte die gesamte Christenheit diesen Erfolg feiern. Es war ein Sieg für die Sache Gottes und den christlichen Glauben – über das Frankenreich hinaus! Es war ein Sieg für die Sache der »Guten«, ein Sieg für die richtige Ordnung *(rectitudo),* wie der Papst es nannte, und für die Lebensweise, die nach der Überzeugung Karls und seiner Franken allein zur Erlösung führen konnte. In den Augen der Sieger war damit die Rettung der Sachsen verbunden, die Rettung nämlich ihrer Seelen. Jetzt konnte das Frankenreich und damit der Friedensraum des Glaubens, des Vertrauens und der Treue auf Sachsen ausgedehnt werden.

Aber die Sachsen bäumten sich noch einmal auf. Als Karl mit den Awaren beschäftigt war, wagte man in Sachsen erneut den Widerstand. Von 793 an musste Karl, unterstützt von seinem Sohn Karl dem Jüngeren, seine Heere weit in den Osten des Landes führen. Wieder wurde äußerste Gewalt eingesetzt, sodass 795 in den ›Reichsannalen‹ Sachsen als ein »verwüstetes Land« *(terra vastata)* bezeichnet wurde. Nun begann Karl auch damit, Deportationen in größerem Ausmaß durchzuführen. Tausende von Sachsen wurden mit Frauen und Kindern weggeführt, und man muss davon ausgehen, dass in den entvölkerten Gebieten Franken angesiedelt wurden.

Vielleicht gehört in diese Zusammenhänge das sogenannte ›Mainzer Geiselverzeichnis‹, das in eine Handschrift des Klosters auf der Reichenau von 805/806 eingetragen wurde (St. Paul, Cod. 6/1). Auf zwei Blättern stehen die Namen von 37 sächsischen Adligen, geordnet nach Westfalen, Ostfalen und Engern. Sie waren von Karl in die Obhut von Abt Waldo von Reichenau (gest. 786/806) übergeben worden.

Die neue harte Welle im Vorgehen Karls blieb nicht unkommentiert. »Man sagt«, so schrieben die spanischen Bischöfe 792/793 an Karl den Großen, »dass du viele durch den Schrecken der Gewalt, aber nicht durch Gerechtigkeit überzeugst.«[17] War damit auch die ›Sachsenmission‹ gemeint? Noch Jahrzehnte später erinnerte man sich in Paderborn daran, dass Karl »gleichsam mit eiserner Zunge gepredigt habe«.[18] Alkuin, der große Gelehrte am Hof Karls des Großen, warnte davor, den Glauben mit Gewalt zu erzwingen. Im Spätsommer 796 legte er dem Schatzmeister Meginfrid ans Herz, er möge Karl ermahnen, nicht mit Gewalt die Sachsen bekehren zu wollen. Der Glaube sei nach Augustinus eine freiwillige Sache[19], und der Mensch könne nicht zum Glauben gezwungen werden. Den Neubekehrten sollte man auch nicht gleich den vollen Zehnt auflasten, um nicht als Räuber zu erscheinen.[20]

Aber andererseits sah Alkuin in Karl auch den neuen David: »Das Schwert der triumphierenden Macht blinkt in seiner rechten Hand *(gladium triumphalis potentiae vibrat in dextera)* und die Trompete der katholischen Lobpreisung erschallt in seiner Rede. So hat auch David einst als von Gott erwählter König des vorangehenden Volkes und als von Gott geliebter und herausragender Psalmendichter überall die Völker mit siegreichem Schwert Israel unterworfen und sich zugleich als ausgezeichneter Prediger des Gesetzes Gottes in seinem Volk erwiesen (…). Unter seinem Schutz ruht in himmlischem Frieden das christliche Volk, und überall verbreitet er Schrecken unter den heidnischen Völkern«, so heißt es in einem Brief von 794/795.[21] Damit war das Vorgehen Karls alttestamentarisch unterlegt und legitimiert. Wie schon bei Paulinus von Aquileja erscheint das Bild vom »blinkenden Schwert«. Überhaupt scheint der Eifer für den Glauben auch im Heer Karls des Großen stark gewirkt zu haben. Trotz gewisser Bedenken gab es im Umfeld Karls keine grundsätzliche Ablehnung seiner ›Schwertmission‹, eher im Gegenteil.

Dennoch erkannte Karl, dass er die Zwangsmaßnahmen lockern musste, um einen dauerhaften Erfolg zu erreichen. 797 unterwarf sich wieder einmal »das ganze Sachsenvolk« *(tota Saxonum gens)* und stellte Geiseln, so viele wie noch nie.[22] Vielleicht ging es auf einen Kompromiss zurück, dass im Winter 797/798 Sachsen neu geordnet wurde. Karl erließ zu diesem Zweck im Herbst 797 eine ›Sächsische Verordnung‹ (›Capitulare Saxonicum‹)[23], mit der die so überaus strenge ›Capitulatio de partibus Saxoniae‹ abgelöst wurde. Um dieser neuen Rechtsgrundlage eine möglichst große Akzeptanz zu verschaffen, wurden Vertreter der Sachsen aus den »Herrschaften« Westfalen, Engern und Ostfalen hinzugezogen. Der ›Terror‹ sollte ganz offensichtlich gemildert werden durch einen konsensualen Akt. Ein paar Jahre später ließ Karl das Sachsenrecht insgesamt aufschreiben, und auch hieran ist zu erkennen, dass die Rechtstradition des Volkes bestehen blieb.

Doch immer noch war nur ein Teil der Sachsen gewonnen. Das Land zwischen Weser und Elbe blieb weiterhin ein Unruheherd. 804 griff Karl erneut zum Mittel der Zwangsumsiedelung. Jeden dritten Einwohner soll es betroffen haben. Einhart spricht in der ›Vita Karoli Magni‹ von 10 000 Sachsen, die Karl »da und dort in Germanien und Gallien«, also diesseits und jenseits des Rheins, angesiedelt habe (cap. 7). In der Tat trifft man vertriebene Sachsen an verschiedenen Orten des Frankenreichs an, etwa in der Region der Picardie mit der Diözese Amiens, vor allem um das Kloster Corbie oder auch in Würzburg. Heutige Ortsnamen wie Sachsenhausen (Frankfurt am Main) – vermutlich eine Ableitung von Sassenhusen, dem Siedlungsort städtischer »Beisassen« ohne volle Bürgerrechte – sind allerdings kein Indiz für konzentrierte Ansiedlungen.

Nach über 30 Jahren war damit die Eingliederung abgeschlossen. Die Sachsen mit ihren zu Fuß kämpfenden Kriegern hatten sich am Ende gegen die gepanzerten Reiterschwadronen und die übermächtigen Heereskontingente der Franken doch nicht behaupten können. Um die Oberschicht zu gewinnen, wurden die Grafschaften als die neuen Verwaltungseinheiten in der Hauptsache sächsischen Adligen übertragen, die sich damit der fränkischen Oberschicht anglichen. Heiratsverbindungen zwischen Sachsen und Franken führten bald zu einer festen Integration. Um 800 kam auch die kirchliche Organisation Sachsens voran. Nach der Einrichtung des Bistums Bremen (787/789) festigten sich auch die Bischofssitze Osnabrück (ca. 803), Münster (805), Minden (805), Paderborn (806/807), Verden (um 810) und Halberstadt (vor 814).

Nochmals sei die Frage gestellt: Reicht für einen solch einschneidenden Vorgang eine eher zufällig in Gang gesetzte und dann sich stufenweise steigernde Eskalation als Erklärung aus? Der Krieg hätte niemals so lange gedauert, wenn nicht die Treulosigkeit der Sachsen *(Saxonum perfidia)* dies immer wieder erfordert hätte, so beurteilte Einhart rückblickend die Ereignisse (cap. 7). In diesem Sinne hat Karl der Große also in der Tat immer wieder auf das Verhalten der Sachsen reagiert.

Aber wenn wir uns mit dieser Feststellung begnügten, würden wir nur die Oberfläche der Aktionen erfassen. Dahinter stand eine Grundkonzeption, von der Karl wie von einer ständigen Quelle angetrieben wurde. Die Dimension der Geschehnisse, der gewaltige Einsatz über einen so langen Zeitraum und nicht zuletzt die »Beständigkeit in der Absicht« *(mentis constantia)* Karls des Großen, von der Einhart spricht (cap. 7), deuten auf große Zielstrebigkeit hin, mit der eine Grundidee verfolgt wurde. Es ging um die Durchsetzung des wahren Glaubens in der Welt durch die ›Macht des Guten‹. Der Frühmittelalterforscher Gerhard Schmitz hat dies auf die prägnante Formel gebracht: »Die Expansion des Reiches war essentiell verbunden mit Mission.«[24]

Mit der Unterwerfung und der Christianisierung der Sachsen war in den Augen der Zeitgenossen zugleich die Grundlage für den künftigen Frieden geschaffen. Besonders ausgiebig feierte der Dichter Modoin (770–840/843, Bischof von Autun seit 815) in seiner Ekloge auf Karl den Großen den Friedenbringer.[25] Modoin war ein enger Freund Theodulfs von Orléans und wurde in Anspielung auf Ovid im Hofkreis auch Naso genannt. Der ganze Erdkreis, so schrieb er nach 800, sei nun besänftigt, den wilden Völkern habe Karl Zügel angelegt und sie den Gesetzen unterworfen. Nun gebe es keinen mörderischen Aufstand mehr und keine traurigen Tumulte. Alle Völker seien endlich in der einmütigen Eintracht des Friedens vereint.[26] Die Idee von Frieden, Vertrauen und Treue durch gleichen Glauben bestimmte nicht nur die Erklärungen der Gelehrten am karolingischen Hof, sondern auch das Handeln Karls – so grausam und unmenschlich es sich für uns heute auch darstellt. Wir sollten aber nicht vergessen, dass die ›Macht des Guten‹, die sich selbst als Verkünder einer erstrebenswerten Ordnung sah, auch in moderneren Zeiten in Revolutionen, Umstürzen oder Kriegen ihre Opfer fand.

Auf einem anderen Feld, auf dem für den christlichen Glauben gekämpft wurde, hatte Karl der Große weniger Erfolg. Es handelt sich um seine Kriegszüge gegen die muslimischen Reiche in Spanien. Die politischen Verhältnisse waren dort außerordentlich instabil, seitdem 710 der Berber Tārif ibn Mallūk mit einem Heer von Berbern und Arabern die Meerenge erstmals überquerte. Ein Jahr später, im Juli 711, setzte der berberische muslimische Feldherr Tārik ibn Ziyād bei Gibraltar (Fels des Tarik) über und vernichtete in der Schlacht am Fluss Guadalete das Heer des Westgotenkönigs vernichtend. Das in hoher Blüte stehende Westgotenreich hörte auf zu bestehen. Die Muslime setzten sich rasch in weiten Teilen Spaniens durch, Gebiete, für die sich bald der Sammelname al-Andalus einbürgerte. Nur das Königreich Asturien im Norden blieb christlich.

Die muslimischen Gebiete bildeten allerdings keine einheitliche Herrschaft. Die Spannungen zwischen Berbern und Arabern hielten das ganze Jahrhundert über an, und als 740/741 vom Kalifen Hischām noch ein großes Syrerheer nach Spanien geführt wurde, nahmen die Konflikte zwischen den muslimischen Völkern, vor allem zwischen den Berbern des Maghreb und den Arabern, weiter zu. König Alfons I. von Asturien (739 – 757) leitete erste Schritte für eine Rückeroberung (Reconquista) der einst christlichen Gebiete ein. Eine gewisse Konsolidierung brachte die Herrschaftsepoche der Omayyadendynastie, die mit Abd ar-Rahmān I., dem Emir von Córdoba (756 – 788), begann. Dieser konnte sich insbesondere auf die Syrer stützen, aber auch auf ehemalige Christen, die zum Islam konvertiert waren (›Muwallads‹) und ihren neuen Glauben mit großem Einsatz vertraten. Sie schlossen sich als ›Klienten‹ den Arabern in engen persönlichen

Bindungen an und machten nicht selten Karriere im Militärwesen. Die Christen dagegen, die bei ihrem Glauben blieben, mussten eine besonders hohe Steuer zahlen. Aber auch sie glichen sich in Sprache und Kleidung den neuen Herren an. Daher wurden sie von ihren christlichen Zeitgenossen ›Mozaraber‹ genannt, was so viel wie ›die Arabisierten‹ bedeutete.

Abd ar-Rahmān sah sich trotz seiner Erfolge immer wieder mit Aufständen konfrontiert. 777 bildete sich eine ernst zu nehmende Opposition gegen ihn, die sich um Kasem, den Sohn Jusufs *(latine Joseph)*, des ehemaligen arabischen Befehlshabers von Narbonne, sammelte. Gemeinsam mit zwei weiteren hochgestellten »Sarazenen« kam dieser zu Karl dem Großen auf die Reichsversammlung in Paderborn, wo der Frankenkönig gerade die Sachsenfrage gelöst zu haben glaubte. Die drei begaben sich in seinen Schutz und lieferten ihm ihre Städte aus, offenbar verbunden mit der Forderung, dass er sie beim Kampf gegen den Emir von Córdoba unterstütze.[27]

Karl ging auf den Vorschlag ein. Laut Einhart stellte er ein so großes Heereskontingent auf, wie er nur konnte.[28] 778 zog er über die Pyrenäen und eroberte Pamplona, die Hauptstadt der Basken. Die Stadt war in der Hauptsache christlich besiedelt, aber mit einer muslimischen Garnison belegt. Diese war es, die geschlagen werden musste. Der Eindruck, der vielfach in der Forschung erweckt wird, als habe Karl hier christliche Glaubensgenossen unterdrückt, wird den Vorgängen kaum gerecht. Dann rückte der Frankenkönig weiter vor über den Ebro bis nach Saragossa. Doch in der Zwischenzeit war das Bündnis der Rebellen, die mit ihm zusammenarbeiten wollten, schon wieder zerfallen. Die Gegenwehr formierte sich, und an eine rasche Eroberung Saragossas war kaum mehr zu denken. Vor allem aber hatte Karl Kunde erhalten vom großen Aufstand der Sachsen. Diese wagten sich zu erheben, weil die fränkischen Kriegerkontingente nun überwiegend in Spanien eingesetzt waren. Karl war also zu einem raschen Wechsel seines militärischen Einsatzes gezwungen. Bei der Frage Spanien oder Sachsen entschied er sich für die östlichen Nachbarn.

Bei der Rückkehr, so die ›Reichsannalen‹, kam Karl erneut nach Pamplona und ließ dort die Stadtmauern bis auf den Erdboden schleifen, »damit keine Rebellion entstehen könne« *(ne rebellare posset)*. Das heißt nichts anderes, als dass die baskische Bevölkerung sich gegen eine fränkische Besatzung zur Wehr zu setzen versuchte. In der Tat folgte daraufhin der Überfall der Basken auf die Nachhut des fränkischen Heeres, das sich auf den engen Gebirgspfaden des Pyrenäenpasses bei Roncesvalles weit auseinanderzog. Die fränkische Abteilung wurde – nach Einhart – von den »treulosen« Basken »bis auf den letzten Mann niedergemacht« (cap. 9). Von der Legende des treuen Roland und seinem »Olifant« war schon die Rede. Bei Einhart wird er »Hruodland, der Befehlshaber im bretonischen Grenzbezirk«, genannt (cap. 9).

Wie ist dieser Kriegzug einzuschätzen? Haben wir es etwa mit einem situationsbezogenen Beutezug Karls zu tun? Auch in diesem Fall treffen wir in der Forschung auf diese Ansicht. Aber das gewaltige Heer, das Karl aufbot, deutet doch eher darauf hin, dass er auch ein entsprechend großes Ziel verfolgte. Zumindest dürfte dahinter der Entschluss gestanden haben, einen nachhaltigen »Verteidigungskrieg« zu führen.[29] Vielleicht hat Karl nach seinem vermeintlichen Erfolg in Sachsen 777/778 sogar eine Chance gesehen, in einem groß angelegten Unternehmen auch die Halbinsel unter seine Kontrolle zu bekommen und die Muslime zu unterwerfen. Das rasche Scheitern seines Unternehmens bedeutet keineswegs, dass es auch nur als kurzzeitiges Unternehmen geplant war. Überdies setzte Karl seine Bemühungen fort, die spanischen Christen vom muslimischen »Joch« *(servitium)* zu befreien. 794 schrieb er an die Bischöfe Spaniens mit der dringenden Mahnung, sie sollten ihrerseits die römische Rechtgläubigkeit befolgen, denn er wolle sie aus der Knechtschaft und ihrer weltlichen Not befreien.[30]

Allerdings musste Karl auch erkennen, dass er seine militärischen Ressourcen überspannt hatte. Nach dem Tod Abd ar-Rahmāns 788 folgte Hischām I. jenem im Emirat von Córdoba nach. Dieser verschärfte die Offensive gegen die Franken und rief zum Heiligen Krieg gegen das christliche Asturien auf. Sein Heer überquerte unter der Führung von Abdelmelek ben Abd el Wahid 793 die Pyrenäen, verwüstete Septimanien – ein Territorium ganz im Süden des Frankenreichs – und ging, wenn auch vergebens, daran, die Städte Narbonne und Carcassonne zu erobern. Das fränkische Heer erlitt fürchterliche Verluste, und die arabischen Krieger kehrten mit reicher Beute nach Spanien zurück.[31]

Karl sah sich gezwungen, seine Strategie zu ändern, eine Reaktion, die man von einem umsichtigen Feldherrn durchaus erwarten kann. Nicht mehr mit geballter militärischer Gewalt, sondern unter Nutzung günstiger Umstände *(secundum temporis oportunitatem)* wollte er künftig vorgehen.[32] Mit dieser Taktik gelangen ihm schrittweise Teilerfolge. Das nördliche Grenzland der Halbinsel, die ›Spanische Mark‹ bis zum Ebro mit dem Zentrum Barcelona, konnten er und sein Sohn Ludwig nach mehreren Unternehmungen der fränkischen Kontrolle unterwerfen. Die eigentliche Rückeroberung aber wurde vor allem von König Alfons II. von Galicien und Asturien (791 – 842) vorangetrieben.

Auf eine Reihe weiterer Kriegshändel – wie gegen die Bretonen, die Normannen oder gegen die Slaven – sei hier nur pauschal verwiesen. Immerhin ist es bemerkenswert, dass Karl auch eine Flotte ausrüsten ließ, um die Normannen und die Seeräuber an den verschiedenen Küsten seines Reiches abzuwehren.[33] 807 wurde sogar eine ganze Sarazenenflotte bei Korsika geschlagen.[34] Insbesondere ist zu beachten, dass es auch bei Karls Kriegsaktionen gegen slawische Völker keineswegs nur um Beutezüge ging – als solche werden sie gern in der Forschung dargestellt. Als sich ihm die Wilzen unter ihrem Stammesführer Dragowit im Sommer 789 unterwarfen, folgten sogleich Versuche, unter ihnen das Christentum auszubreiten. Einem beteiligten Abt schrieb Alkuin, dieser solle ihn sogleich informieren, wenn die Wilzen und die Wenden den Glauben Christi angenommen hätten.[35] Eine solche Erwartung ist nur sinnvoll, wenn sie von einem Programm der Christianisierung ausgehen konnte.

Ein großes Kampfgeschehen muss jedoch noch näher betrachtet werden: der Krieg gegen die Awaren, die in den Quellen auch als Hunnen erscheinen. Schon Einhart hat ihn an vorderster Stelle eingeordnet: »Der bedeutendste Krieg von allen, die er [Karl] führte, vom sächsischen einmal abgesehen, (...) war der gegen die Awaren. Er führte ihn mit mehr Eifer als die anderen und mit weit größeren Zurüstungen« (cap. 13). Was war die Ursache für diese Wahrnehmung in den Hofkreisen um Karl den Großen?

Die Awaren, ursprünglich ein zentralasiatisches Nomadenvolk, hatten im Verlauf des sechsten Jahrhunderts den Raum von Pannonien und das Banat erobert. Ihr Kerngebiet befand sich beiderseits der Donau von Wien über Bratislava und Budapest bis Belgrad. Ihr Einflussbereich griff noch weit darüber hinaus, im Osten bis an das Schwarze Meer und im Westen bis an die Enns im heutigen Österreich. Auch die Flussläufe der Drau und der Save und die Gebiete von Kärnten und Slowenien standen um 600 unter ihrer Kontrolle: flächenmäßig ein gewaltiges Reich.

Die Organisation eines Steppenvolkes war auf die Nutzung von Weideflächen ausgerichtet, auf denen Viehherden gehalten wurden. Die Folge war, dass sich eher kleinere Einheiten von Familien- und Stammesgruppen bildeten. Sie lebten in Lagern, die sich mehrere Familien, Sippen und Sklaven teilten. Das gesamte System war damit sehr fluktuierend. Die Kontrolle über die Ressourcen ging mit der Zeit auf aristokratische Schichten über. Daneben bestimmten räuberische Expansion, Kriege und Überfälle das Leben und die Ordnung. Im siebten Jahrhundert ist aus Byzanz der Spruch überliefert: Die Awaren seien wilde Völker, deren Leben in Krieg bestünde.[36]

Im späten achten Jahrhundert gab es zwei awarische Könige nebeneinander, den Khagan (oder Khan) und den Iugurrus. Was die beiden unterschied, ist nicht bekannt. Beide pflegten zusammen mit den Fürsten ihres Reiches im sogenannten »Ring« zu residieren, wie die ›Lorscher Annalen‹ berichten.[37] Von dort aus leiteten sie gemeinsam die ›Außenpolitik‹ ihres Reiches. Über diesen »Ring« ist viel gerätselt worden. War damit ein groß angelegter Wallgürtel in mehreren zentrischen Kreisen gemeint? Heute vermutet man ganz einfach »eine feste, kreisförmig angelegte Palastsiedlung aus Zelten oder Holzbauten«.[38] Dass dort auch ein gewaltiger Schatz angesammelt war, ist vielfach belegt. Unterhalb der Könige gab es noch weitere Würdenträger, den Tudun, den Tarkhan und den Kapkhan. Und zu erwähnen ist auch die Hauptfrau des Khagan, die den Titel Katun trug. Eine Tochter Herzog Tassilos III. von Bayern hieß Cotani, sodass man in der Forschung schon erwogen hat, ob sich darin nicht eine Beziehung zwischen der bayerischen und der awarischen Herrscherfamilie niedergeschlagen haben könnte.

Das Heer der Awaren galt lange Zeit als unbezwingbar. Das byzantinische Reich konnte sich nur mit Mühe ihrer Einfälle erwehren und musste mehrmals gewaltig hohe Tributzahlungen leisten. Die Awaren waren gut gerüstet mit Panzerhemden, Schwert, Bogen und Lanze. Auch ihre Pferde trugen einen Brustschutz aus Eisen oder Filz. Ihre große Schlagkraft kam nicht zuletzt durch den eisernen Steigbügel zustande, der heute als eine Erfindung der Awaren gilt.

Im späten achten Jahrhundert hatte das Awarenreich freilich seinen Zenit überschritten. Konkurrenz zwischen den Stammesführern und Amtsträgern schwächte den Zusammenhalt, die innere Ordnung begann auseinanderzubrechen. Hinzu kam, dass Herzog Tassilo III. und der bayerische Adel auf dem Weg waren, das Kärntner Gebiet (Carantanien) zu erobern und zu besetzen. Außerdem muss es am Fluss Enns, der als »feste Grenze« zwischen Bayern und dem Awarenreich bezeichnet wird *(certus duorum regnorum limes)*[39], zu ständigen gegenseitigen Übergriffen gekommen sein. Dieser Spannungszustand entlud sich 788, als unmittelbar nach der Entmachtung Tassilos III. Kriegszüge gegen die Awaren unternommen wurden. An ihnen haben sich hauptsächlich Bayern beteiligt. Ihre Anführer Graman *(Grahamannus)* und Otakar *(Audaccrus)* kamen aus dem bayerischen Hochadel. Auch im Friaul kam es zu Gefechten. Überall wurden die Awaren geschlagen.

Zwei Jahre später, 790, erschien eine awarische Gesandtschaft bei Karl dem Großen in Worms, und auch umgekehrt verhandelten Gesandte Karls mit awarischen Fürsten. Es ging um die Grenzen der Reiche *(agebatur inter eos de confiniis regnorum suorum)*[40]. Aber es kam keine Einigung zustande. Das sei die Ursache für den nun folgenden Krieg gewesen, so lesen wir in den ›Einhardsannalen‹.[41]

Karl der Große machte diesen Krieg zur ›Chefsache‹, so würde man heute sagen. Es ist überaus bemerkenswert, mit welch großem Einsatz er fortan die Zerschlagung des awarischen Reiches verfolgte, vorbereitete und durchführte. Schon die Tatsache, dass er in den folgenden Jahren seinen Hauptsitz in Regensburg nahm und die meiste Zeit in Bayern verbrachte, ist höchst ungewöhnlich. Mit einer wahrlich gewaltigen Truppenmacht brach er Mitte August 791 auf und zog entlang der Donau und mit Schiffen auf der Donau flussabwärts. Tausende von Pferden seien mitgeführt worden – wohl um gegen die Reiterverbände der Awaren gewappnet zu sein. Mächtige Fürsten waren dabei: der Graf Theoderich, ein Verwandter Karls, der das Kontingent nördlich der Donau anführte; der Erzbischof Angilram von Metz, der zugleich Leiter der Hofkapelle war; ferner die Bischöfe Sindpert von Regensburg, Arn von Salzburg, Atto von Freising und viele andere. Ein geradezu furchterregender Aufmarsch.

Als man bei Lorch am Grenzfluss Enns das Lager aufschlug, wurden dreitätige Bittgänge angeordnet. Das ganze Heer musste Gott um Hilfe und Segen anflehen. Jeder Priester hatte eine Messe zu halten und fünfzig Psalmen zu singen und in der übrigen Zeit barfüßig herumzugehen. All dies berichtete Karl der Große selbst in einem Brief, den er seiner vierten Frau Fastrada vom Lager aus mit »lieben Grüßen« schrieb.[42] Er sei gesund und wohlauf und war offenbar in guter Stimmung. Von Italien aus, so wusste er zu berichten, habe man schon Siege über die Awaren errungen und sogar deren »Wall« *(uualum)* geplündert. Das eigene Heer aber bereite sich auf den Kampf gegen die Awaren vor, indem der Genuss von Wein und Fleisch verboten worden sei. Wer aber dennoch unbedingt habe Wein trinken wollen, der habe sich eine Lizenz für einen Schilling besorgen müssen. Ärmere seien mit einem Denar davongekommen.

Nach diesen Vorbereitungen überschritt das Heer die Grenze –

und fand so gut wie keine Gegenwehr. Die Awaren flohen, so gut sie konnten, oder ergaben sich kampflos. Bis an den Fluss Raab konnte Karl mit seinen Kriegern durchmarschieren. Mit einer Menge an Gefangenen – Männern, Frauen und Kindern – kehrte man zurück. Es war also gar nicht zu einer Schlacht gekommen. Hatte Karl das militärische Potenzial der Awaren falsch eingeschätzt? War er von Anfang an nur mit »halbherziger Eroberungsabsicht« an die Aktion herangegangen? Oder hatte er gar nicht den Kampf gesucht? Diente der ganze martialische Aufzug nur der Inszenierung seiner inzwischen geradezu gewaltigen Machtstellung? Alle diese Erklärungen findet man in der Forschung.

Vielleicht liegt die Erklärung eben doch darin, dass der Welt mit dieser Aktion der Siegeszug der christlichen Heerscharen vor Augen gestellt werden sollte. Die Awaren waren nach der halbwegs vorangeschrittenen Christianisierung der Sachsen und weiter Teile der Slaven als Inbegriff der vom Teufel besessenen Heiden übrig geblieben. Was der byzantinische Kaiser nicht zuwege brachte, nämlich die Zähmung des Bösen schlechthin, gelang dem Herrscher des Westens, dem Anführer der ›Guten‹! Das könnte die Botschaft gewesen sein. Man sieht an solchen Beobachtungen und Überlegungen, wie sehr Karl bereits in imperiale Dimensionen vorgestoßen war.

Aber dennoch musste man noch mit Gegenwehr der Awaren rechnen. Die letzte Sicherheit, dass ihr Reich zerschlagen war, stand noch aus. Erneut verfolgt man mit Erstaunen, mit welcher Energie und Innovationskraft Karl die Angelegenheit weiter betrieben hat. Um sein gewaltiges Heer rasch und ausreichend mit Nachschub zu versorgen, sollte 793 eine durchgehende Wasserstraße vom Rhein bis zur Donau angelegt werden. Um das zu erreichen, bedurfte es eines Kanals, der die Flüsse Rednitz und Altmühl miteinander verband *(Fossa Carolina)*. »Eine große Menge von Menschen«[43] wurde daher für diese Arbeit in der Gegend zusammengezogen, vermutlich Tausende. Den ganzen Herbst über wurde gegraben. Aber das widrige Wetter zerstörte das Werk. Gewaltige Regengüsse spülten das aufgeworfene Erdreich immer wieder hinab, sodass man nicht vorankam. Schließlich wurde das Unternehmen eingestellt – und erst viele Jahrhunderte später durch König Ludwig I. von Bayern wieder aufgegriffen. Man wird diese Aktion vielleicht als Misserfolg ansehen – aber darauf kommt es nicht an. Vielmehr lässt sich daran die ganz ungewöhnliche Willenskraft Karls ablesen, sein Reich zu steuern und zu lenken und sogar die Flüsse seiner Gestaltung dienstbar zu machen.

Auch ohne Kanal war der Erfolg Karls nicht aufzuhalten. Dabei kam ihm der Umstand zugute, dass in der Führungsschicht des Awarenreichs ein Machtkampf tobte. 795 kamen Gesandte des Tudun, also eines unterhalb des Königs stehenden Fürsten, der wahrscheinlich das westliche Awarenreich leitete, zu Karl. Er wolle sich unterwerfen, so die Botschaft, und das Christentum annehmen.[44] In der Zwischenzeit hatte Markgraf Erich von Friaul ein Heer losgeschickt, das einen glänzenden Sieg errang und den »Ring« der Awaren plünderte. Ein riesiger Schatz fiel den Franken in die Hände, der nun mit 15 vierspännigen Ochsenkarren an den Hof Karls in Aachen transportiert worden sein soll.[45] Das Frankenreich, das man nach den Worten Einharts bis dahin »fast als arm ansehen konnte« (cap. 13), war plötzlich reich. Im Jahr darauf, 796, verteilte der König die wertvollen Gegenstände, Geld, Gold und Edelsteine, an Kirchen und Klöster und übersandte den größten Teil dem Papst in Rom.

Mit diesen Vorgängen war die Kraft des Awarenreiches gebrochen. Karls Sohn, der jüngere Pippin, zog zwar 796 nochmals zum »Ring«, um auch noch die letzten Reste an Wertsachen abzutransportieren und die Bevölkerung niederzumachen, und 799 regte sich sogar nochmals ein awarischer Aufstand. Aber das waren nur noch letzte Zuckungen eines vollständig vernichteten Volkes. 796 war bereits die Christianisierung der restlichen Awaren neu organisiert worden – dazu gehörte auch die Erhebung des Salzburger Bischofs Arn zum Erzbischof im Jahre 798. Alkuin, der Gelehrte am Hof, verfasste sogar ein Handbuch für die Behandlung der Taufwilligen (›Ordo de cathecizandis‹)[46] und legte Wert darauf, dass ein gründlicher Taufunterricht vorauszugehen habe.

Aber es gab am Ende nur noch so wenige Awaren, dass ihr Anführer, der christliche Kapkhan Theodor, sich 805 nach Aachen aufmachte, um den Schutz Karls vor den herandrängenden Slaven zu erbeten. In der Gegend des Neusiedler Sees räumte ihnen Karl daraufhin ein Reservat ein. Das einstige Awarengebiet aber von der Enns bis zum Wienerwald, in den Quellen *Avaria* genannt, wurde zum Pionierland für bayerische Siedler, gleichsam zum ›Wilden Osten‹ des ostfränkischen Reichsteils.[47] Es wurde zur Keimzelle des künftigen Österreich.

Die Awaren dagegen sind wenige Jahre später völlig verschwunden. »Sie waren groß an Körper und stolzen Sinnes, und Gott vertilgte sie, und alle starben, nicht ein einziger Aware ist geblieben«, so heißt es in der altrussischen Nestor-Chronik 300 Jahre später.[48] Ähnlich schilderte schon Einhart in der ›Vita Karoli Magni‹ das Ende der Awaren (cap. 13): Ganz Pannonien sei nach dem Krieg vollkommen unbevölkert gewesen. Die Königsburg des Khagan liege verödet da, keine Spur einer menschlichen Behausung sei zu entdecken, der gesamte awarische Adel sei umgekommen. Nie wieder wurde im Mittelalter ein so mächtiges Reich so vollständig ausradiert. Angesichts dessen fällt es schwer, sich der Forschungsmeinung anzuschließen, wonach der Awarenkrieg »ein reiner Beutekrieg« gewesen sei. Die Vernichtung eines ganzen Volkes hatte ja zur Folge, dass für den Sieger künftig keine Beutezüge oder Tributforderungen mehr möglich waren. Beutemachen gehörte zwar immer zum Krieg, aber der Awarenkrieg ist wie der Missionskrieg gegen die Sachsen doch mit anderen Maßstäben zu messen. Es war der Kampf gegen die Heiden und die Feinde Gottes.

Unserer aufgeklärten Zeit fällt es nicht leicht, sich vorzustellen, welche Energie die Devise ›Gewalt als Gottesdienst‹ im Zeitalter Karls des Großen ausgelöst hat. Wir behelfen uns gern mit säkularisierenden Erklärungen wie persönliches Machtstreben, Geltungssucht und Habgier. Diese menschlichen Eigenschaften wird man gewiss als Motive durchaus mit einbeziehen müssen. Aber man muss ebenso berücksichtigen, dass alle Kriege in diesen Jahrhunderten immer auch den Einsatz des Lebens bedeuteten. Das galt auch für den König selbst, der in der Regel mit in den Kampf zog. Und man muss bedenken, dass für all diese geschilderten Kriege ein so gewaltiger Aufwand erforderlich war, dass sie nur im Konsens mit der politischen Elite möglich waren. Sie durften, wie der Wiener Mittelalterforscher Heinrich Fichtenau zu Recht bemerkte, »nie das Maß des Vernünftigen« überschreiten.[49] Der unbedingte Wille zur Durchsetzung des christlichen Glaubens und seiner moralischen Normen war letztlich die entscheidende Voraussetzung und die treibende Kraft dafür, dass Karl – gleichsam wie ein Besessener – Schwert und Christianisierung miteinander verknüpfte. In diesem Sinne lobte Alkuin den Sieg über die Awaren, mit dem Karl diesem Volk »das Licht der Wahrheit« *(lumen veritatis)* gebracht habe. Dies werde ihm die ewige Seligkeit einbringen.[50]

Man muss also davon ausgehen, dass Karl von einem außerordentlichen Sendungsauftrag erfüllt war, der in ihm den Zwang auslöste, »voller Verlangen nach Wahrheit und Seelenheil für viele« das Böse zu vernichten.[51] Nur dann war es dieser Idee nach möglich, das ›Richtige‹ – in den Quellen als »Rechtheit« *(rectituto)* bezeichnet – zu erkennen, Gerechtigkeit herzustellen, Vertrauen zu schaffen und Frieden zu halten. Alle, die sich diesen Forderungen unterwarfen, sollten geschont werden, so schrieb Alkuin im August 799 an Karl den Großen. Die Hochmütigen aber sollte er mit Krieg überziehen *(debellare superbos)*.[52] Diesen Grundsatz, so fügte Alkuin hinzu, habe Augustinus in seinem Buch über den ›Gottesstaat‹ (I, cap. 6) »mit großem Lob erörtert«. In diesem Werk von Augustinus konnte Karl außerdem lesen, dass Reiche ohne die Gerechtigkeit der christlichen Lehre nichts als große Räuberbanden seien (Buch IV, cap. 4). Friede war mit ihnen nicht zu erreichen. Für »Räuberbanden« konnte es nur die Alternative ›Taufe oder Tod‹ geben.

Widersprach diese Einstellung nicht dem Gebot »Du sollst nicht töten«? Auch zu dieser Frage konnte Karl die Antwort im »Gottesstaat« von Augustinus finden. Dort heißt es in Buch 1, Kapitel 21: Gott selbst habe einige Ausnahmen von der Anordnung, keinen Menschen zu töten, verfügt. »Es versteht sich nämlich, dass, wenn Gott selbst das Töten anordnet, sei es durch Erlass eines Gesetzes, sei es zu bestimmter Zeit durch ausdrücklich an eine Person gerichteten Befehl, solch ein Ausnahmefall vorliegt. Dann tötet nicht der, der dem Befehlenden schuldigen Gehorsam leistet, wie das Schwert dem dient, der es führt. So verstießen diejenigen keineswegs gegen das Gebot ›Du sollst nicht töten‹, die auf Gottes Veranlassung Kriege führten …« Und in Buch V, Kapitel 18, konnte er die Ergänzung finden: Wie hätte das Christentum eine solche Anerkennung erlangt, »wenn nicht das römische Reich sich so gewaltig ausgedehnt und wunderbar erfolgreich vergrößert hätte?« War das römische Reich in diesem Sinne das Vorbild für das von Gott auserwählte Reich der Franken? Das Werk vom »Gottesstaat« jedenfalls gehörte, wie wir inzwischen wissen, zur Lieblingslektüre Karls des Großen.

Kapitel 7

Herrschaft durch Befehl, Kontrolle und Repräsentation

Karls Kriege verlangten Gefolgschaft und Folgebereitschaft. Nicht weniger erforderlich waren effektive Informationseinrichtungen. Wie konnte man in einem solch großen Reich in möglichst kurzer Zeit Befehle, Gesetze und Verordnungen verbreiten und wie konnte man erreichen, dass sie befolgt wurden? Bei der Beantwortung dieser Fragen müssen wir uns weit von unserer heutigen Zeit und ihrer Informationstechnik entfernen. Grundsätzlich gilt: So gut wie jede Botschaft oder Information, jedes Gerücht und jeder Befehl konnten über längere Entfernungen nur durch Menschen persönlich überbracht werden. Die schnellste Art der Fortbewegung – und damit auch die der Nachrichtenübertragung – war dabei diejenige mit dem Pferd.

Kommunikation konnte über symbolische Handlungen erfolgen. Die Art des Auftretens, der Mimik und Gestik konnte viel dazu beitragen, ob man Zustimmung und Gehorsam erlangte. Es gibt Epochen, in denen die symbolischen Akte das Kommunikationswesen sogar weitgehend bestimmten.[1] Für die Zeit Karls des Großen war aber das Wort entscheidend. Die Sprache bedeutete für ihn wie für seine Vertrauten das Machtmittel, mit dem »Dominanz, Einflussnahme und Souveränität« hergestellt und persönliche Absichten durchgesetzt wurden.[2] Diese Grundeinstellung Karls, das Wort an die erste Stelle des gesamten Ordnungssystems zu setzen, wird sich auch noch in anderen Zusammenhängen zeigen.

Um Entscheidungen und Befehle zu überbringen, waren Boten erforderlich. Wenn man berücksichtigt, dass nicht nur der König und sein Hof Mitteilungen ausschickten, sondern auch Briefe der Gelehrten, der Bischöfe, Äbte und Pröpste sowie gewiss auch der Grafen hin- und hergeschickt wurden, kann man sich ein ungefähres Bild davon machen, wie zahlreich die Boten gewesen sein müssen, die ständig auf Reisen waren. Über ihre Reisegeschwindigkeit sind in der Forschung immer wieder Berechnungen angestellt worden. Je nach Jahreszeit und dem Zustand der Wege konnte man wohl 30 bis 60 Kilometer pro Tag zurücklegen. Bei besonders eiligen Botschaften waren auch 100 Kilometer und mehr möglich, allerdings nur bei gut organisiertem Pferdewechsel.

Karl verfügte über besondere Boten, die »Gesandten des Herrschers«, die in den Quellen *missi dominici* heißen. Solche Königsboten gab es schon unter König Pippin. Aber sie wurden unter Karl immer wichtiger. Welch hohen Rang sie einnahmen, zeigt eine Bestimmung im ›Capitulare Saxonicum‹ von 797.[3] Demnach hatten die Sachsen die dreifache Buße zu leisten, wenn sie einen Gesandten des Königs töteten. Diese waren dreimal so viel wert wie andere Menschen.

Königsboten sollten nicht nur die Befehle im Land verbreiten, sondern auch Abgaben einsammeln oder für Gerechtigkeit sorgen. Sie hatten die »Gewalt, ein Urteil zu fällen« *(potestas iudicandi)* und zu überprüfen, ob die Verordnungen eingehalten wurden. Unter Umständen mussten sie Grafen, die ihrer Pflicht der Rechtsprechung nicht nachkamen, zurechtweisen und notfalls selbst die Gerichtshoheit übernehmen. So ist es im sogenannten ›Kapitular von Herstal‹ von 779 vermerkt: »Wenn ein Graf in seinem Amtsbereich nicht für Gerechtigkeit sorgt, dann muss er für den Unterhalt unseres Gesandten *(missus)* so lange aus seinem eigenen Haushalt aufkommen, bis die Rechtsprechungen erfolgt sind; und wenn unser Vasall nicht Recht spricht, dann sollen sowohl der Graf wie auch unser Gesandter *(missus)* so lange in dessen Haus wohnen und auf seine Kosten leben, bis er für Recht gesorgt hat.«[4] Mit diesem Auftrag war der Königsbote formal eindeutig dem Grafen übergeordnet. Aber war dieser

Anspruch realistischerweise durchsetzbar? Der Graf, so ist an dieser Bestimmung ebenfalls zu erkennen, hatte im Gerichtswesen Beauftragte eingesetzt, die als Vasallen bezeichnet werden. Auch im Hinblick auf diese ›Beamten‹ musste der Königsbote für den ordnungsgemäßen Ablauf sorgen. Nicht selten dürfte er damit überfordert gewesen sein.

Um den Status der Königsboten abzusichern, erhielten diese vom Hof legitimierende Instruktionen. In diesen Handreichungen *(breviaria)* wurden die wesentlichen Auftragspunkte formuliert. Als beispielsweise im Jahre 789 Königsboten nach Aquitanien aufbrachen, empfingen sie kurze und präzise Anweisungen[5], die sich als Karls persönliche Willensbekundung ausgaben: »Wir haben befohlen«. Diese Befehle und Erlasse des Königs wurden schon in ihrer Zeit wegen ihrer Einteilung in Kapitel »Kapitularien« genannt – erstmals im erwähnten ›Kapitular von Herstal‹ von 779. Alle diese Vorgänge machen deutlich, wie eng Königsboten und Kapitularien miteinander verknüpft waren.

Als bedeutendstes Kapitular unter Karl dem Großen hat die ›Allgemeine Ermahnung‹ (›Admonitio generalis‹) von 789 zu gelten.[6] Ihr Text geht in der Hauptsache auf den Gelehrten Alkuin zurück. Doch kann man mit Sicherheit davon ausgehen, dass der Inhalt in enger Abstimmung mit Karl dem Großen zustande kam. Die ›Admonitio generalis‹ bedeutete die große Verkündigung eines umfassenden Programms, nämlich der Einbettung der gesamten Lebensordnung der Menschen seines Reiches in die göttlichen und kirchlichen Richtlinien. Die genannten Regelungen zielten auf möglichst hohe Eindeutigkeit, Exaktheit und Normentreue ab. Ihre Befolgung wurde eindringlich angemahnt. Alle Lebensbereiche wurden angesprochen, ohne dass dabei eine Systematik nach unseren heutigen Kriterien erkennbar wäre. Ein Blick in die Bestimmungen lässt vielmehr die weitgehende Verschmelzung von göttlicher und weltlicher Ordnung erkennen. So heißt es in Kapitel 70, Mönche dürften nicht zu weltlichen Gerichtsverhandlungen gehen. Kapitel 71 führt aus, Kleriker sollten »in jeder Hinsicht kanonisch nach ihrer Regel leben«. Das folgende Kapitel 72 bezieht sich dagegen auf ein völlig anderes Gebiet: »Alle sollen die gleichen und richtigen Maße und gerechte und gleiche Gewichte haben, ob in den Bischofsstädten oder in den Klöstern, ob zum Geben oder Nehmen, wie wir auch im Gesetz des Herrn dieses Gebot haben. Denn bei Salomon spricht der Herr: ›Maß um Maß, Gewicht um Gewicht: das hasst meine Seele‹«. Der Herr selbst, so meint dieses biblische Zitat, verabscheut die Vielfalt von Maß- und Gewichtseinheiten! Dann folgt in Kapitel 73 der Befehl, dass Gäste, Fremde und Arme ordentliche und kanonische Aufnahme finden sollen, weil der Herr bei der Vergeltung des großen Tages, das heißt, beim Jüngsten Gericht, sagen wird: »Ich war ein Fremdling, und ihr habt mich aufgenommen.« Man sieht: Die Welt wurde nach biblischen Grundsätzen geordnet. Dementsprechend nannte Karl die Menschen seines Reiches das »Gottesvolk« *(populus dei)*.[7]

All dies durchzusetzen war ein gewaltiger Auftrag für die Königsboten. Das gesamte Reich sollte auf ein Ordnungs- und Lebensprogramm ausgerichtet werden, das bis in die Geschäfte des täglichen Lebens reichte. An den Sonntagen, so heißt es in Kapitel 79, dürften keine »Knechtsarbeiten« *(opera servilia)* verrichtet werden – eine Anordnung, die schon Karls Vater, Pippin, durchzusetzen suchte, die aber offensichtlich wenig beachtet worden war. Allerdings war damit ein schwieriger Punkt angesprochen. Die Landwirtschaft verlangte nicht selten den Einsatz auch am Sonntag, etwa um das Wetter zu nutzen und die Ernte einzubringen. Kühe mussten ohnehin an allen Tagen gemolken und versorgt werden. Aber von nun an sollte die Vorschrift gelten, »dass die Männer keine Landarbeiten verrichten, weder beim Bestellen des Weinbergs noch in den Feldern beim Pflügen, Ernten oder Heuen oder Umzäunen, noch in den Wäldern roden oder Bäume fällen oder in den Steinen arbeiten, noch Häuser bauen. Sie sollen auch nicht im Garten arbeiten und nicht zu Gerichtsverhandlungen zusammenkommen oder auf die Jagd gehen.« Erlaubt sei nur der Transport von Kriegsgerät und Lebensmitteln oder die Bestattung eines Toten. Der Sonntag sollte ansonsten ganz für den Lobpreis Gottes reserviert sein.

Eine weitere umfassende Verfügung, die Karl der Große etwas

später erließ, betraf die Organisation der königlichen Wirtschaftshöfe. Sie wurde ›Verordnung über die Land- und Krongüter des Reiches‹ (›Capitulare de villis vel curtis imperii‹) genannt.[8] Die genaue Entstehungszeit ist bis heute ungeklärt; die Datierungen reichen von 792/793 bis 812. Eine Frühdatierung dürfte vorzuziehen sein, weil der militärische Aspekt eine wichtige Rolle spielt (cap. 30 und 68). Auch der Autor steht nicht fest – gedacht wurde an Abt Ansegis von Saint-Wandrille (gest. 833) oder Alkuin. Zu den Wirtschaftshöfen, «die den Hofhalt beliefern« (cap. 1), gehörten auch diejenigen von Klöstern. Das erklärt, weshalb auch im Kloster auf der Reichenau unter Abt Walahfrid Strabo (839–849), der sich zuvor viele Jahre am Hof aufgehalten hatte, eine Liste der Pflanzen angefertigt wurde, die im Kapitular aufgeführt sind.

Die insgesamt 70 Kapitel dieser agrarwirtschaftlichen Anordnungen sind erstaunlich präzise und detailliert und zeugen von großer Sachkenntnis. Im gesamten Reich Karls sollten – wie schon in der ›Admonitio generalis‹ gefordert – dieselben Maße gelten (cap. 9). Es folgen genaue Anweisungen über die Viehhaltung, über die Aufgaben der Amtmänner und der Meier, denen es oblag, das System zu überwachen. Die Pferdezucht spielt eine wichtige Rolle, denn Pferde wurden für den Krieg benötigt (cap. 13–15). Über alle Einkünfte und Ausgaben sollte genauestens schriftlich Buch geführt werden (cap. 55). Alle Lebensmittel sollten mit größtmöglicher Sauberkeit und Hygiene hergestellt werden (cap. 34). Niemand solle sich unterstehen, Weintrauben mit den Füßen zu keltern, sondern alles müsse sauber und reinlich zugehen (cap. 48).[9] Im Einzelnen wird aufgeführt, welche Pflanzen und welche Bäume gezogen und gepflanzt werden müssen (cap. 70). Bei den Apfelsorten waren verlangt: Gosmaringer, Geroldinger, Krevedellen, Speieräpfel, süße und saure, durchwegs Daueräpfel, solche, die man bald verbrauchen müsse, und Frühäpfel. Schließlich gibt es eine Reihe von Anordnungen darüber, welche Rechte und Pflichten die »Amtmänner« *(iudices)* und »Vorsteher« *(maiores)* hätten – sie dürften beispielsweise von den Bauern nur kleine Geschenke annehmen, keine Ochsen, Pferde oder

Schweine, sondern lediglich Würstchen, Gemüse, Obst und Eier (cap. 3). Die Königsboten sollten die ordnungsgemäße Einhaltung der königlichen Verordnung regelmäßig kontrollieren.

Weitere wichtige Entscheidungen wurden im Juni 794 auf der »großen Synode« *(magna synodus)*[10] von Frankfurt am Main getroffen. Das Jahr 793 hatte empfindliche Rückschläge gebracht, als die Kämpfe in Septimanien gegen die Muslime mit Niederlagen der Franken geendet hatten. Die Sachsen hatten einen erneuten Aufstand zwischen Unterweser und Unterelbe versucht, und im Süden Italiens konnte sich Karl der Treue des Herzogs von Benevent nicht mehr sicher sein. Mit Byzanz – und auch mit der Kirche in Rom – wurde über die kirchlichen Wahrheiten gestritten. Zu allem Übel war eine bittere Hungersnot hinzugekommen. Das Reich brauchte eine Demonstration der herrscherlichen Entscheidung. Das war die Aufgabe von ›Frankfurt 794‹.

Die damals noch weitgehend unbedeutende Königspfalz am Main tritt hier erstmals in das Licht der karolingischen Herrschergeschichte. Aber sie war doch schon in der Lage, eine große Zahl von Vertretern des gesamten Reiches aufzunehmen. Auch Legaten Papst Hadrians I., die Bischöfe Theophylakt und Stephan, und sogar Gesandte aus England waren anwesend. Das in Frankfurt verabschiedete Kapitular, das von dem Tübinger Mittelalterforscher Wilfried Hartmann grundlegend analysiert wurde, spiegelt das breite Spektrum der Themen.[11] Neben den Entscheidungen über die Bilderverehrung – die uns noch beschäftigen werden – standen ganz konkrete Handlungsanweisungen im Vordergrund. So wurden in Kapitel 4 feste Preise für Getreide und Brot vorgeschrieben, um den schrecklichen Auswüchsen der Hungersnot des vorangegangenen Jahres zu begegnen. Es sollte künftig darauf geachtet werden, dass keiner der Knechte mehr verhungern müsse. In Kapitel 5 wurde angeordnet, dass der neu eingeführte Silberdenar überall als einheitliche Währung angenommen werden sollte. Er war aus reinem Silber und sollte die Wirtschaft stabilisieren. Um die Ordnung zu festigen, sollten laut Kapitel 6 die Bischöfe in ihren Diözesen die Gerichtsbarkeit übernehmen. Ausführlich wurden auch die Bestimmungen der ›Admonitio generalis‹ von 789 in präzisen neuen Formulierungen wiederholt, wodurch sie einen deutlicheren Befehlscharakter erhielten. Der ganze Tenor des ›Kapitulars von Frankfurt‹ geht in Richtung einer eigenständigen, starken Gesetzgebung.

Aber konnten derartige Verfügungen wirklich umgesetzt werden? Die Königsboten, die dafür in erster Linie zuständig waren, sahen sich in den ihnen übertragenen Regionen mächtigen Herren gegenüber, Grafen oder Bischöfen sowie Grundherren oder Amtleuten. Es war nicht leicht, sich gegen diese zu behaupten. Vor allem muss man mit allen Formen der Korruption rechnen. Große und Geringe versuchten es immer wieder mit Bestechungen aller Art, angefangen bei erlesenen Kunstgegenständen bis hin zu einer Mütze oder einem Paar Schuhe. Der Gelehrte Theodulf von Orléans, der selbst als Königsbote unterwegs war, verfasste darüber einen Bericht in Form eines Gedichts.[12] Eine Flut von Geschenken – wertvolle Gläser und Edelsteine, Geld, Silber und Gold – sei ihm schon bei der Ankunft entgegengebracht worden. Als Bischof Arn von Salzburg zum Königsboten ernannt wurde, schrieb ihm Alkuin, er solle von niemandem für Gerichtssachen Geschenke annehmen. »Dieses Übel«, so fügte er hinzu, »ist außerordentlich stark unter den Christen verbreitet, und diejenigen, die ihre eigenen Angelegenheiten gering achten sollen, raffen fremdes Gut in unrechtmäßiger Weise an sich.«[13]

Ein besonders raffgieriger Zeitgenosse scheint Bego gewesen zu sein, Graf von Toulouse, Markgraf von Septimanien und 811–816 Graf von Paris, außerdem Gemahl einer Enkelin Karls des Großen. Er war in Aquitanien einer der mächtigsten Männer. Nach seinem Tod erschien einer alten Frau um 818 eine Vision: Sie sah den Verstorbenen, dem die Teufel flüssiges Gold in den Mund schütteten. Dazu hätten sie gerufen: »Nach solchem Gold hast du zu Lebzeiten stets gedürstet. Nie konntest du deinen Durst stillen. So trink dich jetzt satt!«[14]

In Aquitanien scheinen sich die Großen auch sonst in vielfältiger Weise an fremdem Gut vergriffen zu haben. Dort hatte Karl 781 seinen damals dreijährigen Sohn Ludwig als Unterkönig eingesetzt, der als Kind natürlich keine Möglichkeit hatte, eine starke

Herrschaft aufzubauen. 791 war er mit dem Schwert umgürtet worden und hatte damit die selbstständige Regierung übernommen. Als ihm sein Vater im Winter 794 die Frage stellte, weshalb er immer so ärmlich daherkomme und dem Vater unaufgefordert gar keine Geschenke mache, da musste ihm der 16-jährige Sohn von dem rücksichtslosen Eigennutz der aquitanischen Großen berichten. Diese hätten das öffentliche Eigentum zu Privatbesitz gemacht.[15] Er, Ludwig, sei nur noch dem Namen nach der Herr, in Wahrheit aber arm und fast mittellos. Gegen diese Ungerechtigkeit, so der Biograf, sei Karl sogleich eingeschritten. Er schickte Königsboten nach Aquitanien – Willibert, den späteren Erzbischof von Rouen (799–828), und den Grafen Richard – mit dem Befehl, das Recht wiederherzustellen und die Güter wieder für den königlichen Bedarf einzuziehen – »was auch geschehen ist«.

Jahrzehnte später war die »Gerechtigkeit« immer noch keine selbstverständliche Erscheinung im Frankenreich. Der Brief des Erzbischofs Agobard von Lyon (816–840) an den Grafen Matfred von Orléans (gest. 836) lässt jedenfalls daran Zweifel aufkommen.[16] Kaum einer, so beklagte Agobard, könne gefunden werden, »der die Gerechtigkeit liebt«. Denn jeder könne sich alles erlauben, wenn er nur am Hof Verwandte und Freunde habe, die es schon so einrichteten, den Zorn des Königs zu besänftigen. Gern erzählt wird auch die Geschichte der Witwe, die durch einen Rechtspfleger *(vir iudiciarius)*, der eigentlich ihre Rechte vertreten sollte, ihres gesamten Besitztums beraubt wurde. Daraufhin eilte sie an den Hof, um sich dort ihr Recht zu holen. Doch bevor ein Gerichtsspruch erfolgen konnte, hatte der Angeklagte die Klägerin durch gedungene Mörder ins Jenseits befördern lassen.[17] Gewiss, es sind Einzelfälle, aber sie werfen doch ein Licht auf die Realität, die auch damals von den menschlichen Schwächen geprägt war. Die Lebensumstände waren in weiten Bereichen von Not, Härte und Skrupellosigkeit geprägt – ein Thema, das trotz mancher Ansätze noch eingehenderer Forschung bedarf.

Hatten Königsboten unter solchen Umständen überhaupt eine

Chance, das ambitionierte Programm Karls umzusetzen? Diese Frage hat auch Karl selbst beschäftigt. Im Jahre 802 wurde deshalb eine Neuorganisation vorgenommen. Die gesamte Einrichtung der Königsboten wurde auf einem Hoftag in Aachen einer Revision unterzogen. In den ›Lorscher Annalen‹ – vielleicht geschrieben von Abt Richbod von Lorsch, der zugleich Erzbischof von Trier war (gest. 804) – wird der Vorgang zusammengefasst: Der König sei erfüllt gewesen von seiner Sorge für die Armen, die in seinem Reich nicht zu ihrem Recht gekommen waren. Deshalb habe er nicht mehr die »ärmeren Vasallen aus seiner Hofgefolgschaft« *(de infra palatio pauperiores vassos)* als Königsboten einsetzen wollen, die der Gefahr der Bestechung ausgesetzt seien *(propter munera)*. Künftig sollten Erzbischöfe, Bischöfe, Äbte, Herzöge und Grafen eingesetzt werden, die auf Bestechungen nicht angewiesen wären, und diese habe er nun ausgesandt, damit sie den Kirchen, den Witwen, Waisen und Armen und dem ganzen Volk zu ihrem Recht verhelfen sollten.[18]

Die Kontrolle über Recht und Ordnung, über korrektes Leben und Handeln, über Frieden und Moral wurde in die Hände der mächtigsten Amtsträger gelegt. Das war ein Akt von fundamentaler Bedeutung, denn er führte dazu, dass die kirchliche und politische Elite sich nun in hohem Maße die Prinzipien von Karls Herrschaftskonzeption zu eigen machte. Das Reich erhielt einen neuen Integrationsschub. Für den Herrscher konnte dies allerdings auch bedeuten, dass seine Autorität relativiert wurde und sich die Leitungselite sogar als Kontrollinstanz ihm gegenüber aufschwingen konnte. Unter Karl dem Großen ist das noch nicht eingetreten, aber die Herrschaft seines Sohnes, Ludwigs des Frommen (814 – 840), wurde tatsächlich in diesen Sog gezogen.[19]

Von der Neuregelung des Königsbotenamtes im Jahre 802 ist eine umfangreiche Beschlussfassung in Form eines Kapitulars überliefert.[20] Dort heißt es im ersten Kapitel, Karl der Große habe aus dem Kreis seiner »Optimaten« die Klügsten und Weisesten ausgewählt, nämlich Erzbischöfe, Bischöfe, Äbte und gottesfürchtige Laienfürsten. Diese habe er überallhin in sein ganzes Reich geschickt. All den Menschen, die in den folgenden Abschnitten des Kapitulars genannt werden, sollten sie die Möglichkeit verschaffen, nach dem richtigen Gesetz zu leben *(secundum rectam legem vivere)*. Wenn aber irgendwo etwas anderes gelte als das, was richtig und gerecht sei *(aliter quam recte et iuste)*, dann müsse dies sorgfältig aufgedeckt und ihm gemeldet werden.

Dann folgen zahlreiche Vorschriften für geistliche wie auch für weltliche Angelegenheiten. Alle Menschen seines Reiches sollten sich in den Dienst Gottes stellen. Bischöfen wurde aufgetragen, nach den kirchlichen Gesetzen zu leben. Grafen sollten nach dem »geschriebenen Gesetz« *(secundum scriptam legem)* Urteile fällen und nicht nach eigenem Gutdünken (cap. 26). Dieser Passus darf freilich nicht so aufgefasst werden, als hätte es für jedes Vergehen einen schriftlich fixierten Urteilsspruch gegeben. Gemeint ist der durch die Kapitularien vorgegebene Rahmen, innerhalb dessen Rechtsfälle behandelt und durchaus flexibel jeweils für sich entschieden werden sollten.[21] Inzestverbindungen wurden grundsätzlich – und auch in anderen Kapitularien immer wieder – verboten (cap. 33). Schließlich sollten alle dem Befehl Karls gehorchen und gut vorbereitet sein, wenn sie für den Kriegszug gerufen würden (cap. 34). Es sind insgesamt 40 Kapitel, in denen Weltliches und Kirchliches nebeneinander behandelt werden und auch ständig ineinandergreifen: Laien wurden zu christlicher Lebensweise ermahnt und Kleriker und Mönche auf die römischen Vorschriften, die Konzilsbeschlüsse (Kanones) und die »römische« Benediktregel festgelegt.

Auf den nachfolgenden Hoftagen in Mainz im Oktober 802 und im Frühjahr 803 wurde die Thematik noch vertieft. Alle Menschen des Reiches sollten das ›Vaterunser‹ beten können, Priester dürften nur mit Erlaubnis des Bischofs ernannt werden, Kirchen sollten Asylrecht besitzen, Betrunkene dürften nicht vor Gericht als Zeugen auftreten – scheinbar ein bunter Reigen von Anordnungen, die sich aber alle in dem Rechtsgebäude einer guten christlichen Ordnung vereinten. »Das sittliche Verhalten eines jeden Bewohners des Frankenreichs sollte an der Richtschnur der Bibel ausgerichtet werden.«[22]

Diese Anordnungen von 802 betrafen also keineswegs nur die

Administration, wie in der Forschung bisweilen erwogen wird, sondern sind als eine Bündelung der programmatischen Zielsetzung Karls zu verstehen. Sie zeigen im Kern das Bemühen um eine Rechts- und Friedensgemeinschaft, in der eindeutige Regeln und Verhaltensnormen gelten sollen. Um die Kontrolle darüber zu gewährleisten, wurden für die Königsboten bestimmte Sprengel gebildet, sogenannte ›Missatica‹. Dieser Vorgang diente der Eindeutigkeit im Hinblick auf die Verantwortlichkeit. Klare Grenzen: Das war auch ein Prinzip der römischen Kirche. Schon Bonifatius hatte versucht, die in seinen Augen ungeordnete bayerische Kirche samt ihrem ›fluiden‹ Charakter mit eindeutigen Diözesanabgrenzungen zu versehen. Diesem Prinzip folgend, ging Karl der Große in den Jahren um 800 daran, die fränkische Kirche in sogenannte Metropolitanverbände zu gliedern. Das bedeutete, dass Kirchenprovinzen geschaffen und unter die Leitung eines Erzbischofs gestellt wurden. Ihm wiederum waren einfache Bischöfe als sogenannte Suffragane zugeordnet. Unter anderen wurden Sens, Reims, Tarentaise, Embrun, Bourges, Bordeaux, Rouen, Paris, Mainz, Köln, Trier und Salzburg Mittelpunkte solcher Kirchenmetropolen. Andere wie Arles, Aix en Provence, Vienne, Narbonne oder Lyon wurden neu organisiert. Besonders umfangreich geriet die Metropole Tours. An dieser neuen kirchlichen Ordnung orientierte sich jetzt auch der Zuschnitt der Amtsbezirke für die Königsboten. Nicht die Gaue, Sippen- oder Herrschaftsverbände waren der Maßstab für die Abgrenzung der Kontrollsprengel, sondern – jedenfalls vorwiegend – die kirchlichen Amtsbezirke.

Die Regelungsoffensive nach 800 lässt noch ein Weiteres erkennen: Das Bestreben Karls, Recht zu schaffen, wurde noch stärker und wirkungsvoller als zuvor. Schon in der Vorrede der grundlegenden ›Admonitio generalis‹ von 789 hatte sich der Frankenherrscher auf den alttestamentarischen König Josias bezogen, der sein Reich persönlich bereist habe, um es durch Zurechtweisung zur Verehrung des wahren Gottes zu führen. Das war noch sehr allgemein formuliert. Im ›Kapitular für Italien‹ von 801 führte Karl sodann in der Einleitung schon viel konkreter aus, dass das Recht vernachlässigt und in manchen Punkten unzureichend sei.[23] Diese Lücken wolle er nun entsprechend den Bedürfnissen der Zeit füllen. In strittigen Fällen dürfe künftig nicht mehr die Willkür der Richter entscheiden, sondern nur noch »die Satzung unserer königlichen Autorität«.[24] Dann folgen Bestimmungen über die Behandlung von Räubern und über die Strafsummen für die Nichtbefolgung königlicher Befehle. Das unerlaubte Verlassen des Heeres *(herisliz)* sollte als Majestätsverbrechen *(reus maiestatis)* bewertet und mit der Todesstrafe geahndet werden – dies erinnert an den Prozess gegen Tassilo III. Römische Rechtstraditionen flossen ein und zeigen, wie sehr sich Karl der Große als Gesetzgeber den römischen Kaisern anzugleichen suchte.

Diese Instruktionen in Form der Kapitularien sind für uns von größtem Wert, denn sie führen uns, wie die Cambridger Historikerin Rosamond McKitterick zu Recht betont, nahe an die Vorstellungen und Interessen Karls des Großen selbst heran.[25] Dies gilt insbesondere deshalb, weil in einzelnen Fällen der Nachweis gelungen ist, dass Karl persönlich in die Debatten eingegriffen hat und Entscheidungen, die in die Kapitularien Eingang gefunden haben, von ihm festgelegt wurden.[26]

In einem Kapitular von 808 wird erwähnt, dass jeweils vier Exemplare am Hof ausgefertigt werden sollten: jeweils eines für die Königsboten, für die Grafen und die militärischen Führer und ein viertes für den Kanzler am Hof.[27] Manche Bestimmungen sind in der ersten Person Plural verfasst, als verkünde sie Karl persönlich. Man muss sich vor Augen halten, dass die Kapitularien von den Königsboten öffentlich verlesen wurden. Dann wurden sie übersetzt, und schließlich wurde die Bevölkerung darauf vereidigt. Das bedeutet, dass durch den Mund der Königsboten gleichsam der Herrscher selbst sprach und somit gegenwärtig war. Dann stellten die Bischöfe oder Grafen Abschriften her, die in dem jeweiligen Amtsbezirk an die beauftragten Vorsteher und Richter gingen. Auf diese Weise überzog Karls Autorität das Reich, auch wenn er in eigener Person nur einen kleinen Teil, vielleicht nur zehn Prozent, bereisen konnte.

Eine der wichtigsten Aufgaben der Königsboten war es, die Treue der Bewohner des großen Reiches zu Karl immer wieder zu überprüfen und den Treueid abzunehmen. Der Bonner Mittelalterforscher Matthias Becher hat die Umstände für die erste umfassende Vereidigung des gesamten Volkes im Jahr 789 eingehend analysiert.[28] Unmittelbarer Anlass war die Verschwörung des Hardrad, eines Thüringer Grafen, im Jahre 786. Er und seine Gefolgsleute rechtfertigten sich damit, sie hätten dem König keinen Treueid geschworen und seien deshalb in keiner Weise an ihn gebunden. Eine derartige Begründung für Ungehorsam sollte fortan ausgeschlossen sein, ein Vorgang, der in engem Konnex mit der ›Admonitio generalis‹, der großen programmatischen Verkündung des Herrschaftsprogramms vom 23. März 789, stand. In Kapitel 4 wurde festgelegt, dass die Königsboten von jedem männlichen Bewohner ab zwölf Jahren bis hin zum Greis den Eid auf den König einzufordern hätten. Außerdem sollten die Namen und die Zahlen derer, die den Schwur leisteten, von den Königsboten aufgeschrieben werden.

In einem weiteren Kapitular (›Duplex legationis edictum‹), das nähere Ausführungsbestimmungen enthielt, hat sich auch der Wortlaut des Eides erhalten: »So schwöre ich [Name] der Seite meines Herrn, des Königs Karl, und seiner Söhne, dass ich treu bin und sein werde alle Tage meines Lebens ohne Betrug und Arglist.«[29]

Ein allgemeiner Treueid der gesamten männlichen Bevölkerung war keine neue Einrichtung, sondern schon bei den Merowingern bekannt. Er bedeutete freilich auch jetzt ein starkes Integrationsinstrument. Die jüngere Forschung (Stefan Esders) hat den Nachweis erbracht, dass es sich hierbei um einen Rückgriff auf das spätrömische Militärrecht handelte.[30] Im alten römischen Reich sollten damit die verschiedenen Völker im römischen Heer zu einem neuen Gemeinwesen zusammengebunden werden. Mit der Übernahme durch die germanischen Völker wurde der aus dem römischen Heer stammende Fahneneid, der gleichzeitig ein Treueid auf den Kaiser war, zu einer Klammer zwischen antiker und mittelalterlicher Welt.

Daran wird erkennbar, dass die Frankenherrscher nicht nur die römische Waffen- und Kriegstechnik aus der Antike übernommen haben, sondern auch das Rechtswesen des Militärapparats. Der fränkische König trat in die Funktion des römischen Kaisers ein und übernahm die Gewalt über den Fiskus – Krongut und Einnahmen –, die oberste Gerichtsgewalt und auch die Hoheitsrechte gegenüber der Kirche. Die militärischen Anführer *(duces, comites, centenarii)* erhielten im Frankenreich, lange vor Karl dem Großen, bestimmte Amtssprengel zugeteilt. Dort übernahmen sie neben der militärischen Aufsicht auch diejenige über das Rechtswesen und die fiskalischen Angelegenheiten. So erwuchs die fränkische Provinzverwaltung gleichsam bruchlos aus der spätantiken Ordnung, und auch das Amt des Grafen *(comes)* darf in der Hauptsache als Weiterführung antiker Administration *(comes civitatis)* gelten. Der Graf war unter Karl dem Großen längst zum wichtigsten Verwaltungsmann im Reich geworden, und die Grafschaft *(comitatus)* bildete den Kern der Verwaltungsstruktur.

So macht uns der Treueid darauf aufmerksam, in welch hohem Maße die politische und administrative Ordnung des Frankenreichs durch die antiken Militärstrukturen beeinflusst war. Mit dem allgemeinen Treueid auf den König im Jahre 789 sollte das Band zwischen dem König und seinen Beauftragten wieder verstärkt werden. Darüber hinaus wurde eine besondere Rechtsbeziehung zwischen dem König und den einzelnen Reichsbewohnern hergestellt. Das ist ein überaus wichtiger Gesichtspunkt, denn damit konnten – wie einst im römischen Reich – die ethnischen Unterschiede überlagert werden. Auch verwandtschaftliche Bindungen wurden der neuen Bindung durch den Eid untergeordnet. Das Königtum – und mit ihm das gesamte Reichsgefüge – erhielt auf diese Weise einen ›supragentilen‹ Charakter. Das damit verbundene neue ›Wir-Gefühl‹ – vereint im Eid für den König – vermittelte auch einen neuen Grad der Eindeutigkeit eines angehenden Staatswesens. Ein weiteres Mal ist in diesen Vorgängen der Versuch zu erkennen, über die reale Vielfalt hinaus Impulse für Einheit und Eindeutigkeit zu schaffen.

Im Jahre 802, nachdem Karl die Kaiserwürde erhalten hatte, ließ er den Treueid wiederholen. Auf der großen Reichsversammlung von Aachen in diesem Jahr erteilte er den Befehl, dass »ein jeder Mann in seinem gesamten Reich, er sei Geistlicher oder Laie, gemäß seinem Gelübde und Versprechen, die er früher auf den Namen des Königs mit seinem Treueid geschworen hat, nun dasselbe Versprechen auf den Namen des Kaisers ablegt«.[31] Diejenigen, die damals noch nicht geschworen hatten und jetzt zwölf Jahre alt waren, hätten dasselbe zu tun. Der Eid selbst lautete 802 folgendermaßen: »Ich verpflichte mich unter religiösem Eid, dass ich von diesem Tag an dem Herrn Karl, dem allermildesten Kaiser, dem Sohn König Pippins und der Königin Berthana [= Bertrada], getreu bin, reinen Sinnes und ohne Trug und Arglist von meiner Seite seiner Seite gegenüber und zur Ehre seines Reiches, mit Recht gehorchend und Folge leistend, so wie es rechtmäßiger Weise ein Mann seinem Herrn schuldet. So mögen mir Gott und diese Heiligenreliquien helfen, die sich an diesem Ort befinden, damit ich zeit meines Lebens durch meinen Willen, so weit mir Gott Vernunft geben wird, mich in dieser Weise bemühe und daran halte.«[32] Dem Treueid folgt noch eine Reihe von Erläuterungen: Ein jeder solle nach den Gesetzen Gottes leben, Gerechtigkeit üben, Frieden und Eintracht fördern, die Schwachen und Hilfsbedürftigen schützen, den kaiserlichen Besitz respektieren und dem Königsbann gehorchen.

Dieser neue ›Kaiser-Eid‹ von 802 war gegenüber dem von 789 umfassender und stärker auf Eigenverantwortung des Einzelnen ausgerichtet. Außerdem brachte er den Zusatz der Treue, die ein Mann *(homo)* seinem Herrn *(dominus)* schuldet. Dies bedeutet – wie die jüngere Forschung nachgewiesen hat – nicht, dass damit so etwas wie ein Lehnswesen über die gesamte Staatsordnung gestülpt worden wäre. Das ›Lehnswesen‹ in seiner klassischen Form gab es unter Karl dem Großen bestenfalls in Ansätzen. Wenn »Vasallen des Königs« oder »Vasallen« anderer Herren auftreten, dann muss man darunter eine Treuebeziehung verstehen, die dadurch verstärkt sein konnte, dass der Vasall eine »Wohltat« *(beneficium),* meist ein Stück Land, erhielt. Aber auch eine besondere Folge- und Gehorsamspflicht war damit verbunden. Auf diese Weise wurde mit dem ›Reichs-Treueid‹ von 802 die persönliche Bindung intensiver und das gesamte System stärker auf die Person Karls hin ausgerichtet. Seine Söhne werden in der Eidesformel gar nicht mehr erwähnt, denn durch das Kaisertum von 800 hatte sich Karl innerhalb seiner Familie abgehoben. Als Kaiser war er einzigartig.

In der Forschung ist man der Frage nachgegangen, wie sich die neue Treueid-Offensive in der Realität ausgewirkt hat.[33] Tatsächlich ist zu beobachten, dass sich die Bischöfe der neuen Terminologie bedienten, dass die Begriffe *servitium* (»Dienst«) und *deservire* (»dienen«) um 800 immer häufiger mit der Pflicht zur Treue in Verbindung gebracht wurden. In den Quellen des Bistums Freising finden sich unter den Bischöfen Atto (783–811) und Hitto (811–835) jetzt Begriffe wie »treuer Dienst« *(fidele servitium)* oder »mit Dienst und Treue« *(cum servitio et fidelitate)*.[34] Derartige Wortkombinationen gab es unter Herzog Tassilo III. noch nicht. Die bayerischen Adligen wiederum mussten den Karolinger als neuen Herrn anerkennen und ihre ›Lehnsgüter‹ in einer groß angelegten ›Um- bzw. Neuvereidigung‹ entgegennehmen.

Ein gutes Beispiel für das Umdenken hat sich in einer Freisinger Urkunde von 804 niedergeschlagen.[35] Auf einem von Karl dem Großen angeordneten Gerichtstag forderte der Freisinger Bischof verschiedene Pfarrkirchen für seine Diözese zurück. Sie seien der Freisinger Kirche von Herzog Tassilo und dessen Gemahlin Liutpirg auf unrechtmäßige Weise weggenommen worden, und zwar aus Missgunst gegenüber dem damaligen Freisinger Bischof Arbeo (764–783). Dieser, so hätten sie behauptet, sei dem Herrn König Karl und den Franken getreuer gewesen als ihnen.[36] Die langjährige Treue zum Frankenkönig – ob erfunden oder nicht – konnte man also bereits strategisch und diplomatisch einsetzen, um seinen Vorteil zu sichern. ›Treue‹ und ›Dienst‹ waren wesentliche Instrumente der politischen Ordnung geworden. Umgekehrt konnten Königsboten sich auf den Königseid berufen und damit Zeugen zwingen, die Wahrheit zu sagen – dies lesen wir in einer Freisinger Urkunde von 802.[37]

Auch in die Strukturen der Kirche drang der Eid ein. Davon zeugt der sogenannte althochdeutsche Klerikereid aus dem beginnenden neunten Jahrhundert.[38] Der Priester musste dem Bischof versprechen, »dass ich dir, dem Bischof [Name], treu bin, so wie es meine Kräfte und mein Können erlauben, und dass ich mit meinem Willen das Gute fördere und Schaden abwende und mich stets gehorsam und ergeben in seinem Bistum befinde, so wie ich es zu Recht nach dem kanonischen Gesetz halten soll«.[39] Auf allen Ebenen, so ist daran zu erkennen, setzten sich karolingische Ordnungsmodelle und Leitvorstellungen durch. Der Eid sollte Zuverlässigkeit und Eindeutigkeit im Beziehungsgefüge schaffen. Zudem gab er insbesondere auch den Königsboten ein Instrument an die Hand, mit dem sie erheblichen moralischen und rechtlichen Druck ausüben und Folgebereitschaft erreichen konnten.

Wo aber wurden alle diese Regelungen für die Ordnung des Reiches und die dafür erforderlichen Instrumente entwickelt und beschlossen? Wo wurden die Entscheidungen getroffen, die Texte formuliert? Die Antwort lautet: am Hof und auf den Reichsversammlungen. Der Hof des mittelalterlichen Königs, das hat die Forschung immer wieder bestätigt, ist schwer zu definieren. Aber für die Zeit Karls des Großen verfügen wir über eine einzigartige zeitgenössische Beschreibung – ein außerordentlicher Glücksumstand. Es handelt sich um das ›Büchlein über die Ordnung des Hofes‹ (›Libellus de ordine palatii‹) von Abt Adalhard von Corbie (gest. 826). Ihn haben wir schon kennengelernt. Er war der Vetter Karls des Großen und wurde 781 als Regent für König Pippin, den minderjährigen Sohn Karls, in Italien eingesetzt. Später, von 811 bis 814, übernahm er dieselbe Funktion für Pippins kleinen Sohn Bernhard. Sein ›Büchlein‹ schrieb er entweder bald nach 781 oder 811/812. Leider ist es nur in einer überarbeiteten Version auf uns gekommen. Erzbischof Hinkmar von Reims hat es später abgeschrieben und 882 zum Kernbestand seines eigenen Werkes ›Über die Ordnung des Hofes‹ (›De ordine palatii‹) gemacht.[40] Dennoch ist die ursprüngliche Version Adalhards und damit die Situation des Hofes in der Zeit Karls des Großen gut herauszuschälen.[41]

An der Spitze des Hofes standen der König und die Königin, und auch ihre Kinder zählten dazu. Adalhard nannte sodann die Inhaber der höchsten Hofämter: Der Kämmerer hatte für die gesamte Ausstattung und Verwaltung des Hofes zu sorgen. Die jährlichen Geschenke für den König oblagen seiner Aufsicht. Er war es auch, der die Entscheidung traf, wer von denjenigen vorgelassen wurde, die auf Audienz beim König warteten – eine Machtstellung ersten Ranges! Der Pfalzgraf leitete das Hofgericht in Abwesenheit des Königs. Der Seneschall, der Mundschenk, der Stallgraf, der Quartiermeister, die vier Jäger und der Falkner mussten für die Reise des Hofes, die Verpflegung, Unterkunft und die gesamte logistische Durchführung sorgen. Ihnen wiederum waren weitere Amtsträger unterstellt, der Türhüter, der Finanzverwalter, der Zahlmeister und der Kellermeister. Deren Diener und Helfer schließlich hatten die eigentlichen Arbeiten zu erledigen. Diese Amtsinhaber sollten aus den verschiedenen Teilen des Reiches kommen, damit alle Völker und Regionen sich am Hof vertreten sahen.[42]

Neben den weltlichen Amtsträgern befand sich die Gruppe der geistlichen Kapelläne.[43] Seit König Pippin stand ihnen ein »oberster Kapellan« vor. Das war zuerst Abt Fulrad von Saint-Denis, der zu einer der mächtigsten Familien des Maas-Mosel-Raumes gehörte. Ihm folgte 784 (Erz-)Bischof Angilram von Metz (768–791). Auch er entstammte einer mächtigen Familie Austrasiens. Möglicherweise war er ein Neffe des berühmten (Erz-)Bischofs Chrodegang von Metz (742–766). Der Dritte in dieser Reihe war schließlich (Erz-)Bischof Hildebald von Köln (787–818), der das Amt am Hof 791 übernahm. Sie alle waren für die Gesamtheit des herrscherlichen Gottesdienstes zuständig, für die ordnungsgemäße Feier der Messen, das Stundengebet, das Tischgebet an der Tafel des Königs und die Erteilung der Sakramente. Hildebald selbst hat Karl dem Großen am 27. Januar 814 die Sterbesakramente gespendet. Diese obersten Kapelläne konnten starken Einfluss bei der Besetzung von Bischofsstühlen im Reich ausüben, ebenso bei der Zusammensetzung der Geistlichkeit am Hof, also der ›Hofkapelle‹. Um ihnen als Bischöfen den

Aufenthalt am Hof zu ermöglichen, wurde ihnen die Residenzpflicht an ihrem Bischofssitz erlassen. Selbst auf Kriegszügen hatten sie den König zu begleiten.

Zum Kreis der Kapelläne am Hof gehörten auch die Notare, von denen die Urkunden ausgefertigt wurden. Der erste Karolingerkönig Pippin hat die alte Kanzleibehörde der Merowinger, die sich noch auf Laien stützten, aufgelöst und durch Kapelläne ersetzt – eine ›Vergeistlichung‹ also der Kanzlei. Aus ihrem Kreis bildete sich eine Untergruppe von Kapellänen heraus, die für das Urkundenwesen zuständig war. Unter Karl dem Großen erscheint dann ein Leiter dieser Gruppe, nämlich der »Kanzler« *(cancellarius)*. In einem Gedicht Alkuins von 996 wird Erkambald (Spitzname: Zachäus) in einer Umschreibung dieser Funktion erwähnt: Er hatte die »Schar der Schreiber« *(turba scriptorum)* zu beaufsichtigen.[44]

Doch am Hof hielten sich noch viel mehr Personen auf. Zu nennen sind die militärischen Elitetruppen, die stets einsatzbereiten Königsvasallen, die Lohn und Unterhalt in verschiedenster Weise erhielten und von Adalhard als Erste unter den Anwesenden am Hof erwähnt wurden.[45] Dann gab es die Gruppe der »Schüler« *(discipuli)*, junge Adlige, die bei den Amtsinhabern gewissermaßen in die Lehre gingen und »Schulen« *(scholae)* bildeten. Die dritte Gruppe am Hof bestand aus »den Dienern und Vasallen der höheren und geringeren Leute«, je nachdem, wie viele sich ein jeder leisten konnte.[46]

Wurden Angelegenheiten an den Hof getragen, so begutachtete der oberste Hofkapellan diejenigen, die in den geistlichen Bereich fielen, und der Pfalzgraf nahm die Kontrolle bei den weltlichen Dingen vor. Erst wenn die Erlaubnis des einen oder des anderen vorlag, durfte die Sache dem König vorgetragen werden. »Der König sollte nicht belästigt werden, bevor nicht geprüft war, ob das Anliegen zu Recht vor den König gelangen soll.«[47]

Zweimal im Jahre, so Adalhard weiter, hätten Versammlungen der Großen stattgefunden. Auf der ersten seien die Aktionen des laufenden Jahres geklärt und erläutert worden. Auf der zweiten hätte sich nur ein kleiner Kreis von Vertrauten und Ratgebern zusammengefunden, um die Pläne für das kommende Jahr zu besprechen. Die Ergebnisse habe man aber geheim gehalten und erst auf der nächsten allgemeinen Versammlung bekannt gegeben.[48] Alle diese Regelungen und Einrichtungen machen deutlich, dass der Hof möglichst effizient geordnet sein sollte, dass möglichst kompetente Berater und Gefolgsleute anwesend sein sollten und dass insbesondere ein starker Einfluss der kirchlichen Amtsträger auf die Politik einwirkte.

Der Hof und mit ihm die Hofkapelle und alle anderen Abteilungen hatten zunächst keinen festen Ort. Karl der Große war anfangs ein ›Reisekönig‹, auch wenn er bestimmte Pfalzen und Königshöfe zwischen Seine und Rhein bevorzugte. Dazu gehörten vor allem Quierzy, Thionville (Diedenhofen), Herstal, Attigny, Nijmegen (Nimwegen), Düren, Köln, Ingelheim und mit besonderer Vorliebe Aachen und Worms. Auch an Orten östlich des Rheins versammelte er seinen Hof, etwa in Frankfurt am Main, Würzburg, häufiger noch in Regensburg und Paderborn. Selten dagegen hielt er sich in Italien auf und noch seltener im Raum westlich von Saint-Denis. In das südliche Frankenreich ist er fast überhaupt nicht gekommen. In Aquitanien und Italien wirkten seine Söhne Pippin und Ludwig, die er als ›Unterkönige‹ einsetzte. Um den ›Wanderhof‹ möglichst gut zu versorgen, mussten die Inhaber der Hofämter, vor allem der Seneschall und die ihm zugeordneten Amtsinhaber – Mundschenk, Stallgraf und Quartiermeister – rechtzeitig die jeweiligen Pfalzen über Ankunft und Aufenthaltsdauer informieren und darauf achten, dass ein angemessener Empfang und die für den Aufenthalt erforderlichen Dinge vorbereitet wurden.

Auf herrscherliche Repräsentation wurde bei solcher Gelegenheit größter Wert gelegt. »Herrliche Paläste« habe Karl erbauen lassen, so schwärmte Einhart in der ›Vita Karoli Magni‹ (cap. 17). Besonders glanzvoll seien diejenigen von Nijmegen und Ingelheim gewesen. Die intensiven Ausgrabungen in Ingelheim bei Mainz haben diese Einschätzung bestätigt.[49] Die Königshalle (*aula regia*), der Prachtbau der Pfalz, war, wie man heute weiß, 40,5 Meter lang. Vorgesetzt war noch eine Vorhalle (Narthex), sodass das Gesamtgebäude auf eine Länge von 67 Metern kam. Die Breite betrug 16,5 Meter. Auf diese Weise entstand ein gewaltiger Raum, der von einer halbrunden Apsis mit vier Fenstern abgeschlossen wurde. In dieser reich geschmückten Apsis stand auf einem erhöhten Plateau der Thron des Herrschers. Hatte die Palastaula Konstantins des Großen in Trier als Vorbild gedient? Man darf jedenfalls vermuten, dass auch die Aula regia in Paderborn ähnlich gestaltet war.

Über die Ausgestaltung der Königshalle in Ingelheim sind wir durch ein Gedicht des Poeten Ermoldus Nigellus (gest. um 838), das er zum Lobe Ludwigs des Frommen verfasste, unterrichtet.[50] In Buch IV (Verse 181ff.) beschrieb er die aufwendigen Wandbilder der Königshalle, auf denen Herrschergestalten der Geschichte dargestellt waren: Nimus von Assyrien, Kyros von Persien, Falaris von Sizilien, Romulus und Remus, Hannibal, Alexander der Große, Augustus, Konstantin, Theodosius, Karl Martell, Pippin der Jüngere und Karl der Große selbst. Jeder von ihnen war durch eine typische Handlung gekennzeichnet. So zeigten sich Romulus und Remus als die Gründer Roms, Konstantin als Gründer seiner Stadt Konstantinopel. Karl der Große aber wurde als Sieger über die Sachsen dargestellt (Verse 279 – 282): Mit gekröntem Haupt erschien er als Bändiger der »sächsischen Kohorte«.[51] Die Forschung ist sich heute sicher, dass der Bau und mit ihm wahrscheinlich auch die Bilder um 800 entstanden sind, möglicherweise schon kurz davor.[52] Man erkennt sogleich das Programm einer einzigartigen Herrscherreihe, einer Reihe von Reichsgründern und Kaisern, in die sich Karl einordnete. Ein weiteres Mal wird auch der hohe Stellenwert deutlich, den der Sieg über die Sachsen für Karl bedeutete. Damit erst war sein Reich geschaffen.

Die prächtigste aller Pfalzen aber wurde in Aachen errichtet. Hier befand sich eine karolingische Domäne: *Aquis villa,* das heißt ein »Hofgut bei den Wasserquellen«. Karl der Große ließ es in den 790er-Jahren zu seinem Hauptsitz umgestalten. Hauptgrund für die Wahl dieses Ortes waren sicherlich die warmen Quellen, die den Winter erträglicher machten. Die Dämpfe des warmen Quellwassers habe Karl geliebt, so erfahren wir von Einhart in der ›Vita Karoli Magni‹ (cap. 22). Gern habe er seine Freunde und die Hofgesellschaft ins Bad eingeladen, und bisweilen hätten »hundert oder mehr Menschen mit ihm gebadet«. Ein frühmittelalterliches Erlebnisbad, so könnte man sagen.

Die Gesamtanlage der Pfalz wurde von zwei Bauwerken bestimmt. Das war im Norden die königliche Aula, die sich an der Stelle des heutigen Rathauses befand. Ihre Ausmaße waren gewaltig: 47,42 Meter in der Länge und 20,76 Meter in der Breite. Hinzu kam im Westen eine Apsis für den Thron, die 17,80 Meter nach außen ragte. Damit übertraf die Aula sogar den Thronsaal von Ingelheim und zählte zu den größten Saalbauten des Mittelalters. Von ihr führte eine Verbindung, nämlich ein zweistöckiger Säulengang, nach Süden zur berühmten Aachener Pfalzkirche. Diese ist heute im Wesentlichen noch so erhalten und gilt als eines der eindrucksvollsten Zeugnisse der Epoche.

Das Besondere an der Aachener Pfalzkapelle, die der heiligen Maria geweiht wurde, ist ihre Anlage als Zentralbau. Das war nördlich der Alpen neu. Ein sonst nicht bekannter Baumeister Odo von Metz hat die Bauarbeiten geleitet. Es entstand ein überwölbter, oktogonaler Mittelraum mit einem Durchmesser von annähernd 15 Metern. Um diesen herum wurde ein ebenfalls gewölbter Umgang mit einer darüber umlaufenden Empore angefügt. Dieser Ring bildet nach außen hin ein Sechzehneck. Die Höhe der Kuppel schließlich beträgt etwa 31 Meter. Der bautechnische sowie der künstlerische Rang dürfen als einzigartig gelten, und zwei Jahrhunderte lang wurde nichts Vergleichbares mehr nördlich der Alpen geschaffen.

Das Vorbild für die Aachener Pfalzkapelle war sicherlich die Kirche San Vitale in Ravenna, die Karl der Große 787 kennengelernt hatte. In der Forschung werden mitunter auch andere Vorbilder bemüht, aber das ist nicht überzeugend. »Keine Kirche in Italien gleicht in ihren Gebäuden und kunstvollen Bauten Ravenna«, so beschrieb schon der Ravennater Geschichtsschreiber Agnellus den Glanz seiner Stadt und ihrer Bauwerke in der ersten Hälfte des neunten Jahrhunderts.[53] Die Einzigartigkeit von San Vitale stellte er dabei ganz besonders heraus. Ravenna, die byzantinische Kaiserstadt in Italien und ebenso Hauptstadt des Ostgotenkönigs Theoderich, eröffnete den Zugang zur ›barbarischen‹ Hochkultur der Spätantike. »Die Epoche Karls des Großen betrachtete die römische Welt durch eine gotische Brille.«[54]

Ravenna muss Karl den Großen fasziniert haben. Es war die einzige wirkliche Kaiserstadt, die er jemals gesehen hat. Aus dem Palast Theoderichs des Großen ließ er eigens antike Säulen für seinen Neubau in den Norden transportieren. 801 wurde auch das vergoldete Reiterstandbild Theoderichs von Ravenna nach Aachen gebracht. Dieses, so habe er selbst bezeugt, sei so unglaublich schön, wie er niemals ein ähnliches gesehen habe.[55] In Nachahmung dieses Vorbildes entstanden sogar von Karl selbst hochragende, vergoldete Standbilder[56] – allesamt Zeichen imperialer Selbsteinschätzung.

In diese Richtung weisen der bronzene Pinienzapfen und die römische Löwin, die Karl nach Aachen bringen und aufstellen ließ. Die Bronzetüren der Pfalzkapelle wurden neu gegossen, eine damals sensationelle Leistung. All dies zeugt von dem Bestreben, antike Herrscherpracht nachzuahmen. In die Kuppel des Rundbaus von Aachen ließ Karl ein Mosaik (heute eine Nachbildung) mit einem vier Meter hohen Christus einfügen, der über den 24 Ältesten der Apokalypse thront. Nicht weit vom thronenden König des Himmels entfernt befand sich Karls eigener Thron. Er stand vermutlich bereits auf der Empore, über einen eigenen erhöhten Zugang erreichbar und wohl an seinem heutigen Standort, von dem aus der Herrscher die Vorgänge in der Kirche überblicken konnte.

In der Forschung denkt man seit Langem darüber nach, welche symbolische Aussage der Anlage von Aachen zugrunde liegt. Sollte die Marienkirche das Sinnbild der Vollkommenheit sein? Wollte Karl der Große einen Tempel Salomons und ein zweites Jerusalem in Aachen errichten? Deutlich ist jedenfalls die noch heute faszinierende geometrische Gestaltung. Zuletzt wurde von der Denkmalforscherin Ulrike Heckner vom Amt für Denkmalpflege im Rheinland darauf hingewiesen, dass dem Bau ein Fußmaß von 32,24 Zentimetern zugrunde liegt, das dem späteren

Pariser Königsfuß sehr nahe kommt. Der Durchmesser der Kuppel und des Oktogons sowie die Höhe der Außenmauern betrügen jeweils exakt 48 Fuß. Bei 24 Fuß sei die Oberkante der Empore angesetzt worden, bei 12 Fuß die Höhe der Erdgeschosspfeiler; 6 Fuß betrage das Maß der Fenster im Achteck. Höhe und Breite des Gesamthauses schließlich würden jeweils 96 Fuß ausmachen.

Alle diese Zahlen sind durch sechs teilbar. Dies führte zu der Vermutung, dass die Zahl sechs oder ein Vielfaches davon die Grundlage für die gesamte Pfalzkapelle sei. In der Tat gibt es Hinweise darauf, dass die Zahl sechs und ihre Bedeutung am Hof Karls des Großen besondere Aufmerksamkeit hervorriefen. 798 führte Alkuin in einem Brief an den König aus, die Zahl sechs bestimme die Zeiten des Jahres und der Schöpfung sowie die Perfektion der Dinge.[57] Gott habe die Welt in sechs Tagen geschaffen, am sechsten Tag sogar den Menschen, perfekt an Leib und Seele. Und schließlich sei Christus, der Sohn Gottes, im sechsten Weltalter auf die Erde gekommen, um die Menschen zu retten. Die edle Sechszahl sei vollkommen in all ihren Teilen. Damit stieg die Zahl sechs zu einem Schlüsselelement für Deutungssicherheit und Eindeutigkeit auf – beruhend auf mathematischer Exaktheit.

So hatte sich der alternde, bald 50-jährige Karl seit 794 mit Aachen eine feste Residenz geschaffen. Das war im Grunde ein sensationeller Vorgang, denn damit erhielt die gesamte Ordnungsstruktur des Reiches einen festen Mittelpunkt. Dort weilte fortan der Hof, dort wurden die Häuser für die Verwaltung, für das Archiv, für die Hofschule und die Hofbibliothek errichtet, dort wohnten die Gelehrten, dort siedelten sich die Vasallen und die Großen an, die sich am Hof aufhielten. Dort wurden die wichtigen Beschlüsse gefasst, und von dort aus eilten die Königsboten in alle Regionen des Reichs. Wie die antiken Kaiser in Rom und die byzantinischen Kaiser in Konstantinopel, so residierte Karl der Große in Aachen, das damit eine Art von »zweitem Rom« *(Roma secunda)* wurde, »das sich in neuer Blüte mit großartiger und gewaltiger Masse zum Himmel erhebt und mit hohen Kuppelbauten bis an die Sterne reicht«.[58] Ein Kaiser benötigt einen eindeutigen und festen Mittelpunkt seiner Herrschaft: Das war die Tradition und die Idee, der sich Karl schon in den Jahren vor 800 öffnete. Möglicherweise weist auch die Bezeichnung »Lateran« in diese Richtung. Das war eigentlich der Name des ursprünglichen Kaiserpalastes Konstantins und dann des Papstpalastes in Rom. Aber er wurde offenbar auch für Aachen, zumindest für bestimmte Gebäude der Aachener Pfalz verwendet.[59] In der zeitgenössischen ›Chronik von Moissac‹ heißt es: »Er erbaute dort [in Aachen] auch einen Palast, den er Lateran nannte, und nachdem er Schätze aus seinen einzelnen Reichen gesammelt hatte, ließ er sie nach Aachen bringen.«[60] So regierte Karl in den letzten Jahren vor 800 schon wie ein Kaiser und nach 800 als Kaiser von Aachen aus sein Reich.

Kapitel 8

Frauen, Töchter, Söhne und das Problem der Nachfolge

Karl der Große liebte die Geselligkeit und »war für Freundschaften sehr empfänglich«, so erfahren wir aus Einharts ›Vita Karoli Magni‹ (cap. 19). Auch habe er »ohne Wanken« an ihnen festgehalten und treu zu seinen Freunden gestanden. Am wichtigsten aber seien ihm seine Kinder gewesen. Seine Söhne seien schon in ihren ersten Lebensjahren dazu angehalten worden zu reiten, mit den Waffen umzugehen und sich an der Jagd zu beteiligen.

Größer noch sei Karls Liebe zu seinen Töchtern gewesen. In einem persönlich diktierten Brief von 791 nannte er sie seine »allersüßesten Töchter« *(dulicissimae filiae)*.[1] Alle seien sie ungemein schön gewesen, und Karl habe gesagt, »er könne ohne ihre Gesellschaft nicht leben«. Deshalb habe er sie alle bis zu seinem Tod bei sich im Hause behalten. Die Schar war groß: Drei Töchter hatte er von seiner Gemahlin Hildegard (Rodtrud, Bertha und Gisela) – zwei weitere waren schon als Kleinkinder gestorben (Adelheid, Hildegard) –, zwei Töchter (Theodrada und Hildtrud) stammten von der Gemahlin Fastrada und drei weitere (Ruothaid, Ruothild und Adaltrud) von verschiedenen Konkubinen. Später nahm er auch noch die vier Töchter seines 810 gestorbenen Sohnes Pippin, des Königs von Italien, an seinem Hof auf (Adelhaid, Gundrada, Berthaid und Theodrada).

Den eigentlichen Grund für diese Töchtergesellschaft am Hof deutet Einhart an (cap. 19): Man müsse sich wundern, dass Karl keine von ihnen einem seiner Mannen oder einem Auswärtigen *(cuiquam aut suorum aut exterorum)* zur Frau gegeben habe. Das war der Punkt. Keiner aus dem Kreis der mächtigen Adligen seines Reiches sollte sich durch die Heirat mit einer seiner Töchter einen Vorteil verschaffen. Die karolingische Sonderstellung sollte nicht angetastet werden.

Nur dem Antrag des Kaiserhofes in Byzanz stimmte er 781 zu. Damals hielt sich Karl in Rom auf. Hohe kaiserliche Beamte – der Schatzmeister Konstantin und der Primicerius Mamalos – hatten um die Hand seiner ältesten, zu dieser Zeit sechsjährigen Tochter Rodtrud geworben. Sie handelten im Auftrag der Kaiserin Eirene (gest. 803), die eine Gemahlin für ihren elfjährigen Sohn Konstantin VI. (gest. 797) suchte. In der Tat wurde ein Verlobungsvertrag geschlossen.[2] Rodtrud erhielt von nun an Unterricht in griechischer Sprache und Bildung, um sich auf ihre künftige Rolle »entsprechend den Sitten des römischen Kaiserreiches« vorzubereiten.[3] Die geplante Heirat kam dann zwar doch nicht zustande, aber diese Vorgänge muss man im Blick behalten, wenn es um die Frage geht, seit wann sich Karl möglicherweise schon mit der Kaiserwürde beschäftigte.

So blieb auch Rodtrud zusammen mit ihren Schwestern am Hof. Sie nahmen an den wichtigen ›Staatsakten‹ teil, zogen mit ihrem Vater durchs Land, begleiteten ihn zu den Festen, Banketten und waren auch an seiner Seite, als er zu Weihnachten 800 in Rom zum Kaiser gekrönt wurde. Dass sie auch an den Jagdgesellschaften beteiligt waren, wird eindrücklich im Paderborner Epos von 799 geschildert.[4] Wie auf einer Modenschau, so wird hier geschildert, hätten sich die jungen Frauen herausgeputzt: mit Hermelin oder Mänteln aus Maulwurfsfellen *(pallia permixtis talpis)* bekleidet, das Haar mit goldenen Schnüren durchflochten, Edelsteine und kostbare Broschen am Gewand und Ketten am Hals. So seien sie auf »feurigen Pferden« oder »strahlenden Schimmeln« mit in den Wald geritten. Nach der erfolgreichen Jagd hätten sich die »Jungfrauen« mit allen anderen zum fröhlichen Mahl begeben, wo es den »Falerner« – einen bereits seit der Antike bekannten Wein – zu trinken gab.

Karls Töchter bildeten am Hof geradezu den Mittelpunkt. Der

Gelehrte Theodulf von Orléans brachte dies in einem Gedicht an König Karl (›Ad Carolum regem‹) von 796 sehr anschaulich zum Ausdruck.[5] In den 790er-Jahren hatte sich in Aachen der Kreis der Gelehrten aus ganz Westeuropa zusammengefunden. Die dichterische Produktion, ja eigentlich der Wettkampf der Intellektuellen erreichte seinen Höhepunkt. Jeder wollte dabei sein und die Aufmerksamkeit auf sich lenken. Zu diesem Zweck schickte man, wenn man einmal abwesend war, seine Gedichte aus der Ferne an den Hof. Sie sollten dort Beachtung finden, kommentiert werden und »zirkulieren«. Um ein solches »Zirkulargedicht« handelt es sich auch bei diesem Werk Theodulfs. Es sollte am Hof zur literarischen Abendunterhaltung dienen.[6]

In diesem Gedicht wird zuerst Karl der Große selbst gepriesen: Seine Siege und seine Ruhmestaten würden im gesamten Erdkreis besungen. Die großen Erfolge sollten auch in der Pfalz von Aachen mit ihren »wunderschönen Kuppeln« in Festlichkeit begangen werden, so lauten die Eingangsverse. Dann wird der Einzug der Königsfamilie geschildert, in der Mitte der König, neben ihm seine Kinder. Seine Söhne Karl (»der Jüngere) und Ludwig werden genannt, ausgezeichnet mit einem starken Körper und sehniger Jugendkraft sowie allen Anlagen für fleißiges Studium. Dann wird der Blick auf die »Jungfernschar« *(virgineum chorum)* der Töchter gerichtet, »wie es keine schönere gibt« *(quo non est pulchrior alter)*. Es sind die Töchter Bertha, Rodtrud und Gisela. Ebenso wird Liutgard genannt, »die schöne Jungfrau« *(pulchra virago)*, die damals die Rolle der Lebensgefährtin Karls einnahm. Sie widme sich, so Theodulf, den wissenschaftlichen Studien und besitze hohen Verstand. Gehorsam würden daraufhin die Söhne und Töchter dem Vater zu Diensten sein, ihm seinen Mantel und das Schwert abnehmen und ihm, während er sich auf dem Thron niederlasse, unter liebevollen Küssen Geschenke darbringen. Bertha – die laut Paderborner Epos ihrem Vater sehr ähnlich gesehen haben soll (Verse 220–224) – überreiche Rosen, Rodtrud Veilchen, Gisela Lilien. Dann gesellen sich drei weitere Töchter hinzu, alle reich geschmückt: Ruothaid – Tochter einer Konkubine Karls – biete dem Vater Obst an, Hildtrud – Tochter Fastradas –

bringe das Brot und Theodrada – ebenfalls Tochter Fastradas – den Wein.

Schließlich wird auch Gisela genannt, die Schwester Karls. Sie sei zwar nicht zugegen gewesen, habe aber mit ihrer Kenntnis der Heiligen Schrift der Versammlung gleichsam aus der Ferne noch einen besonderen Glanz verliehen. Gisela – so sei ergänzend vermerkt – hatte sich nach zwei gescheiterten Heiratsprojekten in das Kloster Chelles an der Marne bei Paris zurückgezogen, wo sie als Nonne lebte. Dieser Frauenkonvent, 658/659 von der Merowingerkönigin Balthild gegründet, zählte im achten Jahrhundert neben dem Männerkloster Corbie (an der Somme nahe Amiens) zu den Bildungszentren des Reichs. Ob Gisela auch Äbtissin von Chelles war, wie man in der Forschung gewöhnlich annimmt, ist unsicher.[7]

Dann fährt Theodulf in seinem Hofgedicht fort: Nach der Familie durften die Edlen *(proceres)*, die Inhaber der Hofämter und die Dichterkollegen Theodulfs eintreten. Alle werden sie kurz charakterisiert. Dabei werden auch ihre ›Spitznamen‹ verwendet, die Alkuin eingeführt hatte. Dieser selbst erscheint als Flaccus, Angilbert als Homer, Einhart als Nardulus – wieder ein Spiel der Intellektuellen. Wie Einhart, so lesen wir weiter in dem Gedicht, sei auch der Kanzler Erkambald so kleinwüchsig gewesen, dass die beiden gut zusammen mit einem Dritten die Beine eines Tisches hätten abgeben können (Verse 177 f.). In einem vergleichbaren Gedicht von Alkuin aus demselben Jahr 796 werden im übrigen noch die Ärzte *(Hippocratica secta)* hinzugefügt, die ebenfalls zu solchen Festlichkeiten erschienen seien.[8] Das ist eine interessante Information, denn diese Bemerkung signalisiert, für wie wichtig man die medizinische Versorgung am Hof genommen hat.

Am Schluss zog Theodulf in seinem Gedicht noch über seinen irischen Kollegen *(Scottus)* her – wahrscheinlich der gelehrte Cadac-Andreas aus Irland (gest. 814), das »Schottenbürschlein« *(Scotellus)*. Ihn, der ihm mit »Gotenmännlein« *(Getulus)* heimzahlte[9], konnte er gar nicht leiden. Er überhäufte ihn mit Schimpfnamen und bezeichnete ihn als »Gespenst, Gottseibeiuns, blödes

Scheusal, Pestbeule, Zankluder, Vogelscheuche, Schandmal und Faulpelz« (Verse 215–218). Er konnte offenbar damit rechnen, dass auch andere Mitglieder der Hofgesellschaft den Iren nicht schätzten und solche Tiraden schallendes Gelächter in der festlichen Abendrunde auslösen würden – zimperlich ging man nicht miteinander um.

Auch die Töchter Karls wurden nicht immer so rücksichtsvoll gepriesen, wie in diesem Gedicht Theodulfs. Sie lebten mehr oder weniger alle in eheähnlichen Verhältnissen, pflegten ihre Beziehungen und hatten Kinder. Um das Jahr 800 brachte Rodtrud einen Sohn namens Ludwig zur Welt, der später Abt von Saint-Denis (gest. 867) wurde. Etwa zur selben Zeit hatte die 20-jährige Bertha ein Verhältnis mit Angilbert (gest. 814), dem alten, damals 50-jährigen Hofkapellan, Dichter und Freund Karls des Großen. Dieser Verbindung entstammten die Zwillinge Nithard und Hardnit. Nithard (gest. 844) tat sich später als Geschichtsschreiber hervor und gab sich als einer der Sprösslinge aus dieser Verbindung zu erkennen.[10] Nicht wenigen galt der Lebenswandel der königlichen Töchter daher als allzu ausschweifend. Alkuin sah sich sogar veranlasst, 801/802 einen Schüler vor den jungen Frauen zu warnen: Er solle sich vor den gekrönten Tauben *(coronatae columbae)* hüten, »die durch die Zimmer des Palastes flatterten«.[11] Und dem Abt Adalhard von Corbie gab Alkuin den guten Rat, den jungen Mönch Bernar vom Hof wieder wegzuberufen. Schon einmal sei dieser dort fast verdorben worden.[12] Aber unter Karl dem Großen änderte sich an diesen Verhältnissen nichts. Erst sein Sohn und Nachfolger, Ludwig der Fromme, verwies seine Schwestern des Hofes.

Karls Ehefrauen kamen dagegen keineswegs alle in den Genuss solcher Privilegien. Noch vor 768 hatte er ein adliges Mädchen namens Himiltrud geheiratet, eine Ehe, die noch sein Vater Pippin in die Wege geleitet hatte. Von ihr bekam er (wohl 769) einen Sohn, den er Pippin nannte. Diese Namenswahl hatte Gewicht. Pippin war der Leitname der Familie und auch derjenige des ersten karolingischen Königs. Ein Sohn mit diesem Namen sollte die junge Königsdynastie fortsetzen. Aber nach einiger Zeit stellte sich heraus, dass der kleine Pippin missgebildet, »bucklig«, war. Konnte so jemand König werden? Körperliche Defizite bedeuteten in der Regel ein absolutes Hindernis. Ohnehin sanken Pippins Chancen, als Karl auf Anraten seiner Mutter seine Frau Himiltrud verstieß. Politische Gründe waren ausschlaggebend. Die Ehe mit einer Tochter des Desiderius sollte Anfang 770 nach den Plänen der Mutter Bertrada eine große Koalition der mächtigen Reiche der Langobarden und der Franken erstehen lassen.

Hier stellte sich freilich die Frage, ob ein König seine Frau so einfach verstoßen konnte. Nicht, wenn es nach der Auffassung des römischen Papstes, Stephans III., gegangen wäre. Er schrieb einen zornigen Brief an die beiden Frankenkönige, Karlmann und Karl: Eine Trennung von der rechtmäßigen Ehefrau könne überhaupt nicht infrage kommen: »Wagt ja nicht, auf irgendeine Weise eure Gemahlinnen zu verstoßen!«[13] Schon ihr Vater, Pippin, habe seine Frau Bertrada verlassen wollen, aber er sei von Stephans damaligem Vorgänger, Papst Stephan II., davon abgebracht worden. Deshalb sei Pippin ein leuchtendes Vorbild eines Königs.[14] Stephan III. war freilich vor allem deshalb so aufgebracht, weil er ein langobardisch-fränkisches Bündnis als große Gefahr für die Ansprüche und Besitzungen des Hl. Petrus fürchtete. Eine »Ausländerin« *(aliene nationis)* dürften die fränkischen Könige gemäß der Heiligen Schrift auf keinen Fall heiraten. Schon gar nicht eine Frau aus dem Volk der Langobarden, denn dieses gelte als stinkender Abschaum der Welt und als Ausgeburt von Aussätzigen.[15]

Es half Himiltrud nichts. Sie musste gehen. Ihr Grab mit ihrem Skelett und einer Inschrift wurde erst Anfang der 1970er-Jahre im karolingischen Kloster Nivelles entdeckt, und der Befund zeigt, dass sie noch etwa 20 Jahre gelebt haben muss.[16] Hatte Karl mit seinem Handeln gegen Recht und Moral verstoßen? Am Hof behalf man sich mit der Konstruktion, dass Himiltrud nur eine Konkubine *(concubina)* gewesen sei. Das jedenfalls behauptet Einhart in der ›Vita Karoli Magni‹ (cap. 20). Auch Paulus Diaconus vertrat diese Meinung in seiner ›Geschichte der Bischöfe von Metz‹: »Vor seiner legalen Ehe« *(ante legale connubium)* habe Karl von dem adligen Mädchen Himiltrud einen Sohn namens Pippin gehabt.[17] So suchte der fränkische Hof das Handeln des Königs nachträglich zu legalisieren und eine eindeutige Unterscheidung von legitimer und ›wilder‹ Ehe zu konstruieren.

Aber in den Augen des Papstes handelte es sich um eine gültige Ehe. Und, wie erwähnt, war auch der Name Pippin für den Sohn ein Zeichen dafür, dass die Verbindung von Karl selbst zunächst als legitim angesehen wurde. Aber was heißt ›legitim‹ in dieser Zeit? Die kirchlichen Vorgaben und Regelungen hatten sich noch längst nicht durchgesetzt. Eher scheint es, als wären die Grenzen zwischen Konkubinen und ›legitimen‹ Ehefrauen fließend gewesen. In der Zeit der merowingischen Könige war das sicher so. Wir wissen, dass Merowingerkönige auch mehrere Frauen nebeneinander haben konnten. Diese Tradition der Polygynie – umgangssprachlich als Vielweiberei bezeichnet – wirkte offenbar weiter.[18] Karls Vater Pippin hatte zwar eine strengere Ehegesetzgebung eingeleitet[19], aber sie fand am Hof seines großen Sohnes noch wenig Wirkung. Trennung und Abwechslung waren jedenfalls nicht gerade geächtet.

Dasselbe Schicksal wie ihre Vorgängerin ereilte auch die junge Frau aus der langobardischen Königsfamilie, die Karl auf Geheiß seiner Mutter geheiratet hatte. Wir kennen von ihr noch nicht einmal den Namen – und in der Forschung sind schon Zweifel geäußert worden, ob es überhaupt zu dieser Ehe gekommen ist.[20] Einhart jedenfalls berichtet von dieser Langobardin, die nach einem Jahr von Karl verstoßen worden sei (cap. 18). Das ist nach jüngsten Forschungen spätestens im Frühjahr 771 geschehen.[21] Karl begann also noch vor dem Tod seines Bruders (4. Dezember 771 in der Königspfalz Samoussy) seine Politik radikal zu ändern. Von nun an ging er auf Konfrontation mit dem Langobardenkönig – ohne dass wir von einem konkreten Auslöser wüssten. Als die langobardische Königstochter den Frankenhof verließ, meldete sich der Papst nicht, er war zufrieden. Auch sonst gibt es keine Stimmen der Kritik. Dennoch schien auch für Einhart die Sache etwas mysteriös gewesen zu sein, denn er fügte hinzu, es sei völlig unklar, weshalb Karl das getan habe.

Nun heiratete Karl der Große, offenbar nach ganz kurzer Zeit, zum dritten Mal, spätestens im April 771. Seine neue Frau, ein 13- oder 14-jähriges Mädchen, hieß Hildegard. Sie stammte »aus hohem Adel aus dem Volk der Schwaben«.[22] Mütterlicherseits war sie mit dem einstigen schwäbischen Herzogshaus der Agilolfinger verwandt. Ihr Vater Gerold besaß in Alemannien, dem Kerngebiet Karlmanns, großen Einfluss. Auch ihr Bruder hieß Gerold (gest. 799) und hatte einen glänzenden Aufstieg vor sich. An der Seite Karls des Großen zeichnete er sich im Krieg gegen die Langobarden durch besondere Tapferkeit aus und stieg zum »Bannerträger« *(signifer)* auf. Nach der Absetzung Herzog Tassilos III. 788 wurde ihm als Präfekten sogar die Verwaltung Bayerns übertragen, die Regierung also des bedeutendsten Teilreichs. Die Ehe mit Hildegard, der Tochter des Grafen Gerold, war für Karl wiederum der beste Weg, um wichtige Gruppen der politischen Elite Schwabens an sich zu ziehen.

Vor allem sollte Hildegard für Nachkommen sorgen. In den zwölf Ehejahren bis zu ihrem Tod am 30. April 783 hatte sie neun Schwangerschaften. Sie brachte drei Söhne zu Welt, die das Kindesalter überlebten: Karl (geb. 772/773), Karlmann (geb. 777), dessen Name 781 in Pippin geändert wurde, und Ludwig (geb. 778). Auch die schon genannten drei Töchter, die das Erwachsenenalter erreichten, stammten vor ihr: Rodtrud (geb. 775), Bertha (geb. 779/780) und Gisela (geb. 781). Ihre vornehmste Aufgabe, so muss man wohl sagen, war das Gebären von Kindern. Entsprechend heißt es auf ihrer Grabinschrift: »Es gibt für dich kein größeres Lob, als dass du einem so großen Mann zu Gefallen warst.«[23]

Trotz ihrer Schwangerschaften begleitete sie immer wieder ihren Gemahl Karl auf seinen Reisen. Mitunter befahl er ihr auch aus der Ferne, nachzureisen, so 774 bei der Belagerung von Pavia. Auch damals war sie hochschwanger, und ihre Tochter Adelheid überlebte die rauen Verhältnisse des Kriegsgeschehens nur wenige Monate. Im Rahmen ihrer Möglichkeiten wirkte Hildegard durchaus auch an politischen Geschäften mit und erscheint in den Urkunden Karls als Fürbitterin. Vor allem förderte sie das Kloster Kempten im Allgäu. Dorthin brachte sie die Reliquien der Heiligen Gordian und Epimachus, die fortan zusammen mit der heiligen Maria die Klosterheiligen waren. Auch in der Überlieferung des Klosters Ottobeuren gilt sie als Wohltäterin, und zusammen mit Karl dem Großen beschenkte sie die Abteien Saint-Denis und Saint-Martin in Tours. Kurz nach der Geburt ihres neunten Kindes (Hildegard) starb sie 25-jährig am 30. April 783 in der Königspfalz von Thionville (Diedenhofen) und wurde im nahe gelegenen Kloster St. Arnulf in Metz begraben.[24]

Wenige Monate später, im Sommer 783, wurde Fastrada ihre Nachfolgerin. Die Hochzeit fand in Worms statt, an dem Ort, der für Fastrada zeitlebens so etwas wie ein Hauptsitz war. Sie war die Tochter eines Grafen Radolf, eines »Ostfranken«, der im Raum um Mainz und Worms reich begütert war.[25] Es scheint, als könne man seine Familie der Sippe der ›Mattonen‹ zuordnen, die in Geisenheim im Rheingau einen Besitzschwerpunkt hatten. Über die Gründe, weshalb Karls Wahl auf sie fiel, wissen wir nichts. Vermutlich war sie um einiges jünger als der inzwischen 35-jährige König.

Fastradas erste Aufgabe war es sicherlich, die Kinderschar am Hof zu betreuen. Mit ihren Stieftöchtern und später auch ihren eigenen Töchtern hielt sie sich meist in Worms auf. Wenn sie der König, von seinen Kriegszügen zurückkehrend, dort besuchte, wie im Jahr 787, »war die gemeinsame Freude groß, sie ergötzten sich aneinander und priesen Gottes Erbarmen«.[26] Es scheint ein recht inniges Verhältnis zwischen beiden gewesen zu sein. Jedenfalls achtete Karl offensichtlich darauf, neben seinen Staats- und Kriegsgeschäften immer wieder ›Familienzeiten‹ einzuplanen, die hauptsächlich in Worms stattfanden.

Als einen besonderen Glücksfall der Überlieferung kann man den Brief bezeichnen, den Karl der Große im September 791 persönlich von einem Awarenzug vom Wienerwald aus an Fastrada diktierte. Sie hielt sich damals in Regensburg auf. Es ist das einzige Zeugnis dieser Art, das uns für die Karolingerzeit überliefert ist.[27] Eingangs nannte er sie seine »geliebte und überaus liebenswürdige Gemahlin« *(dilecta nobis et valde amabilis coniunx)* und fügte hinzu, er selbst sei gesund und wohlauf. Dann berichtete er von den Erfolgen gegen die Awaren, vor allem denen seines Sohnes Karl, des Königs von Italien, und schilderte, dass er ein dreitägiges Fasten angeordnet habe. Fastrada möge doch bitte dasselbe auch in Regensburg veranlassen. Sie selbst solle wegen ihrer Krankheit abwägen, ob sie sich dem Fasten anschließen wolle. Schließlich fügte er noch hinzu, dass er auf eine Nachricht von ihr aus Regensburg hoffe, damit er darüber unterrichtet sei, wie es ihr gehe. »Und nochmals grüßen wir Dich vielmals in Gott dem Herrn« *(Iterumque salutamus tibi multum in Domino)*. Das holprige Latein und der vertraulich-intime Ton verleihen dem Text etwa Anrührendes.

Eine »grausame Königin« – wie sie in Einharts ›Vita Karoli Magni‹ genannt wird[28] – kann man sich angesichts dieses liebevollen Tones kaum vorstellen. Fastrada muss freilich in weit höherem Maße als ihre Vorgängerin in die politischen Pläne und Aktionen ihres Mannes eingebunden gewesen sein und hatte ganz offensichtlich auch das Format, in Karls Auftrag politisch zu handeln, ja sogar zeitweise eine Art Regentschaft auszuüben. Das war man von ihrer Vorgängerin nicht gewohnt, die eher in eine Aura verklärter Frömmigkeit eingehüllt blieb. Fastrada löste dagegen, wie es scheint, durch konsequentes Durchgreifen Empörung beim Adel aus, sodass sich in Thüringen eine Verschwörung unter der Führung eines Hardrad bildete. Dieser hatte sich geweigert, seine Tochter zur Heirat nach fränkischem Recht herauszugeben, und sich damit dem Befehl des Königs widersetzt.

Auch ihren Stiefsohn Pippin den Buckligen (gest. 811) soll sie in die Opposition getrieben haben. Er war, offenbar wegen seiner körperlichen Missbildung, zu einem Problemfall in der Frage der künftigen Königsherrschaft geworden. Doch damit wollte sich Pippin nicht abfinden. 792 plante er mit fränkischen Adligen einen Aufstand, ja sogar die Ermordung Karls, doch das Vorhaben wurde vorzeitig verraten.[29] Pippin, inzwischen etwa 23 Jahre alt, wurde gefasst, geschoren und zu lebenslanger Klosterhaft in das Kloster Prüm in der Eifel gegeben. Seine Gefährten erlitten schreckliche Strafen und wurden teils enthauptet, teils erhängt, teils geblendet und des Landes verwiesen.[30] Karl der Große sei –

so kommentierte Einhart diese Vorgänge in der ›Vita Karoli Magni‹ – mit dieser Entscheidung »in entsetzlicher Weise« *(inmaniter)* von seiner angeborenen Milde abgewichen, weil er gegenüber der Grausamkeit seiner Gemahlin allzu nachgiebig gewesen sei.[31] Man kann diese Bemerkung so verstehen, als habe Fastrada noch mehr als Karl – der Pippin vielleicht geschont hätte – für eindeutige Verhältnisse und Regelungen im Herrschaftsgefüge und im Herrscherhaus gesorgt. So gesehen, war sie die ideale Partnerin des großen Karl in seinem Bemühen um ›Vereindeutigung‹.

Ihre Krankheit, von der Karl der Große in seinem Brief von 791 sprach, bestand wahrscheinlich in einer fortgeschrittenen Karies. Der heilige Goar von Goarshausen am Rhein soll Fastrada zwar von ihrem Zahnweh geheilt haben[32], aber das half nur kurze Zeit. Die Entzündungen und die Schmerzen kamen zurück. Am 10. August 794 starb Fastrada nach jahrelangem Leiden in Frankfurt am Main. Bestattet wurde sie im Kloster St. Alban bei Mainz, was auf eine Verwandtschaft mit Erzbischof Richolf von Mainz (787 – 813) zurückgehen dürfte. Theodulf von Orléans verfasste für sie eine Grabinschrift: »Hier ruhen die Gebeine der berühmten Königin Fastrada, die der Tod mitten aus dem blühenden Leben gerissen hat.«[33]

»König Karl selbst blieb zurück«, so fährt die Inschrift fort. Der nunmehr 46 Jahre alte Herrscher verlegte fortan den Mittelpunkt seines Hofes und seiner Familie nach Aachen. Die dort gepflegte Gesellschaft mit seinen Töchtern erweckt den Eindruck, als wollte er sich zwar mit seiner Familie umgeben, aber gar keine enge eheliche Verbindung mehr eingehen. In der Tat begnügte sich Karl in den nächsten Jahren mit einer Beziehung zu einer adligen alemannischen Frau. Sie hieß Liutgard und wird als ausnehmend schön und anmutig beschrieben. »Herrlich schimmert ihr Hals wie die Farbe der Rose, und vor dem geflochtenen Haar verblasst der leuchtende Purpur. Um ihre hellen Schläfen schlingt sich ein purpurnes Band (…), den herrlichen Hals schmücken bunte Steine …«, so lauten die rühmenden Worte des Paderborner Epos von 799.[34] Auch Theodulf von Orléans besang ihre Schönheit in seinem ›Zirkulargedicht‹ von 796: »Eine herrliche Jungfrau, erstrahlend im Denken und Tun von gottgefälliger Güte, wunderschön im äußeren Schmuck, noch schöner im würdevollen Handeln …«[35] Überdies widmete er ihr ein eigenes Gedicht. Es beginnt mit den Worten: »Oh mächtige Königin, oh Ruhm des großen Königs, oh strahlendes Licht und Zierde des Volkes und des Klerus: Dich behüte der hochthronende Vater auf lange Zeit …«[36]

Alkuin nannte sie auffälligerweise in seinen Briefen nie die Gemahlin Karls, sondern immer nur »edelste Frau« *(femina nobilissima)* oder »fromme Frau« *(femina religiosa)* und empfahl ihr einen sittlichen und heiligmäßigen Lebenswandel.[37] War sie Karls Geliebte, ohne mit ihm je verheiratet zu sein? Dies wird in der Forschung durchaus erwogen.[38] Allerdings habe sie durch die intime Nähe zu ihm und ihre Position am Hof schließlich de facto die Rolle der Königin übernommen. Die schöne Liutgard wusste ganz offenkundig bestens Bescheid über die politischen Aktionen und Absichten Karls. Deshalb bat Alkuin sie 795 um nähere Informationen über das Wohlbefinden Karls und dessen Rückkehr in die Heimat und darüber, in welcher Pfalz Karl zu überwintern gedenke.[39]

Allerdings gibt es auch Quellen, die sie durchaus als Gemahlin Karls bezeichnen. Das Paderborner Epos von 799 gehört dazu. Hier heißt es: »Nun schreitet die Königin *(regina)* aus ihrem stolzen Gemach, lange verweilt sie, umdrängt von großem Gefolge, Liutgard mit Namen, Karls wunderschöne Gemahlin« *(Karoli pulcherrima coniux)*.[40] Ich neige deshalb der Auffassung des Karls-Biografen Dieter Hägermann zu, dass es 799 kurz vor der Ankunft Papst Leos III. in Paderborn doch zu einer förmlichen Eheschließung gekommen sein dürfte.[41] Schon ein Jahr später starb Liutgard am 4. Juni 800 in Saint-Martin in Tours.

Die Vermutung, dass diese Ehe am Ende doch noch förmlich geschlossen wurde, fügt sich auch in die Nachricht Einharts ein, wonach Karl nach dem Tod Liutgards nicht wieder geheiratet habe: »Nach dem Tode der Fastrada (…) heiratete er die Liutgard, eine Alemannin, von der er keine Nachkommen bekam.

Nach deren Tod hatte er drei Beischläferinnen…« (cap. 18). Namentlich bekannt sind allerdings vier: Madelgard, Gerswind, Regina und Adalind. Sie spielten in der Hofgesellschaft so gut wie keine Rolle. Alle haben sie Kinder von Karl bekommen. Von dreien seiner Kinder kennen wir die Mutter gar nicht. Auch der betagtere Karl liebte die Frauen und blieb diesen Lebensfreuden zugetan – und musste, wie schon geschildert, im Jenseits seine Buße dafür erleiden. Es war sozusagen der dunkle Fleck in seiner Lebensbilanz. Hier achtete er nicht darauf, dass die kirchlichen Regeln, die sonst sein Planen und Handeln so sehr bestimmten, zunehmend ein anderes Verhalten des Herrschers vorsahen.

Im Reigen der Familie, wie sie von den Dichtern gepriesen wurde, fehlten auch die Söhne Karls nicht. Auch sie hat Theodulf von Orléans in seinem Festversammlungs-Gedicht von 796 bedacht[42]: »Karl und Ludwig sollen beieinander stehen, der eine von ihnen noch ein Jüngling, der andere schon mit dem Antlitz eines jungen Mannes geschmückt. In ihrem starken Körper steckt sehnige Jugendkraft, ihr Herz ist empfänglich für eifriges Lernen und guten Rat. Sie blühen an Verstand und Tugend, mit frommer Gesinnung begabt, beide Zierde ihres Geschlechts, beide dem Vater lieb.« Karl war damals 23 Jahre, Ludwig 18 Jahre alt.

Als besonders mutig und tapfer wurde in diesem Jahr ihr 19-jähriger Bruder Pippin gefeiert. Er war im Sommer 796 von Italien aus mit einem Heer aus italienischen, bayerischen und alemannischen Mannschaften in das Land der Awaren eingefallen und bis in den »Ring der Awaren«, also in den herrscherlichen Hauptsitz, vorgedrungen. Es war ein vollkommener Sieg, den er dabei erringen konnte. Der Ring wurde dem Erdboden gleichgemacht, der Rest des Awarenschatzes, der nach der Plünderung durch den Markgrafen Erich von Friaul im vorangegangenen Jahr noch übrig war, wurde mitgenommen. Das damals verfasste Gedicht »Über den Awarensieg König Pippins« beschreibt die Vorgänge und preist den jungen König: »Es lebe hoch der König Pippin!«[43] Auch Angilbert (gest. 814), der Freund Karls des Großen und Hofdichter, verfasste ein Gedicht zum Ruhme des jungen Pippin.[44] Darin wird von einem Treffen des

Dichters mit Pippin in Langres berichtet und davon, dass ihn, den aus Italien Zurückkehrenden, seine Brüder Karl und Ludwig und ebenso der Vater und die Schwestern gewiss sehnlichst am Hof erwarteten. Es werde, so malte es sich Angilbert aus, eine Begrüßung in Freude und Entzücken geben.

Das Verhältnis der drei Brüder untereinander ist trotz dieser freundlichen Ankündigung des Dichters nicht leicht zu bestimmen. Sicherlich hat Karl der Große frühzeitig darauf geachtet, dass seine Söhne für die Aufgaben eines Herrschers gut vorbereitet würden. Dennoch überrascht es, dass er bereits 781 seine beiden Jüngeren zu Unterkönigen bestimmte. Zuerst ging es um Italien. Zu diesem Zweck unternahm Karl der Große Ende 780 mit seiner Frau Hildegard und seinen Kindern von Worms aus eine Reise nach Italien. Die beiden älteren Söhne, Pippin der Bucklige und Karl, blieben allerdings in Worms zurück. In Pavia und Mantua erließ Karl der Große mehrere Regelungen zur Verwaltung und zum Rechtswesen des Landes. Es ging insbesondere um die ordnungsgemäße Amtsführung der Grafen, die künftig dafür zu sorgen hatten, dass Klagen und Gerichtsentscheidungen schriftlich festgehalten würden. Schließlich zog Karl weiter nach Rom und feierte dort 781 mit Papst Hadrian I. das Osterfest am 15. April.

Das Entscheidende war, dass bei diesem Fest der etwa vierjährige Karlmann vom Papst die Taufe empfing und gleichzeitig in Pippin umbenannt wurde. Das bedeutete, dass der Papst nunmehr in eine besonders enge Beziehung zu diesem Sohn und zur Familie Karls eintrat. Es wurde eine Verwandtschaft hergestellt, die geistlich-transzendent verankert war *(propinquitas spiritalis)*. Das neue Verhältnis kam dadurch zum Ausdruck, dass der Papst fortan Karl den Großen »geistlichen Gevatter« *(spiritalis compater)* und dessen Gemahlin Hildegard »geistliche Gevatterin« *(spiritalis commater)* nannte.[45] Nach dem ›Pakt‹ von 774 bedeutete dieser Akt von 781 den zweiten, fundamental bedeutsamen Schritt hin zu einem überaus engen Vertrauensverhältnis – auch dies ein Vorgang, der auf dem Weg zum künftigen Kaisertum zu berücksichtigen ist.

Dieses enge Band wurde noch dadurch verstärkt, dass Hadrian I., ebenfalls zu Ostern 781, sowohl Pippin als auch seinen dreijährigen Bruder Ludwig zu Königen salbte. Pippin wurde damit zum König von Italien eingesetzt, Ludwig zum König von Aquitanien. Es ist müßig, darüber zu spekulieren, ob die »eigentliche« Einsetzung von Karl dem Großen persönlich vorgenommen wurde. Die päpstliche Weihe fügte in jedem Fall die höchstmögliche Garantie hinzu. Beide, Pippin wie auch Ludwig, zählten ihr Königtum vom 15. April 781 an, was die unmittelbare Legitimation durch die Salbung unterstreicht.

Schon wenig später traten sie ihr Königsamt an. Noch auf der Rückreise im Jahr 781 zog der vierjährige Pippin feierlich in den Königspalast in Pavia ein, in das Zentrum des Königs von Italien. Ludwig begab sich ebenfalls noch 781 in sein Reich. Der Dreijährige wurde auf ein Pferd gesetzt und von Orléans aus nach Aquitanien geleitet. Das war ein großes Gebiet, das in etwa durch die Loire, die Rhône, das Meer und die Pyrenäen begrenzt wurde.

All dies waren einschneidende Vorgänge. Sie machen deutlich, dass Karl der Große entschlossen war, die künftigen Rollen im Königshaus festzulegen. Der bucklige Pippin durfte zwar noch ein Jahrzehnt lang am Hof bleiben, aber man erkennt, dass er immer weiter in den Hintergrund trat. Im Grunde war er schon 781 von der Herrschaftsnachfolge ausgeschlossen worden, als er das Privileg seines besonderen Namens verloren hatte. Die beiden Kindkönige, Pippin und Ludwig, wiederum verließen mit ihrer neuen Funktion den engeren Familienkreis. Karl der Große rief sie zwar von Zeit zu Zeit an seinen Hof und hielt ein wachsames Auge auf die Ereignisse in den Teilreichen, aber in der Hauptsache weilten die beiden fortan in der Ferne. Sie wurden zunächst unter die Vormundschaft von weltlichen und geistlichen Großen gestellt, schon bald aber mussten sie sich – immer noch beinahe Kinder – auch persönlich in der Politik und im Krieg bewähren.

Ludwig hatte wohl den schwierigeren Part übernommen. Sein Königreich Aquitanien war aus ganz unterschiedlichen Teilen zusammengesetzt. Außer dem alten Herzogtum Aquitanien gehörten, wie es scheint, auch Septimanien und der Pyrenäenraum dazu. Das Baskenland war nicht leicht zu kontrollieren, und der alte westgotische Adel pochte auf seine Eigenständigkeit. Das Land unterstand dem Frankenherrscher, aber in der Realität blieb es eher eine nominelle Zugehörigkeit. Von der Armut König Ludwigs, der seinem Vater keine Geschenke machen konnte, weil ihm die Großen des Landes kaum etwas beließen, war schon die Rede. Er bedurfte immer wieder der Hilfe seines Vaters. Dieser bestimmte schließlich 793 vier Orte, an denen die Versorgung des aquitanischen Königshofes gesichert sein müsse: Doué im Anjou, Chasseneuil im Poitou, Angeac im Angoulème und Ebreuil im Berry. Zudem suchte sich Ludwig immer stärker auf die Kirche zu stützen. Sein engster Berater wurde Benedikt von Aniane, der Sohn des Grafen von Maguelonne, ein Westgote, der zunächst den Namen Witiza trug. Dieser hatte 782 auf seinen Gütern in Aniane bei Montpellier ein Kloster gegründet, das sich mehr und mehr zur Keimzelle einer kraftvollen Klosterreform entwickelte. Ihr wurde die ›römische‹ Benediktregel zugrunde gelegt, die Bonifatius schon in Fulda eingeführt hatte und die nunmehr eine enorme Wirkung entfaltete.

In Italien wiederum waren die höheren Positionen in der Hauptsache von Franken, Bayern und insbesondere Alemannen aus dem Norden übernommen worden. Sie setzten als Königsboten fränkische Prinzipien, Regeln und Ordnungen durch. Besonders wichtig wurde der hohe fränkische Klerus. Er übernahm Besitzungen, Kirchen und Klöster in Italien und organisierte damit auch die Verwaltung. Saint-Martin in Tours beispielsweise erhielt die Insel Sirmione im Gardasee mit dem kleinen Kloster, das ganze Tal Camonica und mehr. Saint-Denis bekam das Tal Veltlin. Saint-Maurice d'Agaune, Fulda, St. Gallen und das Kloster auf der Reichenau wurden mit verschiedenen anderen Besitzungen ausgestattet. Manche Äbte erhielten Bischofsämter in Italien. Diese fränkische Offensive war so stark, dass sogar Hadrian I. besorgt an Karl die Anfrage richtete, ob – wie er gehört habe – möglicherweise auch er, der Papst, »von einem aus eurem Volk« *(de gente vestra)* ersetzt werden solle.[46]

In größerer Anzahl kamen auch einfache Vasallen *(vassi)*, kleine Grundherren und Siedler ins Land. Sie erscheinen als Bewohner kleinerer Orte oder als Bürger von Städten wie Mailand, Verona oder Asti. Je nach ihrer Herkunft nannten sie sich »aus dem Volk der Franken«, »aus dem Volk der Alemannen« oder »aus dem Volk der Baiuwaren«. In der Regel kamen sie im königlichen Dienst als »Vasallen des Herrn Kaisers« *(vassi domni regis)* nach Italien und standen für den Kriegsdienst bereit. Auf diese Weise versuchte Karl der Große, die Teile seines Reiches nördlich und südlich der Alpen miteinander zu verschmelzen.[47]

Auf diese Bevölkerungsgruppen konnte sich der junge König Pippin stützen. Sie waren »unsere getreuen Franken« *(fideles nostri Franci)*, die eine Ausstattung bekamen *(beneficium)* und sich für ihn bereithielten.[48] Schwerpunkte ihrer Siedlungen waren die Gebiete um Mailand und Pavia, von Como bis Lecco, um Parma, Piacenza und Lucca. Fast ein Drittel der Bevölkerung im Königreich – so schätzt man – dürfte schließlich aus Alemannen bestanden haben. Sie lebten wie die Bayern oder Franken auch in Italien nach ihren jeweiligen Rechtstraditionen. Aus diesem Grund befanden sich in der berühmten Bibliothek des Markgrafen Eberhard von Friaul sämtliche Volksrechte versammelt: die ›Lex Salica‹, die ›Lex Ripuaria‹, die ›Lex Alamannorum‹, die ›Lex Langobardorum‹ und die ›Lex Baiuwariorum‹. Als oberster Gerichtsherr musste er sich über die jeweilige Rechtslage informieren können.

Dieses ›Italien‹ war also das Betätigungsfeld Pippins, der hier heranwuchs und sich, wie geschildert, 796 im Kampf gegen die Awaren ganz besonders bewährte. Ludwig dagegen galt in diesen Jahren offenbar noch nicht als ausreichend durchsetzungsfähig. Jedenfalls war er einige Jahre zuvor, 791, vom Kriegszug Karls des Großen gegen die Awaren zu seiner Stiefmutter Fastrada nach Regensburg zurückgeschickt worden. Auch 796 hielt er sich, wie den geschilderten Gedichten zu entnehmen ist, am sicheren Hof in Aachen auf. Gewisse kriegerische Erfolge stellten sich erst nach 800 im Kampf gegen die Muslime in Spanien ein. 801 gelang es ihm sogar, Barcelona zu erobern. Aber einige Jahre später versagte er als Heerführer auf einer spanischen Expedition erneut.

Und was war mit Karl, dem älteren Bruder der beiden? Er, der schon von den Zeitgenossen »Karl der Jüngere« *(Carolus iunior)* genannt wurde, blieb in der Nähe des Vaters, ohne hier besonders aufzufallen. Im Jahre 784, mit zwölf Jahren, beteiligte er sich erstmals an einem Kriegszug gegen die Sachsen, wie den ›Reichsannalen‹ zu entnehmen ist. Auch er hatte sich auf diese Weise frühzeitig als kampfestüchtig zu erweisen. In den folgenden Jahren wurde er von seinem Vater immer wieder im Sachsenkrieg eingesetzt, in dem er sich offensichtlich bewährte. 794 unterstellte der Vater »seinem hochedlen Sohn Karl« *(Carolus nobilissimus filius suus)* sogar eine ganze Heeresabteilung. Schon 789 hatte er ihm den Dukat Maine mit der Hauptstadt Le Mans und zwölf Grafschaften in Neustrien als eigenen Herrschaftsraum übertragen und ihm damit einen Anteil an der Regierung zugestanden. Aber das war nicht im Geringsten mit den Königreichen zu vergleichen, die seine jüngeren Brüder übernommen hatten. Mit diesem Herzogtum sollte schon Grifo, wie wir gesehen haben, 748/749 abgespeist werden, was diesen damals zu einem erbitterten Aufstand bewogen hat.

Wohin man auch blickt, man gewinnt den Eindruck, als habe Karl der Große lange gezögert, seinen gleichnamigen Sohn unmissverständlich als seinen eigentlichen Nachfolger zu präsentieren. Er soll dem Vater zwar »in Haltung und Gestalt ähnlich« gewesen sein *(more patri et vultu similis)*, wie es im Paderborner Epos (Vers 197) heißt, aber er kam nicht recht zum Zuge. Natürlich muss es über diese Fragen am Hof Diskussionen gegeben haben, denn die Nachfolgeregelung war eines der wichtigsten Themen. Der Gelehrte Theodulf von Orléans war dem jüngeren Karl besonders zugetan und verfasste ein aufmunterndes Gedicht (›Ad Carolum regem‹) auf ihn.[49] Gott möge ihn schützen, damit er dereinst, in Gold funkelnd, »die väterlichen Sitze« besteige und mit Gottes Hilfe die Szepter in Händen halte.[50] Das waren Worte, die Karl den Jüngeren, »die große, heilbringende Hoffnung für das Reich«[51], an die Spitze der Herrschaftsnachfolge stellten. Er erscheint als der eigentliche künftige Herrscher im gesamten Frankenreich und Inhaber aller Herrschersitze.

Freilich, Theodulf bezeichnete ihn auch als »großen Knaben« *(magnus puer)*.[52] Wurde damit Karls jünglingshafter Charakter angesprochen? Die Dichtung dürfte 801 entstanden sein, und damals war der junge Mann 29 Jahre alt. Durch einen sensationellen Neufund bisher unveröffentlichter Verse dieses Gedichts durch den Würzburger Mittelalterforscher Franz Fuchs eröffnet sich eine überraschende Perspektive.[53] Die neuen Texte deuten unverblümt an, dass wir in der engsten Begleitung des jungen Karl mit Homophilie rechnen müssen. Es ist die Rede von einem *Mochanaz*, eine Bezeichnung, die mit großer Wahrscheinlichkeit dem arabischen Wort *muhannat* entspricht. Damit wurde ein Mann bezeichnet, der im sexuellen Bereich die weibliche Rolle übernimmt. Theodulf waren solche Begriffe vertraut. Als Westgote stammte er aus der christlich-arabischen Mischkultur Spaniens oder Septimaniens; vielleicht ist er in Saragossa aufgewachsen. Von Alkuin wurde er »der Spanier« *(Hispanicus)* genannt.[54] Vieles deutet darauf hin, dass mit *Mochanaz* ein enger Vertrauter *(famulus)*[55] Karls des Jüngeren gemeint ist, nämlich Osulf. Dieser wiederum war ein Schüler Alkuins, dem er aus England an den Hof Karls des Großen gefolgt war. Schon lange besteht in der Forschung der Verdacht, dass die von Alkuin propagierte christliche Liebe im Freundeskreis – »Liebet einander!«[56] – von seinen Anhängern nicht nur spirituell verstanden worden sein könnte.[57] Einmal musste er sogar einen seiner Schüler wegen »knabenhafter Befleckungen« *(puerilibus inmunditiis)* heftig ermahnen.[58]

War auch Karl der Jüngere homophil? Es gibt keine Gewissheit für diese Annahme. Aber sie würde viele Fragen lösen. Dies würde erklären, weshalb es bei Karl dem Jüngeren keine Hinweise auf Kontakte zu Frauen oder gar auf eheliche oder außereheliche Kinder gibt. Ganz anders als seine Brüder, die schon im Jünglingsalter mit Frauen verkehrten, mit ihnen Kinder zeugten und auch in jungen Jahren mit adligen Damen aus ihren Reichsgebieten verheiratet wurden, hielt sich Karl der Jüngere offenbar von Frauen fern. Zumindest von einer reservierten Haltung muss man ausgehen.

In den 790er-Jahren dürfte demnach die so grundlegend wichtige Frage im Raum gestanden haben, wie Karl der Große angesichts dieser Neigung des jüngeren Karl die Nachfolge regeln würde. Vermutlich kam es zu gefährlichen Spannungen zwischen den heranwachsenden jungen Königssöhnen. Die Empörung des älteren Pippin ist ein deutliches Zeichen dafür. Sie wurde, wie erwähnt, 792 niedergeschlagen. Aber damit war das Problem keineswegs gelöst. Es ging um die prinzipielle Frage, ob die drei verbliebenen Söhne die Herrschaft und das Reich unter sich teilen sollten oder ob nur einer herrschen dürfe oder einen Vorrang ausüben solle.

Das Prinzip des Alleinherrschers war für Karl den Großen selbst, wie wir gesehen haben, von eminenter Bedeutung gewesen. Jede ›konkurrierende‹ Herrschaft hatte er ausgeschaltet. Am Hof wurde diese Maxime durchaus auch für seine Nachfolge gefordert. Theodulf von Orléans verfasste ein Gedicht mit der Überschrift: »Dass Herrschaftsgewalt keinen gleichen Anteil ertragen dürfe«.[59] Das Teilungsprinzip, so brachte er seine Stellungnahme in knapper und präziser Formulierung auf den Punkt, habe es in früheren Reichen nur selten gegeben, und wenn, dann sei es gescheitert. Deshalb forderte er, »dass nur einer von den Brüdern das Szepter tragen dürfe«.[60]

Karl der Große sah sich einem gewaltigen Problem gegenüber. Das alte fränkische Rechtsprinzip, das allen Königssöhnen einen Anteil an der Herrschaft zuerkannte, hatte keineswegs seine Gültigkeit verloren, auch wenn Karl die Alleinherrschaft so intensiv vorangetrieben hatte. Der frühe Versuch, Karl den Jüngeren 789 mit der Tochter des angelsächsischen Königs Offa von Mercien zu verheiraten, scheiterte. Diese Ehe hätte den Makel von Karl dem Jüngeren nehmen können und ihm als Gemahl einer Königstochter einen Vorsprung verschafft. Es ist bezeichnend, dass Karl der Jüngere selbst diese Heirat »heftig gefordert« haben soll (*expostulabat*).[61] Als der angelsächsische König als Gegenleistung eine Tochter Karls des Großen, Bertha, für seinen

Sohn verlangte, habe der Frankenkönig jedoch »ziemlich ungehalten« reagiert.[62] Es war für ihn offenbar von Anfang an kein akzeptables Verfahren – und ein Sohn ohne Nachkommen hätte dem angelsächsischen König als Schwiegervater möglicherweise das Tor ins Frankenreich geöffnet.

Das Problem blieb daher bestehen. Konnte Karl der Große einem Sohn, der offenkundig nicht für den Weiterbestand der Dynastie sorgen würde, die Herrschergewalt, gar mit einem Vorrang versehen, anvertrauen? Eine derartige Entscheidung konnte Karl der Große schwerlich treffen. Aber vom Königtum konnte er ihn auch nicht ausschließen. Als am 4. Juni 800 seine letzte Gemahlin, Liutgard, in Saint-Martin in Tours starb, war Karl der Große mit seinen drei Söhnen – Karl der Jüngere, Pippin von Italien und Ludwig – bei ihr. Auch Alkuin war anwesend, der inzwischen Abt dieses Klosters geworden war. Dort nun soll Karl der Große »unermüdlich über das Wohl des Reiches verhandelt« haben.[63] Natürlich hat man auch über die Endlichkeit des Lebens gesprochen und darüber, dass rechtzeitig das Erbe geregelt sein sollte. In der Forschung wurde zuletzt überzeugend dargelegt, dass bei diesen Gesprächen die Entscheidung gefallen sei, Karl den Jüngeren nun doch endlich offiziell in den Kreis der Erben aufzunehmen.[64]

Damit war das Konzept der Zukunft – nämlich die Teilung des Reiches – beschlossen. Unmittelbar im Anschluss daran begann die Vorbereitung für den Romzug. Karl der Jüngere machte sich mit seinem Vater auf, um in Rom die neue Regelung durch den Papst bestätigen zu lassen. Am 25. Dezember 800, unmittelbar nach der Kaiserkrönung Karls des Großen, wurde auch sein Sohn von Papst Leo III. gesalbt und gekrönt. Sein Königtum fand mit dieser Handlung die päpstliche Zustimmung. Auch dem jungen Karl wurde – wie schon zwei Jahrzehnte zuvor seinen jüngeren Brüdern – auf diese Weise die göttliche Legitimation vermittelt. Ein paar Monate später schrieb ihm Alkuin einen Brief. Darin beglückwünschte er ihn, den »ehrwürdigen und mit allen Ehren zu nennenden König Karl den Jüngeren«.[65] Er freue sich, dass dieser nunmehr »die Würde des Namens und der Macht« *(honor nominis etiam et potestatis)* erlangt habe. Er hätte noch hinzufügen können: endlich!

Doch die Entscheidung war immer noch nicht eindeutig genug. Welchen Teil genau sollte Karl der Jüngere erhalten? Sollte ihm doch noch ein Vorrang eingeräumt werden? Als Papst Leo III. im November 804 über die Alpen zog, um Karl dem Großen einen Besuch abzustatten, übernahm Karl der Jüngere Anfang 805 das Empfangskomitee – so wie es viele Jahre zuvor Karl der Große selbst beim Besuch Papst Stephans II. getan hatte. War das das Zeichen einer Sonderstellung? Nach Gesprächen mit dem Papst begab sich Karl der Große in das Kloster Chelles zu einer »Beratung« *(colloquium)* mit seiner Schwester Gisela, der gelehrten Nonne. Diese habe er wie eine Mutter verehrt *(quam similiter ut matrem coluit)*, so vermerkte Einhart in seiner ›Vita Karoli Magni‹ (cap. 18). Ganz offensichtlich ist hier erneut die Entscheidung für Karl den Jüngeren gefallen und auch dafür, eine feste Regelung zu treffen, zu verkünden und abzusichern.

Dies geschah endlich Anfang 806 auf einer Reichsversammlung in der Pfalz von Thionville (Diedenhofen). Die Söhne sollten Klarheit haben: »Jeder von ihnen sollte wissen, welchen Teil er künftig schützen und regieren müsse«.[66] Daher ließ Karl der Große am 6. Februar 806 eine Urkunde in mehreren Ausfertigungen erstellen.[67] Sie ist bekannt unter der Bezeichnung ›Teilung der Reiche‹ (›Divisio regnorum‹). Ziel, so heißt es, sei es, »dass jeder mit seinem Teil zufrieden sei gemäß unserer Anordnung sowie die Grenzen nach außen mit Gottes Hilfe zu verteidigen suche und Frieden und Liebe mit dem Bruder erstrebe«.[68] Die Großen des Reiches berieten darüber und stimmten zu.

Die Urkunde enthält ausführliche Beschreibungen der jeweiligen Teile. Ludwig bekam Aquitanien mit der Gascogne, Septimanien und der Provence. Auch die Spanische Mark zwischen den Pyrenäen und dem Ebro wurde ihm zugeordnet – es war mit einigen Erweiterungen sein bisheriges Reich. Für Pippin wurde das alte Langobardenreich, das er schon seit Langem als König verwaltete, um Rätien und Bayern vergrößert. Hinzu kamen auch die südlichen Teile von Alemannien. Für Karl schließlich wurde das Gebiet der Francia vorgesehen, gegliedert in Austrasien und Neustrien und unter Hinzufügung von Thüringen, Sachsen, Friesland, dem bayerischen Nordgau und Teilen von Burgund und Alemannien. Alle drei Brüder sollten Zugang nach Italien haben. Das Kaisertum allerdings blieb vollkommen unerwähnt – obwohl das »Kaiserreich« *(imperium)* geteilt wurde.

Wurde Karl der Jüngere den anderen damit vorgezogen? Diese Frage wird in der Forschung kontrovers beantwortet. Die Teilung sollte, wie erwähnt, alle drei Brüder zufriedenstellen. Die Teile sollten also gleichwertig sein. In der Tat wird man vom kulturellen und wirtschaftlichen Entwicklungsstand her gesehen die südlichen und südwestlichen Reiche, die Pippin und Ludwig erhielten, möglicherweise sogar als höherwertig erachten. Andererseits waren für Karl den Jüngeren die fränkischen Kerngebiete vorgesehen, die bis dahin die Hauptregionen für Karl den Großen selbst gebildet hatten. Hier befanden sich die alten karolingischen Königsgüter und die meisten der Pfalzen und Hausklöster. Dazu gehörte auch der ›Hauptsitz‹ Aachen. Wurde Karl der Jüngere damit sogar »ganz ungewöhnlich bevorzugt«[69]? Dieser in der Forschung vorgebrachten Einschätzung kann man kaum folgen.

Es war wohl, so wird man sagen müssen, am Ende ein überaus subtil angelegter Kompromiss zwischen einem – bestenfalls – latenten Vorrang Karls des Jüngeren und einer absoluten Gleichrangigkeit der drei Söhne. Es war das Höchstmaß an Eindeutigkeit, das vom Vater erreicht und angeordnet werden konnte. Zu dieser Eindeutigkeit gehörte es, dass dieses ›politische Testament‹ in Urkundenform schriftlich fixiert wurde. Das gab es vorher noch nie. Die fränkischen Großen legten einen Eid darauf ab, dieses Vermächtnis zu hüten. Das wiederum war nicht ungewöhnlich. Höchst bemerkenswert dagegen ist, dass Karl der Große durch seinen Boten Einhart ein Exemplar auch nach Rom schickte, um die päpstliche Zustimmung einzuholen und damit für die eindeutige Geltung und künftige Gültigkeit zu sorgen. Eine größere Sicherheit war für dieses politische Testament nicht zu erreichen.

Solche Umsicht war nicht zuletzt deshalb erforderlich, weil Karl seine Entscheidung auch auf die Zukunft richtete. Beim Tod eines der Söhne war in der ›Divisio regnorum‹ genau angegeben, wie sein Reich auf die verbliebenen Brüder aufgeteilt werden sollte. Wenn das Volk es wünschen sollte, konnte aber auch ein Sohn des Verstorbenen als König das Teilreich weiterregieren (cap. 5). Karl selbst setzte diesen Passus in Kraft. Als Pippin von Italien 810 starb, ernannte der Kaiser zwei Jahre später dessen Sohn Bernhard zum König der Langobarden – und bekräftigte mit diesem Vorgang erneut das Teilungsprinzip. Schließlich wurde in der *Divisio regnorum* auch für Karls Töchter gesorgt: Sie sollten nach dem Tod des Vaters denjenigen Bruder wählen dürfen, in dessen Schutz sie sich begeben wollten. Der karolingische Königshof löste sich auf.

So war nunmehr fürs Erste eine Lösung gefunden worden für das Problem, dass Karl der Jüngere offenkundig unfähig war, die Dynastie fortzusetzen und damit den Bestand des Reiches zu sichern. Dessen mutmaßliche homophile Neigung, zumindest seine offenkundige Distanz zu Frauen, zwang den alten Kaiser, in der Frage der Herrschaftsnachfolge sein Testament mit einem gehörigen Spielraum zu versehen. Karl der Jüngere war zwar regulärer König geworden, aber sein Teilreich hatte von Anfang an kaum Aussicht auf Bestand. Es musste mit einer weiteren Aufteilung unter die beiden Brüder oder deren Söhne gerechnet werden – und deshalb mussten alle drei einen gleichberechtigten Status einnehmen. Keiner wurde mit dem exklusiven Titel »König der Franken« *(rex Francorum)* ausgezeichnet. Hier fand das Streben nach Eindeutigkeit also seine Grenzen, aber jede andere Entscheidung hätte den Frieden und das Reich wohl unmittelbar ruiniert.

Mit der ›Divisio regnorum‹ war freilich auch dem Teilungsprinzip grundsätzlich die größtmögliche Bestätigung zuerkannt worden. In der Wahrnehmung der Zeitgenossen hatte Karl sein Reich schlicht »auf drei Könige verteilt« *(inter filios suos tres reges dividit)*.[70] Dieser Sieg der »gerechten Teilung« sollte längerfristig, wie wir wissen, noch erhebliche Konsequenzen mit sich bringen und schließlich doch noch zum Zerfall des Frankenreiches führen.

Zunächst jedoch ist es nach dem Tod Karls des Großen zur Teilung gar nicht gekommen. Pippin starb vor seinem Vater am 8. Juli 810, ebenso sein Bruder Karl der Jüngere am 4. Dezember 811. Ludwig blieb als Einziger übrig. Er war, so scheint es, nicht der Lieblingssohn Karls. Pippin dürfte ihm lieber gewesen sein. In diesem Fall aber hat das Schicksal die Regie übernommen und die Eindeutigkeit auf seine Weise hergestellt. Am Ende wurde Ludwig 814 der alleinige Nachfolger Karls des Großen im Kaisertum – als König allerdings hatte er in Bernhard von Italien einen Rivalen.

Kapitel 9

Gelehrte, Wissen und die Eindeutigkeit des Glaubens

Hunger nach Wissen und Wissenschaft habe Karl der Große gehabt. Auch das berichtet Einhart in seiner ›Vita Karoli Magni‹ (cap. 25). Mit größtem Eifer habe er sich den »Freien Künsten« *(artes liberales)* gewidmet und auch seine Kinder dazu angehalten (cap. 19). Die von ihm überaus verehrten Gelehrten hätten bedeutende Würden erhalten. Der greise Diakon Petrus von Pisa sei sein Lehrer in der Grammatik gewesen. In den übrigen Wissenschaften aber habe ihn »Albinus, der auch Alkuin genannt wird«, unterrichtet. Dieser, aus Britannien stammend, sei in allen Disziplinen der Wissenschaft höchst gelehrt gewesen und habe Karl dem Großen auch Rhetorik und Dialektik beigebracht. Ganz besonders intensiv habe er ihn in die Astronomie eingeführt. So habe Karl die Kunst des Rechnens gelernt und sich mit dem Lauf der Gestirne beschäftigt.

Wie sind diese Nachrichten zu bewerten? War Karl die leuchtende Gestalt der Erneuerung der Wissenschaften, wie er von Walahfrid Strabo um 840 gepriesen wurde?[1] Karl, so heißt es da, habe die Weite des ihm von Gott übertragenen Reiches, das von Nebel verdunkelt und fast blind gewesen sei, mit einem neuen Licht erfüllt, das dieser barbarischen Kultur *(barbaries)* zuvor weitgehend unbekannt gewesen sei. War dies nur der übliche Lobgesang, wie von manchen Forschern angenommen wurde? War Karl in Wirklichkeit gar ein Herrscher mit nur »kümmerlichen Lateinkenntnissen« und bestenfalls einer »Halbbildung«?[2]

Dass es in seiner Zeit einen ganz ungewöhnlichen Bildungsaufbruch gab, der sich in hohem Maße an der antiken Wissenskultur orientierte und in der Forschung gern als »karolingische Renaissance« bezeichnet wird, steht außer Frage. Aus den Achtzigerjahren stammen Äußerungen und reichsweite Verfügungen unter Karls Namen, die den Geist einer Erneuerung der Wissenschaften atmen. Den Anfang machte das »Allgemeine Schreiben« (›Epistola generalis‹)[3], das in das Frühjahr des Jahres 787 datiert wird, als sich Karl in Rom befand.[4]

Karl wendet sich darin an die »frommen Lektoren« seines Reiches. Damit sind die Vorleser und Vorsänger beim Stundengebet gemeint. Diese sollten die neue Sammlung der Lesungen (Homiliar), die ihnen nunmehr an die Hand gegeben wurde, zu den Stundengebeten verwenden. Sein vertrauter Gelehrter Paulus Diaconus habe die Texte für das Werk eifrig aus den Schriften der Väter zusammengetragen, »klar geordnet und ohne Fehler«. Er selbst, Karl, brenne danach, dem Vorbild seines Vaters Pippin nachzueifern und die Kirchen Galliens mit kirchlichen Gesängen nach römischer Tradition zu schmücken. Bereits früher habe er die Bücher des Alten und des Neuen Testaments, die durch das Unwissen der Schreiber ganz verderbt gewesen seien, mithilfe Gottes in jeglicher Hinsicht exakt nach der Richtschnur *(examussim)* korrigieren lassen. Einhart bestätigte später diese Bemühungen Karls: »Auf die Verbesserung des Lesens und Singens in der Kirche wandte er große Sorgfalt auf« (cap. 26).

Die Gelegenheit der Bekanntmachung eines neuen Homiliars nutzte Karl, um damit auch eine allgemeine Aufforderung zur Beschäftigung mit den Wissenschaften zu verbinden. Die ›Epistola generalis‹ – auch sie von Paulus Diaconus verfasst – kündigte erstmals das Programm einer umfassenden Bildungsreform an. Karl, so heißt es darin, wolle die beinahe in Vergessenheit geratene »Werkstatt des Schrifttums« *(litterarum officina)* wiederherstellen *(reparare)*. Sein eigenes Vorbild solle alle dazu ermuntern, sich den »Freien Künsten« *(artes liberales)* zu widmen.

Vermutlich noch im selben Jahr 787 ließ Karl eine weitere Verordnung nachfolgen, den ›Brief über die Pflege der Wissenschaften‹ (›Epistola de litteris colendis‹).[5] Überliefert ist nur noch das

Exemplar an den Abt Baugulf von Fulda (779–802), aber der ›Brief‹ muss an alle Bischöfe und Klöster ergangen sein. Sein Ton ist überaus offensiv. Dieses Mal war es ein anderer Gelehrter, der den Text schrieb, kein Geringerer nämlich als der von Einhart hervorgehobene Alkuin selbst.

In dieser Verlautbarung teilte Karl der Große mit, dass »im Hinblick auf das Studium der Schriften« *(in litterarum meditationibus)* in den Bistümern und Klöstern eine grundlegende Reform durchzuführen sei. Diejenigen, die mit ausreichender Intelligenz ausgestattet seien, müssten sich dem Lernen und Lehren widmen, um die »regelhafte Norm« *(regularis norma)* nicht nur der Sitten, sondern auch des richtigen Sprechens *(recte loquendi)* einzuüben. Es stehe nämlich geschrieben: »Entweder wirst du durch deine Worte gerecht oder aus deinen Worten verdammt.« Auf das Wort komme es an. Die Seele müsse vorher erkennen, was die Zunge aussagen solle. Es dürfe künftig nicht mehr vorkommen, dass »die ungelehrte Zunge sich nicht ohne Fehler auszudrücken vermag«. Das allgemeine Unwissen schlage sich auch in den Texten nieder, die ihm »in diesen Jahren« vorgelegt worden seien. Irrtümer der Worte seien gefährlich, noch gefährlicher seien freilich die Irrtümer des Denkens. »Deshalb ermahnen wir euch, die Studien der Wissenschaften nicht nur nicht zu vernachlässigen, sondern sie auch in Demut und gottgefälliger Haltung eifrig zu betreiben.« Das gelte insbesondere für das Verständnis der kunstvollen Wort- und Sinnfiguren und des Redeschmucks (Schemata) sowie der rhetorischen Wendungen, der Metaphern, der Ironie, Emphase oder Hyperbel (Tropen), um die heilige Schrift in allen ihren Anspielungen und in ihrem tieferen Sinngehalt zu erfassen. Solche sprachlichen Feinheiten müsse man in ihrer Bedeutung rasch begreifen *(intellegere)* können.

Damit drängte ein starker Impuls für eine grundlegende Bildungsreform vom Hof aus in das Reich. Die ›Epistola de litteris colendis‹ gilt zu Recht als »programmatisches Schreiben zur karolingischen Bildungsreform«.[6] In noch größerem Umfang wurde das Unternehmen aber dann 789 in Gang gebracht durch einen umfassenden ›allgemeinen Mahnerlass‹, die sogenannte

›Admonitio generalis‹.[7] Sie ist uns als eines der bedeutendsten Kapitularien schon begegnet, und man darf hinzufügen, dass sie in ungewöhnlich vielen Abschriften verbreitet wurde. Auch sie hat Alkuin zum Verfasser, wie in der Forschung zuletzt überzeugend ausgeführt wurde.[8] Sie nun markiert wahrlich den Auftakt für einen bildungspolitischen Prozess, über den einer der besten Kenner dieser Epoche, der Heidelberger Mittellateiner Walter Berschin, die Meinung vertreten hat: »Nie in der abendländischen Geschichte ist dem Lesen und Schreiben, der Grammatik, kurzum der Schule ein so hoher Rang eingeräumt worden wie damals.«[9]

Die Vorrede der ›Admonitio generalis‹ trägt gewichtige Gründe für das Unterfangen vor. Karl habe mit seinen »Priestern und Ratgebern« *(cum sacerdotibus et consiliariis)* reiflich bedacht, wie nötig es sei, Gott mit Herz und Mund und auch durch gute Werke Dank zu sagen, damit das Reich in alle Ewigkeit den göttlichen Schutz verdiene.[10] Dafür müssten die kanonischen Satzungen und väterlichen Überlieferungen genauestens beachtet werden.[11] Die Hirten der Kirchen Christi und die Leiter seiner Herde sollten fortan mit wacher Sorge auf die genaue Einhaltung dieser Überlieferungen achten. »Deshalb«, so heißt es weiter, »haben wir unsere Königsboten zu euch gesandt. Aus der Autorität unseres Namens heraus sollen sie zusammen mit euch korrigieren, was zu korrigieren ist. Wir haben auch einige Kapitel aus den kanonischen Satzungen beigefügt, die uns besonders nötig schienen. Niemand, so bitte ich, soll diese fromme Ermahnung für vermessen halten, mit der wir Fehler berichtigen, Überflüssiges wegschneiden und Rechtes durchsetzen wollen« *(errata corrigere, superflua abscindere, recta coartare)*. Karl nehme sich damit ein Beispiel an König Josias im Alten Testament, der sein Reich »durch Bereisen, Berichtigen und Belehren zur Verehrung des wahren Gottes« zurückgeführt habe.

Es folgen sodann 80 Kapitel mit Anweisungen an die Bischöfe und Priester, an die Mönche und Nonnen, an die Grafen und Richter und schließlich immer wieder »an alle«. Allen wird ans Herz gelegt, Frieden, Eintracht und Einmütigkeit zu pflegen, um das christliche Liebesgebot zu erfüllen (cap. 61). In den zahlreichen Einzelanweisungen heißt es: Das Vaterunser sollte korrekt gebetet (cap. 68), das Stundengebet nach dem römischen Vorbild gesungen werden, und die Priester sollten in ihren Pfarreien Leseschulen für Knaben einrichten – der neue Bildungsauftrag sollte also bis in die Provinz und bis in die Dörfer hinein wirken. Zudem müssten Psalmen, Schriftzeichen, Gesänge, Zeitrechnung und Grammatik in den katholischen Büchern ordentlich berichtigt werden, damit nicht wegen fehlerhafter Bücher jemand seine Bitten fehlerhaft an Gott richte. Stets sollte darauf geachtet werden, dass nicht falsch gelesen oder abgeschrieben werde (cap. 70). Und immer wieder geht es um das »Begreifen« *(intellegere)* dessen, was man sagt und hört. Messfeiern und das Gebet des Herrn (›Vaterunser‹) sollten die Priester nicht nur selbst verstehen, sondern es auch allen verständlich vortragen, »sodass ein jeder weiß, was er von Gott erbittet« (cap. 68). Sie sollten, so heißt es an anderer Stelle, keine »Idioten« *(idiothae)*, das bedeutet, ungebildet sein.[12]

Schon diese Auszüge aus den Vorschriften der ›Admonitio generalis‹ machen deutlich, welch gewaltiges Werk nunmehr beginnen sollte. Die wirksame Gottesverehrung, so der Kern dieser Idee, war nur möglich durch die Eindeutigkeit des geschriebenen und gesprochenen Wortes. Eindeutigkeit wurde zur Voraussetzung für Wirksamkeit, insbesondere für ein wirksames Seelenheil. Damit war ein Postulat geschaffen, das von nun an auch seinerseits enorme Wirkung entfalten sollte. Man muss sich die Tragweite eines solchen Grundsatzes, der keines Beweises bedurfte, vor Augen stellen: Worte und Texte erlangten einen einzigartigen Stellenwert, ebenso die Methoden, mit denen die Exaktheit und Korrektheit von Worten und Texten festgestellt werden konnten. Alles stand im Dienste der göttlichen Wahrheit und der Gottesverehrung. Zugleich war die Bildungsoffensive darauf ausgerichtet, auch eine neue Qualität im gedanklichen Ordnen, im kritischen Entscheiden, in der argumentativen Sicherheit, in der Beherrschung der Stilkunst wie auch im Hinblick auf die Eindeutigkeit von Schrift und Sprache zu erzeugen. Man darf das Unternehmen daher nicht auf eine innerkirchliche Reform reduzieren, vielmehr wurden die Weichen gestellt für ein ganz neuartiges Erlernen und Einüben von Wissen und wissenschaftlichen Methoden.

Niemand möge dieses Vorhaben für vermessen *(praesumptiosa)* halten: Das war die Bitte, die Karl seiner ›Admonitio generalis‹ voranstellte.[13] Zweifelte er selbst daran, ein solches Werk durchsetzen zu können? Er ging zumindest mit großer Umsicht an die Sache. Seine Planungen dafür liefen schon länger – und dieses stufenweise aufgebaute herrscherliche Projekt ist ein gutes Beispiel dafür, wie langfristig Karl seine politischen Aktionen anlegen konnte. Bereits Jahre zuvor hatte er damit begonnen, indem er sukzessive die berühmtesten Gelehrten, gewissermaßen die Experten, aus dem westchristlichen Europa an seinen Hof holte. Der größte Erfolg gelang ihm, als er den Bedeutendsten und Gebildetsten der damaligen Zeit gewinnen konnte: Alkuin von York.

Alkuin kam aus Britannien. Dort war er schon früh der Schule der Kathedrale von York beigetreten. Die Bibliothek, die sich dort befand, »war wahrscheinlich die umfangreichste und am breitesten gefächerte nicht nur Englands, sondern vielleicht des ganzen christlichen Europa«.[14] Alkuin verehrte auch noch im Alter seinen Lehrer Aelberht, den späteren Erzbischof von York (767–778). In einem Brief an Karl den Großen im Jahre 798 erinnerte er sich an den Unterricht in der Yorker Schule.[15] Aelberht habe stets gesagt: »Die weisesten Menschen waren diejenigen, welche diese Freien Künste *(artes liberales)* in der Natur der Dinge wiedergefunden haben. Es ist eine große Schande, dass wir diese in unseren Tagen zugrunde gehen lassen.« Und Alkuin fügte hinzu: »Jetzt sorgt sich die Kleinmütigkeit vieler nicht mehr darum, den Sinn der Dinge zu erkennen, die der Schöpfer in der Natur geschaffen hat. Wisse, mein Bester, wie süß die Arithmetik für die Erkenntnis der Natur der Dinge ist, wie notwendig für die Erkenntnis der göttlichen Schriften. Beglückend ist die Kenntnis der Gestirne des Himmels und deren Lauf. Und dennoch ist es selten, dass sich jemand bemüht, solches zu wissen. Und was noch schlimmer ist: Die Studierenden verschmähen es, dies zu wissen.« Die *Artes liberales*: Sie also waren der Schlüssel zur Natur- und Gotteserkenntnis und sollten wieder gelehrt werden.

Aelberht seinerseits war Schüler bei dem größten Gelehrten des angelsächsischen Frühmittelalters gewesen: Beda Venerabilis (672–735). Auf Beda hat sich dann auch Alkuin berufen, wenn es um Fragen des Lernens und Lehrens ging: »Erinnert euch an den edelsten Lehrer unserer Zeit, den Magister Beda: wie intensiv er sich in seiner Jugend dem Studium widmete und welch hohen Rang er jetzt unter den Menschen hat und um wie viel strahlender noch sein Ruhm bei Gott ist, der ihn belohnt.« Beda selbst war daher das glänzende Vorbild für Alkuins Grundsatz: Wer nicht in jungen Jahren lernt, kann im hohen Alter kein guter Lehrer sein.[16] Schule und intensive Schulung der Jungen standen in einer langen Tradition.

Angelsächsische Gelehrte orientierten sich an Rom. Papst Gregor der Große (590–604), von dem einst die Mission in England ausgegangen war, und seine Schriften genossen hohes Ansehen. Das war bereits an Bonifatius zu sehen. Gregors Werke mit ihren eindeutigen Anweisungen für das Verhalten von Bischöfen und Priestern fanden weite Verbreitung. Seine ›Regel für Priester‹ (›Regula pastoralis‹) spielte auch im Denken Alkuins eine zentrale Rolle.[17] In einem Brief aus dem Jahre 796 an seinen Freund, den Erzbischof Arn von Salzburg, stellte er die Grundsätze guter Missionsarbeit heraus: »Das alles hat der heilige Gregor, der berühmteste Gelehrte, in seinem Buch über die priesterliche Seelsorge auf das Genaueste dargelegt, mit Autoren belegt, mit Beispielen angereichert und mit der Autorität der Heiligen Schrift bekräftigt.«[18] An anderer Stelle nannte er Gregor den »wunderbarsten Gelehrten und glänzendsten Erklärer der Heiligen Schrift«.[19]

Die Gelehrten in Britannien – wie auch in Irland – pflegten zudem die klassische lateinische Sprache. Es war die Sprache der Kirchenväter, der Konzilsbeschlüsse und der römischen Kirche. Sie öffnete den Weg zur göttlichen Wahrheit. Diese Einstellung wurde in der Bildungsoffensive unter Karl dem Großen vollständig übernommen. Latein wiederzubeleben, das wurde zu einem

Kernanliegen der karolingischen Bildungsreform. Das korrekte Latein sollte zur eindeutigen Hochsprache in Verwaltung, Religion und Kultur werden. In der kirchlichen und weltlichen Führungsschicht, die sich über romanische und germanische Völker erstreckte, sollte man sich präzise verständigen können. Karl der Große selbst stammte zwar gar nicht aus dem romanischen Milieu, aber er erkannte das enorme Potenzial der lateinischen Kultur und bemühte sich selbst darum, die Sprache zu verstehen und zu sprechen. Nur so konnte er sein Unterfangen glaubhaft vertreten, und man muss davon ausgehen, dass es ihm mit seinen mehrfachen Hinweisen auf sein eigenes vorbildliches Bemühen ernst war. Er selbst war voller Wissensdurst und wollte andere durch sein Beispiel anspornen.

Was die Bedeutung der Sprache anbelangt, so konnte sich Karl auch hierzu Rat einholen im ›Gottesstaat‹ von Augustinus. Dort heißt es (›De civitate Dei‹, Buch 19, cap. 7): «Im Erdkreis ist es zunächst die Vielsprachigkeit, die den Menschen dem Mitmenschen entfremdet. Denn wenn sich zwei Menschen begegnen und nicht aneinander vorbei können, sondern sich irgendwodurch gezwungen sehen, beisammen zu bleiben, obwohl einer die Sprache des anderen nicht versteht, werden eher stumme Tiere, sei es auch verschiedener Art, sich zur Gemeinschaft verbinden, als diese beiden, die doch Menschen sind. Wenn sie nämlich ihre Gedanken nicht austauschen können, verhilft ihnen alle von Natur bestehende Ähnlichkeit allein schon wegen der Verschiedenheit der Sprache nicht zu gegenseitiger Annäherung.« »Begreifen« und »verstehen«, so war damit gemeint, beginnt mit der Sprache.

So sind viele Gründe dafür erkennbar, weshalb der König den gelehrten, damals etwa 50-jährigen Alkuin umwarb, als er 781 in Parma, vielleicht auch schon zuvor in Rom mit ihm zusammentraf. Bei dieser Gelegenheit bot er ihm ein großes Wirkungsfeld an seinem Hof an.[20] Hinsichtlich des Zeitpunkts, zu dem Alkuin am Königshof eintraf, wurde in der Forschung das Jahr 786 erwogen, aber zuletzt sind doch die überzeugenderen Argumente für das Jahr 782 vorgebracht worden.[21] Als Grundausstattung wurden ihm die Klöster Ferrières und Saint-Loup in Troyes zugewiesen. 790 kehrte er nochmals nach England zurück und blieb bis 793 in York. Dann erst kam er einem erneuten Ruf Karls des Großen nach. Sein Sachverstand wurde für die Vorbereitungen der Texte zur Frankfurter Synode benötigt. Von 794 bis 796 dürfte sich Alkuin die meiste Zeit in Aachen, der neuen Herrscherresidenz, aufgehalten haben, bevor er von Karl die Leitung der ehrwürdigen Abtei Saint-Martin in Tours übertragen bekam. Dort blieb er bis zu seinem Tod am 19. Mai 804.

Alkuin kam nicht allein ins Frankenreich. In seinem Gefolge befand sich ein illustrer Kreis von Schülern. Einer von ihnen war Sigulf, der spätere Abt von Ferrières. Ein anderer hieß Wizo. Auch er machte Karriere und übernahm 801 sogar die Leitung der Hofschule. Fredegis, ebenfalls aus der Schülerschar Alkuins, wurde später als Nachfolger seines Lehrers Abt von Saint-Martin in Tours und machte die Schreibschule dieses Klosters zu einer der berühmtesten Bildungsstätten im Frankenreich. Osulf haben wir schon kennengelernt, er war derjenige mit den homophilen Neigungen und eher eine Enttäuschung für den Lehrer. Doch ansonsten wird man von einem erstklassigen Reformerteam aus Britannien sprechen können, das nun seine Arbeit aufnahm. Dieser Blick auf die Gruppe ist wichtig, weil sie die Stoßkraft der Reformen, die von Alkuin ausgingen, deutlich macht und besser erklären kann. Man darf den Blick nicht allein auf Alkuin richten, wenn man seinen Einfluss am Hof erschließen will.[22]

Im Umkreis Karls traf Alkuin einen weiteren Schüler, der ihm schon vorausgeeilt war, nämlich Beornrad (gest. 797), der zugleich sein Vetter war und inzwischen die Abtswürde von Echternach erlangt hatte. Dieser sollte bald in der Sachsenmission eine wichtige Rolle übernehmen, denn ihm und seinem Kloster wurde die Verbreitung des Christentums im Münsterland anvertraut. 785 stieg er zum Erzbischof von Sens auf.

Noch früher, um 774, hatte sich als einer der Ersten bereits der gelehrte Petrus von Pisa (gest. ca. 799) am Hof Karls des Großen eingefunden. Er war zuvor in Pisa als Sprachlehrer in Latein tätig gewesen. Später erteilte er, wie erwähnt, Karl persönlich Unterricht und verfasste eine Grammatik. Auch Angilbert (gest. 814), der Abt von Saint-Riquier, der uns als Geliebter Berthas, der Tochter Karls des Großen, schon begegnet ist, zählte zu seinen Schülern. Begeistert war Petrus, als sein Landsmann Paulus Diaconus 782, etwa zur selben Zeit wie Alkuin, an den Königshof kam. Endlich war ein Landsmann aus dem untergegangenen Langobardenreich in seiner Nähe. Freudig schrieb ihm Petrus ein Gedicht: »[Christus] der dich, Paulus, Gebildetster der Sänger und Dichter, der du in verschiedenen Sprachen glänzest, in unser Land geschickt hat, um die Ungebildeten zu befruchten mit geeigneter Saat. Als Homer zeigst du dich im Griechischen, im Latein als Vergil, im Hebräischen auch als Philon, in den freien Künsten als Tertullus, als Horaz giltst du in der Verskunst, als Tibull im Ausdruck. (...) Du wirst nicht müde, bei Tag und bei Nacht das Herz eines jeden, der danach verlangt, mit den Bächlein der lateinischen Grammatik zu berieseln und ebenso mit der Saat der griechischen Rede, von Eifer beseelt.«[23] Freilich verließ Paulus Diaconus den Hof schon 785/786 wieder, sodass die gemeinsame Zeit nur kurz war.

Ebenfalls schon vor Alkuin gehörte Paulinus von Aquileja (gest. 802) zum illustren Kreis der Gelehrten am Hof. Als herausragender Theologe und Rechtswissenschaftler, der zuvor die Schule in Cividale geleitet hatte, war er 776 von Karl dem Großen an den Hof gerufen worden. 787 wurde er zum Erzbischof von Aquileja erhoben, von wo aus er zusammen mit Bischof Arn (seit 798 Erzbischof) von Salzburg die Awarenmission betrieb. Auch Arn, der frühere Abt von Saint-Amand-les-Eaux (seit 782), war dem Kreis der Bildungselite um Karl eng verbunden.

Schließlich hatte sich um 780 eine ganze Gruppe irischer Gelehrter eingefunden, unter ihnen Jonas, Raefgot, Dungal und Josef. Von einem weiteren Iren in der Runde, Cadac-Andreas, haben wir schon aus dem Gedicht des Theodulf von Orléans gehört: Dieser war – wie die Iren ganz allgemein – offenbar nicht besonders beliebt bei den anderen Gelehrten, obgleich sie wie die Angelsachsen einen besonders hohen Bildungsstand einbrachten. Alkuin, so wird mit dieser Personenfülle jedenfalls deutlich, kam 782 in eine längst im Aufbau begriffene Gelehrtenrunde am Hof Karls des Großen, die von einigen Mitgliedern der ersten Stunde zum Teil schon wieder verlassen worden war.

Andererseits gab es ständigen Zuwachs in den folgenden Jahren. Um 790 fand sich Theodulf von Orléans ein, der Westgote aus Spanien, der uns nun schon häufig begegnet ist, und vor 796 der Franke Einhart, der Biograf Karls des Großen. Zu erwähnen ist noch der Diakon Richolf (gest. 813), ebenfalls ein Franke, der sich wie Einhart – dem er sehr verbunden war – dem Schülerkreis um Alkuin anschloss. 781 erscheint er als Kapellan am Königshof, und 787 erhielt er von Karl dem Großen das Erzbistum Mainz übertragen. Von seiner möglichen Verwandtschaft mit Fastrada, der Gemahlin Karls, war schon die Rede. Auch Modoin (gest. 840/843) mit dem Beinamen Naso muss genannt werden, der Freund Karls des Jüngeren und ein hervorragender Repräsentant des geistigen Lebens in Aachen während der Kaiserjahre nach 800. Ihm, dem späteren Bischof von Autun, war Theodulf von Orléans sehr verbunden. Schließlich seien noch Hildebald und Meginfrid erwähnt, der eine Leiter der Hofkapelle und Erzbischof von Köln (787–818), der andere kahlköpfiger Poet, Kämmerer Karls des Großen (782–800) und Freund Alkuins.

Man kann sich vorstellen, von welchen Eitelkeiten und Spannungen diese Gemeinschaft der hochgelehrten Wissenschaftler und Würdenträger, die sich um 780 und in den Jahren danach zusammenfanden, getragen war. Man kann sich ausmalen, wie sie sich an Gelehrsamkeit zu überbieten suchten, mit welcher Ironie sie sich begegneten und welche Intrigen wohl auch abgelaufen sind. Die Gedichte, die man für den Vortrag in der Runde verfasste, waren voll von subtilen Anspielungen und sprachlichen Raffinessen. Die hohe Kunst der Dichtung übte starke Anziehungskraft auf die besten Köpfe der Runde aus und reizte sie zum Wettbewerb.

Hier hatte Karl der Große sicherlich immer wieder alle Hände voll zu tun, um für Ausgleich und Beruhigung zu sorgen. Man wird aber auch nicht ausschließen können, dass der König selbst an der Art, wie seine Gelehrten die Klinge kreuzten, durchaus

Gefallen hatte. Von den Wortgefechten zwischen Theodulf und dem Iren Cadac-Andreas, die sich gegenseitig als »Schottenbürschlein« *(Scottulus)* und »Gotenmännlein« *(Getulus)* verspotteten[24], war schon die Rede. Unermüdlich forderten sie sich gegenseitig zum Kampf mit Versen auf. Bei dem heftigen und lange anhaltenden Streit zwischen dem jungen Theodulf und dem alten Alkuin kurz nach 800 musste Karl allerdings eingreifen. Alkuins Zorn war schon so weit gediehen, dass er sich die Genugtuung wünschte, wie einst Entellus über den spanischen Dares zu triumphieren.[25] Er spielte damit auf den Boxkampf an, der in Vergils ›Aeneis‹ geschildert wird (Buch V, 362–484).

Eine solche Schar exzentrischer Intellektueller war gewiss nicht leicht zusammenzuhalten, auch wenn sie sich keineswegs immer alle am Hof aufhielten. Dass sie auf die Initiative Alkuins hin alle ehrenvolle und treffende Beinamen – etwa Flaccus für Alkuin, Nardulus und Beseleel für Einhart, Aaron für Hildebald und so weiter – erhielten, war möglicherweise der Versuch, dem hohen Selbstwertgefühl der Einzelnen entgegenzukommen. Dennoch wird Karl der Große selbst häufig Anlass gehabt haben, diese bunte Gruppe anzutreiben und auf ihre eigentliche Bestimmung auszurichten.

Was aber war ihre Aufgabe? Zunächst ging es um die korrekte Sprache und damit um »Latein, Latein und abermals Latein«, so der Frankfurter Mittelalterforscher Johannes Fried, der ein großartiges Panorama der karolingischen Bildungsreform entworfen hat.[26] Es sollte künftig ausgeschlossen werden, dass Priester und Gläubige durch ein völlig verunstaltetes Latein die Wirkung eines Gebets oder eines liturgischen Textes behinderten. Nie mehr sollte eine Taufe »im Namen Vaterland und Tochter und des heiligen Geistes« *(in nomine patria et filia et spiritus sancti)* erfolgen, wie dies Bonifatius noch kurz vor 750 in Bayern erlebt haben soll.[27] In Autun trifft man in einem Messbuch auf den orthografisch völlig missglückten Satz *idio nus menime famoli tue*. Er müsste eigentlich lauten: *ideo nos minimi famuli tui* (»wir also, deine geringsten Diener«). In Verona notierte ein Schreiber des achten Jahrhunderts in einem Psalter: »Ich trinke, sagt der Herr,

Amen« *(Bibo ego, dicit dominus, amen)*, wo es heißen müsste »Ich lebe, sagt der Herr, Amen« *(Vivo ego, dicit dominus, amen)*.[28]

Wir können an diesen Abwandlungen erkennen, dass sich in der Lebenswirklichkeit zwischen der ›lebendigen Sprachformung‹ und dem klassischen Latein ein immer größerer Graben auftat. Auch die Volkssprachen zeigten im täglichen Gebrauch viele Variationen und Unbestimmheiten im Ausdruck. Konnte die göttliche Wahrheit diese Veränderungen ertragen oder wurde sie dadurch verunglimpft? Diese Frage wurde am Hof und im Austausch mit dem Papst intensiv diskutiert. Musste eine Taufe mit einem verderbten Segensspruch möglicherweise sogar wiederholt werden? Karl der Große war sich sicher: Er wollte Eindeutigkeit. Das Wort und der Wortlaut mussten in seinen Augen korrekt und dauerhaft eindeutig sein. Das Wort selbst wurde geradezu zu einer unverrückbaren Wahrheit. Das betraf im Übrigen nicht nur das lateinische Wort, sondern ebenso die Volkssprache. Auch hierfür ließ Karl der Große eine Grammatik erstellen und Glossare anfertigen, die zur korrekten Übertragung der Sprachen verhelfen sollten.

Stets ist zu sehen, welch eminent hohen Rang das Wort im Bildungsprogramm Karls des Großen einnahm. Deshalb stand an erster Stelle die lateinische Sprachreform. Das bedeutete, dass eine Vielzahl von spätantiken Grammatiken *(Grammatici latini)* abgeschrieben wurde. Heute noch sind 30 Sammelhandschriften aus dem späten achten und frühen neunten Jahrhundert erhalten. Freilich, ganz konnte man zum reinen Latein der Klassik dann doch nicht zurückkehren. So entstand das »neu-alte« Latein der Karolingerzeit, eine Mischung aus klassischen und unklassischen Sprachelementen. Es war das Latein des Mittelalters, das fortan für viele Jahrhunderte die Sprache des Wissens und der Wissenschaften bestimmen sollte.

Auf dem Gebiet der neuen sprachlichen Vereindeutigung ragte Alkuin unter den Gelehrten am Hof zweifellos hervor. Von ihm stammt eine Grammatik in Form eines Dialogs zwischen einem 14-jährigen Franken und einem 15-jährigen Sachsen.[29] Das war didaktisch geschickt gemacht, denn damit konnte sich die

Altersgruppe der Lernenden unmittelbar identifizieren. Die beiden, die sich als Schüler in der »Schule von Meister Alkuin« *(schola Albini magistri)* ausgeben, beschäftigen sich mit der Lehre von Buchstaben, Silben, Wortarten und Wortformen. Ein weiteres Werk verfasste Alkuin ›Über die Orthografie‹ (›De Orthographia‹).[30] Falsche Schreibgewohnheiten sollten bekämpft und auch hier die Eindeutigkeit des Wortes gewährleistet werden. Auf dieser Grundlage des präzisen Wortes wurden allen voran die Bücher überprüft, die das Wort Gottes selbst enthalten: das Alte und das Neue Testament. Auch dieser Aufgabe nahm sich Alkuin an. In der Schreibschule seines Klosters Saint-Martin in Tours wurde eine Produktionsstätte korrekter Bibeln eingerichtet. Dort entstand auch eine große Anzahl von ›Ganzbibeln‹, sogenannte ›Pandekten‹, in denen das Alte und das Neue Testament in einem Band zusammengefasst waren. Im Jahre 800 schrieb Alkuin an Gisela, die Schwester Karls des Großen und Nonne in Chelles: Er sei so schrecklich beschäftigt, weil Karl der Große ihm den Auftrag erteilt habe, das Alte und das Neue Testament zu »emendieren«, also von Fehlern zu befreien.[31]

Ebenso wichtig war das Erlernen des korrekten Sprechens *(recte loquendi)*. Auch dafür stellte Alkuin ein Lehrbuch zusammen, das Werk ›Über die Rhetorik und die Tugenden‹ (›De rhetorica et de virtutibus‹).[32] Dieses ist als Disputatio aufgebaut, bei welcher Karl der Große, der »allerweiseste König« *(sapientissimus rex)*, persönlich die Fragen stellt und der »Meister Alkuin« *(magister Albinus)* die Antworten gibt. Das Buch dürfte 793/796 entstanden sein. Eingangs stellt »Karl« fest, es sei als »lachhaft« zu bezeichnen, diese Kunst nicht zu kennen; täglich müsse man sich mit ihr beschäftigen.[33] Ausführlich werden die Bedeutung und die Techniken der Rhetorik behandelt und ihre fünf Bestandteile herausgestellt. Diese umfassen das Nachdenken *(inventio)*, das Anordnen *(dispositio)*, den Ausdruck und den Stil *(elocutio)*, das Erinnerungsvermögen *(memoria)* und den Vortrag selbst *(pronuntiatio)*. Dass Alkuin hier Karl den Großen als Person auftreten lassen konnte, unterstreicht, in welch hohem Maße der König selbst die Angelegenheit unterstützt hat. Dieser ist es auch, der am Ende des Werkes das Resümee zieht, indem er die Beherrschung der Rhetorik als Zeichen höchster Ehre erachtet. Dasselbe Format eines Dialogs zwischen Karl, der die Fragen stellt, und Alkuin, der sie beantwortet, weist schließlich auch Alkuins Werk ›Über die Dialektik‹ (›De Dialectica‹) auf. Dieses Buch darf auch inhaltlich einen eigenen Rang beanspruchen, weil hier erstmals Dialektik als Schlüssel für das Erfassen der Realität vorgestellt wurde.[34] Und eine Reihe weiterer Lehrbücher Alkuins wäre noch hinzuzufügen.

Mit der Grammatik, der Rhetorik und der Dialektik waren die sogenannten drei »redenden Künste« vereint. Sie bildeten im Reigen der *Artes liberales* das Trivium, mit dem man das Denken und Sprechen einübte. Hinzu kamen vier weitere, mathematische Künste – die Arithmetik, die Geometrie, die Musik und die Astronomie –, also das Quadrivium. Diese sieben Disziplinen hießen deshalb »Freie Künste« weil sie – im Unterschied zu den *Artes mechanicae* – den gelehrten Wissens- und Wissenschaftskanon bildeten, der eines freien Mannes für würdig erachtet wurde.

Die Freien Künste waren in der Antike entwickelt, in der Zwischenzeit aber immer weniger beachtet worden. Nun entdeckte man die klassischen Lehrbücher wieder. Darunter befand sich die ›Ars grammatica‹ des Aelius Donatus (Mitte viertes Jahrhundert). Auf besonderes Interesse stieß das Werk des Martianus Capella aus dem fünften Jahrhundert. Dass der Autor einer der letzten Heiden der Antike war, kümmerte niemanden. Das Lehrbuch trug den Titel ›Über die Hochzeit der Philologie mit Merkur‹ (›De nuptiis Philologiae et Mercurii‹). Es erzählt von der Suche Merkurs, des Gottes der Rede, nach einer Gemahlin. Er findet sie in der Jungfrau Philologie, die ihrerseits nach der Heirat unter die Unsterblichen aufsteigt. Ihr junger Gemahl schenkt ihr sieben Mägde, die sich ausführlich in sieben Büchern vorstellen: Grammatik, Dialektik, Rhetorik, Geometrie, Arithmetik, Astronomie und Musik.

Massenhaft wurde dieses Buch nun abgeschrieben und verbreitet. Alkuin verfasste darüber eine theologisch-philosophische

(1) Albrecht Dürer, Karl der Große, 1511 bis 1513. Nürnberg, Germanisches Nationalmuseum.

(2) Stammbaum der Karolinger mit Bischof Arnulf von Metz als Stammvater. Aus der Chronik des Ekkehard von Aura, 2. Hälfte 12. Jahrhundert, Kopie des Originals (1106 oder später).

(3) Karl der Große als Gesetzgeber, zu seiner Linken Personifikation der Iustitia. Miniatur in einer Sammlung von Gesetzestexten, 1. Hälfte des 9. Jahrhunderts.

(4) Kaiserin Irene von Byzanz, Emaillearbeit auf der Pala d'Oro (goldener Altarvorsatz), wahrscheinlich 12. Jahrhundert. Venedig, Basilica di San Marco.

(5) Ausschnitt aus dem »Karlsfenster« der Kathedrale Notre-Dame von Chartres mit dem Wunder der blühenden Lanzen.

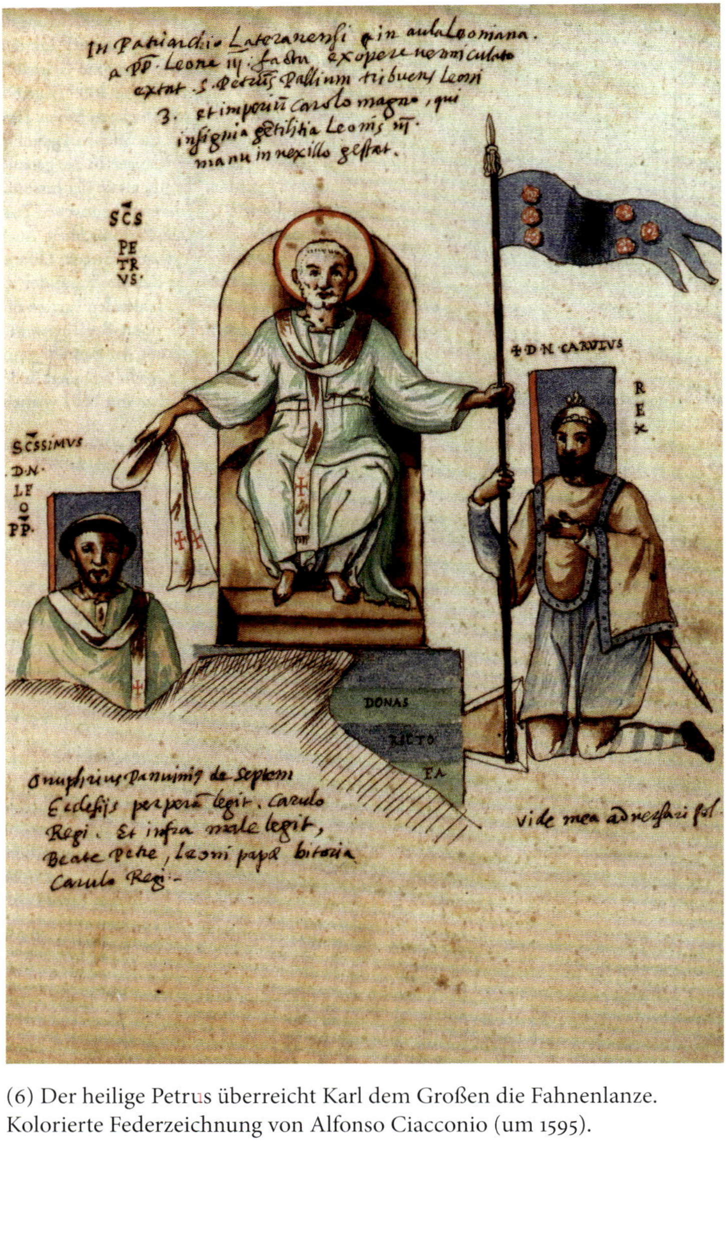

(6) Der heilige Petrus überreicht Karl dem Großen die Fahnenlanze. Kolorierte Federzeichnung von Alfonso Ciacconio (um 1595).

(7) Mosaik mit Christus und den zwölf Aposteln in der Apsis des Tricliniums des alten Lateranpalastes, entstanden unter Papst Leo III. Zustand um 1699, Kupferstich auf Papier von Giovanni Ciampini.

(8) Triclinium-Mosaik, moderne Rekonstruktion nach dem Abriss im 18. Jahrhundert.

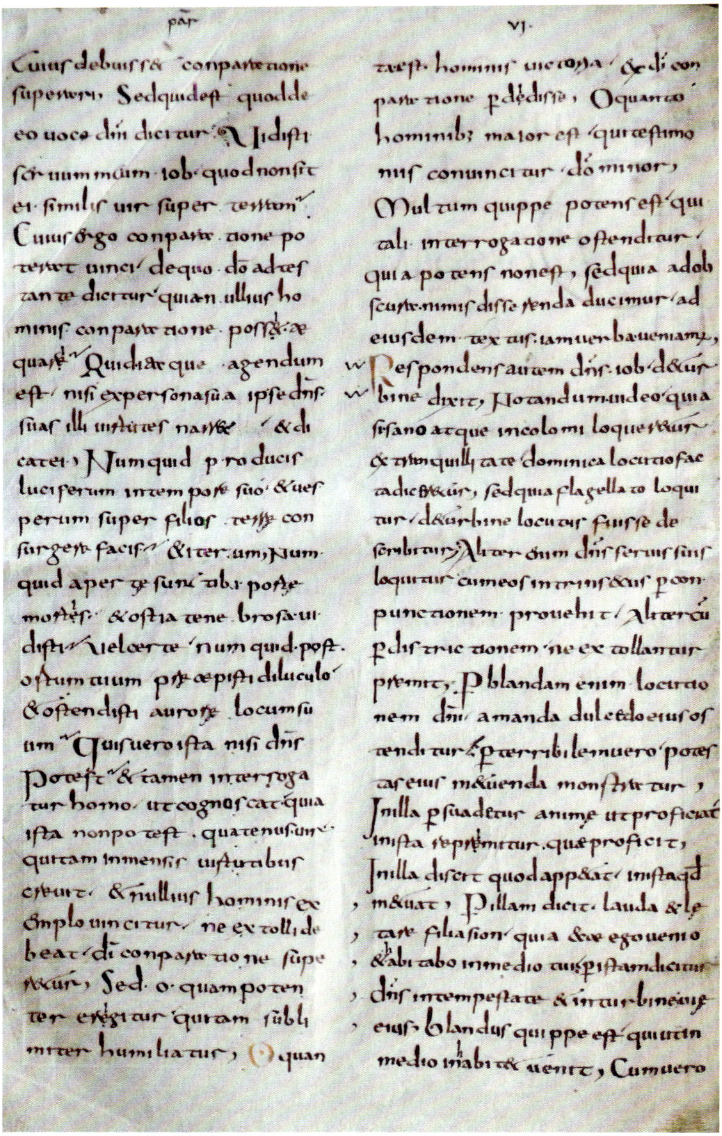

(9) Ältestes Zeugnis der karolingischen Minuskel aus dem Königskloster Corbie an der Somme, um 765.

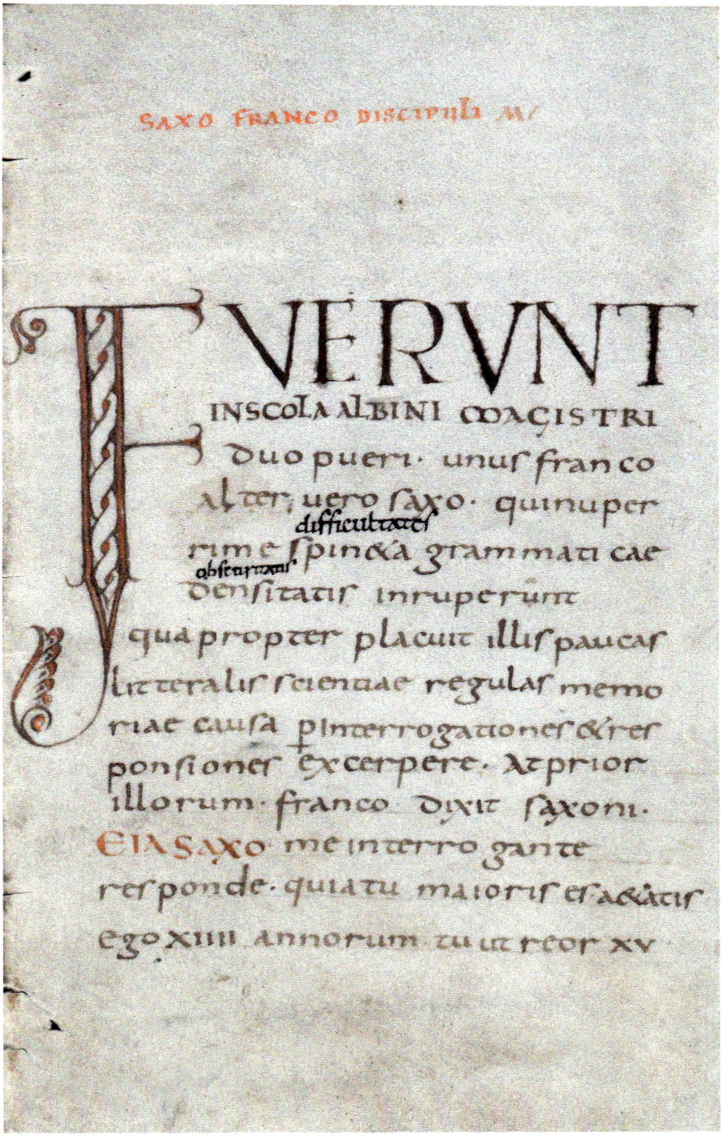

(10) Alkuin von York, Grammatiklehrbuch, älteste erhaltene Abschrift aus Saint-Martin in Tours, um 800.

(11) Karl der Große und sein Sohn Pippin, König von Italien, als Gesetzgeber. Miniatur einer Kapitulariensammlung des 10. Jahrhunderts, Abschrift des verlorenen Originals aus Fulda (829 bis 836).

(12) Karolingische Gelehrtenrunde. Miniatur im Codex Agrimensorum, entstanden um 825, mit Kommentaren aus dem 16. Jahrhundert.

(13) Aachener Königsthron, aus den 90er-Jahren des 8. Jahrhunderts. Dom zu Aachen.

(14) Rekonstruktion der Pfalz Aachen, im Hintergrund Königshalle mit Verbindungsbau zur Pfalzkapelle im Vordergrund.

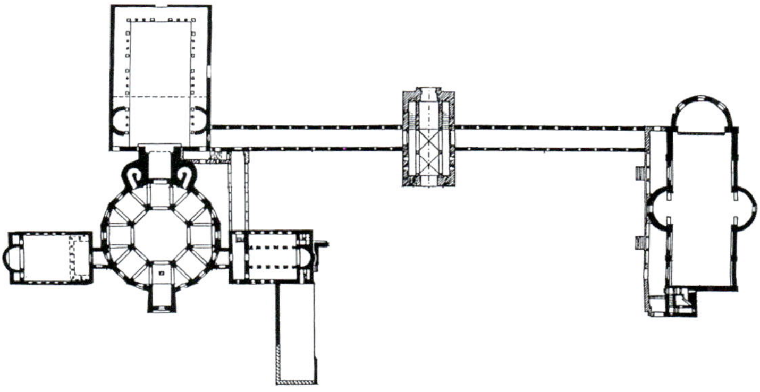

(15) Grundriss der Pfalz Aachen.

(16) Proserpina-Sarkophag, Relief der Entführung Proserpinas durch Pluto, Rom, 3. Jahrhundert. Aachen, Domkapitel.

(17) Aachener Karlsschrein (1180 bis 1215) mit der Darstellung der Karlslegende auf dem Dach und je acht Kaisern auf den Seitenflächen. Dom zu Aachen.

(18) Aachener Karlsschrein (1180 bis 1215), Stirnseite mit dem thronenden Karl dem Großen, flankiert von Papst Leo III. und Bischof Turpin von Reims. Dom zu Aachen.

(19) Metzer Reiterfigur (Karl der Große oder Karl der Kahle), 24 cm hoch, um 870. Paris, Musée du Louvre.

Programmschrift, in der er den Freien Künsten und der Beschäftigung mit ihnen einen metaphysischen Sinn zuwies. Es handelt sich um die ›Abhandlung über die wahre Philosophie‹ (›Disputatio de vera philosophia‹).[35] Die Weisheit, so führte Alkuin aus, sei die Lehrmeisterin aller Tugenden. Sie sei das wahre und unvergängliche Glück der Menschen. Man könne sie sich nur schrittweise aneignen und auch nur, wenn man davon beseelt sei, die Wahrheit zu erkennen. Nach dem Wort Salomons habe sich die Weisheit ein Haus mit sieben Säulen gebaut (Prov. 9,4). Damit seien die sieben Freien Künste gemeint, ohne die niemand zur vollkommenen Wissenschaft gelangen könne.

Weisheit, Wahrheit und höchstes Glück der Seele: Damit knüpfte Alkuin an Boethius (gest. 524/526) und dessen großes Werk über den ›Trost der Philosophie‹ (›De consolatione Philosophiae‹) an. Auch dieses wurde nun vielfach abgeschrieben, ebenso wie der berühmte Kommentar des spätantiken Philosophen und Neuplatonikers Macrobius (gest. nach 430) zum ›Traum des Scipio‹ (›Somnium Scipionis‹). Wiederum ist es die Seele, die im Mittelpunkt steht. Ihre Tugenden, ihr Wesen und ihre Unsterblichkeit werden in weiten Zusammenhängen erörtert. Die Seele gilt Macrobius als die Kraft, die alles antreibt. Auch der Kosmos und die Gestirne werden mit der Seele in Beziehung gesetzt, ebenso die Zeit. Dieses Werk hat die christlichen Gelehrten um 800 außerordentlich fasziniert. Schließlich muss man noch die von Calcidius, einem Philosophen und Platoniker des vierten Jahrhunderts, stammende lateinische Übersetzung von Platons ›Timaios‹ erwähnen. Darin geht es um Themen wie die Erschaffung und die Ewigkeit der Welt, die Rolle der Vorsehung und des Schicksals sowie die Beschaffenheit der Materie. Dieses Werk fand größtes Interesse in der Bildungselite um 800 und im neunten Jahrhundert.

Doch damit ist nur ein winziger Ausschnitt aus der Fülle der spätantiken Werke genannt, denen sich die Gelehrten um Karl den Großen widmeten. Auch Werke von Cicero und Sallust, von Terenz und Martial, von Horaz und Juvenal, von Seneca und Tertullian und vielen anderen gelangten in die Hände der karolingischen Schreiber. Daneben waren es Schriften der Kirchenväter (Augustinus, Hieronymus, Gregor der Große, Ambrosius), Konzilsbeschlüsse, historische Werke (Orosius, Eusebius, Flavius Josephus, Hegesippus, Epiphanius, Gregor von Tours), Heiligenberichte, asketische Literatur, Regeln und Glossare, die abgeschrieben und gesammelt wurden. Immer wieder treffen wir auf Hinweise darauf, dass Karl der Große die bereinigten Texte persönlich autorisiert hat, dass er sich diese also ganz offensichtlich vorlegen und erläutern ließ.

Das Bestreben, sich im Denken und Argumentieren, in der Sprache und Begrifflichkeit an den klassischen und frühchristlichen Vorbildern zu orientieren, setzte einen gewaltigen Prozess des Wissenstransfers in Gang. Tausende von antiken Handschriften wurden abgeschrieben, und zwar nicht mehr auf brüchigem Papyrus, wie es in der Spätantike noch die Regel war, sondern auf haltbarem Pergament, das aus Tierhaut von Schaf, Ziege oder Rind hergestellt wurde. Das war zwar eine überaus kostspielige und aufwendige Angelegenheit, aber die Bedeutung kann für die Kulturtradition Europas und darüber hinaus gar nicht hoch genug eingeschätzt werden. Es war ein Wissenstransfer mit einzigartiger Nachhaltigkeit. Nur ein Bruchteil des antiken Schriftgutes wäre uns heute erhalten, wenn nicht die karolingische Bildungselite mit der vielfältigen Förderung durch Karl den Großen dieses einzigartige Projekt so konsequent verfolgt hätte.

Hinzu kommt, dass mit der karolingischen Minuskel auch eine überaus exakte Schrift entwickelt und für die vielen neuen Texte verwendet wurde. Diese Schrift wurde, wie man heute weiß, noch in der Zeit König Pippins kurz nach der Mitte des achten Jahrhunderts im Kloster Corbie unter Abt Leutchar (762–769) entworfen.[36] Es war eine Phase des Experimentierens, bei der auch in anderen Klöstern Schriften ausprobiert wurden. So entstand im Kloster auf der Reichenau und in St. Gallen etwas früher ein ähnlicher Typ, die alemannische Minuskel.[37] Sie prägte sogar bis in das neunte Jahrhundert hinein die Schriftregionen Alemanniens und Bayerns, wurde dann aber doch von der karolingischen Minuskel verdrängt.

Beide, die alemannische wie die karolingische Minuskel, waren Schriften, bei denen – auf der Grundlage des Vierlinienschemas – Kleinbuchstaben mit Ober- und Unterlängen und Mittelbuchstaben eingesetzt wurden. Damit wurden Ansätze der Spätantike (Halbunziale) aufgegriffen und fortgeführt.[38] Das war ein großer Fortschritt, denn damit konnte das Auge die einzelnen Wörter rasch und präzise erfassen. Gegenüber der Vielfalt der Schriften in der Spätantike entstand auf diese Weise die Voraussetzung dafür, auch dem geschriebenen Wort größtmögliche Eindeutigkeit zu verleihen. Dies wurde noch dadurch unterstützt, dass die einzelnen Wörter klar voneinander getrennt und miteinander verbundene Buchstaben (Ligaturen) vermieden wurden. Diese Schrift trug ganz entscheidend dazu bei, dass, wie die Anweisung Karls des Großen in der ›Admonitio generalis‹ von 789 lautet, das »falsche Schreiben« *(scribendo corrumpere)* fortan vermieden wurde.[39]

Dass sich am Ende die Schrift des Königsklosters Corbie an der Somme (östlich von Amiens) durchgesetzt hat, war sicher kein Zufall. 781 übernahm Adalhard, der uns schon mehrmals begegnet ist, die Abtswürde des Klosters. Adalhard, der Vetter Karls des Großen, war mit diesem gemeinsam erzogen worden, beide hatten denselben Lehrer. Nach dem Zerwürfnis von 774 wegen Karls Vorgehen gegen den Langobardenkönig Desiderius versöhnten sich die beiden 781 wieder. Adalhard übernahm 782 sogar für einige Jahre die Regentschaft für den kleinen König Pippin in Italien. Von nun an gehörte er zur gelehrten Hofgesellschaft und erhielt den Beinamen Antonius. Besondere Freundschaft verband ihn neben Alkuin mit Angilbert von Saint-Riquier (790 – 814), dem Liebhaber der Königstochter Bertha, auch er ein Mitglied des Gelehrtenkreises und wegen seiner dichterischen Neigungen Homer genannt. Diese persönliche Vernetzung führte dazu, dass die Schreibwerkstatt von Corbie mit der Hofschule in eine enge Verbindung trat. Möglicherweise muss man sogar das Zentrum der Hofschule Karls des Großen im Kloster Corbie annehmen. Jedenfalls hat die neue Schrift aus Corbie die Förderung des Hofes erfahren und konnte damit ihren einzigartigen Siegeszug antreten. Bis heute wird diese Schrift, die von den Humanisten irrtümlich als Lateinische Schrift bezeichnet wurde, bei uns und in weiten Teilen der Welt verwendet. Die Computerschrift Times New Roman kommt ihr sehr nahe.

So konnten in einem unglaublichen Einsatz der Kräfte und Ressourcen nunmehr Tausende von schönen, ›eindeutig‹ geschriebenen und gut lesbaren Büchern (Codices) hergestellt werden. Doch woher hatte man die Vorlagen, wo gab es die Bibliotheken mit antiken Beständen, die man nutzen konnte? Die Angelsachsen und Iren brachten sicherlich schon vieles von den Inseln mit auf das Festland. Auch Bonifatius hatte in Fulda persönlich einen Grundstock an Büchern eingebracht. Die ganz großen Bibliotheken aber befanden sich in Italien. Eine besonders reich ausgestattete Sammlung gab es im Kloster Castellum Lucullanum (die einstige Villa des Lukull) auf der Insel Megaride, die heute zu Neapel gehört. Hier hatte sich, wie man erst seit Kurzem weiß, die bedeutendste Schreibschule des sechsten Jahrhunderts entfaltet, und hier konnte man komplette Bestände der Schriften des Augustinus oder des Hieronymus und ebenso der klassischen Autoren finden.[40] Auf dieses Überlieferungsreservoir haben die karolingischen Gelehrten in hohem Maße zurückgegriffen. Ein weiteres Kulturzentrum befand sich in Ravenna; auch dort muss man eine bedeutende Schreibschule des sechsten Jahrhunderts annehmen.

Im späten sechsten und frühen siebenten Jahrhundert kann man einen Aufschwung der Buchproduktion im südlichen Frankenreich verfolgen, vor allem entlang der Rhône-Achse mit dem Zentrum Lyon. Auch in den Schreibschulen von Albi und Gap muss man von einer regen Tätigkeit ausgehen, sodass die karolingischen Gelehrten hier schon vieles vorfanden.

Neben den Bischofsschulen waren es die Klöster, die im siebten Jahrhundert die neuen Zentren der Bildung und Literatur wurden. An der Spitze stand das 613/614 entstandene Kloster Bobbio in Norditalien (Provinz Piacenza), eine Gründung des irischen Missionars Columban (gest. 615). Es ist zu den bedeutendsten Überlieferungszentren des Abendlandes zu rechnen. In die Klosterbibliothek gelangten wertvolle spätantike Handschriften. Vieles aus der antiken Literatur hat sich allein über Bobbio erhalten. Eine andere Gründung Columbans war Luxueil in Burgund, ebenfalls mit einer reichen Bibliothek, die allerdings 732 durch die Araber geplündert und zerstört wurde. Doch lange vorher, 662, hatten Mönche aus Luxueil das neu gegründete Königskloster Corbie besiedelt und die hochstehende Buchkunst dorthin übertragen. Auch das Königskloster Chelles an der Marne entwickelte sich gegen Ende des siebten Jahrhunderts zu einem überragenden Bildungszentrum, von dem Bücher gleichsam in die Welt hinausgingen.

Auf der Grundlage dieser und anderer Bücherquellen konnten nun die neuen Bibliotheken im Reich Karls des Großen aufgebaut werden, indem man unermüdlich Abschriften herstellte. Was zu einer für Christen angemessenen Bibliothek gehörte, konnte man der Schrift Cassiodors über die ›Einrichtungen der göttlichen und weltlichen Schriften‹ (›Institutiones divinarum et saecularium litterarum‹) entnehmen. Cassiodor hatte um 554 das Kloster Vivarium in Süditalien gegründet und dort ganz gezielt eine Verbindung von antiker und christlicher Bildung angestrebt. Es ging um den Aufbau einer Studienbibliothek mit antiker Literatur – Philosophen, Grammatikern, Rhetorikern und Dichtern – und ebenso mit Schriften der Kirchenväter. Vivarium ging zwar schon bald nach dem Tod Cassiodors (ca. 580) wieder zugrunde und die Bibliothek wurde zerstreut, aber das Vorbild wirkte weiter.

Daran konnte sich Karl der Große orientieren, als er eine spezielle Hofbibliothek anlegen ließ. Diese wiederum sollte zum Vorbild für entsprechende Einrichtungen in den Kirchen und Klöstern seines Reiches werden. Von Einhart erfahren wir, Karl habe in seiner Bibliothek »eine große Menge an Büchern zusammengetragen«.[41] Diese Sammlung ist leider nicht erhalten, denn in seinem Testament verfügte Karl, dass sie verkauft und der Erlös an die Armen verteilt werden sollte, was zumindest teilweise auch geschah. Aber manches blieb erhalten und ging an den Nachfolger, Ludwig den Frommen, über, anderes ist wenigstens zu rekonstruieren.[42] Ein erhaltener Bibliothekskatalog aus der Zeit um 790, der freilich nur einen Ausschnitt bietet, vermittelt einen Eindruck davon, was sich damals am Hof Karls an Büchern befunden hat. Es werden vor allem klassische Autoren aufgeführt, die zum Feinsten der Literaturtradition gehörten. »Die Konzentration in Klassikern ist so unerhört, dass diese Büchersammlung wiederum nur mit dem erlesensten Milieu in Verbindung gebracht werden kann«, so beurteilte der große Münchener Mittellateiner Bernhard Bischoff 1965 den Bestand der karolingischen Hofbibliothek.[43]

Als Alkuin 796 die Leitung des Groß-Klosters Saint-Martin in Tours übernahm, ging er sogleich daran, dort ebenfalls eine Bibliothek aufzubauen. Sowohl seine alte Schule in York wie auch die Hofbibliothek dienten ihm als Vorbild. Ein Jahr später schrieb er Karl dem Großen, er habe nun in Tours gemäß dem Willen des Königs eine Schule eröffnet, und schilderte die neue Situation: »Den einen bemühe ich mich mit dem Honig der Heiligen Schrift zu dienen; andere versuche ich mit dem alten Wein der alten Wissenschaftsdisziplinen zu berauschen; wieder andere beginne ich mit den Obstfrüchten der grammatischen Feinheiten zu laben; einige wünsche ich mit der Ordnung der Gestirne oder mit der gemalten Spitze eines großen Hauses zu erleuchten; das meiste kommt den meisten zugute, damit ich möglichst viele zum Nutzen der heiligen Kirche Gottes und zur Zierde eures kaiserlichen Reiches unterrichte; und damit mir nicht die Gnade des allmächtigen Gottes fehlt und die Freigebigkeit eurer Güte nutzlos ist.«[44]

Besonders überzeugt von seinem Erfolg scheint Alkuin zu diesem Zeitpunkt noch nicht gewesen zu sein. So einfach war es nicht, die jungen Adligen der Region dem neuen Studium und der Mühsal des Lernens zuzuführen. In einem Gedicht beschrieb er die Atmosphäre in der Schreibstube, auch hier wieder mit gemischtem Unterton:[45]

»Hier sitzen sie, die die Worte der Heiligen Schrift schreiben
Und die geheiligten Aussprüche der heiligen Väter.

Sie sollen sich hüten, diesen heiligen Worten ihre Leichtfertigkeit einzufügen,
Und ob dieser Leichtfertigkeit soll auch die Hand selbst nicht irren,
Und sie sollen sich eifrig die verbesserten Büchlein suchen,
Damit auf rechtem Pfad gehe des Eilenden Feder.
Durch Kola und Kommata sollen sie den Sinn gehörig unterscheiden
Und sollen alle Zeichen in rechter Ordnung setzen,
Damit nicht Falsches liest oder plötzlich schweigt
Der Vorleser in der Kirche vor den frommen Brüdern.
Es ist ein trefflich Werk nun, die heiligen Bücher zu schreiben,
Und der Schreiber entbehrt auch selbst nicht seines verdienten Lohnes.
Besser als Weinstöcke umzugraben ist es, Bücher zu schreiben,
Jener wird nur seinem Bauche dienen, dieser seiner Seele.
Neues und Altes wird ein Lehrer vortragen können
In reicher Menge, jeder der die geheiligten Aussprüche der Väter liest.«

Ganz ähnlich wird es in vielen anderen Kirchen und Klöstern dieser Jahre zugegangen sein. Das Kloster Lorsch an der Weschnitz, östlich von Worms gelegen und heute berühmt wegen seiner karolingischen Torhalle, entwickelte sich rasch zu einem hochgeachteten Wissens- und Bibliotheksort.[46] 763 gegründet, stieg es dank der Förderung des Erzbischofs Chrodegang von Metz (gest. 766) und Karls des Großen selbst zu einer mächtigen Königsabtei auf. Abt Richbod (784–804) war ein Schüler Alkuins und gehörte mit dem Beinamen Macharius zur Hofgesellschaft. Sein Ansehen zeigt sich auch daran, dass ihn Karl auch noch zum Erzbischof von Trier erhob. Auch sein Nachfolger Adalung (804–834), seit 808 zusätzlich Abt von Saint-Vaast bei Arras, stand in enger Beziehung zum Hof. Die Lorscher Klosterbibliothek spezialisierte sich auf patristische Literatur, die Kirchenväter also und ihre Bibelkommentare. Im Bibliothekskatalog aus der Zeit um 830 sind schon 30 Augustinus-Titel angeführt. Auf diesem Feld »übertraf Lorsch fast alle anderen wichtigen Klöster der Zeit«.[47] So wollte man sich im Lorscher Konvent das Rüstzeug aneignen, um »mit der Lehre der Wahrheit die Burg Gottes tapfer zu verteidigen« *(doctrina veritatis castra Dei viriliter defendere)*, wie Alkuin es formulierte.[48]

Bibliotheken entstanden nun allerorten. Für die Kölner Dombibliothek sorgte Erzbischof Hildebald für eine noch heute erhaltene Enzyklopädie (Dom Hs. 83 II), mit der das aus der Antike stammende Wissen über Astronomie, Arithmetik und Zeitrechnung zusammengefasst wurde. Auch die dreibändige Sammlung »Kölner Nonnenhandschriften« wurde von ihm nach Köln gebracht. Es war eine in Chelles bei Paris angefertigte Auftragsarbeit mit Psalmenerklärungen des heiligen Augustinus (Dom Hss. 63,65,67). In der Domkirche von Orléans, dessen Bischof er 798 geworden war, richtete der Gelehrte Theodulf eine Bibliothek nach dem Muster der Sammlung am Hofe ein. Erzbischof Arn von Salzburg ließ über 150 Bücher schreiben.[49] Abt Angilbert schenkte 200 Bände an Saint-Riquier.[50]

Geradezu musterhaft bemühte sich Leidrad um seine Kirche in Lyon.[51] Er stammte aus Bayern, war Diakon an der Freisinger Kirche, kam in die Hofkapelle und wurde 797/98 von Karl dem Großen zum Bischof von Lyon ernannt. Der Auftrag lautete, diese Kirche, die sich in einem desolaten Zustand befunden habe, von Grund auf zu erneuern.[52] Nun meldete Leidrad Erfolge. In höchstem Maße habe er sich bemüht, dass Bücher geschrieben worden seien.[53] Er habe Schulen eingerichtet, die Liturgie in Ordnung gebracht und die Kirchen erneuert. Die Mönche und Nonnen lebten nun gemäß der Disziplin der Regel *(secundum regularem disciplinam)*. Sogar eine Königspfalz in der Nähe der Kathedrale habe er bauen lassen, falls Karl mit dem Hof nach Lyon kommen wolle. Dieser Bericht zeigt, dass die Bildungsreform im Grunde den Kern einer gesamtgesellschaftlichen Erneuerungsbewegung darstellte, die auf ein Höchstmaß an Regelhaftigkeit, Leistungssteigerung und Eindeutigkeit im Ordnungsgefüge abzielte.

Dieser Bezug auf die gesamte Gesellschaft zeigt sich nicht zuletzt daran, dass in den neuen Schulen auch Kinder aufgenommen wurden, die gar nicht Mönche oder Geistliche werden, sondern Laien bleiben sollten. Immer wieder stoßen wir auf Anordnungen, dass die Pfarrer in den Dörfern und auf den Gutshöfen Schule halten und die Kinder mit größter Liebe unterrichten sollten. Auf einer bayerischen Synode aus der Zeit um 800 wurde beschlossen, jeder Bischof solle in seiner Bischofsstadt eine Schule eröffnen.[54] Von einem bayerischen Bischof hören wir sogar, dass er anlässlich einer Kirchenvisitation – eines Kontrollbesuchs also – die Eltern ermahnte, ihre Kinder in die Schule zu schicken.[55] Wer nicht lernen wolle, den solle man mit Schlägen und Fasten bei Wasser und Brot dazu zwingen. Auch Frauen sollten mit Peitschenhieben oder Fasten dazu gebracht werden, ihren Widerstand aufzugeben[56] – immerhin ein Beleg dafür, dass die Bildungsbemühungen auch Frauen galten.

Die anspruchsvollsten Bildungs- und Wissenschaftsfragen waren freilich der Bildungselite vorbehalten. Hierbei ging es um die Beherrschung der Disziplinen des Quadriviums: Arithmetik, Astronomie, Geometrie und Musik. Nur wenn man mit ihnen umgehen konnte, war es möglich, Ordnungen und Erklärungen für Zeit und Raum, für Kirchenjahr und Kalender, für Zahlensymbolik und die Bewegungen der Gestirne zu entwickeln. Auch das Gefüge der Töne und die Gesetze der Harmonien zählten zu den mathematischen Disziplinen. Um sich im Quadrivium bewegen zu können, musste man die Computistik, die Kunst des Rechnens, beherrschen. Sie wurde unter Karl dem Großen zur hochgeachteten Wissenschaft. Auch hierzu konnte Alkuin aus dem Yorker Bildungsprogramm Grundsätzliches beisteuern. Dort, an der Yorker Schule, seien längst die exakten Wissenschaften betrieben worden, wie er in seinen Briefen versicherte.

Eines der Hauptprobleme für das Großprojekt ›Vereindeutigung‹ bestand darin, dass der Tag des christlichen Osterfestes für jedes Jahr gesondert berechnet werden musste, denn er fiel – und fällt bis heute – auf den ersten Sonntag nach dem ersten Vollmond im Frühling. Die Wissenschaftsforscherin Kerstin Springsfeld aus Aachen hat die damit verbundenen Anforderungen zuletzt auf den Punkt gebracht: Als Erstes war das Osterdatum abhängig von der Tag-und-Nacht-Gleiche im Frühling; diese wurde 325 durch das Konzil von Nizäa auf den 21. März festgelegt. Zum Zweiten waren die Mondphase und damit der 19-jährige Mondzyklus zu berücksichtigen – nach 19 Jahren fallen die Vollmonddaten wieder auf die gleichen Monatstage. Schließlich ging es um den Wochentag und damit um den 28-jährigen Sonnenzyklus. Die 28 Jahre errechnen sich dadurch, dass die Wochentage nicht nach 7 Jahren wieder auf die gleichen Monatstage fallen, sondern wegen des Schalttages erst nach 4 × 7 Jahren. Für den Ostertag müssen Mond- und Sonnenzyklus miteinander kombiniert werden, was dazu führt, dass sich erst nach 28 × 19 Zyklen, das heißt, nach 532 Jahren, die Daten der Osterfeste wiederholen.[57]

Man kann sich gut vorstellen, dass diese höchst anspruchsvollen Berechnungen zu größten Verwirrungen führten. In der Christenheit konnte an verschiedenen Orten das Osterfest an unterschiedlichen Tagen gefeiert werden. Weil davon wieder andere Feste abhängig sind, war das ganze System gefährdet. Hier bestand in höchstem Maße Handlungsbedarf. Und Karls Gelehrte arbeiteten unermüdlich daran. Wieder stand Alkuin an der Spitze, denn er war mit der Osterfestberechnung, die 725 von Beda Venerabilis erarbeitet worden war, und mit dessen Rechenhandbuch bestens vertraut. Es kam aber zu heftigen Auseinandersetzungen mit anderen Computisten. Diese wurden von Alkuin als die »ägyptischen Knaben« bezeichnet, weil sie die sogenannte »alexandrinische« Osterfestberechnung, die in Byzanz vorherrschte, bevorzugten.[58] Aber am Ende setzte sich Alkuin durch, der sich in diesen Fragen stets eng mit Karl dem Großen abstimmte. Als Ergebnis der Kalenderreform lagen schließlich drei Fachenzyklopädien zur Zeitrechnung vor. Hinzu kam das ›Rechenbuch von Meister Alkuin‹ (›Calculatio Albini magistri‹), eine Art Zusammenfassung, die einfach und einprägsam die Regeln für die Berechnung des Ostersonntags an die Hand gab. Seither besteht – einigermaßen – Eindeutigkeit in der Berechnung des Jahreskalenders und der kirchlichen Festtage.

Dasselbe gilt für den Heiligenkalender. Die Ordnung der Heiligenfeste war bis in die Zeit Karls des Großen alles andere als einheitlich. Zwar gab es Zusammenstellungen von Heiligenfesten, die eine gewisse Autorität erlangten, wie das ›Martyrologium des Hieronymus‹ (›Martyrologium Hieronymianum‹) oder dasjenige von Beda Venerabilis. Aber die vielen lokalen Heiligen brachten große Unordnung in die Schar der Heiligen und ihrer Feste. 789 beauftragte Karl der Große daher Abt Richbod von Lorsch und seine Mönche damit, einen Reichskalender zu erarbeiten. Bei jedem Heiligen sollte auch die Angabe der Herkunft vermerkt werden, also etwa Griechenland, Ägypten, Afrika oder Irland. Auf diese Weise griff der neue Kalender weit über das Reich hinaus und ließ die Vorstellung von einem christlich-globalen Kosmos entstehen.

Das Bemühen um die exakte Gliederung und Ordnung der Zeit und der zeitlichen Abläufe richtete sich ebenso auf Naturereignisse, die Gestirne und Himmelserscheinungen. Dafür bot der antike Autor Plinius der Ältere mit seinen 37 Büchern ›Naturgeschichte‹ die Grundlage. Hier waren sämtliche Bereiche des Lebens, der Erde und des ›Weltenalls‹ behandelt, Tiere und Pflanzen, Klimazonen der Erde, Landwirtschaft und Handel, Fragen der Sprache, der Syntax und der Wortfiguren, Medizin und Architektur, Meteorologie, Kosmologie und Astronomie und vieles andere. Auch die Arithmetik und die Computistik werden ausführlich dargestellt. Dieser ›Plinius‹ nun spielte bei den wissenschaftlichen Disputen der karolingischen Gelehrten eine eminent wichtige Rolle. Alkuin kannte das Werk genau und bezog sich immer wieder darauf. 798 nannte er in einem Brief an Karl den Großen den antiken Autor den »zweiten Plinius« *(Plinius Secundus),* um damit zum Ausdruck zu bringen, dass Karl der Große selbst inzwischen zum ›ersten Plinius‹ aufgestiegen sei.[59] Der Herrscher fand an der Schmeichelei offenbar Gefallen, und vermutlich hat Alkuin dafür gesorgt, dass die Bücher des Plinius auch in der Hofbibliothek in Aachen vorhanden waren.

Dieses Aufblühen der »exakten Wissenschaften« um 800 ist ein starkes Indiz für den Drang nach Vereindeutigung. Der Konstanzer Mediävist Arno Borst hat die von ihm selbst untersuchten

Vorgänge in bemerkenswerte Worte gefasst: »Die Erforschung der Natur begann im lateinischen Europa nicht um 1120 an den Hochschulen Frankreichs, sondern um 780 am fränkischen Königshof; ihr erster Anstoß kam nicht vom Staunen über die Vernunft im Kosmos, sondern vom Zwang zur Regelung der Feiertage und Arbeitszeiten; ihre frühesten Lehrmeister hießen nicht Platon und Aristoteles, sondern Plinius und Beda.«[60] Die Zusammenhänge liegen auf der Hand: Mit diesem Instrumentarium konnte Karl der Große klare Normen setzen, und Alkuin wusste, dass er einen starken Partner an seiner Seite hatte. An Erzbischof Arn von Salzburg schrieb er 802, er sei sich absolut sicher, dass der Herr Kaiser wünsche, »dass alles in dem Reich, das ihm Gott anvertraut hat, nach der Norm der Rechtheit *(ad rectitudinis normam)* geordnet werde«.[61] Die »Norm der Rechtheit« war die Norm des Guten, des Korrekten und Präzisen, des Gottgefälligen, des Gerechten und am Ende der Wahrheit selbst.

KAPITEL 10

Die Wahrheiten der Kirche und die Deutungshoheit Karls

»Bei der Nachricht vom Tod des römischen Papstes Hadrian, den er unter seinen Freunden besonders schätzte, brach er dermaßen in Tränen aus, als hätte er einen Bruder oder den geliebtesten Sohn verloren.« So beschrieb Einhart die Reaktion Karls des Großen, als dieser vom Tod Hadrians I. am 25. Dezember 795 erfuhr. Wir wissen heute, dass das Vergießen von Tränen im Mittelalter ein wichtiges Ritual war, das in bestimmten Situationen erwartet wurde.[1] Aber das war nicht immer so, und so stellt sich die Frage, ob die Tränen Karls in diesem Fall auch eine tiefere emotionale Begründung hatten. Standen die beiden in einer besonderen Beziehung zueinander? War für Karl gar der beste Freund gestorben?

Karl und die Päpste: Das ist ein gerade in der jüngeren Forschung intensiv behandeltes Thema.[2] Um die Mitte des achten Jahrhunderts fand in der Papstgeschichte ein großer Wandel statt. Bis 752 gab es vornehmlich griechische Päpste, die zuletzt aus dem byzantinischen Süditalien kamen. Viele Jahrhunderte lang war der Bischof von Rom genauso wie die Patriarchen von Konstantinopel, von Alexandria, von Jerusalem und von Antiochia der Oberherrschaft der römischen Kaiser unterstellt gewesen. Nun aber begann eine neue Epoche für das Papsttum. Erste Schritte zu einer Abkehr von Byzanz sind schon unter Papst Gregor III. (731–741) zu erkennen. Der eigentliche Umschwung kam dann mit den Päpsten Stephan II. (752–757) und seinem Bruder Paul I. (757–767). Sie stammten aus dem römischen Adel, der seither den Stuhl Petri als oberste Leitungsposition in der Stadt Rom für sich beanspruchte. Diese Adligen verfügten über genügend Rückhalt, um eine eigenständige Politik zu betreiben, und begannen damit, sich aus der Unterordnung unter die byzantinischen Kaiser herauszulösen.[3] Sie wehrten sich gegen Steuerforderungen aus Konstantinopel, stritten mit dem Kaiser um Besitzungen in Süditalien und mussten sich andererseits damit abfinden, dass aus Byzanz keine Hilfe mehr gegen die Langobarden zu erwarten war.

Auch mit Hadrian I. (772–795) übernahm im Februar 772 ein Mitglied einer einflussreichen römischen Adelsfamilie das Amt des römischen Papstes.[4] Er, so kann man sagen, vollzog den entscheidenden Schritt, um das immer dünner werdende Band zwischen Rom und Konstantinopel zu durchtrennen. Augenfällig wird dies an bestimmten symbolischen Akten oder Handlungen der Verweigerung. So hat Hadrian I. im Jahr 776 das Bildnis des neuen Kaisers Leon IV. (Ende 775–780) zum ersten Mal in der Geschichte nicht mehr nach Rom eingeholt.[5] Die ›Bildeinholung‹ des »lorbeerbekränzten Abbildes« *(imago laureata)* und die feierliche Aufstellung in der Palastkirche auf dem Palatin gehörten bis dahin zu den Pflichten des römischen Papstes. Dieser Vorgang war das Zeichen der Anerkennung des neuen Kaisers. Mit dieser Tradition wurde nun gebrochen – ein für den Kaiser von Byzanz in höchstem Maße ehrverletzender Akt.

Auch die Münzen, die seither in Rom geprägt wurden, signalisieren diesen Wechsel. Vorher gab es nur Münzen mit der Darstellung des byzantinischen Kaisers. Aber seit 776 wurden in Rom keine kaiserlichen Münzen mehr geprägt. Hadrian ließ fortan Münzen unter eigenem Namen herstellen. 781 ging er in einer zweiten Münzserie sogar dazu über, sich auf den Münzen selbst wie zuvor der Kaiser abbilden zu lassen. Wie ein Kaiser blickte nun der Papst frontal auf den Betrachter. Neben seinem Bildnis standen die griechischen Buchstaben IB, was heute aufgelöst wird als »Jesus Basileus (Kaiser)«: Jesus selbst wurde damit als der eigentliche Kaiser bezeichnet. Das bedeutete nicht weniger, als dass in Rom über das Medium der Münzen eine ›Gottesherrschaft‹ verkündet wurde. Um sich noch weiter von Byzanz abzugrenzen, passte Hadrian das Gewicht seiner Münzen dem Silberdenar an, der von Karl dem Großen im Langobardenreich eingeführt worden war.

Ein weiteres Zeichen für den neuen Kurs in Rom ergibt sich aus der Datierung in den päpstlichen Urkunden. Vom 1. März des Jahres 772 ist eine Urkunde Hadrians I. erhalten, die noch mit den Jahren Kaiser Konstantins V. (741–775) datiert wurde: »Ausgestellt an den Kalenden des März, unter der Kaiserherrschaft unseres allerfrömmsten Herrn und Augustus Konstantin, des von Gott gekrönten großen Kaisers …«[6] Die nächste erhaltene Papsturkunde stammt aus dem Jahr 781. Hier fehlt nun jeder Hinweis auf den Kaiser in Byzanz, die Datierung nennt vielmehr die Amtsjahre des Papstes selbst: »Ausgestellt an den Kalenden des Dezember, unter der Herrschaft unseres Herrn und Retters, Jesus Christus, der lebt und herrscht mit dem allmächtigen Gott Vater und dem Heiligen Geist in alle Ewigkeit, im 10. Jahr unseres Pontifikats auf dem heiligsten Stuhl des heiligen Apostels Petrus unter Gottes Segen …«[7] So blieb es fortan unter Hadrian I. Der Kaiser in Byzanz war als Bezugszentrum für die Ordnung der Zeit ausgeschaltet worden.

In die Zeit Hadrians dürfte auch die Entstehung der gefälschten ›Konstantinischen Schenkung‹ (›Constitutum Constantini‹) fallen[8] – trotz gewichtiger Gegenargumente in der Forschung und trotz des Vorschlags einer Spätdatierung um 830.[9] Dieses berühmte Schriftstück gab sich als eine Urkunde Kaiser Konstantins des Großen (306–337) aus. Am 30. März 315/317 sollte ihr zufolge die kaiserliche »Herrschaftsgewalt« (*potestas*) über Rom, über eine Reihe von Gebieten und schließlich über das ganze westliche Kaiserreich von Konstantin an Papst Silvester I. (314–335) übertragen worden sein.[10] In Paragraf 18 der Urkunde heißt es: Dort, wo der Kaiser des Himmels das Haupt der Christenheit *(christianae religionis caput)* eingesetzt hat, soll der irdische Kaiser keine Gewalt *(potestas)* haben. Konstantin der Große sei daher nach Konstantinopel übergewechselt, wo seine neue Residenz entstand. Der Papst aber habe den kaiserlichen Lateranpalast in Rom erhalten, außerdem die kaiserliche Krone, die kaiserlichen Gewänder, die kaiserliche Reitgarde, das Szepter, die Lanzen, Feldzeichen und Banner, das Recht auf kaiserliche Prozessionen und auf kaiserliche Amtsträger.

Es ist naheliegend, dass eine solche Fälschung nur dann sinnvoll war, wenn sie Bestimmungen enthielt, die in der Realität nicht völlig anders geregelt waren oder als aussichtslos gelten mussten. Da nun unter Hadrians Nachfolger, Leo III. (795–816), die Datierung der Papsturkunden und die geprägten Münzen in Rom nach 800 die Autorität des neuen Kaisers, Karls des Großen, anführten, kommt für den Anspruch auf unbegrenzte imperiale Machtfülle, wie er in der Konstantinischen Fälschung aufscheint, nur der Pontifikat Hadrians I. infrage. Bezeichnenderweise wurde von diesem Papst in seinen Briefen erstmals die Formel verwendet, Rom sei »das Haupt der ganzen Welt« *(caput totius mundi)*[11] – eine Steigerung also noch der Formulierung des ›Constitutum Constantini‹.

Besonders beachtenswert scheint mir in dieser Frage der Brief Hadrians I. an Karl den Großen von 778 zu sein, wo es heißt: »Wie zu Zeiten des heiligen römisches Papstes Silvester vom allerfrömmsten großen Kaiser Konstantin seligen Angedenkens durch seine Großzügigkeit die heilige, katholische und apostolische römische Kirche erhöht und emporgehoben worden ist und er die Gewalt (*potestas*) in diesen westlichen Gebieten des Abendlandes übertragen hat, so möge auch zu unseren und euren so glücklichen Zeiten die heilige Kirche Gottes, das heißt, des Apostels Petrus, emporsprießen und jubeln und immer mehr erhöht werden.«[12] Das Gedankengut des ›Constitutum Constantini‹ wird man hier schwerlich übersehen können.

Dieser Papst, der selbst mit einer bis dahin nicht gesehenen Eindeutigkeit seinen Status neu definierte, war der ideale Partner für Karl den Großen. Hadrian I., dessen Programm seinerseits auf das Modell einer Gottesherrschaft auf Erden ausgerichtet war, stand Karls Ordnungskonzept, der Verwirklichung des irdischen Gottesreichs, absolut nahe. Von den Zusammentreffen der beiden 774, 781 und 787 jeweils zu Ostern in Rom war schon die

Rede. Stets ist das Bemühen Hadrians I. deutlich, Karl als neuen Inhaber der Schutzmacht über die römische Kirche zu stärken und durch eigene Verlautbarungen zu fördern – aber nicht im Sinne einer Unterordnung des Papstes, sondern zumindest einer Gleichrangigkeit. Ja noch mehr: Immer wieder suchte Hadrian I. den Vorrang Roms in die Verhandlungen einzubringen, indem er die Erfolge Karls dem Wirken des heiligen Petrus zuschrieb. So versicherte er 781/783 dem König: »Der Fürst der Apostel selbst, euer Gönner, der heilige Petrus, zu dessen Liebe ihr dies alles tut, wird euch schützen und in jeder Hinsicht das Reich zum Erfolg führen«.[13] Ähnliches ließ er mehrmals verlauten. Hatte Karl alles dem heiligen Petrus zu verdanken, dessen Stelle der Papst einnahm?!

An diesem Punkt erkennen wir die Keimzelle eines Konflikts, der die Frage nach der Deutungshoheit im mittelalterlich-westchristlichen Ordnungsgefüge betraf. Dieses Problem, das sich in späteren Jahrhunderten zum Kampf zwischen der geistlichen *(sacerdotium)* und der weltlichen Gewalt *(imperium)* steigerte, kündigte sich hier zum ersten Mal an. Repräsentierte nicht der Papst als Nachfolger Petri die höchste Autorität in der Christenheit, ja in der ganzen Welt? Hadrian I. war also nicht nur ein idealer Partner Karls, er war auf der anderen Seite auch ein Konkurrent. Wenn die göttliche Ordnung sowohl die Regeln der Kirche als auch die Ordnung des Reiches bestimmte, musste es entscheidend sein, wer die höchste Autorität in der Frage der kirchlichen Wahrheiten innehatte.

Eines der großen Themen, von denen die Kirche in diesen Jahren erschüttert wurde, war der Bilderstreit.[14] Der byzantinische Kaiser Leon III. (717–741) befahl 726, Bilder von Gott-Vater und Christus, den Heiligen, Märtyrern und Engeln nicht mehr zuzulassen. Die Ursachen für dieses Verbot sind gewiss vielfältig. Sie könnten mit einer Reaktion auf überbordende Bilderfrömmigkeit oder mit dem Einfluss des bilderfeindlichen Islam zusammenhängen. Kaiser Leon III. griff jedenfalls eine starke Bewegung im Klerus der Ostkirche auf, die als Ikonoklasmus (Bilderzerstörung) bezeichnet wird. Mit seiner Verordnung übernahm der

Kaiser die Führung der Bilderkritiker und setzte ein Signal dafür, dass die Hoheit über kirchliche Wahrheiten bei ihm liege.

Allerdings entstand auch eine Gegenbewegung durch die Ikonodulen (Bilderdiener). Beide Seiten beriefen sich auf Bibelstellen, etwa auf die Genesis: »Gott schuf den Menschen nach seinem Ebenbild«, oder auf die zehn Gebote (Dekalog): »Du sollst dir kein Gottesbild machen, das irgendetwas darstellt am Himmel droben, auf der Erde unten oder im Wasser unter der Erde«. Besonders intensiv diskutiert wurde die Stelle aus dem Johannesevangelium 4,23–24. Dort heißt es: »Die Stunde wird kommen und sie ist schon da, zu der die wahren Beter den Vater anbeten werden im Geist und in der Wahrheit; denn so will der Vater angebetet werden. Gott ist Geist, und alle, die ihn anbeten, müssen im Geist und in der Wahrheit anbeten.« Durfte man angesichts dessen Gott im Bild verehren? Waren Bilder nicht Götzenbilder? Oder bedeutete der Fußfall vor dem Bild ganz im Gegenteil gerade die Verehrung des unsichtbaren Gottes, wie die Befürworter der Bilder argumentierten.

Der Sohn und Nachfolger Leons III., Konstantin V. (741–775), vertrat die Sache der Ikonoklasten noch radikaler als sein Vater. Er schrieb selbst eine theologische Abhandlung *(Peuseis)* über die Notwendigkeit des Bilderverbots. Im Bild werde nur die menschliche Natur Christi abgebildet, nicht die göttliche, und das bedeute eine unzulässige Teilung und die Erfindung einer vierten Person. Auf der Synode von Hiereia, einem Vorort von Konstantinopel, im Jahre 754 bestätigten die Konzilsteilnehmer diesen Standpunkt mit einhelliger Zustimmung. Die Theologie des Kaisers von Byzanz wurde damit zur gültigen Lehre der Ostkirche und gleichzeitig zu einem starken Band einer Identität der Reichsbewohner. Nur das Kreuz durfte noch als Sinnbild des Glaubens verwendet werden. Der Kaiser von Byzanz erwies sich somit als Hüter der christlichen Wahrheit und Tradition. Ja noch mehr: Er ließ alle seine Untertanen einen Eid auf die Beschlüsse von Hiereia leisten, das heißt, Bilder nicht mehr zu verehren. So entstand ein durch die Glaubenswahrheit der Bilderablehnung gebundener Untertanenverband.

Mit diesen Vorgängen wurde – parallel zur politischen Trennung der römischen Kirche von Byzanz – nun auch die ideologisch-theologische Distanzierung verstärkt. Die Päpste behielten nämlich die Bilderverehrung bei. Auf einer Synode im römischen Lateran von 769 wurde die Ostlehre verdammt.[15] Doch als Kaiserin Eirene (780 – 802) die Herrschaft in Byzanz übernahm, leitete sie einen Wechsel in der Kirchenpolitik ein. Angesichts der bedrohten Lage ihres Reichs wollte sie damit offenbar nach Westen hin Sicherheit aufbauen. In diese Zusammenhänge gehörte auch das Heiratsprojekt, bei dem Eirenes Sohn Konstantin VI. mit Rodtrud, der Tochter Karls des Großen, zusammengeführt werden sollte.

Papst Hadrian I. reagierte rasch auf diese Veränderungen. Er erkannte eine Möglichkeit, die Ostkirche auf die Linie der römischen Kirche zurückzuführen. In einem Brief von 785 an Eirene stellte er in Aussicht, die Herrschaft der Kaiserin würde zu größter Blüte heranwachsen, wenn sie sich der römischen Lehre anschließe und dem heiligen Petrus Gehorsam erweise.[16]

Ein großes ökumenisches Konzil von Ost- und Westkirche sollte die Klärung bringen. So kam es 787 zum Konzil von Nizäa, an dem Gesandte Hadrians I. teilnahmen.[17] Und in der Tat: Auf dieser Versammlung wurde die Bilderverehrung wieder erlaubt. Mit diesem Wechsel in einer fundamentalen Grundsatzfrage der kirchlichen Wahrheit sollten der Osten und der Westen wieder vereint werden. Die Konzilsväter in Nizäa argumentierten sehr feinsinnig. In der in griechischer Sprache verfassten dogmatischen Entscheidung *(Horos),* die vom Konzil verabschiedet wurde[18], heißt es, dass die Bilder den Betrachter anregen sollten, »an die Urbilder zu denken«. Wer das Bild verehre, verehre in ihm die Person des Dargestellten. Den Bildern solle daher »respektvolle Verehrung« *(τιμητική προσκύνησις),* aber keine »wahre Anbetung« *(αληθινή λατρεία)* entgegengebracht werden. Die Anbetung stünde allein der göttlichen Natur zu. Wer es aber wage, anders zu denken oder zu lehren, dem fehle die Erkenntnis der Wahrheit, und dieser werde aus der kirchlichen Gemeinschaft ausgeschlossen.[19]

Das schien ein sinnvoller Kompromiss zu sein. Aber den Organisatoren des Konzils unterlief ein folgenschwerer Fehler: Die fränkischen Bischöfe und Gelehrten waren an der Entscheidung nicht beteiligt worden. Das wurde am Hof Karls des Großen als ungeheuerlicher Affront aufgenommen. Über ihre Köpfe hinweg hatten der Papst und die Kaiserin in Byzanz entschieden, was in der gesamten Kirche, auch in der Kirche des Frankenreichs, zu gelten habe! Die Deutungshoheit über die Grundsätze der kirchlichen und weltlichen Ordnung drohte Karl zu entgleiten.

Die Reaktion war gewaltig. Karl rief seine Gelehrten zusammen, und auch Alkuin musste aus England anreisen. Die Wut am Hof Karls des Großen wurde noch dadurch gesteigert, dass man nur eine lateinische Übersetzung der Konzilsakten erhalten hatte, die voll von Fehlern und Missverständnissen und auch ganz unverständlichen Passagen war. Die feine Unterscheidung zwischen der Verehrung der Bilder als Kultgegenstand und der Anbetung von Bildern, die sich im griechischen Text findet *(προσκύνησις* und *λατρεία),* war in der lateinischen Fassung untergegangen. In der Übersetzung flossen die Bedeutungen im lateinischen Wort *adoratio*, also Anbetung, zusammen. Das rief größte Empörung hervor. Im Grunde aber suchten die Gelehrten Karls nur nach solchen Fehlern. Sie konnten sich umso mehr entrüsten und die griechischen Theologen als Häretiker beschimpfen.

Theodulf von Orléans erhielt den Auftrag, mit Unterstützung der anderen fränkischen Theologen eine fundamentale Gegenschrift gegen die Beschlüsse von Nizäa zu verfassen. Daraufhin entstanden 792/794 die »Karolinischen Bücher« (›Libri Carolini‹) in vier Abschnitten und 120 Kapiteln.[20] Sie nennen sich selbst »Das Werk des ehrwürdigsten, herausragendsten und prächtigsten Mannes Karl, auf Geheiß Gottes König der Franken und Herrscher über Gallien, Germanien und Italien und die benachbarten Provinzen« (= ›Opus Caroli‹).[21] Karl selbst, so heißt es in der Vorrede, übernehme die Verpflichtung, die seiner Herrschaft anvertraute Kirche zu verteidigen und zu verhindern, dass auch nur eines ihrer Mitglieder abtrünnig werde.[22] Einer Frau dagegen, Eirene, sei es »wegen der Gebrechlichkeit ihres weiblichen Geschlechts und ihres Wankelmuts gar nicht gestattet, sich in Glaubens- oder Rangfragen über die Männer an die höchste Stelle zu setzen«.[23]

In schärfsten Formulierungen und abfälligen Bemerkungen werden sodann die Konzilsakten von Nizäa kommentiert: »Oh Argumentation, die nichts bestätigen kann, außer dass ihre Urheber schwachsinnig sind.«[24] Immer wieder werden Beispiele dafür angeführt, wie gefährlich die Anbetung von Bildern sei. Ein Bild mit der Darstellung der Flucht nach Ägypten zu verehren hieße, auch den dargestellten Esel anzubeten. Bei vielen Bildern aber, die keine Inschrift hätten, wisse man gar nicht, wer oder was dargestellt sei. Dann könne es vorkommen, dass man etwas verehre, was man gar nicht verehren dürfe. Das sei schlicht Wahnsinn *(vaesania)*. Bilder, so die Entscheidung des Frankenhofs, dürften nur »zum Schmuck der Kirchen und als Erinnerung an heilige Taten und Ereignisse ihren Platz haben«.[25]

Weshalb lehnte man am Hof des Frankenkönigs die Bilderverehrung so vehement ab? Lag der tiefere Grund darin, dass Bilder als unbestimmt und diffus in ihrer Aussage bewertet wurden? Das Wort – und nicht das Bild – galt im Umkreis Karls als Medium der Wahrheit, so ist immer wieder zu sehen. Eben diese Argumentation findet sich auch in den ›Karolinischen Büchern‹[26]: Mit Bildern könne man nicht die Vorschriften des göttlichen Gesetzes wiedergeben. Auch die Worte der Propheten, ihre Lehren und Ermahnungen, seien mit Bildern nicht zu erfassen. Maler könnten historische Szenen darstellen, aber »die Dinge, die nur mit dem Verstand aufgenommen und mit Worten ausgedrückt werden, können nicht von Malern, sondern allein von Schreibern erfasst und durch Vorträge anderer vermittelt werden«.[27] Die Stärke Gottes werde nicht mittels einer »Materie« verehrt, sondern »durch sein Wort, nämlich den Sohn« *(per Verbum suum, Filium videlicet)*.[28] Nur das Wort, so wurde also in diesen Stellungnahmen nachdrücklich betont, könne zur Wahrheit führen.

Möglicherweise gab es für die fränkische Haltung auch Einflüsse über die Bilderfeindlichkeit des Islam. Theodulf, der Verfasser der ›Libri Carolini‹, stammte aus dem islamisch-christlichen Übergangsraum in Spanien und war mit den dortigen religiösen Grundsätzen vertraut. Er könnte diese Auffassung im Kreis der karolingischen Gelehrten mit besonderem Nachdruck vertreten haben. Es war sicher kein Zufall, dass gerade ihm der Auftrag erteilt wurde, die fränkische Stellungnahme zu erarbeiten.

Karl der Große hat sich den Text der ›Karolinischen Bücher‹ vorlesen lassen, denn seine Bemerkungen zu verschiedenen Stellen sind erhalten geblieben: »gut«, »bestens«, »gelehrt«, »rechtgläubig«, »richtig«, »alles bestens«. Das Buch war »sein Werk«, mit dem er die Ordnung wiederherstellte. Mit dieser Aktion setzte er sich, ganz ähnlich wie etliche Jahre zuvor Kaiser Konstantin V. in Byzanz, als Wahrer der Rechtgläubigkeit in Szene – und zwar nicht nur gegen die Kaiserin von Byzanz, sondern auch gegen den Papst! Karl war fest entschlossen, die Deutungshoheit zurückzugewinnen.

Aber ein völliger Bruch mit Hadrian I., dem höchsten Repräsentanten der römischen Kirche, sollte dann doch vermieden werden. Man fand schließlich einen diplomatischen Ausweg: Auf der großen Reichsversammlung von Frankfurt 794 wurde der Vorwurf formuliert, das Konzil von Nizäa habe unter Androhung der Exkommunikation die Anbetung der Bilder vorgeschrieben, »als wären sie die göttliche Dreieinigkeit selbst«[29] – eine vollkommen absurde Behauptung. Aber sie war dazu geeignet, dass alle, die fränkischen Theologen ebenso wie die Vertreter des Papstes, »übereinstimmend« einen derartigen Satz verurteilen konnten.[30] Damit hatte sich Karl als Hüter der kirchlichen Wahrheit für den Moment glänzend behauptet und war doch mit dem Papst zu einem Ausgleich gekommen. Dass die Bilderverehrung mit der Zeit dann auch wieder in die römische Kirche einsickerte, steht auf einem anderen Blatt.

So konnte Karl der Große 794/795 mit seinem römischen Partner, Hadrian I., der sich am Ende gehorsam gezeigt hatte, hoch zufrieden sein. Zum ersten Mal war vom Frankenkönig eine für die gesamte Christenheit grundlegende Entscheidung getroffen worden. Er verkörperte nun auch die höchste Autorität für die christliche Ordnung – ganz entsprechend dem Vorbild des byzantinischen Kaisers Konstantin V. Zudem hatte er sich eindeutig von der Kirchenpolitik der Kaiserin Eirene abgesetzt. Als Hadrian I. am Weihnachtstag 795 starb, hatte Karl allen Grund, darüber Tränen zu vergießen.

Aber das war noch nicht alles. Karl wollte die neue Einigkeit von höchster priesterlicher und weltlicher Gewalt, die nunmehr offenkundig unter seiner Führung zustande gekommen war, im Zentrum der römischen Kirche sichtbar verewigen. Daher stiftete er für Hadrian eine aufwendige bronzene Grabplatte (Epitaphium), die einst golden glänzte. Sie kann heute noch im Portikus der Peterskirche in Rom von jedem Besucher betrachtet werden.[31] Die darauf angebrachte Inschrift wurde von Alkuin entworfen, und sie macht deutlich, dass sich mit ihr auch der Frankenkönig darstellen wollte.[32] Er nämlich erscheint hier als derjenige, der ganz persönlich die Memoria regelt, indem er zum verstorbenen Papst die Worte sagt: »Unsere Namen, oh Ruhmvollster, vereinige ich zugleich in der Bezeichnung ›Hadrian-Karl‹, ich der König, du der Vater« *(Hadrianus Karolus, rex ego tuque pater)*. Und dann zum Leser gewandt: »Wer du auch immer die Verse lesen mögest, sprich bittend mit demütigem Herzen: ›Erbarme, Gott, dich gnädig der beiden.‹«

Der Bilderstreit war freilich nicht die einzige Frage, welche die Gemüter erregte. Nicht weniger aufwühlend war das Problem des ›Adoptianismus‹. Auch dieses wurde auf der Frankfurter Synode von 794 behandelt. Es ging dabei um die Frage, wie die menschliche Natur Christi mit seiner Gottheit in Verbindung steht. In Spanien vertrat der westgotische Erzbischof Elipandus von Toledo und Primas im maurischen Spanien (um 750 – um 799) die Lehrmeinung, Christus sei seinem ursprünglichen Wesen nach von Maria als ein Mensch geboren worden. Gott-Vater habe ihn aber als Sohn adoptiert und damit zu einem Gott erhoben. Erst dadurch habe er die Wesensgleichheit mit Gott-Vater erlangt.

Der Anstoß für diese Lehre kam, wie es scheint, von Bischof

Felix von Urgel (783–799). Sein Bistum lag am südwestlichen Rand des fränkischen Reichs im Süden der Pyrenäen.[33] Offenbar wurde er durch die islamische Lehre angeregt und sah in Christus einen großen Propheten. Diesen nannte er nur mehr »Gott dem Namen nach« *(deus nuncupativus)*.[34] Durch die Autorität des spanischen Primas schließlich wurde diese Auffassung als Wahrheit in der spanischen Kirche weit verbreitet.

Einige der kirchlichen Würdenträger Spaniens setzten sich allerdings heftig zur Wehr. Unter ihnen ragte Abt Beatus von Liébana (gest. nach 798) hervor, ein gelehrter Geistlicher und Mönch, der Erzieher Adosindas, der späteren Königin von Asturien. Er hatte sich nach Asturien geflüchtet und verfasste von dort aus Schriften gegen den Adoptianismus. Zwei Bücher ›Über die Adoption des Gottessohnes Christus‹ (›De adoptione Christi filii dei‹), die er dem befreundeten Bischof Etherius von Osma (784–nach 787) widmete, sind erhalten. Berühmt ist sein Apokalypsen-Kommentar von 787, in dem er den Kampf der Heerscharen Christi und des Apostels Jakob gegen den siebenköpfigen Drachen, die Große Hure und die Herrin aller Abscheulichkeiten beschrieb. Dabei fasste er Muslime und Adoptianisten zusammen. Sie sind die Bösen der Endzeit. An diesem apokalyptischen Szenarium wird deutlich, welches Gewicht dem Streit mittlerweile beigemessen wurde.

Auch ins Frankenreich sickerte der Konflikt ein. Als sich spanische Gelehrte bei Karl dem Großen beklagten, sah er den Moment gekommen, selbst die Sache in die Hand zu nehmen. Er zitierte Felix von Urgel 792 nach Regensburg, wo sich Karl mit seinem Hof aufhielt. Auf einer rasch zusammengerufenen Bischofsversammlung wurde Felix »angehört und der Irrlehre überführt«.[35] Dann brachte man ihn als Gefangenen unter der Obhut von Abt Angilbert von Saint-Riquier zu Papst Hadrian I. nach Rom. Dort musste er in der Peterskirche seiner ›Häresie‹ abschwören. Doch kaum war er wieder zu Hause, kehrte er zu seiner Lehre zurück. Erzbischof Elipandus und zusammen mit ihm einige spanische Bischöfe schickten daraufhin an Karl einen Brief, in dem sie den König darum baten, Felix, »deinen Diener«

(famulum tuum), wieder vollständig in sein Amt einzusetzen und vor allem die Wahrheit des von Gott adoptierten Christus in der gesamten Kirche anzuordnen.[36]

Das war das Signal dafür, die ganze Angelegenheit auf dem Konzil von Frankfurt 794 nochmals grundsätzlich behandeln zu lassen. Der Punkt wurde vor allem von Alkuin vorbereitet. Wie nicht anders zu erwarten, verdammte die Synode die »gottlose Häresie« von Elipandus von Toledo und Felix von Urgel und ihrer Anhänger, und man beschloss, sie »aus der Kirche auszurotten«.[37] Die päpstlichen Gesandten stimmten zu. Karl ließ sich sodann von Alkuin einen Brief formulieren, den er, »der König der Franken und Langobarden, der Patricius der Römer sowie der Beschützer der heiligen Kirche Gottes«, an Elipandus sandte. Er, der König, so heißt es in dem Brief, übernehme die Sorge dafür, »dass es einen einzigen Glauben aller Christen und einen gemeinsamen Geist gibt, so wie es eine Herde und einen Hirten gibt«.[38] Papst Hadrian I., so versicherte Karl, habe sich seiner Meinung angeschlossen. Ein Dissens zwischen den beiden Führern der Christenheit lag in diesem Fall also nicht vor. Aber – und darauf kommt es hier an – die Initiative ging ganz eindeutig von Karl aus.

Als Felix auch weiterhin an seinem Standpunkt festhielt, war die Geduld Karls des Großen zu Ende. Im Jahre 798 forderte auch Alkuin den König dazu auf, die Angelegenheit nun endgültig zu klären.[39] Er sollte Schritte unternehmen, »damit diese ruchlose Häresie in jeglicher Weise getilgt wird, bevor sie sich weiter über den Erdkreis des christlichen Reiches *(christiani imperii)* verbreitet«. Dann rief er dem großen König zu: »Erhebe dich, von Gott auserwählter Mann! Erhebe dich, Sohn Gottes! Erhebe dich, Kämpfer Christi! Und verteidige die Braut Gottes, deines Herrn!« Daraufhin beauftragte Karl den neuen Papst, Leo III. (795 – 816), damit, Felix endgültig mit dem Kirchenbann zu belegen. Noch im selben Jahr 798 folgte dieser der Aufforderung. Auf einer römischen Synode wurde Felix von Urgel aus der Kirche ausgeschlossen.[40] Ein weiteres Mal wurde seine Lehre auf der Reichssynode im Juni 799 in Aachen als Häresie verurteilt, Felix musste sein Bistum endgültig abgeben und wurde als Gefangener dem Erzbischof Leidrad von Lyon übergeben.

Dieses Ende bedeutete im Grunde einen herben Schlag für die Autorität des Erzbischofs von Toledo, der die Mozaraber, also die Kirche unter muslimischer Herrschaft, zu leiten hatte. Seine Bemühungen, christliche und muslimische Wahrheiten einander anzunähern, waren abrupt beendet. Karl dagegen stand auf dem Gipfel sowohl seiner weltlichen Macht als auch der kirchlichen Deutungshoheit.

Bereits drei Jahre zuvor hatte er in seinem ersten (von Alkuin verfassten) Brief an den soeben erhobenen Papst Leo III. seinen Vorrang deutlich formuliert.[41] Er wolle mit ihm ebenso wie mit dessen Vorgänger ein »unverletzbares Bündnis« *(inviolabile foedus)* schließen. Er freue sich nicht nur über die Wahl Leos, sondern insbesondere auch über dessen »demütigen Gehorsam und die Treue, die ihr uns versprochen habt«.[42] Dann beschrieb Karl die beiderseitigen Aufgaben: »Unsere Sache ist es, mithilfe der göttlichen Barmherzigkeit überall die heilige Kirche Christi vom Angriff der Heiden und der Zerstörung durch Gottlose mit Waffen nach außen hin zu verteidigen und nach innen durch den Kampf für den katholischen Glauben zu stärken. Euch, Heiligster Vater, kommt es zu, wie Moses mit zu Gott erhobenen Händen unseren Kampf zu unterstützen, damit durch Eure Fürsprache und Gottes Führung und Gnade das christliche Volk über die Feinde seines heiligen Namens überall den Sieg erlangen und der Name unseres Herrn Jesus Christus auf der ganzen Welt leuchten werden.«[43] Der Papst war gemäß dieser Konzeption zu einem frommen Beter reduziert worden, der die himmlische Gnade zu erflehen hatte. Der Kampf für den Glauben und die kirchliche Wahrheit wurde von Karl geführt. Er leitete, wie es Alkuin 798 zum ersten Mal formulierte, das »christliche Kaiserreich« *(imperium Christianum)*.[44]

Wie sollte sich angesichts dieser Entwicklung der neue Papst, Leo III., verhalten? Er stammte nicht aus dem mächtigen römischen Adel, sondern war offenbar ein Aufsteiger, dessen familiäre Herkunft man sogar schon im »Sarazenischen« vermutet hat.[45]

Von Beginn an war er darauf angewiesen, sich gegen Anfeindungen und Einengungen zu wehren und zu behaupten. Sein Name war Programm: Wie der große Leo I. (440–461) wollte er als Nachfolger des heiligen Petrus den Primat, die oberste Autorität in Lehr- und Glaubenssachen, mit seinem Amt verbinden. Doch sein Spielraum war gering. Bei der Münzprägung war er vorsichtiger als sein Vorgänger und ließ statt seines eigenen Kopfes denjenigen des Apostelfürsten aufbringen. Auch die Datierung seiner Urkunden bis 800 bestimmte er nicht wie Hadrian I. allein mit seinen eigenen Amtsjahren, sondern fügte noch, wenn auch an zweiter Stelle, die italienischen Herrscherjahre Karls des Großen hinzu.[46] Dieser nachgeordnete Rang in der Datierung hatte schon dem byzantinischen Patricius zugestanden, sodass Karl seinem Patricius-Amt entsprechend korrekt behandelt wurde.

Einen Weg, seinen Anspruch dennoch zum Ausdruck zu bringen, fand Leo in der Errichtung von symbolischen Zeichen. So ließ er 797/798 im Lateran, dem ehemaligen Kaiserpalast und Sitz des Papstes, einen Empfangs- und Speiseraum (Triclinium) errichten und in ganz besonderer Weise ausgestalten. In der Apsis des Saales wurde ein inzwischen zerstörtes Mosaik angebracht, das Christus inmitten seiner Apostel zeigte.[47] Eine Zeichnung davon vermittelt uns noch einen guten Eindruck. An der rechten Seite neben Christus war Petrus abgebildet, wie er den Auftrag erhält, die christliche Lehre zu allen Völkern zu tragen und ihnen die Taufe zu bringen. Petrus wird deutlich als der Erste unter den abgebildeten Aposteln hervorgehoben, indem er bereits im Aufbruch begriffen ist, während die anderen Apostel noch ruhig stehen. Petrus geht den anderen voran! Er bringt die göttliche Wahrheit, und seine Lehrautorität ist von Christus autorisiert! Das jedenfalls war die Botschaft des Bildes.

Aber konnte Leo III. den Anspruch gegenüber dem Frankenherrscher und seinen Gelehrten nicht noch deutlicher vertreten? Eine Gelegenheit schien sich bei der Frage nach dem richtigen Glaubensbekenntnis (›Symbolum‹) aufzutun. Hier gab es schon seit Jahren einen Konflikt um das sogenannte *filioque*. Die Frage war, ob der Heilige Geist »aus dem Vater« hervorgeht oder »aus dem Vater und dem Sohn *(filioque)*«. Für Karl war nur die Version mit Vater und Sohn gültig, eine Entscheidung, die er 794 in einem Brief an die spanischen Bischöfe darlegte. Die rechtgläubige Formel, so führte er aus, laute: »Wir glauben auch an den Heiligen Geist, den wahren Gott, der alle lebendig macht, hervorgegangen aus dem Vater und dem Sohn, der zusammen mit dem Vater und dem Sohn anzubeten und zu verherrlichen ist.«[48] Damit befand sich Karl im Gegensatz zur Tradition in der Ostkirche. Dort wurde das *filioque* weggelassen. Wieder einmal stellte sich die Frage, ob Christus mit Gott-Vater gleichrangig sei oder nicht.

Der Konflikt darüber brach im Heiligen Land aus. Dort hatten sich unter der muslimischen Herrschaft der Abbasiden christliche Gemeinden und Klostergemeinschaften eingerichtet, die allerdings keineswegs immer friedlich kooperierten. Byzantinisch-griechische und lateinisch-römische Christen standen vielmehr in scharfer Konkurrenz zueinander. Infolge der Förderung der Christen im Heiligen Land durch Karl den Großen in den Jahren um 800 hatten die Franken dort eine starke Position aufgebaut. Zu Beginn des neunten Jahrhunderts soll das Heilige Grab in Jerusalem sogar von 17 Frauen aus dem Frankenreich gehütet worden sein.[49] Auch der orthodoxe Patriarch selbst zeigte sich Karl gegenüber dankbar für die vielfältige Förderung.

Da bot sich den griechischen Mönchen, die sich zunehmend zurückgesetzt sahen, das *filioque* an, um den fränkischen Einfluss wieder zurückzudrängen. Im Kloster St. Sabas zu Jerusalem wurde gegen die lateinischen Mönche vom Ölbergkloster der Vorwurf erhoben, sie würden das Glaubensbekenntnis häretisch beten, nämlich mit dem *filioque*. Außerdem seien »die Franken alle Häretiker«: *omnes Franci haeretici estis*![50] Die aufgeschreckten Ölbergmönche wandten sich daher 808 an den Papst.[51] Sie beteuerten, ihre Version werde in der Kapelle *(capella)* am Hof Karls des Großen gesungen und müsse daher doch richtig sein. Leo III. möge ihnen bestätigen, dass das *filioque* nicht nur dem fränkischen Brauch, sondern auch der römischen Tradition entspreche. Außerdem baten sie um ein theologisches Gutachten, um ihren Gegnern im Heiligen Land entgegentreten zu können.

Dieses Mal war der Papst entschlossen, die Lehrhoheit nicht aus der Hand zu geben. Er teilte den Mönchen vom Ölberg mit, dass das fränkische *filioque* tatsächlich häretisch sei. Das Kräftemessen erreichte damit eine neue Stufe. Als Karl der Große davon erfuhr, beschloss er, auch diese Frage nach gewohnter Art zu klären. Er berief für den November 809 ein Konzil in Aachen ein. Zur Vorbereitung wurden fünf Gutachten erstellt, von Erzbischof Arn von Salzburg (gest. 821), Abt Smaragd von Saint-Mihiel (gest. um 830), Bischof Theodulf von Orléans (gest. 821), Bischof Heito von Basel (805–823) und Bischof Adalwin von Regensburg (791–816). Diese Arbeiten, vor allem diejenige Arns von Salzburg, gelten heute als »Pionierleistung der karolingischen Theologie«[52], die durch spätere Abhandlungen zu dem Thema nicht mehr überboten wurden – eine Glanzleistung der Gelehrsamkeit unter Karl dem Großen. Alle Gutachter suchten die Rechtgläubigkeit des *filioque* aus Zeugnissen der theologischen Tradition nachzuweisen.

Das Aachener Konzil von 809 entschied sich für das Werk Arns von Salzburg als Grundlage für das weitere Vorgehen. Eine Gesandtschaft, bestehend aus den Bischöfen Bernhard von Worms (gest. 823/826) und Jesse von Amiens (gest. 836) sowie Abt Adalhard von Corbie (gest. 827), machte sich auf den Weg nach Rom, um mit Leo III. zu einem Ausgleich zu kommen. Doch dieses Mal blieb der Papst standhaft. Er nahm sein Nein zum *filioque* nicht zurück. Er ließ sogar links und rechts des Eingangs zur Grabeskapelle des heiligen Petrus in der Peterskirche in Rom (›Confessio sancti Petri‹) zwei Tafeln aus reinem Silber aufstellen, auf denen das römische Glaubensbekenntnis – sowohl in griechischer als auch in lateinischer Sprache – ohne *filioque* zu lesen war. Der heilige Petrus selbst sollte darüber wachen. Eine entsprechende Tafel wurde auch in der Kirche des heiligen Paulus aufgestellt. Aber Leo III. war auch diplomatisch genug, den Franken die Übernahme der päpstlichen Version nicht zu befehlen. Die Sache blieb deshalb für weitere 200 Jahre ungelöst.

Immerhin versuchte Leo III. die fränkische Delegation davon zu überzeugen, dass es besser sei, das Glaubensbekenntnis nicht zu singen, sondern zu sprechen. Dies dürfte mit der unterschiedlichen Musikalität der Menschen nördlich und südlich der Alpen zusammenhängen. Paulus Diaconus, der sich lange genug am Hof Karls aufgehalten hat, um die Dinge beurteilen zu können, schrieb über den Gesang der Franken: »Mit ihrem alpenländischen Körperbau und ihren wie Donnerschall ertönenden Stimmen, mit denen sie die Süße des (aus dem Süden) übernommenen Gesangs nicht wiedergeben können, und mit ihrem barbarischen Säufergurgeln, mit dem sie unter allerlei Windungen und Nachahmungen jenen Gesang hervorzubringen suchen, bringen sie ein Getöse zustande, als poltere ein Lastkarren über Stufen hinunter.«[53] Aber auch dieser Punkt blieb ungeklärt, und die Franken haben das *filioque* nicht nur weiterhin beibehalten, sondern auch gesungen. Karl der Große persönlich, das darf hier am Rande vermerkt werden, soll allerdings immer nur leise *(submissim)* gesungen haben.[54]

In diesem Fall musste Karl also in einer Glaubensfrage zum ersten Mal den Widerspruch des Papstes hinnehmen. Dieser Vorgang war durchaus von Belang, denn er signalisierte den Christen im Heiligen Land, dass sie sich in Fragen der Rechtgläubigkeit nicht mehr vorbehaltlos auf den großen Karl verlassen konnten. Karls Autorität, so deutet dieses Beispiel an, begann in seinen letzten Jahren brüchig zu werden. Weitere Anzeichen dafür werden uns noch begegnen.

Dennoch war seine Entscheidungsgewalt in kirchlichen Glaubensfragen, wie er sie beanspruchte und demonstrierte, nicht wirklich gefährdet. Neben seiner kriegerischen Überlegenheit war es das stärkste Instrument seiner Herrschaft. Nicht nur die Päpste wurden hierin einbezogen, sondern in noch höherem Maße auch die hohe Geistlichkeit und die Mönche des Frankenreichs. Wie nie zuvor stellten sich die Bischöfe eng an die Seite des Königs. Das irdische Gottesreich, das Karl anstrebte, bot auch ihnen einen neuartigen Rang im Ordnungssystem. Er kommt am besten zum Ausdruck durch den Begriff *ministerium,* den man mit »Amt« oder »Dienst« übersetzen kann. Dieses Wort findet sich unter Karl häufig in den Kapitularien und kirchlichen Kanones. Bischöfe oder auch Grafen erhielten ihr Amt als ein *ministerium*. Das Entscheidende daran war, dass sie mit einem *ministerium* nicht in ein Abhängigkeitsverhältnis zum König eintraten, sondern zu Gott. Sie wurden nicht zu Dienern einer Person, sondern einer höheren Ordnung.[55] Diese Vorstellung übernahm Karl aus dem System der Kirche. Regieren war wie Gottesdienst, und zwar auf allen Ebenen der Herrschaftsträger. Niemals zuvor war ein Graf als *minister* bezeichnet worden. Jetzt, unter Karl, wurde er wie die Bischöfe in den göttlichen »Dienst« einbezogen.

Der König selbst war der oberste Diener. Er war *minister Dei* und verantwortlich für die »Glieder Gottes« *(membra Dei)*. Die Bischöfe ihrerseits mussten den Dienst für das Wohl der Menschen in ihren Kirchen leisten. Auch sie waren, wie Karl selbst, letztlich gegenüber Gott verantwortlich für das ihnen anvertraute Volk. Aus diesem Grund hatten sie alle gleichermaßen mit allem Einsatz *(omni disciplina)* dafür zu sorgen, dass das Volk nicht durch das Böse zugrunde gehe.[56]

Diese hohe Verpflichtung wiederum führte dazu, dass die ihnen untergebenen Menschen gehorchen mussten. »Gehorsam« *(oboedientia)* wurde zu einem weiteren Leitbegriff, der insbesondere vonseiten der Kirche gefördert wurde. So schrieb Papst Leo III. in einem Brief im Jahr 800 an sämtliche Bischöfe, Äbte, den gesamten Klerus und das Volk der *provincia Baiuvariorum*, dass sie gehorsam sein müssten.[57] Auch die weltliche Beamtenschaft und der Adel *(comites et iudices et omnes primores)* wurden einbezogen.

Ganz ähnlich lautet ein Befehl vom März 806, den die Äbte Adalhard von Corbie und Fulrad von Saint-Denis sowie die Grafen Unroch und Hrocculf als Königsboten an Grafen ihres Amtsbezirks ausgaben. Diese, ihre jüngeren Beauftragten und das ganze Volk müssten in allem ihrem Bischof gehorchen, unabhängig davon, ob dieser seine Anweisung persönlich oder durch seinen Boten erteile.[58]

Was Gehorsam sei und wie er erwiesen werde, auch das wurde von den Gelehrten und Theologen Karls erörtert. Abt Smaragd von Saint-Mihiel (bei Verdun), der aus Spanien kam und wohl, ähnlich wie Theodulf von Orléans, aus einer vornehmen westgotischen Familie stammte, entwickelte eine Definition von Gehorsam in seinem Werk ›Erklärung der Regel des hl. Benedikt‹: »Gehorsam heißt, nicht den eigenen Willen, sondern vielmehr denjenigen der Nächsten zu erfüllen.«[59] Und er fügte hinzu: »Durch den Gehorsam wird der eigene Wille geopfert.«[60]

»Dienst« und »Gehorsam« waren Grundsätze der kirchlichen Wahrheit. Gott war zu dienen und zu gehorchen, aber ebenso den Mächtigen im Reich. Karl hat sich zu diesem Prinzip selbst geäußert mit einem Kommentar in den ›Karolinischen Büchern‹. In cap. III, 4 heißt es in einem Augustinus-Zitat: »Der Schöpfer wird als solcher bezeichnet im Hinblick auf die Geschöpfe, ebenso wie der Herr so heißt im Hinblick auf die Knechte!«[61] Dazu bemerkte Karl: »ausgezeichnet!« *(optime)*. Dem irdischen König war zu gehorchen wie dem himmlischen.

So traten Dienst und Gehorsam zur Forderung nach Treue der Untertanen hinzu. Diese drei Prinzipien bildeten das alles umfassende, moralisch-verpflichtende Korsett im Gottesreich Karls des Großen. Die Reichsidee, die sich in diesen Jahren am Hof ausbildete und die im Reich durchgesetzt werden sollte, war also auf etwas Umfassendes ausgerichtet, genauso wie die Kirche, die dafür das Rüstzeug zur Verfügung stellte. Deshalb musste es für Karl ein zentrales Anliegen sein, die Kontrolle über die Wahrheiten der Kirche zu behalten. Dazu gehörte auch, dass er, wie erwähnt, 796 den neu erhobenen Papst Leo III. zum Gehorsam ihm gegenüber anhielt. Karl dem Großen ist die Disziplinierung der kirchlichen Amtsträger noch weitgehend gelungen, nicht mehr aber seinem Sohn und Nachfolger, Ludwig dem Frommen, der sich am Ende seinerseits der Kontrolle der Bischöfe unterwerfen musste.

Kapitel 11

Karl der Kaiser und der Orient

Im Juni 799 schrieb Alkuin an Karl den Großen einen bemerkenswerten Brief[1]: Der König möge sich bitte der Angelegenheit Papst Leos III. annehmen, dem in Rom übel mitgespielt worden sei. Dort, wo einst die Religion besonders geglänzt habe, seien jetzt gottlose Dinge geschehen. Im Herzen verblendet, hätten die Römer ihr Haupt selbst blind gemacht. Das Böse richte sich mittlerweile nicht nur gegen Menschen niederer Herkunft, sondern auch gegen die ehrwürdigsten und erhabensten Personen. Diese Entwicklung müsse man sehr fürchten, weil dadurch die Ordnung der Welt ins Wanken gerate.

Dann wandte Alkuin seine Überlegungen ins Grundsätzliche. Die Welt sei nämlich so geordnet, dass es drei Personen an der Spitze gebe. Die erste sei die apostolische Hoheit, welche den Sitz des Apostelfürsten Petrus innehabe. Ihr sei Schreckliches zugestoßen. Die zweite Person repräsentiere die kaiserliche Würde mit dem Sitz im »zweiten Rom«, das heißt, in Konstantinopel. Doch der Kaiser – Konstantin VI. (780–797) – sei in gottloser Weise von den eigenen Leuten entmachtet worden. Schließlich gebe es noch eine Person, die mit der königlichen Würde *(regalis dignitas)* ausgestattet sei. Diesen Rang habe Karl inne als Lenker und Leiter des christlichen Volkes. An Macht *(potentia)* übertreffe er die beiden anderen, an Weisheit *(sapientia)* leuchte er stärker als sie, an Herrschaftswürde *(regni dignitas)* überrage er sie. »Siehe, allein in deinen Händen liegt nun das ganze niedergebeugte Heil der Kirchen Christi«[2], so zog Alkuin das Resümee, und er fügte hinzu: »Du bestrafst die Verbrecher, du lenkst die

Irrenden auf den rechten Weg, du tröstest die Trauernden und du erhöhst die Guten!« Die ganze Hoffnung der Christenheit sei auf Karl den Großen gerichtet.

Alkuin hat mit diesen Worten die aktuelle ›Weltlage‹ der Jahre 797/799 ziemlich präzise eingefangen. Eirene, die byzantinische Kaisermutter, hatte 797 ihren Sohn, Kaiser Konstantin VI., entmachtet. Am Kaiserhof in Konstantinopel war es zu Parteienkämpfen gekommen, bei denen sich die Anhänger Eirenes gegen jene ihres Sohnes behaupteten. In dem Porphyrzimmer des kaiserlichen Palastes *(Porphyra)*, in dem sie einst 771 den Nachfolger zur Welt gebracht hatte, ließ sie ihm jetzt die Augen ausstechen. An den Folgen starb der junge Kaiser noch im selben Jahr. Eirene schwang sich zur Alleinherrscherin auf. So gab es in den nächsten Jahren erstmals in der Geschichte in Byzanz ein »weibliches Kaisertum« *(femineum imperium)*, wie es in den Lorscher Annalen heißt.[3] Dieser Vorgang wurde im Umfeld Karls so ausgelegt, dass das Kaisertum gar nicht mehr existiere.

Das zweite Ereignis, das zu einer veränderten Situation führte, war das Attentat auf Papst Leo III. am 25. April 799. Während der großen Bittprozession am Festtag des heiligen Markus, so berichten päpstliche und fränkische Quellen, sei dieser überfallen worden. Eine ungeheuerliche Tat! Alkuin schrieb im Mai 799 an seinen Freund, Erzbischof Arn von Salzburg: »Du wirst gewiss schon gehört haben vom allerheiligsten Stuhl, was sich neulich dort an Verbrechen und unglaublicher Grausamkeit ereignet haben soll.«[4] Wenn so etwas schon gegen das Haupt geschehe, welche Untaten stünden dann für den Leib zu erwarten!

Was war geschehen? Wie man heute weiß[5], geriet der Papst unmittelbar vor Beginn der Prozession, die über die Milvische Brücke nach Sankt Peter führen sollte, bei der Kirche S. Lorenzo in Lucina in einen Hinterhalt. Dass hinter diesem Übergriff die Anhänger seines Vorgängers gestanden haben, kann keinem Zweifel unterliegen. Zwei der Anführer sind bekannt, der Primicerius (Kanzleichef) Paschalis, ein Neffe Papst Hadrians I., und der Sacellarius (Schatzmeister) Campulus, der ebenfalls unter Hadrian I. Karriere gemacht hatte. Beide waren am karolingischen Hof gut bekannt. Paschalis hatte als päpstlicher Gesandter 778 Karl aufgesucht, und Campulus war kurz vor Hadrians Tod ebenfalls als Gesandter nach Aachen gereist. Nun führten sie eine Gruppe im hohen Klerus von Rom an, die unter Leo III. in der Stadt an Einfluss verloren hatte und auf einen Umsturz hinarbeitete.

Der gefangene Papst wurde in die Kirche S. Silvestro gebracht. Sie war eine Gründung Papst Pauls I. und seines Bruders und gehörte also dem Clan der Aufständischen – ein idealer Ort für die folgende Gerichtsverhandlung. Vor dem Altar dieser Kirche fand ein Schnellverfahren statt. Am Ende wurde Leo III. förmlich abgesetzt. Was dann geschah, entsprach dem üblichen Vorgehen: Ihm wurden die Papstgewänder heruntergerissen, außerdem sollte er amtsunfähig gemacht werden durch Blendung und sonstige Verstümmelung. Einige Jahrzehnte zuvor, 768, war genau dies mit dem verurteilten »Pseudopapst« Konstantin gemacht worden, der tatsächlich geblendet und seiner Zunge beraubt wurde.

Leo III. aber, so scheint es, war es gelungen, sich so zu verstellen, dass die Eingriffe nicht wirkungsvoll genug waren. Sicherlich trug er aber Verletzungen davon, war möglicherweise auch blutüberströmt für gewisse Zeit nicht mehr in der Lage zu sehen. Als sich später sein Zustand wieder besserte, konnte daraus in den Berichten der Zeitgenossen ein Wunder konstruiert werden.

Schließlich verlegte man den Gefangenen nach S. Erasmo, ein Griechenkloster im Süden der Stadt. Von dort konnte Leo noch in derselben Nacht mit Hilfe einiger Diener entkommen und sich nach St. Peter flüchten. Er hatte Glück, denn in der Nähe hielten sich gerade fränkische Legaten auf – Abt Wirund von Stablo und Herzog Winigis von Spoleto, dessen Truppen offenbar vor der Stadt lagerten. Sie gewährten dem verfolgten Papst erst einmal sicheren Schutz und brachten ihn nach Spoleto. Leo war fürs Erste gerettet.

Doch was sollte mit ihm, dem Haupt der Kirche, geschehen? Das konnte nur Karl entscheiden. So wurde der Papst in den Norden geführt. Im Spätsommer 799 kam er in Paderborn an, wo sich der König aufhielt. Was dort im Einzelnen geschah, besprochen und beschlossen wurde, ist schwer zu ergründen. Der Papst wurde jedenfalls von Karl ehrenvoll empfangen und suchte sich zu rechtfertigen. Aber auch die Anschuldigungen gegen Leo III. sind bis an den Hof gedrungen: Ämterschacher, Meineid, Unzucht. Es muss am Hof auch Leute gegeben haben, die den Anschuldigungen Glauben schenkten. Alkuin erwähnte in einem Brief »viele Eiferer« *(multi aemulatores)* gegen den Papst, die dessen Rücktritt forderten.[6] Waren die Vorwürfe möglicherweise berechtigt? Einige Wochen später berichtete Erzbischof Arn von Salzburg in einem Brief an Alkuin über die Dinge, die er in Rom gehört habe. Alkuin war daraufhin so entsetzt, dass er das Schriftstück seines Freundes verbrannte.[7]

Karl stand vor einer schweren Entscheidung – wohl der schwierigsten seiner ganzen Regierung. Durfte er überhaupt über die Rechtmäßigkeit eines Papstes entscheiden? Seit Papst Symmachus (498 – 514) berief sich der römische Bischof auf den Grundsatz: »Der erste Sitz darf von niemandem gerichtet werden« *(Prima sedes a nemine iudicatur)*. Alkuin kannte als romverbundener Angelsachse diese Rechtstradition genau und verlangte ihre Beachtung.[8] Doch abgesehen davon: Karl der Große war zwar Patricius der Stadt Rom und hatte den Päpsten mehrmals Schutzversprechen gegeben, aber über den Papst und seinen Konflikt mit der römischen Adelselite zu urteilen war dem Kaiser vorbehalten. In Byzanz gab es jedoch keinen Kaiser, nur eine Kaiserin, die gar nicht über die Macht verfügte, in Rom einzugreifen. Wie konnte man aus diesem Dilemma herauskommen? Karl hatte gar keine andere Wahl, als sich dieses Problems anzunehmen, denn von einer eindeutigen Klärung an der Spitze der Kirche war seine ganze Herrschaftsordnung abhängig.

Wie Alkuin in dem erwähnten Brief vom Juni 799 ausgeführt hatte, war Karl zwar die mächtigste und allein handlungsfähige »Person« in der Welt der Christenheit, aber er war immer noch ›nur‹ ein König. Seine über mehrere Reiche sich erstreckende Machtfülle, seine militärische Überlegenheit, sein Repräsentationsstil von Aachen, seine Verträge mit den Päpsten, seine Deutungshoheit im Hinblick auf kirchliche Wahrheiten und seine gerade in diesen Jahren aufgenommenen Kontakte mit dem Kalifen Hārūn ar-Raschīd von Bagdad (786–809) hatten sein Ansehen zwar auf höchste Höhen gehoben, aber in Rom standen ihm auch 799 noch keine imperialen Rechte zu. War es nicht an der Zeit, dies zu ändern?

Vielleicht kam der unmittelbare Anstoß dazu im Jahr 798. Eine unscheinbare Notiz in einer aus der Kölner Dombibliothek stammenden Handschrift (Köln Diözesan- und Dombibliothek Cod. 83^{II}) überliefert eine erstaunliche Nachricht. Es handelt sich bei dem Werk um ein Kompendium zur Berechnung der Zeiten, in dem der Verfasser das Alter der Welt bestimmte. Das Ergebnis lautet, dass das 31. Königsjahr Karls des Großen mit dem Jahr 798 seit Christi Geburt und mit dem Jahr 5998 seit Erschaffung der Welt gleichzusetzen sei.[9] An dieser Stelle fügte der Schreiber hinzu: »Dies ist dasselbe Jahr, in dem er (Karl) ein Drittel der sächsischen Bevölkerung als Geiseln genommen hat und Gesandte aus Griechenland gekommen sind, um ihm das Kaisertum zu übertragen.«[10]

Diese sogenannte ›Kölner Notiz‹ ist zeitgenössisch und stammt aus einem Umfeld, das hervorragend über die Aktionen am Hof informiert war. Der Kölner Erzbischof Hildebald (787–818) mit dem Beinamen Aaron leitete die königliche Kanzlei und wird in den Hofgedichten als ein Mann der Genauigkeit beschrieben. Es wäre daher völlig unbegründet, diese Nachricht als Verwechslung oder Irrtum abzutun, wie das in der Forschung bisweilen geschieht. Ganz im Gegenteil, man muss ihr zu Recht einen hohen Quellenwert zuerkennen.[11] Man wird also davon auszugehen haben, dass 798 eine byzantinische Delegation am Hof Karls mit diesem Angebot eingetroffen ist.

Ob diese Boten von Kaiserin Eirene geschickt worden waren oder aus den Kreisen der Opposition kamen, muss freilich offenbleiben. Immerhin ist aus den ›Reichsannalen‹ bekannt, dass 798 und 799 Gesandtschaften aus Byzanz von Eirene bei Karl eingetroffen sind. Dabei sei es »nur um den Frieden« *(tantum de pace)* gegangen. Kam hier die Rede möglicherweise auch auf das Kaisertum? Wollte Eirene das Kaisertum des Westens – wie in der

Spätantike – Karl als einem Partner in einem gesamtrömischen Reich anbieten? Man kann dies gewiss nicht ausschließen. Aber diese Frage spielt für die weitere Entwicklung im Grunde keine Rolle, denn Karl ist auf diese Offerte in keiner Weise eingegangen.

Dennoch, die imperiale Idee war in der Welt – und gewann zusehends an Kraft.[12] Eine Brücke hierzu wurde Karl durch Alkuin selbst errichtet. Dieser verwendete spätestens 797 den Begriff vom »Kaiserreich der Franken« *(Francorum imperium)*, das der glorreichste Karl regiere.[13] 798 gebrauchte er erstmals das Bild vom »Erdenrund des christlichen Kaiserreichs« *(orbis christiani imperii)*, das der König zu lenken und zu leiten habe.[14] Auch in seinen Briefen von 799 und 800 erscheint mehrmals die Formel vom »christlichen Kaiserreich« *(christianum imperium)*.[15] Dieses war keineswegs ein nur auf den kirchlichen Bereich beschränktes Modell. In Anbetracht der theologischen Begründung von Karls Herrschaft hat es ebenso als ein politisches Konzept zu gelten. Die ›Staatsidee‹ Karls – man muss es immer wiederholen – war das irdische Gottesreich, dessen Grenzen nach Augustinus mit denen des christlich-römischen Reichs zusammenfielen.

Noch ein weiterer Gesichtspunkt spielte in diesen Jahren eine Rolle. Am Hof, vor allem vertreten durch Alkuin, wurde der ›Idee des richtigen Namens‹ große Beachtung beigemessen. Jede Würde, jedes Amt, jeder Gegenstand sollten mit dem zutreffenden Namen bezeichnet werden.[16] So komme Christus allein sein Name zu, der über allen anderen Namen stehe. Auch Karl habe seinen Namen, den Alkuin 798 als »euer heiligster Name« *(sanctissimum vestrum nomen)* bezeichnete.[17] Aber diese Überlegungen reichten schon weiter zurück. Schon in den ›Karolinischen Büchern‹ von 792/794 war die Frage des richtigen Namens intensiv behandelt worden. Man dürfe nicht glauben, so heißt es da, »dass die Dinge sich den Namen anpassen, vielmehr müssen sich die Namen den Dingen anpassen«.[18]

Diese Erörterungen förderten – so darf man annehmen – am Hof Karls die Sensibilität »hinsichtlich sprachlicher Begriffe und ihrer Bedeutung«.[19] War der Rang Karls des Großen mit der Bezeichnung »König« noch mit dem angemessenen Namen versehen? Oder musste sich auch hier der Name anpassen? Wenn man sich diese Zusammenhänge vor Augen führt, kann man durchaus vermuten, dass schon seit 794 »der Gedanke an das *imperium,* an das Kaisertum, in der Luft« gelegen hat.[20] Mit demselben Argument, dass der Name den realen Verhältnissen entsprechen müsse, wurde in diesen Jahren im Rückblick der ›Reichsannalen‹ auch die Erhebung Pippins zum König 751 unterlegt: König sollte sein, wer die Macht innehat! Dasselbe galt für das Kaisertum: Bei den Griechen, so argumentierte der Autor der ›Lorscher Annalen‹, sei der »Name Kaiser« *(nomen imperatoris)* verschwunden, weil es ein »weibliches«, also schwaches Kaisertum gebe.[21] Damit war eben die »Sache«, die der Name zum Ausdruck bringen sollte, nicht mehr vorhanden. Bei Karl dagegen würden Sache und Kaisername wieder übereinstimmen. Diese Argumentation zeigt deutlich, dass auch für das Kaisertum Karls das Streben nach Eindeutigkeit im Ordnungsdenken von großer Bedeutung war.

Vielleicht ist für den Kaisergedanken bei Karl noch ein ganz anderer Beweggrund zu beachten. Seitdem Hieronymus und Eusebius die Geburt Christi in das Jahr 5199 nach Erschaffung der Welt gesetzt hatten, galt das Jahr 800 als Vollendung der irdischen Welt. Offenbar hat auch die Lehre von den vier Weltreichen eine Rolle gespielt. Seinen Lehrer, Petrus von Pisa (gest. um 799) soll Karl ausführlich darüber befragt haben[22]: »Welche sind jene Reiche, die König Nebukadnezar als Vision erschienen sind?« Der König von Babylon hatte einst im Traum eine große Figur gesehen, die aus verschiedenen Materialien zusammengesetzt war und am Ende von einer Kugel zertrümmert wurde. Der Prophet Daniel im Alten Testament deutete die Teile der Figur als die vier Weltreiche dieser Erde (Daniel 2, 1–49). Diese, so erklärte Petrus von Pisa in seiner Schrift, seien mit dem Babylonischen Reich, dem Perserreich, dem Alexanderreich und dem Römerreich gleichzusetzen. Das heißt, dass mit dem Ende des römischen Reiches auch das Ende der Weltgeschichte bevorstand. Diese Deutung ging schon auf Hieronymus zurück, aber am Hof Karls des Großen war das Interesse daran wieder erwacht.

Auch der Anschlag auf Papst Leo III. konnte ein Zeichen für das nahende Ende sein. »Die Zeiten sind gefährlich!«[23] Dies teilte Alkuin im Juni 799 dem König mit. In dieser bedrohlichen Situation war Karls Autorität besonders gefordert.

Noch 799 war Leo III. wieder nach Rom zurückgekehrt, begleitet von einer hochrangigen Delegation. Erzbischof Hildebald befand sich darunter, ebenso Erzbischof Arn von Salzburg und mehrere Bischöfe und Grafen. Am 29. November 799 erreichte Leo die Milvische Brücke vor Rom und wurde in einem triumphalen Empfang nach St. Peter geleitet. Nun wartete man auf Karl.

Dessen Romfahrt war zwar 799 bereits beschlossen worden, aber Karl machte sich erst auf den Weg, nachdem er wichtige Angelegenheiten geregelt hatte. Die Frage der Nachfolge seines Sohnes Karl in der Königsherrschaft war zu klären, aber auch die Abwehr räuberischer Einfälle an den Küsten und manches andere mehr. Vor allem scheint Karl versucht zu haben, sich Rat und Klarheit für sein Vorgehen in der Sache des Papstes zu verschaffen. Dieser Gedanke, so erfahren wir, habe ihn auch beschäftigt, als er endlich im August 800 von Mainz aus mit seinem Heer aufbrach.[24]

Am 23. November 800 näherte er sich der Stadt Rom. Die folgenden Ereignisse sind für die Beurteilung von Karls Kaisertum von großer Bedeutung. Die Quellen berichten, Papst Leo III. sei dem König bis Mentana *(Nomentum)* entgegengezogen, also 14 Meilen weit. Schon ein Empfang beim zwölften Meilenstein war eine außerordentliche Ehrbezeugung, die sonst nur einem Kaiser erwiesen wurde. Nach einer demütigen Begrüßung und einem Gastmahl sei der Papst sogleich wieder nach Rom zurückgekehrt, um dort den Empfang für den nächsten Tag vorzubereiten.

Am 24. November zog Karl dann feierlich in Rom ein. Alles war aufs Prächtigste geschmückt. Die Fahnen der Stadt wurden Karl dargereicht, an den Straßen hatten sich Scholen der Pilger und der Bürger aufgestellt, um den König mit Litaneien und Lobgesängen zu begrüßen. Karl stieg nicht eher von seinem Pferd, als bis er bei St. Peter angekommen war, auch dies ein Hinweis darauf, dass er wie ein Kaiser bei einem Triumphzug erschien. Diese Art des Einzugs in Rom ist ein absolut sicherer Beleg dafür, dass Karl die Stellung eines Patricius im Grunde schon abgelegt hatte, dass er als der künftige Richter in der Stadt angesehen und ihm bereits kaiserliches Auftreten zugebilligt wurde. Schließlich empfing ihn der Papst zusammen mit den Bischöfen und dem römischen Klerus auf der Plattform der Marmorstufen, die zum Atrium vor der Peterskirche führten. Karl stieg vom Pferd, schritt hinauf, und nach einem Begrüßungszeremoniell ging man gemeinsam in die Peterskirche, um den Gottesdienst zu feiern.

Eine Woche später begann der schwierigste Teil des Unternehmens. Am 1. Dezember 800 wurden auf einer großen Versammlung von Erzbischöfen, Bischöfen, Äbten, Priestern und Diakonen sowie von Grafen und anderen hochgestellten Personen die Untersuchungen zum Überfall auf den Papst aufgenommen. Den Vorsitz der Synode führte Karl – wie ein Kaiser. Über Tage zogen sich die Verhandlungen hin. Allerdings soll es niemand mehr gewagt haben, die Anklagen zu wiederholen. Am 23. Dezember schließlich reinigte sich Papst Leo III. durch einen Eid selbst von den Anschuldigungen. Er tue dies freiwillig, »von niemandem verurteilt oder gezwungen«, so betonte er.[25] Der Rechtssatz, dass »der erste Stuhl von niemandem gerichtet werden« dürfe, war also von Karl und seinem Gefolge respektiert worden und erlangte damit zum ersten Mal in der Geschichte eine politische Wirksamkeit – dies muss als bemerkenswertes Detail aus dem Vorgang hervorgehoben werden.

In unserem Zusammenhang ist es auffällig, dass im Reinigungseid des Papstes dem König Karl besondere, schmückende Beiworte (Epitheta) beigelegt wurden: Er sei *clementissimus ac serenissimus domnus rex,* also »der barmherzigste und huldreichste Herr König«.[26] Das Wort *serenissimus* freilich war ausschließlich dem Kaiser vorbehalten! Niemand sonst durfte damit ausgezeichnet werden. Zum ersten Mal, so folgt daraus, wurde Karl auf diese Weise wie ein Kaiser angesprochen – und zwar vom Papst persönlich. Hierzu passt auch die erwähnte Nachricht in den gut unterrichteten ›Lorscher Annalen‹, dass bereits während des Konzils sich unter den Teilnehmern die Überzeugung gefestigt hätte, »man müsse Karl, den König der Franken, Kaiser nennen«.[27]

Zwei Tage später war Weihnachten, der 25. Dezember 800, ein Freitag. Offenbar konnte Leo III. den König dazu überreden, sich an diesem Festtag für die Messfeier nach römischer Art zu kleiden. Einhart berichtet darüber in der ›Vita Karoli Magni‹ (cap. 23). Karl legte sich die Chlamys um, das heißt, den faltenreichen, hellenistisch-römischen Herrschermantel, der an der rechten Schulter zusammengeschnürt war. Außerdem zog er die lange Tunika an, deren Länge für Franken eigentlich »weibisch« wirken musste. Schließlich benutzte er die »nach römischer Art geformten Schuhe«. Das waren Sandalen, die nur die Ferse und die Zehen bedeckten und oben zusammengeschnürt wurden. So waren römische Kaiser bekleidet, aber auch Inhaber des Patricius-Amtes oder andere hohe Würdenträger. Noch, so könnte man sagen, trat Karl im Ornat des Patricius auf. Was ihn von einem Kaiser noch trennte, war allein das kaiserliche Diadem, die Kaiserkrone.

Doch auch diese lag schon bereit. Als sich Karl vom Gebet vor der Confessio des heiligen Petrus – der Vorkammer vor dem Petrusgrab – erhob, setzte ihm der Papst »mit seinen eigenen Händen« *(manibus suis propriis)* eine goldene, überaus kostbare *(pretiosissima)* Krone auf das Haupt.[28] Daraufhin hätten die anwesenden Römer die sogenannte Akklamation vorgenommen, indem sie »einmütig, mit lauter Stimme, auf den Wink Gottes und des heiligen Petrus, des Schlüsselträgers des Himmelreiches, dreimal riefen: ›Karl, dem barmherzigsten Augustus, dem von Gott gekrönten, großen und Frieden bringenden Kaiser, Leben und Sieg!‹«[29] Im Anschluss daran habe der Papst durch einen Kniefall Karl geehrt, so wie es bei den alten Kaisern Sitte gewesen sei.[30] Von da an sei Karl »unter Weglassung des Patricius-Titels Kaiser und Augustus genannt worden«.[31]

Würde man nur diese Berichte über den Ablauf kennen, gäbe es keinen Zweifel daran, dass Karl der Große in alle Planungen eingeweiht war, dass er wusste, was auf ihn zukommt, dass die Übernahme der Kaiserwürde erfolgen sollte und dass er mit allem einverstanden war. Aber es gibt den Bericht von Einhart in der ›Vita Karoli Magni‹, der ganz anders lautet: »Zu diesem Zeitpunkt nahm er den Namen Kaiser und Augustus an. Das war ihm zuerst so zuwider, dass er versicherte, er hätte an jenem Tag, obwohl es ein hoher Festtag war, die Kirche nicht betreten, wenn er die Absicht des Papstes vorher gekannt hätte.«[32]

Einharts Nachrichten, das wird immer wieder bestätigt, muss man ernst nehmen. Was also könnte Karl an der Kaiserkrönung zu Weihnachten 800 dermaßen gestört haben? Der Ablauf an sich entsprach, so weit man sehen kann, weitgehend dem Ritus der Kaisererhebung in Konstantinopel. Allerdings gab es einen markanten Unterschied: In Byzanz erfolgte die Akklamation immer vor dem Aufsetzen der Krone. Der Zuruf des Wahlvolkes war der rechtserhebliche Akt. In Rom stand dagegen die Krönung durch den Papst an erster Stelle. Auf diese Weise war die Abfolge der Legitimation umgedreht worden: Nun hatte der Papst »mit seinen eigenen Händen« den Kaiser gemacht! Noch dazu geschah das alles vor der ›Confessio sancti Petri‹, was man so auslegen konnte, als habe der heilige Petrus selbst seine Zustimmung erteilt – was im Bericht über die Akklamation der Römer auch so formuliert war.

Das alles wirkt wie ein Taschenspielertrick, und so hat Karl es möglicherweise auch aufgefasst. Da half auch der päpstliche Kniefall nicht mehr. Karl war kein Kaiser wider Willen, wie man aufgrund der Mitteilung Einharts im ersten Moment meinen könnte. Aber er wollte offensichtlich kein Kaiser von des Papstes oder des heiligen Petrus Gnaden sein. So muss man wohl die Bemerkung Einharts deuten.

Eine weitere Erklärungsmöglichkeit für den Unwillen Karls besteht darin, dass – in seinen Augen – die Ausrufung zum Kaiser (Akklamation) nicht vom richtigen ›Volk‹ ausging. Die römischen Quellen sprechen von »den gesamten getreuen Römern« *(universi fideles Romani)*.[33] Auch die ›Fränkischen Reichsannalen‹ erwähnen nur »das gesamte Römervolk« *(cunctus Romano-*

rum populus).[34] Wo waren die Franken? Waren sie in einer geschickten Inszenierung durch Papst und Römer ausgeschaltet worden? Alles deutet darauf hin. Sie, die das eigentliche Reichsvolk, das von Gott auserwählte Volk, bildeten, waren bei der Kaiserkrönung »zu untätigen Zuschauern«[35] degradiert worden. Auch dies lässt auf eine geschickte geheime Verabredung des Papstes mit den hohen römischen Repräsentanten schließen, um Karl zu überrumpeln.

Das Überraschungsmoment könnte schließlich auch den Zeitpunkt der Kaiserkrönung betroffen haben. Einhart schreibt unmissverständlich von »dem Zeitpunkt« *(quo tempore),* an dem Karl den Kaisernamen annahm. Das dann folgende Wort *quod* – das man gewöhnlich mit »dieser Vorgang« übersetzt – könnte sich exakt auf *tempus* beziehen, also auf den Weihnachtstag. Eine solche Übersetzung würde dann lauten: »Dieser Zeitpunkt war ihm so zuwider …« Es wäre also denkbar, dass Karl eigentlich einen anderen Tag vorgesehen hatte, etwa den Tag der Heiligen Drei Könige.[36] Während Karl am 25. Dezember zum Dank an den Papst nur Verlegenheitsgaben zur Verfügung hatte, waren für den Dreikönigstag wertvollste Schätze vorbereitet worden, darunter drei Goldkelche, versehen mit seinem Namen und dem seiner Kinder, außerdem eine edelsteingeschmückte goldene Zierkrone als Schmuck für den Altar.[37] Alles zusammen ergab wohl einen Wert von annähernd 100 Kilogramm Gold.

So lässt sich eine Reihe von Gründen ausmachen, die Karls Ärger über die Art und Weise und den Zeitpunkt seiner Krönung auslösten. Der Vorgang musste ihm als eine erhebliche Missachtung seiner Autorität erscheinen, denn die ›Vereindeutigung‹ seiner neuen Würde war nicht in seinem Sinne abgelaufen. Im Rückblick können wir sagen, dass Karls Vorbehalte nicht unbegründet waren. Die Krönung durch Leo III. zu Weihnachten 800 war in der Tat der Auftakt für einen ganz neuen Typ von Kaisertum. Im Unterschied zur Antike formte sich in der Folgezeit ein Petrus-Kaisertum heraus, das vom Papst vergeben wurde. Auch die Gegenwehr Karls des Großen, der 813 seinem Sohn und Nachfolger, Ludwig dem Frommen, in der Marienkirche zu Aachen den Befehl erteilte, sich selbst zum Mitkaiser zu krönen[38], konnte diese Entwicklung nicht mehr aufhalten.

Das Verfahren wegen der Anklagen gegen Leo III. war freilich noch immer nicht zum Abschluss gebracht. Es fehlte noch eine Entscheidung darüber, wie mit den Gegnern des Papstes verfahren werden sollte. Daher wurde wenige Tage nach der Kaiserkrönung ein neues Gerichtsverfahren eröffnet, dieses Mal unter dem Vorsitz Karls als wirklicher Kaiser. Dementsprechend wurde nunmehr römisches, also kaiserliches Recht zugrunde gelegt, wie die ›Fränkischen Reichsannalen‹ eigens hervorheben.[39] Am Ende wurden die Empörer als Majestätsverbrecher zum Tode verurteilt. Im römischen Rechtsbuch, dem ›Corpus Juris Civilis‹, war dieses Vergehen definiert als ein Verbrechen, »das gegen das römische Volk oder gegen seine Sicherheit begangen wird«. Dazu wurde unter anderem die Straftat gerechnet, »Menschen zum Aufruhr zusammenzurufen«.[40] Auf Bitten des Papstes wurden die Verurteilten jedoch zu Verbannung begnadigt und ins Frankenreich abgeführt.

Wie soll man das Kaisertum Karls einordnen? Zum Ersten, so die Antwort, hat es die Ordnungsverhältnisse und Machtstrukturen des neuen fränkisch-christlichen Großreiches in ein passendes und ›eindeutiges‹ Verfassungsmodell übergeleitet. Dafür gab es in Europa zu jener Zeit keine andere ›Staatsform‹. Das Vorbild dafür, so ist zum Zweiten zu sagen, konnte nur das römische Kaisertum sein, so wie es im damaligen Byzanz existierte. Daher wurden römisch-byzantinische Elemente der Repräsentation übernommen. Zum Dritten ist zu beachten, dass es sich dennoch keineswegs um eine einfache Fortsetzung der römischen Herrschaftsform handelte, sondern um die Kreation eines ganz neuen Typus. Es entstand ein Kaisertum im Sinne eines Alleinherrschers in einem Reich Gottes auf Erden. Daher konnte es die legitimatorische Unterstützung der höchsten Autorität der Kirche, des römischen Papstes, in Anspruch nehmen – oder auch, wie die Zukunft zeigen sollte, von ihr abhängig werden.

Karl ließ sogleich nach seiner Krönung keinerlei Zweifel darüber aufkommen, wie er sein neues Kaisertum verstanden haben wollte. Zu diesem Zweck benutzte er jenen Kaisertitel, der den stärksten Anspruch enthielt: *Romanum gubernans imperium* (»Herrscher über das römische Reich«). Erstmals erscheint dieser Titel in einer Urkunde vom 29. Mai 801, ausgestellt am Fluss Reno nahe Bologna.[41] Wie der Heidelberger Mittelalterforscher Peter Classen herausfand, war dies die Formel für den Kaiser, die in der Kaiserstadt Ravenna schon seit Langem in Gebrauch war. Vor allem war es die einzige, die mit dem Römernamen verbunden war.[42] Es war gewiss kein Zufall, dass sie zum Einsatz kam, nachdem sich Karl unmittelbar vor dem 29. Mai 801 in Ravenna aufgehalten hatte.

Karl, so lässt dieser Titel erkennen, beschritt damit ohne zu zögern den Weg der offenen Konfrontation mit Byzanz. Er richtete seinen Anspruch nicht nur auf die Stadt Rom aus, sondern ausdrücklich auf das römische Reich *(Romanum Imperium)*, dessen Mittelpunkt in Italien lag. Von Rücksichtnahme auf das byzantinische Kaisertum, wie in der Forschung bisweilen angenommen wird, kann keine Rede sein. Auch die Umschrift auf Karls neuer Kaiserbulle bestätigt diese Offensive: *Renovatio Romani Imperii* (»Wiederherstellung des römischen Kaisertums«).[43] Zudem richteten sich die nach 800 geprägten Denare Karls nach einer Medaille Konstantins des Großen. All das konnte nur so ausgelegt werden, dass Karl sein Kaisertum eigenständig begründete und er es eindeutig zu definieren und von Byzanz klar abzugrenzen suchte.

Wie aber reagierte Byzanz auf diese Vorgänge? Dort, so sah man die Dinge, residierte doch der eigentlich legitime Kaiser, und zwar auch des Westreichs! Nach dem Verständnis des byzantinischen Hofes war das Kaisertum nicht teilbar. Karl galt demzufolge als ungeheuerlicher, barbarischer Usurpator. Mit seiner Kaiserkrönung hatte er die Rechte des byzantinischen Kaisertums aufs Gröbste missachtet und verletzt. Voller Abscheu beschrieb der griechische Chronist Theophanes die Ereignisse von Weihnachten 800: »Seit dieser Zeit steht Rom unter der Herrschaft der Barbaren. Papst Leo III. vergalt Karl die Hilfe und krönte ihn zum Kaiser der Römer in der Kirche des heiligen

Apostels Petrus, indem er ihn mit Öl vom Kopf bis zum Fuß salbte und ihm ein kaiserliches Gewand umlegte und eine Krone aufsetzte, am 25. Dezember in der neunten Indiktion«.[44] Offenbar hatte in Rom bei der Kaiserkrönung auch eine Salbung stattgefunden, die man in Byzanz nicht kannte. Diese Handlung stellte Theophanes wie eine letzte Ölung dar. Karl erscheint als jämmerlicher Emporkömmling und Witzfigur.

So ist es nicht verwunderlich, dass in der ›Vita Karoli Magni‹ Einharts die Rede ist vom »Hass der römischen Kaiser, welche ihm die Annahme des Kaisertitels sehr verübelten«.[45] Aber um sich zur Wehr zu setzen, war Eirene militärisch gar nicht in der Lage. Sie begnügte sich mit einem Gesandtenaustausch, um wenigstens Genaueres über die Absichten Karls zu erfahren. Auch von einem ziemlich unglaubwürdig klingenden Heiratsangebot des verwitweten Karl an die Kaiserin des Ostens ist die Rede.[46] Doch schon bald fiel Eirene einem Umsturz zum Opfer, und 802 übernahm Nikephoros I. (802–811) die Kaiserwürde in Byzanz. Als dessen Gesandte 803 ins Karolingerreich kamen, machte ihnen Karl das Angebot, das Kaisertum im Osten und im Westen jeweils gegenseitig anzuerkennen. Dieser Vorschlag war für Nikephoros jedoch vollkommen unannehmbar. Niemals wollte er einen Barbaren als gleichrangig anerkennen. So blieb es dabei: Papst Leo III. war für ihn ein Schismatiker und Karl ein Usurpator. Das Band zwischen Ost und West schien 803 endgültig zerrissen zu sein.

Die Wende wurde durch die Konflikte um Venetien und Dalmatien eingeleitet. Karl der Große besetzte die Gebiete 805/806. Es kam zum ersten Krieg zwischen Byzanz und den Franken. 808 war Byzanz wieder Herr der Lage, doch 810 konnte Pippin, der Sohn Karls und König von Italien, den größten Teil der Lagunen erneut unter fränkische Herrschaft bringen. Durch den dann folgenden Bulgarenkrieg, in dem Nikephoros am 26. Juli 811 fiel, wurde Byzanz noch mehr unter Druck gesetzt. Der neue Kaiser, Michael I. (811–813), ging daher schließlich auf das Friedensangebot Karls ein. Der Frankenkaiser verzichtete auf Venetien und Dalmatien. Im Gegenzug erkannte Michael an, dass Karl als

Herrscher über viele Völker eine höhere Stellung innehabe als ein König. Im Sommer 812 kamen byzantinische Gesandte nach Aachen und akklamierten Karl in griechischer Sprache als »Basileus« (Kaiser).

Nach zwölf Jahren war damit eine gewisse Beruhigung in diese Auseinandersetzung eingekehrt. Der Streit lässt aber auch erkennen, dass in Byzanz und in Aachen unterschiedliche Modelle eines Kaisertums vertreten wurden. Während im Osten die Idee eines einzigen, universalen römischen Kaiserreichs bestehen blieb, beschränkte sich Karl auf ein regional begrenztes Kaisertum[47], das sich auf die von ihm regierten Völker und Länder bezog. Anspruch auf das Ostreich erhob er nie. Überdies richtete er seinen Kaisersitz nicht in der alten Hauptstadt Rom ein und zeigte sich daher nur in bedingtem Umfang als Usurpator. Nur die Kirche, »die über den ganzen Erdkreis verbreitet ist« *(quae toto orbe diffusa est)*, war für Karl die universale Ordnungsmacht.[48] Nur über die Kirche erhielt seine Herrschaft auch räumlich eine über seine unmittelbaren Herrschaftsgebiete hinausreichende Dimension.

Dies zeigt sich besonders deutlich in seinem Bemühen, sich um die Christen im Orient zu kümmern. Einhart hat Karls Eifer festgehalten: Dieser habe viel Geld »über das Meer« *(trans maria)* nach Syrien geschickt, nach Ägypten und Afrika, nach Jerusalem, Alexandria und Karthago, »wenn er hörte, dass dort Christen in Armut lebten, aus Mitleid mit ihrer Not«.[49] Deshalb habe er die Freundschaft mit den Herrschern jenseits des Meeres gesucht, um auf diese Weise für die Christen Erleichterungen herbeizuführen. Vor allem dem »Perserkönig« Hārūn ar-Raschīd, dem Kalifen von Bagdad, der fast das ganze Morgenland beherrscht habe, sei er so freundschaftlich verbunden gewesen, »dass dieser seine Huld der Freundschaft aller Könige und Fürsten im ganzen Erdkreis vorzog«.[50] Karls Gesandte, die zum heiligen Grab des Herrn und zum Ort seiner Auferstehung gezogen seien und auch Hārūn ar-Raschīd besucht hätten, seien von ihm reich beschenkt worden. Alles habe er ihnen bewilligt, ja sogar die von ihnen aufgesuchte heilige Stätte in Jerusalem »seiner (Karls) Macht zugewiesen« *(ut illius potestati adscriberetur)*. Schließlich sei sogar ein

Elefant – angeblich der einzige, den der Kalif damals besessen habe – als Geschenk zu Karl gebracht worden.

In der Tat können wir von einem regem Gesandtenaustausch zwischen Karl dem Großen und dem Kalifen Hārūn ar-Raschīd ausgehen.[51] Die Anfänge reichen in das Jahr 797 zurück, als Karl erstmals Boten in den Orient schickte. Wir erfahren davon aus einem Bericht der ›Fränkischen Reichsannalen‹ für das Jahr 801. Dort wird ausführlich von der Gesandtschaft berichtet, die auf Anordnung Karls vier Jahre zuvor zu dem mächtigen Herrscher im Osten gereist war. Die Boten hießen Sigismund und Lantfrid, der dritte war der Jude Isaak. Nun, im Juni 801, als sich Karl auf dem Heimweg von Rom befand, erreichte ihn in Pavia die Nachricht, dass zwei Gesandte aus dem Orient im Hafen von Pisa gelandet seien. Der eine war von Hārūn geschickt worden, der andere von Ibrāhīm ibn al-Aglab, dem Emir von Tunesien. Zwischen Vercelli und Ivrea trafen sie mit dem Kaiser zusammen. Sie berichteten, dass die Boten Karls inzwischen gestorben seien, außer Isaak, der sich zusammen mit einem Elefanten und anderen großen Geschenken des Kalifen auf dem Rückweg zu Karl befinde. Es ging nun darum, die kostbare Fracht von Tunesien nach Italien überzusetzen. Dafür wurden Schiffe benötigt. Karl erteilte daher seinem Kanzler Erkambald den Auftrag, eine Flotte auszurüsten, »mit welcher der Elefant und was noch mit ihm gebracht wurde, befördert werden könnte«.[52]

Dieser Bericht ist ein markantes Signal dafür, dass Karl auf dem Weg war, ›internationales‹ Ansehen zu gewinnen. Die Verhältnisse im Orient kamen ihm dabei entgegen.[53] Dort war der alte Führungsclan der Omayyaden, deren Zentrum sich in Damaskus befunden hatte, um die Mitte des achten Jahrhunderts gestürzt und vernichtet worden. Nur der junge Prinz Abd ar-Rahmān I. konnte sich in das spanische al-Andalus retten und dort als Emir von Córdoba (756–788) die Omayyadendynastie fortsetzen. Im Osten dagegen stieg mit Abul Abbas (749–754) eine neue Herrscherfamilie auf, die nach ihrem Begründer Abbasiden genannt wird. Bis ans Ende der Welt werde die Macht in den Händen seiner Familie liegen, so soll er gesagt haben.[54] Unter seinem Bruder und Nachfolger al-Mansūr (754–775) entstand in Bagdad auf persischem Gebiet von 762 an eine großartige neue Hauptstadt mit Basar, Bädern und Karawansereien, die sich rasch zur wichtigsten wirtschaftlichen und kulturellen Metropole der muslimischen Welt entwickelte.

Unter Hārūn ar-Raschīd (786–809) schließlich wurde eine Friedenszeit und eine Art Säkularisation eingeleitet. Die ›Geschichten aus 1001 Nacht‹ spiegeln das Leben im Palast seiner Zeit wider. Sein Kalifat suchte er möglichst von der Religion zu trennen und sich darauf zu beschränken, beim Freitagsgebet in der Zentralmoschee vorzubeten. Seine besondere Förderung galt den Wissenschaften. Zu diesem Zweck ließ er zahlreiche Werke griechischer Gelehrter, darunter Aristoteles, sammeln, die im »Haus der Weisheiten« in Bagdad übersetzt wurden. Dort wirkten Muslime mit Juden und Christen zusammen. Freilich, diese antiken Texte flossen nicht in die islamische Religion ein. Logik, Dialektik und Rhetorik blieben weltliche Wissenschaften und wenigen Gelehrten vorbehalten, während an den arabisch-islamischen Schulen streng davon getrennt der Koran und die religiösen Traditionen gelehrt wurden. Von einer Bildungsoffensive wie unter Karl dem Großen kann man also nicht sprechen. Dennoch muss man bei Hārūn ar-Raschīd persönlich großes Interesse an den Wissenschaften der griechischen Antike voraussetzen.

Überdies ist zu berücksichtigen, dass in der arabischen Welt Christen, Juden und Araber nach wie vor nebeneinander lebten. Die Ausübung anderer Religionen neben dem Islam wurde geduldet. Insbesondere die heiligen Stätten in Jerusalem durften von den Pilgern unbehelligt besucht werden, und der christliche Patriarch der Stadt übte nach wie vor sein Amt aus. Man muss davon ausgehen, dass über alle diese Entwicklungen der Hof in Aachen durch jüdische Fernhändler gut informiert war. Das Interesse Karls an der benachbarten, aufsteigenden ›Weltmacht‹ im Osten nahm umso mehr zu, je stärker sich auch an seinem Hof der imperiale Gedanke entfaltete. Jedenfalls war er es, der die Initiative zur Kontaktaufnahme ergriff.

Was waren Karls Ziele? Es ging ihm ganz offensichtlich, wie schon Einhart betonte, in erster Linie darum, die Christen im Heiligen Land und im Vorderen Orient zu schützen, ihnen zu helfen und sie zu stärken. Der transkulturelle Impuls, wie man heute sagen würde, ging von Karls Überzeugung aus, dass er für die gesamte Christenheit Verantwortung trage. Der Kalif von Bagdad aber war um 800 unangefochtener Oberherr über die Statthalter (Satrapen) in den einzelnen Regionen. Er war auch der oberste Schirmherr von Jerusalem, und jede Maßnahme zum Schutz der Christen war im Grunde nur sinnvoll, wenn sie in Absprache mit ihm und mit seiner Autorität erfolgte.

Diese Zusammenhänge muss man berücksichtigen, wenn man das Auftreten einer Delegation aus dem Heiligen Land kurz vor Weihnachten 800 in Rom bewerten will. Die Boten waren vom Patriarchen von Jerusalem entsandt worden. Unter ihnen befand sich aber auch der karolingische Pfalzpriester Zacharias, den Karl ein Jahr zuvor nach Jerusalem geschickt hatte. Dort muss es sorgfältige Besprechungen gegeben haben, und die Entscheidungen, die in Jerusalem getroffen wurden, sind ohne Zustimmung des Kalifen von Bagdad nicht denkbar.

Nun also kam die Abordnung zurück und wurde höchst symbolträchtig in die römischen Ereignisse eingebaut. Wahrscheinlich hielten sich die Boten schon einige Tage in Rom auf. Aber erst am 23. Dezember 800 – dem Tag also, an dem Papst Leo III. seinen Reinigungseid leistete – traten sie in der Konzilsöffentlichkeit vor Karl und überreichten ihm bemerkenswerte Geschenke[55]: die Schlüssel zum Grab des Herrn und zur Schädelstätte und auch die Schlüssel der Stadt Jerusalem und diejenigen zum Berg Zion zusammen mit einem Kreuz oder einer mit dem Kreuz versehenen Fahne. Dies alles geschah, wie es heißt, »wegen des Segens« *(causa benedictionis)*, der – so darf man ergänzen – Karls Wirken als künftiger Kaiser begleiten sollte. Einhart berichtete sogar von der »Macht« *(potestas)* über die heilige Stätte, die Hārūn dem Frankenherrscher zuerkannt habe.

Mit allen diesen öffentlichkeitswirksamen Zeichen und Worten sollte ganz offensichtlich zum Ausdruck gebracht werden, dass Karl als Schutzherr der Christen im Heiligen Land und im Zentrum des Wirkens Jesu selbst anerkannt war. Sowohl der höchste Repräsentant der dortigen Kirche, der Patriarch, als auch der höchste Machthaber, der Kalif, erteilten ihre Zustimmung. Diese Schutzfunktion Karls kündigte eindrucksvoll seine imperiale Würde an.

Kann man daraus auch eine besondere Freundschaft des Kalifen mit dem künftigen Kaiser des Abendlandes ableiten? Immerhin schickte er ihm einen Elefanten – ein nicht alltäglicher Ehrerweis. Auch sonst ist das Entgegenkommen des großmächtigen Herrn der östlichen Welt zu erkennen. Im Jahre 806 kam eine weitere Gesandtschaft des Kalifen zusammen mit Boten des Patriarchen von Jerusalem in Treviso bei Venedig an. Die Gruppe zog weiter nach Aachen und überreichte 807 in der dortigen Residenz Karl wertvolle Geschenke. Darunter befanden sich ein großes, buntes Zelt, Seidenstoffe, Gewürze, Salben und zwei Messingleuchter. Die besondere Sensation allerdings stellte eine Maschine dar, »ein höchst kunstvoll aus Messing gefertigtes Uhrwerk« *(horologium)*.[56] Mittels einer Wasseruhr seien die zwölf Stunden angezeigt worden, und nach jeder Stunde sei ein Kügelchen heruntergefallen und habe ein darunterliegendes Becken erklingen lassen. Außerdem sei nach jeder Stunde ein Reitersmann aus einem der zwölf Fenster herausgekommen. Für Karl muss das ein wundersames und willkommenes Geschenk gewesen sein, denn es diente der Vereindeutigung des Ablaufs der Zeit und damit der zeitlichen Ordnung. Angesichts dieser offenbar wohlüberlegten Gefälligkeit muss man doch von einer engeren Beziehung zwischen den beiden Großherrschern ausgehen, auch wenn keine einzige arabische Quelle darüber berichtet.

Das gute Verhältnis zum Kalifen ermöglichte es Karl dem Großen jedenfalls, seine Hilfsaktionen im Heiligen Land besser vorzubereiten, zu steuern und zu organisieren. Aufschlussreich dafür ist eine ungewöhnliche Quelle aus dieser Zeit, ein in Basel aufbewahrter ›Rotulus‹, also eine Schriftrolle, die nur mehr als Fragment vorhanden ist – »vielleicht das kostbarste Stück Überlieferung aus Jerusalem zur Zeit Hārūn ar-Raschīds und Karls des Großen«.[57] Entsprechend seinen Eingangsworten wird der Text ›Kurze Erinnerungsnotiz‹ (›Breve commemoratorii‹) genannt.[58] Er entstand zwischen 801 und 814 und dürfte in der erhaltenen Version etwas später (825–850) in einem alemannischen Skriptorium abgeschrieben worden sein.

Was die Notiz bietet, ist eine ziemlich präzise Aufstellung aller christlichen Kirchen und Klöster in Jerusalem und Umgebung. Dabei werden jeweils Anzahl, Rang und Funktion der Mitglieder genannt, auch die Größenverhältnisse der bedeutendsten Kirchen (Grabkirche Mariens, Kirche in Bethlehem, Grabeskirche und Kirche auf dem Berg Zion in Jerusalem) angegeben und schließlich die Ausgaben des Patriarchats von Jerusalem mitsamt den fälligen Abgaben an die »Sarazenen« *(in Sarracenis)* mitgeteilt.

Am Beginn steht die Grabeskirche. Dort befanden sich laut dieser Aufzeichnung 9 Priester, 14 Diakone, 6 Subdiakone, 23 Kanoniker, 13 Wächter, 41 Mönche, 12 weitere Personen, die dem Patriarchen mit Kerzen voranschritten, 17 Diener des Patriarchen, 2 (Kanzlei-)Vorsteher, 2 Zahlmeister, 2 Notare, sodann an ständigen Wächtern: zwei Priester am Grab des Herrn, einer auf dem Kalvarienberg, zwei beim Abendmahlskelch und einer beim Kreuz und dem Schweißtuch; ferner ein Diakon, dann ein persönlicher Referent des Patriarchen, zwei Kellermeister, ein Schatzmeister, einer, der für die Quellen Sorge zu tragen hatte, und neun Pförtner. Insgesamt wurden 150 Personen angeführt, zu denen noch drei Personen für die Herbergen hinzukamen.[59]

Auf diese Weise wurde Kirche um Kirche erfasst. Bisweilen hat der Verfasser Hinweise auf den ruinösen Zustand gegeben oder darauf, dass »sarazenische Banditen« *(Sarraceni latrones)* ein Kloster niedergebrannt und die Mönche getötet hätten. Solche Übergriffe haben sich offenkundig seit 802 vermehrt ereignet, als die Macht des Kalifen zurückging. 810 sah sich Karl der Große daher veranlasst, ein Hilfsprogramm für die Kirchen im Orient aufzustellen. Er traf sich am Ende dieses Jahres mit den Großen seines Reiches in Aachen und besprach mit ihnen verschiedene besorgniserregende Entwicklungen.[60] Im Kapitel 18 des Kapitulars dieser Versammlung wurde festgehalten, dass nach Jerusalem Hilfsgelder zu schicken seien, um die Kirchen Gottes wieder aufzubauen. Die ›Erinnerungsliste‹ bildete dafür, so scheint es, die Grundlage.

Freilich, Karl der Große wollte, wie erwähnt, nicht nur den Christen helfen, sondern wünschte sich auch einen Elefanten. Dieser war 801 in Tunesien angekommen. Für die lange Reise von Bagdad nach Aachen musste der Landweg entlang der nordafrikanischen Küste gewählt werden, weil eine Schiffspassage wegen der byzantinischen Seemacht zu riskant gewesen wäre. Der Jude Isaak hatte zwar bis dahin eine hervorragende logistische Leistung vollbracht. Aber nun benötigte er für die letzte Etappe nach Italien die Hilfe Karls, und der Kanzler Erkambald besorgte die notwendigen Schiffe. Damit gelang es im Herbst 801, das große Tier nach Portovenere im östlichen Ligurien, nahe dem heutigen La Spezia, zu befördern. In Vercelli musste man überwintern, bevor dann im Jahr darauf die Alpenüberquerung über den Großen St. Bernhard erfolgte. Am 20. Juli 802 zog die Gruppe endlich wohlbehalten in Aachen ein.

Weshalb wollte Karl einen Elefanten? In der Forschung findet sich häufig die Annahme, das Tier sei nicht grau, sondern weiß gewesen, ein Albino also. Ein weißer Elefant wäre in der Tat ein besonderes Herrschaftssymbol gewesen. Aber es gibt keine mittelalterliche Quelle, die dies bestätigen würde. Dennoch, ein Elefant war schon an sich im Westen mehr als eindrucksvoll. Überdies ist es bemerkenswert, dass der Elefant aus Bagdad den Namen Abul Abbas trug, also genauso hieß wie der Begründer der abbasidischen Dynastie. Wir erinnern uns: Der Name spielte im Ordnungsdenken des karolingischen Hofes eine eminent wichtige Rolle. Abul Abbas erschien wie das Abbild orientalischer Macht, und Karl konnte sich der Vorstellung hingeben, dass ihm diese Macht symbolisch zur Verfügung stand. Als der Elefant 810 verendete, war dieses traurige Ereignis immerhin so wichtig, dass es wie sonstige Staats- und Kriegsaktionen in den ›Fränkischen Reichsannalen‹ vermerkt wurde.

Der Tod des Elefanten konnte freilich auch als ein böses Omen verstanden werden. Dies umso mehr, als bereits ein Jahr zuvor, 809, Hārūn ar-Raschīd selbst verstorben war. 810 verlor Karl zudem seine geliebte Tochter Rodtrud und seinen Lieblingssohn Pippin, den tapferen König von Italien. Im Jahr darauf war auch König Karl der Jüngere tot. Die Zeichen standen nicht gut.

Kapitel 12

Der alte Karl und die Wahrheit des Herzens

810 hatte Karl ein schreckliches Erlebnis. Er befand sich auf seinem letzten Kriegszug, den er gegen den Dänenkönig Göttrik (Godofrid) führte. Dieser hatte mit seiner Flotte die Küsten Galliens und Germaniens unsicher gemacht und kündigte an, nunmehr ganz Friesland und Sachsen seiner Herrschaft zu unterwerfen.[1] Sogar in Aachen werde er in Kürze mit großer Heeresmacht erscheinen, so ließ er verbreiten, und viele waren der Ansicht, er werde dies auch wahr machen. Karl hatte keine einfache Aufgabe vor sich. Als er aber mit seinem Heer vor Sonnenaufgang aufbrach, sei plötzlich eine ungeheuer große Lichtfackel vom Himmel herabgestürzt und durch die Luft geflogen. Da habe ihn das Pferd, auf dem er saß, so heftig abgeworfen, dass die Spange seines Mantels gebrochen und sein Schwertgurt zerrissen sei. Von der Dienerschaft sei er daraufhin ohne Waffen und ohne Mantel – also ohne herrscherliche Attribute – aufgehoben worden.

Der Kaiser lag hilflos am Boden! Ein Vorzeichen seines nahen Todes? Oder zumindest eine Erinnerung an die irdische Hinfälligkeit? Auch den Angriff des Dänenkönigs überstand er nur mit Glück, weil dieser durch den eigenen Leibwächter ermordet wurde. Hinzu kam, dass sich in der Pfalz in Aachen sonderbare Dinge ereigneten. Ein Blitz schlug ein und riss den goldenen Apfel, der sich auf der Spitze des Daches befunden hatte, herunter.[2] Und in der Marienkirche selbst seien auf der umlaufenden roten Inschrift die Worte »Karl der Gebieter« *(Karolus princeps)* plötzlich verblasst.[3] Ging es zu Ende mit Karl?

Das Krisenjahr 810 kam nicht ganz so überraschend. Der sonderbaren Häufung von Sonnen- und Mondfinsternissen in diesem Jahr war Ähnliches 807 vorausgegangen. Schon in dieser Zeit hatten Karl nagende Zweifel geplagt. War Gott unzufrieden mit ihm? Waren seine Entscheidungen und Maßnahmen nicht richtig gewesen? Oder waren die Menschen allzu verstockt und hielten sich deshalb nicht an seine Anweisungen? In welchem Zustand befand sich das Reich überhaupt? Fragen über Fragen.

Im Traum habe er sogar eine Vision gehabt (›Visio Caroli Magni‹) [4]: Eine Gestalt reichte ihm ein Schwert, auf dem vier Worte zu lesen waren: *Raht, radoleiba, nasg, enti*. Sie sind nicht leicht zu deuten, denn es handelt sich eher um verschlüsselte und »scheinbar deutsche Wörter«.[5] Das Schwert war gewiss das Zeichen für Karls Macht. Das Wort *raht* sollte wohl den bisherigen guten und rechten Zustand des Reiches betonen. Aber damit sollte es künftig vorbei sein. *Radoleiba* wird als baldiger Rückgang der Erträge gedeutet, *nasg* als die darauf folgende Gewinnsucht und der Niedergang. Mit *enti* war das Ende der Welt angekündigt. Einhart selbst habe von dieser Vision gewusst und sie dem Mainzer Erzbischof Hrabanus Maurus (847–856) erzählt, der sie dann verbreitete. Der alte Karl hatte kein gutes Gefühl.

Schon 807 beschloss er, gegen den allgemeinen Verfall vorzugehen. Er erteilte den Befehl, dass überall im Reich von allen ein dreitägiges Fasten eingehalten und die Hilfe Gottes erfleht werden solle.[6] Kein Wein dürfe getrunken und kein Fleisch gegessen werden. Erforderlich sei dies, weil ihm seine Vertrauensleute über die argen Zustände in den verschiedenen Teilen seines Reiches berichtet hätten. Überall seien mehr als sonst die Erträge ausgeblieben, eine Hungersnot drohe, Unwetter würden die Ernte vernichten und Seuchen sich verbreiten.

Dieser Schilderung fügte Karl eine bemerkenswerte Erklärung an: Diese äußerlichen Geschehnisse seien Anzeichen dafür, »dass wir in jeglicher Hinsicht Gott in unserem Inneren nicht gefallen«.[7] Ein jeder solle sich daher in seinem Herzen demütigen. Gott kenne nämlich nicht nur die Taten, sondern auch schon das Vorhaben im Herzen – also die Gedankensünden. Damit war ausgesagt, dass sich die eigentliche Wahrheit im Herzen befinde!

Die Äußerlichkeit wurde der Innerlichkeit untergeordnet, die Gewissenserforschung über die äußere Form der Handlungen gestellt. Karl ging in sich – eine wahrhaft beeindruckende Wandlung in seinen letzten Jahren.

Auch 810, im Jahr der großen Schicksalsschläge und obendrein auch noch einer fürchterlichen Rinderseuche[8], ordnete er dreimal ein dreitägiges Fasten an *(tria triduana ieiunia)*.[9] Gott möge sich durch die Bitten erbarmen, »uns zu zeigen, in welcher Hinsicht wir unseren Lebenswandel ändern müssen«, so lautete die Begründung dafür. 811 ließ Karl in diesem Zusammenhang einen Fragebogen erarbeiten »über die Punkte, über die wir mit unseren Bischöfen und Äbten sprechen und mit denen wir sie über das gemeinsame Wohl aller unserer Leute ermahnen müssen«.[10] Bischöfe, Äbte und Mönche sollten befragt werden, wie ihr Lebenswandel aussehe, mit welchen weltlichen Geschäften sie befasst seien, wie es mit Schule und Lehre bestellt sei, wie sie ihr Vorhaben, »die Welt zu verlassen«, umsetzten, inwieweit sie nach weltlichen Besitzungen strebten und bewaffnete Mannschaften aufstellten.

Der zentrale Punkt steht am Schluss: Wie hielten sie es mit dem inneren Wandel des Herzens? Sei es nicht manchem wichtiger, dass sein Kleriker oder Mönch gut singe und vorlese, als dass er ein gerechtes und gutes Leben führe? Es sei zwar durchaus wichtig, dass in der Kirche das Lesen und Singen fleißig geübt werde, »aber es scheint uns die Unvollkommenheit des Singens doch viel erträglicher als die der Lebensführung«.[11] Auch den schönen Gebäuden der Kirchen seien die guten Sitten vorzuziehen.

War das ein neuer Karl? Die frühere Bildungsoffensive mit ihrem Auftrag nach korrektem Schreiben, Lesen und Singen wurde zumindest um einen wesentlichen Aspekt ergänzt: die Bildung des Herzens und die Hebung des moralischen Niveaus. Hatte in dieser Hinsicht Karls bisherige Politik versagt? Er selbst nahm sich jedenfalls nicht von der Kritik aus: »Wenn wir Christus, den Aposteln und denen, die den Aposteln ›in rechter Weise‹ *(recte)* gefolgt sind, in der kirchlichen Zucht *(in ecclesiastica dis-*

ciplina) nachfolgen wollen, dann müssen wir uns in vielen Dingen ganz anders verhalten, als wir es bis jetzt getan haben, müssen vieles, was wir gewohnt waren zu tun, aufgeben und nicht weniger viel tun, was wir bisher versäumt haben.«[12] Der Schwerpunkt sollte jetzt auf die Bildung einer von innen heraus christlich durchformten Persönlichkeit gelegt werden.

Noch eine andere Sache beunruhigte Karl in diesen Jahren. Er musste zur Kenntnis nehmen, dass die Schere zwischen Arm und Reich bei seinen Untertanen immer weiter auseinanderklaffte. 811 ließ er deshalb eine Befragung durchführen.[13] Sie fiel vernichtend aus. Immer mehr Menschen verweigerten den Gehorsam, wenn sie Heeresdienst leisten sollten. Als Grund gaben sie an, sie seien um ihr Eigentum gebracht worden, und zwar von den Bischöfen, Äbten, Vögten, Grafen und deren Unterbeamten. Wenn jemand sein Eigentum einem Bischof, Abt, Richter oder Unterbeamten nicht geben wollte, dann würden diese nach Gründen suchen, um ihn zu verurteilen. Fortwährend müsse er dann zu Heereszügen einrücken, so lange, bis er gänzlich verarmt sei. Dann sei er gezwungen, sein Eigengut zu übergeben und zu verkaufen. Andere, die das schon getan hätten, dürften in Ruhe zu Hause bleiben. Die Grafen wiederum brachten vor, dass ein Teil ihrer Grafschaftsleute ihnen nicht gehorche und die Bannbuße des Kaisers nicht zahlen wolle. Selbst wenn die Häuser solcher Leute unter den Bann gestellt würden, erreiche man damit keine Unterordnung. Das alles beweise, dass in allen Dingen die Grafschaftsleute (*pagenses*) den Grafen und Königsboten ungehorsamer seien, als sie es früher waren.

Man wird dieser Erhebung zum einen entnehmen dürfen, dass die Menschen des Kriegs müde geworden waren. In den Jahren nach 800 war mehr und mehr die Kriegsbegeisterung verflogen. Es gab nichts mehr zu erobern, das Beutemachen lohnte nicht mehr und die Gefahren hatten sich eher in das Innere des Landes verlagert. Räuberbanden trieben ihr Unwesen. Immer wieder kam es vor, dass Knechte entführt und als Sklaven verkauft wurden. Alkuin klagte schon 793 darüber, dass sein Knecht von Sklavenhändlern auf offener Straße geraubt worden sei.[14]

Zum anderen ist in diesen Berichten zu erkennen, dass Frieden und soziale Gerechtigkeit vermisst wurden. Auch zwei Jahre später, 813, hatte sich daran nichts geändert. Auf dem Konzil von Tours wurde in diesem Jahr vermerkt: »Durch verschiedene Begebenheiten sind an vielen Orten die Güter der Armen sehr gering geworden, die Güter nämlich jener, die man als Freie kennt und die unter der Gewalt von Mächtigeren leben. Wenn unser gnädigster Herr über ihre Rechtsumstände und Gerichtshändel genau nachforschen ließe, würde sich ergeben, dass sehr viele durch verschiedenartige Umstände schon bis zu äußerster Armut getrieben wurden«.[15] Ganz ähnlich heißt es in einer Bestimmung des Konzils von Arles aus demselben Jahr: Königliche Beamte sollten sich nicht bereichern zulasten der Armen.[16]

Wie konnte es zu diesem Umschwung in der gesellschaftlichen Ordnung kommen? Lag es an Karl selbst? Freilich, ihm wurde nach wie vor Verehrung entgegengebracht. Aber er war alt geworden. 810, mit 62 Jahren, war es das letzte Mal, dass er persönlich mit in einen Krieg zog. Die Jahre von 810 bis 812 sind vielmehr erfüllt von einer ganzen Reihe von Friedensverträgen: mit dem neuen Dänenkönig Hemming, mit Kaiser Michael I. von Byzanz, mit Slavenfürsten aus Pannonien, mit dem »Sarazenenkönig« Abulaz und mit Herzog Grimoald von Benevent. Der alte Karl wollte Ruhe und Frieden. Die frühere Kraft und Ausstrahlung, mit der er seine Krieger einst zu einer verschworenen Gemeinschaft der Franken vereint hatte, schwand dahin. Hörte man überhaupt noch auf ihn?

810 war zudem das Jahr, in dem er zum ersten Mal von Fieberanfällen geschüttelt wurde, die, wie Einhart berichtet (cap. 22), dann bis zu seinem Tod immer wiederkehrten. Außerdem begann er mit einem Fuß zu hinken, was dem Urteil seiner Ärzte nach durch übermäßigen Verzehr von gebratenem Fleisch ausgelöst worden war. Sie hätten ihm geraten, nur noch gesottenes Fleisch zu essen, was er aber abgelehnt habe. Die einst so eindrucksvolle Gestalt sank in kurzer Zeit zusammen. Karl musste sich jetzt Gedichte anhören wie dasjenige von Theodulf von Orléans:

»Risse zeigt die Mauer, Zeichen des bevorstehenden Verfalls,
Sie, die in Mannesjahren kräftig und kunstvoll geschmückt dastand.
So wie es einen Greis verdrießt, wenn fröhliche Gesänge gesungen werden
Und man aufrecht steht, reitet, schreitet und witzige Worte sagt,
Und wie er, übelgelaunt die zitternden Glieder immerzu keuchend schüttelnd,
Seufzt und stöhnt und ständiges Gemurmel verbreitet:
So hat alles Süße die alternde Welt verlassen,
Und nichts mehr bleibt ihr von der alten Stärke.«[17]

Die Verse fangen das geradezu greisenhafte Verhalten Karls ein, den laut Einhart »gegen Ende seines Lebens Krankheit und Alter schon sehr schwächten«.[18] Aber es spiegelt sich darin auch eine Niedergangsstimmung, von der offenbar am Ende der ganze Hof ergriffen wurde. »Seltener als früher findet sich in jeglichem Amt ein Diener *(minister)*, und nichts steht fest, wie es vorher stand«, so fügte Theodulf hinzu. Eine fröhlich lärmende Gesellschaft, die sich der Jagd und dem Festschmaus hingibt, kann man sich angesichts dieser Stimmungslage der letzten Jahre kaum mehr vorstellen. Am Hof in Aachen dürfte es ruhiger geworden sein.

Die Zeit wurde reif für ein Testament. In den ersten Monaten des Jahres 811 ließ Karl eine Urkunde erstellen über »die Verteilung seiner Schätze, des Geldes, der Kleider und des sonstigen Geräts in Gegenwart seiner Freunde und Diener«.[19] Seine Erben sollten »unter Beseitigung jeder Unbestimmtheit« *(omni ambiguitate remota)* wissen, was sie zu bekommen hätten. Dieses Testament ist in höchstem Maße überraschend. »Alles Hab und Gut, was sich in Gold, Silber, Edelsteinen und königlichem Schmuck an jenem Tag in seiner Schatzkammer vorfand«, ließ der Kaiser in drei Teile teilen. Zwei dieser Teile wurden zusammengefasst und wiederum in 21 gleiche Partien unterteilt. Diese gingen an die 21 Erzbischöfe seines großen Reiches, deren Sitze im Testament namentlich aufgeführt werden: Rom, Ravenna, Mailand, Cividale del Friuli (Aquileja), Grado, Köln, Mainz, Salzburg,

Trier, Sens, Besançon, Lyon, Rouen, Reims, Arles, Vienne, Tarentaise, Embrun, Bordeaux, Tours und Bourges. Die Erzbischöfe wiederum sollten von den Schätzen, die sie erhielten, jeweils zwei Drittel an ihre Suffragan-Bischöfe weiterverteilen. Diese Anordnung wurde sofort durchgeführt, sodass die Portionen angelegt und jeweils versiegelt wurden.

Damit blieb ein Drittel übrig, das sich Karl noch zu Lebzeiten reservierte. Nach seinem Tod sollte es in vier Portionen geteilt werden. Ein Teil ging dann erneut an die Bischofskirchen. Den zweiten Teil sollten seine Söhne (Ludwig und der damals noch lebende Karl) und seine Töchter erhalten, den dritten Teil die Armen und den vierten Teil die Knechte und Mägde am Hof in Aachen. Das bedeutete, dass fünf Sechstel des Kronschatzes an die Kirchen und die Armen verteilt wurde. Nur ein Zwölftel blieb für die Kinder, genauso viel wie für die Mägde und Knechte. Hinzu kam, dass auch noch die Hofbibliothek aufgelöst und verkauft werden sollte; der Erlös sollte den Armen zufließen.

Eine Besonderheit stellten vier wertvolle Tische dar. Drei waren aus Silber, einer aus Gold gefertigt. Die Silbertische waren sensationell gestaltet: Auf einem von ihnen war der Plan der Stadt Konstantinopel *(descriptio urbis Constantinopolitanae)* abgebildet. Auf dem zweiten befand sich ein Bild der Stadt Rom. Der dritte Tisch stach besonders hervor, weil auf ihm eine ›Weltkarte‹ *(totius mundi descriptio)* aufgebracht war. Alle drei waren also mit kaiserlichen Motiven versehen. Aber auch diese Tische mitsamt demjenigen aus Gold sollten an Kirchen (Rom und Ravenna) gehen und zur Unterstützung der Armen eingesetzt werden.

Was hat Karl zu einem derartigen Testament veranlasst, das offenbar in erster Linie seinem eigenen Seelenheil dienen sollte? Kaum etwas blieb für seine Kinder. Kümmerte ihn das künftige Schicksal seines Reiches nicht mehr? War seine groß angelegte Bildungsreform, die in der einzigartigen Hofbibliothek ihren Mittelpunkt besaß, in seinen Augen gescheitert, sodass sie weggeräumt werden konnte? War mit seinem eigenen Ende gar das Ende seiner ganzen Herrschaftskonzeption verbunden? Auffällig ist ein kleiner Einschub im Testament, in dem es heißt, dass über das dritte Drittel erst verfügt werden soll »nach seinem Tod oder nach seinem freiwilligen Rücktritt aus dem weltlichen Leben«.[20] Trug er sich mit dem Gedanken, selbst in ein Kloster einzutreten, so wie einst sein Onkel Karlmann? Alle diese Fragen können wir nicht beantworten, aber sie weisen doch deutlich darauf hin, wie sehr der einst so großmächtige Kaiser Karl am Ende von heftigen Zweifeln geplagt wurde und in sich ging.

Aber es gab doch einmal noch ein Aufbäumen. Im Jahr 813 versuchte Karl in einer Art von Gewaltakt sein gesamtes Programm noch einmal im ganzen Reich anzuordnen und seine Befolgung zu erzwingen. Auf seinen Befehl hin, so berichten die ›Fränkischen Reichsannalen‹, wurden fünf Konzilien abgehalten, und zwar in Mainz, Reims, Tours, Chalon-sur-Saône und Arles. Den Teilnehmern dieser Versammlungen legte Karl offenbar einen Fragebogen vor, der abzuarbeiten war, der beantwortet werden musste und der zur Selbstbesinnung führen und schließlich eine erneute und umfassende Reformgesetzgebung einleiten sollte. Die Verteilung einer Reichsversammlung auf fünf Orte war neu und macht deutlich, wie gründlich und intensiv diese Untersuchung geplant war. Das gesamte Reich sollte erfasst und durchleuchtet werden.

Den Anfang machte man um die Mitte des Monats Mai 813 in Arles und in Reims. Kurz darauf folgten die Versammlungen in Chalon und Tours und Ende Mai/Anfang Juni 813 in Mainz. Die Beschlüsse sämtlicher Synoden sind erhalten.[21] Die Mainzer Versammlung stand unter der Leitung des Erzbischofs Hildebald von Köln, der hier »Erzbischof des heiligen Palastes« *(sacri palatii archiepiscopus)*[22] genannt wird. In der prachtvollen Klosterkirche von St. Alban vor Mainz fanden sich Bischöfe, Äbte und Mönche und schließlich Grafen ein. Sie bildeten drei Gruppen, in denen die Grundlagen für die kirchliche und weltliche Ordnung und die vorbildliche Lebensführung diskutiert wurden. Man machte dies »auf Befehl« Karls, der als frommer und demütiger Lenker bezeichnet wird. Dieser habe seiner Zeit die Quelle der heiligen Weisheit geöffnet[23] und trachte danach, »die Seelen vieler dem Schlund des grauenvollen Drachen zu entreißen«.[24] In den Akten der Versammlung von Reims wird zudem hervorgehoben, Karl habe das Konzil »nach der Sitte der alten Kaiser«[25] einberufen, so wie ein christlicher Kaiser der römischen Spätantike. Karl ahmte also das antike Vorbild nach.

Auf allen Versammlungen wurden Fragen des Friedens behandelt. »Friede, Eintracht und Einmütigkeit«[26] seien die Grundlage für das Gedeihen des christlichen Volkes. So wie es einen Gott Vater gebe, eine Mutter Kirche, einen Glauben und eine Taufe, so sollten alle auch in einem gemeinsamen Frieden und in harmonischer Eintracht leben. Dann wandte man sich einzelnen Aspekten des Lebenswandels der Kleriker und der Mönche zu, der Heiligung des Sonntags, dem richtigen Beten des Glaubensbekenntnisses und des ›Vaterunsers‹, der korrekten Durchführung der Taufe, der Beichte und der Buße sowie der Einrichtung von Schulen, in denen das alles gelehrt werden sollte. Zum ersten Mal treffen wir überdies in Mainz, Chalon und Tours auf die Vorschrift, dass reichsweit alle Mönche nach der Regel Benedikts von Nursia leben müssten. Schon 811 hatte Karl eine entsprechende Umfrage bei den Grafen, Bischöfen und Äbten durchgeführt, ob nämlich Mönche überhaupt eine andere Regel als diejenige Benedikts befolgen dürften.[27] Die Verfügung des Konzils von Aachen, die dann 816 unter Ludwig dem Frommen die Benediktregel als einheitliche und eindeutige Norm zwingend vorschreiben wird, war also 811 und 813 bereits vorbereitet worden. Auch über die Laien wurden Beschlüsse gefasst, vor allem im Hinblick auf Missstände im Gerichtswesen. Bestechlichkeit sollte es nicht mehr geben, auch keine Meineide mehr. Inzest wurde streng verboten, ebenso Trunksucht, Fluchen und Singen unanständiger Lieder.

Alles sollte besser werden, und Karl ließ sich die Vorschläge nach Aachen bringen. Dort hielt er am 11. September 813 einen Hoftag ab, auf dem zunächst die Frage geklärt wurde, ob er seinem einzig verbliebenen Sohn Ludwig »seinen Namen, das heißt, den des Kaisers« *(nomen suum id est imperatoris)* übertragen sollte. Dieser Vorgang lässt erkennen, dass die sogenannte »Nomentheorie« für die Erhebung des Kaisers immer noch eine grundlegende Bedeutung hatte. Die Großen stimmten zu. Daraufhin erteilte Karl seinem Sohn den Befehl, in der Marienkirche zu Aachen die Krone vom Altar zu nehmen und sich auf das Haupt zu setzen.[28] Nach byzantinischer Sitte war Ludwig damit zum Mitkaiser und Nachfolger gekürt. Der Papst wurde dafür nicht benötigt. Dieser Vorgang ist vor allem deshalb bemerkenswert, weil hier erstmals das Kaisertum als eine übergreifende Kategorie für die Nachfolge und zugleich für die Einheit des Reiches eingeführt wurde – ein später Versuch Karls, das Teilungsprinzip einzudämmen.

Dann ging man an das große Unterfangen der Reform. Die Ergebnisse der fünf Konzilien wurden zusammengefasst und in zwei Kapitularien als Befehle des Kaisers ausgegeben[29]: Ohne Glauben könne niemand gerettet werden. Aber ebenso wichtig seien Frieden und Eintracht, vor allem bei denen, die andere auf den »Weg der Wahrheit« *(in viam veritatis)* führen sollten.[30] Deshalb erteilte er, Karl, allen Bischöfen, Äbten, Grafen und Richtern den Befehl, sich danach zu richten. Auch die Königsboten wurden nochmals ermahnt, all dasjenige zu korrigieren und zu verbessern, von dem sie auf ihren Kontrollreisen feststellten, dass es den Anordnungen Karls in seinen Kapitularien nicht entspräche.[31]

Die Ermahnungen gingen aber auch an alle anderen Menschen seines Reiches. Karl belehrte ein letztes Mal seine Untertanen, wie sie ihre persönliche Lebensführung zu gestalten hätten. Alle sollten sie den Königsboten, Grafen und Richtern gehorsam sein. Am Ende kündigte er eine allgemeine Überprüfung im ganzen Reich an. Er wolle durch seine Königsboten genau feststellen lassen, »was von all den Kapitularien, die wir seit vielen Jahren in unser Reich geschickt haben, beachtet wird und wer all dasjenige einhält, was dort befohlen worden ist, oder wer im Gegenteil diese Bestimmungen verachtet oder vernachlässigt, damit wir wissen, was mit denen geschehen soll, die in so vielen Jahren die Gesetze Gottes und unseren Befehl verachtet haben.«[32]

Es dürfte das letzte Kapitular gewesen sein, das Karl erlassen hat. Man kann die große Enttäuschung des alten Kaisers aus den

Worten heraushören. War alles umsonst gewesen? Wie konnte es geschehen, dass Gottes Gesetze und seine eigenen Anordnungen, die ineinanderflossen, nicht befolgt worden waren? War das Konzept des ›Gottesreichs‹ auf Erden gescheitert? Ein letztes Mal bereitete er Maßnahmen vor, seinen Willen dennoch zu erzwingen. Aber es war zu spät. Nachdem er immer wieder von Gichtanfällen geplagt war, kam im Winter 813/814 in Aachen noch eine Rippenfellentzündung hinzu. Bald fühlte er sein Ende nahen, daher rief er den Erzbischof Hildebald von Köln zu sich. Dieser spendete ihm am 27. Januar das Sakrament des Abendmahls. Am nächsten Morgen kam das Ende. Karl soll sich noch einmal bekreuzigt haben. Dann habe er seine Füße angezogen *(colligens pedes suos)* und schließlich im Sterben leise *(leniter)* den Psalm 30 gesungen: »In deine Hände, oh Herr, befehle ich meinen Geist«.[33] Dies geschah am Vormittag des 28. Januar 814, einem Samstag.

Karl war tot. Viele Jahre zuvor, am 13. Januar 769, hatte er in einer Schenkungsurkunde an das Kloster Saint-Denis den Wunsch geäußert, im Haus des heiligen Dionysius, wo sein Vater Pippin begraben worden war, auch selbst seine letzte Ruhestätte zu finden.[34] Aber das war längst in Vergessenheit geraten. Karl, so behauptet Einhart (cap. 31), habe zu Lebzeiten nichts über seine Grabesstätte bestimmt. Daher sei beschlossen worden, ihn in der Pfalzkirche von Aachen bei der Gottesmutter Maria zu bestatten. Es gebe dafür keinen würdigeren Ort. In der Tat war Aachen inzwischen zum Mittelpunkt seines ›Gottesreichs‹ geworden – kaiserlich ausgestaltet und ausgestattet. So wurde Karls Leichnam »in üblicher Weise« gewaschen und einbalsamiert[35] und noch an seinem Todestag in der Marienkirche beigesetzt.[36]

Wie aber sah dieses erste Grab Karls aus? Von Einhart erfahren wir nur, dass darüber ein vergoldeter Bogen mit Karls Bild und einer Inschrift errichtet worden sei. Wahrscheinlich wurde Karl in den berühmten, aus weißem Marmor gefertigten Proserpina-Sarkophag gelegt, der heute noch in Aachen zu sehen ist. Er stammt aus dem dritten Jahrhundert n. Chr. und ist an seinen Seiten mit wundervollen Reliefs geschmückt. Sie zeigen den Raub der Proserpina, der Tochter der Fruchtbarkeitsgöttin Demeter, durch Hades, den Gott der Unterwelt. Fortan musste Proserpina ein Drittel eines jeden Jahres bei ihrem Gemahl in der Unterwelt ausharren, dann durfte sie für die zwei anderen Drittel wieder zurück zu ihrer Mutter auf die Erde. So wurde sie zum Symbol für den ständigen Kreislauf des Werdens und des Vergehens in der irdischen Welt. Karl der Große hatte den Sarkophag selbst aus Italien nach Aachen schaffen lassen – und es ist naheliegend, dass er ihn für sich selbst bestimmt hat.

Der Marmorsarg, in dem die Gebeine Karls geborgen waren, wurde, so muss man annehmen, zunächst innerhalb der Aachener Marienkirche aufgestellt. Mit der darüber angebrachten Inschrift war die Stelle kenntlich gemacht: »Unter dieser Grabesstätte liegt der Leib Karls, des großen und rechtgläubigen Kaisers, der das Reich der Franken herrlich vergrößert und siebenundvierzig Jahre hindurch glücklich regiert hat. Er starb als Siebziger im Jahre des Herrn 814, in der siebten Indiktion, am 28. Januar.«[37] Von einem Thron, auf den Karl gemäß späteren Quellen gesetzt worden sein und der sich in einer Grabkammer befunden haben soll, ist hier noch keine Rede.

Es fällt auf, mit welcher Eile diese Bestattung vor sich ging. Der tote Kaiser wurde nicht dem Volk gezeigt oder in einer feierlichen Prozession durch die Kirchen getragen, wie zweihundert Jahre später Kaiser Otto III. Karls Zeit war für seine Umgebung offenbar schon seit geraumer Zeit abgelaufen. Man rechnete schon länger mit seiner »baldigen körperlichen Auflösung« *(cita corporea solutio)*[38] und hatte sich gewissermaßen von ihm bereits verabschiedet. So konnte nun der letzte Akt, das Begräbnis, rasch erledigt werden. Der »große« und befehlsgewohnte Kaiser mag manchem in seiner Umgebung inzwischen sogar zur Last geworden sein. So war es am Ende einsam um ihn geworden. Karl zog sich, bildhaft »mit eingezogenen Füßen«, in sich zurück und starb schließlich einen leisen Tod.

Sein Sohn Ludwig, der sogleich aus Aquitanien nach Aachen eilte, übernahm nun »alle Reiche, die Gott seinem Vater gegeben hatte«.[39] Das Testament seines Vaters scheint er, wie Einhart bestätigt (cap. 33), einigermaßen korrekt ausgeführt zu haben. Dass er freilich den »größten Teil des Schatzes« nach Rom zu Papst Leo III. schickte[40], war im Testament eigentlich nicht vorgesehen. Doch scheint es keinen Protest gegeben zu haben, zumal sich Ludwig selbst mit dem silbernen Tisch mit der Weltkarte als Erbe begnügt haben soll.[41] Der Übergang der Herrschaft vollzog sich vollkommen reibungslos.

Dass freilich Karls »ruhmvolles Leben« und seine Taten »für die Menschen der Gegenwart wohl unerreichbar« waren und bleiben sollten, wie Einhart in seiner ›Vita Karoli Magni‹ ahnungsvoll schrieb, sollte sich für Ludwig den Frommen bald bewahrheiten: Die Bischöfe übernahmen die Aufsicht über den Kaiser, und der Teilungsgedanke, dem Karl der Große mit seinem Konzept von 806 so starken Vorschub geleistet hatte, setzte sich weiter durch. Ludwigs Herrschaft mündete allzu rasch in ein Desaster. Am Ende standen 841 mit der Schlacht bei Fontenoy ein fürchterlicher Bürgerkrieg im Frankenreich und 843 mit dem Vertrag von Verdun der Einstieg in die Trennung von Ostreich und Westreich.

Damals erinnerte der Geschichtsschreiber Nithard, der Enkel Karls, an die Goldenen Zeiten: Unter Karl dem Großen habe überall Frieden und Eintracht geherrscht, »weil dieses Volk auf einem gemeinsamen und dem rechten Weg und deshalb dem Weg Gottes in der öffentlichen Ordnung einherschritt«.[42] In seiner eigenen Zeit dagegen wolle jeder seinen eigenen Weg gehen. Die Folgen seien Uneinigkeit und Streit, und die Hoffnung auf alles Gute gehe verloren. Ans Ende setzte er ein Zitat aus dem Buch der Weisheit Salomons (Sap. 5,20): »Und die Welt wird kämpfen gegen die Wahnwitzigen«, nämlich diejenigen, die »vom Weg der Wahrheit abgeirrt sind« (Sap. 5,6). Die »Rechtheit« und damit die Eindeutigkeit im Glauben und Beten, im Denken und Handeln, im Sprechen und Schreiben, im Kampf für das Gute und die Wahrheit, ja in der gesamten Lebens- und Staatsordnung schienen im Rückblick von dreißig Jahren nur noch ein fernes Ideal zu sein. Die Vielheit und das vielfältige Eigeninteresse hatten sich in der Wahrnehmung Nithards durchgesetzt. Schon für die Zeitgenossen, so ist daran abzulesen, begann mit Karls Tod auch der Zerfall des Reiches. War dieses so eng mit Karls Person verknüpft, dass es als »Ausnahmeerscheinung« oder »Anachronismus« bezeichnet werden muss?[43] Karl selbst blieb vom Niedergang jedenfalls unberührt. Er behielt seinen Platz in der Erinnerung und überdauerte als großer und heiliger Kaiser alle Zeiten.

Schlussbemerkung

Was ist geblieben von der Eindeutigkeits-Offensive Karls des Großen? Manche seiner Maßnahmen zur Vereinheitlichung sind für diese Frage nicht von Belang. Dazu gehört, dass Karl den Monaten einheitliche Namen gab, wie von Einhart (cap. 29) berichtet wird. Der Januar sollte Wintarmanoth heißen, der Februar Hornung, der März Lentzinmanoth, der April Ostarmanoth, der Mai Winnemanoth, der Juni Brachmanoth, der Juli Hewimanoth, der August Aranmanoth, der September Witumanoth, der Oktober Windumemanoth, der November Herbistmanoth und der Dezember Heilagmanoth. Auch die Winde soll er mit einheitlichen Namen versehen haben. Von der Vereinheitlichung der Maße und Gewichte war schon die Rede (›Admonitio generalis‹). Auch die Gesetze der Völker habe er angleichen wollen, ein Unterfangen, mit dem er aber wenig Erfolg hatte.

Alle diese Maßnahmen und noch andere mehr sind für die Frage nach der Nachhaltigkeit unerheblich. Es gibt aber zwei Aspekte, die für die Zukunft eine ganz zentrale Rolle spielen sollten. Dies betrifft zum Ersten die neue Rolle der Wahrheit. Die Wahrheit im Verständnis der Zeit Karls des Großen ging von Gott aus. Sie war zwar nicht identisch mit ›Eindeutigkeit‹, aber sie verlangte nach eindeutiger Unterscheidung zwischen Gut und Böse, zwischen rechtem Handeln und falschen Entscheidungen, zwischen Gerechtigkeit und Unrecht, zwischen gottgefälliger Lebensweise und Vernichtung der Seele. Um das Gute und Wahre zu erkennen, waren Wissen und Bildung, Methoden der Erkenntnis, Schulung des Geistes und zuverlässige Grundlagen der

Überlieferung und der Texte erforderlich. Nur auf diese Weise konnte der Versuch unternommen werden, verbindliche und eindeutige Normen für die Lebensordnung des Einzelnen und für die Ordnung des Staatswesens als Ganzes zu schaffen. Die Folge war ein einzigartiger Wissenstransfer von der Antike ins frühe Mittelalter und der Aufbau von Wissensspeichern in Form von Bibliotheken, war eine bis dahin nicht da gewesene Bildungsoffensive und eine neuartige Führungsrolle der geistigen Elite in weiten Teilen des christlichen Europa.

Das Bestreben nach Wahrheit, ihrer Erkenntnis und ihrer Gültigkeit verlangte aber auch die Unterwerfung der Völker unter das Gesetz der Wahrheit Gottes, also die Christianisierung. Die neue ›Wahrheitsgesellschaft‹ war vollständig auf die Normen und Wahrheiten der Kirche ausgerichtet. Diese waren freilich keineswegs immer eindeutig, sodass Karl der Große und sein Gelehrtenteam immer wieder in kirchliche Glaubensfragen eingreifen mussten. Der Papst in Rom blieb von den fränkischen Direktiven nicht verschont. So wurde auch hier ein Prozess der Vereindeutigung vorangetrieben.

Karl selbst, so war zu sehen, erachtete den Erfolg seiner Bemühungen in seinen letzten Lebensjahren als nicht befriedigend. Er hatte die Kraft der Vielfalt, der regionalen, lokalen und individuellen Ansprüche, Interessen und Traditionen unterschätzt. Seine Ansprüche und Erwartungen waren offenbar zu hoch gewesen, und die Schwäche der menschlichen Natur war bei Karls Untertanen – wie auch sonst in der Geschichte – durch Normen und Regulierungen nicht leicht zu überwinden. Dennoch kann man nicht von einem Scheitern sprechen. Die weitere Geschichte lehrt uns vielmehr, dass all die geschilderten Ansätze einer Wissens- und Wahrheitsgesellschaft keineswegs untergegangen sind. Sie haben über Jahrhunderte weitergewirkt, haben, wie eingangs erwähnt, im zwölften Jahrhundert die Universitäten hervorgebracht und die Verfeinerung der wissenschaftlichen Methoden angeregt.

Der zweite Bereich, der in einem Resümee zur Epoche Karls des Großen genannt werden soll, ist das Mönchtum. 811 treffen wir auf den ersten Versuch, die Regel des heiligen Benedikt für alle Klöster des Reiches verbindlich vorzuschreiben. Diese Anordnung beruhte auf einem längeren Vorlauf. Schon der Missionar Bonifatius und Bischof Willibald von Eichstätt hatten die Benediktregel in das Reich gebracht. Sie galt als die eigentliche römische Regel und war damit als Norm autorisiert. Ihre besondere Bedeutung aber lag darin, dass sie geeignet war, in einzigartiger Weise das Anliegen der Reform Karls und seiner Gelehrten zu bündeln. Getragen vom Geist der feinen Unterscheidungskraft *(discretio)* und unter Beachtung der Gerechtigkeit *(iustitia)* sollte der Abt wie ein Vater jedem Mitglied seiner Gemeinschaft die Grundsätze der Gottes- und der Nächstenliebe vermitteln.[1] »Seine Befehle und seine Lehren sollen wie Sauerteig göttlicher Gerechtigkeit *(divina iustitia)* die Herzen der Jünger durchdringen« (Benediktregel cap. 2). Diese wiederum sollten den Weisungen das »Ohr ihres Herzens« *(aurem cordis)* öffnen (Prolog). Hinzu kamen eindeutige Regelungen für die Organisation einer klösterlichen Gemeinschaft. Der aus der Zeit Karls stammende sogenannte St. Galler Klosterplan, der in Wirklichkeit auf der Reichenau entstanden ist, hat die bauliche Gestaltung abzubilden versucht.

Den großen Aufschwung erfuhr die Benediktregel dadurch, dass sie um 800 von Benedikt von Aniane in Aquitanien zur Musterregel erhoben wurde. Der Westgote Witiza, wie Benedikt zuerst hieß, verfügte über eine mächtige Stellung und großen Besitz in der Region Languedoc-Roussillon. Sein Kloster, von dem schon die Rede war, gründete er 782 am Bach Aniane, westlich von Montpellier. Daraus entstand eine riesige Anlage mit tausend und mehr Mönchen, wie es in der Vita Benedikts heißt.[2] Fast alle Klöster Aquitaniens schlossen sich der Regel an. Man kann sagen, dass dieses Kloster zur geistigen und religiösen »Vormacht« im Unterkönigreich Ludwigs von Aquitanien aufstieg.[3] Benedikt von Aniane wurde zum »Heerführer und Strategen des Gottesreiches«.[4] Strenge Zucht und genaue Regelbefolgung waren gefordert. Die Mönche sollten zum Vorbild für die Menschen werden, mit einer ebenso vorbildlichen und auf Eindeutigkeit ausgerichteten Lebensordnung, die das Seelenheil garantierte. Wissen und Bildung waren dafür erforderlich, um die kirchlichen und klösterlichen Vorschriften zu kennen und verstehen zu können.

Es war zwar keineswegs so, als hätten sich nun alle Klöster des karolingischen Reiches diesem Modell angeschlossen, aber der Einfluss, der von dieser Reform ausging, war enorm.[5] In späteren Jahrhunderten konnte darauf aufgebaut werden. So waren die Klöster im elften und zwölften Jahrhundert die ersten Institutionen, die straffe und überspannende Organisationsformen (Generalkapitel) in Europa entwickelten und klare und eindeutige Rechtsordnungen *(Constitutiones)* entwarfen. Als Träger der Bildung, des Wissens und der Wissenschaften blieben sie über lange Zeit die Mittelpunkte der geistigen und technischen Innovationen für die Gesellschaft. Man sieht in den Klöstern heute sogar die ›Innovationslabore‹ der Moderne.[6] So sehr es vielleicht überraschen mag: Es waren vor allem die Klöster, die das Vermächtnis der Epoche Karls des Großen gehütet und die Impulse der ›Vereindeutigung‹ weitergetragen und fortentwickelt haben.

Es wäre nun müßig, darüber zu spekulieren, welchen Anteil an allen diesen Vorgängen Karl der Große persönlich hatte. Es wäre nutzlos, Forschungen darüber anzustellen, bis zu welchem Niveau er mit den Gelehrten mithalten konnte oder wie weit er die Tragweite theologischer Disputationen erfasste. Dass er in hohem Maße die Prozesse beeinflusste, ja steuerte, steht außer Frage. Seine Kapitularien und Anordnungen zur Organisation seines ›Staates‹ sprechen eine deutliche Sprache. Auch die vielen Hinweise auf seinen außergewöhnlichen Bildungsstand können nicht nur als Fiktion seiner Zeitgenossen abgetan werden. Karl war die anerkannte Autorität im fränkischen Reich. Von den Zeitgenossen wurde er geschätzt und geachtet. Vor allem war er von seiner Persönlichkeit her in der Lage, das Ordnungsmodell des Gottesreichs auf Erden mit seinen »eindeutigen« Normen als neuartiges Herrschaftsprogramm umzusetzen. In diesem Sinne darf man Karl den Großen als Leitfigur einer besonderen Epoche bezeichnen, die sich der Idee der ›Vereindeutigung‹ verschrieben hatte – und zwar in allen Bereichen politischer, gesellschaftlicher, kultureller und religiöser Ordnung. Ihre Wirkkraft war enorm, auch wenn es scheint, dass wir uns heute mit der Vision der ›Unbestimmtheit‹ von ihr gelöst haben.

ANHANG

Anmerkungen

Kapitel 1

Das ›Paderborner Epos‹ datiere ich im Unterschied zur heutigen Forschungsmehrheit auf 799. Siehe zur Datierung nach 800: Schaller: Das Aachener Epos. Zum »Baumeister« u. a.: Braunfels: Karl der Große; Mordek: Karl der Große – barbarischer Eroberer oder Baumeister Europas? Zur Europathematik grundlegend: Oschema: Bilder von Europa, hier S. 133 ff.

1 Oexle: Die Gegenwart des Mittelalters; Fried: Die Aktualität des Mittelalters; Nipperdey: Von der Aktualität des Mittelalters.

2 Werner: Histoire comparée, S. 90.

3 Einhart, Vita, cap. 24, S. 29: *Delectabatur et libris sancti Augustini, praecipueque his qui de civitate Dei praetitulati sunt.*

4 Alkuin, Brief Nr. 74 von 790/796, in: MGH Epistolae 4, S. 117.

5 Ebd.

6 Anselm, De veritate, cap. 3, 4, 5 und 12.

7 Heinzer: Exercitium, S. 125.

8 Hilgert: Von ›Listenwissenschaft‹.

9 Groebner: Schock, S. 71.

10 Groebner, ebd., der diese Beobachtung ironisch kommentiert.

11 Christian Benne: Aporetik der Materialität und Theorie der Gegenständlichkeit, Vortrag an der Universität Heidelberg am 27. Mai 2013.

12 Schwindt: Über Genauigkeit.

13 Die Rückkehr der Wahrheit (Zeitschrift für Ideengeschichte, Heft I/3, Herbst 2007, hg. von Carsten Dutt/Martial Staub).

14 Hilgert: Von ›Listenwissenschaft‹, S. 284, Anm. 35.

15 Kemmerling: Ojektive Unbestimmtheit; Schneidmüller: Als Historiker.

16 Einhart, Vita, cap. 33, S. 38.

Kapitel 2

1 Berschin: Biographie und Epochenstil III, S. 199.

2 Einhart, Vita, Vorrede, S. 2.

3 Einhart, Vita, cap. 18, S. 22: *de orientalium Francorum, Germanorum videlicet, gente.*

[4] Wolfram: Die Germanen.
[5] Stengel: Urkundenbuch Fulda, Nr. 234, S. 240.
[6] Walahfrid Strabo, Prolog zur Karlsvita, S. XXVIII: *singularitas capacitatis et intelligentiae.*
[7] Einhart, Vita, cap. 25, S. 30.
[8] Theodulf von Orléans, Carmen 25.
[9] Einhart, Vita, cap. 32, S. 36 f.
[10] Tischler: Einharts *Vita Caroli,* S. 165 ff.
[11] Weinfurter: Vita canonica.
[12] Die Entstehungszeit der Vita erfordert trotz der Forschungen von Tischler eine erneute Diskussion. Eine späte Datierung der Vita scheint mir unwahrscheinlich zu sein. Ich neige dem Urteil von Rosamond McKitterick zu, die einen Zusammenhang mit den Reformereignissen auf der Aachener Synode von 816/817 zu erkennen vermeint (McKitterick/Innes, The writing of history, S. 204 ff.).
[13] Einhart, Vita, cap. 33, S. 41.
[14] Becht-Jördens: Einharts ›Vita Karoli‹.
[15] Tischler: Einharts *Vita Caroli, S.* 114 – 119.
[16] Cicero, De oratore lib. II, 21.89.
[17] Cicero, De officiis lib. I, 72 und 152.
[18] Einhart, Vita, cap. 8, S. 11.
[19] Notker Balbulus, Gesta Karoli, lib. I, cap. 17.
[20] Nonn: Reichsannalen.
[21] Notker Balbulus, lib. I, cap. 4, S. 5.
[22] Walahfrid Strabo, Libellus de exordiis, in: MGH Capitularia 2, S. 515: *quam ferentes et custodientes cum ceteris sanctorum reliquiis clerici capellani coeperunt vocari.*
[23] Opus Caroli regis, MGH Concilia 2, Supplementum 1.

Kapitel 3

[1] Görich: Otto III. öffnet das Karlsgrab.
[2] Cronaca di Novalesa, lib. III, cap. 32, S. 182.
[3] Adémar von Chabannes, lib. III, cap. 31, S. 153 f.
[4] Thietmar von Merseburg, Chronik, lib. IV, cap. 47, S. 186/187: *Karoli cesaris ossa … in solio inventa sunt regio.*
[5] Fried: Endzeiterwartung.
[6] MGH Diplom Friedrichs I., Nr. 502.
[7] Petersohn: Saint-Denis.
[8] Hoffmann: Die beiden Schwerter.
[9] Althoff: »Selig sind«.
[10] Weinfurter: Die Päpste.
[11] Weinfurter, Wie das Reich heilig wurde.
[12] Große, Saint-Denis. Gerhard Rauschen (Hg.): Die Legende Karls des Großen im 11. und 12. Jahrhundert (Publikationen der Gesellschaft für Rheinische Ge-

schichtskunde 7), Leipzig 1890, S. 103–125; Abdruck in: Helmut und Ilse Deutz: Die Aachener Vita Karoli Magni, S. 338–357.

[13] Die Chronik von Karl dem Großen und Roland, ed. Klein.

[14] Ebd., cap. 6, S. 46.

[15] Ebd., cap. 12, S. 62.

[16] Ebd.: *super omnes gentes tocius mundi eam dominari instituit.*

[17] Ebd., cap. 17, S. 76.

[18] Ebd.

[19] Ebd., cap. 21, S. 94.

[20] Ebd., S. 96.

[21] Ebd., cap. 23, S. 102.

[22] Die Aachener »Vita Karoli Magni«, ed. Deutz, S. 67, Anm. 7.

[23] Ebd., lib. I, cap. 16, S. 116–126.

[24] Ebd., S. 116.

[25] Ebd., S. 124.

[26] MGH Diplomata der Karolinger 1, Nr. 295.

[27] Reiner von Lüttich, Annalen, in: MGH Scriptores 16, S. 673.

[28] Einhart, Vita, cap. 22, S. 26.

[29] Acta sancti Aegidii, in: Acta Sanctorum, September I, S. 302 F–303 A.

[30] Heito und Walahfrid Strabo, Visio Wettini. Einführung, lateinisch-deutsche Ausgabe und Erläuterungen von Hermann Knittel. Mit einem Geleitwort von Walter Berschin, 3., erweiterte Auflage. Heidelberg 2000, Verse 446–465, S. 92–94.

[31] Petrarca, Le Familiari, lib. I, Brief 4, S. 24–27.

[32] Ebd.: *Addunt fabule quod ego nec fieri potuisse nec narrari debere arbitror.*

[33] Grässlin: Niemand sang die Sündenregisterarie nach.

[34] Schneidmüller: Sehnsucht.

[35] Jakobs: Das Bild Karls des Großen.

Kapitel 4

[1] Einhart, Vita, cap. 4, S. 6 f.

[2] Ebd., cap. 30, S. 35.

[3] Becher: Neue Überlegungen.

[4] *Septuaginta senex vitae qui terminat annos*: MGH Poetae latini 1, S. 408, Nr. XIX.

[5] Hägermann: Karl der Große, S. 32.

[6] Becher: Neue Überlegungen.

[7] MGH Scriptores 15/1, S. 8, Z. 4–6: *Cunctis vero stupentibus, ego, utpote puerilis ludens, casu ipsam fossam insilii, ubi mox primum dentem de ore meo mutavi.*

[8] Borgolte: Kulturelle Einheit.

[9] Widukind von Corvey, Sachsengeschichte, lib. III, cap. 49, S. 129.

[10] Annales Mettenses priores zu 744, S. 35 f.

[11] Fredegar, Continuationes, cap. 29: *qui contra ipso rebelles existebant, gladio trucidavit.*

[12] Ebd., cap. 30: *devotionis causa inextinctu succensus.*

[13] Rudolf Schieffer: »Die folgenschwerste Tat des ganzen Mittelalters«?

[14] Reichsannalen zu 749: *interrogando de regibus in Francia, qui illis temporibus non habentes regalem potestatem, si bene fuisset an non.*

[15] Einhart, Vita, cap. 1, S. 3.

[16] Reichsannalen zu 749, S. 8: *ut melius esset illum regem vocari, qui potestatem haberet, quam illum, qui sine regali potestate manebat; ut non conturbaretur ordo ...*

[17] Ebd. zu 754, S. 12/13.

[18] MGH Diplomata der Karolinger 1, Nr. 24, S. 33.

[19] Theodor Schieffer: Winfrid-Bonifatius und die christliche Grundlegung Europas.

[20] Bonifatius, Brief Nr. 12.

[21] Ebd., S. 18: *Disciplinam denique sacramenti, quam ad initiandos Deo praevio credituros tenere studeas, ex formula officiorum sanctae nostrae apostolicae sedis – instructionis tuae gratia, praelibata – volumus ut intendas.*

[22] Brief Nr. 16, S. 28 f.

[23] Ubl: Inzestverbot und Gesetzgebung.

[24] Brief Nr. 26.

[25] Brief Nr. 28.

[26] Ebd.

[27] Brief Nr. 50.

[28] Ebd., S. 83.

[29] Ebd., S. 84.

[30] Brief Nr. 51, S. 90.

[31] Wilfried Hartmann, Die Synoden der Karolingerzeit, S. 50 ff.

[32] Brief Nr. 78 von 747, S. 164.

[33] MGH Capitularia 1, Nr. 10.

[34] Wilfried Hartmann, Die Synoden der Karolingerzeit, S. 79 – 81.

[35] Ebd., S. 92 – 95.

[36] Liber Pontificalis, Bd. 1, Stephanus II, cap. 25, S. 447: *Pro quo et fere ad centum milia filium suum nomine Karolum in occursum ipsius quoangelici papae direxit, cum aliquibus ex suis optimatibus.*

[37] Ebd.

[38] Chronicon Moissiacense, in: MGH Scriptores 1, S. 293.

[39] Florian Hartmann: Nochmals zur sogenannten Pippinischen Schenkung.

[40] Ebd.

[41] Liber Pontificalis, Bd. 1, Hadrianus, cap. 43, S. 498.

[42] Der Meinung von Fried, *Donation*, der eine späte Datierung um 830 vorschlägt, schließe ich mich nicht an.

[43] Codex Carolinus, Nr. 33, S. 539 f.

[44] Ebd., S. 540: *ad tam magnum regale provexit culmen.*

[45] Einhart, Vita, cap. 19, S. 23.
[46] Alkuin, Adversus Elipandum, lib. I, cap. 16.
[47] Paschasius Radbertus, Vita Adalhardi, cap. 7.
[48] MGH Diplomata der Karolinger 1, Nr. 14.
[49] Ebd.: *qui eorum causas habet receptas.*
[50] Reichsannalen zu 761.
[51] Fredegar, Fortsetzungen, cap. 53.
[52] Ebd., cap. 54.
[53] Einhart, Vita, cap. 22, S. 26.
[54] MGH Poetae latini 1, Nr. 6, S. 370, Verse 168 – 172: *cunctos humeris supereminet altis.*
[55] Einhart, Vita, cap. 22, S. 26.
[56] Ebd., cap. 25, S. 30.
[57] MGH Poetae latini 1, S. 90: *In hanc sanctam sedem magnus rex Carulus splendit.*
[58] MGH Epistolae 3, S. 581, Nr. 56.
[59] MGH Poetae latini 1, S. 370, Verse 159 – 164.
[60] MGH Epistolae 4, S. 252, Nr. 155.
[61] Etwa Alkuin, Carmen 62, Vers 127, MGH Poetae latini 1, S. 279: *Rex sapiens populum melius defendit ab hoste.* Naso, ebd. S. 384, Z. 1: *Carolus sapiens,* und viele mehr.
[62] MGH Poetae latini 1, S. 484, Verse 21 – 26.
[63] Paulus Diaconus, Gesta episcoporum Mettensium, in: MGH Scriptores 2, S. 264.
[64] Ebd., Z. 35 f.

Kapitel 5

[1] Fouracre: Conflict, Power and Legitimation.
[2] Bernhard Bachrach: Early Carolingian Warfare.
[3] Ardo, Vita Benedicti, S. 201: *Hic pueriles gerentem annos prefatum filium suum in aula gloriosi Pipini regis reginae tradidit inter scolares nutriendum.* (…) *Militavit autem temporibus prefati regis.*
[4] Kasten: Beneficium.
[5] MGH Capitularia 1, Nr. 20, cap. 20. S. 51.
[6] MGH Capitularia 1, Nr. 75, S. 168.
[7] MGH Capitularia 1, Nr. 50, S. 136 – 138.
[8] MGH Capitularia 1, Nr. 58, cap. 1, S. 145.
[9] MGH Capitularia 1, Nr. 25, cap. 4, S. 67: *servi, qui honorati beneficia et ministeria tenent vel in bassallitico honorati sunt cum domini sui et caballos, arma et scuto et lancea, spata et senespasio habere possunt.*
[10] Kasten: Das Lehnswesen; Patzold: Das Lehnswesen.
[11] MGH Capitularia 1, Nr. 48, cap. 1, S. 134: *quicumque beneficia habere videntur, omnes in hostem veniant.*
[12] Contamine: La guerre; Bernhard Bachrach: Early Carolingian Warfare; Bernhard Bachrach: Charlemagne's Early Campaigns.

[13] Bernhard Bachrach: The Fall of Pavia and Its Aftermath, in: Charlemagne's Early Campaigns, S. 374 ff.
[14] MGH Capitularia 1, Nr. 77.
[15] MGH Capitularia 1, Nr. 18.
[16] Historia Langobardorum, lib. VI, cap. 53, S. 183: *ei pater effectus est.*
[17] MGH Epistolae 4, Nr. 172.
[18] Migne, Patrologia Latina 89, Sp. 519: *cum tu nos defendere minime possis.*
[19] MGH Epistolae 3, Codex Carolinus Nr. 45, S. 561 f.
[20] Bernhard Bachrach: Charlemagne's Early Campaigns, S. 374 ff.
[21] MGH Concilia 2, Suppl. 1, S. 97: *rex Francorum, Gallias, Germaniam Italiamque sive finitimas provintias domini opitulante regens.*
[22] Einhart, Vita, cap. 6, S. 8: *in deditionem susciperet.*
[23] Althoff: Das Privileg der *deditio.*
[24] Liber Pontificalis, Bd. 1, Hadrianus, cap. 35 – 38, S. 496 f.
[25] MGH Poetae latini 1, S. 91.
[26] Notker Balbulus, Gesta Karoli, lib. II, cap. 17, S. 83: *cernuntur episcopi abbatesque et clerici capellani cum comitibus suis.*
[27] MGH Diplomata der Karolinger 1, Nr. 80.
[28] MGH Diplomata der Karolinger 1, Nr. 81.
[29] Paulus Diaconus, Historia Romana, S. 1: *nostra aetate solus paene principum sapientiae palmam tenet.*
[30] Paulus Diaconus, Die Gedichte, ed. Neff, S. 54.
Septimus annus adest, ex quo nova causa dolores
Multiplices generat et mea corda quatit.
Captivus vestris extunc germanus in oris
Est meus, afflicto pectore, nudus, egens.
(Übersetzung nach Florian Hartmann: Vitam litteris ni emam S. 75).
[31] Paulus Diaconus, Die Gedichte, ed. Neff, S. 66.
[32] Reichsannalen zu 757: *in vasactico se commendans per manus sacramenta iuravit multa et innumerabilia, reliquias sanctorum manus imponens, et fidelitatem regi Pippino et supradictis filiis eius, domno Carolo et Carlomanno, sicut vassus recta mente et firma devotione per iustitiam, sicut vassus dominos suos esse deberet.*
[33] Reichsannalen zu 763: *nusquam amplius faciem supradicti regis videre voluit.*
[34] Reichsannalen zu 781: *Sed non diu praefatus dux Tassilo promissiones, quas fecerat, conservavit.*
[35] Reichsannalen zu 787.
[36] Einhart, Vita, cap. 11, S. 14.
[37] Reichsannalen zu 787: *tradens se manibus in manibus domni regis.*
[38] Reichsannalen zu 788.
[39] Annales Laureshamenses maiores zu 788: *et etiam dixit melius se mortuum esse quam ita vivere.*
[40] Reichsannalen zu 788.
[41] Annales Nazariani, S. 43 f.
[42] Bischoff: Salzburger Formelbücher, S. 55.

[43] Störmer: Die bayerische Herzogskirche.
[44] Jarnut: Geschichte der Langobarden.
[45] MGH Diplomata der Karolinger 1, Nr. 162, S. 219: *Igitur quia ducatus Baiovarie ex regno nostro Francorum aliquibus temporibus infideliter per malignos homines Odilonem et Tassilonem, propinquum nostrum, a nobis subtractus et alienatus fuit, quem nunc moderatore iusticiarum deo nostro adiuvante ad propriam revocavimus dicionem …*
[46] MGH Poetae latini 1, S. 395, Verse 10 – 12: *Unus in aetherea altitonans qui praesidet aula; convenit et solum terris regnare sub illo, qui merito cunctis praestans mortalibus esset.*
[47] MGH Poetae latini 1, S. 397 f., Verse 42, 56. Verse 41 – 56: *Ut nullus Christo digne famuletur in orbe. Mortiferis suadet verbis consurgere lites, seminat et rixas, ubi pacis sola iubentur foedera, perpetui quis dantur praemia regni.*
[48] Ebd., Verse 67 f.

Kapitel 6

[1] Codex Carolinus Nr. 76, in: MGH Epistolae 3, S. 607 f.
[2] Vita Bonifatii, cap. 6.
[3] Ebd., cap. 8.
[4] Einhardsannalen zu 755, S. 41: *ut perfidam et foedifragam Saxonum gentem bello adgrederetur et eo usque perseveraret, dum aut victi christianae religioni subicerentur aut omnino tollerentur.*
[5] Kippenberg: Gewalt als Gottesdienst.
[6] Annales Nordhumbrani, in: MGH Scriptores 13, S. 155: *igne ferroque debacchans, quia erat consternatus animo.*
[7] Einhart, Vita, cap. 11, S. 14.
[8] Reichsannalen zu 776.
[9] Codex Carolinus Nr. 60, in: MGH Epistolae 3, S. 587.
[10] Einhart, Vita, cap. 7, S. 10: *adunati unus cum eis populus efficerentur.*
[11] MGH Poeate latini 1, S. 380 f.
[12] Ebd., Verse 28 f., 33, 40 – 43 und 46.
[13] Gauch: Fundsachen, S. 69 – 71.
[14] Annales Petaviani, in: MGH Scriptores 1, S. 17. Die Capitulatio de partibus Saxoniae in: MGH Fontes iuris Germanici antiqui [4], S. 37 – 44.
[15] MGH Leges 1, Hannover 1835, S. 19: *Ec forsacho allum dioboles uuercum and uuordum, Thunaer ende Uuôden ende Saxnôte ende allum them unholdum, thê hira genôtas sint.*
[16] Caspar Ehlers: Die Integration Sachsens.
[17] MGH Concilia 2/1, 1906, S. 121: *quod terrore potestatis multos, non iustitia convincas.*
[18] Translatio s. Liborii, cap. 5, S. 151, Z. 21 f. : *ferrea quodammodo lingua praedicavit.*
[19] Alkuin, Brief Nr. 111, in: MGH Epistolae 4, S. 159 – 163, S. 160: *Fides quoque, sicut sanctus ait Augustinus, res est voluntaria, non necessaria.*

1., S. 161: *sint praedicatores, non praedatores.*
kuin, Brief Nr. 41, in: MGH Epistolae 4, S. 84.
eichsannalen und Lorscher Annalen zu 797.
MGH Fontes iuris Germanici antiqui [4], S. 45–49.
24 Schmitz: Bonifatius und Alkuin, S. 73.
25 MGH Poetae 1, S. 390, Verse 78 ff.
26 Ebd., Vers 94: *gentibus una manet cunctis concordia pacis.*
27 Annales Einhardi, in: MGH Scriptores rerum Germanicarum 6, S. 49/50: *dedens se ac civitates.*
28 Einhart, cap. 9, S. 12: *quam maximo poterat belli apparatu.*
29 Hack: Karl der Große, Hadrian I. und die Muslime in Spanien.
30 MGH Concilia 2,1, S. 163: *Deo auxiliante voluntatem habuimus vos liberare a servitio secularis necessitatis.*
31 Chronicon Moissiacense, in: MGH Scriptores 1, S. 300.
32 Ebd.
33 Einhart, Vita, cap. 17, S. 21.
34 Reichsannalen zu 807.
35 Alkuin, Brief Nr. 6, in: MGH Epistolae 4, S. 31: *Mandate mihi per litteras … si Wilti vel Vionudi, quos nuper adquisivit rex, fidem Christi accipiant.*
36 Theodor Synkellos, De obsidione, cap. 6.
37 MGH Scriptores 1, S. 37: *ad locum, ubi reges Avarorum cum principibus suis sedere consueti erant, quem et in nostra lingua Hringe nominant.*
38 Pohl: Die Awaren, S. 307.
39 Einhardsannalen zu 791, S. 89.
40 Ebd., zu 790, S. 87.
41 Ebd.
42 MGH Epistolae 4, S. 528 f., Nr. 20.
43 Einhardsannalen zu 793, S. 93: *magna hominum multitudo.*
44 Reichsannalen zu 795, S. 96: *se regi dedere vellet et eius ordinatione christianam fidem suscipere vellet.*
45 Annales Nordhumbrani zu 795, S. 155.
46 Bouhot: Alcuin.
47 Pohl: Awarenreich, S. 313.
48 Die altrussische Nestorchronik, hg. von Trautmann, S. 6 f.; hg. von Müller, S. 11.
49 Fichtenau: Das karolingische Imperium, S. 40.
50 Alkuin, Brief Nr. 110, in: MGH Epistolae 4, S. 157.
51 Ebd., Zeile 17: *o veritatis et salutis multorum amator.*
52 Alkuin, Brief Nr. 178, in: MGH Epistolae 4, S. 294.

Kapitel 7

1 Althoff: Spielregeln; Althoff: Die Macht der Rituale.
2 Nöllke: Die Sprache der Macht.
3 MGH Fontes iuris Germanici antiqui [4], S. 47 f., cap. 7.

[4] MGH Capitularia 1, Nr. 20, Kapitel 21, S. 51.
[5] MGH Capitularia 1, S. 65 f., Nr. 23 u. 24.
[6] MGH Fontes iuris Germanici 16.
[7] Ebd., Vorrede, S. 180.
[8] MGH Capitularia 1, S. 82 – 91, Nr. 32; ed. Brühl, Capitulare de villis.
[9] Ebd., cap. 48, S. 87, bzw. ed. Brühl, S. 60: *ut vindemia nostra nullus pedibus premere praesumat, sed omnia nitida et honesta sint.*
[10] Reichsannalen zu 794.
[11] Wilfried Hartmann: Das Konzil von Frankfurt 794; Wilfried Hartmann: Das Konzil von Frankfurt 794 und Nizäa 787.
[12] MGH Poetae latini 1, S. 496 ff., Nr. 28.
[13] MGH Epistolae 4, S. 411, Nr. 254: *Quod malum nimię inter christianos viget; quia, qui propria spernere iubentur, aliena cum iniquitate rapiunt.*
[14] Visio cuiusdam pauperculae mulieris, ed. Houben, S. 41 f.
[15] Astronomus, Vita Hludowici, cap. 6, S. 610: *dum publica vertuntur in privata.*
[16] MGH Epistolae 5, S. 221 f. Nr. 10.
[17] Vita Walae, lib. 1, cap. 26, in: MGH Scriptores 2, S. 543 f.
[18] Lorscher Annalen, in: MGH Scriptores 1, S. 38 f.
[19] Boshof: Ludwig der Fromme.
[20] MGH Capitularia 1, Nr. 33, S. 91 ff.
[21] Jennifer R. Davis: Charlemagne's Settlement of Disputes.
[22] Wilfried Hartmann: Karl der Große und das Recht, S. 183.
[23] MGH Capitularia 1, S. 204 – 206, Nr. 98.
[24] Ebd., S. 205: *set nostrae regiae auctoritatis sanctio praevaleret.*
[25] McKitterick: Karl der Große, S. 207 ff.
[26] Mordek: Aachen, Frankfurt, Reims.
[27] MGH Capitularia 1, Nr. 50, cap. 8, S. 138.
[28] MGH Capitularia 1, S. 66 f., Nr. 25; Becher, Eid und Herrschaft, S. 79 – 85.
[29] MGH Capitularia 1, S. 63, Nr. 23, cap. 18: *Sic promitto ego ille partibus domini mei Caroli regis et filiorum eius, quia fidelis sum et ero diebus vitae meae sine fraude et malo ingenio.*
[30] Esders: Römische Rechtstradition und merowingisches Königtum; Esders: Rechtliche Grundlagen frühmittelalterlicher Staatlichkeit.
[31] MGH Capitularia 1, Nr. 33, cap. 2, S. 92.
[32] Becher: Eid und Herrschaft, S. 86.
[33] Esders/Mierau: Die bairischen Eliten nach dem Sturz Tassilos III.
[34] Traditionen Freising 1, Nr. 438 und 509.
[35] Traditionen Freising 1, Nr. 193b, S. 183.
[36] Ebd.: *dicentes eum fideliorem esse domino Karolo regi et Francis quam illis.*
[37] Traditionen Freising 1, Nr. 186 von 802, S. 178 f.: *ut veracissime de ipsa causa scirent, ita in palam adnuntiarent.*
[38] Esders/Mierau: Der althochdeutsche Klerikereid.
[39] Althochdeutsche Sprachdenkmäler, Nr. 13: *daz ich dir hold pin .N. demo piscophe, so mino chrephti enti mino chunsti sint, si minan vuillun fruma frummenti*

enti scadun vuententi, kahorich enti kahengig enti statig in sinemo piscophtuome, so ich mit rehto aphter canone scal.

[40] MGH Fontes iuris Germanici 3, Hannover 1980.

[41] Kasten: Adalhard von Corbie.

[42] MGH Fontes iuris Germanici 3, S. 66: *sicut hoc regnum Deo auctore ex pluribus regionibus constat, ex diversis etiam eisdem regionibus … ministri eligerentur.*

[43] Fleckenstein: Die Hofkapelle, Bd. 1.

[44] Alkuin, Carmen Nr. 26, Vers 25, in: MGH Poetae latini 1, S. 246.

[45] Hinkmar, De ordine palatii, S. 80 f.

[46] Ebd., S. 82.

[47] Ebd., S. 68.

[48] Ebd., S. 84/86.

[49] Grewe: Die Ausgrabungen in der Königspfalz zu Ingelheim.

[50] Ermoldus Nigellus, Poème sur Louis le Pieux.

[51] *Hinc Saxona cohors contra stat, proelia temptat. Ille ferit, domitat, ad sua iura trahit.*

[52] Eine reine Erfindung des Ermoldus Nigellus wird man wohl ausschließen können.

[53] Agnellus, Liber pontificalis ecclesiae Ravennatis, cap. 59, S. 318: *Nulla in Italia ecclesia similis est in aedificiis et in mechanicis operibus.*

[54] Licht: Halbunziale, S. 265.

[55] Agnellus, Liber pontificalis ecclesiae Ravennatis, cap. 94, S. 338.

[56] Walahfrid Strabo, De imagine Tetrici, Vers 110.

[57] Alkuin, Brief Nr. 148, in: MGH Epistolae 4, S. 240.

[58] Paderborner Epos, in: MGH Poetae latini 1, S. 368, Verse 94 ff.

[59] Falkenstein: Der »Lateran«.

[60] Chronicon Moissiacense zu 796, in: MGH Scriptores 1, S. 303: *Fecit autem ibi et palatium, quod nominavit Lateranis, et collectis thesauris suis de regnis singulis, in Aquis adduci praecepit.*

Kapitel 8

[1] MGH Epistolae 4, S. 528.

[2] Einhart, Vita, cap. 19, S. 24: *Hruodtrudem, quae filiarum eius primogenita et a Constantino Grecorum imperatore desponsata erat.* Auch Annales Mosellani, in: MGH Scriptores 16, S. 497.

[3] Theophanes, Chronographia, Bd. I, S. 455, Bd. II, S. 302.

[4] MGH Poetae latini 1, S. 371 f., Verse 212 ff.

[5] Theodulf, Carmen 25, in: MGH Poetae latini 1, S. 483 – 489.

[6] Schaller: Vortrags- und Zirkulardichtung.

[7] Martina Hartmann, Concubina, S. 548 f.

[8] Alkuin, Carmen 26, in: MGH Poetae latini 1, S. 245, Verse 12 – 15.

[9] Theodulf, Carmen 27, in: MGH Poetae latini 1, S. 492, Vers 62.

[10] Nithard, Histoire des fils de Louis le Pieux, lib. IV, cap. 5, ed. Lauer/Glansdorff, S. 150.

[11] Alkuin, Brief Nr. 244, in: MGH Epistolae 4, S. 392.
[12] Alkuin, Brief Nr. 220, in: MGH Epistolae 4, S. 364.
[13] Codex Carolinus, Nr. 45, in: MGH Epistolae 3, S. 563, Z. 14: *nec vestras quoquo modo coniuges audeatis dimittere.*
[14] Ebd., S. 561 f.
[15] Ebd., S. 561, Z. 13–15.
[16] Martina Hartmann: Die Königin, S. 205 f.
[17] MGH Scriptores 2, 1829, S. 265, Z. 22–24.
[18] Rüdiger: Der König und seine Frauen.
[19] MGH Capitularia 1, S. 37 ff., Nr. 15 und 16.
[20] McKitterick: Karl der Große, S. 89 f.
[21] Hammer: Ducatus, S. 298.
[22] Einhart, Vita, cap. 18, S. 22.
[23] MGH Poetae latini 1, S. 58, Nr. 20, Vers. 15 f.: *Cum non sit grandior ulla laus tibi, quam tanto complacuisse viro.*
[24] Gädeke: Die Memoria für die Königin Hildegard; Parisse: La reine Hildegarde.
[25] Staab: Die Königin Fastrada.
[26] Reichsannalen zu 787.
[27] MGH Epistolae 4, S. 528 f., Nr. 20.
[28] Einhart, Vita, cap. 20, S. 26: *Fastradae reginae crudelitas.*
[29] Einhardsannalen zu 792, S. 91.
[30] Quellen bei Abel/Simson, Jahrbücher des fränkischen Reiches unter Karl dem Großen, Bd. 2, S. 46.
[31] Einhart, Vita, cap. 20, S. 26.
[32] Wandalbert, Miracula s. Goaris, in: MGH Scriptores 15,1, S. 367.
[33] Theodulf, Carmen 24, in: MGH Poetae latini 1, S. 483.
[34] MGH Poetae latini 1, S. 370 f., Verse 182 ff.
[35] Theodulf, Carmen 25, in: MGH Poetae latini 1, S. 485, Verse 83 ff.
[36] Theodulf, Carmen 31, in: MGH Poetae latini 1, S. 522 f.
[37] Alkuin, Brief Nr. 51, in: MGH Epistolae 4, S. 94.
[38] Martina Hartman: Concubina.
[39] Alkuin, Brief Nr. 50, in: MGH Epistolae 4, S. 93 f.
[40] MGH Poetae latini 1, S. 370, Verse 182–184.
[41] Hägermann: Karl der Große, S. 414.
[42] Theodulf, Carmen 25, in: MGH Poetae latini 1, S. 485, Verse 71 ff.
[43] MGH Poetae latini 1, S. 117.
[44] MGH Poetae latini 1, S. 358 f.; Neuedition Schaller: Pippins Heimkehr.
[45] Codex Carolinus, Nr. 66 ff., in: MGH Epistolae 3, S. 594 ff.
[46] Codex Carolinus, Nr. 92 von 784–791, in: MGH Epistolae 3, S. 629, S. 33–35.
[47] Hlawitschka: Franken, Alemannen, Bayern und Burgunder in Oberitalien.
[48] MGH Capitularia 1, Nr. 91 von 782–786, S. 191.
[49] Theodulf, Carmen 35, in: MGH Poetae latini 1, S. 526 f.
[50] Ebd., S. 527, Verse 32–34: *Te dominus caeli protegat, ornet, alat, / Ut patrias valeas rutilus conscendere sedes, / Atque iuvante deo sceptra tenere manu.*

[51] Ebd., S. 526, Vers 1: *O mea magna salus, o spes, o glora regni.*
[52] Ebd., S. 527, Vers 31.
[53] Fuchs: Mochanaz. Zu Theodulf Carmen 35, angekündigt für: Deutsches Archiv. Ich bin Herrn Kollegen Fuchs sehr dankbar, dass er mir seinen Fund der erweiterten Fassung des Theodulf-Gedichts Nr. 35 vorab zur Verfügung gestellt hat.
[54] Alkuin, Brief Nr. 164, in: MGH Epistolae 4, S. 266.
[55] Alkuin, Brief Nr. 188, in: MGH Epistolae 4, S. 315.
[56] Alkuin, Brief Nr. 74, in: MGH Epistolae 4, S. 116.
[57] Fichtenau: Das karolingische Imperium, S. 110 f.
[58] Alkuin, Brief Nr. 294, in: MGH Epistolae 4, S. 451.
[59] Theodulf, Carmen 34, in: MGH Poetae latini 1, S. 526: *Quod potestas impatiens consortis sit.*
[60] Ebd., Vers 10: *Unus ut e fratrum corpore sceptra gerat.*
[61] Gesta Sanctorum Patrum Fontanellensis Coenobii, S. 87.
[62] Alkuin, Brief Nr. 9, in: MGH Epistolae 4, S. 35: *aliquantulum commotus.*
[63] Annales Mettenses priores, S. 85: *de utilitate regni Francorum infatigabiliter tractans.*
[64] Hammer: Christmas Day 800.
[65] Alkuin, Brief Nr. 217, in: MGH Epistolae 4, S. 360 f.
[66] Reichsannalen, zu 806.
[67] MGH Capitularia 1, Nr. 45, S. 126 – 130.
[68] Ebd., S. 127.
[69] Classen: Karl der Große und die Thronfolge im Frankenreich, S. 227.
[70] Chronicon Laurissense breve, S. 35.

Kapitel 9

[1] Walahfrid Strabo, Vorrede zur Vita Caroli Magni, S. XXVIII.
[2] Richter: Karl der Große und seine Ehefrauen.
[3] MGH Capitularia 1, Nr. 30, S. 80 f.
[4] Glatthaar: Zur Datierung der Epistola generalis Karls des Großen.
[5] Stengel: Urkundenbuch des Klosters Fulda 1, S. 251 ff.
[6] Martin: Bemerkungen zur ›Epistola de litteris colendis‹, S. 272.
[7] MGH Fontes iuris Germanici 16.
[8] Glatthaar, ebd., S 47 ff.
[9] Berschin: Biographie 3, S. 112.
[10] MGH Fontes iuris Germanici 16, S. 180.
[11] Ebd., S. 182.
[12] Synode von Reisbach/Salzburg um 800, in: MGH Concilia 1, S. 198; Étaix, Un manuel, S. 117.
[13] MGH Fontes iuris Germanici 16, S. 182.
[14] Springsfeld: Karl der Große, Alkuin und die Zeitrechnung, S. 55.
[15] Alkuin, Brief Nr. 148, in: MGH Epistolae 4, S. 239, Z. 28 – 34.

[16] Alkuin, Brief Nr. 19, in: MGH Epistolae 4, S. 55, Z. 22: *Qui non discit in pueritia, non docet in senectute.*
[17] Hürten: Alkuin und der Episkopat im Reiche Karls des Großen.
[18] Alkuin, Brief Nr. 113, in: MGH Epistolae 4, S. 166.
[19] Ebd., Anm. 1: *beatus Gregorius doctor mirabilis et sacrae scripturae lucidissimus expositor.*
[20] Vita Alcuini, cap. 9, S. 190.
[21] Garrison: An Aspect of Alcuin; Springsfeld: Alkuins Einfluß auf die Komputistik.
[22] Vgl. Rudolf Schieffer: Alkuin und Karl der Große.
[23] Paulus Diaconus, Die Gedichte, ed. Neff, S. 60 f.
[24] MGH Poetae latini 1, S. 492, Verse 55 und 62.
[25] Alkuin, Brief Nr. 164, in: MGH Epistolae 4, S. 266.
[26] Fried: Der Weg in die Geschichte, S. 271.
[27] Bonifatius, Brief Nr. 68, S. 141.
[28] Berschin: Biographie 3, S. 108 f.
[29] Migne: Patrologia Latina 101, Sp. 849 – 902.
[30] Keil: Grammatici Latini VII, 1880, S. 295 – 312.
[31] Alkuin, Brief Nr. 195, in: MGH Epistolae 4, S. 323.
[32] C. Halm, Rhetorici latini minores, 1863, S. 523 – 550.
[33] Ebd., S. 525: *ridiculum videtur eius artis nescisse praecepta, cuius cotidie occupatione involvi necesse est.*
[34] Marenbon: Alcuin, the Council of Frankfort and the Beginnings of Medieval Philosophy; Migne: Patrologia Latina 101, Sp. 949 – 1002.
[35] Migne: Patrologia Latina 101, Sp. 849 – 854 (unmittelbar vor der ›Ars grammatica‹).
[36] Licht: Die älteste karolingische Minuskel.
[37] Maag: Alemannische Minuskel (744 – 846 n. Chr.).
[38] Licht: Halbunziale.
[39] MGH Fontes iuris Germanici 16, cap. 70, S. 224.
[40] Licht: Halbunziale.
[41] Einhart, Vita, cap. 33, S. 40: *quorum magnam in bibliotheca sua copiam congregavit.*
[42] Bischoff: Die Hofbibliothek Karls des Großen.
[43] Ebd., S. 59.
[44] Alkuin, Brief Nr. 121, in: MGH Epistolae 4, S. 175 – 178, Zitat S. 176 f.
[45] Alkuin, Carmen 94, in: MGH Poetae latini 1, S. 320; Übersetzung nach Kusch: Einführung in das Lateinische Mittelalter, S. 49.
[46] Ericsson/Sanke (Hgg.): Aktuelle Forschungen; Scholz: Lorsch; Scholz: Das Kloster Lorsch.
[47] Becker: Präsenz, Normierung und Transfer von Wissen.
[48] Alkuin, Brief Nr. 74, in: MGH Epistolae 4, S. 117.
[49] MGH Scriptores 9, S. 770, Anm. 54.
[50] Augilberti abbatis de ecclesia Centulensi libellus, in: MGH Scriptores 15,1, S. 177.

[51] Heribert Müller: Die Kirche von Lyon im Karolingerreich.
[52] Leidrad von Lyon, Rechenschaftsbericht, hg. von Alfred Coville, S. 283 ff.
[53] Ebd., S. 285: *In libris conscribendis in eadem ecclesia in quantum potui elaboravi.*
[54] Instructio pastoralis, ed. Raymond Étaix, S. 119.
[55] MGH Capitula episcoporum 3, S. 215, cap. 17.
[56] MGH Capitularia 1, S. 257, Z. 31–33: *Feminae vero aut flagellis aut ieiuniis constringantur.*
[57] Springsfeld: Alkuins Einfluss, S. 36 f.
[58] Alkuin, Briefe Nr. 145 u. 149, in: MGH Epistolae 4, S. 232, Z. 14, und S. 243, Z. 17.
[59] Alkuin, Brief Nr. 155, in: MGH Epistolae 4, S. 250.
[60] Borst: Das Buch der Naturgeschichte, S. VIII.
[61] Alkuin, Brief Nr. 254, in: MGH Epistolae 4, S. 411: *quod omnia ad rectitudinis normam in regno sibi a Deo dato disponi desiderat.*

Kapitel 10

[1] Becher: ›Cum lacrimis et gemitu‹; Althoff: Tränen und Freude.
[2] Florian Hartmann: Hadrian I. (772–795); Scholz: Politik – Selbstverständnis – Selbstdarstellung; Ertl: Byzantinischer Bilderstreit und fränkische Nomentheorie; Hack: Codex Carolinus. Päpstliche Epistolographie im 8. Jahrhundert; Hack: Karl der Große, Hadrian I. und die Muslime in Spanien, um nur eine kleine Auswahl zu nennen.
[3] Noble: Topographie, Celebration, and Power. The Making of a Papal Rome.
[4] Florian Hartmann: Hadrian I. (772–795).
[5] Hack: Bildaussendung und Bildeinholung im 7. und 8. Jahrhundert.
[6] Regesto di Farfa, Nr. 90.
[7] Papsturkunden in Frankreich, Abtei Saint-Denis, Nr. 6, S. 79.
[8] Hehl: 798 – ein erstes Zitat aus der konstantinischen Schenkung; Florian Hartmann: Hadrian I., S. 182 ff.; Goodson/Nelson: Review article: The Roman contexts of the ›Donation of Constantine‹.
[9] Fried: *Donation of Constantine.*
[10] Constitutum Constantini, ed. Fuhrmann (MGH Fontes iuris Germanici 10).
[11] Codex Carolinus, Nr. 72 von 782, in: MGH Epistolae 3, S. 602 f.; Nr. 94 von 790/791, in: MGH Epistolae 3, S. 636.
[12] Codex Carolinus Nr. 60, in: MGH Epistolae 3, S. 587.
[13] Codex Carolinus Nr. 73, in: MGH Epistolae 3, S. 604: *Sed ipse princeps apostolorum, fautor vester, beatus Petrus, pro cuius amore haec omnia geritis, ipse vestrum protegat atque in omnibus dirigat in triumphis regnum.*
[14] Noble: Images, Iconoclasm, and the Carolingians; Ertl: Byzantinischer Bilderstreit und fränkische Nomentheorie; Scholz: Rom. Hort des wahren Glaubens; Peter Schreiner: Der byzantinische Bilderstreit.
[15] Wilfried Hartmann: Die Synoden der Karolingerzeit, S. 84–86; McCormick: Textes, images et iconoclasme, S. 131–133.

[16] Mansi: Sacrorum conciliorum 12, Sp. 1055–1076.
[17] Wohlmuth (Hg.): Streit um das Bild.
[18] Uphus: Der Horos des Zweiten Konzils von Nizäa 787.
[19] Conciliorum oecumenicorum decreta, Bd. 1, hg. von J. Wohlmuth, S. 133–137.
[20] Opus Caroli regis contra synodum (Libri Carolini), hg. von A. Freeman (MGH Concilia 2, Supplementum 1), Hannover 1998.
[21] Ebd., S. 97.
[22] Ebd., S. 98.
[23] Ebd., cap. III, 13, S. 386: *Non enim eam sexus fragilitas sive animi mobilitas doctrinae sive praelationis super viros apicem tenere permittit.*
[24] Ebd., cap. IV, 23, S. 547: *O argumentatio nil adfirmare praeter suos auctores dementes esse valens.*
[25] Ebd., Praefatio, S. 102, Z. 14–16.
[26] Ebd., cap. III, 23, S. 446 f.
[27] Ebd., S. 446, Vers 29, bis S. 447, Vers 5.
[28] Ebd., cap. IV, 2, S. 492.
[29] MGH Capitularia 1, Nr. 28, cap. 2, S. 73 f., und MGH Concilia 2, 1, cap. 2, S. 165: *ut qui imagines sanctorum ita ut deificam trinitatem servitio aut adorationem non inpenderent, anathema iudicaverunt.*
[30] Ebd.: *omnimodis adorationem et servitutem rennuentes contempserunt atque consentientes condempnaverunt.*
[31] Scholz: Karl der Große und das »Epitaphium Hadriani«.
[32] MGH Poetae latini 1, S. 113 f.; Schneider, Die Epitaphien, S. 25 f., Nr. 30.
[33] Einhardsannalen, zu 792, S. 91: *Orgellis est civitas in Pyrinei montis iugo sita.*
[34] Alkuin, Brief Nr. 166, in: MGH Epistolae 4, S. 269, und öfter.
[35] Einhardsannalen zu 792, S. 91.
[36] MGH Concilia 2, 1, S. 120 f.
[37] MGH Concilia 2, 1, cap. 1, S. 165: *a sancta ecclesia eradicandam statuerunt.*
[38] MGH Concilia 2, 1, S. 159.
[39] Alkuin, Brief Nr. 148, in: MGH Epistolae 4, S. 241.
[40] MGH Concilia 2, 1, S. 203 f.
[41] Alkuin, Brief Nr. 93, in: MGH Epistolae 4, S. 136–138.
[42] Ebd., S. 136: *gavisi sumus seu in electionis unanimitate seu in humilitatis vestrae oboedientia et in promissionis ad nos fidelitate.*
[43] Ebd., S. 137 f.
[44] Alkuin, Brief Nr. 148, in: MGH Epistolae 4, S. 241.
[45] Beck: Die Herkunft des Papstes Leo III.
[46] Deér: Patricius-Romanorum-Titel, S. 83 f.
[47] Scholz: Politik – Selbstverständnis – Selbstdarstellung, S. 113 ff.
[48] MGH Concilia 2 1, S. 163, Z. 24–26.
[49] Schmid: Aachen, S. 137 ff.; McCormick: Charlemagne's survey, S. 206.
[50] MGH Epistolae 5, S. 64, Z. 30.
[51] MGH Epistolae 5, S. 66.
[52] Willjung: Das Konzil von Aachen, MGH Concilia 2, Supplementum 2, S. 231.

[53] Iohannes Diaconus, Sancti Gregorii Magni vita 2, 7, in: Migne, Patrologia Latina 75, Sp. 90 f.: *Alpina siquidem corpora, vocum suarum tonitruis altisone perstrepentia, susceptae modulationis dulcedinem proprie non resultant, quia bibuli gutturis barbara feritas, dum inflexionibus et repercussionibus mitem nitutur edere cantilenam, naturali quodam fragore, quasi plaustra per gradus confuse sonantia rigidas voces iactat.*

[54] Einhart, Vita, cap. 26.

[55] Ewig: Königsgedanken; Zotz: In Amt und Würden, S. 13 – 15.

[56] Kapitular von Aachen 802, MGH Capitularia 1, S. 97, Nr. 33: *Quapropter ne populus nobis ad regendum commissos* (!) *hoc malo pereat, hoc omni disciplina devitare previdimus.*

[57] MGH Epistolae 5, S. 62.

[58] MGH Capitularia 1, cap. 1, S. 184, Nr. 85.

[59] Expositio in Regulam s. Benedicti, V, 8, ed. Alfred Spannagel/Pius Engelbert, Corpus Consuetudinum Monasticarum 8, Siegburg 1974, S. 151: *non propriam voluntatem, sed magis proximorum inplere.*

[60] Ebd.: *per oboedientiam vero voluntas propria mactatur.*

[61] Opus Caroli Regis (Libri Carolini), S. 356: *Nam et creator relative dicitur ad creaturam sicut dominus ad servum.*

Kapitel 11

[1] Alkuin, Brief Nr. 174, in: MGH Epistolae 4, S. 287 ff.

[2] Ebd., S. 288: *tota salus ecclesiarum Christi inclinata.*

[3] Lorscher Annalen zu 801, MGH Scriptores 1, S. 38.

[4] Alkuin, Brief Nr. 173, in: MGH Epistolae 4, S. 286.

[5] Fried: Papst Leo III. besucht Karl den Großen.

[6] Alkuin, Brief Nr. 179, in: MGH Epistolae 4, S. 297.

[7] Alkuin, Brief Nr. 184, in: MGH Epistolae 4, S. 309.

[8] Alkuin, Brief Nr. 179, in: MGH Epistolae 4, S. 297: *Insuper et in aliis legebam canonibus apostolicam sedem iudicariam esse, non iudicandam.*

[9] Krusch: Studien zur christlich-mittelalterlichen Chronologie, S. 197; Löwe: Eine Kölner Notiz zum Kaisertum Karls des Großen, S. 7; von Euw: Kompendium der Zeitrechnung.

[10] *Ipse est annus, quando hospites* [am Rand verbessert zu *obsides*] *accepit de Saxonia tertiam partem populi et quando missi venerunt de Grecia, ut traderent ei imperium.*

[11] Fried: Papst Leo III. besucht Karl den Großen, S. 308 ff.

[12] Rudolf Schieffer: Neues von der Kaiserkrönung Karls des Großen.

[13] Alkuin, Vita Willibrordi, cap. 23, S. 133.

[14] Alkuin, Brief Nr. 148, in: MGH Epistolae 4, S. 241.

[15] Alkuin, Briefe Nr. 177, 185, 200, 202, in: MGH Epistolae 4, S. 292, S. 310, S. 331, S. 336.

[16] Ertl: Byzantinischer Bilderstreit und fränkische Nomentheorie.

[17] Alkuin, Brief Nr. 145, in: MGH Epistolae, S. 231.
[18] Opus Caroli, MGH Concilia 2, Supplementum 1, cap. IV, 23, S. 544 f.: *nec credendum est, ut res aptentur nominibus, sed nomina potius aptentur rebus.*
[19] Ertl: Byzantinischer Bilderstreit und fränkische Nomentheorie, S. 37.
[20] Fleckenstein: Karl der Große, seine Hofgelehrten und das Frankfurter Konzil, S. 46.
[21] Lorscher Annalen zu 801, MGH Scriptores 1, S. 38.
[22] Petrus von Pisa, Liber de diversis quaestiunculis, Migne PL 96, Sp. 1347.
[23] Alkuin, Brief Nr. 174, in: MGH Epistolae 4, S. 288: *tempora sunt periculosa.*
[24] Lorscher Annalen, in: MGH Scriptores 1, S. 38.
[25] MGH Epistolae 5, S. 63 f., Nr. 6.
[26] Ebd., S. 64.
[27] Lorscher Annalen zu 801, in: MGH Scriptores 1, S. 38: *ut ipsum Carolum regem Franchorum imperatorem nominare debuissent.*
[28] Vita Leonis papae, in: Liber Pontificalis, Bd. 2, S. 7.
[29] Ebd.
[30] Reichsannalen zu 801.
[31] Ebd.
[32] Einhart, Vita, cap. 28, S. 32: *Quo tempore imperatoris et augusti nomen accepit. Quod primo in tantum aversatus est, ut adfirmaret se eo die, quamvis praecipua festivitas esset, ecclesiam non intraturum, si pontificis consilium praescire potuisset.*
[33] Vita Leonis papae, in: Liber Pontificalis, Bd. 2, S. 7.
[34] Reichsannalen zu 801.
[35] Fichtenau: Das karolingische Imperium, S. 79.
[36] Ebd., S. 80.
[37] Vita Leonis papae, in: Liber Pontificalis, Bd. 2, S. 7.
[38] Thegan, Vita Hludowici, ed. Tremp (MGH Scriptores rerum Germanicarum 64), cap. 6, S. 184.
[39] Reichsannalen zu 801, S. 114: *secundum legem Romanam.*
[40] *homines ad seditionem convocentur* (Lex 1 Dig. 48 tit. 4).
[41] MGH Diplomata der Karolinger 1, Nr. 197.
[42] Classen: Romanum gubernans Imperium.
[43] Ebd., S. 23.
[44] Theophanes, Chronographia, ed. De Boor, Bd. 1, S. 472 f., Bd. 2, S. 314 f.
[45] Einhart, Vita, cap. 28.
[46] Theophanes, Chronographia, ed. De Boor, Bd. 1, S. 475; Bd. 2, S. 317.
[47] Hehl: Zwei christliche Kaiser im mittelalterlichen Europa.
[48] MGH Epistolae 4, S. 556, Nr. 37.
[49] Einhart, Vita, cap. 27, S. 31 f.
[50] Ebd., cap. 16, S. 19.
[51] Borgolte: Der Gesandtenaustausch der Karolinger mit den Abbasiden.
[52] Reichsannalen zu 801.
[53] Altmann: Des Reise des Isaak und die politische Situation um 800.

[54] Ebd., S. 31.
[55] Reichsannalen zu 800.
[56] Ebd. zu 807.
[57] Schmid: Aachen und Jerusalem, S. 137.
[58] Breve commemoratorii, ed. McCormick, Charlemagne's Survey of the Holy Land, S. 197–237.
[59] Ebd., S. 201.
[60] MGH Capitularia 1, S. 152–154, Nr. 64.

Kapitel 12

[1] Einhart, Vita, cap. 14, S. 17.
[2] Ebd., cap. 32, S. 36 f.
[3] Ebd., S. 37.
[4] Kloft: Karl der Große in der Frankfurter Sage, S. 24 f.
[5] Stephan Müller: Die Präsenz der Schrift.
[6] MGH Capitularia 1, Nr. 124, S. 245.
[7] Ebd., S. 245 f.: *nos per omnia Domino non placere interius.*
[8] Reichsannalen zu 810.
[9] MGH Capitularia 162, 1, Nr. 72 und S. 249, Nr. 127.
[10] MGH Capitularia 1, Nr. 72, Überschrift.
[11] Ebd., S. 164, cap. 11: *tolerabilius tamen ferendum nobis videtur inperfectione cantandi quam vivendi.*
[12] Ebd., S. 164, cap 11: *Quodsi Christus et apostoli et qui apostolos recte secuti sunt in ecclesiastica disciplina sunt sequendi, aliter nobis in multis rebus faciendum est quam usque modo fecissemus, multa de usu et consuetudine nostra auferenda et non minus multa quae actenus non fecimus facienda.*
[13] MGH Capitularia 1, S. 165, Nr. 73.
[14] Alkuin, Carmen 8, in: MGH Poetae latini 1, S. 228.
[15] Concilium Turonenese, 813, in: MGH Concilia 2/1, cap. 44, S. 292.
[16] Concilium Arelatense 813, in: MGH Concilia 2/1, cap. 23, S. 253.
[17] Theodulf, Carmen 14, in: MGH Poetae latini 1, S. 469, Z. 31 ff.:
Scissus agit paries venturae signa ruinae,
Qui iuvenis solidus pictus et arte stetit.
Utque senem taedent iam cantica ludicra ludi,
Stare, equitare, gradi, verba iocosa loqui,
Dumque quatit tremulos male creber anhelitus artus,
Suspirat, fundit murmura crebra gemens:
Dulcia sic vetulum liquerunt omnia mundum,
Nec manet ullus ei qui fuit ante vigor.
[18] Einhart, Vita, cap. 30, S. 34: *Extremo vitae tempore, cum iam morbo et senectute premeretur.*
[19] Einhart, Vita, cap. 33, S. 37.
[20] Einhart, Vita, cap. 33, S. 39: *Post obitum vero suum aut voluntariam saecula-*

rium rerum carentiam.

[21] MGH Concilia 2, 1, S. 248 – 293.

[22] Ebd., S. 259.

[23] Ebd.: *qui suis temporibus sacrae sapientiae fontem aperiens.*

[24] Ebd.: *de fauce diri draconis multorum animam studet eripere.*

[25] Ebd., S. 254: *more priscorum imperatorum.*

[26] Ebd., S. 261: *pax et concordia atque unanimitas.*

[27] MGH Capitularia 1, Nr. 71, S. 161 f.

[28] Thegan, Vita Hludowici, ed. Tremp (MGH Scriptores rerum Germanicarum 64), cap. 6, S. 184.

[29] Mordek/Schmitz, Neue Kapitularien, S. 396 – 423.

[30] Ebd., S. 399.

[31] Ebd., S. 413.

[32] Ebd., S. 423: *de istis autem capitulariis atque de aliis omnibus, quę a multis annis misimus per regnum nostrum, volumus nunc pleniter per missos nostros scire, quid ex his omnibus factum sit vel quis hęc observet, quę ibi pręcepta sunt, vel quis illa condempnat et neglegat, ut scimus, quid de his agere debeant, qui tam multis annis dei pręcepta et decretum nostrum contempserunt.*

[33] Thegan, Vita Hludowici, ed. Tremp (MGH Scriptores rerum Germanicarum 64), cap. 7, S. 186.

[34] MGH Diplomata der Karolinger 1, Nr. 55, S. 81: *casa sancti domni Dyonisii martyris, ubi … nos, si domino placuerit, sepeliri cupimus.*

[35] Einhart, Vita, cap. 31, S. 35: *Corpus more sollemni lotum et curatum.*

[36] Ebd.: *sepultus est eadem die, qua defunctus est.*

[37] Einhart, Vita, cap. 31, S. 35 f.

[38] Anonymus, Vita Hludowici, cap. 20, in: MGH Scriptores 2, S. 617.

[39] Thegan, Vita Hludowici, ed. Tremp (MGH Scriptores rerum Germanicarum 64), cap. 8, S. 188.

[40] Ebd.

[41] Ebd.. S. 188/190.

[42] Nithard, Histoire des fils de Louis le Pieux, lib. IV, cap. 7, ed. Lauer/Glansdorff, S. 156: *quoniam hic populus unam eandemque rectam ac per hoc viam Domini publicam incedebat.*

[43] Schlesinger: Die Auflösung, S. 826.

Schlussbemerkung

[1] Melville: Die Welt der mittelalterlichen Klöster, S. 35 ff.

[2] Ardo, Vita Benedicti, cap. 22, S. 209.

[3] Fichtenau: Das karolingische Imperium, S. 201.

[4] Ebd.

[5] Becht-Jördens: Vita.

[6] Melville: Im Spannungsfeld von religiösem Eifer und methodischem Betrieb. Zur Innovationskraft der mittelalterlichen Klöster.

Genealogische Tafel

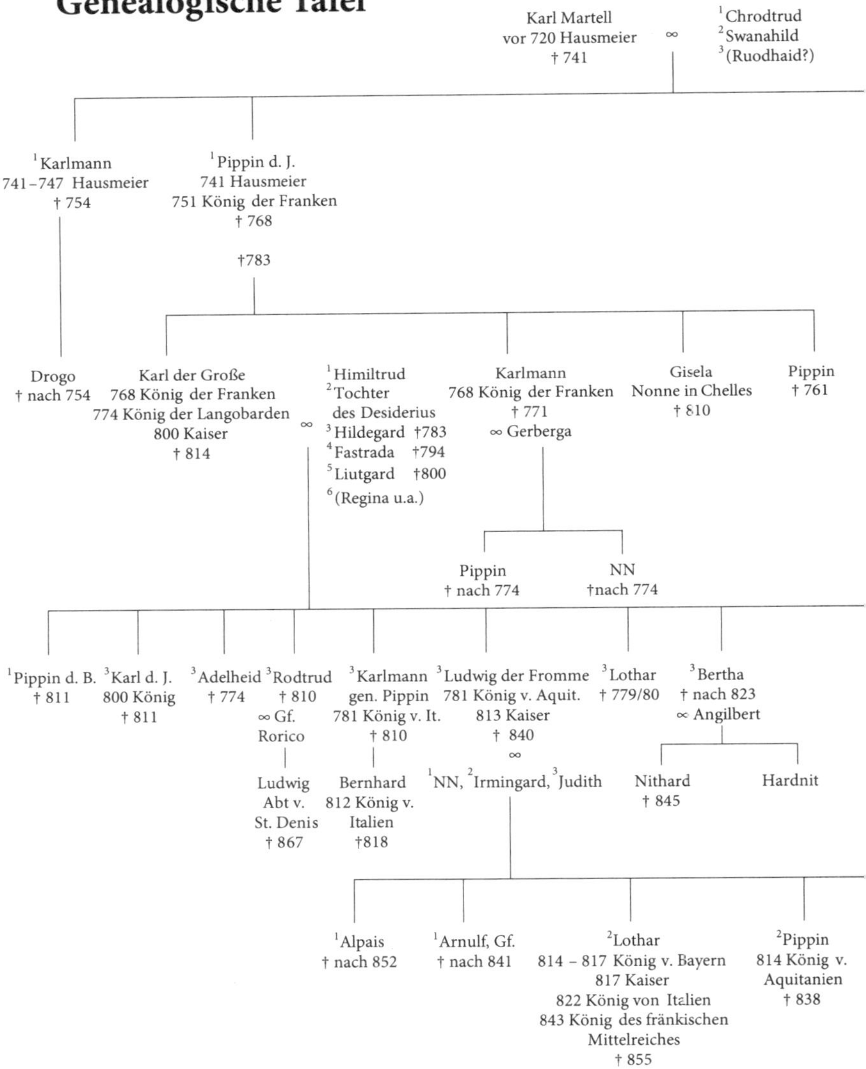

[1]Hiltrud
† 754
∞ Odilo Herzog v. Bayern
† 748

[2]Grifo
† 753

[3]Bernhard
† 787

[3]Hieronymus
† nach 754

[3]Remedius (Remigius)
Bischof v. Rouen
† 771

Tassilo III.
748–788 Herzog v. Bayern
† nach 794

Adalhard
Abt von Corbie
† 826

Wala
Abt von Corbie
† 836

Gundrada
† nach 826

Bernhar
† nach 801

Theodrada
† 846

[3]Gisela
† nach 814

[3]Hildegard
† 783

Ruothaid
† nach 814

[4]Theodrada
† 844/53

[4]Hiltrud
† nach 814

Ruothild
† 852

Adaltrud

[6]Drogo
Bischof v. Metz
† 855

[6]Hugo
Abt v. St. Quentin
†844

Theuderich
† nach 818

[2]Rodtrud

[2]Hildegard

[2]Ludwig der Deutsche
817 König von Bayern
843 König des Ostfränkischen Reiches
† 876

[3]Gisela
† nach 874

[3]Karl der Kahle
838 König von Aquitanien
843 König des Westfränkischen Reiches
875 Kaiser
† 877

Quellen und Literatur

Quellenverzeichnis

»Acta sancti Aegidii«, in: *Acta Sanctorum*, September I, S. 302F – 303A.

Adalwin von Regensburg: »Testimonia de aequalitate spiritus sancti cum patre et filio seu de processione eius ex ambobus«, in: *Das Konzil von Aachen 809*, ed. Harald Willjung (MGH Concilia 2, Supplementum 2), Hannover 1998, S. 397 – 412.

Adémar von Chabannes, *Chronicon*, ed. J. Chavanon, Paris 1897.

Adémar von Chabannes, *Chronicon*, ed. Pascale Bourgain/Richard A. Landes/ Georges Pon (Corpus Christianorum. Continuatio Mediaevalis 129 = Ademari Cabannensis Opera omnia 1), Turnhout 1999.

Admonitio generalis, siehe: Die Admonitio.

Aethicus Ister: *The Cosmography of Aethicus Ister*. Edition. Translation and Commentary, hg. von Michael W. Herren (Publications of the Journal of Medieval Latin 8), Turnhout 2011.

»Agnellus qui et Andreas, Liber pontificalis ecclesiae Ravennatis«, ed. Oswald Holder-Egger, in: MGH *Scriptores rerum Langobardicarum*, Hannover 1878, S. 265 – 391.

»Alcuin, Vita Willibrordi archiepiscopi Traiectensis«, ed. Wilhelm Levison, in: MGH *Scriptores rerum Merovingicarum* 7, Hannover/Leipzig 1920, S. 81 – 141.

Alcuin's Disputatio de rhetorica et de virtutibus Sapientissimi Regis Karoli et Albini Magistri, ed. Hermann L. Zimmermann, Diss. Ann Arbor 1968.

»Alkuin, Adversus Elipandum libri IV«, in: Migne, *Patrologia Latina* 101, Sp. 231 – 300.

Alkuin, Briefe: »Alcuini sive Albini Epistolae«, ed. Ernst Dümmler, in: MGH *Epistolae Karolini Aevi* 4, Berlin 1895, S. 18 – 481 und S. 614 – 616.

Alkuin, Ordo de cathecizandis, siehe Bouhot.

»Alkuin: Disputatio de Rhetorica et de virtutibus«, in: *Rhetores latini minores*, hg. von Carolus Halm, Leipzig 1863, S. 525 – 550.

Althochdeutsche Sprachdenkmäler: *Die kleineren althochdeutschen Sprachdenkmäler*, ed. Elias von Steinmeyer (Deutsche Neudrucke: Reihe Texte des Mittelalters), 3. Aufl. Dublin u. a. 1971.

Annalen von Saint-Bertin: *The Annals of St-Bertin*, translated and annotated by Janet Nelson (Ninth-Century Histories, Bd. 1), Manchester 1991.
»Annales Einhardi«, in: MGH *Scriptores* 1, Hannover 1862, S. 124–218.
Annales Fuldenses sive Annales regni Francorum orientalis, ed. Friedrich Kurze (MGH Scriptores rerum Germanicarum 7), Hannover 1891. Übersetzung: *Quellen zur karolingischen Reichsgeschichte*, Bd. 3, hg. u. übers. v. Reinhold Rau (Ausgewählte Quellen zur deutschen Geschichte des Mittelalters 5), 3. Auflage Darmstadt 1975.
»Annales Laureshamenses«, ed. Georg H. Pertz, in: MGH *Scriptores* 1, Hannover 1826 (= ND Stuttgart 1976), S. 19–39.
»Annales Laurissenses minores«, ed. Georg H. Pertz, in: MGH *Scriptores* 1, Hannover 1826 (= ND Stuttgart 1976), S. 112–123.
»Annales Mettenses priores«, ed. Bernhard von Simson, in: MGH *Scriptores rerum Germanicarum* [10], Hannover/Leipzig 1905, S. 1–98.
»Annales Mosellani«, ed. Johann M. Lappenberg, in: MGH *Scriptores* 16, Hannover 1858, S. 491–499.
»Annales Nazariani«, ed. Georg H. Pertz, in: MGH *Scriptores* 1, Hannover 1826 (= ND Stuttgart 1976), S. 19–31 und S. 40–44.
»Annales Nazariani«, ed. Walter Lendi, in: Ders.: *Untersuchungen zur frühalemannischen Annalistik. Die Murbacher Annalen mit Edition* (Scrinium Friburgense 1), Freiburg i. Ü. 1971, S. 147–167.
»Annales Nordhumbrani«, ed. Reinhold Pauli, in: MGH *Scriptores* 13, Hannover 1886, S. 154–156.
»Annales Petaviani. Continuatio«, ed. Georg H. Pertz, in: MGH *Scriptores* 1, Hannover 1826 (= ND Stuttgart 1976), S. 3–5 und 11–13.
»Annales regni Francorum inde ab a. 741 usque ad a. 829, qui dicuntur Annales Laurissenses maiores et Einhardi«, ed. Friedrich Kurze (*Scriptores rerum Germanicarum* 6), Hannover 1895. Übersetzung: »Quellen zur karolingischen Reichsgeschichte«. Erster Teil, hg. und übersetzt von Reinhold Rau (*Ausgewählte Quellen zur deutschen Geschichte des Mittelalters* 5), Darmstadt 1974, S. 9–155.
»Anselm von Canterbury, De veritate«, in: *S. Anselmi Cantuariensis Archiepiscopi Opera Omnia*, ed. F. S. Schmitt, Bd. 1, Stuttart/Bad Cannstatt 1968, S. 171–199.
Anselm von Canterbury, *Über die Wahrheit*. Lateinisch-deutsch. Übersetzt, mit einer Einleitung und Anmerkungen hg. von Markus Enders, Hamburg 2001.
»Ardo: Vita Benedicti«, ed. Georg Waitz, in: MGH *Scriptores* 15,1, Hannover 1887, S. 198–220.
»Arn von Salzburg: In nomine sanctae trinitatis Testimonia ex sacris voluminibus collecta incipiunt in quibus aperte ostenditur quod spiritus sanctus a patre et filio procedit et mittitur et quod idem spiritus sanctus patris et filii vocatur spiritus«, in: *Das Konzil von Aachen 809*, ed. Harald Willjung (MGH Concilia 2, Supplementum 2), Hannover 1998, S. 251 – 283.
»Astronomus, Vita Hludowici imperatoris«, ed. Georg H. Pertz, in: MGH *Scriptores* 2, Hannover 1829, S. 607–648.

Augustinus, *De civitate Dei libri viginti duo*, hg. von Bernhard Dombart/Alphons Kalb, 2 Bde. (Corpus Christianorum. Series latina 47 und 48), Turnhout 1955.
Augustinus, *Vom Gottesstaat*. Aus dem Lateinischen übertragen von Wilhelm Thimme. Eingeleitet und kommentiert von Carl Andresen, 2 Bde., 4. Auflage München 1997.
Bonifatius: *S. Bonifatii et Lulli epistolae*, ed. Michael Tangl (MGH Epistolae selectae 1), Berlin 1916.
Bouhot, Jean-Paul: »Alcuin et le ›De cathecizandis rudibus‹ de saint Augustin«, in: *Recherches Augustiennes* 15, 1980, S. 205–230.
»Breue commemoratorii«, ed. Michael McCormick, *Charlemagne's Survey of the Holy Land. Wealth, Personnel, and Buildings of a Mediterranean Church between Antiquity and the Middle Ages with a Critical Edition and Translation of the Original Text*, Washington 2011, S. 197–237.
»Brief an Cotani« (Tochter Tassilos III.), ed. Bernhard Bischoff, in: Ders.: *Salzburger Formelbücher und Briefe aus Tassilonischer und Karolingischer Zeit* (Bayerische Akademie der Wissenschaften, phil.-hist. Klasse, Sitzungsberichte 1973,4), München 1974, III. Sammlung Nr. 20, S. 55.
Capitulare de villis. Cod. Guelf. 254 Helmst. der Herzog August Bibiliothek Wolfenbüttel, ed. Carlrichard Brühl (Dokumente zur deutschen Geschichte in Faksimiles, Reihe 1, Mittelalter 1), 2 Bde. Stuttgart 1971.
»Capitulare Saxonicum«, in: *Leges Saxonum und Lex Thuringorum*, ed. Claudius von Schwerin (MGH Fontes iuris Germanici antiqui in usum scholarum separatim editi 4), Hannover/Leipzig 1918, S. 45–49.
Capitularia regum Francorum, Bd. 1, ed. Alfred Boretius (MGH Capit. 1), Hannover 1883 (= ND 1984).
»Capitulatio de partibus Saxoniae«, in: *Leges Saxonum und Lex Thuringorum*, ed. Claudius von Schwerin (MGH Fontes iuris Germanici antiqui in usum scholarum separatim editi 4), Hannover/Leipzig 1918, S. 37–44.
Cassiodor: *Institutiones divinarum et saecularium litterarum. Einführung in die geistlichen und weltlichen Wissenschaften*, übers. und eingel. von Wolfgang Bürsgens (Fontes Christiani 39/1–2), 2 Bde. Freiburg i. Br. u. a. 2003.
»Chronicarum qui dicunter Fedegarii scholastici libri IV cum continuationibus, ed. Bruno Krusch«, in: MGH *Scriptores rerum Merovingicarum* 2, Hannover 1888, S. 1–193.
»Chronicon Laurissense breve«, ed. Hans Schnorr von Carolsfeld, in: *Neues Archiv der Gesellschaft für ältere deutsche Geschichtskunde*, 36, 1911, S. 13–39.
»Chronicon Moissiacense und Chronicon Anianense. Synoptische Edition der Handschriften Paris BN lat. 4886 f. 43v–f. 54 v, und Paris BN lat. 5941, f. 2r–f. 49 v«, in: Kettemann, Walter: *Subsidia Anianensia, Überlieferungs- und textgeschichtliche Untersuchungen zur Geschichte Witiza-Benedikts, seines Klosters Aniane und zur sogenannten »anianischen Reform«*. Teil 2: Beilagen, Duisburg 2000, Beilage 2, S. 1–197, via: http.//duepublico.uni-duisburg-essen.de/servlets/DerivateServlet/Derivate-19910/Kettemann_Diss_pdf, letzter Zugriff am 11. Juni 2013.

»Chronicon Moissiacense«, ed. Georg H. Pertz, in: MGH *Scriptores* 1, 1826, S. 280 – 313.
Chronicon Novaliciense = Cronaca di Novalesa.
Chronik von Karl dem Großen, siehe: Die Chronik.
»Codex Carolinus«, ed. Wilhelm Gundlach, in: MGH *Epistolae* 3, Berlin 1982, S. 468 – 657.
Codex Laureshamensis, Bd. 1: Einleitung, Regesten, Chronik, ed. Karl Glöckner, Darmstadt 1929.
Collectio Canonum Hibernensis = Die irische Kanonensammlung.
»Collectio Dionysio-Hadriana«, ed. Joseph Hartzheim, in: Concilia Germaniae, Bd. 1, Köln 1759, S. 131 – 235.
Constitutum Constantini, siehe: Das Constitutum.
»Conversio Bagoariorum et Carantanorum«, ed. Fritz Lošek, in: Ders.: *Die Conversio Bagoariorum et Carantanorum und der Brief des Erzbischofs Theotmar von Salzburg* (MGH Studien und Texte 15), Hannover 1997, S. 90 – 135.
Conversio Bagoariorum et Carantanorum: Wolfram, Herwig: *Conversio Bagoariorum et Carantanorum. Das Weißbuch der Salzburger Kirche über die erfolgreiche Mission in Karantanien und Pannonien* (Zbirka Zgodovinskega časopisa 44), Ljubljana-Laibach 2012.
Cronaca di Novalesa, ed. Gian Carlo Alessio (I millenni), Turin 1982.
Das Constitutum Constantini, ed. Horst Fuhrmann (MGH Fontes iuris Germanici 10), Hannover 1968.
Das Konzil von Aachen 809, hg. von Harald Willjung (MGH Concilia II. Supplementum 2), Hannover 1998.
Dekrete der ökumenischen Konzilien, Bd. 1: *Konzilien des ersten Jahrtausends. Vom Konzil von Nizäa bis zum Vierten Konzil von Konstantinopel (869/70)*, hg. von Josef Wohlmuth, 3., durchgesehene Auflage, Paderborn/München/Wien/Zürich 2002.
Dicuil: Liber de mensura orbis terrae, ed. James J. Tierney (Scriptores Latini Hiberniae 6), Dublin 1967.
Die Aachener »Vita Karoli Magni« = Vita Karoli Magni
Die Admonitio generalis Karls des Großen, ed. Hubert Mordek (†)/Klaus Zechiel-Eckes (†)/Michael Glatthaar (MGH Fontes iuris Germanici antiqui in usum scholarum separatim editi 16), Hannover 2012.
Die altrussische Nestorchronik. Provest' vremennych let, hg. und übers. von Reinhold Trautmann (Slavisch-baltische Quellen und Forschungen 6), Leipzig 1931.
Die Chronik von Karl dem Großen und Roland. Der lateinische Pseudo-Turpin in den Handschriften aus Aachen und Andernach, ed. Hans-Wilhelm Klein (Beiträge zur romanischen Philologie des Mittelalters 13), München 1986.
Die Irische Kanonensammlung, ed. Hermann Wasscherschleben, 2. Auflage Leipzig 1885 (= ND Aalen 1966).
Die Nestorchronik. Die altrussische Chronik, zugeschrieben dem Mönch des Kiever Höhlenklosters Nestor, in der Redaktion des Abtes Sil'vestr aus dem Jahre 1116,

rekonstruiert nach den Handschriften Lavrent'evskaja, Radzivilovskaja, Akademičeskaja, Troickaja, Ipat'evskaja und Chlebnikovskaja, hg. und übers. v. Ludwig Müller (Handbuch zur Nestorchronik 4/Forum Slavicum 56), München 2001.

»Die Traditionen des Hochstifts Freising«, ed. Theodor Bitterauf, Bd. 1: S. 744–926 (*Quellen und Erörterungen zur bayerischen und deutschen Geschichte* N. F. 4), München 1905.

»E translationibus et miraculis s. Germani«, ed. Georg Waitz, in: MGH *Scriptores* 15,1, Hannover 1887, S. 4–16.

»Eigil: Vita Sturmi«, ed. Pius Engelbert, in: Ders.: *Die Vita Sturmi des Eigil von Fulda. Literarkritisch-historische Untersuchung und Edition* (Veröffentlichungen der Historischen Kommission für Hessen und Waldeck 29), Marburg 1968, S. 129–163.

»Einhard: Vita Karoli Magni«, ed. Oswald Holder-Egger (MGH *Scriptores rerum Germanicarum* 25), Hannover 1911. Französische Ausgabe: »Eginhard: Vie de Charlemagne«, hg. von Louis Halphen (*Les classiques de l'histoire de France au Moyen Age* 1), 3. Aufl. Paris 1947. Deutsche Übersetzung in: *Quellen zur karolingischen Reichsgeschichte*, Bd. 1, hg. u. übers. v. Reinhold Rau (Ausgewählte Quellen zur deutschen Geschichte des Mittelalters 5), Darmstadt 1974, S. 163–212.

Einhardsannalen, siehe Annales regni Francorum.

English Historical Documents, I: c. 500–1042, ed. Dorothy Whitelock 2. Aufl. London und New York 1979.

Epistolae Karolini Aevi, Bd. 2, ed. Ernst Dümmler (MGH Epistolae IV), Berlin 1895 (= ND 1994).

»Epitaphium Hadriani«, in: Fedor Schneider, *Die Epitaphien der Päpste und andere stadtrömische Inschriften des Mittelalters (IV. bis XII. Jahrhundert)*. Aus dem Nachlass hg. von Walther Holtzmann (Texte zur Kulturgeschichte des Mittelalters 6), Rom 1933, S. 25f.

»Erconrads Translatio S. Liborii«, ed. A. Cohausz, in: Ders.: *Eine wiederentdeckte Geschichtsquelle der Karolingerzeit und die bekannten Übertragungsberichte* (Studien und Quellen zur Westfälischen Geschichte 6), Paderborn 1966, S. 52–100.

»Ermoldus Nigellus: Carmina in honorem Hludowici«, ed. Ernst Dümmler, in: MGH *Poetae latini* 2, Berlin 1884, S. 5–79.

Ermoldus Nigellus: *Ermold le Noir, Poème sur Louis le Pieux et épitres au roi Pépin*, ed. et trad. par E. Faral (Les Classiques de l' histoire de France au moyen âge 14), Paris 1964.

»›Smaragdi abbati‹. Expositio in Regulam s. Benedicti«, ed. Alfred Spannagel/Pius Engelbert (*Corpus Consuetudinum Monasticarum* 8), Siegburg 1974.

Fredegar-Fortsetzungen: »Chronicarum quae dicuntur Fredegarii continuationes«, hg. von Herbert Haupt, in: *Quellen zur Geschichte des 7. und 8. Jahrhunderts*, hg. von Herwig Wolfram/Andreas Kusternig/Herbert Haupt (Ausgewählte Quellen zur deutschen Geschichte des Mittelalters IV a), Darmstadt 1982, S. 272–325.

Fredegar: siehe Chronicarum.
Gesta sanctorum patrum Fontanellensis coenobii (Gesta abbatum Fontanellensium), ed. Ferdinand Lohier und Jean Laporte, Rouen 1936.
Große, Rolf: siehe Papsturkunden in Frankreich.
»Heito von Basel: Testimonia de processione spiritus sancti«, in: *Das Konzil von Aachen 809*, ed. Harald Willjung (MGH Concilia 2, Supplementum 2), Hannover 1998, S. 383 – 395.
Herren, Michael W.: »The ›De imagine Tetrici‹ of Walafrid Strabo«. Edition and Translation, in: The Journal of Medieval Latin 1, 1991, S. 118 – 139.
Hinkmar von Reims, *De ordine palatii*, hg. und übersetzt von Thomas Gross und Rudolf Schieffer (MGH Fontes iuris Germanici antiqui in usum scholarum separatim editi 3), Hannover 1980.
»Instructio pastoralis«, ed. Raymond Étaix, in: Ders.: »Un manuel de pastorale de l'époque Carolingienne (Clm 271529)«, in: *Revue Bénédictine* 91, 1981, S. 105 – 130, hier S. 116 – 130.
»Iohannes Diaconus, Sancti Gregorii Magni vita«, in: Migne, *Patrologia Latina* 75, Sp. 61 – 242.
Kaiserkrönung: *Die Kaiserkrönung Karls des Großen*. Eingeleitet und zusammengestellt von Kurt Reindel (Historische Texte Mittelalter 4), 2., durchgesehene Auflage Göttingen 1970.
Karolus Magnus et Leo Papa = Paderborner Epos.
Kempf, Damien (Hg.): *Paul the Deacon, Liber de episcopis Mettensibus*. New Edition, Translation and Commentary (Dallas Medieval Texts and Translations), Leuven 2012.
Kusch, Bruno: *Einführung in das Lateinische Mittelalter*. Bd. I: *Dichtung*, Darmstadt 1957.
Le Liber Pontificalis. Texte, introduction et commentaire, 2 Bde., hg. von Louis Duchesne, Paris 1886, ND Paris 1981.
Leidrad von Lyon, Rechenschaftsbericht: Alfred Coville, La rapporte de Leidrade, in: Ders., *Recherches sur l'histoire de Lyon du Vme siècle au IXme siècle (450 – 800)*, Paris 1928, S. 283 – 287.
Libri Carolini = Opus Caroli regis contra synodum.
Lorscher Annalen, siehe: Annales Laureshamenses.
Mansi, Giovanni D.: *Sacrorum conciliorum nova et amplissima collectio 12*, Paris 1901.
MGH *Concilia II, 1*, ed. Albert Werminghoff, Hannover/Leipzig 1906.
MGH *Diplomata Friedrichs I.*, Bd. 2, bearbeitet von Heinrich Appelt, Hannover 1979.
MGH *Diplomata der Karolinger 1*, bearbeitet von Engelbert Mühlbacher, Hannover 1906, ND München 1979.
Nithard: *Histoire des fils de Louis le Pieux*, ed. Philippe Lauer/Sophie Glansdorff (Les classiques de l'histoire au Moyen Âge 51), Paris 2012.
Nithard: Libri historiarum quattuor = Nithard: *Histoire des fils de Louis le Pieux*

Notker Balbulus: *Gesta Karoli Magni Imperatoris*, ed. Hans F. Haefele (MGH Scriptores rerum Germanicarum. Nova Series 12), Berlin 1959. Deutsche Übersetzung in: *Quellen zur karolingischen Reichsgeschichte*, Bd. 3, hg. u. übers. v. Reinhold Rau (Ausgewählte Quellen zur deutschen Geschichte des Mittelalters 5), 3. Aufl. Darmstadt 1975.

Opus Caroli regis contra synodum (Libri Carolini), ed. Ann Freeman unter Mitwirkung von Paul Meyvaert (MGH Concilia II. Supplementum 1), Hannover 1998.

Paderborner Epos: *De Karolo rege et Leone papa*, hg. und übersetzt v. Franz Brunhölzl (Studien und Quellen zur westfälischen Geschichte 36, Beiheft), Paderborn 1999.

Papsturkunden in Frankreich, Diözese Paris, Bd. 2: *Abtei Saint-Denis*. Neue Folge 9, ed. Rolf Große (Abhandlungen der Akademie der Wissenschaften in Göttingen. Phil-Hist. Klasse, Folge 3, 225), Göttingen 1998.

Paris, Gaston/Bos, Alphonse (Hgg.): *La vie de Saint Gilles par Guillaume de Berneville* (Société des Anciens Textes Français 15), Paris 1881.

»Paschasius Radbertus: Ex Vita Adalhardi«, ed. Georg H. Pertz, in: MGH *Scriptores* 2, Hannover 1829, S. 524–532. Vollständig bei *Migne, Patrologia Latina* 120, Sp. 1507–1556.

»Pauli Warnefridi Liber de episcopis Mettensibus«, ed. Georg H. Pertz, in: MGH *Scriptores* 2, Hannover 1829, S. 260–268.

Paulus Diaconus. Historia Langobardorum (Geschichte der Langobarden). Lateinisch und deutsch, hg. und übers. von Wolfgang F. Schwarz, Darmstadt 2009.

Paulus Diaconus: Carmina = Paulus Diaconus: Die Gedichte.

Paulus Diaconus: *Die Gedichte des Paulus Diaconus*. Kritische und erklärende Ausgabe, ed. Karl Neff (Quellen und Untersuchungen zur lateinischen Philologie des Mittelalters 3,4), München 1908.

Paulus Diaconus: Gesta episcoporum Mettensium = Pauli Warnefridi Liber de episcopis Mettensibus.

»Paulus Diaconus: Historia Langobardorum«, ed. Georg Waitz (MGH *Scriptores rerum Germanicarum* 48), Hannover 1878.

»Paulus Diaconus: Historia Romana«, ed. Amedeo Crivellucci (*Fonti per la storia d'Italia* 51), Rom 1914 (ND Turin 1966).

»Paulus Diaconus: Historia Romana«, ed. Hans Droysen (MGH *Scriptores rerum Germanicarum* [49]), Berlin 1879.

Paulus Diaconus: Liber de episcopis Mettensibus = Kempf, Damien.

Petrarca, Francesco: *Le Familiari. Edizione critica per cura di Vittorio Rossi*, Bd. I: *Introduzione e Libri I–IV. Con un ritratto e sei tavole fuori testo*, Florenz 1933. Übersetzung: *Briefe des Francesco Petrarca. Eine Auswahl*. Übers. v. Hans Nachod/Paul Stern, Berlin 1931.

Plinius der Ältere: Pline l'Ancien, Histoire naturelle, hg. von Alfred Ernout u. a., Bd. 1, 1947.

Regesto di Farfa compilato da Gregorio Catino, ed. Ignazio Giorgi/Ugo Balzani

(Biblioteca della Scietà di storia patria), Bd. 1, Rom 1914; Bde. 2–5, Rom 1879–1892.
»Reiner von Lüttich, Annalen«, ed. Georg Heinrich Pertz, in: MGH *Scriptores* 16, Hannover 1859, S. 651–680.
Stengel: Urkundenbuch Fulda, siehe Urkundenbuch des Klosters Fulda.
Synode von Hiereia: *Die ikonoklastische Synode von Hiereia 754*. Einleitung, Text, Übersetzung und Kommentar ihres Horos, besorgt von Torsten Krannich/ Christoph Schubert/Claudia Sode (Studien und Texte zu Antike und Christentum 15), Tübingen 2002.
Thegan, Gesta Hludowici imperatoris, ed. und übersetzt von Ernst Tremp (MGH Scriptores rerum Germanicarum 64), Hannover 1995.
»Theodor Synkellos, De obsidione Constantinopolitana sub Heraclio imperatore«, hg. von Leo Sternberg, in: *Rozprawy Akademii Umiejetnośa wydzial filologszy*, II/15, Krakau 1900, S. 298–320.
»Theodulf von Orléans, Carmina«, ed. Ernst Dümmler, in: MGH *Poetae latini* 1, Berlin 1881, S. 437–581.
»Theodulf von Orléans: Libellus de processione spriritus sancti«, in: *Das Konzil von Aachen 809*, ed. Harald Willjung (MGH Concilia 2, Supplementum 2), Hannover 1998, S. 313–382.
Theophanis Chronographia, ed. Carl de Boor, 2 Bde., Leipzig 1883 u. 1885. Übersetzung: *The Chronicle of Theophanes Confessor: Byzantine and Near Eastern History AD 284–813*, übers. u. komm. v. Cyril Mango und Roger Scott, Oxford 1997.
»Translatio Liborii«, ed. Georg H. Pertz, in: MGH *Scriptores* 4, Hannover 1841, S. 149–157.
Urkundenbuch des Klosters Fulda, Bd. 1: *Die Zeit der Äbte Sturmi und Baugulf*, ed. Edmund E. Stengel (Veröffentlichungen der Historischen Kommission für Hessen und Waldeck 10), Marburg 1958.
Visio Caroli Magni: Matthias Th. Kloft, »Karl der Große in der Frankfurter Sage und Legende«, in: *Karlsverehrung in Frankfurt am Main. Eine Ausstellung des Dommuseums Frankfurt und des Historischen Museums Frankfurt*, hg. von August Heuser/Matthias Th. Kloft, Frankfurt 2000, S. 24f.
»Visio cuiusdam pauperculae mulieris«, ed. Hubert Houben, in: Ders.: »Visio cuiusdam pauperculae mulieris. Überlieferung und Herkunft eines frühmittelalterlichen Visionstextes (mit Neuedition)«, in: *Zeitschrift für die Geschichte des Oberrheins* 124, 1976, S. 31–42, hier S. 41f.
Visio Wettini. Einführung, lateinisch-deutsche Ausgabe und Erläuterungen von Hermann Knittel. Mit einem Geleitwort von Walter Berschin (Reichenauer Texte und Bilder 12), 3. Auflage Heidelberg 2009.
»Vita Alcuini«, ed. Wilhelm Arndt, in: MGH *Scriptores* 15/1, Hannover 1887, S. 182–197.
»Vita Karoli Magni«, ed. Gerhard Rauschen, in: Ders. (Hg.): *Die Legende Karls des Großen im 11. und 12. Jahrhundert* (Publikationen der Gesellschaft für Rheinische Geschichtskunde 7), Leipzig 1890, S. 1–94. Übersetzung: *Die*

Aachener »Vita Karoli Magni« des 12. Jahrhunderts auf der Textgrundlage der Edition von Gerhard Rauschen unter Beifügung der Texte der Karlsliturgie in Aachen, hg. und übers. v. Helmut und Ilse Deutz (Veröffentlichungen des Bischöflichen Diözesanarchivs Aachen 48), Siegburg 2000.

»Vita Walae«, ed. Georg Heinrich Pertz, in: MGH *Scriptores* 2, Hannover 1829, S. 533–569.

»Walahfrid Strabo, De imagine Tetrici«, ed. Ernst Dümmler, in: MGH *Poetae latini* 2, Hannover 1884, S. 370–378.

Walahfrid Strabo: *La visione di Vetti: il primo viaggio poetico nell' aldilà*. Revisione del testo, introduzione, traduzione e note a cura di Francesco Stella (Scrittori latini dell'Europa medievale 4), Pisa 2009.

»Walahfrid Strabo: Libellus de exordiis et incrementis quarundam in observationibus ecclesiasticis rerum«, ed. Alfred Boretius/Victor Krause, in: MGH *Capitularia regum Francorum* 2, Hannover 1897, S. 473–516. Übersetzung: *Walahfrid Strabo: Liber de exordiis et incrementis quarundam in observationibus ecclesiaticis rerum*, übers. u. kommentiert v. Alice L. Harting-Correa (Mittellateinische Studien und Texte 19), Leiden 1996.

»Walahfrid Strabo: Prolog zu Einhards Vita Karoli«, ed. Oswald Holder-Egger, in: MGH *Scriptores rerum Germanicarum* [25], Hannover/Leipzig 1911, S. XXVIII–XXIX.

»Wandalbert, Miracula sancti Goaris«, ed. Oswald Holder-Egger, in: MGH *Scriptores* 15,1, Hannover 1887, S. 361–371.

Widukind von Corvey, Sachsengeschichte, ed. Paul Hirsch/Hans-Eberhard Lohmann (MGH Scriptores rerum Germanicarum 60), Hannover 1935.

Literaturverzeichnis

Abel, Sigurd/Simson, Bernhard: *Jahrbücher des fränkischen Reiches unter Karl dem Großen*, Bd. 1: *768–788*, 2. Auflage Leipzig 1888, Bd. 2: *789–814*, Leipzig 1883.

Airlie, Stuart: »Narratives of triumph and rituals of submission: Charlemagne's mastering of Bavaria«, in: *Transactions of the Royal Historical Society*, 6th series 9, 1999, S. 93–119.

Alberi, Mary: »The Evolution of Alcuin's Concept of the Imperium Christianum«, in: *The Community, the Family and the Saint. Patterns of Power in Early Medieval Europe*, hg. von Joyce Hill/Mary Swan (International Medieval Research 4), Turnhout 1998, S. 3–18.

Albertoni, Giuseppe: »La politica alpina di Carolingi«, in: *Carlo Magno e le Alpi. Atti del XVIII Congresso internazionale di studio sull'alto medioevo*, Susa, 19–20 ottobre 2006, Spoleto 2007, S. 49–74.

Althoff, Gerd: »Der Sachsenherzog Widukind als Mönch auf der Reichenau. Ein Beitrag zur Kritik des Widukind-Mythos«, in: *Frühmittelalterliche Studien* 17, 1983, S. 251–279.

Althoff, Gerd: »Das Privileg der *deditio*. Formen gütlicher Konfliktbeendigung in der mittelalterlichen Adelsgesellschaft«, in: *Nobilitas. Funktion und Repräsentation des Adels in Alteuropa*, hg. von Otto Gerhard Oexle / Werner Paravicini (Veröffentlichungen des Max-Planck-Instituts für Geschichte 133), Göttingen 1997, S. 27–52.

Althoff, Gerd: *Spielregeln der Politik im Mittelalter. Kommunikation in Frieden und Fehde*, Darmstadt 1997.

Althoff, Gerd (Hg.): *Formen und Funktionen öffentlicher Kommunikation im Mittelalter* (Vorträge und Forschungen 51), Stuttgart 2001.

Althoff, Gerd: *Die Macht der Rituale. Symbolik und Herrschaft im Mittelalter*, Darmstadt 2003.

Althoff, Gerd: *Die Macht der Rituale. Symbolik und Herrschaft im Mittelalter*, 2. Auflage Darmstadt 2012.

Althoff, Gerd: »Tränen und Freude. Was interessiert Mittelalter-Historiker an Emotionen«, in: *Frühmittelalterliche Studien* 40, 2006, S. 1–11.

Althoff, Gerd: *»Selig sind, die Verfolgung ausüben.« Päpste und Gewalt im Hochmittelalter*, Darmstadt 2013.

Altmann, Hans: »Die Reise des Isaak und die politische Situation um 800«, in: *Ex oriente. Isaak und der weiße Elefant. Bagdad – Jerusalem – Aachen. Eine Reise durch drei Kulturen um 800 und heute*, Bd. 1: *Die Reise des Isaak. Bagdad*, hg. von Wolfgang Dreßen/Georg Minkenberg/Adam C. Oellers, Aachen 2003, S. 28–35.

Angenendt, Arnold: »Libelli bene correcti. Der ›richtige Kult‹« als ein Motiv der karolingischen Reform«, in: *Das Buch als magisches und als Repräsentationsobjekt*, hg. von Peter Ganz (Wolfenbütteler Mittelalter-Studien 5), Wiesbaden 1992, S. 117–135.

Angenendt, Arnold: »Der römische und gallisch-fränkische Anti-Ikonoklasmus«, in: *Frühmittelalterliche Studien* 35, 2001, S. 201 – 225.
Angenendt, Arnold: »Pippins Königserhebung und Salbung«, in: *Der Dynastiewechsel von 751. Vorgeschichte, Legitimationsstrategien und Erinnerung*, hg. von Matthias M. Becher/Jörg Jarnut, Münster 2004, S. 179 – 209.
Anton, Hans H.: *Fürstenspiegel und Herrscherethos in der Karolingerzeit* (Bonner Historische Forschungen 32), Bonn 1968.
Anton, Hans H.: »Beobachtungen zum fränkisch-byzantinischen Verhältnis in karolingischer Zeit«, in: *Beiträge zur Geschichte des Regnum Francorum. Referate beim Wissenschaftlichen Colloquium zum 75. Geburtstag von Eugen Ewig am 28. Mai 1988*, hg. von Rudolf Schieffer (Beihefte der Francia 22), Sigmaringen 1990, S. 97 – 119.
Anton, Hans H.: *Königtum – Kirche – Adel. Institutionen, Idee und Räume von der Spätantike bis zum hohen Mittelalter*, Trier 2002.
Anton, Hans H.: »*Solium imperii* und *Principatus sacerdotum* in Rom, fränkische Hegemonie über den Okzident/Hesperien – Grundlagen, Entstehung und Wesen des karolingischen Kaisertums«, in: *Von Sacerdotium und Regnum. Geistliche und weltliche Gewalt im frühen und hohen Mittelalter. Festschrift für Egon Boshof zum 65. Geburtstag*, hg. von Franz-Reiner Erkens/Hartmut Wolff (Passauer historische Forschungen 12), Köln/Weimar/Wien 2002, S. 203 – 274.
Auernheimer, Birgit: *Die Sprachplanung der Karolingischen Bildungsreform im Spiegel von Heiligenviten. Vergleichende syntaktische Untersuchungen von Heiligenviten in verschiedenen Fassungen, u. a. der Vita Corbiniani, auf der Basis eines valenzgrammatischen Modells*, München 2003.
Auzépy, Marie-France: »Constantin V, l'empereur isaurien, et les Carolingiens«, in: *Les Assises du pouvoir. Temps médiévaux, territoires africains. Textes réunis par Odile Redon et Bernard Rosenberger pour Jean Devisse (Temps et espaces)*, Saint-Denis 1994, S. 49 – 65.
Bachrach, Bernhard S.: *Early Carolingian Warfare. Prelude to Empire*, Philadelphia 2001.
Bachrach, Bernhard S.: »Charlemagne's Military Responsibilities am Vorabend der Kaiserkrönung«, in: *Am Vorabend der Kaiserkrönung. Das Epos »Karolus Magnus et Leo papa« und der Papstbesuch in Paderborn 799*, hg. von Peter Godman/Jörg Jarnut/Peter Johanek, Berlin 2002, S. 231 – 255.
Bachrach, Bernhard S.: *Charlemagne's Early Campaigns (768 – 777). A Diplomatic and Military Analysis*, Leiden 2013.
Bachrach, David S.: *Religion and the Conduct of War, c. 300 – 1215 (Warfare in History)*, Woodbridge 2003.
Banniard, Michel: Viva voce. Communication écrite et communication orale du IVe au IXe siècle en Occident latin (Collection des Études augustiniennes. Série Moyen-Âge et temps modernes 25), Paris 1992.
Bascapè, Giacomo C.: »I conti palatini del regno italico e la città di Pavia«, in: *Archivio storico Lombardo*, ser. 8 a, 62, 1935, S. 281 – 290.
Bauer, Franz Alto: *Das Bild der Stadt Rom im Frühmittelalter. Papststiftungen im*

Spiegel des Liber pontificalis von Gregor dem Dritten bis zu Leo dem Dritten (Palilia 14), Wiesbaden 2004.
Becher, Matthias M.: »Drogo und die Königserhebung Pippins«, in: *Frühmittelalterliche Studien* 23, 1989, S. 131 – 151.
Becher, Matthias M.: »Neue Überlegungen zum Geburtsdatum Karls des Großen«, in: *Francia* 19/1, 1992, S. 37 – 60.
Becher, Matthias M.: *Eid und Herrschaft. Untersuchungen zum Herrscherethos Karls des Großen* (Vorträge und Forschungen Sonderband 39), Sigmaringen 1993.
Becher, Matthias M.: »Non enim habent regem idem Antiqui Saxones … Verfassung und Ethnogenese in Sachsen während des 8. Jahrhunderts« in: *Sachsen und Franken in Westfalen. Zur Komplexität der ethnischen Deutung und Abgrenzung zweier frühmittelalterlicher Stämme*, hg. von Hans-Jürgen Häßler (Studien zur Sachsenforschung 12), Oldenburg 1999, S. 1 – 31.
Becher, Matthias M.: »Die Sachsen im 7. und 8. Jahrhundert. Verfassung und Ethnogenese«, in: *799. Kunst und Kultur der Karolingerzeit. Karl der Große und Papst Leo* III. *in Paderborn*. Katalog der Ausstellung Paderborn 1999, Bd. 1, hg. von Christoph Stiegemann/Matthias Wemhoff, Mainz 1999, S. 188 – 194.
Becher, Matthias M.: »›Cum lacrimis et gemitu‹. Weinen der Sieger und Besiegten im frühen und hohen Mittelalter«, in: *Formen und Funktionen öffentlicher Kommunikation im Mittelalter*, hg. von Gerd Althoff (Vorträge und Forschungen. Konstanzer Arbeitskreis für mittelalterliche Geschichte 51), Stuttgart 2001, S. 25 – 52.
Becher, Matthias M.: »Die Kaiserkrönung im Jahr 800. Eine Streitfrage zwischen Karl dem Großen und Papst Leo III.«, in: *Rheinische Vierteljahrsblätter* 66, 2002, S. 1 – 38.
Becher, Matthias M. (Hg.): *Herrschaft und Ethnogenese im Frühmittelalter. Gesammelte Aufsätze von Jörg Jarnut. Festgabe zum 60. Geburtstag*, Münster 2002.
Becher, Matthias M.: »Die Reise Papst Leos III. zu Karl dem Großen. Überlegungen zu Chronologie, Verlauf und Inhalt der Paderborner Verhandlungen des Jahres 799«, in: *Am Vorabend der Kaiserkrönung. Das Epos »Karolus Magnus et Leo papa« und der Papstbesuch in Paderborn 799*, hg. von Peter Godman / Jörg Jarnut / Peter Johanek, Berlin 2002, S. 87 – 112.
Becher, Matthias M.: Zwischen Macht und Recht: Der Sturz Tassilos III. von Bayern 788, in: *Tassilo III. von Bayern. Macht und Ohnmacht im 8. Jahrhundert*, hg. von Lothar Kolmer/Christian Rohr, Regensburg 2005, S. 39 – 56.
Becher, Matthias M.: »Mantik und Prophetie in der Historiographie des frühen Mittelalters. Überlegungen zur Merowinger- und frühen Karolingerzeit«, in: *Mantik. Profile prognostischen Wissens in Wissenschaft und Kultur*, hg. von Wolfram Hogrebe, Würzburg 2005, S. 167 – 187.
Becher, Matthias M.: »Karl der Große zwischen Rom und Aachen. Die Kaiserkrönung und das Problem der Loyalität im Frankenreich«, in: *Eloquentia copiosus. Festschrift für Max Kerner zum 65. Geburtstag*, hg. von Lotte Kéry, Aachen 2006, S. 1 – 15.
Becher, Matthias M.: *Karl der Große*, München 2007.

Becher, Matthias M.: »Karl der Große und sein Hof. Reiseherrschaft und Residenz«, in: *Sie schufen Europa. Historische Portraits von Konstantin bis Karl dem Großen*, hg. von Mischa Meier, München 2007, S. 308–326.

Becher, Matthias M.: *Merowinger und Karolinger*, Darmstadt 2009.

Becher, Matthias M.: »Dynastie, Thronfolge und Staatsverständnis im Frankenreich«, in: *Der frühmittelalterliche Staat – Europäische Perspektiven*, hg. von Walter Pohl/Veronika Wieser (Denkschriften der philosophisch-historischen Klasse der Österreichischen Akademie der Wissenschaften, Bd. 386, Forschungen zur Geschichte des Mittelalters 16), Wien 2009, S. 183–199.

Becher, Matthias M.: »Quellen zur Zeit Karls des Großen. Möglichkeiten und Grenzen der Interpretation«, in: *Das Reich Karls des Großen*, hg. von M. Becher u. a. (DAMALS – Das Magazin für Geschichte und Kultur, Sonderband), Darmstadt 2011, S. 103–114.

Becher, Matthias M.: »Das Kaisertum Karls des Großen zwischen Rückbesinnung und Neuerung«, in: *Kaisertum im ersten Jahrtausend. Wissenschaftlicher Begleitband zur Landesausstellung »Otto der Große und das Römische Reich. Kaisertum von der Antike zum Mittelalter«*, hg. von Hartmut Leppin/Bernd Schneidmüller/Stefan Weinfurter, Regensburg 2012, S. 251–270.

Becher, Matthias M./Jarnut, Jörg (Hgg.): *Der Dynastiewechsel von 751. Vorgeschichte, Legitimationsstrategien und Erinnerung*, Münster 2004.

Becher, Matthias M./Plassmann, Alheydis (Hgg.): *Streit am Hof im frühen Mittelalter* (Super alta perennis. Studien zur Wirkung der Klassischen Antike 11), Göttingen 2011.

Becht-Jördens, Gereon: »Die Vita Aegil des Brun Candidus als Quelle zu Fragen aus der Geschichte Fuldas im Zeitalter der anianischen Reform«, in: *Hessisches Jahrbuch für Landesgeschichte* 42, 1992, S. 19–48.

Becht-Jördens, Gereon: »Die Ermordung des Erzbischofs Bonifatius durch die Friesen. Suche und Ausgestaltung eines Martyriums aus kirchenpolitischer Notwendigkeit?«, in: *Archiv für mittelrheinische Kirchengeschichte* 57, 2005, S. 95–132.

Becht-Jördens, Gereon: »Sturmi oder Bonifatius. Ein Konflikt im Zeitalter der anianischen Reform um Identität und monastisches Selbstverständnis im Spiegel der Altartituli des Hrabanus Maurus für die Salvatorbasilika zu Fulda. Mit Anhängen zur Überlieferung und kritischen Edition der Tituli sowie zu Textquellen zur Architektur und Baugeschichte der Salvatorbasilika«, in: *Hrabanus Maurus in Fulda. Mit einer Hrabanus Maurus-Bibliographie (1979–2009)*, hg. von Marc-Aeilko Aris/Susanna Bullido del Barrio (Fuldaer Studien 13), Frankfurt am Main 2010, S. 123–187.

Becht-Jördens, Gereon: »Einharts ›Vita Karoli‹ und die antike Tradition von Biographie und Historiographie. Von der Gattungsgeschichte zur Interpretation«, in: *Mittellateinisches Jahrbuch* 46, 2011, S. 335–369.

Beck, Hans-Georg: »Die Herkunft des Papstes Leo III.«, in: *Frühmittelalterliche Studien* 3, 1969, S. 131–137.

Becker, Julia: »Präsenz, Normierung und Transfer von Wissen. Lorsch als ›pa-

tristische Zentralbibliothek‹«, in: *Karolingische Klöster. Wissenstransfer und kulturelle Innovation*, hg. von Julia Becker/Tino Licht, Berlin (im Druck).
Becker, Julia/Licht, Tino (Hgg.): *Karolingische Klöster. Wissenstransfer und kulturelle Innovation*, Berlin 2014 (im Druck).
Belting, Hans: »Studien zum beneventanischen Hof im 8. Jahrhundert«, in: *Dumbarton Oaks Papers* 16, 1962, S. 141–193.
Belting, Hans: *Bild und Kult. Eine Geschichte des Bildes vor dem Zeitalter der Kunst*, München 1990.
»Benedikt und die Welt der frühen Klöster« in den Reiss-Engelhorn-Museen Mannheim vom 23. Mai 2012 bis 13. Januar 2013, hg. von Alfried Wieczorek/Gerfried Sitar OSB unter Mitwirkung von Irmgard Siede/Holger Kempkens (Publikationen der Reiss-Engelhorn-Museen, Band 50), Regensburg 2012.
Berndt, Rainer (Hg.): *Das Frankfurter Konzil von 794. Kristallisationspunkt karolingischer Kultur. Akten zweier Symposien (vom 23. bis 27. Februar und vom 13. bis 15. Oktober 1994) anlässlich der 1200-Jahrfeier der Stadt Frankfurt am Main*, 2 Bände (Quellen und Abhandlungen zur mittelrheinischen Kirchengeschichte 80), Mainz 1997.
Berschin, Walter: *Biographie und Epochenstil im lateinischen Mittelalter. Bd. 3: Karolingische Biographie 750–920 n. Chr.* (Quellen und Untersuchungen zur lateinischen Philologie des Mittelalters 10), Stuttgart 1991.
Berschin, Walter: »Die Ost-West-Gesandtschaften am Hof Karls des Großen und Ludwigs des Frommen (768–840)«, in: *Karl der Große und sein Nachwirken. 1200 Jahre Kultur und Wissenschaft in Europa. Charlemagne and his Heritage. 1200 Years of Civilisation and Science in Europe*, Bd. 1: *Wissen und Weltbild*, hg. von Paul Leo Butzer/Max Kerner/Walter Oberschelp, Turnhout 1997, S. 157–172.
Berschin, Walter: »Der St. Galler Klosterplan als Literaturdenkmal« in: Ders., *Mittellateinische Studien*, Bd. 1, Heidelberg 2005, S. 127–156.
Berschin, Walter: »Karolingische Dreisprachigkeit«, in: *Ki bien voldreit raisun entendre. Mélanges en l'honneur du 70ᵉ anniversaire de Frankwalt Möhren*, hg. von Stephen Dörr/Thomas Städtler, Straßburg 2012, S. 1–7.
Beuckers, Klaus G.: »›Imperiales Bauen‹ im frühen Mittelalter. Bemerkungen zu herrscherlicher Bautätigkeit bis ins 10. Jahrhundert«, in: *Kaisertum im ersten Jahrtausend. Wissenschaftlicher Begleitband zur Landesausstellung »Otto der Große und das Römische Reich. Kaisertum von der Antike zum Mittelalter«*, hg. von Hartmut Leppin/Bernd Schneidmüller/Stefan Weinfurter, Regensburg 2012, S. 297–320.
Beumann, Helmut: »Romkaiser und fränkisches Reichsvolk«, in: *Festschrift Edmund E. Stengel. Zum 70. Geburtstag am 24. Dezember 1949 dargebracht von Freunden, Fachgenossen und Schülern*, hg. von Erika Kunz, Münster/Köln 1952, S. 157–180.
Beumann, Helmut: »Nomen imperatoris. Studien zur Kaiseridee Karls des Großen«, in: *Historische Zeitschrift* 185, 1958, S. 515–549.
Bieberstein, Klaus: »Der Gesandtenaustausch zwischen Karl dem Großen und

Harun-ar-Raschid und seine Bedeutung für die Kirchen Jerusalems«, in: *Zeitschrift des Deutschen Palästina-Vereins* 109, 1993, S. 152–173.
Bigott, Boris: *Ludwig der Deutsche und die Reichskirche im Ostfränkischen Reich (826–876)* (Historische Studien 470), Husum 2002.
Binding, Günther: *Deutsche Königspfalzen. Von Karl dem Großen bis Friedrich II. (765–1240)*, Darmstadt 1996.
Bischoff, Bernhard: »Theodulf und der Ire Cadac-Andreas«, in: *Historisches Jahrbuch* 74, 1955, S. 92–98.
Bischoff, Bernhard: »Die Hofbibliothek Karls des Großen«, in: *Karl der Große. Lebenswerk und Nachleben*, Bd. 2: *Das geistige Leben*, hg. von Bernhard Bischoff, Düsseldorf 1965, S. 42–62.
Bischoff, Bernhard: *Sammelhandschrift Diez. B Sant. 66. Grammatici latini et catalogus librorum* (Codices selecti 1973), Graz 1973.
Bischoff, Bernhard: *Die Abtei Lorsch im Spiegel ihrer Handschriften*, Lorsch 1989.
Björkman, Walther: »Karl und der Islam«, in: *Karl der Große. Lebenswerk und Nachleben*, Bd. 1: *Persönlichkeit und Geschichte*, hg. von Helmut Beumann, Düsseldorf 1965, S. 672–682.
Bock, Cornelius Peter: »Die Reiterstatue des Ostgotenkönigs Theoderich vor dem Palaste Karls des Großen zu Aachen«, in: *Jahrbücher des Vereins von Alterthumsfreunden im Rheinland* 5/6, 1844, S. 1–170.
Boisits, Barbara/Stachel, Peter (Hgg.): *Das Ende der Eindeutigkeit. Zur Frage des Pluralismus in Moderne und Postmoderne* (Studien zur Moderne 13), Wien 2000.
Borella, Pietro: »Influssi carolingi e monastici sul Messale Ambrosiano«, in: *Miscellanea Liturgica in honorem L.Cuniberti Mohlberg*, Bd. 1, Rom 1948, S. 73–115.
Borgolte, Michael: *Der Gesandtenaustausch der Karolinger mit den Abbasiden und mit den Patriarchen von Jerusalem* (Münchener Beiträge zur Mediävistik und Renaissance-Forschung 25), München 1976.
Borgolte, Michael: »Papst Leo III., Karl der Große und der Filioque-Streit von Jerusalem«, in: *Byzantina* 10, 1980, S. 401–427.
Borgolte, Michael: *Petrusnachfolge und Kaiserimitation. Die Grablegen der Päpste, ihre Genese und Traditionsbildung* (Veröffentlichungen des Max-Planck-Instituts für Geschichte 95), Göttingen 1989.
Borgolte, Michael: »Historie und Mythos«, in: *Krönungen. Könige in Aachen – Geschichte und Mythos*, Bd. 2, hg. von Mario Kamp, Mainz 2000, S. 839–846.
Borgolte, Michael: »Kulturelle Einheit und religiöse Differenz – Zur Verbreitung der Polygynie im mittelalterlichen Europa«, in: *Zeitschrift für historische Forschung* 31, 2004, S. 1–36.
Borgolte, Michael: *Christen, Juden, Muselmanen. Die Erben der Antike und der Aufstieg des Abendlandes 300 bis 1400 n. Chr.*, München 2006.
Borst, Arno: »Das Karlsbild in der Geschichtswissenschaft vom Humanismus bis heute«, in: *Karl der Große. Lebenswerk und Nachleben*, Bd. 4: *Das Nach-*

leben, hg. von Wolfgang Braunfels/Percy Ernst Schramm, Düsseldorf 1967, S. 364–402.
Borst, Arno: »Kaisertum und Nomentheorie im Jahr 800«, ND in: *Zum Kaisertum Karls des Großen. Beiträge und Aufsätze*, hg. von Gunter Wolf (Wege der Forschung 38), Darmstadt 1972, S. 216–239.
Borst, Arno: »Alkuin und die Enzyklopädie von 809«, in: *Science in Western and Eastern Civilization in Carolingian Times*, Basel/Boston/Berlin 1993, S. 53–78.
Borst, Arno: *Das Buch der Naturgeschichte. Plinius und seine Leser im Zeitalter des Pergaments* (Abhandlungen der Heidelberger Akademie der Wissenschaften. Phil.-hist. Klasse, Jg. 1994, 2. Abhandlung), Heidelberg 1994.
Borst, Arno: *Der Turmbau von Babel. Geschichte der Meinungen über Ursprung und Vielfalt der Sprachen und Völker*, 4 Bde., Stuttgart 1957–1963, ND München 1995.
Borst, Arno: *Die karolingische Kalenderreform* (MGH Schriften 46), Hannover 1998.
Boshof, Egon: *Bischof Agobard von Lyon. Leben und Werk*, Köln/Wien 1969.
Boshof, Egon: »Agilolfingisches Herzogtum und angelsächsische Mission: Bonifatius und die bayerische Bistumsorganisation von 739«, in: *Ostbairische Grenzmarken* 31, 1989, S. 11–26.
Bowlus, Charles: *Austria as a Carolingian Frontier, 700–907*, Ann Arbor 1973.
Bowlus, Charles: »Carolingian Military Hegemony in the Carpathian Basin 791–907«, in: *Karl der Große und das Erbe der Kulturen*, hg. von Franz-Reiner Erkens, Berlin 2001, S. 153–158.
Braunfels, Wolfgang: *Karl der Große. Ein Baumeister Europas. 765–1965*, Bonn 1965.
Brechter, Heinrich S.: »Marcus Poeta von Monte Cassino«, in: *Benedictus, der Vater des Abendlandes, 547–1947*, hg. von Heinrich Suso Brechter, München 1947, S. 341–359.
Bredekamp, Horst: *Kunst als Medium sozialer Konflikte. Bilderkämpfe von der Spätantike bis zur Hussitenrevolution*, Frankfurt am Main 1975.
Brieskorn SJ, Norbert: »Karl der Große und das Eherecht seiner Zeit (mit einem Blick auf clm 6242)«, in: *Das Frankfurter Konzil von 794. Kristallisationspunkt karolingischer Kultur*, Teil 1: *Politik und Kirche*, hg. von Rainer Berndt SJ (Quellen und Abhandlungen zur mittelrheinischen Kirchengeschichte 80), Mainz 1997, S. 301–329.
Brinker-von der Heyde, Claudia: *Die literarische Welt des Mittelalters*, Darmstadt 2007.
Brühl, Carlrichard: *Fodrum, Gistum, Servitium regis. Studien zu den wirtschaftlichen Grundlagen des Königtums im Frankenreich und in den fränkischen Nachfolgestaaten Deutschland, Frankreich und Italien vom 6. bis zum 14. Jahrhundert*, Köln/Graz 1968.
Brühl, Carlrichard: *Deutschland – Frankreich. Die Geburt zweier Völker*, Köln/Wien 1990.
Brunhölzl, Franz: »Der Bildungsauftrag der Hofschule«, in: *Karl der Große. Le-*

benswerk und Nachleben, Bd. 2: *Das geistige Leben*, hg. von Bernhard Bischoff, Düsseldorf 1965, S. 28 – 41.
Brunhölzl, Franz: »Fuldensia«, in: *Historische Forschungen für Walter Schlesinger*, hg. von Helmut Beumann, Köln/Wien 1974, S. 536 – 545.
Brunner, Heinrich: »Der Reiterdienst und die Anfänge des Lehnwesens«, in: *Zeitschrift für Rechtsgeschichte, germanistische Abt.* 8, 1887, S. 1 – 38.
Brunner, Karl: *Oppositionelle Gruppen im Karolingerreich* (Veröffentlichungen des Instituts für österreichische Geschichtsforschung 25), Wien/Köln/Graz 1979.
Buchremer, Josef: »Das Grab Karls des Großen«, in: *Zeitschrift des Aachener Geschichtsvereins* 29, 1907, S. 68 – 210.
Buck, Thomas M.: *Admonitio und Praedicatio. Zur religiös-pastoralen Dimension von Kapitularien und kapitulariennahen Texten (507 – 814)* (Freiburger Beiträge zur mittelalterlichen Geschichte. Studien und Texte 9), Frankfurt am Main/Berlin/Bern u. a. 1997.
Bühler, Arnold: »Capitularia relecta. Studien zur Entstehung und Überlieferung der Kapitularien Karls des Großen und Ludwigs des Frommen«, in: *Archiv für Diplomatik* 43, 1986, S. 305 – 501.
Bullough, Donald A.: »Aula Renovata. The Carolingian Court before the Aachen Palace«, in: *Proceedings of the British Academy* 71, 1985, S. 267 – 301.
Bullough, Donald A.: *Alcuin. Achievement and Reputation*, Leiden u. a. 2004.
Bullough, Donald A.: »Charlemagne's ›Men of God‹: Alcuin, Hildebald and Arn«, in: *Charlemange. Empire and Society*, hg. von Joanna Story, Manchester 2005, S. 136 – 150.
Burdach, Konrad: *Reformation, Renaissance, Humanismus. Zwei Abhandlungen über die Grundlage moderner Bildung und Sprachkunst*, Berlin 1918.
Butzer, Paul L.: »Mathematics and Astronomy at the Court School of Charlemagne and its Mediterranean Roots«, in: *Cahiers de Recherches Médiévales (XIIIe – XVe s.)* 5, 1998, S. 203 – 244.
Butzer, Paul L./Kerner, Max/Oberschelp, Walter (Hgg.): *Karl der Große und sein Nachwirken. 1200 Jahre Kultur und Wissenschaft in Europa*, Bd. 1, Turnhout 1997.
Castritius, Helmut/Geuenich, Dieter/Werner, Matthias unter Mitarbeit von Thorsten Fischer (Hgg.): *Die Frühzeit der Thüringer. Archäologie, Sprache, Geschichte* (Ergänzungsbände zum Reallexikon der Germanischen Altertumskunde 63), Berlin/New York 2009.
Chiesa, Paolo (Hg.): *Paolo Diacono. Uno scrittore fra tradizione longbarda e rinnovamento carolingio.* Atti del Convegno Internazionale di Studi. Cividale del Fiuli-Udine, 6 – 9 maggio 1999, Udine 2000.
Classen, Albrecht: »Kommunikation im Mittelalter. Prolegomena zu einer neuen Bewertung der mittelhochdeutschen Literatur«, in: *Mittellateinisches Jahrbuch* 27, 1992, S. 17 – 51.
Classen, Peter: »Romanum gubernans Imperium«, in: *Zum Kaisertum Karls des Großen. Beiträge und Aufsätze*, hg. von Gunther Wolf (Wege der Forschung 38), Darmstadt 1972, S. 4 – 29.

Classen, Peter: »Bayern und die politischen Mächte im Zeitalter Karls des Großen und Tassilos III.«, in: *Ausgewählte Aufsätze von Peter Classen*, hg. von Josef Fleckenstein (Vorträge und Forschungen 28), Sigmaringen 1983, S. 231–248.
Classen, Peter: »Karl der Große und die Thronfolge im Frankenreich«, in: *Ausgewählte Aufsätze von Peter Classen*, hg. von Josef Fleckenstein (Vorträge und Forschungen 28), Sigmaringen 1983, S. 205–229.
Classen, Peter: *Karl der Große, das Papsttum und Byzanz. Die Begründung des karolingischen Kaisertums, nach dem Handexemplar des Verfassers*, hg. von Horst Fuhrmann/Claudia Märtl (Beiträge zur Geschichte und Quellenkunde des Mittelalters 9), Sigmaringen 1988.
Contamine, Philippe: *La guerre au Moyen Âge* (Nouvelle Clio 24), Paris 1980.
Cousin, Patrice: »Les origines et le premier développement de Corbie«, in: *Corbie. Abbaye Royale. Volume du XIIIe centenaire*, Lille 1963, S. 19–46.
Coville, Alfred: »Le rapport de Leidrade«, in: *Recherches sur l'histoire de Lyon du Vme siècle au IXme siècle (450–800)*, hg. von Alfred Coville, Paris 1928, S. 268–287.
Cristante, Lucio: »Dal tardoantico medioevo: il ‚De nvptiis Phililogiae et Mercvrii' di Marziano Capella e la tradizione delle artes nella scuola carolingia«, in: *Einhard. Studien zu Leben und Werk. Dem Gedenken an Helmut Beumann gewidmet*, hg. von Hermann Schefers (Arbeiten der Hessischen Historischen Kommission N. F. 12), Darmstadt 1997, S. 57–66.
Dahlhaus-Berg, Elisabeth: *Nova antiquitas et antiqua novitas. Typologische Exegese und isidorianisches Geschichtsbild bei Theodulf von Orléans* (Kölner Historische Abhandlungen 23), Köln/Wien 1975.
Davis, Jennifer R.: »Charlemagne's Settlement of Disputes«, in: *Streit am Hof im frühen Mittelalter*, hg. von Matthias M. Becher/Alheydis Plassmann (Super alta perennis 11), Göttingen 2011, S. 149–173.
Deér, Josef: »Karl der Große und der Untergang des Awarenreiches«, in: *Karl der Große. Lebenswerk und Nachleben*, Bd. 1: *Persönlichkeit und Geschichte*, hg. von Helmut Beumann, Düsseldorf 1965, S. 719–791.
Deér, Josef: »Die Vorrechte des Kaisers in Rom (772–800)«, in: *Zum Kaisertum Karls des Großen. Beiträge und Aufsätze*, hg. von Gunther Wolf (Wege der Forschung 38), Darmstadt 1972, S. 30–115.
Deér, Josef: »Zum Patricius-Romanorum-Titel Karls des Großen«, in: *Zum Kaisertum Karls des Großen. Beiträge und Aufsätze*, hg. von Gunther Wolf (Wege der Forschung 38), Darmstadt 1972, S. 240–308.
De Jong, Mayke: »Sacrum palatium et ecclesia. L'autorité religieuse royale sous les Carolingiens (790–840)«, in: *Annales. Histoire, sciences sociales* 58, 2003, S. 1243–1269.
De Jong, Mayke: »Charlemagnes church«, in: *Charlemagne. Empire and society*, hg. von Joanna Story, Manchester 2005, S. 103–135.
De Jong, Mayke: »*Ecclesia* and the early medieval polity«, in: *Staat im frühen Mittelalter*, hg. von Stuart Airlie/Walter Pohl/Helmut Reimitz (Forschungen

zur Geschichte des Mittelalters 11/Denkschriften der Österreichischen Akademie der Wissenschaften, Phil.-hist. Klasse 334), Wien 2006, S. 113–132.
Delbrück, Hans: *Geschichte der Kriegskunst im Rahmen der politischen Geschichte*, 3. Teil: *Das Mittelalter*, Berlin 1923.
Delogu, Paolo: »Lombard and Carolingian Italy«, in: *The New Cambridge Medieval History*, Bd. 2: *c.700–c.900*, hg. von Rosamond McKitterick, Cambridge 1995, S. 290–319.
Depreux, Philippe: »Ambitions et limites des réformes culturelles à l'époque carolingienne«, in: *Revue historique* 304.1, 2002, S. 721–753.
Deutinger, Roman: »Zur Biographie Bischof Samuels von Worms«, in: *Archiv für mittelrheinischen Kirchengeschichte* 56, 2004, S. 79–87.
Deutinger, Roman: *Königsherrschaft im ostfränkischen Reich. Eine pragmatische Verfassungsgeschichte der späten Karolingerzeit*, Sigmaringen 2006.
Deutsche Königspfalzen. Beiträge zu ihrer historischen und archäologischen Erforschung, 8 Bände, Göttingen 1963–2007.
Diem, Albrecht: »The Emergence of Monastic Schools. The Role of Alcuin«, in: *Alcuin of York. Scholar at the Carolingian court. Proceedings of the Third Germania Latina Conference held at the University of Groningen, May 1995*, hg. von Luuk A. J. R. Houwen/Alasdair A. MacDonald (Germania Latina 3), Groningen 1998, S. 27–44.
Diesenberger, Maximilian/Wolfram, Herwig: »Arn und Alkuin 790–804: Zwei Freunde und ihre Schriften«, in: *Erzbischof Arn von Salzburg*, hg. von Meta Niederkorn-Bruck/Anton Scharer (Veröffentlichungen des Instituts für Österreichische Geschichtsforschung 40), Wien/Köln 2004, S. 81–106.
Drews, Wolfram: *Die Karolinger und die Abbasiden von Bagdad. Legitimationsstrategien frühmittelalterlicher Herrscherdynastien im transkulturellen Vergleich* (Europa im Mittelalter 12), Berlin 2009.
Dumeige, Gervais: *Nizäa II* (Geschichte der ökumenischen Konzilien 4), Mainz 1985.
Dutton, Paul Edward: *The Politics of Dreaming in the Carolingian Empire*, Lincoln 1994.
Ebenbauer, Alfred: »Nasos Ekloge«, in: *Mittellateinisches Jahrbuch* 11, 1976, S. 13–27.
Edelstein, Wolfgang: *Eruditio und Sapientia. Weltbild und Erziehung in der Karolingerzeit. Untersuchungen zu Alcuins Briefen*, Freiburg i. Br. 1965.
Ehlers, Caspar (Hg.): *Orte der Herrschaft – Mittelalterliche Königspfalzen*, Göttingen 2002.
Ehlers, Caspar: *Die Integration Sachsens in das fränkische Reich (751–1024)* (Veröffentlichungen des Max-Planck-Instituts für Geschichte 231), Göttingen 2007.
Eichler, Daniel: »Karolingische Höfe und Versammlungen – Grundvoraussetzungen«, in: *Streit am Hof im frühen Mittelalter*, hg. von Matthias M. Becher/Alheydis Plassmann (Super alta perennis. Studien zur Wirkung der Klassischen Antike 11), Göttingen 2011, S. 121–148.

Eigler, Ulrich: Lectiones vetustatis. *Römische Literatur und Geschichte in der lateinischen Literatur der Spätantike* (Zetemata 115), München 2003.
Engelbert, Pius: »Zur Frühgeschichte des Bobbieser Skriptoriums«, in: *Revue Bénédictine* 78, 1968, S. 220–260.
Engels, Odilo: »Des Reiches heiliger Gründer. Die Kanonisation Karls des Großen und ihre Beweggründe«, in: *Karl der Große und sein Schrein in Aachen. Eine Festschrift*, hg. von Hans Müllejans, Mönchengladbach 1988, S. 37–46.
Engels, Odilo: »Zum päpstlich-fränkischen Bündnis im 8. Jahrhundert«, in: *Ecclesia et regnum. Beiträge zur Geschichte von Kirche, Recht und Staat im Mittelalter. Festschrift für Franz-Josef Schmale zu seinem 65. Geburtstag*, hg. von Dieter Berg/Hans-Werner Goetz, Bochum 1989, S. 21–38.
Engels, Odilo: »Zum Rombesuch Karls des Großen im Jahre 774«, in: *Festschrift für Alfred Wendehorst zum 65. Geburtstag*, hg. von Jürgen Schneider/Gerhard Rechter (Jahrbuch für fränkische Landesforschung 52,1), Neustadt a. d. Aisch 1992, S. 15–24.
Engels, Odilo: »Karl der Große und Aachen im 12. Jahrhundert«, in: *Krönungen. Könige in Aachen. Geschichte und Mythos*, hg. von Mario Kramp, Bd. 1, Mainz 2000, S. 348–356.
Epp, Verena: *Amicitia. Zur Geschichte personaler, sozialer, politischer und geistlicher Beziehungen im frühen Mittelalter*, Stuttgart 1999.
Epp, Verena: »499–799: Von Theoderich dem Großen zu Karl dem Großen«, in: *Am Vorabend der Kaiserkrönung. Das Epos »Karolus Magnus et Leo papa« und der Papstbesuch in Paderborn 799*, hg. von Peter Godman/Jörg Jarnut/Peter Johanek, Berlin 2002, S. 219–229.
Epperlein, Siegfried: *Leben am Hofe Karls des Großen*, Regensburg 2000.
Erdmann, Carl: *Forschungen zur politischen Ideenwelt des Frühmittelalters*, Berlin 1951.
Ericsson, Ingolf/Sanke, Markus (Hgg.): *Aktuelle Forschungen zum ehemaligen Reichs- und Königskloster Lorsch* (Arbeiten der Hessischen Historischen Kommission N. F. 24), Darmstadt 2004.
Erkens, Franz-Reiner: »*Divisio legitima und unitas imperii.* Teilungspraxis und Einheitsstreben bei der Thronfolge im Frankenreich«, in: *Deutsches Archiv* 52, 1996, S. 423–485.
Erkens, Franz-Reiner: »Karolus Magnus – Pater Europae?«, in: *Kunst und Kultur in der Karolingerzeit. Karl der Große und Papst Leo III. in Paderborn. Beitragsband zum Katalog der Ausstellung*, Mainz 1999, S. 2–10.
Erkens, Franz-Reiner (Hg.): *Karl der Große und das Erbe der Kulturen*, Berlin 2001.
Erkens, Franz-Reiner: »Auf der Suche nach den Anfängen. Neue Überlegungen zu den Ursprüngen der fränkischen Königssalbung«, in: *Zeitschrift für Rechtsgeschichte*, Kanon. Abt. 90, 2004, S. 494–509.
Erkens, Franz-Reiner: »*Summus princeps* und *dux quem rex ordinavit.* Tassilo III. im Spannungsfeld von fürstlichem Selbstverständnis und königlichem Auf-

trag«, in: *Tassilo III. von Bayern. Großmacht und Ohnmacht im 8. Jahrhundert*, hg. von Lothar Kolmer/Christian Rohr, Regensburg 2005, S. 21–38.

Ertl, Thomas: »Byzantinischer Bilderstreit und fränkische Nomentheorie. Imperiales Handeln und dialektisches Denken im Umfeld der Kaiserkrönung Karls des Großen«, in: *Frühmittelalterliche Studien* 40, 2006, S. 13–42.

Esders, Stefan: *Römische Rechtstradition und merowingisches Königtum. Zum Rechtscharakter politischer Herrschaft in Burgund im 6. und 7. Jahrhundert* (Veröffentlichungen des Max-Planck-Instituts für Geschichte 134), Göttingen 1997.

Esders, Stefan: »Rechtliche Grundlagen frühmittelalterlicher Staatlichkeit: der allgemeine Treueid«, in: *Der frühmittelalterliche Staat – europäische Perspektiven*, hg. von Walter Pohl/Veronika Wieser (Forschungen zur Geschichte des Mittelalters 16), Wien 2009, S. 423–432.

Esders, Stefan/Mierau, Heike J.: *Der althochdeutsche Klerikereid. Bischöfliche Diözesangewalt, kirchliches Benefizialwesen und volkssprachliche Rechtspraxis im frühmittelalterlichen Baiern* (MGH Studien und Texte 28), Hannover 2000.

Esders, Stefan/Mierau, Heike J.: »Die bairischen Eliten nach dem Sturz Tassilos III.: Das Beispiel der adeligen Stiftungspraxis in der Diözese Freising«, in: *Les élites au haut moyen âge. Crises et renouvellements*, hg. von François Bourgard/Laurent Feller/Régine Le Jan (Collection Haut Moyen Âge 1), Turnhout 2006, S. 283–313.

Euw, Anton von: »Kompendium der Zeitrechnung, Naturlehre und Himmelskunde«, in: *Glaube und Wissen im Mittelalter. Die Kölner Dombibliothek. Katalogbuch zur Ausstellung im Erzbischöflichen Diözesanmuseum Köln, 7. August bis 15. November 1998*, hg. von Joachim M. Plotzek u.a., München 1998, S. 136–156.

Euw, Anton von: »Karl der Grosse als Schüler Alkuins, das Kuppelmosaik des Aachener Domes und das Maiestasbild in Codex C 80 der Zentralbibliothek Zürich«, in: *Zeitschrift für schweizerische Archäologie und Kunstgeschichte* 61, 2004, S. 1–20.

Everett, Nicholas: »Paulinus, the Carolingians and ›famosissima‹ Aquileia«, in: *Paolino d'Aquileia e il contributo italiano all'Europa carolingia. Atti del Convegno Internazionale di Studi, Cividale del Friuli-Premariacco, 10–13 ottobre*, hg. von Paolo Chiesa (Libri e biblioteche 12), Udine 2003, S. 115–154.

Ewig, Eugen: »Zum christlichen Königsgedanken im Frühmittelalter«, in: *Das Königtum. Seine geistigen und rechtlichen Grundlagen. Mainauvorträge 1954* (Vorträge und Forschungen 3), 4., unveränderter ND Sigmaringen1973, S. 7–73.

Falkenstein, Ludwig: *Der »Lateran« der karolingischen Pfalz in Aachen* (Kölner Historische Abhandlungen 13), Köln/Graz 1966.

Falkenstein, Ludwig: »Pfalz und vicus Aachen«, in: *Orte der Herrschaft: Mittelalterliche Königspfalzen*, hg. von Caspar Ehlers, Göttingen 2002, S. 131–181.

Fałkowski, Wojciech: *Wielki Król. Ideologiczne podstawy władzy Karola Wiel-*

kiego (Der große König. Ideologische Grundlagen der Macht Karls des Großen), Warschau 2011.
Fastrich-Sutty, Isabella: *Die Rezeption des westgotischen Rechts in der Lex Baiuvariorum* (Erlanger juristische Abhandlungen 51), Köln 2001.
Fees, Irmgard: »War Walahfrid Strabo der Lehrer und Erzieher Karls des Kahlen?«, in: *Studien zur Geschichte des Mittelalters. Jürgen Petersohn zum 65. Geburtstag*, hg. von Matthias Thumser/Annegret Wenz-Haubfleisch/Peter Wiegand, Stuttgart 2000, S. 42–61.
Felten, Franz: *Äbte und Laienäbte im Frankenreich. Studien zum Verhältnis von Staat und Kirche im früheren Mittelalter* (Monographien zur Geschichte des Mittelalters 20), Stuttgart 1980.
Felten, Franz: »Das Kloster Lorsch in der Karolingerzeit. Zur Bedeutung des Mönchtums für die frühmittelalterliche Gesellschaft, Kultur und Politik«, in: *Archiv für mittelrheinische Kirchengeschichte* 55, 2003, S. 9–30.
Fichtenau, Heinrich: *Das karolingische Imperium. Soziale und geistige Problematik eines Großreiches*, Zürich 1949.
Fichtenau, Heinrich: »Karl der Große und das Kaisertum«, in: *Mitteilungen des Instituts für Österreichische Geschichtsforschung* 61, 1953, S. 257–334.
Fischer, Andreas: *Karl Martell. Der Beginn karolingischer Herrschaft*, Stuttgart 2012.
Fischer, Bonifatius: »Bibeltext und Bibelreform unter Karl dem Großen«, in: Ders., *Lateinische Bibelhandschriften im frühen Mittelalter* (Aus der Geschichte der lateinischen Bibel 11), Freiburg i. Br. 1985, S. 101–202.
Flasch, Kurt: *Einführung in die Philosophie des Mittelalters*, Darmstadt 1987.
Fleckenstein, Josef: *Die Bildungsreform Karls des Großen als Verwirklichung der norma rectitudinis*, Freiburg i. Br. 1953.
Fleckenstein, Josef: »Fulrad von Saint Denis und der fränkische Ausgriff in den süddeutschen Raum«, in: *Studien und Vorarbeiten zur Geschichte des großfränkischen und frühdeutschen Adels*, hg. von Gerd Tellenbach (Forschungen zur oberrheinischen Landesgeschichte 4), Feiburg i. Br. 1957, S. 9–39.
Fleckenstein, Josef: *Die Hofkapelle der deutschen Könige*. 1. Teil: *Grundlegung. Die Karolingische Hofkapelle* (Schriften der Monumenta Germaniae Historica 16/I), Stuttgart 1959.
Fleckenstein, Josef: »Karl der Große und sein Hof«, in: *Karl der Große. Lebenswerk und Nachleben*, Bd. 1: *Persönlichkeit und Geschichte*, hg. von Helmut Beumann, Düsseldorf 1967, S. 24–50.
Fleckenstein, Josef: »Adel und Kriegertum und ihre Wandlung im Karolingerreich«, in: *Nascità dell'Europa ed Europa carolingia: Un'equazione da verificare* (Settimane di studio del Centro Italiano sull'alto medioevo 27), Spoleto 1981, S. 67–94.
Fleckenstein, Josef: »Die Struktur des Hofes Karls des Großen im Spiegel von Hinkmars De ordine palatii«, in: *Zeitschrift des Aachener Geschichtsvereins* 83, 1976, S. 5–22, wieder in: Fleckenstein, Josef: *Ordnungen und formende Kräfte des Mittelalters. Ausgewählte Beiträge*, Göttingen 1991, S. 67–83.

Fleckenstein, Josef: »Alcuin im Kreis der Hofgelehrten Karls des Großen«, in: *Science in Western and Eastern Civilization in Carolingian Times*, hg. von Paul Leo Butzer/Dietrich Lohrmann, Basel 1993, S. 3–22.

Fleckenstein, Josef: »Karl der Große, seine Hofgelehrten und das Frankfurter Konzil von 794«, in: *Das Frankfurter Konzil von 794. Kristallisationspunkt karolingischer Kultur. Akten zweier Symposien (vom 23. bis 27. Februar und vom 13. bis 15. Oktober 1994) anlässlich der 1200-Jahrfeier der Stadt Frankfurt am Main*, Bd. 1: *Politik und Kirche*, hg. von Rainer Berndt SJ (Quellen und Abhandlungen zur mittelrheinischen Kirchengeschichte 80), Mainz 1997, S. 27–46.

Fouracre, Paul: *The Age of Charles Martel*, Harlow 2000.

Fouracre, Paul: »Conflict, Power and Legitimation in Francia in the Late Seventh and Eighth Centuries«, in: *Building Legitimacy. Political Discourses and Forms of Legitimacy in Medieval Societies*, hg. von Isabel Alfonso/Hugh Kennedy/Julio Escalona (The Medieval Mediterranean 53), Leiden u. a. 2004, S. 3–26.

Freeman, Ann: »Theodulf von Orleans and the Libri Carolini«, in: *Speculum* 32, 1957, S. 663–705.

Freund, Stephan: *Von den Agilolfingern zu den Karolingern. Bayerns Bischöfe zwischen Kirchenorganisation, Reichsintegration und Karolingischer Reform (700–847)* (Schriftenreihe zur bayerischen Landesgeschichte 144), München 2004.

Freundgen, Joseph: *Alkuins pädagogische Schriften* (Sammlung der bedeutendsten pädagogischen Schriften aus alter und neuer Zeit 4), Paderborn 1906.

Fried, Johannes: »Endzeiterwartung um die Jahrtausendwende«, in: *Deutsches Archiv* 45, 1989, S. 381–473.

Fried, Johannes: »Ludwig der Fromme, das Papsttum und die fränkische Kirche«, in: *Charlemagne's heir*, hg. von Peter Godman, Oxford 1990, S. 231–273.

Fried, Johannes: *Der Weg in die Geschichte. Die Ursprünge Deutschlands bis 1024*, Berlin 1994.

Fried, Johannes: »Fulda in der Bildungs- und Geistesgeschichte des früheren Mittelalters«, in: *Kloster Fulda in der Welt der Karolinger und Ottonen*, hg. von Gangolf Schrimpf (Fuldaer Studien 7), Frankfurt am Main 1996, S. 3–38.

Fried, Johannes (Hg.): *Dialektik und Rhetorik im früheren und hohen Mittelalter. Rezeption, Überlieferung und gesellschaftliche Wirkung antiker Gelehrsamkeit, vornehmlich im 9. und 12. Jahrhundert* (Schriften des Historischen Kollegs. Kolloquien 27), München 1997.

Fried, Johannes: »Karl der Große, die Artes liberales und die karolingische Renaissance«, in: *Karl der Große und sein Nachwirken. 1200 Jahre Kultur und Wissenschaft in Europa*, hg. von Paul Leo Butzer/Max Kerner/Walter Oberschelp, Turnhout 1997, S. 25–43.

Fried, Johannes: »Zum Prozeß gegen Tassilo«, in: *Das Frankfurter Konzil von 794. Kristallisationspunkt karolingischer Kultur. Akten zweier Symposien (vom 23. bis 27. Februar und vom 13. bis 15. Oktober 1994) anlässlich der 1200-Jahrfeier der Stadt Frankfurt am Main*, Bd. 1: *Politik und Kirche*, hg. von Rainer Berndt

SJ (Quellen und Abhandlungen zur mittelrheinischen Kirchengeschichte 80), Mainz 1997, S. 114–115.
Fried, Johannes: »Papst Leo III. besucht Karl den Großen in Paderborn oder Einhards Schweigen«, in: *Historische Zeitschrift* 272, 2001, S. 281–326.
Fried, Johannes: »Papst Leo III. besucht Karl den Großen in Paderborn oder Einhards Schweigen«, in: *Am Vorabend der Kaiserkrönung. Das Epos »Karolus Magnus et Leo papa« und der Papstbesuch in Paderborn 799*, hg. von Peter Godman/Jörg Jarnut/Peter Johanek, Berlin 2002, S. 55–56.
Fried, Johannes: *Die Aktualität des Mittelalters. Gegen die Überheblichkeit unserer Wissensgesellschaft*, Stuttgart 2002.
Fried, Johannes: »Imperium Romanum. Das römische Reich und der mittelalterliche Reichsgedanke«, in: *Millennium* 3, 2006, S. 1–42.
Fried, Johannes: *Donation of Constantine and Constitutum Constantini*, Berlin 2007.
Fried, Johannes: »Zu Herkunft und Entstehungszeit des ›Constitutum Constantini‹. Zugleich eine Selbstanzeige«, in: *Deutsches Archiv* 63, 2007, S. 603–611.
Fried, Johannes: »Erfahrung und Ordnung. Die Friedenskonstitution Karls des Großen vom Jahr 806«, in: *Herrscher- und Fürstentestamente im westeuropäischen Mittelalter*, hg. von Brigitte Kasten (Norm und Struktur 29), Köln/Weimar/Wien 2008, S. 145–192.
Fuchs, Franz: »Mochanaz. Zu Theodulf Carmen 35«, angekündigt für: *Deutsches Archiv*. Ich bin Herrn Kollegen Fuchs sehr dankbar, dass er mir seinen Fund der erweiterten Fassung des Theodulf-Gedichts Nr. 35 vorab zur Verfügung gestellt hat.
Fuchs, Susanne: *Der Verlust der Eindeutigkeit. Annäherung an Individuum und Gesellschaft*, Stuttgart 2007.
Fürbeth, Frank: »Carolus Magnus. Zur dunklen Seite des Karlsbildes im Mittelalter«, in: *Karl der Große und das Erbe der Kulturen*, hg. von Franz-Reiner Erkens, Berlin 2001, S. 314–325.
Gädeke, Nora: »Die Memoria für die Königin Hildegard«, in: *Actes du colloque »Autour d'Hildegarde«. Recueil d'études publiées par Pierre Riché/Carol Heitzer/François Heber-Suffrin*, Nanterre 1987, S. 27–39.
Gai, Sveva/Mecke, Birgit (Hgg.): *Est locus insignis … Die Pfalz Karls des Großen in Paderborn und ihre bauliche Entwicklung bis zum Jahre 1002. Die Neuauswertung der Ausgrabungen Wilhelm Winkelmanns in den Jahren 1964–1978* (Denkmalpflege und Forschung in Westfalen 40/2), Münster 2005.
Ganshof, François Louis: »La fin du règne de Charlemagne, une decomposition«, in: *Zeitschrift für schweizerische Geschichte* 28, 1948, S. 533–552.
Ganshof, Francois Louis: »Charlemagne's Programme of Imperial Government«, in: Ders., *The Carolingians and the Frankish Monarchy. Studies in Carolingian History*. Translated by Janet Sondheimer, London 1971, S. 55–85.
Ganz, David: *Corbie in the Carolingian Renaissance* (Beihefte der Francia 20), Sigmaringen 1990.

Garhammer, Erich (Hg.): *BilderStreit. Theologie auf Augenhöhe*, Würzburg 2007.
Garrison, Mary: *Alcuin's World Through His Letters and Verse*, Cambridge 1995.
Garrison, Mary: »The Social World of Alcuin: Nicknames at York and at the Carolingian Court«, in: *Alcuin of York. Scholar at the Carolingian Court. Proceedings of the Third Germania Latina Conference held at the University of Groningen, May 1995*, hg. von Luuk A. J. R. Houwen/Alasdair A. Mac Donald, Groningen 1998, S. 59–79.
Garrison, Mary: »An Aspect of Alcuin: ›Tuus Albinus‹ – Peevish Egotist or Parrhesiast?«, in: *Ego Trouble: Authors and their Identities in the Early Middle Ages*, hg. von Richard Corradini/Rosamond McKitterick/Matthew Gillis/Irene van Renswoude, Wien 2010, S. 137–151.
Gauch, Sigfrid: *Vaterspuren. Eine Erzählung*. Überarbeitete und ergänzte Auflage, Frankfurt am Main 2005.
Gauch, Sigfrid: *Fundsachen: Die Quellen zum Roman Vaterspuren*, Norderstedt (BoD) 2010.
Gauert, Adolf: »Zum Itinerar Karls des Großen«, in: *Karl der Große. Persönlichkeit und Geschichte*, hg. von Helmut Beumann, Düsseldorf 1965, S. 307–321.
Gavinelle, Simona: »Modelli librari e formazione ideologica centralizzata«, in: *Carlo Magno e le Alpi. Atti del XVIII Congresso internazionale di studio sull'alto medioevo, Susa, 19–20 ottobre 2006*, Spoleto 2007, S. 105–139.
Geary, Patrick J.: »Germanic Tradition and Royal Ideology in the Ninth Century: The Visio Caroli Magni«, in: *Frühmittelalterliche Studien* 21, 1987, S. 274–294.
Geary, Patrick J.: *Living with the dead in the Middle Ages*, Ithaka 1994.
Gegou, Fabienne: »Le mariage lombard de Charlemagne«, in: *Longobardi e Lombardia: aspetti di civiltà Longobarda (Atti del 6° congresso internazionale di studi sull'alto medioevo)*, Spoleto 1980, S. 443–446.
Geis, Lioba: »Fremde, Verbündete, Gegner? Muslime und Juden im Verständnis Karls des Großen«, in: *Ex Oriente. Isaak und der weiße Elefant. Bagdad – Jerusalem – Aachen. Eine Reise durch drei Kulturen um 800 und heute*, Bd. 3: *Aachen. Der Westen*, hg. von Wolfgang Dreßen/Georg Minkenberg/Adam C. Oellers, Aachen 2003, S. 78–93.
Geith, Karl-Ernst: *Carolus Magnus. Studien zur Darstellung Karls des Großen in der deutschen Literatur des 12. und 13. Jahrhunderts*, Bern/München 1977.
Gerner, Hubert: *Lyon im Frühmittelalter. Studien zur Geschichte der Stadt, des Erzbistums und der Grafschaft im 9. und 10. Jahrhundert*, Köln 1968.
Giese, Wolfgang: »Die designativen Nachfolgeregelungen der Karolinger 714–979«, in: *Deutsches Archiv* 64, 2008, S. 437–511.
Glatthaar, Michael: *Bonifatius und das Sakrileg. Zur päpstlichen Dimension eines Rechtsbegriffs* (Freiburger Beiträge zu mittelalterlichen Geschichte 17), Frankfurt am Main u. a. 2004.
Glatthaar, Michael: »Zur Datierung der Epistola generalis Karls des Großen«, in: *Deutsches Archiv* 66, 2010, S. 455–477.
Gockel, Michael: *Karolingische Königshöfe am Mittelrhein* (Veröffentlichungen des Max-Planck-Instituts für Geschichte 31), Göttingen 1971.

Gockel, Michael/Heinemeyer, Karl/Orth, Elsbeth/Schwind, Fred (Hgg.): »Frankfurt«, in: *Die deutschen Königspfalzen. Repertorium der Pfalzen, Königshöfe und übrigen Aufenthaltsorte der Könige im deutschen Reich des Mittelalters*, Bd. 1: *Hessen*, hg. vom Max-Planck-Institut für Geschichte, Göttingen 1996.

Godman, Peter: *Poets and emperors. Frankish Politics and Carolingian Poetry*, Oxford 1987.

Godman, Peter/Jarnut, Jörg/Johanek, Peter (Hgg.): *Am Vorabend der Kaiserkrönung. Das Epos »Karolus Magnus et Leo papa« und der Papstbesuch in Paderborn 799*, Berlin 2002.

Goetz, Hans-Werner: »Historiographisches Zeitbewusstsein im frühen Mittelalter. Zum Umgang mit der Zeit in der karolingischen Geschichtsschreibung«, in: *Historiographie im frühen Mittelalter*, hg. von Anton Scharer/Georg Scheibelreiter (Veröffentlichungen des Instituts für Österreichische Geschichtsforschung 32), München/Wien 1994, S. 158–178.

Goffart, Walter: *The Narrators of Barbarian History (AD 550–800). Jordanes, Gregory of Tours, Bede and Paul the Deacon*, Princeton 1988.

Görich, Knut: »Otto III. öffnet das Karlsgrab in Aachen. Überlegungen zu Heiligenverehrung, Heiligsprechung und Traditionsbildung«, in: *Herrschaftsrepräsentation im ottonischen Sachsen*, hg. von Gerd Althoff/Ernst Schubert (Vorträge und Forschungen des Konstanzer Arbeitskreises für mittelalterliche Geschichte 46), Sigmaringen 1998, S. 381–430.

Goodson, Caroline J./Nelson, Janet L.: »Review article: The Roman contexts of the ›Donation of Constantine‹«, in: *Early Medieval Europe* 18, 2010, S. 446–467.

Grässlin, Matthias: »Niemand sang die Sündenregisterarie nach. Der achte deutsche Mediävistentag überzeugt sich von der Realität Karls des Großen«, in: *Frankfurter Allgemeine Zeitung*, Nr. 103, 5. Mai 1999, S. 54.

Grewe, Holger: »Die Ausgrabungen in der Königspfalz zu Ingelheim am Rhein«, in: *Splendor palatii. Neue Forschungen zu Paderborn und anderen Pfalzen der Karolingerzeit*, hg. von Lutz Fenske/Jörg Jarnut/Matthias Wemhoff (Veröffentlichungen des Max-Planck-Instituts für Geschichte 11/5), Göttingen 2001, S. 155–174.

Grimme, Günther E.: *Der Karlsschein und der Marienschrein im Aachener Dom*, Aachen 2002.

Groebner, Valentin: »Schock, Abscheu, schickes Thema. Die Kulturwissenschaften und die Gewalt«, in: *Zeitschrift für Ideengeschichte* 1/3, 2007, S. 70–83.

Große, Rolf: *Saint-Denis zwischen Adel und König. Die Zeit vor Suger (1053–1122)* (Beihefte der Francia 57), Stuttgart 2002.

Große, Rolf: *Vom Frankenreich zu den Ursprüngen der Nationalstaaten: 800–1214*, Darmstadt 2005.

Grünewald, Wilhelm L.: *Das fränkisch-deutsche Kaisertum in der Auffassung englischer Geschichtsschreiber (800–1273)*, Frankfurt am Main 1963.

Gutbrod, Jürgen: *Die Initiale in Handschriften des achten bis dreizehnten Jahrhunderts*, Stuttgart 1965.

Hack, Achim T.: *Das Empfangszeremoniell bei mittelalterlichen Papst-Kaiser-Treffen*, Köln/Weimar/Wien 1999.
Hack, Achim T.: »Bildaussendung und Bildeinholung im 7. und 8. Jahrhundert«, in: *Saeculum* 53, 2003, S. 147–177.
Hack, Achim T.: *Codex Carolinus. Päpstliche Epistolographie im 8. Jahrhundert*, 2 Bände (Päpste und Papsttum 35/1 u. 2), Stuttgart 2006/2007.
Hack, Achim T.: »Karl der Große, Hadrian I. und die Muslime in Spanien. Weshalb man einen Krieg führt und wie man ihn legitimiert«, in: *Die Faszination der Papstgeschichte. Neue Zugänge zum frühen und hohen Mittelalter*, hg. von Wilfried Hartmann/Klaus Herbers (Forschungen zur Kaiser- und Papstgeschichte des Mittelalters 28), Köln/Weimar/Wien 2008, S. 29–54.
Hack, Achim T.: *Alter, Krankheit, Tod und Herrschaft im frühen Mittelalter. Das Beispiel der Karolinger*, Stuttgart 2009.
Hack, Achim T.: *Abul Abaz. Zur Biographie eines Elefanten* (Jenaer mediävistische Vorträge 1), Badenweiler 2011.
Hageneier, Lars: *Jenseits der Topik. Die karolingische Herrscherbiographie* (Historische Studien 483), Husum 2004.
Hageneier, Lars: »Wer war Karl der Große? Überlegungen zu Einharts ›Vita Karoli‹«, in: Matthias Becher u. a., *Das Reich Karls des Großen*, Darmstadt 2011, S. 19–28.
Hägermann, Dieter: »Reichseinheit und Reichsteilung. Bemerkungen zur Divisio regnorum 806 und zur Ordinatio imperii 817«, in: *Historisches Jahrbuch* 95, 1975, S. 278–307.
Hägermann, Dieter: »Zur Entstehung der Kapitularien«, in: *Grundwissenschaften und Geschichte. Festschrift für Peter Acht*, hg. von Waldemar Schlögl/Peter Herde (Münchener Historische Studien. Abt. Geschichtliche Hilfswissenschaften 15), Kallmünz 1976, S. 12–27.
Hägermann, Dieter: *Karl der Große. Herrscher des Abendlandes. Biographie*, Berlin/München 2001.
Hägermann, Dieter/Schneider, Helmuth (Hgg.): *Landbau und Handwerk. 750 v. Chr. bis 1000 n. Chr.*, Frankfurt am Main/Berlin 1991.
Hammer, Carl I.: *From Ducatus to Regnum. Ruling Bavaria under the Merovingians and Early Carolingians* (Collection *Haut Moyen Âge* 2), Turnhout 2007.
Hammer, Carl I.: »Christmas Day 800: Charles the Younger, Alcuin and the Frankish Royal Succession«, in: *English Historical Review* 127, 2012, S. 1–23.
Hampe, Karl: »Karl der Große«, in: Ders., *Herrschergestalten des deutschen Mittelalters*, 6. Auflage, durchgesehen und um einen Literaturanhang erweitert von Hellmut Kämpf, Heidelberg 1955, S. 30–65.
Hannig, Jürgen: *Consensus fidelium. Frühfeudale Interpretationen des Verhältnisses von Königtum und Adel am Beispiel des Frankenreiches* (Monographien zur Geschichte des Mittelalters 27), Stuttgart 1982.
Hannig, Jürgen: »Pauperiores vassi de infra palatio? Zur Entstehung der karolin-

gischen Königsbotenorganisation«, in: *Mitteilungen des Instituts für österreichische Geschichtsforschung* 91, 1983, S. 309–374.
Hardt, Matthias: »Awarengold und nomen imperatoris. Zur Vorgeschichte der Kaiserkrönung Karls des Großen«, in: *Völker, Reiche und Namen im Frühen Mittelalter*, hg. von Matthias M. Becher/Stefanie Dick (MittelalterStudien 22), München 2011, S. 325–334.
Hartmann, Florian: *Hadrian I. (772–795). Frühmittelalterliches Adelspapsttum und die Lösung Roms vom Kaiser in Byzanz* (Päpste und Papsttum 34), Stuttgart 2006.
Hartmann, Florian: »Vitam litteris ni emam, nihil est, quod tribuam. Paulus Diaconus zwischen Langobarden und Franken«, in: *Frühmittelalterliche Studien* 43, 2009, S. 71–93.
Hartmann, Florian: »Nochmals zur sogenannten Pippinischen Schenkung und zu ihrer Erneuerung durch Karl den Großen«, in: *Francia* 37, 2010, S. 25–47.
Hartmann, Martina: »Concubina vel regina? Zu einigen Ehefrauen und Konkubinen der karolingischen Könige«, in: *Deutsches Archiv* 63, 2007, S. 545–567.
Hartmann, Martina: *Die Königin im frühen Mittelalter*, Stuttgart 2009.
Hartmann, Martina: *Die Merowinger*, München 2012.
Hartmann, Wilfried: »Die karolingische Reform und die Bibel«, in: *Annuarium Historiae Conciliorum* 18, 1986, S. 58–74.
Hartmann, Wilfried: »Das Konzil von Frankfurt 794 und Nizäa 787«, in: *Annuarium Historiae Conciliorum* 20, 1988, S. 307–324.
Hartmann, Wilfried: *Die Synoden der Karolingerzeit im Frankenreich und in Italien*, Paderborn u. a. 1989.
Hartmann, Wilfried: »Das Konzil von Frankfurt 794. Nachwirkung und Nachleben«, in: *Das Frankfurter Konzil von 794. Kristallisationspunkt karolingischer Kultur. Akten zweier Symposien (vom 23. bis 27. Februar und vom 13. bis 15. Oktober 1994) anlässlich der 1200-Jahrfeier der Stadt Frankfurt am Main*, Bd. 1: *Politik und Kirche*, hg. von Rainer Berndt SJ (Quellen und Abhandlungen zur mittelrheinischen Kirchengeschichte 80), Mainz 1997, S. 331–355.
Hartmann, Wilfried: »Karl der Große und das Recht«, in: *Karl der Große und sein Nachwirken. 1200 Jahre Kultur und Wissenschaft in Europa. Charlemagne and his Heritage. 1200 Years of Civilisation and Science in Europe*, Bd. 1: *Wissen und Weltbild*, hg. von Paul Leo Butzer/Max Kerner/Walter Oberschelp, Turnhout 1997, S. 173–192.
Hartmann, Wilfried: »Zur Autorität des Papsttums im karolingischen Frankenreich«, in: *Mönchtum – Kirche – Herrschaft. 750–1000. Josef Semmler zum 65. Geburtstag*, hg. von Dieter R. Bauer/Rudolf Hiestand/Brigitte Kasten/Sönke Lorenz, Sigmaringen 1998, S. 113–132.
Hartmann, Wilfried: »Einige Fragen zur Lex Alamannorum«, in: *Der Südwesten im 8. Jahrhundert aus historischer und archäologischer Sicht*, hg. von Hans Ulrich Nuber/Heiko Steuer/Thomas Zotz (Archäologie und Geschichte 13), Ostfildern 2004, S. 313–333.
Hartmann, Wilfried: »Alkuin und die Gesetzgebung Karls des Großen«, in: *Al-*

kuin von York und die geistige Grundlegung Europas. Akten der Tagung vom 30. September bis zum 2. Oktober 2004 in der Stiftsbibliothek St. Gallen, hg. von Ernst Tremp/Karl Schmuki, St. Gallen 2010, S. 33–50.

Hartmann, Wilfried: *Karl der Große*, Stuttgart 2010.

Hartmann, Wilfried: »Maßnahmen eines Analphabeten? Der Kampf um eine Bildungsreform im Karolingerreich«, in: Matthias Becher u. a. *Das Reich Karls des Großen*, Darmstadt 2011, S. 89–102.

Häse, Angelika: *Mittelalterliche Bücherverzeichnisse aus Kloster Lorsch. Einleitung, Edition und Kommentar* (Beiträge zum Buch- und Bibliothekswesen 42), Wiesbaden 2002.

Haselbach, Inge: *Aufstieg und Herrschaft der Karlinger in der Darstellung der sogenannten Annales Mettenses priores* (Historische Studien 412), Lübeck u. a. 1970.

Hauck, Karl: »Von einer spätantiken Randkultur zum karolingischen Imperium«, in: *Frühmittelalterliche Studien* 1, 1967, S. 3–93.

Hauck, Karl: »Karl der Große in seinem Jahrhundert«, in: *Frühmittelalterliche Studien* 9, 1975, S. 202–214.

Hauck, Karl: »Karl als neuer Konstantin 777. Die archäologischen Entdeckungen in Paderborn in historischer Sicht«, in: *Frühmittelalterliche Studien* 20, 1986, S. 513–540.

Haye, Thomas: *Lateinische Oralität. Gelehrte Sprache in der mündlichen Kommunikation des hohen und späten Mittelalters*, Berlin/New York 2005.

Heckner, Ulrike: »Der Tempel Salomos in Aachen – Datierung und geometrischer Entwurf der karolingischen Pfalzkapelle«, in: *Die karolingische Pfalzkapelle in Aachen. Material – Bautechnik – Restaurierung*, hg. von Andrea Pufke, Worms 2012, S. 25–62.

Hehl, Ernst-Dieter: »798 – ein erstes Zitat aus der konstantinischen Schenkung«, in: *Deutsches Archiv* 47, 1991, S. 1–17.

Hehl, Ernst-Dieter: »Zwei christliche Kaiser im mittelalterlichen Europa. Eine problematische Geschichte«, in: *Kaisertum im ersten Jahrtausend. Wissenschaftlicher Begleitband zur Landesausstellung »Otto der Große und das Römische Reich. Kaisertum von der Antike zum Mittelalter«*, hg. von Hartmut Leppin/Bernd Schneidmüller/Stefan Weinfurter, Regensburg 2012, S. 271–295.

Heim, Wolf-Dieter: *Romanen und Germanen in Charlemagnes Reich. Untersuchung zur Benennung romanischer und germanischer Völker, Sprachen und Länder in französischen Dichtungen des Mittelalters* (Münstersche Mittelalter-Schriften 40), München 1984.

Heinzer, Felix: »Exercitium scribendi – Überlegungen zur Frage einer Korrelation zwischen geistlicher Reform und Schriftlichkeit im Mittelalter«, in: *Die Präsenz des Mittelalters in seinen Handschriften*, hg. von Hans-Jochen Schwier/Karl Stackmann, Tübingen 2002, S. 107–127.

Heldmann, Karl: *Das Kaisertum Karls des Großen* (Quellen und Studien zur Verfassungsgeschichte des Deutschen Reiches in Mittelalter und Neuzeit 6,2), Weimar 1928.

Hellmann, Martin: *Tironische Noten in der Karolingerzeit am Beispiel eines Persius-Kommentars aus der Schule von Tours*, Hannover 2000.
Henn, Karl H. (Hg.): *Karl der Große in Ingelheim. Bauherr der Pfalz und europäischer Staatsmannn* (Beiträge zur Ingelheimer Geschichte 43), Ingelheim 1998.
Herbers, Klaus: »Der Pontifikat Papst Leos III. (795 – 816)«, in: *Kunst und Kultur der Karolingerzeit. 799: Karl der Große und Papst Leo III. in Paderborn. Beiträge zum Katalog der Ausstellung Paderborn 1999*, hg. von Christoph Stiegemann/Matthias Wemhoff, Mainz 1999, S. 13 – 18.
Herbers, Klaus: »Le Liber Pontificalis comme source de réécritures hagiographiques (IXe – Xe siècles)«, in: *La réécriture hagiographique dans l'occident médiéval. Transformations formelles et idéologiques* (Beihefte der Francia, 58), hg. von Monique Goullet/Martin Heinzelmann, Sigmaringen 2003, S. 87–107.
Herbers, Klaus: »Mobilität und Kommunikation in der Karolingerzeit – die Reliquienreisen der heiligen Chrysanthus und Daria«, in: *Literatur – Geschichte – Literaturgeschichte. Festschrift für Volker Honemann zum 60. Geburtstag*, hg. von Nine Miedema/Rudolf Suntrup, Frankfurt am Main 2003, S. 647 – 660.
Herbers, Klaus: »Das Bild Papst Leos III. in der Perspektive des Liber pontificalis«, in: *Erzbischof Arn von Salzburg*, hg. von Meta Niederkorn-Bruck/Anton Scharer, Wien/München 2004, S. 137 – 154.
Herbers, Klaus: »Der Beitrag der Päpste zur geistigen Grundlegung Europas im Zeitalter Alkuins«, in: *Alkuin von York und die geistige Grundlegung Europas. Akten der Tagung vom 30. September bis zum 2. Oktober 2004 in der Stiftsbibliothek St. Gallen*, hg. von Ernst Tremp/Karl Schmuki, St. Gallen 2010, S. 51 – 70.
Herbers, Klaus: »Der Konflikt Papst Nikolaus' I. mit Erzbischof Johannes VII. von Ravenna, 860 – 861«, in: Ders., *Pilger, Päpste, Heilige. Ausgewählte Aufsätze zur europäischen Geschichte des Mittelalters*, hg. von Gordon Blennemann/Wiebke Deimann/Matthias Maser/Christofer Zwanzig, Tübingen 2011, S. 281 – 294.
Herbers, Klaus: »Papst Leo III. (795 – 816), der Koronator Karls des Großen – Möglichkeiten päpstlicher Politik an der Schwelle des 9. Jahrhunderts«, in: Ders., *Pilger, Päpste, Heilige. Ausgewählte Aufsätze zur europäischen Geschichte des Mittelalters*, hg. von Gordon Blennemann/Wiebke Deimann/Matthias Maser/Christof Zwanzig, Tübingen 2011, S. 295 – 312.
Herbers, Klaus: *Pilger, Päpste, Heilige. Ausgewählte Aufsätze zur europäischen Geschichte des Mittelalters*, Tübingen 2011.
Heuser, August/Kloft, Matthias Th. (Hgg.): *Karlsverehrung in Frankfurt am Main. Eine Ausstellung des Dommuseums Frankfurt und des Historischen Museums Frankfurt*, Frankfurt am Main 2000.
Hilgert, Markus: »Von ›Listenwissenschaft‹ und ›epistemischen Dingen‹. Konzeptuelle Annäherungen an altorientalische Wissenspraktiken«, in: *Journal for General Philosophy of Science* 40, 2009, S. 277 – 309.
Hilgert, Markus: »›Text-Anthropologie‹: Die Erforschung von Materialität und

Präsenz des Geschriebenen als hermeneutische Strategie«, in: *Mitteilungen der Deutschen Orientgesellschaft* 142, 2010, S. 87–126.
Hlawitschka, Eduard: *Franken, Alemannen, Bayern und Burgunder in Oberitalien (774–962). Zum Verständnis der fränkischen Königsherrschaft in Italien* (Forschungen zur oberrheinischen Landesgeschichte 8), Freiburg i. Br. 1960.
Hlawitschka, Eduard: »Karl Martell, das Römische Konsulat und der Römische Staat. Zur Interpretation von Fredegarii Continuatio c. 22«, in: *Die Stadt in der römischen Geschichte. Festschrift für Edith Ennen*, hg. von Werner Besch/Klaus Fehn/Dietrich Höroldt/Franz Irsigler, Bonn 1972, S. 74–90.
Hoff, Erwin: *Pavia und seine Bischöfe im Mittelalter. Beiträge zur Geschichte der Bischöfe von Pavia unter besonderer Berücksichtigung ihrer politischen Stellung. 1. Epoche: Età Imperiale. Von den Anfängen des Bistums bis 1100*, Pavia 1943.
Hoffmann, Hartmut: »Die beiden Schwerter im hohen Mittelalter«, in: *Deutsches Archiv* 20, 1964, S. 78–114.
Hoffmann, Hartmut: »Die Aachener Theoderichstatue«, in: *Das erste Jahrtausend. Kultur und Kunst im werdenden Abendland an Rhein und Ruhr*, Bd. 1, hg. von Joseph Hoster, Düsseldorf 1962, S. 318–335.
Hoffmann, Hartmut: »*Abisag calefaciente* oder Der karolingische Traktat *De sole et luna*«, in: *Deutsches Archiv* 68, 2012, S. 445–477.
Hoffmann, Heinrich F. M.: *Karl der Große im Bilde der Geschichtsschreibung des frühen Mittelalters (800–1250)* (Historische Studien 137), Berlin 1919.
Houwen, Luuk A. J. R./MacDonald, Alasdair A. (Hgg.): *Alcuin of York. Scholar at the Carolingian Court. Proceedings of the Third Germania Latina Conference held at the University of Groningen May 1995* (Germania Latina 3), Groningen 1998.
Hübinger, Paul E. (Hg.): *Bedeutung und Rolle des Islam beim Übergang vom Altertum zum Mittelalter*, Darmstadt 1968.
Hürten, Heinz: »Alkuin und der Episkopat im Reiche Karls des Großen«, in: *Historisches Jahrbuch* 82, 1963, S. 22–49.
Huschner, Wolfgang: *Transalpine Kommunikation im Mittelalter. Diplomatische, kulturelle und politische Wechselwirkungen zwischen Italien und dem nordalpinen Reich (9.–11. Jahrhundert)*, Hannover 2003.
Imhof, Michael/Winterer, Christoph: *Karl der Große. Leben und Wirkung, Kunst und Architektur*, 2. Auflage, Petersberg 2013.
Irmscher, Johannes (Hg.): *Der byzantinische Bilderstreit. Sozialökonomische Voraussetzungen, ideologische Grundlagen, geschichtliche Wirkungen. Eine Sammlung von Forschungsbeiträgen*, Leipzig 1980.
Jacobsen, Werner: »Die Pfalzenkonzeptionen Karls des Großen«, in: *Karl der Große als vielberufener Vorfahr. Sein Bild in der Kunst der Fürsten, Kirchen und Städte*, hg. von Lieselotte E. Saurma-Jeltsch (Schriften des Historischen Museums 19), Sigmaringen 1994, S. 23–48.
Jakobs, Hans-Joachim: »Das Bild Karls des Großen in der Stadt Frankfurt im 14. Jahrhundert«, in: *Karl der Große als vielberufener Vorfahr. Sein Bild in der*

Kunst der Fürsten, Kirchen und Städte, hg. von Lieselotte E. Saurma-Jeltsch (Schriften des Historischen Museums 19), Sigmaringen 1994, S. 63 – 86.

Jarnut, Jörg: »Quierzy und Rom. Bemerkungen zu den ›promissiones donationis‹ Pippins und Karls«, in: *Historische Zeitschrift* 220, 1975, S. 265 – 297.

Jarnut, Jörg: *Geschichte der Langobarden*, Stuttgart u. a. 1982.

Jarnut, Jörg: »Wer hat Pippin 751 zum König gesalbt?«, in: *Frühmittelalterliche Studien* 16, 1982, S. 45 – 57.

Jarnut, Jörg: »Chlodwig und Chlothar. Anmerkungen zu den Namen zweier Söhne Karls des Großen«, in: *Francia* 12, 1985, S. 645 – 651.

Jarnut, Jörg: »Ein Bruderkampf und seine Folgen. Die Krise des Frankenreiches 768 – 771«, in: *Herrschaft, Kirche und Kultur. Festschrift für Friedrich Prinz zu seinem 65. Geburtstag*, hg. von Georg Jenal (Monographien zur Geschichte des Mittelalters 37), Stuttgart 1993, S. 165 – 176.

Jarnut, Jörg: »Die Adoption Pippins durch König Liutprand und die Italienpolitik Karl Martells«, in: *Karl Martell in seiner Zeit*, hg. von Jörg Jarnut/Ulrich Nonn/Michael Richter (Beihefte der Francia 37), Sigmaringen 1994, S. 217 – 226.

Jarnut, Jörg: *Karl der Große: Mensch, Herrscher, Mythos*, Paderborn 1999.

Jarnut, Jörg: »Die Familie des Paulus Diaconus. Ein vorsichtiger Annäherungsversuch«, in: *Geschichtsvorstellungen. Bilder, Texte und Begriffe aus dem Mittelalter. Festschrift für Hans-Werner Goetz zum 65. Geburtstag*, hg. von Steffen Patzold/Anja Rathmann-Lutz/Volker Scior, Wien/Köln/Weimar 2012, S. 43 – 52.

Jaspert, Nikolas: »›Reconquista‹. Interdependenzen und Tragfähigkeit eines wertekategorialen Deutungsmusters«, in: *Christlicher Norden – Muslimischer Süden. Ansprüche und Wirklichkeiten von Christen, Juden und Muslimen auf der Iberischen Halbinsel im Hoch- und Spätmittelalter*, hg. von Matthias M. Tischler/Alexander Fidora (Erudiri Sapientia 7), Münster 2011, S. 445 – 465.

Kahl, Hans-Dietrich: »Karl der Große und die Sachsen«, in: *Politik, Gesellschaft, Geschichtsschreibung. Gießener Festgabe für František Graus zum 60. Geburtstag*, hg. von Herbert Ludat/Christian Schwinges (Archiv für Kulturgeschichte 18), Köln 1982, S. 49 – 130.

Kälble, Mathias: »Ethnogenese und Herzogtum Thüringen im Frankenreich (6.– 9. Jahrhundert)«, in: *Die Frühzeit der Thüringer: Archäologie, Sprache und Geschichte*, hg. von Helmut Castritius/Dieter Geuenich/Matthias Werner (Ergänzungsbände zum Reallexikon der Germanischen Altertumskunde 63), Berlin/New York 2009, S. 329 – 413.

Kasche, Sören: »Tradition und Adaption. Die ›Divisio regnorum‹ und die fränkische Herrschaftsnachfolge«, in: *Herrscher- und Fürstentestamente im westeuropäischen Mittelalter*, hg. von Brigitte Kasten (Norm und Struktur 29), Köln/Weimar/Wien 2008, S. 259 – 289.

Kasten, Brigitte: *Adalhard von Corbie. Die Biographie eines karolingischen Politikers und Klostervorstehers* (Studia humaniora 3), Düsseldorf 1986.

Kasten, Brigitte: *Königssöhne und Königsherrschaft. Untersuchungen zur Teilhabe*

am Reich in der Merowinger- und Karolingerzeit (MGH Schriften 44), Hannover 1997.
Kasten Brigitte: »Beneficium zwischen Landleihe und Lehen – eine alte Frage neu gestellt«, in: *Mönchtum – Kirche – Herrschaft 750 – 1000. Josef Semmler zum 65. Geburtstag*, hg. von Dieter Bauer u. a., Sigmaringen 1998, S. 243 – 260.
Kasten, Brigitte: »Laikale Mittelgewalten. Beobachtungen zur Herrschaftspraxis der Karolinger«, in: *Karl der Große und das Erbe der Kulturen*, hg. von Franz-Reiner Erkens, Berlin 2001, S. 54 – 66.
Kasten, Brigitte: »Alkuins erbrechtliche Expertise für Karl den Großen?«, in *Alcuin, de York à Tours. Écriture, pouvoir et réseaux dans l'Europe du haut Moyen Âge*, hg. von Philippe Depreux/Judic Bruno (Annales de Bretagne et des pays de l'ouest 111/3), Rennes 2004, S. 301 – 315.
Kasten, Brigitte: *Herrscher- und Fürstentestamente im westeuropäischen Mittelalter* (Norm und Struktur 29), Köln/Weimar/Wien 2008.
Kasten, Brigitte: »Das Lehnswesen – Fakt oder Fiktion?«, in: *Der frühmittelalterliche Staat – europäische Perspektiven*, hg. von Walter Pohl, Wien 2009, S. 331 – 356.
Keller, Christoph: »Die Pfalz Karls des Großen in Aachen. Eine archäologische Bestandsaufnahme«, in: *Ex oriente. Eine Reise durch drei Kulturen um 800 und heute*, Bd. 3: *Aachen*, hg. von Wolfgang Dreßen/Georg Minkenberg/Adam C. Oellers, Aachen 2003, S. 6 – 23.
Keller, Hagen: »Die Ottonen und Karl der Große«, in: *Frühmittelalterliche Studien* 34, 2000, S. 112 – 131.
Kemmerling, Andreas: »Objektive Unbestimmtheit«, in: *Jahresbericht des Marsilius-Kollegs* 2009/2010, Heidelberg 2010, S. 138 – 142.
Kempf, Damien: »Paul the Deacon's *Liber de episcopis Mettensibus* and the role of Metz in the Carolingian realm«, in: *Journal of Medieval History* 30, 2004, S. 279 – 299.
Kempf, Damien: *Creating a Carolingian capital: Paul the Deacon's »Liber de episcopis Mettensibus« and the rise of Metz, 751 – 791* (The Johns Hopkins University), Liverpool 2007.
Kerner, Max: »Der Reinigungseid Leos III. vom Dezember 800. Die Frage seiner Echtheit und frühen kanonistischen Überlieferung«, in: *Zeitschrift des Aachener Geschichtsvereins* 84/85, 1977/78, S. 131 – 160.
Kerner, Max: »Die frühen Karolinger und das Papsttum«, in: *Zeitschrift des Aachener Geschichtsvereins* 88/89, 1981/1982, S. 5 – 41.
Kerner, Max: *Karl der Große. Entschleierung eines Mythos*, Köln/Weimar/Wien 2000.
Kerner, Max: »Karl der Große und seine Aachener Marienkirche«, in: *Eine Welt, eine Geschichte? 43. Deutscher Historikertag in Aachen*, hg. von Max Kerner, München 2001, S. 363 – 369.
Kerner, Max: »Pippin und die Entstehung des Kirchenstaates. Zur kirchenpolitischen Grundlegung Europas«, in: *Sie schufen Europa. Historische Portraits*

von Konstantin bis Karl dem Großen, hg. von Mischa Meier, München 2007, S. 273 – 286.
Kerner, Max: »Karl der Große – Gestalter des Glaubens?«, in: *Die Filioque-Kontroverse. Historische, ökumenische und dogmatische Perspektiven 1200 Jahre nach der Aachener Synode*, hg. von Michael Böhnke/Assaad Elias Kattan/Bernd Oberdorfer (Quaestiones disputatae 245), Freiburg i. Br. u. a. 2011, S. 14 – 29.
Kérry, Lotte: *Canonical Collections of the Early Middle Ages (c. 400 – 1140): A Bibliographical Guide to the Manuscripts and Literature (History of Medieval Canon Law 1)*, Washington D. C. 1999.
Kintzinger, Martin: »Monastische Kultur und die Kunst des Wissens im Mittelalter«, in: *Kloster und Bildung im Mittelalter*, hg. von Nathalie Kruppa/Jürgen Wilke (Veröffentlichungen des Max-Planck-Instituts 218), Göttingen 2006, S. 15 – 47.
Kippenberg, Hans G.: *Gewalt als Gottesdienst. Religionskriege im Zeitalter der Globalisierung*, München 2008.
Kirsch, Wolfgang: *Laudes Sanctorum. Geschichte der hagiographischen Versepik vom IV. bis X. Jahrhundert*. Bd. 2: *Entfaltung (VIII. – X. Jahrhundert)*, 2. Teilband (Quellen und Untersuchungen zur lateinischen Philologie des Mittelalters 14), Stuttgart 2012.
Klopsch, Paul: »Die karolingische Bildungsreform im Bodenseeraum«, in: *Geistesleben um den Bodensee im frühen Mittelalter*, hg. von Achim Masser/Alois Wolf (Literatur und Geschichte am Oberrhein 2), Freiburg i. Br. 1989, S. 65 – 85.
Kohl, Thomas: *Lokale Gesellschaften. Formen der Gemeinschaft in Bayern vom 8. bis zum 10. Jahrhundert* (Mittelalter-Forschungen 29), Ostfildern 2010.
Kolmer, Lothar: »Zur Absetzung und Kommendation Tassilos III.«, in: *Zeitschrift für bayerische Landesgeschichte* 43, 1980, S. 291 – 327.
Kolmer, Lothar/Rohr, Christian (Hgg.): *Tassilo III. von Bayern. Großmacht und Ohnmacht im 8. Jahrhundert*, Regensburg 2005.
Kortüm, Hans-Henning (Hg.): *Krieg im Mittelalter*, Berlin 2001.
Kortüm, Hans-Henning: *Kriege und Krieger 500 – 1500*, Stuttgart 2010.
Krause, Victor: »Geschichte des Instituts der missi dominici«, in: *Mitteilungen des Instituts für Österreichische Geschichtsforschung* 11, 1890, S. 193 – 300.
Krautheimer, Richard: »The Carolingian Revival of Early Christian Architecture«, in: *The Art Bulletin* 24, 1942, S. 1 – 38.
Kroeschell, Karl: »Söhne und Töchter im germanischen Erbrecht«, in: *Studien zu den germanischen Volksrechten. Gedächtnisschrift für Wilhelm Ebel. Vorträge gehalten auf dem Fest-Symposion anlässlich des 70. Geburtstages von Wilhelm Ebel am 16. Juni 1978 in Göttingen*, hg. von Goetz Landwehr (Rechtshistorische Reihe 1), Frankfurt am Main u. a. 1982, S. 87 – 116.
Kroos, Renate: »Zum Aachener Karlsschrein. ›Abbild staufischen Kaisertums‹ oder ›fundatores ac dotatores‹?«, in: *Karl der Große als vielberufener Vorfahr. Sein Bild in der Kunst der Fürsten, Kirchen und Städte*, hg. von Lieselotte E.

Saurma-Jeltsch (Schriften des Historischen Museums 19), Sigmaringen 1994, S. 49–61.
Krüger, Karl H.: »Zur ›beneventanischen‹ Konzeption der Langobardischen Gedichte des Paulus Diaconus«, in: *Frühmittelalterliche Studien* 15, 1981, S. 18–35.
Krusch, Bruno: *Studien zur christlich-mittelalterlichen Chronologie. Der 84jährige Osterzyklus und seine Quellen*, Leipzig 1880.
Krusch, Bruno: »Die Übertragung des Heiligen Alexander von Rom nach Wildeshausen durch den Enkel Widukinds 851. Das älteste niedersächsische Geschichtsdenkmal«, in: *Nachrichten der Gesellschaft der Wissenschaften zu Göttingen, philol.-hist. Klasse*, Berlin 1933, S. 405–436.
La Rocca, Maria Cristina (Hg.): *Italy in the Early Middle Ages. 476–1000* (The short Oxford history of Italy), Oxford u. a. 2002.
Lamberz, Erich: »Studien zur Überlieferung der Akten des VII. Ökumenischen Konzils. Der Brief Hadrians I. an Konstantin VI. und Irene (JE 1448)«, in: *Deutsches Archiv* 53, 1997, S. 1–43.
Landau, Peter: »Kanonistische Aktivitäten in Regensburg im frühen Mittelalter«, in: *Zwei Jahrtausende Regensburg*, hg. von Dieter Albrecht (Schriftenreihe der Universität Regensburg 1), Regensburg 1979, S. 55–74.
Landau, Peter: »Kanonessammlungen in Bayern in der Zeit Tassilos III. und Karls des Großen«, in: *Regensburg, Bayern und Europa. Festschrift für Kurt Reindel zum 70. Geburtstag*, hg. von Lothar Kolmer/Peter Segl, Regensburg 1995, S. 137–160.
Landau, Peter: *Die Lex Baiuvariorum. Entstehungszeit, Entstehungsort und Charakter von Bayerns ältester Rechts- und Geschichtsquelle* (Bayerische Akademie der Wissenschaften. Phil.-hist. Klasse, Sitzungsberichte Jahrgang 2004, Heft 3), München 2004.
Laudage, Johannes/Hageneier, Lars/Leiverkus, Yvonne: *Die Zeit der Karolinger*, Darmstadt 2006.
Lehmann, Paul: »Das literarische Bild Karls des Großen vornehmlich im lateinischen Schrifttum des Mittelalters«, in: Ders., *Erforschung des Mittelalters. Ausgewählte Abhandlungen und Aufsätze*, Bd. 1, 1941, ND Stuttgart 1959, S. 154–207.
Lehmann, Paul: *Mittelalterliche Bibliothekskataloge Deutschlands und der Schweiz*, Bd. 1: *Die Bistümer Konstanz und Chur*, München 1918.
Leiverkus, Yvonne: »Die invasio apostolice sedis des Konstantin. Das Papsttum nach der sogenannten ›Pippinischen Schenkung‹«, in: *Päpstliche Herrschaft im Mittelalter. Funktionsweisen – Strategien – Darstellungsformen*, hg. von Stefan Weinfurter (Mittelalter-Forschungen 38), Ostfildern 2012, S. 27–49.
Le Jan, Régine (Hg.): *La royauté et les élites dans l'Europe carolingienne (début IXe siècle aux environs de 920)* (Collection Histoire et littérature régionales 17), Villeneuve d'Ascq 1998.
Le Jan, Régine: *Famille et pouvoir dans le monde franc (VIIe–Xe siècle). Essai d'anthropologie sociale* (Publications de la Sorbonne. Série Histoire ancienne et médiévale 33), Paris 1995.

Le Jan, Régine: »Der Adel um 800. Verwandtschaft, Herrschaft, Treue«, in: *Am Vorabend der Kaiserkrönung. Das Epos »Karolus Magnus et Leo papa« und der Papstbesuch in Paderborn 799*, hg. von Peter Godman/Jörg Jarnut/Peter Johanek, Berlin 2002, S. 257 – 268.

Le Jan, Régine: »Le royaume des Francs de 481 à 888«, in: *Le Moyen Âge. Le roi, l'église, les grands, le peuple, 481 – 1514*, hg. von Philippe Contamine (Histoire de la France politique 1), Paris 2002, S. 11 – 111.

Licht, Tino: »Horazüberlieferung im Frühmittelalter«, in: *Ex Praeteritis Praesentia. Sprach-, literatur- und kulturwissenschaftliche Studien zu Wort- und Stoffgeschichte. Festschrift zum 70. Geburtstag von Theo Stemmler*, hg. von Matthias Eitelmann/Nadyne Stritzke, Heidelberg 2006, S. 109 – 134.

Licht, Tino: »Die älteste karolingische Minuskel«, in: *Mittellateinisches Jahrbuch* 47, 2012, S. 338 – 346.

Licht, Tino: »Einharts Libellus de psalmis«, in: *Revue Bénédictine* 122, 2012, S. 217 – 231.

Licht, Tino: *Halbunziale. Paläographische und philologische Studien zur ältesten lateinischen Minuskel*, Habilitationsschrift masch. Heidelberg 2013.

Lilie, Ralph-Johannes: *Die byzantinische Reaktion auf die Ausbreitung der Araber. Studien zur Strukturwandlung des byzantinischen Staates im 7. und 8. Jahrhundert* (Miscellanea Byzantina Monacensia 22), München 1976.

Lilie, Ralph-Johannes: *Byzanz unter Eirene und Konstantin VI. (780 – 802). Mit einem Kapitel über Leon IV. (775 – 780) von Ilse Rochow* (Berliner Byzantinische Studien 2), Frankfurt am Main 1996.

Lilie, Ralph-Johannes: »Herrschaftsrepräsentation im byzantinischen Kaisertum«, in: *Kaisertum im ersten Jahrtausend. Wissenschaftlicher Begleitband zur Landesausstellung »Otto der Große und das Römische Reich. Kaisertum von der Antike zum Mittelalter«*, hg. von Hartmut Leppin/Bernd Schneidmüller/Stefan Weinfurter, Regensburg 2012, S. 321 – 336.

Löwe, Heinz: »Eine Kölner Notiz zum Kaisertum Karls des Großen«, in: *Rheinische Vierteljahrsblätter* 14, 1949, S. 7 – 34.

Löwe, Heinz: *Ein literarischer Widersacher des Bonifatius: Virgil von Salzburg und die Kosmographie des Aethicus Ister* (Abhandlungen der Geistes- und Sozialwissenschaftlichen Klasse. Akademie der Wissenschaften und der Literatur in Mainz 11), Wiesbaden 1952.

Löwe, Heinz: »Von Theoderich dem Großen zu Karl dem Großen. Das Werden des Abendlandes im Geschichtsbild des frühen Mittelalters«, in: *Deutsches Archiv* 9, 1952, S. 353 – 401.

Löwe, Heinz: »Arbeo von Freising. Eine Studie zur Religiosität und Bildung im 8. Jahrhundert«, in: Ders., *Von Cassiodor zu Dante. Ausgewählte Aufsätze zur Geschichtsschreibung und politischen Ideenwelt des Mittelalters*, Berlin/New York 1973, S. 75 – 110.

Löwe, Heinz: »›Religio Christiana‹. Rom und das Kaisertum in Einhards Vita Karoli Magni«, in: *Storiografia e storia. Studi in onore di Eugenio Dupré Theseider*, Bd. 1, hg. von Massimo Petrocchi, Rom 1974, S. 1 – 20.

Lohrmann, Dietrich: »Alcuins Korrespondenz mit Karl dem Großen über Kalender und Astronomie«, in: *Science in Western and Eastern Civilisation in Carolingian Times*, hg. von Paul L. Butzer/Dietrich Lohrmann, Basel 1993, S. 79 – 114.

Maag, Natalie: *Alemannische Minuskel (744 – 846 n. Chr.). Studien zur frühen Schriftkultur im Bodenseeraum*, Diss. masch. Heidelberg 2013.

Maier, Gideon: *Amtsträger und Herrscher in der Romania Gothica. Vergleichende Untersuchungen zu den Institutionen der ostgermanischen Völkerwanderungsreiche* (Historia. Einzelschriften 181), Stuttgart 2005.

Marenbon, John: »From the Circle of Alcuin to the School of Auxerre. Logic, Theology and Philosophy in the Early Middle Ages« *(Cambridge Studies in Medieval Life and Thought. Third Series 15)*, Cambridge 1981, S. 30 – 66.

Marenbon, John: »Alcuin, the Council of Frankfort and the Beginnings of Medieval Philosophy«, in: *Das Frankfurter Konzil von 794. Kristallisationspunkt karolingischer Kultur. Akten zweiter Symposien (vom 23. bis 27. Februar und vom 13. bis 15. Oktober 1994)*, Teil II: *Kultur und Theologie*, hg. von Rainer Berndt SJ (Quellen und Abhandlungen zur mittelrheinischen Kirchengeschichte 80/II), Mainz 1997, S. 603 – 615.

Martin, Thomas: »Bemerkungen zur ›Epistola de litteris colendis‹«, in: *Archiv für Diplomatik* 31, 1985, S. 227 – 272.

Maser, Matthias/Herbers, Klaus (Hgg.): *Die Mozaraber. Definitionen und Perspektiven der Forschung* (Geschichte und Kultur der Iberischen Welt 7), Münster 2011.

Mayr-Harting, Henry: »Augustinus von Hippo, Chelles und die karolingische Renaissance«, in: *Mittelalterliche Handschriften der Kölner Dombibliothek. Drittes Symposion, November 2008*, hg. von Heinz Finger, Köln 2010, S. 25 – 36.

McCormick, Michael: »Textes, images et iconoclasme dans le cadre des relations entre Byzanze et l'Occident Carolingien«, in: *Testo e immagine nell'alto medioevo* 1 (Settimane di Studio del Centro Italiano di studi sull'alto medioevo 41), Spoleto 1994, S. 95 – 162.

McCormick, Michael: »Paderborn 799. Königliche Repräsentation – Visualisierung eines Herrschaftskonzepts«, in: *799. Kunst und Kultur der Karolingerzeit. Karl der Große und Papst Leo III. in Paderborn. Katalog der Ausstellung Paderborn 1999*, Bd. 1, hg. von Christoph Stiegemann/Matthias Wemhoff, Mainz 1999, S. 71 – 81.

McCormick, Michael: *Origins of the European Economy: Communications and Commerce. A. D. 300 – 900*, Cambridge 2001.

McCormick, Michael: »Charlemagne and the Mediterranean World: Communication, Arab Coins and Commerce at the Time of the Paderborn Meeting«, in: *Am Vorabend der Kaiserkrönung. Das Epos »Karolus Magnus et Leo papa« und der Papstbesuch in Paderborn 799*, hg. von Peter Godman/Jörg Jarnut/Peter Johanek, Berlin 2002, S. 193 – 218.

McCormick, Michael: »Um 808. Was der frühmittelalterliche König mit der Wirtschaft zu tun hatte«, in: *Die Macht des Königs. Herrschaft in Europa vom*

Frühmittelalter bis in die Neuzeit, hg. von Bernhard Jussen, München 2005, S. 55–71.
McCormick, Michael: *Charlemagne's Survey of the Holy Land. Wealth, Personnel, and Buildings of a Mediterranean Church between Antiquity and the Middle Ages with a Critical Edition and Translation of the Original Text* (Dumbarton Oaks Medieval Humanities), Washington D. C. 2011.
McKitterick, Rosamond: »Knowledge of canon law in the Frankish kingdoms before 789: manuscript evidence«, in: *Journal of Theological Studies*, Nova series 36/1, 1985, S. 97–117.
McKitterick, Rosamond: *The Carolingians and the written word*, Cambridge 1989.
McKitterick, Rosamond (Hg.): *Carolingian Culture: Emulation and Innovation*, Cambridge 1994.
McKitterick, Rosamond: »Anglo-Saxon Missionaries in Germany: Personal Connections and Local Influence«, in: *The Frankish Kings and Cultures in the Early Middle Ages*, hg. von Rosamond McKitterick, Aldershot 1995, S. 1–40.
McKitterick, Rosamond: »Constructing the Past in the Early Middle Ages: The Case of the Royal Frankish Annals«, in: *Transactions of the Royal Historical Society*, 6th series 7, 1997, S. 101–129.
McKitterick, Rosamond: »Die karolingische Renovatio. Eine Einführung«, in: *799. Kunst und Kultur der Karolingerzeit. Karl der Große und Papst Leo III. in Paderborn. Katalog der Ausstellung Paderborn 1999*, Bd. 2, hg. von Christoph Stiegemann/Matthias Wemhoff, Mainz 1999, S. 668–685.
McKitterick, Rosamond: »Paul the Deacon and the Franks«, in: *Early Medieval Europe* 8, 1999, S. 319–339.
McKitterick, Rosamond: »Books and sciences before print«, in: *Books and the Sciences in History*, hg. von Marina Frasca-Spada/Nicholas Jardine, Cambridge 2000, S. 13–34.
McKitterick, Rosamond: *History and memory in the Carolingian world*, Cambridge 2004.
McKitterick, Rosamond: »The Carolingian Renaissance of Culture and Learning«, in: *Charlemagne. Empire and Society*, hg. von Joanna Story, Manchester 2005, S. 151–166.
McKitterick, Rosamond: *Karl der Große*. Übersetzt von Susanne Fischer (Gestalten des Mittelalters und der Renaissance), Darmstadt 2008.
McKitterick, Rosamond: »Charlemagne's missi and their books«, in: *Early medieval studies in memory of Patrick Wormald*, hg. von Stephen Baxter u. a., Aldershot 2009, S. 253–268.
McKitterick, Rosamond: *Histoire et mémoire dans le monde carolingien*, Turnhout 2009.
McKitterick, Rosamond/Innes, Matthew: »The writing of history«, in: *Carolingian culture: emulation and innovation*, hg. von Rosamond McKitterick, Cambridge 1994, S. 193–220.
Meier, Christel: »Baumeister Europas? Die Rezeption antiker Zivilisationstechniken im Zeitalter Karls des Großen«, in: *Karl der Große und sein Nachwirken.*

1200 Jahre Kultur und Wissenschaft in Europa. Charlemagne and his Heritage. 1200 Years of Civilisation and Science in Europe, Bd. 1: *Wissen und Weltbild*, hg. von Paul Leo Butzer/Max Kerner/Walter Oberschelp, Turnhout 1997, S. 279–320.

Melville, Gert: »Ein Exkurs über die Präsenz der Gewalt im Mittelalter. Zugleich eine Zusammenfassung«, in: *Königliche Gewalt – Gewalt gegen den König. Macht und Moral im spätmittelalterlichen Europa*, hg. von Martin Kintzinger/Jörg Rogge (Zeitschrift für historische Forschung. Beiheft 33), Berlin 2004, S. 119–134.

Melville, Gert: »Im Spannungsfeld von religiösem Eifer und methodischem Betrieb. Zur Innovationskraft der mittelalterlichen Klöster«, in: *Denkströme. Journal der Sächsischen Akademie der Wissenschaften* 7, 2011, S. 72–92.

Melville, Gert: *Die Welt der mittelalterlichen Klöster. Geschichte und Lebensformen*, München 2012.

Mersiowsky, Mark: »Regierungspraxis und Schriftlichkeit im Karolingerreich: Das Fallbeispiel der Mandate und Briefe«, in: *Schriftkultur und Reichsverwaltung unter den Karolingern. Referate des Kolloquiums der Nordrhein-Westfälischen Akademie der Wissenschaften am 17.–18. Februar 1994 in Bonn*, hg. von Rudolf Schieffer (Abhandlungen der Nordrhein-Westfälischen Akademie der Wissenschaften, Bd. 97), Opladen 1996, S. 109–166.

Metz, Wolfgang: *Das karolingische Reichsgut*, Berlin 1960.

Metz, Wolfgang: »Die Agrarwirtschaft im karolingischen Reich«, in: *Karl der Große. Lebenswerk und Nachleben*, Bd. 1: *Persönlichkeit und Geschichte*, hg. von Helmut Beumann, Düsseldorf 1965, S. 489–500.

Miethke, Jürgen: »Die Konstantinische Schenkung im Verständnis des Mittelalters. Umrisse einer Wirkungsgeschichte«, in: *Konstantin der Große. Geschichte – Archäologie – Rezeption*, hg. von Alexander Demandt/Josef Engemann, Trier 2006, S. 259–272.

Miethke, Jürgen: Rezension zu: Fried, Johannes: *Donation of Constantine and Constitutum Constantini. The Misinterpretation of a Fiction and its Original Meaning. With a Contribution by Wolfram Brandes: »The Satraps of Constantine«*, Berlin 2007, in: *H-Soz-u-Kult*, 30.08.2007, http://hsozkult.geschichte.hu-berlin.de/rezensionen/2007-3-159 (Letzter Besuch: 23.06.2013).

Miller, David Harry: »The Roman Revolution of the Eighth Century: A Study of the Ideological Background of the Papal Separation from Byzantium and Alliance with the Francs«, in: *Medieval Studies* 36, 1974, S. 79–133.

Mohr, Walter: *Die karolingische Reichsidee*, Münster 1962.

Mordek, Hubert/Glatthaar, Michael: »Von Wahrsagerinnen und Zauberern. Ein Beitrag zur Religionspolitik Karls des Großen«, in: *Archiv für Kulturgeschichte* 75, 1993, S. 33–64.

Mordek, Hubert: »Dionysio-Hadriana und Vetus Gallica – historisch geordnetes und systematisches Kirchenrecht am Hofe Karls des Großen«, in: *Zeitschrift der Savigny-Stiftung für Rechtsgeschichte*, kanon. Abt. 55, 1969, S. 39–63.

Mordek, Hubert: *Kirchenrecht und Reform im Frankenreich*, Berlin 1975.

Mordek, Hubert: »Karolingische Kapitularien«, in: *Überlieferung und Geltung normativer Texte des frühen und hohen Mittelalters*, hg. von Hubert Mordek (Quellen und Forschungen zum Recht im Mittelalter 4), Sigmaringen 1986, S. 25–50.

Mordek, Hubert: »Karl der Große – barbarischer Eroberer oder Baumeister Europas?«, in: *Deutschland in Europa – Ein historischer Rückblick*, hg. von Bernd Martin, München 1992, S. 23–45.

Mordek, Hubert: »Kapitularien und Schriftlichkeit«, in: *Schriftkultur und Reichsverwaltung unter den Karolingern. Referate des Kolloquiums der Nordrhein-Westfälischen Akademie der Wissenschaften am 17.–18. Februar 1994 in Bonn*, hg. von Rudolf Schieffer (Abhandlungen der Nordrhein-Westfälischen Akademie der Wissenschaften 97), Opladen 1996, S. 34–66.

Mordek, Hubert: »Aachen, Frankfurt, Reims. Beobachtungen zu Genese und Tradition des ›Capitulare Francofurtense‹ (794) «, in: *Das Frankfurter Konzil von 794. Kristallisationspunkt karolingischer Kultur. Akten zweier Symposien (vom 23. bis 27. Februar und vom 13. bis 15. Oktober 1994) anlässlich der 1200-Jahrfeier der Stadt Frankfurt am Main*, Bd. 1: *Politik und Kirche*, hg. von Rainer Berndt SJ (Quellen und Abhandlungen zur mittelrheinischen Kirchengeschichte 80), Mainz 1997, S. 125–148.

Mordek, Hubert: *Studien zur fränkischen Herrschergesetzgebung. Aufsätze über Kapitularien und Kapitulariensammlungen, ausgewählt zum 60. Geburtstag*, Frankfurt am Main u. a. 2000.

Mordek, Hubert/Schmitz, Gerhard: »Neue Kapitularien und Kapitulariensammlungen«, in: *Deutsches Archiv* 43, 1987, S. 361–439.

Müller, Heribert: »Die Kirche von Lyon im Karolingerreich«, in: *Historisches Jahrbuch* 107, 1987, S. 225–253.

Müller, Stephan: »Die Präsenz der Schrift zwischen Vision und Wissen. Zur Deutbarkeit der vier scheinbar deutschen Wörter in der ›Visio Karoli Magni‹«, in: *Zeitschrift für deutsche Philologie* 119, 2000, S. 98–102.

Nagel, Helmut: *Karl der Große und die theologischen Herausforderungen seiner Zeit. Zur Wechselwirkung zwischen Theologie und Politik im Zeitalter des großen Frankenherrschers*, Frankfurt am Main 1998.

Nahmer, Dieter von der: »König und Bischof bei Einhard, Notker von St. Gallen und Widukind von Corvey. Nebst einem Seitenblick auf weltliche Große, in: Geschichtsvorstellungen. Bilder, Texte und Begriffe aus dem Mittelalter«, in: *Festschrift für Hans-Werner Goetz zum 65. Geburtstag*, hg. von Steffen Patzold/Anja Rathmann-Lutz/Volker Scior, Wien/Köln/Weimar 2012, S. 53–101.

Nelson, Janet L.: »Making the difference in eigth-century politics: The daughters of Desiderius«, in: *After Rom's Fall. Narrators and Sources of Early Medieval History. Essays presented to Walter Goffart*, hg. von Alexander Callander Murray, Toronto/Buffalo/London 1998, S. 171–190.

Nelson, Janet L.: »Bertrada«, in: *Der Dynastiewechsel von 751. Vorgeschichte, Legitimation, Strategien und Erinnerung*, hg. von Matthias M. Becher/Jörg Jarnut, Münster 2004, S. 93–108.

Nelson, Janet L.: »England and the Continent in the Ninth Century: IV. Bodies and Minds«, in: *Transactions of the Royal Historical Society*, 6th series 15, hg. von Aled G. Jones, Cambridge 2005, S. 1–27.
Nelson, Janet L.: »Religion and Politics in the Reign of Charlemagne«, in: *Religion und Politik im Mittelalter. Deutschland und England im Vergleich,* hg. von Ludger Körntgen/Dominik Waßenhoven, Berlin 2013, S. 17–30.
Nerlich, Daniel: *Diplomatische Gesandtschaften zwischen Ost- und Westkaisern 756–1002* (Geist und Werk der Zeiten 92), Bern 1999.
Niederkorn-Bruck, Meta/Scharer, Anton (Hgg.): *Erzbischof Arn von Salzburg* (Veröffentlichungen des Instituts für Österreichische Geschichtsforschung 40), Wien/Köln 2004.
Nipperdey, Thomas: »Von der Aktualität des Mittelalters. Über die historischen Grundlagen der Modernität«, in: *Geschichte in Wissenschaft und Unterricht* 32, 1981, S. 424–431.
Noble, Thomas F. X.: *The Republic of St. Peter. The Birth of the Papal State, 680–825*, Philadelphia 1984.
Noble, Thomas F. X.: »The papacy in the eighth and ninth centuries«, in: *The New Cambridge Medieval History*, Bd. 2, *c. 700–c. 900*, hg. von Rosamond McKitterick, Cambridge 1995, S. 563–586.
Noble, Thomas F. X.: »Topographie, Celebration, and Power. The Making of a Papal Rome in the Eighth and Ninth Centuries«, in: *Topographies of Power in the Early Middle-Ages*, hg. von Mayke de Jong/Frans Theuws/Carine van Rhijn (The Transformation of the Roman World 6), Leiden/Boston/Köln 2001, S. 45–91.
Noble, Thomas F. X.: *Images, Iconoclasm, and the Carolingians* (The Middle Ages Series), Philadelphia 2009.
Nöllke, Matthias: *Die Sprache der Macht. Wie man sie durchschaut. Wie man sie nutzt*, Freiburg/Berlin/München 2010.
Nonn, Ulrich: *Reichsannalen, Lexikon des Mittelalters* 7, Stuttgart 1999, Sp. 616 f.
Nonn, Ulrich: »Die Schlacht bei Poitiers 732. Probleme historischer Urteilsbildung«, in: *Beiträge zur Geschichte des* Regum Francorum. *Referate beim Wissenschaftlichen Colloquium zum 75. Geburtstag von Eugen Ewig am 28. Mai 1988,* hg. von Rudolf Schieffer (Beihefte der Francia 22), Sigmaringen 1990, S. 37–56.
Oexle, Otto Gerhard: *Die Gegenwart des Mittelalters* (Das mittelalterliche Jahrtausend 1), Berlin 2013.
Ohnsorge, Werner: »Die Auswirkungen der byzantinischen Siedlungsmethoden auf die Sachsenpolitik Karls des Großen«, in: *Ost-Rom und der Westen. Gesammelte Aufsätze zur Geschichte der byzantinisch-abendländischen Beziehungen und des Kaisertums*, hg. von Werner Ohnsorge, Darmstadt 1983, S. 72–90.
Oschema, Klaus: *Bilder von Europa im Mittelalter* (Mittelalter-Forschungen 43), Ostfildern 2013.

Parisse, Michel: »La reine Hildegarde et l'abbaye Saint-Arnoul de Metz«, in: *Actes du colloque »Autour d'Hildegarde«. Recueil d'études publiées par Pierre Riché/Carol Heitzer/François Heber-Suffrin*, Nanterre 1987, S. 41–47.

Pastan, Elizabeth: »Charlemagne as Saint? Relics and the Choice of Window Subjects at Chartres Cathedral«, in: *The Legend of Charlemagne in the Middle Ages. Power, Faith, and Crusade*, hg. von Matthew Gabriele/Jace Stuckey, Basingstoke u. a. 2008, S. 97–135.

Patzold, Steffen: »Die Veränderung frühmittelalterlichen Rechts im Spiegel der Leges-Reformen Karls des Großen und Ludwigs des Frommen«, in: *Rechtsveränderung im politischen und sozialen Kontext mittelalterlicher Rechtsvielfalt*, hg. von Stefan Esders/Christine Reinle (Neue Aspekte der europäischen Mittelalterforschung 5), Münster 2005, S. 63–99.

Patzold, Steffen: »Die Bischöfe im karolingischen Staat. Praktisches Wissen über die politische Ordnung im Frankenreich des 9. Jahrhunderts«, in: *Staat im frühen Mittelalter*, hg. von Stuart Airlie/Walter Pohl/Helmut Reimitz (Forschungen zur Geschichte des Mittelalters 11 = Denkschriften der Österreichischen Akademie der Wissenschaften. Phil.-hist. Klasse 334), Wien 2006, S. 133–162.

Patzold, Steffen: »Normen im Buch. Überlegungen zu Geltungsansprüchen so genannter ›Kapitularien‹«, in: *Frühmittelalterliche Studien* 41, 2007, S. 331–350.

Patzold, Steffen: *Episcopus. Wissen über Bischöfe im Frankenreich des späten 8. bis frühen 10. Jahrhundert* (Mittelalter-Forschungen 25), Ostfildern 2008.

Patzold, Steffen: »Eine Hierarchie im Wandel. Die Ausbildung einer Metropolitanordnung im Frankenreich des 8. und 9. Jahrhunderts«, in: *Hiérarchie et stratification sociale dans l'Occident médiéval (400–1100)* (Collection Haut Moyen-Âge 6), Turnout 2008, S. 161–184.

Patzold, Steffen: *Das Lehnswesen*, München 2012.

Patzold, Steffen: »›Einheit‹ versus ›Fraktionierung‹. Zur symbolischen und institutionellen Integration des Frankenreichs im 8./9. Jahrhundert«, in: *Visions of Community in the Post-Roman-World. The West, Byzantium and the Islamic World, 300–1100*, hg. von Walter Pohl/Clemens Gantner/Richard Payne, Farnham-Burlington 2012, S. 375–390.

Peez, Alexander von: »Die Reisen Karls des Großen«, in: *Schmollers Jahrbuch für Gesetzgebung, Verwaltung und Volkswirtschaft im Deutschen Reich*, hg. von Gustav von Schmoller, Leipzig 1891.

Petersohn, Jürgen: »Saint Denis – Westminster – Aachen. Die Karlstranslation von 1165 und ihre Vorbilder«, in: *Deutsches Archiv* 31, 1975, S. 420–454.

Plassmann, Alheydis: *Origo gentis. Identitäts- und Legitimitätsstiftung in früh- und hochmittelalterlichen Herkunftserzählungen* (Orbis medievalis 7), Berlin 2006.

Pohl, Walter: »Paulus Diaconus und die ›Historia Langobardorum‹. Text und Tradition«, in: *Historiographie im frühen Mittelalter*, hg. von Anton Scharer/Georg Scheibelreiter (Veröffentlichungen des Instituts für Österreichische Geschichtsforschung 32), München/Wien 1994, S. 375–405.

Pohl, Walter: *Die Awaren. Ein Steppenvolk in Mitteleuropa. 567–822 n. Chr.*, 2. aktualisierte Auflage, München 2002.

Pohl, Walter: »Das Papsttum und die Langobarden«, in: *Der Dynastiewechsel von 751. Vorgeschichte, Legitimationsstrategien und Erinnerung*, hg. von Matthias M. Becher/Jörg Jarnut, Münster 2004, S. 145–161.

Pohl, Walter: »Alienigena coniugia. Bestrebungen zu einem Verbot auswärtiger Heiraten in der Karolingerzeit«, in: *Die Bibel als politisches Argument. Voraussetzungen und Folgen biblizistischer Herrschaftslegitimation in der Vormoderne*, hg. von Andreas Pečar/Kai Trampedach (Historische Zeitschrift. Beihefte N. F. 43), München 2007, S. 159–188.

Prangerl, Daniel Carlo: *Die Metropolitanverfassung des karolingischen Frankenreichs,* Hannover 2011.

Prinz, Friedrich: *Von Konstantin zu Karl dem Großen. Entfaltung und Wandel Europas*, Düsseldorf/Zürich 2000.

Ratkowitsch, Christine: »Das Karlsbild in der lateinischen Großdichtung des Mittelalters«, in: *Karl der Große in den europäischen Literaturen des Mittelalters. Konstruktion eines Mythos*, hg. von Bernd Bastert, Tübingen 2004, S. 1–16.

Reimitz, Helmut: »Grenzen und Grenzüberschreitungen im karolingischen Mitteleuropa«, in: *Grenze und Differenz im frühen Mittelalter*, hg. von Walter Pohl/Helmut Reimitz (Forschungen zur Geschichte des Mittelalters 1), Wien 2000, S. 105–166.

Reinink, Gerrit J.: »Pseudo-Methodius und die Legende vom römischen Endkaiser«, in: *The Use and Abuse of Eschatology in the Middle Ages*, hg. von Werner Verbeke/Daniel Verhelst/Andries Welkenhuysen, Leuven 1988, S. 137–211.

Reudenbach, Bruno: »Rectitudo als Projekt. Bildpolitik und Bildungsreform Karls des Großen«, in: *Artes im Mittelalter*, hg. von Ursula Schäfer, Berlin 1999, S. 283–308.

Reutter, Ursula: *Damasus, Bischof von Rom (366–384). Leben und Werk* (Studien und Texte zu Antike und Christentum 55), Tübingen 2009.

Riché, Pierre: *Die Welt der Karolinger*. Aus dem Französischen übersetzt und hg. von Cornelia und Ulf Dirlmeier, Stuttgart 2009.

Richter, Michael: »Die Sprachenpolitik Karls des Großen«, in: *Sprachwissenschaft* 7, 1982, S. 412–437.

Richter, Michael: »Karl der Große und seine Ehefrauen. Zu einigen dunkleren Seiten Karls des Großen anhand von Quellen des ausgehenden achten und beginnenden neunten Jahrhunderts«, in: *Karl der Große und das Erbe der Kulturen*, hg. von Franz-Reiner Erkens, Berlin 2001, S. 17–24.

Richter, Michael: *Bobbio in the early middle ages. The abiding legacy of Columbanus*, Dublin 2008.

Röcke, Werner: »Literatur und kulturelles Gedächtnis. Zur Rezeptionsgeschichte Karls des Großen im Spätmittelalter und in der Frühen Neuzeit«, in: *Das Mittelalter* 4, 1999, S. 5–11.

Röckelein, Hedwig (Hg.): *Kommunikation* (Das Mittelalter. Perspektiven mediävistischer Forschung 6/1), Berlin 2001.
Röckelein, Hedwig: »›Pervenimus mirificum ad sancti Medardi oraculum‹. Der Anteil westfränkischer Zellen am Aufbau sächsischer Missionszentren«, in: *Am Vorabend der Kaiserkrönung. Das Epos »Karolus Magnus et Leo papa« und der Papstbesuch in Paderborn 799*, hg. von Peter Godman/Jörg Jarnut/Peter Johanek, Berlin 2002, S. 145–162.
Röckelein, Hedwig: *Reliquientranslationen nach Sachsen im 9. Jahrhundert. Über Kommunikation, Mobilität und Öffentlichkeit im Frühmittelalter*, Stuttgart 2002.
Rosche, Sebastian: *Herrschaftliche Legitimierung im frühmittelalterlichen Bayern auf der Grundlage der Lex Baiuvariorum*, München 2010.
Rouche, Michel: *L'Aquitaine des Wisigoths aux Arabes. 418–781. Naissance d'une région*, Paris 1979.
Rüdiger, Jan: *Der König und seine Frauen. Polygynie und politische Kultur in Europa (9.–13. Jahrhundert)*, Habilitationsschrift HU Berlin 2007.
Rüdiger, Jan: *Did Charlemagne know Carolingian kingship theory?* (Runica & Mediaevalia. Lectiones 10), Stockholm 2011.
Rundnagel, Erwin: »Der Mythos vom Herzog Widukind«, in: *Historische Zeitschrift* 155, 1937, S. 475–505.
Saar, Stefan Chr.: *Ehe – Scheidung – Wiederheirat. Zur Geschichte des Ehe- und Ehescheidungsrechts im Frühmittelalter (6.–10. Jahrhundert)*, Münster 2002.
Schaller, Dieter: »Vortrags- und Zirkulardichtung am Hof Karls des Großen. Walther Bulst zum 70. Geburtstag«, in: *Mittellateinisches Jahrbuch* 6, 1970, S. 14–36.
Schaller, Dieter: »Der Dichter des ‚Carmen de conversione Saxonum'«, in: *Tradition und Wertung. Festschrift für Franz Brunhölzl zum 65. Geburtstag*, hg. von Günter Berndt/Fidel Rädle/Gabriel Silagi, Sigmaringen 1989, S. 27–45.
Schaller, Dieter: »Pippins Heimkehr vom Avarensieg (Angilbert, carm. 1)«, Neudruck und »Nachträge« in: *Studien zur lateinischen Dichtung des Frühmittelalters* (Quellen und Untersuchungen zur lateinischen Philologie des Mittelalters 11), hg. von Dieter Schaller, Stuttgart 1995, S. 332–345 und 430.
Scharff, Thomas: *Die Kämpfe der Herrscher und Heiligen: Krieg und historische Erinnerung in der Karolingerzeit*, Darmstadt 2002.
Schaub, Andreas: »Zur Siedlungskontinuität in Aachen zwischen römischer und karolingischer Zeit«, in: *Transformations in North-Western Europe (AD 300–1000). Proceedings of the 60th Sachsensymposion, 19.–23. September 2009 Maastricht*, hg. von Titus Anno Sjoerd Maria Panhuysen (Neue Studien zur Sachsenforschung 3), Stuttgart 2011, S. 119–127.
Schefers, Hermann: *Einhard. Ein Lebensbild aus karolingischer Zeit*, Michelstadt-Steinbach 1993.
Schefers, Hermann: »Einhard und die Hofschule«, in: *Einhard. Studien zu Leben und Werk. Dem Gedenken an Helmut Beumann gewidmet*, hg. von Hermann

Schefers (Arbeiten der Hessischen Historischen Kommission N. F. 12), Darmstadt 1997, S. 81 – 93.
Schefers, Hermann: »Die Hofschule Karls des Großen – Ad profectum sanctae dei ecclesiae, et ad decorem imperialis regni«, in: *Ex Oriente. Isaak und der weiße Elefant. Bagdad – Jerusalem – Aachen. Eine Reise durch drei Kulturen um 800 und heute*, Bd. 3: *Aachen. Der Westen*, hg. von Wolfgang Dreßen/Georg Minkenberg/Adam C. Oellers, Aachen 2003, S. 28 – 35.
Scheibe, Friedrich-Carl: »Alcuin und die Admonitio generalis«, in: *Deutsches Archiv* 14, 1958, S. 221 – 229.
Scherberich, Klaus: »Zur Suetonimitatio in Einhards *vita Karoli Magni*«, in: *Eloquentia copiosus. Festschrift für Max Kerner zum 65. Geburtstag*, hg. von Lotte Kéry, Aachen 2006, S. 17 – 28.
Schieffer, Rudolf: »Hofkapelle und Aachener Marienstift bis in die staufische Zeit«, in: *Rheinische Vierteljahrsblätter* 51, 1987, S. 1 – 21.
Schieffer, Rudolf: »›Redeamus ad fontem‹: Rom als Hort authentischer Überlieferung im frühen Mittelalter«, in: *Roma – Caput et fons. 2 Vorträge über das päpstliche Rom zwischen Altertum und Mittelalter von Arnold Angenendt und Rudolf Schieffer*, hg. von Arnold Angenendt/Rudolf Schieffer, Opladen 1989, S. 45 – 70.
Schieffer, Rudolf: »Der Papst als Patriarch von Rom«, in: *Il primato del vescovo di Roma nel primo millennio. Ricerche e testimonianze. Atti del Symposium storico-teologico, Roma 9 – 13 ottobre 1989*, hg. von Michele Maccarrone, Vatikanstadt 1991, S. 433 – 451.
Schieffer, Rudolf: »Ein Mittelalter ohne Karl den Großen: Die Antworten sind einfach«, in: *Geschichte in Wissenschaft und Unterricht* 10, 1997, S. 611 – 617.
Schieffer, Rudolf: »Ein politischer Prozeß des 8. Jahrhunderts im Vexierspiegel der Quellen«, in: *Das Frankfurter Konzil von 794. Kristallisationspunkt karolingischer Kultur. Akten zweier Symposien (vom 23. bis 27. Februar und vom 13. bis 15. Oktober 1994) anlässlich der 1200-Jahrfeier der Stadt Frankfurt am Main*, Bd. 1: *Politik und Kirche*, hg. von Rainer Berndt SJ (Quellen und Abhandlungen zur mittelrheinischen Kirchengeschichte 80), Mainz 1997, S. 167 – 182.
Schieffer, Rudolf: »Vor 1200 Jahren. Karl der Große läßt sich in Aachen nieder«, in: *Karl der Große und sein Nachwirken. 1200 Jahre Kultur und Wissenschaft in Europa*, Bd. 1: *Wissen und Weltbildung*, hg. von Paul Leo Butzer/Max Kerner/Walter Oberschelp, Turnhout 1997, S. 3 – 21.
Schieffer, Rudolf: »Arn von Salzburg und die Kaiserkrönung Karls des Großen«, in: *Bayern und Italien. Politik, Kultur, Kommunikation (8. – 15. Jahrhundert). Festschrift für Kurt Reindel zum 75. Geburtstag*, hg. von Heinz Dopsch/Stephan Freund/Alois Schmid, München 2001, S. 104 – 121.
Schieffer, Rudolf: »Intentionen und Wirkungen«, in: *Karl der Große und das Erbe der Kulturen*, hg. von Franz-Reiner Erkens, Berlin 2001, S. 3 – 14.
Schieffer, Rudolf: »Das Attentat auf Papst Leo III.«, in: *Am Vorabend der Kaiserkrönung. Das Epos »Karolus Magnus et Leo papa« und der Papstbesuch in Pa-*

derborn 799, hg. von Peter Godman/Jörg Jarnut/Peter Johanek, Berlin 2002, S. 75–85.
Schieffer, Rudolf: »Der Weg zur Kaiserkrönung 800«, in: *Zeitschrift des Aachener Geschichtsvereins* 104/105, 2002/2003, S. 11–23.
Schieffer, Rudolf: »›Die folgenschwerste Tat des ganzen Mittelalters‹? Aspekte des wissenschaftlichen Urteils über den Dynastiewechsel von 751«, in: *Der Dynastiewechsel von 751. Vorgeschichte, Legitimationsstrategien und Erinnerung*, hg. von Matthias M. Becher/Jörg Jarnut, Münster 2004, S. 1–13.
Schieffer, Rudolf: »Karl der Große, Eirene und der Ursprung des westlichen Kaisertums«, in: *Die Suche nach den Ursprüngen: von der Bedeutung des frühen Mittelalters*, hg. von Walter Pohl (Österreichische Akademie der Wissenschaften, philosophisch-historische Klasse, Denkschriften 322, Forschungen zur Geschichte des Mittelalters 8), Wien 2004, S. 151–158.
Schieffer, Rudolf: *Neues von der Kaiserkrönung Karls des Großen* (Bayerische Akademie der Wissenschaften. Phil.-hist. Klasse. Sitzungsberichte Jahrgang 2004, Heft 2), München 2004.
Schieffer, Rudolf: »Die Einheit des Karolingerreiches als praktisches Problem und theoretische Forderung«, in: *Fragen der politischen Integration im mittelalterlichen Europa*, hg. von Werner Maleczek (Vorträge und Forschung 63), Ostfildern 2005, S. 33–47.
Schieffer, Rudolf: *Die Zeit des karolingischen Großreichs (714–887)* (Gebhardt, Handbuch der deutschen Geschichte, Bd. 2), Stuttgart 2005.
Schieffer, Rudolf: »Fulda, Abtei der Könige und Kaiser«, in: *Kloster Fulda in der Welt der Karolinger und Ottonen*, hg. von Gangolf Schrimpf (Fuldaer Studien 7), Frankfurt am Main 1996, S. 39–55.
Schieffer, Rudolf: *Die Karolinger*, 4., überarbeitete und erweiterte Auflage, Stuttgart 2006.
Schieffer, Rudolf: »Geschichtsschreibung am Hof Karls des Großen«, in: *Die Hofgeschichtsschreibung im mittelalterlichen Europa. Projekte und Forschungsprobleme*, hg. von Rudolf Schieffer/Jaroslaw Wenta, Toruń 2006, S. 7–18.
Schieffer, Rudolf: »Alkuin und Karl der Große«, in: *Alkuin von York und die geistige Grundlegung Europas. Akten der Tagung vom 30. September bis zum 2. Oktober 2004 in der Stiftsbibliothek St. Gallen*, hg. von Ernst Tremp/Karl Schmuki, St. Gallen 2010, S. 15–32.
Schieffer, Theodor: *Winfrid-Bonifatius und die christliche Grundlegung Europas*, Freiburg 1954.
Schieffer, Theodor (Hg.): *Europa im Wandel von der Antike zum Mittelalter* (Handbuch für Europäische Geschichte 1), Stuttgart 1976.
Schlesinger, Walter: »Die Auflösung des Karlsreiches«, in: *Karl der Große*, Bd. 1: *Persönlichkeit und Geschichte*, hg. von Helmut Beumann, Düsseldorf 1965, S. 792–857.
Schmid, Karl/Oexle, Otto Gerhard: »Voraussetzungen und Wirkung des Gebetsbundes von Attigny«, in: *Francia* 2, 1974, S. 71–122.
Schmid, Karl: »Aachen und Jerusalem«, in: *Das Einhardkreuz*, hg. von Karl

Hauck (Abhandlungen der Akademie der Wissenschaften in Göttingen. Phil.-hist. Klasse, 3. Folge, Nr. 87), Göttingen 1974, S. 122–142.
Schmid, Karl: *Gebetsgedenken und adliges Selbstverständnis im Mittelalter. Ausgewählte Beiträge*, Sigmaringen 1983.
Schmid, Karl: »Zur Ablösung der Langobardenherrschaft durch die Franken«, in: *Karl Schmid, Gebetsgedenken und adliges Selbstverständnis im Mittelalter. Ausgewählte Beiträge. Festgabe zu seinem sechzigsten Geburtstag*, Sigmaringen 1983, S. 268–304.
Schmidt-Recla, Adrian: *Kalte oder warme Hand? Verfügungen von Todes wegen in mittelalterlichen Referenzrechtsquellen* (Forschungen zur deutschen Rechtsgeschichte 29), Köln/Wien 2011.
Schmitz, Gerhard: »Bonifatius und Alkuin: Ein Beitrag zur Glaubensverkündigung in der Karolingerzeit«, in: *Alkuin und die geistige Grundlegung Europas. Akten der Tagung vom 30. September bis zum 2. Oktober 2004 in der Stiftsbibliothek St. Gallen*, hg. von Ernst Tremp/Karl Schmuki, St. Gallen 2010, S. 73–89.
Schneider, Herbert: »Karolingische Kapitularien und ihre bischöfliche Vermittlung. Unbekannte Texte aus dem Vaticanus latinus 7701«, in: *Deutsches Archiv* 63, 2007, S. 469–496.
Schneider, Reinhard: »Zur rechtlichen Bedeutung der Kapitularientexte«, in: *Deutsches Archiv* 23, 1967, S. 273–294.
Schneidmüller, Bernd: »Sehnsucht nach Karl dem Großen. Vom Nutzen eines toten Kaisers für die Nachgeborenen«, in: *Geschichte in Wissenschaft und Unterricht* 51, 2000, S. 284–301.
Schneidmüller, Bernd: »Als Historiker zwischen den Wissenskulturen«, in: *Jahresbericht des Marsilius-Kollegs 2009/2010*, Heidelberg 2010, S. 168–176.
Schneidmüller, Bernd: »Karl der Große lebt weiter. Das Bild des ersten Karolingerkaisers vom Mittelalter bis heute«, in: *Das Reich Karls des Großen*, Darmstadt 2011, S. 115–127.
Schneidmüller, Bernd: *Die Kaiser des Mittelalters. Von Karl dem Großen bis Maximilian I.* (Beck Wissen 2398), 3., verbesserte Auflage, München 2012.
Scholz, Sebastian: »Karl der Große und das ›Epitaphium Hadriani‹. Ein Beitrag zum Gebetsgedenken der Karolinger«, in: *Das Frankfurter Konzil von 794. Kristallisationspunkt karolingischer Kultur. Akten zweier Symposien (vom 23. bis 27. Februar und vom 13. bis 15. Oktober 1994) anlässlich der 1200-Jahrfeier der Stadt Frankfurt am Main*, Bd. 1: *Politik und Kirche*, hg. von Rainer Berndt SJ (Quellen und Abhandlungen zur mittelrheinischen Kirchengeschichte 80), Mainz 1997, S. 373–394.
Scholz, Sebastian: »Lorsch. Geschichtlicher Überblick«, in: *Germania Benedictina 7: Hessen*, St. Ottilien 2004, S. 768–798.
Scholz, Sebastian: *Politik – Selbstverständnis – Selbstdarstellung. Die Päpste in karolingischer und ottonischer Zeit* (Historische Forschungen 26), Stuttgart 2006.
Scholz, Sebastian: »Rom. Hort des wahren Glaubens«, in: *Rom – Nabel der Welt. Macht, Glaube, Kultur von der Antike bis heute*, hg. von Jochen Johrendt/Romedio Schmitz-Esser, Darmstadt 2010, S. 33–47.

Scholz, Sebastian: »Das Kloster Lorsch von seinen Anfängen bis zu seiner Aufhebung 1557«, in: *Kloster Lorsch. Vom Reichskloster Karls des Großen zum Weltkulturerbe der Menschheit*, Petersberg 2011, S. 382–401.

Scholz, Sebastian: »Das Papsttum, Roms wirtschaftliche Lage und die Enteignung der päpstlichen Patrimonien in der Mitte des 8. Jahrhunderts«, in: *Päpstliche Herrschaft im Mittelalter. Funktionsweisen – Strategien – Darstellungsformen*, hg. von Stefan Weinfurter (Mittelalter-Forschungen 38), Ostfildern 2012. S. 11–25.

Schott, Clausdieter: »Der Stand der Leges-Forschung«, in: *Frühmittelalterliche Studien* 13, 1979, S. 29–55.

Schott, Clausdieter: »Lex und Skriptorium. Eine Studie zu den süddeutschen Stammesrechten«, in: *Leges – Gentes – Regna. Zur Rolle von germanischen Rechtsgewohnheiten und lateinischer Schrifttradition bei der Ausbildung der frühmittelalterlichen Rechtskultur*, hg. von Gerhard Dilcher/Eva-Marie Distler, Berlin 2006, S. 257–290.

Schramm, Percy Ernst: »Die Anerkennung Karls des Großen als Kaiser. Ein Kapitel aus der Geschichte der mittelalterlichen ›Staatssymbolik‹«, in: Ders., *Kaiser, Könige und Päpste. Gesammelte Aufsätze zur Geschichte des Mittelalters*, Bd. 1: *Von der Spätantike bis zum Tode Karls des Großen (814)* (Kaiser, Könige und Päpste 1), Stuttgart 1968, S. 215–263.

Schreiner, Peter: »Legende und Wirklichkeit in der Darstellung des byzantinischen Bilderstreites«, in: *Saeculum* 27, 1976, S. 165–179.

Schreiner, Peter: »Der byzantinische Bilderstreit. Kritische Analyse der zeitgenössischen Meinungen und das Urteil der Nachwelt bis heute«, in: *Bisanzio, Roma e l'Italia nell'alto Medioevo* (Settimane di studio del Centro Italiano di studi sull'alto medioevo 34), Spoleto 1988, S. 319–407.

Schrimpf, Gangolf: *Das Werk des Johannes Scottus Eriugena im Rahmen des Wissenschaftsverständnisses seiner Zeit. Eine Hinführung zu Periphyseon* (Beiträge zur Geschichte der Philosophie des Mittelalters N. F. 23), Münster 1982.

Schulze, Hans K.: *Die Grafschaftsverfassung der Karolingerzeit in den Gebieten östlich des Rheins* (Schriften zur Verfassungsgeschichte 19), Berlin 1973.

Schulze, Hans K.: »Die Grafschaftsorganisation als Element der frühmittelalterlichen Staatlichkeit«, in: *Jahrbuch für Geschichte des Feudalismus* 14, 1990, S. 29–46.

Schulze, Hans K.: *Grundstrukturen der Verfassung im Mittelalter*, 1. Bd.: *Stammesverband, Gefolgschaft, Lehnswesen, Grundherrschaft*, Stuttgart u. a. 2004.

Schulze, Hans K.: *Grundstrukturen der Verfassung im Mittelalter*, 2. Bd.: *Familie, Sippe und Geschlecht, Haus und Hof, Dorf und Mark, Burg, Pfalz und Königshof, Stadt*, Stuttgart u. a. 2000.

Schulze, Hans K.: *Grundstrukturen der Verfassung im Mittelalter*, 3. Bd.: *Kaiser und Reich*, Stuttgart u. a. 1998.

Schulze, Hans K.: »Reichsaristokratie, Stammesadel und fränkische Freiheit. Neuere Forschungen zur frühmittelalterlichen Sozialgeschichte«, in: *Historische Zeitschrift* 227, 1978, S. 353–373.

Schütte, Bernd: »Karl der Große in der Geschichtsschreibung des hohen Mittelalters«, in: *Karl der Große in den europäischen Literaturen des Mittelalters. Konstruktionen eines Mythos*, hg. von Bernd Bastert, Tübingen 2004, S. 223–245.

Schütze, Hermann: *Auslese aus den Werken berühmter Lehrer und Pädagogen des Mittelalters*, Gütersloh 1879.

Schwindt, Jürgen Paul, »Über Genauigkeit«, in: *Edmund Hoppe. Mathematik und Astronomie im klassischen Altertum*, hg. von Jürgen Paul Schwindt, Bd. 2, Heidelberg 2012, S. 269–301.

Scior, Volker: »Das offene Ohr des Herrschers. Vorstellungen über den Zugang zum König in der Karolingerzeit«, in: *Geschichtsvorstellungen. Bilder, Texte und Begriffe aus dem Mittelalter. Festschrift für Hans-Werner Goetz*, hg. von Steffen Patzold/Anja Rathmann-Lutz/Volker Scior, Wien/Köln/Weimar 2012, S. 299–325.

Semmler, Josef: »Reichsidee und kirchliche Gesetzgebung«, in: *Zeitschrift für Kirchengeschichte* 71, 1960, S. 37–65.

Semmler, Josef: *Der Dynastiewechsel von 751 und die fränkische Königssalbung*, Düsseldorf 2003.

Semmler, Josef: »Verdient um das karolingische Königtum und den werdenden Kirchenstaat: Fulrad von Saint-Denis«, in: *Scientia veritatis. Festschrift für Hubert Mordek zum 65. Geburtstag*, hg. von Oliver Münch/Thomas Zotz, Ostfildern 2004, S. 91–115.

Semmler, Josef: »Der Neubau Karls des Großen: Die fränkische Reichskirche«, in: *Analecta Coloniensia* 10/11, 2010/11, S. 49–80.

Semmler, Josef: »Die fränkische Reichsteilung nach dem Tod Pippins des Jüngeren«, in: *Analecta Coloniensia* 10/11, 2010/11, S. 37–48.

Siebigs, Hans-Karl: »Neuere Untersuchungen der Pfalzkapelle zu Aachen«, in: *Einhard. Studien zu Leben und Werk. Dem Gedenken an Helmut Beumann gewidmet*, hg. von Hermann Schefers (Arbeiten der Hessischen Historischen Kommission N. F. 12), Darmstadt 1997, S. 81–93.

Sigrist, Theodor: *Herrscherbild und Weltsicht bei Notker Balbulus. Untersuchungen zu den Gesta Karoli*, Zürich 1963.

Smolak, Kurt: »Bescheidene Panegyrik und diskrete Werbung: Walahfrid Strabos Gedicht über das Standbild Theoderichs in Aachen«, in: *Karl der Große und das Erbe der Kulturen*, hg. von Franz-Reiner Erkens, Berlin 2001, S. 89–110.

Spieß, Karl-Heinz (Hg.): *Medien der Kommunikation im Mittelalter* (Beiträge zur Kommunikationsgeschichte 15), Stuttgart 2003.

Springer, Matthias: »Alte Sachsen und neue Sachsen?«, in: *Das Miteinander, Nebeneinander und Gegeneinander von Kulturen. Zur Archäologie und Geschichte wechselseitiger Beziehungen im 1. Jahrtausend n. Chr.*, hg. von Babette Ludowici/Heike Pöppelmann (Neue Studien zur Sachsenforschung 2), Stuttgart 2011, S. 183–188.

Springsfeld, Kerstin: *Alkuins Einfluß auf die Komputistik zur Zeit Karls des Großen* (Sudhofs Archiv, Beiheft 48), Stuttgart 2002.

Springsfeld, Kerstin: »Karl der Große, Alkuin und die Zeitrechnung«, in: *Berichte zur Wissenschaftsgeschichte* 27, 2004, S. 53–66.
Staab, Franz: *Untersuchungen zur Gesellschaft am Mittelrhein in der Karolingerzeit* (Geschichtliche Landeskunde 11), Wiesbaden 1975.
Staab, Franz (Hg.): *Die Pfalz. Probleme einer Begriffsgeschichte vom Kaiserpalast auf dem Palatin bis zum heutigen Regierungsbezirk*, Speyer 1990.
Staab, Franz: »Die Königin Fastrada«, in: *Das Frankfurter Konzil von 794. Kristallisationspunkt karolingischer Kultur. Akten zweier Symposien (vom 23. bis 27. Februar und vom 13. bis 15. Oktober 1994) anlässlich der 1200-Jahrfeier der Stadt Frankfurt am Main, Bd. 1: Politik und Kirche*, hg. von Rainer Berndt SJ (Quellen und Abhandlungen zur mittelrheinischen Kirchengeschichte 80), Mainz 1997, S. 183–217.
Staab, Franz: »Knabenvasallität in der Familie Karls des Großen«, in: *Karl der Große und das Erbe der Kulturen*, hg. von Franz-Reiner Erkens, Berlin 2001, S. 67–85.
Staubach, Nikolaus: »›Cultus divinus‹ und karolingische Reform«, in: *Frühmittelalterliche Studien* 18, 1984, S. 546–581.
Staubach, Nikolaus: »›Populum Dei ad pascua vitae aeternae ducere studeatis‹. Aspekte der karolingischen Pastoralreform«, in: *La pastorale della Chiesa in Occidente dall età ottoniana al Concilia lateranense IV. Atti della Quindicesima Settimana Internazionale di Studio Mendola, 27–31 agosto 2001*, Mailand 2004, S. 27–54.
Steckel, Sita: *Kulturen des Lehrens im Früh- und Hochmittelalter. Autorität, Wissenskonzepte und Netzwerke von Gelehrten* (Norm und Struktur 39), Köln/Weimar/Wien 2011.
Stein, Dietrich: *Der Beginn des byzantinischen Bilderstreites und seine Entwicklung bis in die 40er Jahre des 8. Jahrhunderts* (Miscellanea Byzantina Monacensia 25), München 1980.
Steinen, Wolfram von den: »Der Neubeginn«, in: *Karl der Große*, Bd. 2: *Das geistige Leben*, hg. von Bernhard Bischoff, Düsseldorf 1965, S. 9–27.
Steinen, Wolfram von den: »Karl und die Dichter«, in: *Karl der Große*, Bd. 2: *Das geistige Leben*, hg. von Bernhard Bischoff, Düsseldorf 1965, S. 63–94.
Stella, Francesco: »Alkuins Dichtung«, in: *Alkuin von York und die geistige Grundlegung Europas. Akten der Tagung vom 30. September bis zum 2. Oktober 2004 in der Stiftsbibliothek St. Gallen*, hg. von Ernst Tremp/Karl Schmuki, St. Gallen 2010, S. 107–128.
Steuer, Heiko: »Bewaffnung und Kriegsführung der Sachsen und Franken«, in: *799. Kunst und Kultur der Karolingerzeit. Karl der Große und Papst Leo III. in Paderborn. Beiträge zum Katalog der Ausstellung Paderborn 1999*, hg. von Christoph Stiegemann/Matthias Wemhoff, Mainz 1999, S. 310–322.
Stiegemann, Christoph/Wemhoff, Matthias (Hgg.): *799 – Kunst und Kultur der Karolingerzeit. Karl der Große und Papst Leo III. in Paderborn. Katalog der Ausstellung Paderborn 1999*, 2 Bände, Mainz 1999.

Stieldorf, Andrea: »Zum ›Verschwinden‹ der herrscherlichen Placita am Beginn des 9. Jahrhunderts«, in: *Archiv für Diplomatik* 53, 2007, S. 1–26.
Störmer, Wilhelm: »Die bayerische Herzogskirche«, in: *Der hl. Willibald. Klosterbischof oder Bistumsgründer*, hg. von Harald Dickerhof/Ernst Reiter/Stefan Weinfurter (Eichstätter Studien N. F. 30), Regensburg 1990, S. 115–142.
Störmer, Wilhelm: »Einhards Herkunft. Überlegungen und Beobachtungen zu Einhards Erbbesitz und familiärem Umfeld«, *in: Einhard. Studien zu Leben und Werk. Dem Gedenken an Helmut Beumann gewidmet*, hg. von Hermann Schefers (Arbeiten der Hessischen Kommission N. F. 12), Darmstadt 1997, S. 15–39.
Story, Joanna: *Charlemagne. Empire and Society*, Manchester 2005.
Stotz, Peter: *Alte Sprache – neues Lied. Formen christlicher Rede im lateinischen Mittelalter* (Bayerische Akademie der Wissenschaften. Phil.-hist. Klasse, Sitzungsberichte 2004, Heft 7), München 2004.
Strothmann, Jürgen: »Das Königtum Pippins als Königtum der Familie und die Bedeutung der Clausula de unctione Pippini«, in: *Zeitschrift für Rechtsgeschichte, germ. Abt.* 125, 2008, S. 411–429.
Tewes, Babette: *Die Handschriften der Schule von Luxueil. Kunst und Ikonographie eines frühmittelalterlichen Skriptoriums*, Wiesbaden 2011.
Thoma, Gertrud: »Papst Hadrian I. und Karl der Große. Beobachtungen zur Kommunikation zwischen Papst und König nach den Briefen des Codex Carolinus«, in: *Festschrift für Eduard Hlawitschka zum 65. Geburtstag*, hg. von Karl R. Schnith/Roland Pauler, Kallmünz 1993, S. 37–58.
Thümmel, Hans Georg: »Positionen im Bilderstreit«, in: Ders.: *Bilderlehre und Bilderstreit. Arbeiten zur Auseinandersetzung über die Ikone und ihre Begründung vornehmlich im 8. und 9. Jahrhundert* (Das östliche Christentum N. F. 40), Würzburg 1998, S. 40–54.
Tischler, Matthias M.: *Einharts* Vita Karoli. *Studien zur Entstehung, Überlieferung und Rezeption*. Bd. 1 (MGH Schriften 48), Hannover 2001.
Tischler, Matthias M.: »Tatmensch oder Heidenapostel. Die Bilder Karls des Großen bei Einhart und im Pseudo-Turpin«, in: *Jakobus und Karl der Große. Von Einhards Karlsvita zum Pseudo-Turpin*, hg. von Klaus Herbers, Tübingen 2003, S. 1–37.
Tischler, Matthias M.: »Alcuin, biographe de Charlemagne. Possibilité et limites de l'historiogaphie littéraire au Moyen Âge«, in: *Alcuin de York à Tours. Ecriture, pouvoir, réseaux dans l'Europe du haut Moyen Âge* (Annales de Bretagne et des pays de l'Ouest 111,3), hg. von Philippe Depreux, Rennes 2004, S. 443–459.
Treitinger, Otto: *Die oströmische Kaiser- und Reichsidee nach ihrer Gestaltung im höfischen Zeremoniell. Vom oströmischen Staats- und Reichsgedanken*, Darmstadt 1956.
Tremp, Ernst/Schmuki, Karl (Hgg.): *Alkuin von York und die geistige Grundlegung Europas. Akten der Tagung vom 30. September bis zum 2. Oktober 2004 in der Stiftsbibliothek St. Gallen*, St. Gallen 2010.

Troncarelli, Fabio: *Vivarium. I libri, il destino* (Instrumenta Patristica 33), Turnhout 1998.
Ubl, Karl: »Der lange Schatten des Bonifatius. Die Responsa Stephans II. aus dem Jahr 754 und das fränkische Kirchenrecht«, in: *Deutsches Archiv* 63, 2007, S. 403–449.
Ubl, Karl: »Der Mehrwert der päpstlichen Schlüsselgewalt und die Tradition des heiligen Clemens«, in: *Die Bibel als politisches Argument. Voraussetzungen und Folgen biblizistischer Herrschaftslegitimation in der Vormoderne*, hg. von Andreas Peča/Kai Trampedach (Historische Zeitschrift. Beihefte N. F. 43), München 2007, S. 189–218.
Ubl, Karl: *Inzestverbot und Gesetzgebung. Die Konstruktion eines Verbrechens (300–1100)* (Millennium-Studien zu Kultur und Geschichte des ersten Jahrtausends n. Chr./Millennium Studies in the culture and history of the first millennium C. E. 20), Berlin/New York 2008.
Untermann, Matthias: »›Opere mirabilis constructa‹. Die Aachener ›Residenz‹ Karls des Großen«, in: *799 – Kunst und Kultur der Karolingerzeit. Karl der Große und Papst Leo III. in Paderborn*, Bd. 3: *Beiträge zum Katalog der Ausstellung Paderborn 1999*, hg. von Christoph Stiegemann, Mainz 1999, S. 152–164.
Uphus, Johannes B.: *Der Horos des Zweiten Konzils von Nizäa 787. Interpretation und Kommentar auf der Grundlage der Konzilsakten mit besonderer Berücksichtigung der Bilderfrage* (Konziliengeschichte. Reihe B: Untersuchungen), Paderborn 2004.
Vollrath, Hanna (Hg.): *Der Weg in eine weitere Welt. Kommunikation und »Außenpolitik« im 12. Jahrhundert* (Neue Aspekte der europäischen Mittelalterforschung 2), Berlin 2008.
Vollrath, Hanna: »Kommunikation über große Entfernungen: Die Verbreitung von Nachrichten im Becket-Streit«, in: *Der Weg in eine weitere Welt*, hg. von Hanna Vollrath (Neue Aspekte der europäischen Mittelalterforschung 2), Münster 2008, S. 85–114.
Vollrath, Hanna: »Lauter Gerüchte? Canossa aus kommunikationsgeschichtlicher Sicht«, in: *Päpstliche Herrschaft im Mittelalter*, hg. von Stefan Weinfurter (Mittelalter-Forschungen 38), Ostfildern 2012, S. 153–198.
Vones, Ludwig: »Heiligsprechung und Tradition. Die Kanonisation Karls des Großen 1165, Die Aachener Karlsvita und der Pseudo-Turpin«, in: *Jakobus und Karl der Große: Von Einhards Karlsvita zum Pseudo-Turpin*, hg. von Klaus Herbers (Jakobus-Studien 14), Tübingen 2003, S. 89–106.
Wallach, Luitpold: »Alcuin's Epitaph of Hadrian I. A Study in Carolingian Epigraphy«, in: *American Journal of Philology* 72, 1951, S. 128–144.
Weber, Karl: *Die Formierung des Elsass im Regnum Francorum. Adel, Kirche und Königtum am Oberrhein in merowingischer und frühkarolingischer Zeit* (Archäologie und Geschichte. Freiburger Forschungen um ersten Jahrtausend in Südwestdeutschland 19), Ostfildern 2011.
Weidinger, Ulrich: »Die Versorgung des Königshofs mit Gütern. Das ›Capitulare

de villis‹«, in: Matthias Becher u. a.: *Das Reich Karls des Großen*, Darmstadt 2011, S. 79 – 85.
Weinfurter, Stefan: »Vita canonica und Eschatologie. Eine neue Quelle zum Selbstverständnis der Reformkanoniker des 12. Jahrhunderts aus dem Salzburger Reformkreis«, in: *Secundum Regulam Vivere. Festschrift für Norbert Backmund*, hg. von Gert Melville, Windberg 1978, S. 139 – 167.
Weinfurter, Stefan: »Wie das Reich heilig wurde«, in: *Die Macht des Königs. Herrschaft in Europa vom Frühmittelalter bis in die Neuzeit*, hg. von Bernhard Jussen, München 2005, S. 190 – 204 und 387 – 390.
Weinfurter, Stefan: *Eichstätt im Mittelalter. Kloster – Bistum – Fürstentum*, Regensburg 2010.
Weinfurter, Stefan: »Eindeutigkeit – Motor von Innovation im Mittelalter?«, in: *Jahrbuch der Heidelberger Akademie der Wissenschaften* 2011, Heidelberg 2012, S. 73 – 74.
Weinfurter, Stefan: »›Eindeutigkeit‹ als Quelle für Innovation im Mittelalter«, in: *Marsilius-Kolleg 2011/12*, hg. von Hans-Georg Kräusslich/Wolfgang Schluchter, Heidelberg 2012, S. 246 – 253.
Weinfurter, Stefan: »Die Päpste als ›Lehnsherren‹ von Königen und Kaisern im 11. und 12. Jahrhundert?«, in: *Ausbildung und Verbreitung des Lehnswesens im Reich und in Italien im 12. und 13. Jahrhundert*, hg. von Karl-Heinz Spieß (Vorträge und Forschungen 76), Ostfildern 2013, S. 17 – 40.
Werner, Karl F.: »Histoire comparée de l'administration. Une introduction au colloque«, in: Karl F. Werner: *Vom Frankenreich zur Entfaltung Deutschlands und Frankreichs. Ausgewählte Beiträge. Festgabe zu seinem 60. Geburtstag*, Sigmaringen 1984, S. 82 – 107.
West, Geoffrey V. B.: »Charlemagne's Involvement in Central and Southern Italy: Power and the Limits of Authority«, in: *Early Medieval Europe* 8, 1999, S. 350 – 361.
White jr., Lynn: *Die mittelalterliche Technik und der Wandel der Gesellschaft*, München 1968.
Wickham, Chris: »Rural Society in Carolingian Europe«, in: *New Cambridge Medieval History*, Bd. 2: *c. 700 – c. 900*, hg. von Rosamond McKitterick, Cambridge 1995, S. 510 – 537.
Wohlmuth, Josef (Hg.): *Streit um das Bild. Das zweite Konzil von Nizäa (787) in ökumenischer Perspektive* (Studium Universale 9), Bonn 1989.
Wolfram, Herwig: *Intitulatio I. Lateinische Königs- und Fürstentitel bis zum Ende des 8. Jahrhunderts* (Mitteilungen des Instituts für Österreichische Geschichtsforschung, Erg.-Bd. 21), Graz u. a. 1967.
Wolfram, Herwig: »Das Fürstentum Tassilos III., Herzogs der Bayern«, in: *Mitteilungen der Gesellschaft für Salzburger Landesgeschichte* 108, 1968, S. 157 – 179.
Wolfram, Herwig: »Karl Martell und das fränkische Lehenswesen. Aufnahme eines Nichtbestandes«, in: *Karl Martell in seiner Zeit*, hg. von Jörg Jarnut, Sigmaringen 1994, S. 61 – 78.

Wolfram, Herwig: *Salzburg, Bayern, Österreich. Die Conversio Bagoariorum et Carantanorum und die Quellen ihrer Zeit* (Mitteilungen des Instituts für österreichische Geschichtsforschung. Ergänzungsband 31), Wien 1995.

Wolfram, Herwig: *Die Germanen* (Beck-Wissen), 9. überarbeitete Auflage München 2009.

Wolfram, Herwig: »Wie schreibt man heute ein Germanenbuch und warum immer noch eins?«, in: *Völker, Reiche und Namen im Frühen Mittelalter*, hg. von Matthias M. Becher/Stefanie Dick (MittelalterStudien 22), München 2011, S. 15 – 43.

Wolfram, Herwig: *Conversio Bagoariorum et Carantanorum. Das Weißbuch der Salzburger Kirche über die erfolgreiche Mission in Karantanien und Pannonien* (Zbirka Zgodovinskega časopisa 44), Ljubljana/Laibach 2012.

Zehrfeld, Klaus: *Karl der Große gegen Herzog Tassilo III. von Bayern. Der Prozess vor dem Königsgericht in Ingelheim 788*, Regensburg 2011.

Zöllner, Erich: *Die politische Stellung der Völker im Frankenreich*, Wien 1950.

Zöllner, Erich: »Das Geschlecht der Agilolfinger«, in: *Die Anfänge des Klosters Kremsmünster. Symposion 15.–18. Mai 1977*, hg. von Siegfried Haider, Linz 1978, S. 83 – 110.

Zotz, Thomas: »In Amt und Würden. Zur Eigenart und Problematik ›offizieller‹ Positionen im frühen und hohen Mittelalter«, in: *Tel Aviv Jahrbuch für deutsche Geschichte* 22, 1993, S. 1 – 23.

Zotz, Thomas. »Pfalzen zur Karolingerzeit. Neue Aspekte aus historischer Sicht«, in: *Splendor palatii. Neue Forschungen zu Paderborn und anderen Pfalzen der Karolingerzeit*, hg. von Lutz Fenske/Jörg Jarnut/Matthias Wemhoff (Veröffentlichungen des Max-Planck-Instituts für Geschichte 11/5), Göttingen 2001, S. 13 – 23.

Zur Nieden, Andrea: *Der Alltag der Mönche. Studien zum Klosterplan von St. Gallen*, Hamburg 2009.

Zwölfer, Theodor: *St. Peter, Apostelfürst und Himmelspförtner. Seine Verehrung bei den Angelsachsen und Franken*, Stuttgart 1929.

Bildnachweis

(1) Germanisches Nationalmuseum Nürnberg
(2) Staatsbibliothek Berlin (Ms lat. fol. 295, fol. 80v)
(3) Benediktinerstift St. Paul im Lavanttal, Foto: Gerfried Star (Cod. Blas. 4, fol. 1v)
(4) Aus: Matthias Becher, Caspar Ehlers, Lars Hageneier u.a., Das Reich Karls des Großen, Darmstadt 2011, S. 44
(5) Foto: Stuart Whatling
(6) Biblioteca Apostolica Vaticana (Vat. lat. 5407, fol. 186r)
(7) Stiftung Preußischer Kulturbesitz, Berlin
(8) Foto: Manfred Luchterhandt
(9) b p k / Stiftung Preußischer Kulturbesitz, Berlin (Theol. lat. fol. 354, fol. 1v)
(10) Stiftsbibliothek St. Gallen (Cod. Sang. 268, p. 19)
(11) Biblioteca Capitolare Modena (Ord. l. 2, fol. 154v)
(12) Biblioteca Apostolica Vaticana (Cod. Pal. lat. 1564, fol. 2r)
(13) akg-images, Berlin
(14) Domkapitel Aachen, Foto: Pit Siebigs
(15) Domkapitel Aachen, Foto: Ann Münchow
(16) Domkapitel Aachen, Foto: Ann Münchow
(17) Architectura Virtualis GmbH, Kooperationspartner der Technischen Universität Darmstadt
(18) Leo Hugot
(19) b p k / Stiftung Preußischer Kulturbesitz, Berlin

Karte »Das Fränkische Reich zur Zeit Karls des Großen« in Vor- und Nachsatz: Kunsthistorisches Museum Magdeburg

Personenregister

FRÄNKISCHES REICH ZUR ZEIT
KARLS DES GROSSEN (um 810)
1 : 7 000 000
0
100
200
km
NORDSEE
REICHE DER
ANGELSACHSEN
REICH DER BRITEN
York
Leicester
Norwich
Gloucester
Yorhester
London
Themse
Canterbury
Dover
Exeter
Wight
Ostfries. Inseln
Friesland
Utrecht
Nimwegen
Westfalen
Osnabrü
Müns
Paderbo
Sac
Gent
Leuven
Flandern
St. Bertin
Aachen
Köln
Maas
Rhein
Arras
Cambrai
Lüttich
Stablo
Prüm
St. Riquier
Amiens
Corbie
Lotharingien
Guernsey
Jersey
St. Wandrille
Rouen
Echternach
Trier
Mainz
Worms
Bec
Laon
Bayeux
Lisieux
Seine
Oise
St. Denis
Reims
Verdun
Speyer
Brest
Avranches
Marne
Metz
Saar
Mosel
Bretagne
Paris
Châlons
Austrien
Neustrien
Toul
Rennes
Chartres
Bretonische
Mark
Troyes
Elsaß
Stra
Vannes
Le Mans
Sens
Langres
Orléans
Nantes
Loire
Angers
Tours
Auxerre
Luxeuil
Ala
Basel
ATLANTISCHER
OZEAN
Yonne
Dijon
Besançon
Bourges
Nevers
Autun
Poitiers
Chalon
Aare
Burgund
Lausanne
Aquitanien
Mâcon
Genf
Sion
Saintes
Vienne
Limoges
St. Maurice
Angoulême
Clermont
Lyon
Rhône
Allier
Vienne
Tarentaise
Périgueux
Bordeaux
Dordogne
Le Puy
Saône
Isère
Grenoble
Turin
Garonne
Valence
Bazas
Agen
Cahors
Embrun
Oviedo
Covadonga
Viviers
Tarn
Dax
Avignon
Savona
Bayonne
Albi
Nîmes
KGR. GALICIEN
Auch
Arles
Provence
Nizza
Astorga
Gascogne
Toulouse
Aniane
Aix
Lérins
Tarbes
UND ASTURIEN
Miranda
Carcassonne
Septimanien
Marseille
Pamplona
Narbonne
Toulon
Pyrenäen
Nadschira
Spanische
Mark
Tuteila
Duero
Aranda
Urgel
EMIRAT VON CÓRDOBA
Gerona
Korsika
Schalmantika
Saragossa
Segovia
Ebro
Ajacc
DER UMAYYADEN
Barcelona
Abela
MITTELMEER
Al Kala
Tartuscha
Kartographie: G. Pápay